本卷受海南省人大常委会法制工作委员会委托翻译

A COLLECTION OF
SELECTED TRANSLATION OF LEGISLATIVE TEXTS OF
BELT AND ROAD COUNTRIES

"一带一路"
沿线国家立法文本选译汇编

（第一卷）

世界主要自由贸易港法律选译

A SELECTED TRANSLATION OF LAWS OF
WORLD'S MAJOR FREE TRADE PORTS

屈文生 主编

法律出版社
LAW PRESS·CHINA
北京

图书在版编目(CIP)数据

世界主要自由贸易港法律选译 / 屈文生主编. -- 北京 : 法律出版社, 2023
("一带一路"沿线国家立法文本选译汇编)
ISBN 978 -7 -5197 -8074 -6

Ⅰ. ①世… Ⅱ. ①屈… Ⅲ. ①自由贸易区-法律-世界 Ⅳ. ①D996.1

中国国家版本馆 CIP 数据核字(2023)第 125375 号

世界主要自由贸易港法律选译
SHIJIE ZHUYAO ZIYOU MAOYIGANG FALÜ XUANYI

屈文生 主编

策划编辑 解 锟
责任编辑 解 锟
装帧设计 李 瞻

出版发行 法律出版社
编辑统筹 重大项目办公室
责任校对 王晓萍
责任印制 吕亚莉
经 销 新华书店

开本 787 毫米×1092 毫米 1/16
印张 47.5 **字数** 1180 千
版本 2023 年 8 月第 1 版
印次 2023 年 8 月第 1 次印刷
印刷 三河市龙大印装有限公司

地址:北京市丰台区莲花池西里 7 号(100073)
网址:www.lawpress.com.cn
投稿邮箱:info@lawpress.com.cn
举报盗版邮箱:jbwq@lawpress.com.cn

销售电话:010-83938349
客服电话:010-83938350
咨询电话:010-63939796

书号:ISBN 978-7-5197-8074-6
定价:398.00 元

编 译 说 明

本卷受海南省人大常委会法制工作委员会委托翻译。本卷译文中包括新加坡、韩国和阿拉伯联合酋长国的迪拜国际金融中心（DIFC）与阿布扎比全球市场（Abu Dhabi Global Market）等世界主要自由贸易港的立法。由于各个国家的立法结构和立法语言不尽相同，与我国的立法体例也具有较大的差异，在编译时，我们尽可能保留了原文的形式，以尽可能符合立法翻译中的“形式对等”要求。

在译文的技术处理过程中，我们按照我国立法技术规范，重新处理了所有的数字，将除“年月日”外的所有数字均处理为汉字小写，而不采用阿拉伯数字。将法律条文的各个条款与我国立法中的“条款项目”结构进行对应，如我们将新加坡法中的 Section 7（1）（a），直接处理为“第七条第一款第一项”。对于法律在修订过程中产生的分条，也按照我国法律的使用习惯，以“之一”“之二”等进行命名。如新加坡法中出现的“第 28A 条”，我们将其处理为“第二十八条之一”；韩国法中出现的“32－2”作为第 32 条的分条，也处理为“第三十二条之一”。

2020 年新加坡政府颁行了新的立法技术规范，其中一个重要变化就是法律名称的写法，在立法技术调整以前，新加坡法是以《新加坡制定法汇编》的章节指代某一部具体立法［如 Interpretation Act（Cap. 1）］，但这种写法很大程度上不能反映相关立法的时效性，也无法说明援引立法的版本。因此，在这次技术规范调整时，将其改为使用立法的生效年份（如 Interpretation Act 1965），而当需要援引某一部立法的历史版本时，才在相关立法后加上《制定法汇编》中的章节和年份。由此，我们将译文中的法律名称统一进行修改，从“《新加坡解释法》（第一编）”，统一修改为“《新加坡 1965 年解释法》”。

当然，由于本卷内容所涉内容范围极广、译者众多，不同译者的语言风格也略有差异，对于一些并不涉及译文是非的部分，我们并没有也没必要完全将这些表达强行统一，而是在一定程度上保留了译者个人的语言风格。如涉及数字 2 在转写为汉字小写时，究竟是写作“二”（如“二年以下”“二名”），还是写为“两”（如“两年以下”“两名”），这在我国立法中尚且不统一，我们也没有作出调整，只是保证了同一文本中文内统一。

再如，不同新加坡立法对于 Part 一词的使用并不统一，因此，多数译者参考英国法和我国香港地区的双语立法，将其译为“编”；也有译者基于特定立法的特殊性，将 Part 译为“章”；也有译者使用了我国法上没有的术语“部”，以防止与我国立法中的“编章节条款项目”的结构混淆。但无论翻译为何，都不影响我们对相关立法内容和结构的理解，但我们有必要将这一考虑写入编译说明中，希望读者可以理解我们的考量和用心。

建设有世界影响力的中国特色自由贸易港

卷首语

在海南建设中国特色自由贸易港，是党中央新时代改革开放的重大举措，是我国加快建立开放型经济新体制的重大举措，展现出我国坚定不移全面扩大开放、构建对外开放新格局、推动建设开放型世界经济的意志和决心，对国内国际两个大局和推动中国特色社会主义创新发展有着重要意义。

海南自贸港是我国内地唯一的自由贸易港，有必要学习借鉴国际上成功的自由贸易港的先进经验。近年来，关于自由贸易港国际经验的研究主要集中在自由贸易港的类型和特征、开放政策和制度、产业体系建设等方面，少有基于世界主要自由贸易港的立法文本，研究园区建设、市场准入、投资贸易、海关港务、数据保护、商业信托、医疗养老、国际仲裁等与自由贸易港建设、发展密切相关的事项，并提出切实可行的法治自由贸易港建设方案。①

借鉴域外经验是《海南自由贸易港建设总体方案》确立的基本原则之一。世界一流自由贸易港和自由贸易区，主要有以中国香港特别行政区、新加坡为代表的整体型自由港，以德国汉堡、韩国釜山为代表的自由贸易港区，以阿联酋迪拜为代表的工贸结合型自贸区，以巴拿马科隆为代表的贸易型自贸区，以及荷兰鹿特丹港为代表的物流型自贸区等。因此，在市场准入、跨境资金、商品流动、人员进出、港务协调和数据安全等领域等方面的立法，海南自贸港要与新加坡、迪拜等国外自由贸易港进行合作与竞争。总之，海南自贸港建设需要借鉴国际高水平经贸规则，建立与国际一流自由贸易港相适应的政策制度体系，将海南自贸港打造成为引领我国新时代对外开放的重要开放门户。

纵观世界知名的自由贸易港（区），如迪拜、新加坡等，均建立了完善的自由贸易港法律框架及体系，为自由贸易港的建立及发展提供法治保障。建设海南自贸港需要遵循国际惯例，做到立法引领和保障。新加坡、迪拜两大自由贸易港在于政府职能方面都要求尽可能少干预；投资方面讲究内外资一视同仁；金融方面要求外汇自由；税费方面零关税、报关手续简单；法律体系健全且人员流动自由。

新加坡是全球以安全著称的综合自由贸易港，《2019 年全球法律与秩序》将新加坡评为安全指数最高的国家；另外，新加坡在大力发展高端服务产业的同时也形成了高端制造业产业，这与完全依赖服务业的中国香港特别行政区大不相同。新加坡现有 9 个自由贸易区，在海关监管和税收方面实施绝对开放的政策。新加坡外资准入政策宽松，仅对少数的行业出于

① 甘露：《海南自由贸易港政府治理研究——以中国香港、阿联酋迪拜为借鉴》，载《南海学刊》2022 年第 3 期。

安全风险、市场风险管控的原因实施管制。

阿联酋共有近50个自由贸易区,大多数位于迪拜。迪拜自由贸易港则依靠极致的税收优惠政策,形成了良性的产业聚集。迪拜对新设立企业减免50年所得税、免征个人所得税,并实施零关税,再通过大力税收优惠政策扶持某领域的特点业务。中国是迪拜国际金融中心(DIFC)的第三大贸易伙伴,迪拜国际金融中心法院还与上海市高级人民法院订立司法合作协议。

韩国济州、釜山等自贸区对土地收购费、建筑物租用费、雇佣补助金、教育训练补助金、顾问费用等都有资助。特别值得关注的是,韩国济州自由国际城旨在促进人员、商品和资本的国际流动以及商业活动的最大便利性,并成为韩国国家竞争力的战略立足点,也是将济州作为21世纪东北亚中心城市的总体规划的一部分。因此,韩国关于济州自由国际城市的立法对海南自贸港而言也有许多借鉴意义。

这些域外经验、实践可以服务于自贸港法律体系“四梁八柱”的建设,表现为园区建设、市场准入、投资贸易、海关港务、数据保护、商业信托、医疗养老、国际仲裁八个方面。例如,借鉴新加坡、迪拜、济州等地区的“六个自由”+“三税原则”①,可以为完善与自贸港建设匹配的法治体系,加快建立以海南自贸港法为基础、以地方性法规和商事纠纷解决机制为重要组成部分的自由贸易港法治体系,一体建设法治海南、法治政府、法治社会,营造国际一流的自由贸易港法治环境等提供许多参考。②

法律翻译历来是借鉴各国先进立法经验的重要工具。翻译和介绍国际自贸港相关法律法规、了解国际经贸规则和借鉴先进经验,是贯彻和落实《海南自由贸易港建设总体方案》总体要求的重要工作,也是海南自贸港法治体系建设的优先事项。本卷选译与新加坡、阿拉伯联合酋长国、韩国等国家有关自由贸易港(区)的相关法律法规,以期为建立符合自由贸易港需求的监管模式和管理体制提供镜鉴,从而推动海南自贸港形成更加灵活高效的法治体系。

一、园区建设

高水平的政府治理能力和港区运行能力是创造自由贸易港制度空间的重要保证。③ 坚持“管得住”和“放得开”并重,不断提升基层治理体系和治理能力,并依法推进自由贸易港能力水平,才能为海南自贸港建设营造法治化、国际化、便利化的一流营商环境。④ 简单而言,海南自贸港的发展涉及中央事权与海南地方事权的调整,涉及现行法律或行政法规的调整,对海南自贸港进行统一立法授权,以保障自由贸易港制度创新与高层次开放的实现。⑤

在全球数千个自由港和自贸区中,新加坡、阿拉伯联合酋长国、韩国在园区的经营方式和制度安排上有成熟的经验和持续的创新,由而在全球价值链分工中取得长久的竞争优势。韩国政府于1998年宣布了自由国际城市倡议,并于2002年指定济州为自由国际城市,包括济

---

① 即投资便利自由、服务贸易自由、货物进出自由、资金流动自由、人员往来自由、数据流动自由,税收方面实行“零关税、低税率、简税制法”。

② 《海南自由贸易港法:为什么立?有什么用?》,载 http://www.npc.gov.cn/npc/c30834/202107/c0541d26d7ed42cab80e7528965e0487.shtml。

③ 汪洋:《推动形成全面开放新格局》,载《人民日报》2017年11月10日,第A版。

④ 邢东伟、翟小功:《构建与自贸港相适应基层治理体系——〈海南自由贸易港建设白皮书〉发布》,载《法治日报》2022年8月3日,第8版。

⑤ 曹晓路、王崇敏:《中国特色自由贸易港立法的基本框架与实现路径——以海南自由贸易港立法为视角》,载《当代法学》2020年第4期。

州科学园、济州全球教育城、济州神话和历史主题公园、健康小镇。韩国济州自由国际城市以人员、商品、资本的自由流动为宗旨,表现为免签证政策、允许外国人长期居留、简化移民手续等。减少贸易壁垒,如进口自由化和免税政策,外汇交易自由化等。①

韩国《自由贸易区指定与运营法》《自由贸易区指定与运营法实施条例》《济州自由国际城市特别法》《济州自由国际城市特别法实施条例》四部法律是韩国关于自由贸易区的主要立法,涉及韩国和自由贸易区、济州自由国际城市的立法权分配,开办业务范围、许可等重要问题。

韩国《自由贸易区指定与运营法》于 2018 年 10 月 18 日经修正后实施,该法赋予韩国政府关于指定与运营自由贸易区等事宜较为宽泛的权力。以保障区内制造、物流、配送、贸易等自由活动,便利国际物流和区域发展,从而加速吸引外国投资,推动国民经济。根据该法规定,自贸区一般不适用《海关法》,因而在关税减免上有较大的自主权。

同时,该法加大对进驻企业的纳税优惠力度。该法第 47 条规定,进驻企业为外资企业的,根据《特别税限制法》的规定,可以享受减免企业所得税、个人所得税、购置税、登记许可税、财产税、综合土地税等优惠政策。须注意的是,韩国《自由贸易区指定与运营法》对进驻自贸区企业的特定活动有严格规定。比如,拟以出口为主要目标的汇回企业以及经营制造业或知识服务业、货物装卸、运输、仓储和展览或总统令规定的其他业务的企业应当符合总统令的相关规定。

韩国在设立自由贸易区的同时,还将济州打造为国际自由都市,并为此专门立法。韩国《济州国际自由都市特别法》于 2006 年 1 月 22 日经修正后生效,旨在促进济州岛国际自由都市开发,发展地区经济,保护地区文化、自然和资源、培育地方产业,创造令人满意的生活设施和生活条件。该法第 3 条指明将济州岛建设定性为"国家义务",即国家应当制定和实施综合政策,并采取相关扶持措施。同时,该法赋予也济州岛地方政府比较宽泛的规章、政策制定权,从而引导济州岛居民、海外投资者积极参与。

济州国际自由都市相当于扩大版的自由贸易区,由多个不同的功能板块组成,并极为注重生态保护,从而将济州岛打造为集商贸、投资、航运为一体的"生态型自由贸易港"。该法规定在济州岛规划绝对保护区和相对保护区,保持济州岛的可持续性发展。前者包括济州哈拉山、寄生火山、山谷、河流、湖泊、沼泽、瀑布、海滩等自然区域、野生动物栖息地或庇护所、具有重要生态意义的原始林区等为绝对保护区。在绝对保护区内不得从事建造建筑物、设立构筑物及其他设施、改变土地形态和性质、分割土地、开垦公共水域、采伐林木、开采土石、修建新道路等活动。

国际知名自由贸易区(港)的成功经验在于良好的顶层设计(各项法律、政策),并下放相应的立法权、执行权。从韩国相关立法来看,有关自由贸易区的规范大多属于国家现行法律法规的"例外"事项。因此,中央在一定程序上进一步赋予海南自贸港"大胆试、大胆闯、自主改"的自由度,但必须与国内现行相关法律法规做好衔接贯通,还要处理好自由贸易港管委员在政府权力部门中的地位、与其他政府的工作协调问题等问题。② 此外,自由贸易港的发展还

① "Free International City," https://www.investkorea.org/jj-en/cntnts/i-1490/web.do.

② 韩逸畴:《海南自由贸易港建设对接高标准国际规则——重点、难点问题与解决路径》,载《经贸法律评论》2021 年第 4 期。

需要注重生态保护等,以实现可持续发展。

二、市场准入

海南自贸港的法律制度需要直接对接世界主流自由贸易港的高标准国际经贸规则,如何对接成为首要问题所在。在市场准入问题上,大多数自由贸易港依据投资自由化的基本原则实施外资准入制度,但往往对敏感、关键行业予以不同程度的保护。国际高水平自贸港通常采用"负面清单"或"准入前国民待遇+负面清单"管理模式规范市场开放和自由竞争。①

"准入前国民待遇"是指东道国给予外国投资者在本国投资、设立企业与本国主体相同的待遇,包括"准入权"与"设业权"。② "负面清单"是指开列外商禁止进入的行业,目录以外的行业外商可自由进入。简单而言,"准入前国民待遇+负面清单"的管理模式是指在负面清单以外,对于外国投资者给予本国国民相同的待遇。

阿拉伯联合酋长国在市场准入方面有着成熟的经验。阿联酋政局长期稳定,商业环境宽松,经济开放程度高。据世界银行《2020全球营商环境报告》显示,阿联酋在全球经济体中排名16位。阿联酋的金融与证券市场十分发达,阿联酋境内主要有三家证券交易市场——阿布扎比证券交易所(ADX)、迪拜金融市场(DFM)和迪拜纳斯达克(NASDAQ Dubai)。所有上市公司和股票代理经纪公司都由阿联酋证券与商品管理局负责审查。三家交易市场由电子网络连接,交易用户可通过直接市场接入程序进行相关证券交易操作,由于直接市场接入的便捷性,该项服务被广泛应用。③

关于市场准入的规则是投资者尤其关注的领域。《阿布扎比直接市场接入条例》由阿布扎比证券交易所董事会制定并发布,对合格投资者的范围和进入投资市场的条件、程序相对宽松,并详细规定了入市操作程序。该条例规定,直接市场接入服务由获得阿交所批准的经纪公司提供。相关经纪公司获得批准的形式要件包括提交经纪从业许可证副本、技术条件报告、协议等证明文件;实质要件包括支付规费、相关系统的技术要求、外聘审计员对信息安全进行审计并报告、开户、遵循反洗钱指令、与用户签订条例要求的协议等要求。

获得批准的经纪公司在提供直接市场接入服务时,应当履行一定的义务,包括进行用户调查(KYC)、身份确认、设定风险限额、审查交易、保存交易数据和文件副本等。如有违反本条例相关规定的情形,阿交所还可以对违反规定的投资者、经纪公司等进行处罚,包括但不限于警告、撤销批准、警示罚款等。

商事主体获得市场准入后,自然需要履行登记手续,新加坡对此有详细规定。《新加坡商业名称登记法》规定任何人在新加坡经营业务前,必须对其商业名称办理注册。注册申请须由适当人员送交注册官,并提供商业名册、业务性质、经营场所等信息。若企业的合伙人是公司的,还需提供公司的名称、注册号及注册办事处等信息。此外,个人及其商业名称的注册到期而逾期不续期注册的,注册官可以撤销该注册。

《新加坡商业名称登记规例》对申请登记有进一步细化规定。例如,该规例具体规定了电

---

① 胡加祥:《我国自由贸易港建设立法模式研究》,载《法治研究》2021年第3期。

② 胡加祥:《国际投资准入前国民待遇法律问题探析——兼论上海自贸区负面清单》,载《上海交通大学学报(哲学社会科学版)》2014年第1期。

③ 商务部等:《对外投资合作国别(地区)指南:阿联酋(2021年版)》,载 http://www.mofcom.gov.cn/dl/gbdqzn/upload/alianqiu.pdf。

子登记系统的使用要求。一般情况下,办理人应当使用电子登记系统所提供的电子登记表格。如果所办理业务无法通过电子登记系统办理的,办理人须以登记官确定的其他形式和方式通过登记官办理该业务。

总之,海南自贸港相关法律制度可考虑以正面清单方式列明政府等行政机关的管理职责,对于进入商品、服务及资本市场,需要予以投资者充分的指引和便利,并具体细化相应的程序。海南地方政府要从行政管理转向公共服务,打造透明服务型政府;对待市场主体,要出具准确、简明的程序性清单,除此之外市场主体应有享充分的自主权利。

三、投资贸易

随着2021年《海南自由贸易港优化营商环境条例》的正式施行,海南省先后制定了公平竞争条例、企业破产程序条例等法规。其中,投资贸易为核心所在。根据2018年《关于支持海南全面深化改革开放的指导意见》,海南自贸港不以转口贸易和加工制造为重点,而以旅游业、现代服务业和高新技术产业为主导,打造更高层次、更高水平的开放型经济。因此,投资贸易需要更加自由便利化,在税费减免、消费旅游、医疗健康等方面需要持续发力。

在海南自贸港的投资、贸易中,外国投资者尤为关注公平公正待遇问题,这需要以立法保障自由、公平的市场竞争机制,海南自贸港内各类市场主体地位平等,在要素获取、准入许可、经营运行、政府采购、招投标和政策支持等方面享受公平待遇,公平参与市场竞争。为确保上述目的的实现,应加快推动政府职能转变,简化政务流程,推动市场开放和自由竞争,为市场主体营造中立、自由的营商环境。

世界一流自由贸易港主要有“商贸中心型自由贸易港”“贸易促进型自由贸易港”“制造加工型自由贸易港”“综合型自由贸易港”等不同模式。① 如今,全球跨国商贸、电子交易等领域飞速发展,自由贸易港需要由传统的“贸易+加工”导向型转向“跨区域综合智能型自由贸易港”。新加坡、迪拜自由贸易港已从“商贸中心型自由贸易港”模式转型为“跨区域综合智能型自由贸易港”。

新加坡、迪拜关于商品交易、电子结算的立法既体现也强化这一转变。《新加坡商品交易法》较有特色的是规定了商品经纪人的牌照和其他人员的牌照。商品经纪人只有依据该法获得商品经纪人的牌照且按照相关商业规定和管理进行交易才能以商品经纪人身份从事业务。商品经纪人代表、商品交易顾问或其代表、商品池操作员或其代表亦是如此。

《韩国外商投资促进法》对外国投资者予以较大程度的便利。比如,外国人可以投资的对象包括现金、资本货物、工业产权、不动产、股票和知识产权等。将外国人投资的方式变更为报告制。在韩国任何公司进行投资的任何外国人应就此向财政和经济主管部门提交报告,有关部门应立即向该外国人核发报告完成证书。国有或公共财产可通过订立合同进行租赁或出售给外资公司,国有或公共财产的租赁期限最长可达50年。韩国贸易投资主管部门设立韩国投资服务中心,为外国投资者和外资公司提供投资咨询等综合服务,并代表其处理与民事申诉等相关事务。

在电子交易方面,新加坡、迪拜凸显智能化趋势。《新加坡电子交易法》秉持“意思自治”

① 范健、徐璟航:《论自由贸易港制度的法律属性——兼论“中国海南自由贸易港法”创制的本土化与国际化》,载《南京大学学报(哲学·人文科学·社会科学)》2019年第6期。

原则。一般而言,承认电子记录形式所承载的各种信息,而以传统介质订立合同时的书面要求、签署要求、留存要求、原始信息要求等,只要电子记录满足法律规定的一系列条件,即可认为符合相关要求,并不能因相关通信是以电子形式完成的而阻却合同的订立、成立与生效。类似的,《迪拜国际金融中心电子交易法》规定了电子信息的效力和保留电子信息须满足的条件,电子合同的法律认可、订立程序、合同各方的管辖效力,以及电子签名的法律认可、有效性、归属、效力以及电子签名证据的可采性。

总之,海南自贸港不仅是传统的"货物 + 加工型自由贸易港",可考虑以"跨区域综合智能型自由贸易港"为目标,重视商品流通、电子交易等领域的立法,以促进商品、资金高效流转,从而吸引更多类型的产业入驻,并形成集群式发展,打造有中国特色的自由贸易港。

四、海关港务

作为"境内关外"的海关特殊管理区,自由贸易港的保税和免税制度尤为重要,需由《海关法》等处理,涉及口岸规划建设、非设关地监管、人员设施配备、管理体制创新等重大问题,以及封关运作、简并税制前的过渡性等具体措施。包取的政策措施进行梳理,在此基础上,就海南自贸港立法中有关航运产业部分的内容提出相关立法建议。

新加坡是世界十大船舶注册国之一,是世界较为繁忙的港口之一。新加坡拥有世界顶级船商,拥有上百家国际航运集团和5000多家海事机构,大部分主要船商和运营商的总部设在新加坡。因此,新加坡对于海关管理有十分细致和成熟的经验。

新加坡2004年颁布的《海关法》,主要就关税和消费税作出规定。该法规定,对于进口到新加坡关税区或在新加坡制造的任何货物,由署长征收关税和消费税。该法详细规定了关税或消费税的重新征收,离开海关管制前的丢失、损坏或毁坏的货物的关税或消费税的免除,不同机动车的征税,特别税的征收、豁免、追缴、退还,关税的计算,不同货物的估价等。《新加坡进出口管理法》与《海关法》配套实施。

新加坡关于港口建设的法律颇具特色,在港务管理、船只进出和监管方面有较大权限。1996年《新加坡海事及港务管理局法》赋予新加坡海事及港务管理局充分的管理职能与职责,包括促进港口的利用、改善及发展;规范及管理港口范围内的,以及通往港口的航道上的航行活动;传递发布导航信息;在海事港口的服务及设施方面行使许可及监管职能;推动、提供及管理对商船以及航运与港口行业成员的培训计划。

总之,基于新加坡在关务、进出口、港口建设等方面的经验,在海南开展自由贸易港具体法律制度创设的过程中,可重点对照以我国《外商投资法》为核心的法律,海关总署等部门也需要制定相关法规、政策在海南自贸港的特殊适用规则,实现与国内法体系的有效衔接。例如,海南自贸港可以实施提前申报舱单数据以识别货物,作为实现进港便利化的手段;也可以签署《京都公约》附约自由区条款,使我国自由贸易港海关监管制度与国际通行规则接轨。[①]

五、数据保护

随着跨境贸易、服务及人员流动日益增多,海南自贸港在建设过程中需要特别注意数据风险。《海南自由贸易港法》第55条第1款规定,海南自贸港建立风险预警和防控体系,防范和化解重大风险。因此,海南自贸港应当确立相关政府、社会部门的信息共享机制。例如,可

---

① 龚柏华:《"一带一路"背景下上海自由贸易港构建的法治思维》,载《上海对外经贸大学学报》2018年第2期。

以设立海南自贸港外籍人员监管服务信息平台，充分运用大数据、人面识别和云计算等现代科技手段，对外籍人员的出入境信息、港内活动信息等与国安、边防、旅游、海关、商务和外事等监管部门实现信息共享，实行信息化联控联防。①

新加坡的个人数据保护立法已有10余年历史，主要意在保护公民的个人数据不受机构的侵犯，并确保公民在个人数据受到侵害时可寻求法律保护。其《个人数据保护法令》（以下简称《个保法令》）于2012年10月由议会通过，该法主体部分于2014年7月生效。随后该国又制定十部配套的附属立法，其中重要的是《个人数据保护规例》等。

自2018年以来，新加坡在个人数据保护法的立法方面又有一些颇受瞩目的新进展，其中主要有2019年1月14日颁布的重要案例、2018年8月31日颁布的《关于国民身份证及其他类别国民身份号码的（个人数据保护法令）咨询指南》和对2021年《新加坡个人数据保护规例》等。

《个保法令》的立法目的在于限制和规范收集、使用或披露个人数据的行为。但特别需要指出的是，根据该法第4条规定，新加坡个人数据保护责任并不适用于公共机构，或受公共机构委托协助收集、使用或披露个人数据的商业机构。《个保法令》第三部至第六部详细规定了各类机构关于收集、使用或披露个人数据的范围、条件或要求，各类机构的义务可以概括总结为以下几项：

第一，遵守个人数据保护的一般规则义务。第二，获得个体同意义务。第三，承担告知目的与目的限制义务。这三项义务要求机构向个体告知机构收集、使用和披露其个人数据的目的，并征得其同意，但法律另有要求或《个保法令》有适用例外规定的除外。个体出于某种目的自愿向机构提供其个人数据且自愿提供这些数据系合理的，则该个体被视作同意机构收集、使用或披露其个人数据。第四，提供查阅和更正义务。第五，对数据进行维护和保护义务。第六，承担保留期限限制义务。第七，承担转移限制义务。除以上重要内容外，《个保法令》还设立了全国谢绝来电登记簿，禁止任何机构向谢绝来电登记簿登记的新加坡电话号码发送营销信息。②

《迪拜国际金融中心数据保护法》也有类似的规定。该法规定了与数据保护有关的多种法律身份，并在专门的章节对数据主体、管理人、处理人、数据保护官、数据专员等身份的权利及责任做了专门的说明。同时，该法规定了数据主体所享有的权利，包括撤回同意的权利，对个人资料的访问、更正和删除权，反对数据处理的权利等。

基于上述经验，海南自贸港应加快建设、完全新型移动通信网络、大数据中心等新型基础设施建设，促进各类市场资源要素的自由、便捷、高效流动。同时，还应积极参与相关国际规则的制定，加强与国际规则对接，抓紧完善以数据流动、数据开放、数据产权、数据保护为基础的数据规则，通过奠定数字经济的制度基石提升我国数字经济的“软实力”。③

六、商业信托

《海南自由贸易港建设总体方案》要求加快金融改革创新。支持住房租赁金融业务创新

---

① 韩逸畴：《海南自由贸易港建设对接高标准国际规则——重点、难点问题与解决路径》，载《经贸法律评论》2021年第4期。

② 屈文生：《新加坡个人数据保护的立法与实践》，载《人民法院报》2020年7月10日，第8版。

③ 李猛：《论海南自由贸易港与国内国际双循环新发展格局的战略对接》，载《经济体制改革》2021年第4期。

和规范发展,支持发展房地产投资信托基金(REITs)。稳步拓宽多种形式的产业融资渠道,放宽外资企业资本金使用范围。创新科技金融政策、产品和工具。《海南自由贸易港法》也要求海南自贸港坚持金融服务实体经济,推进金融改革创新,率先落实金融业开放政策。《中共中央 国务院关于支持海南全面深化改革开放的指导意见》鼓励海南开展商业票据汇兑、外保内贷、跨境并购、财富资产管理、重大项目跨境投融资等业务,试点房地产信托投资基金和其他的资产证券化业务。

新加坡的信托业务由《受托人法》规范。《受托人法》现行版本为2021年颁布的《受托人法》2020年修订版。该法对"信托"是指受托人代表受益人持有资产(房地产、股票、债券、基金等)的信托安排。需要特别注意的是,该法规定,受托人对资产拥有法定所有权,受益人对资产拥有衡平法上的所有权。前者意味着受托人在法律上拥有资产的所有权,这通常要在证书或登记处登记受托人的姓名。后者意味着受益人没有法定所有权,但仍拥有资产的股份及其他权利。

此外,新加坡的商业信托业务由《商业信托法》规范,即形式为商业企业的信托。根据该法,在新加坡成立且其单位或单位衍生产品向公众发行的商业信托必须向新加坡金融管理局注册。注册的商业信托必须有一名受托管理人,负责管理信托业务并保护信托受益人("单位持有人")的利益。

2021年我国正式申请加入《全面与进步跨太平洋伙伴关系协定》(CPTPP),并且《总体方案》要求"对标国际高水平经贸规则"。因此,在资金跨境自由便利流动、数据安全有序流动、"准入前国民待遇+负面清单管理"模式、跨境服务贸易负面清单制度等事项上,海南自贸港要探索与《全面与进步跨太平洋伙伴关系协定》相协调。尽管《海南跨境服务贸易负面清单》已列出跨境金融服务"正面清单"和市场准入"负面清单",但仍有提升的必要。①

七、医疗养老

海南正在积极推进法定机构的探索和实践,在省级层面已设立了海南国际经济发展局、海南省大数据管理局,在海口江东新区、三亚崖州湾科技城、博鳌乐城国际医疗旅游先行区、洋浦经济开发区、海南生态软件园等重点园区。② 但从实际运行情况看,管理机构数量少、运行不灵活、行政化倾向明显。对此,有学者提出,可以建设"国际医疗旅游先行区",吸引更多国际医药企业落户海南设立研发、采购、办公中心,并以生命健康、生物医药产业为特色,加快海南医药产业总部经济创新发展。③

养老问题是新加坡社会面临的重要问题,人口结构的变化与社会经济的发展,使得养老需求与养老服务供给之间存在较大缺口。为缓解政府提供养老服务的压力,促使社会力量能够提供不同层次需求的养老服务,新加坡于1988年首次颁行《养老机构法》,对养老机构的设立、运行和维护进行监管和许可,经过30余年的运行,已经逐渐形成了一套健全的法律制度体系,现行有效的《养老机构法》是2020年修订的版本。

《迪拜医疗城管理条例》也颇具特色,有许多值得借鉴的制度。该条例旨在打造健康医疗

---

① 海南省地方金融监督管理局课题组:《CPTPP金融规则与海南自由贸易港金融业开放创新》,载《南海学刊》2022年第3期。

② 应验:《海南自由贸易港法定机构发展刍议》,载《海南日报》2020年8月26日,第A10版。

③ 李猛:《论海南自由贸易港与国内国际双循环新发展格局的战略对接》,载《经济体制改革》2021年第4期。

旅游为特色、数字旅游为平台的现代旅游产业体系。该条例规定该条例规定设立中央管理委员会，以在迪拜健康城的整体临床管理中发挥领导作用，并向质量管理委员会、计划委员会、学术研究委员会和专业委员会提供一般性指导并对其监督。

该条例要求设立医疗质量管理中心，以保障迪拜健康城内的临床管理架构得到遵守和执行，并在医疗保健计划、医疗保健政策和标准的制定、质量改善、服务监管等领域为支持迪拜健康城的卓越临床和质量改善提供优秀的服务。

在临床监管方面，该条例规定设立申诉委员会和许可委员会。申诉委员会在有关发放执照，和任何涉专业人员在迪拜健康城内所开展的活动的申诉中充当最终申诉机构。成立许可委员会的目的是根据有关规定审核及颁发执照。此外，为了更好地对投诉进行管理、调查、检查及评估，医疗质量管理中心的执行董事应设立投诉管理小组，且应从投诉管理小组的成员中任命 1 名为投诉管理小组的主席。

八、国际仲裁

为深入贯彻落实《海南自由贸易港建设总体方案》《最高人民法院关于人民法院为海南自由贸易港建设提供司法服务和保障的意见》，2021 年海南省高级人民法院出台《海南自由贸易港法院建设五年规划（2021—2025 年）》，推动成立海南自贸港知识产权法院和海南第一、第二涉外民商事法庭，推动成立多家国际仲裁和调解机构，建立调解、仲裁、诉讼有机衔接的“一站式”国际商事纠纷解决机制，为海南自贸港建设提供司法服务和保障。

同时，《海南省多元化解纠纷条例》，通过地方立法明确建立多元化国际商事纠纷解决机制。《海南省高级人民法院关于审理申请确认仲裁协议效力案件的裁判指引（试行）及典型案例》等，发布《海南第一涉外民商事法庭协议管辖示范条款》中英文版本，成立海南涉外民商事法庭专家委员会，举办 2021 年国际调解高峰论坛，构建具有海南特色的国际商事纠纷解决工作机制。

随着海南自贸港的深入推进，商事调解、仲裁制度保障不可或缺。新加坡、迪拜在这方面有许多立法值得借鉴。新加坡是全球最受欢迎的仲裁地之一，新加坡国际仲裁中心（SIAC）在全球五大仲裁机构中排名第二（其他 4 位是伦敦、中国香港特别行政区、巴黎、日内瓦），是亚太地区最受欢迎的仲裁机构。① 《新加坡国际仲裁中心规则》兼具大陆法系和英美法系的特点，提供十分有效的程序框架，以高效、专业和可强制执行的方式解决涉及不同法律制度和文化的当事人之间各种规模和复杂程度的国际争议。

迪拜也已跻身全球十大国际仲裁城市之列。迪拜国际仲裁中心（DIAC）是中东地区最大的仲裁中心，最初由迪拜工商会于 1994 年设立，作为商事调解和仲裁中心。如今，该中心已经实施关于合并多个仲裁程序、第三方合并、简易程序和紧急仲裁等规定，以更加高效地解决商事争议，并逐渐确立一套现代仲裁规则。

在跨境投资争端的解决中，仲裁由于灵活高效、自由便利得到多数投资主体的采用。在新加坡、迪拜等自由贸易港，临时仲裁被广泛运用于快速解决投资争端，受到越来越多国际仲裁机构的适用。因此，海南自贸港可以引入临时仲裁制度，并鼓励高水平的国际仲裁机构设

---

① “2021 International Arbitration Survey：Adapting Arbitration to a Changing World”，https://arbitration. qmul. ac. uk/research/2021 – international-arbitration-survey/.

立分支机构,在不违反我国仲裁法基本原则的前提上,尽可能承认与执行境域外仲裁裁决。[①]

结语

《海南自由贸易港建设总体方案》《海南自由贸易港法》的颁布,在顶层设计上为海南自贸港提供了制度和法治保障,标志着将海南自贸港建设为世界一流自由贸易港步入加快推进阶段。海南自贸港建设是实施全面深化改革和试验最高水平开放形态的重要实践,需要全方位、大力度地推进改革。[②] 海南要建设有中国特色的自由贸易港,必须坚持"法治优先、立法先行"的指导思想,在法治的轨道和框架下推进制度创新。海南自贸港建设需要借鉴国际自由贸易港的先进立法,但要立足于国家规划和实际情况,将海南自贸港建设为全面改革开放试验区、国家生态文明试验区、国际旅游消费中心和国家重大战略服务保障区。

在全球数千个自由港(区)中,新加坡、迪拜等能脱颖而出绝不仅是依靠全球化或新自由主义,更源于它们在规划设计、制度安排及经营方式等方面不断摸索、调整和创新。正是经贸、服务、人员、数据等要素的制度创新和便利政策构成了国际一流自由贸易港的持续竞争优势。[③]

海南自贸港的建设需要建立在政府管理体制的改革和政府治理手段创新之上,从而实现精准有效的政策与制度供给。在园区建设、市场准入、投资贸易、海关港务、数据保护、养老医疗及国际仲裁等八个方面,新加坡、迪拜、韩国济州等国际一流自由贸易港(区)可以为海南自贸港发展成为有世界影响力的中国特色自由贸易港提供借鉴。我们希望通过立法文本翻译为海南自贸港的发展尽绵薄之力,更期待有基于这些译本的深入研究。

本书编译者

2022 年 10 月

---

① 曹晓路、王崇敏:《中国特色自由贸易港立法的基本框架与实现路径——以海南自由贸易港立法为视角》,载《当代法学》2020 年第 4 期。

② 贺小勇:《〈海南自由贸易港法(草案)〉修改的七大建议》,载《上海对外经贸大学学报》2021 年第 2 期。

③ 靳光涛、黄抒田、唐荣:《国际先进经验视角下海南自由贸易港创新发展路径》,载《国际贸易》2021 年第 2 期。

目　录

阿布扎比直接市场接入条例

韩　驰　译*

《阿布扎比直接市场接入条例》译介

阿拉伯联合酋长国由阿布扎比、迪拜等七个酋长国组成，阿布扎比酋长国是阿联酋最大的酋长国，其首府阿布扎比市是阿联酋首都，也是重要的经济中心城市。阿联酋政局长期稳定，商业环境宽松，经济开放程度高。据世界银行《2020全球营商环境报告》显示，阿联酋在全球经济体中排名16位；美国科尔尼咨询公司公布的2022年外国直接投资（FDI）信心指数中，阿联酋排名全球第14位，位居西亚北非地区之首。

阿联酋金融与证券市场十分发达，阿联酋境内主要有三家证券交易市场，分别为阿布扎比证券交易所（ADX，以下简称阿交所）、迪拜金融市场（DFM）和迪拜纳斯达克（NASDAQ Dubai）。所有上市公司和股票代理经纪公司都由阿联酋证券与商品管理局负责审查。其中阿交所主要负责阿联酋本土企业股票上市交易，三家交易市场由电子网络连接，交易用户可通过直接市场接入程序进行相关证券交易操作，由于直接市场接入的便捷性，该项服务被广泛应用。《阿布扎比直接市场接入条例》即由阿布扎比证券交易所董事会制定并发布。

本条例共11条，其中实体性条款有8条，其中规定了阿交所的市场接入服务具有特许性质（第2条），根据条例规定，直接市场接入服务只能由获得阿交所批准的经纪公司提供。条例中规定了相关经纪公司获得批准的形式要件和实质要件，其中形式要件包括提交经纪从业许可证副本、技术条件报告、协议等证明文件（第4条）；实质要件包括支付规费、相关系统的技术要求、外聘审计员对信息安全进行审计并报告、开户、遵循反洗钱指令、与用户签订条例要求的协议等要求（第3条）。至于最终是否批准申请人关于提供直接市场接入服务的申请，阿交所要在申请提交后30日内作出决定，获准经纪公司还需要在证券与市场管理局进行登记（第5条）。阿交所的批准具有时间限制，一般而言，直接市场接入服务批准的期限为1年，但相关批准可以在履行相关程序并缴纳批准续展费用后续展（第6条）。

此外，条例还规定了获得批准的经纪公司在提供直接市场接入服务时，应当履行的义务，如进行用户调查（KYC）、身份确认、设定风险限额、审查交易、保存交易数据和文件副本等（第7条）。对于因阿交所、经纪公司系统存在技术性缺陷，或因投资者违反相关法律规定的情形，阿交所还可以随时宣布中止或取消此类服务（第8条）。如有违反本条例相关规定的情

---

* 译者：韩驰，华东政法大学硕士研究生。

形，阿交所还可以对违反规定的投资者、经纪公司等进行处罚，包括但不限于警告、撤销批准、警示罚款等（第9条）。

阿布扎比证券交易所董事会

参照《阿拉伯联合酋长国关于证券与商品管理局和证券与商品市场的联邦法律》（2000年第4号，经修订）；

《阿布扎比酋长国关于建立阿布扎比证券交易所法律》（2000年第3号，经修订）；

《证券与商品管理局董事会关于市场参与者监管的决定》（2000年第2/R号）；

《证券与商品管理局董事会关于证券交易、清算、结算、所有权转移和证券托管监管的决定》（2001年第2号）；

《证券与商品管理局董事会关于市场运作监管的决议》（2001年第3/R号，经修订）；

《证券与商品管理局董事会关于证券经纪监管的决议》（2014年第24号，经修订）；

《证券与商品管理局董事会主席关于某些活动、金融市场服务和交易机制监管的决议》（2016年第26/R. M号）；

以及其他由阿布扎比证券交易所发布的条例、决定和指示，

决议如下：

第一条　定义

除另有所指外，下列词语和表述具有对应的含义：

“管理局”是指证券与商品管理局；

“市场”是指阿布扎比证券交易所；①

“证券”是指由股份公司发行的股份、股票、债券、本票，由联邦政府、地方政府、（酋长国）国内各事务局和公司发行的债券、本票，以及管理局认可的其他任何本地或非本地的金融工具。

“经纪公司”是指由管理局授权从事金融经纪业务活动的经纪公司。

“直接市场接入”（以下简称直入）是指允许直接市场接入用户直接通过直入程序包输入交易指令（买入和卖出证券）的一项服务。此种服务是一种由经纪公司指定“可信金融连接”进行的电子交易。

“直接市场接入用户”是指从事投资管理活动，并且直接以其用户身份在市场上使用经市场批准、由经纪公司提供的直入服务进行交易的全球经纪人或者本地或外国公司法人。

第二条　批准提供直接市场接入服务

直接市场接入服务只能由获得阿交所批准的经纪公司提供。批准必须符合阿交所决定规定的条款、条件和程序，以及由阿交所制定的技术标准。

第三条　批准条件

提供直接市场接入服务的经纪公司应当符合下列条件：

1. 支付阿交所规定的规费。

---

① 以下简称阿交所。

2. 符合下列要求：

第一，具备能够接收和记录直接市场接入用户指令的技术系统，该系统需满足下列特征：

(1)具备确认所有市场控制和决定因素的能力。

(2)能够区分不同直接市场接入用户的用户名，以区分不同投资者的交易指令。

(3)通过交换信息协议(FIX Gateway，金融信息交换协议网关)将交易指令从经纪公司传输至市场，并通过由市场给每个有意提供此项服务的经纪公司分配的特殊直接市场接入用户传输交易指令，将交易指令在市场交易系统中进行电子登记后执行该项指令。

(4)具备使直接市场接入用户取消或者修改尚未全部或者部分执行的交易指令的能力。

(5)应当通过审计跟踪日志记录、归档直接市场接入用户与经纪公司之间交换的信息数据。在审计跟踪日志中应当载明信息交换的日期、时间和发生地点(IP 地址)。

(6)须向直接市场接入用户提供对下列信息的查询或者生成报告的功能：

(a)任何时间的交易指令状态(处理中、部分执行、全部执行、指令已取消)，并显示该状态的日期；

(b)其证券投资组合和现金账户的状况；

(c)会计报表与收支变动情况。

第二，关于“信息保护和信息安全系统”，经纪公司应承诺提供下列保护系统：

(1)经纪公司与阿交所之间的通信安保系统：

(a)外部通信网络的防火墙系统，包括互联网，以及与阿交所、清算结算中心连接的网络；

(b)反病毒保护系统。

(2)直接市场接入用户与经纪公司之间的通信安全系统：

(a)保障经纪公司与直接市场接入用户(安全连接)之间的连接线路安全和传输数据加密的防火墙系统和机制；

(b)确认与经纪公司联系的直接市场接入用户的用户名和身份，并防止未经授权人员登录该账户的安全系统。

(3)运作与保护系统：

(a)根据市场设定的控制，接收和传输市场信息(金融信息交换协议信息)的系统；

(b)操作性能强且能够随时提供不间断操作的受保护数据库(容错、热备或集群)；

(c)能够作为中央服务器使用的现代受保护操作系统；

(d)包含每个服务器副本和实时更新的数据与应用程序备份副本的灾难恢复中心。灾难恢复中心与公司总部之间通过主连接线和配备有故障转移平台的备份线相连。

第三，负责信息安全的外聘审计员报告：

(1)经纪公司应指派外聘审计员审计信息和程序安全性。审计员应在每年六月末和十二月末按照管理局要求提交报告；

(2)经纪公司需提交直接市场接入服务和在线交易服务(如已批准提供该项服务)的综合报告。

第四，交易协议、账户开户以及提交文件。

除遵照反洗钱程序的要求外，经纪公司还应当：

(1)与直接市场接入用户签订交易协议，该协议包括协议双方的权利义务，并符合本条例以及其他法律、条例和管理局决定确定的条件和义务，包括经纪公司将直接市场接入用户输入的指令传输至市场交易系统前的指令修改权，对违反相关法律的交易指令的指令拒绝权或指令取消权；在直接市场接入用户滥用服务、违反条例项下或者交易协议项下义务，或者管理局或市场发布中止决定的情况下，中止直接市场接入服务的权利。

(2)在对任何直接市场接入用户产生怀疑时，随时向阿交所提供全部交易数据和文件。

第四条　申请的批准

第一，在不影响任何法律、条例或者管理局决定规定的义务的情形下，经纪公司应当向市场递交提供直接市场接入服务申请。申请应以为此事项而确定的形式提交，并附有有关的信息、数据和证明文件，尤其是下列文件：

(1)由管理局签发的关于金融经纪从业活动的有效许可证副本；

(2)说明用以提供直接市场接入服务的技术设备和通信系统符合本条例和市场设定的技术条件的报告；

(3)包含全部信息和数据的直接市场接入协议表。

第二，市场可以要求提供其认为必需的解释、信息或者其他文件。

第五条　阿交所的决定

1. 阿交所应当在申请人提交符合其制定的条件、要求和技术标准的申请书之日起三十日内，作出批准或不予批准的决定。

2. 经纪公司应当自批准决定签发之日起五个工作日以内，在管理局登记该批准决定。

第六条　批准期间与批准续展

1. 直接市场接入服务的批准期间为一年，该期间于每年十二月末届满。首次批准的期间自授予许可之日起计算，至同年十二月末届满，首次批准的费用按照批准期间占所在年度的比例收取，不满一个月的按照一个月计算。

2. 批准续展申请应最晚在批准期间届满前一个月提出，并向市场缴纳批准续展的费用，自市场批准续展之日起不超过五个工作日内，应在管理局进行续展登记。

3. 未能在特定时间内递交完整续展申请的，阿交所总经理有权撤销对经纪公司的批准。

第七条　经纪公司的义务

在不影响任何法律、条例或者管理局决定规定的义务的情形下，经纪公司在提供直接市场接入服务时应：

1. 建立并作出必要努力实施用户调查(KYC)程序，包括经纪人对能够识别用户身份的文件和信息进行保存，并且应阿交所要求可以随时提供这些文件和信息；

2. 确认直接市场接入用户发出的全部交易指令的用户身份；

3. 为直接市场接入用户设定合适的风险限额；

4. 审查直接市场接入用户发出的全部交易指令；

5. 确保电子程序的修正与更新符合本条例设定的要求；

6. 确保已授权用户输入正确且不违反相关立法规定的信息，经纪公司对任何违反条例、决定或者通告的交易行为承担责任；

7. 使阿交所可以查阅有关直接市场接入交易指令的全部数据和文件；

8. 与提供的直接市场接入服务有关的全部数据和文件的备份副本必须保存十年，以维护用户的数据和交易信息免受损害；

9. 向用户提供交易信息，包括交易阶段、交易时间和输入交易指令的管理等。

第八条　阿交所中止或者取消直接市场接入服务

下列情形下，市场有权中止或者取消直接市场接入服务：

1. 阿交所交易系统或者经纪公司的电子系统存在技术性缺陷；

2. 阿交所发现任何投资者违反相关法律；

3. 经纪公司因其用户违反相关法律而向阿交所递交取消或者中止提供服务的请求。

因上述情形而中止或者取消直接市场接入服务的，不得影响已经执行的交易指令和在取消服务之日前已经产生的权利。

第九条　罚则

违反本条例规定的，阿交所可以采取下列措施：

1. 警告；

2. 在不与相关条例和管理局的决定相冲突的情况下，全部或者部分清算或者使用经纪公司的抵押物，以实现其抵押目的；

3. 撤销对经纪公司提供直接市场接入服务的批准；

4. 对经纪公司处以警示性罚款，该罚款不超过管理局法律以及据此发布的条例规定的最高罚款额；

5. 以不超过一周为限，中止经纪公司从事相关业务，阿交所董事会可以建议管理局在更长期间内中止该公司的相关业务，或者取消该公司相关业务许可。

第十条

阿交所发布的决定、通告、条例或者程序规定，与本条例规定相抵触的，即行废止。

第十一条

本条例自市场董事会发布次日起生效。

哈马德·阿卜杜拉·沙姆西

阿布扎比证券交易所董事会主席

本条例于2017年12月13日发布于阿布扎比。

英国公司法第三十一编
（企业的注销与恢复注册）

王春荣　译　屈文生　审校*

《英国公司法》第三十一编译介

该法规定，注册管有权注销已失效的公司，包括注销未开展业务或运营的公司。在向相关公司发出信函后14天内未收到任何答复的，注册官可在《政府公报》上刊登公告，并告知相关公司将把其名称从登记簿中剔除，公司亦将解散。另外，该法还规定了企业自愿注销申请及相关限制、交予（新）成员、雇主等的申请书副本、文件送达、撤回注销申请等事宜。

该法规定，已解散公司的财产归属为无主财物，且可因此归属于王室所有。但王室也可通过其代表签署的公告，放弃其对该财产的所有权。王室弃权声明具有法律效力，且一般情况下并不影响任何其他人的权力。租赁权的弃权声明必须将弃权声明的副本送达公司项下作为承租人或抵押权人的每位申索人。法院有权作出财产转移令；转移令一经作出，其中所包含的财产归属于该命令中为此而指定的人，而无须转易、转让或移转。根据该法，在英格兰及威尔士或北爱尔兰的公司解散后，公司需缴纳租金的土地依法归王室所有。

该法规定，被注销的公司可向注册官提出申请，要求恢复登记。但自公司解散之日起6年期限届满后，不得提出申请。行政恢复有一定要求，如公司在注销时正在开展业务或运营中，或王室同意将该公司先前的无主财务恢复注册等。行政恢复注册的申请须附有符合声明，即提出申请的人有提出申请的约束力及行政恢复的要求均已满足。此外，某些人还可向法院申请恢复注册，如国务大臣、公司前任董事等。向法院提出申请须依法符合相应的时间和地点的规定。法院作出的恢复注册令具有法律效力，一般效力是该公司被视作继续存在，如同该公司未被解散或从登记簿中被剔除一样。

依据该法，公司拟恢复的名称若与注册官公司名称索引中的其他名称相同的，该公司必须另择名称或以该公司注册号好似其名称的方式恢复注册。如解散公司的财产为无主财物，被赋予任何此类财产或权利的人可处置该财产或权利或该财产或权利的权益，尽管该公司可能依法恢复注册。

修改等事宜（非更改文本）

C1　第三十一编的适用经2013年12月1日《2010年互助和社区利益协会及信用合作社

---

* 译者：王春荣，华东政法大学博士后在站研究人员；审校：屈文生，全国人大常委会法工委法律英文译审专家委员会委员、华东政法大学教授、博士生导师。

法》(第七章)第四条第一款、第二款第三项、第八条第二款和2013年第2936号法定文书第二条授权。

C2 第三十一编于2014年8月1日由《2014年互助和社区利益协会及信用合作社法》(第十四章)第一百三十五条、第一百五十四条(及附表五)所赋予的适用权(经修改)。

C3 第一编至第三十九编(第七编及第六百六十二条至第六百六十九条除外)、第四十五编至第四十七编于2011年5月12日经《2006年公司法(相应修订及过渡性规定)令》(2011年第一千二百六十五条法定文书)第五条第一款、附表一第二条延长。

第一章 注 销

注册官注销已失效公司的权力

第一千条 注销未开展业务或运营的公司的权力

(1)如果注册官有合理理由相信一家公司没有开展业务或运营,注册官可向该公司发送【一封通信】(F1),询问该公司是否正在开展业务或运营。

(2)如果注册官在【该通信】(F3)【发送后的十四日】(F2)内未收到任何回复,则注册官必须在【该期限】(F4)到期后的十四日内,向公司发送【提及第一封信函的第二封信函】(F3),并述明:

(a)没有收到第一封信函的任何答复;以及

(b)如果在第二封【信函】(F5)发出之日起【十四日】(F6)内未收到答复,将在《政府公报》刊登公告,以将公司名称从登记簿中剔除。

(3)如果注册官:

(a)收到一份答复,述明公司没有开展业务或运营;或

(b)在发出第二封【信函】(F8)后【十四日】(F7)内未收到任何答复,注册官可在《政府公报》上刊登公告,并向公司【……】(F9),送交该公告,述明自公告之日期起计【两个月】(F10)届满时,除非有相反因由证明,否则公告所述公司的名称将从登记簿中剔除,而公司亦将解散。

(4)在公告所述的期限届满时,除非公司事先提出相反的因由,否则注册官可将公司名称从登记簿中剔除。

(5)注册官必须在《政府公报》上刊登该公司名称从登记簿中被剔除的公告。

(6)该公告一经在《政府公报》上刊登,公司即告解散。

(7)但:

(a)该公司每名董事、管理人员和成员的责任(如有)继续存在,并可予以执行,如同该公司未解散一样;以及

(b)本条并不影响法院清盘已从登记簿上被剔除的公司的权力。

文本修正

F1:第一千条第一款中的词于2014年7月11日被《2014年公司(注销)(电子信函)令》(2014年第1602号法定文书)第一条第一款、第二条第二款第一项替换。

F2:第一千条第二款中的词于2015年10月10日被《2015年小型企业、企业与就业法》(第二十六编)第一百零三条第二款第一项第一目、第一百六十四条第一款(及第一百零三条第五款)替换;2015年第1689号法定文书,条例第四条第三项。

F3:第一千条第二款中的词于2014年7月11日被《2014年公司(注销)(电子信函)令》(2014年第1602号法定文书)第一条第一款,第二条第二款第二项替换。

F4:第一千条第二款中的词于2015年10月10日被《2015年小型企业、企业与就业法》(第二十六编)第一百零三条第二款第一项第二目,第一百六十四条第一款(及第一百零三条第五款)替换;2015年第1689号法定文书,条例第四条第三项。

F5:第一千条第二款第二项中的词于2014年7月11日被《2014年公司(注销)(电子信函)令》(2014年第1602号文书)第一条第一款,第二条第二款第三项替换。

F6:第一千条第二款第二项中的词于2015年10月10日被《2015年小型企业、企业与就业法》(第二十六编)第一百零三条第二款第一项第三目,第一百六十四条第一款(及第一百零三条第五款)替换;2015年第1689号法定文书,条例第四条第三项。

F7:第一千条第三款第二项中的词于2015年10月10日被《2015年小型企业、企业与就业法》(第二十六编)第一百零三条第二款第二项第一目,第一百六十四条第一款(及第一百零三条第五款)替换;2015年第1689号法定文书,条例第四条第三项。

F8:第一千条第三款第二项中的词于2014年7月11日被《2014年公司(注销)(电子信函)令》(2014年第1602号法定文书)第一条第一款,第二条第二款第四项替换。

F9:第一千条第三款中的词于2014年7月11日根据《2014年公司(注销)(电子信函)令》(2014年第1602号法定文书)第一条第一款,第二条第二款第五项被省略。

F10:第一千条第三款中的词于2015年10月10日被《2015年小型企业、企业与就业法》(第二十六编)第一百零三条第二款第二项第二目,第一百六十四条第一款(及第一百零三条第五款)替换;2015年第1689号法定文书,条例第四条第三项。

修改等事宜(非更改文本)

C4 第一千条至第一千零二条于2014年7月11日(经修改)适用于2009年《有限责任合伙企业(2006年〈公司法〉适用)条例》(2009年第1804号法定文书)第二条、第五十条[经2014年《公司(取消)(电子信函)令》(2014年第1602号法定文书)第一条第一款、第三条第二款第三项修订,并于2015年10月10日经《公司及有限责任合伙企业(备案要求)条例》(2015年第1695号法定文书)第一条、第五条修订]。

第一千零一条　公司清盘时的作为义务

(1)在一家公司正在清盘的情况下,如果:

(a)注册官有合理因由相信:

(i)无清算行动;或

(ii)公司的事务已全部清盘。及

(b)清盘人须作出的申报表已连续六个月未作出,

注册官必须在《政府公报》上刊登公告,并向公司或清盘人(如有的话)送交一份公告,述明在公告之日起计【两个月】(F11)届满时,除非有相反因由证明,否则该公告所述的公司名称将从登记簿中被剔除,而公司将予以解散。

(2)在公告所述的期限届满时,除非公司事先提出相反的因由,否则注册官可将公司名称从登记簿中剔除。

(3)注册官必须在《政府公报》上刊登该公司名称从登记簿中被剔除的公告。

(4)该公告一经在《政府公报》上刊登,公司即告解散。

(5)但:

(a)该公司每名董事、管理人员和成员的责任(如有)继续存在,并可予以执行,如同该公司未解散一样;以及

(b)本条并不影响法院清盘已从登记簿中被剔除的公司的权力。

文本修正

F11:第一千零一条第一款中的词于2015年10月10日被《小型企业、企业及就业法》(第二十六编)第一百零三条第三款、第一百六十四条第一款(及第一百零三条第六款)替换;2015年第1689号法定文书,条例第四条第三项。

修改等事宜(非更改文本)

C5 第一千条至第一千零二条于2014年7月11日(经修改)适用于《2009年有限责任合伙企业(2006年公司法)条例》(第2009年第1804号法定文书)第二条、第五十条[经2014年《公司(取消)(电子信函)令》(2014年第1602号法定文书)第一条第一款、第三条第二款第三项修订,并于2015年10月10日经《公司及有限责任合伙企业(备案要求)条例》(2015年第1695号法定文书)第一条、第五条第三款修订]。

第一千零二条 关于【信函】(F12)或公告送达的补充规定

【如果注册官无法根据第一千条或第一千零一条的规定,按照附表四向公司发送信函或公告,该信函可按公司已通知注册官的某位公司高级人员的地址发送给该高级人员。】(F13)

如果注册官不知道公司的任何高级人员的姓名和地址,则可将该【信函】(F14)或公告发送给每位签署备忘录的人员(如果注册官知道他们的地址)。

【根据第一千零一条发送给清盘人的公告,可发送至清盘人最后为人所知的营业地点的地址或清盘人为收取公告或此类公告而向注册官指明的地址。】(F15)

【在本条中,"地址"的含义与第一千一百四十八条第一款中的含义相同。】(F16)

文本修正

F12:第一千零二条标题中的词于2014年7月11日被《2014年公司(注销)(电子信函)令》(S. I. 2014/1602)第一条第一款、第二条第三款第一项替换。

F13:第一千零二条第一款于2014年7月11日被《2014年公司(注销)(电子信函)令》(S. I. 2014/1602)第一条第一款、第二条第三款第二项替换。

F14:第一千零二条第二款中的词于2014年7月11日被《2014年公司(注销)(电子信函)令》(S. I. 2014/1602)第一条第一款、第二条第三款第三项替。

F15:第一千零二条第三款于2014年7月11日被《2014年公司(注销)(电子信函)令》(S. I. 2014/1602)第一条第一款、第二条第三款第四项替换。

F16:第一千零二条第四款于2014年7月11日由《2014年公司(注销)(电子信函)令》(S. I. 2014/1602)第一条第一款、第二条第三款第五项插入。

修改等事宜(非更改文本)

C5　第一千条至第一千零二条于2014年7月11日(经修改)适用于2009年《有限责任合伙企业(2006年公司法)条例》(第2009年第1804号法定文书)第二条、第五十条[经2014年《公司(取消)(电子信函)令》(2014年第1602号法定文书)第一条第一款、第三条第二款第三项修订,并于2015年10月10日经《公司及有限责任合伙企业(备案要求)条例》(2015年第1695号法定文书)第一条、第五条第三款修订]。

自愿注销申请

第一千零三条　应公司申请注销

(1)应公司的申请,公司注册官可将公司名称从登记簿中剔除。

(2)该申请:

(a)必须由公司董事或多数董事代表公司作出;及

(b)必须包含规定的信息。

(3)自注册官在《政府公报》上刊登公告起计的【两个月】(F17)届满前,注册官不得根据本条将公司注销。该公告:

(a)述明注册官可就该公司行使本条所赋予的权力;及

(b)邀请任何人述明不应这样做的理由。

(4)注册官必须在《政府公报》上刊登该公司名称被剔除的公告。

(5)该公告一经在《政府公报》上刊登,公司即告解散。

(6)但:

(a)该公司每名董事、管理人员和成员的责任(如有)继续存在,并可予以执行,如同该公司未解散一样;以及

(b)本条并不影响法院清盘已从登记簿中被剔除的公司的权力。

文本修正

F17:第一千零三条第三款中的词于2015年10月10日被《小型企业、企业及就业法》(第二十六编)第一百零三条第四款、第一百六十四条第一款(及第一百零三条第七款)替换;2015年第1689号法定文书,条例第四条第三项。

修改等事宜(非更改文本)

C6　第一千零三条至第一千零十一条于2009年10月1日(经修改)适用于2009年《有限责任合伙企业(2006年公司法)条例》(第2009年第1804号法定文书)第二条、第五十一条[于2005年10月10日经《公司及有限责任合伙企业(备案要求)条例》(2015年第1695号法定文书)第一条、第五条第四项修订,并于2020年6月26日经《有限责任合伙(修订等)条例》(2020年第643号法定文书)第一条第一款、附表三第四条修订]。

生效信息

I1　第一千零三条于2009年10月1日完全生效;第一千零三条经御准无效,见第一千三百条;第一千零三条于2007年1月20日为2006年第3428号法定文书第三条第三款的特定目的而生效(依据附表一第五条以及附表五第六条和第八条);第一千零三条于2009年10月

1 日由 2008 年第 2860 号法定文书第三条第十五项另有规定而生效(及附表二第五条、第七条、第八条)(由 2009 年第 1802 号法定文书第十八条修正)。

第一千零四条　不提出申请的情况:公司活动

(1)如果在前三个月的任何时候,该公司有以下情形的,根据第一千零三条(自愿注销申请)不得代表该公司提出申请:

(a)改变其名称。

(b)从事交易或以其他方式经营业务。

(c)停止从事贸易或以其他方式经营业务前一刻,为在正常交易或以其他方式经营业务的过程中牟利而对其持有的财产或权利的价值进行处置。

(d)从事任何其他活动,但以下活动除外:

(i)为根据该条提出申请或决定是否提出申请所必需或有利的;

(ii)为完成公司事务所必需或有利的;

(iii)为遵从任何法定规定所必需或有利的;或

(iv)就本项而言,由国务大臣通过命令明文规定的。

(2)就本条而言,公司不得仅因其支付在交易或以其他方式经营业务的过程中产生的债务而被视为从事交易或以其他方式经营业务。

(3)国务大臣可通过命令修订第一款,以便更改与行事该款第一项至第四项所述事项有关的期限。

(4)根据本条作出的命令须受否定决议程序规限。

(5)任何人在违反本条的情况下提出申请,即属犯罪。

(6)在就该罪行而提起的法律诉讼中,被告方辩护应证明,他不知道,也不可能知道存在导致违法的事实。

(7)任何人犯本条所订罪行,应承担以下责任:

(a)一经循公诉程序定罪,处罚金;

(b)一经循简易程序定罪,处不超过法定最高限额的罚金。

修改等事宜(非更改文本)

C6　第一千零三条至第一千零十一条于 2009 年 10 月 1 日(经修改)适用于 2009 年《有限责任合伙企业(2006 年公司法)条例》(第 2009 年第 1804 号法定文书)第二条、第五十一条[于 2005 年 10 月 10 日经《公司及有限责任合伙企业(备案要求)条例》(2015 年第 1695 号法定文书)第一条、第五条第四项修订,并于 2020 年 6 月 26 日经《有限责任合伙(修订等)条例》(2020 年第 643 号法定文书)第一条第一款、附表三第四条修订]。

C7　第一千零四条第五款至第七款于 2013 年 1 月 2 日(经修改)适用于《2012 年慈善法人组织(破产和解散)条例》(2012 年第 3013 号法定文书)第一条、第八条第二款、第三款修订。

生效信息

I2　第一千零四条于 2009 年 10 月 1 日完全生效;第一千零四条经御准无效,见第一千三百条;第一千零四条于 2007 年 1 月 20 日为 2006 年第 3428 号法定文书第三条第三款的特定目的而生效(依据附表一第五条以及附表五第六条、第八条);第一千零四条于 2009 年 10 月 1

日由 2008 年第 2860 号法定文书第三条第十五款另有规定而生效(及附表二第五条、第七条、第八条)(由 2009 年第 1802 号法定文书第十八条修正)。

第一千零五条　不提出申请的情况:其他未终结的诉讼

(1)根据第一千零三条(自愿注销申请)代表公司提出的申请,不得在以下时间提出:

(a)根据第二十六编【或第二十六编之一】(F18)的规定,代表公司已向法院提出申请,要求批准某项和解或安排,但该事项尚未终结;

(b)已根据 1986 年《破产法》(第四十五章)第编或 1989 年《破产(北爱尔兰)令》[1989 年第 2405 号法定文书(北爱尔兰第 19 号)]第二编提出了与公司有关的自愿安排,且该事项尚未终结;

(c)根据该法第二部分或该令第三部分,该公司正处于监管中;

(d)该法附表 B1 第四十四条或该令附表 B1 第四十五条适用(如已向法院提出行政命令的申请,或已提交委任管理人的意向通知,则暂缓进行有关的法律诉讼);

(e)公司正在根据该法第四部或该令第五部分进行清盘(无论是自愿的还是由法院执行的),或者虽根据该部提出的由法院执行的公司清盘请愿书已经提交,但尚未最终处理或撤回;

(f)公司财产有接管人或经理人;

(g)公司的财产由指定财产代管人管理。

(2)就第一款第一项而言,如有以下情形,申请视作终结:

(a)该项申请被撤回;

(b)该项申请虽已获最终处理,但法院并未批准任何和解或安排;或

(c)法院已批准一项和解或安排,并已完全执行该和解或安排以及与根据法院命令就该申请订立的任何规定而须作出的任何事情。

(3)就第一款第二项而言,如有以下情形,申请视作终结:

(a)根据《1986 年破产法》(第四十五章)第三条或 1989 年《破产(北爱尔兰)令》第十六条,不再召集任何会议;

(b)根据该法第三条或该令第十六条的召集的会议未批准该项安排(无论是未作修改或已作同样修改);

(c)已充分执行根据该法第三条或根据该法第六条第四款第二项发出的指示或根据该令第十九条第四款第二项的规定召开的会议所批准的一项安排;或

(d)法院根据该法第六条第五款或该令第十九条第五款作出撤销先前会议所作的任何批准的命令,且如法院根据该法第六条第六款或该令第十九条第六款作出任何指示,而该公司已根据这些指示采取了任何必要的行动的。

(4)任何人在违反本条的情况下提出申请,即属犯罪。

(5)在就该罪行而提起的法律诉讼中,被告方辩护应证明,他不知道,也不可能知道存在导致违法的事实。

(6)任何人犯本条所订罪行,应承担以下责任:

(a)一经循公诉程序定罪,处罚金;

(b)一经循简易程序定罪,处不超过法定最高限额的罚金。

文本修正

F18:第一千零五条第一款第一项中的文字于2020年6月26日由《2020年公司破产与治理法》(第十二编)第四十九条第一款、附表九第三十七条第二款(及第二条第二款、第五条第二款)插入。

修改等事宜(非更改文本)

C6　第一千零三条至第一千零十一条于2009年10月1日(经修改)适用于2009年《有限责任合伙企业(2006年公司法)条例》(第2009年第1804号法定文书)第二条、第五十一条[于2005年10月10日经《公司及有限责任合伙企业(备案要求)条例》(2015年第1695号法定文书)第一条、第五条第四项修订,并于2020年6月26日经《有限责任合伙(修订等)条例》(2020年第643号法定文书)第一条第一款、附表三第四条修订]。

C8　第一千零五条第四款至第六款于2013年1月2日(经修改)适用于《2012年慈善法人组织(破产和解散)条例》(2012年第3013号法定文书)第一条、第九条第三款修订。

第一千零六条　交予成员、雇员等的申请书副本

(1)任何根据第一千零三条(自愿注销申请)代表公司提出申请的人,必须确保在申请提出之日起七天内,在该日的任何时间向以下人员交予一份申请副本:

(a)任何公司成员;

(b)任何公司雇员;

(c)任何公司债权人;

(d)任何公司董事;

(e)任何为本公司雇员的利益而设立的任何退休基金的经理人或受托人;或

(f)就本项而言,任何由国务大臣订立的条款所规定的人。

根据第六项订立的条款须受否定决议程序规限。

(2)第一款并不规定申请书的副本须交予作为申请一方的董事。

(3)如在交予申请副本的期限届满前撤回申请,则本条所施加的责任不再适用。

(4)任何人不履行本条所施加于他的职责,即属犯罪。

如该人意图对相关人员隐瞒申请而不履行本条所施加于他的职责,即属严重罪行。

(5)在就本条所订罪行而提起的法律诉讼中,被告方辩护应证明,他已采取了一切合理措施来履行其职责。

(6)任何人犯本条所订罪行(严重罪行除外),应承担以下责任:

(a)一经循公诉程序定罪,处罚金;

(b)一经循简易程序定罪,处不超过法定最高限额的罚金。

(7)任何人犯本条所订严重罪行的,应承担以下责任:

(a)一经循公诉程序定罪,处罚金或七年以下有期徒刑(或并处)。

(b)一经循简易程序定罪:

(i)在英格兰及威尔士,处十二个月以下有期徒刑或不超过法定最高限额的罚金(或并处);

(ii)在苏格兰或北爱尔兰,处六个月以下有期徒刑或不超过法定最高限额的罚金(或并处)。

修改等事宜(非更改文本)

C6 第一千零三条至第一千零十一条于2009年10月1日(经修改)适用于2009年《有限责任合伙企业(2006年公司法)条例》(第2009年第1804号法定文书)第二条、第五十一条[于2005年10月10日经《公司及有限责任合伙企业(备案要求)条例》(2015年第1695号法定文书)第一条、第五条第四项修订,并于2020年6月26日经《有限责任合伙(修订等)条例》(2020年第643号法定文书)第一条第一款、附表三第四条修订]。

C9 第一千零四条第四款至第七款于2013年1月2日(经修改)适用于《2012年慈善法人组织(破产和解散)条例》(2012年第3013号法定文书)第一条、第十二条第五款、第六款修订。

生效信息

I3 第一千零六条于2009年10月1日完全生效;第一千零六条经御准无效,见第一千三百条;第一千零六条于2007年1月20日为2006年第3428号法定文书第三条第三款的特定目的而生效(依据附表一第五条以及附表五第六条、第八条);第一千零六条于2009年10月1日由2008年第2860号法定文书第三条第十五款另有规定而生效(及附表二第五条、第七条、第八条)(由2009年第1802号法定文书第十八条修正)。

第一千零七条 交予新成员、雇员等的申请书副本

(1)本条适用于公司根据第一千零三条(自愿注销申请)提出申请之日后,以及申请最终得以处理或被撤回之日前的任何时间。

(2)在一天结束时,身为公司董事的人,就该天成为以下人士(除他自己之外)的任何人:

(a)任何公司成员;

(b)任何公司雇员;

(c)任何公司债权人;

(d)任何公司董事;

(e)任何为本公司雇员的利益而设立的任何退休基金的经理人或受托人;或

(f)就本项而言,任何由国务大臣订立的条款所规定的人,

必须确保在该日起七天内将申请书副本交予该人。根据第六项订立的条款须受否定决议程序规限。

(3)如在交予申请副本的期限届满前,申请最终得以处理或被撤回,则本条所施加的责任不再适用。

(4)任何人不履行本条所施加于他的职责,即属犯罪。

如该人这样做的意图是对相关人员隐瞒申请,即属严重罪行。

(5)在就本条所订罪行而提起的法律诉讼中,被告方辩护应证明:

(a)在未履行其职责时,他并不知道该公司已根据第一千零三条提出了申请;

(b)他已采取了一切合理措施来履行其职责。

(6)任何人犯本条所订罪行(严重罪行除外),应承担以下责任:

(a)一经循公诉程序定罪,处罚金;

(b)一经循简易程序定罪,处不超过法定最高限额的罚金。

(7)任何人犯本条所订严重罪行的,应承担以下责任:

(a)一经循公诉程序定罪,处罚金或七年以下有期徒刑(或并处)。

(b)一经循简易程序定罪,

(i)在英格兰及威尔士,处十二个月以下有期徒刑或不超过法定最高限额的罚金(或并处);

(ii)在苏格兰或北爱尔兰,处六个月以下有期徒刑或不超过法定最高限额的罚金(或并处)。

修改等事宜(非更改文本)

C6　第一千零三条至第一千零十一条于2009年10月1日(经修改)适用于2009年《有限责任合伙企业(2006年公司法)条例》(第2009年第1804号法定文书)第二条、第五十一条[于2005年10月10日经《公司及有限责任合伙企业(备案要求)条例》(2015年第1695号法定文书)第一条、第五条第四项修订,并于2020年6月26日经《有限责任合伙(修订等)条例》(2020年第643号法定文书)第一条第一款、附表三第四条修订]。

生效信息

I4　第一千零七条于2009年10月1日完全生效;第一千零七条经御准无效,见第一千三百条;第一千零七条于2007年1月20日为2006年第3428号法定文书第三条第三款的特定目的而生效(依据附表一第五条以及附表五第六条、第八条);第一千零七条于2009年10月1日由2008年第2860号法定文书第三条第十五款另有规定而生效(及附表二第五条、第七条、第八条)(由2009年第1802号法定文书第十八条修正)

第一千零八条　申请副本:文件送达的规定

(1)以下规定对以下条款具有效力:

- 第一千零六条(交予成员、雇员等的申请书副本)
- 第一千零七条(交予新成员、雇员等的申请书副本)

(2)在以下情形中,文件被视作已交予某人:

(a)递送给该人;或

(b)留在其正确的地址;或

(c)按该地址邮寄给他。

(3)就第二款及适用于该款的《1978年解释法》(第30章)第七条(以邮递方式送达文件)而言,主体的正确地址是指:

(a)如主体是在联合王国注册成立的企业,其正确地址是指其注册办事处或主要办事处。

(b)如主体是在联合王国境外注册成立的企业:

(i)如该主体在联合王国有营业地点,其正确地址是指其在联合王国的主要办事处;或

(ii)如该主体在联合王国没有营业地点,其正确地址是指其注册办事处或主要办事处。

(c)如该主体是个人,其正确地址是指其最后为人所知的地址。

(4)对于该公司的债权人而言,如文件按以下地址被留在或邮寄给他,则该文件被视为已交予他:

(a)在他与公司有业务往来而他由此成为公司债权人的营业地;或

(b)如此类营业场所不止一个,则指每个营业场所。

修改等事宜(非更改文本)

C6　第一千零三条至第一千零十一条于2009年10月1日(经修改)适用于2009年《有限责任合伙企业(2006年公司法)条例》(第2009年第1804号法定文书)第二条、第五十一条[于2005年10月10日经《公司及有限责任合伙企业(备案要求)条例》(2015年第1695号法定文书)第一条、第五条第四项修订,并于2020年6月26日经《有限责任合伙(修订等)条例》(2020年第643号法定文书)第一条第一款、附表三第四条修订]。

第一千零九条　撤回申请的情况

(1)凡在公司根据第一千零三条(自愿注销申请)提出申请当日或之后,以及在该申请最终得以处理或被撤回当日之前的任何时间,本条适用:

(a)该公司:

(i)变更其名称;

(ii)从事贸易或以其他方式经营业务;

(iii)为提出或继续进行根据该条规定的申请之目的,对任何财产或权利的价值进行处置,但那些非其必须或适宜持有的财产或权利除外;

(iv)从事任何活动,但第四款适用的活动除外。

(b)根据第二十六编【或第二十六编之一】(F19),代表公司向法院申请批准某项和解或安排。

(c)根据1986年《破产法》(第四十五章)第一编或《1989年破产(北爱尔兰)令》[1989年第2405号法定文书(北爱尔兰第19号)]第二编,提议与公司有关的自愿安排。

(d)根据该法附表B1第十二条或该令附表B1第十三条,向法院申请公司行政命令。

(e)根据该法附表B1第十四项或第二十二项或该令附表B1第十五条或第二十三条的规定为该公司委任一名管理人,或根据任何这些规定,向法院提交了一份拟委任该公司管理人的通知副本。

(f)根据该法第八十四条第一款或该令第七十条,可能出现公司可自愿清盘的任何情况。

(g)法院根据该法第四编或该令第五编提出公司清盘的申请。

(h)某位公司财产的接管人或经理人获委任。或

(i)某位指定财产代管人获委任来管理公司财产。

(2)在第一款所述任何事件发生当天结束时,身为公司董事的人必须确保公司的申请立即被撤回。

(3)就第一款第一项而言,公司不得仅因其支付在交易或以其他方式经营业务的过程中产生的债务而被视为从事交易或以其他方式经营业务。

(4)第一款第一项第四目所提述的例外活动包括:

(a)为以下目的而必需或适宜的任何活动:

(i)根据第一千零三条(自愿注销申请)提出的申请或继续进行的申请;

(ii)出于为提出该申请或继续进行该申请所必须或适宜之事而完成公司的未决事务;或

(iii)遵守任何法定要求。

(b)就本款而言,国务大臣通过命令规定的任何活动。

根据第二项作出的命令须受否定决议程序规限。

(5)任何人不履行本条所施加于他的职责,即属犯罪。

(6)在就本条所订罪行而提起的法律诉讼中,被告方辩护应证明:

(a)在未履行其职责时,他并不知道该公司已根据第一千零三条提出了申请;

(b)他已采取了一切合理措施来履行其职责。

(7)任何人犯本条所订罪行,应承担以下责任:

(a)一经循公诉程序定罪,处罚金;

(b)经循简易程序定罪,处不超过法定最高限额的罚金。

文本修正

F19:第一千零九条第一款第二项中的文字于2020年6月26日由《2020年公司破产与治理法》(第十二章)第四十九条第一款、附表九第三十七条第三款(及第二条第二款、第五条第二款)插入。

修改等事宜(非更改文本)

C6 第一千零三条至第一千零十一条于2009年10月1日(经修改)适用于2009年《有限责任合伙企业(2006年公司法)条例》(第2009年第1804号法定文书)第二条、第五十一条[于2005年10月10日经《公司及有限责任合伙企业(备案要求)条例》(2015年第1695号法定文书)第一条、第五条第四项修订,并于2020年6月26日经《有限责任合伙(修订等)条例》(2020年第643号法定文书)第一条第一款、附表三第四条修订]。

C10 第一千零九条第五款至第七款于2013年1月2日(经修改)适用于《2012年慈善法人组织(破产和解散)条例》(2012年第3013号法定文书)第一条、第十四条第三款、第四款修订。

生效信息

I5 第一千零九条于2009年10月1日完全生效;第一千零九条经御准无效,见第一千三百条;第一千零九条于2007年1月20日为2006年第3428号法定文书第三条第三款的特定目的而生效(依据附表一第五条以及附表五第六条、第八条);第一千零九条于2009年10月1日由2008年第2860号法定文书第三条第十五款另有规定而生效(及附表二第五条、第七条、第八条)(由2009年第1802号法定文书第十八条修正)。

第一千零一十条　撤回申请

根据第一千零三条提出的申请可经通知注册官而被撤回。

修改等事宜(非更改文本)

C6 第一千零三条至第一千零十一条于2009年10月1日(经修改)适用于2009年《有限责任合伙企业(2006年公司法)条例》(第2009年第1804号法定文书)第二条、第五十一条[于2005年10月10日经《公司及有限责任合伙企业(备案要求)条例》(2015年第1695号法定文书)第一条、第五条第四项修订,并于2020年6月26日经《有限责任合伙(修订等)条例》

(2020年第643号法定文书)第一条第一款、附表三第四条修订]。

第一千零十一条 "债权人"的含义

在本章中,"债权人"包括或有债权人或潜在债权人。

修改等事宜(非更改文本)

C6 第一千零三条至第一千零十一条于2009年10月1日(经修改)适用于2009年《有限责任合伙企业(2006年公司法)条例》(第2009年第1804号法定文书)第二条、第五十一条[于2005年10月10日经《公司及有限责任合伙企业(备案要求)条例》(2015年第1695号法定文书)第一条、第五条第四项修订,并于2020年6月26日经《有限责任合伙(修订等)条例》(2020年第643号法定文书)第一条第一款、附表三第四条修订]。

第二章 已解散公司的财产

财产归属为无主财物

第一千零十二条 已解散公司的财产为无主财物

(1)当公司解散时,在公司解散前一刻归属于公司或以信托形式为公司持有的所有财产和权利(包括租赁财产,但不包括公司以信托形式为他人持有的财产)均视为无主财物,且:

(a)因此属于王室,或兰开斯特公国或康沃尔公爵(视情况而定);以及

(b)可按与其他无主财物相同的处理方式归王室,或兰开斯特公爵领地或康沃尔公爵所有。

(2)第一款的效力受到公司可能根据第三编恢复注册的规限(见第一千零三十四条)。

修改等事宜(非更改文本)

C11 第一千零十二条至第一千零二十三条(经修改)适用于《1986年建筑协会法》(第五十三章)附表十五第五十七条(于2009年10月1日被《2006年公司法(相应修订、过渡性规定和储蓄)令》(2009年第1941号法定文书)第二条第一款、附表一第八十七条第十一款第二项(及第十条)替换。

C12 第一千零十二条至第一千零二十三条(经修改)适用于《1992互助社法》(第四十章)附表十第六十八条第一款[于2009年10月1日被《2006年公司法(相应修订、过渡性规定和储蓄)令》(2009年第1941号法定文书)第二条第一款、附表一第一百三十三条第七款第二项第一目(及第十条)替换]。

C13 第一千零三条至第一千零十一条于2009年10月1日(经修改)适用于《2009年有限责任合伙企业(2006年公司法)条例》(第2009年第1804号法定文书)条例第二条、第五十二条(及附表一第二十二条、第三十四条、第三十五条)。

C14 第一千零十二条至第一千零二十三条于2017年12月8日(经修改)适用于《2017年风险转化条例》(2017年第1212号法定文书)第一条第二款、第一百八十条第十款(及第一百八十九条)。

第一千零十三条 王室放弃归属为无主财物的财产声明

(1)凡财产根据第一千零十二条归予王室的,王室可通过王室代表签署的公告,放弃王室

根据该条对该财产的所有权。王室代表即指财政部律师;若财产在苏格兰,则指女王和财政大臣的财务纪事官。

(2)根据本条签署弃权声明的权利可由王室或其代表以明示方式或以接管方式放弃。

(3)签署弃权声明必须在以下日期后的三年内签署:

(a)根据第一千零十二条的规定,该财产可能归属于王室的事实首次引起王室代表的注意的日期;或

(b)如果该财产的所有权在该日期尚未确定,王室代表确定财产所有权所需的合理期限结束日期。

(4)如对该财产有权益的人向王室代表提出书面申请,要求王室代表决定是否放弃,则任何弃权声明必须在提出申请后十二个月内或法院所容许的更长期限内签署。

(5)根据本条作出的弃权声明,如经证明是在第三款活第四款所指明的期限届满后签署的即属无效。

(6)根据本条作出的弃权声明须交付注册官,并由其保留并登记在册。

(7)弃权声明副本必须在《政府公报》上刊登,并送交任何已向王室代表发出公告提出对该财产的权益要求的人。

(8)本条适用于根据第一千零十二条归属兰开斯特公国或康沃尔公爵的财产,如同凡提述王室及王室代表之处,均以兰开斯特公国及该公国的律师取代一样,或康沃尔公爵及康沃尔公国的律师(视属何情况而定)代替一样。

修改等事宜(非更改文本)

C14　第一千零十二条至第一千零二十三条于2017年12月8日(经修改)适用于《2017年风险转化条例》(2017年第1212号法定文书)第一条第二款、第一百八十条第十款(及第一百八十九条)。

C15　第一千零十二条至第一千零二十三条(经修改)适用于《1986年建筑协会法》(第五十三章)附表十五第五十七条[于2009年10月1日被《2006年公司法(相应修订、过渡性规定和储蓄)令》(2009年第1941号法定文书)第二条第一款、附表一第八十七条第十一款第二项(及第十条)替换]。

C16　第一千零十二条至第一千零二十三条(经修改)适用于《1992互助社法》(第四十章)附表十第六十八条第一款[于2009年10月1日被《2006年公司法(相应修订、过渡性规定和储蓄)令》(2009年第1941号法定文书)第二条第一款、附表一第一百三十三条第七款第二项第一目(及第十条)替换]。

C17　第一千零十二条至第一千零十四条于2009年10月1日(经修改)适用于《2009年有限责任合伙企业(2006年公司法)条例》(第2009年第1804号法定文书)第二条、第五十二条(及附表一第二十二条、第三十四条、第三十五条)。

第一千零十四条　王室弃权声明的效力

(1)凡根据第一千零十三条就任何财产签署的弃权声明,则该财产即视作根据第一千零十二条不归王室所有。

(2)以下法条载有关于王室弃权声明效力的规定:

- 第一千零十五条至一千零十九条适用于在英格兰和威尔士或北爱尔兰的财产

- 第一千零二十条至第一千零二十二条适用于在苏格兰的财产

修改等事宜(非更改文本)

C14　第一千零十二条至第一千零二十三条于 2017 年 12 月 8 日(经修改)适用于《2017 年风险转化条例》(2017 年第 1212 号法定文书)第一条第二款、第一百八十条第十款(及第一百八十九条)。

C18　第一千零十二条至第一千零二十三条(经修改)适用于《1986 年建筑协会法》(第五十三章)附表十五第五十七条第一款[于 2009 年 10 月 1 日被《2006 年公司法(相应修订、过渡性规定和储蓄)令》(2009 年第 1941 号法定文书)第二条第一款、附表一第八十七条第十一款第二项(及第十条)替换]。

C19　第一千零十二条至第一千零二十三条(经修改)适用于《1992 互助社法》(第四十章)附表十第六十八条第一款[于 2009 年 10 月 1 日被《2006 年公司法(相应修订、过渡性规定和储蓄)令》(2009 年第 1941 号法定文书)第二条第一款、附表一第八十七条第十一款第二项(及第十条)替换]。

C20　第一千零十二条至第一千零十四条于 2009 年 10 月 1 日(经修改)适用于《2009 年有限责任合伙企业(2006 年公司法)条例》(第 2009 年第 1804 号法定文书)第二条、第五十二条(及附表二第二十二条、第三十四条、第三十五条)。

王室弃权声明的效力:英格兰、威尔士和北爱尔兰

第一千零十五条　弃权声明的一般效力

(1)王室弃权声明自放弃之日起旨在终止公司就被弃权财产或与之相关的权利、利益和责任。

(2)除非是为免除该公司的任何责任而有必要之外,否则王室弃权声明并不影响任何其他人的权利或责任。

修改等事宜(非更改文本)

C14　第一千零十二条至第一千零二十三条于 2017 年 12 月 8 日(经修改)适用于《2017 年风险转化条例》(2017 年第 1212 号法定文书)第一条第二款、第一百八十条第十款(及第一百八十九条)。

C21　第一千零十二条至第一千零二十三条(经修改)适用于《1986 年建筑协会法》(第五十三章)附表十五第五十七条第一款[于 2009 年 10 月 1 日被《2006 年公司法(相应修订、过渡性规定和储蓄)令》(2009 年第 1941 号法定文书)第二条第一款、附表一第八十七条第十一款第二项(及第十条)替换]。

C22　第一千零十二条至第一千零二十三条(经修改)适用于《1992 互助社法》(第四十章)附表十第六十八条第一款[于 2009 年 10 月 1 日被《2006 年公司法(相应修订、过渡性规定和储蓄)令》(2009 年第 1941 号法定文书)第二条第一款、附表一第一百三十三条第七款第二项第一目(及第十条)替换]。

C23　第一千零十五条至第一千零十九条于 2009 年 10 月 1 日(经修改)适用于《2009 年有限责任合伙企业(2006 年公司法)条例》(第 2009 年第 1804 号法定文书)第二条、第五十二

条(及附表二第二十二条、第三十四条、第三十五条)。

第一千零十六条　租赁权的弃权声明

(1)任何具有租赁性质的财产弃权声明,除非将弃权声明的副本(在王室代表知悉其地址的情况下)送达公司项下作为承租人或抵押权人的每位申索人,否则无效。也可以是:

(a)自本项所指的最后公告送达当日起计的十四日期间届满前,无根据第一千零十七条(法院作出财产转移令的权力)就该财产提出任何申请;或

(b)凡已提出上述申请的,法院指示该弃权声明须生效。

(2)凡法院根据第一款第二项作出指示,法院亦可就固定设施、承租人的改善及租赁引发的其他事宜作出其认为适当的命令,以代替或增补法院根据第一千零十七条作出的任何命令。

(3)在本条中,“王室代表”是指:

(a)就归属兰开斯特公国的财产而言,该公国的律师;

(b)就归属康沃尔公爵的财产而言,指康沃尔公爵的律师;

(c)就苏格兰的财产而言,女王和财政大臣的财务纪事官;

(d)就其他财产而言,财政部律师。

修改等事宜(非更改文本)

C14　第一千零十二条至第一千零二十三条于 2017 年 12 月 8 日(经修改)适用于《2017 年风险转化条例》(2017 年第 1212 号法定文书)第一条第二款、第一百八十条第十款(及第一百八十九条)。

C24　第一千零十二条至第一千零二十三条(经修改)适用于《1986 年建筑协会法》(第五十三章)附表十五第五十七条第一款[于 2009 年 10 月 1 日被《2006 年公司法(相应修订、过渡性规定和储蓄)令》(2009 年第 1941 号法定文书)第二条第一款、附表一第八十七条第十一款第二项(及第十条)替换]。

C25　第一千零十二条至第一千零二十三条(经修改)适用于《1992 互助社法》(第四十章)附表十第六十八条第一款[于 2009 年 10 月 1 日被《2006 年公司法(相应修订、过渡性规定和储蓄)令》(2009 年第 1941 号法定文书)第二条第一款、附表一第一百三十三条第七款第二项第一目(及第十条)替换]。

C26　第一千零十五条至第一千零十九条于 2009 年 10 月 1 日(经修改)适用于《2009 年有限责任合伙企业(2006 年公司法)条例》(第 2009 年第 1804 号法定文书)第二条、第五十二条(及附表二第二十二条、第三十四条、第三十五条)。

第一千零十七条　法院作出财产转移令的权力

(1)法院可应以下人士的申请:

(a)对被弃权的财产提出权益要求的人;或

(b)对未被弃权声明解除的弃权财产负有责任的人,

根据本条就该财产作出命令。

(2)根据本条作出的命令,是将弃权财产归属或交付予以下人士的命令:

(a)有权享有该财产的人(或该人的受托人);或

(b)受第一款第二项所述法律责任规限的人(或该人的受托人)。

(3)根据第二款第二项作出的命令,只有在法院认为这样做对补偿就该弃权声明而须承担责任的人来说是正当的情况,才可作出该命令。

(4)据本条作出的命令可按法院认为适当的条款作出。

(5)根据本条作出的财产转移令一经作出,其中所包含的财产归属于该命令中为此而指定的人,而无须转易、转让或移转。

修改等事宜(非更改文本)

C14　第一千零十二条至第一千零二十三条于2017年12月8日(经修改)适用于《2017年风险转化条例》(2017年第1212号法定文书)第一条第二款、第一百八十条第十款(及第一百八十九条)。

C27　第一千零十二条至第一千零二十三条(经修改)适用于《1986年建筑协会法》(第五十三章)附表十五第五十七条[于2009年10月1日被《2006年公司法(相应修订、过渡性规定和储蓄)令》(2009年第1941号法定文书)第二条第一款、附表一第八十七条第十一款第二项(及第十条)替换]。

C28　第一千零十二条至第一千零二十三条(经修改)适用于《1992互助社法》(第四十章)附表十第六十八条第一款[于2009年10月1日被《2006年公司法(相应修订、过渡性规定和储蓄)令》(2009年第1941号法定文书)第二条第一款、附表一第一百三十三条第七款第二项第一目(及第十条)替换]。

C29　第一千零十五条至第一千零十九条于2009年10月1日(经修改)适用于《2009年有限责任合伙企业(2006年公司法)条例》(第2009年第1804号法定文书)第二条、第五十二条(及附表二第二十二条、第三十四条、第三十五条)。

第一千零十八条　保护根据租约持有的人

(1)法院不得根据第一千零十七条作出命令,将具有租赁性质的财产交付给本公司项下作为承租人或抵押权人的申索人,但以下条款除外:

(a)规定该人须承担与本公司在租约项下相同的责任和义务;或

(b)如法院认为合适,规定该人须承担与租约已转让予他一样的责任及义务。

(2)凡该命令只关乎租约包括的部分财产的,第一款即适用,如同该租约只包括财产转移令中的财产一样。

(3)本公司项下作为承租人或抵押权人的申索人,如拒绝接受根据该等条款作出的财产转移令,则该人不得享有该财产的所有权益。

(4)如该公司项下未有索偿人愿意按上述条款接受命令的,法院有权将该公司的财产和权益授予任何有责任(不论是亲自或以代表身份,亦不论是单独或与公司共同)履行承租人的租约承诺的人士。

(5)法院可将该财产和权益转归予任何免受该公司产生的一切财产、负债和权益影响的人士。

修改等事宜(非更改文本)

C14　第一千零十二条至第一千零二十三条于2017年12月8日(经修改)适用于《2017年风险转化条例》(2017年第1212号法定文书)第一条第二款、第一百八十条第十款(及第一百八十九条)。

C30　第一千零十二条至第一千零二十三条(经修改)适用于《1986年建筑协会法》(第五十三章)附表十五第五十七条第一款[于2009年10月1日被《2006年公司法(相应修订、过渡性规定和储蓄)令》(2009年第1941号法定文书)第二条第一款、附表一第八十七条第十一款第二项(及第十条)替换]。

C31　第一千零十二条至第一千零二十三条(经修改)适用于《1992互助社法》(第四十章)附表十第六十八条第一款[于2009年10月1日被《2006年公司法(相应修订、过渡性规定和储蓄)令》(2009年第1941号法定文书)第二条第一款、附表一第一百三十三条第七款第二项第一目(及第十条)替换]。

C32　第一千零十五条至第一千零十九条于2009年10月1日(经修改)适用于《2009年有限责任合伙企业(2006年公司法)条例》(第2009年第1804号法定文书)第二条、第五十二条(及附表二第二十二条、第三十四条、第三十五条)。

第一千零十九条　须缴付租金的土地

凡因弃权声明而使须缴付租金的土地归属任何人的,则该人或其继承人无须就租金到期款项而承担任何个人责任,但在他或声称透过其或由其持有的其他人已取得或控制或占用该土地后的到期款项除外。

修改等事宜(非更改文本)

C14　第一千零十二条至第一千零二十三条于2017年12月8日(经修改)适用于《2017年风险转化条例》(2017年第1212号法定文书)第一条第二款、第一百八十条第十款(及第一百八十九条)。

C33　第一千零十二条至第一千零二十三条(经修改)适用于《1986年建筑协会法》(第五十三章)附表十五第五十七条第一款[于2009年10月1日被《2006年公司法(相应修订、过渡性规定和储蓄)令》(2009年第1941号法定文书)第二条第一款、附表一第八十七条第十一款第二项(及第十条)替换]。

C34　第一千零十二条至第一千零二十三条(经修改)适用于《1992互助社法》(第四十章)附表十第六十八条第一款[于2009年10月1日被《2006年公司法(相应修订、过渡性规定和储蓄)令》(2009年第1941号法定文书)第二条第一款、附表一第一百三十三条第七款第二项第一目(及第十条)替换]。

C35　第一千零十五条至第一千零十九条于2009年10月1日(经修改)适用于《2009年有限责任合伙企业(2006年公司法)条例》(第2009年第1804号法定文书)第二条、第五十二条(及附表二第二十二条、第三十四条、第三十五条)。

王室弃权声明的效力:苏格兰

第一千零二十条　弃权声明的一般效力

(1)王室弃权声明旨在确定自弃权之日起终止该公司就被弃权财产或与之相关的权利、利益和责任及该公司的财产。

(2)除非是为免除该公司及其财产的任何责任而有必要之外,否则王室弃权声明并不影响任何其他人的权利或责任。

修改等事宜(非更改文本)

C14 第一千零十二条至第一千零二十三条于2017年12月8日(经修改)适用于《2017年风险转化条例》(2017年第1212号法定文书)第一条第二款、第一百八十条第十款(及第一百八十九条)。

C36 第一千零十二条至第一千零二十三条(经修改)适用于《1986年建筑协会法》(第五十三章)附表十五第五十七条第一款[于2009年10月1日被《2006年公司法(相应修订、过渡性规定和储蓄)令》(2009年第1941号法定文书)第二条第一款、附表一第八十七条第十一款第二项(及第十条)替换]。

C37 第一千零十二条至第一千零二十三条(经修改)适用于《1992互助社法》(第四十章)附表十第六十八条第一款[于2009年10月1日被《2006年公司法(相应修订、过渡性规定和储蓄)令》(2009年第1941号法定文书)第二条第一款、附表一第一百三十三条第七款第二项第一目(及第十条)替换]。

C38 第一千零二十条至第一千零二十二条于2009年10月1日(经修改)适用于《2009年有限责任合伙企业(2006年公司法)条例》(第2009年第1804号法定文书)第二条、第五十二条(及附表二第二十二条、第三十四条、第三十五条)。

第一千零二十一条 法院作出财产转移令的权力

(1)法院可以:

(a)应对被弃权的财产提出权益要求或负有本法未解除责任的人士提出的申请;及

(b)聆讯其认为适当的人士,

作出命令,将该财产归属任何有权享有该财产的人,或将该财产作为对上述责任的补偿交付予适当人士或其受托人。

(2)该命令可按法院认为适当的条款作出。

(3)根据本条作出的财产转移令一经作出,其中所包含的财产即据此归属于该命令中为此而指定的人,而无须为此目的转移或转让。

修改等事宜(非更改文本)

C14 第一千零十二条至第一千零二十三条于2017年12月8日(经修改)适用于《2017年风险转化条例》(2017年第1212号法定文书)第一条第二款、第一百八十条第十款(及第一百八十九条)。

C39 第一千零十二条至第一千零二十三条(经修改)适用于《1986年建筑协会法》(第五十三章)附表十五第五十七条第一款[于2009年10月1日被《2006年公司法(相应修订、过渡性规定和储蓄)令》(2009年第1941号法定文书)第二条第一款、附表一第八十七条第十一款第二项(及第十条)替换]。

C40 第一千零十二条至第一千零二十三条(经修改)适用于《1992互助社法》(第四十章)附表十第六十八条第一款[于2009年10月1日被《2006年公司法(相应修订、过渡性规定和储蓄)令》(2009年第1941号法定文书)第二条第一款、附表一第一百三十三条第七款第二项第一目(及第十条)替换]。

C41 第一千零二十条至第一千零二十二条于2009年10月1日(经修改)适用于《2009年有限责任合伙企业(2006年公司法)条例》(第2009年第1804号法定文书)第二条、第五十二条(及附表二第二十二条、第三十四条、第三十五条)。

第一千零二十二条 保护根据租约持有的人

(1)凡被弃权的财产是根据租约持有的,法院不得作出有利于公司项下的申索人的归属令,无论该人是:

(a)作为次承租人;或

(b)作为正式注册或(视属何情况而定)登记的可继承的租赁担保的债权人,

但以下条款除外。

(2)根据该命令:

(a)该人须承担与该公司在该财产租约项下相同的责任和义务;

(b)如法院认为合适,该人须承担与租约已转让予他一样的责任及义务,

在任何一种情况下(视情况所需),责任及义务必须如同该租约只包括财产转移令中的财产一样。

(3)任何次承租人或债权人,如拒绝接受根据该等条款作出的财产转移令,则该人不得享有该财产的所有权益及担保。

(4)如该公司项下未有索偿人愿意按上述条款接受命令的,法院有权将该公司的财产和权益授予任何有责任(不论是亲自或以代表身份,亦不论是单独或与公司共同)履行承租人的租约义务的人士。

(5)法院可将该财产和权益转归予任何免受该公司在租约中或与租约相关事宜中产生的一切权益、权力及义务的影响的人士。

(6)就本条而言,可继承的担保:

(a)如在土地象征性转让登记簿上登记的,则视为正式登记在案;及

(b)如按照【《2012 年土地登记等(苏格兰)法》】(F20)登记的,则视为正式登记在案。

文本修正

F20:第一千零二十二条第六款第二项中的文字于 2014 年 12 月 8 日被《2012 年土地登记相关事宜(苏格兰)法》(asp5),第一百二十二条、第一百二十三条,附表五第五十条第四款替换(及第一百二十一条,附表四第十三条、第十六条)(2014 年第 127 号法定文书,第二条)。

修改等事宜(非更改文本)

C14 第一千零十二条至第一千零二十三条于 2017 年 12 月 8 日(经修改)适用于《2017 年风险转化条例》(2017 年第 1212 号法定文书)第一条第二款、第一百八十条第十款(及第一百八十九条)。

C42 第一千零十二条至第一千零二十三条(经修改)适用于《1986 年建筑协会法》(第五十三章)附表十五第五十七条第一款[于 2009 年 10 月 1 日被《2006 年公司法(相应修订、过渡性规定和储蓄)令》(2009 年第 1941 号法定文书)第二条第一款、附表一第八十七条第十一款第二项(及第十条)替换]。

C43 第一千零十二条至第一千零二十三条(经修改)适用于《1992 互助社法》(第四十章)附表十第六十八条第一款[于 2009 年 10 月 1 日被《2006 年公司法(相应修订、过渡性规定和储蓄)令》(2009 年第 1941 号法定文书)第二条第一款、附表一第一百三十三条第七款第

二项第一目(及第十条)替换]。

C44　第一千零二十条至第一千零二十二条于2009年10月1日(经修改)适用于《2009年有限责任合伙企业(2006年公司法)条例》(第2009年第1804号法定文书)第二条、第五十二条(及附表二第二十二条、第三十四条、第三十五条)。

补充条款

第一千零二十三条　公司解散后公司土地租金的责任

(1)本条适用于在英格兰及威尔士或北爱尔兰的公司解散时,需缴纳租金的土地依法归王室或任何其他人("所有人")所有。

(2)该所有人或其继承人无须就租金到期款项而承担任何个人责任,但在该所有人或声称透过其或由其持有的其他人已取得或控制或占用该土地后的到期款项除外。

(3)在本节中,"公司"包括任何法人团体。

修改等事宜(非更改文本)

C14　第一千零十二条至第一千零二十三条于2017年12月8日(经修改)适用于《2017年风险转化条例》(2017年第1212号法定文书)第一条第二款、第一百八十条第十款(及第一百八十九条)。

C45　第一千零十二条至第一千零二十三条(经修改)适用于《1986年建筑协会法》(第五十三章)附表十五第五十七条第一款[于2009年10月1日被《2006年公司法(相应修订、过渡性规定和储蓄)令》(2009年第1941号法定文书)第二条第一款、附表一第八十七条第十一款第二项(及第十条)替换]。

C46　第一千零十二条至第一千零二十三条(经修改)适用于《1992互助社法》(第四十章)附表十第六十八条第一款[于2009年10月1日被《2006年公司法(相应修订、过渡性规定和储蓄)令》(2009年第1941号法定文书)第二条第一款、附表一第一百三十三条第七款第二项第一目(及第十条)替换]。

C47　第一千零二十三条于2009年10月1日(经修改)适用于《2009年有限责任合伙企业(2006年公司法)条例》(第2009年第1804号法定文书)第二条、第五十二条(及附表二第二十二条、第三十四条、第三十五条)。

第三章　恢复注册

行政恢复注册

第一千零二十四条　申请行政恢复注册

(1)凡根据第一千或一千零一条从登记簿中被剔除的公司(注册官注销已失效公司的权力),可向注册官提出申请,要求将公司恢复注册。

(2)不论公司是否因此解散,均可根据本条提出申请。

(3)根据本节提出的申请只能由公司的前董事或前成员提出。

(4)自公司解散之日起六年期限届满后,不得根据本节提出申请。

为此目的,注册官接收申请后即视为该申请已提出。

修改等事宜(非更改文本)

C48 第一千零二十四条至第一千零二十八条于2009年10月1日(经修改)适用于《2009年有限责任合伙企业(2006年公司法)条例》(第2009年第1804号法定文书)第二条、第五十六条。

第一千零二十五条 行政恢复的要求

(1)凡接获根据第一千零二十四条提出的申请,当且仅当满足以下条件时,注册官将公司恢复注册。

(2)第一个条件是,公司在注销时正在开展业务或运营中。

(3)第二个条件是,如果先前归属于该公司或以信托形式为该公司持有的任何财产或权利已归属为无主财物的,王室代表已以书面形式向注册官表示同意将该公司恢复注册。

(4)申请人有责任取得该项同意书,并支付王室代表在以下情形中的任何费用(在苏格兰,花费):

(a)在公司解散期期间处理财产;或

(b)有关申请的法律诉讼,

该等费用可以要求作为给予同意的条件之一。

(5)第三个条件是,申请人:

(a)已向注册官交付为更新其备存的纪录所需的公司相关文件;并

(b)已根据第四百五十三条或相应的早期条款(未交付账户的民事罚金)支付在解散或注销之日尚未支付的任何罚金。

(6)在本条中,"王室代表"是指:

(a)就归属兰开斯特公国的财产而言,该公国的律师;

(b)就归属康沃尔公爵的财产而言,指康沃尔公爵的律师;

(c)就苏格兰的财产而言,女王和财政大臣的财务纪事官;

(d)就其他财产而言,财政部律师。

修改等事宜(非更改文本)

C49 第一千零二十四条至第一千零二十八条于2009年10月1日(经修改)适用于《2009年有限责任合伙企业(2006年公司法)条例》(第2009年第1804号法定文书)第二条、第五十六条。

第一千零二十六条 申请书应附有符合声明

(1)任何根据第一千零二十四条提出的申请(行政恢复注册的申请)必须附有符合声明。

(2)所要求的符合声明是指以下声明:

(a)提出申请的人有提出申请的约束力(见该条第三款);且

(b)行政恢复的要求(见第一千零二十五条)均已满足。

(3)注册官长可接纳该符合声明作为这些事项的充分证据。

修改等事宜(非更改文本)

C50 第一千零二十四条至第一千零二十八条于2009年10月1日(经修改)适用于

《2009年有限责任合伙企业(2006年公司法)条例》(第2009年第1804号法定文书)第二条、第五十六条。

第一千零二十七条　注册官关于申请行政恢复的决定

(1)注册官必须把对根据第一千零二十四条(行政恢复注册的申请)提出的申请所作的决定通知申请人。

(2)如果决定将公司恢复注册,则恢复自发出通知之日起生效。

(3)在上述决定中,注册官必须:

(a)在登记簿上记录公司恢复注册的生效日期;及

(b)安排在《政府公报》上刊登恢复注册的公告。

(4)根据第三款第二项所作的公告必须声明:

(a)公司的名称,或如公司以不同的名称(见第一千零三十三条)恢复注册的,则该名称及其先前名称;

(b)该公司的注册号;及

(c)公司恢复注册的生效日期。

修改等事宜(非更改文本)

C51　第一千零二十四条至第一千零二十八条于2009年10月1日(经修改)适用于《2009年有限责任合伙企业(2006年公司法)条例》(第2009年第1804号法定文书)第二条、第五十六条。

第一千零二十八条　行政恢复的效力

(1)行政恢复注册的一般效力是该公司被视作继续存在,如同该公司未被解散或从登记簿中被剔除一样。

(2)在一个财政年度内,该公司不受根据第四百五十三条或相应的早期条款(未交付账户的民事罚金)所订的处罚,如与该财政年度相关的账目和报告的归档期结束于:

(a)该公司解散或注销日期之后;及

(b)该公司恢复注册之前。

(3)法院可发出看似公正的指示和规定,以使公司及所有其他人(尽可能地)处于相同的地位,如同该公司未曾解散或从注册簿中被剔除一样。

(4)可在公司恢复注册之日起三年内的任何时间,向法院提出该等指示或规定的申请。

修改等事宜(非更改文本)

C52　第一千零二十四条至第一千零二十八条于2009年10月1日(经修改)适用于《2009年有限责任合伙企业(2006年公司法)条例》(第2009年第1804号法定文书)第二条、第五十六条。

【第一千零二十八条之一】(F21)行政恢复持有认股权证的公司

(1)本条适用于根据第一千或一千零一条从登记簿中被剔除的公司,且该公司被注销时已发行任何认股权证。

(2)如果注册官根据第一千零二十五条将公司恢复注册,则认股权证及其中指定的股份自恢复生效之日起取消。

(3)如根据第二款公司没有已发行股本,则公司必须在恢复生效之日起的一个月期限结束前,分配至少一股公司股份;第五百四十九条第一款不适用于此类分配。

(4)公司必须在恢复生效之日起的十五日期限结束前,向注册官提交一份股本说明。

(5)第四款不适用于公司根据第三款被要求作出分配的情况(因为在此类情况下,第五百五十五条将适用)。

(6)股本说明必须就因注销认股权证及其所订股份而减少的公司股本作出如下声明:

(a)公司股份总数。

(b)这些股份的总名义价值。

(c)这些股份的未付总额(如有)(无论是以其名义价值还是以附加费的方式)。及

(d)就每一类别的股份:

(i)股份所附权利的规定详情;

(ii)该类别股份的总数;及

(iii)该类别股份的总名义价值。

(7)凡认股权证按照第二款被注销的,公司必须在合理可行范围内尽快:

(a)在股东登记簿上填写注销生效日期;或

(b)凡公司选举根据2006年《公司法》第一百二十八条之二(将股东信息保留在中央登记簿上的选择权)的规定生效的,向注册官提交该信息,如同该法第一百二十八条之五要求提交的信息一样。

(8)第九款适用于:

(a)关于认股权证所指定的任何股份的先前归属于公司或以信托方式代其持有的任何财产或权利,已归属为无主财物(见第一千零十二条)的;且

(b)根据本节规定,认股权证及股份在公司恢复时被注销。

(9)在公司恢复时,该财产或权利:

(a)可不予退还公司;并

(b)因此仍可归属为无主财物。

(10)如因没有遵从第三或第四款而构成失责的,即属犯罪:

(a)有关公司;及

(b)该公司每名失责高级人员,

为此,影子董事被视为公司高级人员。

(11)任何人犯本条所订罪行,处以下惩罚:

(a)一经循公诉程序定罪,处罚金。

(b)一经循简易程序定罪:

(i)在英格兰及威尔士,处罚金;

(ii)在苏格兰或北爱尔兰,处以不超过法定最高限额的罚金。

文本修正

F21:第一千零二十八条之一于2015年5月26日由《2015年小型企业、企业及就业法》(第二十六编)第一百六十四条第三款第七项第二目、附表四第二十七条第一款(及附表四第二十七条第二款、第三款)插入。

向法院申请恢复注册

第一千零二十九条　向法院申请恢复注册

(1)可向法院申请将以下公司恢复注册:

(a)根据《1986年破产法》(第四十五章)第四编第九章或《1989年破产(北爱尔兰)令》[1989年第2405号法定文书(北爱尔兰第19号)](公司清盘后解散)第五编第九章已解散的。

(b)根据该法附表B1第八十四条第六款或该令附表B1第八十五条第六款被视为已解散的。或

(c)已从登记簿中被剔除的:

(i)根据第一千或第一千零一条(注册官注销已失效公司的权力),或

(ii)根据第一千零三条(自愿注销),

无论公司是否因此而解散。

(2)以下人士可根据本条提出申请:

(a)国务大臣。

(b)任何公司前任董事。

(c)在公司拥有优先或衍生权益的土地上,拥有权益的任何人。

(d)任何对土地或其他以下财产拥有权益的人:

(i)受制于公司赋予的权利;或

(ii)受益于公司所欠的债务。

(e)若不是公司解散,任何本应与公司存在合同关系的人。

(f)任何可能对公司提出法律索赔的人。

(g)任何为本公司雇员的利益而设立的任何退休基金的经理人或受托人。

(h)任何公司前任股东(或该等人士的个人代表)。

(i)在公司注销或解散时作为公司债权人的任何人。

(j)任何公司前任清盘人。

(k)凡公司根据第一千零三条从登记簿中被剔除的(自愿注销),任何根据第一千零六条第一款第六项或第一千零七条第二款第六项条例所规定的人;

或任何法院觉得对该事项拥有权益的人。

修改等事宜(非更改文本)

C53　第一千零二十九条至第一千零三十二条于2009年10月1日(经修改)适用于《2009年有限责任合伙企业(2006年公司法)条例》(第2009年第1804号法定文书)第二条、第五十七条(及附表一第二十四条、第二十五条、第三十四条、第三十五条)。

第一千零三十条　何时可以向法院提出申请

(1)可随时为【以下目的】(F22)向法院申请将公司恢复注册:

(a)对公司提起人身损害赔偿诉讼;

(b)保险人(由《2010年第三方(针对保险人的权利)法》定义)以该公司的名义就该

公司的【人身】(F23)伤害赔偿责任向第三方提起诉讼。

(2)如果法院觉得此类法律诉讼依据任何关于必须提起法律诉讼的时限的成文法将会失败的话,则不得就该等申请作出命令。

(3)在作出该项决定时,法院必须顾及其根据第一千零三十二条第三款赋予的权力(作出相应指示的权力等),即就任何该等成文法规而言,指示公司解散(或注销)与作出命令之间的期限不计算在内。

(4)在任何其他情况下,自公司解散之日起六年期满后,不得向法院申请将公司恢复注册,但须符合以下规定。

(5)在以下情况中:

(a)公司根据第一千或第一千零一条从登记簿中被剔除(注册官注销已失效公司的权力);

(b)根据第一千零二十四条(申请行政恢复注册)在允许提出申请的时间内已向注册官提出该申请;及

(c)注册官已拒绝该申请,

即使上文第四款所述的六年期限已满,但仍可在注册官发出其决定的通知后二十八日内,根据本条规定向法院提出申请。

(6)就本条而言:

(a)"人身伤害"包括任何疾病和任何人的身体或精神状况的损害。

(b)提及人身伤害赔偿包括:

(i)根据《1934 年法律改革(杂项规定)法》(第四十一章)第一条第二款第三项或《1937 年法律改革(杂项规定)法》(北爱尔兰)第十四条第二款第三项(1937 年第九章(北爱尔兰))(丧葬费))申索的任何款项;及

(ii)根据《1976 年致命事故法》(第三十章)、【《2011 年(苏格兰)损害赔偿法》(asp7)】(F24)或《1977 年致命事故(北爱尔兰)令》[1977 年第 1251 号法定文书(北爱尔兰第 18 号)]所规定的损害赔偿。

文本修正

F22:第一千零三十一条第一款中的文字于 2018 年 11 月 23 日被《2010 年第三方(针对保险人的权利)法》(2006 年《公司法》的相应修订)(2018 年第 1162 号法定文书),条例第一条、第二条第一项替换。

F23:第一千零三十一条第一款中的文字于 2018 年 11 月 23 日被《2010 年第三方(针对保险人的权利)法》(2006 年《公司法》的相应修订)条例(2018 年第 1162 号法定文书),条例第一条、第二条第二项替换。

F24:第一千零三十条第六款第二项第二目中的文字于 2011 年 7 月 7 日被《2011 年(苏格兰)损害赔偿法》(asp7)第十五条,第十九条第三款、第四款,附表一第九条(及第十七条、第十九条第二款)替换;2011 年第 268 号法定文书,第三条(及第四条)。

修改等事宜(非更改文本)

C54　第一千零二十九条至第一千零三十二条于 2009 年 10 月 1 日(经修改)适用于《2009 年有限责任合伙企业(2006 年公司法)条例》(第 2009 年第 1804 号法定文书)第二条、

第五十七条(及附表一第二十四条、第二十五条、第三十四条、第三十五条)。

第一千零三十一条　法院对申请恢复注册的决定

(1)凡接获根据第一千零二十九条提出的申请,法院可命令将公司恢复注册:

(a)如果该公司是根据第一千或一千零一条(注册官注销已失效公司的权力)从登记簿中被剔除的,且该公司在注销时正在开展业务或运营;

(b)如果该公司是根据第一千零三条(自愿注销)从登记簿中被剔除的,且第一千零四条至第一千零九条的任何要求均未得到遵守;

(c)如果在任何其他情况下,法院认为这样做是公正的。

(2)如果法院命令将公司恢复注册,则该项恢复须在法院命令的副本交付注册官后生效。

(3)注册官必须安排在《政府公报》上刊登公司恢复注册的公告。

(4)该公告必须声明:

(a)公司的名称,或如公司以不同的名称(见第一千零三十三条)恢复注册的,则该名称及其先前名称,该公司的注册号;及

(b)公司恢复注册的生效日期。

修改等事宜(非更改文本)

C55　第一千零二十九条至第一千零三十二条于2009年10月1日(经修改)适用于《2009年有限责任合伙企业(2006年公司法)条例》(第2009年第1804号法定文书)第二条、第五十七条(及附表一第二十四条、第二十五条、第三十四条、第三十五条)。

第一千零三十二条　恢复注册的法院命令的效力

(1)法院要求恢复注册的命令的一般效力是该公司被视作继续存在,如同该公司未被解散或从登记簿中被剔除一样。

(2)在一个财政年度内,该公司不受根据第四百五十三条或相应的早期条款(未交付账户的民事罚金)所订的处罚,如与该财政年度相关的账目和报告的归档期结束于:

(a)该公司解散或注销日期之后;及

(b)该公司恢复注册之前。

(3)法院可发出看似公正的指示并作出看似公正的规定,以使公司及所有其他人(尽可能地)处于相同的地位,如同该公司未曾解散或从注册簿中被剔除一样。

(4)法院也可就以下事项作出指示:

(a)已向注册官交付为更新其备存的纪录所需的公司相关文件。

(b)支付注册官就公司恢复注册的法律诉讼相关的费用(在苏格兰,花费)。

(c)凡先前归属于该公司或以信托形式为该公司持有的任何财产或权利,已归属为无主财物的,支付王室代表在以下情形中的相关费用(在苏格兰,花费):

(i)在公司解散期期间处理财产;或

(ii)有关申请的法律诉讼。

(5)在本条中,"王室代表"是指:

(a)就归属兰开斯特公国的财产而言,该公国的律师;

(b)就归属康沃尔公爵的财产而言,指康沃尔公爵的律师;

(c)就苏格兰的财产而言,女王和财政大臣的财务纪事官;

(d)就其他财产而言,财政部律师。

修改等事宜(非更改文本)

C56　第一千零二十九条至第一千零三十二条于2009年10月1日(经修改)适用于《2009年有限责任合伙企业(2006年公司法)条例》(第2009年第1804号法定文书)第二条、第五十七条(及附表一第二十四条、第二十五条、第三十四条、第三十五条)。

【第一千零三十二条之一　法院恢复持有认股权证的公司

(1)本条适用于属于第一千零二十九条第一款范围内的公司,如果在该公司解散、被视为解散或(视情况而定)被注销时,该公司已发行任何认股权证。

(2)如果法院命令将公司恢复注册,该命令还必须自恢复生效之日起取消认股权证及其中规定的股份。

(3)如根据第二款公司没有已发行股本,则公司必须在恢复生效之日起的一个月期限结束前,分配至少一股公司股份;第五百四十九条第一款不适用于此类分配。

(4)第六款适用于以下情况:

(a)第一千零二十九条第二款第二项或第八项所述之人根据第一千零二十九条提出申请;或

(b)法院命令明确规定该款适用。

(5)第六款不适用于公司根据第三款被要求作出分配的情况(因为在此类情况下,第五百五十五条将适用)。

(6)在本款适用的情况下,公司必须在恢复生效之日起的十五日期限结束前,向注册官提交一份股本说明。

(7)股本说明必须声明因注销认股权证而减少的公司股本:

(a)公司股份总数。

(b)这些股份的总名义价值。

(c)这些股份的未付总额(如有)(无论是以其名义价值还是以附加费的方式)。及

(d)就每一类别的股份:

(i)股份所附权利的规定详情;

(ii)该类别股份的总数;及

(iii)该类别股份的总名义价值。

(8)凡认股权证被第二款所述的命令取消的,公司必须在合理可行范围内尽快:

(a)在股东登记簿上填写注销生效日期;或

(b)凡公司选举根据《2006年公司法》第一百二十八条之二(将股东信息保留在中央登记簿上的选择权)的规定生效的,向注册官提交该信息,如同该法第一百二十八条之五要求提交的信息一样。

(9)第十款适用于:

(a)就认股权证所规定的任何股份而先前归属于公司或以信托方式代其持有的任何财产或权利已归属为无主财物(见第一千零十二条);且

(b)根据本节规定,认股权证及股份在公司恢复时被注销。

(10)在公司恢复时,该财产或权利:

(a)可不予退还公司;并

(b)因此仍可归属为无主财物。

(11)如因没有遵从第三款或第六款而构成失责的,即属犯罪:

(a)有关公司;及

(b)该公司每名失责高级人员,

为此,影子董事被视为公司高级人员。

(12)任何人犯本条所订罪行,处以下惩罚:

(a)一经循公诉程序定罪,处罚金。

(b)一经循简易程序定罪:

(i)在英格兰及威尔士,处罚金;

(ii)在苏格兰或北爱尔兰,处以不超过法定最高限额的罚金。(F25)

文本修正

F25:第一千零三十二条之一于2015年5月26日由《2015年小型企业、企业及就业法》(第二十六编)第一百六十四条第三款第七项第二目、附表四第二十八条第一款(及附表四第二十八条第二款、第三款)插入。

补充条款

第一千零三十三条　公司名称恢复

(1)在符合下列规定的情况下,公司以其在解散或从登记册簿中被剔除前的名称恢复注册。

(2)如果在恢复之日,公司不能在不违反第六十六条的情况下以其原名注册(名称不得与注册官公司名称索引中的其他名称相同),则该公司必须按以下方式恢复注册:

(a)按另一个名称:

(i)在行政恢复的情况下,向注册官提交的申请中所规定的名称;或

(ii)在根据法院命令恢复的情况下,法院命令中所规定的名称。或

(b)以该公司注册号好似其名称的方式。

凡提述公司以某一名称被注册以及在该情况下的注册,均应理解为在公司恢复注册的范围内。

(3)如果公司以向注册官提出的申请书所规定的名称恢复注册的,则以下规定:

- 第八十条(名称变更:注册并签发新的公司注册证书);以及
- 第八十一条(名称变更:效力),

则适用规定就好似向注册官提交的申请是变更公司名称的通知。

(4)如公司以法院命令中所规定的名称恢复注册的,以下规定:

- 第八十条(名称变更:注册并签发新的公司注册证书);以及
- 第八十一条(名称变更:效力),

则适用规定就好似向注册官提交的申请是变更公司名称的通知。

(5)如公司以该公司注册号好似其名称的方式恢复注册的:

(a)公司必须在恢复之日起十四日内变更名称;

(b)变更可由董事通过决议作出(不影响任何其他变更公司名称的方法);

(c)公司必须向注册官发出变更通知;以及

(d)第八十条及第八十一条适用于该项变更的注册及效力。

(6)如因没有遵从第五款第一项或第三项而构成失责的,即属犯罪:

(a)有关公司;及

(b)该公司每名失责高级人员。

(7)任何人犯第六款所订罪行,一经循简易程序定罪,处不超过标准登记表第五级的罚金;对于持续违反的,每日违约罚金不超过【标准等级表第五级的十分之一】(F26),不超过五千英镑或【标准等级表第四级中较大者的十分之一】(F26)。

文本修正

F26:第一千零三十三条第七款中的文字于2015年3月12日被《2012年法律援助、量刑和惩罚罪犯法(循简易程序定罪罚金)条例》(2015年第664号法定文书),第一条第一款,附表三第九条第二十二款(及条例第五条第一款)。

修改等事宜(非更改文本)

C57 第一千零三十三条于2009年10月1日(经修改)适用于《2009年有限责任合伙企业(2006年公司法)条例》(第2009年第1804号法定文书)第二条、第五十八条(及附表一第二十六条、第三十四条、第三十五条)[于2015年3月12日经《2012年法律援助、量刑和惩罚罪犯法》(循简易程序定罪罚金)条例》(2015年第664号法定文书)第一条第一款、附表三第十四条第五款(及第五条第一款)]。

第一千零三十四条 财产归为无主财物的恢复注册的效力

(1)根据第一千零十二条(解散公司的财产为无主财物)被赋予任何财产或权利的人,可处置该财产或权利或该财产或权利的权益,尽管该公司可能根据本章恢复注册。

(2)如果公司恢复注册:

(a)该恢复不影响上述处置(但不影响其对先前归属于该公司或以信托形式为该公司持有的任何其他财产或权利的效力)。

(b)王室或康沃尔公爵(视情况而定)应向公司支付相当于以下情形的金额:

(i)就该财产或权利或该财产或权利的权益(视属何情况而定)而收取的任何对价金额;或

(ii)在处置时收到任何对价,则是相当于被处置的财产、权利或权益在处置之日的价值的金额,

或,如果没有收到任何对价,则是相当于被处置的财产、权利或权益在处置之日的价值的金额。

(3)可从根据第二款第二项须缴付的金额中扣除王室代表与该项处置相关的合理费用(仅限于未作为行政恢复的条件或根据法院的恢复命令而被支付)。

(4)凡根据第二款就任何在公司恢复注册前已作为无主财物而累算于兰开斯特公国的财产或权利所产生法律责任,该公国的检察总长须在与该责任有关的任何诉讼中代表女王陛下。

(5)凡根据第二款就任何在公司恢复注册前已作为无主财物而累算于兰开斯特公国的财产或权利所产生法律责任,康沃尔公爵(或公爵领地的临时其他所有人)指定的人员应代表公爵(或其他所有人)处理由该责任引起的任何诉讼。

(6)在本条中,“王室代表”是指:

(a)就归属兰开斯特公国的财产而言,该公国的律师;

(b)就归属康沃尔公爵的财产而言,指康沃尔公爵的律师;

(c)就苏格兰的财产而言,女王和财政大臣的财务纪事官;

(d)就其他财产而言,财政部律师。

修改等事宜(非更改文本)

C58　第一千零三十四条(经修改)适用于《1986 年建筑协会法》(第五十三章)附表十五第五十七条第一款[于 2009 年 10 月 1 日被《2006 年公司法(相应修订、过渡性规定和储蓄)令》(2009 年第 1941 号法定文书)第二条第一款、附表一第八十七条第十一款第二项(及第十条)替换]。

C59　第一千零十二条至第一千零二十三条(经修改)适用于《1992 互助社法》(第四十章)附表十第六十八条第一款[于 2009 年 10 月 1 日被《2006 年公司法(相应修订、过渡性规定和储蓄)令》(2009 年第 1941 号法定文书)第二条第一款、附表一第一百三十三条第七款第二项第一目(及第十条)替换]。

C60　第一千零三十四条于 2009 年 10 月 1 日(经修改)适用于《2009 年有限责任合伙企业(2006 年公司法)条例》(第 2009 年第 1804 号法定文书)第二条、第五十八条(及附表一第二十六条、第三十四条、第三十五条)。

C61　第一千零三十四条于 2017 年 12 月 8 日(经修改)适用于《2017 年风险转化条例》(2017 年第 1212 号法定文书)第一条第二款、第一百八十五条第五款(及第一百八十九条)。

新加坡个人数据保护规例

韩　驰　译*

《新加坡 2021 年个人数据保护规例》译介

新加坡个人数据保护水平位居世界前列，具有相对完善的法律制度体系，包括《新加坡 2012 年个人数据保护法》(Personal Data Protection Act 2012，以下简称《个保法》)、涉及个保法具体实施的 6 部规例(Regulations)和个保法相关法定机构的 4 个公告(Notifications)，其中六部规例分别就个保法实施细则、可私了的犯罪、数据外泄通知、上诉程序、执行和谢绝来电登记处等问题进行规定。此外，针对与个人数据保护有关的民事诉讼，还有相应的法庭规则(Rules of Court 2021，Order 57)。本文对《新加坡 2021 年个人数据保护规例》(Personal Data Protection Regulations 2021)加以介绍。

《个保法》首次制定于 2012 年，2020 年新加坡议会对个保法中有关个人数据收集、使用与披露等的同意制度、数据外泄保护制度、私主体的诉权制度、个人数据保护委员会的职权范围等进行了全面修订，为配合个保法的修订能够顺利实施，通信和信息部部长重新颁行了有关的规例，对修订部分的内容规定了具体的实施细则。新颁行的《新加坡个人数据保护规例》(以下简称规例)共有 6 章 20 条，并在条文后附有关于至亲的确定以及个人数据保护委员会(PDPC)标识的两个附表，本规例自 2021 年 2 月 1 日起实施。

本次规例的修订包括以下几个方面：

第一，增加可以拟制为指定个体工作联系方式的规定(第 1A 条)。此处是对《个保法》第 11(5A)条中规定的可以被视为符合相关规定的机构应具备的条件进行的具体要求，符合此类要求的组织均需要在新加坡会计与公司管理局(ACRA)登记，并可以在该局网站上(https://www.bizfile.gov.sg)查询。

第二，在个人数据的查阅与更正请求一章中，增加了关于个人数据副本保存的规定(第 8 条)。个体可以按照本规例第二章规定的方式，向机构提出查阅或更正个人数据的请求，机构也有义务对申请人所提出的申请进行答复，一般而言，机构需在收到请求后 30 日内履行答复义务，无法答复的，需在 30 日内以书面形式告知申请人拟对其进行答复的时间。对于一些特定个人数据是否存在，以及一些未经同意将特定个人数据的使用与披露，机构也有权拒绝确认或予以否认。机构根据《个保法》第 22A 条拒绝提供的个人数据，机构还有保存该数据副

---

* 译者：韩驰，华东政法大学硕士研究生。

本的义务,一般而言,机构需要自拒绝提供之日起30日内保存该副本。

第三,在个人数据在新加坡境外转移一章中,增加了关于拥有特定认证的接收者有关的规定(第12条)。根据《个保法》第26条和规例第10条的规定,个人数据的转移机构在将数据转移到境外前,必须采取适当步骤确保个接收者受到法律强制执行义务的拘束,并且能够提供与《个保法》相当的保护标准。为使新加坡个人数据的保护与国际其他保护体系接轨,规例规定拥有特定认证的接收者,如亚太经合组织处理者隐私认证体系(PRP)和亚太经合组织跨境隐私规则体系(CBPR)等,即构成适格的境外接收者。

第四,增加了基于通知的视为同意与正当利益一章规定。首先,2020年修订的《个保法》在视为同意的情形中,增加了"基于通知的视为同意",规定在《个保法》第15A条中,规例要求机构在根据《个保法》第15A(2)条收集、使用或披露个人数据前,需要进行收集、使用或披露个人数据对个体能否造成负面影响进行评估,同时在收集、使用或披露的整个期间,机构必须保存评估报告副本(规例第14条);但此种基于通知视为同意的情形,不适用于依《个保法》附表十规定的相关目的向个体发送信息的情形(规例第13条)。其次,《个保法》附表一第三章中规定了基于"正当利益"而无须同意即可收集、使用或披露的个人数据的情形,规例仍要求机构在收集、使用或披露个人数据前,进行效果评估,并保留相关评估报告副本。

依照《2012年个人数据保护法》第六十五条之授权,通信和信息部部长特制定下列规例:

第一章 导 言

第一条 引称与生效日期

本规例可引称为《新加坡2021年个人数据保护规例》,自2021年2月1日起生效。

第一章之一 工作联系方式

第一条之一 指定个体的工作联系方式

(1)为实施《新加坡2012年个人数据保护法》(以下简称《个保法》)第十一条第五款之一,一个组织以下列方式,提供该组织根据《个保法》第十一条第三款指定的个体的工作联系方式的,可以视为该组织符合《个保法》第十一条第五款之规定:

(a)该组织依据相关法律登记,并且可以在会计与公司管理局(Accounting and Corporate Regulatory Authority)网站上(https://www.bizfile.gov.sg)查询有关记录;

(b)在该组织的官方网站上易于获取。

(2)第一款中:

"相关法律"是指:

(a)《新加坡2014年商业名称登记法》;

(b)《新加坡1967年公司法》;

(c)《新加坡2005年有限责任合伙法》;或

(d)《新加坡2008年有限合伙法》。

"官方网站"是指该组织提供的可由公众访问,并向公众提供有关该组织的信息的网站。

第二章　个人数据的查阅与更正请求

第二条　本章的定义

本章中,除另有所指外:

"申请人"是指提出请求的个体。

"数据保护人员",就机构而言,是指该机构依《个保法》第十一条第三款而指定的个体,或者依《个保法》第十一条第四款而被指定为负有数据保护责任的个体。

"个体的个人数据"是指关于该个体的个人数据。

"请求"是指个体依《个保法》第二十一条第一款或第二十二条第一款而向机构提出的请求。

"使用与披露信息"是指《个保法》第二十一条第一款第二项规定的信息。

第三条　如何提出请求

(1)向机构提出的请求必须以书面形式提出,并充分说明情况,以使该机构经合理审查后可以识别下列信息:

(a)提出请求的申请人;

(b)就依《个保法》第二十一条第一款所提出的请求而言,申请人请求的个人数据和使用与披露的信息;

(c)就依《个保法》第二十二条第一款所提出的请求而言,申请人请求的信息更正。

(2)向机构发送的申请必须:

(a)符合《解释法》(第1章)第四十八条之一的规定;

(b)以符合依《个保法》第十一条第五款规定的工作联系方式,将请求发送至该机构的数据保护人员;或

(c)符合该机构认可的其他任何方式。

第四条　依《个保法》第二十一条第一款请求的答复义务

(1)除《个保法》第二十一条第二款、第三款、第三款之一、第四款以及本规例第六条和第七条第三款另有规定外,对于依《个保法》第二十一条第一款向机构提出的任一请求,该机构必须自2021年2月1日起尽可能准确完整且合理可行地答复。

(2)对于申请人依《个保法》第二十一条第一款提出的请求,机构必须自2021年2月1日起,以下列形式向该申请人提供查阅其个人数据的机会:

(a)以文件形式向申请人提供其个人数据的副本以及数据的使用与披露信息;

(b)特定情况下前项规定无法实现的,以向申请人提供合理机会检查其个人数据以及数据的使用与披露信息的形式;或

(c)以申请人请求且机构可以认可的任何其他形式。

第五条　告知答复的时间表

除遵守《个保法》第二十一条第一款的合理可行的尽速的要求或《个保法》第二十二条第

二款在切实可行范围内尽快的要求外，对于符合本规例第三条的请求，机构在收到请求三十日内无法履行该要求的，必须在该时间内以书面形式告知申请人拟对其进行答复的时间。

第六条　拒绝确认或否认个人数据的存在、使用或披露

除《个保法》第二十一条第四款另有规定外，机构在答复依《个保法》第二十一条第一款向其提出的请求时，可以拒绝确认或否认以下内容：

(a) 在 2021 年 2 月 1 日《个保法》附表五生效前后，该附表第一条第八款所指的个人数据的存在；

(b) 未经同意将个人数据使用或披露于根据下列条款进行的调查或法律程序，并且该调查或程序以及相关上诉尚未结束：

(i) 自 2021 年 2 月 1 日起生效的《个保法》附表一第三部分第三条；

(ii) 2021 年 2 月 1 日以前生效的《个保法》附表三第一条第五款或附表四第一条第六款。

第七条　规费

(1) 除 2021 年 2 月 1 日前生效的《个保法》第二十八条或《个保法》第四十八条之八另有规定外，为使机构对于申请人的请求进行答复，机构可以向对其依《个保法》第二十一条第一款的规定提出请求的申请人就其提供的服务收取合理规费。

(2) 除下列情形外，机构不得收取费用以答复申请人依《个保法》第二十一条第一款所提出的请求：

(a) 已经向申请人提供了规费的书面估价单；

(b) 机构希望收取高于前款提供的书面估价单所载费用的，已经书面通知申请人将收取更高的费用。

(3) 除非申请人同意支付以下费用，机构无须答复申请人依《个保法》第二十一条第一款所提出的请求：

(a) 机构已经依据前款第二项的规定通知申请人收取较高费用的：

(i) 如委员会：

(A) 已经在 2021 年 2 月 1 日以前依据当时生效的《个保法》第二十八条第一款的规定审核该项较高收费的，则收取在该日以前委员会依据当时生效的《个保法》第二十八条第二款的规定允许收取的费用；

(B) 已经依据《个保法》第四十八条之八第一款审核该项较高收费的，则收取委员会依据《个保法》第四十八条之八第二款的规定允许收取的费用。或

(ii) 前目规定不适用的，则依据本条第二款第二项已经告知的较高费用收费。

(b) 前款规定不适用的，并且机构已经依本条第二款第一项的规定向申请人提供费用预估的：

(i) 如委员会：

(A) 已经在 2021 年 2 月 1 日以前依据当时生效的《个保法》第二十八条第一款的规定审核该项预估费用的，则收取在该日以前委员会依据当时生效的《个保法》第二十八条第二款的规定允许收取的费用；

(B)已经依据《个保法》第四十八条之八第一款审核该项预估费用的,则收取委员会依据《个保法》第四十八条之八第二款的规定允许收取的费用。或

(ii)前目规定不适用的,则依据本条第二款第一项的预估费用收费。

(4)为避免疑义,对于申请人履行其《个保法》第二十二条第二款项下义务的,机构不得向该申请人收取任何费用。

第八条　个人数据副本的保存

(1)为实施《个保法》第二十二条之一第一款,对于机构拒绝提供的个人数据副本,法定保存期限为自机构拒绝提供之日起至相关日期止。

(2)本条所称:

"拒绝日",就机构的拒绝行为而言,是指机构向个体通知其拒绝之日。

"撤回日":

(a)就因机构的拒绝提供而由投诉人依《个保法》第四十八条之八第一款提出的申请而言,是指投诉人撤回其申请之日,或委员会依据《新加坡 2021 年个人数据保护(执行)规例》(G. N. No. S 62/2021)驳回申请之日;

(b)就投诉人因委员会作出的决定或指令提出的申请或上诉而言,是指投诉人撤回其申请或上诉之日;或

(c)就机构因委员会作出的决定或指令提出的申请或上诉而言,是指机构遵循该决定或指令之日。

"机构的拒绝",是指对于个体依《个保法》第二十一条第一款第一项请求,相关机构拒绝提供其拥有并在其控制之下的个体的个人数据。

"相关日期",就机构的拒绝而言,是指:

(a)自拒绝之日起的第三十日;

(b)在前项规定的日期以前,或自该日起该机构拒绝提供的有关个人数据系由其拥有并在其控制之下,并且该机构已经发出下列申请或上诉的通知的,适用于下列申请或上诉日期中的最晚日期:

(i)依《个保法》第四十八条之八第一款第一项向委员会提出的关于机构拒绝行为的审查申请,撤回申请之日或者委员会就该申请依《个保法》第四十八条之八第二款发布决定或指令之日起第二十八日;

(ii)依《个保法》第四十八条之十四第一款向委员会提出的关于机构拒绝行为的复议申请,撤回申请之日或者委员会就该申请依《个保法》第四十八条之十四第六款第二项发布决定之日起第二十八日;

(iii)依《个保法》第四十八条之十四第五款提出的延长机构拒绝行为的复议申请的法定期限的申请,撤回申请之日,或者拒绝申请之日,或者获准延长期限届满之日(如有);或

(iv)就委员会依《个保法》第四十八条之八第二款作出的决定或指令或依《个保法》第四十八条之十四第六款第二项作出的决定,依《个保法》第四十八条之十七第一款提出的上诉的,撤回上诉之日或者上诉委员会受理案件并发布指令或决定之日起第二十八日;

(v)依《个保法》第四十八条之十八对前项上诉委员会的指令与决定或者相关事项提出上诉的，撤回上诉之日或者高等法院普通审判庭或者上诉审判庭(视情况而定)就上诉作出裁决之日。

第三章　个人数据在新加坡境外的转移

第九条　本章术语的定义

本章中，除另有所指外：

"传输中的数据"是指在从新加坡转移到新加坡境外的国家或地区的过程中持续传输的个人数据，除该个人数据专为查阅、使用或披露之目的而传输以外，该个人数据在新加坡时并未供任何机构(转移机构或受雇于转移机构且在受雇期间行事的雇员除外)查阅或者使用或未被披露至任何机构。

"个体的个人数据"是指关于该个体的个人数据。

"接收者"，就从新加坡转移到新加坡境外的国家或地区的个人数据而言，是指在新加坡境外的国家或地区的接收转移机构或代表转移机构转移个人数据的任何机构，但不包括：

(a)转移机构；

(b)受雇于转移机构且在受雇期间行事的任何雇员；

(c)仅作为网络服务提供商或运营商接收个人数据的任何机构；

(d)从个人数据接收者处接收个人数据的任何机构。

"转移机构"是指：

(a)就从新加坡转移到新加坡境外的国家或地区的个人数据而言，是指将个人数据从新加坡转移到新加坡境外的国家或地区的机构；或

(b)就传输中的数据而言，是指通过新加坡将个人数据传输到新加坡境外的国家或地区的机构。

"传输"包括电子形式的传送。

第十条　转移的要求

(1)为实施《个保法》第二十六条，自2021年2月1日起，转移机构在将个体的个人数据转移到新加坡境外的国家或地区之前，必须采取恰当的步骤，确定并确保个人数据的接收者受到法律强制执行义务的拘束(依据本规例第十一条)，使接收者对于被转移的个人数据提供至少可与《个保法》规定的保护相当的保护标准。

(2)对于个人数据转移至在新加坡境外国家或地区接收者的，转移机构在下列情况下可视为符合前款之要求：

(a)除第三项另有规定外，个体同意将其个人数据转移至该国或地区的接收者；

(b)依《个保法》第十五条第三款、第四款、第五款、第六款、第七款或第八款的规定，可视为个体同意转移机构将其个人信息披露给接收者；

(c)依据《个保法》附表一第一章或者第二章第二条的规定，将个人数据转移至接收者处系使用或披露为必需的，并且转移机构已经采取合理措施确保以此方式转移的个人数据，接收者不会为其他目的使用或披露；

(d)该数据系传输中的数据的;或

(e)该数据可在新加坡公开获取的。

(3)为实施本条第二款第一项的规定,存在下列情形的,不得视为个体已经同意将其个人数据转移至新加坡境外的国家或地区:

(a)个体在同意以前,未获得合理的书面摘要,以说明接收个人数据的国家或地区所提供的保护与《个保法》规定的保护程度相当;

(b)转移机构要求个体同意转移作为提供产品或服务的条件的,除此等信息转移是提供产品或服务的合理必要条件的以外;或

(c)转移机构通过提供关于信息转移的虚假或误导性信息,或通过使用其他欺诈性或误导性手段,获得或者试图获得个体就个人信息转移的同意。

(4)本章的任何规定不得阻止个体撤销其作出的将个人数据转移到新加坡境外的国家或地区的任何同意。

第十一条　法律强制义务

(1)为实施本规例第十条第一款,具有法律强制执行力的义务包括依据下列内容对个人数据接收者所施加的义务:

(a)任何法律;

(b)依据本条第二款订立的任何合同;

(c)依据本条第三款具有拘束力的公司规则;或

(d)其他具有法律拘束力的文书。

(2)本条第一款第二项所称合同必须:

(a)要求接收者对于被转移个人数据提供至少可与《个保法》所规定的保护相当的保护标准;并且

(b)指明依合同可将个人数据转移到的国家和地区。

(3)本条第一款第三项所称有拘束力的公司规则:

(a)必须要求与转移机构有关且未满足本条第一款第一项、第二项或第四项的每个被转移个人数据的接收者,提供至少可以与《个保法》所规定的保护相当的保护标准。

(b)必须载明:

(i)适用具有拘束力的公司规则的被转移个人数据的接收者;

(ii)依据有拘束力的公司规则转移个人数据的目标国家和地区;并且

(iii)具有拘束力的公司规则制定的权力和义务。以及

(c)仅适用于与转移机构有关的接收者。

(4)为实施本条第三款第一项和第三项,符合下列情形的,可认为个人数据的接收者与转移该数据的机构有关:

(a)接收者直接或间接控制转移机构的;

(b)接收者直接或间接受控于转移机构的;或

(c)接收者与转移机构直接或间接受控于同一人的。

第十二条　拥有特定认证的接收者

（1）为实施本规例第十条第一款，接收者持有转入国法律授予或承认的特定认证的，该新加坡境外的国家或地区的个人数据接收人可被视为受具法律强制执行力的义务拘束，应为被转移数据提供至少可与《个保法》所规定的保护相当的保护标准。

（2）本条中"特定认证"，就个体个人数据接收者而言，是指下列规则体系下的认证：

（a）数据接收者为中间人的，为亚太经合组织处理者隐私认证体系（PRP），或者亚太经合组织跨境隐私规则体系（CBPR）；或

（b）其他情形下，为亚太经合组织跨境隐私规则体系。

第四章　基于通知的视为同意与正当利益

第十三条　《个保法》第十五条之一第三款规定的唯一目的

《个保法》第十五条之一第三款规定的目的是指依《个保法》附表十规定的相关目的向个体发送信息。

第十四条　依据《个保法》第十五条之一对拟收集、适用或披露的个人数据的效果之评估

（1）本条适用于机构依据《个保法》第十五条之一第二款意图收集、使用或披露个体的个人数据的情形。

（2）《个保法》第十五条之一第四款第一项所称的用以确定机构拟收集、使用或披露个人数据不会给个体造成负面影响的评估，必须包含以下全部信息：

（a）拟收集、使用或披露的个人信息的类型和数量（视情况而定）；

（b）收集、使用或披露个人数据的目的（视情况而定）；

（c）收集、使用或披露个人数据的方法（视情况而定）；

（d）就拟收集、使用或披露（视情况而定）的个人数据，机构通知该个体的方式；

（e）个体通知机构其不同意机构拟收集、使用或披露（视情况而定）其个人数据的期间以及方式；

（f）确定前项提及的期间与方式的原因。

（3）机构在依《个保法》第十五条之一第二款收集、使用或披露个体的个人数据的整个期间，机构必须保存依《个保法》第十五条之一第四款第一项关于收集、使用或披露该个体的个人数据的评估报告副本。

第十五条　依据《个保法》附表一第三章对拟收集、使用或披露的个人数据的效果之评估

（1）本条适用于机构意图依《个保法》附表一第三部分第一条第一款收集、使用或披露个体的个人数据的情形。

（2）《个保法》附表一第三章第一条第二款第一项提及的有关拟收集、使用或披露的个人数据的评估，必须：

（a）明确以下信息：

（i）拟收集、使用或披露的个人数据的类型和数量（视情况而定）；

（ii）收集、使用或披露个人数据的目的（视情况而定）；

（iii）收集、使用或披露个人数据的方法（视情况而定）。并且

(b)识别在实施《个保法》附表一第三章第一条第三款第二项所称合理措施后对个体剩余的不利影响。

(c)识别能够证明机构收集、使用或披露相关个体的个人数据正当性的正当利益。

(d)前项所确定的正当利益与该组织以外的其他人有关,还需通过名称或者描述确定该人的身份。

(e)机构得出第三项确定的正当利益超过对个体的不利影响结论的,需列明理由。

(3)机构在依《个保法》附表一第三章第一条第一款收集、使用或披露个体的个人数据的整个期间,机构必须保存依《个保法》附表一第三章第一条第二款第一项关于收集、使用或披露该个体的个人数据的评估报告副本。

第五章　其他规定

第十六条　依据《个保法》行使有关死者的权利

(1)本条第二款所指人员,可就已故时间不超过十年的死者行使《个保法》第二十四条中的或《个保法》中与个人数据的披露有关的条款所规定的全部或任何下列权利:

(a)为实行《个保法》而作出或撤销任何同意的权利。

(b)提起诉讼的权利:

(i)依据2021年2月1日前生效的《个保法》第三十二条提出的,在2021年2月1日以前,对机构违反《个保法》第二十四条或《个保法》中与个人数据的披露有关的其他条款(视情况而定)的行为提起诉讼;或

(ii)依据《个保法》第四十八条之十五提出的,自2021年2月1日起,对机构违反《个保法》第二十四条或《个保法》中与个人数据的披露有关的其他条款的行为提起诉讼。

(c)依据《个保法》提出申诉的权利。

(2)以下人员为前款所称的人员:

(a)按照死者遗嘱指定的行使其待行使的前款所知权利的人员,或者该死者的代表,但是该人员或者个人代表(视情况而定)已经放弃被授予此种权利的情形除外;

(b)如果前项规定提及的任何人员或者个人代表均无权行使该权利或权力的,则所称人员为符合本条例规例附表一规定的已故个体的至亲。

(3)除《新加坡1934年遗嘱认证和遗产管理法》第二章(如适用)另有规定的,对于依据第一款被授予的任何权利的放弃必须以书面形式明确作出。

(4)依《个保法》有关第一款中所提及的任何同意、诉讼或申诉行为的通知或其他通讯,可以由行使有关同意、诉讼或申诉行为等权利的人作出。

(5)本规例不得:

(a)使任何人在不具备法律上自主行使权力的行为能力的情况下,行使依据第一款而获得的任何权利;

(b)影响任何人依据其他法律行使第一款所称任何权利的权力。

(6)为实施本规例,任何人并不仅因为其完成对死者遗产的管理,而不再作为其个人

代表。

第十七条　委员会标识

为实施《个保法》第六十一条，委员会的活动和事务使用的标识如附表二所示。

第十八条　撤销

《新加坡2014年个人数据保护规例》(G. N. No. S 362/2014)即行撤销。

第十九条　保留条款与过渡期条款

(1)不考虑第十八条的规定：

(a)对于已撤销规例第四条第一款的规定继续适用于2021年2月1日以前依据当时有效的《个保法》第二十一条第一款向机构提出申请的行为。

(b)2021年2月1日以前，已撤销规例的第八条、第九条、第十条和第十条之一的规定继续适用于向新加坡境外的国家或地区转移个人数据的转移机构。

(2)本规例中，“已撤销规例”是指由本规例第十八条撤销的《新加坡2014年个人数据保护规例》。

附表一

《规例》第十六条第二款第二项

至亲的确定

第一条　除第二条和第三条另有规定外，死者的至亲是指以下各款中最先列出的个体，任何一款中所列超过两人者，以年长者或最年长者为优先顺位：

(a)死者去世时的配偶；

(b)死者的子女；

(c)死者的父母；

(d)死者的兄弟姐妹；

(e)死者的其他亲属。

第二条　为实施第一条：

(a)死者的子女是指已故个体的婚生子女、准婚生子女或养子女；

(b)死者的兄弟姐妹或亲属包括死者因收养而结成的兄弟姐妹或亲属；

(c)死者的父系亲属和母系亲属的地位相同。

第三条　按照本附表确立为死者的至亲者：

(a)已经去世；

(b)本规例第十六条第一款所称，不具备法律上自主行使权利的行为能力的；或

(c)无法或拒绝就本规例第十六条第一款所称行使权利作出决定的，

与此人邻近的具有优先顺位的至亲，视为已故个体的下一个至亲。

第四条　为实施本附表，任何个体仅由于其暂时无能力或暂时不便作出某项决定的，不得被视为第三条第三款所称的无法或拒绝作出决定的情形。

附表二　委员会标识

pdpc
PERSONAL DATA
PROTECTION COMMISSION
SINGAPORE

本规例于 2021 年 1 月 28 日制定。

陈英杰（Chan Yeng Kit）
新加坡资讯通信媒体发展局董事会主席

新加坡商业名称登记法

王春荣　译　屈文生　审校*

《新加坡商业名称登记法》译介

《新加坡商业名称登记法》颁布于2014年,2004年的《商业注册法》被该法废止。该法旨在规定关于在新加坡开展业务的个人及其商业名称的登记,对其他成文法的相应、相关修订以及其他相关事宜。该法于2016年1月3日生效。

该法就某些相关术语作了释义。"商业名称"是指个人经营业务所用的名称;"商业"包括一切形式的贸易、商务和行业,以及任何其他以营利为目的的活动,但不包括任何公职、雇用或职业;"公司"是指在新加坡境内或境外组建、设立或存续的法人团体,"检查员"是指登记官为执行本法,依法通过书面授权方式指定的检查人员;"登记官"是指依法获委任的商业名称登记官,包括依照该条获委任的任何商业名称副登记官或助理登记官,等等。

该法规定了商业名称的登记要求、方式和内容。任何人在新加坡经营业务前,必须对其商业名称办理登记。登记申请须由适当人员送交登记官,并提供商业名册、业务性质、经营场所等信息。若企业中合伙人是公司的,还需提供公司的名称、注册号及注册办事处等信息。

根据该法,个人及其商业名称的登记到期的,登记官应以书面通知告知对方在通知所称期限内续期登记。逾期不续期登记的,登记官可以撤销该登记;本法规定须登记的人不得以该人的登记商业名称以外的商业名称开展业务。登记申请获准后,登记官须向申请人发出登记商业名称的变更通知,并注明变更日期;任何人的登记内容已有或发生任何变更的,该人须在变更后14日内,或在登记官批准的更长期间内,向登记官提交注明变更性质、日期以及包含其他订明信息的通知。

关于未偿清债务破产人经营业务的限制,该法规定任何未偿清债务的破产人(无论是由新加坡法院或对破产有管辖权的外国法院裁定)未经高等法院许可或未经法定破产管理人书面准许经营业务,即属犯罪。针对任何未偿清债务的破产人向高等法院或法定破产管理人提出的申请,高等法院或法定破产管理人可驳回或批准该申请,但须遵照高等法院或法定破产管理人规定的要求。

该法还规定了犯罪与处罚、以商业名称经营业务的证据、旧记录的销毁或转移、法人团体

---

* 译者:王春荣,华东政法大学博士后在站研究人员;审校:屈文生,全国人大常委会法工委法律英文译审专家委员会委员、华东政法大学教授、博士生导师。

的犯罪、管理局及其雇员的免责、文件送达、注册官获取补充信息的权力等其他事项。

2014 年第 29 号法令

生效日期:2016 年 1 月 3 日

本法及相关修正废除并重新颁布《商业登记法》(第 32 章,2004 年修订版),规定关于在新加坡开展业务的个人及其商业名称的登记,对其他成文法的相应、相关修订以及其他相关事宜。

经新加坡议会建议和同意,由总统颁布,具体如下:

第一部　导　　言

第一条　简称及生效日期

本法可引称为《新加坡 2014 年商业名称登记法》。本法自部长在《政府公报》中指定之日起生效。

第二条　释义

(1)在本法中,除上下文另有所指外:

"备用地址"是指依照第三十条第二款在登记官处备案的、符合第三十条要求的地址。

"受权代表"是指根据第十一条第一款获委任的代表。

"管理局"是指依照《新加坡 2004 年会计与企业管理局法》建立的新加坡会计与企业管理部门。

"商业"包括一切形式的贸易、商务和行业,以及任何其他以营利为目的的活动,但不包括任何公职、雇用或职业。

"商业名称"是指个人经营业务所用的名称。

"登记确认书"是指根据第八条第二款颁发的证书。

"公司"与《新加坡 1967 年公司法》第四条第一款规定的含义相同。

"公司"是指在新加坡境内或境外组建、设立或存续的法人团体,包括:

(a)任何公司;

(b)依照《新加坡 2005 年有限责任合伙法》登记的任何有限合伙企业;

(c)任何外国公司。

"文件"是指:

(a)向登记官提交或送交的任何申请、表格、报告、证明、通知、确认书、声明或其他文件;

(b)由登记官签发的任何证明、通知或其他文件。

"合伙企业"是指非法人团体,由:

(a)两个或两个以上的个人组成;

(b)一个或一个以上个人以及一个或多个公司组成;或

(c)两个或多个公司组成。

以营利为目的,共同经营。

“外国公司”与《新加坡 1967 年公司法》第四条第一款规定的含义相同。

“个人”是指自然人,适当情形中包括:

(a)该个人的管理人、执行人、清算人、受托人、代理人或监护人;

(b)关于该个人,依照《新加坡 2008 年意思能力法》获委任的受赠人或代理人,能直接管控该个人的经营业务。

“个体经营者”是指以个体经营者身份经营业务的个人。

“检查员”是指登记官为执行本法,依照第三十二条第一款通过书面授权方式指定的检查人员。

“登记通知”是指根据第八条第一款第二项颁发的通知。

“登记(的)”是指依照本法已经登记的。

“登记商业名称”是指依照第八条登记的个人的商业名称。

“登记官”是指依照第三条第二款获委任的商业名称登记官,包括依照该条获委任的任何商业名称副登记官或助理登记官。

个人的“居所”是指该个人的通常居住地。

(2)为实施本法,在新加坡有营业场所的个人视为在新加坡经营业务。

(3)不得仅出于外国公司在新加坡有以下情形,视为该外国公司在新加坡经营业务。第二款规定不影响本款适用:

(a)是或成为任何诉讼或任何行政或仲裁的一方,或执行和解协议、诉讼或程序或任何索赔或纠纷的一方;

(b)召开董事会、股东会或开展其他有关内部事务的活动;

(c)保有任何银行账户;

(d)通过独立承包商从事任何销售;

(e)招揽或获得任何具有约束力合同的订单,只要该订单是在新加坡境外被接受的;

(f)有发生任何债务的证据或对动产或不动产设定担保;

(g)担保或收取其任何债务,或强制执行与该等债务有关的任何担保的权利;

(h)在三十一日内完成独立交易,但该交易不属于多次重复的类似交易中的任何一项;

(i)投资其任何资金或持有任何财产;

(j)在新加坡办理股份转让或股份登记;

(k)通过新加坡金融管理局根据任何成文法许可或批准、依照《新加坡 1970 年金融管理局法》成立的关联公司开展任何交易和依照管理局批准的安排;

(l)开展订明的其他活动。

(4)第三款中的“关联公司”与《公司法》第四条第一款规定的相同。

(5)提述向登记官提交或送交的文件的,是指以登记官确定的方式及形式向其存档或送交的文件。

(6)第八条第七款、第十二条第四款、第十六条第五款和第十七条第九款、第十款中,提述部长的,是指包括依照该条款,为审理申诉,由部长授权的本部门的政府部门负责人。

第三条　本法的实施与商业名称登记官的委任等事项

(1)依照部长一般或特别指令,管理局负责实施本法。

(2)部长在与管理局商议后,为适当执行本法,可委任:

(a)管理局官员担任商业名称登记官;

(b)从管理局官员、公职人员及任何其他法定机构的职员中选任商业名称副登记官和助理登记官。

(3)为执行本法规定,登记官负责保存登记个人及其登记商业名称的登记册,并负责收取本法规定的应付费用,并将所有由此收取的款项存入管理局的基金中。

(4)依照本法,管理局可就登记官行使其权力、职能或职责向登记官作出不违反本法规定的指令,登记官必须执行。

(5)除本条规定的委任外,登记官为施行本法可将本法授予的所有或任何权力、职能和职责委任任何副登记官或商业名称助理登记官,并附加其认为适当的条件或限制。

第四条　本法规定的无须登记个人

(1)以下个人在新加坡经营业务时无须登记:

(a)任何仅以个体经营者全名经营业务的个体经营者;

(b)任何由两名或以上个人组成的,仅以所有个体的全名经营业务的公司;

(c)依照第二款规定,任何个人或由两名或以上个人组成的公司经营任何业务时,必须具备成文法规定的特定资格的个人,且其名称已登记在册或按成文法规定的方式备案;

(d)个人(甲)可完全或主要经由另一个人(乙)以代理人或受托人的身份为其经营业务,若乙已提供第七条第一款规定的内容;

(e)任何为公共目的并依照公法设立的法定机关或其他机构;

(f)《新加坡1947年所得税法》附表一规定的任何机构、机关、人员或基金;

(g)任何依照《新加坡1966年社团法》登记的社团;

(h)任何依照《新加坡1979年合作社法》登记的社团;

(i)依照《新加坡1960年互助会法》登记的任何互助会;

(j)依照《新加坡1940年工会法》登记的任何工会;

(k)破产人财产的公共受托人或法定接收人(破产管理人);

(l)依照《新加坡1967年公司法》登记并以其登记名称在新加坡经营业务的任何外国公司;

(m)任何以公司名义经营业务的公司;

(n)根据《新加坡2005年有限责任合伙法》登记并以其登记名称经营业务的任何有限合伙企业;

(o)符合《新加坡2008年有限合伙法》第四十二条第三款规定任何依照该法登记的有限合伙企业;

(p)部长依照第四十三条制定的条例暂时免除登记的任何其他人员或其他类别人员;

(q)紧临本法生效日期前,经营由《新加坡商业登记法》(第32章,2004年修订版)附

表一规定的任何业务,并在该日期当日及以后继续经营同一业务的任何个体经营者。

(2)关于第一款第三项所称所称个人或由两人或以上组成的公司,依照第四十三条制定的条例规定第一款第三项所称免除登记不适用于该类个人或公司的,该类个人或公司在新加坡经营业务时必须登记。

(3)除第一款第五项至第十五项指明的人员外,依照第一款在新加坡经营业务无须登记的人员,可以选择登记。

(4)无须登记但选择登记的人员在登记期间必须遵守本法规定。

(5)本条中:

(a)所提及的个人或人分别包括一类个人或一类人。以及

(b)所提及的个人的全名是指:

(i)依照《新加坡1965年国家登记法》签发的身份证载明的全名;

(ii)个人未获得依照该法签发的身份证的,该个人护照载明的或登记官认可的其他类似身份证明载明的全名。

第二部　登　　记

第五条　登记要求

(1)依照本法规定,任何人在新加坡经营业务前,必须对该人及其商业名称办理登记。

(2)任何个人提出在新加坡以两个或以上商业名称经营业务的,必须对该个人和每个商业名称办理单独登记。本法中提述的登记应据此解释。

第六条　登记方式及内容

(1)登记申请:

(a)须由适当人员送交登记官。

(b)须包含以下内容:

(i)商业名称。

(ii)业务的一般性质。

(iii)主要营业场所。

(iv)业务由个体经营者经营的,个体的全名、身份、国籍及居住地址。

(v)业务由作为公司的独资经营者经营的,该公司的名称、登记号及登记办事处。

(vi)业务由合伙企业经营的:

(A)合伙企业中合伙人是个人的,个人的全名、身份、国籍和住址;

(B)合伙企业中合伙人是个人的,个人的全名、身份、国籍和住址。

(vii)每名受权代表的全名、身份、国籍和居住地址(如有)。

(viii)开始营业的日期或拟定日期。及

(ix)可能规定的有关拟经营的人员和该人员的商业名称的其他信息。

(2)登记官可在任何特定情况中,要求以其认为合适的方式核证第一款所称申请。

(3)第一款中:

“适当人员”是指：

(a)须办理登记的是个体经营者的，该个体。

(b)须办理登记的是公司的，该公司的董事或秘书。

(c)须办理登记的是依照《新加坡2005年有限责任合伙法》第二条所称有限合伙企业的，该有限合伙企业的管理人员。

(d)须办理登记的是依照《新加坡1967年公司法》第十一部分第二节登记的外国公司的，该法第三百六十六条规定的外国公司受权代表。

(e)须办理登记的是合伙企业的，适当人员是指：

(i)合伙企业的合伙人；

(ii)第二款、第三款或第四款指明的(视情况而定)任何公司、有限合伙企业或作为企业合伙人的外国公司的适当人员。

(f)依照《新加坡2004年会计与企业管理局法》第二十八条之六登记的登记代理人，由提请依照本法登记的个人授权并为其代理开展业务。

“身份”是指：

(a)具有依照《新加坡1965年国家登记法》签发身份证的个人，“身份”是指该个人的身份证号码；

(b)没有依照该法签发身份证的个人，“身份”是指登记官认可的该个人护照载明的或其他类似身份证明载明的内容。

第七条　由代理人或受托人登记

(1)个人(乙)完全或主要是作为另一个人(甲)的代理人或受托人经营业务，为在新加坡开展业务的一般目的，乙必须提供除第六条规定的内容外，其他可能规定的内容。

(2)任何人不得以外国公司的代理人或受托人的身份在新加坡经营业务。

第八条　登记

(1)依照本法规定，收到依照第六条提出的登记申请后，登记官必须：

(a)登记申请人及申请人的商业名称；

(b)向申请人发出登记通知，列明申请人的登记业务名称及登记日期。

(2)登记官在收到依照第一款登记人提交的申请及规定缴纳的费用后，可按登记官确定的形式，发出确认该申请人和商业名称登记的确认书。

(3)每项登记的有效期由登记官指定，并符合本法规定及支付规定费用的，可在登记官批准的期限内办理续期。

(4)登记官在收到登记续期申请后，可要求申请人增加相关内容或其他信息；登记官未获得该等内容或信息的，可以驳回。

(5)登记官不采纳依照本法规定提供的内容或其他信息的，可以不登记任何人及其商业名称，或续期任何登记。

(6)任何人及其商业名称的登记或登记续期，不得视为该人或该人雇用的任何人所经营的业务已合法合规。

(7)依照第十三条第二款规定，任何人对登记官依照本法驳回登记有异议的：

(a)登记该人及其商业名称；

(b)续期该人及其商业名称的登记。

可在收到驳回通知之日起三十日内,向部长提出申诉。部长的决定为终局决定。

第九条　必须驳回登记的情形

其他依照第八条第七款规定的申诉权,登记官信纳下列情形的,必须依照本法驳回申请人及其商业名称的登记。本法或任何其他成文法的任何规定不影响本条适用。

(a)该业务可能被用于非法目的或有损新加坡的公共和平、福利或良好秩序;

(b)登记人可能有损国家安全或利益;

(c)申请人是未依照《新加坡 1967 年公司法》第十一部第二节登记的外国公司。

第十条　登记不授予所有权

(1)任何人登记任何商业名称,并不授予该人登记商业名称内、构成或包含在登记商业名称内的任何字样或表达的任何财产。

(2)任何人的登记不得视为证明,该登记人拥有由于该业务持有或为该业务而使用的任何财产或任何财产的权利或权益。

第十一条　受权代表

(1)个人经营者、合伙企业所有合伙人或外国公司所有职员(视情况而定)不在新加坡居住(无论是在个体经营者、合伙企业或外国公司登记之时或之后),个体经营者、合伙企业或外国公司必须在第三款、第四款或第十一款规定期间内(以适用者为准)委任一名或以上符合第二款标准的受权代表。

(2)受权代表必须是:

(a)自然人;

(b)年满十八周岁;

(c)有完全法律行为能力;

(d)常住新加坡。

(3)个人经营者、合伙企业所有合伙人或外国公司所有职员登记时(视情况而定)不在新加坡居住,须在下列情形中委任受权代表:

(a)在个体经营者、合伙企业或外国公司登记之时;

(b)个体经营者、合伙企业或外国公司将在登记日期后的特定日期在新加坡经营业务,该日期期间不迟于该个体经营者、合伙企业或外国公司开始在新加坡经营业务的日期。

(4)个体经营者、合伙企业所有合伙人或外国公司所有职员(视情况而定)在登记后任何期间内不在新加坡居住的,须在下列情形中委任受权代表:

(a)自个人经营者不在新加坡居住之日起三十日内;

(b)自合伙企业最后一名合伙人不在新加坡居住之日后三十日内;

(c)自外国公司最后一名职员不在新加坡居住之日起三十日内。

(5)受权代表自行负责履行自其获委任之日起登记个体经营者、合伙企业或外国公司的所有义务。

(6)受权代表在不履行第五款所称义务的,须承担与个体经营者、合伙企业或外国公司(视情况而定)相同的责任、义务和处罚。本法所有刑罚和其他规定据此解释。

(7)第一款所称个体经营者、合伙企业或外国公司必须在委任日期后十四日内向登记官提交受权代表获委任的通知以及受权代表接受委任的通知。

(8)委任通知必须载明受权代表的居所。

(9)依照第一款获委任的受权代表:

(a)因任何原因辞职、退休、死亡或以其他事由不再担任受权代表;

(b)不再具备资格担任受权代表,

第一款所称个体经营者、合伙企业或外国公司必须在上述事项发生后十四日内向登记官提交通知,说明该受权代表已不再担任或不再具备资格担任个体经营者、合伙企业或外国公司的受权代表。

(10)第一款所称个体经营者、合伙企业或外国公司未依照第九款向登记官提交通知的,前任受权代表可向登记官提交通知,说明其已不再担任或不再具备资格担任成为该个体经营者、合伙企业或外国公司的受权代表。

(11)依照第一款获委任的个体经营者、合伙企业或外国公司的唯一受权代表:

(a)由于辞职、退休、死亡或其他任何事由不再担任受权代表的;或

(b)不再具备资格担任受权代表的,

个体经营者、合伙企业或外国公司必须在唯一受权代表不再担任或不再具备资格担任受权代表之日起三十日内,委任一名新的受权代表。

(12)个体经营者、合伙企业或外国公司不遵守第一款、第七款或第九款规定的,即属犯罪。一经定罪,处一千新元以下的罚金。

(13)本条中,外国公司"职员"包括任何董事、秘书、经理、公职人员或受雇担任执行职务的人。

(14)关于确认个人(包括合伙企业的合伙人)是否居住在新加坡境外,适用下列规定:

(a)公司于新加坡境外登记或成立的,视为居住在新加坡境外;

(b)个人的居所在新加坡境外的,视为居住在新加坡境外。

(15)第四款第二项中,合伙人是指:

(a)公司;

(b)根据《新加坡2005年有限责任合伙法》登记的有限责任合伙企业,

该公司或有限合伙企业解散的,视为不居住在新加坡境内。

(16)第九款、第十款和第十一款中,受权代表不再有完全法律行为能力或不再常住于新加坡的,视为不再具有担任受权代表的资格。

第十二条　撤销登记的一般权力

(1)列情形中,登记官可取消特定个人及其商业名称的登记:

(a)登记官信纳:

(i)该人的业务正被用于或拟被用于非法目的或有损新加坡公共和平、福祉或良好秩序;或

(ii)该人的续期登记可能有损国家安全或利益。

(b)涉及该人业务的,经营该业务的人或该人委任的独任或实质代表该人管理业务的任何其他人,构成《新加坡1994年慈善法》规定的犯罪。

(c)依照第十一条第一款规定,应当委任受权代表的人—

(i)未在依照第十一条第三款或第四款规定的委任受权代表的期限内委任受权代表;

(ii)未在该人唯一受权代表辞职、退休、死亡或不再担任或不再具备资格担任第十一条第十一款规定的受权代表之日起三十日内委任新的受权代表。

(2)登记官可以取消个人或其商业名称的登记,依照《新加坡1953年中央公积金法》设立的中央公积金委员会告知登记官该人是依照该法第六条设立的中央公积金的成员,并且未遵守依照该法第七十七条第一款第五项制定的条例,缴纳中央公积金。

(3)依照第一款或第二款规定撤销任何登记前,登记官必须:

(a)将登记官拟撤销登记通知以书面形式告知该人;

(b)通知须载明该人可以在三十日或以上期限内向登记官作出书面申述;

(c)登记官在通知规定的期间内对收到的该人对拟议撤销的书面申述(如有)给予考虑。

(4)依照第十三条第三款规定,任何对撤销登记有异议的,可在收到撤销通知之日起三十日内或部长在特定情况下许可的更长期间内,向部长提出申诉。部长的决定为终局决定。

第十三条　关于第九条和第十二条的补充规定

(1)为执行第九条第二款和第十二条第一款第一项第二目,负责国内安全的部长可签发证书,说明部长信纳证书中所指人员的登记或续期可能有损国家安全或利益的,视为该证书是所称事项的确凿证据。

(2)依照第九条第二款规定,登记官可依照由第一款签发的证书驳回个人登记。第八条第七款规定不予适用。

(3)依照第十二条第一款第一项第二目规定,登记官可依照第一款签发的证书撤销特定人员及其商业名称的登记。第十二条第四款规定不予适用。

第十四条　因不续期而撤销登记

(1)个人及其商业名称的登记到期的,登记官应以书面通知告知对方在通知所称期限内续期登记。逾期不续期登记的,登记官可以撤销该登记。

(2)依照第一款,公告所称期间须为该公告日期后三十日或以上。

(3)未在依照第一款签发的书面通知所称期间内办理续期登记的,登记官可以撤销该人及其商业名称的登记。

(4)除撤销登记外,个人及其商业名称的登记期满后应继续登记。

第十五条　商业名称的使用

(1)依照第二款规定,本法规定须登记的人不得以该人的登记商业名称以外的商业名称开展业务。

(2)该人无须依照第四条登记其商业名称的,第一款不妨碍该个人以其商业名称经营业务。

(3)依照第八条第一款登记商业名称,另有任何成文法或其他法律禁止使用登记商业名称的,不得授权使用登记商业名称。

第十六条　保留商业名称

(1)任何人可向登记官提出申请,以保留其提出登记商业名称。

(2)仅登记官信纳下列情形的,才可以批准依照第一款提出的申请:

(a)申请诚信、善意;

(b)保留的商业名称是该人依照第十七条第一款、第二款及第三款登记商业名称。

(3)登记官信纳下列情形的,必须驳回批准保留商业名称的申请:

(a)该商业名称可能被用于非法目的或有损新加坡的公共和平、福祉或良好秩序;

(b)登记商业名称可能有损国家安全或利益;

(c)未根据《公司法》第十一部第二节登记的外国公司或其代表提出的申请。

(4)依照第一款申请提出保留商业名称的,登记官必须将提出的登记商业名称保留一段期间,以登记官收到申请时起算,截止日期如下:

(a)登记官批准申请的,截止日为登记官通知申请人申请获批的日期后六十日;申请是诚信、善意的,登记官可再延期六十日。

(b)登记官驳回申请的,截止日为登记官通知申请人驳回申请之日。

(5)个人对下列登记官作出的决定有异议的:

(a)驳回依照第一款提出的申请;

(b)驳回依照第四款第一项提出的延长保留期的申请,可以在知道登记官作出的决定后三十日内向部长提出申诉。部长的决定为终局决定。

第十七条　商业名称的登记限制

(1)除经部长同意或依照第三款规定外,登记官认为商业名称存有下列情形的,必须依照本法拒绝以特定商业名称经营业务的个人登记,或依照第十八条驳回登记商业名称的变更:

(a)不可取的;

(b)与其他登记商业名称,或任何法人或有限合伙的商业名称相同的;

(c)与依照本法第十六条、第二十七条之十二款之二、依照第三百五十七条第二款适用的第二十七条之十二款之二或《新加坡 1967 年公司法》第三百七十八条之十五款、《新加坡 2005 年有限责任合伙法》第十九条第四款或《新加坡 2008 年有限责任合伙法》第十七条第四款规定保留的商业名称相同的;或

(d)部长通过《政府公报》指示登记官不予办理登记商业名称的。

(2)下列情形中,除第一款规定外,登记官必须驳回个人(甲)对商业名称的登记,或驳回甲的登记商业名称的变更,但部长同意的除外。

(a)该商业名称与个人(乙)依照本法被撤销的或依照第二十二条已终止的个人登记及商业名称登记相同,但在距撤销或终止日期已有一年或以上的除外。

(b)该商业名称与已解散的公司名称相同:

(i)公司依照《新加坡 2018 年破产、重组和解散法》第八部规定在清算后解散,并且距解散日期已有两年或以上的除外;

(ii)依照《新加坡 1967 年公司法》第三百四十四条或第三百四十四条之一规定,该商业名称从登记册中被除名后解散,并且距解散日期已有六年或以上的

除外。

(c)与依照《新加坡 1967 年公司法》第三百七十七条第二款向登记官提交的解散通知中的外国公司名称相同,但距解散日期已有两年以上的除外。

(d)与解散的有限合伙企业名称相同:

(i)有限责任合伙企业依照《新加坡 2005 年有限责任合伙法》第三十条及附表五规定在清算后解散,并且距解散日期已有两年以上的除外;

(ii)有限责任合伙企业依照《新加坡 2005 年有限责任合伙法》第三十八条规定,从登记册中除名后解散,并且距解散日期已有六年或以上的除外。

(e)与被撤销或解散的有限合伙企业名称相同:

(i)该有限合伙企业依照《新加坡 2008 年有限合伙法》第十四条第一款或第十九条第四款被撤销登记,并且距撤销日期已有一年或以上的除外;

(ii)登记官已收到该有限合伙企业依照《新加坡 2008 年有限合伙法》第十九条第二款被解散的通知,并且距解散日期已有一年或以上的除外。

(3)登记官可以批准个人以下列商业名称登记。第一款规定不予适用。

(a)与依照《新加坡 1967 年公司法》第十一部第二节登记的外国公司名称相同的商业名称:

(i)在此情形中,依照《公司法》第三百七十七条第一款规定,该外国公司在新加坡不再具有营业场所或在新加坡终止业务,并且距终止日期已有三个月或以上;并且

(ii)依照《公司法》第三百七十七条第八款、第九款或第十款规定,该商业名称从登记册中被除名,并且距除名日期已有六年或以上。

(b)与有限合伙企业名称相同的商业名称。依照《新加坡 2008 年有限合伙法》第十九条第一款规定,登记官已收到该有限合伙企业在新加坡终止开展业务的通知,并且距终止日期已有一年或以上。

(4)登记官信纳个人的登记商业名称有下列情形的,本条和第十八条不予适用:

(a)依照第一款第一项、第二项或第四项驳回登记的;

(b)第二款所称相关期限届满前,依照该款驳回登记的;

(c)第三款所称相关期限届满后,依照该款批准登记的;

(d)与任何公司或有限合伙企业的名称或任何登记商业名称极其相似,以致可能被误认为是该名称的;

(e)其使用受依照《新加坡 1998 年商标法》作出的强制令限制的,

登记官可指令该人变更其登记商业名称,该人必须在该指令日期后六个星期内或在局长所同意的更长期间内执行该指令。

(5)登记官依照第四款指令个人变更其登记商业名称的权力适用于下列情形:

(a)不论该人的商业名称是否因疏忽或其他原因而被登记;

(b)该人(姓名)以商业名称的形式被登记或被视为登记。

(6)任何人可以第四款所列事由,以书面形式向登记官提出申请,要求局长指令任何其他个人变更该人登记商业名称。

(7)依照第六款规定,登记官不得受理以第四款第四项所列事由向个人作出指令的申请。但是,依照第十八条规定,登记官在收到该人登记商业名称申请后十二个月内,或登记商业名称变更获准日期后十二个月内的,登记官可以受理。

(8)任何个人不执行依照第四款作出的指令,登记官可撤销该人及其商业名称的登记。

(9)任何人对下列情形有异议的:

(a)登记官依照第四款作出的指令;

(b)依照第六款提出申请后,登记官驳回依照第四款向任何人作出指令的,

可在收到登记官的指令或驳回通知后三十日内,视情况向部长提出申诉。部长的决定为终局决定。

(10)为免疑义,登记官依照第四款作出的指令,或部长依照第九款就申诉作出的决定,登记官或部长(视情况而定)必须接受高等法院依照第四款第五项批准强制令的任何决定为正确决定。

第十八条　变更登记商业名称

(1)任何人变更其登记商业名称须向登记官提出申请。

(2)申请获准后,登记官须向申请人发出登记商业名称的变更通知,并注明变更日期。

(3)任何变更登记商业名称的申请须符合第十七条规定。

第十九条　变更居所

(1)任何人:

(a)登记个体经营者;

(b)登记合伙企业的合伙人;

(c)受权代表,

必须在变更日期后十四日内,通知登记官其新的居所。

(2)第一款所称个人所称变更居所,并依照《新加坡1965年国家登记法》第八条规定提交变更通知的,该个人视为已按照第一款规定通知登记官其居所的变更。

第二十条　内容变更登记

(1)任何人的登记内容已有或发生任何变更的,该人须在变更后十四日内,或在登记官应申请批准的更长期间内,向登记官提交注明变更性质、日期以及包含其他订明信息的通知。

(2)第一款中,内容变更不包括:

(a)下列居所的变更:

(i)登记个体经营者;

(ii)登记合伙企业的个人合伙人;

(iii)受权代表。

(b)登记商业名称的变更。

(3)任何人终止作为登记合伙企业的合伙人,该人及该合伙企业之后的登记合伙人必须在终止后十四日内,通知登记官。本款规定不影响第一款规定的一般性适用。

(4)须提交第三款所称通知的人无法定位或找到的,登记官可准许其他须提交该通知的人提交该通知。

(5)登记官可要求针对本条规定的任何通知,以其认为适当的方式,由其认为适当的人员

核证。

第二十一条　登记人死亡

(1)登记个体经营者或作为个人的登记合伙企业的合伙人死亡的,登记官可准许死者的遗产代理人,或其认为有权申请法院指定管理死者遗产人:

(a)代表死亡的登记人提交任何第二十条第一款所称通知;

(b)代表死亡的合伙人以及其他登记合伙人,提交任何依照第二十条第三款规定的通知;

(c)提交第二十二条第一款所称通知。

(2)第一款中,任何死亡登记人的遗产代理人,或有权申请法院指定管理死者遗产的人,必须提供登记官认可的证据。

第二十二条　停止营业

(1)登记人终止以登记商业名称在新加坡经营业务的,该登记人必须在终止业务后十四日内,向登记官提交通知,说明登记人已终止以该登记商业名称经营业务。

(2)登记官认为适当的,可准许任何登记人提交通知,预先告知登记官该登记人拟在该通知指明日期,终止以登记商业名称经营业务。

(3)任何登记人违反第一款规定的,即属犯罪。一经定罪,处五千新元以下的罚金。

(4)收到依照第一款规定提交的通知,或依照第二款规定提交的通知指明日期(视情况而定)的,该通知相关个人及其商业名称的登记即告终止。

第二十三条　撤销登记

(1)登记官有合理因由认为登记人并非以登记商业名称在新加坡经营业务的,可向该人发出书面通知,说明:

(a)登记官拟定撤销该人及其商业名称的登记;

(b)对拟定撤销有任何异议的,必须以书面形式提出,并在通知指明日期前(为通知日期后三十日或以上)提交登记官。

(2)下列情形中,登记官:

(a)收到第一款所称个人的答复,说明该人并非以登记商业名称经营业务;

(b)发出第一款所称通知后三十日内,没有收到该款所称个人就该拟定撤销提出的书面异议,

登记官可撤销相关人员及商业名称的登记。

(3)依照依照本条规定,任何人及相关商业名称的登记一经撤销的,与该登记有关的任何证明或通知视为撤销。

第二十四条　恢复登记

(1)任何个人及其商业名称的登记依照第十四条或第二十三条被撤销,或依照第二十二条被终止,该个人可以申请登记官恢复登记。

(2)依照第一款规定,恢复登记的申请必须符合下列条件之一:

(a)自登记被撤销或终止之日起十二个月内;

(b)特殊情形中,登记官批准的更长期间内。

(3)依照第九条规定的登记限制,未缴续期费用及任何规定的逾期罚款缴付后,并符合登

记官可能规定的要求规限的,登记官可以批准恢复登记的申请。

(4)登记官批准依照第三款提出的申请的,该人及其商业名称的登记视为该项登记未被撤销或终止(视情况而定)。

(5)第四款不影响依照第三十五条第一款第一项对该人犯罪的起诉和处罚。

第二十五条　高等法院的更正

(1)针对申请人提出的证据,高等法院认为登记册内记录的任何内容存有错误或不当的,可以指令登记官按高等法院认为公正、合宜的方式、要求更正登记册。

(2)登记官收到高等法院依照第一款作出的命令后,必须据此更正登记册。

(3)高等法院依照第一款作出的命令可规定申请人须向登记官提交载明更正内容的新文件,高等法院命令的副本,申请作出该命令的副本。

第二十六条　登记官对申请作出的更正

(1)登记人或其受权代表可向登记官提交关于下列内容的通知。第二十五条规定不影响本款的适用。

(a)向登记官提交或送交的有关该人内容的任何文件中的任何错误;

(b)向登记官提交或送交与该人有关任何文件的过程中的任何错误。

(2)登记官收到第一款所称任何通知后,确认存有下列情形的:

(a)第一款第一项所称错误属于印刷或书写错误;

(b)登记官认为第一款第二项所称错误是非故意的,并且不损害其他人的,

相应更正登记册。

(3)依照第二款更正登记册的,登记官不得从登记册中删除任何文件。

(4)登记官依照第二款就是否更正登记册作出的决定为终局决定。

第二十七条　登记官提出的更正或更新

(1)登记官认为有下列情形之一的,可更正或更新登记册中的任何内容或文件:

(a)由于任何语法、印刷或类似错误而导致的内容或文件的瑕疵或错误。

(b)有证据表明有关个人的内容与下列情形不一致:

(i)登记册中与该人有关的其他信息;

(ii)从政府部门或部委、法定机构或其他规定的法人团体取得的与该人有关的其他资料。

(2)登记官依照第一款更正或更新登记册前,除另有规定外,登记官必须向该人发出书面通知,说明登记官拟更正或更新该人的文件或内容,并在通知中说明:

(a)拟在登记册中作出更正或更新的理由及具体内容;

(b)任何对拟定更正或更新的书面异议必须送交登记官,送交日期为通知日期后三十日或以上。

(3)根据第二款规定,收到通知的个人可在不迟于依照第二款第二项指明的日期,向登记官提交对拟更正或更新登记册的书面异议。

(4)登记官在依照第二款第二项指定的日期前,收到依照第三款对拟定更正或更新的书面异议的,不得更正或更新登记册,但信纳该异议是轻率、缠讼或已被撤回的除外。

(5)登记官依照第二款第二项指定的日期前未收到依照第三款提出的书面异议的,登记

官可更正或更新登记册。

(6)为提供登记册内有关任何内容或文件的错误或不当的信息,登记官可在登记册内附加其认为适当的批注。登记官认为该批注不再有效的,可以删除。

(7)登记官认为登记册内任何内容或文件存有任何错误或不当,可以书面形式要求该内容或文件相关登记人或其受权代表,在登记官指定期限内采取措施,以确保更正该错误或不当。本条其他规定不影响本款适用。

第二十八条　索取登记通知副本等事宜

(1)依照第三十条规定,任何人在缴纳规定的费用后,可索要由登记官发出并核证的登记通知书副本,或任何已向登记官提交或送交的文件副本或摘录。

(2)依照第一款发出的任何副本或摘录,经登记官核证为真确副本或摘录的,在任何法律程序中可被采纳为与正本文件具有同等效力的证据。

(3)构成登记册部分的文件已依照第三十八条销毁的,登记官无须依照第一款发出该文件的副本或摘录。

第二十九条　电子政务处理系统

(1)登记官可以:

(a)要求或允许任何人依照本法与登记官进行任何政务处理;

(b)发布任何与依照第一项所称政务处理相关批准、证书、通知、决定或其他文件,使用依照《新加坡2004年会计与企业管理局法》第六部之一设立的电子政务处理系统。

(2)登记官认为政务处理的实施日期及期间应视为早于电子政务处理系统显示的日期及期间,可使电子政务处理系统和登记册显示的较早日期及期间。

(3)依照第二款更改电子政务处理系统或登记册的,登记官须予以备案。

(4)本条中,与登记官有关的"政务处理"是指:

(a)向登记官提交、送交、呈递、出示、递送、提供或寄送的任何文件;

(b)向登记官提出的任何申请、呈递或请求;

(c)向登记官作出的任何承诺或声明;

(d)提取、检索或调取登记官保存的任何文件、记录或资料。

第三十条　备用地址

(1)符合第二款规定的,登记官不得披露或供公众查阅依照本法提交登记官或由国家登记专员依照《新加坡1965年国家登记法》第八条之一转交登记官关于个人居所的具体内容。第二十八条规定不影响本款适用。

(2)第一款所称规定是指该款所称个人须向登记官备留符合下列条件的备用地址:

(a)可以定位该个人的地址;

(b)非邮政信箱号码;

(c)非该个人的居所;

(d)与该个人居所处于同一辖区。

(3)第二款中:

(a)提出保留备用地址的个人必须向登记官申请;

(b)任何个人在同一期间不得保留多个备用地址；

(c)提出终止保留备用地址的个人必须向登记官提交撤回通知；

(d)任何个人提出更改其备用地址的，必须向登记官提交更改通知。

(4)申请保留备用地址以及提交撤回或更改备用地址的通知，须交纳规定的费用。

(5)第一款自登记官接受保留第三款第一项所称备用地址的申请期间起适用。

(6)依照第二款保留备用地址的个人必须确保可以在该地址定位该个人。

(7)任何个人违反第六款规定的，即属犯罪。一经定罪，处一万新元以下的罚金，单处或并处两年以下的监禁刑。

(8)依照第二款保留了备用地址，但下列情形中，登记官仍可披露或供公众查阅任何个人有关居所的具体内容。第一款规定不予适用。

(a)登记官依照本法或任何会计与企业管理局官员依照“会计与企业管理局管理法”向个人备用地址发送信函，并要求在规定期限内回复的信函仍未收到回复；

(b)有证据表明，根据本法或任何“会计与企业管理局管理法”，向备用地址送达的任何文件不能有效通知该个人。

(9)依照第八款实施相关程序前，登记官必须向相关个人发出通知：

(a)说明登记官拟披露或供公众查阅该个人居所的理由；

(b)指明在此之前可以作出陈述的期限。

(10)登记官在指明期间内审查其收到的陈述。

(11)登记官披露或供公众查阅任何个人的居所内容，必须通知该个人。

(12)依照第九款或第十一款作出的通知，须寄送该个人的居所。除登记官认为不能有效通知该个人外，可以寄送该个人最后已知的任何其他地址。

(13)有下列情形的：

(a)依照第八款规定，登记官披露并供公众查阅任何个人的居所；或

(b)由依照另一“会计与企业管理局管理法”委任的登记官，依照该法与第八款的同等规定，披露并供公众查阅任何个人的居所，

自居住地址被披露并供公众查阅之日起三年内，该个人不得依照第二款保留备用地址。

(14)本条中任何规定不适用于从任何前登记册中转至现有登记册的任何信息，不影响该等信息被披露或供公众查阅或取用。

(15)本条中任何规定不影响依照本法向登记官提交的居所，或依照《新加坡1965年国家登记法》第八条之一由国家登记专员向登记官转交提供的居所，在下列情形中被使用或被披露：

(a)登记官用于与该个人通信的；

(b)为执行本法或任何其他成文法，披露以便对该个人发出传票或实施其他法律程序；

(c)按照任何法院的要求或任何成文法的规定披露；

(d)为协助任何公职人员或任何法定机构人员调查或起诉任何成文法规定的犯罪而披露；

(e)在其他情形中披露。

(16)任何个人对登记官依照第八款作出的决定不服的,可在自收到依照第十一款发出的通知日期起三十日内,向高等法院提出申诉。高等法院可维持该项决定,或作出其认为适当的指令,或以其他方式作出裁定。

(17)本条中:

(a)“会计与企管理局管理法”是指《新加坡 2004 年会计与企业管理局法》以及该法附表中指明的任何成文法;

(b)“前登记册”是指依照《新加坡商业登记法》(第 32 章)被本法废除的登记册;

(c)任何个人可以在一个地址被定位是指,经由合理的方式在该地址寻找该个人后,可以在该地址找到该人。

第三十一条　未登记人行为能力的剥夺

(1)第二款规定适用于被要求登记的人(未登记人):

(a)以商业名称经营业务,但未依照本法登记该商业名称。

(b)以商业名称经营业务:

(i)该人商业名称登记被撤销,依照第二十四条仍未恢复后;

(ii)该人商业名称登记被终止,依照第二十四条仍未恢复后。

(c)未依照第十九条第一款、第二十条第一款或第三款提交任何通知。

(2)相关合同是由未登记人或其代表在下列期间签订的,依照第三款和第四款规定,未登记人不得以诉讼或其他法律程序(无论是否以商业名称)强制执行与未登记人以商业名称开展的业务有关的任何合同下或合同中产生的任何权利:

(a)未登记人未以商业名称经营业务登记;

(b)该未登记人商业名称登记被撤销或终止,依照第二十四条仍未恢复后;

(c)关于未登记人商业名称登记,未登记人违反第十九条第一款、第二十条第一款或第三款规定。

(3)第二款第二项所称未登记人,依照第二十四条恢复其商业名称登记的,不影响该未登记人实现第二款所称任何权利。

(4)该未登记人对本条规定的行为能力限制不服的,可向法院提起申诉。

(5)法院认为:

(a)未登记是偶然的,或由于疏忽或其他充分原因;

(b)基于其他理由,给予救济是公正和公平的,

可按法院规定的条件(如有)给予一般性济助,或就任何个别合同给予救济。

(6)本条不影响任何其他当时方就第二款所称合同对未登记人提出主张的权利。

(7)任何一方为实现第二款所称合同中该方享有的权利对未登记人提起诉讼,本条不影响未登记人在该诉讼或法律程序中,以反诉、抵销或其他方式,实现未登记人就该合同可能对该方享有的权利。

(8)本条中“法院”是指处理第二款所称强制执行合同的法律程序或处理提起的有关第二款的任何法院。

第三部 其他规定

第三十二条 检查

(1)为实施本法,登记官可书面授权管理局的任何雇员或公职人员担任检查员。

(2)为确保实施本法规定,登记官或任何检查员可在任何合理期间进入登记官或检查员有理由认为任何人正在营业的任何场所,并为此实施必要检查和询问。

(3)登记官和检查员行使本法规定的任何权力时,必须告知其职务,并向因行使该权力而受影响的任何人出示书面授权。

(4)任何人违反登记官或检查员提出的要求,或抗拒或妨害登记官或检查员履行其本法规定的职责的,即属犯罪。一经定罪,处一万新元以下的罚金,单处或并处两年以下的监禁刑。

(5)登记官或检查员(视情况而定)违反第三款规定的,不执行登记官或检查员提出的任何要求,或抗拒或妨害登记官或检查员履行其本法规定的任何职责的,不构成犯罪。

第三十三条 登记官获取补充信息的权力

(1)为了获取登记官认为执行本法规定所需信息,登记官可以:

(a)要求任何经营业务的个人(甲)、甲的雇员、明显受雇于甲的营业场所的任何人或明显管理甲的业务的任何人,以书面形式回答登记官认为必要的任何问题;

(b)传唤第一项所称任何人至登记官或检查员,或传唤至登记官可能指定的任何其他公职人员,以口头回答任何问题。

(2)登记官可以再行要求第一款所称个人作出登记官规定的补充声明,或提供登记官规定的补充内容。

第三十四条 对未偿清债务破产人经营业务的限制

(1)任何未偿清债务的破产人(无论是由新加坡法院或对破产有管辖权的外国法院裁定):

(a)须登记并在新加坡经营任何业务的个人;

(b)直接或间接参加或参与管理任何须登记个人经营的任何业务,

未经高等法院许可或未经法定破产管理人书面准许经营业务,即属犯罪。一经定罪,处一万新元以下的罚金,单处或并处两年以下的监禁刑。

(2)针对任何未偿清债务的破产人依照第一款向高等法院或法定破产管理人(视情况而定)提出的申请,高等法院或法定破产管理人可驳回或批准该申请,但须遵照高等法院或法定破产管理人(视情况而定)规定的要求。

(3)必须已向法定破产管理人送达拟申请许可通知,且法定破产管理人就该申请展开听证后,高等法院才能为实施本条规定而作出许可。

第三十五条 犯罪与处罚

(1)依照第二款规定,下列情形中的任何人:

(a)作为须登记的个人:

(i)未登记而在新加坡经营业务。

(ii)在新加坡以不同于该人登记商业名称的商业名称经营业务。

(iii)下列情形中以商业名称经营业务：

(A)该人商业名称登记被撤销后；

(B)该人商业名称登记被终止后。

(b)没有合法理由，违反登记官依照第三十三条发出的任何传票或要求。

(c)依照本法规定，向登记官作出的任何陈述或提供的任何信息的任何重要内容实属虚假，或由于疏漏任何重要内容的，并且该人知道或应当知道该等陈述或信息实属虚假的，

即属犯罪，一经定罪，单处一万新元以下的罚金，单处或并处两年以下的监禁刑。

(2)任何人无须依照第四条登记其商业名称的，以该商业名称经营业务不构成犯罪。

(3)任何人违反第十九条第一款、第二十条第一款或第三款规定的，即属犯罪。一经定罪，处五千新元以下的罚金，单处或并处十二个月以下的监禁刑。

第三十六条　以商业名称经营业务的证据

本法规定的任何犯罪诉讼中，有下列情形的：

(a)有证据表明，商业名称已显示在任何营业场所；

(b)有证据表明，法院可据此推断该商业名称与在该经营场所经营的任何业务有关，无相反证据的，视为该业务经营人以该商业名称经营业务。

第三十七条　犯罪私了

(1)登记官可自行决定，向其有理由怀疑构成犯罪的人收取不超过下列金额中的较低者，以私了本法规定的可私了犯罪：

(a)规定最高罚金数额的一半；

(b)五千新元。

(2)笔款项缴纳后，不得就该犯罪对该人采取其他法律程序。

第三十八条　旧记录的销毁或转移

登记官认为不再需要或不再适宜保留向登记官提交、送交、呈交或由登记官发出的已被制作成缩微胶卷或转为电子形式的任何文件，登记官可以：

(a)依照《新加坡1995年国家图书馆委员会法》第十七条，并经国家图书馆委员会授权，销毁文件；

(b)依照该法第十六条将文件移交新加坡国家档案馆。

第三十九条　答复义务的强制执行

(1)个人有下列情形的：

(a)违反：

(i)本法任何规定；

(ii)关于须将任何收益、账目、通知或其他文件提交、送交或呈交登记官的任何其他成文法的规定，登记官责令执行的通知送达后十四日内，仍未更正违规行为。

(b)登记官的责令执行送达后十四日内，仍未执行登记官责令修订或完善、重新提交任何文件或提交新的文件。

(c)未执行登记官依照第二十七条第七款提出的要求,在登记官规定期间内采取措施,以确保更正登记册内任何内容或文件中的错误或不当,

地区法院或治安官法院可应登记官申请,指令相关人员在该命令规定期间内纠正该违规行为。

(2)任何该等命令可规定申请所需全部费用及附带费用须由相关人员承担。

(3)本条中任何规定不影响本法或任何成文法其他规定,就本条所称任何违规行为,对相关人员施加的处罚。

(4)本条中,“相关人员”是指:

(a)是个体经营者的,该个体;

(b)是合伙企业的,所有或任何合伙人;

(c)是公司的,企业或/和第四十条第五款规定的任何官员;

(d)是完全或主要作为他人的代理人或受托人经营业务的人,首位提及的人。

第四十条　法人团体的犯罪等事项

(1)法人团体构成本法规定的犯罪的:

(a)管理人员的同意或纵容实施的;

(b)可归因于该管理人员的疏忽,

该官员及法人团体即属犯罪,可据此被起诉及处罚。

(2)法人团体事务由其成员管理的,第一款适用于任何成员关于其管理职能的行为及失职,该成员视为该法人团体的管理人员。

(3)合伙企业构成本法规定的犯罪的:

(a)合伙人的同意或纵容实施的;

(b)可归因于该合伙人的疏忽,

该合伙人及合伙企业即属犯罪,可据此被起诉及处罚。

(4)非法人团体(合伙企业除外)构成本法规定的犯罪的:

(a)非法人团体的管理人员或其管理机构的成员的同意或纵容实施的;或

(b)是可归因于该管理人员或成员的疏忽,

该管理人员或成员以及该非法人团体即属犯罪,可据此被起诉及处罚。

(5)本条中:

“法人团体”包括有限合伙企业;

“管理人员”是指:

(a)是法人团体的,该法人团体的任何董事、合伙人、管理委员会成员、首席执行官、经理或秘书,包括任何声称以该身份行事的个人;

(b)是非法人团体(合伙企业除外)的,非法人团体的负责人、秘书或委员会任何成员,或担任类似负责人、秘书或委员会成员职务的任何人,包括任何声称以该身份行事的个人。

“合伙人”包括声称以合伙人身份行事的个人。

(6)条例可修改本条任何规定的适用范围,以适用于以新加坡境外地区的法律成立或认可的任何法人团体或非法人团体。

第四十一条　管理局及其雇员的免责

下述错误或不准确非由登记官或管理局任何其他官员或雇员缺乏合理谨慎及诚信导致的,管理局、登记官或管理局任何其他官员或雇员对登记册内任何错误或不准确,或依照本法制定或发布的任何证书、经核证摘录、副本或其他文件内任何错误或不准确(无论副本内或其他内容)概不负责。

第四十二条　文件送达等事项

(1)依照第三款规定,除法院程序送达的文件或法院就本法规定的任何犯罪发出的传票外,任何依照本法或依照本法制定的条例要求或授权的文件,可以下列方式送达:

(a)是个人的:

(i)直接送交该个人;

(ii)送交明显居住在该人居所的成年人,或以普通邮递或预付挂号邮递方式寄至该个人通常居所或最后为人所知的居所;

(iii)送交明显受雇于该个人营业场所的成年人,或以普通邮递或预付挂号邮递方式寄至该个人通常营业场所或最后为人所知的营业场所;

(iv)在该个人通常或最后为人所知的居所或营业场所的明显位置布告文件副本;

(v)以传真形式发送至该个人向登记官提供的用于文件送达的传真号码;

(vi)以电子邮件形式发送至该个人向登记官提供的用于文件送达的最新电子邮件地址。

(b)是合伙企业的:

(i)送交任何合伙人或合伙企业的秘书或其他类似管理人员;

(ii)将文件留置或以普通邮递或预付挂号邮递方式寄至合伙企业在新加坡的主要或最后为人所知的营业场所;

(iii)以传真形式发送至该企业向登记官提供的用于文件送达的传真号码;或

(iv)以电子邮件形式发送至合伙企业向登记官提供的用于文件送达的最新电子邮件地址。

(c)是公司或非法人团体的:

(i)送交公司或非法人团体的秘书或其他类似管理人员,是有限合伙企业的,送交有限合伙企业的管理人;

(ii)将文件送交或以普通邮递或预付挂号邮递方式寄至公司或非法人团体在新加坡的登记办事机构或主要办事机构;

(iii)以传真形式发送至公司或非法人团体向登记官提供的用于文件送达的传真号码;

(iv)以电子邮件形式发送至公司或非法人团体向登记官提供的用于文件送达的最新电子邮件地址。

(2)由登记官、部长或其代表送达任何文件的:

(a)按照第一款直接送达的,视为已在送交日期送达;

(b)按照第一款以普通邮递方式寄至的,除该文件被退回而未送交外,视为已按正常邮递方式送交的翌日送达收件人；

(c)按照第一款以预付费挂号邮递方式寄出的，寄出之日后两日不论是否未送达，视为已送达收件人；

(d)按照第一款通过传真方式发送至传真号码，该文件在发送当日视为已送达收件人，以传真机收到成功发送至收件人传真号码的传真机通知(以电子传真或其他方式)为准；或

(e)按照第一款规定，以电子邮件形式发送至电子邮件地址。在该个人可以读取该电子邮件时，视为已送达该个人。

(3)依照本法，只有事先获得个人书面同意的，才可以通过电子邮件形式向该人送达文件。

(4)法院就本法规定的任何犯罪作出传唤，可通过以下方式送达相关人员：

(a)直接送交该人；

(b)送交居住在该人最后为人所知居所的任何成年人；

(c)以预付挂号邮递方式寄至该人最后为人所知居所或营业场所或该人提供的任何地址(包括该人的备用地址)。

(5)为了证明第四款所称传票已由预付挂号邮件送达，只须证明载有传票的封面已填妥地址、贴上邮票并以预付挂号邮递方式寄出。

第四十三条　条例

(1)部长可为实施本法制定条例。

(2)可依照第一款就下列所有或任何事项制定条例，但不得影响第一款的一般性适用：

(a)登记官的权力、职责；

(b)实施本法规定的形式，包括登记册的格式和登记册的存放地；

(c)所有与登记人可能使用的商业名称的限制有关或因之产生的事项(包括确定商业名称何时受该等限制约束的规则)；

(d)要求在个人信件、发票、出版物和为开展该人业务制作或使用的其他(任何媒介)文件，显示与该人登记有关的任何内容；

(e)依照本法免于登记的人员或人员类别；

(f)因向登记官提交或送交的任何文件而须交纳的费用，或因依照或根据本法作出的任何行为而须交纳的费用，以及该等费用的支付方式；

(g)依照本法迟交任何文件的处罚；

(h)部分或全部放弃、退还或减免本法令规定的任何应纳费用或罚款；

(i)免交任何或部分费用的人员或人员类别；

(j)可以依照第三十七条私了的犯罪；

(k)依照本法或为实施本法规定或准许规定的事项。

(3)依照第一款制定的条例可以规定，任何违反该条例的，即属犯罪，处五千新元以下的罚金，单处或并处十二个月以下的监禁刑。

第四十四条　其他成文法的保留事项

除另有明确规定外，本法任何规定不得解释为限制或以任何方式影响任何其他成文法的

规定。

第四十五条

《新加坡商业登记法》(第 32 章)现予废止。

第四十六条　保留与过渡期规定

(1)委任被撤销、任期届满,或在任期届满前死亡、退休或以其他方式离职前,任何紧临指定日前依照已废除法令第三条第二款获委任的登记官、副登记官或助理登记官,须分别视为依照本法第三条第二款获委任的登记官、副登记官或助理登记官。

(2)任何紧临指定日前依照已废除法令办理登记或被视为登记的个人,须视为根据本法第八条登记的个人及其其商业名称,或视为依照已废除法令第八条办理登记,并且该人及其商业名称的登记,本应在本法未颁布前于登记到期日失效。

(3)登记官应将在指定日期前出现在根据被废除的法案保存的登记册中的姓名、地址和其他细节转移到根据本法保存的登记册中。

(4)任何个人(甲)在紧临指定日前,依照已废除的《新加坡商业登记法》(第 32 章,2004 年修订版)制定的条例,被登记为由经营业务的个人(乙)委任的本地管理人,须视为在指定生效之日获委任为乙的受权代表。但是,下述情形除外:甲或乙在指定生效之日后三十日内,通知登记官下列情况:

(a)甲未获委任为乙的受权代表;

(b)甲不符合第十一条第二款规定的标准。

(5)个体经营者、合伙企业或外国公司被视为依照第二款登记,该个体经营者、合伙企业所有合伙人或外国公司所有管理人员在指定生效之日居住在符合第十一条第十四款规定的新加坡境外地点,除适用第四款规定外,个体经营者、合伙企业或外国公司(视情况而定)必须在指定生效之日后三十日内,按照第十一条规定委任一名或以上受权代表。未委任的:

(a)登记官可撤销该个体经营者、合伙企业或外国公司的登记;

(b)该个体经营者、合伙企业的合伙人或外国公司(视情况而定)即属犯罪,一经定罪,处一千新元以下的罚金。

(6)为了在指定日前实施已废除法令第二十条第二款规定,任何符合规定的个人可在指定日当天及之后,但不晚于部长于《政府公报》指定之日,可以在紧临制定日前使用符合规定的个人获准或被要求使用的电子政务处理系统,继续与登记官开展有关已废除法令第二十条第一款所称服务的任何政务处理。

(7)紧接指定日前,已废除法令第二十条第一款所称服务,在指定日当天及之后,视为本法第二十九条所称电子政务处理系统。

(8)任何在紧临指定日前依照已废除法令规定提出的登记申请,在紧临指定日前仍未办结的,视为依照本法相应规定提出的登记申请(如适用)。

(9)任何依照已废除法令第十三条第三款作出的名称保留,在指定日前未到期的,视为依照本法相应规定作出的名称保留。但是,已废除法令仍发生效力的,保留于到期日失效。

(10)依照已废除法令向部长提出申诉,该申诉在紧临指定日前仍未办结的,可以按照已废除法令规定处理该上诉,视为本法尚未颁布。

(11)本法不影响:

(a)任何在指定生效日前依照已废除法令实施的或未决的调查,该调查可以在指定生效日后继续开展,任何相关事宜在紧临指定日之后可以相应开展,视为本法尚未颁布;

(b)登记官在指定生效日前依照已废除法令作出的任何命令或决定的持续执行或效力;

(c)紧临指定日前关于第二项所称任何命令或决定的申诉权。

(12)任何依照已废除法令制定并在紧临指定日前仍有效的附属立法,与本法规定并无抵触的,该附属立法被撤销或废除前,视为依照本法制定并继续有效。

(13)指定日之后两年内,部长可以由条例规定因废止已废除的《商业登记法》产生的其他部长认为必要或适宜的过渡性、附带性及关联性事项。

(14)任何提述关于已废除法令或其任何规定的书面法律或文件,为了保持其效力的需要的,视情况解释为提述或包括提述本法或本法相应规定。

(15)本条中:

"指定日期"是指本法的生效日期;

"已废止的法令"是指由本法废止的《新加坡商业登记法》(第32章,2004年修订版)。

第四十七条　其他成文法的相应及相关修正

附表第一栏所指明的规定,按附表第二栏列明的方式修正。

附表略

新加坡商业名称登记规例

刘　攀　译*

《新加坡商业名称登记规例》译介

《新加坡2015年商业名称登记规例》于2016年月1月生效,该规例由新加坡财政部长依据《2014年新加坡商业名称登记法令》第四十三条授权制定。该规例规定关于电子登记系统释义及使用要求、文件翻译、身份证件、签署、印在商业文件上的商业名称、由代名人或受托人登记、申诉、相关政府部门或部委等、规费和处罚、撤销、过渡条款,并包括规费、逾期罚款附录的各类事宜。

该规例中的"电子登记表格"是指登记官所提供的电子登记系统上通过登记官办理业务的表格。"电子登记系统"是指登记机构依据《会计和企业监管法》(第2A章)第二十八条之二第一款设立的电子登记系统。该规例具体规定了电子登记系统的使用要求。一般情况下,办理人应当使用电子登记系统所提供的电子登记表格。如果所办理业务无法通过电子登记系统办理的,办理人须以登记官确定的其他形式和方式通过登记官办理该业务。同时,登记官也可援引该规例规定款项拒绝办理登记业务。

该规例明确规定办理人通过登记官办理诸项业务的形式要求。如向登记官提交或递交存档的文件不以英文书写的,应当向登记官一同提交该文件及其经认证的英文译本。为核实办理人的身份信息,登记官可以要求办理人出示其身份证或护照,或登记官可以接受的其他身份证件。若电子登记表格须由多人签署的,应同时满足条件:(a)签署涉及注册事项的,在登记官通知申请人需要签署的电子登记表格之日后60日内;或签署涉及任何其他事项的,在电子登记表格首次提交之日后14日内;(b)电子登记表格涉及的通过登记官办理业务的规定费用,须由最后一名电子登记表格签署人支付。依据《2014年商业名称登记法》进行登记的人须确保其用于商业目的的发票和正式信函具备商业登记名称和商业登记证号。此外,为在新加坡开展业务,而完全或主要作为他人的代名人或受托人为他人开展业务,则须提供规例规定的详情信息。

该规例规定办理人具有向部长提出申诉的申诉权。依据相关条款,办理人向部长提出申诉必须满足:(a)以书面形式提交给部长;(b)述明申诉所针对的通知类型或由登记官作出的决定;(c)述明提出申诉的依据;(d)附有部长认为有申诉必要性的书面证据。同时,依据

---

* 译者:刘攀,华东政法大学硕士研究生。

《2014年商业名称登记法》第二十七条第一款第二项第二目规定的政府部门或部位、法定机构和法人团体是指：(a)贸易及工业部统计局；(b)内政部；(c)人力部；(d)新加坡邮政有限公司。

一般情况下，登记官依据法令对登记进行更正或更新前，无须依据法令发出书面通知，除非：(a)登记簿中的商业登记或个人登记详情与从贸易及工业部统计局获得的新加坡标准产业分类码、从内政部获得的依据《国家登记法》(第201章)登记的个人详情(包括居住地址)、从人力部获得的外国人身份证件号码、从新加坡邮政有限公司获得的不动产建筑名称、邮政编码或街道名称载入的事项存有冲突；(b)需要更正或更新其详情信息的登记企业或个人可能就该更正或更新提出反对意见的，登记官有理由认为没有必要依据《2014新加坡商业名称登记法令》第27条第2款作出书面通知。

该规例对办理人依法须向登记官交纳或缴纳的规费或罚款有明确规定。具体内容有，办理人须向登记官缴纳依据附表一所列明的规费。如果办理人未依法按照规定时间提交或递交存档文件的，除交纳规定的提交或递交存档文件费用以外，还必须依据附表二缴纳因迟延提交或递交的罚款。登记官可以酌情全部或部分免除、退还或豁免附表一规定的任何规费或附表二规定的任何罚款。办理人须按照登记官指定的方式支付本规例规定的规费和罚款。除另有规定外，已支付的费用不可退换，包括：(a)法律规定登记失效或登记注销的；(b)撤回申请或申诉的。

该规例颁布后，《商业登记规例》(第32章第1号规例)予以撤销，但是先前依据《商业登记规例》作出的行为、事项或事情，或为实施此项已撤销的规例的，视为依据本规例相关条款作出且有效。

依据《新加坡2014年商业名称登记法》第四十三条的授权，财政部长依法制定以下条例：

第一条　引称与生效日期

本规例可引称为《新加坡2015年商业名称登记规例》，自2016年1月3日生效。

第二条　释义

本规例中：

“电子登记表格”是指在登记官所提供的电子登记系统上通过登记官办理业务的表格。

“电子登记系统”是指登记机构依据《新加坡2004年会计与企业管理局法》第二十八条之二第一款设立的电子登记系统。

第三条　电子登记系统的使用要求

(1)除第二款另有规定或登记官另有要求或许可外，依照《新加坡2014年商业名称登记法》通过登记官办理业务的，应当使用电子登记系统所提供的电子登记表格。

(2)需登记官办理的业务依照第一款无法通过电子登记系统办理的，办理人必须以登记官确定的其他形式和方式通过登记官办理该业务。

(3)办理人试图通过登记官办理下列业务的，登记官可以拒绝办理：

(a)不符合本条第一款、第二款规定；

(b)不符合本规例第四条、第五条、第六条规定；

(c)应当完成登记官为办理业务提供的电子登记表格或其他表格，但未完全按照表格中的指示填写该表格的；

(d)应当提供登记官为办理业务提供的电子登记表格或其他表格中所须的任何附件或信息，未提供此附件或信息的(视情况而定)；或

(e)未支付规定的办理费用。

(4)为免疑义，第三款中登记官拒绝办理业务的情形包括办理人向登记官提交或递交存档的文件被登记官拒收的业务。

第四条　文件翻译

(1)向登记官提交或递交存档的文件不以英文书写，应当向登记官一同提交该文件及其经认证的英文译本。

(2)在接受上述译本前，登记官可以要求提交人提供其确信译本制作人完全有能力制作译本的证明。

(3)本条第一款中，“认证翻译”是指经登记官认可的人员所认证为真确的英文翻译。

第五条　身份证件

为核实通过登记官办理业务的人员或依法应登记其详细信息的人员身份，登记官可以要求办理人出示身份证或护照，或登记官可以接受的其他身份证件。

第六条　签署

电子登记表格须由多人签署的：

(a)此类签署须满足以下条件：

(i)签署涉及注册事项的，在登记官通知申请人需要签署的电子登记表格之日后六十日内；或

(ii)签署涉及任何其他事项的，在电子登记表格首次提交之日后十四日内；以及

(b)电子登记表格涉及的通过登记官办理业务的规定费用，须由最后一名电子登记表格签署人支付。

第七条　印在商业文件上的商业名称

(1)依照《新加坡2014年商业名称登记法》进行登记的人员须确保其用于商业目的的发票和正式信函具备商业登记名称和商业登记证号。

(2)任何人违反前款规定的，即属犯罪，一经定罪，可处不超过一千新元的罚金。

第八条　由代名人或受托人登记

就第七条第一款而言，为在新加坡开展业务的一般目的，完全或主要作为他人的代名人或受托人或为他人开展业务，必须提供以下详情：

(a)代名人或受托人是一家公司的：

(i)代名人或受托人的委任日期；

(ii)代名人或受托人的姓名、地址以及身份识别号(如有)；以及

(iii)受益人是否为个人、公司、儿童类别或其他类别人员，提供类别说明(如适用)；

(b)代名人或受托人是个人的：

(i)代名人或受托人的委任日期；

(ii)代名人或受托人的姓名、地址、国籍、出生日期、身份证件类型和号码；

(iii)代名人或受托人的联系方式和电子邮件地址;以及

(iv)受益人是否为个人、公司、儿童类别或其他类别人员;

(c)受益人为个人的,其姓名、地址和国籍;

(d)受益人为公司的,公司名称、地址和商业性质;

(e)受益人为儿童类别或其他类别人员的,提供类别说明。

第九条　向部长提出申诉

依据《2014年新加坡商业名称登记法》第八条第七款、第十二条第四款、第十六条第五款或第十七条第九款向部长提出的申诉必须:

(a)以书面形式提交给部长;

(b)述明申诉所针对的通知类型或由登记官作出的决定;

(c)述明提出申诉的依据;以及

(d)附有部长认为有申诉必要性的书面证据。

第十条　依据《新加坡2014年商业名称登记法》第二十七条第一款第二项第二目规定的政府部门或部委等

本法第二十七条第一款第二项第二目规定的政府部门或部委、法定机构和法人团体是指:

(a)贸易及工业部统计局;

(b)内政部;

(c)人力部;以及

(d)新加坡邮政有限公司。

第十一条　本法第二十七条第二款规定的情形

在登记官依据《新加坡2014年商业名称登记法》第二十七条第一款更正或更新登记前,登记官无须依据《新加坡2014年商业名称登记法》第二十七条第二款发出书面通知,除非:

(a)登记簿中的商业登记或个人登记详情与下列事项存有冲突,以及:

(i)从贸易及工业部统计局获得的新加坡标准产业分类码;

(ii)从内政部获得的依据《新加坡1965年国家登记法》登记的个人详情(包括居住地址);

(iii)从人力部获得的外国人身份证件号码;或

(iv)从新加坡邮政有限公司获得的不动产建筑名称、邮政编码或街道名称;以及

(b)需要更正或更新其详情信息的登记企业或个人可能就该更正或更新提出反对意见的,登记官有理由认为没有必要依据《新加坡2014年新商业名称登记法》第二十七条第二款作出书面通知。

第十二条　规费和处罚

(1)须向登记官交纳依据附表一所列明的规费。

(2)办理人未依法按照规定时间提交或递交存档文件的,除交纳规定的提交或递交存档文件费用以外,还必须依据附表二缴纳因延迟提交或递交的罚款。

(3)登记官可以酌情全部或部分免除、退还或豁免附表一规定的任何规费或附表二规定的任何罚款。

(4)必须按照登记官指定的方式支付本规例规定的规费和罚款。

(5)除第三款另有规定外,已支付的费用不可退还:

(a)法律规定登记失效或登记注销的;或

(b)撤回申请或申诉的。

第十三条　撤销

《商业登记规例》(第32章第1号规例)现予撤销。

第十四条　过渡条款

《商业登记规例》(第32章第1号规例)现予撤销,但是先前依据《商业登记规例》作出的行为、事项或事情,或为实施此项已撤销的规例的,视为依据本规例相关条款作出且有效。

附表一

第十二条第一款和第三款

规　费

1. 依据法令第六条,申请登记。	$ 100
2. 依据法令第十六条第一款,申请保留拟定登记的商业名称。	$ 15
3. 依据法令第十八条第一款,申请变更登记商业名称。	$ 15
4. 依据法令第十七条第六款,申请登记官指令他人变更其登记的商业名称。	$ 200
5. 依据法令第八条第三款,申请登记续展。	$ 30/年
6. 依据法令第二十六条第一款,提交错误通知。	$ 60
7. 依据法令第八条第二款,登记人和登记人商业名称的登记确认证书申请。	$ 50
8. 依据法令第二十八条第一款提供,无附件:	
(a)登记通知副本一份;或	
(b)向登记官提交的文件的副本或摘录。	$ 11/份(副本或摘录)
9. 依据法令第二十八条第一款提供,有附件:	
(a)登记通知副本一份;或	
(b)向登记官提交的文件的副本或摘要。	$ 26/份(副本或摘录)
10. 依据法令第二十八条第一款,认证登记通知副本,或向登记官提出和提交文件的副本或摘要。	$ 1/页(不足一页的,按一页计算)
11. 依据法令第三十条第四款,申请保留备用地址。	$ 40

附表二

第十二条第二款和第三款

逾期提交文件的罚款(包括逾期申请登记续期)

1. 不超过 30 日	$ 10
2. 31 日至 60 日	$ 25
3. 61 日至 90 日	$ 50
4. 91 日至 180 日	$ 75
5. 181 日至 365 日	$ 100
6. 366 日至 730 日	$ 150
7. 731 日至 1095 日	$ 200
8. 超过 1095 日(不含本数)	$ 250

2015 年 12 月 21 日制定。

林素芬(Lim Soo Hoon)

新加坡财政部常任秘书(财政及绩效)

新加坡商业名称登记（免登记）规例

韩　驰　译*

依照《新加坡2014年商业名称登记法》第四十三条之授权，财政部长特制定以下规例：

第一条　引称与生效日期

本规例可引称为《新加坡2015年商业名称登记（免登记）规例》，自2016年1月3日起生效。

第二条　免登记

下列人员无须进行本法规定的登记：

(a)获得《新加坡1987年环境公共健康法》第三十三条或第三十四条许可的个人；

(b)根据《建立多边投资担保机构公约》建立的多边投资担保机构。

第三条　取消

以下公告即行取消：

(a)《商业登记（多边投资担保机构免登记）公告》（第32章第1号公告）；

(b)《商业登记（会计师事务所免登记）公告》（第32章第2号公告）。

2015年12月21日制定。

林素芬（Lim Soo Hoon）

新加坡财政部常任秘书（财政及绩效）

---

* 译者：韩驰，华东政法大学硕士研究生。

新加坡商业名称登记（相同名称）规例

韩　驰　译*

依照《新加坡 2014 年商业名称登记法》第四十三条之授权，财政部长特制定以下规例：

第一条　引称与生效日期

本规例可引称为《新加坡 2015 年商业名称登记（相同名称）规例》，自 2016 年 1 月 3 日生效。

第二条　相同名称

（1）本规例规定企业名称是否与以下条款所称之名称相同：

（a）《新加坡 2014 年商业名称登记法》第十七条第一款第二项所称经登记的商业名称，或任何企业或有限合伙企业的名称；

（b）《新加坡 2014 年商业名称登记法》第十七条第一款第三项所称依其他条款保留的名称；

（c）《新加坡 2014 年商业名称登记法》第十七条第二款所称商业名称，或本国公司、外国公司、有限责任合伙企业或有限合伙企业的名称；并且

（d）《新加坡 2014 年商业名称登记法》第十七条第三款所称外国公司名称或有限合伙企业的名称。

（2）除本条第四款另有规定外，以下内容不予考虑：

（a）商业名称的第一个词为“The”。

（b）以下词语出现在商业名称结尾的：

（i）“有限公司”（Berhad）或“Bhd”；

（ii）“有限公司”（Limited）或“Ltd”；

（iii）“有限责任合伙企业”（Limited Liability Partnership）或“LLP”；

（iv）“有限合伙企业”（Limited Partnership）或“LP”；

（v）“私人企业”（Private）或“Pte”；

（vi）“注册会计师事务所”（Public Accounting Corporation）或“PAC”；

（vii）“私人公司”（Sendirian）或“Sdn”。

（c）以下词语或表达出现在商业名称结尾的：

（i）“亚洲”（Asia）；

---

* 译者：韩驰，华东政法大学硕士研究生。

(ii)“亚太”(Asia Pacific);

(iii)“联合公司”(associates);

(iv)“公司”(company 或 and company);

(v)“有限公司/团体”(corporation);

(vi)“集团公司”(Group);

(vii)“控股公司”(Holding 或 Holdings);

(viii)“股份有限公司”(Incorporated);

(ix)“国际”(International);

(x)“合伙人”(partner 或 partners);

(xi)“合伙”(partnership 或 partnerships);

(xii)“新加坡”(Singapore);

(xiii)“南亚”(South Asia);

(xiv)“东南亚”(South East Asia);

(xv)“贸易公司”(Trading);

(xvi)“国际/环球”(Worldwide);

(xvii)“. co”域名;

(xviii)“. com”域名;

(xix)“. edu”域名;

(xx)“. gov”域名;

(xxi)“. net”域名;

(xxii)“. org”域名;

(xxiii)“. sg”域名。

(d)登记机关认为意在表述下列款项所称词语或表达的词语或表达:

(i)本款第一项或第二项;或

(ii)本款第三项。

(e)任何商业名称的复数形式。

(f)字母的字体、大小写、重音位置、字母间距、方括号、圆括号和标点符号。

(3)对于申请注册或变更企业名称的当事人是以相关名称开展业务或经营的公司,本条第二款第三项和第四项第二目不予适用。

(4)本条第四款中的“相关名称”,是指适用本条第二款和第三款的规则后与拟登记名称相同的名称。

第三条　撤销

《2009 年商业登记(相同名称)规例》(G. N. No. S 186/2009)即行撤销。

2015 年 12 月 21 日制定。

林素芬(Lim Soo Hoon)

新加坡财政部常任秘书(财政及绩效)

新加坡受托人法

马　琳　译*

《新加坡受托人法》译介

《新加坡受托人法》首次颁布于1967年，现行版本为2021年颁布的《受托人法》2020年修订版。该法主要就信托受托人相关事项作出规定，共8章，11条。该法第2条称，该法适用于1929年9月1日之前、当日或之后成立或设立的信托，包括遗嘱执行人职责和遗产管理人职责。

该法第一章之一对受托人的法定注意义务作出规定，受托人在行使、履行、作出该法规定的任何权力、职责或行为时，须以合理的谨慎及技能行事。附表一详细规定了法定注意义务的适用范围，包括投资、购置土地、了结债务、保险、复归权益、估值及审计等。

该法第二章赋予受托人基于标准投资准则投资信托资产，以及变更、维持相应投资的权力，受托人还应听取相关人士的建议，对投资不当造成的额外损失负责。受托人作出的贷款及投资不得违反信托。

该法第三章规定了受托人和遗产代理人的一般权力，包括以拍卖方式出售的权力、发生贬值情形时的出售权力、开具收据的权力、了结债务的权力、续期批租土地及为此筹款的权力、以出售或按揭等方式筹集款项的权力、投保及运用保险金的权力等，并可将相应权力或信托转委他人。受托人亦可根据本法对相关权益人的抚养及预付事项作出安排。该法另对保护信托作出规定。

该法第四章对受托人的委任作出规定，受托人人数不得超过四名，委任新受托人或额外受托人须符合本法规定条件。该法亦规定了受托人离任的条件，以及离任后新受托人及留任受托人的权力。根据本法第四章之一，受托人还可授权他人以其代理人身份行使其可转委托的职能，或就受托人决定的信托资产委任代名人或保管人。受托人、代理人、代名人及保管人的酬金及开支事宜，遵照本法第四章之二规定。

该法第五章规定了法院的权力，法院可在适当情况下委任新受托人、授权受托人收取酬金、颁布归属令、授权处理信托财产或作出其他命令。受托人或过半数受托人持有或控制属于特定信托的款项和证券的，可以向法院缴存。

该法第六章对慈善信托作出规定，公共受托人可在没有受托人的情况下管理慈善信托的

* 译者：马琳，华东政法大学博士研究生。

财产，某些不完全慈善信托亦可获得认可。根据该法第六十五条规定，为任何宗教、教育、文学、科学、社会或慈善目的而成立的任何团体或组织可委任人数不少于3人的受托人，该等受托人可向部长申请将该团体或组织的受托人注册为法人团体的证书，申请方式、条件及法人团体的责任遵照本法规定。该法另外列举了虚假陈述、不提交报告等犯罪及处罚。

该法第七章规定，部长可为相关信托或就相关信托制定其认为必要或可取的规例，以落实关于透明度与实益所有权的金融行动特别工作组建议，以及全球论坛关于所有权和身份信息、会计记录保存以及获取此类信息和记录的要求。

关于受托人的法令。

（1967年7月15日）

第一章 导 言

第一条 简称

《新加坡1967年受托人法》可简称为本法。

第二条 适用范围

（1）除另有明确规定外，本法令适用于1929年9月1日之前、当日或之后成立或设立的信托，包括遗嘱执行人职责和遗产管理人职责，但以本法适用此等职责的范围为限。

（2）本法赋予受托人的权力是对设立信托的文书（如有）所赋权力的补充。除另有说明外，这些权力仅在设立信托的文书（如有）中未做相反表示时适用，并遵照该文书实施。

（3）除另有明确规定外，本法不影响1929年9月1日之前任何行为的合法性及有效性。

第三条 释义

本法令中，除文意另有所指外：

"特准投资项目"，是指设立信托的文书（如有）特准的用受信托规限的资金进行的投资项目，或法律特准的投资项目。

"待确定权利"，在适用于土地时，包括待确定权益或期待权益、附有权益的不确定权，有关的赠与对象、权益的限制或不确定权是否已确定，在所不论；"待确定权利"还包括即时的或未来的、既得的或待确定的进入权。

"转易"，在适用于任何人时，包括该人为转易、出让、指定、退回或以其他方式转让或处置该人占有、据有、有权享有待确定权利的土地（该人全部或部分产业权）而签署的一切必要或适当的转易书（包括同意书），以及办理法律上为使该宗转易有效而规定的一切手续。

"法院"，是指高等法庭普通审判庭。信托涉及遗嘱执行或遗产管理的，包括家事法庭。

"债权证"，包括不论是否构成资产押记的债权股证、债权股额、债券、票据及任何其他产生或承认债务的文件。

受托人的"一般投资权力"，是指第四条授予的一般投资权力。

"收益"，包括租金和利润。

"文书"，包括成文法。

“土地”,与《新加坡 1993 年土地所有权法》第四条规定的含义相同。

“按揭”、“承按人”和“按揭人”,分别包括“押记”、“承押记人”和“押记人”,并包括且涉及在衡平法上被视作仅是某笔款项担保的每项产业权及权益,以及从原始承按人处获得所有权的每个人。

“缴存”,适用于股票及证券时,以及与“向法院”连用时,包括将股票及证券存放于或转让给法院。

“遗产代理人”,是指死者的原遗嘱执行人或承办的遗嘱执行人,或死者的遗产管理人。

“持有”,适用于收取任何既定产业权的收益,但不包括对任何土地的终身占有权或预期占有权。

“占有”,包括租金及利润的收取,或收取租金及利润的权利(如有)。

“财产”,包括动产及不动产、任何动产或不动产的产业权、份额及权益,以及任何债项、据法权产和不论是否处于占有的他项权利或权益。

“权利”,包括产业权和权益。

“出售”,包括交换。

“证券”,包括债权证、股票、基金及股份。向法院缴存的“证券”与关于法院储存基金的成文法规定的含义相同。

“应付予持有人的证券”,包括可以交付形式,或者以交付加背书形式转让的证券。

“股东权益”,就公司而言,是指以下文件披露的公司总资产减去公司总负债:

(a)根据《新加坡 1967 年公司法》第二百零一条(或适用于该公司的任何其他国家的同等法律规定)提交给公司股东大会的公司最后一份经审计账目;或

(b)公司之后根据法律要求已登记招股说明书的,则指该招股说明书中的账目。

“律师”,是指最高法院的出庭辩护人和事务律师。

信托的“标准投资准则”,是指第五条第三款中规定的标准投资准则。

受托人的“法定注意义务”,是指第一章之一规定受托人必须履行的注意义务。

“股票”,包括全额缴付的股份。就法院根据本法作出的归属令而言,包括可在任何法团、公司或社团备存的簿册上转让,或可通过转让文书(不论单凭转让文书或兼及其他手续)转让的任何基金、年金或证券,以及其中的任何份额或权益。

股票或证券的“转让”,包括签署每份为使承让人的所有权有效及完整的契据或授权书,以及为此目的的所有行为、事项。

“信托”,不包括以按揭方式转让的产业权附带的责任。但除此之外,“信托”及“受托人”包括默示信托及推定信托,受托人对信托财产享有实益权益的情况,以及遗产代理人的职责。凡文意允许之处,受托人包括遗产代理人,新受托人包括额外受托人。

“信托法团”,是指公共受托人或者由法院在任何特定案件中委任为受托人的法团,或根据《新加坡 2005 年信托公司法》注册的信托公司。

土地的“售产信托”,是指即时有约束力的售产信托,不论是否须应任何人请求或在任何人同意时执行,也不论是否附有延迟出售的酌处权。

“售产受托人”,是指以售产信托方式持有土地的个人(包括遗产代理人)。

第一章之一　法定注意义务

第三条之一　受托人的法定注意义务

(1)受托人在行使、履行、作出附表一所称的任何权力、职责或行为时,须在该情况下以合理的谨慎及技能行事,“合理”的标准尤其基于以下事项:

(a)该受托人具备,或使人认为其具备的任何特殊知识或经验;以及

(b)受托人在业务或专业的运作中以受托人身份行事的,在此类业务或专业运作过程中可以合理预期的任何特殊知识或经验。

(2)本条适用于在2004年9月15日之前、当日或之后设立的信托,但根据信托文书,前款规定不适用的除外。

第二章　投　　资

第四条　一般投资权力

(1)依照本法规定:

(a)受托人绝对有权享有信托资产的,可以作出任何种类的投资。

(b)在不限制前项的规定时,受托人可以:

(i)以在2004年12月15日前生效的附表一中第一章、第二章或第三章指明的任何方式,以其任何基金投资,而不论该基金当时是否处于投资状态;以及

(ii)随时变更任何该等投资。

(2)前款所称“投资”,包括对不产生任何收益的资产的投资。

(3)本款适用于在2004年9月15日之前、当日或之后设立的信托。

第五条　标准投资准则

(1)受托人在行使任何根据本章或其他规定产生的投资权力时,须考虑标准投资准则。

(2)受托人应不时审查信托投资,并基于标准投资准则,考虑是否应该变更该等投资。

(3)信托的标准投资准则,是指:

(a)与拟进行或维持的任何特定投资种类相同的信托投资的适宜性,以及该项特定投资作为该类投资的适宜性;以及

(b)在适合于该信托的情况下,该信托的投资多样化需要。

(4)本款适用于在2004年9月15日之前、当日或之后设立的信托。

第六条　建议

(1)除第三款另有规定外,受托人在行使任何投资权力(无论依据本章或其他)之前,应当基于标准投资准则,获取关于该权力行使方式的适当建议并予以考虑。

(2)除第三款另有规定外,受托人在审查信托投资时,应当基于标准投资准则,获取关于是否应当变更该等投资的适当建议并予以考虑。

(3)受托人合理断定在任何情况下该种做法都无必要或不恰当的,则无须再获取第一款或第二款要求的建议。

(4)本条规定中,"适当建议",是指在受托人合理相信某人士凭其本人在与拟议投资相关的财务及其他事项中的能力及实践经验有资格提供建议的情况下,由该人士提供的建议。

(5)本款适用于在2004年9月15日之前、当日或之后设立的信托。

第七条　维持已无授权的投资的权力

受托人不应仅因继续持有一项依据信托文书或本法令已无授权的投资,而对违反信托承担责任。

第八条　*[已由第45/2004号法令废止]*

第九条　受托人作出的贷款及投资不得被控违反信托

(1)受托人在取得任何财产担保后贷出款项,而该项财产担保是受托人在取得后可恰当地贷出款项的,并且法院认为符合以下情形的,则受托人不得仅因贷款额与该财产在贷出时的价值的比例而被控违反信托:

(a)受托人按照其根据第六条获得的适当建议提供贷款;以及

(b)该笔贷款金额不超过按照第六条提供适当建议的人作出的报告所述财产价值的三分之二。

(2)本条适用于现有证券及新证券的转让,以及在1992年6月26日之前、当日或之后作出的投资。

第十条　因投资不当而造成损失的责任

(1)受托人在取得按揭担保后不当预付信托资金,若预付金额小于实际预付,则该按揭担保在各方面皆属适当投资的,该项担保视为此笔较小金额的特准投资项目,受托人仅对超出较小金额部分的预付金额及利息负责。

(2)本条适用于在1992年6月26日之前、当日及之后作出的投资项目。

第十一条　投资权力的补充权力

(1)受托人在取得任何财产担保后贷出款项,而该项财产担保是受托人在取得后可合法贷出款项的,受托人可以签订合同,约定自作出该项贷款起五年内不收回该笔款项,但须符合下列条件:

(a)在每月或到期支付利息的其他日期起不超过十日内支付利息;以及

(b)按揭人没有违反按揭文书或押记文书中所载关于保养及保护该项财产的任何承诺。

(2)受托人在出售非限嗣继承地产土地,或根据《新加坡1920年国家土地法》划拨持有的土地,或尚有不少于三十年期限的土地时,其收益须用于投资的,受托人可以签订合同,约定不超过三分之二的付款额,应当以所售土地的按揭为担保(无论是否有其他财产担保);该项按揭包含任何建筑物的,应当载有按揭人就火灾可能对该等建筑物造成的损失或损坏购买全额火险的承诺。

(3)公司任何证券受信托规限的,受托人可以同意以下任何计划或安排:

(a)重整该公司;

(b)将该公司的任何或任意部分财产及业务出售给另一公司;

(c)由另一公司收购该公司的证券或其控制权;

(d)将该公司与另一公司合并;

(e)免除、修改或变更附属于全部或部分证券的任何权利、特权或责任，

如同受托人有权受益于该类证券，有权接受经重整的该公司、购入上述财产或业务的公司或合并而成的新公司的任何面额或种类的证券，以代替或交易全部或部分上述证券。

(4)受托人已经履行法定注意义务的，不对履行过程中的任何行为或事件所造成的任何损失承担责任，并且可以继续持有第三款规定可以接受的任何证券，继续持有时间与受托人本可恰当保留原有证券的时间相同。

(5)受托人就其持有的任何公司的权益，获得附条件权利或优先权，以认购该公司证券的，受托人可以对全部或部分证券行使上述权利，并以受信托规限的资本款项作为对价支付，或放弃该权利，或以合理情况下可以取得的最佳对价，转让该权利的权益或其所有权，受让人包括该信托的任何受益人。受托人已经履行法定注意义务的，无须对履行过程中的任何行为或事情造成的任何损失承担责任。

(6)第五款所称任何出让的对价应当作为信托项下资本款项持有。

(7)法律或设立信托的文书(如有)规定变更投资须得到特定人士同意的，本条赋予的权力应当经该人士同意后行使。

(8)根据法庭命令作出第一款所称贷款，或第二款所称出售的，该两款分别授予的权力仅在法院以命令作出指示的情况下及该指示的范围内适用。

第十二条　为受益人存款入银行、支付催缴股款以及购买住宅的权力

(1)受托人在磋商、筹备任何按揭或押记时，或在物色任何投资项目期间，可以将信托资金存入银行的存款账户或其他账户。获得的所有利息(如有)应当作为收益使用。

(2)受托人可以将受信托规限的资本款项用于支付受信托规限的任何股份的催缴款项。

(3)受托人可以：

(a)在认为购买住宅供信托的任何受益人使用合理时，以任何信托基金购买住宅，无论该基金当时是否处于投资状态；或

(b)继续持有作为信托部分的住宅，即便设立信托的文书载有任何转换信托的规定，并允许受益人按照符合信托的条款和条件以及在受托人认为合适的受益人的权益范围内居住于该住宅中。

(4)第三款所称“住宅”，是指居住地点，包括完全或主要用于、建造或改造为供人居住的建筑物或经济公寓。

第三章　受托人和遗产代理人的一般权力

一般权力

第十三条　售产受托人以拍卖等方式出售的权力

(1)受托人获得售产信托或有权出售财产的，在其认为有关所有权、所有权证据或其他事宜等适当时，可以出售或同意他人出售有关财产的全部或部分。该等财产是否受任何有优先权的押记规限，整体或分批出售，以公开拍卖或以私人合同形式出售，在所不论。受托人有权

更改任何买卖合同,并在任何拍卖中购入,或撤销任何买卖合同并再次出售,而不必对任何损失负责。

(2)出售或处置土地的信托或权力,包括出售或处置其中部分土地的信托或权力,不论该部分以水平、垂直或任何其他方式划分。

第十四条　发生贬值情形时的出售权力

(1)任何受益人不得以约束该项出售的任何条件,可能具有不必要的贬值为由,对受托人作出的出售提出质疑,但表明该出售的对价由于贬值而不足的除外。

(2)受托人作出出售,在签订转易合同后,不得以约束该项出售的任何条件,可能具有不必要的贬值为由对购买人提出质疑,但表明购买人在订立买卖合同时与受托人串通的除外。

(3)受托人出售后,购买人不得以第二款所述任何理由任意对所有权提出任何异议。

(4)本条适用于在1992年9月1日之前、当日及之后作出的出售。

第十五条　受托人开具收据的权力

(1)受托人就任何根据信托或权力应当向其支付、转让或交付的任何款项、证券、投资或其他动产或财物而开具的书面收据应当:

(a)充分解除上述款项、证券、投资或其他动产或财物的支付人、转让人或交付人的责任;并且

(b)有效免除该人对监督运用,或对任何损失或运用失当的责任。

(2)除受托人是信托法团外,本条并不使唯一受托人能够就出售得益或土地的售产信托产生的其他资本款项开具有效收据。

(3)除受托人是信托法团外,尽管在对土地售产信托的处置中或在净收益结算中有任何相反规定,出售得益或由该处置产生的其他资本款项,不得向作出该处置的两名以下受托人支付,亦不得由作出该处置的两名以下受托人指示运用。

(4)第三款规定不影响唯一遗产代理人为出售得益或该款所称其他资本款项开具有效收据或指示其运用的权利;除在交易中产生资本款项外,亦不必有一个以上受托人。

(5)设立信托的文书(如有)中有相反规定的,本条仍予适用。

第十六条　了结债务的权力

(1)遗产代理人、两名或以上共同受托人认为合适的,或设立信托的文书(如有)或法令授权其执行信托及权力的唯一受托人(受限于对非信托公司之唯一受托人开具收据施加的限制),认为合适的,可以:

(a)在任何财产应转让或支付之前接受该财产;

(b)分割及分摊任何混合信托基金或财产;

(c)基于其认定的充分证据,支付或允诺任何债务或申索;

(d)接受任何申索债务或申索财产的和解或担保;

(e)宽限任何债务的支付时间;或

(f)就任何关乎立遗嘱人的遗产、无遗嘱者的遗产或该项信托的债务、账目、申索或事情作出妥协、和解、放弃、提交仲裁,或以其他方式解决。

(2)就第一款第一项至第六项而言,该人在订立、给予、签订及作出其认为适宜的协议、和解或债务偿还安排文书、免除书及其他事项时,已履行法定注意义务的,无须对其上述行为中

的任何行为或事项造成的损失负责。

第十七条　可续期批租土地的受托人续期与为此目的筹款的权力

(1)根据任何契约或合同,或习俗或惯例,可不时续期的任何终身批租土地或有年限批租土地的受托人认为合适的,可以尽可能以通常、合理的条款获取同等可继承财产的续期租约。对该批租土地享有任何现时、未来、待确定权益的任何人提出要求的,受托人应当尽力如上所述取得续期租约。为实现此目的,受托人可以不时放弃或同意放弃在当时存续的租约,并作出一切所需其他行为。

(2)根据授产安排或遗嘱规定,享有终身占有权或其他有限权益的人,有权享用该批租土地,并无任何义务续期或分担续期费用的,本条不予适用;但已向该人取得由受托人续期的书面同意除外。

(3)须支付续期费用的,完成续期的受托人可以从其当时持有的任何信托资金中,为续期租约项下土地中的受益人支付该款项;缺乏充足资金支付的,受托人可以按揭续期租约项下可继承产或任何当其时的其他可继承产,以筹集所需款项,但不得影响该等可继承产的用途或信托。

(4)任何声称根据第三款规定的按揭而预付款项之人,没有义务保证该笔款项为该目的而需要,也没有义务保证所筹集款项不超过为该目的所需款项,或该款项运用得当。

第十八条　以出售、按揭等方式筹集款项的权力

(1)设立信托的文书(如有)或法律授权受托人为任何目的或以任何方式支付或使用受信托规限的资本款项的,受托人有权并应视为始终有权出售、转换、收回或按揭当时占有的信托财产的全部或部分,以筹集所需资金。

(2)设立信托的文书(如有)中有相反规定的,本条仍予适用,但不适用于为慈善目的持有财产的受托人。

第十九条　对与受托人交易的购买人和承按人的保障

任何购买人或承按人在根据任何信托或赋予受托人的权力拟作出的出售或按揭中,支付或预付款项的,无须关注该笔款项是否确有需要,或所筹款项不多于所需数额,或该笔款项的运作。

第二十条　权力或信托的转予

(1)任何权力或信托共同由两名或以上的受托人行使、负责的,该项权力或信托可由该受托人中当时的一或多名尚存者行使或执行。

(2)委任新受托人前,唯一受托人当时的一或多名遗产代理人,或(如有两名或以上受托人)最后一名尚存或留任受托人当时的一或多名遗产代理人,有能力行使或执行该唯一或最后一名尚存或留任受托人,或当时该信托的其他受托人获得或可行使的任何权力或信托。

(3)本条须受到对唯一受托人(非信托法团)开具收据的限制。

(4)本条中,"遗产代理人"不包括已声明放弃或没有申领遗嘱认证的遗嘱执行人。

第二十一条　投保的权力

(1)受托人可以:

(a)为受信托规限的任何财产投保,以抵御任何事件造成损失或损害的风险;并且

(b)从信托基金中支付保费。

(2)财产以被动信托方式持有,而受益人作出以下指示的,投保权须遵照该指示执行,指示所指定的任何财产:

(a)不得对其投保;或

(b)除按该指示指明的条件外,不得对其投保。

(3)根据第二款规定作出指示的,就第四十一条之二而言,投保权在该指示的规限下不再是可转委的职能。

(4)本条中:

(a)财产是代以下主体由信托持有的,该财产即为以被动信托持有:

(i)已经成年且具有完全行为能力,且对受信托规限的财产享有绝对权利的一名受益人;或者

(ii)已经成年并具有完全行为能力,并(作为整体)对信托项下财产享有绝对权利的多名受益人。

(b)"信托基金",是指信托的任何收益或资本基金。

(5)本款适用于在 2004 年 9 月 15 日之前、当日或之后设立的信托。

第二十二条　依照信托、权力或义务持有保单时保险金的运用

(1)为信托项下任何财产的损失或损害投保,有关保险单为此依照任何信托持有,或依照任何法定或其他权力持有,或为履行任何承诺、法定义务或其他义务持有,或由任何可因损坏土地受控的终身地产保有人持有的,受托人或任何受益人根据该保单可收取的款项,是该项信托的资本款项。

(2)任何上述保险金可由该信托的信托人以外之人收取的,该人应当尽力追讨、收取该笔保险金,并须于清偿任何追讨、收取该笔保险金所支付的费用后,将其净余额支付给该信托的受托人。没有受托人可为其解除责任的,须将净余额向法院缴存。

(3)任何上述保险金:

(a)以售产信托方式持有的财产属应收款项的,应当由该信托持有,并遵照适用于该信托项下出售所得款项的权力和规定;以及

(b)在任何其他情况下,须以信托形式持有,而该等信托须尽可能与影响有关财产(该笔保险金应就其支付)的信托一致。

(4)上述保险金的全部或部分,亦可由受托人运用,或者该笔款项存于法院的,可在法院的指示下,用于重建、修复、更换或修理已损失或损坏的财产,但是设立信托的文书(如有)要求投资信托项下资金须征得特定人士同意的,受托人任何此类运用应征得该人同意。

(5)本条规定不影响任何人根据法令或其他规定,要求将任何上述保险金全部或部分用于重建、修复、更换或修理已损失或损坏的财产的权利;亦不得损害或影响承按人、出租人或承租人根据法令或其他规定享有的权利。

(6)本条适用于在 1929 年 9 月 1 日之前、当日或之后订立的保单,但只适用于在该日当日及之后收取的保险金。

第二十三条　*[已由第 45/2004 号法令废止]*

第二十四条　复归权益、估值及审计

(1)信托财产包括不属于受托人的财产中的任何份额或权益,或包括该等财产的出售所

得,或包括任何其他据法权产的,则受托人在上述份额、权益或据法权产被占有或成为须予支付或可予转让时,可以:

(a)以其认为合适的方式同意或确定上述份额、权益、据法权产或其任意部分的款额或价值;

(b)以其认为合适的市值或现值,或基于其认为合适的估价或价值估计,接受任何特准投资项目,以抵偿上述份额、权益或据法权产;

(c)容许扣除其认为适当或合理的税项、讼费、费用及开支;

(d)签署关于上述份额、权益或据法权产的任何免除书,以有效解除所有责任方关于该免除书范围内任何事项的所有责任;

在任何该类情形中,受托人已经履行法定注意义务的,无须对其任何行为或事项造成的任何损失负责。

(2)受托人不承担下列义务,也不因下列情形中的不作为而被控违反信托:

(a)就任何证券或其他财产(第一款所述份额、权益或其他据法权产得自该证券或其他财产、可从该证券或其他财产支付或以该证券或其他财产为押记)而申请停止令或其他相似的命令;或

(b)因上述证券或其他财产的全部或部分当时或曾经的归属人的任何行为、失责或疏忽而提起任何法律程序,

除非对信托享有实益权益的人或其监护人作出书面要求,并预留令受托人满意的适当款项以供支付提起的任何法律程序的讼费。

(3)第二款规定不解除受托人在有关份额、权益或其他据法权产被占有时,收取该等份额、权益或据法权产的义务,及取得该等份额、权益或据法权产的支付或转让的义务。

(4)为执行信托、或设立信托的文书(如有)或任何法令的规定,受托人可不时(由具有适当资格的代理人)以其认为适当的方式,明确任何信托财产的价值。估价时履行法定注意义务的,该项估价对该信托的受益人均具约束力。

(5)受托人可凭其绝对酌处权,不时安排独立会计师审查或审计信托财产的账目。审计每年不得多于一次,但有关信托的性质或就该信托财产实施的任何特别交易,使频繁审计具有合理性的除外。受托人须向会计师提供所需凭单和资料。

(6)上述审查或审计费用(含审计师费用)应当由信托财产的资本或收益支付,或受托人凭其绝对酌处权在其认为适当时,部分以一种方式,部分以另一种方式支付。受托人没有在任何特殊情况下作出相反指示时,资本产生的费用由资本承担,收益产生的费用由收益承担。

第二十五条 *[已由第45/2004号法令废止]*

第二十六条　同意他人的权力

受指示出售的土地的售卖得益中无法分割,或其他财产中无法分割,并且属于信托或者立遗嘱人或无遗嘱者遗产的份额,受托人或遗产代理人可以(不得损害对该土地整体有影响的售产信托以及不损害售产受托人关于售产信托的权力)联同对其余一或多份份额享有权益或有代表权之人,执行或行使有关该无法分割份额并归属于该受托人或遗产代理人的任何信托或权力。任何一或多名受托人或遗产代理人以其自身权利或以受信人身份,可能对任何该等其余份额享有权益或有利益关系的,不影响上述规定。

第二十七条　通过授权书转委托受托人职能

（1）任何法律规则或衡平法规则有相反规定的，任何受托人仍可以通过授权书，向他人转委托其单独或连同其他人作为受托人而享有的任何信托、权力及酌处权的执行或行使。

（2）根据本条作出的转委托：

（a）应当按设立相关权力的文书的规定生效，该文书未规定转委托的生效日期的，在授权人签署该文书的日期生效；并且

（b）有效期为十八个月，或者以设立该权力的文书规定的较短时期为准。

（3）根据本条作出的授权书可以签发给信托法团。

（4）根据本条签发授权书前，或签发授权书后七日内，授权人须就该授权给予以下人士书面通知（指明授权书的生效日期、有效期限、获授权人、签发理由。仅转委托特定信托、权力及酌处权的，须指明已转委托的信托、权力及酌处权）：

（a）根据设立信托的文书有权（不论单独或共同）委任新受托人的每名人士（如有），但授权人本人除外；以及

（b）每名其他受托人（如有），

出于与获授权人交易之人的权益，未执行本款规定，不影响获授权人行为或签立的文书的效力。

（5）由唯一授权人根据本条签发的授权书：

（a）遵循附表三列明的形式的；或

（b）遵循表明根据本款作出的有类似效力的形式的，

即将归属于（单独或与其他任何人共同）作为受托人之授权人对授权书所称单一信托的所有信托、权力和酌处权的执行和行使转委托于授权书中确定为唯一获授权人之人士。

（6）根据本条签发授权书的授权人，应当对获授权人的行为或失责承担责任，如同该等行为或失责是授权人的行为或失责。

（7）获授权人为执行或行使获委托的信托或权力，可以行使由法令或设立信托的文书授予授权人作为受托人的权力，包括获授权人为转让任何记名股票或证券，将转让权转委托于代理人的权力，但不包括本条授予的转委托权。

（8）根据本条签发的任何授权书，或为授权书或其他目的所需的任何证据，表明授权书的获授权人在处理任何股票或证券时，在执行特定信托的，这一事实在任何情况下不视为影响下列人等对该项信托的知悉：

（a）存托人（如《新加坡 2001 年证券及期货法》第八十一条之十九第六分条定义的）；

（b）任何在其簿册内记有或登记有上述股票的人；或

（c）上述证券的发行人。

（9）本条适用于遗产代理人，如同适用于受托人。第四款亦视同其要求将规定事项通知每名其他遗产代理人（如有），但已放弃遗嘱认证的遗嘱执行人除外。

保　　障

第二十八条　免除有关租金及承诺责任的保障

(1)本条适用于须对以下事项承担责任的遗产代理人或受托人：

(a)任何租约载明的租金、承诺或协议；

(b)根据任何以租费为对价的批地而须缴付的或该项批地所载租金、承诺或协议；或

(c)关于第一项或第二项所称任何租金、承诺或协议，作出的补偿。

(2)如第一款所称的遗产代理人或受托人：

(a)在第三项所载转易日期前，已履行根据租约或批地而须承担的已产生并被申索的所有责任；并且

(b)必要时，预留充足的资金，以应对未来可能就承租人或获批地人同意就批租或批出财产支出的任何固定、确定金额提出的任何索赔。即便支出该金额的期限尚未届满。

此时，遗产代理人或受托人：

(c)可以将批租或批出财产转易给任何购买人、非土地遗赠继承人、土地遗赠继承人或有权要求转易该等财产的其他人；以及

(d)随后，可以将已故立遗嘱人或无遗嘱者的剩余遗产，或(视情况而定)将信托产业[除根据第二项规定预留的资金(如有)外]，给予有权享有该等遗产或产业的人，无须拨出死者遗产或信托产业的任何部分或任何更多部分(视情况而定)，以应对日后根据该租约或该项批地而须承担的责任。

(3)作出第二款第四项所称分配的，遗产代理人或受托人无须对其后根据该租约或该项批地而作出的任何申索承担个人责任。

(4)本条规定：

(a)不影响出租人、批地人，或从出租人、批地人处获得所有权的人，追索已被分配给他人的死者资产或信托财产；并且

(b)设立信托的遗嘱或其他文书(如有)有任何相反规定的，本条仍予适用。

(5)本条中：

"批地"适用于以限制、批地、权益保留或其他方式设立租金的批地，并包括有关批地的协议，以及给予第一款所述补偿的文书或更改根据批地而须承担的责任的文书；

"租约"包括分租约、有关租约或分租约的协议，以及给予第一款所述补偿的文书或更改根据租约而须承担的责任的文书；

"承租人"及"获批地人"包括分别从承租人及获批地人处获得所有权的人。

第二十九条　以公告为保障

(1)为向享有任何动产或不动产权益之人作出转易或分配，受托人或遗产代理人可以在《新加坡政府公报》公告通知，并刊登有合法管辖权的法院在遗产管理诉讼中指示发出的其他同类通知(含在新加坡境外的通知)，以表明受托人或遗产代理人意图作出上述转易或分配，并要求任何权益相关人在该通知指定的不少于二个月内，或在(通知多于一个时)最后一个通

知指定的不少于二个月内,将其就该通知所涉财产或其部分而提出的申索情况,送交受托人或遗产代理人。

(2)通知指定期间届满后,受托人或遗产代理人可以将通知所涉财产或其部分转易或分配给享有该财产权益的人。受托人或遗产代理人仅须考虑当时已知悉的正式或非正式申索,无须就上述转易或分配的财产,对其转易或分配时不知悉的申索人承担责任。

(3)本条:

(a)不损害任何人向可能已收取有关财产或代表该等财产的其他财产的人(购买人除外),追索其已获得的该等财产的权利;或

(b)不免除受托人或遗产代理人开展类似建议意向购买人作出或获得的调查的任何义务。

(4)遗嘱或设立信托的文书(如有)有任何相反规定的,不影响本条的适用。

第三十条　关于知悉的保障

负责一项以上信托或遗产的受托人或遗产代理人,由于正在或曾经负责另一信托或遗产,而知悉关于特定信托或遗产的文书、事宜、事实或事情,没有欺诈的,受托人或遗产代理人不受该项知悉的影响。

第三十一条　受托人关于特定授权书的责任免除

(1)受托人根据或依照任何授权书善意行事或支付款项,签发授权书之人在受托人采取行动或支付款项时丧失行为能力、破产或死亡,或者因其某些行为或遭受的某些事件而使该授权无效,受托人在行事或付款时不知悉这一事实的,不因这一事实对任何此类行为或付款负责。

(2)本条规定不影响任何对该款项享有权益之人对接受付款人的权利。

(3)上述权益人对接受付款之人享有的救济,与其对受托人享有的救济相同。

第三十二条　受托人的默示保障

受托人应:

(a)为合规而签署任何收据的,仅对其实际收到的款项和证券负责;并且

(b)仅对其自身的行为、认收、疏忽或失责负责,不对任何其他受托人或银行从业人员、经纪人或其他可能存管信托资金或证券之人的行为、认收、疏忽或失责负责,不对任何证券的缺失或短量负责,不对任何其他损失负责,但上述情况由于该受托人故意失责而发生的除外。

抚养、预付及保护信托

第三十三条　在未成年期间以收益用作抚养及累积盈余收益的权力

(1)任何财产由受托人以信托方式为任何人的任何权益(既得权益或者待确定权益)持有时,在影响该项财产的任何优先权益或押记的限制下:

(a)在其未成年期间持续享有权益的,受托人可以完全酌情决定,将在任何情况下均属合理的该项财产收益的全部或部分(如有)向该人的父母或监护人(如有)支付,或用于该人的抚养、教育或利益,不论是否存在:

(i)其他可用于相同目的的基金;或

(ii)任何负有法律义务提供该人的抚养费或教育费的人。以及

(b)该人年满二十一周岁时,未在上述收益中享有既得权益的,受托人应当从该时起,将该项财产收益和第三款所称的增值收益向其支付,直至该人在该收益中取得既得权益或去世为止,或该人丧失其权益为止。

(2)决定是否将财产收益的全部或部分在该人未成年期间支付或用于第一款所称目的时,受托人应当基于该未成年人的年龄及需要,并总体考量该具体情况,尤其应当顾及可以用于相同目的的其他收益(如有);受托人知悉存在一项以上基金的收益可用于该等目的的,在切实可行范围内,须仅将每项基金收益中合乎比例的部分支付或用于第一款所称目的,但该等基金的全部收益用于该等目的支付或使用的或法院另有指示的除外。

(3)在该人未成年期间,其权益持续的,受托人应当将该收益的所有剩余部分及其投资得益不时投资于特准投资项目,以累积该等剩余部分,并按照下列情形持有该等累积:

(a)该人:

(i)已满二十一周岁或在二十一周岁之前结婚,未成年期间或结婚之前对该等收益的权益属既得权益的;或

(ii)已满二十一周岁或在二十一周岁之前结婚,在绝对的或可终止的非限嗣继承地产中,或根据《新加坡1920年国家土地法》划拨的批地中,或绝对地对产生该种收益的财产享有权益的,受托人应当以信托方式完全代该人持有该等累积。该人仍属于未成年人的,其婚后签发的收据仍然作为充分的责任解除。

(b)任何其他情况下,即使该人在该等收益中享有既得利益,受托人仍须将此等累积作为产生该等累积的财产的资本增值持有并在任何情形下将该等累积与该等资本作为一项基金持有。

但是,在未成年期间,该人的权益持续的,受托人可以在其未成年的任何时间使用该等累积的全部或部分,视同该等累积是当年产生的收益。

(4)仅在有关限制或信托附有该财产中期收益时,本条才适用于待确定权益。但由受遗赠人的父母或代行父母义务者给予的任何未来或者待确定的遗赠,根据一般法律属于附利息以供该受遗赠人作为抚养费的,在一般法律有此规定的期间,本条适用于该等未来或者待确定遗赠。在后一种情况下(可使用收益充足,并且符合《新加坡法院规则》的任何相反规定的),利率为年息百分之五。

(5)本条适用于既得年金。年金视同由受托人以信托方式持有财产的收益,以在年金须予支付的同一期间将该收益向年金受益人支付。但是,任何情况下,年金受益人未成年时的累积,须以信托方式完全代年金受益人或其遗产代理人持有。

(6)产生相关权益的文书(如有)于1929年9月1日之前实施的,本条不予适用。

第三十四条　预付权

(1)受托人可以基于其绝对酌处权并以其认为适当的方式,为了任何对信托财产资本或其部分享有权益之人的进步或利益,随时支付或使用信托项下资本款项。该人于达到指定年龄或发生其他事件时绝对或待确定地享有该权益的,或该人于指定年龄以下去世或发生任何其他事件时须执行对该信托财产资本或其部分赠与的,或该人享有占有权、剩余权或复归权

的,在所不论。

(2)该人权益可能由于行使委任权或撤销权而废止,或由于该人所属类别的增加而减少等情形,不影响根据第一款作出的任何支付或使用。

(3)根据第一款为了任何人的进步或利益支付或使用的款项总额不得超过该人在信托财产中的推定或既得份额或权益的一半;该人属于或成为绝对并且不可撤销地对信托财产的特定份额享有权益的,支付或使用的款项必须作为该份额的部分计算在内。

(4)根据第一款作出的支付或使用,不得损害任何人对所付款项或使用款项享有的优先终身权益或其他权益(不论是既得权益还是待确定权益),除非该人已成年并以书面形式同意该项支付或使用。

(5)本款规定不适用于1929年9月1日前成立或设立的信托。

第三十五条　保护信托

(1)任何收益(包括年金或其他定期收益所得)属于受指示为了任何人(本条称为主要受益人)的权益,在该人在世或任何较短期间,以保护信托方式持有的,该段期间(本条称为信托期间)内,上述收益须在不损害任何优先权益的原则下,以下列信托方式持有:

(a)为了主要受益人而以信托方式持有,为期相当于信托期间,或直至主要受益人在任何优先权益终止前后,实施、试图实施或容受实施某行为或事情,或直至某事件(除任何法定或明示权力下的预付款外)发生为止,而因该行为、事情或事件的发生,在信托期间应向主要受益人绝对地支付收益的,主要受益人将丧失收取全部或部分该收益的权利。前述任何情况下,包括在信托期终止时(以孰先为准),该收益信托将失效或终止。

(b)前项所称信托在信托期间存续时失效或终止的,在余下的信托期间内须以信托方式持有上述收益,受托人基于其绝对酌处权认为适当时(受托人无须解释该项的处),应将该等权益用于所有下列人士,或专门用于下列一或多名人士的抚养、赡养、扶养或其他权益:

(i)主要受益人及其配偶(如有),及其子女或子女的后嗣(如有);或

(ii)主要受益人没有配偶或后嗣的,则主要受益人及在主要受益人事实上去世时,即对信托财产或其收益、年金基金(如有)或欠付年金(视情况而定)享有权益的人。

(2)本条不适用于1929年9月1日之前实施的信托。本条效力不得违反设立信托的文书对上述默示信托作出的更改。

(3)任何信托载于设立信托的文书即可宣告无效的,本条不使其有效。

第四章　受托人的委任及解任

第三十六条　受托人数目的限制

(1)对于在1929年9月1日当日或之后作出或实施的对信托财产(动产或者不动产)的授产安排和处置:

(a)受托人数目在任何情况下不得超过四名;多于四人被提名为受托人的,仅前四名

(有能力、意愿作为受托人的)作为受托人,其他被提名人不得成为受托人,但出现空缺而获委任的除外;并且

(b)受托人数目不得增至四名以上。

(2)为慈善、宗教或公共目的,财产归属于受托人的,本条关于受托人数目的限制不予适用。

第三十七条　委任新受托人或额外受托人的权力

(1)任何由法院或其他人委任的原有或替代的受托人:

(a)去世;

(b)不在新加坡境内十二个月以上;

(c)意图解除委托或授权给受托人的所有或任何信托或权力;

(d)拒绝担任或不适合担任信托的受托人;

(e)不具备担任受托人的行为能力;或

(f)未成年,在符合本法令关于受托人数目的限制下:

(g)设立信托的文书(如有)为委任新受托人提名的一人或多人;或

(h)没有上述被提名人,或被提名人没有能力和意愿担任受托人的,尚存或留任受托人,或最后尚存或留任受托人的遗产代理人,

可以书面形式委任他人(无论是否属于行使权力的人)作为受托人,以代替已故、不在新加坡境内、希望解除职务、拒绝担任、不适合或无能力或尚未成年的受托人。

(2)根据设立信托的文书载明的权力将任何受托人撤职的,可以委任一名或多名新受托人代替被撤职的受托人,视同被撤职的受托人已经去世。被撤职受托人属于法团的,视同该法团意图解除信托。本条据此予以适用,但应当符合本法令关于受托人数目的限制。

(3)作为受托人的法团在1929年9月1日之前、当日或之后解散的,在本条及本条所替代的成文法中,该法团视同自解散之日起没有能力根据委托或授权的信托或权力行事。

(4)第一款或任何类似的先前成文法授予最后尚存或留任受托人的遗产代理人的委任权,须由并须视为始终由(已将其立遗嘱人的遗嘱认证的)该尚存或留任受托人当时的原遗嘱执行人或承办的遗嘱执行人行使;或由该受托人当时的遗产管理人,在无须得到已放弃遗嘱认证或没有申领遗嘱认证的遗嘱执行人的同意下行使。

(5)唯一或最后尚存的遗嘱执行人,或所有遗嘱执行人拟放弃遗嘱认证的,在放弃遗嘱认证前任何期间内,有权并须视为始终有权行使本条或任何类似先前成文法赋予的委任权力,前提是其必须愿意为之开展活动,但无须因此担任遗嘱执行人。

(6)非信托法团的唯一受托人原本获委任就特定信托开展活动的;或在任何信托中,该信托有三名以内由法院或其他人委任的原有或替代受托人(非信托法团)的,在此情况下:

(a)设立信托的文书(如有)为委任新受托人提名的一人或多人;或

(b)没有被提名人,或被提名人不能及不愿担任受托人的,当时的受托人,

可以书面委任一名或多名额外受托人。

(7)除设立信托的文书(如有)或任何成文法有相反规定外,根据第六款委任额外受托人并非必要,受托人数目也不得因该委任增至四名以上。

(8)根据本条获委任的每名新受托人,在经由法律、转易书或其他方式获得所有信托财产

之前及之后，均具有相同的权力、权限及酌处权，并可以开展各类活动，视同其原本由设立信托的文书（如有）委任为受托人。

（9）本条关于已去世受托人的规定包括被遗嘱提名为受托人但先于立遗嘱人去世的情形；关于留任受托人的规定，则包括拒绝担任或离任的受托人，但该受托人须愿意执行本条规定。

（10）受托人缺乏行使受托人职能的行为能力（符合《新加坡 2008 年精神行为能力法》的含义），且有权占有信托财产的实益权益的，留任受托人不得根据本条委任新受托人予以代替，但法院批准的除外。

第三十八条　关于委任受托人的补充规定

（1）为了全部或部分的信托财产委任受托人时：

（a）受托人的数目，在符合本法关于受托人数目的限制下，可以增加。

（b）可为以信托形式持有的信托财产的某部分委任一组独立受托人（不超过四名），该信托须不同于有关信托财产任何其他部分的信任。信托财产其他部分没有新受托人的亦是如此，任何在任受托人可以获委任或继续作为该组独立受托人之一。最初仅委任一名受托人的，除以下另有规定外，可以委任一名独立受托人。

（c）除以下另有规定外，原先仅委任一名受托人的，无须委任一名以上新受托人；原先委任两名或以上受托人的，无须填补原先的受托人数目。但是，原先仅委任一名受托人，唯一受托人在获委任时可以就所有资本款项签发有效收据的，除有信托法团或两名或以上个人受托人执行信托外，不得解除受托人的信托责任。以及

（d）将信托财产或其任何部分授予唯一受托人或共同受托人时，应当订立或完成所需的任何转易书或事项。

（2）非信托法团的唯一受托人获委任时，无法就有关信托产生的资本款项签发有效收据的，本法令不授权作出该项委托。

第三十九条　信托职位空缺的证据

（1）1929 年 9 月 1 日当日或之后实施，为了任何关于土地的目的委任新受托人的任何文书，其所载任何陈述表明受托人不在新加坡境内十二个月以上、拒绝或不宜作为受托人、无能力作为受托人或无权享有已占有的信托财产的任何实益权益的，为了法定产业权购买人之权益，该陈述即为所述事项的确证。

（2）为了上述购买人之权益，基于该项陈述委任新受托人，以及由该项委任引起的任何明示或默示的授予财产声明，均属有效。

第四十条　受托人离任后未委任新受托人

（1）受托人意图解除信托，在解任后由信托法团或两名或以上个人受托人执行信托的：

（a）上述受托人以契据声明意图解除信托的；以及

（b）共同受托人和受权委任受托人的其他人（如有）以契据同意解任该受托人，并同意信托财产仅归属于共同受托人的，

意图解任的受托人即视为已离任。该人以该契据根据本法获准离任，无须任何新受托人接任。

（2）信托财产仅归属于留任受托人所需的任何转易书或任何事项，应当订立或完成。

第四十一条　信托财产归属于新受托人或留任受托人

(1)以任何契据委任新受托人以执行任何信托的:

(a)该契据载有由委任人作出的声明书,表明信托项下任何土地或实产的任何产业权或权益,或追讨、收取信托项下任何债项或其他据法权产的权利,须归属于以该契据成为或身为执行信托的受托人之人的,该契据无须任何转易或转让,即可将该声明书所涉产业权、权益或权利归属于该等作为信托联权共有人之人;并且

(b)该契据在1929年9月1日当日或之后作出且未载有上述声明的,除契据另有相反明示规定外,该契据视同载有由委任人作出的上述声明,所涉范围扩及该项声明原本可以涉及的一切产业权、权益及权利。

(2)而根据法定权力以契据解任离任受托人,没有委任新受托人的:

(a)该契据载有离任、留任受托人以及受权委任受托人的其他人(如有)作出的第一款所称声明的,该契据无须转易或转让,即可将该声明所涉产业权、权益或权利,以联权共有人身分,并为信托之目的,单独归属于留任受托人;并且

(b)该契据在1929年9月1日当日或之后作出且未载有上述声明的,除契据另有相反明示规定外,该契据视同载有由第一项所称之人作出的上述声明,所涉范围扩及该项声明原本可以涉及的一切产业权、权益及权利。

(3)一项明示的授予财产声明:

(a)于1929年9月1日之前、当日或之后作出;

(b)未明确提及待归属的产业权、权益或权利;并且

(c)符合其他法定要求的,

应当实施并视为自始实施(但不得损害委任或解任契据所载任何相反明示规定),视情况所需,将可归属和应归属于第一款和第二款所称之人的产业权、权益或权利分别授予该等人。

(4)本条不适用于下列情形:

(a)为担保信托项下资金而以按揭方式转易的土地,但为担保债权证或债权股证,以信托方式转易的土地除外;

(b)根据租约持有的土地,该租约载有承诺、条件或协议禁止在未经批准或同意时出让或处置土地;除非订立明示或默示载有授予财产声明的契据之前,已取得所需批准或同意,或者根据任何成文法或法律规则,明示或默示授予财产声明不会违反承诺,不会导致租赁权的丧失;或者

(c)任何股份、股票、年金或财产,该股份、股票、年金或财产仅可以在公司或其他团体备存的簿册名单内转让,或仅可以按任何成文法指示或规定的方式转让。

(5)在第四款中,"租约"包括分租约、有关租约或分租约的协议。

(6)本条适用于1886年8月1日当日或之后订立的委任或解任契据。

第四章之一　代理人、代名人和保管人

第四十一条之一　本章适用范围

(1)除第二款另有规定外,本章适用于2004年12月15日之前、当日或之后设立的信托

相关的事项。

(2)除第四十一条之九第四款另有规定外,本章适用于有唯一受托人的信托,如同适用于其他信托。本章(除第四十一条之三第一款、第三款,第四十一条之十第四款外)所述受托人照此理解。

代　理　人

第四十一条之二　委任代理人的权力

(1)除本章另有规定外,信托的受托人可以授权任何人以其代理人身份,行使其可转委托的全部或部分职能。

(2)关于非慈善信托,受托人可转委托的职能属于下列职能以外的任何职能:

(a)关于能否分配或以何种方式分配该信托任何资产的职能;

(b)须从信托基金拨付费用或其他款项时,决定从该信托的收益或资本中拨付该等费用或款项的权力;或

(c)委任任何人成为该信托的受托人的权力;

(d)由任何其他成文法或信托文书的授予的,准许其受托人将其任何职能转委托他人或委任他人担任代名人或保管人的权力。

(3)关于慈善信托,受托人可转委托的职能包括:

(a)关于执行受托人所作决定的任何职能;

(b)关于将受信托规限的资产进行投资的任何职能(如是作为投资项目而持有的土地,包括管理该土地的职能,及设立或处置该土地权益的职能);以及

(c)关于为信托集资的任何职能,但如果某项业务属于实现信托慈善目的之组成部分,则不包括利用业务得益集资的职能。

(4)第三款第三项中,业务(不论是否在新加坡境内开展)所得收益,仅为有关信托的目的使用,并且符合以下条件的,该项业务即属实现信托慈善目的之不可分割的组成部分:

(a)该业务在实际执行该信托主要目的之过程中开展;或

(b)关于该业务的工作,主要由该信托受益人执行。

第四十一条之三　可以担任代理人的人

(1)除第二款另有规定外,受托人可以根据第四十一条之二授权以受托人的代理人身份行使职能的人,包括该等受托人当中的一人或多人。

(2)受托人不得授权两名或以上人士行使同一职能,但需共同行使的除外。

(3)受托人不得根据第四十一条之二授权受益人(即使受益人也是受托人)以其代理人身份行使任何职能。

(4)某人(根据第四十一条之七、第四十一条之八或第四十一条之九或其他任何权力)获委任担任受托人的代名人或保管人的,受托人仍可根据第四十一条之二,授权该人以其代理人身份行使任何职能。

第四十一条之四　关联职能

(1)除第二款另有规定外,根据第四十一条之二获授权行使任何职能的人,应当遵照该项

职能附带的特定责任或限制，而不论代理条件如何。

示　例

根据第四十一条之二获授权行使一般投资权力的人，须遵照第五条关于该权力责任的规定。

(2)根据第四十一条之二获授权行使特定权力，且该项权力须按要求事先取得建议的，如果该人属于以下情形，可以不遵守该项要求：受托人为遵从该项规定而向其征询建议，属于适当。

第四十一条之五　代理的条件

(1)除本条第二款、第四十一条之六第二款、第四十一条之十八、第四十一条之十九及第四十一条之二十外，受托人可以按其就酬金及其他事宜决定的条件，授权他人以代理人身份行使职能。

(2)受托人不得以第三款规定的任何条件授权他人作为代理人行使职能，但有合理必要的除外。

(3)第二款所称条件包括：

(a)准许代理人委任新代理人的条件；

(b)限制代理人或新代理人对受托人或任何受益人应承担的责任的条件；及

(c)准许代理人在可能引起权益冲突的情况下开展活动的条件。

第四十一条之六　资产管理——特别限制

(1)受托人不得授权他人以其代理人身份行使其任何资产管理的职能，但以书面协议授权，或以书面形式证明的协议授权的除外。

(2)受托人不得授权他人以其代理人身份行使其任何资产管理职能，但下列情形除外：

(a)受托人已为该人出具声明(本法令称为政策声明)，对如何行使该等职能等事项作出指引；及

(b)该代理人行事依据的协议规定的条件表明该代理人将保证遵守下列事项：

(i)政策声明；或

(ii)根据第四十一条之十三修改或更换政策声明的，经修改或更换的政策声明。

(3)受托人应当作出政策声明规定的指引，以保证行使有关职能时符合信托的最佳权益。

(4)政策声明应当以书面形式作出，或以书面形式证明。

(5)本条中，受托人的资产管理职能与下列事项相关：

(a)投资受信托规限的资产；

(b)获取受信托规限的财产；以及

(c)管理受信托规限的财产，处置该项财产，或者设立、处置该项财产的任何权益。

代名人和保管人

第四十一条之七　委任代名人的权力

(1)除本章另有规定外，信托的受托人可以：

(a)委任他人就受托人决定的信托资产(已授产土地除外)担任代名人；以及

(b)采取必要措施保证该等资产归属于获委任人。

(2)根据本条作出的委任应当以书面形式作出,或以书面形式证明。

第四十一条之八　委任保管人的权力

(1)除本章另有规定外,信托的受托人可以委任他人就受托人决定的任何信托资产担任保管人。

(2)本法中,负责某项资产,或者关乎该资产的任何文件或记录的安全保管的人,即属该等资产的保管人。

(3)根据本条作出的委任应当以书面形式作出,或以书面形式证明。

第四十一条之九　对不记名证券的投资

(1)受托人保有或投资应付持有人的证券,应当委任他人作为该证券的保管人。

(2)信托文书或任何成文法有任何规定(无论如何表述),允许受托人保有或投资应付持有人的证券,无须委任他人作为保管人的,第一款不予适用。

(3)根据本条作出的委任应当以书面形式作出,或以书面形式证明。

(4)唯一受托人为信托法团的,该受托人无须承担本条规定的任何责任。

第四十一条之十　可获委任为代名人或保管人的人

(1)除符合下列情形外,任何人不得根据第四十一条之七、第四十一条之八或第四十一条之九获委任为代名人或保管人,或继续担任该代名人或保管人:

(a)该人经营担任代名人或保管人的业务,或经营的业务包括担任代名人或保管人的业务;或

(b)该人是由有关受托人控制的法人团体。

(2)第一款第二项中,通过以下方式,受托人有权保证法人团体的事务按照受托人的意愿处理的,法人团体即由受托人控制:

(a)持有该法人团体或任何其他法人团体的股份或关于该法人团体或任何其他法人团体的股份,或者拥有该法人团体或任何其他法人团体的表决权,或关于该法人团体或任何其他法人团体的表决权;或者

(b)凭借该法人团体或任何其他法人团体的章程或其他文件的任何授权。

(3)根据《1994 年慈善法》注册的慈善信托的受托人,应当按照慈善事务委员就根据第四十一条之七、第四十一条之八或第四十一条之九选择委任为代名人或保管人的人选,提供的任何指导意见开展活动。

(4)除本条第一款和第三款另有规定外,受托人根据第四十一条之七、第四十一条之八或第四十一条之九可以委任为代名人或保管人的人士包括:

(a)该等受托人之一,但须为信托法团;或

(b)该等受托人中的两人或以上,但应当以共同代名人或共同保管人开展活动。

(5)受托人可以根据第四十一条之七,委任他人担任代名人,该人是否存在下列情况在所不论:

(a)获委任担任受托人的保管人(根据第四十一条之八或第四十一条之九或任何其他权力);或

(b)获授权以受托人的代理人身份行使职能(根据第四十一条之二或任何其他权力)。

(6)受托人可以根据第四十一条之八或第四十一条之九,委任他人担任保管人,该人是否存在下列情形在所不论:

(a)获委任担任受托人的代名人(根据第四十一条之七或任何其他权力);或

(b)获授权以受托人的代理人身份行使职能(根据第四十一条之二或任何其他权力)。

第四十一条之十一　代名人和保管人的委任条件

(1)除本条第二款、第四十一条之十八、第四十一条之十九或第四十一条之二十另有规定外,受托人可以根据第四十一条之七、第四十一条之八或第四十一条之九,按其决定的薪酬及其他条件,委任他人担任代名人或保管人。

(2)受托人不得根据第四十一条之七、第四十一条之八或第四十一条之九,以第三款规定的任何条件委任他人担任代名人或保管人,但受托人认为有合理必要的除外。

(3)第二款所称条件为:

(a)准许代名人或保管人委任替代人的条件;

(b)限制代名人、保管人或替代人对受托人或任何受益人的责任的条件;以及

(c)准许代名人或保管人在可能引起权益冲突的情况下开展活动的条件。

对代理人、代名人和保管人等的审查
以及代理人、代名人和保管人等的责任

第四十一条之十二　第四十一条之十三和第四十一条之十四的适用范围

(1)第四十一条之十三和第四十一条之十四应适用于受托人根据第四十一条之二、第四十一条之七、第四十一条之八或第四十一条之九实施的以下行为:

(a)授权他人以代理人身份行使职能;或

(b)委任他人担任代名人或保管人。

(2)除第三款另有规定外,第四十一条之十三和第四十一条之十四适用于受托人根据信托文书或任何成文法授予其的任何权力:

(a)授权他人以代理人身份行使职能;或

(b)委任他人担任代名人或保管人。

(3)第四十一条之十三或第四十一条之十四在特定情形中的适用不符合信托文书或任何成文法的,则第四十一条之十三或第四十一条之十四不予适用。

第四十一条之十三　对代理人、代名人和保管人等的审查

(1)代理人、代名人或保管人继续为信托开展活动时,受托人有责任:

(a)持续审查代理人、代名人或保管人的行事安排及其实施方式;

(b)情况适宜的,考虑是否有必要行使其拥有的任何干预权力;及

(c)受托人认为有必要的,可以行使干预的权力。

(2)代理人获授权管理资产的,第一款所称责任包括:

(a)考虑是否需要修改或更换为实施第四十一条之六作出的政策声明的责任;

(b)受托人认为有需要的,修改或更换政策声明的责任;以及

(c)评估(当时有效的)该政策声明是否正在得到执行的责任。

(3)第四十一条之六第三款和第四款适用于根据该条对政策声明作出修改或更换的情形,视同该等条款适用于据其订立政策声明的情形。

(4)本条中,“干预权力”包括:

(a)向代理人、代名人或保管人发出指示的权力;以及

(b)撤销代理人、代名人或保管人的授权或委任的权力。

第四十一条之十四　代理人、代名人和保管人等的责任

(1)受托人无须就代理人、代名人或保管人的任何行为或失责承担责任。但下列情形中,受托人没有履行附表一第三项项下适用于受托人的法定注意义务的,须承担相应责任:

(a)安排他人担任代理人、代名人或保管人;或

(b)履行第四十一条之十三规定的受托人义务。

(2)代理人、代名人或保管人根据受托人同意的一项条件获准委任一替代人的,受托人无须就该替代人的任何行为或失责承担责任。但下列情形中,受托人没有履行附表一第三项项下适用于受托人的法定注意义务的,须承担相应责任:

(a)同意该条件时;或

(b)在根据第四十一条之十三履行受托人有关使用替代人的责任时。

补 充 规 定

第四十一条之十五　受托人越权的效果

下列情形中,受托人没有在本章的授权范围内开展活动的,不影响下述授权或委任的效力:

(a)授权他人以代理人身份行使受托人职能;或

(b)委任他人担任代名人或保管人。

第四章之二　酬　　金

第四十一条之十六　本章适用范围

(1)除第二款另有规定外,第四十一条之十七至第四十一条之二十适用于下列情形:

(a)为信托提供的服务,或代表信托提供的服务(无论该信托何时设立);或

(b)2004年12月15日当日或之后代表信托(无论该信托何时设立)发生的开支。

(2)关于2004年12月15日前死亡的情形,第四十一条之十七或第四十一条之十八规定不影响以下规定的适用:

(a)《新加坡1934年遗嘱认证和管理法》第五十七条第四款(资产管理);或

(b)《新加坡1838年遗嘱法》第十条(对见证人或见证人的妻子或丈夫的赠与无效)。

第四十一条之十七　受托人根据信托文书收取款项的权利

(1)除信托文书有不一致的规定外,有以下情形的,第二款、第三款和第四款规定适用于受托人:

(a)信托文书规定受托人有权就其向该信托或代表该信托提供的服务,从信托基金中收取款项;以及

(b)受托人是信托法团或以专业身份开展活动。

(2)有关服务可以由业外受托人提供的,受托人仍视为有权根据信托文书就该服务收取款项。

(3)仅下列情形下,第二款规定适用于慈善信托的受托人(非信托法团):

(a)该受托人不是唯一受托人;并且

(b)其他受托人过半数同意该条款适用于该受托人。

(4)下列规定中,受托人有权在提供服务中获取的任何款项应视为服务的酬金(而非赠与):

(a)《新加坡1934年遗嘱认证和管理法》第五十七条第四款(资产管理);以及

(b)《新加坡1838年遗嘱法》第十条(对见证人或见证人的妻子或丈夫的赠与无效)。

(5)本章规定中,受托人在实施专业或业务中提供关于下列各项事宜的服务,且受托人向信托或代表信托提供的服务属于该范围的,受托人即以专业身份行事:

(a)一般信托或特定信托的处理或管理;或

(b)一般信托或特定信托的处理或管理的任何特定事宜。

(6)本章规定中,符合下列情况的,即属以业外受托人身份行事:

(a)非信托法团;并且

(b)非以专业身份行事。

第四十一条之十八　特定受托人的酬金

(1)除第四款另有规定外,信托法团形式的受托人有权就该信托法团向信托或代表信托提供的任何服务,从该信托基金中收取合理酬金。

(2)除第四款另有规定外,受托人:

(a)以专业身份行事;并且

(b)不是信托法团或唯一受托人,

其他所有受托人以书面形式同意该受托人可以就该服务获得酬金的,该受托人有权就其向信托或代表信托提供的任何服务从信托基金中获得合理酬金。

(3)有关服务可以由业外受托人提供的,受托人仍有权根据本条获取酬金。

(4)以下列方式规定受托人获取酬金的方式的,受托人无权根据本条获取酬金:

(a)信托文书;或

(b)任何成文法。

(5)本条适用于根据第四章之一或信托文书的授权,获得下列授权的受托人,与适用于任何其他受托人相同:

(a)以受托人的代理人身份行使职能;或

(b)担任代名人或保管人。

(6)本条中,关于受托人提供的服务的"合理酬金",是指在有关情况下,就该受托人向信托或代表信托提供的服务,收取的数额合理的酬金。

第四十一条之十九　受托人的开支

(1)受托人代该信托开展活动发生的合理正当开支，该受托人：

(a)有权从信托基金中获偿付；或

(b)以信托基金拨付。

(2)本条适用于根据第四章之一、任何其他成文法、信托文书的授权，获得以下授权的受托人，与其适用于任何其他受托人相同：

(a)以受托人的代理人身份行使职能；或者

(b)担任代名人或保管人。

第四十一条之二十　代理人、代名人和保管人的酬金及开支

(1)本条适用于根据第四章之一、任何其他成文法、信托文书的授权，非受托人：

(a)获授权以受托人的代理人身份行使职能的；或

(b)担任代名人或保管人的。

(2)有下列情形的，受托人可就有关服务，从信托基金中拨付第一款所述人员的酬金：

(a)该人受聘的条件使其有权就该等服务获取酬金；并且

(b)有关款额不超出该人向该信托或代表该信托提供该等服务可以收取的合理酬金。

(3)受托人可以从信托基金中支付第一款所述人员在行使代理人、代名人或保管人的职能时发生的合理正当开支。

第五章　法院的权力

第四十二条　法院委任新受托人的权力

(1)凡适宜委任新受托人，但没有法院协助，作出委任不适当、有困难或不可行的，法院可以作出命令，委任一名或多名新受托人，以代替任何在任受托人，或作为额外受托人(无论是否有在任受托人)。

(2)不影响第一款适用的前提下，法院可以作出命令，委任新受托人以替代有下列情况的受托人：

(a)被判处一定期限的监禁；

(b)被发现缺乏供其行使受托人职能的能力(符合《新加坡2008年精神能力法》的含义)；

(c)破产；或

(d)正在清算或已经解散的法团。

(3)根据本条作出的命令，以及任何相应归属令或转易，视同根据为该目的而载于任何文书的权力委任新受托人，而不视为解除任何前任受托人或留任受托人职务，也无更进一步作用。

(4)本条：

(a)不授权委任遗嘱执行人或遗产管理人；

(b)当受托人无能力行使受托人职能时，不阻却受托人设立的持续有效授权书的获授权人代表受托人行事。

第四十三条　授权收取酬金的权力

法院可以允许任何受托人(公共受托人除外)就其作为受托人提供的服务收取法院认为合适的酬金。

第四十四条　法院委任的新受托人的权力

由具合法管辖权的法院委任的受托人,在经由法律、转易书或其他方式获得信托财产之前及之后,均具有相同的权力、权限及酌处权,并可以开展各类活动,视同其原本由设立信托的文书(如有)委任为受托人。

归　属　令

第四十五条　土地归属令

(1)第二款适用于下列情形:

(a)法院委任或已委任受托人,或受托人根据任何法定或明示权力获得并非由法院作出的委任。

(b)受托人以按揭或其他方式享有或持有任何土地或其权益,或者单独或与其他人共同享有该土地的待确定权利,该受托人:

(i)无行为能力;

(ii)不在法院管辖权范围内;或

(iii)无法寻获,或者是已解散的法团。

(c)无法确定二名或以上有权共同享有或持有任何土地权益的受托人中孰为尚存者。

(d)无法确定已知有权享有或持有任何土地权益的最后一名受托人在世或者已去世。

(e)任何曾有权享有或持有任何土地权益的已故受托人并无遗产代理人,或无法确定曾有权享有或持有任何土地权益的已故受托人的遗产代理人。

(f)任何曾有权享有或持有任何土地权益的已故承按人并无遗产代理人,或无法确定曾有权享有或持有任何土地权益的已故承按人的遗产代理人,或者无法确定有权享有或持有任何土地权益的任何承按人在世或者已去世,或者任何有权享有或持有任何土地权益的承按人不在法院管辖权范围内、无法寻获或是已解散的法团。

(g)任何受托人共同或单独享有或持有任何土地权益,或有权享有该土地的待确定权利,而该受托人被有权要求将该土地或权益转易或将该项权力免除的人或其代表,要求将该土地或权益转易或将该项权利免除,但该受托人故意拒绝或忽视将该土地或权益转易或将该项权利免除,自该项要求提出之日的翌日起计已达二十八日。或

(h)土地或其中的任何权益是以按揭或其他方式归属于受托人,并且法院认为根据第二款作出命令属适宜。

(2)在前款所述情形中法院可发布命令(本法令称作归属令):

(a)将该土地或其权益，按法院可能指示的任何方式，就法院指示的产业权或权益，归属于法院指示之人；或者

(b)将该项待确定权利免除或处置给法院指示之人。

(3)归属令经由委任受托人相应作出，该土地或其中权益应当就法院指示的产业权，归属于在作出委任后为受托人的人。

(4)归属令关乎任何有权或先前有权与另一人共同享有的受托人，该受托人无行为能力、不在法院的管辖权范围内、无法寻获或是已解散的法团的，上述土地、权益或权利须归属于仍有权享有的另一人，不论该人单独有权或者与法院委任的任何其他人共同有权享有。

第四十六条　关于未出生人士的待确定权利的命令

任何土地权益受制于未出生之人或特定类别未出生之人的待确定权利，该人或该类人出生后即可就该项权利有权享有或持有信托权益的，法院可作出命令：

(a)将该土地或其中权益从该项待确定权利中释除；或

(b)将该未出生之人或该类未出生之人出生后有权享有或持有的土地产业权或权益，归属于任何人。

第四十七条　代替未成年承按人作出转易的归属令

未成年人因某笔款项的担保而享有或持有任何土地权益，或者享有土地的待确定权利的，法院可以作出命令，将该土地权益或权利归属、免除或处置。其方式与受托人无行为能力之情形相同。

第四十八条　因出售或按揭土地令相应作出的归属令

(1)任何法院作出判决或命令，指示出售或按揭任何土地的，有权享有或持有该土地的任何权益，或有权享有该土地的待确定权利，并且为作出判决或命令的诉讼或法律程序的一方当事人，或在其他方面受判决或命令约束的任何人，视为本法中以受托人身份有权享有或持有该权益(视情况而定)。

(2)法院认为适宜的，可以作出命令，就法院认为适当的产业权或权益，将土地或其任意部分归属于购买人、承按人或任何其他人。

第四十九条　因有关强制履行的判决等相应作出的归属令

(1)判决规定强制履行与任何土地权益有关的合同，或规定将任何土地权益出售或交换，或概括而言任何判决规定将任何土地权益转易的(不论该判决在个案中是基于选择原则或其他原则作出)，法院可以宣布：

(a)诉讼任何一方当事人为本法令所称的土地或其任意部分权益的受托人；或

(b)可经由诉讼任何一方当事人申索，或可根据生前是有关合同或交易(导致上述判决作出者)其中一方的死者的遗嘱或无偿授产安排的申索的未出生人士的权益，是任何在出生后将成为本法令所指受托人之人的权益。

(2)根据第一款所称判决，法院可作出关于该等已出生之人及未出生之人权利的归属令，如同其为受托人。

第五十条　归属令的效力

根据本法令作出的归属令：

(1)如属因委任受托人而相应作出的归属令，则应与以下情况具有同样效力：

(a)如同在作出委任前是受托人的人(如有),已就法院所指示的产业权或权益,妥为订立土地的所有适当转易契;或

(b)无上述人士,或该等人士不具完全行为能力的,则其效力如同该等人士已存在且有完全行为能力,并已就法院所指示的产业权或权益,妥为订立土地的所有适当转易契。且

(2)在其他情况下的效力,视同受托人或拥有相关规定分别所涉权利或假定权利的承按人、其他人、其他类别或界别的人,已确定存在且有完全行为能力,且已订立具有归属令拟发挥效力的转易契或免除书。

第五十一条　委任他人转易的权力

能够根据本法令作出归属令时,在更为方便的情况下,法院可委任一名人士转易土地或其中权益,或免除有关的待确定权利,此人依照归属令作出的转易或免除与根据适当规定作出的命令具有相同的效力。

第五十二条　关于股票及据法权产的归属令

(1)在以下任何情况下,如:

(a)法院委任或已委任受托人,或者受托人已根据法定或明示权力获得非由法院作出的委任。

(b)以按揭或其他方式单独或与其他人共同享有任何股票或据法权产权益的受托人:

(i)无行为能力;或

(ii)不在法院管辖权范围内;

(iii)无法寻获,或是已解散的法团;

(iv)自绝对享有有关股票或据法权产权益的人向受托人作出书面请求后的翌日起二十八日内,因疏忽未能按照或拒绝按照该人的指示,转让该等股票,或收取该等股票的股息或收益,或为据法权产提起诉讼或进行追讨;或

(v)自法院就此目的向受托人送达命令的翌日起二十八日内,因疏忽未能或拒绝转让股票,或收取该等股票的股息或收益,或为据法权产提起诉讼或进行追讨。

(c)无法确定单独或与另一人共同享有股票或据法权产权益的受托人是仍在世或已去世。

(d)股票在某死者名下,而死者的遗产代理人无行为能力。或

(e)股票或据法权产以按揭或其他方式归属于受托人,且法院觉得适宜,法院可作出归属令,将转让或要求转让股票的权利,或收取该股票的股息或收益的权利,或为有关据法权产提起诉讼或进行追讨的权利,归属于法院所委任的人。

(2)归属令是因委任受托人而相应作出的,该项权利应归属于作出委任后担任受托人的人。

(3)有关人士所拥有的权利由归属令处理,且其与另一人共同享有该项权利的,该项权利应归属于该名后述之人,不论该人单独或与法院委任的任何其他人共同享有。

(4)可以根据本条作出归属令时,在更为方便的情况下,法院可以委任适当的人作出转让

或参与转让。

(5)根据第四款的委任作出转让或参与转让股票的人应是拟转让股票的公司的适当职员。

(6)任何人依法院根据本法令作出的命令而获得转让股票的权利或要求转让股票的权利,可按照该命令将股票转让于其本人或任何其他人,而所有公司应按照命令的意旨,服从根据本条作出的每项命令。

(7)在收到根据本条所作命令的书面通知后,任何公司转让该命令所涉的股票或支付该等股票的股息的,均属非法,按照该命令进行的除外。

(8)法院可就转让根据本法令获得的任何股票或据法权产的权利的行使方式,作出声明及给予指示。

(9)本法令关于归属令的规定,适用于根据与商船有关的成文法而注册的船舶的股份,视同该等股份是股票。

第五十三条　慈善或社团财产的归属令

通过行使本法令所赋予的关于归属令的权力,可将土地、股票或据法权产的权益,归属于诉讼妥为提起时法院对其有管辖权的慈善机构或社团的受托人。受托人的委任是根据某项权力而以文书作出的,或是由法院根据其一般或法定管辖权作出的,在所不论。

第五十四条　关于未成年人的实益权益的归属令

未成年人享有任何财产的实益权益的,法院可以作出以下命令,使该等财产的资本或收益用于该未成年人的抚养、教育或利益方面:

(a)委任某人将该项财产转易;或

(b)所涉财产属股票或据法权产的,将转让或要求转让股票的权利,或收取股票的股息或收益的权利,或为据法权产提起诉讼及进行追讨的权利,以法院认为适当的条件,归属于任何人。

第五十五条　就某些主张作出的命令即为确证

(1)如根据本法令作出关于土地的归属令基于对以下任何事项的主张:

(a)受托人或承按人无行为能力;

(b)受托人、承按人、受托人或承按人的遗产代理人或从受托人或承按人处得到所有权的其他人不在法院管辖权范围内,或无法寻获,或是已解散的法团;

(c)无法确定在两名或以上受托人之中,或在两名或以上在按揭上享有权益的人之中,谁是尚存者;

(d)无法确认最后一名受托人、受托人或承按人的遗产代理人、从受托人或承按人处得到所有权的其他人或在按揭上享有权益的最后一名尚存者,仍在世还是已去世;或

(e)受托人或承按人未立遗嘱而去世,且未遗下任何在其无遗嘱而去世的情况下享有实益权益的人,或受托人或承按人已去世,且不知其遗产代理人或享有权益的人,

就该命令的有效性的相关争议,命令已如此作出的事实,在任何法院即为如此主张的事项的确证。

(2)本条并不阻止法院指示将土地再转易或退回,或指示支付不适当取得该命令发生的费用。

作出其他命令的管辖权

第五十六条　法院授权处理信托财产的权力

(1)处理或管理已归属于受托人的财产时,法院认为任何出售、出租、按揭、退回、免除或其他处置,或任何购买、投资、收购、开支或其他交易适宜,但是由于信托文书(如有)或法律没有为该目的将权力赋予有关受托人,以致上述事项无法产生效力的,法院可以:

(a)就一般情况或个案,按其认为适当的条件规定及要求,发布命令将达成该目的所需权力授予受托人;以及

(b)指示任何获授权支出的款项及任何交易费用,须以何种方式从资本及收益之间支付或承担。

(2)法院可不时撤销或更改任何根据本条作出的命令,或可作出新的命令或者进一步的命令。

(3)根据本条向法院提出的申请,可由有关受托人或其中任何一人或在有关信托中享有实益权益的人作出。

第五十七条　有权申请命令的人

(1)根据本法令作出的委任新受托人的命令,或关于任何信托项下的土地、股票或据法权产的权益的命令,可应任何在该土地、股票、据法权产上享有实益权益的人士申请(不论该人有无行为能力),或应任何妥获任信托受托人的人士的申请而作出。

(2)根据本法令作出的关于任何受按揭规限的土地、股票或据法权产的权益的命令,可应任何在衡平法的赎回权上享有实益权益的人士申请(不论该人有无行为能力),或应任何在以按揭作担保的款项上享有权益的人士申请而作出。

第五十八条　在受托人缺席的情况下作出判决的权力

在任何诉讼中,法庭确信已努力搜寻任何在诉讼中以受托人身份成为被告的人,并向该人送达了法院的法律程序文书,但仍未能找到该人的,法庭可就该宗诉讼进行聆讯和裁判,并在该宗诉讼中对该人以受托人的身份作出判决,如同已将上述文件妥为送达此人,或此人曾在该宗诉讼中应讯并已由其律师代表出席聆讯一样,但并不因此损害该人以其他任何身份在本案所涉事项上拥有的任何权益。

第五十九条　从信托产业中收取费用的权力

法院可作出命令,将申请委任新受托人的命令或归属令的费用、开支以及附带费支,或依据该等命令作出转易或转让的费用、开支以及附带费支:

(a)从作出该等命令所涉财产或其收益中筹措及支付;或

(b)以法院认为公正的方式及由法院认为由其承担及支付是公正的人承担及支付。

第六十条　免除受托人个人责任的权力

法院认为由法院委任或以其他方式委任的受托人对违反信托负有或可能负有个人责任(不论所指控的违反信托的交易是在1929年9月1日之前、当日还是之后发生),但受托人已

诚实、合理行事,并且出于公平考虑,应宽宥他违反信托及没有就其违反所涉事项向法院取得指示的,法院可以完全或部分免除受托人对该项违反所须负的个人责任。

第六十一条 使受益人就违反信托作出补偿的权力

(1)受托人在受益人的唆使、要求或书面同意下违反信托,法院可以作出其认为公正的命令,以查封受益人在信托产业中的全部或部分权益,作为对受托人或对通过受托人进行申索的人的补偿。受益人可能是一名期待权受限的已婚妇女的,在所不论。

(2)本条对在1929年9月1日之前、当日或之后违反信托的行为同样适用。

向法院缴存款项

第六十二条 由受托人向法院缴存款项

(1)受托人或过半数受托人持有或控制属于特定信托的款项或证券,可以向法院缴存。该等款项或证券须遵照《新加坡法院规则》,按照法院命令处理。

(2)由适当人员签发的收据或证明书,即为受托人对向法院缴存的款项或证券充分的责任解除。

(3)对于任何归属于受托人的款项或证券,过半数受托人意图将该等款项或证券向法院缴存,但其余人不同意的,法院可以命令该过半数的受托人向法院缴存,无须其余人同意。

(4)任何存放于银行、经纪人或其他寄存处的该等款项或证券,法院可以命令将该等款项或证券支付或交付予上述过半数受托人,以便向法院缴存。

(5)依据任何命令作出的每项转让、支付及交付均属有效,其效力如同所有有权享有如此转让、支付或交付的款项及证券的人授权作出该等决定,或如同所有该等人作出该等决定。

第六章 慈善信托

第六十三条 公共受托人可在没有受托人的情况下管理慈善信托的财产

(1)公共受托人认为某慈善信托没有受托人时,可向受信托规限的任何财产的表面控制人寄挂号信,要求其提供信托受托人(如有)的姓名和地址。

(2)公共受托人在发信后一个月内没有收到任何答复的,可在《新加坡政府公报》上刊登并以挂号信的方式向第一款所称人士发出通知,在该通知日期起的一个月后,除有相反理由外,该信托视作没有受托人。

(3)除该信托的任何受托人事先提出相反理由外,在通知中提到的期限届满时,或在公共受托人收到的答复表明该信托没有受托人时,则公共受托人:

(a)可宣布其承诺暂时管理受信托规限的财产;以及

(b)应在《新加坡政府公报》上刊登有关通知,并且在《新加坡政府公报》上刊登后,受信托规限的任何类型的动产和不动产,都应归属于作为其临时受托人的公共受托人。

(4)作为临时受托人的公共受托人可以通过原诉传票向法院申请任命新的受托人来管理该信托,在任命新的受托人后,所有受信托规限的财产应归属于该等新受托人。

(5)公共受托人在行使本条赋予的权力时产生的所有费用和开支,应从有关信托的资产中支付。

第六十四条　对某些不完全慈善信托的认可

(1)信托指示或允许使用信托基金或其任意部分的目的中,除包含某些慈善目的外,还包含或视同包含某些非慈善和无效目的的,该信托不得被认为无效。

(2)对此类信托各项事宜的解释、实施方式应如同信托基金或其任意部分,没有或视同没有被指示或允许用于任何此类非慈善和无效目的。

(3)本条不适用于在1967年7月14日前宣布的任何信托和在1967年7月14日前去世的任何立遗嘱人的遗嘱。

受托人法团的成立

第六十五条　授予受托人为法人团体的注册证书

(1)为任何宗教、教育、文学、科学、社会或慈善目的而成立的任何团体或组织可委任人数不少于三人的受托人,该等受托人可按第六十七条规定的方式向部长申请将该团体或组织的受托人注册为法人团体的证书(本章称为法团注册证书)。

(2)部长基于该团体或组织的范围、性质和目标及其他情况,认为此项成立是适宜的,可相应地授予法团注册证书,但须遵守其认为适合载入该证书的一般条件或指示,特别是关于受托人的资格与人数、其职位的任期与免职、委任新受托人的方式、公章的保管与使用、该等受托人可能持有的土地的数量以及土地可能的用途。

(3)授予受托人法团注册证书后,受托人:

(a)成为证书所述名称的法人团体;

(b)永久存续并具有公章;

(c)有权以该法团的名义起诉及被起诉;以及

(d)根据证书包含的条件和指示,有权获取、购买、取得、持有和享有动产和不动产,并以加盖公章的文书,遵照受托人在没有成立法人团体时,为该团体或组织的目的,可能受到的限制和规定,以该种情形下可能采取的方式,出售、转易、转让、退回和交出、按揭、押记、批租、再转让、转移或以其他方式处置现在或以后属于该团体或组织,或者为该团体或组织之利益而持有的动产和不动产。

第六十六条　归属于法人团体的产业

(1)法团注册证书应将所有为该团体或组织以信托方式规管、属于他人或由他人持有的任何类型动产或不动产,授予该法人团体。随后,以其名义,以信托方式为该团体或组织持有任何股票、基金或证券的任何人,应将该等股票、基金或证券转移到该法人团体的名下。

(2)与任何该等不动产有关的、可由其受托人或针对该等受托人在其法团成立前强制执行的所有承诺和条件,在其成立后也可在同样的范围内通过同样的方式强制执行。

第六十七条　有关申请的详情

(1)根据本章规定向部长提出的证书申请应当采用书面形式,由申请人签字,并包含附表二规定的或适用于特定情形的详情。

(2)部长可以要求提供法定声明或其他证据,以核实申请书中的陈述和详情,以及部长认为必要或适当的其他详情、信息和证据。

第六十八条　提名受托人和填补空缺

(1)授予法团注册证书之前,受托人应得到有效任命,以获部长认可。

(2)已授予法团注册证书的,受托人的人数空缺应当不时根据该团体或组织的章程或协议的要求进行填补,或根据第六十五条第二款所称任何条件或指示的要求,以未颁发法团注册证书时可用于委任该团体或组织的新受托人的法律规定填补,或按该等条件或指示的其他要求填补。

(3)每位新受托人的委任应在完成后由受托人或根据受托人的指示向公共信托人证明。

(4)在授予公司注册证书后每满五年期限之后的一个月内,或在公共信托人要求的任何时间,时任受托人应就每个期限届满时的受托人姓名及其住址和描述,向公共信托人提交一份报告。

第六十九条　受托人及其他人在法团成立后的责任

(1)根据本章规定颁发法团注册证书后,尽管法团成立,该团体或组织的所有受托人仍应当:

(a)对交由其持有的财产负责;以及

(b)以没有成立该法团时同样的方式和范围,对其自身行为、认收、疏忽和失责,以及该团体或组织及其财产的适当管理负责。

(2)本条规定不减损总检察长或其他公职人员根据当时有效的任何成文法对如此成立法团的受托人可行使的任何控制或权力,该等受托人仍应如同其没有成立法团一样,连带接受这种控制和权力的约束。

第七十条　证书可作为符合要求的证据

(1)如此授予的法团注册证书即为证明本章规定包含的所有初步要求以及与成立法团有关的要求都已得到执行的确证。

(2)该证书中提到的法团成立日期视为该法团成立的日期。

第七十一条　应保存的申请记录和文件及提供副本

(1)公共受托人应保存所有申请和授予法团注册证书的记录,以及本章规定要求提交给公共受托人的所有文件、账目和报告。

(2)任何人在缴付规定的费用后,可获得经公共受托人核证的任何此类文件的副本或摘录。

第七十二条　条件和指示的执行

载入任何法团注册证书中的所有条件以及指示应:

(a)作为该团体或组织的信托,对受托人具有约束力,并由受托人履行或遵守;以及

(b)可由总检察长、其他公职人员或当时生效的任何成文法规定的利害关系人强制执行。

第七十三条　*[已由第38/2002号法令废止]*

第七十四条　归属于法人团体的赠与

在任何团体或组织的受托人根据本章成立法团后,通过契据、遗嘱或其他方式,向该团体

或组织或其受托人,或为该团体或组织或其受托人的权益,或为其他相关目的,在成立法团前合法作出(但尚未实际生效),或成立法团后合法作出的每项土地或其中任意权益的捐赠、赠与和处置,均应生效,视同该捐赠、赠与和处置已向已成立的法团作出,或已为该成立的法团的权益作出,或已为其他类似目的作出。

第七十五条 公章

(1)法人团体的公章应当载有部长批准的图案。

(2)任何已加盖法人团体公章的文书,明显符合第六十五条提及的公章使用条件或指示的,对该法人团体具有约束力。任何影响该文书执行的瑕疵或情况在所不论。

第七十六条 未加盖公章的合同具有约束力的情形

根据该团体或组织的章程、协议或规则和规例,没有根据本章成立法团时,该团体或组织的受托人作出或订立的每项合同属于有效且具有约束力的,则该合同作出或订立时未加盖受托人的公章的,仍属有效且具有约束力。

第七十七条 对基于信赖法团公章的转让付款的保护

任何人信赖加盖了根据本章设立的任何法人团体的公章的文书,善意进行或允许进行任何转让或付款的,应当就该转让或付款得到补偿并获得保护。任何影响该文书执行的瑕疵或情况在所不论。

第七十八条 受托人应保存账目并提交年度账目报表

(1)根据本章规定成立法团的任何团体或组织的受托人,应当在其为此目的保存的账簿中,定期记入或安排记入关于该团体或组织所有收支的完整而真实的账目。

(2)第一款所称受托人应在每年3月25日当日或之前,或在公共受托人指定的其他日期,准备并制定第一款所称团体或组织的以下账目:

(a)截至上一年度12月31日,或公共受托人就此指定的其他日期,任何捐赠产生的或本应由此产生的总收益的账目;

(b)该年度开始时的所有结余以及同一年度内该团体或组织收到的所有款项的账目;

(c)同一时期的所有付款账目;以及

(d)在方便的情况下,该团体或组织借出或借入的所有款项的账目。

(3)第二款规定的账目应由第一款所称的所有在新加坡的受托人亲笔认证,并由该团体或组织的审计师(如有)进行审计。

(4)第一款所称的受托人应在第二款所称制定账目的指定日期后的十四日内,将其副本提交给公共受托人,每份副本应在一切合理时间内向所有人员公开,准许其在支付规定费用后检查。

(5)任何人都可以在支付规定的费用后,要求获得此项账目全部或部分副本。

(6)第一款所称受托人,在根据本章获得法团注册证书后首次按照第四款向公共受托人提交第二款所称的账目时,应当同时向公共受托人提交当时属于该团体或组织的任何捐赠的账目:

(a)属于非控制中的不动产的,显示该不动产的出租或占用方式;以及

(b)属于动产的,显示其现有投资或使用情况,以及以何名义进行投资。

(7)此后,受托人在获得未包括在第六款所称账目中的任何捐赠后,或在每次转移、押记或转让该团体或组织的任何动产或不动产后,向公共受托人提交此项账目时,应视情况向公共受托人提交该捐赠的类似账目以及此项转移、押记或转让的账目。

第七十九条　决定某人是否为法人团体成员争议的申请

(1)就某人是否为该法人团体成员产生争议时,任何与该争议有关的利害人都可通过原诉传票向法院申请,征求对该争议的意见。

(2)听证会通知应按法院认为合适的方式发给该等人士。

(3)法院就根据本条提出的申请所给出的意见,对以下人士具有约束力:

(a)引起该争议的人;

(b)第一款所称法人团体的所有成员;

(c)与该争议有利害关系的人;及

(d)根据法院的指示已向其发出听证会通知的任何人员。

第八十条　法人团体的解散

(1)慈善信托的管理已由政府或法定法团接管的,或由于任何其他充分原因,宜解散根据本章规定设立的法人团体的,部长可以命令指示公共受托人将法人团体的名字从登记册上删除。

(2)公共受托人应在《新加坡政府公报》上刊登该命令。该命令一经刊登,法人团体即告解散。

第八十一条　对虚假陈述的处罚

任何人在本章规定要求提交给公共受托人的任何报告、账目或其他文件中,明知所作陈述是虚假的,仍故意在任何重要事项上作出虚假陈述的,即属犯罪,一经定罪,可处以一千新元以下罚金,单处或并处两年以下监禁。

第八十二条　对不提交报告等的处罚

任何受托人未遵守或未采取一切合理措施确保遵守本章要求该受托人向公共受托人归档或提交任何报告、账目或其他文件,或就任何事项向公共受托人发出通知的规定的,即属犯罪,一经定罪,可处以五百新元以下罚金。属于持续犯罪的,就定罪后继续犯罪的每一天,可处以五十新元以下罚金。

第七章　透明度与有效控制

第八十三条　本章的释义

(1)本章规定中:

相关信托的相关信托方的"有效控制人"是指:

(a)最终拥有或控制相关信托方的个人;或

(b)以相关信托方的身份代表相关信托方进行交易的个人,

并包括对相关信托方行使最终有效控制的个人;

"金融行动特别工作组",是指名为"金融行动特别工作组"的政府间机构。

"金融行动特别工作组建议",是指金融行动特别工作组不时发布的有关反洗钱和反恐怖主义融资的建议。

"全球论坛",是指被称为"全球税务透明度和信息交流论坛"的国际机构。

信托的"保护人",是指根据设立明示信托的文书,对信托的受托人如何管理信托有任何控制权的人。

"相关信托",是指本章所适用的信托。

信托的"相关信托方",是指以下全部或部分人士:

(a)委托人;

(b)受托人;

(c)保护人;

(d)受益人;

(e)对受信托规限的任何财产的处置有任何权力的人。

(2)关于"有效控制人",除根据第八十四条之一制定的规例另有规定外,"最终拥有或控制"和"最终有效控制",是指个人最终拥有或控制相关信托方,或对相关信托方行使最终有效控制的情况,包括个人对相关信托方的所有权或控制权(视情况而定)是通过所有权链或通过间接控制方式行使的情况。

第八十四条　本章适用范围

(1)本章适用于符合以下条件的任何明示信托:

(a)该信托适用新加坡法律;

(b)该信托在新加坡运行;或

(c)该信托的任何受托人是新加坡居民。

(2)尽管有第一款规定,本章规定不适用于第八十四条之一规定的任何信托或任何类别的信托。

(3)本条中:

(a)信托的控制和管理在新加坡进行的,该信托即属在新加坡运行。及

(b)符合以下情况的,受托人属于新加坡居民:

(i)受托人是个人,且通常居住在新加坡;或

(ii)受托人是在新加坡注册、组建或成立的。

第八十四条之一　规例

(1)部长可以为相关信托,或就相关信托制定其认为必要或可取的规例:

(a)以落实关于透明度与实益所有权的金融行动特别工作组建议;及

(b)以落实全球论坛关于所有权和身份信息、会计记录保存以及获取此类信息和记录的要求。

(2)在不限制第一款规定的情况下,规例可:

(a)规定相关信托的受托人必须取得符合以下条件的每一位人士的身份及详情:

(i)相关信托的相关信托方或相关信托方的有效控制人;及

(ii)信托代理人或向信托提供服务者,包括任何投资顾问或经理、会计师或税务顾问。

(b)规定相关信托的受托人必须在规定的期限内维护并及时更新第一项第一目和第

二目所述人员的身份和详情的记录。

(c)规定相关信托的受托人必须在规定的期限内维护并及时更新规定的与相关信托有关的会计记录,以及相关信托资产的信息。

(d)规定相关信托的受托人必须为第一项、第二项和第三项中的全部或部分事项,或必须为此采取的措施。

(e)规定相关信托的受托人在任何所规定的交易中代表该信托行事时,必须向该交易的任何其他当事方披露受托人代表该信托行事的事实。

(f)就第八十三条第二款而言,列明在何种情况下:

(i)个人被视为通过所有权链最终拥有相关信托方的所有权;及

(ii)个人通过间接控制被视为最终控制相关信托方,或通过间接控制对相关信托方行使最终有效控制。

(g)规定任何违反规例规定的行为均属违法,可处以一千新元以下罚金。

(h)规定本章可要求或允许规定的事项。及

(i)载有部长认为适当的过渡规定及其他补充和附带规定。

第八章　一般规定

第八十五条　保障

(1)本法令以及根据本法令作出的每项命令,即为对遵照本法令或该项命令行事之人的完全保障。

(2)任何人均无须查究该项命令是否适当,或作出该命令的法院是否有作出该命令的管辖权。

第八十六条　为欺诈债权人而设立的财产处置和信托

为免疑义,2020 年 7 月 30 日之前、当日或之后,以信托方式进行或安排进行的每项财产结算或处置,属于《新加坡 2018 年破产、重组和解散法》第四百三十八条意义上的低价交易的,应遵守该条规定。

第八十七条　《新加坡 2018 年破产、重组和解散法》对低价交易和不公平优先权的效力

(1)为免疑义,2020 年 7 月 30 日之前、当日或之后,以信托方式进行或安排进行的每项财产结算或处置,属于:

(a)《新加坡 2018 年破产、重组和解散法》第三百六十一条(参阅第三百六十三条和第三百六十四条适用)定义的低价交易的;或

(b)《新加坡 2018 年破产、重组和解散法》第三百六十二条(参阅第三百六十三条和第三百六十四条适用)定义的不公平优先权的,

视具体情况执行相关条文。

(2)由法人团体进行结算或处置的,适用《新加坡 2018 年破产、重组和解散法》第二百二十四条至第二百二十七条规定。

第八十八条　信托存续期间的收益累积

由信托产生的收益可在《新加坡 1909 年民法》第三十一条允许的期限内累积。

第八十九条　适用于信托的永续期

关于禁止财产恒继规则,《新加坡 1909 年民法》第三十二条、第三十三条和第三十四条的规定应适用于 2004 年 12 月 15 日当日或之后设立的信托。

第九十条　特定信托的有效性

(1)根据第三款规定,某人在其有生之年设立信托或转让现有信托的动产,根据以下任何法律该人有行为能力如此行事的,该人视为有如此设立信托或转让财产的行为能力:

(a)在新加坡适用的法律;

(b)其居住地或国籍国的法律;或

(c)有关该项转让行为的准据法。

(2)设立信托或转让财产的人具有第一款规定的行为能力的,与继承权或继任权有关的规则不影响信托设立或信托财产转让行为的有效性。

(3)第一款规定:

(a)在设立信托或转让信托财产时,设立信托或转让财产的人是新加坡公民或在新加坡定居的,不予适用;且

(b)仅在信托明确规定适用新加坡法律且受托人居住在新加坡的情况下才适用于该信托。

(4)第一款所称"法律",不包括该法中的法律选择规则。

(5)对任何信托财产的信托或结算,不得仅因设立信托或进行结算的人为自己保留了信托或结算下的全部或部分投资权力或资产管理职能而无效。

第九十一条　保留规定、过渡规定及继起规定

(1)2004 年 12 月 15 日之前设立的信托契据按照在该日期前有效的本法令所废除的附表一,赋予受托人投资信托基金的权力的,无论该权力的赋予在信托契据中如何表述,此项投资权力应被视为自该日起生效的本法令第四条规定的一般投资权力。

(2)受托人不应仅因其继续持有的投资不再是其根据在 2004 年 12 月 15 日前有效的本法令所废除的附表一所做的投资,而承担违反法定注意义务的责任,前提是此类投资是受托人根据从该日起生效的本法令第四条可以进行的投资。

附表一

第三条之一第一款和第四十一条之十四

第一章之一规定的法定注意义务的适用范围

第一条　投资

第一章之一规定的注意义务在以下情形中适用于受托人:

(a)行使一般投资权力或任何其他投资权时,无论该权力的授予方式如何;或

(b)履行本法令施加于受托人的与投资信托基金有关的义务时。

第二条　购置土地

第一章之一规定的注意义务在以下情形中适用于受托人：

(a)行使任何购置土地的权力时，无论该权力的授予方式如何；或

(b)行使与根据前项权力购置的土地有关的任何权力时。

第三条　代理人、代名人和保管人

(1)第一章之一规定的注意义务在以下情形中适用于受托人：

(a)订立根据第四十一条之二授权某人行使代理人职能的安排时；

(b)订立根据第四十一条之七委任代名人的安排时；

(c)订立根据第四十一条之八或第四十一条之九委任保管人的安排时；

(d)依其他权力(无论该权力的授予方式如何)，订立授权某人行使代理人职能，或委任代名人或保管人的安排时；或

(e)根据第四十一条之十三(对代理人、代名人和保管人等的审查)履行受托人义务时。

(2)就第一款规定而言，订立授权某人行使代理人职能的安排，或订立委任代名人或保管人的安排，尤其包括：

(a)选择要行事的人；

(b)确定受托人行事的任何条件；及

(c)该人获授权行使资产管理职能的，根据第四十一条之六备拟政策声明。

第四条　了结债务

第一章之一规定的注意义务在以下情形中适用于受托人：

(a)行使第十六条规定的权力，以进行该条所称任何事项时；或

(b)行使任何相应权力时，无论该权力的授予方式如何。

第五条　保险

第一章之一规定的注意义务在以下情形中适用于受托人：

(a)行使第二十一条规定的为财产投保的权力时；或

(b)行使任何相应的权力时，无论该权力的授予方式如何。

第六条　复归权益、估值及审计

第一章之一规定的注意义务在以下情形中适用于受托人：

(a)行使第二十四条第一款或第四款规定的权力，以进行该条所称任何事项时；或

(b)行使任何相应权力时，无论该权力的授予方式如何。

附表二

第六十七条第一款

申请成立受托人法团时须填报的详情

1. 该团体或组织的目标，该团体或组织的规则和规例，以及设立、成立或规范该团体或组

织的每份契据、遗嘱或其他文书(如有)的日期与当事人。

2. 在申请日由该团体或组织持有的,或属于该团体或组织的,或代表该团体或组织持有的土地或土地权益的陈述书及简短说明。

3. 该团体或组织的受托人的姓名、住址及描述。

4. 该法人团体的拟议名称,其中应有"受托人"和"注册"两词。

5. 拟议的公章图案。

6. 公章的保管与使用规例。

附表三

第二十七条第五款

第二十七条第五款规定的授权书格式

本一般受托人授权书由[授权人地址]的[授权人姓名]作为[某信托的名称或详情]的受托人于[日期]作出。

本人遵照《1967年受托人法》第二十七条第五款委任[受托人地址]的[受托人姓名]为我的代理人[如有必要,注明委托开始的日期或持续时期(或同时注明两者)]。

[将作为契据执行]。

新加坡商业信托法

袁　琳　李明玉　译*

《新加坡商业信托法》译介

新加坡现行的商业信托法是2021年12月修订的《新加坡商业信托法》,首次颁布于2004年。该法主要就商业信托和受托管理公司、信托管理契约等内容作出规定,共12章,114条。该法对新加坡境内商业信托的注册和监管以及与之相关的事项作出了详细规定。

该法对单位持有人和商业信托的定义作出规定。单位持有人指持有商业信托单位的人。商业信托指就任何财产设立的具有以下特点的信托:使单位持有人因参与或管理该财产或一项业务而获得的利润、收入或其他收益;单位持有人对财产的管理没有日常控制权;由受托人或受托人的代表人进行整理管理的财产;单位持有人的出资和其所获利润和收入的蓄积;所发行信托单位的全部或主要部分不可赎回或只投资于管理局在《新加坡2001年证券和期货法》第284条中所称的《新加坡集体投资计划守则》中指定的房地产和与房地产有关的资产,并在核准的交易所上市;管理局通过公报宣布为本法所称的一类商业信托。

该法对商业信托的注册作出规定。商业信托的拟受托管理公司需按管理局规定的格式和方式向管理局提出商业信托的注册申请,并附带管理局所要求的信息或记录及指定方式缴纳申请费,且该费用不予退还。

该法对受托管理公司的责任与权力作出相关规定。受托管理公司应为公司且不得从事其他业务。该法第三章的相关规定中,对受托管理公司秘书的委任要求及职责,董事、主管及代理人、董事会、审计委员会的职责,以及该等人员或组织的违法行为及其惩罚措施作出相关规定,同时对审计人员及高级职员的免责作出相关规定。该法第四章对信托契约的内容及变更程序作出规定。

该法规定,单位持有人有获得分配利益、收入及其他款项的权力。受托管理公司应按照相关规定,向所有单位持有人提交规定的材料,方可分配利益、收入及其他款项,若受托管理公司违反有关规定,则需受到相应惩罚。本法同时规定,若单位持有人因受托管理公司违法本法的行为而受到损害或损失,可对受托管理公司提出诉讼,无论其是否因其违法行为而被定罪。

商业信托可根据信托契约、单位持有人的指示及法院的规定进行清算,且该法对清算的

---

* 译者:袁琳,华东政法大学硕士研究生;李明玉,华东政法大学硕士研究生。

期限、程序及其他情况都作了相关规定，违反相关规定的，则会受到相应处罚。受托管理公司可向管理局申请，自愿撤销商业信托的注册，不服该撤销的，需在规定时效内向法院提出申请。

另外，该法还规定了年度大会的召集、法定人数、主席、投票表决会议记录等事项；同时要求受托管理公司应妥善保管商业信托的重要文件如账簿、会议记录等以便接受审议或披露。

本法第十二章详细规定了会议记录的电子传送规则、文书翻译、法院的其他权力等。并对虚假和误导性陈述作了限定及惩罚措施。

该法还对有关商业信托的申诉作出规定，根据本法向部长提出的申诉，部长可以确认、更改或撤销管理局关于此申诉作出的决定，或就此事给出其认为合理的指示，且部长的决定为最终决定。另外该法除了规定法院的管辖权以外，还对管辖法院的权利作出详细规定，主要包括法院下达特定命令的权力、法院可强制执行、法院授予救济的权力等。

一部关于商业信托的注册和管理以及相关事宜的法令。

（2004 年 10 月 12 日）

第一章 导　　言

第一条　简称

本法可引称为《新加坡 2004 年商业信托法》。

第二条　释义

除本法另有规定外，下列词语的含义为：

“会计记录”，就注册商业信托而言，包括解释注册商业信托的账簿编制方法和计算方法所需的工作底稿及其他文件。

“账目”是指损益表、资产负债表和现金流量表，并包括附在这些损益表、资产负债表或现金流量表之后或拟与之一起阅读的声明（审计师报告和董事报告除外）。

“辩护人和事务律师”是指最高法院的辩护人和事务律师，或《新加坡法律职业法》（第 161 章）第二条第一款中定义的外国律师。

“核准交易所”与《新加坡 2001 年证券和期货法》（第 289 章）第二条第一款的含义相同。

[经 2018 年第 40 号法案删除，自 2020 年 7 月 30 日起生效]

“审计委员会”，就注册商业信托而言，是指根据第十五条设立的注册商业信托的受托管理公司的审计委员会。

“管理局”是指根据《新加坡 1970 年金融管理局法》（第 186 章）第三条设立的新加坡金融管理局。

“账簿”与《新加坡证券和期货法》（第 289 章）第二条第一款的含义相同。

“业务”，就注册商业信托而言，指与注册商业信托的信托财产有关，并由注册商业信托的受托管理公司以该公司的身份进行管理和经营的业务。

“商业信托”是指：

（a）就任何财产设立的并具有以下特点的信托：

(i)该信托的目的或效果,或预期目的或效果,是使单位持有人(无论是通过获得该财产或该财产任何部分的权利、权益、所有权或实利,还是通过其他方式)参与或获得因管理该财产或管理和经营一项业务而产生的利润、收入或其他款项或收益。

(ii)无论信托单位持有人是否有权接受他人咨询或就信托管理发出指示,信托单位持有人对财产的管理没有日常控制权。

(iii)属于信托的财产由受托人或受托人的代表人进行整体管理。

(iv)将单位持有人的出资和其获得的利润和收入蓄积起来。

(v)有下列情形之一:

(A)所发行信托单位的全部或主要部分不可赎回的;或

(B)该信托只投资于管理局在《新加坡2001年证券和期货法》(第289章)第二百八十四条中所称的《集体投资计划守则》中指定的房地产和与房地产有关的资产,并在核准的交易所上市。或

(b)管理局通过公报宣布本法所称的商业信托的一类信托,但不包括附表中规定的信托类型。

"公司"与《新加坡1967年公司法》(第50章)第四条第一款的含义相同。

"法人团体"与《新加坡1967年公司法》第四条第一款的含义相同。*

"债权人",就注册商业信托而言,指注册商业信托受托管理公司的债权人,受托管理公司代表注册商业信托对该债权人负责。

"债券"与《新加坡2001年证券和期货法》第二条第一款中的含义相同,就注册公司而言,是指由注册商业信托的受托管理公司以该公司身份发行的债券。

"契约",是指创设信托或规定管理信托事务和开展其业务的契约,包括修正或影响契约的文书。

"衍生品",就商业信托的单位而言,是指商业信托中单位的法律上的或衡平法上的权利或权益(无论其名称为何),包括获得商业信托中单位的任何此类权利或权益的全部认购权。

"董事"与《新加坡公司法》(第50章)第四条第一款的含义相同。

"文件"与《新加坡公司法》第四条第一款的含义相同。

"电子通信"与《新加坡公司法》第四条第一款的含义相同。

"豁免私人公司"与《新加坡公司法》第四条第一款的含义相同。

"专家"与《新加坡公司法》第四条第一款的含义相同。

"财政年度",就注册商业信托而言,是指在股东大会上提交给注册商业信托单位持有人的注册商业信托所有损益表所涉及的时期(无论该时期是否为一年)。

"负债",就注册商业信托而言,是指注册商业信托的受托管理公司代表注册商业信托导

* 公司(company)与法人团体(corporation)在新加坡法项下含义并不相同,根据《公司法》(Companies Act)第4条第1款的规定:"公司"是指根据《新加坡公司法》或之前相应的成文法成立组建的公司;"法人团体"则是指在新加坡境内外成立、组建或存在的法人团体,包括外国公司(foreign company),但不包括:(1)在新加坡境内成立的,经部长在公报上公告为公共当局,或者政府部门或机构,或为非商业目的成立的法人团体;(2)单一法人团体;(3)合作社;(4)注册商业联盟;(5)有限责任合伙。——译者注

致的负债。

"挂牌破产管理人"与《2018 年新加坡破产、重组和解散法》第二条第一款的含义相同;

"清算人",就注册商业信托而言,指根据第四十八条第一款指定的负责对注册商业信托进行清算的人或作为注册商业信托清算人的破产事务管理人。

"上市规则"与《新加坡 2001 年证券和期货法》(第 289 章)第二条第一款的含义相同。

"高级职员"与《新加坡 1967 年公司法》第四条第一款的含义相同。

"破产事务管理人"与《新加坡 2018 年破产、重组和解散法》第二条第一款的含义相同。

"利润或亏损",就注册商业信托而言,指该注册商业信托的运营所产生的利润或亏损。

"注册会计师"是指根据《新加坡 2004 年会计师法》(第 2 章)注册或被视为注册为注册会计师的人。

"注册商业信托",是指根据本法第四条第一款由管理局注册的商业信托。

"关联公司"与《新加坡 1967 年公司法》(第 50 章)第四条第一款的含义相同。

"替代受托管理公司",是指经注册商业信托的单位持有人书面同意,选择其替代注册商业信托中辞职的受托管理公司或临时受托管理公司(视情况而定)的公司。

"辞职受托管理公司"是指根据本法拟辞去、被撤换或已辞去注册商业信托的受托管理公司职务的注册商业信托的受托管理公司。

[经 2017 年第 4 号法案删除,自 2018 年 10 月 8 日起生效]

[经 2009 年第 2 号法案删除,自 2012 年 11 月 19 日起生效]

"大股东"根据《新加坡公司法》第八十一条的规定,是指占有大量公司股份的人。

"临时受托管理公司",是指根据第二十一条规定被指定为一个注册商业信托的临时受托管理公司。

"信托财产",就商业信托而言,是指根据信托契据的条款,为商业信托的单位持有人托管的所有财产和任何种类的权利,包括:

(a)捐赠给商业信托的货币或任何其他资产;

(b)根据本法规定构成商业信托资产的部分财产;

(c)任何与商业信托受托人或以其代表人的名义签订的合同、协议或安排而产生的财产;

(d)商业信托受托人或以其代表名义持有的任何因索赔或权利而产生的财产;

(e)商业信托的受托人为商业信托利益借入或筹集的资金而产生的收益;

(f)用第一项、第二项、第三项、第四项或第五项中提到的捐助或货币,以直接或间接方式获得的财产,或其收益;及

(g)直接或间接从第一项、第二项、第三项、第四项或第五项中所载的捐助、货币或财产中获得的利润、收入和财产;

"受托管理公司",就注册商业信托而言,包括替代受托管理公司和临时受托管理公司;

"单位",就商业信托而言,指在商业信托的信托财产中的实益所有权份额;

"单位持有人"指持有商业信托单位的人。

第二章　商业信托的注册

第三条　注册申请

(1)商业信托的拟受托管理公司可按管理局规定的格式和方式向管理局提出商业信托的注册申请。

(2)根据前款提出的申请应附有：

(a)管理局所要求的信息或记录；及

(b)按管理局指定的方式缴纳规定的申请费，该费用不得退还。

第四条　商业信托的注册

(1)商业信托的拟受托管理公司根据第三条向管理局提交申请后，管理局可对商业信托进行登记。

(2)如有下列情况，管理局可拒绝商业信托的注册申请：

(a)管理局认为商业信托所提交的申请不符合第三条的规定。

(b)管理局认为商业信托的拟受托管理公司不属于豁免私人公司，未达到公司资质要求。

(c)管理局认为拟受托管理公司除对已提交申请的商业信托的业务进行管理和经营外，还经营其他业务。

(d)管理局不信纳拟受托管理公司：

(i)遵守第十四条第一款、第十五条第一款、第二十八条第一款和第三十条第一款(经第六款或依据第七款修改)的规定；及

(ii)符合管理局所规定的其他标准。

(e)拟受托管理公司或其大股东正在进行清算或以其他方式解散，无论该清算或解散行为是否发生于新加坡境内。

(f)拟受托管理公司或其大股东的财产已被任命了破产管理人、破产接管经理人、司法经理人或其他同等人员，无论该任命是否发生于新加坡境内。

(g)拟受托管理公司或其大股东已经与其债权人达成和解协议债务整理方案，并且该和解协议或债务整理方案仍在执行中，无论该行为是否发生于新加坡境内。

(h)就拟受托管理公司或其大股东的判决债务，未全部或部分执行而被退回。

(i)拟受托管理公司及其大股东和高级职员：

(i)曾因涉及欺诈或不诚信而被定罪，或在控罪中被认定具有欺诈及不诚信的事实，无论该控罪是否发生在新加坡境内；或

(ii)依本法而被定罪。或

(j)管理局认为，该商业信托的注册将违背公众利益。

(3)除第四款另有规定外，管理局不得拒绝根据第一款提出的注册商业信托的申请，而不给该商业信托的拟受托管理公司陈述的机会。

(4)基于以下理由，管理局可以拒绝注册商业信托的申请，且不给商业信托的拟受托管理公司以陈述的机会：

(a)拟受托管理公司正在进行清算或以其他方式解散,无论该清算或解散行为是否发生在新加坡境内;

(b)拟受托管理公司的财产已被任命破产管理人、破产接管经理人、司法经理人或其他同等人员,无论该任命是否发生于新加坡境内;

(c)拟受托管理公司曾因涉及欺诈或不诚信而被定罪,或在控罪中被认定具有欺诈及不诚信的事实,无论该控罪是否发生在新加坡境内。

(5)任何商业信托的拟受托管理公司对管理局根据第二款拒绝注册商业信托不服的,可在收到决定通知后三十日内,向部长提出上诉,部长的决定为最终决定。

(6)就商业信托而言,在确定其是否满足本条第二款的要求时:

(a)第三章第一节和第四章所称的注册商业信托应理解为包括本条第一款所称的商业信托;及

(b)第三章第一节和第四章所称的注册商业信托的受托管理公司,应理解为包括商业信托的拟受托管理公司。

(7)管理局可以对第三章第一节和第四章的规定进行其他必要的修改,以便适当地适用于尚未根据本法注册的商业信托的拟受托管理公司。

第五条　登记册和细节变更通知

(1)管理局应建立并保存一个注册商业信托登记册,且可以规定包括需要录入登记册的详情或细节在内的登记册建立和保存方式。

(2)在支付规定的费用后,任何人都可以查阅和摘录根据前款建立的登记册,经管理局证明为真实摘录的副本,在所有法律程序中均可作为证据被采信。

(3)如果与注册商业信托有关的事项发生了变化,而根据第一款的规定,该事项的详情必须录入注册商业信托的登记册,注册商业信托的受托管理公司应在变化发生后的十四日内,以规定的格式和方式向管理局提供变化的详情。

(4)注册商业信托的受托管理公司违反前款规定的,即属犯罪。

第三章　受托管理公司

第一节　责任与权力

第六条　受托管理公司为公司且不得从事其他业务

(1)除公司(非豁免私人公司)外,任何主体不得作为注册商业信托的受托管理公司。

(2)注册商业信托的业务应仅由注册商业信托的受托管理公司进行管理和经营。

(3)注册商业信托的受托管理公司,除了作为注册商业信托的受托管理公司进行管理和运作外,不得从事任何其他业务。

(4)任何人违反第一款、第二款或第三款的,即属犯罪,一经定罪,可处以十万新元以下罚金,若定罪后继续犯罪的,可再处以每日一万新元以下的罚金,不满一日的,按一日计算。

第七条　秘书

(1)注册商业信托的受托管理公司应确保其秘书符合以下条件之一:

(a)在被任命为秘书之前的五年内,至少有三年担任过公司或注册商业信托的受托管理公司的秘书;

(b)是《新加坡 1966 年法律职业法》规定的合资格人士、注册会计师、新加坡特许秘书及行政人员公会成员或其他规定的专业协会成员;或

(c)凭借规定的学术或专业资格,能够履行受托管理公司的秘书的职能。

(2)凡注册商业信托受托管理公司违反第一款的,均属犯罪。

第八条　受托管理公司对注册商业信托的经营及任命代理人的权力

(1)注册商业信托的受托管理公司应:

(a)根据本法的规定和注册商业信托的信托契约,管理及经营注册商业信托;及

(b)履行信托契约和本法规定所赋予的职能。

(2)在符合注册商业信托的信托契约的前提下,注册商业信托的受托管理公司有权任命一名代理人,以开展或执行受托管理公司受权开展或执行的与注册商业信托的管理和经营有关的任何事项。

(3)前款所称的代理人也可以在注册商业信托的受托管理公司同意下,任命一名代理人(在本条中称为次级代理人)来执行或履行该代理人被受托管理公司指定的任何事项,为避免疑问,次级代理人应被视为受托管理公司为执行或履行该款之目的而任命的代理人。

(4)若根据第二款或第三款任命的代理人或次级代理人(视情况而定),就注册商业信托的受托管理公司因该代理人或次级代理人的行为而遭受的任何损失或损害承担赔偿责任,追缴的赔偿金额应作为注册商业信托财产的一部分。

(5)凡注册商业信托的受托管理公司违反第一款的,即属犯罪,一经定罪,可处以十万新元以下的罚金,若定罪后继续犯罪的,可再处以每日一万新元以下的罚金,不满一日的,按一日计算。

第九条　信息和建议的使用

(1)在符合第二款规定的情况下,注册商业信托的受托管理公司在行使权力或履行职责时,对于受托管理公司有合理理由认为属于专业或专家能力范围的事项,可以信纳专业顾问或专家所提供的报告、报表、财务数据和其他信息,以及专业意见及专家意见。

(2)第一款的规定仅在以下情况适用于注册商业信托的受托管理公司:

(a)善意行事;

(b)在情况表明需要进行调查时进行适当的调查;以及

(c)不知悉此类无根据的信纳。

第十条　受托管理公司的职责

(1)注册商业信托的受托管理公司在履行职责时,应始终诚实行事,并按照本法和注册商业信托的信托契约适当勤勉履职。

(2)注册商业信托的受托管理公司应:

(a)以注册商业信托所有单位持有人的整体最佳利益行事;且

(b)在所有单位持有人的整体利益与自身利益发生冲突时,优先考虑注册商业信托所有单位持有人的整体利益,而不是其自身利益。

(3)注册商业信托的受托管理公司不得不当地利用其以因身份而获得的任何信息,直接

或间接地为自己或他人牟利,从而损害注册商业信托的单位持有人的利益。

(4)注册商业信托的受托管理公司应根据信托契约的条款,为注册商业信托的所有单位持有人的整体利益以信托方式保有信托财产。

(5)凡注册商业信托的受托管理公司违反第一款、第二款、第三款或第四款的:

(a)应就受托管理公司及其所有关联公司,以直接或间接的方式获得的所有利润和财务收益,或注册商业信托的所有单位持有人因其违反行为而遭受的任何损害,对注册商业信托的所有单位持有人负责;

(b)即属犯罪,一经定罪,可处以十万新元以下的罚金。

(6)管理局可以通过规例,对注册商业信托的受托管理公司职责范围作出规定。

第十一条　受托管理公司董事、主管及代理人的职责

(1)注册商业信托的受托管理公司董事应:

(a)在履行其职责时诚实行事并适当勤勉,尤其是应采取一切合理措施,确保受托管理公司履行第十条第一款和第二款规定的职责;且

(b)在所有单位持有人的整体利益与受托管理公司的利益发生冲突时,优先考虑注册商业信托的所有单位持有人的整体利益,而不是受托管理公司的利益。

(2)注册商业信托的受托管理公司的高级职员及代理人,不得不当利用以因身份获得的信息,直接或间接地为自己或他人牟利,而损害注册商业信托的单位持有人的利益。

(3)若本法第一款规定的注册商业信托受托管理公司的董事责任优先于与之相冲突的《新加坡 1967 年公司法》(第 50 章)第一百五十七条规定责任。

(4)不得因注册商业信托的受托管理公司董事依据本条第一款规定的作为或不作为,违反《新加坡 1967 年公司法》第一百五十七条的规定,或违反普通法项下的信义义务或其他义务,而对该董事提起民事或刑事诉讼。

(5)注册商业信托的董事、高级职员或受托管理公司的代理人违反第一款或第二款的:

(a)对于以上三者、受托管理公司及其所有关联公司,对于以直接或间接方式获得的利润及财务收益,或对于注册商业信托的所有单位持有人因违反行为而遭受的任何损害,对整个注册商业信托的所有单位持有人负责;且

(b)即属犯罪,一经定罪,可处以十万新元以下的罚金,单处或并处二年以下的监禁。

(6)为避免疑问,除本法第四十一条和第四十二条规定的范围和方式外,注册商业信托的全部或部分单位持有人或其代表不得对注册商业信托的受托管理公司董事违反或涉嫌违反本条第一款和第二款规定的职责,而提起任何诉讼或法律程序。

(7)管理局可通过规例规定注册商业信托的受托管理公司高级职员及代理人的职责范围。

(8)在本节中:

"代理人",包括银行家、事务律师或受托管理公司的审计师以及曾在受托管理公司担任以上职务的人。

"高级职员",包括曾在受托管理公司担任高级职员的人。

第十二条　交易中的利益披露

(1)除非本条第二款和第三款另有规定,注册商业信托受托管理公司的所有董事,若在受

托管理公司为了或代表注册商业信托进行或拟进行的交易中以任何方式直接或间接获益的，在其知道相关事实后，应根据实际情况尽快在受托管理公司的董事会议上声明其利益性质。

(2)仅作为法人团体成员或债权人而获益的注册商业信托受托管理公司的董事在前款所称的交易或拟进行的交易中获益，且该利益不被视为重大利益的，前款规定不适用。

(3)不得仅因以下原因认定注册商业信托受托管理公司的董事在第一款中提到的所有交易或拟交易中获益或曾在该等交易的任何时候获益：

(a)在交易或拟进行的交易涉及对受托管理公司贷款的情况下，该董事对该贷款全部或部分的偿还进行担保或参与担保；或

(b)在为注册商业信托的受托管理公司的关联公司的利益或以其名义进行的交易或拟进行的交易的情况下，该董事是该关联公司的董事，

并且本款规定对本法及相关法律均有效，但不影响注册商业信托的信托契约中条款的实施。

(4)就第一款而言，董事向注册商业信托受托管理公司的全体董事发出一般通知，该通知包含其是某一特定公司的高级职员或成员，在该通知下发之日后，该董事可能在与该公司进行的交易中获益，若此通知表明该董事在该指定公司中获益的性质和范围，并且与在进行该交易时在一般通知中指明的性质和范围没有差别，则此通知应被视为与该交易有关的充分利益声明。但是，该通知需在受托管理公司的董事会议上作出，或者受托管理公司的董事采取合理措施，确保该通知在发出后的下一次受托管理公司的董事会议上作出和宣读，否则不具有效力。

(5)注册商业信托受托管理公司的任一位董事，因其担任的职务或拥有的财产，可能直接或间接地与受托管理公司在注册商业信托方面的职责产生冲突，则应在受托管理公司的董事会议上宣布这一事实以及冲突的性质、特点及范围。

(6)前款所称声明应在注册商业信托受托管理公司在下列事实发生后举行的第一次会议上作出：

(a)在其成为董事之后；或

(b)若其已是受托管理公司的董事，在其开始担任该职务或拥有该财产(视情况需要)之后。

(7)注册商业信托的受托管理公司的秘书应将本条规定的每项声明记录在作出声明的会议记录中。

(8)就本条而言，董事的家庭成员的利益应被视为注册商业信托的受托管理公司的董事的利益，“董事的家庭成员”应包括其配偶、子女、养子女和继子女。

(9)就本条第三款而言，本条规定应当补充而非减损法律规则或信托契约条款中任何限制董事获利条款的实施效力，此类条款即限制注册商业信托的信托管理公司的董事与注册商业信托的受托管理公司以公司身份进行的交易中获益，或就注册商业信托本身，限制因该董事担任的职务或拥有的财产，而与受托管理公司的职责有职责或利益冲突。

(10)凡注册商业信托的受托管理公司的董事违反第一款或第五款的，即属犯罪，一经定罪，可处以十万新元以下的罚金，单处或并处二年以下的监禁，若定罪后继续犯罪的，可再处以每日一万新元以下的罚金，不满一日的，按一日计算。

第十三条　董事利益的披露

(1)注册商业信托的受托管理公司应保存一份登记册,以显示受托管理公司的各董事以下详情:

(a)注册商业信托的单位或单位的衍生品,即董事拥有的可获益单位或衍生品,及该权益的性质和范围;及

(b)董事在注册商业信托中拥有的可获益债券,以及该权益的性质和范围。

(2)注册商业信托的受托管理公司在收到其董事根据本条第八款或《新加坡2001年证券和期货法》第一百三十七条之十四第一款发出的通知后三日内,应在登记册中录入前款中有关该董事的详情,包括:

(a)董事可获益的注册商业信托单位或单位衍生品,及注册商业信托债券的数量和说明。

(b)就在其成为董事后获得的注册商业信托单位或单位衍生品或注册商业信托债券:

(i)交易的价格或因本款要求需要记录的其他对价(如果有);及

(ii)交易协议日期和交易完成日期,或在没有交易的情况下,因本款要求需要记录的事件发生日期。及

(c)前述两款所称详情的变更详情,包括引起该变更的事件而取得的对价(如有的话)。

(3)注册商业信托的受托管理公司应当在其登记办事处免费提供登记册以便公众查阅。

(4)任何人均可请求注册商业信托的受托管理公司全部或部分登记册内容的副本,请求人需按照每页副本一新元或受托管理公司确定的更少的数额,预先支付费用,不足一页的,按照一页计算,且受托管理公司应在收到该请求后的二十一日内将副本发送给请求人。

(5)注册商业信托的受托管理公司应根据管理局的指示,在管理局确定的时间内向管理局发送全部或部分登记册内容的副本。

(6)注册商业信托的受托管理公司应在注册商业信托单位持有人每次召开年度大会时出示其登记册,并在会议期间向所有出席会议的人开放和查阅。

(7)若被告人证明注册商业信托受托管理公司的董事因违反本条第八款或《新加坡2001年证券和期货法》第一百三十七条之十四第一款(视情况而定)关于详情的规定,而违反本本条第一款或第二款关于详情的规定的,可作为据此提起诉讼的抗辩事由。

(8)根据第九款的规定,注册商业信托的董事应以书面形式通知受托管理公司以下内容:

(a)与董事在注册商业信托中的单位或单位衍生品,或注册商业信托的债券有关详情;及

(b)前项所载的详情所发生的任何变化详情。

此类详情为受托管理公司遵守本条第一款和第二款之所需。

(9)根据前款规定,应作出如下通知:

(a)若为根据前款第一项的通知,应在以下日期后的两个工作日内作出:

(i)该董事成为注册商业信托的受托管理公司董事的日期;或

(ii)该董事成为注册商业信托的单位持有人,或获得注册商业信托单位、单位衍

生品或注册商业信托的债券中利益的日期，

以最后发生的为准。及

(b)若为根据前款第二项的通知，应在引起该项所称的变化事件发生后，两个工作日内作出。

(10)注册商业信托的受托管理公司应在收到根据第八款发出的通知后七日内，将该通知的副本发送给受托管理公司的其他每位董事。

(11)如果被告人能够证明其违反本条第八款第一项或第二项的规定，是由于其不知道构成犯罪的必要事实或事件的存在，并且证明以下事项存在的，可作为对该起诉的抗辩事由：

(a)其在检察官起诉书或传票发出之日还未意识到；

(b)其在传票发出之日前不少于两日内意识到。

(12)就前款规定而言，存在以下情况，可确切推定当事人在特定时间知道相关事实或事件：

(a)若其在处理自己的事务时合理勤勉行事，则其应当知道；或

(b)其雇员或代理人，对雇主或委托人在注册商业信托单位、单位衍生品或注册商业信托的债券中的利益负有责任，或需要采取行动，若在处理其雇主或委托人的事务时合理勤勉行事，则其应当知道。

(13)根据第八款要求需向在核准交易所上市的注册商业信托的受托管理公司发出通知的，也应在同一期间内将该事项通知核准交易所，核准交易所可以以其决定的方式公布其根据本款收到的任何信息。

(14)就本款而言，如果注册商业信托受托管理公司董事被视为根据《新加坡2001年证券和期货法》第四条的规定享有单位、单位衍生品或债券利益的，该董事可被视为享有注册商业信托下的单位、单位衍生品或债券利益(视情况而定)。

(15)就本条而言，注册商业信托的受托管理公司董事的家庭成员的利益可视为该董事的利益，“董事的家庭成员”应包括其配偶、子女、养子女和继子女。

(16)凡注册商业信托的受托管理公司董事违反本条第八款或第十三款的，即属犯罪，一经定罪，可处以十万新元以下的罚金，单处或并处两年及以下监禁；若定罪后继续犯罪的，可再处以每日一万新元以下的罚金，不满一日的，按一日计算。

(17)凡注册商业信托的受托管理公司违反本条第一款、第二款、第三款、第四款、第五款、第六款或第十款规定的，即属犯罪，一经定罪，可处以两万五千新元以下的罚金；若定罪后继续犯罪的，可再处以每日两千五百新元以下的罚金，不满一日的，按一日计算。

(18)在以下情况下，本法第八款至第十五款不适用于注册商业信托：

(a)其全部或部分单位在核准交易所上市报价；及

(b)其适用《新加坡2001年证券和期货法》第七章第二节第二小节。

第十四条　董事会的构成

(1)注册商业信托的受托管理公司应确保其董事会的组成符合管理局的规定。

(2)凡注册商业信托的受托管理公司违反本条规定的，即属犯罪，一经定罪，可处以十万新元以下的罚金；若定罪后继续犯罪的，可再处以每日一万新元以下的罚金，不满一日的，按一日计算。

第十五条 审计委员会

(1)注册商业信托的受托管理公司应按照管理局规定的要求,包括关于审计委员会组成的要求,设立审计委员会。

(2)审计委员会及其每个成员应遵守管理局规定的要求,包括关于审计委员会的职责和职能的要求。

(3)注册商业信托受托管理公司的每位董事应采取一切合理措施,确保受托管理公司的审计委员会和及其每位成员(视情况而定)遵守前款的规定。

(4)凡商业信托的受托管理公司违反第一款的,即属犯罪,一经定罪,可处以十万新元以下的罚金;若定罪后继续犯罪的,可再处以每日一万新元以下的罚金,不满一日的,按一日计算。

(5)若注册商业信托的受托管理公司的董事:

(a)未采取一切合理措施,确保受托管理公司的审计委员会或其成员遵守第二款规定的;或

(b)由于自己的故意行为,导致受托管理公司的审计委员会或其成员违反了第二款规定的,

即属犯罪,一经定罪,可处以十万新元以下的罚金;若定罪后继续犯罪的,可再处以每日一万新元以下的罚金,不满一日的,按一日计算。

第十六条 受托管理公司获得注册商业信托的权益

(1)除下列情况外,注册商业信托的受托管理公司不得获取或持有注册商业信托的任何单位或其衍生品:

(a)其获取或持有单位或其衍生品的价格不低于他人获取该单位或其衍生品所应支付的对价;且

(b)不违反对注册商业信托的其他单位持有人不利的条款和条件。

(2)任何人不得帮助、教唆或协助注册商业信托的受托管理公司违反前款规定。

(3)凡违反本条规定的,即属犯罪,一经定罪,可处以十万新元以下的罚金。

第十七条 受托管理公司的清算人有权行使赔偿权

若注册商业信托的受托管理公司正在清算,并处于司法管理或破产管理之下,或已经执行了一项尚未终止的公司协议契约,则:

(a)受托管理公司在未被清算、未处于司法管理或破产管理,或没有执行公司协议契约(视情况而定)的情况下,应当拥有从注册商业信托的信托财产中获得赔偿的权力,若该注册商业信托的信托契约或其他文书中的任何条款有意剥夺该权利,则该条款对该受托管理公司的清算人、司法管理人或破产管理人,及公司协议契约执行人(视情况而定)无效;且

(b)受托管理公司从注册商业信托的信托财产中获得赔偿的权利,应由清算人、司法管理人或受托管理公司的破产管理人或公司协议契约执行人(视情况而定)行使。

第二节　受托管理公司的变更

第十八条　变更在任命之日生效

(1)尽管本节另有规定,在管理局根据第五条保存的登记册中被指定为注册商业信托的受托管理公司的法人,应继续作为受托管理公司或临时受托管理公司(视情况而定),直到另一法人被下列主体任命为止:

(a)被该注册商业信托的单位持有人任命为受托管理公司;或

(b)被法庭根据第二十一条第一款的规定任命为临时受托管理公司。

该任命自单位持有人发表决议之日起,或自法庭任命受托管理公司或临时受托管理公司(视情况而定)之日起生效。

(2)若违反本节规定,则拟进行的注册商业信托的受托管理公司变更无效。

第十九条　受托管理公司的辞职

(1)注册商业信托的受托管理公司仅在符合管理局相关规定,并以管理局规定的方式辞职的情况下,可以辞去受托管理公司一职。

(2)注册商业信托的受托管理公司,在其根据前款规定的辞职生效前,应继续遵守本法和注册商业信托的信托契约赋予其的义务和责任,若不遵守,需承担法律责任。

(3)凡注册商业信托的信托管理公司违反第一款之规定的,即属犯罪。

第二十条　单位持有人对受托管理公司的撤换

仅在以下情况下,注册商业信托的单位持有人可撤换该注册商业信托的受托管理公司:

(a)合计持有注册商业信托四分之三及以上投票权的单位持有人批准对受托管理公司的撤换决议,且亲自出席注册商业信托的单位持有人会议,或在允许委任代表的情况下,由委任代表出席该会议;且

(b)需符合管理局规定的程序。

第二十一条　法庭任命临时受托管理公司

(1)根据管埋局、注册商业信托的受托管理公司或单位持有人的申请,可通过命令,任命一家已经书面同意作为临时受托管理公司的公司为注册商业信托的临时受托管理公司,为期三个月,但前提是法院确信该任命符合注册商业信托单位持有人的利益。

(2)法院根据前款规定任命的作为注册商业信托的临时受托管理公司的公司,应遵守本法和管理局规定的有关注册商业信托的受托管理公司的职责、义务及其他要求。

(3)尽管前款另有规定,法院可以在其认为适当的情况下,免除注册商业信托的临时受托管理公司遵守本法第六条、第十四条和第十五条规定的义务。

(4)在法院认为必要情况下,为保护注册商业信托的单位持有人的利益,可向据第一款任命的临时受托管理公司发出进一步命令,包括命令其从注册商业信托的信托财产中,偿付申请人据该款提出申请的申请费。

(5)在法院作出为注册商业信托任命临时受托管理公司的命令后,该注册商业信托的辞职受托管理公司和被任命的临时受托管理公司应遵守管理局的规定。

(6)凡注册商业信托的受托管理公司违反本条第五款规定的,即属犯罪。

第二十二条　临时受托管理公司采取措施任命新受托管理公司

(1)注册商业信托的临时受托管理公司应根据管理局规定的时间和要求,采取相关措施,使注册商业信托的单位持有人能够任命其他非临时受托管理公司的主体为该信托的受托管理公司。

(2)凡注册商业信托的临时受托管理公司违反前款规定的,即属犯罪。

第三节　受托管理公司变更的后果

第二十三条　辞职的受托管理公司应移交账簿并提供合理帮助

(1)辞职的注册商业信托的受托管理公司应在替代受托管理公司或临时受托管理公司(视情况而定)被任命后,在切实可行的范围内完成以下工作:

(a)向替代受托管理公司或临时受托管理公司(视情况而定)移交其保有或控制的,且为本法或注册商业信托的信托契约要求的注册商业信托应保存的所有账簿;且

(b)为替代受托管理公司或临时受托管理公司(视情况而定)提供合理帮助,以便于注册商业信托的受托管理公司的变更。

(2)凡违反本条规定的,即属犯罪,一经定罪,可处以五万新元以下的罚金;若定罪后继续犯罪的,可再处以每日五千新元以下的罚金,不满一日的,按一日计算。

第二十四条　辞职受托管理公司的权利、义务和责任

(1)所有:

(a)辞职的受托管理公司为注册商业信托或代表注册商业信托拥有、租赁、持有或使用的该信托财产的合法权利、所有权和权益;及

(b)辞职的受托管理公司为注册商业信托或代表注册商业信托承担的义务和责任,

从替代受托管理公司或临时受托管理公司(视情况而定)的任命生效日期起,应转移并归属于注册商业信托的替代受托管理公司或临时受托管理公司,由其为注册商业信托或代表注册商业信托持有上述权益并承担上述责任。

(2)即使前款另有规定,下列权利、义务和责任仍应归属于注册商业信托的辞职的受托管理公司:

(a)辞职的受托管理公司在辞去注册商业信托的受托管理公司之前履行其职能而获得报酬的权利;

(b)辞职的受托管理公司有权就其在辞去注册商业信托的受托管理公司之前所产生的费用获得补偿的权利。

(c)辞职的受托管理公司作为注册商业信托的单位持有人曾经或继续保有的权利、义务和责任;及

(d)若辞职的受托管理公司继续留任,不得从注册商业信托的信托财产中提出赔偿要求的责任。

第二十五条　受托管理公司的变更对其作为当事人一方的文件的影响

(1)辞职的注册商业信托的受托管理公司代表该注册商业信托订立的任何文件或协议:

(a)辞职的受托管理公司是其中一方的,其中提到了辞职的受托管理公司的,或辞职的受托管理公司已从中获得或享有了任何权利,或承担了任何义务或责任的,或者如果其继续留任该商业信托的受托管理公司,可能已经获得或享有的任何权利,或已经承担义务或责任的;并且

(b)在注册商业信托的替代受托管理公司或临时受托管理公司(视情况而定)任命之后仍然能够生效的。

自第十八条规定的替代受托管理公司或临时受托管理公司(视情况而定)的任命生效之日起,其效力应视同替代受托管理公司或临时受托管理公司(视情况而定)是其中一方(而非辞职的受托管理公司),是文件或协议中所称的一方当事人,或者据此已经或可能已经获得或享有其中的权利,或承担或已经承担其中的义务或责任。

(2)前款规定不适用于根据第二十四条第二款属于辞职的受托管理公司的任何权利、义务或责任。

第四节　书面指示

第二十六条　管理局向受托管理公司或临时受托管理公司发出指示的权力

(1)管理局可以:

(a)为确保遵守本法规定;或

(b)因其认为有必要为公共利益而妥为执行本法,

向注册商业信托的受托管理公司或临时受托管理公司发出概括或具体的书面指示。

(2)在不限制前款一般规定的前提下,管理局可发出如下书面指示:

(a)注册商业信托的受托管理公司或临时受托管理公司正在违反、可能违反或已经违反本法的任何条款的,要求该法人:

(i)遵守该条款或停止违反该条款;或

(ii)辞去注册商业信托受托管理公司的职务。或

(b)就管理局认为对妥为执行本法的其他必要事项,

受托管理公司或临时受托管理公司应遵守此类指示。

(3)管理局可随时改变、取消或撤消根据本条发出的书面指示。

(4)注册商业信托的受托管理公司或临时受托管理公司违反根据本条发出的任何书面指示的,即属犯罪,一经定罪,可处以五万新元以下的罚金;若定罪后继续犯罪的,可再处以每日五千新元以下的罚金,不满一日的,按一日计算。

(5)根据本条规定发出的书面指示,不需要在公报上公布。

第五节　免　　责

第二十七条　对受托管理公司的高级职员和注册商业信托的审计师的免责规定

(1)除本法另有规定外,任何免除注册商业信托的受托管理公司高级职员或注册商业信

托的审计师在注册商业信托事务责任的规定(无论是在注册商业信托的信托契约中,还是在注册商业信托的受托管理公司或其高级职员或审计师签订的合同中,也无论何时何地产生的)均属无效,此种责任系法律规定的就高级职员或审计师的过失、失职、玩忽职守或违反契约而产生的责任,并且高级职员或审计师可能因此构成犯罪。

(2)本节规定不应妨碍注册商业信托的受托管理公司作出以下行为:

(a)为该高级职员购买和维持前款所称责任的保险。或

(b)保护该高级职员或审计师免于承担由其引起的责任,包括:

(i)在法律程序(无论民事或刑事诉讼)中进行辩护,以使其胜诉或被判无罪;或

(ii)申请由法院给予的救济。

第四章　信托契约

第二十八条　信托契约的内容

(1)注册商业信托的受托管理公司应在信托契约中规定以下内容:

(a)关于足以界定注册商业信托的业务范围、披露注册商业信托的结构和单位性质的详情。

(b)关于受托管理公司在管理和经营注册商业信托的业务方面的权力。

(c)关于注册商业信托的存续期限,如果该期限可以确定,请指明该期限,如果该期限无法确定,则说明这一事实。

(d)关于注册商业信托单位转让的条件。

(e)明确以下全部细节:

(i)商业信托的受托管理公司的薪酬及提供该薪酬的方式;及

(ii)从注册商业信托的信托财产中支付的其他费用。

(f)关于注册商业信托的清算程序,该程序不得与本法第七章规定相冲突,有冲突的,第七章规定优先适用。及

(g)关于管理局可能规定的其他事项。

(2)由注册商业信托的受托管理公司代表注册商业信托引起的债务、费用或其他负债,该受托管理公司无权从注册商业信托的信托财产中支取费用或索求赔偿。除注册商业信托的信托契约有规定外,注册商业信托的信托契约中旨在赋予受托管理公司支取费用或获得赔偿的权利的协议、安排或规定均无效。

(3)任何旨在限制或剥夺注册商业信托的信托契约赋予受托管理公司从注册商业信托的信托财产中获得补偿权利的合同或约定无效。

(4)除注册商业信托的信托契约另有规定外,注册商业信托的受托管理公司无权借入或筹集资金、发行注册商业信托的债券,或代表注册商业信托承担(无论是通过信托声明、转让、替换、归属或其他方式)此类借款或发行注册商业信托的债券的义务或责任,任何意图授予这种权力的协议或约定,均属无效。

(5)注册商业信托的单位持有人无权赎回其单位以换取注册商业信托的信托财产的利润、收入或其他报酬或收益的分配,商业信托的信托契约存在以下情况的除外:

(a)赋予其上述权利;及

(b)规定了与发出和处理赎回指令有关的程序,该程序对注册商业信托的所有单位持有人是公平的。

(6)凡注册商业信托的受托管理公司违反本条第一款规定的,即属犯罪,一经定罪,可处以十万新元以下的罚金;若定罪后继续犯罪的,可再处以每日一万新元以下的罚金,不满一日的,按一日计算。

第二十九条　受托管理公司的责任

(1)除第二款另有规定外,符合第二十八条规定的注册商业信托的信托契约或任何与注册商业信托持有人缔结的契约条款,如果同时规定注册商业信托受托管理公司因未达到其作为受托管理公司所需的注意和勤勉义务的程度,而产生的违反信托的责任可得豁免,则该条款无效。

(2)前款规定并不使下列行为失效:

(a)就注册商业信托的受托管理公司免除前所做或未做的事情而有效地作出的免除。或

(b)以下列方式促使作出该免除的规定:

(i)注册商业信托的单位持有人在根据本法第九章第一节规定召集的股东大会上通过的特别决议;及

(ii)无论是关于具体的作为或不作为,还在注册商业信托的受托管理公司停止行动时作出。

第三十条　信托契约具有法定可强制执行性

(1)注册商业信托的受托管理公司应确保注册商业信托的信托契约包含在一份文件中,该文件在注册商业信托的单位持有人和受托管理公司之间具有法定可强制执行性。

(2)注册商业信托的信托契约的不可执行,不得用于使受托管理公司代表该信托订立的协议、进行的交易或达成的安排无效,或其效力受到影响,无论该协议、交易或安排发生于信托契约不可强制执行之前或之后。

(3)注册商业信托的受托管理公司应向公众免费提供信托契约的副本。

(4)凡注册商业信托的受托管理公司违反第一款规定的,即属犯罪,一经定罪,可处以不超过十万新元的罚金,若定罪后继续犯罪的,可再处以每日一万新元以下的罚金,不满一日的,按一日计算。

(5)凡注册商业信托的受托管理公司违反第三款,即属犯罪,一经定罪,可处以不超过两万五千新元的罚金;若定罪后继续犯罪的,可再处以每日两千五百新元以下的罚金,不满一日的,按一日计算。

第三十一条　信托契约的变更

(1)非经以下方式批准,任何人不得修改或替换注册商业信托的信托契约:

(a)注册商业信托单位持有人作出特别决议;或

(b)为遵守成文法或适用于新加坡的法律规则而必须进行修改的,由注册商业信托的受托管理公司进行修改。

(2)尽管前款另有规定,若对注册商业信托的信托契约的修改或替换会导致注册商业信

托的受托管理公司违反第二十八条第一款规定的,这种修改或替换无效。

(3)在符合第四款的情况下,若注册商业信托的受托管理公司不满于依据本条第一款第一项对该注册商业信托的信托契约进行的修改或替换,该受托管理公司可在第一款第一项所称单位持有人决议通过后二十一日内向法院申请撤销该修改或替换。

(4)对于注册商业信托的受托管理公司理根据前款提出的申请,法院:

(a)应考虑该申请是否符合本法的规定,以及批准修改或替换的单位持有人是否为善意批准;且

(b)可作出命令,撤销该修订或替换,或以其认为公正的改动或条件维持该修订或替换。

该修订或替换(视情况而定)应在法院作出命令之日起生效。

(5)若注册商业信托的受托管理公司向注册商业信托的单位持有人提议,通过特别决议调整从注册商业信托的信托财产中向受托管理公司支付费用的规定,受托管理公司应在根据第六十三条规定向单位持有人发出的通知中包含以下内容,以便该决议可被视为特别决议:

(a)拟议费用调整的理由或依据;

(b)确定拟议费用调整的方法或程序;及

(c)由独立顾问提供的意见,以说明确定拟议费用调整的方法或程序是否足以确保拟修订符合正常商业条款,且不会损害单位持有人的整体利益。

(6)注册商业信托的受托管理公司应在第一款第二项所称注册商业信托的信托契约修改或替换后的七日内,向该注册商业信托的所有单位持有人发出通知。

(7)注册商业信托的受托管理公司应向管理局提交以下内容:

(a)已根据本条第一款规定修改或替换的注册商业信托的信托契约条款副本,或新信托契约(包含修改或替换内容)副本,该副本应在修订或替换生效后两个工作日内提交。及

(b)若有第三款所称的撤销修改或替换申请的,应提供以下材料:

(i)在该申请提出后的两个工作日内,提供该申请的副本;

(ii)在第四款第二项提及的法院命令作出后的七日内,提供该命令的副本。

(8)注册商业信托的受托管理公司应根据管理局的指示,向管理局提交注册商业信托经修订的信托契约副本,该副本应在提交日期之前纳入所有的修订。

(9)注册商业信托的受托管理公司应向公众免费提供信托契约的最新副本。

(10)经注册商业信托的单位持有人的要求,注册商业信托的受托管理公司应免费向该单位持有人提供信托契约的最新副本。

(11)凡违反第一款规定的,即属犯罪,一经定罪,可处以十万新元以下的罚金。

(12)凡注册商业信托的受托管理公司违反第五款或第六款规定的,即属犯罪。

(13)凡注册商业信托的受托管理公司违反第七款、第八款、第九款或第十款规定的,即属犯罪,一经定罪,可处以两万五千新元以下的罚金;若定罪后继续犯罪的,可再处以每日两千五百新元以下的罚金,不满一日的,按一日计算。

第五章　单位持有人

第三十二条　单位持有人的责任限制

(1)为避免疑义,注册商业信托的单位持有人不负责向注册商业信托出资,或因受托管理公司以公司名义产生的任何债务、负债或义务出资,单位持有人已明确同意向注册商业信托出资的未偿金额(如有)除外。

(2)尽管有以下规定,前款所载的对注册商业信托的单位持有人的责任限制仍适用:

(a)该注册商业信托的信托契约中有任何相反的规定;或

(b)该注册商业信托的清算。

第三十三条　对单位持有人的分配

(1)注册商业信托的受托管理公司应有权宣布从注册商业信托的信托财产中向注册商业信托的单位持有人分配利润、收入或其他款项或收益。但只有在受托管理公司的董事会根据受托管理公司的董事会决议作出书面声明,并由不少于两名董事签字的情况下,才可作出这种分配,即董事会有合理理由相信,在作出分配后,受托管理公司将能够从注册商业信托的信托财产中履行注册商业信托的到期债务。

(2)在注册商业信托的受托管理公司按照前款规定宣布,从注册商业信托的信托财产中向注册商业信托的单位持有人分配利润、收入或其他款项或收益时,受托管理公司应:

(a)向该注册商业信托的所有单位持有人发送以下材料:

(i)前款所称董事会的书面声明副本;

(ii)披露分配政策和从信托财产中析出可分配金额的措施和预期的书面声明;及

(iii)载有管理局规定或明确的其他信息的书面声明。

(b)在一份或多份新加坡发行的报纸上向单位持有人发出声明,宣布从注册商业信托的信托财产中分配利润、收入或其他款项或收益。及

(c)向公众免费提供第一款所称的声明副本。

(3)凡注册商业信托的受托管理公司违反第一款或第二款规定的,即属犯罪。

(4)如果注册商业信托的受托管理公司的董事会在没有任何合理依据的情况下作出第一款所称书面声明,受托管理公司董事允许或授权作出该书面声明的,即为犯罪,一经定罪,可处以十万新元以下的罚金单处或并处两年以下的监禁。

第三十四条　单位持有人的债权人无权占有信托财产

注册商业信托的单位持有人的债权人无权占有注册商业信托的信托财产,或对该信托财产以其他类似方式获得法律或衡平法上的救济。

第三十五条　单位持有人获得分配的权利

(1)一经注册商业信托的受托管理公司宣布,从注册商业信托的信托财产中向该信托的单位持有人分配利润、收入或其他款项或收益,各单位持有人在应付利益分配之日起,有权接受利益分配,且在此宣布后,单位持有人应被视为注册商业信托的债权人,有权获得法律和衡平法上的救济,有权追索用于分配的信托财产。

(2)注册商业信托的信托契约可就注册商业信托的受托管理公司的利润、收入或其他付

款或收益的分配,设置结账日期。

第三十六条　受托管理公司发行单位时需单位持有人的批准

(1)即使注册商业信托的信托契约中有规定,注册商业信托的受托管理公司不经注册商业信托的单位持有人之多数的事先批准,在依照第九章第一节的规定召开的大会上就无权亲自投票,也不得让委任代表代为投票,同时不得行使发行注册商业信托单位的权力,针对拟要求或可能要求发行注册商业信托单位的,亦不得作出要约、订立协议、授予期权。

(2)就本条而言,批准可限于该权力的特定行使,也可普遍适用于该权力的行使,任何此类批准可以是无条件的,也可受条件限制。

(3)在以下情形发生前,本条项下的批准继续生效:

(a)在给予批准之日后召开的注册商业信托的年度大会结束;或

(b)本法第五十三条要求注册商业信托下一次应举行年度股东大会的期限届满之后,

以较早者为准,但注册商业信托的单位持有人可在股东大会上事先撤销或修改任何批准。

(4)但如果在该批准仍有效时,受托管理公司作出发行注册商业信托单位的要约或协议,或授予此类期权,并且其获准作出将需要或可能需要在批准期限届满后发行注册商业信托单位的要约或协议,或授予此类期权,尽管本条所称批准已经失效,仍可以发行注册商业信托单位。

(5)本法第六十五条适用于给予本条中所称批准的任何决议,如同适用于该条所称特别决议一样。

(6)凡违反本条规定发行的注册商业信托单位均无效,由此单位产生的对价应相应返还。

(7)注册商业信托的受托管理公司在注册商业信托的单位发行方面违反本条规定的,即为犯罪,一经定罪,可处以十万新元以下的罚金。

(8)注册商业信托的受托管理公司无权为偿还其因本条产生的赔偿责任向信托财产追索。

(9)注册商业信托的受托管理公司违反本条第七款规定构成犯罪,且受托管理公司及其董事明知其行为违反,或允许或授权违反本条关于注册商业信托中发行单位的规定的,应当负有向单位发行的相对人赔偿其因此已经遭受或遭致的任何损失、损害或费用的义务。但从发行之日起六年期间届满后,不得向受托管理公司董事或受托管理公司提起追讨此类损失、损害或费用的诉讼。

第三十七条　主要单位持有人通知证券交易所的责任

[由 2009 年第 2 号法案废止]

第三十八条　主要单位持有人通知注册商业信托的受托管理公司的责任

[由 2009 年第 2 号法案废止]

第三十九条　商业信托的大股东通知注册商业信托的受托管理公司的责任

[由 2009 年第 2 号法案废止]

第六章 民事责任与收购

第四十条 受托管理公司对单位持有人的民事责任

(1)注册商业信托的单位持有人因注册商业信托的受托管理公司的行为违反了本法规定而遭受损失或损害,可通过对受托管理公司提起诉讼来追回损失的金额,无论该受托管理公司是否已因其违法行为而被定罪。

(2)前款规定的诉讼应在诉因产生后的六年内提出。

(3)本条不影响任何人根据本法的其他规定或其他成文法或法律规则所承担的责任。

第四十条之一 有权经百分之九十多数批准的协议或合同收购持反对意见的单位持有人的单位

(1)若一项安排或合同涉及将商业信托(在本节中称为标的信托)中的所有单位或任何特定类别的所有单位转让给以下人士:

(a)另一信托的受托人(包括另一商业信托的受托管理公司和房地产投资信托的受托人);或

(b)一家公司,

(本条所称的受让人)提出要约后四个月内,就由不少于该等单位或该类别单位总数百分之九十的持有人(在受让人提出要约之日已持有的单位除外)参加转让的单位或每一类别的单位,受让人已获得批准,受让人可在要约获得批准后两个月内,以规定的方式向任何持异议的单位持有人发出通知,表示希望收购其单位。

(2)前款所称通知发出后,除持异议的单位持有人在通知发出之日起一个月内提出申请,或在根据第三款向持异议的单位持有人提供声明后的十四日内(以较晚者为准),法院认为合适的命令的情况外,根据以下条款,受让人有权并有义务收购这些单位:

(a)根据该安排或合同批准的单位持有人的单位将被转让给受让人的条款;或

(b)若该要约包含两套或更多的备选条款,则按该要约中确定的适用于持异议的单位持有人的条款。

(3)若受让人已向标的信托持异议的单位持有人发出通知表明其有意收购其单位,持异议的单位持有人有权在发出通知之日起一个月内,通过向受让人送达书面要求,要求受让人向其提供标的信托单位持有人登记册中显示的所有其他持异议的单位持有人的姓名和地址的书面声明。受让人在向持异议的单位持有人寄送包含这些姓名和地址的声明后十四日内,无权或无义务收购持异议的单位持有人的单位。

(4)根据任何此类安排或合同,若标的信托的单位被转让给受让人或其代名人,且这些单位与受让人在转让日期持有的标的信托的其他单位,总计构成或包含标的信托的单位或任何类别的单位总数的百分之九十,则:

(a)受让人应在转让之日起一个月内(在根据协议或合同进行的先前的转让中已经遵守了这一要求的除外),以规定的方式向尚未同意该安排或合同的标的信托的剩余单位或该类别单位的剩余单位的持有人发出有关该事实的通知;并且

(b)任何此类持有人可在收到该通知后的三个月内,要求受让人收购其单位。

(5)单位持有人根据第四款第二项就任何单位发出通知,根据以下条款,受让人有权并有义务收购这些单位:

(a)根据安排或合同,批准单位持有人的单位将被转让给受让人的条款;或

(b)按照议定的其他条款或法院根据受让人或单位持有人的申请认为合适的命令。

(6)若受让人根据本条第一款规定发出了通知,且法院没有根据持异议的单位持有人提出的申请作出相反的命令,受让人应在下列期限:

(a)在通知发出之日起一个月内;

(b)在根据第三款向持异议的单位持有人提供声明后十四日后;或

(c)若持异议的单位持有人向法院提出的申请待决,则在该申请被处理后,

将该通知的副本连同由受让人指定的人士代表该单位持有人签署的转让书,以及受让人代表自己签署的转让书,一并转交给标的信托的受托人,并向标的信托的受托人支付、分配或转让相当于受让人根据本条有权获得的单位的应付价格的款项或其他对价,标的信托的受托人应随即将受让人登记为该单位的持有人。

(7)标的信托的受托人根据本条收到的所有款项应存入一个单独的银行账户,如此收到此类款项和的其他对价应由受托人以信托方式持有由若干单位持有人曾各自持有的这些单位。

(8)凡标的信托的受托人根据本条以信托方式为他人持有现金以外对价的,受托人可在自收到该代价的分配或转让的日期起两年期满后,且在自该日期起十年期满前,将该代价转让给破产事务管理人。

(9)破产事务管理人须以其认为合适的方式,出售或处置以此方式收到的对价,并如同处置依第四十九条向其给付的货币的方式,处置该等收益。

(10)在确定受让人在根据第一款提出要约的日期已经持有的标的信托的单位,或确定受让人根据第四款持有的标的信托的单位总数或任何类别的单位的百分比时,由以下人员持有或获得的单位应被视为由受让人持有或获得:

(a)代表受让人的代名人。

(b)若受让人是一家公司,其关联公司或关联公司的代名人。

(c)若受让人是商业信托的受托管理公司或房地产投资信托的受托人:

(i)控制该商业信托或房地产投资信托百分之五十以上投票权的人,或其代名人;

(ii)商业信托的受托管理公司、房地产投资信托的管理公司或其代名人;或

(iii)由商业信托的受托管理公司或房地产投资信托的管理公司的关联公司,或关联公司的代名人。或

(d)受让人所在的信托不属于商业信托或房地产投资信托的,该受托人(为一家公司)的关联公司或该关联公司的代名人。

(11)为避免疑问,在本条所指的:

(a)受让人(将成为信托的受托人)持有、收购或订约获取另一信托的单位,是指其作为首述信托的受托人进行这些活动;以及

(b)向受让人转让某一信托的单位,是指向作为该另一信托受托人的受让人转让

单位。

(12)第一款所称的受让人已持有的单位:

(a)包括受让人签约收购的单位;但

(b)对于约束单位持有人在作出要约时接受要约的,且是由无偿持有人,或除受让人承诺作出的要约外无其他代价的持有人盖章订立的合同,不包括作为该合同标的的单位。

(13)凡在向受让人转让单位的要约可获批准的期间内,受让人未依该要约的批准而收购或要约收购任何涉及转让的单位,则就本条而言,当且仅当符合以下条件,可视受让人凭借该要约的批准而收购,或要约收购这些单位:

(a)收购或要约收购该单位的对价(在本款中称为收购对价)在当时不超过在该要约的条款所确定的代价;或

(b)相关条款随后修订,以使宣布修订后,前项所称时间的收购对价不再超过这些条款所载的对价。

(14)本条中:

"持异议的单位持有人"包括未同意该安排或合同的单位持有人,及未按照该安排或合同将其单位转让给受让人或拒绝转让的单位持有人。

"房地产投资信托"与《新加坡2001年证券和期货法》第二条第一款中的含义相同。

第四十一条　受压迫或不公正情况下的救济

(1)注册商业信托的单位持有人或债券持有人可基于以下理由向法院申请本条规定的命令:

(a)注册商业信托的受托管理公司对注册商业信托相关事务的处理,或注册商业信托受托管理公司董事权力的行使,是以压迫包括自己在内的一名或多名注册商业信托的单位持有人或债权持有人,或无视其作为注册商业信托的单位持有人或债权持有人的利益的方式处理或行使;或

(b)注册商业信托的受托管理公司以其身份实施了或威胁实施某些行为,或注册商业信托的单位持有人或债券持有人或任何类别的单位持有人或债券持有人已通过或提议的的决议,对注册商业信托的一个或多个单位持有人或债券持有人(包括其本人)有不公平的歧视或其他不利影响。

(2)若法院在该申请中认为前款规定的理由成立,为了结束或补救所申诉的事项,法院可以作出其认为合适的命令,在不影响前述一般原则的情况下,该命令可以:

(a)指示或禁止任何行为,撤销或改变任何交易或决议;

(b)监管注册商业信托的受托管理公司在未来与该注册商业信托有关的事务的实施;

(c)授权以注册商业信托的单位持有人的名义或代表整个注册商业信托的所有单位持有人的人士,按法院指示的条款,对注册商业信托的受托管理公司的董事提起民事诉讼;

(d)规定由注册商业信托的其他单位持有人或债券持有人购买注册商业信托的单位或债券;

(e)规定该注册商业信托的清算;或

(f)规定申请该命令的费用和支出及附带费用将从注册商业信托的信托财产中集资支付,或以法院认为合适的方式支付和人员来承担并支付。

(3)根据本条发布的命令对注册商业信托的信托契约进行修改或补充的,尽管本法的其他条款有规定,根据该命令的规定,有关注册商业信托的受托管理公司在没有法院的许可下,无权对信托契约进行与该命令的规定不一致的再次修改或补充。但根据本款前述规定,该命令所做的修改或补充应与注册商业信托的单位持有人妥为作出的特别决议具有同等效力。

(4)根据本条作出的命令的副本须由申请人在作出该命令后的七日内提交给管理局。

(5)凡违反前款规定的,即属犯罪,一经定罪,可处以一万新元以下的罚金;若定罪后继续犯罪的,可再处以每日一千新元以下的罚金,不满一日的,按一日计算。

(6)本条适用于非注册商业信托单位持有人,但已借法律实施转让的注册商业信托单位受让人,视同注册商业信托单位持有人;对本条所称的一个或多个单位持有人应据此进行相应的解释。

第四十二条　衍生诉讼或代表诉讼

(1)除第二款另有规定外,原告可以向法院申请,以注册商业信托的全体单位持有人的名义并代表其提起诉讼,或介入受托管理公司代表注册商业信托作为一方的诉讼,以便代表受托管理公司起诉、辩护或中止诉讼。

(2)除非法院确信以下情况,否则不得提起,亦不得介入前款所称的诉讼:

(a)原告已向注册商业信托的受托管理公司的董事发出十四日的通知,说明如果受托管理公司董事不提起诉讼、不勤勉检控、不辩护或不中止诉讼的,其有意根据前款向法院提出申请;

(b)原告是出于善意的;并且

(c)表面证据显示,提起诉讼、检控、辩护或中止该诉讼符合该注册商业信托的所有单位持有人的整体利益的。

(3)若原告在申请中能够令法院确定,按第二款第一项的要求发出通知是不合适的,法院可以在原告按要求发出通知之前,作出其认为合适的临时命令。

(4)在根据本条授予许可时,法院可发出其认为符合公正利益的命令或临时命令,包括(但不限于)以下内容:

(a)授权原告或他人管理诉讼的进行的命令;

(b)为诉讼的进行提供指引的命令;以及

(c)发出命令要求注册商业信托的受托管理公司以其名义向原告支付因诉讼产生的合理法律费用和支出。

(5)诉讼已经或将要在国家法院提起的,根据第一款提出的许可申请应在地区法院作出。

(6)在本条和第四十三条中,“原告”,是指:

(a)注册商业信托的单位持有人;或

(b)法院酌情认为是根据本条提出申请的适当人选的任何其他人士。

第四十三条　股东批准的证据不具有决定性——根据本法第四十二条,法院批准终止诉讼

(1)不得仅因为被控对注册商业信托所有单位持有人的权利的侵犯或义务的违反已经或

可能得到注册商业信托的单位持有人的批准,而中止或驳回根据第四十二条提出的申请、提起或介入的诉讼,但法院在根据该条发出命令时可以考虑到单位持有人批准的证据。

(2)未经法院按其认为合适的条款批准,不得因缺乏起诉而中止、终止、和解或驳回根据第四十二条提出的申请、提起或介入的诉讼。若法院确定原告的利益可能受到这种中止、终止、和解或驳回的重大影响,可命令提出申请、提起或介入诉讼的任何一方向原告发出通知。

(3)在根据第四十二条提出的申请、提起或介入的诉讼中,法院可在随时命令注册商业信托的受托管理公司以其名义向原告支付临时费用,包括法律费用和支出,但原告可在申请或诉讼的最终处置中对这些临时费用负责。

第七章　注册商业信托的清算

第四十四条　根据信托契约的规定进行的清算

(1)在符合第二款的前提下,注册商业信托的信托契约可规定该注册商业信托将在以下时间清算:

(a)在特定时间;

(b)在特定情况下;或

(c)在特定事件发生时。

(2)就本条和第四十七条而言,注册商业信托的信托契约中任何旨在规定作为该注册商业信托的受托管理公司的特定公司不再是该注册商业信托的受托管理公司,应对注册商业信托进行清算的条款无效。

(3)注册商业信托的受托管理公司可以在以下情况下对注册商业信托进行清算:

(a)若该注册商业信托的信托契约规定,该商业信托可以或将要在特定时间、特定情况下或在特定事件发生时清算;

(b)指定的时间、情况或事件已经出现;且

(c)已经有投票权的注册商业信托单位持有人本人,或在允许代理的情况下由其代理人在根据本法第九章第一节召开的大会上以多数表决批准注册商业信托清算。

第四十五条　根据单位持有人的指示进行的清算

(1)即使注册商业信托的信托契约中有规定,注册商业信托的受托管理公司应根据该信托单位持有人按照第九章第一节规定召开的大会通过的特别决议的指示对注册商业信托进行清算。

(2)凡注册商业信托的受托管理公司违反前款规定的,即属犯罪,一经定罪,可处以十万新元以下的罚金;若定罪后继续犯罪的,可再处以每日一万新元以下的罚金,不满一日的,按一日计算。

第四十六条　根据法院命令进行的清算

(1)注册商业信托可以在以下主体的申请下,根据法院的命令进行清算:

(a)该注册商业信托的受托管理公司;

(b)注册商业信托的受托管理公司的董事;

(c)该注册商业信托的单位持有人;或

(d)本条第二款第二项所称的该注册商业信托的债权人。

(2)符合以下条件的,法院可根据前款所称申请,命令注册商业信托的受托管理公司对注册商业信托进行清算:

(a)若法院认为作出该命令是公正和公平的;或

(b)在对该命令提出申请之前的三个月内,新加坡境内外的法院已经在注册商业信托债权人胜诉的判决、判令或命令中签发执行令,并且该执行令未获履行的,

在此命令下,受托管理公司对注册商业信托进行清算。

(3)法院可根据管理局基于以下理由的申请,命令注册商业信托的受托管理公司对注册商业信托进行清算:

(a)注册商业信托违反《新加坡1973年多层次营销和传销(禁止)法》,开展、推广或参与该法第二条第一款所称的传销计划或安排;

(b)注册商业信托被用于非法目的,或用于损害新加坡的公共和平、福利或良好秩序的目的,或损害国家安全或利益;或

(c)部长根据第一百零三条任命的检查员已就该注册商业信托提出了报告。

在此命令下,受托管理公司应当对注册商业信托进行清算。

(4)法院根据第二款发出清算令后,申请人应在七日内:

(a)向管理局提交该命令的副本;并

(b)以法院所指示的方式将该命令的副本送达注册商业信托的受托管理公司秘书或其他主体。

(5)凡违反前款规定的,即属犯罪,一经定罪,可处以不超过两万五千新元的罚金;若定罪后继续犯罪的,可再处以每日两千五百新元以下的罚金,不满一日的,按一日计算。

第四十七条　注册商业信托的清算

(1)在符合第四十八条第一款的前提下,注册商业信托的受托管理公司应确保对注册商业信托进行所有清算活动符合注册商业信托的信托契约或第四十八条第二款中的命令,包括但不限于以下情况:

(a)信托契约规定,注册商业信托将在特定时间、特定情况或特定事件发生时清算,且:

(i)特定时间、情况或事件已经出现;并且

(ii)已经有投票权的注册商业信托单位持有人本人,或在允许代理的情况下由其代理人在根据本法第九章第一节召开的大会上以多数表决批准注册商业信托清算。

(b)注册商业信托的单位持有人通过一项特别决议,指示受托管理公司对注册商业信托进行清算;或

(c)法院发出命令,指示受托管理公司对注册商业信托进行清算。

(2)对于将被清算注册商业信托,该注册商业信托的受托受托管理公司应:

(a)在第一条第一款或第二款所称决议通过后的七日内,向管理局发出关于拟清算的书面通知;及

(b)在第一条第一款或第二款所载的决议通过后的十日内,在一份或多份新加坡发行的报纸上发布关于该决议的通知。

(3)注册商业信托按照第一款完成清算后,无论是该注册商业信托的受托管理公司提议清算,还是因其他原因清算,受托管理公司都应在完成清算后的两个工作日内向管理局发出关于完成清算的书面通知。

(4)凡注册商业信托的受托管理公司违反本条第一款规定的,即属犯罪,一经定罪,可处以十万新元以下的罚金;若定罪后继续犯罪的,可再处以每日一万新元以下的罚金,不满一日的,按一日计算。

(5)凡任何注册商业信托的受托管理公司违反本条第二款或第三款规定的,即属犯罪,一经定罪,可处以两万五千新元以下的罚金;若定罪后继续犯罪的,可再处以每日两千五百新元以下的罚金,不满一日的,按一日计算。

第四十八条　法院可以对清算发出其他命令

(1)法院认为有必要的情况下,可通过命令,指定挂牌破产管理人根据本条第二款所称的注册商业信托契约和其他命令对注册商业信托进行清算,发出此等命令的原因包括注册商业信托的受托管理公司已经终止,受托管理公司未能履行其与清算有关的义务。尽管信托契约中另有规定,经法院指定后,受托管理公司不再有权对注册商业信托进行清算。

(2)法院可通过命令,就以下方面作出指示:

(a)注册商业信托的清算程序,因注册商业信托的信托契约中的规定不充分或不可行,而使法院认为有必要规定的;以及

(b)注册商业信托的清算人的权力、职责、义务和薪酬。

(3)第一款或第二款所称命令可以依以下主体的申请发出:

(a)注册商业信托的受托管理公司;

(b)注册商业信托的受托管理公司董事;

(c)注册商业信托的单位持有人;

(d)管理局;或

(e)注册商业信托的债权人。

(4)经注册商业信托清算人的申请,法院可发出第二款所称的命令。

(5)在清算人完成对注册商业信托的清算后,应在完成清算后的两个工作日内向管理局发出关于完成清算的书面通知。

(6)违反本条第五款规定的,即属犯罪,一经定罪,可处以两万五千新元以下的罚金;若定罪后继续犯罪的,可再处以每日两千五百新元以下的罚金,不满一日的,按一日计算。

第四十九条　无人认领的款项将付给破产事务管理人

(1)若正在清算的注册商业信托的受托管理公司或注册商业信托的清算人占有或控制有以下财产:

(a)在注册商业信托完成清算时,从该注册商业信托的信托财产中产生的无人认领或未分配的款项;或

(b)无人认领的利润分配、收入或其他报酬或给单位持有人的收益,自分配应支付之日起超过六个月仍无人认领,受托管理公司或清算人应将这些钱支付给破产事

务管理人,入账商业信托清算账户,并有权获得所支付款项的法定收据证明,该证明是对其的有效解除。

(2)法院可随时应破产事务管理人的申请,命令正在清算的注册商业信托的受托管理公司或注册商业信托的清算人向法院提交一份经宣誓核验的关于其手中或在其控制下的所有无人认领或未分配的资金、分配款或其他款项的账簿,并可指示对其进行审计,还可指示其将这些款项支付给破产事务管理人,以入账商业信托清算账户。

(3)入账商业信托清算账户的资金所产生的投资利息,应付至统一基金。

(4)就本节而言,法院可以行使本法所赋予的关于披露和变现注册商业信托财产的所有权力,本法关于这方面的规定,在按规定作出调整后,适用于根据本节进行的诉讼。

(5)除非本法明确宣布,本条规定不得剥夺任何人对正在清算的注册商业信托的受托管理公司或注册商业信托的清算人或任何其他人享有的其他权利或救济。

(6)申索人对存入商业信托清算账户的款项提出申索要求的,破产管理署在确信申索人是该款项的所有者后,应授权从该账户中向其付款;若该款项已存入统一基金,则可授权从议会为此目的提供的资金中向其支付相同数额。

(7)凡对就破产事务管理人根据前款提出的申索所作的决定不服的,可向法院提起上诉,法院可确认、驳回或更改该决定。

(8)如果支付给申索人的无人认领款项之后被他人申索,后者无权从商业信托清算账户或统一基金中获得任何款项,但可向获得无人认领款项的申索人追索。

(9)支付给商业信托清算账户的无人认领的款项,若根据本条规定未从该账户中支出,则应在支付给该账户款项之日起七年后,支付给统一基金。

第五十条　欺诈性交易的责任

(1)若在注册商业信托的清算过程中,或在对受托管理公司作为注册商业信托的受托管理公司提起的任何法律程序中,受托管理公司的高级职员在明知是代表注册商业信托订立债务的一方的情况下,在考虑到注册商业信托的其他债务(如有)后,在订立债务时没有合理或可能的理由期待受托管理公司能够从注册商业信托的信托财产中支付该笔债务,则该高级职员构成犯罪,一经定罪,可处以十万新元以下的罚金,单处或并处两年以下的监禁。

(2)对于根据前款规定订立债务契约并被判构成前款所称犯罪的人,法院应清算人、注册商业信托的债权人或注册商业信托的单位持有人的申请,在法院认为适当的情况下,可宣布其个人应对该部债务的全部或部分承担无限责任。

(3)如果在注册商业信托的清算过程中,或在针对作为注册商业信托受托管理公司的受托管理公司提起的任何法律程序中,发现注册商业信托的任何业务是出于欺骗注册商业信托的债权人或任何其他人的债权人,或为了任何欺诈性目的而进行的,法院应清算人、注册商业信托的任何债权人或注册商业信托的单位持有人的申请,在法院认为适当的情况下,可以宣布任何明知是以这种方式进行注册商业信托业务的当事人,按法院的指示,其个人对受托管理公司代表注册商业信托产生的全部或部分债务或其他义务承担无限责任。

(4)若法院依据第二款或第三款作出声明,为使该声明发挥效力可作出其认为适当的进一步指示,特别是规定使任何人在声明项下的责任,成为受托管理公司以其注册商业信托受托管理公司的名义所负债务或义务的押记,或此人、任何法人团体、此人的代表人、作为受让人向或通过前述人员申索的人持有或归属的任何注册商业信托财产押记的任何押记或利益。法院可随时为执行本款项下的任何押记,而发出其认为合适的进一步命令。

(5)本条第四款中,“受让人”包括根据责任人的指示,向其或以其为受益人设定、发出或转让债务、义务或押记或产生权益的任何人,但不包括出于善意并在未注意到作出声明所依据的事项的情况下,以有价值的对价(不包括以婚姻方式的对价)作出的受让。

(6)若注册商业信托的业务是以第三款所述的意图或目的开展的,任何人明知是以该意图或目的开展业务的,即属犯罪,一经定罪,可处以二十五万新元以下的罚金,单处或并处七年以下的监禁。

(7)前款规定适用于注册商业信托,无论该注册商业信托是否已经或正在进行清算。

(8)除本条规定外,有关人员仍需就声明所依据的事项承担刑事责任,本条仍具有效力。

(9)在审理据第二款或第三款提出的申请时,清算人可自行提供证据或传唤证人。

第八章　撤 销 注 册

第五十一条　受托管理公司自愿撤销注册

(1)在以下情况下,注册商业信托的受托管理公司可向管理局申请撤销该注册商业信托在管理局的注册:

(a)注册商业信托的撤销注册,已经经过有投票权的注册商业信托单位持有人本人,或在允许代理的情况下由其代理人在大会上以四分之三多数表决批准,并且明确该会议拟作出撤销注册该注册商业信托意向的书面通知已经由适当方式发出不少于二十一日;并且

(b)该决议未被共持有该注册商业信托百分之十或以上投票权的单位持有人本人,或在允许代理的情况下由其代理人投票反对。

(2)若管理局确信,撤销注册商业信托的申请符合前款规定,且该注册商业信托的受托管理公司的董事已作出法定声明,宣布该商业信托的单位:

(a)除以下主体外,不再由任何人持有:

(i)依《新加坡 2001 年证券和期货法》第二百七十四条的豁免作出要约收购商业信托单位或单位衍生品的人;

(ii)依该法第二百七十五条第一款之一所称要约收购商业信托中的单位或单位衍生品的人;或

(iii)该法第二百七十五条第二款所称的关联人;或

(b)由不超过二人持有的,

管理局可撤销该注册商业信托的注册,在撤销注册时,管理局应在公报上发出撤销该注册商业信托注册的通知。

(3)管理局应将注册商业信托的注册撤销通知注册商业信托的受托管理公司。

第五十二条　管理局撤销已停业商业信托注册的权力

(1)若管理局有合理理由相信,注册商业信托的受托管理公司未管理或经营注册商业信托的业务,管理局可向受托管理公司邮寄一封信件,若在收到信件日期起的一个月内未能得

到相反理由的答复，则管理局将在公报上发布公告，撤销注册商业信托的注册。

（2）除非管理局在自前款所称信件的日期起一个月内收到答复，且该答复表明受托管理公司正在管理和经营注册商业信托的业务，管理局可在公报上公布并以挂号信的方式向受托管理公司发出通知，在该通知之日起的三个月期限届满时，就该注册商业信托，管理局可向法院申请委任一名清算人。

（3）管理局根据第四十八条第五款的要求，从前款所称的清算人处收到该注册商业信托完成清算的通知时，即可撤销该注册商业信托的注册，并在公报上公布撤销通知，在公报上公布该通知后，该商业信托应被撤销注册。但该商业信托的受托管理公司的每一位高级职员和单位持有人的责任（如有）应继续存在，并可强制执行，视同该商业信托未被清算。

（4）任何人对商业信托注册的撤销不服，并且如果该撤销满足商业信托的受托管理公司在信托撤销注册时管理和经营该商业信托的业务，因此维持该商业信托的注册是合法的，可在商业信托被撤销注册后六年内随时向法院提出申请，法院可据此申请命令回复该商业信托的注册。在管理局收到该命令副本后，该商业信托应继续被视为注册商业信托，如同该商业信托未被撤销注册，法院可通过命令作出指示或规定，将受托管理公司和所有其他人员置于与商业信托未被撤销注册时相同的法律地位。

（5）根据本条向注册商业信托的受托管理公司发出的通知，可以寄给受托管理公司的登记办事处，没有登记办事处的，寄给受托管理公司的高级职员。

第九章　管理和行政

第一节　会议和法律程序

第五十三条　年度大会

（1）注册商业信托的受托管理公司应在每个日历年召开一次注册商业信托的单位持有人大会，即“年度大会”，且应在上一次年度大会召开后的十五个月内召开，但只要注册商业信托的单位持有人在注册商业信托注册后十八个月内召开第一次年度大会，受托管理公司就不需要在注册商业信托注册当年或下一年召开年度大会。

（2）尽管前款另有规定，经注册商业信托的受托管理公司的申请，若出于特殊原因，管理局认为适合延长期限的，可延长该款中十五个月或十八个月期限，即使该期限延长到该日历年之后。

（3）根据向所有有权收到会议通知的注册商业信托的单位持有人发出的通知，大会可在任意时间召开，注册商业信托的单位持有人可决议将举行或召集的会议作为该注册商业信托的单位持有人的年度大会。

（4）若注册商业信托的单位持有人的年度大会举行存在失职的：

（a）该注册商业信托的受托管理公司即属犯罪，一经定罪，可处以五万新元以下的罚金；若定罪后继续犯罪的，可再处以每日五千新元以下的罚金，不满一日的，按一日计算；且

（b）法院可根据注册商业信托的任何单位持有人的申请，下令召开股东大会。

第五十四条　应请求召开特别大会

(1)尽管有注册商业信托的信托契约中另有规定,应在提出请求之日有权在大会上投票的单位持有人中享有不少于百分之十表决权的单位持有人的请求,注册商业信托的受托管理公司董事在收到请求书后,应立即在实际可行的情况下,正式召开注册商业信托的单位持有人的特别大会,但无论如何会议的召开不得迟于受托管理公司收到该请求后的两个月。

(2)请求书应说明会议的目的,并应由请求人签署,存放在注册商业信托的受托管理公司的登记办事处。该请求书可由几个类似形式的文件组成,每个文件由一个或多个请求人签署。

(3)若注册商业信托的受托管理公司的董事在该请求书交存之日后的二十一日内未着手召开会议,则请求人或持有所有请求人中百分之五十以上表决权的请求人,可以自行召开会议,其方式须尽可能接近受托管理公司召开会议的方式,但此会议不得在交存日起三个月届满后召开。

(4)注册商业信托的受托管理公司应向请求人支付由于其公司董事未能召集会议而导致请求人支出的任何合理费用,并且:

(a)受托管理公司有义务向请求人支付该款项,且不得就偿付该义务产生的费用向注册商业信托的信托财产进行追索;且

(b)受托管理公司以此方式支付给请求人的款项,须由受托管理公司从应向受托管理公司的董事支付的已到期或将到期的作为董事的服务费或其他薪酬的任何款项中扣留。

(5)注册商业信托的受托管理公司违反前款规定的,即属犯罪,一经定罪,可处以五万新元以下的罚金;若定罪后继续犯罪的,可再处以每日五千新元以下的罚金,不满一日的,按一日计算。

第五十五条　会议的召集

(1)两个以上的注册商业信托的单位持有人在满足以下条件的情况下,可召集单位持有人会议:

(a)在会议召开之日,合计持有所有有权在单位持有人大会上投票的百分之十以上的表决权的;或

(b)至少占注册商业信托单位持有人人数的百分之五以上,或者注册商业信托信托契约中规定的更小比例。

(2)除为通过特别决议的会议外,注册商业信托的受托管理公司应以书面形式,以不少于十四天或注册商业信托的信托契约中规定的更长期限,通知召开册商业信托的单位持有人大会或注册商业信托的某一类别的单位持有人会议。

(3)征得以下同意的情况下,尽管通知时间短于前款规定的时间,召开的会议也视为妥为召开:

(a)就年度大会的召开而言,经有权出席且有权在会上投票的所有单位持有人同意;或

(b)就其他会议的召开而言,经有权出席且有权在会上投票的单位持有人中的多数人同意,即在会议上持有百分之九十五以上表决权的单位持有人同意。

(4)注册商业信托的受托管理公司应按注册商业信托的信托契约规定的送达方式，将每次会议的通知送达注册商业信托的有权出席会议且享有表决权的单位持有人。

(5)注册商业信托的受托管理公司违反本条第二款或第四款规定的，即属犯罪，一经定罪，可处以五万新元以下的罚金；若定罪后继续犯罪的，可再处以每日五千新元以下的罚金，不满一日的，按一日计算。

第五十六条　信托契约中关于要求投票表决的权力的规定

(1)注册商业信托的信托契约的规定具有以下效力的，即为无效：

(a)排除在注册商业信托的单位持有人大会上，要求就任何问题或事项进行投票的权利，但选举大会主席或延期会议的除外。

(b)以下人员针对任何问题或事项提出的投票表决要求无效的规定，但选举大会主席或延期会议的除外：

(i)由五名及以上在会议上有表决权的注册商业信托的单位持有人提出；

(ii)由在会议上有表决权的注册商业信托的单位持有人中，持有百分之十及以上表决权的单位持有人提出。

(c)为使代理人委托生效，要求代理人委托书或其他必要文书在会议或延期会议前至少四十八小时送交注册商业信托受托管理公司或其他任何人，以核验该代理委托的效力或其他相关事项。

(2)委托代理人在注册商业信托会议投票的文书，应视为授予代理人提出投票要求或参与提出投票要求表决的权利，并且就前款规定而言，注册商业信托单位持有人代理人提出的投票要求应视同该单位持有人提出投票要求。

(3)有权在参会时投票表决的人应被视为本法中有表决权的人。

第五十七条　会议的法定人数、主席、投票表决等事项

(1)只要注册商业信托的信托契约没有为此作出任何其他规定，并且符合第五十八条规定的前提下：

(a)两名亲自出席的注册商业信托的单位持有人即构成法定人数；

(b)由出席会议的单位持有人选出的注册商业信托的单位持有人均可以担任会议主席；

(c)举手表决时，亲自出席并有投票权的注册商业信托的单位持有人一人一票；

(d)投票表决时，注册商业信托的单位持有人按照所持有的单位享有表决权。

(2)在会上投票表决时，具有一票以上表决权的，不必投出所有票，也不必把全部表决权以全部赞成或反对投出。

第五十八条　有关注册商业信托单位的表决权

即使本法或注册商业信托的信托契约另有规定，在符合第五十九条规定的情况下，注册商业信托的每个单位均赋予且仅赋予其单位持有人在注册商业信托单位持有人大会上一票表决权。

第五十九条　单位持有人在会议中的权利

即使注册商业信托的信托契约另有规定，每位注册商业信托单位持有人都有权出席信托单位持有人大会，并在会上进行发言和就任何决议投票，但是信托契约可规定单位持有人不享有投票权,直到其已支付应由其支付的所有催缴款项或其他相关的应付款项。

第六十条　代理人

(1)有权出席并在注册商业信托单位持有人大会或任何类别的单位持有人大会投票表决单位持有人,有权委托一人或多人为其代理人,代为出席会议并在会上投票表决,无论受委托人是否为单位持有人。

(2)根据前款委任的代替注册商业信托单位持有人出席会议并投票表决的代理人,应具有与单位持有人相同的发言权,除非信托契约中另有如下规定:

(a)代理人只在投票表决时有权投票表决;

(b)单位持有人无权委任两名以上代理人参加同一会议并投票表决;

(c)除非单位持有人明确其指定的两名代理人的持股比例,否则该委托无效。

(3)注册商业信托的受托管理公司在召集单位持有人大会或任何类别的单位持有人大会的通知中,在合理的显著位置提供一个声明,表明该单位持有人有权委任代理人代其出席会议并投票表决,且该代理人不必也是单位持有人。

(4)任何注册商业信托的受托管理公司,如使用注册商业信托资金,授权或同意仅向有权收到会议通知并由代理人在会上投票的注册商业信托部分单位持有人发出邀请信,且该邀请信委托信中确定的一人或信中确定的数人中的一人为代理人的,即属犯罪。

(5)仅因注册商业信托单位持有人的要求,向其出具指定代理人的委托表或有意担任代理人的人员名单的,并且该表格、名单是应有权通过代理人在会上行使表决权的单位持有人书面申请即可获得的情况下,不构成前款规定的犯罪。

(6)任何注册商业信托的受托管理公司授权或允许发出或传阅邀请信,且该邀请信委托信中确定的一人或信中确定的数人中的一人为代理人的,即属犯罪,但该邀请书中的委托形式授权使注册商业信托的单位持有人指示代理人投票支持或反对该决议。

(7)注册商业信托的受托管理公司违反本条第三款规定的,即属犯罪。

第六十一条　法庭下令召开会议的权力

无论出于一些原因,以信托契约或本法中规定的方式召集会议不可行的,法院可以自行动议,或依注册商业信托受托管理公司董事、有权在会议上投票表决注册商业信托单位持有人或注册商业信托已故单位持有人的遗产代理人的申请,命令以法院认为适合的方式召集、举行并进行会议,并作出其认为适当的附属或相应指令,包括单位持有人本人或其代理人出席应视为达到会议的法定人数,或已故单位持有人的遗产代理人可行使如果已故单位持有人与会本应能够行使的全部或部分权利。

第六十二条　单位持有人决议等的传阅

(1)在符合本条规定的前提下,注册商业信托的受托管理公司在符合本条第二款人数条件的注册商业信托单位持有人的请求下,并且除非这些注册商业信托单位持有人在大会上另有决议的,费用由请求人承担的情况下:

(a)向有权参加下次年会的注册商业信托的单位持有人,发出其可在会上适当提出及拟提出决议的通知;

(b)向有权获大会通知的单位持有人传阅内容涉及拟议决议中所称事务或将在会上处理的业务的不超过一千单词的声明。

(2)提出前款所称请求的注册商业信托的单位持有人的数量应符合：

(a)合计代表不低于所有单位持有人的总表决权的百分之五的单位持有人，且在提出申请之日，享有在与请求相关会议上投票表决的权利；或

(b)不少于一百位持有注册商业信托单位的单位持有人，平均每人交纳的金额不低于五百新元。

(3)注册商业信托的受托管理公司应将决议通知和第一款第二项所称声明交给有权获得会议通知的注册商业信托的单位持有人，以会议通知所允许的送达方式，向每一位单位持有人送达一份决议和声明的副本。

(4)注册商业信托的受托管理公司应以同样的方式，在可行范围内，将前款所称的决议副本与会议通知同时送达，若同时送达不可行的，受托管理公司应在其后尽快送达决议副本或就决议的一般效力发出通知。

(5)除非请求人签字的请求书副本，或两个以上的包含所有请求人签名的副本，在以下时间交存受托管理公司的登记办事处，否则注册商业信托的受托管理公司没有义务根据本条规定发出决议通知或传阅声明：

(a)就要求决议通知的申请，开会前至少六周；

(b)就其他类形的申请，开会前至少一周。

(6)尽管前款另有规定，要求决议通知的请求书副本交存在受托管理人登记办事处的，即使该副本没有在该款规定的时间内存于受托管理公司登记办事处，只要该副本在召开年度大会前交存，并且该年度大会是在该副本交存后六周或更短时间内召开的，应视为符合本款的妥为交存。

(7)法院根据注册商业信托的受托管理公司或其他声称受屈的当事人的申请，确信存在滥用本条所赋予的权利，用以对带有诽谤性的事宜进行不必要的宣传，注册商业信托的受托管理公司不受本条传阅声明义务的约束；法院可以命令请求人向受托管理公司支付依本条规定申请的全部或部分费用，即使请求人不是该申请的当事方。

(8)尽管根据注册商业信托的信托契约另有规定，可在商业信托单位持有人大会上处理的业务应包括根据本条发出通知的任何决议，而就本款而言，即使在发出通知时意外遗漏单位持有人，也应视为通知已发出。

(9)注册商业信托的受托管理公司违反本条第一款、第三款或第四款规定的，即属犯罪。

第六十三条　特别决议

(1)由注册商业信托单位持有人有权本人，或在允许代理的情况下由其代理人投票，以四分之三多数通过决议，并且拟将决议作为特别决议的书面意向通知，已发出至少二十一日的，该决议应被视为特别决议。

(2)尽管前款另有规定，如果有权出席会议并在会上投票的注册商业信托的多数单位持有人(共同持有不少于可在该会议上行使的总表决权的百分之九十五的单位持有人)同意，可在会议上提出并通过一项决议作为特别决议，即使该会议的书面通知的发出时间少于前款规定。

(3)在提交特别决议的会议上，除非要求投票表决，否则主席宣布该决议已通过的声明即为确凿证据事实，无须证明赞成或反对该决议的票数或比例。

(4)在提交特别决议的会议上,如下投票表决要求应被视为有效：

(a)根据注册商业信托的信托契约届时有权在会上投票表决的单位持有人提出投票要求,但在任何情况下均无需超过五名单位持有人提出该要求;或

(b)信托契约没有约定的,由三位有权投票的单位持有人,或由一位持有或两位共同持有百分之十以上投票权的有权投票的单位持有人提出。

(5)在计算关于通过特别决议的投票表决的多数票时,应参照赞成或反对该决议的票数,以及根据本法或注册商业信托的信托契约,每位单位持有人有权享有的票数。

第六十四条　需要特别通知的决议

(1)除第二款另有规定外,本法要求决议需经特别通告的,非经以下程序,该决议无效：

(a)在该会议召开至少二十八日前已向注册商业信托的受托管理公司发出作出该决议的意向通知;

(b)注册商业信托的受托管理公司已在会前至少十四日,在发出会议通知的同时,以相同方式向单位持有人发出决议通知,或者此方式不可行的,以信托契约允许的方式向单位持有人发出决议通知。

(2)若向注册商业信托的受托管理公司发出前款所称决议意向通知后二十八日内召开会议,则该通知即使没有在该款规定的时间内向受托管理公司发出,仍应被视为已恰当发出。

第六十五条　特定决议的副本和登记

(1)除非本法另有明文规定,注册商业信托的受托管理公司应在其通过或制定后的一个月内向管理局提交以下文件的副本：

(a)每项特别决议;

(b)任何类别的注册商业信托单位持有人通过的每项决议,无论是否得到该类别所有单位持有人的同意。

(2)应注册商业信托单位持有人的要求,注册商业信托的受托管理公司应当免费向该单位持有人提供本条适用的各项决议副本。

(3)的注册商业信托的受托管理公司违反本条第一款或第二款规定的,即属犯罪,一经定罪,可处以一万新元以下的罚金;若定罪后继续犯罪的,可再处以每日一千新元以下的罚金,不满一日的,按一日计算。

第六十六条　延期会议上的决议

在注册商业信托的单位持有人或任何类别单位的单位持有人的延期会议上通过的任何决议,该决议在任何方面均应视为在其实际通过之日而非任何较早日期通过。

第六十七条　会议程序的记录

(1)注册登记的商业信托的受托管理公司应促使：

(a)所有注册商业信托的单位持有人大会的议事程序的会议记录,都应在相关会议召开之日后的一个月内,在为此目的而设置的记录簿中记录并保管;

(b)这些会议记录将由议事的会议主席或下任会议主席签署。

(2)任何如此记录的会议记录,根据前款规定签署的,应作为与之有关的议事程序的证据,但有相反证明的除外。

(3)会议记录已如此记录和签署的,除非有相反的证明：

(a)该会议应视为已如期举行和召开;

(b)会上进行的所有议事程序应视为已如期进行。

(4)注册商业信托的受托管理公司违反本条第一款规定的,即属犯罪。一经定罪,可处以两万五千新元及以下的罚金;若定罪后继续犯罪的,可再处以每日两千五百新元以下的罚金,不满一日的,按一日计算。

第六十八条　检查会议记录簿

(1)注册商业信托的受托管理公司应:

(a)将第六十七条第一款所称的记录簿保管于受托管理公司在新加坡的登记办事处或主要营业地;且

(b)使注册商业信托的单位持有人可免费查阅这些记录簿。

(2)注册商业信托的单位持有人提出书面申请要求查阅第六十七条第一款规定的任何会议记录副本后的十四日内,注册商业信托的受托管理公司应免费向该单位持有人提供此副本。

(3)注册商业信托的受托管理公司违反本条第一款或第二款规定的,即属犯罪。一经定罪,可处以两万五千新元以下的罚金;若定罪后继续犯罪的,可再处以每日两千五百新元以下的罚金,不满一日的,按一日计算。

第二节　登　记　册

第六十九条　单位持有人的登记册

(1)注册商业信托的受托管理公司应:

(a)保管或维护,或安排他人保管或维护单位持有人登记册;且

(b)在受托管理公司的营业期间内,免费提供登记册供任何人查阅。

(2)前款所称的登记册应当包括以下内容:

(a)每位注册商业信托单位持有人的姓名和地址;

(b)每位注册商业信托单位持有人的持有范围;

(c)成为注册登记的商业信托单位持有人时被记录在册的日期;及

(d)单位持有人身份到期终止的日期。

(3)受托管理公司违反第一款规定的,即属犯罪。一经定罪,可处以两万五千新元以下的罚金;若定罪后继续犯罪的,可再处以每日两千五百新元以下的罚金,不满一日的,按一日计算。

(4)注册商业信托的受托管理公司并不因根据《新加坡 2001 年证券和期货法》第七章第二节第一部分行事而:

(a)出于任何目的接受以下通知;或

(b)接受调查以了解以下内容,

本条中在注册商业信托中,个人对单位享有的权利或与之相关的权利。

第七十条　登记册的保管地点

(1)注册商业信托的受托管理公司应将第六十九条所称的登记册在其登记办事处保管,

但以下情形除外：

(a)若登记册的编制工作是在受托管理公司在新加坡内其他办事处进行的，则该登记册可在该办事处保管；或

(b)如果受托管理公司安排其他人员代表其编制登记册，若该公司办事处在新加坡，则登记册可在该办事处保管。

(2)登记册首次保管于非登记办事处之地的十四日内，注册商业信托的受托管理公司应将登记册保管地点的通知管理局，在登记册保存地点发生任何变化后的十四日内，向管理局通知改变化。

(3)注册登记的商业信托的受托管理公司违反本条第一款或第二款规定的，即属犯罪，一经定罪，可处以两万五千新元以下的罚金；若定罪后继续犯罪的，可再处以每日两千五百新元以下的罚金，不满一日的，按一日计算。

第七十一条　代理人错失的后果

根据第七十条第一款第二项的规定，单位持有人登记册在非注册商业信托受托管理公司的他人的办事处保管，并且由于此人的错失，受托管理公司没有遵守第七十条第一款或第二款或其他本法关于登记册编制的其他规定的，此人根据第一百零九条应视同受托管理公司受到处罚，并且法院根据第一百零二条发出命令的权力延及此人及其高级职员和雇员。

第七十二条　法院更正登记册的权力

(1)存在以下情形的：

(a)无充分理由而将任何人之姓名载入或遗漏于第六十九条第一款所称的单位持有人登记册；或

(b)在将任何人不再是单位持有人这一事实记入登记册时出现错失或存在不必要迟延，

任何受害人、注册商业信托的单位持有人或受托管理公司可代表注册商业信托向法院申请修正登记册，法院可以拒绝该申请，或命令更正登记册并由受托管理公司支付该申请当事方因此蒙受的损失。

(2)就任何根据前款提出的申请，法院可决定：

(a)与申请将其姓名登记于第六十九条第一款所称的单位持有人登记册或从该登记册删除其姓名的当事人名衔相关的争议，无论该争议发生在单位持有人与所谓单位持有人之间，还是发生在单位持有人或所谓单位持有人与注册商业信托的受托管理公司之间；

(b)一般而言，为修正登记册而需要决定的任何必须或适宜的争议。

(3)法院在下令修正注册商业信托的单位持有人登记册时，应通过该命令指示将该修订通知管理局。

(4)就登记册中已经距离申请日超过三十年的记录提出的修正注册商业信托的单位持有人登记册的申请，法院不予受理。

第七十三条　登记为单位持有人的受托人等的责任限制

(1)第六十九条第一款所称的在新加坡保管的注册商业信托单位持有人登记册上的已故人士，其遗产受托人、遗嘱执行人和遗产管理人可以此身份登记为该单位的持有人，就该单位

而言,应承担相同的义务,并且不超过如果单位继续登记在已故人士名下时,其本应承担的义务。

(2)任何已故人士的遗产受托人、遗嘱执行人或遗产管理人,实益拥有注册商业信托单位的(该单位是第六十九条第一款所称的在新加坡保管的注册商业信托的单位持有人登记册上登记的单位),经代表注册商业信托的受托管理公司和该单位的注册持有人的同意,可以其身份登记为该单位持有人,就该单位而言,应承担相同的义务,并且不超过如果单位继续登记在已故人士名下时,其本应承担的义务。

(3)在第六十九条第一款所称的在新加坡保管的注册商业信托单位持有人登记册上的登记,并且就特定信托而言其受托人持有的注册商业信托单位,应根据受托人的要求,在登记册中进行标记,以指明它们是就该信托而持有的。

(4)除本条另有规定外,任何明示、暗示或推定的信托通知,均不得载入第六十九条第一款所称的注册商业信托单位持有人登记册内,亦不得为管理局接收,并且所有义务均不受根据本条第一款、第二款或第三款或与本条相应的其他法律规定行事的影响,受托管理人也不应受到该等通知的影响。

第三节　年度申报表

第七十四条　年度申报表和信息

(1)注册商业信托的受托管理公司应在单位持有人大会结束后一个月内向管理局提交一份申报表,内容包含管理局规定的声明和详情。

(2)受托管理公司违反前款规定的,即属犯罪,一经定罪,可处以五万新元以下的罚金;若定罪后继续犯罪的,可再处以每日五千新元以下的罚金,不满一日的,按一日计算。

第十章　账簿、审计和披露

第一节　账　　目

第七十五条　会计记录及控制系统

(1)注册商业信托的受托管理公司应当妥善保管会计记录和其他记录,以便充分说明受托管理公司代表注册商业信托所进行的交易以及注册商业信托财务状况,并随时准备好真实中肯的账目和要求随附的文件,并应当确保这些记录的保管方式能够使其方便、适当地接受审计。

(2)注册商业信托的受托管理公司应至少保留前款所称记录五年,保留期自该记录所涉交易与业务完成后的财年结束起算。

(3)注册商业信托的受托管理公司应设计和维护一套内部会计控制系统,该系统足以提供以下合理保证:

(a)注册商业信托中属于信托财产的资产能够得到妥善保管,以防未经授权的使用或处置而造成损失;

(b)受托管理公司代表或声称代表注册商业信托进行的交易已获得适当授权,并得到必要记录,以便用于编制真实中肯的账目,并确保资产问责制。

(4)第一款中所提及的记录应保存在注册商业信托的受托管理公司的登记办事处或其认为合适的其他地点,并可随时供受托管理公司董事查阅。

(5)会计记录和其他记录由受托管理公司在新加坡境外保管的,受托管理公司应将记录发挥并在新加坡境内保管,以确保受托管理公司的董事可随时查阅,记录中的这些与业务相关的声明和申报表,都应如此保存,以便用于编制真实中肯的账目以及任何要求随附的文件。

(6)法院可就特定案例下达命令,要求将注册商业信托的会计记录和其他记录向为该信托的受托管理公司董事服务的注册会计师公开以供审查,但必须向法院作出书面保证,承诺其在查阅过程中所获信息不会透露给该董事以外的任何人。

(7)注册商业信托的受托管理公司违反本条第一款、第二款、第三款、第四款或第五款规定的,即属犯罪。一经定罪,可处以十万新元以下的罚金。

(8)受托管理公司中的高级职员,故意违反、允许或授权违反本节规定的,即属犯罪。一经定罪,可处以五万新元以下的罚金,单处或并处十二个月以下的监禁。

第七十六条　账目和董事报告

(1)注册商业信托的受托管理公司应在商业信托注册后十八个月内,以及随后每个日历年内至少一次,且两次间隔不超过十五个月,于年度大会上,将该注册商业信托自上一账目起(注册商业信托注册后的首个账簿的,则自注册时起)至以下时间为止的损益账目呈交单位持有人:

(a)就在新加坡境内的核准交易所上市或挂牌的注册商业信托,不超过会议日期前四个月;

(b)就其他注册商业信托,不超过会议日期前六个月。

(2)注册商业信托的受托管理公司应确保前款所称的损益账目真实中肯地反映在会计期间该注册商业信托会计记录及其他记录所反映出的损益情况。

(3)管理局在公报上刊登命令,明确用其他时间取代第一款第一项或第二项所称的期间。

(4)尽管第一款另有规定,管理局可根据注册商业信托的受托管理公司的申请并基于管理局认为适当的特殊理由,延长该款规定的十八个月和十五个月的期限,就第一款第一项或第二项所称的任何年限而言,即使该延长期限会超过日历年。

(5)注册商业信托的受托管理公司应安排制作并在注册商业信托的单位持有人年度大会上呈交第一款要求的损益账目:

(a)注册商业信托在损益表编制之日的资产负债表,真实中肯地反映了注册商业信托截至当时相关期间的状况;

(b)注册商业信托的现金流量表,真实中肯地反映了第一款所称的该注册商业信托损益账目的会计期间业务的现金流动。

(6)注册商业信托的受托管理公司应在编制第一款和第五款所称的损益账目、资产负债表和现金流量表之前,采取合理措施:

(a)用以:

(i)明确在核销坏账及计提呆账准备金方面采取了哪些行动;

(ii)核销所有已知的坏账,并为计提呆账拨备足够的准备金。

(b)确定任何流动资产(前项适用的流动资产除外)是否未能在正常业务过程中实现其在注册商业信托的会计记录中显示的价值,如果是,应促使:

(i)此等资产被减记至其预期将会实现的金额。或

(ii)对于所显示的价值与预期应实现的价值之间的差额拨备足够的准备金。以及

(c)考虑到任何非流动资产对于注册商业信托的持续经营的影响,确认其在注册商业信托账簿内显示的价值是否超过它在使用期限内或处置时可回收的金额,并且(除非该资产的减记准备金拨备充足)在账簿中列入相关信息和解释,以防止账目因夸大该资产的金额而产生误导。

(7)注册商业信托的受托管理公司应促使:

(a)第九款所称的账目在按照本条的要求在商业信托单位持有人年度大会上呈交之前,经过适当审计;

(b)第八十四条要求的审计师报告应随附或背书于此等账目。

(8)注册商业信托的受托管理公司应:

(a)采取合理措施确保在商业信托的单位持有人年度大会召开前至少十四日,按照本章的要求对第九款所称的账目进行审计;

(b)将根据第八十四条第二款提供给注册商业信托的受托管理公司的审计报告随附该账目。

(9)在第七款和第八款中,"账目"是指根据第一款和第五款的规定,须在年度大会上呈交注册商业信托单位持有人的注册商业信托损益账目、资产负债表和现金流量表。

(10)注册商业信托的受托管理公司应在根据第五款制作的注册商业信托受托管理公司的每个资产负债表上附随报告:

(a)该报告载有第一款、第十二款、第十五款和第十七款要求的信息以及管理局规定的其他信息;

(b)该报告系根据受托管理公司的董事决议制作;

(c)该报告由至少两名董事就该财年注册商业信托的损益情况以及该财年结束时注册商业信托的经营状况签署。

(11)第十款所涉报告应说明适当的细节:

(a)报告日期所有在职的注册商业信托受托管理公司董事的姓名;

(b)是否存在以下情形:

(i)在报告涉及的财年结束时,存在受托管理公司作为一方的安排,此安排意在使受托管理公司的任一董事或所有董事能够通过收购商业信托的单位或债券而获利;或

(ii)在该财年的任何时候,受托管理公司是前述安排的一方,

若是,报告中应包含说明此协议效力的声明,并列出该财年中任何时间,担任受托管理公司董事,并持有或其代名人持有的根据安排而获得的注册商业信托的单位或债券。

(c)就在该报告涉及的财年结束时,对每个曾任受托管理公司董事的人而言:

(i)在该财年结束时,其是否拥有该注册商业信托的单位、债券或兼有二者的权益,若是,则应包含其在该注册商业信托中持有的单位、债券的数量和金额;

(ii)在该财年年初(或在年初时不是董事,则在其成为董事之时),其是否在拥有该注册商业信托的单位、债券或兼有二者的权益,若是,则应包含其在该财年年初或成为董事之时,在该注册商业信托中持有的单位、债券的数量和金额。

(12)第十款所涉报告还应包含管理局规定的附加信息,即其认为便于注册商业信托的单位持有人了解注册商业信托的业务的必要信息。

(13)未免生疑义,前款所称的附加信息无需涉及第十款所称的注册商业信托的损益或业务状况。

(14)就第一百零八条而言,随附于或包含于注册商业信托的受托管理公司董事报告内的声明、报告或其他文件,或根据第七十八条在大会上呈交注册商业信托单位持有人的此类文件(并非本法要求在大会上提交给单位持有人的声明、报告或文件),均视为董事报告的一部分。

(15)注册商业信托的受托管理公司授予任何人收购注册商业信托中未发行单位的认购权的,第十款要求的报告应说明:

(a)获认购权的单位数量及类别;

(b)认购权到期日;

(c)行使认购权的依据。

(16)前款要求的细节信息已在之前报告中详陈的,可通过提述该报告陈述。

(17)第十款所涉报告应详细说明:

(a)报告涉及期间,通过行使认购权而收购的注册商业信托未发行单位而发行的单位详情,无论认购权是在该期间之前还是之内授予;

(b)在该期限结束时,根据该项认购权尚未发行的单位数量和类别、发行这些单位的价格或定价方法,以及认购权到期日。

(18)注册商业信托的受托管理公司应在审计师作出本章项下的账目审计报告前,在大会上向该注册商业信托的单位持有人呈交资产负债表、损益账目和现金流量表,还应包括一份根据受托管理公司董事决议编制并由至少两名董事签署的声明,以说明董事是否认为存在如下事实:

(a)损益账目的编制真实中肯地反映注册商业信托在账目涉及期间的经营成果;

(b)资产负债表的编制得以真实中肯地展现注册商业信托在该期间结束时的业务状况;

(c)现金流量表的编制得以真实中肯地反映该注册商业信托的业务在此期间内的现金流;

(d)截至报表日,有合理的理由相信受托管理公司将能够从注册商业信托的信托财产中,清偿商业信托的到期债务。

(19)注册商业信托的受托管理公司违反本条第一款、第二款、第五款、第六款、第七款、第八款、第十款或第十八款规定的,即属犯罪,一经定罪可处以十万新元以下的罚金;若定罪后继续犯罪的,可再处以每日一万新元以下的罚金,不满一日的,按一日计算。

第七十七条　免除关于账簿和报告的形式和内容的要求

(1)注册商业信托的受托管理公司可以以书面形式向管理局申请一项命令,免除受托管理公司原本须遵守的本法对账目形式和内容的要求,或第七十六条第十一款对报告形式和内容的要求,管理局可无条件发出该命令,或以受托管理公司遵守管理局认为适合的账目或报告形式和内容有关要求为条件,发出该命令。

(2)管理局可在其认为适当之时,就特定类别的注册商业信托发出命令,免除该类别受托管理公司遵守本法对账目内容或形式的特定要求,或第七十六条第十一款对报告形式和内容的要求,管理局可无条件发出该命令,或以受托管理公司遵守管理局认为适合的账目或报告形式和内容有关要求为条件,发出该命令。

(3)除遵守本法的规定会使账目或报告(视情况而定)对注册商业信托的情况具有误导或不适当的作用,或对受托管理公司或其高级职员施加不合理的负担外,管理局不得根据第一款规定发出命令。

(4)管理局依第一款发出的命令可有时限限制,并可随时根据受托管理公司申请或无须任何此类申请(此种情况下管理局应给予受托管理公司一次陈述申辩的机会),撤销或中止执行此命令。

第七十八条　注册商业信托的单位持有人有权获得资产负债表及其他企业财务状况表

(1)注册商业信托的受托管理公司应在单位持有人大会至少十四日前向所有有权收到大会通知的单位持有人,发送该注册商业信托的损益账目、资产负债表和现金流量表的副本(包括本法要求的应随附的所有文件),此等副本在呈交给单位持有人大会前,已经过适当审计,并随附以下文件:

(a)审计师对相关账目报表审计的报告的副本;

(b)根据《新加坡1967年公司法》第二百零一条,受托管理公司编制的财务报表。

(2)注册商业信托的受托管理公司依注册商业信托单位持有人提出的请求(无论其是否有权收到损益账目和资产负债表的副本),对于应向其提供而未向其提供提供上一财年该注册商业信托的损益账目和资产负债表的副本(包括本法要求的应随附的所有文件)的人,应免费将损益账目和资产负债表的副本,连同审计师对此进行审计的报告的副本提供给提出要求的单位持有人。

(3)注册商业信托的受托管理公司违反本条第一款或第二款规定的,即属犯罪,一经定罪,可处以五万新元以下的罚金;若定罪后继续犯罪的,可再处以每日五千新元以下的罚金,不满一日的,按一日计算。

第七十九条　向单位持有人提供财务报表摘要的规定

(1)尽管第七十八条和单位已在核准交易所上市的注册商业信托的信托契约中另有规定,注册商业信托的信托管理公司在管理局规定并且规定的条件得到遵守的情况下,可向单位持有人送交符合本条第四款和第五款规定的注册商业信托的财务报表摘要,而非第七十八条第一款提到的文件副本。

(2)上市注册商业信托的受托管理公司根据前款规定向单位持有人送交财务报表摘要的,任何有权获得第七十八条第二款所列文件副本的单位持有人,可要求受托管理公司提供财务报表摘要,受托管理公司应将该摘要送交提出请求的单位持有人。

(3)上市注册商业信托的受托管理公司无须将财务报表摘要送交至不希望收到该表的单位持有人。

(4)上市注册商业信托的受托管理公司应将第七十八条第一款所列文件送交给希望收到此类文件的上市注册商业信托的单位持有人。

(5)第一款所称的财务报表摘要:

(a)应源于上市注册商业信托的年度账目和受托管理公司董事的报告;

(b)应采用规例确定的形式并包含规例规定的信息。

(6)第一款所称的财务报表摘要:

(a)声明该摘要只是上市注册商业信托年度账目和受托管理公司董事报告中的信息摘要;

(b)包含上市注册商业信托的审计师的声明,内容包括就财务报表摘要是否与账目和报告一致,以及是否符合本条以及依第八款制定的规例的要求。

(7)上市注册商业信托的受托管理公司违反本条或依本条第八款制定的规例规定的,即属犯罪。一经定罪,可处以五万新元以下的罚金;若定罪后继续犯罪的,可再处以每日五千新元以下的罚金,不满一日的,按一日计算。

(8)管理局为实施本条规定可制定规例,包括就确定上市注册商业信托单位持有人希望收到第七十八条第一款所称的文件副本,还是不希望收到本条所称的财务报表摘要。

(9)在本条中,“上市注册商业信托”,是指已获准进入新加坡核准交易所的正式名单,且尚未从该名单中删除的商业信托。

第八十条　罚则

(1)注册商业信托的受托管理公司董事:

(a)未能采取合理措施确保受托管理公司遵守本节规定的;或者

(b)由于其故意行为而导致受托管理公司违反本节规定的,

即属犯罪。一经定罪,可处以十万新元以下的罚金,单处或并处二年以下监禁。

(2)因账目遗漏,而未能采取一切合理措施遵守,或确保遵守本节前述与注册商业信托账簿形式或内容有关的规定,而提起的法律程序中,如能证明该遗漏并非有意为之,遗漏的资料并不重要,并且该遗漏并不影响真实中肯地反映第七十六条所要求的账目中应处理的事项的,可据此提出抗辩。

(3)蓄意犯本条罪行,诈骗注册商业信托债权人或其他人的债权人,或出于欺诈目的的,一经定罪,可处以二十五万新元以下的罚金,单处或并处七年以下监禁。

(4)除处理该案件的法院认为其是故意犯罪以外,任何人不得因犯本条规定的罪行而被判处监禁。

第二节　审　　计

第八十一条　审计师

(1)下列人士不得书面同意获任注册商业信托审计师,或明知而担任任何商业信托审计

师,亦不得编制或代表注册商业信托编制本法要求注册商业信托审计师编制的报告:

(a)此人不是注册会计师的。

(b)此人对注册商业信托的受托管理公司或其关联公司负有两千五百新元以上债务的。

(c)此人是:

(i)受托管理公司的高级职员;

(ii)受托管理公司高级职员的合伙人、雇主或雇员;

(iii)受托管理公司高级职员雇员的雇员或合伙人。或

(d)此人负责保管注册商业信托的单位持有人登记册,或是负责保管登记册之人的合伙人、雇主或雇员。

(2)违反前款规定的,即属犯罪。

(3)就本条第一款而言,注册商业信托的受托管理公司关联公司的高级职员,如果在之前十二个月内,担任受托管理公司或关联公司的高级职员或发起人的,应被视为该受托管理公司的高级职员,但管理局视情况另有指示的除外。

(4)就本条而言,任何人不得仅因其被任命为注册商业信托的受托管理公司的审计师,或注册商业信托的审计师而被视为高级职员。

(5)会计事务所的合伙人(无论其是否为注册会计师)符合本条第一款第二项、第三项或第四项的,该事务所不得书面同意获任注册商业信托审计师,或明知而担任商业信托的审计师,亦不得编制或代表注册商业信托编制本法要求注册商业信托审计师编制的报告。

(6)会计师事务所违反前款规定的,该事务所的每位合伙人即属犯罪。

(7)下列人士如果是本条第一款第二项、第三项或第四项所称人士的,会计公司不得书面同意获任注册商业信托审计师,或明知而担任商业信托的审计师,亦不得编制或代表注册商业信托编制本法要求注册商业信托审计师编制的报告:

(a)该公司董事(无论其是否为注册会计师);或

(b)本身是注册会计师并且在该公司中以注册会计身份执业的雇员。

(8)若会计公司违反前款规定的:

(a)该公司;和

(b)违反该规定的董事或雇员,

即属犯罪。

(9)注册商业信托的受托管理公司或个人不得任命任何个人为商业信托的审计师,除非此人事先书面同意担任该注册商业信托的审计师。

(10)注册商业信托的受托管理公司或个人不得任命任何会计事务所或会计公司为该注册商业信托的审计师,除非该事务所或公司获任前,至少一名会计师事务所的合伙人或会计公司的董事书面同意担任该注册商业信托的审计师。

(11)会计师事务所以其名义被任命为注册商业信托的审计师的,该任命的生效和运作如同该事务所作为注册会计师执业的合伙人被任命为该注册商业信托的审计师。

(12)会计公司以该公司名义被任命为注册商业信托的审计师的,该任命的生效和运作如同以注册会计师职业的该公司董事和雇员获任该注册商业信托的审计师。

(13)第十二款适用于在会计公司作为注册会计师执业的董事或雇员,即使其被公司任命为董事或受雇于该公司的事实,发生在该公司被任命为注册商业信托的审计师之后。

(14)在本条中:

"会计公司",是指根据《新加坡2004年会计师法》被批准或被视为批准成立的会计公司;

"会计师事务所",是指根据《新加坡2004年会计师法》被批准或被视为批准成立的会计事务所。

第八十二条　审计师的任命

(1)在管理局根据第四条规定批准注册商业信托注册的三个月内,注册商业信托的受托管理公司应任命一名或多名由注册商业信托审计委员会提名的人员为该注册商业信托的审计师,除本条另有规定外,经此方式任命的审计师任期至该注册商业信托的单位持有人首次年会结束为止。

(2)在注册商业信托单位持有人年会上,由有投票权的单位持有人本人,或在允许代理的情况下由其代理人投票,以简单多数通过决议,可以委任一名或多名由注册商业信托审计委员会提名的人为该商业信托的审计师,除本条另有规定外,经此方式任命的审计师任期至该商业信托的单位持有人下次大会结束为止。

(3)除第七款和第八款另有规定,注册商业信托的受托管理公司可委任一名由商业信托审计委员会提名的注册会计师,以弥补审计师的职位空缺,但在该岗位空缺持续期间,尚在职的或持续任职的审计师(如有),可担任前述审计师。

(4)注册商业信托的审计师仅可由有投票权的单位持有人本人,或在允许代理的情况下由其代理人,在经特别通知的大会上投票,以简单多数通过决议免去,不得以其他方式免去该职务。

(5)代表注册商业信托的受托管理公司在收到关于决定免去审计师职务的特别通知时:

(a)应立即将通知副本送交相关审计师和管理局;

(b)该审计师可在收到通知副本的七日内,向受托管理公司提交一份书面申述,并要求在审议该决议的会议前,由受托管理公司将该申诉副本送至每个收到会议通知的单位持有人。

(6)除管理局依注册商业信托的受托管理公司的申请而另有规定外,该受托管理公司应按第五款第二项要求送交该项所称的申述副本,且在不妨碍审计师口头陈述申辩的权利的情况下,审计师可要求在会上宣读该申述。

(7)若注册商业信托的审计员在注册商业信托的单位持有人大会上根据第四款被免职:

(a)由有投票权的单位持有人本人,或在允许代理的情况下由其代理人投票,以四分之三多数通过决议,注册商业信托的单位持有人可立即在当次大会上任命注册商业信托审计委员会提名的另一人为审计师;或

(b)该会议可延期至原定日期二十日后、三十日内召开,由有投票权的单位持有人本人,或在允许代理的情况下由其代理人投票,以简单多数通过决议,单位持有人可立即任命注册商业信托审计委员会提名的另一人为审计师。

(8)原审计师被免职后,受托管理公司应立即将书面的免职通知送交管理局,单位持有人

并未根据前款规定任命新审计师的，管理局应委任一名审计师。

（9）根据第七款或第八款任命或委任的审计师，应根据本条规定，任职至下次注册商业信托单位持有人大会结束。

（10）如果注册商业信托的受托管理公司没有根据本条任命审计师的，管理局可根据单位持有人的书面申请，作出委任。

（11）注册商业信托的受托管理公司应在注册商业信托的单位持有人大会前或根据第七款第二项延期的会议召开前至少十四日，将注册商业信托审计委员会制作的提名通知给以下人士：

（a）被提名人士；

（b）注册商业信托的每位审计师（如有）；

（c）有权收到注册商业信托单位持有人大会的人士。

（12）注册商业信托的审计师仅可在以下情况下辞职：

（a）其不是该注册商业信托唯一的审计师；或

（b）在该注册商业信托的单位持有人大会上提出辞职。

（13）注册商业信托的审计师书面通知注册商业信托的受托管理公司其有意辞职的，受托管理公司应在切实可行的范围内，尽快召集商业信托的单位持有人大会，任命另一名审计师取代拟辞职的审计师，在新审计师获任时，前述审计师的辞职生效。

（14）注册商业信托审计师的费用和开支：

（a）对于是在单位持有人大会上任命的审计师，应由单位持有人在大会上确定，或经单位持有人在上一届年度大会上授权的，由受托管理公司确定；

（b）对于由注册商业信托的受托管理公司或管理局任命的审计师，可由该受托管理公司或管理局（视情况而定）确定，若无确定，则按照前项规定予以确定，此时该审计师视同由单位持有人任命。

（15）凡违反第一款、第五款、第六款、第八款、第十一款、第十二款或第十三款规定的，即属犯罪。

第八十三条　审计师的薪酬

（1）若注册商业信托的受托管理公司收到由以下人士或其代表发出的通知：

（a）占总人数的百分之五及以上的单位持有人。或者

（b）合计持有总表决权百分之五以上的单位持有人，

要求提供因注册商业信托的审计师，或其合伙人、雇主或雇员提供的非审计服务，而由其已经或可以向受托管理公司处收取的报酬详情，受托管理公司应立即：

（i）编制或安排编制一份声明，述明在该通知送达前的财年，付给审计师或其他人所有报酬的详情以及与之相关的服务详情；

（ii）将声明副本转发给有权收到注册商业信托单位持有人大会通知的所有单位持有人；

（iii）在大会上将该声明递交给单位持有人。

（2）在不妨碍前款规定的情况下，注册商业信托的受托管理公司应根据规定，审查注册商业信托审计师的费用、开支和报酬，以决定审计师的独立性是否受到损害，审查结果应发送给

有权收到注册商业信托单位持有人大会通知的所有单位持有人。

(3)任何受托管理公司违反本条第一款或第二款规定的,即属犯罪。

第八十四条　审计师有关账目报告的权责

(1)注册商业信托的审计师应在大会上,向注册商业信托的单位持有人报告需在大会上提交的账目,以及与这些账目有关的注册商业信托会计记录和其他记录。

(2)注册商业信托的审计师根据前款规定所做的报告,应由审计师提供给受托管理公司,以使该公司有充足时间遵守第七十八条第一款有关报告的各项要求;但是鉴于账目的复杂性,若受托管理公司未能按照本章的规定在充足时间内将账目提交审计,以供审计师编制该报告的,审计师不构成本款项下的犯罪。

(3)注册商业信托的审计师应在根据本条规定的报告中说明:

(a)其认为该账目是否:

(i)真实而中肯地反映了第七十六条要求的账目中需处理的事项。

(ii)符合本法要求,以便:

(A)就资产负债表,真实而中肯地反映注册商业信托的状况;

(B)就损益账目,真实而中肯地反映注册商业信托的盈亏;

(C)就现金流量表,真实而中肯地反映注册商业信托的现金流。

(b)其认为由受托管理公司保存的本法要求的会计记录,及其他记录是否按照本法的要求妥当保存。

(c)账目中的任何缺陷或违规行为,以及账目中未列明的事项,如不考虑这些因素,将无法真实、公正地反映账目所处理的事项。

(d)若其不信纳第一项或第二项所称的事宜,要阐述理由。

(4)商业信托的审计师有义务就以下事务发表意见:

(a)其是否得到所需的信息和解释;

(b)受托管理公司是否按本法第七十五条的要求妥善保管会计记录和其他记录,并应在报告中说明,本款中相关事宜的缺漏或不足。

(5)注册商业信托的审计师:

(a)应有权随时查阅注册商业信托的会计记录和包括登记册在内的其他记录;以及

(b)应有权要求注册商业信托的受托管理公司的高级职员及任何关联公司的审计师,提供其就审计目的而希望得到的信息和解释。

(6)审计师的报告应:

(a)在账目上附随或背书;

(b)注册商业信托的单位持有人要求宣读的,应在单位持有人大会上宣读;且

(c)可由单位持有人在任何合适的时间审查。

(7)注册商业信托的审计师或其为审计目的书面授权的代理人应有权:

(a)出席注册商业信托单位持有人大会;

(b)接收所有单位持有人有权收到的关于大会的通知和通信;

(c)在其出席的股东大会上,涉及该审计师业务能力的会议事务的任何部分发表意见。

(8)若注册商业信托的审计师在履行审计职责的过程中,确信存在以下情形的:

(a)违反或不遵守本法的规定;

(b)审计师认为报告中就账目问题给出的意见,或是将该问题通报给注册商业信托单位持有人大会,未能或将不能得到有效处理的,

审计师应立即将该问题书面报告给管理局。

(9)尽管有第八款的规定,若审计师在履行职责过程中,有理由相信商业信托的受托管理公司的高级职员或雇员正犯有或已犯下欺诈或不诚实的重罪时,应立即将此事报告给部长。

(10)审计师不应因出于善意向部长报告前款所称提及的事项时,而被视为违反其应尽的义务。

(11)在第九款中,"涉及欺诈或不诚实的重罪",是指:

(a)被判处二年以上监禁刑;

(b)从事该等犯罪活动所得或可能财务价值在二万新元以上。

(12)任何注册商业信托的受托管理公司中的高级职员,拒绝或不允许注册登记的商业信托的审计师根据本条规定查看由其保管或控制的任何包括登记册在内的会计记录或其他记录的,未给出本条要求的信息或解释的,或用其他方法阻碍、阻挠或延误审计师履行其职责或行使其权力的,即属犯罪。

第八十五条　审计师及其他人员在特定情况下享有限定特权

(1)若非基于恶意,注册登记的商业信托的审计师不因其在履行职责时所做的陈述而由任何相关人员提起的诽谤诉讼承担责任,无论其陈述是以口头形式还是书面形式作出。

(2)若非基于恶意,任何人不因其在旅行中职责时因公开由注册商业信托审计师编制的依本法需提交管理局的文件而由任何相关人员提起的诽谤诉讼承担责任。

(3)本条不应限制或影响审计师或其他人作为诽谤诉讼的被告时,享有的其他权利、特权或豁免。

第三节　披　　露

第八十六条　受托管理公司的首席执行官和董事会的证明

(1)除第四款和第五款另有规定外,注册商业信托的受托管理公司应:

(a)敦促制作符合本条第二款和第三款要求的书面陈述;

(b)确保前项所称的书面陈述附于在第七十六条第一款要求的注册商业信托的损益账簿中。

(2)除第四款另有规定外,注册商业信托受托管理公司董事会应根据受托管理公司董事会的决议作出书面陈述,并由至少两名董事代表董事会签字,以确认:

(a)从注册商业信托的信托财产中,已经支付或应当支付给注册商业信托的受托管理公司的费用,符合注册商业信托的信托契约规定;

(b)根据交易当时的情况,利害关系人交易不会损害注册登记的商业信托的全体单位持有人的整体利益;

(c)受托管理公司的董事会不知悉受托管理公司的任何对注册商业信托或其全体单

位持有人的整体利益有重大不利影响的违反义务的行为。

(3)除第五款另有规定外,注册商业信托受托管理公司的首席执行官应以其个人名义,作出书面陈述以证明,其不知悉受托管理公司对任何对注册商业信托或其全体单位持有人的整体利益有重大不利影响的违反义务的行为。

(4)注册商业信托的受托管理公司的董事会因以下原因不能作出符合第二款规定的书面陈述的:

(a)董事会认为第二款所称内容不实;或者

(b)受托管理公司的董事对第二款所称内容的准确性存在意见分歧,

受托管理公司无须将第二款要求书面陈述附于第七十六条第一款要求的注册登记的商业信托的损益账簿之中,但董事会应提供包含无法提供该书面陈述的重要原因的解释,并且该解释应由受托管理公司附于第七十六条第一款要求的注册商业信托的损益账簿中。

(5)注册商业信托受托管理公司的首席执行官因认为第三款所称内容不真实,而不能该款要求提供书面陈述的,受托管理公司无须将该款要求的书面陈述附于第七十六条第一款要求的注册商业信托的损益账簿之中,但受托管理公司的首席执行官应提供包含无法提供该书面陈述的重要原因的解释,且该解释应由受托管理公司附于第七十六条第一款要求的注册商业信托的损益账簿中。

(6)任何人违反本条第一款、第二款、第三款、第四款或第五款规定的,即属犯罪。一经定罪,可处以十万新元以下的罚金。

(7)注册商业信托的受托管理公司的董事会作出的第二款所称的书面陈述,并且在没有任何合理依据的情况下得出陈述中的结论的,任何允许或授权作出该声明的受托管理公司董事,即属犯罪,一经定罪,可处以十万新元以下的罚金,或两年以下的监禁,或两罪并处。

(8)注册商业信托的受托管理公司的首席执行官作出的第三款所称的书面陈述,并且在没有任何合理依据的情况下得出陈述中的结论的,即属犯罪。一经定罪,可处以十万新元以下的罚金,单处或并处两年以下的监禁。

(9)如果根据《新加坡2001年证券和期货法》第四条的规定,个人或团体被视为享有股份或单位权益的(视情况而定),那么,就本条而言其也被视为拥有股份或单位权益(视情况而定)。

(10)在本条中:

"相关人士":

(a)就控制注册商业信托受托管理公司的董事、首席执行官或控股股东,或注册商业信托的控制性单位持有人等个人而言,是指:

(i)其直系亲属;

(ii)任何信托的受托人,以其受托人身份行事时,其本人或其直系亲属为信托受益人;如果是酌情信托的,则为酌情对象;或

(iii)其本人及其直系亲属在任何公司股份中享有利益,使得实益拥有人有权亲自或通过代理人,在公司股东大会上行使不低于百分之三十的表决权。

(b)就构成注册商业信托的受托管理公司的控股股东或注册商业信托的控制性单

位持有人的公司而言，是指其关联公司或联营公司。

“联营公司”，就法人团体而言，是指：

(a)一家公司，该公司或其子公司，或其二者共同享有任何公司的股份权益，使得实益拥有人有权亲自或通过代理人，在公司股东大会上行使不低于百分之二十，且不超过百分之五十的表决权；或

(b)该公司或其子公司，或二者共同能够实际控制或影响其公司政策的公司，但不包括其子公司或前项所称的联营公司。

“首席执行官”，就注册商业信托的受托管理公司而言，是指符合下列条件的无论其名称为何的人：

(a)直接受雇于注册商业信托的受托管理公司，并直接或通过安排为其行事；

(b)主要负责受托管理公司的管理和行为。

“控制”，就法人团体而言，是指基于以下因素，拥有决定公司财务和运营政策决策结果的能力：

(a)可施加的实际影响(非可强制执行的权力)；

(b)任何影响公司财务或运营政策的做法实践或行为模式(即便涉及违约或违反信托)，

但不包括任何影响公司财务和运营决策的能力，如果该能力是根据任何成文法、法律规则、合同或法院命令规定的义务，需要为他人的利益行使。

“控股股东”，就法人团体而言，是指：

(a)在公司表决权股份中享有权益，并对该公司行使控制权的人；或

(b)享有股份利益的人使得实益拥有人因此有权亲自或通过代理，在公司股东大会享有百分之三十以上的表决权，但不对公司行使控制权的除外。

“控制性单位持有人”，就注册商业信托而言，是指享有代表注册商业信托的所有单位持有人的总表决权中百分之三十或以上单位利益的人。

“直系亲属”，就个人而言，是指其配偶、子女、养子女、继子女、父母、继父母、兄弟姐妹、继兄弟姐妹。

“利害关系人”，就注册商业信托而言，是指：

(a)注册商业信托的受托管理公司；

(b)注册商业信托的受托管理公司的关联公司；

(c)注册商业信托的受托管理公司的联营公司；

(d)注册商业信托的受托管理公司的董事、首席执行官或控股股东；

(e)注册商业信托的受托管理公司的董事、首席执行官或控股股东的相关人士；

(f)注册商业信托的控制性单位持有人；或

(g)注册商业信托的控制性单位持有人的相关人士。

“利害关系人交易”，是指注册商业信托的受托管理公司代表注册商业信托与注册商业信托的利害关系人之间的交易。

第八十七条　政策和惯例的披露

(1)注册商业信托的受托管理公司应在第七十六条第一款要求的注册商业信托的损益账

簿中,附有一份与注册商业信托的管治相关的政策与常规声明,其中包含管理局可能规定的信息和概述。

(2)任何违反前款规定的注册商业信托的受托管理公司的,即属犯罪。

第十一章 申 诉

第八十八条 向部长申诉

(1)根据本法向部长提起的申诉,部长可以确认、变更或推翻管理局作出的被提起申诉的决定,或就此事给出其认为合理的指示,部长的决定为终局决定。

(2)根据本法向部长提起的申诉,部长应在收到申诉后的二十八日内,组成一个由至少三名上诉咨询小组成员组成的申诉咨询委员会,并将案件移交该申诉咨询委员会。

(3)申诉咨询委员会应向部长提交一份前款所称申诉的书面报告,并提出其认为合适的建议。

(4)部长在依本条规定作出决定时,应考虑依前款规定提交的报告,但其并不受报告中的建议约束。

第八十九条 申诉咨询委员会

(1)为确保申诉咨询委员会够能根据第八十八条成立,部长应任命一个专家小组(本章所称的申诉咨询小组),该小组由部长委任的来自公共或私人机构的成员组成。

(2)申诉咨询小组成员的任期不超过二年,并有资格再获委任。

(3)上诉咨询委员会在行使其职能时,有权调查任何事项或事情,并可为此目的传唤任何人经宗教或非宗教式宣誓作证,或令其提供调查所需的文件或材料。

(4)前款规定不得强迫辩护人或事务律师出示包含其以该身份进行的保密通信的文件或材料,亦不得授权其取得其占有任何文件或材料的管有权。

(5)拒绝出示前款所称任何文件或其他材料的辩护人和事务律师,仍有义务提供与之或代为进行保密通信的人的姓名和地址(如果他知道该姓名和地址)。

(6)根据本法规定,上诉咨询委员会的每个成员:

(a)应被视为《新加坡1871年刑法典》所称的公务员;

(b)在其根据本法履职期间由于任何作为或不作为的行为而对其提起诉讼或法律程序,享有与法律赋予法官的在履职期间同样的保护和特权。

(7)每个申诉咨询委员会都应考虑公共利益,以及注册商业信托的单位持有人和有意收购注册商业信托的单位或单位衍生品的人在注册商业信托和信息来源保障方面的保护。

(8)在符合本章规定的前提下,申诉咨询委员会可自行制定其程序规则,并且不受证据规则的限制。

第九十条 信息披露

本法不要求部长或公务员披露任何其认为有违公众利益的事实。

第九十一条 为本章目的制定的规例

(1)为实现和妥为执行本章的目的和规定,部长可制定规例。

(2)在不妨碍前款规定的一般性原则的前提下,部长可就以下或相关的事务制定规例:

(a)申诉咨询小组和申诉咨询委员会的成员任命和咨询议事程序;

(b)根据本法应向部长提出的申诉的形式和方式;

(c)根据本法向部长提出申诉应支付的费用,包括该费用的全部或部分退还或减免;

(d)申诉咨询小组或申诉咨询委员成员的薪酬;

(e)本章要求或允许规定的事项或事情,或为实施本章规定而必要或适宜规定的事项或事情。

第十二章 其他事项

第九十二条 会议通知的电子传送

(1)根据本法或注册商业信托契约规定,要求或允许注册商业信托的受托管理公司或其董事向下列人员提供、发送或送达会议通知的:

(a)注册商业信托的单位持有人;

(b)受托管理公司的高级职员;或

(c)注册商业信托的审计师,

该通知可使用电子通信的方式提供、发送或送达至其当前地址。

(2)就本条而言,完成以下程序的,视同已经向其提供、发送或送达会议的书面通知:

(a)注册商业信托的受托管理公司与之达成书面协议,其可通过网络获取该会议通知;

(b)此会议是适用该协议的会议;

(c)发布在网上的该通知清晰可读;

(d)以此人与受托管理公司为此商定的方式通知如下内容:

(i)该通知在该网站上发布;

(ii)该网站的地址;

(iii)该网站内可供查阅该通知的具体位置以及查阅方式;和

(e)自该通知发出之日至会议结束之日的期间,该通知保持公布,使其可随时查阅该通知。

(3)就本法而言,符合前款要求的提供、发送或送达的会议通知,应视同已经在前款第四项所称的时间提供、发送或送达。

(4)根据第二款第四项的要求发出的会议通知应明确,本法或注册商业信托的信托契约的其他规定要求此类通知中包含事项和信息。

(5)符合下列条件的,第二款的规定不得使会议程序无效:

(a)任何第五项提及的要求发布并供查阅的会议通知,仅在该项要求的时间段内的部分(而非全部)时间发布以供查阅;

(b)无法在该项规定的全部时间段内发布并供通知持续查阅的原因,完全是由于无法合理预期注册商业信托的受托管理公司可以预防或避免这一情况所致。

(6)尽管本条中存在与注册商业信托的信托契约相反的规定,注册商业信托的受托管理公司仍可优先适用本条第一款、第二款、第三款、第四款或第五款的规定。

(7)就本条和第九十三条而言,与任何文件或通知相关的人员或公司的当前地址,构成其电子通信使用的号码或地址:

(a)已由此人书面通知注册商业信托的受托管理公司,可将文件或通知寄送的地址;

(b)受托管理公司没有理由相信此人无法接收送至该地的文件或通知。

第九十三条　文件的电子传送

(1)根据本法或注册商业信托的信托契约规定,要求或允许其受托管理公司或该公司董事向下列人员提供、发送或送达的任何账簿、资产负债表、报告或其他文件的:

(a)注册商业信托的单位持有人;

(b)受托管理公司的高级职员;或

(c)注册商业信托的审计师,

此类文件可通过电子通信技术提供、发送或送达至其当前地址。

(2)就本条而言,完成以下程序的,视同已经向其提供、发送或送达账簿、资产负债表、报告或其他文件:

(a)注册商业信托的受托管理公司和与之达成书面协议,其可通过网络(而非将文件邮寄至本人)获取该文件;

(b)该文件为协议适用的文件;

(c)发布在网上的该等文件清晰可读;

(d)以此人与受托管理公司为此商定的方式通知如下内容:

(i)该文件在该网站上发布;

(ii)该网站的地址;

(iii)该网站内可供查阅该文件的具体位置以及查阅方式。

(3)本法或注册商业信托的信托契约要求在会议开始前不少于指定天数将文件提供、发送或送达的,当且仅当根据前款规定的提供、发送或送达符合以下条件的,应视为已在会议开始前的不少于指定天数内向此人提供、发出或送达该文件:

(a)在会议开始前的指定天数前直到会议结束,该文件一直发布在网站上,并且可以随时查阅;

(b)根据第二款第四项的通知,须在会议开始前不少于指定天数发出。

(4)在下列情况中,前款的任何规定都不得使会议无效:

(a)前款第一项提及的任何要求发布并供查阅的文件,仅在该项要求的时间段内的部分(而非全部)时间发布以供查阅;

(b)无法在该项规定的全部时间段内发布并供文件持续查阅,完全是由于无法合理预期注册商业信托的受托管理公司可以预防或避免这一情况所致。

(5)尽管本条中存在与注册商业信托的信托契约相反的规定,注册商业信托的受托管理公司仍可优先适用本条第一款、第二款、第三款或第四款的规定。

第九十四条　《受托人法》不适用于注册商业信托

《新加坡 1967 年受托人法》不适用注册商业信托,即使该商业信托成立于 2004 年 10 月 12 日之前。

第九十五条　与财产永续、累积与不可转让有关的规则不适用于注册商业信托

与财产永续、累积和不可转让的法律规则不适用于任何注册商业信托，即使该商业信托成立于2004年10月12日之前。

第九十六条　陈述申辩的机会

本法规定可向管理局陈述申辩的，管理局可规定陈述申辩的方式。

第九十七条　助理的任命

(1)管理局可以(不管是一般情况或特殊情况)委任任何人行使其在本法项下的权力、履行职能或职责，但制定次级立法的权力除外。

(2)由管理局依前款规定任命的人，均应被视为《新加坡1871年刑法典》所称的公务员。

第九十八条　管理局颁布的准则、指导方针等

(1)管理局可用其认为合适的方式，发布其认为合适的准则、指引和不采取行动函，以便为以下事项提供指导：

(a)达成监管目标；

(b)与本法规定的与管理局的任何职能有关的事项；或

(c)与本法任何条款的实施有关的事项。

(2)管理局可用其认为适合的方式，发布该等准则、指引或不采取行动信函。

(3)管理局可根据本条规定，以其认为适合的方式，撤回、变更、修订或修正任何准则、指引或不采取行动信函的全部或部分内容。

(4)根据前款作出修正的：

(a)本条的其他规定在适当变通后准用于该修正，视同其适用于准则、指引或不采取行动信函本身；

(b)除非上下文另有明确要求，否则本法或其他成文法中所称的的准则、指引或不采取行动信函，也包括经修改后的准则、指引或不采取行动信函。

(5)未能遵守依本条规定颁布对其适用的任何准则或指引的规定的，并不仅因此而获刑事起诉，但不论在任何刑事或民事诉讼中，此种未遵守行为可作为诉讼一方当事人的证据，以确认或否认诉讼程序中存疑的责任问题。

(6)管理局发出的不采取行动信函本身并不妨碍对任何违反本法规定的人提起刑事诉讼。

(7)依本条规定颁布的任何准则或指引：

(a)可以具有普遍或具体适用性；

(b)可以规定其不同的规定适用于不同的情况，或者规定不同的案件或案件类别。

(8)依本条制定的准则、指引或不采取行动信函无需再公报上公布。

(9)本条中，“不采取行动信函”，是指管理局发给申请人的书面信函，致令如申请人所陈述的事实属实，管理局就特定事态或行为对申请人将不再启动法律程序。

第九十九条　文书翻译

(1)按要求向管理局提交、提供或呈交的账簿、申请、报表、报告或其他本法规定的文件或信息不是英文文本的，应同时或在管理局允许的其他时间，提交、提供或呈交(视情况而定)准确的英文译本。

(2)本法要求提供的供公众查阅的文件、报告或其他账簿,如果不是英文文本的,提供人应同时或在管理局允许的其他时间,提供可供查阅的准确的英文译本。

(3)本法要求保存或保管的账目、纪要或其他记录文件,如果其全部或部分内容不是以英文文本保存或保管的,保存或保管人应:

(a)在不超过七天的时间间隔内,随时对上述账目、纪要或其他记录的全部或部分内容进行准确的英文翻译;

(b)按本法要求保存或保管该账簿、纪要或其他记录的英文译本。

(4)本条第一款、第二款和第三款受本法或依本法制定的规例中的相反明文规定的限制。

(5)凡违反本条第一款、第二款和第三款的,即属犯罪。一经定罪,可处以二万五千新元以下的罚金。

(6)被控犯有前款规定的罪行的,若能证明下列事项,即为抗辩理由:

(a)已采取一切合理措施确保提交、提供或呈交给管理局的,以供查阅、保存或保管的(视情况而定)译本是准确的;

(b)其有合理理由认为该译本是准确的。

(7)本条第一款、第二款和第三款中,“本法”包括由管理局根据本法作出的任何指示。

第一百条　管理局和单位持有人向法院申请命令的权力

在不妨碍任何成文法或法律规定的其他诉讼或救济权力的情况下,管理局或注册商业信托的单位持有人可向法院申请,强制要求注册商业信托的受托管理公司履行注册商业信托的信托契约中列明的职责,法院可按照其认为适当的条件作出命令或驳回申请。

第一百零一条　法院下达特定命令的权力

(1)存在以下情形时:

(a)根据管理局的申请,法院认为某人构成本法规定的犯罪,或违反了本法或核准交易所的上市规则对其设定的的条件或限制。或

(b)根据核准交易所的申请,法院认为某人违反了核准交易所的上市规则,

法院在不影响根据本法其他条款有权下达的命令的情况下,还可下达以下命令:

(i)对于反复或持续违反本法规定,或本法或核准交易所上市规则规定的任何条件或限制的,要求某人为或不为特定行为的命令,包括但不限于,指示注册商业信托的受托管理公司辞去该职务;

(ii)下达此种命令后,作出的被认为是适宜的附属命令;

(iii)从注册商业信托的信托财产中补偿给根据本款提出申请的人的命令。

(2)在根据前款规定发出命令前,法院可指示向其认为合适的人发出申请通知,或选择其认为合适的方式发布该通知,或二者同时进行。

(3)任何人无正当理由,违反根据本条第一款发出的命令的,即属犯罪。一经定罪,可处以五万新元以下的罚金,单处或并处二年以下的监禁。

(4)前款规定并不影响法院惩罚藐视法庭行为的权力。

(5)法院可根据受命令影响的人申请或自行动议,撤销、变更或解除其根据本条作出的命令,或中止该命令的执行。

第一百零二条　法院可强制执行

(1)任何人违反本法的规定,拒绝或不允许检查任何登记册、会议纪要或文件或提供其副本,法院可下令立即强制检查登记册、会议纪要或文件或强制要求提供副本。

(2)注册商业信托的受托管理公司的现任或前任高级职员,未能或忽略了本法要求或指示其要作出的任何行为、事项或事情的,法院可根据管理局、注册商业信托的单位持有人、受托管理公司、注册商业信托的清算人的申请,发布命令要求该现任或前任高级职员立即或在法院命令允许的时间内,作出该行为、事项或事情,为遵守该等命令,前任高级职员应被视为具有与其在本应作出该等行为、事项或事情时相同的地位、权力和责任。

第一百零三条　部长任命调查员的权力

(1)尽管本法有任何规定,部长可以委任任何人为调查员去调查任何事宜,如果部长确信以下事实存在:

(a)表面证供表明为了保护公众、注册商业信托单位持有人或债权人利益,调查注册商业信托事务是适宜的;

(b)出于公众利益的保护,对与注册商业信托的设立或管理有关人员的欺诈、不当行为或其他失当行为的人员指控的调查;

(c)出于公众利益的保护,由于其他原因而应对注册商业信托的事项进行调查。

(2)任何根据前款委任的调查员应具有《新加坡1967年公司法》第九章赋予调查员的所有权力,且该章规定在进行适当修改后,适用于本条所称的调查。

(3)任何根据第一款委任的调查员应向部长报告其调查结果,部长认为出于公众利益应公布该报告的,可出版刊发该报告。

第一百零四条　禁制令

(1)如果任何人已经、正在或可能从事的行为构成或将构成对本法或注册商业信托的信托契约违反的,法院可根据下列人员的申请:

(a)管理局;或

(b)其利益曾经、正在或将要受到该行为的影响的任何人,颁布禁制令,限制首述人员从事该行为,且若法院认为必要,可要求该人为任何行为或事项。

(2)如果任何人曾经、正在或将要可能拒绝或未能,完成本法或注册商业信托的信托契约的要求的行为或事项的,法院可根据以下人员的申请:

(a)管理局;或

(b)其利益曾经、正在或将要受到该拒绝行为影响的人,下达命令要求首述人员完成这一行为或事项。

(3)根据第一款向法院申请禁制令的或根据第二款向法院申请命令的,法院可在其认为适宜且审查该申请前,颁发临时禁制令以限制某人从事第一款所称行为,或下达临时命令,在申请待决期间,要求此人完成任何行为或事项。

(4)根据本条的规定,法院有权颁布禁制令或临时禁制令,下达命令或临时命令,以限制某人从事特定行为或要求某人完成特定行为或事项的,法院可命令此人向他人支付损害赔偿金,作为该等禁制令、临时禁制令、命令或临时命令的补充或替代。

(5)法院根据本条颁布禁制令或临时禁制令,下达命令或临时命令的,可根据第一款或第二款所称的当事方,或受到该禁制令、命令、临时禁制令或临时命令影响的人申请,撤销或变更该禁制令、命令、临时禁制令或临时命令。

(6)根据本条规定颁布或下达的禁制令、命令、临时禁制令或临时命令,可在其明确规定的特定期间内或被撤销前实施。

(7)任何人违反法院根据本条颁布或下达的对其适用的禁制令、命令、临时禁制令或临时命令的,即属犯罪。一经定罪,可处以五万新元以下的罚金,单处或并处二年以下的监禁。

(8)根据第一款规定,向法院申请颁布禁制令的,法院可基于以下原因颁布禁制令:

(a)若法院确信此人已经从事第一款所称的行为,无论在法院看来,此人是否打算再次或继续从事该类行为;或

(b)若法院认为,在未颁布禁制令的情况下,此人很有可能从事第一款所称的行为,不论此人之前是否从事过此类行为,也不论若首述人员从事该类行为是否会对任何人造成重大损害的紧急的危险。

(9)根据第二款规定,向法院申请颁布命令的,法院可基于以下原因颁布命令:

(a)若法院确信此人已经拒绝或未能完成第二款所称的行为或事项,在法院看来,无论该人是否打算再次或继续拒绝完成或未能完成此类行为或事项;或

(b)若法院认为,在未下达命令的情况下,此人很有可能拒绝或未能完成第二款所称的行为或事项,不论此人之前是否曾如此行事,也不论若首述人员如此行事是否会对任何人造成重大损害的紧急的危险。

(10)本条第一款或第二款所称的任何人依本条规定,向法院申请颁布禁制令或临时禁制令,或作出命令或临时命令的,法院不应要求其就损害赔偿金作出任何承诺,作为颁布禁制令、临时禁制令或下达命令或临时命令的条件。

(11)本条第七款并不影响法院对藐视法庭行为惩罚的权力。

第一百零五条　法院授予宽免的权力

(1)因本条适用对象的疏忽、过失、失职或违反信托而对其提起的民事诉讼中,如果受理诉讼的法院认为,尽管此人应当承担或可能承担责任,但其行为是诚实且合理的,并且考虑到案件的所有情况,包括与其委任有关的情形,应对疏忽、过失、失职或违反信托公正宽免,法院可依其认为合适的条款全部或部分免除此人的责任。

(2)为免生疑义,在不妨碍前款一般性规定的情况下,“责任”包括本条适用对象就赚取或收到的利润作出交代的责任。

(3)本条适用对象唯恐因其疏忽、过失、失职或违反信托而对其提起的任何申索,此人可向法院申请救济,法院应享有给予其宽免的权力,与此类民事诉讼实际已经在该法院提起后,法院本应享有的对此人进行宽免的权力相同。

(4)本条应适用于下列主体:

(a)注册商业信托的受托管理公司;

(b)注册商业信托的受托管理公司的高级职员;

(c)注册商业信托的受托管理公司雇佣的审计师,无论其是否为受托管理公司的高级职员;

(d)法院委任或指示的,应履行关于注册商业信托的任何义务的清算人,以及其他如

此委任或指示的人员。

第一百零六条　法院的管辖权

尽管《新加坡2010年刑事诉讼法典》有相反的规定，地区法院仍有权审判本法项下的任何犯罪行为，且有权对该犯罪行为实施顶格刑罚或处罚。

第一百零七条　向管理局提供真实信息的义务

(1)根据本法规定，向管理局提信息的人，负有保证该信息在要项不存在虚假或误导性内容的注意义务。

(2)前款仅适用于本法中没有其他条文规定的与提供信息有关的犯罪。

(3)签署递交给管理局的文件的人，负有保证该文件的要项不存在虚假或误导性内容的注意义务。

(4)任何违反本条第一款或第三款规定的，即属犯罪。一经定罪，可处以五万新元以下的罚金，单处或并处两年以下的监禁。

第一百零八条　虚假和误导性的陈述

凡根据本法要求提供的申报表、报告、证书或其他文件：

(a)故意作出或授权作出明知要项虚假或具有误导性的申述；或

(b)故意遗漏或授权增加任何事项，并且缺乏该事项文件将导致文件要项有误导性，即属犯罪。一经定罪，可处以五万新元以下罚金，单处或并处二年以下的监禁。

第一百零九条　法人团体的罪行等

(1)有证据证明以下事实存在的，法人团体构成本法规定的犯罪(但第十章第一节规定的犯罪除外)：

(a)该罪行是经高级职员的同意或默许；

(b)可归因于其疏忽大意，

相关高级职员和法人团体均属犯罪，且应据此被提起诉讼并受到相应惩罚。

(2)法人团体的相关事务由其成员管理的，就与管理职能有关的成员的作为与不作为，前款规定适用，此时该成员视为法人团体董事。

(3)有证据证明以下事实存在的，合伙构成本法规定的犯罪：

(a)该罪行是经合伙人的同意或默许；或

(b)可归因于其疏忽大意，

该合伙人及该合伙均属犯罪，且应据此被提起诉讼并受到相应惩罚。

(4)有证据证明以下事实存在的，非法人团体(不包括合伙)构成本法规定的犯罪：

(a)该罪行是经该非法人团体的高级职员或其管理机构成员的同意或默许；或

(b)可归因于该高级职员或管理机构成员的疏忽大意，

该高级职员或管理机构成员及非法人团体均属犯罪，且应据此被提起诉讼并受到相应惩罚。

(5)本条中：

“高级职员”：

(a)就法人团体而言，是指任何董事、管理委员会成员、总经理、管理人、秘书或该其他具有类似职位人员，包括声称其具有此种行为能力的人；或

(b)就非法人团体(不包括合伙)而言，是指主席、秘书或其他非法人团体委员会成

员,或与之具有类似职位的人,包括声称具有此种行为能力的人。

“合伙人”,包括声称以合伙人身份行事的人。

(6)在管理局认为适当的修改后,可以制定规例,将本条的任何规定适用于根据新加坡境外法律成立或承认的法人团体或非法人团体。

第一百一十条　一般性罚则

凡犯有本法规定的罪行,但未明确规定罚则的,一经定罪,可处以五万新元以下的罚金。

第一百一十一条　犯罪的私了

(1)管理局可酌情私下了结本法规定的可私了犯罪,向被合理地怀疑犯了该罪行的人收缴不超过该犯罪规定的最高罚金数额的一半的罚金。

(2)针对本法规定的以下情形的犯罪(包括已废止条款中规定的罪行),管理局可酌情有代价地不予检控:

(a)犯罪时本条规定可有代价免于检控的;但

(b)已经不属于可有代价免于检控的,已向被合理地怀疑犯了该罪行的人收缴不超过该犯罪规定的最高罚金数额的一半罚金。

(3)第一款或第二款所述款项一经缴付,不得就该罪行对其提起进一步的诉讼。

(4)管理局可就可私了罪行制定规例。

(5)管理局根据第一款或第二款所收缴的款项均应支付给统一基金。

第一百一十二条　一般性豁免

(1)管理局可通过规例,豁免任何人、注册商业信托、事项或交易,或任何一类人、注册商业信托、事项或交易,使其不受本法全部或部分条款的约束,但须符合规定的条件或限制。

(2)在管理局认为情况适当的情况下,可根据任何人的申请,书面通知豁免任何人、注册商业信托、事项或交易,使其不受本法全部或部分条款或任何书面指示规定的约束。

(3)前款规定的豁免:

(a)管理局可在书面通知中附特定条款或条件授予;

(b)不必刊登在公报上;

(c)管理局可在任何时候撤回。

(4)任何违反本条第一款规定的,或管理局在第三款第一项中规定的条款或条件的,即属犯罪。

第一百一十三条　附表的修订

(1)管理局可随时在公报上发布命令修改附表。

(2)管理局可在根据前款规定发布的命令中,制定必要或合适的附带、相应或补充条款。

第一百一十四条　规例

(1)为实现和妥为执行本法的目的和规定,管理局可制定规例。

(2)在不妨碍前款规定的一般性原则的前提下,管理局可就以下事务制定规例:

(a)商业信托的注册和注册商业信托的组织、经营和管理的准则,包括但不限于,注册商业信托的受托管理公司的权责以及其单位持有人权利和义务;

(b)注册商业信托的管理和规制,特别是该登记注册商业信托的管治常规;

(c)注册商业信托的受托管理公司的管理和规例;

(d)应记录在注册商业信托账目上的细节信息,以及本法要求提交的包含在审计报告中的注册商业信托周年账目上所载的信息;

(e)本法要求的表格;

(f)就本法所要求任何事项支付的费用,以及这些费用的全部或部分的退还或减免;

(g)本法要求、允许规定或为使本法生效必须或适宜规定的全部事项。

(3)除本法另有明文规定外,规例可以:

(a)具有普遍或具体适用性;

(b)规定违反任何特定规定的行为即属犯罪;

(c)可规定对每项犯罪处以五万新元以下的罚金,单处或并处十二个月以下的监禁;若定罪后继续犯罪的,可每日再处以不超过该罪行最高罚金数额百分之十的罚金,不满一日的,按一日计算。

附　　表

第二条和第一百一十三条

不是本法所指的商业信托的信托种类

1. 经营人以非商业形式经营的信托。

2. 每个单位持有人都从事投资业务以外的其他业务,并且仅依托于该其他业务而成立的信托。

3. 每个单位持有人均为受托人关联公司的信托。

4. 由公司或代表公司设立的,仅为下列人士的利益而设立的信托:该公司的真诚董事、前董事、咨询人员、顾问、雇员或前雇员,或该公司的关联公司,或该董事、前董事、雇员或前雇员的配偶、遗孀、鳏夫或小孩、十八岁以下的子女、养子女或继子女等。

5. 由或代表两家或两家以上公司设立的,仅为下列人士的利益而设立的信托:该等公司的真诚董事、前董事、咨询人员、顾问、雇员或前任雇员,或该等公司的关联公司,或该等董事、前董事、雇员或前雇员的配偶、遗孀、鳏夫或小孩、十八岁以下的子女、养子女或继子女等。

6.《新加坡 2001 年证券和期货法》第二条第一款定义的特许经营协议。

7. 辩护人或事务律师在其正常执业过程中,以专业身份从其委托人处收取(不管是利益相关人或其他人)的费用的信托,或作为利益相关人的法定机构在履行其法定职能时收取费用的信托。

8. 根据《新加坡 1979 年合作社法》登记注册的任何合作社,依其宗旨专为社员利益设立的信托。

9. 依《新加坡 1971 年银会法》而获准经营的银会设立的信托。

10. 为《新加坡 1966 年保险法》所称的人寿保险所设的信托。

新加坡商业信托
（注册商业信托账目）（期间替代）令

韩　驰　译*

依照《新加坡2004年商业信托法》第七十六条第三款的授权，新加坡金融管理局特制定以下指令：

第一条　引称与生效日期

本指令可称为《新加坡2020年商业信托（注册商业信托账目）（期间替代）令》，并于2020年4月16日起生效。

第二条　指令的适用范围

（1）本指令第三条第一款适用于其损益表的财务年度截至2019年12月31日、2020年1月31日、2020年2月29日或2020年3月31日的，在新加坡境内经批准的交易所上市或者报价的商业信托。

（2）本指令第三条第二款适用于其损益表的财务年度截至2019年12月31日、2020年1月31日、2020年2月29日或2020年3月31日的，在新加坡境内经批准的交易所非上市或者未报价的商业信托。

第三条　期间替代

为实施《新加坡2004年商业信托法》第七十六条第三款，金融管理局明确下列期间：

（a）以“六个月”代替《新加坡2004年商业信托法》第七十六条第一款第一项所称的“四个月”的期间。

（b）以“八个月”代替《新加坡2004年商业信托法》第七十六条第一款第二项所称的“六个月”的期间。

本指令制定于2020年4月15日。

孟文能（Ravi Menon）
新加坡金融管理局局长

---

* 译者：韩驰，华东政法大学硕士研究生。

新加坡商品交易法

王春荣　译　屈文生　审校*

《新加坡商品交易法》译介

《新加坡1992年商品交易法》最初颁布于1992年，经2009年修订，旨在监管特定种类商品交易及其相关事项。

该法对审计师、企业发展局、清算所、商品、商品经纪人、商品经纪人代表、商品远期合同、商品期货合同、商品市场、商品池操作员、商品交易顾问、扛杆商品交易等专有名词作了释义。

该法规定了企业发展局批注商品市场的权力。法人团体可向企业发展局申请获批为商品市场，企业发展局可依据该法相关条款的情况下，书面给予批准。但若法人团体停止以商品市场的形式经营或正在清盘或有损公众利益的，企业发展局可撤销任何依该法准予的批准。

该法规定，除依法获批的法人团体外，任何人不得建立、维护或提供任何商品市场的结算所。企业发展局有权依法批准清算所。任何人对企业发展局所作决定不服的，可在决定作出30日内向部长提出上诉。商品市场和清算所需承担相应的法律责任。

该法明确了商品经纪人的牌照及其他人员的牌照的相关规定。商品经纪人只有依据该法获得商品经纪人的牌照且按照相关商业规定和管理进行交易才能以商品经纪人身份从事业务。商品经纪人代表、商品交易顾问或其代表、商品池操作员或其代表亦是如此。另外，企业发展局可依法准予或续期牌照，但须受企业发展局认为适当的条件或限制的规限。若申请人违法该法订明的某些规定，企业发展局还可依法拒绝准予或续期牌照。再者，经部长批准，企业发展局可以制定与牌照相关的条例，如订明就该等牌照须向企业发展局缴付的费用、施加企业发展局认为适当的任何条件或限制、建立和维护持牌人的登记册等规定。

依据该法，任何人在申请或续期牌照时，明知而故意在要项上作出虚假或具误导性的陈述的，即属犯罪。企业发展局可依法在某些情况下撤销牌照，如持牌人没有有效、诚实或公平地履行其职责或违反任何适用于牌照的条件或限制等。此外，企业发展局可就有关持牌人犯有或已犯有任何不当行为，或不再继续是持牌适当人选的任何指控进行调查。任何人对企业发展局作出撤销牌照的决定不服的，可在收到决定通知后1个月内向部长提出上诉，但部长的决定应为最终决定。

---

* 译者：王春荣，华东政法大学博士后在站研究人员；审校：屈文生，全国人大常委会法工委法律英文译审专家委员会委员、华东政法大学教授、博士生导师。

本法令旨在监管特定种类商品交易及其相关事项。

第一章 总 则

第一条 简称

本法令可引称为《新加坡1992年商品交易法》。

第二条 释义

在本法令中,除非文意另有所指:

"审计师"是指《新加坡1967年公司法》中所指的公共会计师。

"企业发展局"是指根据《新加坡2018年企业发展局法》第三条设立的新加坡企业发展局。

"商业规则",就维持或拟维持商品市场的法人团体而言,是指规范以下活动和行为的规则、条例及附例(不论其名称为何):

(a)该法人团体及其成员;

(b)其清算所;及

(c)与商品市场有关的其他个人或组织,

无论该等规则、条例或附例是否由该法人团体制定,或是否载于该法人团体的组织大纲及章程细则内,或是否由企业发展局更改或补充。

"清算所",就某商品市场而言,是指某法人团体:

(a)清算和结算商品合同;及

(b)对这些商品合同产生的合同义务作出调整。

"商品"是指以下情形中的任何产品、物品、货物或物件:

(a)商品远期合约;

(b)杠杆商品交易;

(c)根据差额交易而订立的合同;或

并包括该商品的指数、权利或权益,以及企业发展局借《政府公报》公告,订明为商品的任何性质的其他指数、权利或权益;但不包括商品期货合约中的任何产品、物品、货物或物品,以及该等产品、物品、货物或物品的任何指数、权利或权益。

"商品经纪人"是指(以委托人或代理人身份)通过任何商品合同或与之相关的方式,为购买或销售任何商品而从事招揽或接受订单业务的人,不论该业务是否属于任何其他业务的一部分,或是否与任何其他业务一起经营。

"商品经纪人代表"是指代表商品经纪人或与商品经纪人达成协议的人(持有商品经纪人牌照的公司董事或直接受雇于商品经纪人的人除外),并在商品远期合约贸易或任何杠杆商品交易中履行该商品经纪任何职能,不论其酬金是以佣金或其他方式支付。

"商品合同"是指:

(a)商品远期合约;

(b)任何根据商品差额交易而订立的合同,而非商品远期合约;或

(c)任何根据杠杆商品交易中的交易订立的合同。

“商品远期合约”是指一方当事人同意在将来某一特定时间,以当时应支付的特定价格,向另一方当事人交付特定商品或特定数量的特定商品的合约,但不包括商品期货合约。

“商品期货合约”是指:

(a)具有以下效力的合约:

(i)根据期货市场的商业规则中的条款或者根据期货市场的商业惯例,一方当事人同意在将来某一特定时间,以当时应支付的特定价格,向另一方当事人交付特定商品或特定数量的特定商品;或

(ii)双方应通过结算订立合约时约定的特定数量的特定商品的价值与它们在未来特定时间的价值之间的差额,来履行双方合约规定的义务。差额按照订立合约的期货市场的商业规则或惯例来确定。或

(b)企业发展局可能订明的其他合约或合约类型,并包括期货期权交易。

“商品市场”是指:

(a)一个位于新加坡或其他地方的市场,在该市场,定期订立商品合约;或

(b)在新加坡或其他地方运作的电子系统,通过该系统进行商品合约交易,但不包括仅提供与商品合约有关的价格或其他信息的电子设施(无论该设施是部分提供与商品合约无关的任何其他信息,还是开展涉及与商品合约无关的任何其他信息的提供),且不允许该设施的用户为商品合约传递订单、执行交易或进行市场交易。

“商品池操作员”是指任何从事《新加坡2001年证券及期货法》第二条所指的集体投资计划性质业务的人,以及与之相关的直接地或通过出资、出售股份或其他形式的证券,或以其他方式,为商品合约贸易之目的,接受或接收他人资金、证券或财产的任何人。但不包括企业发展局不时订明的人员。

“商品池操作员代表”是指直接受雇于商品池操作员,或代表商品池操作员行事,或与商品池操作员达成协议,为该商品池操作员履行商品池操作员任何职能的人。

“商品交易顾问”是指以下人员之一:

(a)就商品合约的订立(直接或间接地、通过出版物或著作或以任何方式或媒体)向他人提供意见,其中包括在商品市场上订立或拟订立的或受商品市场商业规则规限的任何商品合约中交易的可行性。

(b)作为常规业务的一部分,发布或公布有关商品合约订立的分析或报告。或

(c)根据与客户或其他人订立的合约或协议,代表该客户或其他人(无论是根据自由裁量权或由客户或其他人授予的其他权利),为管理客户资金之目的,承诺订立任何商品合约,但不包括:

(i)根据《新加坡1970年银行法》获得许可的银行或商业银行。

(ii)商品经纪人、商品经纪人代表、商品池操作员或商品池操作员代表。

(iii)经营报纸印刷或出版业务并持有根据《新加坡1974年报刊与印刷机法》颁发的许可证的,其中:

(A)所谓报刊向公众发行,是指报刊只向其订阅者与购买者发行;

(B)建议或分析或报告仅通过该报刊发布或公布;及

(C)不因提供建议或发布或公布分析或报告时而获得佣金或其他对价的。及

(iv)企业发展局可能订明的其他人员或组织,

当且仅当上述人员开展业务仅是其业务开展的附带行为。

"商品交易顾问代表"是指:

(a)直接受雇于商品交易顾问,或代表商品交易顾问行事,或与商品交易顾问达成协议,为该商品交易顾问履行商品交易顾问任何职能的人(通常由会计师、职员或出纳员执行的工作除外),无论其报酬是否以薪金、工资、佣金或其他方式支付;及

(b)如商品交易顾问是公司,则包括该公司的任何董事、成员或职员,而该等人员不持有商品交易顾问的牌照,但为该公司执行任何商品交易顾问的职能(无论其报酬是否以薪金、工资、佣金或其他方式支付)。

"公司"与《新加坡 1967 年公司法》中的含义相同。

"客户"是指商品经纪人在其账户上进行商品合约交易的人。

"董事"与《新加坡 1967 年公司法》中的含义相同。

"财政年度"与《新加坡 1967 年公司法》中的含义相同。

"期货市场"和"期货期权交易"与《新加坡 2001 年证券及期货法》中的表述含义相同。

"杠杆商品交易"是指:

(a)订立或要约订立,或诱使或企图诱使某人订立或要约订立以保证金为基础的合约或协议(商品期货合约除外)的行为,而该人根据合约或协议的条款和条件作出以下承诺:

(i)根据某一商品在某一特定时间的价值高低,在本人和他人之间作出调整;

(ii)支付一定时期内根据商品价值变动而确定或将确定的金额;或

(iii)在约定的未来时间,以约定的价格向他人交付约定数量的商品。

(b)第一项所述的任何人直接或间接提供任何预付款、信贷安排或贷款,为该项所述的行为提供便利。或

(c)为第一项获第二项所述的行为提供便利,订立或要约订立,或诱使或企图诱使某人订立或要约订立与他人达成的协议(不论是在自由裁量的基础上或以其他方式)以便订立任何合约的行为。

"成员"是指持有商品市场任何类别或类型的会员资格的人,不论其是否持有该商品市场股份资本中的任何股份。

"职员"与《新加坡 1967 年公司法》中的含义相同。

"现货商品经纪人"是指以委托人或代理人的身份,通过现货商品交易,购买或销售任何商品而进行招揽或接受订单业务的人,而不论该业务是否属于任何其他业务的一部分,或是否与任何其他业务一起经营,但不包括商品经纪人。

"现货商品经纪人代表"是指代表现货商品经纪人或与现货商品经纪人达成协议的人(持有现货商品经纪人牌照的公司董事或直接受雇于现货商品经纪人的人除外),并在现货商品交易中履行该现货商品经纪人任何职能,不论其酬金是以佣金或其他方式支付,但不包括

商品经纪人代表。

"现货商品池操作员"是指任何从事《新加坡 2001 年证券及期货法》第二条所指的集体投资计划性质业务的人,以及与之相关的直接地或通过出资、出售股份或其他形式的证券,或以其他方式,为现货商品交易之目的,接受或接收他人资金、证券或财产的任何人,但不包括现货商品池操作员。

"现货商品池操作员代表"是指直接受雇于现货商品池操作员,或代表现货商品池操作员行事,或与现货商品池操作员达成协议,为该现货商品池操作员履行现货商品池操作员任何职能的人。

"现货商品交易"是指以当前市场或现货价格购买或出售商品,其目的是使商品得以实际交付。

第三条　适用范围

本法不适用于:

(a)新加坡交易所衍生品结算有限公司。

(b)《新加坡 2001 年证券及期货法》所指的经营清算所的人:

(i)该人已通知新加坡金融管理局,拟根据该法第四十九条经营清算所;或

(ii)该人根据该法第五十三条被豁免。

(c)根据《新加坡 2001 年证券及期货法》就杠杆外汇交易而持有资本市场服务许可牌照,并依据该法合法行事的人,

但仅限于该人从事的活动受《新加坡 2001 年证券及期货法》管制的范围。

第二章　商品市场与清算所

第四条　建立商品市场

(1)任何人不得设立、维护或协助设立、维护或声称提供或维护任何商品市场,除非该商品市场已依据第五条第二款获企业发展局批准。

(1A)自《新加坡 2017 年证券及期货(修订)法》第八条生效之日起,第一款不再适用于任何以下商品市场:

(a)在该日期当天或之后成立的;或

(b)在该日期前已依据第一款在涉及商品远期合约的范围内获批准。

(2)任何人违反第一款,即属犯罪。一经定罪,可处不超过三万新元的罚金,单处或并处不超过三年的监禁。

第五条　企业发展局批准商品市场的权力

(1)法人团体可按订明的形式及方式向企业发展局申请获批为商品市场,该公司须就该项申请向企业发展局提供规定的信息。

(2)企业发展局如信纳以下事项,可以书面批准某法人团体为商品市场:

(a)该法人团体的商业规则对本法第六条所提述的事宜能作出符合要求的规定;

(b)批准申请将符合公众的利益。

(3)在没有给予申请人陈述其观点的机会的情况下,企业发展局不得依据本条拒绝批准

公司为商品市场。

第六条　商业规则

(1)凡已依据第五条申请批准或依据第五条已获批为商品市场的法人团体,其商业规则须作出以下符合要求的规定:

(a)不具备良好品格和商业操守的人不得成为其成员;

(b)成员在商业交易中的行为不符合公正和公平原则,或违反拟议商品市场的商业规则须被开除、停职或受到纪律处分;

(c)关于订立商品合约的条款和条件;

(d)就商品市场的结算、其他安排及财务状况而言,其清算所及其成员须提供合理保证,确保由在该商品市场订立的任何合约所产生的所有义务均会得到履行;

(e)交易行为是公平的,并受到适当监督;

(f)已采取适当措施防止操纵和过度投机;

(g)已为记录和公布交易详情作出充分规定;

(h)有关设立赔偿基金或企业发展局接受的任何其他计划或制度,以赔偿因其成员、董事或雇员挪用委托给他们或他们接收的任何资金或其他财产而遭受经济损失的客户,而成员、董事或雇员是为了或代表任何人行事,或因为成员是资金或其他财产的托管人;及

(i)一般而言,在适当顾及与保护公众利益的情况下,经营拟议商品市场的业务。

(2)经部长批准,企业发展局可籍条例订明商品市场或清算所的商业规则的制定方式、形式和程序以及其任何修订事宜;这些条例可规定企业发展局在其认为合适的情况下,可驳回任何全部或部分规则或任何修订事宜。

第七条　撤销批准

(1)在以下情况中,企业发展局可撤销任何依据第五条准予的批准:

(a)该法人团体停止以商品市场的形式经营;

(b)该法人团体正在清盘;

(c)该法人团体以损害公众利益的方式经营;或

(d)根据第五条第一款向企业发展局提供的任何信息在要重要细节上属虚假或具误导性。

(2)为执行第一款第一项之目的,任何法人团体如已停止经营超过三十日,则须视作已停止以商品市场的形式经营,但该公司已获企业发展局批准停止经营的,或该公司凭藉企业发展局依据第三十四条第一款第一项发出的指示而停止经营的除外。

第八条　建立清算所

(1)任何人不得设立、维护或提供或协助设立、维护或提供或声称维护或提供任何商品市场的清算所,除非该人是依据第九条获批为清算所的法人团体。

(1A)自《2017 年证券及期货(修订)法》第八条生效之日起,第一款不再适用于以下任何清算所:

(a)在该日期当天或之后成立的;或

(b)在该日期前已依据第一款在涉及商品远期合约的范围内获批准。

(2)任何人违反第一款,即属犯罪。一经定罪,可处不超过三万新元的罚金,单处或并处不超过三年的监禁。

第九条　企业发展局批准清算所的权力

(1)任何法人团体可按订明的形式及方式向企业发展局申请获批为清算所,该法人团体须就该项申请向企业发展局提供规定的信息。

(2)企业发展局如信纳以下事项,可以书面批准某法人团体为清算所:

(a)法人团体的商业规则能就商品市场上订立的商品合约的登记及保证其成员履行合约方面作出符合要求的规定;且

(b)批准申请将符合公众的利益。

第十条　向部长上诉

任何人对企业发展局依据第五条、第七条或第九条作出的决定不服的,可在决定作出后三十日内向部长提出上诉,部长的决定应为最终决定。

第十一条　商品市场和清算所的责任

(1)任何人因商品市场或清算所或商品市场或清算所的任何董事或雇员未能执行其业务规则,或因在执行商业规则时违反本法或依据本法制定的任何条例而受到损害的,在以下情形中有权对其所遭受的实际损害提起损害赔偿诉讼:

(a)在该人依据商品市场的商业规则或在该等规则的规限下订立的任何交易中;且

(b)直接归因于未能执行商业规则,或在执行商业规则时违反本法或依据本法制定的任何条例的。

(2)不得依据第一款针对任何商品市场或清算所或其任何董事或雇员提起损害赔偿诉讼,除非受损害人能证明,该商品市场或清算所或其任何董事或雇员在未能采取行动或在已采取的行动导致其蒙受损失时,存在不诚实的行为。

(3)本条所赋予的诉讼权应为因所谓的商品市场或清算所或其任何董事或雇员未能执行其商业规则,或在执行过程中违反本法或依据本法制定的任何条例而遭受损失的任何人所享有的唯一救济。

第三章　牌　　照

第十二条　商品经纪人的牌照

(1)委托人或代理人等均不得:

(a)以商品经纪人身份从事业务;或

(b)声称从事该等业务,除非该人:

(i)依据本法获得商品经纪人的牌照;且

(ii)按照发生贸易的商品市场的商业规则和惯例进行交易。

(1A)自《新加坡2017年证券及期货(修订)法》第八条生效之日起,第一款不再适用于在该日或之后以商品经纪人的身份开展业务的任何人。

(2)任何人违反第一款,即属犯罪。一经定罪,可处不超过十万新元的罚金,单处或并处不超过三年的监禁。

第十三条　其他牌照

(1)依据第十四条之一的规定,任何人不得担任,或声称是:

(a)商品经纪人代表;

(b)商品交易顾问;

(c)商品交易顾问代表;

(d)商品池操作员;或

(e)商品池操作员代表,

除非该人持有依据本部准予的牌照,授权其以该身份行事。

(1A)自《新加坡2017年证券及期货(修订)法》第八条生效之日起,第一款不再适用于以下任何人:

(a)就第一款第一项而言,指第十二条第一款之一所述的不持有临时牌照的商品经纪人代表;

(b)就第一款第二项而言,指在该日期或之后以商品交易顾问身份开展业务的人;

(c)就第一款第三项而言,指第二款所述的商品交易顾问代表,且该代表不持有临时牌照;

(d)就第一款第四项而言,指在该日期或之后以商品池操作员身份开展业务的人;或

(e)就第一款第五项而言,指第四款所述的商品池操作员代表,且该代表不持有临时牌照。

(2)持有商品经纪人牌照的人无须持有商品交易顾问牌照。

(3)任何人违反第一款,即属犯罪。一经定罪,可处以下刑罚:

(a)就第一款第二项或第四项所订罪行,可处不超过十万新元的罚金,单处或并处不超过三年的监禁;

(b)就第第一款第一项、第三项或第五项所订罪行,可处不超过五万新元的罚金,单处或并处不超过十二个月的监禁。

(4)在本条中,"临时牌照"与第六十六条中的表述含义相同。

第十三条之一　现货商品交易牌照

(1)依据第十四条之一的规定,任何人不得担任,或声称是:

(a)现货商品经纪人;

(b)现货商品经纪人代表;

(c)现货商品池操作员;或

(d)现货商品池操作员代表,

除非该人持有依据本部准予的牌照,授权其以该身份行事。

(2)经部长批准,企业发展局可就以下事项制定条例:

(a)现货商品经纪人、现货商品经纪人代表、现货商品池操作员以及现货商品池操作员代表的活动及应当维持的标准。

(b)现货商品经纪人及现货商品池操作员应当保存的账目或者其他记录。

(c)企业发展局审查现货商品经纪人及现货商品池操作员所保存的任何账目或记录

的权力,包括委任审计师审计该等账目或记录。

(d)现货商品经纪人对客户资金的隔离。及

(e)企业发展局享有以下权力:

(i)责令出示现货商品经纪人和现货商品池操作员所保存的任何账簿、账目或记录;

(ii)责令提供与现货商品经纪人和现货商品池操作员的业务有关的任何资料:

(iii)对违反本法的行为进行调查;及

(iv)向任何现货商品经纪人、现货商品经纪人代表、现货商品池操作员及现货商品池操作员代表发出停止违反本法任何条款的指示。

(3)任何人违反第一款,即属犯罪。一经定罪,可处以下刑罚:

(a)就第一款第一项或第三项所订罪行,可处不超过十万新元的罚金,单处或并处不超过三年的监禁;

(b)就第一款第二项或第四项所订罪行,可处不超过五万新元的罚金,单处或并处不超过十二个月的监禁。

第十四条　企业发展局准予许可证和施加条件等事宜的权力

企业发展局可依据本部准予或续期牌照,但须受企业发展局认为适当的条件或限制的规限,期限由企业发展局决定。

第十四条之一　对本部的豁免

(1)在符合企业发展局可能施加的条件下,附表中所指明的人在附表中所规定的范围内,免受本部任何条款规限。

(2)企业发展局可藉《新加坡政府公报》刊登的命令来修订附表。

第十五条　拒绝准予或续期牌照的理由

(1)凡申请人是个人,企业发展局可基于以下理由拒绝依据本部准予或续期牌照:

(a)申请人未向企业发展局提供本法可能订明的与该人有关的或为其业务而受雇用的或与其有联系的任何人有关的信息,以及与可能影响其开展业务方法的任何情况有关的信息;

(b)申请人是未获解除破产的破产人,或者与其债权人达成和解或约定的;

(c)如企业发展局觉得,申请人或任何为其业务而受雇的或与其有联系的人曾在新加坡或其他地方被判犯有欺诈或不诚实行为的罪行,或被判犯有本法所订罪行或违反依据本法制定的与持牌人有关的任何条例,则申请人不是准予牌照的适当人选;

(d)企业发展局有合理理由相信,可能存在导致申请人或任何为其业务而受雇的或与其有联系的人不当商业行为的情形,或在经营该等业务的方法上反映出该等人员的信用缺失;

(e)企业发展局认为申请人并非是准予牌照的适当人选;

(f)企业发展局不信纳申请人的教育或其他资历或经验能使其履行持牌人的所有职责;

(g)企业发展局有理由相信申请人将不能以有效、诚实和公平的方式履行持牌人的

职能；

(h)企业发展局在顾及申请人的声誉、品质、财务稳健性或可靠性后，有理由相信申请人可能无法为其客户或用户的最佳利益行事；

(i)企业发展局认为申请人的财务状况不符合要求的；

(j)委员会认为申请人往日业绩或专业知识不符合要求；或

(k)企业发展局认为这样做符合公众利益的。

(2)凡申请人是公司，企业发展局可基于以下理由拒绝依据本部准予或续期牌照：

(a)申请人未向企业发展局提供本法可能订明的与该公司有关的或为其业务而受雇用的或与其有联系的任何人有关的信息，以及与可能影响其开展业务方法的任何情况有关的信息；

(b)申请人在申请前的任何时间与其债权人达成和解或约定的；

(c)如企业发展局觉得，申请人或其任何董事或雇员曾在新加坡或其他地方被判犯有欺诈或不诚实行为的罪行，或被判犯有本法所订罪行或违反依据本法制定的与持牌人有关的任何条例，则申请人不是准予牌照的适当人选。

(d)如企业发展局觉得，可能存在导致申请人或其任何董事或雇员不当商业行为的情形，或在经营该等业务的方法上反映出该等人士的信用缺失，则申请人不是准予牌照的适当人选；

(e)企业发展局认为申请人或其大股东的财务状况或其经营业务的方式令人不满意；

(f)企业发展局在顾及申请人凭牌照经营业务的性质后，认为申请人往日业绩或专业知识的记录并不令人满意；

(g)企业发展局有合理理由相信，可能存在导致申请人或其大股东或其任何董事、官员或雇员存在不当商业行为的情形，或在经营该等业务的方法上反映出该等人士的信用缺失；或

(h)企业发展局认为这样做符合公众利益。

(3)即使本部有任何规定，如申请人未能符合企业发展局订明的或由企业发展局批准的商品市场的商业规则中所规定的最低财务要求，企业发展局可依据本部拒绝准予或续期牌照。

(4)为执行第二款，就属法人团体的申请人而言，“大股东”与《新加坡1967年公司法》中的表述含义相同。

第十六条　与牌照相关的条例

经部长批准，企业发展局可以制定以下条例：

(a)依据本部申请牌照或续期牌照的形式及方式；

(b)订明就该等牌照须向企业发展局缴付的费用；

(c)要求提供企业发展局认为与申请有关的必要资料；

(d)施加企业发展局认为适当的任何条件或限制；

(e)就依据本部申请牌照的申请人的资格、经验及培训，订明适当的标准；

(f)建立和维护持牌人的登记册；及

(g)要求依据本部的持牌人如有细节及资料变更,须按规定通知企业发展局。

第十七条　虚假陈述

任何人在申请或续期牌照时,明知而故意在要项上作出虚假或具误导性的陈述的,或故意不述明任何在要项上使申请具误导性的事项或事情的,即属犯罪。一经定罪,可处不超过一万新元的罚金,单处或并处不超过十二个月的监禁。

第十八条　撤销牌照

(1)在以下情况中,牌照须视作已被撤销:

(a)个人死亡;

(b)公司清盘。

(2)凡持牌人是个人,企业发展局可在以下情况中撤销牌照:

(a)企业发展局可依据第十五条第一款或第三款拒绝准予牌照的任何理由;

(b)如未执行对该个人的财产扣押;

(c)如该个人未能或停止经营其持有牌照的业务;

(d)若是商品经纪人、商品交易顾问或商品池操作员代表,则准予该等人士的牌照将被撤销;

(e)企业发展局有理由相信持牌人没有有效、诚实或公平地履行其职责;或

(f)如持牌人违反或没有遵从任何适用于牌照的条件或限制。

(3)凡持牌人是公司,企业发展局可在以下情况中撤销牌照:

(a)企业发展局可依据第十五条第二款或第三款拒绝准予牌照的任何理由;

(b)如该公司正在或将要清盘;

(c)如未执行对该公司的财产扣押;

(d)如该公司已与其债权人达成和解或约定的;

(e)如该公司未能或停止经营其持有牌照的业务;

(f)如企业发展局有理由相信,持牌人或其任何董事或雇员未能有效、诚实或公平地履行其职责;或

(g)被许可人违反或不遵守适用于许可的任何条件或限制。

(4)企业发展局可应任何人的要求,撤销该人的牌照。

(5)企业发展局如未事先给予该等人员陈述其观点的情况下,不得依据第二款或第三款撤销牌照。

第十九条　企业发展局在不当行为等事宜中的权力

(1)由于存在导致或可能导致持牌人不当商业行为或在经营该等业务的方法上反映该人的信用缺失的任何其他情况,企业发展局可就有关持牌人犯有或已犯有任何不当行为,或不再继续是持牌适当人选的任何指控进行调查。

(2)如企业发展局在依据第一款针对持牌人的指控展开调查后,认为该指控已得到证实,则企业发展局如认为适当,可以:

(a)撤销该人的牌照;

(b)暂时吊销该人的牌照,直至调查指控开始,期限由企业发展局决定;或

(c)斥责该人。

(3)企业发展局在聆讯依据第一款针对持牌人的指控进行的调查时,应当给予该人陈述其观点的机会。

(4)凡企业发展局在依据第一款对某项指控进行调查后,信纳该项指控是在不真诚的情况下作出的,或该项指控在其他方面是轻率的或无理取闹的,企业发展局则可借书面命令,要求提出指控的人支付调查所涉及的任何费用及开支。

(5)就本条而言,"不当行为"是指:

(a)未能遵守本法或依据本法制定的任何条例对持牌人的要求;及

(b)任何与持牌人商业行为有关的、有损或可能有损公共利益的作为或不作为。

第二十条　撤销或吊销牌照的效力

(1)任何人的牌照根据第十八条被撤销的,或根据第十九条被撤销或暂时吊销的,就本部而言,自企业发展局撤销或吊销牌照(视属何情况而定)之日起,该人须视作不持有牌照。

(2)撤销或暂停某人的执照,不得:

(a)撤销或影响该人订立的与商品合同交易有关的任何协议、交易或和解协议,无论该协议、交易或和解协议是在许可证被撤销或暂停之前或之后订立的;或

(b)影响任何此类协议、交易或和解协议下的任何权利、义务或责任。

第二十一条　对拒绝准予牌照等事宜提出上诉

凡:

(a)企业发展局依据第十五条拒绝准予或续期牌照;

(b)企业发展局依据第十八条撤销牌照;或

(c)依据第十九条,该牌照被撤销或暂时吊销,或持牌人被斥责,

任何人对企业发展局的决定不服的,可在收到决定通知后一个月内向部长提出上诉,部长的决定应为最终决定。

第四章　账目和审计

第二十二条　由经纪人保管的账目

(1)经部长批准,企业发展局可制定条例,规定商品经纪人保管订明的会计和其他记录。

(2)在不影响第一款之一般性的原则下,该等条例可特别规定:

(a)在该等账目或记录中须显示或记录的详情;

(b)单独或分开保管账目;

(c)要求保管此类账目或记录的期限;

(d)保管此类账目或记录的形式和方式;

(e)每名商品经纪人委任一名审计师及该等审计师应履行的职责,包括向企业发展局报告任何对经纪人的财务状况有不利影响的事宜及在订明的情况下向企业发展局报告其他事宜;

(f)审计师报告中应包含的信息;

(g)依据本法委任的审计师的报酬和依据本法进行的审计的费用;

(h)以规定的方式、形式和时间向企业发展局提交年度账目和审计报告;及

(i)违反上述规定,可处不超过一万新元的罚金,单处或并处不超过十二个月的监禁。

第二十三条　企业发展局委任审计师的权力

(1)凡:

(a)依据第二十二条第二款第八项订立的条款要求,商品经纪人未能提交审计报告的;或

(b)依据第二十二条第二款第五项订立的条款要求,企业发展局收到审计师的报告,内容涉及任何对经纪人财务状况有不利影响的事项或审计师需要报告的其他事项,

在不影响第二十八条的权力的原则下,如企业发展局信纳这样做符合商品经纪人、商品经纪人客户或公众的利益,则可以书面形式委任一名审计师,就一般事宜或就任何个别事宜,审查及审计商品经纪人的簿册、账目及记录。

(2)凡企业发展局认为其依据第一款委任的审计师的全部或部分费用及开支应由商品经纪人承担的,企业发展局可以书面命令的形式,指示商品经纪人以命令中规定的期限内及方式,缴付一定数额的费用(全部或部分该等成本及开支)。

(3)凡商品经纪人未能遵从依据第二款所作的命令的,该命令所规定的款额可作为欠企业发展局的债项而由企业发展局起诉和追讨。

(4)依据本条获委任的审计师,须在审查及审计完成后,就此向企业发展局作出报告。

第二十四条　由企业发展局委任的审计师的权力

(1)凡依据第二十三条获委任审查及审计商品经纪人的簿册、账目及记录的审计师,为执行以下审查及审计,可:

(a)经宣誓后审查该商品经纪人的任何董事、雇员及代理人以及依据本法获委任的与这些账簿、账目和记录有关的任何其他审计师;

(b)要求该商品经纪人的任何董事、雇员及代理人出示由该商品经纪人持有或代表该商品经纪人持有的与其业务有关的任何簿册、账目及记录,并在账目及记录得以核查所需的期间内,复制或记录该等文件;

(c)要求商品经纪人委任的审计师出示其持有的与该商品经纪人的业务有关的任何簿册、账目及记录;

(d)要求商品市场或清算所出示其保管的与商品经纪人的业务有关的任何簿册、账目及记录;

(e)要求商品市场或清算所提供其所掌握的与商品经纪人的业务有关的任何信息;

(f)雇用他认为需要的人,以协助其审查及审计;及

(g)藉他签署的书面文书,授权其所雇用的任何人就审查及审计作出他作为审计师可自行作出的任何行为或事情,但依据本款对任何经宣誓之人的审查除外。

(2)任何人若无合理辩解而拒绝或未能回答或遵从依据第二十三条获委任的审计师或依据第一款第七项获授权之人向他提出的任何问题或要求,即属犯罪。一经定罪,可处不超过一万新元的罚金,单处或并处不超过十二个月的监禁。

(3)任何商品市场或清算所若无合理辩解而不遵从依据第二十八条获委任的审计师或依据第一款第七项获授权之人向其提出的任何要求,该市场或清算所即属犯罪。一经定罪,可

处不超过三万新元的罚金。

第二十五条　销毁、更改记录等罪行

(1)任何意图阻止、延迟或妨碍依据本部所进行的任何审查及审计之人：

(a)销毁、隐藏或更改任何与商品经纪人的业务有关的簿册、账目或记录的；或

(b)何将该等簿册、账目或记录，或属于商品经纪人或其持有的或控制的任何种类的财产，寄出或与他人合谋寄出新加坡的，

即属犯罪。一经定罪，可处不超过二万新元的罚金，单处或并处不超过二年的监禁。

(2)凡就第一款所订罪行作出的检控中，证明被控人：

(a)销毁、隐藏或更改第一款第一项所述的任何簿册、账目或记录；或

(b)将任何该等簿册、账目或记录或第一款第二项所述的任何财产寄出或合谋寄出新加坡，

则在相反证明成立前，须推定该人如此行事并非意图阻止、延迟或妨碍依据本部所进行得审查及审计。

第二十六条　对审计师和雇员沟通某些事项之权利的限制

除为实施本法条款所需或为任何民事或刑事法律诉讼程序所需之外，任何依据第二十三条或依据第二十二条订立的条款获委任的审计师及该审计师的任何雇员，不得向任何人泄露他在执行其作为该审计师或雇员(视属何情况而定)的职责时所知悉的任何信息，以下人员除外：

(a)企业发展局或任何由企业发展局批准或指定之人；及

(b)雇用雇员的审计师。

第二十七条　有关交易顾问和商品池操作员维护账簿和记录及提供账目等事宜

(1)每名商品交易顾问及商品池操作员，须以企业发展局规定的形式及方式保管该等簿册及记录，并将该等报告存档。

(2)每名商品交易顾问及商品池操作员须向其用户、客户或参与者充分和完整披露由该顾问或经理人代为持有或拥有的所有公开商品市场头寸，如果是公司，则由公司董事、经理或雇员直接或间接披露。

(3)每名商品池操作员须：

(a)按企业发展局订明的定期间隔，提供会计报表；并

(b)向其商品池中的每位参与者提交年度报告。

(4)该等报表和年度报告应采用企业发展局订明的形式和方式，并应包括与该参与者有利害关系的所有交易账户当前状况的完整信息。

(5)任何人无合理辩解而违反第一款，或故意或罔顾后果地依据第二款或第三款提供在要项上属虚假或误导性的信息，即属犯罪。一经定罪，可处不超过二万新元的罚金，单处或并处不超过二年的监禁。

(6)本部分关于由企业发展局或其他方式委任审计师、审计师的权力与职责及审计师提交报告的条文，经必要变通后，应适用于商品市场、清算所、商品交易顾问及商品池操作员，如同其依据本部适用于商品经纪人。

第二十八条　企业发展局对审计师的额外权力

(1)尽管有《新加坡 1967 年公司法》的条款或本部包含的任何规定,企业发展局可:

(a)自行依据本部委任审计师。及

(b)对商品市场、清算所、商品经纪人、商品交易顾问或商品池操作员的审计师(视属何情况而定)施加以下全部或任何职责:

(i)提交企业发展局认为必要的与其审计有关的补充信息的职责;

(ii)扩大或扩展其对商品市场、清算所、商品交易顾问或商品池操作员的业务和事务的审计范围的职责;

(iii)在任何个案中开展任何其他审查或建立任何程序的职责;

(iv)就第二目和第三目所述任何事项提交报告的职责,

而商品市场、清算所、商品经纪人、商品交易顾问或商品池操作员(视属何情况而定)须就审计师履行全部或任何额外职责而向其支付酬金。

(2)审计师在履行其作为商品市场、清算所、商品经纪人、商品交易顾问或商品池操作员(视属何情况而定)的审计师的职责时,如信纳:

(a)存在严重违反或不遵守本法或依据本法制定的任何条例,或犯有欺诈或不诚实的刑事犯罪;

(b)发生严重违规行为,包括危及客户资金、证券或财产的违规行为;或

(c)他无法证实资产是否足以偿还债权人的债权,

他应立即向企业发展局报告此事。

(3)依据第一款第一项获委任的审计师拥有依据第二十四条赋予审计师的一切权力。

(4)凡企业发展局认为依据第一款第一项获委任的审计师的全部或任何部分费用及开支应由商品市场、清算所、商品经纪人、商品交易顾问或商品池操作员(视属何情况而定)承担,企业发展局可以书面命令的形式指示该等市场,清算所、经纪人、交易顾问或商品池操作员(视属何情况而定)在命令规定的期间内及方式缴付一定数额的费用(全部或部分成本及开支)。

第二十九条　诽谤

(1)审计师在自身并无恶意的情况下,无须因任何人就以下事项提起的诉讼而承担任何诽谤诉讼的法律责任:

(a)为履行其职责而作出的任何口头或书面陈述;或

(b)依据第二十二条或第二十八条订立的条款向企业发展局送交任何报告。

(2)本节并不限制或影响审计师拥有的本节之外的在诽谤诉讼中作为被告所享有的任何权利、特权或豁免。

第五章　商品交易业务行为

第三十条　经纪人对客户资金的隔离

(1)经部长批准,企业发展局可制定条款,规定每位商品经纪人应以订明的方式及在订明的单独账户中对待并处理其从客户处收到的所有资金、证券或财产。

(2)在不影响第一款之一般性的原则下,该等条例可规定:

(a)从客户处收到的资金、证券或财产可分开并存入在同一账户的情况;

(b)可从独立信托账户中提取资金的情况和用途;

(c)由企业发展局豁免任何商品经纪人或任何类别的商品经纪人,或任何与商品合约贸易有关的交易或任何类别的交易而不受该等条例的任何条文的规限;

(d)违反上述规定,可处不超过三万新元的罚金,单处或并处不超过三年的监禁。

(3)商品经纪人依据第一款订立的任何条例,从客户处收取的并在独立信托账户中持有的资金、证券或财产:

(a)不得向商品经纪人的债权人清偿商品经纪人的债务;或

(b)经该债权人的提议,不得在执行任何法院的命令或程序中被扣押或移走,

除非债权人是商品经纪的客户,且欠债权人的债务是在任何商品合约的有关贸易中产生的。

(4)本节并不剥夺或影响商品经纪人依据第一款订立的条例对账户内持有的任何金钱、证券或财产所拥有的合法申索或留置权。

(5)在以下情况中,本法或任何成文法均不得阻止经企业发展局批准的商品市场或清算所使用信托账户中持有的资金、证券或财产以履行违约的商品经纪人(作为市场成员或清算所成员)的义务:

(a)商品经纪人违约的直接原因是其客户不履行商品合约中的义务;及

(b)不使用信托账户中持有的资金、证券或财产可能会损害市场或清算所的财务稳健性。

(6)在本条中,"客户"是指商品经纪人持其账户在任何商品合约中进行交易的人,但不包括该商品经纪人的董事、雇员、代表和其相关公司。

第三十一条　有关商品池的性质和商品池操作员的资金隔离等事宜

(1)商品池操作员从现有或潜在的商品池参与者处收到的用于购买商品池中权益的所有资金、证券或其他财产,均应以商品池的名义收取。

(2)任何商品池操作员不得将其经营或拟经营的任何商品池的财产与任何其他人的财产混合。

(3)企业发展局可藉条例,就商品池操作员经营的商品池的资本、结构、最低财务规定、组织及行为,以及就豁免某些商品池不受本条规定规限,作出规定。

第三十二条　风险披露

(1)任何商品经纪人不得为客户开立商品合约账户,除非他向客户单独提供一份以企业发展局所订明的形式及方式的书面风险披露声明书,并从客户处收到由客户签署及注明日期的确认书,表明该客户已收到且明白该披露声明书的性质和内容。

(2)商品池操作员不得直接或间接向其经营或拟经营的商品池的潜在参与者索取、接受或收取资金、证券或其他财产,除非在其从事该活动之日或之前,商品池操作员向潜在参与者发送或安排发送一份以企业发展局所订明的形式及内容的风险披露声明书,并从潜在参与者处收到由参与者签署及注明日期的确认书,表明该参与者已收到且明白该披露声明书的性质和内容。

(3)任何商品交易顾问不得,为管理其商品交易账户或通过推荐具体交易的系统方案指

导客户商品交易之目的,招揽或与潜在客户订立协议,除非商品交易顾问在参与招标或订立协议之时或之前(以较早者为准),向潜在客户发送或安排发送一份与该等目的相关的、以企业发展局所订明的形式及内容的风险披露声明书,并从潜在客户处收到由客户签署及注明日期的确认书,表明该客户已收到且明白该披露声明书的性质和内容。

(4)除依据本法制定的任何条例另有规定外,商品交易顾问不得以其名义向现有或潜在客户招揽、接受或收取资金、证券或其他财产,以购买、保证金担保或确保客户在商品合约中的任何权益。

第三十三条　犯罪

任何人违反本部任何条款,即属犯罪。一经定罪,可处不超过三万新元的罚金,单处或并处不超过三年的监禁。

第六章　企业发展局的职权

第三十四条　紧急权力

(1)凡企业发展局有理由相信存在紧急情况时,企业发展局可指示商品市场或清算所采取其认为必要的措施,以维持或恢复任何商品合约或任何类别的商品合约的有序交易或清算,包括但不限于:

(a)终止或者暂停商品市场或者清算所的交易;

(b)将交易限制在商品合约的清算范围内;

(c)责令平仓或部分平仓或减仓;

(d)将交易限制在特定的价格范围内;

(e)修改交易日或交易时间;

(f)更改交货条件;

(g)确定合约清算的结算价格;

(h)要求任何人就商品合约或任何类别的商品合约的交易以特定的方式行事;

(i)对任何合同要求额外的保证金;及

(j)修改或暂停商品市场的商业规则,

且市场或清算所须遵从该指示。

(2)凡商品市场或清算所未能在企业发展局指明的时间内遵从企业发展局依据第一款发出的指示,企业发展局可自行采取行动,在任何商品合约或任何类别的商品合约中设定紧急保证金水平,或确定可能适用于在企业发展局采取行动或此类其他行动之日前善意取得的市场头寸的限额,包括但不限于第一款所指明的合约,而该等合约是企业发展局认为维持或恢复商品合约或任何类别的商品合约的有序交易或清盘所必需的。

(3)在本条中,“紧急情况”除受威胁的或实际的市场操纵和逼仓外,还包括任何影响商品的政府行为或任何其他妨碍市场准确反映该商品供求力量的重大市场干扰,或企业发展局认为构成紧急情况的任何其他不良情形或做法。

(4)在不影响第一款所规定的就商品市场或清算所依规行使其权力以采取紧急行动的原则下,董事会可修改该紧急行动,包括但不限于撤销该紧急行动。

(5)任何人如对企业发展局、商品市场或清算所依据本条所采取的任何行动不服的,可向部长提出上诉,部长的决定应为最终决定。

(6)即使有人依据第五款提出上诉,企业发展局、商品市场或清算所依据本条所采取的任何紧急行动,在部长就该上诉作出决定前,继续有效。

第三十五条　合约头寸和交易限额的确定

(1)为减少、消除或防止商品合约下任何商品的过度投机,企业发展局可不时地以书面通知的形式,就任何人依据商品市场的商品合约或受商品市场的商业规则的规限下,一般或具体地可进行的交易额或可持有的头寸,建立并确定其认为必要的限额。

(2)在决定某人是否已超该限额时,由该人直接或间接控制的任何人所持有的头寸和所进行的交易应包括在该人所持有的头寸和所进行的交易中。

(3)该等头寸和交易限制应适用于二名或以上人员根据明示或默示协议所持有的头寸和进行的交易,如同该等头寸和交易是由一人持有或进行的一样。

(4)本条不适用于依据第六十三条订明的条例而由商品市场界定的善意套期保值交易或头寸。

(5)任何人不得直接或间接:

(a)以超过一个营业日或由企业发展局或经企业发展局批准的商品市场所规定的其他期限的交易限额,购买或出售,或同意购买或出售商品合约或任何数量的该等合约(根据适用于该合同或该类合同的商品市场条例或受其规限);

(b)根据商品市场的商业规则或受其规限,以超过由企业发展局或经企业发展局批准的商品市场所规定的头寸限额,持有或控制商品合约下的净买入或净卖出头寸。

(6)本条并不阻止企业发展局为执行第五款,就不同的合约或交付月份、或在合约的最后一个交易日之前剩余的不同日期内、或不同的交易限额,制定不同的交易限额和持仓限额,或不阻止企业发展局豁免依据本条所进行的交易。

第三十六条　出示记录

(1)应企业发展局的要求,任何商品市场、清算所、商品经纪人、商品池操作员应当:

(a)出示由其保管的与其业务有关的、或为进行业务、或与任何商品合约交易有关的任何簿册、账目及记录;

(b)收集并提供任何报税表;及

(c)提供与其业务或商品合约贸易有关的任何信息,或任何其他指明的信息。

(2)企业发展局可复制或摘录依据第一款出示的任何簿册、账目或记录。

(3)如第一款所述的任何人或团体无合理辩解而不遵从第一款所订的任何规定,即属犯罪。一经定罪,可处不超过二万新元的罚款。

第三十七条　商品市场或清算所的交易记录

(1)各商品市场及清算所须保管必要的记录,以便妥善记录市场或清算所的每笔交易,且须在出示与成员的任何交易的书面确认书时,向该市场或清算所的该成员的客户提供交易发生的大致时间的详情及确认书中所述事项的核实或其他情况。

(2)企业发展局可随时要求商品市场或清算所按企业发展局订明的形式向其提交市场或

清算所的交易报告。

第三十八条　由市场参与者提供的信息

(1)当企业发展局确定有关账户的信息可能与确认任何商品市场是否存在操纵、逼仓、挟仓或其他市场混乱现象有关时,企业发展局可以书面通知的形式,要求任何人,包括清算所成员、商品经纪人或商品市场的任何客户,提供其认为需要的信息,且相关人员须在企业发展局指明的期间内提供所需信息。

(2)企业发展局有理由相信,凡有任何人未提供该通知所规定的信息,在不影响可能施加的任何其他惩罚的原则下,企业发展局可通知商品市场或清算所,在该情况下,须在通知中指定的月份或到期日内禁止执行或接受在该市场或清算所的交易指令,除非此类交易抵销了该人的平仓合约。

第三十九条　商品期货交易所纪律处分检讨

[由 2007 年第 35 号法案删除]

第四十条　企业发展局的调查

(1)委员会可开展其认为必要的调查,以确认是否有人已违反或正在违反本法的任何条款。

(2)为执行第一款,企业发展局可以书面形式要求调查中指名的任何人作证或出示与调查中的任何事项有关的任何文件或其他材料,而该人须立即遵从该项规定。

(3)本条并不强迫辩护人或律师出示载有以该身份由其作出的或向其作出的特权通讯的文件或其他材料,亦不以其他方式强迫取得他占有的任何该等文件或其他材料。但辩护人或律师拒绝交出该等文件或其他材料的,本条并不强迫该代讼人或律师出示该等文件或其他材料,但该该代讼人或律师仍有义务提供当事人(如他认识该等人)的姓名及地址。

(4)委员会可藉条例订明在依据本条进行的任何调查中须遵循的惯例及程序。

(5)任何人无合理辩解而没有遵从第二款或第三款所订的任何规定,即属犯罪。一经定罪,可处不超过一万新元的罚款。

第四十一条　企业发展局的检查

(1)企业发展局可不时地在保密条件下检查商品市场、清算所、商品经纪人、商品池操作员或商品交易顾问的簿册、账目、文件及交易。

(2)企业发展局可委任任何人依据第一款行使企业发展局的权力。

(3)为执行依据本条进行的检查,第一款所述的任何须接受检查的人或团体,应允许企业发展局查阅,且应出示其簿册、账目及文件,并提供进行检查所需的信息及设施。

(4)企业发展局委任的任何人有权随时复制或占有商品市场、清算所、商品经纪人、商品池操作员或商品交易顾问的簿册、账目及其他文件。

(5)凡任何人或团体无合理辩解而未按照第三款出示任何簿册、账目或文件或提供任何信息或设施的,即属犯罪。一经定罪,可处不超过二万新元的罚金,单处或并处不超过二年的监禁。

第四十二条　发出指示的权力

(1)如企业发展局认为商品市场、清算所或任何人已经或正在违反本法的任何条款或依据本法制定的任何条例,或其正在限制商品合约交易,企业发展局可在给予市场、清算所或任何该等人士陈述其观点的机会后：

(a)指示该市场、清算所或该人遵从该条款或停止违反该条款；或

(b)指示该市场、清算所或该人停止限制商品合约交易，

而该市场、清算所或该人须遵从该指示。

(2)如清算所或任何人无合理辩解而未遵从依据第一款发出的并适用于他的指示，即属犯罪。一经定罪，可处不超过二万新元的罚金，单处或并处不超过二年的监禁。

(3)商品市场、清算所或任何人对依据第一款发出的任何指示不服的，可在被告知该指示后一个月内，向高等法院提出上诉。

(4)即使有人依据第三款提出上诉，委员会依据本条作出的任何指示，在高等法院就该上诉作出决定前，继续有效。

第七章　犯　　罪

第四十三条　虚假交易

任何人不得制造或安排制造或作出任何旨在制造以下犯罪行为之事：

(a)商品市场活跃交易的虚假或误导性表象；或

(b)关于商品合约的市场或商品合约的交易价格的虚假或误导性表象。

第四十四条　对敲

何人在未按照商品市场的商业规则和惯例作出商品合约的善意买卖之前，不得明知而在商品市场上执行或声称已执行商品合约的买卖命令。

第四十五条　散布虚假交易信息

任何人不得传阅、散布、授权或参与传阅或散布任何此类声明或信息：任何类别商品合约的交易价格会或可能会因一人或多人的市场运作而上升或下降，而据他所知，该等市场运作是在违反第四十三条的情况下进行的。

第四十六条　操纵价格及逼仓

任何人不得直接或间接地：

(a)操纵或企图操纵可能在商品市场上交易的商品合约的价格；或

(b)逼仓或企图逼仓任何商品合约标的的商品。

第四十七条　利用欺诈或欺骗手段等事宜

任何人不得在与他人进行的涉及商品合同交易的交易中，直接或间接地：

(a)利用任何手段、阴谋或者诡计诈骗他人；

(b)从事任何欺诈或欺骗或可能欺诈或欺骗该他人的任何行为、做法或业务运作；

(c)对重要事实作出不真实的陈述或者遗漏必要的、为使所作陈述(根据所作陈述的情况)不具有误导性的重要事实。

第四十八条　诱骗交易

任何人不得为诱使或企图诱使他人买卖某一商品合同或某一类别的商品合同而直接或间接地作出或公布以下陈述：

(a)该陈述在作出时及根据作出时的情况，就任何重要事实而言是虚假、误导或具欺

骗性的,且该人明知或有合理理由相信该陈述是虚假、误导或具欺骗性的;或

(b)任何因遗漏重要事实而被视为虚假、误导或具欺骗性的陈述,且该人明知或有合理理由相信,该陈述因遗漏该事实而被视为虚假、误导或具欺骗性的。

第四十九条　惩罚

任何人违反本部任何条款,即属犯罪。一经定罪,处以下刑罚:

(a)若是个人,可处不超过二十五万新元的罚金,单处或并处不超过七年的监禁;或

(b)若是法人团体,可处五十万新元以下的罚款。

第五十条　已定罪者的赔偿责任

[由2007年第35号法案删除]

第八章　杂　　项

第五十一条　保密

(1)商品市场或清算所的每名董事、职员或雇员,须在履行或执行其职责时对其所知悉的一切事宜,保守及协助保守秘密。

(2)第一款不适用于:

(a)披露企业发展局授权披露或提供的任何信息;

(b)披露为依据本法或任何其他成文法提起的任何法律诉讼程序,或为任何此类诉讼程序所作的任何报告的信息,除非涉及客户或商品经纪人的地位,该等诉讼程序可不公开进行(如法院主动或应法律程序一方的申请而作如此命令),且该等信息在法院与该等诉讼程序的各方之间须属机密;

(c)披露企业发展局可藉条例而订明的其他目的或情况下的信息。

(3)任何人直接或间接违反第一款,即属犯罪。一经定罪,可处不超过二万新元的罚金,单处或并处不超过二年的监禁。

第五十二条　董事或经理的犯罪

(1)任何人,凡属商品市场、清算所、商品经纪人、商品交易顾问或商品池操作员的董事或经理:

(a)未能采取一切合理措施确保遵守本法的规定;或

(b)未能采取一切合理措施确保根据本法提交的任何声明的准确性和正确性,

即属犯罪。一经定罪,可处不超过二万新元的罚金,单处或并处不超过二年的监禁。

(2)在依据第一款对任何人提起的任何诉讼程序中,如该人能证明其有合理的理由相信另一人负有确保本法规定得以遵守的责任或负有确保这些陈述准确无误的责任,且该人有能力有资格履行这一职责,即可作为免责辩护。

(3)任何人不得因第一款所订罪行而被判处监禁,除非法庭认为该人是故意犯罪。

第五十三条　董事、雇员和代理人伪造记录

凡商品市场、清算所、商品经纪人、商品交易顾问或商品池操作员的任何董事、经理、受托人、审计师、雇员或代理人:

(a)故意在该市场、清算所、经纪人、交易顾问或商品池操作员的任何簿册或记录或

任何报告、税单、文件或报表、资产或账目内作出或安排作出虚假记项；

(b)故意不在该市场、清算所、经纪人、交易顾问或商品池操作员的业务、事务、交易、条件、资产或账目的任何簿册或记录或任何报告、税单、文件或报表内作出记项，或故意安排漏记任何该等记项；或

(c)故意在该市场、清算所、经纪人、交易顾问或商品池操作员的业务、事务、交易、条件、资产或账目的任何簿册或记录或任何报告、税单、文件或报表内，更改、提取、隐匿或销毁任何记项，或故意安排更改、提取、隐匿或销毁该等记项，

即属犯罪。一经定罪，可处不超过二万新元的罚金，单处或并处不超过二年的监禁。

第五十四条　虚假报告

任何人意图欺骗、制造或提供、或明知而故意授权或准许制造或提供任何虚假或误导性的陈述或报告给企业发展局、商品市场、清算所或其任何与以下事项有关的官员：

(a)商品合约交易；

(b)企业发展局为妥善执行本法而要求的任何事项；或

(c)执行商品市场或清算所的商业规则，

即属犯罪。一经定罪，可处不超过二万新元的罚金，单处或并处不超过二年的监禁。

第五十五条　企业发展局及其雇员的豁免权等事宜

不得对企业发展局或企业发展局的任何官员或雇员，或根据企业发展局指示行事的任何人(包括商品市场或清算所)因其在履行或拟履行任何职责时善意作出的任何行为，或行使本法或依据本法制定的任何条例下的任何权力，或在善意履行或行使该等职责或权力时的任何疏忽或违约，而提起诉讼或其他法律程序。

第五十六条　公司的违法

凡公司犯本法所订罪行，公司的任何董事、经理、秘书或其他官员，不论以任何方式，因作为或不作为、直接或间接，明知与该罪行有关或参与该罪行，亦属犯该罪行。

第五十七条　禁止使用某些名称

(1)除清算所外，任何人不得：

(a)取得或使用“清算所”该名称；或

(b)取得或使用，或在任何地方附上或展示，任何与第一项所指明的标题相似的标题或与该标题极为相似并具误导性的标题。

(2)非为商品经纪人、商品交易顾问或商品池操作员的任何人不得：

(a)取得或使用“商品经纪人”、“现货商品经纪人”、“商品交易顾问”、“商品池操作员”或“现货商品池操作员”的名称或表述；或

(b)取得或使用，或在任何地方附上或展示，任何与第一项所指明的标题相似的标题或与该标题极为相似并具误导性的标题。

(3)任何人违反本条，即属犯罪。一经定罪，可处不超过二万新元的罚金；持续犯罪的，可就该罪行定罪后持续的期间内，另处每日二千新元的罚金。

第五十八条　由何人及何时提起诉讼程序及私了罪行的权力

(1)以下罪行的诉讼程序：

(a)对于违反第七部任何条款的罪行，只有经公诉人的同意，方可提起诉讼程序；

(b)对于违反本法任何其他条款的罪行,可由企业发展局提起诉讼程序,或经公诉人同意,由任何其他人提起诉讼程序。

(2)企业发展局可在未就依据本法或依据本法订立的任何条例所规定的罪行(只可处以罚款)对任何人提起诉讼的情况下,向该人要求支付并收取其认为适当的罚款或减扣款额,若:

(a)如该人在该项要求提出后十四日内向委员会缴付该款额,则不得就该项罪行对其提起诉讼程序;

(b)如该人不缴付所要求的款额,委员会可安排就该罪行提起诉讼程序。

(3)依据第二款授予企业发展局的权力,只有在任何人承认该罪行并以书面形式同意依据该款处理该罪行的情况下,方可行使。

第五十九条　地区法院的管辖权

尽管任何其他成文法有任何规定,地区法院仍有权审判本法规定的任何罪行,并对其处以订明的全部处罚。

第六十条　一般处罚

如任何人未能遵守本法中未明确规定处罚的条款,即属犯罪。一经定罪,可处不超过二万新元的罚金。

第六十一条　豁免

如企业发展局认为,在符合公共利益且不抵触本法的情况下,经部长批准,可豁免任何人遵守本法的所有或任何规定,并可撤销任何该类豁免。

第六十二条　非赌博合约性质的商品合约

[由2007年第35号法案删除]

第六十三条　条例

(1)经部长批准,企业发展局可制定条例,以便执行本法之目的及条款,并对其做适当管理。

(2)在不影响第一款的一般性的原则下,经部长批准,企业发展局可就以下事项制定条例:

(a)商品经纪人、商品交易顾问及商品池操作员的活动及须维持的标准,包括其招揽业务的方式、方法、地点及该等招揽业务的行为;

(b)订明商品市场上经营行为的条件;

(c)对任何人就商品合约可发布或使用的书面、印刷或视觉材料及广告的内容及发布作出规定;

(d)订明商品经纪人代表客户订立的商品合约确认书的形式和内容;

(e)规定商品交易顾问和商品池操作员依据本法保管的账户中应记录的或与之有关的详情;

(f)企业发展局为执行本法而设计、确定和使用的表格;

(g)就本法所要求的任何事项或事物,订明应支付的费用;及

(h)本法要求或允许订明的所有事项或事物,或所有为使本法生效而订明的必须或适宜的事项或事物。

(3)该等条例可规定,凡违反条例中指明的条款即属犯罪,一经定罪,可处不超过五千新元的罚金,单处或并处不超过十二个月的监禁。

(4)依据本法订立的任何条例可规定,根据任何订明的条款和条件,本法的所有或任何条款:

(a)对以下任何特定人员或特定类别人员不具效力:

(i)该人员是或可能是商品经纪人、商品交易顾问或商品池操作员,仅因其所做的任何事仅是另一项业务的附带工作;

(ii)不为任何他人或不代表任何他人从事商品合约交易的人员;或

(iii)该人是商品经纪、商品交易顾问或商品池经营者,仅因其订立任何指明的交易或任何类别的交易。

(b)对第一项所述的任何人的代表不具效力。或

(c)对第一项或第二项所提述的任何人在订明的范围内具有效力。

(5)部长可借在《新加坡政府公报》上发布的命令,修订或废除任何其视本法条款而认为不必要的或其认为违法本法任何条款的书面法律。

第六十四条　部长的指示

部长可向企业发展局发出其认为合适的、但不得与本法条款相抵触的指示,指示企业发展局行使和履行本法规定的权力、职责和职能,而企业发展局须执行所有该类指示。

第六十五条　对预期本法时所作行为的确认及牌照准予的宽限期

(1)任何人为准备或预期本法所做的一切行为及事情,以及与本法有关的任何开支,而如所做的行为和事情与本法的总体意图和宗旨不抵触,则应视为依据本法案已授权。

(2)如无本款规定,凡任何人未依据第三章获准予牌照,将予以处罚。但在以下情形中,该人无须受该处罚:

(a)1992 年 5 月 27 日起的六个月的期限届满前;或

(b)从该人在该期间届满前申请准予牌照至该牌照获准予或被拒绝为止。

第六十六条　过渡性批准及牌照

(1)尽管企业发展局依据第五条、第九条或第十四条就过渡性批准或过渡性牌照(视属何情况而定)确定过任何有效期,但过渡性批准或过渡性牌照的有效期仍为指定日期后的二年,除非:

(a)依据本法提前终止过渡批准或过渡牌照(视属何情况而定);或

(b)过渡性批准或过渡性牌照的持有人被提前准予或拒绝,或依据《新加坡 2001 年证券及期货法》被提前豁免其作为过渡性批准或过渡性牌照持有人(视属何情况而定)被授权从事的相同活动所需批准或牌照。

(2)在本条中:

"指定日期"是指《新加坡 2017 年证券及期货(修订)法》第八条生效日期。

"过渡性批准"是指在指定日期前依据第五条准予商品市场或依据第九条准予清算所(视属何情况而定)并于指定日期有效的批准。

"过渡性牌照"是指以下任何牌照:

(a)在指定日期前就第十二条第一款、十三条第一款第二项或第四项所述任何事项

发出的,并于指明日期有效的牌照;

(b)在指定日期前就第十三条第一款第一项、第三项或第五项所述任何事项发出的,并于指明日期有效的牌照;

(c)在指定日期当日或之后就第十三条第一款第一项、第三项或第五项所述事项,对持有第一项所述牌照的人发出的牌照。

新加坡电子交易法

韩　驰　译*

《新加坡电子交易法》译介

互联网的普遍应用促进电子商务的快速发展,在国际贸易领域,通过电子通信缔结合同、转让单据或票据成为新常态。为消除国际合同中使用电子通信的法律效力不确定性对国际贸易的阻碍,加强国际合同的法律确定性和商业上的可预见性,联合国国际贸易法委员会(UNCITRAL)编制并起草了《联合国国际合同使用电子通信公约》(以下简称公约),新加坡政府制定了《新加坡2010年电子交易法》并批准该公约;随后,国际贸易法委员会于2017年制定《贸易法委员会电子可转让记录示范法》(以下简称示范法),对功能上等同于可转让单证或票据的电子可转让记录的法律性质及其转让加以规定,新加坡将示范法中的有关条款纳入《新加坡电子交易法》。现行有效的《新加坡电子交易法》为2020年修订版本,共8章,并附有4个附表,其中大部分内容与公约和示范法的规定一致。

适用范围

尽管《新加坡2010年电子交易法》是为履行国际义务,而将公约条款进行转化的国内立法,但二者在适用范围上并不相同。根据公约第1条的规定,公约的适用范围仅限于"营业地位于不同国家的当事人之间订立或履行合同有关的电子通信的使用。"而作为新加坡的国内立法,《新加坡2010年电子交易法》不仅适用于使用电子通信的国际合同,也包括营业地均位于新加坡境内的各方当事人间缔结的民商事合同(第3条)。

由于新加坡政府在批准公约时,向贸易法委员会声明,公约规定不适用于与出售或以其他方式处分不动产或不动产的任何权益的合同有关的电子通信,公约也不适用于与遗嘱的订立或执行,以及商业凭据的创设、履行或执行,信托声明或委托声明等合同有关的电子通信。此类不适用的情形规定在《新加坡2010年电子交易法》附表一当中,值得注意的是,这一范围并不是绝对不变的,部长可在公报上中颁发命令,修改附表一的规定(第4条)。

---

* 译者:韩驰,华东政法大学硕士研究生。

基本原则

民商事法律制度中的基本原则即为“意思自治”原则,《新加坡2010年电子交易法》项下的“电子通信”的使用只是民商事法律关系形成、变更与消灭的一种外在表现形式,因此对于合同的订立、履行过程当中所涉及的通信是否采用电子形式而言,各方当事人仍可以自由协商,当事人间可以通过协议排除在合同中或交易中使用电子记录、电子通信或电子签署,还可以通过协议对合同或交易的形式或真实性提出额外要求。此外,各方当事人不一定必须明确对《新加坡电子交易法》的相关条款作出减损,减损也可以是隐含其中的,如当事人达成的合同条款与法律规定不一致(第5条)。

主要内容

《新加坡2010年电子交易法》主要涉及以下几个主题:

第一,关于民商事合同使用电子通信时的电子记录、电子签署以及电子合同的效力问题。《新加坡2010年电子交易法》规定,一般而言,应当承认电子记录形式所承载的各种信息,而以传统介质订立合同时的书面要求、签署要求、留存要求、原始信息要求等,只要电子记录满足法律规定的一系列条件,即可认为符合相关要求,并不能因相关通信是以电子形式完成的而阻却合同的订立、成立与生效(功能性等同)。与传统介质订立合同相同,当事人可通过电子通信手段作出要约和承诺,亦可发出可供使用信息系统的当事人一般查询的要约邀请。此外,《新加坡2010年电子交易法》根据公约规定,对发出和收到电子通信的时间地点,以及电子通信中的错误更正进行了特殊规定(第二章)。

第二,关于电子可转让记录的效力问题。《新加坡2010年电子交易法》规定,电子记录中包含在可转让单证或票据中必须包含的信息,并且能够使用可靠方法辨别电子记录是否属于构成电子可转让记录的经授权电子记录、确保电子记录自形成时起至效力终止时止,能够控制该电子记录,并保持电子记录的完整性,此类电子记录即可构成电子可转让记录。就电子可转让记录而言,同样需要满足功能性等同的要求。在电子可转让记录的使用过程中,只要满足法律规定的一系列条件,也可视为符合单证或票据的时间地点、背书转让要求和变更要求。同时,电子可转让记录与可转让单证票据之间,可以进行媒介的相互转化。此外,法律还规定了所谓“可靠方法”的一般标准,和电子可转让记录在跨境承认过程中的非歧视原则(第二章之一)。

第三,关于电子记录与签署的安全性问题。《新加坡2010年电子交易法》第三章对安全电子记录和安全电子签署的属性进行了描述,安全电子记录要求记录恰当适用指定安全程序(或其他当事人同意使用的具有商业合理性的安全程序)以核验电子记录自某一时间点以后未被更改(第17条);安全电子签署要求签署恰当适用签署安全程序并符合一定条件(第18条);在一般情况下,除有相反证据证明外,电子记录应推定为安全电子记录,电子签署应推定为签署人签署的安全电子签署包含签署和同意电子记录的意思,并由所属之人签署,但对于缺少安全电子记录或安全电子签署时,电子记录或电子签署的真实性与完整性,则归于意思自治的范畴,《新加坡2010年电子交易法》对此不作推定(第19条)。

《新加坡2010年电子交易法》第四章对指定安全程序与指定安全程序提供者的判定规则加以规定,部长可就相关规则制定规例,按照本法指引,本法附表三种规定了与指定安全程序有关的条款,其中包括电子签署可被视为安全电子签署的条件、电子记录可被视为安全电子记录的条件,以及适用指定安全程序的法律效果和法律责任,包括与使用该程序的相关人员的权利和义务,并规定与该程序的使用有关的推定、风险承担、信赖可预见性以及责任有限性等规则。

第四,关于特殊主体与电子通信的关系问题。《新加坡2010年电子交易法》第五章和第六章分别规定了公共机构在接受文书电子存档与签发过程中使用电子记录与电子签署的要求,和网络服务提供者在提供第三方以电子记录形式承载的材料时的侵权和其他违法行为应当承担的法律责任。

为保障电子交易的安全与使用,实施联合国大会于2005年11月23日通过的《联合国国际合同使用电子通信公约》,采用联合国国际贸易法委员会于2017年7月13日通过的《贸易法委员会电子可转让记录示范法》,以及其他有关事项,制定本法。

第一章 导 言

第一条 简称

《新加坡2010年电子交易法》可简称为本法。

第二条 释义

(1)本法中,除文意另有所指外,下列词语的含义为:

"收件人",就电子通信而言,是指发件人意图中的接收该电子通信的当事人,但不包括作为中间人处理该电子通信的人;

"受权官员",关系到依据本法规定行使权力或履行职责,具体是指行使本法第二十七条所转授的权力或履行该条所转授的职责的官员;

"自动电文系统",是指一种计算机程序或者一种电子手段或其他自动手段,用以引发一个行动或者全部或部分地对数据电文或执行进行答复,而无须每次在该系统引发行动或进行答复时由自然人进行复查或干预;

"通信",是指当事人在一项合同的订立或履行中按要求作出或选择作出的包括要约和承诺在内的任何陈述、声明、要求、通知或请求;

"管理人",是指依本法第二十七条第一款任命的管理人,也包括依本法第二十七条第三款规定的管理人代表或管理人助理;

"电子",是指具有电子、数字、磁力、无线、光学、电磁或类似性能的技术;

"电子通信",是指当事人以电子记录形式发出的任何通信;

"电子记录",是指在信息系统中使用电子手段产生、通信、接收或者存储的记录,或者从一个信息系统传递到另一个信息系统的记录;

"电子可转让记录",其定义由本法第十六条之一规定;

"信息",包括数据、文本、图片、声音、代码、计算机程序、软件及数据库;

"信息系统",是指生成、发送、接收、存储或者以其他方式处理电子记录的系统;

"发件人",就电子通信而言,是指亲自或由他人代表而发送或生成了可能随后备存(如有)的电子通信的当事人,但不包括作为中间人处理该电子通信的人;

"公共机构",是指政府的部门或部委、国家机关,或者根据公共法律设立的公权力机构。

"记录",是指刻录、存储或者以其他方式固定在有形介质上的信息,或者存储在电子或其他媒介上并且能够以可知的形式检索到的信息;

"法律规则",包括成文法规则;

"安全电子记录",是指依本法第十七条第一款或其他条款,可认定电子记录安全的电子记录;

"安全电子签署",是指依本法第十八条或者其他条款,可认定电子签署安全的电子签署;

"安全程序",是指为下列目的设置的程序:

(a)核验电子记录是否属于特定人员;

(b)检测自特定时间点以来电子记录的通信、内容或存储是否存在错误或者变更;

此种安全程序可能需要使用算法或代码、识别语词或数字、加密、应答信号或确认等程序,或者其他类似的安全装置。

"签名"或"签署",是指用以鉴别当事人的身份,并表明其对记录中承载信息作出意思表示的方式(包括电子形式或其他形式);

"指定安全程序",是指本法附表二中规定的安全程序;

"指定安全程序提供者",是指参与提供指定安全程序的人。

(2)本法中,就当事人而言,"营业地"是指:

(a)当事人为从事经济活动而设置的非临时性机构,不包括用以临时提供商品或服务的特定地点;

(b)当事人一方系自然人,且该自然人没有营业地的,其经常居住地视为营业地。

(3)为实施前款规定:

(a)当事人的营业地推定为其所指明的所在地,除非另一方当事人证明该指明其所在地的当事人在该所在地无营业地。

(b)当事人未指明营业地并且拥有不止一个营业地的,就本公约而言,与有关合同关系最密切的营业地为其营业地,但须考虑到双方当事人在合同订立之前任何时候或合同订立之时所知道或所设想的情况。

(c)以下地点不构成营业地:

(i)一方当事人订立合同、创建或使用电子转让记录所使用的信息系统的支持设备和技术的所在地;

(ii)其他各方可能访问的信息系统所在地。

(d)一方当事人使用的域名、电子邮件地址或其他电子地址,或者信息系统中的其他要素与一个特定国家有关,仅存在该事实的,并不能推定其营业地位于该国。

(4)电子通信与合同无关的,前款有关合同的规定类推适用于相关交易。

第三条　目的与解释

对本法的解释应符合相应情形下的商业合理性，并有助于实现下列目的：

(a)为以可靠电子记录方式进行的电子通信提供便利；

(b)为电子商务提供便利，消除电子商务中因书面形式和签署要求的不确定性而产生的壁垒，促进为实施安全电子商务所需的法律和商业基础设施的发展；

(c)为公共机构文件的电子存档提供便利，促进公共机构通过可靠电子记录提供高效服务；

(d)尽量减少在电子商务和其他电子交易的过程中发生的伪造电子记录、故意或无意变更电子记录，以及其他欺诈行为；

(e)建立关于电子记录真实性与完整性的统一规则、规例和标准；

(f)提升电子记录完整性与可靠性以及有关电子商务的公信力，通过电子签署的使用给予相应的电子媒介以真实性和完整性，进而促进电子商务的发展；

(g)实施2005年11月23日联合国大会通过的《联合国国际合同使用电子通信公约》，并使新加坡关于电子交易的立法与公约文本一致，无论所涉各方当事人的营业地是否位于不同国家；

(h)采用2017年7月13日联合国国际贸易法委员会通过的《贸易法委员会电子可转让记录示范法》，无论是在新加坡境内或境外产生或使用该电子可转让记录。

第四条　不适用情形

(1)本法附表一第一栏所列条文，不适用于该附表第二栏所列事项中关于法律规定的须有手写签名或签署的情形。

(2)部长可在公报上中颁发命令，修改附表一的规定。

第五条　意思自治

(1)已有法律规定或强制要求双方当事人必须就通信或记录的形式达成协议或合意的，不受本法第二章规限；并且，除非另有约定或法律另有规定，双方的上述协议或合意可从当事人的行为中推知。

(2)本法第二章中的规定并不妨碍合同或交易的双方当事人，

(a)通过协议排除在合同中或交易中使用电子记录、电子通信或电子签署；

(b)通过协议对合同或交易的形式或真实性提出额外要求。

(3)除合同或交易双方的其他权利义务外，双方可以协议：

(a)规定本法第六条、第十一条、第十二条、第十三条、第十四条、第十五条或第十六条不适用于该合同或交易；

(b)规定前款所述条款适用于该合同或交易时，减损前述条款的任何规定或改变其效力。

第二章　电子记录、电子签署与电子合同

第六条　电子记录的法律承认

为免生疑问，不能仅因信息以电子记录形式承载，而否认其法律效力、有效性或可执

行性。

第七条　书面要求

法律规则要求信息必须是书面形式，或以书面形式提交，或规定不以书面形式提交的法律后果的，如果电子记录中包含的信息可以调取以备日后查用的，即满足该项要求。

第八条　签署要求

法律规则要求签署，或规定未经签署的文书或记录的法律后果的，对于一项电子记录而言，在下列情况中，即满足了该项要求：

(a)使用了一种方法来鉴别该当事人的身份和表明该当事人对电子通信所含信息的意图；

(b)所使用的方法：

(i)从各种情况来看，包括根据任何相关的约定，对于生成或传递电子记录所要达到的目的既是适当的，也是可靠的；或者

(ii)其本身或结合进一步证据，在事实上被证明已履行前项所说明的功能。

第九条　留存电子记录

(1)法律规则要求留存相关文件、记录或信息，或规定未留存的法律后果，如果符合下列全部条件的，以电子记录形式保留文件、记录或信息亦满足留存要求：

(a)文件、记录或信息中包含的信息可以调取以备日后查用；

(b)电子记录以其产生、发送或接收的原始形式留存，或以能证明准确表示生成、发送或接收原始信息的格式保存；

(c)保留能够识别电子记录的来源地和目的地，以及发送或接收日期和时间信息(如有)；

(d)负责监管此等记录留存是否合规的公共机构确定的与留存此类电子记录相关的附加要求。

(2)前款第三项规定的保留文件、记录或信息的义务，并不包括仅为发送或接收记录而必然自动产生的信息。

(3)可通过其他人的服务满足本条第一款规定的要求，但必须符合第一款第一项至第四项规定的条件。

(4)本条不适用于下列情形：

(a)法律规则中明确规定以电子记录形式留存文件、记录或信息的；

(b)法律规则中要求留存文件、记录或信息(或规定未留存的法律后果)的，部长可在公报上颁布命令，规定此等文件、记录或信息不适用本条。

第十条　提供原始信息

(1)法律规则要求文件、记录或信息以其原始形式提供或留存的，或规定未以原始形式提供或留存的法律后果的，如果符合下列条件，以电子记录形式提供或留存文件、记录或信息亦满足原始形式要求：

(a)无论该文件是书面形式还是电子记录形式，从文件、记录或信息以最终形式形成之初起，电子记录中所载信息的完整性具有可靠保障；

(b)将文件、记录或信息提供给他人时，该项待提供的电子记录可以向此人出示；

(c)负责监管提供或留存此等记录是否合规的公共机构确定的与提供或留存此类电子记录相关的附加要求。

(2)为实施前款第一项的规定：

(a)评价完整性的标准应当是，除附加任何签注以及正常通信、存储和显示过程中出现的任何改动之外，信息是否仍然完整而且未被更改；

(b)所要求的可靠性标准应当根据生成信息的目的和所有相关情况加以评估。

(3)可通过其他人的服务满足本条第一款规定的要求，但必须符合第一款第一项、第二项和第三项规定的条件。

(4)本条规定不适用于要求以原始形式提供或留存的文件、记录或信息，或规定未以原始形式提供或留存的法律后果的法律规则，部长可在公报上颁发命令，本条不适用于此类文件、记录或信息。

第十一条　合同订立与合同效力

(1)为免生疑问，在此声明订立合同时，可通过电子通信手段作出要约和承诺。

(2)以电子通信订立合同时，不得仅以其使用电子通信订立为由而否定其效力或可执行性。

第十二条　当事人之间的有效性

在电子通信的发件人与收件人之间，不得仅以其使用电子通信形式而否定其意思表示或其他声明的法律效力、有效性或可执行性。

第十三条　发出和收到电子通信的时间和地点

(1)电子通信的发出时间是：

(a)其离开发件人或代表发件人发送电子通信的当事人控制范围之内的信息系统的时间；

(b)如果电子通信尚未离开发件人或代表发件人发送电子通信的当事人控制范围之内的信息系统，则为电子通信被收到的时间。

(2)电子通信的收到时间是收件人可在其指定的电子地址中检索该电子通信的时间。

(3)电子通信在收件人的非指定电子地址的收到时间是其能够由该收件人在该地址检索，并且该收件人了解到该电子通信已发送到该地址的时间。

(4)为实施本条第二款和第三款，当电子通信抵达收件人的电子地址时，即应推定收件人能够检索该电子通信。

(5)电子通信将发件人设有营业地的地点视为其发出地点，将收件人设有营业地的地点视为其收到地点。

(6)即使支持电子地址的信息系统的所在地可能不同于根据本条第五款而认定的电子通信的收到地点，本条第二款、第三款和第四款依然适用。

第十四条　要约邀请

通过一项或多项电子通信提出的订立合同提议，凡不是向一个或多个特定当事人提出，而是可供使用信息系统的当事人一般查询的，包括使用交互式应用程序通过这类信息系统发出订单的提议，应当视作要约邀请，但明确指明提议的当事人打算在提议获承诺时受其约束的除外。

第十五条　自动电文系统在合同订立中的使用

通过自动电文系统与自然人之间的交互动作或者通过若干自动电文系统之间的交互动作订立的合同,不得仅仅因为无自然人复查或干预这些系统进行的每一动作或由此产生的合同而被否定效力或可执行性。

第十六条　电子通信中的错误

(1)一自然人在与另一方当事人的自动电文系统往来的电子通信中发生输入错误,而该自动电文系统未给该人提供更正错误的机会,该人或其所代表的当事人有权撤回电子通信中发生输入错误的部分。

(2)除非前款所提及的自然人或其所代表的当事人以下列方式行事,否则前款规定不适用:

(a)在发现错误后尽可能立即将该错误通知另一方当事人,并指出其在电子通信中发生了错误;并且

(b)未使用可能从另一方当事人处收到任何货物或服务(如有)所产生的任何重大利益或价值。

(3)本条中的规定概不影响适用任何可能就除了第一款和第二款中所提到的错误之外的任何错误的后果作出规定的法律规则。

第二章之一　电子可转让记录

第一分部　总　　则

第十六条之一　本章的释义

本章中,除文意另有所指外

“汇票”,包括《新加坡1949年汇票法》或其他法律规则,或新加坡境外国家或地区的法律中规定的汇票;

“提单”,包括《新加坡1972年海上货物运输法》《新加坡1992年提单法》或其他法律规则,或新加坡境外国家或地区法律中规定的提单;

“电子记录”是指通过电子手段生成、传送、接收或存储的记录,该记录可酌情包括在逻辑上有联系或者以其他方式共同链接,从而成为该记录一部分的一切信息,不论其是否同时生成;

“电子可转让记录”,是指符合本法第十六条之八要求的电子记录;

“电子可转让记录管理系统”,是指用以发出、转让、控制、展示和存储电子可转让记录的信息系统;

“示范法”,是指联合国国际贸易法委员会于2017年7月13日通过的《贸易法委员会电子可转让记录示范法》;

“本票”,包括《新加坡1949年汇票法》或其他法律规则,或新加坡境外国家或地区的法律中规定的本票;

“提供者”,针对电子可转让记录管理系统,是指提供电子可转让记录管理系统给其他人

使用的人；

“可转让单证或票据”，是指在纸张上签发的，使持有人有权要求履行单证或票据中指明的义务，并且有权通过转让该单证或票据而转让其中指明要求履行义务的权利的单证或票据，包括：

(a)汇票；

(b)本票；以及

(c)提单。

本章条文的解释：

(a)应考虑示范法作为本法的国际渊源，并考虑促进其统一适用的需要。

(b)下列文本是《新加坡1965年解释法》第九条之一第三款第六项所称的相关文本：

(i)由联合国国际贸易法委员会及示范法起草工作组发布的与示范法有关的任何文本，或构成示范法起草记录一部分的文本；

(ii)《贸易法委员会电子可转让记录示范法》的阐述说明。

(c)本章未明确解决的而属于本章范围的问题，应按照示范法所依据的一般法律原则来解决。

第十六条之二　示范法的采用

(1)本章内容采用示范法的规定，本章规定与示范法中有关电子可转让记录的适用一致。

(2)除另有规定外，本章内容不得影响规范可转让单证或票据的法律规则适用于电子可转让记录。

第十六条之三　电子可转让记录中的额外信息

本章规定不排除可以在电子可转让记录中列入除包含在可转让单证或票据中的信息以外的其他信息。

示　例

(a)电子可转让记录中可以包含因其电子记录的性质而列入的信息，如元数据或唯一标识符；

(b)电子可转让记录中可以包含附加的动态信息，此类信息即基于外部来源发生周期性或持续性变化的附加信息，例如公开交易的商品价格或船舶的动态位置等信息。

第十六条之四　同意的要求

(1)本章规定任何人未经同意不得使用电子可转让记录。

(2)同意使用电子可转让记录的意思可通过其行为推断。

(3)依据本条第一款：

(a)不同意使用电子可转让记录的当事人可以减损本章的全部规定；但

(b)此类当事人不得仅减损部分规定而不减损全部规定。

第二分部　功能性等同的规定

第十六条之五　电子可转让记录的法律承认

本法第七条的规定适用于电子可转让记录，其适用方式与第七条适用于第二条第一款规定的电子记录的方式相同。

第十六条之六　书面形式的要求

本法第七条的规定适用于电子可转让记录，其适用方式与第七条适用于第二条第一款规定的电子记录的方式相同。

第十六条之七　签署要求

法律规则要求签署，或规定可转让单证或票据未经签署的法律后果的，采取下列可靠方法的电子可转让记录符合该要求：

(a)鉴别该当事人的身份；

(b)表明该当事人对电子可转让记录所含信息的意思。

第十六条之八　可转让单证或票据

(1)法律规则要求可转让单证或票据的，电子记录符合下列条件的，即满足要求；

(a)该电子记录中包含在可转让单证或票据中必须包含的信息。

(b)使用可靠方法：

(i)辨别电子记录是否属于构成电子可转让记录的经授权电子记录；

(ii)确保电子记录自形成时起至效力终止时止，能够控制该电子记录；

(iii)保持电子记录的完整性。

(2)为实施前款第二项第三目，完整性的评价标准应是，除正常传送、存储和显示过程中出现的任何改动外，电子可转让记录所包含的信息，包括自其形成时起至效力终止时止所产生的任何经授权的改动，是否仍然完整且未被更改。

第十六条之九　占有或转移占有的要求

(1)法律规则要求占有可转让单证或票据，或规定未占有该可转让单证或票据的法律责任的，使用下列可靠方法的电子可转让记录，即满足要求：

(a)能够证明某人对该电子可转让记录享有排他控制；

(b)能够指明该人为控制人。

(2)法律规则要求转移可转让单证或票据的占有，或规定未转让的法律后果，就电子可转让记录而言，依前款规定转移对电子可转让记录的控制，即为满足这一要求。

第三分部　电子可转让记录的使用

第十六条之十　在电子可转让记录中指明时间和地点

法律规则要求指明可转让单证或票据的时间或地点，或规定未指明时间或地点的法律后果的，如果使用了一种可靠方法对电子可转让记录指明时间或地点，即为满足这一要求。

第十六条之十一　背书

法律规则要求对可转让单证或票据作任何形式背书，或规定未背书的法律后果的，就电子可转让记录而言，如果背书所要求的信息被纳入电子可转让记录，并且该信息符合第十六条之六和第十六条之七所载明的关于书面形式和签署要求，即为满足这一要求。

第十六条之十二　变更

法律规则要求变更可转让单证或票据，或规定未变更的法律后果的，就电子可转让记录而言,如果使用了一种可靠方法变更电子可转让记录中的信息,使得经变更的信息本身得以识别,即为满足这一要求。

第十六条之十三　以电子可转让记录替换可转让单证或票据

(1)如果使用符合本条要求的媒介转换的可靠方法,电子可转让记录可替换可转让单证或票据。

(2)满足以下条件的,前款提及的媒介转换发生效力:

(a)可转让单证或票据中的全部信息准确复制到替换该可转让单证或票据的电子可转让记录中;

(b)在电子可转让记录中加入一则注明以电子可转让记录替换可转让单证或票据的媒介转换的说明。

(3)电子可转让记录依据第一款和第二款的规定一经签发,原可转让单证或票据:

(a)终止其效力或有效性;并且

(b)归于无效。

(4)根据第一款和第二款转换媒介,不影响双方当事人的权利和义务。

第十六条之十四　以可转让单证或票据替换电子可转让记录来转换媒介

(1)如果使用符合本条要求的媒介转换的可靠方法,可转让单证或票据可替换电子可转让记录。

(2)满足以下条件的,前款提及的媒介转换发生效力:

(a)电子可转让记录中的全部信息准确复制到替换该电子可转让记录的可转让单证或票据中;

(b)在电子可转让记录中加入一则注明以可转让单证或票据替换电子可转让记录的媒介转换的说明。

(3)为实施前款第一项,拟以可转让单证或票据替换的,电子可转让记录中的信息必须准确复制至可转让单证或票据中,该信息不包括本法第十六条之三规定的电子可转让记录中包含的附加信息。

(4)可转让单证或票据根据第一款和第二款的规定一经签发,原电子可转让记录:

(a)终止其效力或有效性;并且

(b)归于无效。

(5)根据第一款和第二款转换媒介,不影响当事人的权利和义务。

第四分部　可靠性的一般标准

第十六条之十五　可靠性的一般标准

(1)本法第十六条之七、第十六条之八、第十六条之九、第十六条之十、第十六条之十二、第十六条之十三、第十六条之十四中规定的"可靠方法"须:

(a)从所有相关情形来看,所提及方法对于使用该方法所要实现的功能既应适当,也应可靠,相关情形可包括:

(i)与评价可靠性有关的任何运行规则;

(ii)数据完整性保证；

(iii)防止擅自进入和使用系统的能力；

(iv)硬软件安全性；

(v)独立机构审计的频次和范围；

(vi)监督机构、资格鉴定机构或自愿性方案就该方法的可靠性作出声明；

(vii)任何适用的业界标准；或者

(b)通过该方法本身或结合进一步的证据，证明了事实上已完成该功能。

(2)使用经认可的电子可转让记录管理系统发送、转让、控制、展示和储存电子可转让记录的全过程中，并且该电子可转让记录管理系统系依据本法第十六条之十七指定的规例之规定登记、许可、认证或承认的提供者提供的，除有相反证据可证明的情形以外，可推定电子可转让记录管理系统为符合本章就电子可转让记录有关要求所使用的方法是可靠且合适的。

(3)前款推定仅适用于经认证电子可转让记录管理系统提供者在依据本章规定登记、许可、认证或承认的期间内，提供的电子可转让记录的发送、转让、控制、展示和储存行为。

第五分部　电子可转让记录的跨境承认

第十六条之十六　外国电子可转让记录的非歧视性

(1)不得仅以电子可转让记录在新加坡境外签发或使用为由而否认其法律效力、有效性或可执行性。

(2)本法中的规定概不影响对电子可转让记录适用管辖可转让单证或票据的国际私法规则。

第六分部　电子可转让记录管理系统提供者的认证等

第十六条之十七　制定规例

(1)为执行本章规定，部长有权制定规例，在不限制此种一般权力的前提下，部长可就下列目的制定规例：

(a)电子可转让记录管理系统提供者的登记、许可或认证；

(b)对于电子可转让记录管理系统的认证，为符合本章关于电子可转让记录的要求，该管理系统应满足本法第十六条之十五提供可靠方式的要求；

(c)规定应由已根据本章注册、许可或认证的电子可转让记录管理系统提供者保存相关账册；

(d)规定审计员的聘任和报酬事项，以及依据规例进行审计所需费用，该审计员负责审计已依据本章注册、许可或认证的电子可转让记录管理系统提供者；

(e)规定电子可转让记录管理系统提供者在与该系统有关的活动中使用认证标识，并且对该标识的使用加以控制；

(f)规定依据本章注册、许可或认证的电子可转让记录管理系统提供者对其消费者应当承担的义务和责任；

(g)规定对电子可转让记录管理系统的提供者及其受权代表人的行为进行调查，以及对调查所涉的开支和费用的追讨；

(h)规定适用于本部分各项目的的法定形式和费用。

(2)在不限制前款规定的前提下，部长可就新加坡境外的国家或地区成立、组建或设立的电子可转让记录管理系统提供者（本条中以下简称境外提供者）的跨境承认而制定规例，规定境外提供者：

(a)根据新加坡境外推出的特殊登记、许可或认证安排（视情况而定）进行登记、许可或认证；

(b)从事有关电子可转让记录管理系统的商业行为，须符合已依据或拟依据本章注册、许可或认证的电子可转让记录管理系统提供者所需满足要求的至少相同或具有可比性的要求。

(3)依据本条制定的规例，可规定对规例特定条款违反的行为，即属犯罪，一经定罪，可处以不超过五万元的罚金，单处或并处不超过十二个月的监禁刑。

第十六条之十八　管理人可为遵守规定作出指令

(1)管理人可通过书面通告，指令已依据本章注册、许可或认证的电子可转让记录管理系统提供者，或其高级职员、雇员或受权代表人，采取或停止通告中指明的行为，此种采取或停止行为系保证遵守本章规定所需。

(2)未遵守依前款规定发布通告中的任何指令的，即属犯罪。一经定罪，可处以不超过五万元的罚金，单处或并处不超过十二个月的监禁刑。

第十六条之十九　调查权

(1)管理人或受权官员，可就已依据本章注册、许可或认证的电子可转让记录管理系统提供者，或其高级职员、雇员或受权代表人的行为是否符合本章规定进行调查。

(2)为实施前款，管理人可向提供者或其高级职员、雇员或受权代表人签发书面命令，进行依本款规定的进一步调查或确保其遵守本章规定，此种命令包括命令提供者出示由其保存的记录、账册、数据和文件，管理人或受权官员对此类材料进行检查并复制。

第三章　安全电子记录与签署

第十七条　安全电子记录

(1)指定安全程序，或双方当事人同意使用的具有商业合理性的安全程序适用于电子记录时程序恰当，以核验电子记录自某一时间点以后未被更改，则该电子记录自核验时起可被视为安全电子记录。

(2)为实施本条和本法第十八条，决定安全程序是否具有商业合理性，需结合使用该程序的目的和商业环境，包括：

(a)交易的性质；

(b)双方当事人的交易经验；

(c)一方或各方当事人参与类似交易的数量；

(d)向一方当事人提出但被拒绝的替代方案可用性；

(e)替代程序的成本;

(f)类似交易类型普遍使用的程序。

第十八条　安全电子签署

(1)适用指定安全程序,或双方当事人同意使用的具有商业合理性的安全程序,可以核验电子签署在作出之初符合以下条件的,该电子签署可被视为安全电子签署:

(a)专属于该使用人;

(b)可以鉴别该签署人;

(c)以完全由使用人控制的方法或手段作出;并且

(d)电子记录可与此人以此方式联系起来,即记录一旦改变,电子签署归于无效,此签署应视为安全电子签署。

(2)应依据本法第十七条第二款确定安全程序是否具有商业合理性。

第十九条　安全电子记录与电子签署的推定

(1)在涉及安全电子记录的程序中,除有相反证据证明外,应推定该电子记录自于安全状态有关的特定时间点后未被更改。

(2)在涉及安全电子签署的程序中,除有相反证据证明外,应推定:

(a)该安全电子签署是其所属之人的签署;并且

(b)签署人签署的安全电子签署包含签署和同意电子记录的意思。

(3)在缺少安全电子记录或安全电子签署时,针对任何与电子记录或电子签署的真实性与完整性,本章规定不作任何推定。

第四章　指定安全程序与指定安全程序提供者的规例

第二十条　本章的释义

(1)本章中,"指定人员",是指本法附表四中规定的某类指定安全程序提供者。

(2)为免生疑问,本章提述的内容在附表二、附表三和附表四也有提述。

第二十一条　指定安全程序

(1)为实施本法,部长可在公报上颁发命令,修改本法附表二,以增加、删除或修改任何的指定安全程序。

(2)本法附表三规定的条款适用于相应的指定安全程序。

(3)部长可在公报上颁发命令,修改本法附表三,制定与指定安全程序有关的条款,具体包括:

(a)规定电子签署可被视为安全电子签署的条件;

(b)规定电子记录可被视为安全电子记录的条件;

(c)规定适用指定安全程序的法律效果和法律责任,包括与使用该程序的相关人员的权利和义务,并规定与该程序的使用有关的推定、风险承担、信赖可预见性以及责任有限性等规则;

(d)规定任何违反该附表的行为,即属犯罪。一经定罪,可处以不超过两万元的罚金,单处或并处不超过两年的监禁刑。

(4)部长可在公报上颁发命令,修改本法附表四。

第二十二条　指定安全程序与指定安全程序提供者有关规例

(1)为实施本章规定,部长可制定相关规例,在不限制此种一般权力的前提下,部长可就下列目的制定规例:

(a)指定安全程序提供者及其受权代表人的管理、许可或认证;

(b)保障或维持与使用安全电子签署和电子记录真实性有关的共同安全基础设施的效能与效率,包括要求确保指定安全系统提供者间或与安全程序相关的互相操作性;

(c)确保与使用安全电子签署和电子记录真实性有关的共同安全基础设施符合新加坡应履行的国际义务;

(d)规定适用于本章的法定形式与费用。

(2)在不限制前款规定的一般原则的前提下,在为指定安全程序提供者及其受权代表人的管理、许可或认证的规例时,部长可以:

(a)规定指定安全程序提供者应保存账册;

(b)规定审计员的聘任和报酬事项,以及依据规例进行审计所需的费用;

(c)规定由指定安全程序提供者建立与管理电子系统,该电子系统可由该提供者单独或与其他指定安全程序提供者共同建立与管理,并就该电子系统规定或更改管理者认为合适的要求或条件;

(d)规定确保储存库及其服务质量的条款,包括储存库的标准、许可或认证;

(e)规定指定安全系统提供者在与该系统有关的活动中使用认证标识,并且对该标识的使用加以控制;

(f)规定依本法规定登记、许可或认证的指定安全程序提供者对其消费者的义务与责任;

(g)规定对指定安全程序提供者及其受权代表人的行为进行调查,以及对调查所涉的开支和费用的追讨。

(3)在不限制前款规定的一般原则的前提下,部长可就指定安全程序提供者或指定安全程序或与之有关的程序或记录的跨境承认制定规例,包括以下要求:

(a)与指定安全程序提供者的互相操作性安排有关。

(b)指定安全程序提供者是否符合本法规定的指定安全程序提供者登记、认证或许可的有关要求。

(c)指定安全程序、流程或记录满足本法规定的指定安全程序、流程或记录(视情况而定)的有关要求。

(d)相关流程或记录经依本法登记、认证或许可的指定安全程序提供者担保。

(e)以下程序系依新加坡境外推出的特殊登记、认证或许可安排(视情况而定)而进行:

(i)指定安全程序提供者的登记、认证或许可;

(ii)流程的指定;

(iii)记录的登记。

(f)指定安全程序提供者、指定安全程序、流程或记录可以依据新加坡缔结的双边或多边协定得到承认。

(4)依本条规定的规例,可以规定违反规例的行为,即属犯罪。一经定罪,可处以不超过五万元的罚金,单处或并处不超过十二个月的监禁刑。

第二十三条　管理人可就合规作出指令

(1)管理人可通过书面通告,指令指定人员或其高级职员、雇员、受权代表人:

(a)采取或停止通告中指明的行为,采取或停止该行为系保证遵守本章规定所需;

(b)在紧急情况下,与管理人认为有必要的其他指定人员或公共机构合作。

(2)未遵守依前款规定发布通告中的任何指令的,即属犯罪,一经定罪,可处以不超过五万元的罚金,单处或并处不超过十二个月的监禁刑。

(3)对是否存在本条第一款第二项规定的紧急情况的有争议的,部长签署并交付指定人员的证明系其所载事项的确凿证据。

第二十四条　调查权

(1)管理人或受权的工作人员,可就指定人员或其高级职员、雇员或受权代表人的行为是否符合本章规定进行调查。

(2)为实施前款,管理人可向指定人员或其高级职员、雇员或受权代表人签发书面命令,进行依本款规定的进一步调查或确保其遵守本章规定,此种命令包括命令提供者出示由其保存的记录、账册、数据和文件,管理人或受权的工作人员可对此类材料进行检查并复制。

第五章　公共机构使用电子记录与电子签署

第二十五条　接受文书电子存档与签发

(1)公共机构依据制定法进行下述行为的,即使制定法中存有相反规定,亦可以电子记录方式或电子形式履行该职能:

(a)接受文书的提交,或以任何形式获得信息;

(b)要求文书的制作与保存;

(c)要求文书、记录或信息以原始形式提供或留存;

(d)签发准许令、许可令或批准令;或

(e)要求以任何支付方式和方法支付规费、收费或其他费用。

(2)公共机构决定通过电子记录或以电子形式履行前款职能的,公共机构应明确下列事项:

(a)电子记录存档、制作、留存、签发与提供的方式与格式;

(b)对于须签署的电子记录,电子签署所要求的类型(包括在适用的情况下,要求发件人使用特定类型的安全电子签署);

(c)电子签署附于电子记录的方式与格式,以及提交文件之人所使用的特定安全程序提供者的身份或应达到的标准;

(d)适用此种控制流程和程序,应与确保电子记录或电子支付的完整性、安全性和保密性的目的相当;以及

(e)电子记录或电子支付所要求的其他属性,此种属性与相应纸质文书现行有效的属性相同。

(3)为免生疑问,尽管制定法存在相反规定,但在符合前款规定的情况下,制定法要求任何人从事的下述行为:

(a)以任何形式向公共机构提交文书或提供信息;

(b)为公共机构制作或留存文书;

(c)在向公共机构提出申请、发出通知或从事其他交易时,使用规定的形式;

(d)以其原始形式向公共机构提供或保存文书、记录或信息;

(e)持有公共机构作出的准许令、许可令或批准令;

为上述目的而由公共机构制定的电子记录亦满足要求,并且:

(f)对于本款第一项、第三项或第四项规定的要求,应视情况以公共机构指定的方式传输或留存;

(g)对于本款第二项规定的要求,应视情况以公共机构制定的方式制作或留存;

(h)对于本款第五项规定的要求,应由公共机构签发此种命令。

(4)除本法第九条和第十条另有规定外,本法并不强制要求公共机构以电子记录形式接受或签发任何文书或信息,也不强制要求公共机构接受电子形式的付款。

第六章　网络服务提供者的法律责任

第二十六条　网络服务提供者的法律责任

(1)除本条第二款另有规定外,就第三方以电子记录形式承载的材料而言,网络服务提供者并不仅因其提供访问而承担法律规则项下的民事或刑事责任,包括因下列行为而产生的责任:

(a)制作、出版、传播或发表此类材料或基于此类材料而作出的声明;或

(b)侵犯此类材料所具有的或与之相关的权利。

(2)除本条第二款另有规定外,就第三方以电子记录形式承载的材料而言,网络服务提供者并不仅因其提供访问而承担《新加坡2012年个人数据保护法》项下的责任。

(3)本条规定不影响:

(a)任何合同项下的义务;

(b)依许可或其他制定法规定的监管体系,网络服务提供者应承担的义务;

(c)制定法或法庭施加的删除、阻断或拒绝访问材料的义务;或

(d)网络服务提供者依《新加坡2021年版权法》第九十七条规定的侵权应承担的责任。

(4)本条中:

"提供访问",就第三方材料而言,是指提供用以访问第三方材料的必要技术手段,包括为提供访问之目的自动临时储存第三方材料;

"第三方",就网络服务提供者而言,是指提供者不能有效控制的人。

第七章　一 般 规 定

第二十七条　管理人与其他官员的任命

(1)为实施本法,部长可任命任何人为管理人。

(2)管理人应依部长的一般或特别指令,履行本法或其他制定法规定的职责,并行使本法或其他制定法赋予的权力。

(3)在征询部长意见后,管理人可以部长的名义或职位任命一定数量的副管理人、管理人助理以及其他官员,以协助管理人履行本法规定的管理人职责,行使本法规定的管理人权力。

(4)管理人可以委托依前款规定任命的人员,行使本法规定的管理人权力(本条授予的权力除外),履行本法规定的管理人职责,但须符合管理人规定的条件与限制。

(5)在行使本法规定的与执行有关的权力时,受权官员须应请求向被执行人出示由管理人签发的授权书。

(6)管理人、依本条第三款任命的官员,以及经受权官员视为《新加坡1871年刑法典》中规定的公务员。

第二十八条　保密义务

(1)除符合以下条件的披露情形以外,任何人不得披露其根据本法履行职责或行使权力而获取的信息:

(a)提供信息一方的准许,如果所涉信息属第三人的机密信息的,还应征得该第三人的准许;

(b)为管理或本法执行之目的;

(c)为协助公务人员或其他法定机构官员依制定法调查或起诉任何犯罪之目的;

(d)遵守法庭或任何制定法条款的要求。

(2)就本条而言,所提及的披露信息之人包括允许他人访问任何电子记录、账册、登记簿、通信、信息、文件或其他材料之人,且此类材料均由该人依本法规定履行其职责或行使其权力获得的。

(3)任何人违反本条第一款的规定,即属犯罪。一经定罪,可处以一万元以下的罚金,单处或并处不超过十二个月的监禁刑。

第二十九条　计算机与数据的访问

(1)管理人或受权官员有权随时从事以下行为:

(a)管理人有合理理由怀疑计算机系统及附属设施或材料的使用与本法规定的任何罪行有关的,可以访问该计算机系统及附属设施或材料,并检查其运行情况;

(b)使用该计算机系统,并搜索该计算机系统中包含或可用的数据。

(2)管理人或受权官员有权要求下列人员为实现前款工作,向其提供合理的技术和其他方面的协助:

(a)管理人或受权官员有合理理由怀疑以特定方式使用计算机的人或代表其使用计算机的人;

(b)负责计算机、附属设施或材料运行的人,或以其他方式与之相关的人。

(3)任何人有以下行为的,即属犯罪。一经定罪,可处以不超过两万元的罚金,单处或并处不超过十二个月的监禁刑:

(a)阻碍管理人及受权官员依本条第一款合法行使权力的;

(b)未能遵循本条第二款要求的。

第三十条 提供文件等材料

为执行本法,管理人或受权官员有权从事下列行为:

(a)要求任何与本法项下的犯罪有关的人员提供身份文件;

(b)进行必要的调查,以确定行为是否符合本法相关条款。

第三十一条 阻碍管理人或受权官员

任何人阻碍、妨碍、攻击或干涉管理人或受权官员履行本法规定职能的,即构成犯罪。

第三十二条 法人等犯罪

(1)有证据证明以下事实存在的,法人构成本法规定的犯罪,相关主管人员与法人均属犯罪,据此可被提起法律程序并受到相应处罚:

(a)该罪行系经法人团体的主管人员同意或默许;或

(b)可归因于其疏忽大意。

(2)法人的相关事务由其成员管理的,就与管理职能有关成员的作为与不作为,前款规定适用,此时该成员视为法人董事。

(3)有证据证明以下事实存在的,合伙企业构成本法规定的犯罪,合伙人与合伙企业均属犯罪,据此可被提起法律程序并受到相应处罚:

(a)该罪行系经合伙人的同意或默许;

(b)可归因于其疏忽大意。

(4)有证据证明以下事实存在的,非法人组织(不包括合伙企业)构成本法规定的犯罪,相关主管人员或其管理机构成员与非法人组织均属犯罪,据此可被提起法律程序并受到相应处罚:

(a)该罪行系经非法人组织的主管人员或其管理机构成员同意或默许;

(b)可归因于该主管人员或管理机构成员的疏忽大意。

(5)本条中:

"法人团体",包括有限责任合伙企业;

"主管人员":

(a)就法人团体而言,是指董事、合伙人、管理委员会成员、总经理、管理人、秘书或其他具有类似职务的人,且包括声称具有此种行为能力的人;

(b)就非法人组织(不包括合伙企业)而言,是指该非法人组织理事会的理事长、秘书或其他成员,或与之具有类似职位的人,且包括声称具有此种行为能力的人。

"合伙人",包括声称以合伙人身份行事的人。

(6)在经过部长认为适当的修改后,可以制定规例,将本条的任何规定适用于依据新加坡域外法律成立或承认的任何法人团体或非法人团体。

第三十三条 一般罚则

任何人实施本法未明确规定处罚的犯罪的,一经定罪,处不超过两万新元的罚金,单处或并处不超过六个月的监禁刑。

第三十四条　检察官的同意

本法规定的犯罪未获检察官同意不得被起诉。

第三十五条　法院管辖权

尽管《新加坡 2010 年刑事诉讼法典》存在相反规定，地区法院仍对本法规定的犯罪行为有管辖权，并有权对其处以一切刑罚或惩罚。

第三十六条　犯罪的私了

(1)管理人可以自行了结本法规定的可了结的犯罪，向被合理地怀疑犯了该罪行的人收缴不超出下列两款中数额较少的金额：

(a)该犯罪规定的最高罚金数额的一半；

(b)五千新元。

(2)收缴上述款项后，不得就该犯罪对该人员进行后续法律程序。

(3)部长可制定规例规定可自行了结的犯罪。

第三十七条　豁免权

部长可在公报上颁布命令，豁免任何个体、或任何类别个体执行本法规定，但须符合部长认为适当的条款或条件。

第三十八条　规例

部长通过制定规例，规定本法有待规定的事项(第十六条之十七和第二十二条除外)，并就本法条文的执行(第十六条之十七和第二十二条除外)进行一般性规定。

第三十九条　过渡期条款

(1)除本条第二款另有规定外，本法适用于 2010 年 7 月 1 日起一切与电子记录相关的行为或交易，包括电子记录的生成、签署和通信。

(2)对于下列发生于 2010 年 7 月 1 日前的行为，本法规定并不影响电子签署或电子记录的处理(视情况而定)：

(a)依据已经废止的《电子交易法》(新加坡制定法汇编第八十八章，1999 年修订版本)(以下简称已废止法)的第八条，电子签署可被视为已符合电子签署或规定文件未经签署的法律后果的法律规则；

(b)根据已废止法第九条，电子记录可被视为符合留存文件、记录或信息的要求的法律规则；

(c)根据已废止法第十五条，电子记录可被视为已经发出或接收。

附表一　第四条规定的不适用情形

第一栏	第二栏
条文	事项
1. 本法第二章	遗嘱的订立或执行
2. 本法第二章	商业凭据的创设、履行或执行，信托声明或委托声明，默示信托、推定信托和归复信托除外

3. 本法第二章　　出售或处置不动产或不动产有关利益的合同

4. 本法第二章　　不动产的转让或不动产权益的转让

附表二　指定安全程序

第一条　数字签署，规定在本法附表三中。

附表三　数字签署

第一章　总　　则

第一条　释义

(1)本附表中，除上下文另有所指外，下列词语的含义如下：

"经认证的核证机关"，是指依本法第二十二条制定的规例，有管理人认证的核证机关；

"非对称密码系统"，是指能够产生安全配对密码匙的系统，配对密码匙由能够产生数字签署的私人密码匙和能够核验数字签署的公开密码匙组成；

"证书"，是指由核证机关为证明数字签署的目的而发出，且该数字签署的用意是确认持有某特定配对密码匙的人的身份或其他主要特征的；

"核证机关"，是指发出证书的人；

"核证作业准则"，是指核证机关所发出的以指明其在发出证书时使用的作业实务的准则；

"对应"，就私人密码匙或公开密码匙而言，是指属于同一配对密码匙；

"数字签署"，是指使用非配对密码系统和杂凑函数对电子记录的转换组成的电子签署，使持有原本未经数据转换的电子记录及签署人的公开密码匙的人能据以确定：

(a)该转换是否由使用与签署人的公开密码匙对应的私人密码匙而产生；

(b)自转换发生时起，原始电子记录是否发生变更；

"杂凑函数"，是指将一串数元配对或转换成为另一串定为杂凑结果的数元的算法，而该另一串数元通常是较小的，以使：

(a)每次输入相同记录进行该算法时，都由该记录得出相同的杂凑结果；

(b)在计算上，从该算法产生的杂凑结果中将记录推算出来或还原是不可行的；

(c)在计算上，用该算法使两项纪录产生相同的杂凑结果时不可行的。

"配对密码匙"，在非对称密码系统中，是指私人密码匙及其在数学上相关的公开密码匙，且该公开密码匙能够用于核验私人密码匙产生的数字签署；

"运行期间"，就证书而言，是指证书的有效运行期间，该期间自核证机关签发证书的日期和时间(或证书中规定的更晚日期和时间)起算，至证书中规定的失效或被提前撤销或中止的日期和时间届满；

"私人密码匙"，是指配对密码匙中用以产生电子签署的密码匙；

"公开密码匙"，是指配对密码匙中用以核验电子签署的密码匙；

"认可证书",是指依本法第二十二条第三款制定的规例所认可的证书;

"认可核证机关",是指依本法第二十二条第三款制定的规例所认可的核证机关;

"储存库",是指用于储存及检索证书及其他与证书有关信息的系统;

"撤销",就证书而言,是指自特定时间起永久终止证书的运行期间;

"登记人",是指在已签发证书中显名或识别的主体,并且其持有与列于该证书内的公开密码匙对应的私人密码匙;

"中止",就证书而言,是指自特定时间起暂时中止证书的运行期间;

"信赖系统",是指符合以下条件的电脑硬件、软件及程序:

(a)合理安全可避免遭受人侵及不当使用;

(b)在可供使用情况、可靠性及正确运行方面达到合理水平;

(c)合理适于执行其原定功能;

(d)依循获广泛接受的安全原则;

"有效证书",是指由核证机关签发且列明的登记人已经接受的证书;

"核验数字签署",就数字签署、记录和公开密码匙而言,是指能够准确确定:

(a)该数字签署使用于列于证书内的公开密码匙对应的私人密码匙而产生;并且

(b)该电子记录在其数码签署产生后未发生变更。

(2)对于管理人签发的证书和由证书核验的电子签署,本法依然适用,此时管理人可被视为经认证的核证机关。

第二条　附有电子签署的安全电子记录

根据本附表第三条的规定,如果数字签署构成安全电子签署的,则电子记录中附有数字签署的部分可视为安全电子记录。

第三条　可视为安全电子签署的数字签署

电子记录的任何部分附有电子签署时,就记录的这一部分而言,满足以下条件的,数字签署可被视为安全电子签署:

(a)数字签署在有效证书运行期限内而产生,并且由该证书中所列的公开密码匙核验;

(b)基于以下原因,证书可被视为信赖证书,该证书中包含公共密码匙与个人身份的准确结合:

(i)证书由经认证的核证机关签发,该机关的运行符合依本法第二十二条制定的规例的要求;

(ii)该证书由认可核证机关签发;

(iii)该证书由部长批准的行使核证机关职能的公共机构签发,部长可通过规例规定或明确具体条件;

(iv)当事双方明确同意在双方间(发件人与收件人)使用数字签署作为安全程序,并且该数字签署已由发件人的公开密码匙核验。

第四条　关于证书的推定

除有相反证据证明的以外,如果相关证书已由登记人接受,则经认证的核证机关、认可核证机关签发的证书中,或认可证书中列明的信息应推定为正确信息,但被确定为未经核验的登记人信息除外。

第五条　不可靠数字签署

除法律或合同另有规定外,考虑到下列因素,对数字签署的信赖在当时的情况下并不合理,信赖该数字签署的电子记录的当事人,应当承担该电子签署作为签署或已签署电子记录的认证无效的风险:

(a)信赖数字签署的电子记录的人所了解或已获通知的事实,包括在证书中或通过参考纳入的全部事实;

(b)数字签署的电子记录的价值或重要性(如果已知);

(c)信赖该数字签署的电子记录的当事人与登记人之间的交易过程,以及除电子签署外可察的可靠或不可靠的迹象;

(d)交易惯例,特别是使用信赖系统或其他电子手段进行的交易。

第六条　对证书可预见性的信赖

对信赖数字签署的当事人而言,可以预见其同样信赖包含公开密码匙的有效证书,该公开密码匙可用于核验该数字签署。

第七条　证书公开的先决条件

任何人不得公开证书或以其他方式向他人提供证书,此人一旦获知该证书即可信赖该证书或信赖可依据证书所列明的公开密码匙核验的数字签署,如果此人获知以下事项:

(a)证书中列明的核证机关并未签发该证书;

(b)证书中列明的登记人未接受该证书;

(c)证书已被中止或撤销,除非此类公开是为检验在中止或撤销前产生的数字签署的目的。

第八条　以欺诈或非法之目的公开

因欺诈或非法目的,故意制作、公开或以其他方式提供证书,即属犯罪,一经定罪,可处以不超过两万元的罚金,单处或并处不超过二年的监禁刑。

第九条　虚假或未经授权的请求

为申请证书或中止或撤销证书,故意向核证机关虚报其身份或授权,即属犯罪。一经定罪,可处以不超过一万元的罚金,单处或并处不超过六个月的监禁刑。

第十条　建议信赖限度

(1)经认证的核证机关或认可核证机关在向登记人签发证书时,须在证书中规定建议信赖限度。

(2)经认证的核证机关或认可核证机关可在其认为合适的情况下,在不同证书中规定不同的建议信赖限度。

第十一条　经认证的核证机关的责任限制

除经认证的核证机关或认可的核证机关放弃适用本条规定的情形以外,前述机关对下列事项不承担责任:

(a)因信赖登记人的虚假或伪造的数字签署而造成的一切损失,前提是就该虚假或伪造的数字签署而言,经认证的核证机关或认可的核证机关的行为达到了本法规定的要求;

(b)因下列任何原因造成的超过证书中规定的建议信赖限度的数额：

(i)因信赖证书中所载事实的错误陈述而造成的损失，该事实需在经认可的核证机构或公认的核证机构得以确认；

(ii)不符合本附表第十四条和第十五条关于签发证书的要求。

第二章　核证机关的职责

第十二条　信赖系统

核证机关在提供服务时，必须使用信赖系统。

第十三条　信息公开

(1)核证机关应披露以下信息：

(a)包含与该核证机构用于对另一证书进行数字签署的私人密码匙对应的公开密码匙的证书(本条中简称核证机关证书)；

(b)相关核证作业准则；

(c)核证机关证书中止或撤销的通告；

(d)其他对该核证机关签发证书的可信赖度或该核证机关提供服务能力产生重大不利影响的事实。

(2)发生对核证机关的信赖系统或核证机关证书产生重大不利影响的事件时，核证机关应：

(a)尽合理努力告知已知道或可能预见将受该事件影响的当事人；

(b)依核证作业准则中规定的处理此类事件的程序处理。

第十四条　证书的签发

(1)仅在核证机关完成以下事项后，核证机关可向潜在登记人签发证书：

(a)收到潜在登记人的签发请求；

(b)并且满足以下条件之一：

(i)核证机关有核证作业准则的，符合核证作业准则中规定的所有作业流程和程序，包括潜在登记人识别程序；

(ii)核证机关没有核证作业准则的，符合本条第二款规定的条件。

(2)核证机关没有核证作业准则的，应亲自或由其授权代理人确认：

(a)潜在登记人是待签发证书中列明的当事人；

(b)潜在登记人系通过一个或多个代理人行事的，登记人授权代理人保管其私人密码匙并请求签发列有对应公开密码匙的证书；

(c)待签发证书中信息的准确性；

(d)潜在登记人合法持有与证书中列明的公开密码匙对应的私人密码匙；

(e)潜在登记人持有的私人密码匙可用于产生数字签署；

(f)证书中列明的公开密码匙可用于核验数字签署，该数字签署由潜在登记人持有的私人密码匙所生成。

第十五条　签发证书时的陈述

(1)核证机关通过签发证书的行为，向合理信赖于证书或经证书中所列的公开密码匙核验的数字签名的当事人表明,核证机关签发的证书符合以参考方式纳入证书中的,或当事人已获通告的核证作业准则的规定。

(2)核证机关没有核证作业准则的,核证机关应表明其已经确认下列事项:

(a)核证机关符合本法规定的签发证书的所有要求,并且核证机关公布证书或以其他方式向此类合理信赖的当事人提供证书,须经证书中列明的登记人认可;

(b)证书中确定的登记人持有与证书中列明的公开密码匙对应的私人密码匙;

(c)登记人的公开密码匙和私人密码匙构成一个有效的配对密码匙;

(d)证书中的所有信息准确,除非核证机关声明在证书或以参考方式纳入证书的特定信息的准确性未经确认;

(e)核证机关并不知道任何关键事实,此类事实一旦纳入证书,将对本款第一项至第四项陈述的可信赖性产生不利影响。

(3)核证作业准则适用,且以参考方式纳入证书,或当事人已获通告的,前款规定准用于不与核证作业准则相抵触的陈述。

第十六条　证书中止

除非核证机关与登记人另有约定,签发证书的核证机关在收到有理由认为是下述人员的请求时,应尽快中止该证书:

(a)证书中所列的登记人;

(b)经正式授权代表该登记人行事的人;

(c)以登记人名义行事但未经登记人授权的人。

第十七条　证书的撤销

核证机关应撤销在以下情形下签发的证书:

(a)收到证书中列明的登记人的撤销申请,且确认请求撤销人系登记人或登记人授权提出撤销请求的代理人后;

(b)收到登记人死亡证明的经核验副本后,或基于其他证据确认登记人死亡后;

(c)出示登记人解散的文件后,或基于其他证据确认登记人已经解散或不再存在后。

第十八条　无须征得登记人同意的撤销

(1)核证机关能够确认存在以下情形的,无论证书中列明的登记人是否同意,登记机关均应撤销证书:

(a)证书中陈述的关键事实是虚假事实的;

(b)未满足签发证书要求的;

(c)核证机关的私人密码匙或信赖系统破坏,实质性影响证书可信赖程度的;

(d)登记人个体死亡的;

(e)登记人已经解散、清算或以其他方式不再存在的。

(2)除前款第四项和第五项的情形外,证书一经撤销,核证机关应立即通知已撤销证书中列明的登记人。

第十九条　中止通告

(1)核证机构中止证书后,应立即在为发布中止通告而在证书中指定的储存库中发布已签署的中止通告。

(2)指定一个或多个储存库的,核证机关应在所有指定储存库中发布已签署的中止通告。

第二十条　撤销通告

(1)核证机构撤销证书后,应立即在为发布撤销通告而在证书中指定的储存库中发布已签署的撤销通告。

(2)指定一个或多个储存库的,核证机关应在所有指定储存库中发布已签署的撤销通告。

第三章　登记人义务

第二十一条　生成配对密码匙

(1)由登记人生成配对密码匙的,其公共密码匙将列入由核证机关签发并由登记人接受的证书中,则登记人应使用信赖系统生成该配对密码匙。

(2)本条不适用于使用经核证机关批准的系统生成配对密码匙的登记人。

第二十二条　获得证书

为获得证书,登记人向核证机关作出的一切重要陈述,包括登记人知晓且在证书中展示的一切信息,无论此类陈述是否得到核证机关的确认,均应在其可知可信的范围内尽最大努力保证其准确与完整。

第二十三条　接受证书

(1)登记人的下述行为可视为其接受证书:

(a)公开或授权公开证书:

(i)向一人或多人公开;

(ii)在储存库中公开。

(b)其他能够证明登记人在知晓或已获通知证书内容的情况下同意接受证书。

(2)证书中列明的登记人,以接受其本人或核证机关签发的证书的方式,向合理信赖证书中所包含的信息的人证明:

(a)登记人合法拥有与证书中所列的公开密码匙对应的私人密码匙;

(b)登记人向核证机关所做的陈述以及证书中所列信息的材料是正确的;并且

(c)证书中的信息在登记人所指范围内是正确的。

第二十四条　私人密码匙的管理

(1)接受核证机关签发的证书后,证书中确定的登记人负有采取合理谨慎措施的义务,以保持与证书中列明的公开密码匙对应的私人密码匙的管控,并防止披露该私人密码匙,使他人可以未经授权产生登记人的数字签署。

(2)在证书的运行期间以及证书中止期间,该义务均应适用。

第二十五条　发起证书中止或撤销请求

在与证书中所列的公开密码匙对应的私人密码匙遭到破坏时,已经接受证书的登记人应尽快请求核证机关中止或撤销该证书。

附表四　指 定 人 员

第一条　核证机关,规定在附表三第一条中。

新加坡养老机构法

韩　驰　译*

《新加坡养老机构法》译介

养老问题是人口老龄化社会面临的重要问题,人口结构的变化与社会经济的发展,使养老需求与养老服务供给之间存在较大缺口。为缓解政府提供养老服务的压力,促使社会力量能够提供不同层次需求的养老服务,新加坡于1988年首次颁行养老机构法,对养老机构的设立、运行和维护进行监管和许可,经过三十余年的运行,已经逐渐形成了一套健全的法律制度体系,现行有效的《新加坡养老机构法》是2020年修订的版本。

按照《新加坡养老机构法》的定义,养老机构是指任何目的是或者被认为是为5个及以上的老年人提供食宿和私人护理的场所,此类机构服务的对象是60岁以上的老年人士,至于这些在养老机构中生活的老年人是否健全在所不问,但养老机构本身不能构成医护卫生场所、专用于护理康复人员的场所或专用于接收和照顾临终或者末期疾病患者的处所(第2条)。养老机构的经营者必须获得社会福利署的许可才能经营,否则相关经营者即构成犯罪(第4条),对于取得运营资质的养老机构而言,被许可的运营者还必须在显著位置长期展示其获得的现行有效的许可(第9条)。

在新加坡经营养老机构需要符合许多条件,否则不能取得许可证,即便获得许可证以后,也会被撤销或中止许可。例如,申请人、受雇于或者拟受雇于申请人从事机构或者部分机构管理工作的人适于运营或受雇;相关处所的建筑情况、维修状态、住宿条件、人员配备或者内部设施等适宜作为养老机构使用;运营机构要能够为老年人提供服务与便利(第5条);达到最低住所标准;建筑结构没有火灾风险;灭火设施、逃生手段等预防措施符合作为养老机构的最低标准;护理水平;非歧视;保障住户身心健康;环境安全卫生;运营模式恰当等(第6条)。养老机构在运营期间,被许可的运营者还负有接受督查(第14条)、遵守署长有关器材与设备的指令(第15条)、提供信息(第16条)等义务,怠于履行此类义务也会构成《养老机构法》项下的犯罪。

最后,养老机构运营者的退出机制也具有严格规定。养老机构的被许可人不得自由决定将许可转让,确需转让的,被许可人和许可拟受让人必须共同签署书面申请,署长通过背书许可或以其他书面形式许可才可以将许可转让(第10条);一旦被许可人丧失相关处所的所有

---

* 译者:韩驰,华东政法大学硕士研究生。

权或不再承租该处所的，养老机构许可即不再有效(第12条)。被许可人死亡的，相关许可经申请并获署长背书许可或以其他书面形式许可的，可以转让给被许可人遗嘱执行人或遗产管理人为此目的提名的人，没有相关申请的，该运营许可在一定期限届满后，即告失效(第11条)。

本法旨在对养老机构进行监管、许可和督查，并规范相关目的事宜。

(1989年2月1日)

第一条　简称

《新加坡1988年养老机构法》可简称为本法。

第二条　释义

本法中，除上下文另有所指外，下列词语的含义如下：

“署长”，是指社会福利署署长，以及经署长授权依本法或其规例，履行署长义务或者行使署长权力的人。

“养老机构”，是指任何目的是或者被认为是为五个及以上的老年人提供食宿和私人护理的场所，无论这些老年人是否健全，但不包括下列场所：

(a)构成任何处所(包括待产院)部分的处所，该处所系专门用于或者拟用于需要医疗或者患病人员的接收、住宿和护理；

(b)专门用于或者拟用于接收因任何疾病、受伤或身体虚弱而遭受痛苦或者正在康复中的人员，并为其提供护理的处所；

(c)专门用于接收和照顾临终或者末期疾病患者的处所；

(d)其他规定的其他处所。

“许可”，是指依据本法第四条颁发有关场所的许可，“获准人”(licenced)与“被许可人”(licencee)具有相同含义。

“老年人士”，是指年龄在六十岁及以上的人士。

“住户”，就养老机构而言，是指居住在养老机构的老年人士，但养老机构的工作人员除外。

第三条　本法适用的机构

(1)本法仅适用于养老机构；

(2)除本法另有规定外，署长可以根据养老机构经营者的申请，批准年龄在五十岁至六十岁之间的人士进入该机构。

第四条　养老机构的许可

(1)任何人未依据本法规定获准经营养老机构，即属犯罪。一经定罪，将处以不超过五千新元的罚金，单处或者并处不超过两年的监禁刑。

(2)颁发许可证的申请应采取署长批准的形式。

(3)除本条和第五条另有规定外，署长在收到符合前款要求的申请后，申请符合署长认为合适的条件下，必须向申请机构颁发许可证。

(4)获准机构不遵守前款规定的任何条件的,机构经营者即属犯罪,一经定罪,将处以不超过五千新元的罚金。

第五条　拒绝颁发许可证

署长认为有以下情形发生的,可以拒绝颁发许可证:

(a)无论出于年龄或者其他原因,申请人、受雇于或者拟受雇于申请人从事机构或者部分机构管理工作的人,不适宜运营或者受雇于该申请机构;

(b)用于与养老机构有关的任何机构或者处所,因与当前情势、建筑情况、维修状态、住宿条件、人员配备或者内部设施相关原因,不适宜作为养老机构使用;

(c)拟运营的机构不能为老年人提供合适的服务或者便利。

第六条　撤销许可与中止许可

(1)存在下列情形时,署长可以撤销或者中止将任意处所用于养老机构的许可:

(a)出现本法第五条中规定的情形。

(b)被许可人违背署长依据本法第十五条第一款或者第十五条第二款发布的指令。

(c)处所不再用作养老机构。

(d)该机构不符合规定的最低住所标准。

(e)署长认为该机构的建筑结构具有火灾风险,或者现有的灭火设施、提供的逃生手段,避免火灾、灭火设施或者其他保护住户免遭火灾的预防措施,不符合作为养老机构的最低标准。

(f)如署长认为:

(i)为住户提供的护理不能达到标准;

(ii)任何住户在该养老机构中受到虐待或者忽视,因此,给住户造成不必要的痛苦或者长期损害住户的身心健康;

(iii)住户居住的环境不安全或者不卫生;

(iv)养老机构的处所状况或者管理与运营模式不当,为了住户的利益或者公共利益需要撤销许可证。

(g)养老机构不符合本法或其规例对于机构工作人员的要求。

(h)未按署长要求维修或更换养老机构的处所。

(i)被许可人因违反本法或其规例而被定罪,或者被许可人未能遵守署长依据本法作出的任何指令。或

(j)被许可人违反或者未能遵守许可证中明确的条件。

(2)在撤销或者中止许可前,署长须通知被许可人拟撤销或拟中止许可的原因,须为被许可人提供陈述申辩的机会,以说明不应撤销或者中止许可的理由。

第七条　申诉

对署长依据本法第五条或者第六条作出的决定不服的,可以在决定送达之日起二十一日内向部长申诉,部长对该申诉的决定具有终局性。

第八条　许可期间

(1)就许可而言,如果规定许可费用的,被许可人须向署长缴纳许可费用。

(2)除提前撤销许可外,许可证的有效期为自许可证颁发之日起两年,被许可人可通过新

许可证的发放续展许可。

第九条　公示许可证

(1)被许可人须在显著位置长期展示其获得的现行有效的许可,以便任何进入该许可证所涉处所的所有人能够看到。

(2)被许可人违反前款规定,即属犯罪。一经定罪,可处以不超过一千新元的罚金。对于继续犯罪的被许可人,可在定罪后继续犯罪的期间处以每日不超过一百新元的进一步罚金。

第十条　许可转让

应养老机构被许可人和许可拟受让人签署的书面申请,署长可通过背书许可或者其他书面形式,将许可转让给该拟受让人,转让后此人即成为该养老机构的被许可人。

第十一条　因被许可人死亡而转让或者撤销许可

(1)养老机构的被许可人或者唯一存活的被许可人死亡的,其尚存配偶、家庭成员或者亲属应在其死亡二十一日内向署长通报,在署长认为合适的情形下,可以通过背书许可或者其他书面形式,将许可转让给已故被许可人的遗嘱执行人或遗产管理人为此目的提名的人,转让后此人即成为该养老机构的被许可人。

(2)除第四款另有规定外,除非依据本条或者本法第六条的规定撤销许可,否则在依前款规定转让许可前,依据本法该养老机构仍为获准养老机构。

(3)被许可人或者唯一存活的被许可人在死亡后三个月内,并未依本条第一款转让该许可的,署长可以其名义在《新加坡政府公报》上发布公告撤销许可,撤销许可后,该养老机构不再是获准养老机构。

(4)被许可人或者唯一存活的被许可人死亡后二十一日期间届满前,署长未收到依本条第一款向其发出的通报的,在此期间届满后该养老机构不再是获准养老机构。

第十二条　因被许可人处置机构而终止许可

除本法第十条和第十一条另有规定外,被许可人不再是许可所涉机构的所有权人或者承租人的,该许可不再发生效力。

第十三条　登记簿

(1)署长须保存并维护载有所有持有许可证的养老机构的登记簿。

(2)署长认为对执行本法确有必要的,可要求被许可人保存并维护载有机构住户和工作人员信息的登记簿。

第十四条　督查

(1)署长可随时造访督查养老机构,或者任何署长怀疑或有理由相信用作养老机构的处所,检查一切器材、装置、设备或工具,或者与养老机构有关的账册、文件或记录,并就与本法有关的事项询问在该养老机构或处所中的人。

(2)任何人阻止或妨碍或者试图阻止或妨碍署长行使前款权力,即属犯罪。一经定罪,可处以不超过两千新元的罚金,单处或并处不超过一年的监禁刑。

第十五条　有关器材与设备的指令

(1)署长认为养老机构中使用的器材、装置、设备或工具具有危险性,或者对养老机构中的任何人有害,或者其他原因不宜使用的,署长可以通知的形式指令被许可人停止使用。

(2)署长可以通知的形式指令养老机构的被许可人,安装或者更换通知中指明的器材、装置、设备或工具。

第十六条　信息提供义务

(1)署长可随时要求养老机构的被许可人提供下列有关信息:

(a)工作人员与住户;

(b)养老机构中使用的器材、装置、设备与工具;

(c)住户的条件和待遇;

(d)养老机构的处所、住宿条件和环境;

(e)其他与本法相关的事项。

(2)被许可人在收到要求后,有下列行为的,即属犯罪。一经定罪,可处以不超过两千新元的罚金:

(a)拒绝提供或者未能按要求提供署长要求信息的;

(b)提供虚假或误导性信息的。

第十七条　法人犯罪

法人构成本法规定的犯罪,并且有证据证明该罪行系经法人的董事、经理、秘书或类似职务的人,或者声称其具有该行为能力的人之同意或默许,或者可归因于上述人员的疏忽的,此人与法人均属犯罪,据此可被提起法律程序并受到相应处罚。

第十八条　信息披露的限制

除履行职责外,任何人向他人披露其依据本法获取或者向其提供的信息的,即属犯罪。一经定罪,可处以不超过两千新元的罚金。

第十九条　豁免规定

(1)依据部长规定的条款或条件,部长可以豁免任何场所执行本法全部或部分条款的义务。

(2)依前款规定授予的豁免权可被随时撤回。

第二十条　规例

(1)依本法要求,并为执行本法的目的和规定,部长可以制定相关规例。

(2)在不限制前款规定的前提下,部长可就下列事项或相关事项制定规例:

(a)为实施本法的表格、费用和登记簿;

(b)养老机构中住户与工作人员的记录;

(c)被许可人的义务与责任;

(d)养老机构中的护理人员和其他工作人员的人数和资质的要求;

(e)养老机构中使用的器材、装置、设备和工具的提供与维护;

(f)养老机构中提供的设施与服务;

(g)授权署长限制可进入养老机构的各类人士的人数,使养老机构的许可符合一定条件,即养老机构接收的人数不得超过依据规例确定的人数;

(h)养老机构的住宿、卫生和其他设施的最低标准;

(i)养老机构的整洁及卫生程度;

(j)养老机构住户的安全与福利;

(k)对养老机构的管理、监管、监督和看管;

(l)养老机构发生事件的通报；

(m)养老机构的一般行为准则。

(3)依本条制定的规例可以：

(a)禁止未经署长同意实施的特定行为；

(b)授权署长要求或者禁止实施特定行为；

(c)按照署长要求实施特定行为。

(4)署长可书面通知养老机构的被许可人，全部、部分或者有条件豁免该养老机构执行规例中的要求，署长可以修改或者撤回该书面通知。

新加坡外国人力雇佣法

刘　攀　译*

《新加坡外国人力雇佣法》译介

《新加坡外国人力雇佣法》于2009年7月31日进行修订。该法对外籍人员在新加坡境内就业提供了法律依据，并对在新外国人力雇佣的释义、工作准证、执行、犯罪行为、违法行为、个人身份识别码附表等各类事项作出规定。

该法对所涉主体有明确规定。在该法中，具有职权的公职人员，包括主管、雇佣检查员、受权官员。其中，"主管"是指依据该法第3条任命的工作准证主管；"雇佣检查员"是指主管和依据第3条任命为雇佣检查员的任何人；"受权官员"是指就该法条款而言，部长为实施此条款而受权的公职人员。此外，"雇主"是指雇佣外籍雇员的任何人，包括：(a)就申请工作准证而言，任何有意或声称有意雇佣外籍雇员的雇主；(b)如果外籍雇员持有或过去持有有效工作准证，工作准证中指定为该外籍雇员的雇主。"外籍雇员"包括：(a)在新加坡寻找或被提供就业机会的任何外籍人员，从事自营职业的外籍人员除外；(b)经公报刊登公告，由部长指明的其他人员或人员分类。"自营职业的外籍人员"是指外籍人士未按照服务合同受雇，而从事或有意从事以下活动，包括：(a)为了获利或其他目的，从事或有意从事任何行业、职业或专业；(b)任何为在新加坡获利而进行其他活动的外籍人士。除上述主体外，该法对其他术语也有明确释义。如"工作准证"是指主管依据第七条在规定类别的工作准证中予以签发的工作准证。"个人身份识别码"，是指规定在附表中的识别码(包括任意的数字形式)。对此，部长可以在公报上发布命令修改附表。

该法对主管和雇佣检查员等的任命作出详细规定。在该法中，部长可以任命一名工作准证主管，该主管拥有该法赋予的职能和职权，以及为协助主管适当履行其职能，部长可以必要地增设副主管和主管助理。此工作准证副主管和主管助理拥有并可行使和履行依据该法授予给主管的全部职权、职责和职能(第3款规定授权的权力除外)，但须遵守主管认为合适的合理限制。部长也可以任命其认为合适的雇佣检查员。此外，主管可将本法授予的全部或部分职能或职权(除本款规定的授权权力以外)授权给一名或多名受权官员行使，但须遵守该法规定的或由主管以书面形式规定的条件或限制；本法中凡有关主管的规定，应同样适用于受权官员。上述主管、副主管、主管助理和雇佣检查员均应视为《新加坡刑法典》(第二百二十

---

* 译者：刘攀，华东政法大学硕士研究生。

四章)意义上的公务员。

该法中的工作准证是外籍雇员在新加坡就业的形式要件,对此该法在"禁止雇佣无工作准证的外籍雇员""工作准证申请""工作准证有效期""保管工作准证"等方面有详细规定。关于"申请工作准证",该法明定每份工作准证申请均应满足:(a)该工作准证属于部长规定的工作准证类型的,由该类别工作准证规定的人员制作;(b)采用主管可能指定的形式;(c)一并缴纳规定的费用(如有);(d)一并提交主管可能要求的信息、声明和文件。主管在收到上述申请后可以:(a)附加或不附加条件签发工作准证;(b)拒绝签发工作准证。在支付规定的续期费后,主管可以在其决定的期限内将工作准证续期,该期限自如果无续期本应过期的第二天开始。值得一提,除持有有效工作准证外,外籍人士不得成为自营职业者。

此外,该法赋予主管就工作准证和外籍雇员等方面的职权,但主管行使职权不得与部长依法所作规定不一致。主管根据第 7 条第 4 款决定吊销或撤回外籍雇员的工作准证的,主管须将其决定通告该外籍雇员的雇主,该雇主须在接到通知后七日内终止雇佣该外籍雇员。在外籍雇员获得工作准证后,雇主必须备存登记册。该登记册应采用主管决定的形式,并包括主管确定的详情,而该登记册须在一切合理时间开放以备雇佣检查员查阅。若主管依法决定吊销或撤回外籍雇员的工作准证的,主管须将其决定通告该外籍雇员的雇主,该雇主须在接到通知后七日内终止雇佣该外籍雇员。雇主违法不履行的,将受到相应的处罚。

就对外籍雇员或自营职业的外籍人员的征税而言,该法规定部长可在公报刊登命令,规定向外籍雇员或此类外籍雇员的雇主,或已获得工作准证的自营职业外籍人员或此类外籍人员征收命令中规定的税款。若工作准证存在以下情形,可不缴纳税款,包括:(a)已过期;(b)主管已吊销或撤销;(c)经雇主申请,主管已注销。主管可以指明追缴税款的方式和途径,若雇主或自营职业的外籍人员逾期未缴纳的,还应缴纳未支付税款的罚金。此外,主管对税款和罚金收取情况具有裁量权。主管或经主管正式授权的代表人也可具有对该到期税款和应缴罚金的追回权。

该法中,为确保受权官员和雇佣检查员依法履行职责,该法对上述受权官员和雇佣检查员的职权作了明确规定。概言之,受权官员和雇佣检查员在合理时间或有合理理由可进入和检查相关处所,要求相关人员出示相关证件或提供相关信息,依法保留任意文件,口头询问知情人员或要求其出席,也可对相关处所和人进行拍照、录音或录像等。其他任何处所占用人及其代理人应上述受权官员和雇佣检查员的要求,应提供受权官员等依法行使职权所需的一切必要便利。

关于犯罪行为,该法的犯罪主体包括法人、非法人组织(除合伙外)或合伙企业以及该法人或非法人组织的高级职员或成员或合伙企业的合伙人。对此,警察或雇佣检查员可逮捕有合理怀疑的人,并在必要限制下执行逮捕程序。此外,雇佣检查员可配备武装,有权扣押被逮捕者的攻击性武器,处置相关文件或物品。对于一般罪行,任何人犯有该法规定的违法事项,则构成罪行并处以相应处罚。就规定的违法行为而言,该法明定一般规定的违法行为和未履行规定义务的内容和相应处罚。

该法赋予主管进行调查并裁定任何人是否犯有规定的违法行为的权力,并明确在主管在法律程序中的具体职权。对已被裁定犯有规定的违法行为的任何人,主管或经主管正式授权的代表人可对未缴付的罚金或利息进行追缴。此外,若不服主管作出的裁定的,该人有权向申诉委员会提出申诉。最后,司法管辖、有代价不予起诉、格式文本等内容作为其他规定也载入该法。综上,《新加坡外国人力雇佣法》对外籍人员在新就业作出了系列规定,该法为规范和管理外籍人员在新就业提供了法律依据和秩序保障。

第一章　导　　言

第一条　简称

本法可引称为《新加坡外国人雇佣法》。

第二条　释义

除上下文另有规定外,本法中:

“申诉委员会”是指部长依据第二十五条之八由部长设立的申诉委员会。

“受权官员”是指就本法条款而言,部长为实施此条款而受权的公职人员。

“法人”包括依据《新加坡 2005 年有限责任合伙法》登记设立的有限责任合伙企业。

“建筑工程”是指建造、扩建、安装、施工、修理、维护、更新、拆迁、改造、拆卸或拆除:

(a)任何建筑物、大型建筑、超大型建筑、构筑物、墙体、围栏或烟囱,不论其全部或部分建造在地面之上或之下;

(b)任何道路、高速公路、海港工程、铁路、索道、运河或机场;

(c)任何排水、灌溉或治河工程;

(d)任何电器、水、燃气或电信工程;或

(e)任何桥梁、高架桥、大坝、水库、土方工程、管道、下水道、渡槽、涵洞、传动、竖井、隧道或填海工程,

以及包括任何构成第一款到第五款所述工程的组成部分或准备工作的,包括工地清理、土方移动、挖掘、铺设地基、现场恢复和绿化,以及经公报刊登公告,可由部长明确为施工工程的其他工程或活动。

“主管”是指依据本法第三条任命的工作准证主管。

“禁止”是指就任何人而言,依据第七条第四款第四项,其被禁止申请或发给工作准证。

“雇佣”是指为以下目的雇佣或使用他人的服务:

(a)工作;或

(b)为他人提供培训,

不论按照服务合同或其他合同,以及是否有偿。

“雇主”是指雇佣外籍雇员的任何人,包括:

(a)就申请工作准证而言,任何有意或声称有意雇佣外籍雇员的雇主;或

(b)如果外籍雇员持有或过去持有有效工作准证,工作准证中指定为该外籍雇员的雇主。

“雇佣检查员”是指主管和依据第三条任命为雇佣检查员的任何人。

“外籍雇员”是指:

(a)在新加坡寻找或被提供就业机会的任何外籍人员,从事自营职业的外籍人员除外;或

(b)经公报刊登公告,由部长指明的其他人员或人员分类。

"外籍人员"是指非新加坡公民或永久居民。

"原则上批准"是指对依据第七条第二款之一对由主管签发工作准证的申请原则上批准。

"税款"是指依据第十一条征收的税款。

"占用人"就任何处所而言,包括:

(a)自主或作为代理人运营、经营或管理全部或部分处所的;以及

(b)代表他人在此处进行工程建设或其他工程的。

"处所"包括:

(a)任何永久性的或临时性的建筑物或构筑物;

(b)任何有地上建筑或没有地上建筑的土地;

(c)任何开放或封闭的地方,包括地下和水下;

(d)任何车辆、船只或航空器;以及

(e)处所的任意部分。

"规定的违法行为"是指:

(a)任何违反第九条第一款,第二十五条第一款、第二款、第三款、第四款,或第二十五条之一第二款的行为;

(b)违反依本法制定规例的规定,而被确定为规定的违法行为;

(c)第二十五条之六所称的教唆他人实施第一项或第二项的违法行为。

"监管条件"是指原则上批准或工作准证的条件:

(a)部长规定为监管条件的;

(b)主管依据第七条规定的监管条件。

"自营职业的外籍人员"是指外籍人士未按照服务合同受雇,而从事或有意从事以下活动的:

(a)为了获利或其他目的,从事任何行业、职业或专业;

(b)任何为在新加坡获利而进行的其他活动。

"培训"是指就外籍雇员而言,针对其受雇或将受雇的工作,对其进行教学、指导或教育。

"有效的工作准证"是指依据第十二条规定有效的工作准证。

"工作准证"是指主管依据第七条在规定类别的工作准证中予以签发的工作准证。

第二条之一 "个人身份识别码"的含义

(1)本法所称"个人身份识别码",是指规定在附表中的识别码(包括任意的数字形式)。

(2)部长可在公报上发布命令修改附表,但由命令规定的其他个人身份识别码必须:

(a)为人体外部的图像、测量或记录;以及

(b)并非《新加坡1949年罪犯登记法》第十三条之一所指的需要采集体内样本才能获取的识别码。

第三条 工作准证主管和雇佣检查员等的任命

(1)部长可以任命一名工作准证主管,该主管拥有本法赋予的职能和职权,以及为协助主管适当履行其职能,部长可以必要地增设副主管和主管助理。

(1A)工作准证副主管和主管助理拥有并可行使和履行依据本法授予给主管的全部职

权、职责和职能(第三款规定授权的权力除外),但须遵守主管认为合适的合理限制。

(2)为实现本法目的,部长可以任命其认为合适的雇佣检查员。

(3)主管可将本法授予的全部或部分职能或职权(除本款规定的授权权力以外)授权给一名或多名授权官员行使,但须遵守本法规定的或由主管以书面形式规定的条件或限制;本法中凡有关主管的规定,应同样适用于受权官员。

(4)就本法而言,经公报刊登公告,受权官员可获得部长指定的头衔。

第三条之一　主管和雇佣检查员须为公务员

依据第三条任命的主管、副主管、主管助理和雇佣检查员应被视为《新加坡1871年刑法典》意义上的公务员。

第四条　豁免

部长可在公报刊登公告,免除个人或某类人遵守本法所有或部分规定。

第二章　工作准证

第五条　禁止雇佣无工作准证的外籍雇员

(1)除非外籍雇员持有有效工作准证,任何人不得雇佣外籍人员。

(2)未持有有效工作准证的外籍雇员不得受雇于雇主。

(3)除非符合外籍雇员工作准证所载条件,任何人不得雇佣该外籍雇员。

(4)在针对第一款规定的违法情形而进行的所有诉讼中,除被告人进一步证明其经过审慎调查确信该雇员国籍,被告人证明其不知道该雇员为外籍人士的,不应视为辩护理由。

(5)就前款规定而言,除非被告人已查阅该雇员的护照、身份证件或其他旅行证件,否则不应视为其已经进行审慎调查。

(6)任何人违反第一款规定的,即属犯罪,并且:

(a)一经定罪,可处以不少于五千新元不超过三万新元的罚金,单处或并处不超过十二个月的监禁;以及

(b)第二次或其后再被定罪的:

(i)如果是个人,可处以不少于一万新元不超过三万新元的罚金,并处以不少于一个月不超过十二个月的监禁;或

(ii)在其他情形下,可处以不少于二万新元不超过六万新元的罚金。

(7)任何人违反第二款规定的,即属犯罪。一经定罪,可处以不超过两万新元的罚金,单处或并处不超过两年的监禁。

(7A)任何人违反第三款规定的,即属犯罪。一经定罪,可处以不超过一万新元的罚金。

(8)就本款而言:

(a)*[2012年第24号法案删除,2012年9月11日生效]*

(b)为免生疑问,凡依据本条第六款被定罪的人,如果此前曾因违反在2007年7月1日前生效的《新加坡外国人雇佣法》(第91A章,1997年版)第五条第一款而被定罪,则前述第一次定罪应被视为第六款规定的第二次或其后再被定罪;以及

(c)在同一审判中对同一人违反第一款的所有定罪,应视为一次定罪。

第六条　雇佣推定

如果在任意处所发现外籍人员的，在相反证明成立之前，推定该处所占用人雇佣该外籍人员。

第六条之一　禁止未持有工作准证的外籍人员进入或留在工作场所

(1)负责工作场地准入的场地占用人不得允许未持有工作准证的外籍人士进入或停留在工作场所。

(2)如果在任何工作场所发现未持有有效工作准证的外籍人员的，在有相反证明成立之前，应推定该工作场所的占用人：

(a)负责工作场地的准入；

(b)允许外籍人员进入或停留在工作场所；以及

(c)明知外籍人员未持有有效工作准证。

(3)除非被告人能进一步证明其已尽努力作出如下行为，否则被告人不知道该人为外籍人员的证据不得推翻第二款的推定：

(a)阻止该外籍人员进入或停留在工作场所；

(b)经查阅其护照、身份证件或其他旅行证件，确定此人是新加坡公民或永久居民；或

(c)经查阅其工作准证原件，确定此外籍人员在关键时间持有有效工作准证件。

(4)就第三项第一目而言，除非被告人已采取一切合理措施阻止任何未持有有效工作准证的外籍人员进入或留在工作场合，包括第五款就该工作场所规定的所有措施，被告人不得视为已作出了应尽的努力。

(5)就前款规定，部长可在公报刊登公告，规定工作场所占用人所需采取的措施。

(6)任何人违反第一款规定，即属犯罪：

(a)一经定罪，处以不超过一万五千新元的罚金，单处或并处不超过十二个月的监禁；以及

(b)第二次或其后再被定罪的，处以不超过三万新元的罚金，单处或并处不超过两年的监禁。

(7)在本款中：

“占用人”，就工作场所而言，是指在工作场所承担任意施工工程的总承保商，包括部长在公报刊登公告指明为工作场所占用人的其他人员；

“总承包商”，是指为进行建造工程，或部长在公报刊登公告指明的其他工程或活动，而与业主、开发商或物业承租人或其代理人订立合约的人；

“工作场所”，是指正在施工的场所或处所，包括占用人有权进入的工作场所附近的处所。

(7A)为免生疑问，凡依据本条第六款被定罪的人，如果此前曾因违反在2007年7月1日前生效的《新加坡外国人雇佣法》(第91A章，1997年版)第六条之一第一款而被定罪，则前述第一次定罪应被视为第六款规定的第二次或其后再被定罪。

(7B)在同一审判中对同一人违反第一款的所有定罪，应视为一次定罪。

(8)本条的任何规定不妨碍任何依据本法的其他规定构成罪行作为和不作为被起诉，但任何人不得因同一罪行而被惩处两次。

第七条　申请工作准证

(1)每份工作准证申请均应:

(a)该工作准证属于部长规定的工作准证类型的,由该类别工作准证规定的人员制作;

(b)采用主管可能指定的形式;

(c)一并缴纳规定的费用(如有);以及

(d)一并提交主管可能要求的信息、声明和文件。

(2)主管在收到依据前款规定的申请后可以:

(a)附加或不附加条件签发工作准证:

(i)如果已缴付规定费用;以及

(ii)如果主管信纳,获得工作准证的外籍雇员或自营职业的外籍人员不是《新加坡1959年移民法》第八条所称的禁止入境人员;或

(b)拒绝签发工作准证。

(2A)在依据前款规定签发工作准证前,主管根据其认为合适的条件,可以原则上批准工作准证申请。

(3)在支付规定的续期费后,主管可以在其决定的期限内将工作准证续期,该期限自如果无续期本应过期的第二天开始。

(4)主管可随时:

(a)更改或撤销工作准证的任何现有条件或施加新条件;

(b)取消任何原则上批准,或更改、暂停或撤销工作准证;

(c)已缴付规定费用的,恢复已暂停或撤销的工作准证;或

(d)禁止任何人在主管决定的固定期限内申请或获得工作准证。

(4A)就本条而言,主管可以就外籍雇员:

(a)规定外籍雇员的雇主应遵守的条件:

(i)与外籍雇员的雇佣相关的;或

(ii)与外籍雇员在原则上批准或其工作准证被取消、撤销或过期后相关的;以及

(b)规定外籍雇员应遵守作为外籍雇员雇佣的条件。

(4B)依据第四款第一项或第四款之一行使任何权力时,主管不得:

(a)更改或撤销工作准证的任何现有条件,使之与部长依据第二十九条第二款第三项规定的条件不一致。

(b)在工作准证内施加任何与部长依据第二十九条第二款第三项制定的规例所规定的条件不一致的新条件;在不一致的范围内,主管更改、撤销或施加的条件均无效。

(4C)在决定是否依据第四款第四项禁止申请人申请或获得工作准证时,主管可考虑其认为适当的因素,包括但不限于:

(a)该申请人是否曾经或现在与被禁止人员一致行动或按照被禁止人员的指示行事,以雇佣外籍雇员或与雇佣任何外籍雇员有关;或

(b)该申请人是否作为被禁止人员的关系人从事与被禁止人员在实质上相似的行业或业务。

(4D)就第四款之三第二项而言：

(a)存在以下情形的，申请人构成个人的关系人：

(i)如果该申请人是个人的配偶或亲属，或是其配偶的亲属或亲属的配偶；

(ii)如果该申请人与该个人合伙，或该个人是与前述人员合伙的任何其他人员的配偶或亲属。

(iii)如果该申请人雇佣该人，或该人雇佣该申请人，以及为此目的，任何下属申请人的董事或其他高级人员须视为受雇于该公司；

(b)信托受益人包括该个人或该个人的关系人，或该信托条款授权受托人可为该个人或该个人的关联人的利益而行使权力的，信托受托人是个人的关系人。

(c)该个人拥有或该个人及其关系人共同拥有对公司控制权的，该公司为该个人的关联公司；

(d)第一项所称的“亲属”，是指申请人的兄弟、姐妹、伯父叔舅，姑母姨妈、侄子外甥、侄女外甥女、直系祖辈或后辈。

(e)本款所称之配偶，均包括前配偶；

(f)就第三项而言，具有以下情形的，个人应视为对公司有控制权：

(i)该公司董事或控制该公司(或其中任何一家)的其他公司董事惯于按照其的指示或指令行事；或

(ii)其有权在该公司或控制该公司的其他公司的任何股东大会上行使或控制行使三分之一或以上的表决权，以及如果两名或两名以上的人共同满足了第一目或第二目要求的，他们也应视为对公司有控制权；以及

(g)本项所称的“公司”，包括任何法人(无论该公司是否在新加坡注册成立)，在进行必要修改后，公司董事和其他高级职员以及在公司任意股东大会上的投票权具有相应效力。

(5)任何人对主管依本条第二款、第三款或第四款所作决定不服的，可以向部长提出申诉，部长的决定属终局决定。

(6)任何法院不得对部长或主管依本款规定作出的决定或行为进行司法审查，除非该问题涉及本法案对该决定的程序要求的规限。

(7)前款所称的“司法审查”包括经以下法律程序：

(a)申请强制令、禁止令或撤销令；

(b)申请声明或禁制令；

(c)拘留复审令；以及

(d)与依据本款授权部长或主管作出的决定或采取的行动有关或由此产生的其他诉讼或采取的行动。

第八条　雇主备存外籍雇员登记册

(1)雇主须备存已经依第七条获得工作准证的外籍雇员登记册。

(2)登记册应采用主管决定的形式，并包含主管确定的详情。

(3)登记册须在一切合理时间开放以备雇佣检查员查阅。

第九条　终止雇佣外籍雇员

(1)主管依据第七条第四款决定吊销或撤回外籍雇员的工作准证的,主管须将其决定通告该外籍雇员的雇主,该雇主须在接到通知后七日内终止雇佣该外籍雇员。

(2)外籍雇员的雇主拟注销外籍雇员工作准证的:

(a)向主管申请注销工作准证;并且

(b)如果主管要求,在工作准证注销的七日内应将该工作准证退还主管。

(3)雇主违反第一款规定的,主管可以决定向其处以不超过一万新元的罚金。

(3A)雇主违反第二款规定的,即属犯罪,一经定罪,可处以不超过一万新元的罚金。

(4)依据第一款规定终止雇佣外籍雇员的:

(a)不得与代表该外籍雇员的工会协商;

(b)不得成为该工会采取任何形式劳工行动的事项;

(c)不得成为贸易纠纷及调解程序或任何补偿措施的争议事项,无论该纠纷及其解决是否依据成文法;

(d)不得构成《新加坡1960年劳资关系法》所指的任何劳资争端。

(5)就任何人受雇的行为违反第一款规定的,该人不得仅因该项行为违法而被视为依非法雇佣合约受雇。

第十条　自营职业的外籍人员申请工作准证

(1)除持有有效工作准证外,外籍人士不得成为自营职业者。

(2)任何人违反第一款规定,即属犯罪,并且:

(a)一经定罪,可处以不超过两万新元的罚金,单处或并处不超过两年的监禁;以及

(b)第二次或其后再被定罪的,可处以不少于一个月不超过二年的监禁,并处不超过两万新元的罚金。

(3)*[2012年第24号法案删除,2012年9月11日生效]*

(4)就本款而言:

(a)*[2012年第24号法案删除,2012年9月11日生效]*

(b)为免生疑问,凡依据本条第二款被定罪的人,如果此前曾因违反在2007年7月1日前生效的《新加坡外国人雇佣法》(第91A章,1997年版)第十条第一款而被定罪,则前述第一次定罪应被视为第二款规定的第二次或其后再被定罪;以及

(c)在同一审判中对同一人违反第一款的所有定罪,应视为一次定罪。

第十一条　关于外籍雇员或自雇的外籍人员的征税

(1)部长可在公报刊登命令,规定向外籍雇员或此类外籍雇员的雇主,或已获得工作准证的自营职业外籍人员或此类外籍人员征收命令中规定的税款。

(2)除非工作准证存在以下情形的,否则应持续缴纳税款:

(a)已过期的;

(b)主管已吊销或撤销的;或

(c)经雇主申请,主管已注销的。

(3)依据第一款规定作出的命令,可以规定以其指明的方式或途径追缴税款。

(4)如果雇主或自营职业的外籍人员就任何月份应缴纳的税款,没有在命令所规定的期限内缴纳的,该雇主或自营职业的外籍人员须每天缴纳未支付税款的罚金,该项罚金的缴纳自应支付该款项月份的次月第一天起算。

(5)第四款规定的罚金数额须按照部长在公报刊登的命令的规定税费比率或公式来确定,但罚金总数额不得超过未缴纳数额的百分之三十。

(6)主管可在其认为合适的情况下,全部或部分免收、免除或退回:

(a)依据第一款征收的任何税款;或

(b)依据第四款应收取的任何罚金。

(7)雇主或自营职业的外籍人员的到期税款和应缴罚金,须由主管或经主管正式授权的代表人,将其作为应向政府支付债款予以追回。

(8)为补偿主管授权的代表人因其征收和追缴税款所产生的费用,部长可以授权向该人员支付部长决定的数额。

(9)在追缴税款和雇主或自营职业的外籍人员应缴罚金的法律程序中,声称是由主管签署的证明文件中所载证明雇主或自营职业的外籍人员应缴纳的税款和罚金数额的,应为其所述事项的表面证据。

第十二条　工作准证的有效期

(1)外籍雇员的工作准证仅对雇主和其规定的外籍雇员有效,并且:

(a)行业、部门、职业或就业类型:

(i)规定在工作准证中的;或

(ii)其他情形下,在工作申请中提交给主管的或与工作准证申请的有关情形中提交给主管的;以及

(b)工作准证中未规定但已获得主管批准的行业、部门、职业或就业类型的。

(2)自营职业的外籍人员的工作准证仅对其规定的自营职业的外籍人员有效,并且:

(a)行业、部门、职业、专业或活动:

(i)规定在工作准证中的;或

(ii)其他情形下,在工作准证申请中或与之有关的情形下提交给主管的;以及

(b)工作准证中未规定但已获得主管批准的行业、部门、职业或就业类型的。

(3)工作准证在其规定的期限内有效,除非主管提前吊销或撤销工作准证,或主管在雇主或自营职业的外籍人员(视情况而定)的申请下提前注销工作准证。

第十三条　保管工作准证等

(1)工作准证持有人不得允许他人持有其工作准证。

(2)如主管要求,外籍雇员应在受雇于其雇主的最后一日将工作准证移交给其雇主。

(3)依据前款规定收到工作准证的雇主,须在其收到之日起七日内,将工作准证退还给主管。

(4)经受权官员或雇佣检查员要求,工作准证持有者应出示其工作准证以备检查。

第十四条　工作准证的遗失等

(1)工作准证遗失、毁坏或污损的,外籍雇员或其雇主或自营职业的外籍人员(视情况而定)应在遗失、毁坏或污损之日起七日内向主管报告,主管可在其缴付规定费用后签发工作准

证副本。

(2)外籍雇员或其雇主或自营职业的外籍人员在报告遗失工作准证后找回工作准证的,外籍雇员或其雇主或自营职业的外籍人员(视情况而定):

(a)如主管没有依据第一款签发工作准证副本的,可保留此工作准证;或

(b)如主管已依据第一款签发了工作准证副本的,须立即将此找回的工作准证退还主管撤销。

(3)如有人发现或持有非其本人的工作准证的,应立即将该工作准证送交主管。

第十五条　举证责任等

(1)就第七条,以及依据本法规定的违法行为或犯罪行为而进行的法律程序而言:

(a)在有相反证明前,应推定申请工作准证的人对工作准证中记载的信息明知;以及

(b)除第二款另有规定外,工作准证申请内容真实性的举证责任须由申请人承担。

(2)工作准证的申请由多人提出的,就第一款所规定的举证责任而言,每名申请人须就与其有关的申请内容真实性承担举证责任。

第三章　本法的实施

第十六条　受权官员和雇佣检查员的职权

(1)就本法而言,受权官员或雇佣检查员有权执行以下所有或任意事项:

(a)在合理时间进入并检查:

(i)当其有合理理由相信外籍雇员或自营职业的外籍人员受雇或受聘的处所,或其住宿的处所;或

(ii)如已提交工作准证申请的,提交申请的雇主的营业处所;

(aa)当其有合理理由相信可在此处所找到依据本法规定为侵权或犯罪(视情况而定)的证据时,在白天或晚上进入并搜查该处所或其部分;

(b)要求受权官员或雇佣检查员有理由相信持有文件(包括身份文件、旅行文件或与施行本法条款相关的信息文件)的人员出示此类证件或提供此类信息;

(c)保留与施行本法条款有关的任意文件;

(d)口头询问任何被认为知悉施行本法条款有关事实和情况的人,并将该人作出的回答或陈述转为文字记录,该人有义务真实陈述其知悉的事实和情况;该人所做的陈述须向其宣读,并在更正后,由其签名;

(e)经书面命令,要求根据所提供信息或其他方面似知悉施行本法条款有关事实和情况的人出席,该人须按要求出席,如果该人未按要求出席的,向治安法官报告,治安法官可随即签发手令,以确保该人按命令要求出席;

(f)对其认为必要的处所和人(有理由相信该人知悉施行本法条款有关事实和情况)拍照、录音或录像;

(g)要求任何人出示与调查本法规定的违法或犯罪(视情况而定)有关的物品,以及如有必要,扣留该物品;

(h)应受权官员或雇佣检查员的要求(视情况而定),要求雇主提供全部或部分雇员,

以备对本法规定的违法或犯罪行为进行调查。

(2)受权官员或雇佣检查员可要求任何处所的占用人及其代理人以及在该出所内出现的人员提供受权官员或雇佣检查员(视情况而定)所需的一切必要便利,以进入、检查、搜查、询问或调查,拍摄照片、音频或视频,扣留物品或以其他方式行使本法规定的权力。

(3)在完成检查检查或调查后,受权官员或雇佣检查员可以向出入境官员移交其所扣留的或向其出示的旅行证件。

(3A)如果无法进入任意处所,而雇佣检查员有合理理由相信外籍雇员或自营职业的外籍人员受雇于或受聘于该处所,或在该处所住宿或在该处所发现本法规定的犯罪证据的,雇佣检查员可以说明其职权和目的,并要求进入该处所,并且:

(a)撬开进入该处所的任意外部或内部门窗;

(b)强行进入该处所及其每一部分;或

(c)强行移除任何妨碍进入或搜查的障碍物。

(4)如有人:

(a)故意抵抗或有意拖延受权官员或雇佣检查员依法履行职权的;

(b)未能遵守受权官员或雇佣检查员依据本条提出的要求;

(c)未能按要求或本条规定出示文件;

(d)有意隐瞒房屋占用人、总承包商或雇主的任何资料;或

(e)隐藏或阻止或试图隐藏或阻止应出现人员出现在受权官员或雇佣检查员面前或接受其询问,该人应视为妨碍受权官员或雇佣检查员(视情况而定)依法履行其职权;

(5)雇佣检查员有权出庭,并可在检察官授权下,就本法规定的任何罪行进行起诉。

第十七条　变更地址

(1)如主管要求,任何雇主须在变更地址的十四日内通知主管:

(a)如果雇主是依据《新加坡1965年国家登记法》的个人登记,则依据该法第八条报告其居住地的变更;

(b)如果雇主是依据《新加坡1967年公司法》登记设立的法人、依据《新加坡2014年商业名称登记法》登记设立的独资企业或公司或依据《新加坡2005年有限责任合伙法》登记的有限责任合伙企业的,依据《新加坡1967年公司法》第一百四十三条、《新加坡2014年商业名称登记法》第二十条或《新加坡2005年有限责任合伙法》第二十六条(视情况而定)报告登记办事地或营业地的变更;或

(c)前两款规定无法适用的,应以书面形式提交。

(2)就第十八条而言,第一款报告的地址应视为雇主最后为人所知的地址。

(3)如主管要求,任何外籍雇员或自营职业的外籍人员须在变更地址的十四日内书面通知主管。

(4)就第十八条而言,第三款中报告的地址应视为外籍雇员或自营职业的外籍人员最后为人所知的地址。

第十八条　通知送达

(1)任何通知、命令或本法要求或授权送达文件均可通过下列途径向受送达人送达:

(a)送交受送达人,或送交其最后为人所知的住所的家人或家庭的成年成员或雇员;

(b)邮寄送达至其经常或最后为人所知的住所或营业地;

(c)通过普通邮寄或挂号邮寄送达至此人经常或最后为人所知的住所或营业地。

(2)如果通知、命令或文件通过普通邮寄或挂号邮寄送达的,只要通知、命令或文件送达至以下地址的,在普通邮寄受送达人本应收到之时视为已经妥为送达:

(a)如果在新加坡登记成立公司的,送达至该公司的已登记办事处;

(b)如果在新加坡境外登记成立公司的,送达至依据《新加坡1967年公司法》位于公司注册处备案的地址的授权接受送达程序的个人,或送达至公司任意已登记办事处;

(c)如果是个人、合伙企业[包括依据《新加坡2005年有限责任合伙法》第四条第一款所规定的有限合伙企业]或团体的,送达至该个人、合伙企业或团体最后为人所知的营业地或私人住址。

(3)如果通知、命令或文件按照第二款以挂号邮寄方式送达的,为证明该通知、命令或文件已送达的,只需证明载有该通知、命令或文件的信封已妥为写明地址、贴上邮票并挂号寄出即可。

(4)主管或雇佣检查员依据本法发出的通知、命令或文件均应由主管或雇佣检查员,或由主管或雇佣检查员随时授权的人员(视情况而定)代为签署,而且如果主管、雇佣检查员或上述人员的签名或正式副本正式打印或书写在通知、命令或文件上的,该通知、命令或文件均有效。

(5)本法项下任何通知或命令,要求任何人或证人在主管或雇佣检查员面前出现的,应由该主管或该雇佣检查员(视情况而定),或主管正式授权的人员签署。

第十九条　个人免责

以下人员免责:

(a)主管;

(b)受权官员或雇佣检查员,或按照主管指示行事的任何人;

(c)依据本法行使权力或意图行使权力,或依据本法履行或意图履行职权或职责,因其善意且合理谨慎地完成或意在完成任何事项的上述委员会的所有成员。

第四章　犯罪行为

第二十条　法人犯罪等

(1)如法人犯有本法规定的罪行,经证明该罪行:

(a)系在该法人高级职员的同意或纵容下;或

(b)可归因于该职员的任何疏忽,

该高级职员和该法人即属犯罪,可据此被起诉及处罚。

(2)如法人的事务由其成员管理的,第一款应适用于成员在管理职能方面的作为和失职,此时该成员视同法人的董事。

(3)如合伙企业犯有本法规定的罪行,经证明该罪行:

(a)系在合伙人的同意或纵容下;或

(b)可归因于合伙人的任何疏忽,

该合伙人和该合伙企业即属犯罪,可据此被起诉及处罚。

(4)如非法人组织(除了合伙)犯有本法规定的罪行,经证明:

(a)系在非法人组织的高级职员或其管理机构成员的同意或纵容下;

(b)可归因于该高级职员或其管理机构成员的任何疏忽,

该高级职员或该成员以及非法人组织即属犯罪,可据此被起诉及处罚。

(5)就本条而言,如果法人、非法人组织(合伙企业除外)或合伙企业犯有本法规定的罪行,在有相反证据证明前,应推定该罪行可归因于该法人或非法人组织的高级职员或成员或合伙企业的合伙人(视情况而定)的疏忽,上述人员:

(a)对构成罪行的作为或不作为负有主要责任;以及

(b)作为高级职员、成员或合伙人而未能行使合理的监管与监察职权。

(6)在本条中:

"高级职员":

(a)就法人而言,是指该法人的董事、合伙人、管理委员会成员、首席执行官、经理、秘书或其他类似高级职员,包括任何宣称以此类身份行事的人;或

(b)就非法人组织(除合伙企业外)而言,是指该非法人组织的主席、秘书或委员会的委员,或担任类似主席、秘书或委员会成员职务的人,并包括任何宣称以此类身份行事的人;

"合伙人"包括宣称以合伙人身份行事的人。

(7)部长可制定条例规定本条的任何规定(经部长认为适当的修改下),适用于依据新加坡境外的法律成立或承认的法人或非法人组织。

第二十一条　无证逮捕权

(1)警察或雇佣检查员可无须手令而逮捕其合理怀疑的人:

(a)正在或已犯有第五条第六款、第七款或第七款之一,第十条第二款,第二十二条第一款第一项,第三项、第四项、第五项或第六项、第二款、第三款或第四款,第二十二条之一第二款第二十二条之二第一款项下的罪行的;

(b)教唆他人犯前项所述的任意罪行。

(1A)就本条而言,法人或非法人组织的高级职员或成员或合伙企业的合伙人,如依据第二十条的规定对第一款第一项所述的罪行负有法律责任,应被视为犯有该罪行。

(2)雇佣检查员在没有手令的情形下进行逮捕的,须依据第四款的规定,将被逮捕的人带往或送往治安法院,不得无故延误。

(3)雇佣检查员对无手令逮捕的人的羁押不得超过在当时情况下的合理时间,且该羁押时间不得超过四十八小时,不包括从逮捕地到治安法院所需的时间。

(4)任何被雇佣检查员逮捕的人可在他人提供或自行提供担保的情况下获释。

第二十一条之一　逮捕程序

(1)在执行逮捕时,执行逮捕的雇佣检查员应接触或拘禁被逮捕人的身体,除非此人以言语或行动表示服从逮捕。

(2)如果该人强行抵抗或试图躲避逮捕的,雇佣检查员可以使用一切必要手段实施逮捕。

第二十一条之二　必要限制

(1)被逮捕的人不得受到超过为防止其逃跑所需的限制。

(2)雇佣检查员可对被逮捕的人使用手铐或类似的约束手段,以防止其:

(a)对自己或他人造成身体伤害;

(b)毁坏财产;

(c)扰乱秩序;或

(d)逃脱羁押。

(3)手铐或类似的约束手段不得用于处罚目的。

第二十一条之三　搜查被逮捕的人

(1)执行逮捕时,正在实施逮捕的雇佣检查员可以搜查被逮捕人并有权管有该人身上所有物品(除衣物外),此类物品系雇佣检查员有理由相信与被逮捕人所犯的罪行有关的物品。

(2)每当有必要对被逮捕人进行搜查时,应由与该人同性别的雇佣检查员进行搜查,并严守礼节。

第二十一条之四　武装雇佣检查员

每名雇佣检查员须配备足以有效履行职务所需的警棍和装备。

第二十一条之五　有权扣押攻击性武器

正在实施逮捕的雇佣检查员可以从被逮捕的人身上拿走其拥有的任何攻击性武器。

第二十一条之六　有权追捕和逮捕

如果被合法羁留的人逃跑或被救离的,合法羁留该人的雇用监督员可在其逃跑或被救离后立即在新加坡境内的任何地方进行追捕,并按其最初逮捕该人时的做法处理。

第二十一条之七　处置文件或物品

(1)根据第十六条第一款第二项、第三项或第七项或第二十一条之五,出示、保留或征用任意文件或物品时须:

(a)如果该文件或物品在刑事诉讼程序中出示的,依据《新加坡2010年刑事诉讼法典》第三百六十四条第一款处理;或

(b)其他情形下:

(i)退还给文件和物品的所有人;或

(ii)如果不知道所有人的,向治安法院报告。

(2)如果依据第十六条第一款第二项、第三项或第七项或第二十一条之五出示、保留或征用文件或物品的,须依据第一款第二项第二目向治安法院报告,治安法院可以命令:

(a)没收该文件或物品;或

(b)以治安法院认为合适的方式处置该文件或物品;

(3)本条的任何规定不得妨碍本条以外法律可能规定的保留或处置财产的权利。

第二十二条　一般罪行

(1)任何人:

(a)作为雇主、外籍雇员或自营职业的外籍人员申请或已申请工作准证的,违反工作准证的条件(除监管条件外)或原则上批准工作准证申请;

(b)违反第十三条第四款的;

(c)故意妨碍受权官员或雇佣检查员依据第十六条、第二十一条、第二十一条之一、第二十一条之二、第二十一条之三、第二十一条之五或第二十一条之六(如适用)行使职权;

(d)就申请工作准证或续签工作准证或依据本法的其他目的,向主管、受权官员或雇佣检查员作出陈述或提供信息的,其知道或应当知道该其陈述或信息的要项虚假,或由于遗漏要项而具有误导性;

(e)出售、伪造、非法更改,或未经合法授权转让或允许他人使用原则上批准的工作准证或已签发的工作准证;

(f)未经合法授权,持有伪造或非法更改,或他人持有的原则上批准的工作准证或已签发的工作准证;或

(g)违反第十三条第一款、第二款或第三款,第十四条或第十七第一款或第三款,

(i)如属第一项、第二项或第三项所定罪行的,可处不超过一万新元的罚金,单处或并处不超过十二个月的监禁;

(ii)如属第四项、第五项或第六项所定罪行的,可处不超过两万新元的罚金,单处或并处不超过两年的监禁;以及

(iii)如属第七项所定罪行的,可处不超过一万新元的罚金。

(2)任何雇主、外籍雇员、自营职业的外籍人员,或与外籍人员雇佣或自营职业的外籍人员雇佣有关的代理人:

(a)知道或有理由知道,其犯有第一款第四项所定罪行的;以及

(b)故意不向主管提供与该罪行有关的任何信息,

即属犯罪,一经定罪,可处不超过一万新元的罚金,单处或并处不超过十二个月的监禁。

(3)外籍雇员或自营职业的外籍人员依据本法向主管作出与其资历相关的陈述或提交相关的文件,其知道或应当知道该陈述或文件在要项上是虚假的,或由于遗漏要项而具有误导性的,即属犯罪,一经定罪,可处不超过两万新元的罚金,单处或并处不超过两年的监禁。

第二十二条之一　与外籍雇员雇佣有关的款项接收等的限制

(1)任何人不得从应付给外籍雇员的工资中扣除,也不得在新加坡或其他地方直接或间接地要求或收取外籍雇员的任何款项或其他利益:

(a)作为该人或其他人雇佣该外籍雇员的对价或条件的;

(b)作为该人或其他人继续雇佣该外籍雇员的对价或条件;或

(c)作为该人或其他人与雇佣该外籍人员有关的任何形式的财务担保。

(2)任何人违反第一款规定的,即属犯罪。一经定罪,可处不超过三万新元的罚金,单处或并处不超过两年的监禁。

(3)任何人从应付给外籍雇员的工资中扣除,或在新加坡或其他地方直接或间接地要求或收取外籍雇员的任何款项或其他利益的,但不包括:

(a)依据第二十五条第六款,外籍雇员的雇主须承担并负责缴付全部或部分费用、成本、税款、罚金、收费或金额。

(b)依据第二十五条第六款第一项的规定可向外籍雇员追回全部或部分费用或扣除额;

(c)如果《新加坡1968年就业法》第二十六条至第三十二条适用于外籍雇员的,依据这些条款授权从外籍雇员的工资中扣除的全部或部分的款项。

(d)如果《新加坡1968年就业法》第二十六条至第三十二条不适用于外籍雇员的,按照外籍雇员雇佣条款从外籍雇员的工资中扣除的全部或部分款项;或

(e)依据《新加坡1958年就业介绍所法》,被许可人可依法向外籍雇员收取全部或部分费用、报酬、利润或补偿。在有相反证据证明前,应推定收取的款项是雇佣外籍雇员的对价。

第二十二条之二　被禁止的与人力有关的行为

(1)任何人:

(a)为不存在的、未运营的或不需要雇佣外籍雇员的行业或业务中的外籍雇员获取工作准证;以及

(b)未能雇佣该外籍雇员。

即属犯罪,一经定罪,可处推定最低期限不少于六个月不超过二年的监禁,并处不超过六千新元的罚金。

(2)如有人:

(a)被控犯有第一款所述的五项以上的罪行;以及

(b)在同一次审判中,至少有六项控罪被定罪,

依据《新加坡2010年刑事诉讼法典》第三百二十五条第一款和第三百三十条第一款的规定,除对这些罪行进行规定的处罚外,还应处以鞭刑。

(3)根据《新加坡2010年刑事诉讼法典》第三百二十五条第一款和第三百三十条第一款,如第二款中所指的人不能处以鞭刑的,该人应处以不超过一万新元的罚金以代替鞭刑。

第二十三条　教唆犯罪

(1)任何人教唆他人犯有本法规定罪行的,即属犯罪,一经定罪,应处以该罪行规定的处罚。

(2)占用人被控教唆他人违反第五条第一款雇佣外籍雇员的,占用人在其抗辩中证明其曾指示该人不要雇佣外籍人员,或其获得该人将不会雇佣外籍人员的保证,即属证明不足。

第二十三条之一　缴纳犯罪所得令

(1)任何人被判处犯有第二十二条之一第二款或第二十二条之二第一款所定罪行的,除须对该人施加任何其他处罚外,法院应命令该人在命令规定时间内缴纳:

(a)如属第二十二条之一第二款所定罪行的,该款项相等于该人违反该款扣除或收取的款项或其他利益(如果该利益是一笔货币,或该利益的价值可予评估);或

(b)如属第二十二条之二第一款所定罪行的,该款项相等于该人为取得该款所称的工作准证而取得或收取的款项或其他利益(如果该利益是一笔货币,或该利益的价值可予评估)。

(2)法院依据第一款决定追回款项的,如认为适当,须考虑:

(a)在被告人有关控罪的法律程序中被接受的任何相关证据;以及

(b)依据《新加坡2010年刑事诉讼法典》第三百五十九条,由被告人就有关罪行造成损害向受害人或其代表人进行赔偿的命令。

(3)如果法院依据第一款命令被告人缴纳任何款项,《新加坡2010年刑事诉讼法典》第三百一十九条应具有效力,其效力与该款项是法院对其处以的罚金相同。

(4)如果:

(a)欠缴依据第一款就一项或多项罪行命令缴纳的款项,而签发将被告人押交监狱的手令;

(b)在发出手令时,被告人可能因该罪行或多项罪行而被处以任意期限的监禁。

因欠缴该款项而被处以监禁的监禁期,应从第二项所述监禁期之后开始计算。

(5)即使有任何其他成文法的规定,治安法院或地区法院可在被告人欠缴依据第一款命令缴纳的任意款项的情况下,对被告人施加最高刑期的监禁刑。

第二十四条　雇佣检查员的申诉

就《新加坡2010年刑事诉讼法典》第一百五十一条而言,在收到由雇佣检查员签字书面申诉后,治安法官须依据《新加坡2010年刑事诉讼法典》第一百五十三条着手签发传票或手令。

第五章　规定的违法行为

第二十五条　一般规定的违法行为

(1)任何雇主:

(a)基于其外籍雇员的权利,向主管申请或促使其申请工作准证的;以及

(b)作出、或导致或允许作出任何作为或不作为,以促使或导致其雇佣外籍雇员的权利膨胀的,主管可对雇主处以由其确定的不超过两万新元的罚金。

(2)任何人未能遵守:

(a)主管向其发出的或已发出的原则上批准的任何监管条件;或

(b)就雇主、外籍雇员或自营职业的外籍人员申请或曾经申请工作准证的,工作准证里的任何监管条件,主管可处以由其确定的不超过一万新元的罚金。

(3)如果雇主不慎或无意误导或欺诈而向主管作出或提供不准确的或错误的陈述或信息,主管向雇主处以由其确定的不超过两万新元的罚金。

(4)任何雇主:

(a)从应付给外籍雇员的工资中扣除,或在新加坡或其他地方直接或间接地向外籍雇员要求或收取,依据第六款规定应由雇主承担并负责的任意费用、成本、税费、罚金、收费或金额,或其任意部分;或

(b)致使任何外籍雇员承担依据第六款规定应由雇主承担并负责的任意费用、成本、税费、罚金、收费或金额,或任意部分,主管可处以由其确定的不超过两万新元的罚金。

(5)第一款中,除文意另有所指外:

"作为或不作为",就雇主而言,包括但不限于雇主未能确保其依据《新加坡1953年中央

公积金法》的要求,中央公积金缴付记录只反映受雇于其的每一位新加坡公民或永久居民,并按法律规定的适当比例缴付公积金;

“外籍雇员的权利”,是指按照部长或主管可决定的标准和条件,个人可以雇佣外籍雇员的人数。

(6)就第四款而言,除主管另有许可外,外籍雇员的雇主应当承担并负责以下款项:

(a)与申请、签发、续签或恢复工作准证有关的费用,但规定可向外籍雇员追回的费用或扣除额除外;

(b)按照主管的要求,提供担保的相关费用;

(c)按照主管的要求,为外籍雇员购买和续买医疗保险的相关费用;

(d)按照主管的要求,为外籍雇员进行体检的相关费用;

(e)依据第十一条第一款就外籍雇员的税费以及任何应付罚金;

(f)如果雇主或主管要求培训的,与外籍雇员培训相关的费用;

(g)随时遣返外籍雇员的相关费用;以及

(h)规定的费用、收费或金额。

第二十五条之一　履行规定义务

(1)如果主管已原则上批准工作准证申请的,相关雇员、外籍雇员或自营职业的外籍人员应履行与外籍雇员雇佣或自营职业的外籍人员雇佣相关的规定义务。

(2)如果任何雇主、外籍雇员或自营职业的外籍人员未能依据第一款履行规定义务的,主管可向其处以由其确定的不超过一万新元的罚金。

(3)就本款而言:

(a)就任何外籍雇员或自营职业的外籍人员,或其他类型人员规定义务,在外籍雇员或自营职业的外籍人员(视情况而定)的工作准证取消、撤销或过期后,仍要求其遵守;

(b)对于不同类型的雇主、外籍雇员或自营职业的外籍人员,或不同类型的工作准证可有不同的规定义务。

第二十五条之二　指令

(1)尽管本法另有规定,如果主管确信任何人正在或已经作出规定的违法行为,主管可向该人作出其认为合适的指令以制止规定的违法行为,并在有需要的情况下要求该人采取指令中规定的行动,以补救、减轻或消除此规定的违法行为所造成的影响,并防止此规定的违法行为再发生,主管作出以上指令的同时可并处罚金或者以指令代替罚金。

(2)任何人无合理辩解而未遵守依据第一款作出的指令的,即属犯罪。一经定罪,可处以不超过一万新元的罚金,单处或并处不超过十二个月的监禁。

第二十五条之三　规定的违法行为的法律程序

(1)主管可依据本法调查并裁定任何人是否犯有规定的违法行为。

(2)就第一款规定而言,主管具有以下职权:

(a)传唤和询问证人;

(b)宗教式监誓或非宗教式监誓;以及

(c)强制要求出示文件和物品。

(3)主管依据本条进行的所有程序均应以非公开形式进行。

(4)在主管依据本条进行的任何法律程序中:

(a)主管无须以官方形式或依据《新加坡1893年证据法》行事,但可以以其认为公正的方式就相关事项进行通知;

(b)主管就任何事实问题的决定应基于盖然性权衡作出;以及

(c)任何一方不得由其辩护人、律师或有偿代理人代表。

(5)如果任何人经主管正式传唤出席本条规定的法律程序而缺席的,主管可在该人缺席的情况下作出裁定,即使该人的利益可能会受到其裁定的不利影响。

(6)如果主管裁定任何人已犯有规定的违法行为,主管可在其裁定中:

(a)说明该人应支付的罚金金额(不超过对规定的违法行为所规定的最高罚金数额)以及缴付罚金的日期(如有);以及

(b)包括主管依据第二十五条之二向该人作出其认为适当的指令。

(7)主管可应第六款所称对主管的裁定或指令不服而提出的申请,更改或撤销裁定或决定或作出其认为公正的其他裁定或决定。

(8)第六款所称因对主管的裁定或指令或其作出的任何更改不服的任何人,可向申诉委员会提出申诉,申诉委员会的决定为终局决定。

第二十五条之四　追回罚金

(1)如果任何人已被裁定犯有规定的违法行为,而未能在第二十五条之三第六款第一项所规定的日期前缴付主管处以的罚金的,该人有义务就未缴付款项向主管缴付按与法院裁定债项相同的利率的利息。

(2)就规定的违法行为而应缴付的任何罚金和利息,须由主管或经主管正式授权的代表人,将其作为对政府的债务而追缴。

(3)主管可在其认为合适的任何情况下免除、减免或退还全部或部分罚金或应付利息。

(4)在追回任何人应缴付的罚金和到期利息的法律程序中,一份似为主管签署的证明书,以证明该人应缴付的罚金或到期利息的款额,即为该证明书所述事实的表面证据。

第二十五条之五　法人等的规定违法行为

(1)如果法人犯有规定的违法行为,经证明:

(a)在法人高级职员的同意或纵容下;或

(b)可归因于该职员的任何疏忽,

高级职员和法人应被视为已犯有规定的违法行为,并予以相应处理。

(2)如果法人的事务由其成员管理的,就成员在其管理职能方面的作为和失职而适用第一款,此时该成员视同法人董事。

(3)如果合伙企业犯有规定的违法行为,经证明:

(a)在合伙人的同意或纵容下;或

(b)可归因于合伙人的任何疏忽,

合伙人和合伙企业应被视为犯有规定的违法行为,并予以相应处理。

(4)如果非法人组织(除合伙企业外)犯有规定的违法行为,经证明:

(a)在非法人组织的高级职员或其管理机构成员的同意或纵容下;或

(b)可归因于该高级职员或成员的任何疏忽，

该高级职员和非法人组织应视为犯有规定的违法行为，并予以相应处理。

(5)就本条而言，如果法人、非法人组织(合伙企业除外)或合伙企业犯有规定的违法行为，在有相反证据证明前，应推定规定的违法行为可归因于法人或非法人组织的高级职员或成员或合伙企业的合伙人(视情况而定)对下列事项的疏忽：

(a)对构成规定的侵权的作为或不作为负有主要责任；以及

(b)作为高级职员、成员或合伙人而未能行使合理的监管与监察职权。

(6)在本条中：

"高级职员"：

(a)就法人而言，是指该法人的董事、合伙人、管理委员会成员、首席执行官、经理、秘书或其他类似高级职员，包括任何宣称以此类身份行事的人；或

(b)就非法人组织(除合伙企业外)而言，是指该非法人组织的主席、秘书或委员会的委员，或担任类似主席、秘书或委员会成员职务的人，并包括任何宣称以此类身份行事的人；

"合伙人"，包括宣称以合伙人身份行事的人。

(7)部长可制定规例规定本条的任何规定在部长认为适当的修改下，适用于依据新加坡境外的法律成立或承认的法人或非法人组织。

第二十五条之六　教唆实施规定的违法行为

(1)如果任何人教唆实施规定的违法行为的，主管可向该人处以由其确定的不超过对规定的违法行为所规定的最高罚金数额的罚金。

(2)就本条而言：

(a)无论教唆他人实施规定的违法行为，或教唆他人实施可能构成违法行为的行为，如该行为由法律上有能力实施该规定的违法行为的人实施，并且其意图与故意与教唆人相同的，则教唆人构成教唆实施规定的违法行为；以及

(b)教唆做某事的人：

(i)煽动任何人做此事；

(ii)与一人或多人合谋，并且其作为或不作为系基于合谋并且为了做成此事而发生的；或

(iii)故意以任何作为或不作为协助做某事。

第二十五条之七　向申诉委员会提出申诉

(1)对主管作出裁定或指令(视情况而定)而不服该裁定的人，应在收到该裁定或指令后十四天内依据第二十五条之三第八款向申诉委员会提出申诉。

(2)任何人依据第二十五条之三第八款向申诉委员会提出申诉的，须按申诉委员会指明的方式和期限，向申诉委员会提供其所要求的信息。

(3)根据第二十五条之三第八款提出的申诉不得中止所涉裁定或指令的效力，除非该申诉针对的是处以罚金或罚金数额而提出的。

(4)申诉委员会须在考虑申诉性质和复杂性后，在合理地切实可行的范围内尽快对依据第二十五条之三第八款提出的申诉作出裁定。

(5)申诉委员会须就其申诉所作的决定以及决定的理由,通知依据第二十五条之三第八款提出申诉的人。

(6)在不损害前款规定的一般性原则下,申诉委员会可以:

(a)确认、更改或推翻被申诉主管作出的裁定或指令;或

(b)指令主管重新考虑其作出的被申诉的裁定或指令。

第二十五条之八　申诉委员会的组成和程序

(1)就第二十五条之七而言,部长可以设立一个至少由三人组成的申诉委员会,并任命其中一人为申诉委员会主席。

(2)申诉委员会主席必须是有资格担任最高法院法官的人。

(3)在设立申诉委员会时,部长可决定:

(a)任命申诉委员会委员的条款和条件;以及

(b)部长认为有助于申诉委员会正确有效地进行任何申诉的任何附带或适当的事项。

(4)申诉委员会委员的薪酬和津贴(如有)应由部长决定。

(5)申诉委员会须决定其审理依据第二十五条之三第八款提出的申诉时将采用的程序,以及独立行使职权的独立性。

第六章　其 他 规 定

第二十六条　司法管辖

即使任何成文法有相反规定,治安法院或地区法院有权审理本法规定的任何罪行,并有权对此类罪行处以全部处罚。

第二十七条　对罪行有代价不予起诉

(1)主管可通过向有理由怀疑犯有该罪行或教唆他人犯有该罪行的人收取不超过以下数额中最低数额的款项,以此为代价对本法规定的犯罪行为不予起诉:

(a)规定的最高罚金数额的一半;

(b)五千新元。

(2)就本条而言,法人或非法人组织的高级职员或成员或合伙企业的合伙人,如果依据第二十条对罪行负有责任而依据本条私了的,仍应视为犯有该罪行。

(3)在缴付完该款项后,不得就该罪行对此人采取进一步法律程序。

第二十八条　格式文本

为实施本法,主管可以设计或使用其认为必要的格式文本。

第二十九条　规例

(1)部长可以为本法规定的任何目的制定规例,规定任何可以规定的事项,就本法条文的执行作出一般规定。

(2)根据第一款制定的规例可以:

(a)规定违反规例规定的任何罚金,但:

(i)如属犯罪,该等处罚不得处以超过一万五千新元的罚金,单处或并处超过

十二个月的监禁;或

(ii)如属规定的违法行为,该等罚金不得超过一万五千新元。

(b)规定为实施本法所需的费用和收费,包括就本法提出的任何申诉所需交纳的费用。

(c)规定:

(i)工作准证的类型;

(ii)任何工作准证的签发、续期或恢复的期限;

(iii)签发、续签或恢复任何工作准证的标准;以及

(iv)可以签发原则上的批准,或签发、续签或恢复工作准证所需符合的条件(包括任何监管条件)。

(d)规定获取和记录以下人员的个人身份标识符:

(i)申请或已获得工作准证的人员;或

(ii)涉嫌犯有本法规定罪行的人员。

(e)规定使用任何机械、电子或其他形式的装置或系统来采集或记录所有或任何的个人身份识别符。

(f)规定整理根据第四项所定规例采集或记录的任何个人身份识别符,并将其发布给警方和经主管授权接受识别符的其他执法机关。

(g)规定依据第二十一条第四款与被捕人员保释或保证金有关的任何事宜。

(h)规定与获得工作准证的外籍人员或其他群体或其他类型的外籍人员提供担保有关的任何事宜,包括担保金额变更或没收担保金的情况和条件。

(i)规定就依据本法进行的任何诉讼或任何事项或事情的法律程序。

(3)所有此类规例须在公报公布后尽快提交议会。

第三十条　过渡性规定

(1)依据已废除的《新加坡就业监管法》(第272章,1985年版)所发布、作出或发出的任何许可、任命、申请、申诉、决定、裁定、命令、指令或通知应视为依本法所发布、作出或发出的许可、任命、申请、申诉、决定、裁定、命令、指令或通知,并应与依据本法所发布、作出或发出的许可、任命、申请、申诉、决定、裁定、命令、指令或通知具有同等效力。

(2)在新格式文本规定出现之前,为实施已废除的《新加坡就业监管法》(第272章,1985年版)而在1991年1月1日之前已生效或有效的任何格式文本应继续有效,并具有本法规定的效力。

附表　个人身份识别码

1. 个人的指纹或手印(包括使用纸张和油墨或实时扫描技术获取的指纹和手印)。

2. 个人的面部和肩部的照片或其他图像。

3. 个人的签名。

新加坡海关法

曹　雳　译　屈文生　审校*

《新加坡海关法》译介

现行的新加坡海关法是2004年颁布的《新加坡海关法》,首次颁布于1960年。该法主要就关税和消费税作出规定,共16章,144条。该法第2条称,该法适用于部长在《新加坡政府公报》上发布公告就车用燃料的进口、出口、制造或使用所指明的离岸岛屿;以及根据本法或任何其他成文法规定,在自由贸易区内合法实施或准许实施的任何行为或事项。

该法对海关人员的委任作出规定。部长可委任海关署长,在部长的指导和控制下监督与本法有关的所有事项;署长可授予海关高级关员本法授予署长的所有或任何权力;不同级别警务人员可行使相对应的海关人员的权力等。

该法规定,对于进口到新加坡关税区或在新加坡制造的任何货物,须按照部长在《新加坡政府公报》上发布的命令规定,由署长征收关税和消费税。署长拥有减免关税的权力,由适当的海关主管关员对货物进行测量和检测,部长可豁免有关人员的义务和货物的税费。该法详细规定了关税或消费税的重新征收,离开海关管制前丢失、损坏或毁坏的货物的关税或消费税的免除,不同机动车的征税,特别税的征收、豁免、追缴、退还,关税的计算,不同货物的估价等。

该法就进出口各环节作出规定。主要规定了进出口或转运的地点、应税货物的登记、货物转移许可证、申报、禁止进出口、货物详情、修正舱单、未列舱单货物的关税等事项。第六章仓储的有关规定中,该法对政府仓库、私用保税仓、存放于自由贸易区的应税货物、仓单、有关海关人员对货物的开启检查、扣押、免责事项、租金缴付、应税货物装卸、转移等事项进行了规定。在第七章还规定了货物的制造和装瓶等事项。

根据该法规定,对任何再出口货物进行退税的任何人,须亲自或通过其代理人向海关高级关员进行申报,说明货物实际已再出口,未卸货且不打算卸货于新加坡的任何地方。可退税的情形主要包括制造于新加坡的已缴税烟草的再出口,满足条件的已缴付关税的进口货物再出口,进口货物用于在新加坡制造的其他货物的再出口。

其中第十三章规定了搜查、扣押和逮捕有关事宜,就搜查令的签发、治安法官和高级关员的搜查权等作出规定,规定海关关员可对涉及犯罪的货物及有关容器、包装、运输工具和相关

---

* 译者:曹雳,华东政法大学博士研究生;审校:屈文生,全国人大常委会法工委法律英文译审专家委员会委员、华东政法大学教授、博士生导师。

材料予以扣押，海关关员可在没有逮捕令的情况下对特定人员行使逮捕权。

该法还详细规定了有关审判和诉讼程序，就起诉主体、法院管辖权、举证责任、管有应税、违禁或未完税货物的推定等作出规定。另外，该法分类列举了有关犯罪和相应刑罚，主要包括有关作出和签署不真实或不正确或不完整的声明、证书和文件的犯罪、有关篡改文件的犯罪、有关未申报的犯罪、有关不出示贸易文件的犯罪、有关欺诈性逃税的犯罪、有关发现于行李或人身等的货物的犯罪等。

关于关税和消费税的法律。

[1960 年 9 月 26 日]

第一章 导 言

第一条 导言

本法可称为《新加坡海关法》。

第二条 适用范围

本法适用于：

(a)部长在《新加坡政府公报》上发布公告就车用燃料的进口、出口、制造或使用所指明的离岸岛屿；以及

(b)根据本法或任何其他成文法规定，在自由贸易区内合法实施或准许实施的任何行为或事项。

第三条 解释

(1)本法中，除非文意另有所指外，下列术语含义如下：

“代理人”，就船只而言，包括船东代理人和中间人。

“航空器”包括可用于空中运送乘客或货物的任何种类的运载工具。

“酒精”指乙醇。

“验证码”指为识别和验证注册用户访问和使用第八十六条所提述的计算机服务，已分配给计算机注册用户的任何标识识别或识别码，密码或任何其他验证方式或程序。

“瓶”包括任何可被塞住或密封的含酒精饮料的容器。

“装瓶”，就含酒精饮料而言，包括混合、调配和改变任何含酒精饮料，意图出售如此形成的混合、调配或改变的含酒精饮料供人饮用，但不包括根据购买者的要求配制并供立即饮用的任何此类混合、调配或改变的含酒精饮料。

“装瓶仓库”指根据第六十六条第一款或第八十三条第四款经署长许可用于装瓶、混合、配制或改变含酒精饮料的仓库。

“机长”指拥有或指挥或负责飞机的人。

“整月”指从一个月的第一天到该月的最后一天，含该月第一天和最后一天。

“压缩天然气”或“CNG”指经过压缩用于机动车的天然气。

“海关机场”指被指定为海关机场的任何地方。

“关税”指对进口到新加坡的货物征收的税，不包括任何消费税。

“关税区”指新加坡及其领海，但不包括任何自由贸易区。

“数据库报告”指第八十六条所提述的计算机服务自动生成的任何自动记录、日志或其他报告，用于记录与电子通知相关的交易详情，包括验证码、接收日期和时间、存储位置以及与通知相关的任何更改或删除；

“有害物质”指任何以下物质：

(a)不宜供人食用的物质；或

(b)食用后对人类有害的物质。

以上物质须经署长指定的实验室雇用的分析员认定。

“变性的”物质指署长确信不宜供人食用的物质。

“署长”指根据第四条第一款委任的海关总署署长。

“应税货物”指进入关税区时须缴付关税或消费税的任何货物，或在新加坡(包括任何自由贸易区)制造且未缴付关税或消费税的任何货物，包括在自由贸易区用进入关税区时应纳税的一类材料制造的在关税区消费的货物。

“电子通知”具有第八十六条第一款赋予它的含义。

“消费税”指对在新加坡或其他地方制造的货物征收的关税。

“出口”指以任何方式将货物运出或致使运出关税区，或将货物置于任何形式运输工具中，以便以任何方式将货物带出关税区，包括自由贸易区；但确为过境的货物，包括已转运的货物，不得被视为出口，除非它们是或成为未完税货物。

“自由贸易区”指根据《新加坡 1966 年自由贸易区法》宣布为自由贸易区的新加坡境内任何地区。

“货物”包括动物、禽类、鱼类、植物和各种动产。

“政府仓库”指由署长根据第四十九条为存放应税货物而建立的仓库。

“绿色通道”指在海关机场或海关站内，用规则的八角形标志清楚地标明并以绿色标明“海关”和“无须申报通道”字样的任何通道或区域。

“重油或柴油”包括除汽油以外的任何用作或可用作牵引发动机或机动车发动机燃料的液体。

“进口”指以任何方式从包括自由贸易区在内的任何地方运入或致使运入关税区；但就征收关税或消费税而言，确为过境的货物，包括从关税区外运入任何自由贸易区或转运的货物，不得视为进口，除非它们是或成为未完税货物。

“进口商”包括并适用于在任何货物进口之时和从进口之时起至货物正式脱离海关管制之时止，该货物的拥有人或暂时管有该货物或对该货物拥有权益的任何其他人士。

“含酒精饮料”指：

(a)酒精质量百分比超过百分之零点五的酒精与一些其他物质的混合物；或

(b)酒精体积百分比超过百分之零点五的酒精和水的混合物，适合用作或拟用作或可通过任何方式转化为饮料，但不包括变性酒精。

“过境”指从任何国家运出或送出，经陆路、海路或空路运入新加坡(无论是否在新加坡卸货或转运)，其唯一目的是通过同一或另一运输工具运往另一国家。

“私用保税仓”指根据第五十一条第一款、第六十三条第一款或第八十三条第四款持有执照或被视为持有执照的仓库或其他地方(如根据第八十三条第四款签发执照涉及的活动需要根据第五十一条第一款、第六十三条第一款或第六十六条第一款获得执照)。

“本地船舶”指任何中式帆船、舯舡、快速帆船或其他类似类型船只,以及任何净注册吨位在七十五吨以下的蒸汽机船或内燃机船,并包括任何类型的内燃机船,无论其是否装有舷内发动机或舷外发动机。

“制造”:

(a)就含酒精饮料而言,包括蒸馏、发酵工序,以及将原料转化为含酒精饮料的任何工序,但不包括对任何含酒精饮料的调合、配制及改变;

(b)就烟草而言,包括将任何原料烟草或叶烟草转化为适合吸食、鼻闻或咀嚼的烟草的工序,以及以动力操作的机械制造香烟的工序;以及

(c)就任何其他货物或其替代品而言,包括将该等货物或替代品的材料、物质或组件的生产、装配、提纯、混合或转化为成品的任何工序。

“船长”指任何(除飞行员或港务长外)临时拥有或控制或掌管船只的人。

“发动机燃料”指用于推进任何运输工具的任何燃料。

“车用汽油”包括汽油或任何用于火花点火式发动机的易燃碳氢化合物液体燃料。

“机动车”指主要用于或适用于在以公共支出维护的道路上运送货物或载客(包括任何驾驶车辆的人)的机械推动车辆,包括为在该种道路上牵引任何其他车辆而建造的任何车辆,但不包括挖掘机、履带车、推土机、拖拉机等车辆以及任何并非用于该种道路的类似车辆。

“海关关员”指:

(a)署长;

(b)根据第四条第二款委任的任何海关副署长或海关助理署长;

(c)根据第四条第四款委任的任何海关高级关员;

(d)根据第五条第二款委任的任何海关人员;以及

(e)任何警务人员。

“拥有人”包括租购协议中的出租人。

“酒精质量百分比”指酒精和其他物质的混合物中酒精浓度的测量值,以混合物中酒精质量占混合物总质量的比例表示。

“酒精体积百分比”指酒精和水的混合物中酒精浓度的测量值,以 20 摄氏度温度下混合物中酒精体积占混合物总体积的百分比表示。

“石油”包括通常称为岩油、仰光油、缅甸油、煤油和煤油替代品、石蜡油、汽油、苯、苯偶姻、轻油精、石脑油和任何其他类似的易燃液体,无论是天然产物还是由石油、煤、片岩、页岩抑或任何其他沥青物质或其任何制成品。

“缉私船只”指为防止走私或为与本法有关的任何其他目的而雇用的任何船只。

“违禁品”指根据第三十八条发出的通知有条件或绝对禁止进口或出口的货物。

“适当的海关主管关员”指根据本法履行其职责的任何海关关员,无论此类职责是专门还是一般分配给他的,抑或明示或暗示分配给他的。

“红色通道”指在海关机场或海关站内,用规则的正方形标志清楚地标明,并以红色标明

“海关”和“申报通道”字样的任何通道或区域。

“注册用户”指已向署长注册并获其授权访问和使用第八十六条所提述的计算机服务的人。

“注册官”指根据《新加坡1961年道路交通法》委任的车辆注册官或车辆副注册官或车辆助理注册官。

“海关高级关员”指——

(a)署长;

(b)根据第四条第二款委任的任何海关副署长或助理署长;

(c)根据第四条第四款委任的任何海关高级关员;

(d)根据第五条第三款被授予海关高级关员权力的任何海关关员;以及

(e)凭借第七条第一项拥有海关高级关员权力的任何警务人员。

“烟草”包括除生长中的烟草以外的所有烟草,无论是否经过加工。

“棕榈酒”指椰子或其他棕榈的发酵汁。

“游客”指持护照或其他旅行证件进入新加坡且在新加坡停留时间不超过六个月的任何人,包括过境人员和署长在《新加坡政府公报》上发表公告指明的其他类别人员。

“未完税货物“指违反本法条文的货物。

(2)就本法而言,当货物存放或放置于任何自由贸易区、政府仓库、私用保税仓、装瓶仓库或邮局,或任何船只、火车、车辆或飞机,或在任何非经适当的海关主管关员准许不得转移的地方,视为受海关管制。

(3)在本法中,对文件或记录的提述,除了以纸张形式的文件或记录之外,还包括对以下任何或任何部分的提述:

(a)保存在任何磁性、光学、化学或其他媒介上的文件或记录;

(b)照片;

(c)地图、平面图、图表、图画或绘画;

(d)胶片(包括缩微胶卷和缩微胶片)、底片、磁盘、磁带、声带或任何其他装置,内含一个或多个视觉图像、声音或其他数据,以便能够(在有或没有其他设备的帮助下)从中得以复制。

(4)在本法中,除非上下文另有要求,对书面文件或记录的提述或书面文件或记录的制作,包括任何电子通知,或根据本法条文对该通知的制作、送达或提交。

第二章 关员的委任

第四条 署长和其他关员的委任

(1)部长可委任某个关员为海关署长,在部长的指导和控制下监督与本法有关的所有事项。

(2)部长可委任他认为合适数量的海关副署长和海关助理署长。

(3)在海关署长的总体指导和监督下,海关副署长和海关助理署长拥有并可行使本法授予署长的所有权力。

(4)为执行本法条文,部长可委任他认为合适数量的其他海关高级关员。

第五条　署长转授的权力

(1)署长可授予根据第四条第四款委任的任何海关高级关员本法授予署长的所有或任何权力,但须满足署长认为合适的条件或限制。

(2)为执行本法条文,署长可委任他认为合适数量的其他海关关员。

(3)署长可将海关高级关员的所有或任何权力授予根据第二款委任的任何海关关员。

第六条　海关关员视为公务人员

所有海关官员须被视为《新加坡1871年刑法典》所指的公务人员。

第七条　警务人员的权力

就本法而言:

(a)所有不低于警曹级别的警务人员拥有并可行使本法赋予海关高级关员的所有权力;以及

(b)所有低于警曹级别的警务人员拥有并可行使本法赋予海关关员的一切权力。

第八条　授权证的出示

(1)每名海关关员(或警务人员)在根据本法对任何人采取行动时,如未着制服,须按要求声明其职务并向该人出示署长(或警察总监)指示该等关员(或警务人员)携带的授权证(或警员证)。

(2)任何人拒绝遵从根据本法行事或声称根据本法行事的海关关员提出的任何请求、要求或命令,而该关员未着制服且拒绝按照该人要求声明其职务和出示授权证的,则不属犯罪。

第九条　受雇于海关的人员视为适当的海关主管关员

(1)根据署长命令或经署长同意(无论是先前还是之后表示的),受雇从事与海关有关的任何职责或服务的人,须被视为从事该职责或服务的适当的海关主管关员。

(2)法律要求任何时候由任何被专门指定的特定关员实施或与之一同实施的行为,如由署长委任的代表该特定关员行事的人实施或与之一同实施,则须视为由该特定关员实施或与之一同实施。

第三章　关税和其他税款的征收

第十条　关税的征收

(1)对于进口到新加坡关税区或在新加坡制造的任何货物,须按照部长在《新加坡政府公报》上发布的命令规定,由署长征收关税和消费税。

(2)由本法或根据本法对任何货物征收的消费税,无论货物的原产地或制造地在何处,须在非歧视的基础上征收。

(3)在不影响任何其他补救措施的情况下,任何关税或消费税或根据本法须缴付的任何税款、费用或其他收费可作为欠政府的民事债务由署长追讨。

(4)根据本法征收的所有关税、税款、费用和其他收费均须缴入综合基金。

第十一条　署长减免关税的权力等

就本条而言,署长或经署长授权的海关关员可减免全部或部分关税、消费税、税款、费用或其他收费的支付或追缴,但可减免的金额不得超过二十新元或部长可下令规定的其他金额。

第十二条　由适当的海关主管关员进行的测量和检测

(1)适当的海关主管关员可对任何应税货物或未报关货物进行估价、称重、测量、检测或以其他方式检查,或可安排对其进行称重、测量、检测或以其他方式检查,以便确定对其征收的关税或消费税。

(2)由适当的海关主管关员作出的任何货物的估价,须推定为正确的,除非有反证成立。

第十三条　部长的豁免权

(1)部长可在《新加坡政府公报》上发布命令,豁免任何类别货物或人员如下义务:

(a)本法任何条文;或

(b)支付全部或部分须缴付的任何关税、消费税、税款、费用或其他收费。

(2)部长可在任何特定情况下:

(a)豁免任何人员如下义务:

(i)本法任何条文;或

(ii)支付全部或部分须由该人缴付的任何关税、消费税、税款、费用或其他收费。

(b)指示免除或退还任何人须缴付或已缴付的任何全部或部分关税、消费税、税款、费用或其他收费。

(2A)第二款第一项规定的豁免无须公布于《新加坡政府公报》。

(3)在准予豁免或指示免税或退税时,部长可施加他认为合适的条件(包括豁免的后续条件)。

(4)根据第一款或第二款准予豁免缴付关税、消费税、税款、费用或其他收费的任何货物须:

(a)在准予免除关税、消费税、税费或其他费用的条件(如有)得到满足之前,被视为应税货物;以及

(b)除关税、消费税、税款、费用或其他收费外,缴付未准予豁免的所有其他费用。

第十四条　关税或消费税的重新征收

(1)如由于根据第十三条准予的豁免而未缴付关税或消费税的任何货物不再符合准予豁免的条件或不再由该人管有或使用或为使该等货物获得豁免资格,则不再是豁免对象的该等货物须承担其本应承担的关税或消费税。

(2)获准予豁免的人和任何经查拥有该等货物的人须共同和各自缴付关税或消费税。

(3)如发现任何根据第一款须缴付但尚未缴付关税或消费税的货物,被任何人管有或存放在该人的处所内,而该人并非豁免条款下被授权管有该等货物的人,则除非有反证成立,否则该等货物须被视为未报关货物。

第十五条　离开海关管制前,丢失、损坏或毁坏的货物的关税或消费税的免除

(1)如任何应税货物在离开海关管制之前的任何时候,因不可避免的事故而丢失、损坏或毁坏,或因盗窃或蒸发而遗失,署长可免除该货物的全部或部分关税或消费税。

(2)货物离开海关管制后,不得因任何此类货物的损失或损毁或因以下主张而减免关税或消费税:

(a)以优惠税率缴付关税或消费税;或

(b)由适当的海关人员为确定该等货物的关税或消费税或影响该等货物的任何其他因素而厘定的重量、尺寸、体积或价值有误,

除非在离开关税管制或之前已发出书面申请书。

第十六条　对汽车的税款减免

部长可通过命令:

(a)在他认为合适的条件下,就汽车所缴付的任何消费税予以减免;并

(b)指示不得退还该减免的税款,而只能用于抵销根据《新加坡 1961 年道路交通法》汽车须缴付的任何特定税款、征费或费用。

第十七条　对使用重油等的机动车辆的征税

(1)尽管有任何其他法律或根据该法所订收费额对任何机械推进的车辆征收的任何税款、关税、费用或其他收费,还须对装备有使用重油、柴油、液化石油气或任何其他气体作为燃料的发动机或装有发生炉煤气或其他气体附件的机动车辆征收特种税。

(2)根据第一款对机动车辆征收的特别税须:

(a)为部长所订明的数额,且部长可对不同级别、种类或类型的机动车辆或用于不同目的的机动车辆订明不同费率;

(b)参照部长所订的缴税期限;以及

(c)按部长所订时间和方式提前缴付。

(2A)在《新加坡 2008 年海关(修订)法》生效之日前作为或声称作为根据第一款应征收的特别税而收取的所有款项,须被视为且始终被视为已有效收取,不得在任何法院为任何此类征收或因任何此类征收或就任何此类征收提起或进行法律诉讼。

(3)*[删除于 2018 年第 29 号法案,自 2019 年 2 月 18 日起生效]*

(4)为征收特别税,对机动车辆须:

(a)征收与根据《新加坡 1961 年道路交通法》为机动车辆发放或最后一次发放车辆牌照时相同的特别税,并参照当时适用于该机动车辆的规定税率征收;或

(b)如没有根据该法为机动车辆发放车辆牌照,则参照适用于该机动车辆的规定税率征收。

(5)根据第五款之一,任何人在任何期间内保有一辆在任何时候都应征收特别税的机动车辆,无论该机动车在该期间内是否仍是一辆机械推进的车辆,都须缴付该机动车在该期间的特别税。

(5A)第五款所述的该人须缴付特别税的期间,不包括该人根据《新加坡 1961 年道路交通法》通知注册官机动车辆不会用于或停放于公共道路的任何期间(本条中称为通知期)。

(5B)但是,如在通知期内的任何时间在公共道路上使用或停放机动车辆是基于如下情况,则根据第五款之一的规定,该人不能被豁免缴付特别税:

(a)该行为由该人作出;或

(b)经该人同意,

且当时该机动车辆没有有效的车辆牌照。

(6)不得在如下期间使用本条适用的机动车辆:

(a)在指定缴付特别税的最后日期之后,直至税款已缴付为止;以及

(b)在通知期内的任何时间。

(7)如明知而使用本条适用的任何机动车辆违反第六款规定,驾驶该车辆的人或其车主即属犯罪。

(8)为施行本条,注册官拥有本法规定的署长的所有权力。

(9)在本条中,"税期"指根据本条应予征收特别税的年度或半年度期间。

第十七条之一　特别税的豁免和其他特殊税责的变化

(1)部长可:

(a)按级别、种类、描述或用途,豁免第十七条对任何机动车辆的征税(包括根据第十七条应予征收的特别税或特别税的任何部分);或

(b)在任何特定情况下,豁免第十七条对任何机动车辆的征税(包括根据第十七条应予征收的特别税或特别税的任何部分)。

(2)部长可就第一款的豁免订明其认为合适的条件(包括后续条件),如任何该等条件被违反,则须缴纳特别税。

(3)第一款第二项所指的豁免无须刊登于《新加坡政府公报》。

(4)如部长根据第十七条第二款订明新的特别税率(本条中称为新税率)以替代现有税率(本条中称为旧税率),部长可以根据第十七条第二款进一步订明,新税率:

(a)仅适用于在订明新税率的条例生效后(本条中称为生效时间)开始的税期;或

(b)不仅适用于第一项所述的税期,而且适用于任何当前税期。

(5)如按照第四款第二项,新税率适用于机动车辆当前税期,则

(a)如旧税率高于新税率,则由当前税期的特别税减去第六款的款额;以及

(b)如旧税率低于新税率,则由当前税期的特别税加上第六款的款额。

(6)就第五款而言,款额为(甲 - 乙)×丙,其中:

(a)甲为下列款额中的较高者:

(i)按旧税率计算当前税期应缴的特别税;

(ii)按新税率计算当前税期应缴的特别税。

(b)乙为下列款额中的较低者:

(i)按旧税率计算当前税期应缴的特别税;

(ii)按新税率计算当前税期应缴的特别税。

(c)丙指当前税期从开始时间到结束时间的部分占整个税期的比例。

(7)为施行本条和第十七条,部长可规定如下:

(a)如因特别税的豁免或税率的降低,或因任何其他原因而多缴付机动车辆的特别税:

(i)规定退款的时间。和

(ii)规定退款的方式,包括以下任何一种或几种方式的组合:

(A)作为减免或减少该机动车辆在任何税期须缴付或未缴付的特别税款;

(B)以退税额抵销根据《新加坡1961年道路交通法》该机动车辆须缴付的任何特定税款、征费或费用。

(b)如因违反豁免后的条件或第十七条第五款之二的规定而须缴纳特别税,或因特别税税率的提高而须缴纳额外的特别税:

(i)规定纳税人须缴付特别税的时间;和

(ii)规定缴付的方式,包括以须缴付税额抵销根据本法或《新加坡1961年道路交通法》退还该人的款额。

(c)规定执行本条和第十七条所需或附带的任何事项。

(8)为施行第一款、第二款、第四款和第七款,部长可对不同级别、种类或类型的机动车辆或不同用途的机动车辆作出不同规定。

(9)尽管《新加坡1961年道路交通法》中有所规定,但根据该法规定的任何税款、征费、费用或款项,如根据第七款第一项第二目或第二项第二目所订规例进行了抵销,则在抵销的范围内被视为已缴付。

(10)为施行第七款第二项所订的规例不影响第十八条的实施。

(11)第十九条不适用于根据本条或第十七条对特别税的减征,或因减征而产生的任何退税。

(12)为免生疑义,第十三条不适用于根据第十七条须征收的任何特别税。

(13)本条中:

"当前税期"指生效时间所在的纳税期;

"税期"与第十七条第九款中的含义相同。

第十七条之二　有关特别税的推定

(1)为施行第十七条第五款,除非有反证成立,否则在如下情况得到证实时,某人被推定保有机动车辆:

(a)就根据《新加坡1961年道路交通法》注册的机动车辆而言,该人在注册官为施行该法第十条而保存的车辆登记册中被记录为该机动车辆的拥有人;

(b)就根据《新加坡1961年道路交通法》被取消注册或根据该法的注册已失效的机动车辆而言,该人是最近一次被记录于车辆登记册上的该机动车辆的拥有人;或

(c)就未根据《新加坡1961年道路交通法》注册且不属于第二项所述机动车辆的机动车辆而言,该人对该机动车辆有合法的管有权(包括根据租赁协议或租购协议使用该机动车辆的任何人,但不包括该机动车根据任何此类协议处于被租赁时的出租人)。

(2)就第十七条第五款之二而言,除非有反证成立,否则该条所述的同意被推定为已作出。

第十八条　拖欠特别税的追缴

(1)就本条而言,根据第十七条或第十七条之一征收的任何特别税款视为拖欠,可按本法规定的方式追缴,前提是:

(a)该税款在根据第十七条第二款本须预先缴付之日仍属到期未付;或

(b)该税款在根据为施行第十七条之一第七款第二项第一目所订规例本须缴付之日仍属到期未付。

(2)为追缴拖欠的特别税,注册官:

(a)可扣押、出售或以其他方式处置任何拖欠特别税的车辆;

(b)须根据任何其他成文法将出售所得用于清偿该车辆的欠款、所有牌照费和其他到期应缴税款;且

(c)须将余款(如有)退还被扣押车辆的拥有人。

(3)如在出售或处置该车辆前的任何时候,该车辆的特别税、所有牌照费及其他到期应缴税款已缴付,则根据本条扣押的车辆须交还车辆拥有人。

(4)当任何车辆根据本条被扣押时,注册官须通过当面交付通知或邮寄至住址的方式立即书面通知该车辆拥有人并告知其扣押原因。

(5)由注册官根据本条出售的车辆的购买人,须视为已取得该车辆不附带任何产权负担的妥善所有权。

(6)任何人不得提起诉讼,要求交还被扣押的车辆,或要求因扣押和使用该车辆而产生的任何损害赔偿或任何其他救济。

(7)为行使本条的扣押权,注册官可授权任何海关关员或警务人员代为扣押任何车辆。

(8)本条授予的扣押、出售或处置权是对本法案授予的任何其他救济的补充。

第十九条　对多付或误付的关税、税款、费用和其他收费的索求

(1)除本条规定外,任何人无权申请任何退款或退还下列款项:

(a)根据本法多付或误付的关税、消费税、税款、费用或其他收费;或

(b)因构成本法规定的犯罪而被误收的款项。

(2)第一款所述的多付、误付或被误收的人,可向署长书面申请退还或返还多付、误付或误收的任何款项。

(3)只有在如下情况下,才可根据第二款向某人退还或返还款项:

(a)该人在多付、错付或被误收后的五年内提出退还申请;且

(b)署长信纳确存在多付、错付或误收款项。

第二十条　少征或误退的关税等的缴付

(1)如根据本法征收的任何关税、消费税、税款、费用或其他收费因任何原因而被少征或误退,本须缴付少征款额或被误退的人须根据有效的通知书向署长缴付差额或误退的款额。

(1A)根据第一款提出的通知书,如符合如下条件,即属有效:

(a)以书面形式作出。

(b)在要求所述的关税、税款、费用或其他收费被少征或误退之日起五年内作出。

(c)订明:

(i)署长要求缴付或偿付的少征或误退的款额;或

(ii)署长有理由相信发生少征或误退的情况或货物。

(1B)如少征或误退是由于须缴付少征款额的人,或索求或有权获得误退款额的人(视属何种情况而定)的欺诈或逃避造成的,则第一款之一第二项不适用。

(2)在不影响追缴欠款的任何其他补救措施的情况下,任何属于该人的、可能受海关管制的应税货物可被扣留,直至缴付差额或偿付退款为止(视属何种情况而定)。

(3)如少征或误退的款额不超过二十元或为部长在任何情况下通过命令订明的金额,署长可以放弃追缴该少征或误退的款额。

第二十一条　关税的计算

适用于任何货物的关税或消费税的税率和估价(如有),须为:

(a)对于在新加坡合法进口或制造的货物而言:

(i)如该等货物是在政府仓库或私用保税仓内,则为该等货物从政府仓库或私用保税仓转移时(视属何种情况而定)的有效税率和估价;

(ii)如该等货物是以邮寄方式进口的,则为适当的海关主管关员评定关税或消费税时的有效税率和估价;以及

(iii)在任何其他情况下,为适当的海关人员放行货物时的有效税率和估价;并且

(b)对于未完税货物而言,则为该等货物已知成为未报关货物时的有效汇率和估价(如知悉),或为扣押时的有效汇率和估价,以较高者为准。

第二十二条　为征收消费税对除汽油外的进口或本地制造的货物的估价

(1)为根据本法征收消费税,除汽油外的任何进口或本地制造的货物的价格须根据部长为施行本条所订规例进行确定。

(2)根据第一款所订规例可要求任何进口商、当地制造商或其他与货物进口或当地制造有关的人员:

(a)以适当的海关关员要求的形式向其提供他认为对货物进行适当估价所需的资料;以及

(b)出示与该人购买、进口或出售该等货物有关的任何性质的账簿或其他文件。

第二十二条之一　为征收关税对进口货物的估价

(1)为根据本法征收关税,任何进口货物的价格须根据部长为施行本条所订规例进行确定。

(2)根据第一款所订规例可规定要求任何进口商或与货物进口有关的其他人员:

(a)以适当的海关关员要求的形式向其提供他认为对货物进行适当估价所需的资料;以及

(b)出示与该人购买、进口或出售该等货物有关的任何性质的账簿或其他文件。

第二十二条之二　对估价的异议和上诉

(1)如任何人不同意适当的海关主管关员根据第二十二条或第二十二条之一对任何货物的价格的任何确定,他可以向署长申请提出异议,说明他异议的理由和他认为应为货物价格的数额。

(2)根据本条提出的异议,须在根据第二十二条或第二十二条之一确定价格后的十四日内,或在署长允许的更长时间内,以书面形式向署长提出。

(3)署长须考虑该异议,并将其决定书面通知进口商。

(4)如适当的海关关员根据本法修正其对任何货物价格的确定,并非因为收到货物进口商的异议,则他须将修正后的确定通知进口商。

(5)如任何人不满意署长根据第一款就其异议所作的决定,可针对该决定向高等法院提起上诉。

(6)第五款规定的每项上诉,须在根据第三款以书面形式通知进口商有关决定之日起的

二十八日内,或在高等法院允许的更长时间内,以发出上诉通知的形式提起。

(7)对于根据第五款提起的任何上诉,高等法院可确认、变更或撤销署长的决定,并就该上诉作出高等法院认为合适的进一步或其他命令,无论是关于费用还是其他方面的命令。

(8)即便本条有任何相反规定,但如在对任何上诉作出裁定的过程中,有必要推迟对上诉的最后裁定,进口商可从海关管制中获得货物交付,前提是署长收到他认为足以缴付货物的全部关税或消费税的担保。

第二十三条　进口或当地制造的汽油的估价

就本法而言,任何等级的进口或本地制造的带有商品名或商标的汽油的价格须视为包括消费税,但不包括对该等级带有该商品名或商标的在新加坡零售商的汽油加油站中的汽油当时须缴付的商品及服务税。

第二十四条　售价不同的汽油的估价

就第二十三条而言,如同一商品名或商标的某等级汽油的售价存在差异,则该商品名或商标的该等级汽油的最高售价(包括消费税但不包括商品及服务税)须视为该等级汽油的价格。

第二十五条　未完税、未在新加坡以商品名零售或零售商加油站的汽油售价未知的汽油的估价

尽管第二十三条和第二十四条有所规定,但任何等级的汽油,属未完税的,或未在新加坡以商品名或商标零售的,或虽在新加坡以商品名或商标零售但零售商加油站的汽油价格未知的,其价格须为该等级汽油的最高售价(包括消费税但不包括商品及服务税),无论在新加坡的零售商汽油加油站的商品名或商标为何种。

第二十六条　由署长决定的汽油价格问题

对零售商的汽油加油站的汽油价格产生的任何疑问须由署长决定。

第二十七条　转移海关管制的应税货物

(1)不得转移海关管制的应税货物,除非:

(a)在缴付须缴付的关税或消费税后;

(b)署长施加的条件下,存放于政府仓库或私用保税仓;或

(c)在署长在任何特定情况下施加的条件下。

(2)在任何情况下,任何货物在缴付所有仓库租金及其他须缴费用之前,不得从政府仓库转移。

(3)署长可允许在缴付关税或消费税之前将应税货物从私用保税仓中转移,但转移之前,署长可酌情要求提供令他满意的担保,以保证在他允许的时间内缴付关税或消费税。

第二十八条　征收关税时的进口时间

当依据第十条第一款的命令对之前不属于应税货物的任何货物征收关税或消费税,或取消对货物征收的任何关税或消费税,或当禁止进口或出口任何货物,或根据第三十八条所发通知取消任何此类禁令,并且为施行本法有必要确定任何货物完成进口或出口的被视为已经生效的时间,则尽管本法有所规定,该进口或出口时间须视为:

(a)如属通过海路进口,进口货物的船只实际进入托运货物的新加坡港口范围的时间;

(b)如属通过公路或铁路进口,货物进入新加坡境内的时间;

(c)如属通过空运进口,飞机在海关机场降落的时间;

(d)如属从自由贸易区进口,货物进入关税区的时间;

(e)如属通过海路出口,货物在出口船只上开始装运的时间;

(f)如属通过公路或铁路出口,货物离开新加坡的时间;

(g)如属通过空运出口,飞机离开海关机场的时间;以及

(h)如属货物从关税区转移至自由贸易区进行出口,货物被运入自由贸易区的时间。

第二十九条　海关裁定

(1)对于按照附件提出的申请,署长可按照附件就附件所指明的任何事项作出裁定。

(2)附件适用于并关乎根据第一款提出的有关申请和署长根据该款作出的任何裁定。

(3)部长可通过在《政府公报》上发布命令,修改、增加或撤销附件的全部或任何部分。

第三十条　贸易样品的进口

(1)如应税货物在进口时被宣布确为贸易样品,署长可允许该等货物进口无须缴付关税或消费税,但须符合他认为合适的条件。

(2)在本条中,"贸易样品"所指进口的物品仅:

(a)用于在新加坡展览或展示,使新加坡的制造商能够生产该等物品,以满足国外订单的要求或为招揽国外供货的订单;或

(b)用于制造商在新加坡生产该等物品前进行复制、测试或实验,

且仅用于第一项或第二项所述目的,且在新加坡境内未出售、消费或用于正常用途或以任何方式用于出租或奖励。

第四章　进　出　口

第三十一条　进口、出口或转运的地点

(1)尽管任何其他成文法有所规定,任何人不得进口或出口应税货物或转运进口时属应税货物类别的货物,除非:

(a)通过海路:

(i)在一般情况下为所有货物订明的或指定的与该等货物有关的新加坡境内的获授权码头和地点;或

(ii)在署长于规定情况下确定为与该等货物有关的新加坡境内的获授权码头和地点。

(b)通过空运,在海关机场。

(c)通过铁路,在铁路沿线的海关站。或

(d)通过公路。

(1A)在规定新加坡的获授权码头或地点时,或规定署长为施行第一款第一项而确定获授权码头或地点的情况时,部长可规定获授权码头或地点的经营者须遵守署长对在获授权码头或地点进行的任何作业施加的要求和限制。

(2)除随身个人财物和行李外,任何应税货物均不得通过公路进口,但在署长批准的时间

和条件下除外。

第三十二条　进口商及代理机构就应税货物的登记

如根据第十条第一款发布的命令已使任何之前无须课税的货物成为应税货物，海关高级关员可要求任何进口该等货物的进口商或代表该等货物的外国出口商行事的本地代理机构，向海关登记其业务详情。

第三十三条　进出口须符合规例

除非根据并符合订明的规例或限制，否则任何人不得进口或出口应税货物或转运进口时属应税货物类别的货物。

第三十四条　货物转移许可证

（1）根据第二款和第三款，用于转运和过境中的任何进口的应税货物和进口时属应税货物类别的货物，在运抵时不得从以下地点转移：

（a）货物抵达的船只；

（b）货物抵达的海关机场；

（c）货物抵达的铁路沿线的海关站；

（d）如货物是通过公路运入新加坡，在兀兰或大士的海关站以外的区域；或

（e）货物存放或卸货的自由贸易区，除非根据并符合由适当的海关主管关员以署长确定的形式发放的许可证所载的条件。

（2）货物的转移在以下情况下无须许可证：

（a）由自由贸易区主管当局将任何应税货物从船只直接运入自由贸易区，前提是已向适当的海关主管关员提供第三十九条规定的完整、准确的进口舱单；

（b）转移的应税货物（除含酒精饮料或烟草外）须缴付的关税额不超过部长通过命令订明的数额，且由抵达新加坡的任何人管有或在其行李中；

（c）转移的含酒精饮料或烟草的种类和数量：

（i）由部长通过命令订明；或

（ii）由署长或经署长授权以执行本款的人员根据部长的任何一般或特别指示确定，

且由抵达新加坡的任何人管有或在其行李箱中。

（d）转移的发动机燃料用于推进机动车辆、飞机或船只：

（i）就机动车辆而言：

（A）装载于机动车辆的燃料供应箱；或

（B）为部长通过命令订明的数量且装载于机动车辆的后备容器；

（ii）就飞机而言，装载于飞机的燃料供应箱；以及

（iii）就船只而言，装载于船只的燃料供应箱；

（e）转移的应税货物应适当的海关主管关员要求通过邮寄进口；以及

（f）转移的应税货物为署长根据部长的任何一般或特别指示确定。

（3）署长可根据他施加的条件，授权任何人在没有许可证的情况下，将拟转运或过境的进口时属应税类别的货物：

（a）从某架飞机运入海关机场的自由贸易区，并从该自由贸易区直接转运至同一机

场的另一架飞机;或

(b)从自由贸易区直接转运至停泊于同一自由贸易区的船只。

第三十五条　未使用的许可证须于二十四小时内归还

[由 2003 年第 4 号法案废除]

第三十六条　根据声明转移的货物不得再次卸货

任何人不得:

(a)按照根据第五十九条作出的任何声明,将放置于任何船舶或飞机上或装载于任何铁路货车上的任何货物重新卸货或准许重新卸货;或

(b)在未经适当的海关主管关员事先同意的情况下,明知而忽略或遗漏致使该等货物根据该声明书出口或转运(视属何种情况而定)。

第三十七条　申报

每位应税货物的进口商或出口商,以及每位转运进口时属应税货物类别的货物的人员,在将任何该等货物或其任何部分从海关管制或以下任何地方转移前(无论该等货物是否处于海关管制):

(a)货物抵达的船只;

(b)货物抵达的海关机场;

(c)货物抵达的铁路沿线的海关站;

(d)如货物是通过公路运入新加坡,在兀兰或大士的海关站以外的区域;或

(e)货物存放或卸货的自由贸易区,

须根据第九十六条,亲自或由其代理人向适当的海关主管关员就进口或出口或转运的货物的详情进行申报。

第三十八条　禁止进出口的权力

(1)部长可在《新加坡政府公报》上发表公告,绝对或有条件地禁止公告中订明的此类应税货物进口到新加坡或从新加坡出口。

(1A)为免生疑义,公告订明的应税货物包括根据任何其他成文法被绝对或有条件禁止进口或出口的货物。

(2)对任何特定货物是否属于根据第一款发出的公告中出现的货物类别而产生的任何疑问,须由署长决定。

第三十九条　须提供的进口货物详情

(1)每艘船只的船长、拥有人或代理人,抵达新加坡的每架飞机的飞行员、拥有人或代理人,以及每列火车到达时铁路沿线海关站的站长,须在船只、飞机或火车抵达后的二十四小时内,或在署长酌情允许的更长期间内,向署长指定的海关办事处的适当的海关主管关员提供:

(a)经船长、飞行员、拥有人、代理人或站长核证的完整、准确的进口舱单,其中载有运入新加坡的货物数量、唛头和描述的完整详情。

(b)在新加坡卸下的过境货物的完整、准确的说明。和

(c)如署长要求提供以下材料:

(i)所有未在新加坡卸下的过境货物的完整、准确的舱单;和

(ii)船只、飞机或火车上所载用于海运、空运或铁路运输补给品的准确清单。

(2)署长可在他认为合适且符合他所施加的条件下,准许第一款所提述的船只或飞机的拥有人或代理人或站长授权任何其他人代表拥有人、代理人或站长提供第一款所提述的任何舱单或说明的全部或任何部分。

第四十条　完成卸货后修正舱单

(1)船只、飞机或火车抵达后的一个月内,船只的船长、拥有人或代理人或飞机的飞行员、拥有人或代理人或站长或根据第三十九条第二款的获授权人员,须根据第三十九条要求,向适当的海关主管关员提交因短装、短卸、溢卸或部长通过命令订明的其他原因而对舱单作出的经核证的修正。

(2)署长在收到通知后可拒绝接受作出的任何修订,即根据任何成文法对与该舱单所涉货物的任何罪行已开始调查的通知。

(3)如任何应税货物未按照海关高级关员要求列入舱单:

(a)在提出修正后的两个月内,或在该人员允许的更长时间内;或

(b)在船只、飞机或火车完成卸货后的三个月内仍未提出修正的任何情况下,

船只的船长、拥有人或代理人或飞机的飞行员、拥有人或代理人或站长或根据第三十九条第二款的被授权人员,须按照要求向海关高级关员缴付应征关税额的两倍,或在准确税额无法评定的情况下缴付不超过一千元的金额。

(4)如果须受第三款规定处罚的人拒绝或未缴付被要求缴付的罚金,任何海关高级关员可向法院起诉并追缴罚金。

第四十一条　须提供的出口货物详情

(1)在每艘船只、飞机或火车离开后的四十八小时内,或在署长酌情决定允许的更长期间内,船只或飞机的拥有人或代理人或铁路沿线海关站的站长须向署长指定的海关办事处的、适当的海关主管关员提供:

(a)该船只或飞机上出口的或作为海运或空运补给品的所有货物的完整、准确的出口舱单;

(b)所有转运货物的完整、准确的说明;和

(c)经署长批准形式并经该所有人、代理人或站长核准的完整、准确的装货清单,载有已收到的用以装载至船只、飞机或火车上的所有应税货物的全部详情。

(2)署长可在他认为合适且符合他所施加的条件下,准许第一款所提述的拥有人、代理人或站长授权任何其他人代表拥有人、代理人或站长提供该款所提述的任何舱单、说明或装货清单的全部或任何部分。

第四十二条　未列舱单货物的关税义务

(1)在自由贸易区或经批准的卸货地点卸船或卸货,或存放于中转仓库的所有应税货物,除非:

(a)因出口或进入关税区从该地合法转移;或

(b)由自由贸易区主管当局或自由贸易区内储存货物的处所的占用人或经营者接收储存,

须由船只的船长、拥有人或代理人或飞机的飞行员、拥有人或代理人或根据第三十九条第二款获授权的任何人员(视属何种情况而定)承担风险,一如该等货物未被卸下。

(2)船只的船长、拥有人或代理人,或飞机的飞行员、拥有人或代理人,或根据第三十九条第二款获授权的任何人员,均须就该等未按照海关高级关员要求列入舱单的货物缴付关税,一如该等货物已完成进口。

(3)尽管任何成文法有相反的规定,如任何应税货物已由以下人员接收储存:

(a)自由贸易区的主管当局;或

(b)自由贸易区内储存货物的处所的占用人或经营者,则当局、占用人或经营者须就该等未按照海关高级关员要求列入舱单的货物缴付关税或消费税,一如该等货物已完成进口。

(3A)尽管任何成文法有相反的规定,如在自由贸易区内卸下的任何应税货物在自由贸易区内使用或消费,则下列人员须就如此使用或消费的货物缴付关税或消费税,一如该等货物已完成进口:

(a)根据第二项的规定,第三款之二所述的须根据第一款承担货物风险的每位人员;

(b)在使用或消费该等货物时,如应税货物由下列人员储存:

(i)自由贸易区的主管当局;或

(ii)自由贸易区内任何处所的占用人或经营者,则为当局、占用人或经营者(视属何种情况而定)。

(3B)在第三款之一中,有关人员是:

(a)就船只而言,指船长、拥有人或代理人或根据第三十九条第二款获授权的人员;以及

(b)就飞机而言,指飞行员、拥有人或代理人或根据第三十九条第二款获授权的人员。

(3C)为根据第三款和第三款之一计算关税或消费税,适用于该等货物的税率和估价(如有)为该等货物被运入自由贸易区当日有效的税率及估价。

(4)就第一款和第四十五条而言:

(a)在新加坡不以商品名或商标零售的任何等级的汽油,其价格须为该等级汽油的最高售价(包括消费税但不包括商品及服务税),无论在新加坡的零售商汽油加油站的商品名或商标为何种。

(b)在新加坡以商品名或商标零售的任何等级汽油的价格须根据第二十三条确定。

第五章　关于飞机和领海内船只的一般规定

第四十三条　船长须服从缉私船只的信号和海关关员的指示

在新加坡领海内的任何船只的船长,须服从缉私船只向他发出的任何信号,或从任何其他船只或任何地方身着制服的海关关员向他发出的任何指示,要求他停止或停船或执行任何其他行为。

第四十四条　舱单中未指明的货物视为未完税

如适当的海关主管关员在新加坡的任何船只、飞机或火车上发现除确为海运、空运或铁

路运输补给品以外的应税货物或进口时属应税类别的过境货物，且该等货物未在船只、飞机或火车的舱单中指明，则该等货物：

(a)视为未完税货物；且

(b)可予以扣押，船只、飞机或火车可被适当的海关主管关员扣留。

第四十五条　失踪货物视为已被非法卸货

如在新加坡的任何船只、飞机或火车上，发现船只、飞机或火车的舱单或其他文件中登记的应税货物或拟转运或过境的进口时属应税货物类别的货物的数量有缺失，且该缺失部分未按照适当的海关主管关员的要求列入舱单，则船只的船长、所有人或代理人，或飞机的驾驶员、所有权人或代理人，或铁路沿线海关站的站长，或根据第三十九条第二款或第四十一条第二款获授权的任何人员：

(a)除非有反证成立，否则被视为已非法转移货物并于新加坡境内卸货；以及

(b)在不影响根据本法提起的任何诉讼的情况下，须立即向海关主管关员缴付对被发现缺失或失踪的货物应征收的关税，且该船只、飞机或火车可被海关主管关员扣留，直至关税或消费税完成缴付。

第四十六条　为适当的海关主管关员提供工作场所

适当的海关主管关员在行使本法授予的权力登上任何船只时，船长须在该船停留在新加坡领海时在船上为该关员提供适当的工作场所。

第四十七条　锁住进口时应税的货物的权力

(1)适当的海关主管关员在行使本法授予的权力登上任何船只、飞机或火车时：

(a)有权自由进入船只、飞机或火车的每一部分；

(b)有权在卸货前标记任何应税货物；并

(c)有权锁住、封存、标记或以其他方式妥当保存船只、飞机或火车上的任何应税货物，包括海运、空运或铁路运输补给品。

(2)在船只、飞机或火车处于港口或机场范围内时，或在任何该等货物交付卸货前，未经适当的海关主管关员同意，不得打开、打破或更改任何锁、封条或标记。

(3)署长可酌情准许或拒绝准许将任何未缴付关税的应税货物作为海运或空运补给品带入船舶或飞机。

(4)署长根据第三款准许装载任何应税货物时，可施加他认为合适的条件。

(5)署长可酌情准许或拒绝准许在新加坡领海内使用任何未缴付关税的海运或空运补给品。

(6)所有属于任何空运、海运或铁路运输补给品的所有进口应税货物：

(a)在船只或火车上的，须妥当保存于专门为此而设的上锁的仓库；且

(b)在飞机上的，须妥当保存于上锁的机舱箱子或其他专门为此而设的容器。

(7)如在第六款所述以外的任何地方发现任何空运、海运或铁路运输补给品，该等空运、海运或铁路运输补给品须视为未完税货物。

第四十八条　禁止本地船只运载应税货物

(1)除非获得署长的书面许可并符合署长施加的条件，否则不得在任何本地船只上运载任何进口时属应税类别的货物。

(2)本条不适用于任何在新加坡港口范围内合法从事从船只运送货物或向船只运送货物的本地船只。

第六章　仓　　储

第四十九条　政府仓库

(1)署长可建立和维护政府仓库,在这些仓库中存放和保存未缴付关税的应税货物。

(2)署长可酌情决定限制存放和保存在任何海关办事处或海关站的任何政府仓库中的应税货物的数量及期限。

(3)署长可酌情决定准许在符合他所施加的条件下,将非应税货物或已完税货物储存于政府仓库内。

第五十条

[由2008年第3号法案废除,自2008年4月4日起生效]

第五十一条　私用保税仓

(1)署长可酌情决定,在支付规定的费用后,向任何人(本条中可称为持牌人)授予牌照,用于在指明的一个或多个地点仓储应税货物,并可在授予后,吊销或撤销任何此类牌照。

(2)任何该等牌照的有效期及条件,均由署长在牌照中分别指明。

(3)海关高级关员或由其特此委派的任何海关人员,在任何时候均有权进入任何私用保税仓。

(4)如在任何时候发现任何私用保税仓中应税货物数量不足,则仓库的持牌人须:

(a)在没有反证成立的情况下,被推定为已非法转移货物;且

(b)在不影响根据本法提起的任何诉讼的情况下,有责任立即向适当的海关主管关员缴付发现缺失的货物的应征税款。

(5)如署长信纳,货物缺失是由盗窃、不可避免的泄漏、破损或其他事故或蒸发造成的,则署长可免除对发现缺失的货物征收的全部或任何部分税款。

(6)*[由2011年第25号法案删除,自2012年1月1日起生效]*

(7)*[由2011年第25号法案删除,自2012年1月1日起生效]*

第五十二条　须存放于自由贸易区的应税货物

(1)所有进口到新加坡的应税货物:

(a)通过海运的,须在首次抵达时由进口商或其代理人在自由贸易区内卸下和存放;以及

(b)通过其他方式的,须在首次抵达或着陆时,由进口商或其代理人以任何其他方式存放于政府仓库或私用保税仓内,或如有需要,存放于海关办事处或海关站内或署长书面批准的任何其他地方。

(2)如署长信纳,由于任何理由,将任何应税货物卸在或存放在自由贸易区、政府仓库或私用保税仓、海关办事处或海关站或署长书面批准的任何其他地方并不切实可行,他可根据他施加的条件豁免该等货物如此卸货或存放。

(3)尽管第一款有所规定,部长根据《新加坡1966年自由贸易区法》第五条第四款订明

的货物，须：

(a)存放于政府仓库或私用保税仓；且

(b)须按适用于该等货物的规定费率缴付仓库租金。

(4)任何通过铁路进口的应税货物，均可托运至铁路沿线的海关站，并视为在抵达海关时已先行抵达。

(5)本条不适用于合法进口的货物：

(a)邮寄；和

(b)铁路运输时用于火车餐车的补给品。

第五十三条　仓单

(1)对于存放在政府仓库、海关办事处或海关站或署长书面批准的任何其他地方的所有货物，须由适当的海关主管关员签发仓单。

(2)如仓单遗失，须向货物拥有人或其代理人提供经适当的海关主管关员正式核证的仓单副本，并将经海关高级关员批准的赔偿保证书交给海关办事处的海关高级关员，以保证政府不会因错误交付所存货物而遭受任何损失的索赔。

(3)就本法而言，根据第二款签发的仓单或其经核证的副本的正当持有人或被背书人视为所存货物的拥有人。

(4)向仓单或其经核证的副本的持有人或被背书人或持有人或被背书人的代理人交付，或在出示经仓单或经核证的副本的持有人或被背书人或持有人或被背书人的代理人授权的交付命令下交付，即为恰当且合法的交付。

(5)当根据该交付命令交付货物时，该仓单或其经核证的副本所涵盖的货物数量视为已相应背书，当所有货物已如此交付时，该仓单或其经核证的副本视为已取消。

第五十四条　打开和检查货物或包裹的权力

海关高级关员可随时指示，存放在任何政府仓库或私用保税仓或海关办事处或海关站或署长书面批准的任何其他地方的任何货物或包裹，须予开启、称重或以其他方式检验，而在该等货物或包裹如此开启或检验后，可按照他认为合适的方式将其密封或标记。

第五十五条　存疑时对货物的扣押

(1)如适当的海关关员对货物是否应予征税存有疑问，可将其扣押在政府仓库或海关办事处或海关站或署长书面批准的任何其他地方。

(2)在每宗该等个案中，适当的海关主管关员须立即向海关高级关员报告，海关高级关员须在不作不当延误的情况下，决定该等货物是否应予征税。

(3)如发现货物不属应税货物，则无须就该等货物缴付仓库租金。

第五十六条　政府的免责

当货物在任何政府仓库或海关办事处或海关站或署长书面批准的任何其他地方或在任何海关关员的合法保管或控制下时，政府对货物因火灾、盗窃、损坏或其他原因而遭受的任何损失不负赔偿责任，除非损失是由海关关员或政府雇佣的有关海关人员的故意疏忽或过失造成的。

第五十七条　海关关员的免责

任何海关关员或政府雇佣的与海关相关的人员，在货物在任何政府仓库或海关办事处或海关站或署长书面批准的任何其他地方,或在该关员或任何其他海关关员或雇佣的有关海关人员的合法保管或控制下,对货物因火灾、盗窃、损坏或其他原因而遭受的任何损失不负赔偿责任,除非损失是由于其故意疏忽或过失造成的。

第五十八条　仓库租金的缴付

(1)存放于政府仓库中的任何货物的拥有人或其代理人,须按照规定的费率向适当的海关主管关员缴付该货物到期的仓库租金。

(2)该等租金须按要求缴付,且在任何情况下在货物从政府仓库转移前缴付。

(3)如根据第一款提交的任何仓库租金账单在其提交之日起十四日内仍未结清,则署长可立即下令没收须就其缴付仓库租金的货物充公,并从已结清仓库费用的次日(如有)起生效。

第五十九条　转移海关管制的应税货物

(1)根据第五十一条、第五十二条、第六十条或第八十三条入库的货物的拥有人,在将货物或其任何部分从海关控制下转移之前,须按照第九十六条亲自或通过其代理人向适当的海关主管关员申报要移除的货物。

(2)存放于私用保税仓的货物可在没有事先申报的情况下从该仓库移走,但须符合署长所施加的条件。

第六十条　卸下应税货物以待转运

(1)为转运而运抵新加坡并卸货以待转运船只抵达的应税货物,须在自由贸易区卸货并存放。

(2)署长可豁免本条对任何特定货物的限制。

第六十一条　应税货物的储存

除受海关管制外,任何人不得储存、保存或管有任何应税货物。

第六十二条　称重和搬运

(1)与货物(包括乘客行李,无论是否入库)的装载、装运、卸载、卸船、卸货、搬运、称重、测量、测试、打开、拆包、重新包装、填充、分类和标记相关的所有必要作业须由拥有者、进口商、出口商、发货人、收货人或代理人执行或承担费用(视属何种情况而定)。

(2)如第一款所述的作业的适当进行要求或需要适当的海关关员在场,拥有人、进口商、出口商、发货人、收货人或代理人(视属何种情况而定)须自费向该等海关关员提供往来海关办事处与作业地点之间所需的交通工具。

第七章　制造与装瓶

第六十三条　制造应税货物的牌照

(1)除非根据并符合署长授予牌照的规定以及在牌照中指明的一个或多个制造地点,否则任何人不得制造任何应税货物。

(2)在支付规定费用后,该牌照须由署长酌情在规定期限内授予,并受以下条件的约束:

(a)订明的条件;和

(b)署长在任何个别情况下指示在牌照上背书的附加条件。

(3)署长可随时吊销或撤销该牌照。

(4)制造任何应税货物的牌照视为包括以下各项:

(a)第五十一条第一款所规定的仓储该等应税货物的牌照;和

(b)应税货物由含酒精饮料组成,则为第六十六条第一款所规定的将该等含酒精饮料装瓶的牌照。

(5)根据第一百四十三条第一款所订的旨在管理私用保税仓或装瓶仓库的任何规例,均适用于根据第四款被作为授予牌照的仓库,适用范围由署长指示。

(6)*[由 2011 年第 25 号法案删除,自 2012 年 1 月 1 日起生效]*

第六十四条　除持牌人外的任何人不得保存蒸馏器等

(1)除第六十三条第一款或第八十三条第三款的制造应税货物牌照的持有人外,任何人不得明知而保存或管有任何蒸馏器、器皿或其他用于蒸馏、发酵或以其他方式制造含酒精饮料的器具,或任何用于制造烟草的动力操作机械,或任何其他制造应税货物的器具。

(2)任何土地或处所的拥有人和占用人,如在其上发现任何用于蒸馏、发酵或以其他方式制造含酒精饮料的蒸馏器、器皿或其他器具,或任何用于制造烟草的动力操作机械或任何用于制造应税货物的器具,均须视为明知而保存或管理该等蒸馏器、器皿或其他用于制造烟草的器具或用于制造应税货物的动力操作机械(视属何种情况而定),除非有反证成立。

(3)第一款不适用于善意商人所持有的科学仪器或机械库存,或经署长批准的蒸馏器、器皿或其他用于蒸馏、发酵或以其他方式制造含酒精饮料的器具,或制造烟草的机械,或任何由经署长批准建造蒸馏厂、啤酒厂或其他工厂的人员用于制造应税货物所管有的器具或机械,或占有暂时关闭的处所且就该处所先前持有牌照的人员用于制造应税货物所管有的器具或机械。

第六十五条　*[未使用]*

第六十六条　装瓶仓库

(1)任何人不得装瓶任何进口或在新加坡制造的含酒精饮料,或混合、配制或改变任何含酒精饮料,除非根据并符合署长所授予牌照的规定,并在牌照中指明的一个或多个装瓶仓库。

(2)此类许可证由署长在支付规定费用后酌情授予,牌照的期限和条件由根据本法所订规例规定,并可由署长随时吊销或撤销。

(2A)在新加坡进口或制造的任何含酒精饮料的装瓶牌照,或在该牌照中指明的装瓶仓库将任何该等含酒精饮料混合、配制或改变的牌照,须视为在第五十一条第一款所规定的装瓶仓库贮存该等应税货物的牌照。

(3)*[由 2011 年第 25 号法案删除,自 2012 年 1 月 1 日起生效]*

第六十七条　禁止保存用于装瓶、混合等的器皿、器具等

(1)除了根据第六十六条第一款或第八十三条第三款规定的对在新加坡进口或制造的含酒精饮料装瓶的牌照持有人,任何人不得明知而保存或管有任何用于装瓶、混合、配制或改变含酒精饮料的器皿、器具、材料或原料,以进行装瓶、混合、配制或改变含酒精饮料。

(2)任何土地或处所的拥有人和占用人,如在其上发现任何用以装瓶、混合、配制或改变含酒精饮料的器皿、器具、材料或原料,均须视为明知而持有或管有该等用以装瓶、调合、配制或改变含酒精饮料的器皿、器具、材料或原料(视属何种情况而定),除非有反证成立。

(3)第一款不适用于善意商人所持有的科学仪器或机械存货,或经署长批准而建造装瓶仓库、酿酒厂、啤酒厂或其他工厂的人或先前已持有牌照而暂时关闭处所的占用人所管有的任何用于装瓶、混合、配制或改变令人含酒精饮料的器皿、器具、材料或原料。

第六十八条　豁免

本法中的任何内容不适用于:

(a)由具有法律资格的执业医师、为政府服务的任何化学家、根据《新加坡2007年药剂师注册法》注册为药剂师并拥有根据该法发放的有效执业证书的人员或经署长批准经证明用于真正的医学或科学目的的合格化学家,进行的任何装瓶、混合、配制或改变含酒精饮料的行为;和

(b)由具有法律资格的执业医师、为政府服务的任何化学家、根据《新加坡2007年药剂师注册法》注册为药剂师并拥有根据该法发放的有效执业证书的人员或经署长批准经证明用于真正的医学或科学目的的合格化学家,进行的任何蒸馏,或任何精油的蒸馏。

第六十九条　有权进入领有牌照的处所

海关高级关员或由其特此委派的任何海关人员,在任何时候均有权进入根据本章领有牌照的任何处所。

第八章

第七十条到第七十七条

[由2015年第5号法案废除,自2015年4月1日起生效]

第九章　退　　税

第七十八条　新加坡制造的烟草进口时可退税

如任何已缴付关税的在新加坡制造的烟草作为制造的烟草的一部分或组成部分再出口,署长可于再出口时允许制造商退还部长规定的全部或部分已缴税款,前提是——

(a)该等烟草是在根据第六十三条第一款或第八十三条第三款获发制造应税货物牌照的工厂制造的;

(b)已作出符合署长要求的规定,在工厂内控制和监督已缴付关税的烟草的存放和发放使用;

(c)该等烟草已由制造商进口或由制造商在从海关管制中转移前购得;

(d)该等烟草在消费税缴付之日起六个月内再出口;以及

(e)因烟草拟在制造后再出口,订明的每月附加牌照费已在烟草运入工厂前缴付。

第七十九条　已缴付关税的进口货物的退税

(1)本条以及第八十条、第八十一条和第一百三十四条适用于由于第十条第一款发布的命令而成为应税的所有货物。

(2)本条不适用于受下列影响的货物:

(a)第十三条,除非部长另有指示;或

(b)第十五条或第二十八条。

(3)当第一款中所提述的任何已缴付关税或消费税但未退税的货物被再出口时,部长根据第四款规定计算的已缴付关税的全部或部分可由署长酌情作为退税予以退还,前提是:

(a)在新加坡港口或任何海关机场装运或装载以供再出口的货物,符合驻该港口或海关机场或在出口地的海关高级关员的要求;

(b)就任何一批再出口货物申索的退税不少于一百元;

(c)该等货物在缴付关税或消费税之日起六个月内再出口;

(d)根据本法制定的任何附属法例没有禁止对再出口货物所属类别的货物的退税;

(e)在再出口时或之前已向海关高级关员发出书面通知,说明将于再出口之日起三个月内按海关高级关员要求提出退税要求;

(f)货物进口后未使用;以及

(g)有权退税的人已作出满足支付退税条件的声明。

(4)允许退税的数额,须按进口时所征收的关税或消费税的税率,或按货物再出口时同类货物应征收关税的税率计算,两者以较低者为准。

第八十条　退税申报

按照第九十六条的规定,要求对任何再出口货物进行退税的任何人须亲自或通过其代理人向海关高级关员进行申报,说明货物实际已再出口,未卸货且不打算卸货于新加坡的任何地方。

第八十一条　用于制造的货物的退税

如规定任何货物作为在新加坡制造的任何货物的一部分或组成部分可以允许出口退税,并且规定的货物是由制造商作为在新加坡制造的任何货物的一部分或组成部分出口的,则如规定的货物关税或消费税已缴付且未被退回,署长可允许制造商按照规定的税率对此次出口退税,前提是:

(a)出口货物是在署长批准的处所制造的;

(b)已作出符合署长要求的规定,对存放和发放使用的规定货物的处所进行控制和监督;

(c)保存署长为确定制造中使用的规定货物的数量而要求的账簿;

(d)该等规定货物在缴付关税或消费税之日起十二个月内出口,或在署长批准的更长时间内出口;以及

(e)有权退税的人已作出满足支付退税条件的声明。

第十章　游客免税店

第八十二条　游客免税店

(1)署长可酌情在支付规定的费用后,向任何人(本法中可称为持牌人)发放牌照,在牌照中指定的处所向游客和返回或离开新加坡的居民免税销售货物。

(2)任何该等牌照的有效期及条件以牌照指明为准。

(3)就第五十一条而言,该等处所须视为私用保税仓,但该等处所的持牌人不得为在该处所贮存货物而取得独立牌照。

(4)海关高级关员或由其特此委派的任何海关关员,在任何时间均有权进入任何该等领有牌照处所,以核对账目和记录,并作其认为必要的其他用途。

(5)为妥善处理其业务,持牌人须提供署长所要求的担保。

(6)根据第一款授予的任何牌照,可由署长酌情随时予以吊销或撤销。

(7)*[由 2011 年第 25 号法案删除,自 2012 年 1 月 1 日起生效]*

(8)除持牌人外,任何人不得发出、展示或分发,或致使发出、展示或分发任何广告、文字、小册子、价目表或其他文件,而该等广告、文字、小册子、价目表或其他文件可能隐含或给予合理因由使公众相信他在其处所内有免关税货物或免税货物出售。

(9)任何人违反第八款,即属犯罪。

第十一章　综合牌照

第八十三条　综合牌照的授予

(1)任何因拟开展两项或两项以上特定活动而根据本法或《新加坡 1993 年货物和服务税法》需获得两项或两项以上牌照的人员,可在缴付规定的费用后,申请单一综合牌照,获授权进行该等指明的活动。

(2)针对特定活动的综合牌照申请须:

(a)提交给署长;或

(b)如任何特定活动属第九款中“特定活动”定义的第二项所提述的活动,提交给署长和审计官。

(3)在收到根据第二款提交的申请后,署长或署长和审计官(视属何种情况而定)可向申请人授予综合牌照。

(4)根据第三款授予的各综合牌照,须指明获批牌照的人、牌照所涉处所以及牌照所针对的活动。

(5)根据第三款授予的各综合牌照的有效期及条件以牌照指明为准。

(6)署长可吊销或撤销根据第三款授予的任何综合牌照的全部,或任何该等综合牌照中与第九款“指明活动”的定义第一项所提述的任何活动有关的部分。

(7)审计官可吊销或撤销根据第三款授予的任何综合牌照中仅与第九款中“特定活动”定义第二项所提述的任何活动有关的部分。

(8)如已根据第三款就牌照中规定的两项或多项特定活动授予综合牌照:

(a)本法或《新加坡 1993 年货物和服务税法》不得要求持牌人为每项活动取得单独的牌照;且

(b)授予综合牌照的处所视为根据本法或《新加坡 1993 年货物和服务税法》的相关规定(视属何种情况而定)获得牌照。

(9)在本条中:

“审计官”指货物和服务税的审计官,包括他授权授予综合牌照的任何人员。

“特定活动”指：

(a)关于任何应税货物的活动：

(i)仓储根据第五十一条须领牌照的应税货物；

(ii)制造根据第六十三条须领牌照的应税货物；

(iii)装瓶于新加坡进口或制造的含酒精饮料，或混合、配制或改变任何该等含酒精饮料，而根据第六十六条须就该活动领有牌照；或

(iv)免税向游客和返回或离开新加坡的居民出售货物，而根据第八十二条须就该活动领有牌照；或

(b)储存任何根据《新加坡1993年货物和服务税法》规定进口至新加坡应予征收货物和服务税的货物，而储存须根据本法第三十七条第五款第二项所订规例领有牌照且该等货物未缴付该等税款。

第八十四条　署长可以零售方式出售

[由2003年第4号法案废除]

第十二章　杂项规定

第八十五条　须按要求出示的文件

(1)按照适当的海关关员的要求，任何应税货物的进口商或出口商或其代理人须向该关员出示所有发票、提单、原产地证书或分析证书以及任何其他文件，该关员可要求该等文件测试进口商或出口商向任何海关关员所作的任何申报的准确性。

(2)按照海关关员的要求，任何应税货物的进口商或出口商或其代理人须向该关员出示所有帐簿、发票、提单、原产地证书、保险证书或分析证书以及任何其他文件，包括与进口商或出口商或其代理人购买、进口或出售该等货物有关的贸易条款文件。

第八十六条　计算机服务

(1)署长可建立和运行计算机服务，并对本法要求或授权通过电子传输(本法中可称为电子通知)制作、送达或提交的任何舱单、申报表、清单、说明、声明、指示、通知、许可证、收据或其他文件作出规定。

(2)注册用户可按照根据第十三款所订规例，向署长的计算机账户发出及送达电子通知。

(3)署长或经其授权的任何人可按照根据第十三款所订规例，向注册用户的计算机账户发出并送达电子通知。

(4)如使用分配给注册用户的验证码将电子通知传送至署长的计算机账户：

(a)无论是否获得注册用户的授权；且

(b)在注册用户以规定方式通知署长取消验证码之前，就本法而言，该通知须被推定为由注册用户作出，除非他提出相反的证据。

(5)如注册用户指称他没有传送第四款所提述的电子通知，他亦有责任就该事实提出证据。

(6)就本法而言，电子通知或其副本不得仅因其传送时未制作或交付任何纸质形式的同等文件或副本而不被接受为证据。

(7)尽管任何其他成文法有所规定,根据本法提出的任何诉讼中,电子通知或其副本(包括该通知或副本的打印件)或与该通知相关的任何数据库报告(包括该报告的打印件):

(a)经署长核证载有根据本条传送的所有或任何信息;并

(b)经第八款所指明的方式妥为认证,或以其他方式妥为认证,证明经署长核证的电子通知或其副本与根据第十三款所订任何规例所委任的独立记录保管人所备存的同一电子通知的副本之间并无重大差异,

须被接受为其中陈述或包含的事实的证据。

(8)就本条而言,证书:

(a)提供在电子通知或其副本的制作和传送中所涉及的任何用户和设备(如知悉)的认证码和其他详情,并确定其性质;且

(b)声称是由署长或在有关时间担任与计算机服务操作有关的负责职位的人签署的,

即为电子通知或其副本已被正式认证的充分证据,除非法院酌情要求就此问题提供进一步证据。

(9)如电子通知或其副本根据第七款可予接受,须推定该电子通知或其副本的内容已准确传送,除非有反证成立。

(10)为便于本条规定的任何电子传输,署长可批准在任何此类电子传输中使用符号、代码、缩写或其他符号来表示本法要求的任何细节或信息。

(11)任何海关关员或受雇于本法执行部门的任何其他人,不得仅因他与独立记录保管人或其雇员通信或允许独立记录保管人或其雇员获得任何电子通知或其中所含的任何信息,而被视为违反了任何有关机密或保密的成文法的任何规定。

(12)未经署长事先书面同意,独立保管人、其雇员和代表他人发送电子通知的任何人不得泄露或披露任何电子通知的内容或其副本。

(13)部长可订立规例:

(a)订明订购计算机服务的条件,包括认证码的指定方式;

(b)订明可通过计算机服务传送的舱单、申报表、清单、说明、声明、指示、通知、许可证、收据或任何其他文件,包括传送的形式和方式;

(c)更正电子通知中的错误或修改电子通知;

(d)订明使用计算机服务的程序,包括在服务故障或中断情况下的程序;

(e)任命一名独立的记录保管人,负责在规定的期限内保存署长和注册用户之间通过数据服务提供商进行的所有电子通知和交易的记录,该责任包括保存数据库报告;

(f)在任何一方提出要求时,由独立记录保管人向署长或发出电子通知的注册用户出示与任何电子通知或其副本有关的相关记录的副本;

(g)规定计算机服务的安全、保密、数据完整性和行为标准,并由规定的当局或专家审查数据服务提供商的业务和活动;以及

(h)一般是为了更好地提供计算机服务。

第八十七条　保存记录

(1)本法规定的保管或保存任何账簿、登记簿、库存簿或其他记录的任何义务,在与此类记录相关的货物从海关管制中移除后,可通过署长批准的方式保存其中所含资料来履行。

(2)如第一款所提述的资料已按规定保存,则除第三款和第四款另有规定外,任何构成部分记录的文件副本在任何民事获刑事诉讼中,可在与记录本身相同的范围内被接受为证据。

(3)署长可施加他认为必要的合理规定,作为根据第一款批准保存任何账簿、登记簿、存货簿或其他记录所载资料的任何方法的条件,以确保该等资料对他而言是随时可得的,一如该等账簿、登记簿、存货簿或记录本身已被保存。

(4)由计算机产生的文件所载的说明,不得凭借第二款而在民事或刑事诉讼中被接受为证据,除非是符合《新加坡 1893 年证据法》的规定。

第八十八条　署长获取资料和提供资料的权力

(1)署长或经其授权的任何海关关员须在任何时候都可为施行本法而完全和自由地进入所有建筑、地点或获取任何书籍、文件和其他记录,并可检查、复制或摘录任何此类账簿、文件或记录。

(2)署长或经其授权的任何海关关员可管有任何此类账簿、文件或记录,前提是他认为:

(a)在未管有的情况下,无法对其进行合理的检查、复制或摘录;

(b)除非取得管有,否则簿册、文件或记录可被干扰或毁灭;或者

(c)在根据本法提起的犯罪诉讼中,或在追回关税、消费税、税款或罚款的诉讼中,或在就关税、消费税或税款评估提出上诉的诉讼中,可要求将账簿、文件或记录作为证据。

(3)署长可要求任何人根据需要以口头或书面形式提供有关其本人或任何其他人在业务过程中所进行交易的所有此类信息,并以署长为施行本法的要求由他提供。

(4)任何人不得凭借本条被迫披露他有任何法定保密义务的任何详情。

第八十九条　不得公布或披露的信息

(1)除非事先获得控制、管理或监督货物的人员的书面同意,否则为施行本法而提供的任何详情、资料或文件不得——

(a)发表;或者

(b)向任何人传达或披露,

除非因下列情形而属必要:

(i)根据本法或《新加坡 1993 年货物和服务税法》进行起诉;

(ii)使海关关员能够执行本法规定;

(iii)使货物和服务税审计官或海关关员能够执行《新加坡 1993 年货物和服务税法》的规定;

(iv)使海关关员能够调查本法规定的涉嫌犯罪;

(v)使货物和服务税审计官或海关关员能够根据《新加坡 1993 年货物和服务税法》调查涉嫌犯罪;

(vi)根据规定的此类成文法(本法与《新加坡 1993 年货物和服务税法》除外)对该种罪行进行起诉;

（vii）授权公共机构执行规定的此类成文法（本法和《新加坡1993年货物和服务税法》除外）的规定；

（viii）使公共机构能够根据规定的此类成文法（本法案和《新加坡1993年货物和服务税法》除外）调查该种可疑犯罪；

（ix）使公共机构能够采取措施，保护个人和社区免受公共健康或安全风险或威胁，或保护新加坡（包括其金融和经济安全）免受安全风险或威胁，前提是部长已就此批准发表、传播或披露；或

（x）满足《新加坡2021年版权法》第一百四十条之五第二分条或第一百四十条之十二第五分条或《新加坡1998年商标法》第八十五条之二或第九十三条之五下的资料请求。

（1A）第一款第九项中所提述的部长的批准可就下列方面给予：

（a）特定公共机构或一类公共机构；和

（b）对详情、资料或文件的具体要求，或属于部长在其批准中指明类别的对详情、资料或文件的要求。

（1B）第一款中的任何规定均不得阻止部长和任何协助部长并经部长为施行本款而正式授权的公职人员获得第一款中所提述的、履行其与本法或《新加坡1993年货物和服务税法》相关的公职所必需的详情、资料或文件。

（2）任何海关关员或受雇或从事执行本法的任何人员，利用、公布或允许任何其他人查看或向任何其他人传达或披露任何此类细节、资料或文件的内容，除第（1）款所提述的同意或为施行一款之外，即属犯罪，一经定罪，可处不超过六千元的罚款或不超过十二个月的监禁，或两者并处。

（3）任何人拥有任何他所知的违反本条而被传达、披露或公布的信息，并向任何其他人发布或传达该信息，即属犯罪，一经定罪，可处以不超过六千元的罚款或不超过十二个月的监禁，或两者并处。

（4）在本条中：

就货物和服务税而言，"审计官"与《新加坡1993年货物和服务税法》中的含义相同；

"公共机构"指公职人员、国家机关、政府各部或部门、根据任何公共法为公共目的设立的公共机构或其成员、官员或雇员、或任何部门。

第九十条　贸易文件的保留

（1）每位应税货物的进口商或出口商或其代理人须保存下列与货物有关的文件和记录：

（a）发票；

（b）账簿；

（c）提单；

（d）装箱单；

（e）原产地证书；

（f）分析证书；

（g）保险证书；

（h）关于进口商或出口商或其代理人购买、进口、销售或出口货物的贸易条款的任何

文件或记录;以及

(i)规定的其他文件或记录。

(2)第一款中所提述的文件和记录须予以保留:

(a)就政府仓库或私用保税仓的货物而言,由该等货物从政府仓库或私用保税仓转移之日起不少于五年(视属何种情况而定);或

(b)在任何其他情况下,由适当的海关主管关员放行货物之日起不少于五年。

(2A)根据本条保留文件及记录的责任,可借按照第八十七条保管或保存其中所载资料而解除。

(2B)前款不影响新加坡与新加坡境外国家或地区政府之间的此类条约、谅解备忘录或其他协议规定的与保留任何文件或记录相关的任何责任。

(3)任何人如无合理辩解而不遵守本条,即属犯罪。一经定罪,可处以不超过十万元的罚款或不超过三年的监禁,或两者并处。

第九十一条　有义务提供信息或出示文件的人员

(1)如任何人员被适当的海关关员要求提供信息或出示任何旅行证件或任何文件,而根据本法,该关员有责任就任何有关问题进行调查,且此人有权提供或出示此类文件,则该人须提供此类资料或出示此类文件以供调查。

(2)适当的海关主管关员可指明要求该人提供资料或出示任何文件的海关办事处或海关站或其他地方。

(3)在第一款中,“旅行证件”指附有持有人照片的护照或其他类似证件,以使适当的海关主管关员确定持有人的身份及其国籍、住所或永久居住地。

第九十二条　通知的送达

(1)本法要求送达任何人的每份通知或文件均可通过下列方式送达:

(a)将通知或文件交付该人。

(b)以挂号邮递方式将通知或文件寄往该人通常或最后为人所知的居住地或营业地。

(c)如该人是一个团体或公司,则:

(i)将该通知或文件交付该团体或公司的注册办事处或主要营业地的秘书或其他类似人员;或

(ii)将该通知或文件寄往该团体或公司的注册办事处或主要营业地。或

(d)按照第八十六条传送电子通知。

(2)按照第一款以挂号邮递方式送交任何人员的任何通知或文件,须视为妥为送达该信件的收件人,送达时间为该信件在通常邮递过程中会被交付的时间,和在证明该通知或文件已获送达时足以证明载有该通知或文件的信封已妥为注明地址、加盖邮戳并且以挂号邮递方式寄出。

第九十三条　乘客行李

(1)尽管本法有所规定,但根据第二款的规定,抵达新加坡的每位乘客或其他人员须:

(a)向海关站适当的海关主管关员申报他所管有的所有应税货物,无论是在他身上还是在任何行李或任何车辆中,而该等货物:

(i)超出他的免税限额;或

(ii)未获免税限额。并

(b)首先缴付应征收的关税或消费税。

(2)尽管本法有所规定,在具有红色通道和绿色通道的入境点抵达新加坡的每位乘客或其他人员须:

(a)前往红色通道向适当的海关关员申报其管有的应税货物,无论是在他身上还是在任何行李或任何车辆中,而该等货物:

(i)超出他的免税限额;或

(ii)未获免税限额。并

(b)首先缴付应征收的关税或消费税。

(3)如乘客或任何人员未按照第一款或第二款就任何应税货物缴付任何关税或消费税,则该等应税货物须视为未完税货物。

(4)任何抵达新加坡的乘客或其他人员,如携有超过其免税限额的应税货物,或其管有任何未获免税限额的货物,无论是在他身上还是在任何行李内抑或在任何车辆内,均须推定为管有未完税货物,除非有反证成立。

(5)乘客的行李可按海关高级关员指示的方式检查和交付,管有行李的人有责任出示、开启、拆开和重新包装行李。

第九十四条　适当的海关主管关员可进行取样

(1)如职责需要,适当的海关主管关员可在任何时候对任何货物进行取样:

(a)确定该等货物是否属须缴付任何关税或消费税的货物;

(b)确定货物须缴付的关税或消费税;或

(c)适当的海关主管关员认为必要的其他目的。

(2)样本可按署长指示的方式处置。

(3)取样的费用不得予以支付,但适当的海关人员须就如此抽取的任何样本发出收据。

第九十五条　有合同情况下增加或减少新的或修改的税款

(1)如施加任何新关税或消费税,或增加任何关税或消费税,且任何应缴付关税或消费税的货物是根据该日之前签订的合同而在新的或增加的关税或消费税生效的当日或之后交付的,则在没有任何相反协议的情况下,货物卖方可作为合同价格的附加部分向买方追回,该金额等于买方因新关税或消费税,或关税的增加或消费税(视属何种情况而定)而就货物缴付的任何金额。

(2)如任何关税或消费税被减少或取消,且任何受关税或消费税影响的货物是根据该日之前签订的合同而在减少或取消生效的当日或之后交付的,则在没有任何相反协议的情况下,如卖方已从该等货物的关税或消费税的减少或取消中受益,货物买方可从合同价格中扣除等于关税或消费税减少的金额,或关税或消费税的金额(视属何种情况而定)。

第九十六条　作出完整、真实陈述的声明

(1)除非署长根据第二款允许,否则第三十七条、第五十九条、第八十条中所提述的申报须按照第八十六条以电子通知的方式作出并提交,且该申报须按照署长要求就此类详情作出完整、真实的说明。

(2)署长可酌情并在符合他所施加条件的情况下,允许第三十七条、第五十九条、第八十条所提述的任何申报以署长确定的形式作出。

(3)该申报须:

(a)就表格内所提供的详情作出全面、真实的说明;且

(b)一式两份,或申报接收方所指示的其他份数。

第九十七条 代理人和雇员

(1)任何个人或公司的代理人或雇员一般可代表个人或公司在任何海关办事处办理业务,但须遵守下列规定:

(a)海关高级关员可拒绝与该代理人或雇员进行业务交易,除非该人或该公司的成员向该关员确认该代理人或雇员有权进行此类业务交易,并向该官员交存授权该代理人或雇员代表该人或该公司进行此类业务交易的经签署的授权书;或

(b)海关高级关员可另外要求该人或公司提供他认为足以保证代表该人或公司行事的代理人或雇员的忠诚及廉洁行为的担保。

(2)如署长信纳该代理人或雇员已作出或企图作出或教唆作出不适当或腐败的作为,可没收根据第一款第二项所担保的全部或其认为合适的部分金额。

第九十八条 署长可收取费用等

(1)凡收到管有和管理任何地方的人(本条中可称为申请人)的申请,如该地或其任何部分:

(a)为署长根据第三十一条第一款第一项第二目确定为新加坡的一个授权码头或地点,为与申请人有关的特定人员或类别人员单独和专门进口、出口和海上转运货物而保留;

(b)根据第一百四十三条所订立规例规定为海关机场,为与申请人有关的特定人员或类别人员以空运方式单独和专门进口、出口和转运货物而保留;或

(c)根据第一百四十三条所订立规例规定为海关办事处或海关站,为与申请人有关的特定人员或类别人员单独和专门进口、出口和转运货物而保留,经部长批准,署长可要求申请人按规定的时间间隔和款项或规定的费率向署长支付,用于本法要求或根据本法要求海关关员在该地或其任何部分采取的行动或与之有关的行动。

(2)第一款所提述的任何授权码头、地点或任何海关机场、海关办事处或海关站部署的海关关员人数,须由署长酌情决定。

(3)在本条和第一百四十三条中,任何对单独和专门进口、出口和转运货物的提述,包括仅在一天中某一段或几段期间由特定人员或类别人员单独和专门进口、出口和转运货物。

(4)在《新加坡 2012 年移民(修正)法》第三十一条第一项生效之日前,声称由署长确定并在任何海关机场收取任何款项,而海关机场是为与申请人有关的特定人员或类别人员以空运方式单独和专门进口、出口和转运货物而保留,则该款项视为已根据该条规定的费率强制征收,一如该条在当时是有效的;且 2012 年 7 月 9 日(含)之后,不得因署长收取该款项而在任何法院提起法律诉讼。

第九十八条之一　滞纳金和利息

(1)署长可施加：

(a)任何关税、消费税、税款、费用或根据本法须缴付的其他收费的滞纳金；和

(b)任何未缴付的关税、消费税、税款、费用或收费的利息，以及分期付款的利息。

(2)本条开始之日前收取的每笔款项，作为或声称作为：

(a)本法规定的任何关税、消费税、税款、费用或其他收费的滞纳金；或

(b)任何未缴付的关税、消费税、税款、费用或收费的利息，或分期付款的利息。

须视为且始终视为已被有效收取，不得因任何此类收取而在任何法院提起或进行法律诉讼。

第九十八条之二　委任代理人等追讨税款的权力

(1)署长如认为有必要，可通过书面通知宣布任何人为任何其他人的代理人。

(2)根据第一款被宣布为代理人的人员须为就本法而言的其他人的代理人，并可被要求在收到通知之日或其后不超过九十日的任何时间内缴付由他持有或结欠被代理人的任何到期或可能到期的税款，包括退休金、薪金、工资或任何其他报酬的应缴税款，而如未缴付该款项，则可按第十条第三款规定的方式向他追讨该税款。

(3)为施行本条，署长可要求任何人告知该人任何其为他人持有，或该人结欠任何其他人的任何款项、资金或其他资产。

(4)为缴付第二款所提述的在任何银行的联名账户中的任何款项中的应缴税款，或缴付由两名或多于两名共同拥有人所拥有的任何不动产的出售收益中的应缴税款，须适用下列条文：

(a)由署长根据第一款宣布此类款项拥有人的代理人须——

(i)在收到根据第一款发出的通知后的十四日内，以挂号邮递方式将通知寄往该代理人最后为人所知的每位该等款项拥有人的地址，告知拥有人该声明；并

(ii)保留根据第二项被推定为应缴付税款的人所拥有的款项，并根据第三项在收到根据第一款发出的通知后的四十二日内，或在署长酌情允许的更长时间内，向署长缴付该款项中的应缴税款。

(b)除非有反证成立，否则须推定在任何银行的联名账户的各持有人在收到根据第一款所发通知之日在该账户中所占款项的份额相同，且任何不动产的联名拥有人平均分享该不动产的出售收益。

(c)该等款项的任何拥有人如反对根据第二项推定的份额，须在收到根据第一款第一项作出的代理人通知后的二十八日内，或在署长酌情允许的更长时间内，将异议以书面形式通知根据第一款宣布为代理人的人员，并就该等款项的拥有人所占份额提供证明。

(d)如收到第三项下的异议，被宣布为代理人的人员须——

(i)保留第一项第三目所提述的款项，直至署长根据第五项发出通知告知他就该异议所作的决定为止；并

(ii)在收到异议后的七日内将该异议告知署长。

(e)署长须考虑该异议，并通过书面通知将其决定通知被宣布为代理人的人员，尽管

可根据第六项规定上诉,代理人仍须缴付署长所决定金额的份额中的应缴税款,而该款项不超过根据第二项推定为应缴税款者的由代理人为该人持有或代理人结欠该人的份额。

(f)尽管第一百条另有规定,任何该款项的拥有人就该款项的权益受到署长根据第五项所作决定侵害的,可就该决定向高等法院提起上诉。并

(g)就本款而言,“联名账户”指以两人或两人以上名义开立的任何账户,但不包括任何合伙账户、信托账户和未成年人为联名账户持有人之一的任何账户。

(5)如代理人根据本条向署长支付任何款项:

(a)该代理人须视为在应缴税款者(本条中可称为违约人)的授权下行事;

(b)违约人须缴付的税款须减去代理人向署长缴付的款额;且

(c)扣减的款额在该款额的范围内,须视为已按照规管代理人为违约人持有的款项或代理人结欠违约人的款项的缴付的任何法律、合同或计划付予违约人。

(6)如:

(a)除了作为本条规定的代理人之外的任何人须根据本法缴付一定数量的税款;

(b)除本款另有规定外,在收到第三项所述通知之日起的九十日内的任何时间,政府须向因任何成文法、合同或计划或根据任何成文法、合同或计划而构成违约的人员缴付或将缴付一定款额;且

(c)在第二项所提述的款额付予违约人之前,署长须向任何获缴付款项的公职人员送达通知书,通知违约人须缴付税款,则尽管任何其他成文法律、合同或计划有所规定,该公职人员仍有权将第二项所提述的款额减少第一项所提述的全部或任何部分税额,而如该公职人员进行此项扣减——

(i)第一项所提述的税额须扣除减少税额;且

(ii)扣减的款额在该款额的范围内,须视为已按照规管将第二项所提述的款项付予违约人的任何法律、合同或计划付予该违约人。

(7)在本条中,“关税”包括根据本法某人须向署长缴付的任何罚款或任何其他款项。

第九十八条之三　代理人的赔偿

根据第九十八条之二须代表另一人缴付税款的人员,可从他代表该另一人所得的款项中保留足以缴付税款的部分;并须赔偿任何人根据和凭借本法缴付的所有款项。

第九十九条　缴付税款和遵守本法的担保

(1)署长有权就缴付关税和一般情况下遵守本法和保护税收要求并取得担保。

(2)在所要求的担保未予提供之前,适当的海关主管关员可拒绝在执行其职务时就任何要求担保的事宜作出任何作为。

(3)担保须以署长批准的方式和形式提供,并可在署长批准的情况下,通过保证金、担保、现金存款或任何其他方式或两种或两种以上此类方式的组合提供。

(4)任何此类担保的提供可与任何特定交易有关,或与一般情况下的任何类别的交易或所有交易有关,以署长认为合适的该期限和金额,并由署长决定没收、罚款或其他处罚的条件。

(5)如署长在任何时候认为任何担保不够充足,他可要求提供新的担保来替代或补充已

经提供的担保。

第一百条　就署长的决定提起上诉

如该法规定任何事项由署长决定，那么除非明确规定该决定由署长酌情决定，否则任何人因部长的决定而权益受到侵害的，可向部长提起上诉，部长的决定即为最终决定。

第十三章　搜查、扣押和逮捕

第一百零一条　搜查令的签发

(1)如任何治安法官或任何不低于海关助理署长级别的海关高级关员认为，根据资料并在他认为必要的任何调查之后，有合理的理由相信在任何住宅、商店或其他建筑或地方，隐藏或存放有任何：

(a)应税或未完税货物；

(b)根据本法可予没收的货物；

(c)犯有与本法所订的任何罪行有关的货物；或

(d)直接或间接与本款所述任何货物的任何交易或买卖有关的簿册、记录、文件或其他物品，

则治安法官或海关高级关员可发出搜查令，授权其中指定的任何海关关员在白天或晚上，在有协助或没有协助的情况下：

(i)进入住宅、商店或其他建筑或地方，搜查和扣押任何合理怀疑应税或未完税的货物，或根据本法应予没收的货物，或涉嫌犯有与本法所订的任何罪行有关的货物，或任何有理由认为直接或间接与本款所述任何货物的任何交易或买卖有关的任何簿册、记录、文件或其他物品；

(ii)逮捕任何身处该住宅、商店、建筑或地方管有该等货物、簿册、记录、文件或其他物品的人员，或关员合理怀疑曾隐藏或存放该等货物、簿册、记录、文件或其他物品的人员；以及

(iii)复制第一目所提述的任何簿册、记录、文件或其他物品，并采取一切合理措施予以保存。

(2)如有必要，该关员可以：

(a)破开并进入住宅、商店或其他建筑或地方的任何外门或内门；

(b)强行进入该地方及其每一部分；

(c)强行移除任何阻碍他获授权进入、搜查、扣押和转移的障碍；以及

(d)扣留在该地发现的每个人，直至该地被搜查完毕。

第一百零二条　裁判官等进入和搜查的权力

治安法官或不低于海关助理署长级别的海关高级关员可根据第一百零一条授权海关关员在治安法官或海关高级关员有权根据该条发出逮捕令时自行行事。

第一百零三条　在没有搜查令的情况下进行搜查

如任何海关高级关员认为有合理的理由相信在任何住宅、商店或其他建筑或地方隐藏或存放有任何：

(a)应税或未完税货物;

(b)根据本法可予没收的货物;

(c)犯有与本法所订的任何罪行有关的货物;或

(d)直接或间接与本款所述任何货物的任何交易或买卖有关的簿册、记录、文件或其他物品,

并且如他有合理的理由相信,因未及时获得搜查令而导致货物、簿册、记录、文件或其他物品可能被转移,则该关员可在该住宅、商店或其他建筑之内或之上或就该住宅、商店或其他建筑行使第一百零一条所述的所有权力,一如根据该条发出的搜查令授权他如此行事。

第一百零三条之一　接触、检查和核查计算机和其他设备的操作的权力

行使有关第一百零二条或第一百零三条的权力的任何海关高级关员或任何治安法官(视属何种情况而定):

(a)有权在任何时间接触、检查和核查任何计算机和任何关联装置、仪器或材料的操作,而该等装置、仪器或材料正在或曾经与第一百零二条或第一百零三条适用的任何数据或文件有关;并

(b)可要求:

(i)使用或曾经使用或代为使用计算机的人;或

(ii)负责或以其他方式涉及计算机、装置、仪器或材料的操作的任何人,

为施行第一项,向海关高级关员或治安法官提供他可要求的合理协助。

第一百零四条　搜查船只和飞机的权力

(1)适当的海关主管关员可:

(a)在新加坡港口或任何海关机场或地方或在新加坡领海内登上任何船只或飞机,并在船只或飞机停留在新加坡期间一直留在船上飞机上;

(b)要求船只船长或飞机机长提供他认为必要的关于该船只或飞机、货物、补给品、船员、乘客或航程的资料;

(c)为未完税的货物而搜查船只或飞机的所有部件;

(d)检查船上所有货物和当时正在装卸的所有货物;

(e)要求应当在船只或飞机上的所有文件;

(f)要求将所有或任何该等文件交给他以供检查;并

(g)如有需要,保留向他提交以供检查的任何该等文件。

(2)任何船只船长及任何飞机机长拒绝允许关员登上或搜查该船只或飞机,或拒绝应要求提供该等资料或出示该等文件,即属犯罪。

(3)如船只或飞机上的任何地方、箱子或柜子被上锁且拒绝给予钥匙,则关员可开启任何该等地方、箱子或柜子。

(4)如在任何船只或飞机上发现隐藏任何进口时属应税类别的货物,则该等货物视为未完税货物。

第一百零五条　海关高级人员行使搜查权

(1)所有海关高级关员有权在任何船只、飞机、小岛、着陆点、码头、自由贸易区或铁路充分行使第一百零一条中提述的所有权力,一如根据该条发出的搜查令授权他如此行事。

(2)尽管任何其他成文法有所规定,所有海关高级关员或由其特此委派的任何海关人员,在根据第一款行使其权力时,均可自由进入该款所指明的船只、飞机或任何地方。

(3)在本条中,"铁路"的含义与《新加坡1905年铁路法》中的含义相同。

第一百零六条　海关关员可拦截和搜查运输工具

(1)任何海关关员可对车辆进行拦截和检查,以确定车辆中是否包含任何应税或未完税货物。

(2)如关员要求拦截和检查车辆,控制或负责车辆的人员须:

(a)停下该车辆并让该人员进行检查,或将该车辆移往其他地方以供检查;和

(b)在获得该人员许可前,不得继续前行。

(3)根据第一款为检查而停下的任何车辆的控制人或负责人须按照适当的海关主管关员的要求:

(a)开启车辆的所有部分,以供该人员检查;并

(b)采取一切必要措施,以便进行该人员认为必要的检查。

第一百零七条　路障

(1)尽管任何其他成文法有所规定,如任何海关高级关员认为有必要采取下列措施,以防止走私应税货物或侦获逃税:

(a)以他认为合适的方式,在任何公共道路或街道内或横跨任何公共道路或街道或在任何公共场所竖立或放置障碍物;并

(b)采取一切合理措施,防止任何车辆被驶过或骑过第一项所述的任何障碍物。

(2)任何车辆的驾驶员或骑手如不遵守海关关员要求该人在到达第一款所提述的任何障碍物前停车的信号,即属犯罪,一经定罪,可处不超过二千元的罚款或不超过六个月的监禁,或两者并处。

(3)任何海关关员可在没有逮捕令的情况下逮捕第二款所提述的任何驾驶员或骑手,除非他提供其姓名、身份证号码及在新加坡境内的地址,而如海关关员有理由相信驾驶员或骑手提供了虚假的姓名及地址,则他可行使该项逮捕及扣留或扣押车辆的权力。

(4)海关关员无须对因任何海关关员根据第一款竖立障碍物而导致任何车辆的任何损失或损坏,或对该车辆的驾驶员或骑手或任何其他乘用人或摩托车后座乘客的任何伤害负责。

第一百零八条　打开包装和检查货物的权力

任何适当的海关主管关员可:

(a)检查正在进出口或拟进出口的任何货物;

(b)为进行该检查,指示将货物带往海关办事处或海关站;并

(c)打开任何包裹或容器。

第一百零九条　对抵达新加坡人员的搜查

(1)根据本条规定,任何人从任何船只或飞机登陆或即将登陆或最近登陆,或为了登陆或其他目的离开新加坡领海内的任何船只或飞机,或通过公路或铁路进入或最近进入新加坡,须按任何适当的海关主管关员要求:

(a)许可该人员搜查其人身、货物及行李;或

(b)带上货物和行李陪同该关员前往海关办事处或海关站或警察局,并在该处允许

海关关员对其人身、货物和行李进行搜查。

(2)任何人如要求在海关高级关员在场的情况下对其进行搜查,则除非在该关员在场及监督下,否则不得对其进行搜查,但该人可被扣留直至该关员抵达为止,或被带往任何该关员身处的海关办事处或海关站或警察局。

(3)任何人如要求在搜查其货物和行李时在场,并在合理时间内到场,否则在他不在场的情况下不得搜查他的货物及行李。

(4)对女性的搜查须由女性进行。

第一百一十条　扣押作为犯罪主体的货物

(1)任何海关关员可在新加坡领土或领海的任何地方扣押,涉及已经或有合理理由怀疑已经实施本法的任何罪行或违反本法的任何规定或任何牌照或许可证施加的任何限制或条件的所有货物,连同发现有上述货物或与犯罪或违规相关的任何容器、包装、车辆、船只或飞机(注册净吨位不超过两百吨),以及有理由认为与案件相关的任何簿册或文件。

(2)所有该等货物及该等容器、包裹、车辆、船只或飞机,须在切实可行范围内尽快交付负责接收该等货物及容器、包裹、车辆、船只或飞机的适当的海关主管关员看管。

(3)每当根据本法扣押任何货物、车辆、船只或飞机时,扣押官员须即刻以书面形式向货物、车辆、船只或飞机的拥有人(如知悉)发出扣押通知及其理由,可亲自向他交付通知或邮寄至他的住所(如知悉)。

(4)如扣押的是人身,或在罪犯或拥有人或其代理人在场的情况下作出,或在船长或飞行员(视属何种情况而定)在场的情况下作出,则无须发出第三款所提述的通知。

(5)本条规定涉及的:

(a)货物的扣押须适用于发现有该等货物的任何包装或容器的所有内容以及用于隐藏该等货物的任何物品;

(b)任何船只或飞机的扣押须适用于船只或飞机的器械、设备和陈设;和

(c)运输工具的扣押须适用于所有该运输工具的所有设备和用以牵引该运输工具的任何动物。

(6)根据本条扣押的任何易腐烂的货物或任何动物或禽鸟,可即刻出售并保留出售所得收益以待任何起诉或申索的结果。

(7)任何具有危险性或无法在不花费高额费用的情况下转移的货物,可根据海关高级关员的指示予以销毁。

(8)海关高级关员可酌情在该关员所决定的条件和担保下,将根据本条扣押的任何货物发还进口商或其拥有人。

(9)第八款所要求的担保可以是现金存款或银行担保,或两者并处。

第一百一十一条　已付保证金的车辆、船只或飞机的放行

当根据本法扣押任何车辆、船只或飞机时,海关高级关员可酌情将该车辆、船只或飞机暂时归还其拥有人,但须提供担保,使该官员认为应按要求将车辆、船只或飞机交还给他。

第一百一十二条　逮捕权

(1)任何海关关员可在没有逮捕令的情况下逮捕:

(a)任何被发现犯下或企图犯下,或雇用或帮助任何人犯下,或教唆犯下本法规定的

罪行的人；

(b)任何他有理由怀疑拥有任何应税或未完税或根据本法应予扣押的任何货物的人；或

(c)有合理理由怀疑犯有本法所订罪行的任何人，

并可搜查或致使搜查任何被如此逮捕的人。

(2)对女性的搜查须由女性进行。

(3)在没有逮捕令的情况下进行逮捕的海关关员，须在没有不当延误的情况下符合本条关于保释或提前释放的规定，将被逮捕的人带往或送往治安法院。

(4)任何海关关员不得将无逮捕令而被逮捕的人扣留超过在该案情况下合理的期限。

(5)该段期限不得超过四十八小时，但不包括从逮捕地点到治安法院所需的时间。

(6)任何被海关关员逮捕的人不得被释放，除非他已交保证金或保释金或获得治安法官或海关高级关员的特别书面命令。

(7)如根据本法应被逮捕的任何人在犯下应被逮捕的罪行时没有被逮捕，或在被捕后逃跑，他可在其后任何时候被逮捕和处置，如同他在犯下罪行时被逮捕。

第十四章　有关审判和诉讼程序的规定

第一百一十三条　起诉主体

经检察官授权，可由海关高级关员或经署长书面特别授权的任何海关关员就本法所订的犯罪进行起诉。

第一百一十四条　法院管辖权

尽管任何成文法有相反规定，但地区法院或治安法院有权审判本法所订的任何罪行，并有权对该罪行处以严厉处罚或惩罚。

第一百一十五条　举证责任

如在对因未缴付关税或消费税或因任何其他没收原因或因根据本法追缴任何罚款或罚金而被扣押的任何货物的任何诉讼中，出现下列争议的：

(a)是否已就该等货物缴付关税或消费税；

(b)该等货物是否已合法进口、合法入境或合法制造；

(c)任何货物是否可根据第十三条豁免关税或消费税；

(d)涉及该等货物的起运地；或

(e)是否合法申请退税，

在该种情况下，举证责任须由被告承担。

第一百一十五条之一　管有应税、违禁或未完税货物的推定

(1)任何被证明管有、保管或控制下列物品的人：

(a)任何装有任何应税、违禁或未完税货物的物品；

(b)装有任何应税、违禁或未完税货物的任何物品的钥匙；

(c)发现放置有任何应税、违禁或未完税货物的任何地方或处所或其任何部分的钥匙；或

(d)与任何应税、违禁或未完税货物有关的文件,或拟交付任何应税、违禁或未完税货物的任何其他文件。

须被推定为管有该等应税、违禁或未完税货物,除非有反证成立。

(2)如在任何船只或飞机上发现任何应税、违禁或未完税货物,则除非有反证成立,否则须推定该等应税、违禁或未完税货物是在船长或机长知情的情况下运入该船只或飞机的。

(3)如在任何车辆内发现任何应税、禁运或未完税货物,除非有反证成立,否则须推定为由该车辆的车主和当时该车辆的负责人所管有。

第一百一十六条　对被扣押货物进行的为法院所接受的部分检查或测试

(1)当任何被怀疑未完税或可被扣押的货物被扣押时,只需打开、检查并在必要时测试适当的海关主管关员确定的该扣押货物那部分的内容即可。

(2)法院须推定未打开的包装或容器中所装货物的性质、数量和质量与已打开的类似包装或容器中所装货物的性质、数量和质量相同。

第一百一十七条　车辆、船只及飞机的注册或领牌证明

(1)在根据本法进行的任何起诉中,如需要确定在新加坡或马来西亚注册或领牌的任何车辆、船只或飞机的注册或领牌的细节,则声称由根据新加坡或马来西亚或其任何部分现行有效的任何成文法负责的关员签署的证书,须为其中包含的关于该注册或牌照的所有细节的初步证据。

(2)证明书内所述任何细节错误的举证责任,须由否认该细节的人承担。

第一百一十八条　分析师出具的证书

(1)由署长所指定的实验室雇用的分析师签署的证书(本条中可称为分析师),以及由他提交的关于任何正式提交给他检查或分析的事项或事物的报告证书,可在检方出示该证书时,在本法所订的任何犯罪的诉讼中作为证据而无须签名证明,并须为其中包含的所有事项的初步证据。

(2)如被告人意欲就分析师的报告对其进行询问,他可要求法庭传唤该分析师作证,而法庭须随即传唤该分析师作为控方证人。

(3)分析师有责任在其签署的报告中阐明事实。

第一百一十九条　对未缴罚款者处监禁刑

尽管《新加坡2010年刑事诉讼法典》有所规定,任何法院可就未缴纳本法规定的任何罚款,或就无足够抵押物以抵偿该罚款的情况,施加法院认为符合案件公正的监禁期,但监禁期在任何情况下均不得超过下列标准规定的最长期限:

罚款金额	监禁期可延长至
不超过五十元	二个月
超过五十元但不超过一百元	四个月
超过一百元但不超过二百元	六个月

第一次罚款二百元后,每一百元增加一个月,直至达到最长六年的期限。

第一百二十条　法院审判或最高法院审理上诉时不调查扣押的方式

在任何法院的任何审判和最高法院的任何上诉程序中,涉及扣押根据本法应予以没收的货物时,法院须仅就案件的实体问题进行审判或审理上诉,而不调查任何扣押的方式或形式,除非扣押的方式和形式可作为该等实体问题的证据。

第一百二十一条　保护告发人不被发现

(1)根据本条规定,任何民事或刑事诉讼中的证人都没有义务或被允许披露告发人的姓名或地址或从他那里获得的信息的实质内容,或陈述可能导致他被发现的任何事项。

(2)如在任何民事或刑事诉讼中作为证据或可予查阅的任何簿册、文件或文据载有任何记项,而该记项内有任何告发人的姓名或描述,或可能导致该告发人被发现,则法院须致使隐藏或擦除所有该等段落,但仅限于为保护该告发人不被发现所需。

(3)如在对本法所订的任何罪行进行审判时,法院在对案件进行充分调查后,认为告发人故意在其申诉中作出他知道或认为是虚假的或不相信是真实的重要陈述,或者如在任何其他诉讼中,法院认为在没有发现告发人的情况下,双方不能充分秉持公正,法院可要求提供原申诉(如属书面形式),允许对举报人进行调查并要求全面披露。

第一百二十二条　可被扣押或没收的货物

(1)根据本法的规定,所有可被扣押的货物均可予以没收。

(2)在本条以及第一百二十三条、第一百二十四条、第一百二十七条中,“货物”视为包括容器、包裹、车辆、船只和飞机(注册净吨位不超过二百吨),但从事国际运输的飞机除外。

第一百二十三条　法院下令处置扣押的货物

(1)没收或释放根据本法规定应予没收的任何物品的命令须由对此提起诉讼的法院发出。

(2)如法院确信已实施本法所订的罪行,且货物是犯罪的标的物或用于犯罪,则须发出没收货物的命令,尽管可能没有人被定罪。

(3)所有没收的货物须交付给适当的海关主管关员,并按照署长的指示予以处置。

第一百二十四条　未能在一个月内主张权利的未涉诉扣押货物视为被没收

(1)如未就根据本法扣押的任何货物提起诉讼,货物须自扣押之日起一个月后被收走并视为被没收,除非在该日期之前以本条规定的方式就该货物主张权利。

(2)任何声称自己是货物拥有人的人,可以亲自或通过其书面授权的代理人向海关高级关员发出书面通知,就该货物主张权利。

(3)海关高级关员在收到通知后须将该权利主张提交署长,署长可指示将货物放行,或指示海关高级关员以规定形式提供信息,将此事项交由地区法院法官或治安法官裁决。

(4)地区法院法官或治安法官须发出传票,要求声称自己为该等货物所有权人的人和从其扣押该等货物的人(如知悉)出庭。

(5)无论他出庭或不出庭,如证明传票已妥为送达,地区法院法官或治安法官须着手审查该事项,如证明已犯下本法所订的罪行且有关货物为犯罪的标的物或用于犯罪,则须下令没收货物,或在没有该种证据的情况下可下令归还货物。

(6)在根据第五款提起的任何诉讼中,第一百一十五条须适用于声称自己是该等货物拥有人的人和从其扣押该等货物的人,如同他们是根据本法提起的诉讼中的被告。

第一百二十五条　根据其他法律定罪

本法的任何规定均不得视为阻止根据新加坡现行有效的任何其他成文法的规定对任何人进行起诉、定罪和惩罚,但任何人不得因同一罪行受到一次以上的惩罚。

第一百二十五条之一　海关票证通知

(1)如海关关员有合理的理由相信某人犯了本法所订的适用于本条的罪行,他可不向法院申请传票,代以即刻向该人送达规定的通知,要求该人在通知中规定的时间和日期到所述法院出庭。

(2)如法院有要求,通知的副本须由海关关员拟备并向法院出示。

(3)该通知可按第九十二条第一款所规定的方式送达被指控犯下该罪行的人。

(4)被告人根据此类通知出庭后,法院须确认所指控的罪行,根据《新加坡2010年刑事诉讼法典》第一百五十三条的出庭规定行事。

(5)如获送达该通知的人未能亲自或由律师按照该通知出庭,法庭如信纳该通知已妥为送达,可发出对该人的逮捕令,除非在可不予检控的罪行中,该人在该通知送达之日前已获准不予检控。

(6)依据根据第五款签发的逮捕令被逮捕的人出庭时,法庭须:

(a)根据《新加坡2010年刑事诉讼法典》第一百五十三条的出庭规定行事;并

(b)在诉讼程序结束时,传唤他要求说明为何他无须因未按送达他的通知出庭而受到惩罚。

(7)如没有根据第六款第二项提出理由,法庭可下令根据第五款所发出逮捕令被逮捕的人缴付其认为适当的不超过两千元的罚款,或可将他判处不超过二个月的监禁。

(8)海关高级关员或获海关高级关员授权的关员,可在通知指明的日期前的任何时间,取消通知。

第一百二十六条　犯罪构成

(1)任何海关高级关员可通过向合理怀疑实施犯罪的人收取不超过五千元的款项,不予检控本法所规定的任何罪行。

(2)在支付这笔款项后,被合理怀疑犯有罪行的遭拘留的人应予以释放,任何被扣押的财产应被释放且不得就该人或财产再次提起诉讼,除非该财产包括第三十八条绝对禁止进口的货物或违反本法在新加坡制造的未获牌照的货物,而这种情况下的货物应被没收。

第一百二十七条　除非扣押无合理或适当理由,否则不得追讨因扣押所致的任何费用或损害赔偿

在任何法院就扣押行使或据称行使本法赋予的任何权力而被扣押的任何货物进行的任何诉讼中,任何人都无权获得诉讼费用或任何损害赔偿或其他救济,除非扣押是在没有合理或适当理由的情况下进行的。

第十五章　犯罪与刑罚

第一百二十八条　有关作出和签署不真实或不正确或不完整的声明、证书和文件的犯罪

(1)任何人:

(a)以口头或书面形式作出或致使作出,或签署或致使签署本法要求的任何声明、证书或其他文件,而该声明、证书或文件有任何细节上的不真实或不正确,或因遗漏任何重要细节而不完整;

（b）以口头或书面方式作出或致使作出，或签署或致使签署向海关关员提交的任何申请的任何声明或文件，而该声明或文件有任何细节上的不真实或不正确，或因遗漏任何重要细节而不完整；或

（c）为评估关税或消费税，根据本法的要求对进口到新加坡或在新加坡制造的应税货物的价格进行或致使申报，而该申报有任何细节上的不真实或不正确，或因遗漏任何重要细节而不完整，即属犯罪。

（2）当任何此类口头或书面声明，或任何此类证书或其他文件被证明全部或部分不真实、不正确或不完整时，则下列指称并不构成免责辩护：

（a）该声明、证书或其他文件的作出或使用是出于疏忽，或没有犯罪或欺诈意图，或签署该声明、证书或其他文件的人不知道或不理解其中的内容；或

（b）该声明是在以从任何其他语言翻译的英语作出或记录的情况下，声明人所提供的翻译对该声明有错译或未完整翻译。

第一百二十八条之一　有关篡改文件的犯罪

（1）任何人：

（a）伪造或篡改，或在伪造或篡改时使用：

（i）本法要求或可要求的文件；或

（ii）在任何与海关有关的业务或事项的交易中使用的任何文件。或

（b）以欺诈手段修改任何文件，或伪造任何海关关员的或他们使用的用于核证任何此类文件或用于任何货物的安全或涉及海关业务的任何其他目的的印章、签名、英文缩写或其他标记，

即属犯罪。

（2）当任何此类文件已被证明全部或部分遭伪造或篡改时，则指称该文件是出于疏忽或没有犯罪或欺诈意图的情况下制作或使用的，并不构成免责辩护。

第一百二十八条之二　有关未申报的犯罪

（1）根据本法要求须进行申报的任何人：

（a）未申报在新加坡进口、出口或转运的应税货物的；或

（b）为评估关税或消费税而未申报进口至新加坡或在新加坡制造的应税货物的价格，即属犯罪。

（2）在证明未进行申报的情况下，则指称未进行申报是出于疏忽或没有犯罪或欺诈意图，或不知道须进行申报并不构成免责辩护。

第一百二十八条之三　有关不出示贸易文件的犯罪

任何人不向或拒绝向适当的海关主管关员出示第八十五条要求出示的任何文件，即属犯罪。

第一百二十八条之四　有关欺诈性逃税的犯罪

任何人以任何方式参与或企图欺诈性逃避任何关税或消费税，即属犯罪。

第一百二十八条之五　有关发现于行李或人身等的货物的犯罪

任何人如否认在其行李内、身上或以其他方式管有任何应税或违禁货物，即属犯罪。

第一百二十八条之六　有关进口未完税或违禁货物的犯罪

任何人以任何方式参与进口任何未完税或违禁货物，即属犯罪。

第一百二十八条之七　有关出口未完税或违禁货物的犯罪

任何人以任何方式参与出口任何未完税或违禁货物，即属犯罪。

第一百二十八条之八　有关装运、卸船、装载、卸货未完税或违禁货物的犯罪

任何人装运、卸船、装载、卸货、登陆或交付任何未完税或违禁货物，或协助或参与装运、卸船、装载、卸货、登陆或交付任何未完税或违禁货物，无论货物是否装运、卸船、装载、卸货、登陆或交付，即属犯罪。

第一百二十八条之九　有关管有、储存、运输和窝藏货物的犯罪

(1)任何人：

(a)储存、保存或管有任何：

(i)应税或违禁货物，但受海关管制者除外；或

(ii)未完税货物。

(b)以任何方式涉及运输、转移、存放或处理任何应税、未完税或违禁货物，意图骗取政府的任何关税或消费税或逃避本法的任何规定。或

(c)明知而窝藏或隐藏，或准许、容受、致使或导致窝藏或隐藏任何应税、未完税或违禁物品。

即属犯罪。

(2)如署长已根据第二十七条第三款准许任何人储存、保存或管有货物，则第一款第一项的规定不妨碍该人储存、保存或管有该款所提述的货物。

第一百二十八条之十　有关免税限额的犯罪

任何人在新加坡向任何人出售、交换或赠送或提出出售、交换或赠送属于其在新加坡的免税限额的货物，即属犯罪。

第一百二十八条之十一　有关非法转移海关管制等的货物以及无牌开展活动的犯罪

任何人：

(a)非法转移或取回，或以任何方式协助或参与非法转移或取回任何海关管制的货物。

(b)以任何方式参与制造任何应税或违禁货物：

(i)违反第六十三条规定；或

(ii)没有根据第八十三条授予的制造应税货物的牌照。或

(c)以任何方式参与装瓶、混合、配制或改变任何含酒精饮料：

(i)违反第六十六条规定；或

(ii)在没有根据第八十三条所授牌照的情况下，将进口或在新加坡制造的含酒精饮料装瓶，或混合、配制或更改任何含酒精饮料，

即属犯罪。

第一百二十八条之十二　对各种犯罪的罚款

(1)任何人犯有第一百二十八条第一款、第一百二十八条之一第一款、第一百二十八条之二第一款或第一百二十八条之三所述的罪行，一经定罪，可处不超过一万元的罚款，或相当于

关税、消费税或应付税款的金额,以金额较大者为准,或处不超过十二个月的监禁,或两者并处。

(2)根据第三款的规定,任何犯有特定罪行的人,一经定罪,可处下列罚款:

(a)不少于因犯该罪行而逃避缴付的关税、消费税或税款的十倍,或五千元,以金额较小者为准,但如该特定罪行涉及全部或部分由有关烟草产品组成的货物,则最低罚款为一千元;以及

(b)不超过本可逃避缴付的关税、消费税或税款的二十倍,或不超过五千元,以金额较大者为准。

除非无法确定关税或消费税的金额时可处不超过五千元的罚款,但如果特定罪行涉及全部或部分由相关烟草产品组成的货物,则最低罚款为一千元。

(3)任何被判犯有任何特定罪行的人,以及以前曾被判犯有:

(a)该罪行或任何其他特定罪行的人;或

(b)在紧接《新加坡2008年海关(修正)法》生效之前有效的而今已废除的第一百三十条第一款所订的任何罪行,

一经定罪,可处第二款所提述的罚款或不超过二年的监禁,或两者并处。

(4)任何犯有涉及全部或部分由相关烟草产品组成的货物的任何特定罪行的人,如果该等烟草产品的重量超过二千克,一经定罪,可处:

(a)下列罚款:

(i)不少于因犯罪而逃避缴付的关税、消费税或税款的十五倍,最低罚款为一千元;以及

(ii)不超过本可逃避缴付的关税、消费税或税款的二十倍,或不超过一万元,以金额较大者为准。或

(b)处不超过三年的监禁,或两者并处。

(5)何人在《新加坡2011年海关(修正)法》第十七条第四项生效之日或之后被判犯有的特定罪行涉及全部或部分由相关烟草产品组成的货物,并且该人以前曾被判犯有:

(a)该罪行或任何其他涉及此类货物的特定罪行;或

(b)在紧接2008年4月4日之前有效的而今已废除的第一百三十条第一款下涉及该等货物的任何罪行,

则该人可被处:

(i)罚款:

(A)不少于因犯首述特定罪行而本可逃避缴付的关税、消费税或税款的三十倍,最低罚款为二千元;和

(B)不超过本可逃避缴纳的关税、消费税或税款的四十倍或二万元,以金额较大者为准。或

(ii)不超过六年的监禁,或者两者并处。

(5A)尽管第五款有所规定,如任何人在2011年《新加坡海关(修正)法》第十七条第四项生效之日或之后被判犯有特定罪行,且该罪行涉及全部或部分由重量超过两公斤的相关烟草产品组成的货物,并且该人以前曾被判犯有:

(a)该罪行或任何其他涉及全部或部分由重量超过二公斤的有关烟草产品组成的货物的特定罪行;或者

(b)在紧接2008年4月4日前有效的而今已废除的第一百三十条第一款下的任何罪行,而该罪行涉及全部或部分由重量超过二公斤的有关烟草产品组成的货物,

则该人可被处:

(i)罚款:

(A)不少于因犯首述特定罪行而本可逃避缴付的关税、消费税或税款的三十倍,最低罚款为二千元;和

(B)不超过本可逃避缴付的关税、消费税或税款的四十倍或二万元,以金额较大者为准。以及

(ii)不超过六年的监禁。

(6)在任何就实施、企图或教唆实施第一百二十八条之四至第一百二十八条之十一下罪行的人提起的检控中,须视为该人已知任何应税、未完税或违禁货物属应税、未完税或违禁货物,除非该人有相反证明。

(7)在本条中:

"相关烟草产品"指任何香烟、大雪茄、方头雪茄或小雪茄或任何其他形式的烟草,包括:

(a)任何含有烟草的混合物;和

(b)任何可吸食的烟草代用品。

"特定罪行"指第一百二十八条之四至第一百二十八条之十一下的罪行。

第一百二十九条　对拒绝回答问题或提供虚假资料或文件的处罚

(1)如本法要求任何人回答任何适当的海关主管关员向其提出的任何问题,或提供该官员合理要求的任何信息或出示他有权提供的任何文件,而该人:

(a)拒绝回答问题或者不真实回答问题的;

(b)拒绝提供此类资料或出示此类文件的;或

(c)提供他知道或有理由相信是虚假的资料或文件作为真实的资料或文件,

即属犯罪,一经定罪,可处不超过五千元的罚款或不超过十二个月的监禁,或两者并处。

(2)当任何此类答案或任何此类资料或文件被证明全部或部分不真实或不正确时,则指此类答案或此类资料或文件或其任何部分的作出或提供或出示是出于疏忽或没有犯罪或欺诈意图,或是由于信息提供者所提供译员的误译或漏译,并不构成免责辩护。

(3)本条规定不得迫使任何人回答任何可能使他受到刑事指控、处罚或没收的问题。

第一百三十条　*[由第2008年第3号法案废除,自2008年4月4日起生效]*

第一百三十一条　未经授权修改计算机程序或数据以逃税

(1)未经署长授权的任何人:

(a)销毁、损坏、擦除或以其他方式处理储存于计算机或用于计算机的数据。

(b)以任何方式将数据导入或记录或存储于计算机,目的是:

(i)销毁、损坏、擦除或更改存储于该计算机的其他数据;或

(ii)干扰、中断或妨碍该电脑或储存于该电脑的数据的合法使用。或

(c)以其他方式使用计算机，

其目的或作用是减少、避免或逃避任何关税、消费税或本可根据本法征收的税项，或违反本法的任何规定，即属犯罪，可处下列处罚：

(i)首次定罪时，可处不少于十倍关税、消费税或税款的罚款或五千元的罚款（以金额较小者为准），并处不超过二十倍关税、消费税或税款的罚款或五千元的罚款（以金额较大者为准），在无法确定关税或货物税金额的情况下，可处不超过五千元的罚款；以及

(ii)第二次或其后定罪时，可处第一目所述的罚款或不超过二年的监禁，或并处。

(2)在第一款中，“数据”包括任何计算机程序或计算机程序组成部分，不论该程序是否经署长批准，均可供第八十六条所述的计算机服务使用。

第一百三十二条　故意为包括未完税货物的出售、购买等在内的业务预支或提供资金

任何人故意为建立或开展任何包括未完税货物的出售、购买、出租、接收、隐瞒、处置或交易的业务而预支或提供资金，即属犯罪，一经定罪，可处以不少于十万元但不超过一百万元的罚款，并处不超过六年的监禁。

第一百三十三条　对向含酒精饮料中添加有害物质，或储存、保存等此类酒类的处罚

(1)任何人：

(a)以任何方式参与向供饮用或出售的含酒精饮料中添加有害物质；或

(b)储存、保存或管有任何已添加有害物质的含酒精饮料，

即属犯罪，一经定罪，可处不超过一万元的罚款或不超过二年的监禁，或并处。

(2)在任何该处所内发现有添加有害物质的含酒精饮料，或该处所曾被用作售卖该等含酒精饮料，则除非有反证成立，否则该处所的拥有人或占用人须视为故意出于上述目的保存、使用或准许使用该处所。

(3)在任何就实施、企图或教唆实施本条下罪行的人提出的检控中，任何已加入含酒精饮料的有害物质，须视为是在该人知情的情况下加入的，除非该人有相反证明。

第一百三十四条　有关退税申请的犯罪

任何人如获得、企图或教唆获得，或作出任何举动使任何人获得货物退税，而该等关税并非依法应予退还或免税，或该等退税数额超过应予退税或免税的数额，即属犯罪，一经定罪，可处该等货物价值的三倍或五千元的罚款，以金额较大者为准。

第一百三十五条　对管有蒸馏器等的处罚

除了根据下列规定获得许可的人员之外的所有人员：

(a)未根据第六十三条第一款或第八十三条第三款获准制造应税货物，而该人故意保存或管有任何蒸馏器、器皿、器具、设备或机械，以制造任何应税货物；或

(b)未根据第六十六条第一款或第八十三条第三款获准装瓶在新加坡进口或制造的含酒精饮料，或混合、配制或更改任何含酒精饮料，而该人故意保存或管有任何器皿、器具、材料或原料，以装瓶、混合、配制或更改含酒精饮料，

即属犯罪。一经定罪，可处不超过五千元的罚款或不超过十八个月的监禁，或两者并处。

第一百三十六条　离开新加坡的机动车辆未携带规定数量的发动机燃料

(1)除非获得署长或署长为施行本条所授权的海关关员的书面许可，否则任何根据《新

加坡 1961 年道路交通法》注册的机动车辆的负责人，驾车或乘坐船只与该机动车辆一同离开或试图离开新加坡，而燃料供应箱中没有部长下令规定的最小数量的发动机燃料。即属犯罪，一经定罪，可处不超过五百元的罚款。

（2）就第一款而言：

（a）如机动车辆在任何规定地点的出入境关卡的出境区域前驶过海关门架，则须推定该机动车辆的负责人曾企图驾车或乘坐船只与该机动车辆（视属何种情况而定）一同离开新加坡；

（b）如机动车辆装有显示或测量该机动车辆燃料供应箱内的发动机燃料数量的仪器或仪表，则该仪器或仪表上的表显或测量结果为该燃料供应箱内发动机燃料数量的证据，除非有反证成立；

（c）适当的海关主管关员可测量或以其他方式确定根据《新加坡 1961 年道路交通法》注册的任何机动车辆的燃料供应箱中携带的发动机燃料的数量。

（3）为免生疑义，可根据第一款给予书面许可，使某人在试图违反该款规定离开新加坡后，能够在不违反该款规定的情况下离开新加坡，并且不影响该人对此种企图的任何责任。

第一百三十七条　对袭击、妨碍海关关员、夺回货物、拒捕和逃跑的处罚

任何人：

（a）袭击、虐待或妨碍任何海关关员或其他公务人员或任何帮助或协助其工作的人员，或被正式雇佣以防止本法规定的罪行在履行职责或妥为扣押根据本法应予扣押的任何货物时的人员；

（b）夺回或尽力夺回或致使夺回任何已妥为扣押的物品的；

（c）在扣押前后，将任何包裹或货物打破、损坏或以其他方式销毁，以防止其被扣押或被占有；或

（d）故意对合法逮捕他本人或任何其他人提供任何抵抗或非法妨碍，或逃离或企图逃离他被合法拘留的任何拘留所，或解救或企图解救被合法拘留的任何其他人，

即属犯罪：

（i）一经定罪，可处不超过一万元的罚款或不超过十八个月的监禁，或两者并处；并

（ii）如属第二次或其后定罪，可处不超过二万元的罚款和不超过三年的监禁。

第一百三十八条　行贿或受贿的处罚

（1）如任何海关关员或新加坡海关正式雇用的其他人员：

（a）合谋扣押或交还或达成任何协议以交还或不扣押任何船只或飞机或其他运输工具，或任何应予扣押的货物；

（b）因疏忽或不履行职责而接受、同意接受或企图获得任何贿赂、酬金、补偿或报酬；或

（c）与任何人共谋或纵容进出口任何应税货物，或以任何方式参与进出口任何应税货物，以便扣押任何船只、飞机或运输工具或任何货物，并就扣押或以其他行为获取任何报酬。

该关员或人员即属犯罪，一经定罪，可处不超过五千元的罚款或不超过三年的监

禁,或两者并处,并禁止其担任政府公职。

(2)任何人向任何海关关员或新加坡海关正式雇用的其他人员给予或提议给予或承诺给予或促成给予任何贿赂、酬金、补偿或报酬,或与任何海关关员或新加坡海关正式雇佣的其他人员达成任何合谋协议,以任何方式诱使其玩忽职守或作出、隐瞒或纵容任何可能规避任何其他与进出口有关的法律规定的行为,须以教唆犯论处,并根据本法予以处罚。

(3)任何海关关员或新加坡海关正式雇佣的其他人员,如在执勤时被发现违反任何书面发布的部门条例而持有任何款项,则除非有反证成立,否则须推定为已收到违反第一款第二项的款项。

(4)如任何海关关员有理由怀疑他的另一位下级海关关员或新加坡海关正式雇用的任何其他人员拥有违反第一款第二项而收到的任何款项,则他可以搜查该关员或人员。

第一百三十九条　对未另行规定的犯罪的处罚

任何对本法规定的不作为或忽视,和任何违反或企图违反本法规定的行为,或任何违反根据本法颁发牌照或许可证的条件和限制的行为,均属犯罪,对于未明确规定处罚的任何此类犯罪,对犯罪人可处不超过五千元的罚款。

第一百四十条　企图和教唆

任何人企图实施根据本法应予处罚的任何犯罪,或教唆实施该犯罪,须根据对该犯罪的规定予以处罚。

第一百四十一条　法人团体、代理人和雇员的犯罪

(1)如公司、商号、社团或其他团体实施了本法案规定的犯罪,任何在犯罪时是公司、商号、社团或其他团体的董事、经理、秘书或其他类似职员或合伙人或声称以该身份行事的人员,须以该犯罪论处,除非他证明:

(a)该犯罪是在其同意或纵容下实施的;并且

(b)他已尽了他应尽的一切努力来防止犯罪,同时考虑到他以该身份所履行的职能的性质和所有情况。

(2)如任何人因任何作为、不作为、疏忽或违约而根据本法应予处罚、罚款或没收,则该人须就任何代理人、雇员或代理人的雇员的该种作为、不作为、疏忽或违约承受相同的处罚、罚款或没收,前提是该作为、不作为、疏忽或违约的实施:

(a)由雇员在其工作期间作出;或

(b)由代理人在代表该人行事时作出,或由该代理人的雇员在其工作期间作出,而在此种情况下,被代理人须根据本条对有代理人的作为、不作为、疏忽或违约承担责任。

第一百四十二条　官员的行为不构成犯罪

政府官员在履行职责过程中的任何行为均不得视为本法规定的犯罪行为。

第十六章　规　　例

第一百四十三条　制定规例的权力

(1)为实现本法目的和施行本法规定,部长可订立规例,特别是就下列事项订立规例:

(a)管理海关关员行使的权力和履行的职责；

(b)规定海关关员的关衔、制服、关衔证章或徽章、装束和装备；

(c)管理根据本法征收关税和税款的所有相关事项；

(d)规定海关办事处和海关站，用于特定人员或级别人员进行一般或单独和专用的货物进口、出口和转运；

(e)规定海关机场以空运进口、出口和转运应税货物，用于特定人员或级别人员进行一般或单独和专用的进口、出口和转运；

(f)指明进口时应税的货物，而作为新加坡制造的任何货物的一部分或组成部分再出口时可允许退税，并确定相关退税率，以及禁止在再出口任何指明货物或任何种类货物时支付退税；

(g)规定进口、出口或转移任何应税货物的方法；

(h)规定进口时应税货物转运的方式；

(ha)以根据本法登记申报者；

(hb)规定有关世界海关组织《全球贸易安全与便利标准框架》(Safe Framework of Standards to Facilitate and Secure Global Trade)或任何国际机构的任何其他类似框架的事项；

(i)规定有关货柜和货柜所装货物的文件、储存、转移、检查、密封及安全的程序；

(j)规定根据本法应缴付或征收的任何税款的支付方式和方法；

(k)规定任何海关办事处、海关站、政府仓库、私用保税仓或装瓶仓库的营业日期和时间；

(l)规管货物在政府仓库、私用保税仓和装瓶仓库的存放、保管和提取，以及对该等仓库的管理及控制；

(m)规定存放于政府仓库的货物的仓库租金的金额；

(n)规定于政府仓库或私用保税仓内含酒精饮料变性的方式；

(o)规管酿酒厂、啤酒厂或烟草厂或其他工厂的设立、检查、监督、管理和控制，以及该等工厂内维护的装置、工具、机械和器具；

(p)规管从事制造或不从事制造的时间，以及将货物从酿酒厂、啤酒厂或烟草厂或其他工厂转移的时间；

(q)规管装瓶仓库内含酒精饮料的混合、配制、更改和装瓶，并规定应税的含酒精饮料的装瓶费用；

(r)规定持牌人须备存的簿册；

(s)规管牌照的授予和转让；

(sa)规定在牌照被吊销、撤回或归还的情况下，不得给予补偿；

(sb)规定海关关员进行任何申报、申请或授予任何牌照、许可、授权、批准或登记，或根据本法进行的任何其他事项或事情，以及海关关员提供本法之外的任何服务所应支付的费用，并规定可退还此类费用或其任何部分的情况；

(t)规定海关关员在规定的正常工作时间之外加班时应支付的加班费，以及允许加班的条件；

(u)[*由 2015 年第 5 号法案删除,自 2015 年 4 月 1 日起生效*]

(v)[*由 2015 年第 5 号法案删除,自 2015 年 4 月 1 日起生效*]

(w)[*由 2012 年第 18 号法案删除,自 2012 年 12 月 19 日起生效*]

(x)规定可不予检控的罪行和方式,以及可由何人对海关人员不予检控;

(y)规定就违反或不遵守根据本条所订规例中任何条文的规定而处以处罚,但该处罚不得超过第一百三十九条规定的处罚;以及

(z)规定根据本法的规定将要或可能规定的任何事情。

(2)根据本法订立的所有规例和命令须在《新加坡政府公报》公布后尽快提交议会。

第一百四十四条　成文法和文件中的参考

在 2003 年 4 月 1 日当日或之后为保持任何成文法或文件的效力所必需的范围内:

(a)本法中提述的海关和消费税署长(Director-General of Customs and Excise),须理解为海关署长(Director-General of Customs);和

(b)本法中提述的海关和消费税署(Customs and Excise Department),须理解为新加坡海关(Singapore Customs)。

附　　件

第二十九条

海 关 裁 定

第一条　申请海关裁定

(1)根据第三款,任何参与任何货物进口的人可向署长申请就下列一个或多个事项作出裁定:

(a)货物的分类;

(b)货物的原产国;

(c)《新加坡海关(估价)条例》(Rg. 8)的规定对货物的适用。

(2)根据第三款规定,任何参与本地制造任何货物的人,均可向署长申请就下列一个或多个事项作出裁定:

(a)货物的分类;

(b)《新加坡海关(估价)条例》(Rg. 8)的规定对货物的适用。

(3)如任何货物是新加坡加入的任何自由贸易协定的标的物,而该自由贸易协定确定了可以就该等货物申请裁定的人,则只有该人可根据第一款或第二款就该等货物申请裁定。

(4)裁定的申请须:

(a)以署长决定的形式作出;

(b)遵守第四条的披露要求;并

(c)在署长决定的时间作出。

第二条　署长可拒绝作出裁定

(1)下列情况下,署长可以拒绝作出裁定:

(a)申请裁定将要求署长确定任何事实问题;

(b)署长认为裁定的正确性将取决于对未来事件或任何其他事项所作的假设;

(c)该申请并无必要或涉嫌滥诉;

(d)寻求裁定的事项涉及对任何外国法律的解释;或

(e)在署长要求进一步的资料之后:

(i)申请人未能在署长规定的时间内提供资料;或

(ii)署长认为,申请人未提供与申请有关的足够信息。

(2)署长如拒绝作出裁定,须以书面形式将其决定及其理由通知申请人。

第三条　裁定期限

裁定仅在裁定中规定的期限内适用于某一事项。

第四条　向署长提供的资料

(1)申请须:

(a)确定申请人的身份;和

(b)披露有关寻求作出裁定的事项的所有相关事实和文件。

(2)为作出裁定,署长可随时要求申请人提供进一步的相关资料。

(3)裁定的申请人须在署长决定的时间内向署长提供第二款所提述的资料。

第五条　署长可作出假设

如署长认为某项裁定的正确性取决于对任何未来事件或其他事项所作的假设,则署长可作出他认为最适当的假设。

第六条　裁定的作出

(1)署长作出的裁定须说明:

(a)该裁定是根据第二十九条作出的;

(b)该裁定所适用的人或某类人的身份,以及该裁定所适用的事项的详情;

(c)署长对未来事件或其他事项所作的任何重要假设;以及

(d)适用于该裁定的条件(如有)。

(2)署长须向裁定所适用的人发出裁定的副本,通知其裁定的作出。

(3)如有任何适用于裁定所适用的事宜的自由贸易协定,而该自由贸易协定规定了作出裁定的期限,则署长须在该期限内作出裁定。

(4)即使没有人根据第一款提出申请,署长仍可作出裁定。

第七条　裁定的修改或撤销

(1)署长可通过他决定的方式将修改或撤销及其理由通知裁定所适用的人,以随时修改或撤销裁定。

(2)除第三款和第四款另有规定外,任何裁定的修改或撤销自修改或撤回通知(视属何种情况而定)所指明的日期起生效。

(3)在下列情况下,署长可根据裁定所适用的人的申请,将该裁定的修改或撤销日期推迟到署长确定的较后日期:

(a)申请人真诚地依赖该裁定。和

(b)该项裁定的修改或撤销(视属何种情况而定)会对他不利。

(4)即使没有根据第三款提出申请,署长仍可将修改或撤销裁定的日期推迟至他决定的较后日期。

(5)如署长撤销某项裁定,则该裁定不适用于在撤回之日或之后进口或在当地制造的任何货物,即裁定的标的物品。

(6)如:

(a)署长撤销根据第一款所述人员的申请作出的裁定;且

(b)该裁定所适用的人没有按照适用于该裁定的任何条件行事,

则对于在撤回日期之前进口或在当地制造的、作为裁定标的物的任何货物,该裁定不再适用该人。

(7)如署长修改某项裁定,则经修改的裁定须适用于在修改之日或之后进口或在当地制造的作为经修改的裁定的标的物的有关货物。

(8)如:

(a)署长根据第一款对根据某人的申请作出的裁定进行修改;且

(b)原裁定所适用的人没有按照适用于原裁定的任何条件行事,

则该经修改的裁定须适用于在修改日期之前进口或在当地制造的作为经修改的裁定的标的物的任何货物。

(9)在下列情况下,署长可修改或撤销裁定:

(a)裁定的作出是基于事实错误;

(b)在作出裁定后,情况有所改变;

(c)申请人为支持其裁定申请而提供的任何资料是虚假、不准确或具有误导性的;

(d)在作出裁定后,货物的分类依据有所改变;

(e)在作出裁定后,有关货物的销售及进口或本地制造的情况有所改变;

(f)发生涉嫌与货物有关的犯罪;或

(g)适用于裁定所适用事项的任何自由贸易协定的有关规定构成修改或撤销的理由之一。

第八条　裁定中的印刷错误或微小错误

如更正后不改变裁定的含义,署长不必撤销并重新发布裁定来纠正任何印刷错误或微小错误。

第九条　法律的修订

自本法某项规定被废除或修订之日起,如废除或修订改变了该规定在裁定中的适用方式,则该裁定不再适用。

新加坡进出口管理法

曹　雳　译　屈文生　审校*

《新加坡进出口管理法》译介

现行的《新加坡进出口管理法》颁布于1996年，首次颁布于1995年。该法共45条，主要就进出口管理、登记和控制以及与之相关事项作出规定。

该法规定，就本法的执行和权力转授而言，海关署长须根据部长的一般或特别指示，负责执行本法和根据本法订立的任何条例；署长可将本法或根据本法订立的任何条例授予他的全部或任何权力或委予他的职责，授予任何高级受权人员或任何受权人员。

根据该法，部长有权制定进出口登记、管理和控制条例等、酌情豁免遵守本法或根据本法所订条例的所有或任何条文。本法对许可证发放和取消、证书、牌照或许可证的取消等程序、署长建立或运行计算机服务、通知的送达等作出详细规定。

在依法检查过程中，受权人员有权要求出示牌照或许可证，货物涉及违法的，相应受权人员有权依法予以扣押、没收货物或货物包装等，并按照署长指示对没收货物进行处置。有关受权人员有权按照规定登上任何处于新加坡境内的船只、飞行器、车辆等运输工具搜查违禁物品，有权检查包装和货物，根据需要将包装和货物移送警署或检查站，有权对人员和行李进行搜查。为确保检查的实施，该法授予有关人员访问、检查、检验计算机或其他设备运行的权力、进入特定场所的权力以及逮捕和搜查的权力、

该法详细界定了妨碍公务、虚假说明、不实商品说明、未经授权更改计算机程序或数据等犯罪行为，一经定罪，依法处相应数额的罚金，单处或并处监禁刑。根据该法，署长可依法获取所需的任何有关货物资料，除该法规定特殊情况外，为实施该法或根据该法所订任何条例而出示的有关货物的详情、资料或文件不得向外公布或披露，如有违反，即属犯罪，并根据相应情节予以处罚。

另外，该法还对所涉犯罪的处理进行了详细规定：地区法院或裁判法院有权聆讯和裁定本法或根据本法所订任何条例所规定的所有罪行的起诉；部长可依法指示减免或退还全部或部分罚款，并依法归还部分或全部扣押或下令没收的货物或物品；经检察官授权，可由署长书面授权的任何人员对本法规定的罪行进行起诉；法人团体、代理人或雇员的行为涉及违法的，可据此予以起诉和处罚；对告发人的任何信息应予以严格保护；对核证无误的文件副本须接

---

* 译者：曹雳，华东政法大学博士研究生；审校：屈文生，全国人大常委会法工委法律英文译审专家委员会委员、华东政法大学教授、博士生导师。

纳为证据;高级受权人员可依法酌情不予检控可私了的罪行并处相应罚金等。

本法就进出口管理、登记和控制以及与之相关事项作出规定。

第一部 导 言

第一条 简称

本法可引称为《新加坡1995年进出口管理法》。

第二条 释义

(1)本法中,除非文意另有规定外,下列术语含义如下:

"航空器"是指可用于空运人员或货物的任何种类的航空器。

"验证码"是指第八条所提述的已分配给计算机服务注册用户的任何指定的身份验证或识别码、密码或任何其他验证方式或程序,以便识别和验证注册用户对计算机服务的访问和使用。

"受权人员"是指:

(a)任何海关关员;

(b)任何高级受权人员;

(c)任何由署长书面委任的企发局人员;

(d)由部长在《新加坡政府公报》发布公告委任的任何人员或任何类别或类型的人员,以行使本法授予受权人员的权力,并执行本法委予其的职责。

"企发局"是指根据《新加坡2018年企业发展局法》第三条设立的新加坡企业发展局。

"运输工具"包括可运载人员或货物的任何船只、火车、车辆或航空器。

"数据库报告"是指第八条所提述的计算机服务自动生成的任何自动记录、日志或其他报告,用于记录与电子通知相关的交易详情,包括验证码、接收日期和时间、存储位置以及与通知相关的任何更改或删除。

"署长"是指根据《新加坡1960年海关法》第四条第一款委任的海关署长。

"电子通知"具有第八条第一款赋予其的含义。

"检查站"是指《海关法》第一百四十三条第一款第四项规定的作为用于检查货物的海关办事处或海关站,或由高级受权人员确定的作为用于货物检查的任何地方或处所。

"出口"及其语法变体和同源表达,是指通过陆路、水路或航空将任何货物运出或致使被运出新加坡,包括将任何货物置于运输工具上以便运出新加坡,但不包括将任何货物运入新加坡后经由同一运输工具运出新加坡,除非该货物被运入新加坡境内后已在新加坡境内卸下或转运。

"货物"是指任何动产或个人财产,但不包括无形动产和货币(除了大量进出口的收藏品、投资品或票面利益物品和纸币)。

"进口"及其语法变体和同源表达,是指通过陆路、水路或航空将任何货物从新加坡境外的任何地方运入或致使被运入新加坡,但不包括将货物运出新加坡后经由同一运输工具运入新加坡且未在新加坡境内卸下或转运。

“船长”包括每位拥有或指挥或掌管船只者，但正在履行职责期间的持有根据《新加坡1996年海事及港务管理局法》所颁发执照的船只领港员除外。

“海关关员”与《新加坡1960年海关法》中的该词含义相同。

“航空器驾驶员”是指每位拥有、指挥或掌管航空器者。

“警务人员”是指新加坡警察部队的任何成员。

“注册用户”是指已向署长注册并获署长授权访问和使用第八条所提述的计算机服务的人。

“联合国安全理事会的有关决定”是指联合国安全理事会根据1945年6月26日在旧金山签署的《联合国宪章》第七章作出的决议中的任何决定。

“高级受权人员”是指：

(a)任何高级海关关员

(b)任何由署长书面委任的企发局人员；

(c)任何警务人员；或

(d)由部长在《新加坡政府公报》发布公告委任的行使和履行本法授予和委予高级受权人员的权力和职责的任何人员或任何类别和类型的人员。

“高级海关关员”与《新加坡1960年海关法》中的该词含义相同。

“作为船用物料装运”及其语法变体和同源表达，是指作为物料装载于往返新加坡境外目的地的航行或飞行中，或在船只或航行器上作为零售商品出售给该航行或飞行运载的人员。

“转运”是指为将货物从一种运输工具转移到另一种运输工具上，以便运出新加坡。

“过境”是指将货物从新加坡境外运入新加坡，以便用将其运入新加坡的同一运输工具将其运出新加坡。

“车辆”包括任何可通过陆路运载人员或货物的车辆，无论其牵引或驱动方式还是其设定的或维持的运动方式为何。

“船只”包括任何大小船艇，以及各类用于航行的船只。

(2)在本法中，凡提述文件或记录的，除了以纸张形式的文件或记录之外，还包括对以下任何或任何部分的提述：

(a)保存在任何磁性、光学、化学或其他媒介上的文件或记录；

(b)照片；

(c)地图、平面图、图表、图画或绘图；

(d)胶片(包括缩微胶卷和缩微胶片)、底片、磁盘、磁带、声带或任何其他装置，其中载有一个或多个视觉图像、声音或其他数据，以便能够(在有或没有其他设备的帮助下)从中得以复制。

(3)在本法中，除非上下文另有要求，凡提述书面文件或记录或书面文件或记录的制作，应包括任何电子通知，或根据本法规定或根据本法所订任何条例对该通知的制作、送达或提交。

第二部　进出口管理和控制等

第二条之一　本法的执行和权力的转授

(1)署长须根据部长的一般或特别指示,负责执行本法和根据本法订立的任何规例。

(2)署长可将本法或根据本法订立的任何条例授予他的全部或任何权力或委予他的职责,授予任何高级受权人员或任何受权人员。

第三条　进出口登记、管理和控制规例等

(1)部长可订立规例,对进口、出口、于新加坡转运或过境新加坡的所有或任何类别的货物进行登记、管理和控制。

(2)在不损害第一款的一般性的原则下,部长可订立规例:

(a)绝对地或有条件地禁止,或在所有情况或任何规定情况或类别情况下,并根据条例所规定的例外情况,管理所有货物或任何规定类别或类型的货物的进出口或沿岸运输或作为船用物料装运或转运或过境。

(b)向此类进口商、出口商、代理人、货运代理人、公共承运人、货物托运人或收货人,或条例中规定的拥有人、代理人、船长或掌管运输工具的人员委予职责,以向:

(i)署长;或

(ii)运输工具的拥有人、代理人、船长或掌管人,或向火车站站长或规定的其他人;

提供规定的此类与进口、出口、于新加坡转运或过境新加坡的货物相关的详情、资料或文件。

(c)准许署长以规定的方式授权已提供所需详情、资料或文件的货物的进出口、转运或过境。

(d)除符合条例或经署长批准外,禁止货物的进口、出口、转运或过境,或禁止货物或与该货物有关的文件的交付。

(da)禁止所有货物或任何指明类别或类型的货物的出口,除非符合为遵从新加坡与新加坡境外的国家或地区之间的任何优惠关税安排或协议而规定的条件,包括出口货物来自指明来源或此类货物的制造或采购由根据本法订立的条例规定的登记人员进行的任何条件。

(e)要求任何运输工具的拥有人或代理人提供在新加坡的该运输工具上放置的煤、油或其他燃料或物料的详情。

(f)要求任何运输工具的拥有人或代理人提供在新加坡的该运输工具上放置的煤、油或其他燃料或物料的详情。

(g)规定提供所需详情、资料和文件的时间。

(h)要求任何船只的船长到达检查站或港务长办公室,并提供规定的详情、资料和文件。

(i)禁止向尚未符合条例的任何条文的任何船只的船长发放出港许可证。

(j)对所有或规定类别的进口、出口、于新加坡转运或过境新加坡的货物进行登记。

(k)对货物进口商、出口商、公共承运人或根据本法或根据本法订立的任何条例报关的任何人进行登记。

(l)按照规定,向证书投标成功申请者发放此类货物的进出口许可证的权利证书。

(m)要求缴付用于申请发放第(l)项所订任何条例规定的权利证书的费用和保证金,并规定在不符合提交该等申请的条件下没收保证金。

(n)要求缴付用于申请发放第(l)项所订任何条例规定的权利证书的费用和保证金,并规定在不符合提交该等申请的条件下没收保证金。

(na)要求提供担保,以确保符合本法、任何根据本法所订条例或根据本法或此类条例施加的任何条件,并就此类担保的形式、方式、金额、期限和没收作出规定。

(o)规定凭借任何根据本条所订条例所应缴付的费用或收费,或确定该等费用或收费的金额的方法或方式,并规定缴付该等费用或收费的方法或方式。

(p)规定就署长所提供的服务和设施收取的费用。

(pa)就本法或任何根据本法所订条例中所提述的任何事项向部长提出上诉,以及此类上诉的程序。以及

(q)规定根据本法要求规定的任何事项,或为本法条文执行或实施上的必要或便利的任何事项。

(3)部长在根据第二款订立任何规例时,可规定任何违反或不遵从任何条例条文者即属犯罪,一经定罪,可处以:

(a)如属首次犯罪,处十万新元以下或犯罪所涉货物价值三倍的罚金,以款额较大者为准,单处或并处二年以下的监禁刑;以及

(b)如属第二次或其后各次犯罪,处二十万新元以下或犯罪所涉货物价值四倍的罚金,以款额较大者为准,单处或并处三年以下的监禁刑。

(4)所有该等规例须刊登于《新加坡政府公报》后尽快提交议会。

第四条　第三条的释义

(1)除非另有明文规定,否则根据第三条订立的任何条例,须当作当时有效的任何其他成文法条文的增补,而非替换。

(2)为免生疑义,特此声明根据第三条订立的任何条例,可将任何船只、飞机或车辆进入或离开新加坡视为进口或出口货物予以禁止或规管,即使该船只、飞机或车辆正在运送货物或乘客,亦不论该船只、飞机或车辆是否凭其本身动力行驶。

第五条　豁免

部长可酌情决定,在一般或任何特定情况下,永久地或在他认为适当的一段或多段期限内,根据他认为适当的条件,豁免任何人或任何类别的人,或任何运输工具或类别的运输工具,或任何货物或任何类别的货物,遵守本法或任何根据本法所订条例的所有或任何条文。

第六条　关于许可证发放和取消的条文等

(1)如根据第三条所订的任何条例就署长发放任何证书、牌照或许可证作出的规定,则署长如认为妥当并根据条例中包含的任何相反的明确条文,就下列事项作出规定:

(a)证书、牌照或许可证的发放和期限,以及证书、牌照或许可证的随时取消或吊销;

(b)发放证书、牌照或许可证的附带条件,以及该等条件的不时取消或变更;和

(c)在条例准许的情况下,退还为发放证书、牌照或许可证而缴付的全部或部分征费或费用。

(2)在不损害第一款第一项效力的前提下,若出现以下情况,任何受权人员可随时取消证书、牌照或许可证:

(a)违反证书、牌照或许可证的任何条件;或

(b)有关人员确信证书、牌照或许可证的发放是由任何宣告、声明、陈述或资料在要项上作假所导致的。

第七条　证书、牌照或许可证的取消等程序

(1)凭借根据第三条所订任何条例发放的任何证书、牌照或许可证的条件的取消、吊销或变更,可凭该证书、牌照或许可证上背书而生效,或凭向该证书、牌照或许可证的持有人送达取消、吊销或变更的书面通知而生效。

(2)如任何该证书、牌照或许可证被取消或吊销,除非该证书、牌照或许可证已被另行依法处置,否则该证书、牌照或许可证的持有人须立即将其上交至取消或吊销该证明书、牌照或许可证的受权人员。

(3)第二款不适用于按照第八条以电子通知传送的形式发放的证书、牌照或许可证。

(4)任何人如不遵从第二款,即属犯罪,一经定罪,可处三千元以下的罚款。

第八条　计算机服务

(1)署长可建立或运行计算机服务,并就以电子传送方式制作、送达或提交(本法中称之为电子通知)任何投标、证书、声明、指示、清单、舱单、通知、许可证、收据、申报表或本法或根据本法所订任何条例要求或授权的其他文件作出规定。

(2)注册用户可按照根据第十一款所订规例,制作并将电子通知送达署长的计算机账户。

(3)署长或其授权的任何人员可按照根据第十一款所订规例,制作并将电子通知送达注册用户的计算机账户。

(4)如电子通知被传送到署长的计算机账户,使用的是分配给注册用户的验证码:

(a)无论是否获得该注册用户的授权;且

(b)在该注册用户以规定方式通知署长取消该验证码之前;

则就本法或根据本法所订任何条例而言,该通知被推定为由该注册用户制作,除非他提出相反的证据;如他宣称未传送该通知,也对此负有举证责任。

(5)就本法而言,电子通知或其复制件不得仅因其传送时未制作或交付任何纸质的同等文件或副本而不被接纳为证据。

(6)即使其他任何成文法有所规定,在根据本法或根据本法所订任何条例提出的任何诉讼中,电子通知或其复制件(包括该通知或复制件的打印件)或与该通知相关的任何数据库报告(包括该报告的打印件):

(a)经受权人员核证,包含依据本条传送的所有或任何资料;且

(b)以第七款指明的方式予以正式认证,或以通过证明经受权人员认证的电子通知或其复制件与依据任何根据第十一款所订规例委任的独立记录保管人保存的同一电子通知的复制件之间无实质差异的方式予以正式认证,须被接纳为陈述或包含事实的证据。

(7)就本条而言,证书——

(a)提供电子通知或其复制件的制作和传送所涉的任何用户和设备(如已知)的验证码和其他详情,并确定其性质;以及

(b)据称是由受权人员或在有关时间与计算机服务操作有关的负责该职位的人员签署的,即为该电子通知或其复制件已被正式认证的充分证据,除非法院酌情要求就此提供更多证据。

(8)如电子通知或其复制件根据第六款可予接纳,则推定该电子通知或其复制件的内容已准确传送,除非有反证成立。

(9)为便于根据本条规定的任何电子传输,署长可批准在任何此类电子传输中使用符号、代码、缩写或其他符号,用于代表本法或根据本法所订任何条例所要求的任何详情或细节。

(10)即使第三十一条有所规定,任何受权人员或任何受雇或参与执行本法或根据本法所订任何条例的人员,不得仅因其与独立记录保管人或其雇员沟通或允许独立记录保管人或其雇员获得任何电子通知或其中所含任何资料而被视为违反第三十一条;且第三十一条适用于独立记录保管人及其雇员,就如他们是受雇执行本法的人员。

(11)部长可订立规例:

(a)规定订购计算机服务的条件,包括验证码的分配方式;

(b)规定可通过计算机服务传送的投标、证书、声明、指示、清单、舱单、通知、许可证、收据、申报表、报表或任何其他文件,包括传送的形式及方式;

(c)更正电子通知中的错误或对电子通知的修订;

(d)规定计算机服务的使用程序,包括在服务故障或中断情况下的程序;

(e)委任一名独立记录保管人,负责在规定期限内保管署长和注册用户之间通过计算机服务进行的所有电子通知和交易的记录,包括保管数据库报告;

(f)独立记录保管人在任何一方提出要求时,向署长或电子通知有争议的注册用户出示有关任何电子通知或其复制件的相关记录的副本;

(g)计算机服务的安全、保密、数据完整性和管理的标准,以及由规定的当局或专家审查数据服务提供者的操作和活动;以及

(h)一般情况下更好地提供计算机服务。

第九条　通知的送达

(1)本法或根据本法所订任何条例要求向任何人送达的每份通知、申请或文件可通过下列方式送达:

(a)将通知、申请或文件交付该人。

(b)以挂号邮递方式将通知、申请或文件寄至该人惯常或最后已知住所或营业地。

(c)若送达对象为团体或公司:

(i)将通知、申请或文件于注册办事处或主要营业地交付该团体或公司的秘书或其他类似人员;或

(ii)将通知、申请或文件寄至该团体或公司的注册办事处或主要营业地。或

(d)按照第八条以电子通知方式传送。

(2)按照第(1)款以挂号邮递方式将任何通知、申请或文件发送给任何人,当以正常邮寄

程序交付时,须当作已妥为送达收信人,且在证明该通知、申请或文件送达时,仅需证明载有该通知、申请或文件的信封已妥为注明地址、加盖邮戳并且以挂号邮递方式寄出。

第十条　货物的分类

任何海关关员可书面核证经他检查的任何货物属于特定种类或类别的货物,则就本法和根据本法所订任何条例而言,须推定该货物为该种类或类别的货物,除非有反证成立。

第十一条　要求出示牌照或许可证的权力

(1)依据任何根据第三条所订条例发放的任何现行牌照或许可证的持有人,须在任何受权人员要求下出示牌照或许可证,除非他已依法放弃对牌照或许可证的管有。

(2)任何人如不遵从本条,即属犯罪。一经定罪,可处三千元以下的罚款。

第十二条　某些案件中货物的扣押

(1)高级受权人员可扣押有合理理由使他相信已经或正在犯本法或根据本法所订任何条例下的犯罪所涉的任何货物。

(2)所有此类货物须尽快交付署长保管,并须在法院根据本法下达货物处置命令之前予以扣留。

(3)即使第二款有所规定,若署长认为任何被扣押的货物具有易腐性质或由动物或其他生物组成,署长可以他认为适当的条件、方式和价格随时指示出售该货物,就本法而言,出售所得视为被扣押的货物。

第十三条　没收

(1)法院对任何人进行犯罪审判的,无论是否定罪,若确信该人犯了正在审理的罪行,可下令没收出示于法院或根据本法扣押的与该罪行有关的任何货物。

(2)在根据本法条文扣押货物后,署长须在扣押之日起一个月内(除非在该期限届满之前已就所扣押货物相关的罪行起诉行为人,且该诉讼正在进行中)向地区法院报告扣押的事实,若法院确信涉及该等货物的罪行已发生,可下令没收该等货物。

(3)根据本条所作出的命令,不得损害任何声称是该等货物的所有权人或就该等货物有权益的人,除非该人曾有机会亲自或由辩护人和律师在区域法院获得聆讯,以提出不得作出该命令的原因。

第十四条　包括包装等的货物的没收

本法有关扣押和没收货物的条文也适用于货物被发现时的任何包装和其中的所有物品,以及用于隐匿货物的任何物品

第十五条　被没收货物的处置

根据本法没收的所有货物须按照署长一般或特别指示的方式出售或处置。

第十六条　有关船只、飞行器和车辆的权力

(1)高级受权人员或按照高级受权人员的一般或特殊指示行事的受权人员可登上任何处于新加坡境内的运输工具,并可于运输工具的所有部位搜查根据本法可予以没收的货物。

(2)为更有效行使本条授予的权力,高级受权人员可:

(a)要求任何处于新加坡境内的船只的船长停船。

(b)向处于新加坡境内的任何船只的船长或任何航空器的驾驶员发出指示,要求该船只或航空器(视属何情况而定)在获得授权之前不得继续航行。

(c)要求将应在任何船只或航空器上的任何文件(与其中任何货物有关的文件)交由他检查,并且,如他有合理的理由认为根据本法可没收这些货物,可扣留任何此类文件。

(d)撬开并强行进入任何运输工具内的任何地方或放置物品之处,除非他有其他可以合理进入的方法。

(e)向处于新加坡境内的任何船只的船长发出指示,要求该船只前往该船只可合法前往的任何指明的碇泊处、码头或地方。

(f)向处于新加坡境内的任何船只的船长发出指示,要求他移动或卸下船上的任何船货或其他货物。

(g)要求掌管车辆者:

(i)在获得授权之前停车,不得通行;

(ii)将车辆带至警署或检查站。

(h)指示在得到授权之前禁止将任何货物从任何船只上卸下或装入任何船只。

(i)要求任何船只的船长或任何航空器的驾驶员出示该船只或航空器全部货物的完整舱单和该船只或飞行器所载物料的完整舱单。

(3)受权人员可对任何车辆或任何净吨位不超过七十五吨的船只行使第二款授予高级受权人员的权力,但该款第四项所授予的权力除外。

(4)除非有反证成立,否则在因根据本条所作行为引起的任何诉讼中,须推定作出该行为的任何受权人员(非高级受权人员)是按照高级受权人员的一般或特别指示行事。

(5)如任何船只或航空器未遵从根据本条发出的任何合法申请或作出的任何合法指示,高级受权人员可采取他认为必要的一切措施,以确保该等申请或指示获得遵从。

(6)在任何船只或飞机上,如发现任何隐匿的货物,或未出示应予出示的有关货物的任何文件,或要求出示的任何货物舱单或清单上未出现的货物:

(a)根据第三条所订任何条例绝对或有条件地被禁止进口、出口、沿岸运输、作为船用物料装运、作为航空器物料运输或转运;或

(b)过境新加坡:

(i)根据实施联合国安全理事会任何相关决定的任何成文法,要求检查船只或航空器所载货物;且

(ii)根据第三条所订条例完全或有条件地禁止,

则受权人员可扣押该等货物,并以处理牵涉该等货物的犯罪行为的相同方式处没收该等货物。

(7)任何人违反本条或不遵从根据本条发出或作出的任何合法申请或指示,即属犯罪。一经定罪,处六千新元以下的罚金,单处或并处十二个月以下的监禁刑。

(8)在下列情况下,受权官员可就航行中的船只行使本条授予的权力:

(a)受权人员有理由怀疑任何船载货物是为了在新加坡境内卸下或转运;或者

(b)船载货物过境新加坡,并且根据任何实施联合国安全理事会任何相关决定的成文法要求检查船上货物。

第十七条　包装的检查等

(1)任何包装、盒子、箱子或其他物品在新加坡境内,且:

(a)有合理理由怀疑就任何包装、盒子、箱子或其他物品的正在或将要或最近的进口、出口、沿岸运输、作为船用物料装运、作为航空器物料运输或转运,违反根据第三条所订任何条例的条文的;或

(b)在载有该等物品的船只过境新加坡时,根据实施联合国安理会有关决定的任何成文法,要求检查船上货物的,则第二款所述的执法权力,就包裹、箱子、箱子或其他物品,可由根据该款被授予权力的人行使。

(2)第一款所述的任何包装、盒子、箱子或其他物品:

(a)可由任何受权人员检查和搜查,并可予以扣留,除非任何负责包装、盒子、箱子或其他物品的人将其打开以供检查和搜查;

(b)可由高级受权人员强行打开或下令打开,以便检查和搜查,除非向任何负责包装、盒子、箱子或其他物品的人就现场打开、检查和搜查提供一切合理便利;或

(c)可由任何受权官员在检查和搜查之前标记、上锁、密封或以其他方式固定。

(3)任何人(非受权人员)移动、打开、破坏或毁坏任何锁、封条或其他固定任何包装、盒子、箱子或其他物品的方式,即属犯罪。一经定罪,处六千新元以下的罚金,单处或并处六个月以下的监禁刑。

第十八条　有关货物检查的权力

(1)若货物在新加坡境内被发现且:

(a)有理由相信该等货品正在或即将或最近的进口、出口、沿岸运输、作为船用物料装运、作为航空器物料运输或转运,违反根据第三条所订任何条例的条文;或

(b)在载有该等货物的船只过境新加坡时,根据实施联合国安理会有关决定的任何成文法,要求检查船上货物的;

则第二款所述的执法权力,就该等货物,可由根据该款被授予权力的人行使。

(2)任何:

(a)受权人员可检查第一款所述的任何货物;且

(b)高级受权人员可对第一款所述的任何货物进行取样,并可将货物或样品提交或致使其被提交,以进行高级受权人员认为适当的测试或分析。

第十九条　将包装和货物移送警署或检查站的权力

(1)为了更加便于行使第十七条和第十八条授予的权力,受权人员可将任何包装、盒子、箱子或其他物品或任何货物移送至警署或检查站,或要求其拥有人或其代理人或任何保管、掌管或控制该物品的人将其移送警署或检查站。

(2)任何人如不遵从上述要求,即属犯罪,一经定罪,可处不超过六千元的罚款。

(3)若该人不遵从该要求,受权人员可以第一款规定的方式移送货物,且转移货物的所有开支(经署长核证)须作为罚款向该人或货物拥有人追缴。

第二十条　要求将包装带至检查站检查的权力

(1)如高级受权人员有理由怀疑依据第三条所订任何条例提供的任何详情、资料或文件不准确,该高级受权人员或署长书面特别授权的任何人可打开该等详情、资料或文件所提述

的任何包装,并进行检查。

(2)就实施第(1)款的检查而言,高级受权人员或署长书面特别授权的任何人可要求进口商或出口商将包装带至任何检查站。

(3)如进口商或出口商所提供的详情、资料或文件(或其中一项)被发现严重失准,则依据第(2)款将任何包装带至或移出检查站的费用须由该进口商或出口商承担。

第二十一条　对人员和行李的搜查

(1)任何人从任何船只或航空器正在、即将或已经进入新加坡境内,或是为进入新加坡境内或出于其他目的而离开位于新加坡境内的任何船只或航空器,或通过陆、海、空正在或已经进入新加坡境内,或通过海、路、空即将离开新加坡,须:

(a)在受权人员要求下,准许该人员搜查其人身、货物及行李,或连同货物和行李,随该人员到警署或检查站,准许在高级受权人员在场及监督下搜查其人身、货物及行李;或

(b)在高级受权人员要求下,准许该人员或在该人员在场和监督下搜查其人员、货物和行李。

(2)当有必要对女性进行搜查时,该搜查须由另一名女性进行,并须严守礼仪。

(3)任何要求在搜查货物或行李时在场的人的货物或行李,在该人不在场的情况下不得被搜查,除非他在被给予合理到场便利后没有到场。

(4)任何人如拒绝遵从根据本条提出的合法要求,提出该要求的人员可在无拘捕令的情况下将其拘捕。

第二十二条　搜查令

(1)当裁判官或治安法官根据资料进行他认为有必要的调查后,认为有合理的理由相信在任何住宅、商店或其他建筑物或场所中隐匿或存放有根据本法可予以没收的任何货物或财产时,该裁判官或治安法官可向任何高级授权人员发出搜查令,授权该人员于日间或夜间进入该住宅、商店或其他建筑物或场所,并在该处搜查并接管任何有理由怀疑可予没收的货物或财产,以及任何有理由相信与案件相关的簿册、文件或物品。

(2)如有必要,第一款所提述的高级受权人员可:

(a)撬开住宅、商店或其他建筑物或场所的任何外门或内门,并进入该处;

(b)强行进入该场所及其各部分;

(c)强行移除任何阻挡他被授权实施进入、搜查、扣押以及转移的障碍物;并

(d)扣留在该场所发现的每一个人,直至该场所搜查完成。

第二十三条　没有搜查令而进行搜查的情况

当任何高级受权人员认为有合理的理由相信在任何住宅、商店或其他建筑物或场所中隐匿获存放有根据本法可予以没收的任何货物或财产,并且他有合理的理由相信延迟取得搜查令可能致使货物被移走时,该人员可凭借其职务,可就该住宅、店铺或其他建筑物或场所行使第二十二条所提述的与之相关一切权力,一如他是根据该条所发搜查令授予的权力行事。

第二十四条　访问、检查、检验计算机或其他设备运行的权力

有关第十九条、第二十条、第二十二条、第二十三条或第二十八条之一中权力的行使,任何受权人员或高级受权人员(视属何种情况而定):

(a)有权随时访问、检查和检验任何计算机,以及与第十九条、第二十条、第二十二条、第二十三条或第二十八条之一适用的任何与数据或文件相关的,切正在或已经使用的装置、设备或材料的操作;并且

(b)可要求:

(i)正在或已经使用计算机或被委托使用计算机的人;或

(ii)任何负责或以其他方式涉及计算机、装置、设备或材料的操作的人,

为实施第一项,向受权人员或高级受权人员提供起要求的合理协助。

第二十五条　受权人员进入特定场所的权力

(1)为行使第十七条至第二十二条授予的权力,受权人员或高级受权人员(视属何种情况而定)在没有搜查令的情况下,可进入任何小岛、登陆点、港口、码头、铁路或埠头,或根据《新加坡 1996 年海事及港务管理局法》或新加坡民航局许可或豁免的港口服务或设施提供商的场所。

(2)本条中,"铁路"与《新加坡 1905 年铁路法》中该词的含义一致。

第二十六条　逮捕和搜查的权力

受权人员可在没有逮捕证的情况下逮捕任何他有理由认为正在或已经实施本法或根据本法所订任何条例中的罪行的人,并可搜查任何被逮捕者(对女性的搜查须由另一位女性进行,并严守礼仪),并可扣押他认为有必要扣押的任何物品作为实施犯罪的证据。

第二十七条　妨碍公务

任何人:

(a)拒绝任何受权人员进入根据本法或根据本法所订任何条例有权进入的任何船只、航空器、车辆或场所;或

(b)妨碍或阻碍任何受权人员根据本法或根据第三条所订任何条例执行职责或行使权力;

即属犯罪。一经定罪,处一万五千新元以下的罚金,单处或并处十二个月以下的监禁刑。

第二十八条　对虚假说明等的处罚

(1)任何人,凭借或按照本法或根据本法所订任何条例的要求,作出任何说明、声明或陈述或出示任何证书、承诺书或文件,或为了获得本法或任何此类条例规定的任何证书、牌照、许可证、认可、授权或特许权,或为了形成有关执行本法或任何此类条例的事实陈述:

(a)作出或出示任何说明、声明或陈述,或提供任何在要项上是虚假的资料;或

(b)出示任何在要项上是虚假的,或应当给予而没有给予,或以任何其他方式修改或篡改的证书、承诺或文件。

即属犯罪,除非他证明他已采取一切合理步骤查明并确信上述材料真实无误,一经定罪,处一万新元以下的罚金,单处或并处二年以下的监禁刑。

(2)就本法或根据本法所订任何条例而言,第一款所提述的说明、声明、陈述、证书、承诺或文件据称是由他人代为提供的,除非有反证成立,否则须推定为是由该被代表者提供或由其授权(视属何种情况而定),并且签署该说明、声明、陈述、证明书、承诺或文件的任何人须被视为知悉其中的所有事项。

第二十八条之一　对不实的商品说明的处罚

(1)任何进口、出口或转运任何货物的人,以及:

(a)将不实的商品说明应用于或致使应用于该等货物;或

(b)管有供出售或作任何贸易用途的任何该等货物,而该等货物已被应用了不实的商品说明。

即属犯罪。一经定罪,可处如下处罚:

(i)如属首次犯罪,处十万新元以下或犯罪所涉货物价值三倍的罚金,以数额较大者为准,单处或并处两年以下的监禁刑;以及

(ii)如属第二次或其后各次犯罪,处二十万新元以下或犯罪所涉货物价值四倍的罚金,以数额较大者为准,单处或并处三年以下的监禁刑。

(2)就第一款而言,任何人如有以下情况,须视为将不实的商品说明应用于货物:

(a)将商品说明贴在或附在,或以任何方式将商品说明标记于或将其与以下内容结合在一起:

(i)货物本身;或

(ii)任何随货物提供的包装物、承托物或附带物。

(b)将货物置于商品说明所贴或所附或所标记或所结合的任何东西中,或将该商品与之一道放置。或

(c)以任何可能被视为提述该货物的方式使用商品说明。

(3)就第一款而言,如货物是用于出口或转运且货物的最终目的地是与新加坡签订了规定协议的外国,则应用于该货物的不符合该协议所指明的任何原产地规则的商品说明被视为不实。

(4)就第一款而言,该款所提述的人如以任何方式有权保管或控制货物,则该人被视为管有该等货物。

(5)在不损害本法条文的前提下,为了确定是否正在或已经犯第一款规定的罪行,授权人员可:

(a)在任何合理时间进入第一款所提述的任何人的处所,并对该处所进行检查。并

(b)要求任何人:

(i)提供他所知道的任何资料;或

(ii)出示由他保管或管有的任何簿册或文件以供检查,并提供该簿册或文件的副本或摘录。

(6)本条中:

"外国"是指新加坡境外的任何国家或地区。

"规定协定"是指新加坡与外国之间为施行第三款而规定的协定。

"商品说明"是指以任何方式直接或间接地与货物的原产地、制造或生产地有关的任何说明、声明或标识。

第二十九条　对未经授权更改计算机程序或数据的处罚

(1)任何人未经署长授权:

(a)销毁、损坏、删除或以其他方式操控储存于计算机或与计算机相连使用的数据;

(b)以任何方式将数据导入计算机,或在计算机中记录或储存数据,目的是:

(i)销毁、损坏、删除或更改该计算机中储存的其他数据;或

(ii)干扰、中断或妨碍合法使用该计算机或存储在该计算机中的数据;或

(c)以其他方式使用计算机;

其目的或效果是避免、规避、挫败或减少本法或根据本法所订任何条例对任何货物的进口、出口、转运或过境实施的或本会实施的任何禁止、限制或管制,即为犯罪,一经定罪,处一万新元以下的罚金,单处或并处二年以下的监禁刑。

(2)就第一款而言,"数据"包括任何计算机程序或作为计算机程序的部分,无论该程序是否经署长批准,以供根据第八条建立的计算机服务使用。

第三十条 要求货物资料的一般权力

(1)署长可要求下列人员出示署长认为必要的任何文件和提供任何资料,以便根据本法或根据本法所订条例有效行使署长的权力,执行署长的职责:

(a)货物已经,或正在或即将由任何人,或由他人代为:

(i)进口、出口、沿岸运输、作为船用物料装运、作为航空器物料运输或转运;或

(ii)载于船上过境新加坡时,根据实施联合国安理会有关决定的任何成文法,要求检查船上货物的。

(b)任何与这些货物或其进口、出口、沿岸运输、作为船用物料装运、作为航空器物料运输、转运或过境新加坡过境有关或有权益的人。

(2)第一款所指的任何该等要求,可以口头或书面方式提出,或以电子通知方式送达当事人。

(3)每位被要求出示任何文件或提供任何资料的人,须以该要求指明的形式在指明时间内出示该文件或提供该资料,如没有指明时间,则须在合理时间内。

(4)任何人如无合法辩解而不遵从本条的任何要求,即属犯罪,一经定罪,处六千新元以下的罚金,单处或并处六个月以下的监禁刑。

(5)在任何起诉中,任何符合本条而提供的资料,可被接纳为不利于提供该等资料的人或其主事人的证据,即使该等资料可能会导致其中一人入罪。

第三十一条 不公布或披露的资料

(1)为实施本法或根据本法所订任何条例而出示的该等货物的详情、资料或文件,除非事先已给予或提供给控制、管理或监督货物的人员并获得其书面同意,否则不得:

(a)公布;或

(b)向任何人传达或披露;

除非为下列目的所需:

(i)根据本法或根据本法所订任何条例起诉;

(ii)使受权人员或公职人员能够执行本法或根据本法所订任何条例的条文;

(iii)使受权人员或公职人员能够根据本法或根据本法所订任何条例调查涉嫌犯罪;

(iv)根据可能规定的成文法(本法除外)起诉该罪行;

(v)使公共机构能够执行可能规定的成文法(本法除外)的条文;

(vi)使公共机构能够根据可能规定的成文法(本法除外)条文调查涉嫌犯罪;

(vii)根据第一款之一,使公共机构能够履行其收集、汇编和分析有关详情或资料的职能、职责或权力,并:

(A)将其收集、汇编或分析提供给另一公共机构,供其制定政策或进行审查之用;或

(B)以不会识别且按理无法用于识别资料或详情所涉及的任何人的形式公布其收集、汇编或分析;

(viii)根据第一款之一,使公共机构能够采取措施保护个人和社区免受公共健康或安全风险或威胁,或保护新加坡安全(包括其金融和经济安全)免受风险或威胁;

(viiia)满足根据《新加坡2021年版权法》第一百四十条之五第二分条或第一百四十条之十二第五分条,或《新加坡1998年商标法》第八十五条之二或第九十三条之五提出的资料请求;

(ix)在满足第四款规定条件的情况下,使外国政府当局能够调查在外国犯下的涉嫌犯罪;或

(x)在满足第五款规定条件的情况下,遵从任何规定协定的任何条文。

(1A)除非得到部长的批准,否则不得按照第一款第二项第七目或第八目公布、披露或传达该款所提述的任何详情、资料或文件。

(1B)第一款之一所提述的部长批准可就下列事项作出:

(a)一个具体的公共机构或一类公共机构;以及

(b)对详情、资料或文件的具体请求,或对属于部长在其批准中指明的类别的详情、资料或文件的请求。

(1C)为施行第一款第二项第八目,可通过另一公共机构向该公共机构提供有关详情或资料。

(1D)第一款的任何规定均不妨碍部长以及协助部长并经部长为施行本款而正式授权的任何公职人员,获取第一款所提述的且与该人员履行本法有关的公务或促进或发展贸易所必需的详情、资料或文件。

(2)任何受权人员或受雇或参与执行本法或根据本法所订任何条例的任何人,若没有第一款所提述的同意或目的,使用、公布或允许任何其他人查看,或向任何其他人传达或披露任何此类详情、资料或文件的内容,即属犯罪。一经定罪,处六千新元以下的罚金,单处或并处十二个月以下的监禁刑。

(3)任何人如管有任何资料,而据他所知,该等资料是在违反本条的情况下传达、披露或公布的,则该人向任何其他人公布或传达该等资料,即属犯罪,一经定罪,处六千新元以下的罚金,单处或并处十二个月以下的监禁刑。

(4)第一款第二项第九目所提述的条件如下:

(a)新加坡与外国政府之间就本法或根据本法所订任何条例所规定的事项订有条约或谅解备忘录,且外国政府当局已根据该条约或谅解备忘录提出要求;

(b)调查涉及新加坡公民或永久居民或在新加坡注册的公司;

(c)作为调查对象的涉嫌犯罪构成违反外国法律或外国部分法律的犯罪,而根据本法或本法所订任何条例或部长在《新加坡政府公报》上发布公告所规定的其他成文法,发生在新加坡的同等作为或不作为也构成犯罪;

(d)涉嫌犯罪足够严重,且所请求的资料对调查足够重要;

(e)外国政府已同意就该等事宜向新加坡提供互惠协助;

(f)该传达或披露不可能损害新加坡的主权、安全或其他基本利益;

(g)提供所请求的资料符合公众利益;

(h)外国当局承诺,所提供的资料不得用于除调查涉嫌犯罪或起诉有关罪犯之外的任何其他目的;且

(i)部长已书面同意公布、传达或披露。

(5)第一款第二项第十目所提述的条件如下:

(a)署长可获取外国所请求的详情、资料或文件;

(b)外国承诺始终对所提供资料保密,除非政府另有允许;且

(c)资料的披露不可能损害新加坡的基本安全利益。

(6)本条中:

"外国"是指新加坡境外的任何国家或地区;

"规定协定"是指新加坡与外国之间为施行第一款第二项第十目而规定的协定;

"公共机构"是指公职人员、国家机关或政府部委或部门,或根据任何公共法令为公共目的设立的公共机关或其成员、人员或雇员或任何部门。

第三十二条　教唆和企图

凡是《新加坡 1871 年刑法典》意义上的教唆者和任何企图实施任何犯罪的人,即属犯罪,一经定罪,须受到与教唆或企图犯罪相同的处罚。

第三十三条　司法管辖权

地区法院或裁判法院有权聆讯和裁定本法或根据本法所订任何条例所规定的所有罪行的起诉;尽管《新加坡 2010 年刑事诉讼法典》中有任何相反规定,地区法院有权根据本法或根据本法所订任何条例施加全部刑罚或处罚。

第三十四条　部长减免罚款和归还被扣押或没收的物品的权力

部长可指示减免或退还根据本法或根据本法所订任何条例招致或施加的全部或部分罚款,并将根据本法或根据本法所订任何条例扣押或下令没收的任何货物或物品的全部或任何部分予以归还。

第三十五条　诉讼的提起

经检察官授权,可由署长书面授权的任何人员对本法规定的罪行进行起诉。

第三十六条　法人违法和代理人或雇员行为的责任

(1)若法人团体犯下本法或根据本法所订任何条例所规定的罪行,并经证明是在法人团体的任何董事、经理、秘书或其他类似人员或任何声称以任何此类身份行事的人的同意或纵容下犯下的,或可归因于他们的任何行为或过失,则该人和法人团体均属犯罪,并可据此予以起诉和处罚。

(2)任何代理人或雇员在受雇过程中的作为或不作为发生于其主事人或雇主时被认为是

犯罪的行为,该代理人或雇员即犯该罪。

(3)在就本法规定的犯罪对法人团体及其董事或职员共同提起的任何诉讼中,任何证明法人团体犯有该罪的证据也须视为该董事或职员犯有该罪的证据。

(4)如任何人本人就某事的作为或不作为属犯罪,且就其合伙人、代理人或雇员在合伙业务过程中或受雇范围内(视属何种情况而定)就该事的作为或不作为,该人须收到同样处罚,除非该人向法院证明并使法院确信该犯罪在其不知情的情况下实施,并且他已采取一切合理预防措施以防止该作为或不作为的发生。

第三十七条　对告发人的保护

(1)根据本条,任何民事或刑事诉讼程序中,不得接纳告发人就被指称实施的任何罪行所提供的任何资料作为证据,且任何证人不得被迫或准许披露任何告发人的姓名或地址,或陈述可能导致发现任何告发人身份的任何事项。

(2)任何民事或刑事法律程序中,如作为证据或可供查阅的任何簿册、文件、纸张或其他资料,载有告发人的姓名或描述的任何条目,或载有可能导致其身份被发现的任何条目,则法院应防止告发人的身份被发现,隐藏、删除或抹去此类条目。应以保护告发人的身份的必要性为限,不得过度隐藏、删除或抹去条目。

(3)任何民事或刑事诉讼程序中,如法院在对案件进行充分调查后,认为告发人故意在其提供的任何资料中作出他知道或相信是虚假的或不相信是真实的重要陈述,或法院认为不披露告发人身份就无法实现公正,则法院可依法要求以法院可接受的形式提供原始资料,并准许对告发人进行调查并要求完整披露。

(4)就本条而言,“告发人”包括在刑事案件中没有被传召为控方证人的人,以及曾就任何人被指称所犯的任何罪作出任何申诉或报告或提供任何资料的人。

第三十八条　核证无误的文件副本的可接纳性

根据本法或根据本法所订任何条例,在任何诉讼中,由署长发放的、向署长提交或呈交的、经受权人员核证无误的任何文件的副本,其中所述或所载事实须接纳为证据。

第三十九条　犯罪私了的

(1)任何高级受权人员,可酌情不予检控本法或本法规定的可以罚抵罪的罪行,并基于合理怀疑对嫌疑人处以不超过以下数额的罚金:

(a)规定罚金上限须少于五千元的罪行,处一千元罚金;以及

(b)其他罪行,处五千元罚金。

(2)部长可订立规例,规定可以罚抵罪的罪行。

(3)根据本条收取的所有款项均须拨入综合基金。

第四十条　保护个人责任

不得因在执行或声称执行本法或根据本法所订任何条例过程中出于善意所做或打算做的任何事情,对任何授权官员或在署长指示下行事的其他人提起诉讼或其他法律程序。

第四十一条　被视为公务员的人员

就《新加坡1871年刑法典》而言,所有被授权人员须被视为公务员。

第四十二条　征费和各种费用

(1)在不影响任何其他补救措施的情况下,根据本法或根据本法所订任何条例应缴付的

任何征费或各种费用,可作为应付予政府的债项予以收回。

(2)部长可酌情指示减免或退还根据本法或根据本法所订任何条例应缴付的全部或部分任何征费或各种费用。

第四十三条　检察官的同意

除非得到检察官同意,否则任何法院不得审判本法或根据本法所订任何条例所规定的罪行。

第三部　杂　　项

第四十四条　过渡性条文和保留条文

(1)1995年12月1日之前根据已废除的《新加坡进出口管制法》(第56章,1985年版)或已废除的《新加坡进出口登记法》(第270章,1985年版)或根据该法订立的任何命令、规则或条例授予的任何计划、证书、文件、牌照或许可证,除非本法或任何其他成文法另有明确规定,否则应被视为或继续被视为根据本法或根据本法所订条例的相应条文授予或批准。

(2)根据已废除的《新加坡进出口管制法》(第56章,1985年版)或已废除的《新加坡进出口登记法》(第270章,1985年版)订立并在紧接1995年12月1日之前属有效的任何附属法例,只要与本法条文不相矛盾,继续有效,同根据本法订立的一样,直至被根据本法所订的附属法例撤销或取消。

(3)任何成文法中对已废除的《新加坡进出口管制法》(第56章,1985年版)或已废除的《新加坡进出口登记法》(第270章,1985年版)的提述,须理解为对本法的提述。

(4)在紧接1995年12月1日之前,根据已废除的《新加坡进出口管制法》(第56章,1985年版)或已废除的《新加坡进出口登记法》(第270章,1985年版),由或针对企发局或代表企发局行事的任何人提起的任何未决或存在的诉讼或诉因,可继续由或针对企发局强制执行,同本法尚未制定一样。

(5)根据已废除的《新加坡进出口管制法》(第56章,1985年版)的委任和已废除的《新加坡进出口登记法》(第270章,1985年版)的授权,除非本法另有明确规定,须被视为根据本法相应条文作出的委任或授权(视属何种情况而定)。

(6)部长可在《新加坡政府公报》上发布命令,废除或修订他认为与本法条文有矛盾的不必要的任何成文法。

第四十五条　政府权利的保留

本法不影响政府行使任何权利或特权。

新加坡海事及港务管理局法

陈宏柢　译*

《新加坡海事及港务管理局法》译介

新加坡现行的海事及港务管理局法是1996年颁布的《新加坡海事及港务管理局法》。该法主要就新加坡海事及港务管理局的有关事项作出了规定，共16章，119条。制定该法，是为了成立及组建新加坡海事及港务管理局，并对其职能、职权及其他相关事项进行规定。

根据该法第4条的规定，新加坡海事及港务管理局是永久存续的法人单位，配有公章，能够以"新加坡海事及港务管理局"的名义起诉及被起诉，取得、拥有、占有及开发或处分财产，也能作为施事方及受事方参与法人团体可依法施受的任何其他行为或事项。该法第6条规定，管理局由1名主席和3名以上的其他成员构成。该法还规定，管理局须设局长1名，须任命港务长1名，以履行相应的职能和职责。

该法第7条第(1)款规定了新加坡海事及港务管理局的职能与职责，包括促进港口的利用、改善及发展；规范及管理港口范围内的，以及通往港口的航道上的航行活动；传递发布导航信息；在海事港口的服务及设施方面行使许可及监管职能；推动、提供及管理对商船以及航运与港口行业成员的培训计划；促进商船航运的发展；以及该法和其他法律赋予新加坡海事及港务管理局的其他职能和职责。管理局在履行职能和职责时应满足海事港口服务及设施的所有合理需求，使在新加坡提供海事港口服务及设施的人员在新加坡以外的地方提供服务及设施时，能够进行有效的竞争。

该法第8条第(1)款授权新加坡海事及港务管理局根据本法的规定行使职权，只要是其认为对其根据该法或任何其他成文法的规定履行职能和职责来说是有利的、必要的或方便的。具体的职权在该法的附表二中列明，包括对根据该法或有关法律的规定颁发执照的任何人给予指导；制定标准及规范，以供所有海事港口服务及设施的提供者和使用者遵守；为授予执照、许可证、批准、同意书及办理事项，以及由管理局提供的服务及设施收取其认为适当的费用或酬金；为要求管理局提供或授权管理局提供的任何港口服务及设施而拥有船舶及操作船舶；等等。

该法的第十章就部分构成犯罪的情形作出了特别规定，包括损害管理局的财产、非法经营海事或港口服务或设施、逃避支付港务费、提供虚假信息、危害船舶安全、妨碍管理局履行

---

* 译者：陈宏柢，华东政法大学硕士研究生。

职责等行为。犯有上述罪行,一经定罪,可处以罚金、监禁等刑罚。该法还对单位犯罪、法院的管辖权、法律文书的送达等内容作出了详细的规定。

尽管该法对新加坡海事及港务管理局的职责、职权等作出了详细的规定,但该法并不限制任何其他成文法所赋予管理局的,或任何其他成文法规定的管理局的任何职权。同时,该法还规定,任何成员、官员或雇员,任何指定官员或在管理局指示下行事的任何其他人员,在执行或意图执行本法的过程中,出于善意并具有合理的谨慎,无论其作为或不作为,均不承担个人责任,从而保障了新加坡海事及港务管理局职能的实现。

第一章　导　　言

第一条　简称

《新加坡1996年海事及港务管理局法》可简称为本法。

第二条　释义

在本法中,各术语的含义如下(文意另有所指的除外):

"指定官员"是指根据第八十九条之一第一款的规定获得授权或任命,成为指定官员的人员。

"授权引航员"是指由管理局根据第六十二条的规定雇佣或授权,可对船舶进行引航的任何人员。

"管理局"是指根据第四条的规定成立的新加坡海事及港务管理局。

"航标"是指构成明显标志,以作为固定的助航设施而特别建造的显著物体。

"泊位调度员"是指根据第六十二条第二款第二项的规定获得授权,作为泊位调度员行事的任何人员。

"浮标"是指无论任何大小、形状及颜色,系泊在海床上,用于助航或其他特定目的的漂浮物。

"主席"是指管理局的主席,包括管理局的任何代理主席。

"局长"是指管理局的局长,包括行使局长职能的任何个人。

"集装箱"是指长度大于或等于6.1米的容器,装有角件,可供机械设备搬运。

"危险货品"是指所规定的该类货品,无论其是包装运输、零散包装运输还是散装运输的。

"副主席"是指管理局的副主席,包括管理局的任何代理副主席。

"海事监督"是指根据《新加坡1995年商船法》第四条的规定任命的海事监督。

"船坞"是指可供船只装卸、装配或修理的人工挖掘或人工建造的场地,包括船架、船台、龙骨墩、斜面及所有机械、工程结构、固定装置等任何固定或配置于该处的物品。

"港务费"包括根据本法的规定征收的船舶港务费、货物港务费及引航费,但不包括税款。

"设备"包括为了提供海事或港口服务及设施,所使用或拟使用的任何器具、仪器、机械、系统或配件。

"货物"包括危险货品,动物活体、死体,行李,集装箱及其他任何种类的动产,无论是以冷藏的形式还是以其他任何形式运输。

"港务船舶"是指港口内用于任何目的的任何船舶。

“灯塔”是指岸上或离岸设置的、配有助航的大型灯光的特殊建筑物。

“海事服务及设施”是指船舶的拖航、引航及向船舶供水。

“船长”包括指挥或管理任何船舶的所有人员,引航员除外。

“成员”是指管理局的成员。

“国家海事局”是指根据1996年2月2日前有效,现已废止的《新加坡国家海事局法》(第198章,1985年修订版)的规定成立的国家海事局。

“船东”,就任何船舶而言,包括拥有该船舶的任何共有人、承租人、经营人、收货人或抵押权人,或上述任何一类人员的任何正当授权代理人。

“乘客”具有《新加坡1995年商船法》规定的含义。

“引航员”是指任何引导船舶的非船上人员。

“引航委员会”是指根据第六十六条的规定任命的引航委员会。

“引航区”是指港口内根据第五十九条的规定宣布成为引航区的任何区域。

“港口”是指新加坡境内根据第三条的规定宣布成为港口的任何地点,以及通向该地点的任何通航河流或航道。

“船舶港务费”是指就船舶驶入港口、使用港口、驶离港口或多次进出港口所征收的费用。

“港务长”是指根据第十五条的规定任命的港务长,包括根据该条的规定任命的任何副港务长。

“新加坡港务局”是指根据1997年10月1日前有效的《新加坡港务局法》(第236章,1985年修订版)规定成立的新加坡港务局。

“港口服务及设施”是指在毗连新加坡前滨的陆地上处理、存储和运输货物及安排船舶所载旅客的港口码头服务及设施。

“场所”包括宅院、房屋、建筑物、构筑物、土地、保有物、地役权及任何保有权的继承,无论该处所是开放的还是封闭的,是在土地上建造的还是未在土地上建造的,是公共的还是私有的,及是在法定权限下维护的还是不予维护的。

“公共执照”是指根据第八十一条的规定颁发的执照,“公共执照持有人”应作相应解释。

“税款”是指管理局根据本法的规定可征收的任何税款或费用,包括任何通行费或租金,但不包括港务费。

“规例”是指根据本法的规定制定的规例。

“海员”是指根据船员雇佣合同,受雇于在港口范围之外的任何船舶上的任何人员,但不包括下列人员:

(a)船长、大副、轮机员、无线电报务员、事务长、学员、洗衣工及装卸工;

(b)管理局批准的任何培训计划规定的见习甲板水手、见习机工和见习餐饮人员;及

(c)受雇于船上,工作内容通常不属于海员职责的任何其他人员。

“车辆”具有《新加坡1961年道路交通法》规定的含义。

“船舶”包括用于任何形式的海上作业的任何大型、小型船只,气垫船,浮式钻井装置或浮式平台。

“货运码头”包括埠头、突堤式码头、防波堤、坡道或其他登陆地点。

第三条　由部长宣布港口的设立

(1)出于本法的目的,部长可以在与管理局磋商后,通过《新加坡政府公报》公示,宣布新加坡的任何地点,以及通向该地点的任何通航河流或水域为港口。

(2)根据第一款的规定进行的宣布,须界定港口的范围。

第二章　管理局的成立、组建及人员构成

第四条　新加坡海事及港务管理局的成立及组建

成立名为"新加坡海事及港务管理局"的法人单位,该法人单位永久存续,配有公章,且能够以"新加坡海事及港务管理局"的名义:

(a)起诉及被起诉;

(b)取得、拥有、占有及开发或处分财产,包括动产及不动产;及

(c)作为施事方及受事方参与法人团体可依法施受的任何其他行为或事项。

第五条　公章

(1)所有需要管理局加盖印章的契据及其他文件,均须加盖管理局的公章,且任何加盖公章的文件均须由下列人员签署:

(a)由局长为签署文件而一般授权或特别授权的两名官员签署;或

(b)由一名官员及局长签署。

(2)所有法院、法官及司法人员应对管理局在任何文件上所加盖的公章予以司法注意,并推定该公章是按要求加盖的。

第六条　管理局的人员构成

(1)管理局由下列人员构成:

(a)一名主席;及

(b)不少于三名其他成员,可由部长决定。

(2)附表一的规定对管理局、管理局的成员及管理局的法律程序具有效力。

第三章　管理局的职能、职责及职权

第七条　管理局的职能及职责

(1)根据本法的规定,管理局具有下列职能及职责:

(a)促进港口的利用、改善及发展;

(b)规范及管理港口范围内的,以及通往港口的航道上的航行活动;

(c)在新加坡领海及通向新加坡领海的通道、白礁岛(霍士堡)、香蕉岛和管理局认为合适的任何其他地点,提供充分、有效的灯塔、航标、浮标及其他助航设施并进行维护;

(d)传递发布导航信息;

(e)在海事港口的服务及设施方面行使许可及监管职能;

(f)确保(无论是管理局本身,还是任何公共执照持有人)在港口内按管理局认为合

适的条款提供充分有效的海事港口服务及设施；

(g)确保任何在港口提供海事港口服务及设施的人能够有效地提供这些服务及设施，同时保持独立的财务生存能力；

(h)尽可能地按照公认的国际标准和公众需求，提升公共执照持有人的行事效率、可靠程度和经济效益；

(i)建立提供海事港口服务及设施的经济监管框架，促进并保障市场竞争及公平、有效的市场行为；或在无竞争市场的情形下，防止垄断或市场势力的滥用；

(j)推动、提供及管理对商船以及航运与港口行业成员的培训计划；

(k)发展、推动及规范商船成员的就业事宜；

(l)在商船方面，特别是在海上安全、船舶人员配备及防止海洋污染方面，行使监管职能；

(m)促进商船航运的发展；

(n)就所有与海上运输和提供海事港口服务及设施有关的事项向政府提供建议；

(o)作为新加坡在海运、海事及港务事项的国家代表，进行国际行为；

(p)履行或协助履行政府在海运方面负有的国际义务；及

(q)行使本法或任何其他成文法赋予管理局的任何其他职能。

(2)在履行第一款的规定赋予管理局的职能和职责时，管理局须顾及下列事项：

(a)满足海事港口服务及设施的所有合理需求；

(b)与其他国家及国际组织合作，促进世界海事港口服务及设施的发展和壮大；

(c)使在新加坡提供海事港口服务及设施的人员在新加坡以外的地方提供服务及设施时，能够进行有效的竞争；

(d)促进港口生命安全的保障措施的落实；

(e)促进海事港口服务及设施领域的研究和发展；

(f)与教育机构合作，促进海事港口服务及设施领域的技术教育的开展；

(g)提升港口服务及设施部门的能源效率；及

(h)环境保护和海上运输的可持续发展。

(3)本条规定并未直接或间接地赋予管理局可通过任何法院的诉讼程序强制执行的任何职责或职务。

(4)除本条规定的职能和职责外，管理局可承担部长指派给管理局的任何其他职能，就此种职能而言，管理局的相关行为视为符合本法的目的及本法适用于管理局的相关规定。

(5)尽管有本法的规定，管理局仍可在根据第十二章的规定所颁发的执照生效之前，继续提供新加坡港务局在 1996 年 2 月 2 日前提供的任何海事港口服务及设施。

(6)在不影响第十二章的规定的情况下，管理局即使已向任何人员颁发了公共执照，也可在下列情形中提供任何海事港口服务及设施：

(a)管理局认为，该人员未能或未曾满足管理局的要求，履行管理局在公共执照中对该人员规定的义务；或

(b)为执行部长根据第九条的规定作出的任何指示。

(7)管理局须按照部长要求的方式和时间向部长提供关于其财产和活动的信息。

第八条　管理局的职权

（1）管理局可根据本法的规定开展任何活动，特别是可行使附表二中规定的任何职权，只要是其认为对其根据本法或任何其他成文法的规定履行职能和职责来说是有利的、必要的或方便的。

（2）本条不限制任何其他成文法所赋予管理局的，或任何其他成文法规定的管理局的任何职权。

第九条　部长的指示

（1）部长在与适用本条规定的人员磋商后，可作出相应的指示：

（a）同管理局磋商，可根据《新加坡 2018 年公共部门（治理）法》第五条的规定向管理局作出任何指示；或

（b）同公共执照持有人磋商，可对该持有人根据本法的规定就行使其职能作出任何部长认为合适的指示。

（2）除第一款规定提及的职权外，在下列情形时，如果部长认为必要或适当，可在与适用本条规定的人员磋商后，向该人员作出该情形下所需的指示：

（a）发生任何突发公共事件，为了维护公共利益，或为了维护公共安全、国防安全或与其他国家政府的关系。或

（b）为了：

（i）履行或便于履行因政府是某一国际组织成员或某一国际协定缔约方而对其具有约束力的一项义务；

（ii）实现或便于实现因政府是某一国际组织成员或某一国际协定缔约方，部长认为必须或宜应实现的任何其他目标；或

（iii）使政府能够成为某一国际组织成员或某一国际协定缔约方。

在与适用本条规定的人员磋商后，部长可视情况向其发出指令。

（3）根据第一款或第二款的规定所作出的任何指示可包括下列规定：

（a）对任何海事港口服务及设施的禁止或管制；

（b）获取、管理或出于公共目的利用任何海事港口服务及设施，以及与海事港口服务及设施有关的所有或任何系统及设备；及

（c）实现部长认为必要的任何其他目的。

（4）适用本条规定的人员须执行根据第一款或第二款的规定向该人员作出的任何指示，无论本法或任何其他成文法是否向该人员施加了任何其他义务。

（5）部长认为披露指示有损公众利益的，经部长通知，适用本条规定的人员不得披露根据第一款或第二款的规定向该人员作出的任何指示。

（6）部长可以：

（a）为公共执照持有人因遵守部长根据第三款第二项作出的指示而遭受的任何损害支付赔偿金；

（b）向公共执照持有人提供补助，以支付或分担其因遵守部长根据本条的任何其他规定作出的指示而可能遭受的任何损失。

（7）部长支付赔偿金或根据第六款的规定提供补助所需的任何款项须通过统一基金

支付。

(8)本条规定适用于管理局及每位公共执照持有人。

(9)对突发公共事件是否发生有任何疑问的,或对根据本条的规定所作的任何行为是否有利于维护公共利益,或有利于维护公共安全、国防安全或与其他国家政府的关系有任何疑问的,由部长签署的证明书即为证明书中所述事项的确证。

第十条　提供信息

(1)管理局或获管理局授权以其名义行事的任何人员,经通知,可要求任何人员在通知要求的期限内,向管理局或向获此授权的人员,提供管理局根据本法的规定可能要求的,为该人员所知、保管或控制的,与所涉事项有关的一切文件或信息。

(2)任何人在收到根据第一款的规定所发出的通知,需要提供任何文件或信息时,未能遵守该通知的任何规定的,即属犯罪。

(3)任何人员,如有下列情形,即属犯罪:

(a)故意更改、隐藏或毁损任何该人员,根据第一款的规定所发出的通知需要提供的文件的;或

(b)在提供任何估价单、收益单或根据一款的规定所发出的通知需要提供的其他信息时,明知所作陈述在实质方面是虚假的,仍作出该陈述的。

第十一条

[由 2018 年第 5 号法律废除]

第十二条　委员会成员的任命及职权的授予

(1)管理局可从其成员或非成员的其他人员中任命委员会成员,组建其认为合适的任何数量的委员会,该委员会可仅由管理局成员组成,可仅由非管理局成员的其他人员组成,也可由两者共同组成,以实现管理局期望通过该委员会可以更好地进行规范和管理的目的。

(2)管理局可在其认为适当的条件或限制下,将本法或任何其他成文法赋予管理局的所有或任何职权、职能和职责授予任何该类委员会,但规定或征收港务费和税款以及借款的权力除外,经此授予的任何职权、职能或职责可由委员会以管理局的名义代表管理局行使或履行。

(3)管理局可在其认为适当的条件或限制下,将本法或任何其他成文法赋予管理局的所有或任何职权、职能和职责授予管理局的任何成员或雇员或任何人员,但规定或征收港务费和税款,以及借款的权力除外;经此授予的任何职权、职能或职责可由该成员、雇员或人员以管理局的名义,代表管理局行使或履行。

第十三条　管理局的标志、设计或图示

(1)管理局对其选定或构思的任何标志、设计或图示享有专用权,并在其活动或事务中陈列或展示该标志、设计或图示。

(2)任何个人,如使用与管理局相同的标志、设计或图示,或因相似以致造成欺骗或混淆,或可能造成欺骗或混淆的标志、设计或图示,即属犯罪;一经定罪。可处以不超过二千新元的罚金,单处或并处不超过六个月的监禁。

第四章 与职员有关的规定

第十四条 局长

(1)管理局须设局长一名,其任命、罢免、处分及晋升必须遵守《新加坡2018年公共部门(治理)法》的规定。

(2)管理局可根据《新加坡2018年公共部门(治理)法》的规定,在局长具有下列情形的任何期间或整个期间内,任命一名个人临时担任局长:

(a)不在岗位或不在新加坡;或

(b)因任何原因不能履行该职位的职责。

第十五条 港务长的任命

管理局须任命一名港务长,并可任命其认为人数合适的副港务长,以行使本法或任何其他成文法赋予管理局的所有或任何职能及职责。

第十六条 执行港务长的命令等

经港务长授权实施的行为,或发出的命令或指示可在港务长的管理和授权下由管理局的任何雇员实施或发出。

第十七条 雇员及代理人的任命

管理局可根据《新加坡2018年公共部门(治理)法》的规定,按其可确定的条款和条件任命及雇用为有效履行管理局职能所需的任何其他雇员及其代理人。

第十八条 免除个人责任

管理局的任何成员、官员或雇员,任何指定官员或在管理局指示下行事的任何其他人员,在执行或意图执行本法的过程中,出于善意并具有合理的谨慎,无论其作为或不作为,均不承担个人责任。

第十九条

[由2018年第5号法律废除]

第五章 财务规定

第二十条 借款的权力

经部长批准,管理局可从新加坡或其他地方的银行和其他金融机构,通过抵押贷款、透支或其他方式筹集资金,无论是否有担保,以履行本法规定的职能。

第二十条之一 股份的发行等

在下列情形中,管理局须按照财政部长的指示向该部长发行股份或其他证券:

(a)根据本法的规定将政府的任何财产、权利或义务授予管理局;或

(b)政府根据任何成文法的规定对管理局进行任何资本注入或其他投资。

第二十一条 管理局关于财务事项的职责

管理局有责任根据本法行使和履行其职能,以保证管理局各财政年度的总收入足够支付其明确记入收入账目的总开支,包括资本的折旧和利息,并按适当比例支付管理局服务发展

所需的成本。

第二十二条　收入的使用

(1)管理局在任何财政年度的收入只能用于支付下列费用:

(a)管理局成员的报酬、酬金及津贴;

(b)管理局的官员、代理人、雇员、顾问及前雇员的工资、酬金、报酬、退休金、养老津贴及遣散费;

(c)工作与编制费用,以及为维持管理局的任何财产和履行管理局的职能,应适当计入收入账户的开支或拨备;

(d)管理局所筹借的任何贷款的利息;

(e)为偿还政府向管理局提供的任何贷款而需要向政府支付的款项;

(f)需要转入偿债基金的或以其他方式拨出,准备用于偿还借款的款项;

(g)考虑到根据第三项和第六项的规定从收入中拨出的数额,为应对管理局财产的折旧或更新所拨出的适当款项;

(h)管理局可决定从收入中进行支付不属于管理局财产更新的任何新工程、新厂房、新船舶、新车辆、新机械、新设备或新器具的全部费用或任意部分费用;

(i)出于与本法宗旨相关的目的,管理局可能决定以捐款方式向公众或慈善机构所提供的款项;及

(j)管理局批准的,可适当计入收入账户的任何其他支出。

(2)管理局的收入余额只能用于设立一般储备金和管理局认为合适的任何其他储备金。

第二十三条　年度概算

管理局通过的年度概算和追加概算的摘要须通过公报公示。

第二十四条　银行账户及收入的应用

管理局须在其认为合适的一家或多家银行开设并维持一个或多个账户,每个账户须在可行的情形下,由管理局授权的一人或数人签署支票进行操作。

第二十五条　投资的权力

管理局可根据《新加坡 1965 年解释法》第三十三条之一规定的法定机构的标准投资权对其资金进行投资。

第二十六条　财政年度

管理局的财政年度从每年的 1 月 1 日开始,到同年的 12 月 31 日结束。

第二十七条　应付给管理局的税款、费用、港务费等

(1)根据本法的规定,管理局可经部长批准,并在《新加坡政府公报》公示后,对使用管理局提供的服务及设施征收管理局规定的税款、费用及港务费。

(2)第一款没有规定相应税款、费用或酬金的,管理局可根据本法或任何其他成文法赋予的职权,对其提供的服务或设施或提供的货物收取其认为合适的费用。

(3)管理局可要求任何人提供管理局认为合适的任何担保,以支付本法规定的或出于本法的任何其他目的应支付的任何税款、费用、港务费及酬金。

(4)管理局可决定根据本法或有关规例的规定颁发或更新任何特许或许可时所需支付的酬金。

(5)管理局认为合适的,可减免根据本法的规定已支付或应支付的全部或任意部分的任何税款、费用、港务费及酬金。

(6)在新加坡的港口停靠的每艘船舶的船东、代理人或船长必须向管理局或获得管理局授权的任何人员支付管理局经部长批准,并通过公报公示后规定的海事福利费。

(7)每艘驶入港口、驶离港口、使用港口或定期利用港口或停靠新加坡的船舶的船东、代理人或船长须向管理局支付管理局经部长批准,并通过公报公示后规定的船舶港务费及引航费。

(8)管理局可经部长批准,并通过公报公示后,对通过任何交通方式将公示中所列的货物带入或带出私人码头或场所的,按规定征收货物港务费。

(9)货物港务费须由下列人员支付:

(a)码头或场所的所有者或占用者;

(b)用于将货物运入或运出码头或场所或其他地方的车辆或船只的所有人;或

(c)获授权作为车辆或船舶所有权人的代理人将货物运入或运出码头或场所或其他地方的任何其他人员。

(10)管理局可向第九款规定提及的任何人员追讨货物港务费。

(11)管理局可同追讨简单的合同债务一样,在任何具有司法管辖权的法院追讨根据本条的规定可要求清偿的港务费、费用、酬金或税款。

(12)下列情形无须支付本条规定的海事福利费:

(a)任何战舰;

(b)属于政府的或在当时为政府服务或受雇于政府的任何船舶,除非该船舶正在载运或通常载运客货以收取运费;及

(c)任何一艘或一类被部长豁免适用本条规定的船舶。

(13)海事部门、国家海事局或新加坡港务局在1996年2月2日之前实施的税款、费用、港务费和酬金继续生效,视同管理局根据本条的规定所决定,直到管理局撤销、修改或另行决定为止。

第二十八条　进入船舶的权力

(1)任何获管理局正式授权的官员,可进入港口范围内或通往港口的通道中任何船舶,以确定向船舶或该船舶所载任何货物所征收的税款、费用、港务费及酬金的数额,并获取为核定及收取税款、费用、港务费及酬金所需要的或与之相关的任何其他信息。

(2)获授权的官员根据第一款的规定进入船舶并合理要求出示资料或文件时,船长如不遵守该要求,即属犯罪。一经定罪,可处以不超过五千新元的罚金;船长继续不遵从,构成继续犯罪的,则每日再处以不超过五百新元的罚金,不满一日的按一日计算。

第二十九条　因不支付港务费、税款等进行扣押的权力

(1)根据本法或有关规例的规定所需支付的任何税款、费用、港务费、酬金、损害赔偿金、罚金或其他款项,任何船舶的船长或船东拒绝或因疏忽未能按要求支付全部或部分款项的,管理局除了有权使用的任何其他补救措施外,还可在其权限内扣押或扣留该船,以及属于该船或该船任何部位的燃料、渔具、衣物或家具,并扣留该等物品直至款项付清。

(2)税款、费用、港务费、酬金、损害赔偿金或罚金或其他款项,或扣押或扣留产生的花费,

或保管该船舶以及属于该船舶的燃料、渔具、衣物或家具的费用的任何部分在十四日内仍未付清的，管理局可以其认为合适的方式安排出售或处置被扣押或扣留的船舶和燃料、渔具、衣物或家具，并可将其作为债务在任何有管辖权的法院向船长或船东追讨因扣押、扣留、出售或处置或试图出售或处置被扣押或扣留的船舶以及燃料、渔具、衣物或家具而产生的花费。

(3)管理局可使用出售被扣押或扣留的船舶以及燃料、渔具、衣物或家具所得的收益来支付尚未付清的税款、费用、港务费、酬金、损害赔偿金、罚金或其他款项及花费，包括未付清的出售成本。

(4)管理局须做到下列事宜：

(a)应船长或船东的要求，将出售获得的盈余(如有)返还给船长或船东；及

(b)在处置船舶及燃料、渔具、衣物或家具之日起一年之内无人提出要求的，将盈余存至管理局账户，船长或船东对此享有的一切权利即告终止。

(5)如果管理局向港务长发出通知，说明通知中所列的税款、费用、港务费、酬金、损害赔偿金或罚金或根据本法或有关规例的规定应向船舶或船东、代理人或船长征收的其他款项仍到期未付，则港务长不得在应付款项业已付清或就该等款项提供符合管理局要求的担保之前向有关人员授予清关确认单。

第六章　资产、负债及雇员的转移

第三十条　将财产、资产及负债移交管理局

(1)自1996年2月2日起，原属于国家海事局、新加坡港务局和与海事部门有关的政府的财产、权利及负债，可由财政部长根据本条的规定决定，成为管理局的财产、权利及负债，而无须进一步的保证。

(2)对任何特定财产、权利或负债是否已根据第一款的规定移交或归属于管理局产生疑问的，由财政部长亲自签署的证明书即为该财产、权利或负债是否已移交或已归属的确证。

(3)根据第一款的规定移交管理局并归属于管理局的任何不动产，须由管理局按照总统决定的条款和条件持有。

第三十一条至第三十六条

[另有规定，此处省略]

第三十七条　现有协议及未决诉讼

(1)所有于1996年2月2日之前存在的契约、债券、协议、文件和工作安排，影响到根据第三十条第一款的规定移交给管理局的部分财产、权利和负债的，在该日之后(含当日)继续具有完全的效力和作用，并可由管理局执行，或对管理局执行，如同管理局代替政府、国家海事局或新加坡港务局(视情况而定)或任何代表其行事的人员，已被列入其中或已成为其中一方一样。

(2)任何于1996年2月2日之前未决或存在的，与根据第三十条第一款的规定所移交给管理局的部分财产、权利和负债有关的任何诉讼或诉讼理由，无论是由政府、国家海事局或新加坡港务局(视情况而定)或任何代表其行事的人员提出的，还是对政府、国家海事局或新加坡港务局(视情况而定)或任何代表其行事的人员提出的，均可继续由管理局或对管理局

执行。

第七章　海员的雇佣

第三十八条　海员的雇佣

(1)除雇主外,任何其他人员不得雇用海员。

(2)除非遵守第四十条的规定制定的有关规例,雇员不得雇用海员上船,海员也不得接受雇佣上船。

(3)雇主不得与任何海员达成安排,将海员送往新加坡境外,从事违反根据第四十条的规定制定的有关规例的活动。

(4)就本章的规定而言,“雇主”,包括船东、承租人或经营人,船东、承租人或经营人的代理人及船长。

第三十九条　雇佣海员时违反第三十八条的规定或违反根据第四十条的规定所制定的规例的处罚

(1)任何人员或雇主,如有下列情形,即属犯罪,一经定罪,可处以不超过二千新元的罚金,单处或并处不超过六个月的监禁。

(a)违反了第三十八条的规定的;或

(b)违反根据第四十条的规定所制定的规例选聘或雇用海员的。

(2)任何人员或海员接受雇佣或在船上工作时违反根据第四十条的规定所制定的规例的,即属犯罪。一经定罪,可处以不超过二千新元的罚金,单处或并处不超过六个月的监禁。

第四十条　与海员有关的规例

管理局可经部长批准,出于本章的目的,特别是出于下列目的制定有关规例:

(a)规定申请注册为海员的人的年龄及其他资格要求;

(b)规定海员申请注册或按要求注册的方式;

(c)规定对申请注册为海员的人进行体检;

(d)规定处理海员的处分问题的程序;

(e)规定发放注册卡时应支付的费用,以及注册卡在丢失、毁坏或其他无法使用情形下的补发费用;

(f)规定管理局可以取消、暂停或更改海员注册的条件;及

(g)规定根据本章规定所选聘的海员在选聘时应支付的费用。

第八章　港 口 规 例

第四十一条　港口规例

(1)管理局经部长批准,可以为控制及管理港口和通往港口的通道,以维护良好的港口秩序,以及出于本法和任何其他成文法的一般目的,制定有关规例,特别是可以为下列所有事项或任一事项制定有关规例:

(a)管制交通,避免及消除港口范围内和通往港口的通道上的障碍或妨碍;

(b)对任何造成船舶损坏或由船舶造成损坏的案件进行调查;
(c)规范私人系泊设备或浮标的保管或放置;
(d)规范港口内的灯光和信号的使用,以及规范为避免在港口内航行的船舶发生碰撞而采取的措施;
(e)船长、船东、代理人及其他人员须提供的关于船舶到达和离开的信息,以及提供上述信息的时间及方式;
(f)规范、指示及控制在新加坡领水内使用船舶以及在港口水域进行的与船舶有关的所有活动,包括但不限于规定拖航的条件,以及向船舶出售及供应水和燃料的条件,以及禁止在不通过管理局或与未与管理局达成协议时,进行上述的拖船、出售及供应,并规定相应的执照;
(g)允许、规范及控制隶属于任何外国武装部门的人员的登陆以及这些人员在港口内的行动;
(h)保持管理局的港池、工程结构及场所,以及港口水域和通往港口的通道的清洁,并防止油污、污物、垃圾或任何其他物件被弃于或进入其内或其上;
(i)规范及管理港务船舶的使用及人员配备,并对港务船舶的执照事宜作出规定;
(j)监督、规范及管理在港口水域进行的所有活动,并对这些活动的执照事宜作出规定;
(k)规范充分、有效的人员登陆浮桥、系泊浮标、舷梯、登陆台、系泊点及停泊设施的提供及维持,并对这些设施的执照事宜作出规定;
(l)规范非管理局拥有或设置的航标、灯塔、浮标和其他助航设施的提供及维护,并对这些助航设施的执照事宜作出规定;
(m)规定港务船舶的高级职员和船员应达到的能力标准,以具备操作港务船舶的资格,并出于此目的对任何审查的进行、参加审查的条件以及执照或证书及其他文件的颁发、格式及记录等事宜作出规定;
(n)对港务船舶的建造及其机械、设备、配件、装置、器具和仪器,以及对其进行的测试和维护等事宜作出规定,包括救生和消防器具和仪器的提供、维护及安放等事宜,并对港务船舶的检验,证书或豁免证书的颁发、暂停、注销或延期及有效期等事宜,以及证书的类型及格式等事宜作出规定;
(o)规范载运危险货品的船舶的航行及其锚泊或系泊的地点;
(p)规范船舶上危险货品的使用、堆放及保管的方式,以及在港口内将任何种类的危险货品与任何其他种类的货物、物品或物质一起运输的方式;
(q)规范、宣布及确定可供货物卸岸及装船的货运码头及船坞;
(r)在港内及码头、船坞、系泊处,以及其内或邻近的其他类似工程的沿线或附近保留必要宽度的自由通道,并为保持通行自由标出相应空间;
(s)船长、船东或代理人及其他人员需提供的关于在港口的货运码头所装卸的货物的信息,以及提供上述信息必须遵守的时间及方式;
(t)禁止人员在管理局授权的地点以外上船及下船;
(u)禁止在《新加坡 1996 年海关法》授权或根据该法制定的有关规例授权的货运码

头、船坞及地点以外装卸应税货物,禁止在《新加坡 1995 年进出口管理法》或根据该法制定的任何有关规例指定的货运码头、船坞及地点,在管理局批准的任何其他货运码头、船坞及地点以外装卸非应税货物;

(v)如其装载、处理或卸下对公共而言尤为危险,则禁止在货运码头或船坞装载、处理或卸下该等危险货品。

(2)管理局在根据本条规定制定任何有关规例时,可规定违反或未能遵守任何规例,即属犯罪,并可就任何一项犯罪行为规定处以不超过二万新元的罚金,单处或并处不超过六个月的监禁;构成继续犯罪的,可规定定罪后每日再处以不超过二千新元的罚金,不满一日的按一日计算。

第四十二条　保险单

(1)根据本法或有关规例的规定,任何人员都必须投保并留存一份保险单来规避风险或经济损失的责任,该保险单须符合下列规定:

(a)由在签发保险单时和于保险期间内在新加坡合法经营保险业务的保险人签发;及

(b)符合可能规定的任何条款和条件,包括任何最低赔偿限额。

(2)除非保险人向参保人签发符合格式规定的保险单,并载有签发保险单所依据的任何条件和可能规定的任何其他事项的细节,否则保险单就本法或有关规例而言不具有效力。

(3)根据本法或有关条例的规定而签发或提供的保险单中所载的任何条件,出现下列情形的:

(a)规定保险单不会产生任何责任,或任何由此产生的责任应予以终止的;及

(b)意在否定或限制保险单对保险人施加的责任,或对保险人承担任何此类责任施加任何条件的;

在构成保单所载的索赔事件发生后,无论是特定事项的作为或不作为,对投保或留存该保险单所基于的任何风险而提出的任何索赔,不具有效力。

(4)对于保险单中要求被保险人向保险人偿还保险人在根据保险单所载可能有责任支付的任何金额,以及偿还已被用于兑现就投保或留存该保险单所基于的任何风险提出的任何索赔的金额的规定,本条规定并不使上述规定无效。

(5)管理局可通过公报发布命令,规定根据本法或有关条例的规定要求投保或留存的任何保险单的条件,包括最低赔偿限额,以及任何保险单进行记载的格式及细节,并可针对不同的情况或情形规定不同的条件、格式及细节。

第四十三条　港务长对船舶所具有的权力

尽管有根据第四十一条的规定所制定的任何规例的规定,港务长仍可在其认为合适的条件的限制下:

(a)对任何船舶在新加坡领水内停泊、系泊或锚泊的地点以及锚泊的方法作出指示;

(b)对将任何船泊从新加坡领水内的任何地点移至新加坡领水内的任何其他地点的行为,以及在新加坡领水内进行移动的时间作出指示;

(c)规范、限制或禁止船舶在港口内及通往港口的通道中的移动;及

(d)通过《新加坡政府公报》公示,宣布船舶可以使用的泊位、位置、锚地及航道,以及

禁止或限制使用的区域。

第四十四条　船东、船舶代理人或船长报告船舶进港或离港

(1)在船舶进港或离港前,港务长可以指示拟进港或拟离港的任何船舶的船东、代理人或船长提供港务长可要求的关于船舶、货品及预计进港或预计离港的时间的信息。

(2)任何驶入港口的船舶的船东、代理人或船长须:

(a)在抵达时,以港务长可指示的方式报告或安排他人报告船舶抵达。

(b)在规定的时间内以规定的方式向港务长提供:

(i)以港务长决定的格式填报的抵港总申报单;

(ii)上一港口的清关确认单;

(iii)船上乘客名单;

(iv)船员名单;

(v)在港内卸下或转运的货物的舱单副本;及

(vi)港务长可能要求的任何其他文件。及

(c)船舶所属国未于新加坡派驻领事官员的,须向海事监督出示船舶登记证书,并向海事监督交存船舶物品。

(3)任何船舶的船东、代理人或船长未遵守本条规定的,即属犯罪,一经定罪,可被处以不超过一万新元的罚金。

第四十五条　港务长可要求港内或靠近港口的过境船舶提供信息

(1)港务长可以随时要求在港内或在通往港口的通道内的任何过境船舶的船东或船长向港务长提供港务长可决定的关于船舶、货品及设备的详细情况。

(2)任何船东或船长不遵守第一款的规定的,即属犯罪。一经定罪,可处以不超过一万新元的罚金。

第四十六条　无清关确认单,任何船只不得离开港口

(1)除第三款规定的船舶外,任何船舶在船东、代理人或船长未从港务长处获得清关确认单之前,不得离开港口。

(2)任何根据第一款的规定申请清关确认单的船舶的船东、代理人或船长须:

(a)在港务长决定的时间内以港务长规定的方式向港务长提供下列信息:

(i)以港务长决定的格式填报的离港总申报单;

(ii)船员名单;

(iii)船上乘客名单;

(iv)船上货物及在港内装卸的货品的舱单副本;及

(v)港务长可能要求的任何其他文件。及

(b)经港务长要求,出示船舶登记证书和与该船舶有关的其他文件以供检查。

(3)本条不适用于:

(a)任何战舰;

(b)属于政府的或在当时为政府服务或受雇于政府的任何船舶,除非该船舶正在载运或通常载运客货以收取运费;及

(c)被部长豁免适用本条规定的船舶。

(4)任何未被豁免适用本条规定的船舶在未获得清关确认单的情形下离开或试图离开港口时,该船只的船东、代理人或船长或任何派遣或试图派遣该船舶出海的人,为该行为的当事人或知情人的,即属犯罪,一经定罪,每犯有一项罪名可处以不超过一万新元的罚金;该船舶未离开新加坡水域的,可予以扣押。

(5)不得向有下列情形的任何船只授予离港确认单:

(a)其船东、代理人或船长未遵守《新加坡 1995 年进出口商品管理法》,或任何其他与新加坡的进出口商品有关的成文法的;或

(b)在船东、代理人或船长向港务长声明船东、代理人或船长(视情况而定)所声称的该船所属国家的名称之前,经港务长要求的,还需出示该船的注册证书;港务长须在清关确认单上注明该名称。

(6)港务长须拒绝向根据本法或任何其他成文法的规定被扣押的船舶授予清关确认单;港务长可拒绝向可能根据本法或任何其他成文法的规定被扣押的船舶授予清关确认单。

(7)任何船主或船长未遵守本法或任何其他成文法的任何规定的,或被指控未遵守本法或任何其他成文法的任何规定而构成犯罪的,港务长可拒绝向该船舶授予清关确认单。

(8)港务长可拒绝向在海底电缆廊道处锚泊的任何船舶授予清关确认单,除非该船舶的船东、代理人或船长已储蓄了公共电信执照持有人可能要求的款项或已提供公共电信执照持有人可能要求的担保,以支付对海底电缆及相关设备(在本条中称为水下设备)的实际或公共电信执照持有人估计的损害赔偿金。

(9)公共电信执照持有人有理由推定水下设备已被船舶损坏的,公共电信执照持有人可要求涉嫌造成损坏的船舶的船东、代理人或船长以其认为必要的方式对水下设备进行检查或调查。

(10)根据第九款的规定对水下设备进行的任何检查或调查的费用须由该船舶的船东、代理人或船长支付。

(11)在本条中,“海底电缆廊道”是指被港务长指定为海底电缆廊道的区域。

第四十七条　船东、代理人或船长在清关后四十八小时内未离港的,向港务长交还清关确认单

(1)船东、代理人或船长在取得清关确认单后四十八小时内或港务长规定的更短期限内未能离开港口的,四十八小时或更短期限结束后的六小时内向港长交还清关确认单;如有要求,还应重新取得清关确认单。

(2)任何船东、代理人或船长不遵守第一款的规定的,即属犯罪。一经定罪,每犯有一项罪名可处以不超过五千新元的罚金,并可扣押该船舶。

第四十八条　禁止船舶进入领水的权力

港务长认为任何船舶进入新加坡不符合公共利益的,可以禁止该船舶进入新加坡领水。

第四十九条　指示船舶驶离领水的权力

(1)港务长认为任何船舶留在新加坡领水内不符合公共利益的,可以指示该船舶离开新加坡领水。

(2)任何人不服港务长根据第一款的规定所作出的指示的,可在收到该指示之日起七日内向部长提出上诉,部长的决定为最终决定。

(3)任何船舶在港务长规定的时间内,或在根据第二款的规定向部长提出的上诉被拒绝后未能离开新加坡领水的,管理局可以管理局认为合适的方式接管及处置该船舶。

第五十条　对不服从指示的处罚

(1)任何人在没有合法理由的情况下拒绝、忽略或未能遵守根据本章规定或根据本章规定所制定的有关规例的规定所作出的任何指示的,即属犯罪,一经定罪,可处以不超过五千新元的罚金;构成继续犯罪的,在该人员继续故意不服从指示期间,每日再处以不超过五百新元的罚金,不满一日的按一日计算。

(2)如有任何拒绝、忽略或不遵守根据本章规定或根据本章规定所制定的有关规例的规定所作出的任何指示的情形,无论是否已就该罪行对任何人员提起诉讼,管理局可作出或安排他人作出其认为对于执行或遵守该指示而言,合理或必要的任何行为,并可为此目的聘用及雇佣其认为适当及必要的人员。

(3)由该等行为产生的所有费用须由犯罪人员支付及承担。

第五十一条　障碍排除及相关补偿

(1)即使影响港口航行的任何障碍或妨碍由合法途径产生,或即使该障碍或妨碍因长期存在或其他原因变得合法,经部长批准,管理局仍可以移除或变动该障碍或妨碍,并对因该移除或变动而遭受损害的人就已造成的损害给予合理补偿。

(2)就补偿及其的金额,以及任何责任问题(如有必要)产生任何争议的,应由具有司法管辖权的法院迅速查明并判决。

(3)根据本条规定就治安法院或地区法院所作的任何判决可向新加坡最高法院的高等法院原审法庭提起上诉,《新加坡2010年刑事诉讼法典》的规定在进行必要修正后适用于所有该等上诉。

第五十二条　船上火灾

(1)在港口内的任何船舶上发生火灾时,港务长或获港务长授权的代表可登船进行其认为合适的援助,携带其认为合适的人员,并可发出其认为必要的任何命令拆毁该船舶,或将该船舶或任何其他船舶移至其认为适当的任何地点,以便在任何情形下防止对其他船舶造成危险,或以便采取其认为有利于保护人命或保护财产的任何其他措施。

(2)船长未立即执行该命令的,港务长或获港务长授权的代表可着手执行该命令,使之生效。

(3)行使第一款和第二款的规定所授予的权力而产生的任何费用,可作为民事债务从船长或船东处索取。

第五十三条　登船的权力

(1)港务长、港务长授权的代表、管理局授权的任何管理局官员或任何警务人员,怀疑任何船舶上已有人或即将有人犯有本章规定的罪行的,或认为有必要为履行本章规定或其他法律规定所赋予的任何职责而登船的,可登上港口内的任何船舶。

(2)任何该等船舶的船长在无合法理由的情况下拒绝港务长或第一款的规定所述的其他人上船的,即属犯罪。一经定罪,每犯有一项罪名可处以不超过一千新元的罚金。

第五十四条　执行命令等

(1)经本章规定或根据本章规定所制定的任何有关规例授权,由管理局特定雇员作出或发出的行动、命令或指示,均可由管理局以书面形式授权管理局任何其他雇员作出或发出。

(2)获授权进行任何该等行动的任何人,可要求他人提供其所需的任何援助。

第五十五条　隶属新加坡武装部队的船舶的豁免权

除法律另有明文规定外,本章规定和根据本章规定所制定的任何有关规例均不适用于隶属新加坡武装部队的任何船舶。

第五十六条　就港务长行为对管理局的补偿

管理局不应对港务长的任何作为、不作为或失职负责。

第九章　清理沉没的船舶和航空器及其他障碍

第五十七条　要求所有人打捞、清理或销毁船舶、航空器或其他障碍的权力

(1)如管理局认为在港口内或在通往港口的通道内沉没、搁浅或被遗弃的任何船舶、航空器或其他物体,对航行或对港口的安全及对港口的便利使用或港口作业造成或可能造成障碍、妨碍或危险的,管理局可发出书面通知,要求船舶、航空器或物体的所有人或代理人在通知规定的时间内将该船舶、航空器或物体的整体或任何部分打捞、移走或销毁。

(2)根据第一款的规定由管理局发出的任何通知,其收件人为船舶、航空器或物体(视情况而定)的"所有人",并已通过下列方式送交的,视为成功送达:

(a)通过电传或挂号信送达该船舶、飞机或物体所有人最后已知的住处、工作处或注册办事处;

(b)贴于该船舶、飞机或物体的明显部位。

(3)任何人员未遵从根据第一款的规定所发出的通知的,即属犯罪。一经定罪,应被处以不超过一万新元的罚金;构成继续犯罪的,在该人员未遵守通知期间,每日再处以不超过二千新元的罚金,不满一日的按一日计算。

第五十八条　打捞及清理船舶、航空器或其他障碍的权力

(1)尽管有第五十七条的规定,船舶、航空器或其他物体未在根据该条的规定所发出的通知中规定的时间内被打捞、清理或销毁的,管理局仍可:

(a)接管并打捞、清理或销毁船舶、航空器或物体的整体或任何部分;

(b)为船舶、航空器或物体提供照明、标记或浮标,直至其被打捞、清理或销毁;及

(c)以管理局认为合适的方式出售船舶、航空器或物体。

(2)管理局可以使用根据本条第一款第三项的规定进行出售所获得的收益,报销其根据本条的规定行使其权力产生的全部费用。

(3)经要求,管理局须将根据第一款第三项的规定进行出售所获得的收益的盈余(如有)返还给船主或对收益的盈余享有权利的任何人员;船主或对收益的盈余享有权利的任何人员在出售之日起十二个月内没有提出要求的,盈余须存入管理局的基金中。

(4)根据第一款第三项的规定进行出售所获得的收益不足以报销管理局产生的全部费用的,管理局可在任何有司法管辖权的法院将其作为债务,向船舶、航空器或物体的所有人追讨剩余费用。

(5)任何船舶、航空器或物体或其任何部分根据第一款第一项的规定被管理局销毁的,船

舶、航空器或物体的所有人须偿还管理局因该销毁行为产生的费用。

(6)在本条中,“船舶”或“航空器”包括作为船舶或航空器的用具、设备、货品、备用品或压舱物(视情况而定)或其一部分的所有物品、物件或组件。

第十章　引　　航

第五十九条　宣布引航区的设立

(1)管理局可通过《新加坡政府公报》公示,宣布港口内的任何地点为引航区。

(2)根据第一款规定进行的宣布,须界定引航区的范围。

第六十条　管理局可要求船舶接受引航

(1)在任何引航区内或引航区的一部分内航行的所有船舶,须接受引航,船东、代理人或船长须遵守该要求。

(2)船舶在港口内的引航区或属于引航区的区域内移动的,视为在引航区内航行的船舶。

(3)如管理局认为必要,可在施加其认为适当的任何条件后,免除在任何引航区内航行的任何船舶或任何一类船舶接受引航。

第六十一条　未能在某些情形下雇用引航员

管理局根据第六十条的规定要求任何船舶在航行时接受引航,而其船东、代理人、船长未雇佣授权引航员的,即属犯罪。一经定罪,可处以不超过五千新元的罚金,并须向管理局缴纳该船只如按该条规定接受引航所应支付的引航费和税款的二倍作为罚金。

第六十二条　授权引航员及泊位调度员

(1)根据本法的规定,管理局可雇佣其认为必要或适当的任何人数的引航员,以提供充分、有效的引航服务。

(2)尽管有第一款的规定:

(a)管理局认为适当时,仍可授权任何人员在其认为合适的任何条件下在引航区内为船舶引航;及

(b)经管理局批准,并遵守管理局可能规定的任何条件,货运码头或船坞的所有权人仍可授权任何人担任泊位调度员,以便船舶在该货运码头或船坞停泊及离泊,入坞及离坞。

第六十三条　船舶由授权引航员引航

船舶在引航区内,不得由授权引航员之外的任何人员引航。

第六十四条　对未合法雇佣引航员的处罚

(1)任何人,不是授权引航员却进行任何领航行为的,或试图获得雇佣,成为进入任何领航区或在任何领航区内的船舶的领航员的,即属犯罪。一经定罪,可处以不超过五千新元的罚金。

(2)进入任何领航区或在任何领航区内的船舶的任何船东、代理人或船长,明知具有下列情形,仍然雇佣相关人员的,即属犯罪。一经定罪,可处以不超过五千新元的罚金:

(a)雇佣任何未根据第六十二条第一款的规定受管理局雇佣引航船舶的人员作为引航员的;

(b)雇佣任何未根据第六十二条第二款第一项的规定获得授权引航船舶的人员作为引航员的;或

(c)雇佣任何未根据第六十二条第二款第二项的规定获得授权成为泊位调度员的人作为泊位调度员的。

(3)就本条规定而言,根据第六十二条第一款的规定受雇或根据第六十二条第二款第一项或第二项的规定获得授权的人员,在其所持执照或所获权限的范围之外行事的,或违反第六十二条第二款第一项、第二项或第七十条规定的任何条件行事的,均不被视为授权引航员。

(4)在进入或离开任何引航区的船舶遇险时,或在船长需要将其视为当时可找到的最佳援助时,任何人员均可担任该船舶的引航员,其本人或其雇主不会受到任何处罚。

第六十五条　引航员的雇佣

未持有根据第六十八条的规定颁发的、可在某一引航区担任引航员的有效执照的人员,不得在该引航区受雇为授权引航员。

第六十六条　引航委员会成员的任命及职能

出于下列目的,管理局须任命成员组建一个引航委员会:

(a)举行审查,并代表管理局向授权引航员颁发执照;

(b)对授权引航员履行职责时的行为进行调查;

(c)作出任何必要的安排,以培训为从事引航服务而被选聘的人员,或在引航服务中被选聘的人员;

(d)对管理局可能提交给委员会的事项进行调查并提供建议;及

(e)执行本法赋予委员会的任何其他职能。

第六十七条　引航委员会的人员构成

(1)引航委员会由下列人员构成:

(a)港务长,任委员会主席;及

(b)至少四名其他人员,其中三人须具备管理局认可的处理航海事项的知识或经验。

(2)引航委员会成员的任期由管理局在其任命中指明,且不超过三年,有资格连任。

(3)在委员会的任何会议上,三名成员即达成引航委员会的法定人数。

(4)引航委员会主席主持委员会的所有会议。

(5)主席缺席会议或会议的任何部分的,由出席会议的引航委员会成员选出一名成员代替主席主持会议。

(6)主持引航委员会任何会议的主席或成员具有投票权,在票数相等的情况下,可投下第二票或决定票。

(7)引航委员会成员可从管理局的基金中获得管理局决定的酬金及津贴。

(8)根据本法的规定,管理局可制定规则,以规范引航委员会的会议及程序。

第六十八条　获取执照的审查

(1)引航委员会须对拟受雇成为授权引航员的候选人进行审查,并在对候选人符合作为授权引航员的一般资格及能力要求(包括身体素质)后,可代表管理局向候选人颁发授权引航员的执照,该执照可包含委员会认为合适的任何条件。

(2)引航委员会认为由于条件的改变或由于任何其他充分的理由,有必要对任何授权引航员的知识、效率或身体素质进行进一步的审查的，该授权引航员均须前往接受进一步的审查。并且无论何种情况，须先将其由委员会代表管理局颁发的执照交予委员会，由委员会代表管理局根据测试或审查的结果予以返还或注销。

(3)参加根据第二款的规定进行或举行的任何测试或审查，结果为注销作为授权引航员的执照的任何引航员，任何人员不得继续雇佣。

第六十九条　引航委员会的调查

(1)授权引航员疑似具有影响其作为领航员能力的不当行为而犯罪的，或没有履行或疏于履行其作为引航员的职责的，或已不具备作为引航员的能力的，引航委员会可以对其行为进行调查；经管理局指示的，必须对其行为进行调查。

(2)为进行调查，引航委员会可传唤任何人员出席委员会的任何会议，在宣誓后提供证据，或出示其持有的任何文件或其他物品，并且可以将该人员作为证人进行质询，或要求其作为证人，出示其持有的与调查事项有关的任何文件或其他物件。

(3)任何人员，如有下列情形，即属犯罪。一经定罪，可处以不超过二千新元的罚金：

(a)被传唤出席此类调查，却未能出席的；

(b)在调查期间，对引航委员会或引航委员会的任何成员作出任何不敬行为或任何侮辱行为或威胁行为的；或

(c)经引航委员会要求在宣誓或确认下提供证据，或出示文件或其他物品而拒绝提供或出示的。

第七十条　向管理局提交引航委员会的调查结果及建议

(1)引航委员会在根据本章的规定进行了适当的调查，并在听取了任何可能提供的辩护陈述后，发现某授权领航员确实具有影响其作为领航员能力的不当行为或违纪行为而犯罪的，或没有履行或疏于履行其作为引航员的职责的，或已不具备作为引航员的能力的，委员会须向管理局提交调查记录的副本、其调查结果及与调查有关的建议。

(2)管理局在考虑引航委员会的调查结果及建议后，可暂停或注销该授权引航员的执照，或处以管理局认为合适的其他惩罚。

(3)任何授权领航员对管理局根据第二款的规定所作的任何决定不服的，可在决定作出之日起十四日内向部长提出上诉，部长的决定为最终决定。

(4)引航委员会在根据本章的规定进行了适当的调查后，发现任何授权引港员在为任何船舶引航时有疏忽的，或已不具备作为引航员的能力的，委员会须向管理局提交其调查结果，而管理局须对该授权引航员的授权进行管理局认为合适的暂停或撤销。

第七十一条　船舶接受引航时船长及船东的责任

在强制接受引航的情形下航行的船舶的船长或船东，应当按照船长或船东在非强制接受引航的情形下的相同的方式，对该船舶所造成的、或该船舶的任何航行错误所造成的任何损失或损害负责。

第七十二条　提供保证金的引航员的责任限制

(1)已按照第二款提交保证金的受权引航员，在其参与并负责的航行中，除保证金的罚额及因引航而须向管理局支付的数额外，无须再对疏忽、技能匮乏或无能力执行职务负责。

(2)每名引航员，为妥善履行本章及根据本章规定所制定的任何有关规例所规定的职责，

须以管理局为受益人，提供总额为一千新元的保证金。

(3)授权引航员根据本条规定所提供的任何保证金均不需要缴纳印花税。

(4)在因授权引航员疏忽、技能匮乏或无能力执行职务而对该引航员提起诉讼时，该引航员的责任已根据本条规定受到限制，且有其他人员就同一疏忽、技能匮乏或无能力执行职务的事由而提出索赔的，处理该诉讼的法院可：

(a)确定引航员的责任金额，并在引航员向法院支付该金额后，按比例向数位索赔人分配该金额；

(b)中止在任何其他法院进行的与同一事项有关的任何诉讼；及

(c)以法院认为合适的方式，并遵守法院认为合适的指示，推动以下事项的开展：

(i)将有关人员作为诉讼的利害关系人；

(ii)排除任何未在一定时间内提出索赔请求的索赔人；

(iii)要求引航员提供担保；及

(iv)支付任何费用。

第七十三条　引航员的犯罪行为

(1)任何授权引航员，如有下列情形，即属犯罪。一经定罪，可处以不超过二千新元的罚金：

(a)以任何方式直接或间接参与关于船舶，船舶的用具、家具、货品、船员或乘客，或关于海上遇险人员或遭受海难的遇险人员的，或关于船舶的货币、货物或财产的任何腐败行为的；

(b)借出其执照的；

(c)在停职期间以引航员身份行事的；

(d)在醉酒状态下以领航员身份行事的；

(e)经获管理局正式授权的任何雇员要求，在管理局为持照引航员规定的权限内，仍拒绝为任何船舶引航的或故意拖延的，出于疾病或其他合理原因的除外；或

(f)在未经船长同意的情况下，在其提供的领航服务完成之前，离开其引航的船舶的。

(2)任何人促成、帮助、教唆或纵容本条规定的任何犯罪行为的，均属犯罪，一经定罪，可处以不超过二千新元的罚金。

第七十四条　引航委员会及管理局对引航员造成的损失或损害不承担责任

(1)无论是委员会根据第六十八条的规定代表管理局向引航员颁发执照，还是管理局根据第六十二条第二款第一项的规定授权任何人员在引航区为船舶引航，均不使引航委员会或管理局对引航员的任何作为、不作为或失职造成的任何损失或损害承担任何责任。

(2)任何授权引航员在进行任何引航行为时，仅被视为是接受引航的船舶的船长或船东的雇员，管理局对该引航员的任何作为、不作为或过失所造成的任何损失或损害不负任何责任。

第七十五条　在诉讼中担任陪审员的引航委员会成员

治安法院或地区法院认为适当，可根据本法或有关规例的规定，在任何涉及授权引航员的诉讼中，要求二名引航委员会成员参与诉讼，担任陪审员。

第七十六条　与引航及引航员行为有关的规例

（1）经部长批准，管理局可就规范任何引航区内的引航行为，使授权引航员保持端正行为及良好纪律，以及有关其职责的事项制定有关规例。

（2）管理局在根据本条规定制定有关规例时可规定，任何违反或未能遵守任何有关条例的行为，即属违法，并可就任何一项违法行为规定处以不超过五千新元的罚款作为处罚。

第十一章　对入海活动的管理及控制

第七十七条　疏浚界限

（1）管理局经部长批准后，可通过公报公示，规定管理局可在港口内进行疏浚的界限及疏浚的深浅，并指明通往港口的通路。

（2）管理局对其在港口内进行疏浚而造成的任何海堤或河堤、货运码头、船坞或其他财产的任何损失或损害不负责任。

第七十八条　未经管理局批准不得进行水道测量等工作

（1）未经管理局批准，任何人员不得在新加坡领土范围内的水域及海床进行或安排进行任何水道或水文测量或其他研究。

（2）管理局可以有条件或无条件地根据第一款的规定予以批准，也可以拒绝批准。

（3）任何人员违反第一款的规定的，即属犯罪。一经定罪，可处以不超过五千新元的罚金，单处或并处不超过六个月的监禁。

（4）本条不适用于为政府进行的或代表政府进行的任何水道或水文测量或其他研究。

第七十九条　对某些工程及作业的限制

（1）根据本条规定，未经管理局书面同意，任何人员不得进行下列任何作业：

（a）在河流、水道或海岸的任何部分的水上、水下或空中建造、改建或改进位于通常潮汐的高水位线以下的任何工程；

（b）在第一项所述的河流、水道或海岸的任何部分存放任何物体或任何材料；或

（c）从第一项所述的河流、水道或海岸的任何部分移走任何物体或任何材料。

（2）作为考虑根据本条规定所提出的同意书申请的条件，管理局可要求提供其认为必要的拟议作业计划及细节；在收到任何此类申请时，管理局可以其认为适当的方式发布通知，将有关该申请的事项，以及可能对该申请提出反对时，将提出反对意见的时限及方式告知受影响的人；并且在授予同意书之前，管理局认为合适的，可指示进行调查。

（3）管理局认为根据本条规定所提出的申请涉及的任何作业出于任何原因不应进行的，或应在管理局认为需要施加的条件下进行的，管理局可拒绝同意或在管理局认为合适的条件下授予同意书。

（4）除非同意书续期，否则仅当同意书中所载的作业已经开始，或同意书中所载的作业在同意书规定的期限内完成时，管理局根据本条的规定授予的同意书才持续生效；且任何续期的同意书也可按同样方式加以限制。

（5）第一款规定的限制不适用于政府根据任何成文法的规定授权进行的任何疏浚作业或填海工程。

(6)本条规定的任何内容均不得视作废止政府拥有的任何关于新加坡前滨或领水的权力或权利。

(7)本条规定的任何内容均不得视作赋予管理局原不属于管理局的任何关于前滨的权力或权利。

(8)任何人员,如有下列情形,即属犯罪,一经定罪,可处以不超过五千新加坡元的罚金,单处或并处不超过六个月的监禁:

(a)在违反第一款的规定和的情形下进行任何作业的;或

(b)未遵守管理局根据本条规定给予任何同意书所要求的任何条件的。

(9)在不影响根据第八款的规定进行的任何程序的前提下,任何人员违反第一款的规定,在河流、水道或海岸上建造、改建或改进任何工程或在水中沉放任何物体或材料的,或未能遵守管理局根据本条的规定授予的任何同意书中所规定的任何条件的,管理局可向该人送达通知书,要求该人在通知书中规定的期限(不少于三十日)内移走该物体或材料(视情况而定),或管理局认为有必要的,可自行拆除或改建该工程,或移走该物体或材料。

(10)第九款规定的任何通知书的受送达人在通知书所规定的期限内未能遵守该通知的,管理局可如通知规定拆除或改建该工程,或移走该物体或材料。

(11)管理局根据第九款或第十款的规定,在拆除或改建任何工程,或移走任何物体或材料时,有权向建造、改建或改进该工程或沉放该物体或材料的人,或向令他人为其建造、改变或改进该工程或沉放该物体或材料的人追讨经管理局证明的有关费用。

(12)在本节中:

"海滨"包括新加坡领水下的海床;

"工程"包括任何建筑作业或工程作业。

第八十条　无执照不得从事打捞业务

(1)没有管理局颁发的有效执照,任何人员不得在新加坡领水内从事提供打捞服务的业务。

(2)管理局可以有条件或无条件地颁发执照,也可以拒绝颁发执照。

(3)任何人员违反第一款的规定,即属犯罪。一经定罪,可处以不超过一万新元的罚金,单处或并处不超过十二个月的监禁。

(4)下列人员如对下列事项不服,可以在收到管理局的决定通知之日起三十日内,向部长提出上诉,部长的决定为最终决定:

(a)管理局拒绝为其颁发执照或拒绝为其执照续期的;或

(b)执照被注销的。

第十二章　海事、港口服务及设施的执照授予

第八十一条　授权提供海事或港口服务及设施的特许

(1)任何人员不得提供:

(a)任何海事服务或设施;或

(b)任何港口服务或设施,

由管理局颁发的公共执照授权该人或管理局授予的豁免授权该人的除外。

(2)根据本条规定颁发的每件公共执照须采用管理局决定的形式及期限,并可包含管理局决定的条件。

(3)经部长同意,或根据部长所给予的一般授权的条款,管理局可无条件地,或在管理局施加并在执照中规定的任何条件的限制下,以不可撤销的方式,或仅根据特许中的规定才可撤销的方式,颁发公共执照,授权任何人员提供任何海事服务或海事设施或任何港口服务或港口设施。

(4)在不限制第三款的规定的情形下,公共执照可以颁发给任何人员、任何一类人员或某一特定人员,并可包括下列条件,要求公共执照持有人:

(a)与任何其他人员、任何一类人员或另一公共执照持有人达成协议或安排,以便:

(i)与特许持有人的任何装置相互关联,进入及使用特许持有人的任何装置(无论位于何处,亦无论是否用于进行该特许授权的活动);及

(ii)达成执照中规定的任何其他目的,

并遵守特许持有人和其他人员所同意的条件,或在无协议时,遵守管理局所决定的条件;

(b)为处理任何突发公共事件做好准备;

(c)在颁发执照时向管理局支付规费,或在特许有效期内向管理局支付定期规费,或两者均支付,其数额由执照决定或根据特许的规定决定;

(d)遵守管理局就特许中规定的任何事项或特许中如此规定的描述而作出的任何指示;及

(e)做或不做特许中规定的或如此规定的描述的任何事情。

(5)公共执照中的条件可包括下列内容:

(a)对设立、持有或处置公共执照持有人或其股东的股份,或设立、持有或处置特许持有人的企业利益或企业利益的任何部分的行为,进行直接或间接的控制及限制;

(b)限制公共执照持有人从事任何与公共执照授权其从事的活动无关的贸易或业务;

(c)关于条件停止生效的规定,或关于在条件中规定的时间、方式和情形下或在由条件确定的时间、方式和情形下修改条件的规定;及

(d)关于控制或确定公共执照持有人处理及储存货物时的收费的规定(部长可通过《新加坡政府公告》公示宣布为转运货物的货物类型除外),包括:

(i)定价政策或定价原则的制定;及

(ii)参照一般价格指数、生产成本、使用资产的回报率或任何其他特定因素制定价格。

(6)根据第五款第三项的规定列入公共执照的任何条款,与本章关于修改公共执照条件的规定共同具有效力。

(7)管理局可同追讨简单的合同债务一样,在任何具有司法管辖权的法院追讨根据第四款的规定要求支付给管理局的款项。

(8)任何人不得质疑根据第三款规定颁发的公共执照是否经部长同意颁发或是否根据部长所给予的一般授权的条款颁发,并且不得以根据该款规定颁发的特许既未经部长同意颁发,也未根据部长所给予的一般授权颁发为由,对其有效性提出质疑。

(9)本条规定的公共执照的颁发及续期,由管理局自行决定。

(10)本条规定不妨碍部长在任何特定情况下指示管理局颁发公共执照,亦不妨碍部长要求管理局在开展第一款规定提及的任何活动时取得特许,任何人员对管理局拒绝颁发特许不服的,可在遭到拒绝之日起十四日内向部长提出上诉,部长的决定为最终决定。

第八十二条　对转让公共执照的限制

(1)事先未经管理局书面同意,不得将公共执照转让给任何其他人员。

(2)未收到第一款规定的同意书,宣称转让公共执照的,无论何种目的,均属无效,不具有任何效力。

第八十三条　修改公共执照中的条件

(1)根据本条规定,管理局可以修改所颁发的公共执照中的条件。

(2)在根据本条规定对公共执照中的条件作出修改之前,管理局须就下列内容向特许持有人发出通知:

(a)说明管理局打算以通知中规定的方式作出修改,并规定对修改所造成的任何损害可支付的赔偿金;及

(b)规定可就拟作出的修改提出书面申述的时限(不少于通知送达该特许持有人之日起二十八日)。

(3)在收到第二款规定的任何书面申述后,管理局须对该申述进行考虑,并可:

(a)拒绝该申述;或

(b)按照该申述的内容或以其他方式对拟作出的修改进行修订或对支付的赔偿金进行修订。

无论何种情形,管理局均须向公共执照持有人作出书面指示,在合理时间内要求实施通知中所规定的拟作出的修改,或随后由管理局修订的修改。

(4)任何公共执照持有人不服管理局根据第三款的规定所作出的决定的,可在收到指示之日起十四日内向部长提出上诉,部长的决定为最终决定。

(5)在下列情形中,管理局不得强制执行其指示:

(a)在第四款规定的期间内;及

(b)在部长正在对公共执照持有人的上诉进行审理的期间。

(6)管理局在第二款规定的时间内未收到任何书面申述的,或根据第二款的规定提出的任何书面申述随后被撤回的,可立即执行根据第二款的规定所发出的通知中规定的修改。

第八十四条　暂停或注销公共执照等

(1)管理局认定具有下列情形的:

(a)公共执照持有人正在违反或可能违反或已经违反了其公共执照中的任何条件,或违反本法的任何规定,或违反任何本法的有关规例,或违反部长或管理局向该特许持有人发出的任何指示,或违反部长或管理局发出的适用于该特许持有人的任何指示的;

(b)公共执照持有人已经进行了或有可能进行了强制清算或自愿清算,但不是为了合并或重组的;

(c)公共执照持有人已向其债权人作出任何转让或与其达成协议;或

(d)出于新加坡的公共利益或公共安全的需要,

管理局可通过书面通知,在不进行任何补偿的情形下,采取下列任何一项或两项措施:

(e)注销公共执照或在管理局认为合适的期间内暂停该特许;

(f)要求支付管理局认为合适的金额的罚款。

(2)任何人员如不服管理局根据本条规定作出的任何决定,可在收到第一款规定的书面通知之日起十四日内,向部长提出申诉,部长的决定为最终决定。

第八十五条　影响公共执照持有人的指示

(1)管理局可出于下列目的为公共执照持有人和其他人员应遵守的绩效标准及程序作出指示,或就该等标准及程序作出指示:

(a)确保向公众提供的海事服务及设施或港口服务及设施(视情况而定)的可靠性;或

(b)维护公共安全利益。

(2)任何人员未能遵守根据本条规定所作出的任何指示的,即属犯罪。

第八十六条　公共执照持有人的一般职责

公共执照持有人有责任遵守向其颁发的公共执照中的条件及管理局的指示,向公众提供可靠、有效和经济的海事服务及设施或港口服务及设施(视情况而定)。

第十二章之一　指定公共执照持有人、指定商业信托或指定股权持有者的控制

第八十六条之一　本章释义

(1)在本章中,各术语的含义如下(文意另有所指的除外):

"百分之五控制人",就指定公共执照持有人、指定商业信托或指定股权持有者而言,是指单独满足下列情形或与其合伙人一起满足下列情形的指定公共执照持有人、指定商业信托或指定股权持有者(视情况而定):

(a)持有总股权的百分之五或百分之五以上,但低于百分之二十五的;或

(b)所处职位能够控制百分之五或百分之五以上,但低于百分之二十五的表决权的。

"百分之二十五控制人",就指定公共执照持有人、指定商业信托或指定股权持有者而言,是指单独满足下列情形或与其合伙人一起满足下列情形的指定公共执照持有人、指定商业信托或指定股权持有者(视情况而定):

(a)持有总股权的百分之二十五或百分之二十五以上,但低于百分之五十的;或

(b)所处职位能够控制百分之二十五或百分之二十五以上,但低于百分之五十的表决权的。

"百分之五十控制人",就指定公共执照持有人、指定商业信托或指定股权持有者而言,是指单独满足下列情形或与其合伙人一起满足下列情形的指定公共执照持有人、指定商业信托

或指定股权持有者(视情况而定):

(a)持有总股权的百分之五十或百分之五十以上,但低于百分之七十五的;或

(b)所处职位能够控制百分之五十或百分之五十以上,但低于百分之七十五的表决权的。

"百分之七十五控制人",就指定公共执照持有人、指定商业信托或指定股权持有者而言,是指单独满足下列情形或与其合伙人一起满足下列情形的指定公共执照持有人、指定商业信托或指定股权持有者(视情况而定):

(a)持有总股权的百分之七十五或百分之七十五以上的;或

(b)所处职位能够控制百分之七十五或百分之七十五以上的表决权的。

"取得"包括协议取得,但不包括:

(a)依遗嘱取得或依法取得;或

(b)以强制执行贷款担保的方式取得。

"安排"包括任何正式或非正式的计划、安排或谅解,以及任何明示或默示的信托。

"商业信托"与2004年《新加坡商业信托法》第二条规定的含义相同。

"控制"包括由于或通过任何信托、协议、安排、谅解或惯例产生的控制,而无论该信托、协议、安排、谅解或惯例是否具有法定的或衡平法上的效力,也无论该信托、协议、安排、协定或惯例是否基于法定权利或衡平法权利。

"公司"与1967年《新加坡公司法》第四条第一款规定的含义相同。

"减少",就持有股权而言,包括减少至零。

"存托人"与2001年《新加坡证券与期货法》第八十一条之十九第六分条规定的含义。

"指定商业信托"是指根据第八十六条之四的规定被指定为指定商业信托的商业信托。

"指定股权持有者"是指在第八十六条之四的规定被指定为指定股权持有者的股权持有者。

"指定公共执照持有人"是指在第八十六条之四的规定被指定为指定公共执照持有人的公共执照持有人。

"董事"与1967年《新加坡公司法》第四条第一款规定的含义相同。

"实体"包括公司及有限责任合伙。

"股权":

(a)就法人团体而言,是指该法人团体的有表决权股份;

(b)就非法人团体的实体而言,是指该实体中使权利或利益的拥有者具有表决权的任何权利或利益,无论是法定的还是衡平法上的,也无论以何种名称称呼该权利或利益;及

(c)就商业信托而言,是指该商业信托中的单位。

"增加",就持有股权而言,包括从零开始增加。

"间接控制人",就指定公共执照持有人、指定商业信托或指定股权持有者而言,是指下列人员,无论其单独行事还是与任何其他人员共同行事,亦无论其是否拥有该指定公共执照持有人、指定商业信托或指定股权持有者的股权或表决权(视情况而定):

(a)指定公共执照持有人的董事或其他高级职员、指定商业信托的信托经理或指定

股权持有者(视具体情况而定)习惯于,或出于正式或非正式的义务而按照其指示、指令或愿望行事的人员;或

(b)所处职位能够决定指定公共执照持有人、指定商业信托或指定股权持有者(视具体情况而定)的政策的人员;

但不包括:

(c)指定公共执照持有人的董事或其他高级职员,指定商业信托的信托经理或指定股权持有者(视情况而定);或

(d)指定公共执照持有人的董事或其他高级职员、指定商业信托的信托经理或指定股权持有者(视具体情况而定)习惯于按照其指示、指令或愿望行事的任何人员,仅因为如此行事是遵从该人员以其专业身份所提供的建议。

"有限责任合伙"具有《新加坡2005年有限责任合伙法》第二条第一款规定的含义。

"清算人"包括作为公司清算人行事的破产事务管理人。

"高级职员",就公司而言,包括:

(a)公司的董事或秘书,或公司雇佣以发挥执行能力的人;

(b)根据任何文件所包含的权力任命的、由新加坡高等法院原审法庭任命的或由债权人任命的从事公司任何事业部分的接管人、经理或接管人兼经理;

(c)在自愿清算中任命的,或由新加坡高等法院原审法庭任命的,或由债权人任命的任何公司清算人;及

(d)公司根据《新加坡2018年破产、重组和解散法》第七章的规定所任命的任何法务经理。

"破产事务管理人"与《新加坡2018年破产、重组和解散法》第二条第一款规定的含义相同。

"关联公司",就任何一家公司而言,是指根据第八十六条之三第二款的规定被视为与该公司有关联的另一家公司。

"股份",就一家公司而言,是指公司股本中的股份,也包括公司股本已经转换而成的所有或任何股票。

"库存股份"与《新加坡1967年公司法》第四条第一款规定的含义相同。

"信托经理"与《新加坡2004年商业信托法》第二条规定的含义相同。

"单位"与《新加坡2004年商业信托法》第二条规定的含义相同。

"有表决权股份"与《新加坡1967年公司法》第四条第一款规定的含义相同,但不包括库存股份。

(2)本章所称指定公共执照持有人、指定商业信托或指定股权持有者对表决权百分比的控制,是指对在指定公共执照持有人、指定商业信托或指定股权持有者(视情况而定)所在的股东大会上可能投出的总票数的百分比的直接或间接控制。

(3)在确定某一人员根据第二款的规定控制在其所在的股东大会上可能投出的总票数的百分比时,该人由于被任命为代理人或代表在会议上表决而有权在会议上投出的票数应不予计入。

第八十六条之二　持有股权的含义

(1)在本章规定中,若某人具备以下情形,则其持有股权:

(a)拥有或被视为拥有第二款至第七款规定的股权;或

(b)在该股权中拥有法定权益或衡平法上的权益,

但根据第一百一十九条的规定不予考虑的任何权益除外。

(2)除第三款的规定外,若某人获得处置该股权的授权,或获得控制对该股权的处置的授权(无论是正式还是非正式的,亦无论是明示还是暗示的),则该人员拥有股权。

(3)无论某一人员对第二款规定的股权的处置或对第二款规定的股权的处置进行的控制受到约束或限制,还是能够受到约束或限制,均不重要。

(4)就确定某一人员是否拥有股权而言,该权益不能与特定的股份有关,不能与赋予其持有者表决权的权益或权利有关,或不能与商业信托的单位有关(视情况而定)的事实,均不重要。

(5)具有下列情形的人员,被视为拥有股权:

(a)以信托方式所持有的任何财产由股权组成或包括股权;及

(b)该人知道,或有合理的理由相信,自己在该信托下拥有权益。

(6)具有下列情形的人员,亦被视为拥有股权:

(a)已签订购买股权的合同的;

(b)拥有将股权转让给自己的权利的(或该人有权命令将股权转让给自己的),无论该权利是目前可行使的还是将来可行使的,亦无论是否满足了某个条件;但基于信托拥有权益的除外;

(c)有权根据一项期权获得股权,无论该权利是目前可行使的还是将来可行使的,也无论是否满足了某个条件;或

(d)有权(不是因为被任命为代理人或代表在有关实体的股东大会上投票)行使股权所附权利,或有权控制对股权所附权利的行使,且该所附权利并非该人拥有法定权益的或拥有衡平法上的权益的股权。

(7)不能仅因为某人与另一人共同拥有股权而被视为不拥有股权。

第八十六条之三　"关联方"、"子公司"及"控股公司"的含义

(1)在本章中,如有下列情形,则A是B的关联方:

(a)A是B的配偶,或父母、继父母或其他直系尊亲属,或子女、继子女或其他直系卑亲属,或兄弟姐妹;

(b)A是B在合伙中或有限责任合伙中的合伙人;

(c)B在A公司中担任高级职员;

(d)A在B公司中担任高级职员;

(e)A和B是同一家公司的高级职员;

(f)A是B的雇员;

(g)B是A的雇员;

(h)A和B是同一雇主的雇员;

(i)A是全权信托的受托人,B(或根据除本项、第九项及第十八项外的任何一项本款

的规定成为 B 的关联方的另一人员)从该信托中直接受益,或通过中间实体或其他信托从该信托中受益;或能够(以行使任命权的方式或以其他方式)从该信托中直接受益,或通过中间实体或其他信托从该信托中受益;

(j)B 是全权信托的受托人,A(或根据除本项、第九项及第十八项外的任何一项本款的规定成为 A 的关联方的另一人员)从该信托中直接受益,或通过中间实体或其他信托从该信托中受益;或能够(以行使任命权的方式或以其他方式)从该信托中直接受益,或通过中间实体或其他信托从该信托中受益;

(k)A 公司董事习惯于,或出于正式或非正式的义务而按照 B 或 B 公司董事的指示、指令或愿望行事;

(l)B 公司董事习惯于,或出于正式或非正式的义务而按照 A 或 A 公司董事的指示、指令或愿望行事;

(m)A 是习惯于,或出于正式或非正式的义务而按照 B 或 B 公司董事的指示、指令或愿望行事的人员;

(n)B 是习惯于,或出于正式或非正式的义务而按照 A 或 A 公司董事的指示、指令或愿望行事的人员;

(o)A 是 B 的关联公司;

(p)B 能够单独或能够与第二项至第十五项规定的 B 的其他关联方一起控制 A 公司的至少 20% 的表决权;

(q)A 能够单独或能够与第二项至第十五项规定的 A 的其他关联方一起控制 B 公司的至少 20% 的表决权;或

(r)A 与 B 订立或拟订立与下列任何事项有关的协议或安排(无论是口头的还是书面的,亦无论是明示还是暗示的):

(i)A 和 B 通过共同行动,处于能够控制指定公共执照持有人、指定商业信托或指定股权持有者的任何表决权的职位;

(ii)A 和 B 在取得、持有或处置指定公共执照持有人、指定商业信托或指定股权持有者的股权或其他权益时共同行事;

(iii)A 和 B 通过共同行事,拥有任命或罢免指定公共执照持有人或指定股权持有者的董事,或指定商业信托的信托经理的董事的权力;

(iv)下列一名或多名董事习惯于,或出于正式或非正式的义务而按照 A 和 B 共同的指示、指令或愿望行事时的情形:

(A)指定公共执照持有人或指定股权持有者;或

(B)指定商业信托的信托经理。

(2)就本条规定而言,如有下列情形,则公司(A)与另一家公司(B)被认为是相互关联的:

(a)A 是 B 的控股公司;

(b)A 是 B 的子公司;或

(c)A 是 B 的控股公司的子公司。

(3)就第二款的规定而言,在符合第五款的规定的情形下,如有下列情形,则公司(A)被认为是另一家公司(B)的子公司：

(a)B 控制了 A 的董事会的组成；

(b)B 控制 A 的超过半数的表决权；或

(c)A 是某家公司的子公司，而该公司又是 B 的子公司。

(4)就第三款的规定而言，若 B 无须任何其他人员同意或无须同其他人员意见一致，便可通过行使其权力而任命或罢免 A 的所有董事或多数董事的，则 A 的董事会的组成被视为由 B 控制；而就本款的规定而言，在符合下列情形时，B 被视为有权在以下情形中作出任命：

(a)若 B 未对某一人员行使这种权力，该人员就不能被任命为董事；或

(b)某一人员被任命为董事，是该人员作为 B 的董事或其他高级职员的必经流程。

(5)在确定公司(A)是否为另一家公司(B)的子公司时：

(a)B 以受托人身份持有的任何股份或可行使的任何权力不被视为由 B 持有或可由 B 行使。

(b)除第三项和第四项规定的情形外，满足下列情形的任何所持有的股份或可行使的权力应被视为由 B 持有或可由其行使：

(i)由作为 B 的代名人的任何人员持有的股份或可由其行使的权力(B 仅以受托人身份参与的除外)；或

(ii)由 B 的子公司或由 B 的子公司的代名人持有的股份或可由其行使的权力，但不包括仅以受托人身份参与的子公司。

(c)任何人员根据 A 的任何债券的规定或根据担保该等债券的任何发行的信托契约的规定而持有的任何股份或可由其行使的权力，不予考虑。及

(d)B 或其子公司(视情况而定)的日常业务包括借款，且仅为在正常业务过程中达成交易而以担保的方式持有股份或行使权力的，由 B 或由其子公司或由其代名人持有的任何股份或可由其行使的任何权力(第三项提及的所持有的或可行使的除外)不被视为由 B 持有或可由其行使。

(6)本条所称的某公司的控股公司，是指最后提及的公司为其子公司的公司。

(7)就本条的规定而言，存托人不得仅因其作为被动受托人持有某公司的股份而被视为该公司的控股公司。

(8)管理局可经部长批准，制定有关规例，规定任何人员或任何一类人员就本章的任何规定而言不是另一方的关系方。

(9)在本条的规定中，“高级职员”就公司而言，是指公司的董事或秘书，或公司雇佣以发挥行政能力的人。

第八十六条之四　公共执照持有人、商业信托及股权持有者的指定

管理局认为出于公共利益有必要进行指定的，在与部长磋商后，可通过在公报上公示的方式：

(a)指定某一公共执照持有人为指定公共执照持有人；

(b)指定某一商业信托为指定商业信托，该商业信托全部或部分是基于根据第八十一条的规定获得特许的信托经理经营或管理的业务而设立的，在该业务中或通过该业务提供任何海事服务或设施或任何港口服务或设施；或

(c)指定在指定公共执照持有人中或在指定商业信托中持有任何股权的人员作为指定股权持有者。

第八十六条之五　百分之五控制人向管理局发出的通知

(1)某一人员因其或其任何关联方所持股权或所控表决权增加而成为指定公共执照持有人、指定商业信托或指定股权持有者的百分之五控制人的,则该人员须在成为百分之五控制人之日起七日内就该事实向管理局发出书面通知。

(2)任何人员违反第一款的规定,即属犯罪。

(3)在任何与违反第一款的规定所犯罪行有关的诉讼程序中,被告人能证明具有下列情形的,可以此作为辩护理由:

(a)未意识到违反行为发生的;及

(b)在意识到违反行为发生之日起十四日内将其通知管理局的。

(4)在与违反第一款的规定所犯罪行有关的诉讼程序中,被告人能证明具有下列情形的,即使被告人意识到有关违反行为的发生,亦可以此作为辩护理由:

(a)违反行为是由于被告人的任何关联方所持有或控制的指定公共执照持有人、指定商业信托或指定股权持有者(视情况而定)的股权或表决权增加而导致的;

(b)被告人未与该关联方就取得、持有或处置股权或其他权益订立协议或安排(无论是口头的还是书面的,亦无论是明示的还是暗示的),或根据协议或安排,他们在行使与指定公共执照持有人、指定商业信托或指定股权持有者(视情况而定)有关的表决权时共同行动;及

(c)被告人在违反行为发生之日起七日内将其通知管理局的。

(5)除第三款和第四款规定的情形外,在任何与违反第一款的规定所犯罪行有关的诉讼程序中,即使证明被告并非故意违反或并不明知其行为违反第一款的规定的,也无法以此作为辩护理由。

第八十六条之六　管理局对某些情况下就股权及表决权的控制进行批准

(1)未经管理局以书面形式批准,任何人员不得:

(a)由于该人员或该人员的任何关联方持有的股权或控制的表决权增加,而成为指定公共执照持有人、指定商业信托或指定股权持有者的百分之二十五控制人或百分之五十控制人;或

(b)由于该人员或该人员的任何关联方持有的股权或控制的表决权减少,而不再担任指定公共执照持有人、指定商业信托或指定股权持有者的百分之五十控制人或百分之七十五控制人。

(2)使某一人员开始成为百分之二十五控制人或百分之五十控制人,或开始不再担任百分之五十控制人或百分之七十五控制人的交易发生在2018年1月29日之前的,第一款的规定不适用。

(3)任何人员不得在2018年1月29日之后(含当日)成为指定公共执照持有人、指定商业信托或指定股权持有者的间接控制人,但事先已获得管理局书面形式的批准的除外。

(4)管理局确信具有下列情形的,可根据第一款第一项或第三款的规定批准申请:

(a)拟成为指定公共执照持有人、指定商业信托或指定股权持有者(视情况而定)的

百分之二十五控制人或百分之五十控制人或间接控制人的人员，以及该人员的每一个关联方，均为适当人选的。

(b)考虑到下列人员的影响，指定公共执照持有人、指定商业信托或指定股权持有者(视情况而定)将继续谨慎地开展业务，并遵守本法的规定的：

(i)第一项提及的人员；及

(ii)该人员的每一个关联方。以及

(c)符合公共利益的。

(5)管理局确信具有下列情形的，可批准根据第一款第二项的规定提出的申请：

(a)由下列人员(视情况而定)提供的任何海事服务或设施，或任何港口服务或设施，将按照公认的国际标准及管理局发布或制定的任何守则或标准，继续保持可靠、高效和经济的：

(i)由指定公共执照持有人提供，申请人为其百分之五十控制人或百分之七十五控制人；

(ii)由指定商业信托的信托经理提供，申请人为其百分之五十控制人或百分之七十五控制人；或

(iii)由指定公共执照持有人或指定商业信托的信托经理提供，申请人为指定股权持有者的百分之五十控制人或百分之七十五控制人，指定股权持有者的指定股权与该指定公共执照持有人或指定商业信托的信托经理有关。

(b)第一项第一目、第三目所述的指定公共执照持有人将继续谨慎地开展业务并遵守本法的规定，或第一项第二目、第三目规定的信托经理将继续谨慎地开展指定商业信托的业务并遵守本法的规定。及

(c)符合公共利益的。

(6)管理局的根据本条规定授予的批准可在管理局认为适当的条件下授予。

(7)无论任何其他成文法，或根据第一款、第三款的规定提出申请请求批准的指定公共执照持有人、指定商业信托或指定股权持有者的备忘录或公司章程、信托契约或其他章程作何规定，管理局根据第六款的规定所施加的任何条件均具有效力。

(8)任何人不服管理局拒绝根据第一款、第三款的规定授予批准函的，或不服根据第六款的规定所施加的任何条件的，可在遭到拒绝或收到施加条件(视情况而定)之日起十四日内向部长提出上诉，部长的决定为最终决定。

(9)任何人员违反第一款、第三款的规定，即属犯罪。

(10)在任何与违反第一款的规定所犯罪行有关的诉讼程序中，被告人能证明具有下列情形的，可以此作为辩护理由：

(a)被告人未意识到违反行为发生的。

(b)被告人在意识到违反行为发生之日起十四日内将其通知管理局的。及

(c)在管理局根据第八十六条之七的规定作出指示，而该指示与违反行为有关，且与被告人持有或控制指定公共执照持有人、指定商业信托或指定股权持有者(视情况而定)股权或表决权有关的情形下：

(i)被告人在管理局根据该条规定所决定的期限内遵守了该指示的；或

(ii)管理局根据该条规定所决定的遵守该指示的期限尚未届满的。

(11)在与违反第一款的规定所犯罪行有关的诉讼程序中,被告人能证明具有下列情形的,即使被告人意识到有关违反行为的发生,亦可以此作为辩护理由:

(a)违反行为是由于被告人的任何关联方所持有或控制的指定公共执照持有人、指定商业信托或指定股权持有者(视情况而定)的股权或表决权增加或减少而导致的。

(b)被告人未与该关联方就取得、持有或处置股权或其他权益订立协议或安排(无论是口头的还是书面的,亦无论是明示的还是暗示的),或根据协议或安排,他们在行使与指定公共执照持有人、指定商业信托或指定股权持有者(视情况而定)有关的表决权时共同行动。

(c)被告人在违反行为发生之日起七日内将其通知管理局的。及

(d)在管理局根据第八十六条之七的规定作出指示,而该指示与违反行为有关,且与被告人持有或控制指定公共执照持有人、指定商业信托或指定股权持有者(视情况而定)股权或表决权有关的情形下:

(i)被告人在管理局根据该条规定所决定的期限内遵守了该指示的;或

(ii)管理局根据该条规定所决定的遵守该指示的期限尚未届满的。

(12)在任何与违反第三款的规定所犯罪行有关的诉讼程序中,被告人能证明具有下列情形的,可以此作为辩护理由:

(a)被告人未意识到违反行为发生的。

(b)被告人在意识到违反行为发生之日起十四日内将其通知管理局的。及

(c)在管理局根据第八十六条之七的规定作出指示,而该指示与违反行为有关,且与被告人持有或控制指定公共执照持有人、指定商业信托或指定股权持有者(视情况而定)股权或表决权有关的情形下:

(i)被告人在管理局根据该条规定所决定的期限内遵守了该指示的;或

(ii)管理局根据该条规定所决定的遵守该指示的期限尚未届满的。

(13)除第十款、第十一款、第十二款规定的情形外,在任何与违反第一款、第三款的规定所犯罪行有关的诉讼程序中,即使证明被告并非故意违反或并不明知其行为违反第一款、第三款的规定的,也无法以此作为辩护理由。

第八十六条之七　救济指示

(1)第二款、第三款、第四款的规定在管理局确信具有下列情形时适用:

(a)该款规定提及的人员违反了第八十六条之六第一款、第三款的规定的(在本条中称为“违规人员”);

(b)根据第八十六条之六第六款的规定对违规人员施加的任何批准条件未得到遵守的;或

(c)违规人员在根据第八十六条之六第一款、第三款的规定提出申请请求批准时提供了虚假的或具误导性的信息或文件的。

(2)违规人员为指定公共执照持有人、指定商业信托或指定股权持有者的百分之二十五控制人或百分之五十控制人的,管理局可采取下列任何一项或多项措施:

(a)指示违规人员在管理局指定的期限内采取必要措施,不再担任指定公共执照持有人、指定商业信托或指定股权持有者(视情况而定)的百分之二十五控制人或百分之五十控制人;

(b)指示在管理局认为适当的时间和条件的限制下,转让或处置违规人员或违规人员的任何关联方所持有的指定公共执照持有人、指定商业信托或指定股权持有者(视情况而定)的全部或任何股权(在本条规定及第八十六条之八规定中称为有关股权);

(c)在管理局认为适当的条件下,限制对所有有关股权或任何有关股权的转让或处置;

(d)作出管理局认为适当的任何其他指示。

(3)违规人员原为指定公共执照持有人、指定商业信托或指定股权持有者的百分之五十控制人或百分之七十五控制人,但由于某一人员(在本款中称为受让人)从违规人员处取得任何股权(在本条规定及第八十六条之八规定中称为所取得的有关股权),导致该违规人员不再是百分之五十控制人或百分之七十五控制人的(视情况而定),管理局可采取下列任何一项或多项措施:

(a)指示受让人在管理局规定的期限内采取必要措施,不再持有所取得的所有有关股权或所取得的任何有关股权;

(b)指示违规人员在管理局指定的期限内采取必要措施,恢复成为百分之五十控制人或百分之七十五控制人(视情况而定);

(c)指示在管理局认为适当的时间和条件的限制下,取得、转让或处置所取得的所有有关股权或所取得的任何有关股权;

(d)在管理局认为适当的条件下,限制对所取得的所有有关股权或所取得的任何有关股权的转让或处置;

(e)作出管理局认为适当的任何其他指示。

(4)违规人员为指定公共执照持有人、指定商业信托或指定股权持有者的间接控制人的,管理局可采取下列一项或两项措施:

(a)指示违规人员,或指示指定公共执照持有人、指定商业信托的信托经理或指定股权持有者(视情况而定)在管理局指定的期限内采取必要措施,不再担任间接控制人,或使违规人员不再担任间接控制人;

(b)作出管理局认为适当的任何其他指示。

(5)在根据第二款至第四款的规定向某一人员作出任何指示之前,管理局须:

(a)向该人员以书面形式发出通知,说明管理局拟作出的指示,并规定一个具体日期,该人员可在具体日期前就指示提出书面申述,管理局认为发出通知不可行或不可取的情形除外;及

(b)考虑在第一项的规定提及的具体日期之前(含当日)收到的该人员的每一份书面申述。

(6)管理局可在任何时候撤销、更改或免除其根据第二款至第四款的规定所发出的任何指示,或暂停任何此类指示的实施。

(7)任何人员不服管理局根据第二款至第四款的规定作出指示的决定或根据第六款的规定更改指示的决定的,可在得知决定之日起十四日内向部长提出上诉,部长的决定为最终决定。

(8)尽管根据第七款的规定所提出的任何上诉正在审理中,管理局根据第二款至第四款的规定作出的任何指示,或根据第六款对指示进行的任何更改(视情况而定),从管理局指定的日期起依然生效,部长另有指示的除外。

(9)任何人员未能在管理局规定的期限内遵守管理局根据第二款至第四款的规定所作出的指示的(包括根据第六款的规定更改的指示),即属犯罪。

第八十六条之八　补救性指示的效力等

(1)根据第八十六条之七第二款、第三款的规定向某一人员作出的任何指示,以及施加的任何条件均有效力,无论下列文件作何规定:

(a)《新加坡 2004 年商业信托法》、《新加坡 1967 年公司法》和《新加坡 2005 年有限责任合伙法》;

(b)《新加坡 2001 年证券与期货法》第二条第一款定义的任何上市规则的任何内容;及

(c)有关的指定公共执照持有人、指定商业信托或指定股权持有者的备忘录或公司章程、信托契约或其他章程的规定。

(2)在不影响第一款规定的情形下,根据第八十六条之七第二款、第三款发出的任何指示在得到执行之前,或被暂停或撤销之前:

(a)受该指示约束的,涉及有关股权或所取得的有关股权的表决权利不得行使,管理局明确表示允许行使该权利的除外;

(b)接受指示的人员控制的指定公共执照持有人、指定商业信托或指定股权持有者(视情况而定)的表决权,无论是单独控制的还是与该人员的关联方共同控制的,均不得行使,管理局明确表示允许行使该权力的除外;

(c)就受指示约束的有关股权或所取得的有关股权,不得发行或提供(无论是以股息或其他方式)指定公共执照持有人、指定商业信托或指定股权持有者的股权,管理局明确表示允许发行或提供的除外;及

(d)不得就受指示约束的有关股权或所取得的有关股权支付任何金额(无论是以利润、收入还是其他方式),管理局明确授权该项支付的除外。

(3)第二款第四项的规定不适用于指定公共执照持有人、指定商业信托或指定股权持有者(视情况而定)进行清算的情形。

第八十六条之九　对违反本章规定的处罚

犯有本章规定的人,一经定罪,应处以下列处罚:

(a)个人犯罪的,可处以不超过五十万新元的罚金,单处或并处不超过三年的监禁;构成继续犯罪的,则对定罪后继续犯罪的每一日再处以不超过五万新元的罚金,不满一日的按一日计算;或

(b)在任何其他情形下,处以不超过一百万新元的罚金;构成继续犯罪的,则对定罪后继续犯罪的每一日再处以不超过十万新元的罚金,不满一日的按一日计算。

第十三章　对相关公共执照持有人的控制

第八十七条　特别行政令的含义及效力

(1)特别行政令是部长根据第八十八条的规定,就属于相关公共执照持有人的公司发布的命令,指示在该命令生效期间,该公司的事务、业务及财产须由管理局出于下列目的或以下述方式管理:

(a)为实现该命令的所有或任何目的;及

(b)以保护公司的成员、债权人及客户各自的利益的方式进行管理。

(2)就任何公司发布特别行政命令的目的是:

(a)保证向公众提供的与集装箱码头服务及设施有关的港口服务及设施的安全性和可靠性;

(b)使该公司或其全部或部分业务能够持续经营,以维持公司生存;

(c)将该公司有必要转让的部分业务转让给另一家公司,或(根据该公司的公共执照所涉及的地区的不同,或业务的不同)转让给另两家或更多的其他公司,以持续经营,确保公共执照赋予该公司的职能能够得到妥善履行;及

(d)在将该等职能转让给或授予另一家或多家公司之前,履行该等职能(无论是凭借转让,还是凭借取代前公司作为公共执照持有人的授权或变更)。

(3)部长可为实施本章的规定制定有关规例,包括在制定特别行政令的情形下,为适用、省略或修订《新加坡 2018 年破产、重组和解散法》第七章的规定作出规定。

(4)在本章规定中,"相关公共执照持有人"是指任何获授权提供任何与集装箱码头服务或设施有关的港口服务或设施的公共执照持有人。

第八十八条　应管理局申请而发出的特别行政令

(1)在管理局向部长提出申请后,部长确信任何属于相关公共执照持有人的公司符合第二款规定的任何一项或多项情形的,可发布下列任何一项或多项命令:

(a)针对该公司的特别行政令;

(b)要求该公司立即采取部长认为必要的任何行动的命令,或按部长认为必要的作出或不作出与该公司业务有关的任何行为或事情的命令;

(c)任命某一人员就正常开展公司业务向公司提供建议的命令。

(2)第一款规定提及的情形,就任何公司而言,是指:

(a)该公司无力偿还或可能无力偿还债务;

(b)部长认为如此有利于保障向公众提供的与集装箱码头服务及设施有关的港口服务及设施的安全性及可靠性;或

(c)部长认为符合公共利益的其他情形。

(3)管理局须立即将根据第一款的规定所提出的任何申请,按规定的方式通知有关人员。

(4)作为相关公共执照持有人的公司:

(a)未经管理局同意,不得自愿清算;

(b)不得根据《新加坡 2018 年破产、重组和解散法》第七章的规定任命该公司的法务

经理；

(c)任何人不得采取措施强制执行公司财产的任何担保，但该人已提前十四日向管理局送达通知，说明拟采取该措施的除外；及

(d)任何人不得根据《新加 1967 年坡公司法》第二百一十条的规定或根据《新加坡 2018 年破产、重组和解散法》第七十一条的规定提出与公司有关的申请，但该人已提前十四日向管理局送达通知，说明拟提出申请的除外。

(5)管理局须在下列程序中作为当事人：

(a)根据《新加坡 2018 年破产、重组和解散法》进行的与作为相关公共执照持有人的公司的清算事务有关的任何程序；或

(b)根据《新加坡 1967 年公司法》第二百一十条的规定或《新加坡 2018 年破产、重组和解散法》第七十一条的规定进行的，与作为相关公共执照持有人的公司有关的任何程序。

(6)部长根据第一款的规定作出的任何决定为最终决定。

(7)就本条规定而言，无力偿还债务的公司是根据《新加坡 2018 年破产、重组和解散法》第一百二十五条第二款的规定被视为无力偿还债务的公司。

第八十九条　管理局及其他人员的报酬及费用

(1)管理局可在随时(无论对个人的任命是否终止)确定作为相关公共执照持有人的公司应向部长根据第八十八条第一款第三项的规定任命的人员支付的报酬及费用，以供其就正常开展公司业务向公司提供建议。

(2)在已根据第八十八条第一款第一项的规定就作为相关公共执照持有人的公司发出特别行政令的情形下，管理局可在任何时候，确定该公司应向管理局支付的报酬及费用，无论该命令是否仍有效力。

第十四章　管理局的责任

第九十条　免除管理局的责任

无论管理局颁发了何种公共执照，在任何情形下，对于因任何公共执照持有人或其代理人或雇员的任何失职、疏忽、违约或其他过错或不作为而使任何人承担的任何伤害、损失、损害或花费，管理局概不负责。

第九十一条　管理局对任何船舶的或船上的损失或损害所负的责任限额

(1)在无实际过失或参与的情形下，若任何船舶或船上任何货物或其他物件遭受了任何损失、损害或损毁，管理局的赔偿责任限额为不超过船舶每吨吨位一千金法郎的等值金额，以新加坡货币计算。

(2)就本条而言：

(a)根据 2005 年 5 月 1 日之前有效的《新加坡 1995 年商船法》第一百三十六条第三款的规定，经公报公示，一千金法郎的等值金额以新加坡货币计算；及

(b)任何船舶的吨位均根据该法第一百三十六条第二款的规定确定，且任何船舶的登记证书均为证明登记证书所载的船舶总吨位，以此计算的扣减金额及注册吨

位的充分证据。

(3)本条的适用并不影响管理局根据《新加坡1995年商船法》第一百三十六条的规定对损失或损害可能享有的任何责任限制。

第十五章　犯罪行为

第九十二条　对管理局财产的损害

(1)任何人如故意移走、损毁或损害属于管理局的或由其保管或持有的任何财产的,或妨碍或阻止该财产的使用的,或妨碍或阻止按原定方式对该财产的使用或运作的,即属犯罪。一经定罪,可处以不超过一万新元的罚金,并须赔偿管理局遭受的任何损失、损毁或损害,包括管理局为查明该损失、损毁或损害而进行的任何检查或调查的费用。

(2)如果任何人员在他人看来涉嫌犯违反本条规定犯有罪行的,任何其他人员均可以扣留该人,并且须在扣留期间将被扣留的人移交给警务人员,不得无故拖延。

第九十三条　非法经营海事或港口服务或设施

任何人员在未取得公共执照的情形下设立、安装、维护、提供或经营任何海事服务或设施或任何港口服务或设施的,即属犯罪。一经定罪,可被处以不超过一万新元的罚金,单处或并处不超过三年的监禁;构成继续犯罪的,则对定罪后继续犯罪的每一日再处以不超过一千新元的罚金,不满一日的按一日计算。

第九十四条　逃避支付港务费

(1)任何船舶的船东、代理人或船长,以任何手段逃避支付或企图逃避支付根据本法的规定所应支付的船舶港务费、货物港务费税或引航费的,即属犯罪。一经定罪,可处以不超过一万新元的罚金,单处或并处不超过六个月的监禁;并须向管理局缴纳该船东、代理人或船长逃避或企图逃避的港务费金额的双倍作为罚金。

(2)即使向管理局或管理局的任何官员缴纳了先前已逃避支付的任何港务费,或管理局或管理局的任何官员接受了先前已逃避支付的任何港务费,也并不解除或免除任何人员因逃避而产生的进行任何损害赔偿的责任或缴纳任何罚金的责任。

第九十五条　对提供船舶的吃水深度等方面的虚假信息的处罚

(1)任何进出港口的,或在在港口内或在通往港口的通道内的船舶的船东、代理人或船长,就船只的船型、吃水深度、长度、宽度或高度等方面,因疏忽提供错误信息或故意提供虚假信息的,即属犯罪。一经定罪,可被处以不超过二万新元的罚金,单处或并处不超过六个月的监禁。

(2)在本条规定中,"船舶高度"指从船舶吃水线到船舶最高点(包括船上货品、构筑物或设备)进行垂直测量得到的船舶高度。

第九十六条　与船舶安全等有关的罪行

任何人员如有以下行为,即属犯罪。一经定罪,可处以不超过一万新元的罚金,单处或并处处以不超过六个月的监禁:

(a)未经船长或船东或货运码头负责人或船坞负责人的许可或授权,且无合法理由,故意将港口内的任何船舶从其系泊处或从其在任何货运码头或船坞旁的系绳处松开或移走的。

(b)无合法理由,故意吊起、损坏或松动任何系泊物、浮标、航标或海上标志或陆地标志的,或将船舶系于其上,或使其漂走的。

(c)无合法理由,在港口内使用任何枪支射击的,为发出求救信号或出于任何成文法允许的其他目的的除外。

(d)在部长命令禁止的任何时间或任何范围内,或在违反港务长或船长的命令或指示的情形下,为港口内的任何船舶涂装船底沥青、加热船底沥青或熏烤任何船舶,或煮沸或加热任何沥青、焦油、树脂、达玛脂、松节油或其他易燃物的。

(e)在港口内的任何船舶上,作为或不作为,导致或可导致船上发生火灾的。或

(f)在港口内以下列情形使用船舶的或允许船舶以下列情形进行使用的:

(i)船舶由于其船体、设备或机械状态不良,或由于人员配备不足或其他原因,处于可能危及任何人员的生命的状态的。

(ii)船只运载货物或运载乘客或运载货物与乘客,以致:

(A)超过船舶安全证书允许运载或接收的乘客人数;及

(B)水面没过了该船不倾斜时每一侧的适当分舱载重线,即,与该船当时分配给乘客的空间相对应的分舱载重线低于该船不倾斜时表明该船根据任何成文法的规定装载可达的最大吃水深度的载重线。

(iii)违反有关规例的规定,从而危及任何人员的生命的。

第九十七条　对妨碍管理局履行职责的处罚

任何人员在任何时候阻止或妨碍管理局或其任何雇员、代理人或承包商履行其职责或执行其根据本法的规定被授权或被要求做的任何事情,或移走为执行本法授权的工程指明所需的任何高度或方向而设立的任何标志的,均属犯罪。一经定罪,可处以不超过五千新元的罚金,单处或并处不超过六个月的监禁。

第九十七条之一　询问及要求到场的权力

(1)任何获管理局正式授权的官员为调查本法规定的任何事项,可采取下列所有或任何措施:

(a)发出书面命令,要求新加坡境内可能了解该事项的任何事实及情况的任何人员到场,配合获管理局正式授权的官员。

(b)口头询问可能了解该事项的任何事实及情况的任何人员,并要求该人员回答由获管理局正式授权的官员提出的,与该事项有关的问题,无论是否具有下列情形:

(i)该人员或任何其他人员被指控犯有与该事项有关的罪行;及

(ii)该人员将作为证人被传唤至与该事项有关的任何调查、审判或其他程序中。

(c)要求任何人员向任何获管理局正式授权的官员提供该人员所掌握的与该事项有关的任何信息或文件。

(d)检查、保存、复制或摘录第三项规定提及的任何文件时无须支付费用。

(2)根据第一款第二项的规定接受询问的人员有义务如实陈述该人员所知道的与该事项有关的事实及情况,但该人员无须说出任何可能使其遭到刑事指控、处罚或没收的内容。

(3)任何根据本条的规定接受询问的人所作的陈述须进行下列流程:

(a)以书面形式转写;

(b)重新向该人员宣读;

(c)如果该人员不懂英语,以该人员理解的语言向其翻译;及

(d)如有必要,经更正后,由该人员签署认可。

(4)任何人员未按照根据第一款第一项的规定所发出的命令的要求到场的,任何获管理局正式授权的官员可向治安法官报告该情况,治安法官随后可酌情签发传唤令,命令该人员到场。

(5)任何人员,如有下列情形,即属犯罪:

(a)故意更改、隐藏或毁损第一款的规定要求其提供的任何文件的;或

(b)在提供第一款要求该人员提供的任何信息时,明知所作陈述在任何重要方面是虚假的,仍作出该陈述的。

(6)局长可授权指定官员为调查根据第八十九条之三的规定制定的有关规例规定的任何事项,行使获管理局正式授权的官员根据本条规定所具有的任何权力,在该情形下,有关规定提及获管理局正式授权的官员时应理解为提及指定官员。

第九十八条　保守秘密

(1)现任或曾任管理局成员、官员、雇员、顾问或代理人或管理局委员会成员的人,不得披露其在履行职责或行使职能时获得的关于管理局或关于任何其他人员的事务的任何信息,但出于履行其职责或行使职能的目的的,或应任何法院的合法要求的,或任何成文法的规定要求或允许的除外。

(2)任何人员违反第一款的规定的,即属犯罪,一经定罪,可处以不超过二千新元的罚金,单处或并处不超过六个月的监禁。

第九十九条　一般处罚

任何人员犯有本法或有关条例所规定的罪行,且没有明文规定处罚方式的,除没收所扣留的任何物品外,一经定罪,可被处以不超过五千新元的罚金,单处或并处不超过六个月的监禁。

第一百条　单位犯罪

如果公司、商行、社团或其他单位犯有本法或有关条例规定的罪行,任何于犯罪发生时在该公司、商行、社团或其他单位担任董事、经理、秘书或其他类似的高级职员或合伙人的人员,或声称以该等身份行事的人员,均属犯罪,并应受到相应的起诉及处罚;但该人员证明该罪行是未经其同意,未受其纵容而实施的或其本人未参与实施的,且考虑到其职务的性质及所有情形该人员已穷尽该人员所应穷尽的一切努力以防止该罪行的发生的除外。

第一百零一条　法院的司法管辖权

治安法院或地区法院具有司法管辖权,可对本法或有关规例规定的所有犯罪行为进行审理及判决;并且,尽管《新加坡2010年刑事诉讼法典》中有任何相反的规定,有权就本法或有关条例规定和的任何犯罪行为处以顶格刑罚或顶格处罚。

第一百零二条　犯罪的私了

(1)任何获部长以相应名义授权,级别不低于巡佐的警务人员,或任何获局长以相应名义

授权的管理局雇员或官员,可针对由本法或由本法制定的有关条例规定为可私了的罪行,通过向有合理理由怀疑犯有该罪行的人员收取数额不超过下列款项中较低数额的款项,以和解该犯罪:

(a)对该罪行规定的最高罚金数额的一半;

(b)二千新元。

(2)在不限制第一款规定的情况下,任何获局长授权的指定官员,可就由第八十九条之三制定的有关规例规定为可私了罪行,行使第一款规定的权力。

(3)在有关人员已根据第一款或第二款的规定支付上述款项后,不得就其罪行对该人员采取进一步的法律程序。

(4)经部长批准,管理局可根据第一百一十九条的规定制定有关规例,规定可私了的犯罪行为。

第一百零三条　须向管理局缴付的罚金

对本法或有关规例规定的任何罪行所处的罚金,及根据第一百零二条的规定收取的所有款项,须存入统一基金中。

第一百零四条　司法管辖权的推定

在根据本法或有关规例的规定进行的任何诉讼程序中,如产生任何船舶或人员是否属于本法或有关规例或其中部分规定的范围之内的问题,除非能够证明不属于规定的范围之内,否则应推定该船舶或该人员属于该等规定的范围之内。

第一百零五条　文件的送达

(1)除非本法另有明文规定外,本法或有关规例要求或授权向任何人发出或送达的任何通知、命令或文件,及法院就本法或有关条例规定的任何罪行下达的任何传票,可通过下列方式送交有关人员:

(a)将其送至该人员或其成年家庭成员或雇员的最后已知的住处;

(b)封面写有收信人姓名,将其置于该人通常或最后所知的住处或工作处;

(c)将其贴于该人最后所知的住处的明显部位;

(d)以挂号信的方式将其寄至该人通常或最后已知的住处或工作处;或

(e)在该人为法人团体的情形下:

(i)将其送至该法人团体的注册办事处或主要办事处的秘书或其他类似的高级职员手中;或

(ii)以挂号信的方式将其寄至该法人团体的注册办事处或主要办事处。

(2)根据第一款的规定以挂号信的方式寄送给任何人员的任何通知、命令、文件或传票,应在该信件于通常邮寄过程中进行交付之时,视为正式送达该信件的收件人处;为证明该信件送达,只需证明装有该通知、命令、文件或传票的信封已适当地写明地址,并已贴上邮票以挂号信的方式寄出即可。

第一百零六条　可根据其他法律的规定予以起诉

本法中的任何规定不妨碍任何人根据其他成文法的规定,因任何作为或任何不作为而构成本法或有关条例规定的犯罪行为而受到起诉,也不妨碍任何人员根据该成文法的规定承担重于或不同于本法或有关条例规定的任何处罚或刑罚,但任何人不得因同一犯罪行为受到两次处罚。

第十六章　其他规定

第一百零七条　应对损害负责的船长、船东或船舶负责人

(1)任何船舶或浮木对管理局的任何财产造成损害的,修复该损害的费用,包括管理局为查明该损害而进行的任何检查或调查的费用,管理局可将其作为债务,向该船舶或浮运木材的船长、船东或负责人(视情况而定)追讨。

(2)管理局可:

(a)扣押船舶或浮木,直至修复损害的费用及第一款规定的费用付给管理局为止;或

(b)要求船舶的船长、船东或负责人或浮木的负责人存入管理局可能要求的款项,以支付管理局的花费及费用,或提供管理局可能要求的担保。

第一百零八条　免除对管理局财产的扣押及扣留

为执行管理局的职能而置于非管理局拥有的任何场所之内或之上,但属于管理局的任何仪器、固定装置或配件,不得扣押,也不得因执行法庭程序或执行对拥有该仪器、固定装置或配件的人员提出的破产诉讼程序而取走。

第一百零九条　由管理局提供免费登陆点

管理局必须提供其认为必要或便于公众使用的数量的公共登陆点。

第一百一十条　对建立货运码头、船坞等的限制

(1)无论《新加坡1920年前滨法》作何规定,任何关于下列事项的计划及明细,未事先向管理局提出并得到管理局同意的,不得根据该法的规定批准:

(a)在港口内或在通往港口的通道内建立新的货运码头或船坞,或对货运码头及船坞进行重建、扩建或改建;或

(b)沿着港口岸边建立任何海堤或任何护岸,或对海堤或护岸进行重建、扩建或改建。

(2)管理局可决定所需的佣金,以供其阅读计划及明细。

(3)管理局未作答复,或拒绝同意第一款规定中提及的任何计划或明细的,根据《新加坡1989年建筑管理法》第三条第一款的规定任命的建筑控制专员可将该事项提交给部长,部长的决定为最终决定。

第一百一十一条　通知、命令、收据等可由指定官员等人员发出

(1)本法或有关规例或任何其他成文法授权管理局发出的所有通知、命令、收据及其他文件以及任何性质的所有信息,均可通过包括电子形式及实物形式的任何形式发出。

(2)管理局有权发出的任何通知、命令、收据或其他文件或信息:

(a)根据本法或有关规例的规定,可由获管理局正式授权的雇员或官员发出;或

(b)根据由第八十九条之三制定的有关条例的规定,也可由局长出于本条的目的授权的任何指定官员发出。

(3)任何上述通知、命令、收据、文件或信息需要认证时,附于其上的局长、第二款第一项的规定提及的管理局雇员或官员或第二款第二项的规定提及的指定官员的签名或签名的印

件即为充分认证。

第一百一十二条　引导、援助或指示船舶

管理局提供引导、协助或指示任何船舶的服务，管理局或管理局的任何雇员或代理人对任何人员所遭受的任何损失或损害均不承担法律责任，前提是该损失或损害是以下列情形造成的，无论是何性质，亦无论如何造成：

(a)由管理局、管理局的雇员或代理人在正常履行职责的过程中，出于善意，作为或不作为而造成的；或

(b)损失或损害是由进行服务的、用于提供服务的或用于接收或提供信息的任何设备的任何缺陷或故障而产生或导致的，而不是由管理局的任何作为或不行为所造成的。

第一百一十三条　进入他人土地的权力

(1)出于本法的目的，为进行任何调查或检查，并为执行本法授权管理局执行的任何工作，管理局可派遣其雇员、代理人或承包商，在白天任何合理时间，进入任何建筑物或土地；管理局对根据本法的规定进入该建筑物或土地的任何部分，或在该建筑物或土地的任何部分实施的任何行为而产生的法律程序或干扰概不负责。

(2)管理局不得进入他人实际占有的任何住宅，但获得住宅占有人的同意，并提前六小时通知占有人的除外。

第一百一十四条　进入与工程相邻的他人土地的权力

(1)为在该土地上堆放任何泥土、砾石、沙子、石灰、砖、石或其他材料，或为出于与工程建设有关的任何其他目的，管理局可派遣管理局的雇员、代理人或承包商，进入与本法授权进行的任何工程相邻或相距九十米以内的任何土地，而无须事先支付相关价款、投标或付押金。

(2)在行使根据第一款的规定授予的权利进入任何土地时，管理局须：

(a)尽可能减少对土地的损害。及

(b)对下列情形进行补偿：

(i)临时占用土地或对土地造成临时性损害；及

(ii)对土地造成任何永久性损害。

(3)就补偿费的数额或分配产生任何争议的，应按照第一百一十六条规定的方式决定。

(4)管理局在根据第一款的规定临时使用与工程相邻或靠近工程的土地之前，须提前七日将其意图以书面形式通知该等土地的业主和占有人，并且须用足够的围栏将该等土地与其他相邻土地分隔开来。

第一百一十五条　管理局雇员在某些情形下可要求他人证明身份

(1)任何警务人员或管理局的任何雇员或官员，如有理由认为任何人员违反本法或有关规例的规定的，可要求该人员提供身份证明，而该人员须按要求提供身份证明。

(2)任何人员拒绝提供第一款的规定所要求的任何信息的，或故意提供虚假信息的，即属犯罪，一经定罪，可被处以不超过一千新加坡元的罚金。

第一百一十六条　由地区法院决定补偿金、损害赔偿金及花费

(1)对本法规定所应支付的损害赔偿金、费用、修复损害的花费或其他花费的数额产生争议的，应由地区法院查明及决定，本法另有规定的除外；如有必要，上述款项的数额的分配及

任何责任问题也应由地区法院查明及决定。

(2)有义务支付的一方在要求支付之日起七日内仍未付清该损害赔偿金、费用、修复损害的花费或其他花费的,可就该等款项向地区法院报告,地区法院以如同追讨所处罚款的方式予以追讨。

(3)根据本条规定就地区法院所作的任何判决向新加坡高等法院原审法庭提起的上诉,《新加坡2010年刑事诉讼法典》的规定在进行必要修正后适用于所有该等上诉。

第一百一十七条　管理局对清理的物质及物品的处置

(1)管理局在执行本法或有关规例授权管理局执行的任何工程时所清理的任何物质或物品,均属管理局财产,可通过公开拍卖的方式进行出售,或管理局认为情形需要时,可通过其他方式进行出售,或以非出售的形式进行处置;另有规定的除外。

(2)出售所得钱款可由管理局保留并用于支付所产生的费用;经要求,管理局需将出售所获得的盈余(如有)返还给该物质或物品的所有人。

(3)盈余在出售之日起一年内无人要求返还的,须将其存入管理局的基金中。

(4)管理局在执行任何工程中移走属于多名人员的多项物质或物品的,须单独出售每项物质或物品。

第一百一十八条　管理局的豁免

(1)经部长批准,管理局可以豁免任何人员、船舶、车辆或场所或任何类别或任何类型的个人、船舶、车辆或场所,使其不受遵守本法或有关规例的任何规定的约束。

(2)任何由管理局根据第一款的规定所给予的豁免,不得减轻或以其他方式影响获得豁免的人员、船东或船长、车辆的所有人或场所所应承担的责任;管理局对豁免所导致的任何人员的死亡或受伤,或任何财产的任何损失、损害或毁坏概不负责。

第一百一十九条　有关规例

为实现本法的目并实施本法的规定,经部长批准,管理局可制定有关规例。

附表一

第六条

管理局的人员构成及程序

第一条　对主席及管理局其他成员的任命

(1)主席及管理局其他成员应由部长任命。

(2)部长可任命其中一名成员担任副主席。如此任命的副主席可按照主席的指示,行使主席根据本法的规定可行使的所有或任何权力。

(3)部长可任命局长为管理局成员。

第二条　成员的任期

成员担任职位的条款、条件及任期应由部长决定,并可连任。

第三条 临时成员

部长可任命任何人员，在任何成员因疾病或其他原因而暂时不能工作期间，或在其暂时离开新加坡期间，担任管理局的临时成员。

第四条 撤销任命

部长可随时撤销对主席或任何成员的任命，而无须说明任何理由。

第五条 辞职

任何成员均可在任何时候以书面形式向部长提交通知，辞去其职务。

第六条 主席可转委其职能

主席可通过书面文件授权任何成员行使本法授予主席的任何职权，或履行本法授予主席的任何职能。

第七条 职位的空缺

发生下列情形时，成员的职位产生空缺：

(a)该成员死亡；

(b)该成员无充分理由(是否充分由管理局决定)连续三次未能出席管理局的会议；或

(c)该成员以任何方式丧失管理局成员资格。

第八条 填补空缺

一名成员在其任期届满前死亡、辞职或对其成员身份的任命被撤销或以其他方式离职的，部长可任命一人在空缺成员剩余的任期内填补空缺。

第九条 剥夺成员资格

任何人员如有下列情形，不得获得任命或继续担任管理局成员：

(a)作为破产人未清偿债务的或已与其债权人作出任何安排的；或

(b)被判处六个月或六个月以上的监禁，且未获得赦免的。

第十条 应向成员支付的工资等

经部长决定，可从管理局基金中向成员支付工资、酬金及津贴。

第十一条 会议

(1)管理局必须在主席指定的时间及地点开会，以处理事务。

(2)管理局每次会议的法定人数为参会成员总数的三分之一或三名成员，以较多者为准。

(3)管理局会议作出的决定应由出席并参加表决的成员以简单多数票表决通过，但在票数相等的情形下，主席或主持会议的成员除其原有的一票外，还可投下决定票。

(4)由主席主持管理局的会议；在主席缺席时，由副主席主持管理局的会议。

(5)主席和副主席均缺席会议的，由主席任命的作为代理主席的成员主持会议。

第十二条 空缺

无论管理局成员出现何种空缺，管理局仍可采取行动。

第十三条 会议程序

根据本法及《新加坡2018年公共部门(治理)法》的规定，管理局可制定规则，以对其自身程序进行一般性规范，尤其是制定关于会议的召开及会议程序，会议通知，会议记录的留存以及会议记录的保管、制作及审查的规则。

第十四条　程序的有效性

管理局任何程序的有效性不受任命任何成员时的任何程序瑕疵的影响。

附表二

第八条

管理局的职权

1. 对根据本法或有关法律的规定颁发执照的任何人给予指导。

2. 制定标准及规范,以供所有海事港口服务及设施的提供者和使用者遵守。

3. 为授予执照、许可证、批准、同意书及办理事项,以及由管理局提供的服务及设施收取其认为适当的费用或酬金。

4. 为提供要求管理局提供或授权管理局提供的任何港口服务及设施而拥有船舶及操作船舶。

5. 向船舶供水。

6. 规范及管理在新加坡领水内泄漏石油的清理作业。

7. 在授予管理局的土地的任何部分进行开垦、挖掘、设界或建设。

8. 在新加坡领水内或其他地方,提供及使用船舶和设备,以援助任何船舶或取回丢失、沉没或搁浅的财产。

9. 管理局认为必要时,可为管理局雇员及商船成员提供住宿及休闲设施。

10. 提高商船成员的福利。

11. 组建下列机构或参与下列机构的组建:

(a)为行使管理局的全部或部分职能而组建的任何公司;及

(b)经部长批准,出于部长批准的任何其他目的而组建的任何公司。

12. 组建或参与任何合资企业或合伙。

13. 出于任何经管理局特别批准且可能提高官员或雇员的效率的目的,或出于管理局履行职能的其他目的,向管理局官员或雇员发放贷款或为其贷款提供担保。

14. 对管理局或其前身的雇员或前雇员的遣散费、退休金、津贴或其他福利作出规定。

15. 向公众、管理局官员或雇员及其家庭成员提供助学金及奖学金,以供在任何高等教育学校或机构学习。

16. 为实现本法的全部或部分目的,向任何人员提供经济资助、援助或协助。

17. 接受任何来源的捐赠及捐款,并通过任何合法手段筹集基金。

18. 从事与其职能有关的任何附带事项。

新加坡战略物资（控制）法

王春荣 译 屈文生 审校*

《新加坡战略物资(控制)法》译介

《新加坡战略物资(控制)法》最初颁布于2002年,后经2003年修订。该法令旨在管制战略物资的转让与经纪事项、战略物资技术的转让与经纪事项、可用于开发、生产、经营、储存或获取可造成大规模毁灭性武器以及可运载此类武器的导弹的物资和技术的转让与经纪事项。

该法就相关术语作了释义。"物资"是指任何动产或个人财产,但不包括无形动产或资金;"军民两用物资"是指可同时用于非军事目的和军事目的或相关活动的物资;"军事物资"是指完全或主要为军事目的而设计或改装的物资,包括其任何部分或组件;"战略物资技术"是指开发、生产或使用任何物资所必需的信息(包括规范、蓝图、计划、手册、模型、图表、公式、表格和设计等文件中包含的信息),也包括软件,等等。

该法规定了战略物资及技术的转让与经纪。根据该法,任何人不得出口、转运或过境任何战略物资,不得出口任何记录、储存或载有任何战略物资技术的文件;或传输任何战略物资技术。任何人不能安排或协商购置或处置战略物资,如该人知道或有理由相信该合约会或可能会导致此类货品从一个外国转移至另一个外国。

该法规定了高级受权官员的职责。高级受权官员有权知悉在许可证授权下实施的任何行为,任何人无合理理由而拒绝在规定的时间、以规定的形式向高级受权官员提供与该行为相关规定的详情的,即属犯罪。另外,高级受权官员可寻求情报,可向任何人发出书目通知,要求该人在该通知所指明的合理期限内,向其提交该通知所指明的特定文件或特定种类的文件。

根据该法,治安官在必要时可发出书目搜查令,授权任何高级受权官员进入相关处所执行搜查任务,并可随身携带必要的人员和设备。但除女性官员外,任何人不得搜查任何女性。高级受权官员可在新加坡登上任何运输工具,翻查或搜查该运输工具的所有部分。若搜查出相关违法物品,高级受权官员可要求掌管运输工具的人在获授权前不得继续行驶或将该运输工具带至相关检查站。该法还规定了受权官员执行扣押时的职责及在必要时可使用武力进入任何处所或登上任何运输工具等事宜。

关于诉讼程序的规定,该法推定在任何运输工具之内或之上发现的任何物资,在相反证

---

* 译者:王春荣,华东政法大学博士后在站研究人员;审校:屈文生,全国人大常委会法工委法律英文译审专家委员会委员、华东政法大学教授、博士生导师。

明成立之前,在依据本法提起的任何诉讼中须推定为该物资是在船长、领航员、机长或掌管该运输工具的人知道的情况下在该运输工具之内或之上运输的。另外,对任何已被扣押物资,只需按受权官员或高级受权官员所决定的比例,开启、检查及测试被扣押物资的内容。

本法令旨在管制战略物资的转让与经纪事项、战略物资技术的转让与经纪事项、可用于开发、生产、经营、储存或获取可造成大规模毁灭性武器以及可运载此类武器的导弹的物资和技术的转让与经纪事项。

[2003 年 1 月 1 日]

第一部　导　言

第一条　简称

本法令可引称为《新加坡 2002 年战略物资(控制)法》。

第二条　释义

(1)在本法令中,除非文意另有所指,否则:

"受权官员"是指:

(a)任何依据第四条获委任为受权官员的官员;或

(b)《新加坡 1960 年海关法》第三条第一款所指的任何海关官员。

"过境"是指从任何国家通过陆路、水路或空运将物资运进新加坡,且在物资不在新加坡着陆的情况下,通过与运进新加坡相同的运输工具从新加坡运出,但不包括运载物资的外国运输工具依据国际法过境新加坡。

"计算机"与《新加坡 1993 年计算机滥用法》第二条第一款中的含义相同。

"运输工具"包括任何船只、火车、车辆、飞机或其他运输方式。

"国家"包括领土。

"开发",就任何物资而言,是指物资批量生产之前的任何阶段,包括设计、设计研究、设计分析、设计概念的开发、样品的组装和测试、试生产、设计数据的生成、将设计数据转化为产品的过程,配置设计、集成设计和布局。

"设备"是指以任何形式记录、存储或载有信息、视觉图像、声音或其他数据的任何有形介质,以便能够(无论是否借助其他设备)从中读取或产生上述各类数据。

"署长"是指依据《新加坡 1960 年海关法》第四条第一款获委任的海关总署署长。

"出口"是指通过陆路、水路或空运从新加坡运出物资,包括为把物资运出新加坡而将物资放置在运输工具中,但不包括过境或转运的物资运出新加坡。

"外国"是指新加坡以外的国家。

"物资"是指任何动产或个人财产,但不包括无形动产或资金。

"许可证"是指依据第七条授予的许可证。

"生产",就任何物资而言,是指物资生产的任何阶段,包括建造、生产工艺、制造、集成、装配、安装、检验、测试和质量保证。

“已注册”是指依据第八条已获注册。

“相关活动”是指：

(a)开发、生产、处理、操作、维护、储存、探测、识别或传播任何核生化武器；或

(b)研制、生产、维护或储存能够运载任何此类武器的导弹。

“高级受权官员”是指：

(a)任何依据第四条获委任为高级受权官员的官员；或

(b)《新加坡1960年海关法》第三条第一款所指的任何高级海关官员。

“软件”是指在任何设备中记录、存储或载有一个或多个程序或微程序的集合。

“战略物资”是指部长依据第四条之一规定为战略物资的任何物资。

“战略物资技术”是指部长依据第四条之一规定为战略物资技术的任何技术。

“技术”是指开发、生产或使用任何物资所必需的信息(包括规范、蓝图、计划、手册、模型、图表、公式、表格和设计等文件中包含的信息)，也包括软件。

“联运提单”“空运提单”“联运舱单”分别指将物资从新加坡以外的地方托运到新加坡以外的目的地且在新加坡没有收货人的提单、空运提单及舱单。

“转运”是指为把物资运出新加坡，联运提单、空运提单或联运舱单，将物资从运输工具上移出，并将物资放在同一或另一运输工具上的行为。

“传输”，就任何技术而言，是指：

(a)通过电子方式在新加坡传输技术；或

(b)在新加坡用计算机提供技术，

以便使在外国的任何人——无论是特定的人、特定类别的人、一般人或进行传输的人——能获取该技术(无论是应要求，或受限于先决条件，或其他原因)。

“使用”就任何物资而言，是指物资的操作、安装、维护、检查、修理、大修或翻新。

(2)就“过境”一词的定义而言：

(a)依据国际法，运输工具途径新加坡是指该运输工具通过或飞越新加坡领海或领空，除遇险情况外，不在新加坡停留或停泊；以及；

(b)若运输工具没在新加坡注册，即属外国运输工具。

(3)在本法令中，除包括任何文件或书面纪录外，也包括提述任何以下文件或其部分：

(a)记录在任何电子形式或保存在任何磁性、光学、化学或其他介质上的文件；

(b)照片；

(c)地图、平面图、图表、图片或绘画；或

(d)设备。

(4)在本法中，凡提述与犯罪有关的物资或技术的价值，即指犯罪时物资或技术的价值。

第三条　受《新加坡1913年武器及爆炸物法》第九条约束的行为

本法受《新加坡1913年武器及爆炸物法》第九条约束。

第四条　委任受权官员及高级受权官员

为执行本法令或本法令任何部或条款，部长可委任任何公职官员或法定机构官员为受权官员或高级受权官员。

第四条之一　战略物资及战略物资技术

(1)部长可在《政府公报》上发布命令,规定:

(a)为执行本法令,任何军事或军民两用物资为战略物资;或

(b)为执行本法令,任何军事或军民两用技术为战略物资技术。

(2)在第一款中:

"军民两用物资"是指可同时用于非军事目的和军事目的或相关活动的物资。

"军民两用技术"是指开发、生产或使用军民两用物资所需的技术。

"军事物资"是指完全或主要为军事目的而设计或改装的物资,包括其任何部分或组件。

"军事技术",是指开发、生产或者使用军事物资所必需的技术。

第二部　战略物资及战略物资技术的转让与经纪

第五条　战略物资等的转让

(1)任何人不得:

(a)出口、转运或过境任何战略物资;

(b)出口任何记录、储存或载有任何战略物资技术的文件;或

(c)传输任何战略物资技术。

(d)[由 2007 年 45 号法案删除,自 2008 年 1 月 1 日起生效]

(2)任何人不得:

(a)出口、转运或过境任何物资;

(b)出口任何记录、储存或载有任何技术的文件;或

(c)传输任何技术,

若:

(d)该人被受权官员或高级受权官员告知,该物资或技术的全部或部分拟定或可能被用于相关活动或与之有关;

(e)该人知道该物资或技术的全部或部分拟定被用于相关活动或与之有关;或

(f)该人有合理的理由怀疑该物资或技术的全部或部分拟定或可能被用于相关活动或与之有关。

(3)第一款和第二款不适用于许可证授权的行为。

(3A)第一款和第二款不适用于公共领域的任何技术。

(4)第一款和第二款不适用于记录、储存或载有任何技术的任何文件的出口,也不适用于任何技术的传输,但仅限于便利以下事项:

(a)任何物资就出口、转运或过境已取得或无须取得许可证的,对出口、转运或过境的该等物资的安装、操作、维护或修理;

(b)专利申请;或

(c)任何无实际应用的技术研究。

(5)第二款第一项不适用于任何经高级受权官员批准的物资过境。

(6)任何人违反第一款或第二款,即属犯罪,处以下刑罚:

(a)首次定罪,处不超过十万新元或与其罪行所涉物资或技术价值三倍的罚金(以数额较大者为准),单处或并处不超过二年的监禁;

(b)第二次或其后定罪,处不超过二十万新元或与其罪行所涉物资或技术价值四倍的罚金(以数额较大者为准),单处或并处不超过三年的监禁。

(7)在就第一款第三项或第二款第三项所提述的行为而构成的罪行提起的法律诉讼中,被告方辩护可证明,在实施该行为时,他既不知道也没有理由相信相关技术会因此而被任何外国人获取。

(8)在就第二款第六项所提述的任何物资或技术而构成的罪行提起的法律诉讼中,被告方辩护可证明,他已就使用或拟使用此类物资或技术作出一切合理调查,并信纳此类货品或技术不会被用于相关活动。

第六条　战略物资的经纪等事项

(1)任何人不得安排或协商,或采取任何行动以便利安排或协商:

(a)购置或处置第二款所提述的任何货品的合约,如该人知道或有理由相信该合约会或可能会导致此类货品从一个外国转移至另一个外国;或

(b)购置、处置或传输以下物品的合约:

(i)任何第三款提述的技术;或

(ii)任何记录、储存或载有此类技术的文件,

如该人知道或有理由相信这种合约会或可能会导致从一个外国向另一个外国传输此类技术或转移此类文件。

(2)第一款适用于:

(a)部长在《政府公报》上发布的命令所指定的战略物资;或

(b)任何以下物资:

(i)受权官员或高级受权官员已告知该人此类物资的全部或部分拟定或可能被用于相关活动或与之相关;

(ii)该人知道此类物资的全部或部分拟定或可能被用于相关活动或与之相关;或

(iii)该人有合理理由怀疑此类物资的全部或部分拟定或可能被用于相关活动或与之相关。

(3)第一款适用于:

(a)部长在《政府公报》上发布的命令所指定的战略物资技术;或

(b)任何以下技术:

(i)受权官员或高级受权官员已告知该人此类技术的全部或部分拟定或可能被用于相关活动或与之相关;

(ii)该人知道此类技术的全部或部分拟定或可能被用于相关活动或与之相关;或

(iii)该人有合理理由怀疑此类技术的全部或部分拟定或可能被用于相关活动或与之相关。

(3A)第一款不适用于公共领域的任何技术。

(4)第一款不适用于任何注册人员就第二款第一项所提述的任何物资所作出的任何行为。

(5)第一款不适用于与以下事项有关的行为：

(a)任何第二款第二项提述的物资；或

(b)任何第三款提述的技术，或任何记录、储存或载有此类技术的文件；

(c)由许可证授权的。

(6)第一款不适用于仅为提供以下服务而参与物资、技术或文件、或技术传输的购置或处置的任何人：

(a)运输服务；

(b)融资或金融服务；

(c)保险；

(d)仅限于涉及传播公众普遍可获取的信息的广告服务；或

(e)其他规定的服务。

(7)第一款不适用于任何有关购置、处置或传输任何技术的合约，或记录、储存或载有任何技术的任何文件，但该购置、处置或传输仅限于便利以下事项：

(a)在外国安装、操作、维护或修理非战略物资；

(b)专利申请；或

(c)任何无实际应用的技术或零部件研究。

(8)违反第一款规定的，即属犯罪，处以下刑罚：

(a)首次定罪，处不超过十万新元或与其罪行所涉物资或技术价值三倍的罚金(以数额较大者为准)，单处或并处不超过二年的监禁；

(b)第二次或其后定罪，处不超过二十万新元或与其罪行所涉物资或技术价值四倍的罚金(以数额较大者为准)，单处或并处不超过三年的监禁。

(9)在就第二款第二项第三目所提述的任何物资而构成的罪行或就第三款第三项所提述的任何技术而构成的罪行提起的法律诉讼中，被告方辩护可证明，他已就使用或拟使用此类物资或技术作出一切合理调查，并信纳此类物资或技术不会被用于相关活动。

(10)在本条中：

"取得"，就任何货物、技术或文件而言，是指购买、租用或借用此类货物、技术或文件，或以礼物形式接受此类货物、技术或文件作；

"处置"，就任何货物、技术或文件而言，是指出售、出租或出借此类货物、技术或文件，或以礼物形式赠送该货物、技术或文件。

第七条　许可证

(1)凡申请实施以下行为的许可证：

(a)第五条第一款或第二款所提述的。或

(b)第六条第一款所提述的有关以下事项的：

(i)第六条第二款第二项所提述的任何商品；

(ii)第六条第三款所提述的任何技术或记录、储存或载有此类技术的任何文件，

须提交署长。

(2)许可证申请须以署长决定的方式及形式提交，并须随附规定的费用。

(3)署长可依据第七款制定规例，向申请人颁发许可证，并可向其施加署长认为适当的

条件。

(4)署长可依据第七款制定规例,有条件或无条件更新许可证,或撤销许可证。

(5)凡对署长不授予或更新许可证或撤销许可证的决定不服的,可向部长提出上诉,部长的决定应为最终决定。

(6)署长可将其在本条所赋予的任何权力转授予任何高级受权官员。

(7)部长可订立规例,规定可授予的许可证的类别、申请许可证的时间、形式和方式、许可证的条件、可授予或拒绝申请的情况、许可证可被撤销、更新或更换的情况以及应支付的相关费用。

第八条　注册

(1)就第六条第二项第一目所提述的物资而言,为实施第六条第一款所提述的行为而提出的注册申请,须以署长决定的方式和形式向其提交,并须随附规定的费用。

(2)署长可依据第六款订立的规例,可对申请人予以注册,并可向其施加署长认为适当的条件。

(3)署长可依据第六款订立的规例,有条件或无条件更新任何注册,或撤消或暂停任何注册。

(4)凡对署长不授予或更新注册,或撤销或暂停注册的决定不服的,可向部长提出上诉,部长的决定应为最终决定。

(5)署长可将其在本条所赋予的任何权力转授予任何高级受权官员。

(6)部长可订立规例,规定注册的不同类别、申请注册的时间、形式及方式、注册的期限、注册的条件、可授予或拒绝申请的情况,任何可被暂停、撤销、延期或续期的注册,以及就此而须缴付的费用。

第九条　违反许可证或注册条件即属犯罪

任何持有许可证或已注册的人员,如无合法辩解而违反依据第七条第七款或第八条第六款所规定的许可证或注册条件的,即属犯罪。一经定罪,可处不超过五万新元的罚金,单处或并处不超过十二个月的监禁。

第三部　信息与文件

第十条　任何需要许可证或注册的行为的信息和记录

(1)在许可证授权下实施任何行为,或实施其已注册的任何行为的,应:

(a)在规定的时间、以规定的形式向高级受权官员提供与该行为相关规定的详情;

(b)依据本法订立的规例,保存与该行为有关的记录;以及

(c)从此类记录中拟备依据本法制定的规例所要求的报告,并提交给高级受权官员。

(2)任何人无合理理由而拒绝或没有遵从第一款,即属犯罪。一经定罪,可处不超过一万新元的罚金,单处或并处不超过六个月的监禁。

(3)关于备存第一款第二项所提述的记录的规例可包含:

(a)关于此类记录的形式及内容的规例;以及

(b)关于备存此类记录的期限的规例。

(4)关于拟备及提交第一款第三项所提述的报告的规例可包含：

(a)关于此类报告的形式及内容的规例；

(b)关于作出此类报告时间的规例；以及

(c)有关签署此类报告的人员的规例。

第十一条　高级受权官员可寻求情报

(1)如高级受权官员认为任何人能够提供与第五条、第六条或第九条所提述的任何行为有关的情报，适用本条。

(2)高级受权官员可向第一款所提述的人发出书面通知，规定该人在该通知所指明的合理期限内，以该通知所指明的方式，向他提交此类情报。

(3)高级受权官员可向第一款所提述的人发出书面通知，要求该人在该通知所指明的合理期限内，向高级受权官员提交该通知所指明的特定文件或特定种类的文件。

(4)任何人在其有能力遵从依据本条发出的通知的情况下，无合理理由而拒绝或未遵从依据本条发出的通知，即属犯罪。一经定罪，可处不超过一万新元的罚金，单处或并处不超过六个月的监禁。

(5)高级受权官员依据本条规定要求任何人向其提交情报或文件的权力是对该人依据第十条提交情报或文件的补充。

第十二条　机密

(1)依据本部所提交的情报或文件，除非事先获得控制、管理或监督与该情报或文件提交有关的物品的人的书面同意，否则不得：

(a)发布；或

(b)向任何其他人传达或披露，

除非有必要：

(c)是为调查或起诉本法或任何其他成文法所订罪行；或

(d)是使外国政府当局能够在符合第二款所指明的条件的情况下，调查或起诉在外国犯罪的人。

(2)第一款第四项所提述的条件是指：

(a)该犯罪涉及战略物资或战略物资技术，或任何可用于开发、生产、经营、储存或获取任何核生化武器或能够运载此类武器的导弹的物品；

(b)传达或披露此类情报或文件不会损害新加坡的主权、安全或其他基本利益；

(c)该情报仅用于所要求的调查或起诉，且外国政府当局承诺遵守部长对使用该情报所施加的任何条件；以及

(d)部长可能规定的其他条件。

(3)任何人违反第一款，即属犯罪。一经定罪，可处不超过六千新元的罚金，单处或并处不超过十二个月的监禁。

第四部　执　　行

第十三条　绪则

(1)在本部中,“处所”指任何土地、地方或建筑物,无论是开放的或封闭的,也无论是否建在其上,并包括《新加坡 1966 年自由贸易区法》所指的任何自由贸易区。

(2)为免生疑义,尽管有《新加坡 1966 年自由贸易区法》的条款规定,本部的条款仍然有效。

第十四条　搜查令

(1)如治安官依据宣誓时所提交的情报,信纳有合理理由相信在任何处所内存在能证明第五条、第六条或第九条所订罪行已经发生、正在发生或即将发生的任何物品或文件,他可发出书面搜查令,授权任何受权官员或任何高级受权官员在搜查令发出后一个月内的任何时间进入该处所搜查此类物品或文件。

(2)经搜查令授权,进入处所的受权官员或高级受权官员可以:

(a)随身携带他认为必要的其他人员和设备;

(b)翻查及搜查该处所的所有部分以寻找任何此类物品或文件;

(c)查阅他有合理理由相信是此类文件的任何文件,并复制、扣押及移走此类文件;

(d)查阅、扣押及移走在处所内发现的任何他有合理理由相信是此类物品的物品;

(e)搜查或安排搜查在处所内发现的任何他有合理理由相信管有任何此类物品或文件的人。

(3)除女性官员外,任何人不得搜查任何女性。

第十五条　在无搜查令的情况下可以进行搜查

如高级受权官员有合理理由相信:

(a)在任何处所内存在能证明已经、正在或即将犯第五条或第六条所订罪行的任何物品或文件;以及

(b)该物品或文件可能会因依据第十四条延迟取得搜查令而被移走,

该官员可行使第十四条所提述的一切权力,如同他是依据该条发出的搜查令授权他行使该权力一样。

第十六条　搜查运输工具的权力

(1)高级受权官员,或按照高级受权官员的一般或特别指示行事的受权官员,可在新加坡登上任何运输工具,并可翻查及搜查该运输工具的所有部分,以寻找任何已经、正在或即将犯第五条或第六条所订罪行有关的物品或文件。

(2)为更有效地行使第一款所赋予的权力,受权官员或高级受权官员可

(a)要求任何船只的船长或任何飞机的机长提供他认为需要的与该船只或飞机、货物、物料、船员、乘客或航程有关的信息;

(b)向任何船只的船长或任何飞机的机长发出指示,要求该船只或飞机(视属何情况而定)在获授权前不得继续行驶;

(c)要求将任何船只或飞机上应载有的任何文件送交他检查,且他若有合理理由相

信该文件是犯第五条或第六条所订罪行的证据,则可复制或扣押及移走该文件;以及

(d)要求掌管运输工具的人:

(i)在获授权前停下并不得继续行驶;

(ii)将运输工具带至部长为执行本条而规定的任何检查场所。

(3)若受权官员或高级受权官员有合理理由相信存在与已经、正在或即将犯第五条或第六条所订罪行的任何物品或文件,该官员可扣押及移走任何此类物品或文件。

第十七条　受权官员执行扣押时的职责等事宜

(1)凡依据第十四条、第十五条或第十六条扣押及移走任何物品或文件,受权官员或高级受权官员(视属何情况而定)须以书面形式通知该物品或文件的所有者有关扣押及移走该物品或文件的情况及理由。

(2)如果扣押是对该所有者进行的,或是在罪犯或所有者或其代理人在场的情况下进行的,无须发出通知。

第十八条　访问计算机信息

(1)就依据第十四条、第十五条或第十六条行使其权力而言,受权官员或高级受权官员:

(a)凡正在或已经使用的任何计算机及任何相关设备、仪器或材料与第十四条、第十五条或第十六条所适用的任何文件有关,则有权对其进行随时访问,并对其操作进行检查及核对。

(b)可以要求:

(i)使用或曾经使用该电脑的人或其代表;或

(ii)任何掌管或以其他方式与操作该电脑、设备、仪器或材料有关的人,

向受权官员或高级受权官员提供其为执行第一项所要求的合理协助。

(2)任何人违反第一款,即属犯罪。一经定罪,可处不超过一万新元的罚金,单处或并处不超过六个月的监禁。

第十九条　使用武力

为行使第十四条、第十五条或第十六条所赋予的权力,如须使用武力进入任何处所或登上任何运输工具(不论是破门或以其他方式),或获取该处所内或运输工具上的任何东西,受权官员或高级受权官员可在合理情况下使用武力。

第二十条　妨碍受权官员或高级受权官员

任何人在没有合法辩解的情况下:

(a)拒绝受权官员或高级受权官员或协助其行事的人员进入该官员依据本部规定有权进入的任何运输工具或处所的;

(b)妨碍或阻碍受权官员或高级受权官员或协助其行事的人员执行本部所赋予该官员的任何权力的;

(c)当受权官员或高级受权官员或协助其行事的人员在执行本部所赋予该官员的任何权力时,在该官员或人员要求提供合理协助的情况下却拒绝提供此类协助的,

即属犯罪。一经定罪,可处不超过一万新元的罚金,单处或并处不超过六个月的监禁。

第二十一条　逮捕权

(1)任何受权官员或高级受权官员可以：

(a)在无逮捕令的情况下，逮捕任何他有理由相信正在或已经犯第五条或第六条所订罪行的人；以及

(b)搜查被捕的人，并扣押他合理地认为是犯罪证据的任何东西。

(2)除女性官员外，任何人不得搜查任何女性。

(3)凡受权官员或高级受权官员在无逮捕令的情况下进行的逮捕，应当在没有不必要的拖延的情况下将被逮捕之人送交治安官。

(4)受权官员或高级受权官员不得在无逮捕令的情况下将被捕之人羁押超过案件情况的合理期限。

(5)上述期限不得超过四十八小时，前往治安法院的途中所需的必要时间不计在内。

第五部　关于诉讼程序的规定

第二十二条　法院管辖权

即使《新加坡2010年刑事诉讼法典》中有任何相反的规定，地区法院和治安法院仍有权审判本法订立的任何罪行，并有权对该罪行施加全部刑罚或处罚。

第二十三条　可起诉之人

经检察司授权，可由部长为此目的以书面形式授权高级受权官员对本法订立的罪行提起诉讼。

第二十四条　推定

在任何运输工具之内或之上发现的任何物资，在相反证明成立之前，在依据本法提起的任何诉讼中须推定为该物资是在船长、领航员、机长或掌管该运输工具的人(视属何情况而定)知道的情况下在该运输工具之内或之上运输的。

第二十五条　按比例检查被扣押以供法院受理的物资

(1)依据第十四条、第十五条或第十六条规定，对任何已被扣押物资，只需按受权官员或高级受权官员(视属何情况而定)所决定的比例，开启、检查及(如有需要)测试被扣押物资的内容。

(2)除非相反证明成立，否则法院须推定未开封的包裹或容器内所含的物资的性质、数量及质量与已开封的同类包裹或容器内所含的物资相同。

第二十六条　保护举报人

(1)就第五条或第六条所订罪行提起的法律诉讼中，任何证人均无义务或被允许披露举报人的姓名或地址，或披露从举报人处收到的信息的实质内容，或陈述任何可能导致举报人被发现的事宜。

(2)在任何法律程序中作为证据或可予查阅的任何文件中，载有任何举报人的姓名或描述或可能导致该举报人被发现的任何记录的，法院仅在保护举报人不被发现的必要情况下，安排将该记录隐藏起来或将其删除。

(3)在任何法律诉讼中：

(a)若法院经全面调查案件后,认为举报人在其控诉中故意作出他知道或相信是虚假的或不相信是真实的重要陈述;或

(b)若法院认为在举报人不被发现的情况下,无法在当事人之间实现公正,

法院可以要求出示书面控诉书原件,准许调查并要求充分披露举报人。

第二十七条　没收

(1)法庭可命令将任何法庭信纳为第五条或第六条所订罪行的标的物的物品,或曾被用于犯该罪行的物品没收归政府所有,必须予以销毁或以法院下令的其他方式处理。

(2)特别是,法院可命令按署长认为合适的方式处理该物品。在这种情况下,署长可指示销毁或以其他方式处理该物品。

(3)凡:

(a)法院拟命令依据本条规定予以没收任何物品;以及

(b)声称与申请由法院审理的事项有利害关系的人,

除非该人有机会证明法院不应作出该命令的理由,否则法院不得命令没收该物品。

(4)即使无任何人就被没收的物品而被控或被裁定犯第五条或第六条规定的罪行,法院仍可作出没收令。

第二十八条　执法成本

凡任何人因犯第五条或第六条所订罪行而被法院定罪的,法院可命令该人缴付受权官员或高级受权官员对该罪行所采取的任何执法行动所产生的合理费用,包括由储存犯罪标的物或用于犯罪的任何物品所产生的任何费用。

第二十九条　除非无合理或相当理由,否则不得因扣押而获得损害赔偿

在任何法院就依据第四部的任何规定扣押任何物品的法律诉讼中,除非扣押是在没有合理或相当理由的情况下作出的,否则任何人无权获得法律诉讼费或任何损害赔偿或其他救济,但要求归还该物品或支付其价格的命令除外。

第六部　其他事项

第三十条　虚假或误导性文件或信息

(1)就申请许可证或注册而言,或依据第三部的规定被要求向受权官员或高级受权官员提供任何信息或文件的任何人

(a)在重要事项上提供虚假或误导性的信息;或

(b)提供任何包含或遗漏在重要详情上具有虚假或误导性的陈述或事项的任何文件,

即属犯罪。一经定罪,可处不超过五万新元的罚金,单处或并处不超过十二个月的监禁。

(2)在对犯第一款项所订罪行提起的法律诉讼中,被告方辩护可证明,他已经采取了一切合理的步骤,以查明并使自己确信所涉问题的真相。

第三十一条　犯罪的私了

(1)高级受权官员可酌情决定以罚代刑的罪行,基于合理怀疑对嫌疑人处不超过一万新元的罚金。

(2)部长可订立规例,规定可以罚代刑的罪行。

第三十二条　法人违法者及非法人团体

(1)凡法人团体犯本法所订罪行,经证明是在该法人团体的官员同意或纵容下犯的,或可归因于该官员的疏忽的,该官员及法人团体即属犯罪,并应受到相应的起诉和处罚。

(2)凡该法人团体的事务由其成员管理的,第一款适用于成员在其管理职能方面的行为及失责,如同该成员是该法人团体的董事一样。

(3)凡合伙企业犯本法所订罪行,经证明是在合伙人同意或纵容下犯的,或可归因于合伙人的任何疏忽,该合伙人及合伙企业即属犯罪,并应受到相应的起诉和处罚。

(4)凡非法人团体(合伙企业除外)犯下本法所订罪行,经证明是在该团体或其理事机构成员的同意或纵容下犯下的,或可归因于该团体或其理事机构成员的疏忽,该官员或成员以及该团体即属犯罪,并应受到相应的起诉和处罚。

(5)在本条中:

"官员":

(a)就法人团体而言,指该法人团体的董事、管理委员会成员、首席执行官、经理、秘书或其他类似官员或声称以任何该等身份行事的人员;或

(b)就非法人团体(合伙企业除外)而言,指该团体的会长、秘书或委员会成员,包括担任类似会长、秘书或委员会成员职位的人员;

"合伙人"包括声称以合伙人身份行事的人。

(6)规例可规定本条的任何条款以及部长所作认为适当的修改,适用于依据新加坡境外法律成立的或认可的法人团体或非法人团体。

第三十三条　公职人员

为执行《新加坡1871年刑法典》,所有受权官员和高级受权官员应被视为公职人员。

第三十四条　避免承担个人责任

不得针对任何受权官员或高级授权官员或根据其指示行事的任何人,就其在执行或声称执行本法或任何其他成文法的过程中善意做出或打算做出的任何事情,提起诉讼或其他法律诉讼。

第三十五条　部长可宣布特定物资或技术是否受到管制

(1)部长可在《新加坡政府公报》上发布公告,宣布:

(a)公告中指明的物资是否是战略物资;或

(b)公告中指明的技术是否是战略物资技术。

(2)在对本法所订罪行提起的任何法律诉讼中,若被指称的罪行是与公告中所指明的物资或技术有关的且在第一款所提述的通知公布后所犯的,该公告应为其中所述事项的初步证据。

第三十六条　豁免

部长可制定规例,豁免:

(a)任何人或任何类别的人员;或

(b)与所有物资或技术有关的任何活动,或与特定性质或类型的物资或技术有关的任何活动,根据规定的条款或条件,使之不受本法的所有或任何规定限制。

第三十七条

[由 2007 年第四十五号法案废止,2008 年 1 月 1 日生效]

第三十八条　规例

部长可制定规例:

(a)禁止任何船只在未符合规例的任何规定前,向船长签发港口清关证书;

(b)关于任何待出口、转运或过境的战略物资的注册事宜;

(c)就违反依据本条订立的规例订明罪行,并订明一经定罪,可就任何该等罪行处以不超过一万新元的罚金;及

(d)规定本法要求或允许规定的任何事项,或为执行或实施本法规定而必须或适宜规定的任何事项。

新加坡国际仲裁法

刘　攀　译*

《新加坡国际仲裁法》译介

现行的《新加坡国际仲裁法》是2002年11月31日修订的。依据本法第1条规定:本法可引称为《国际仲裁法》。本法依据联合国国际贸易法委员会通过的《国际商事仲裁示范法》对国际商事仲裁和调解程序作出规定,并赋予《承认及执行外国仲裁裁决公约》(《纽约公约》)和与此相关事项以法律效力。本法对术语释义、法律适用、与知识产权有关的仲裁、外国仲裁裁决、总则进行规定规定,并包括《联合国国际贸易法委员会国际商事仲裁示范法》(1985年6月21日联合国国际贸易法委员会通过)、《承认及执行外国仲裁裁决公约》附录。

本法对仲裁庭、指定的主管机构、仲裁协议、裁决示范法、当事人等作了具体的释义。依据本法,"仲裁庭"是指一名独任仲裁员、一组仲裁员或常设仲裁机构,并包括按照双方使用或采用的仲裁规则所任命的紧急仲裁员;"仲裁协议"是指各方当事人因相互间确定的法律关系(不论为契约关系与否)而已发生的或可能发生的所有或部分争议提交仲裁的协议;"裁决",是指仲裁庭就争议实质作出的决定,包括任何临时的、中期的或部分的裁决,但不包括依据第12条作出的命令或指令;"示范法",是指联合国国际贸易法委员会于1985年6月21日通过的《新加坡贸易法委员会国际商事仲裁示范法》。另外,本法就仲裁协议的形式要求、《新加坡示范法》的法律效力和解释《新加坡示范法》的参考外部资料作出规定。

根据本法,就国际仲裁协议的执行而言,如果适用本法的仲裁协议的任何一方当事人向任何法院对协议的他方当事人就所属该协议标的的任何事项提起任何诉讼,协议他方可以在出庭后,提交任何诉状或者采取诉讼程序中的其他措施前,向法院申请在与该事项有关的诉讼范围内,中止该诉讼程序,也即仲裁协议的执行受到保护。另外,本法也规定了法院在中止法律程序方面的权力。

本法中,依《新加坡示范法》第6条确定的机构,包括新加坡高等法院原审法庭、新加坡国际仲裁中心仲裁院院长以及首席大法官认为合适的并指派的任何其他人行使仲裁院院长的职权。此外,《1959年时效法》和《2012年外国时效期间法》也适用于仲裁程序,其适用与在任何法院的法律程序中的适用相同,两部法中所称程序的启动应解释为仲裁程序的启动。关于仲裁员人数,尽管有《示范法》第10条第2款的规定,如果各方当事人没有确定仲裁员的人

---

* 译者:刘攀,华东政法大学硕士研究生。

数,则应为一名仲裁员。另外,本法也规定了在两方仲裁中默认指定仲裁员和在三方或三方以上仲裁中默认指定仲裁员。

根据本法,当事人可以对仲裁庭的司法管辖裁定提出上诉,向高等法院原审法庭申请对该事项作出决定。如果高等法院原审法庭或上诉法庭在上诉中决定仲裁庭具有管辖权,则仲裁庭应当继续仲裁程序并作出裁决。此外,本法就公共政策与可仲裁性也作出了规定。除与公共政策相抵触外,双方当事人同意按照仲裁协议提交仲裁的任何争议均可以通过仲裁来解决。为进行仲裁程序,仲裁庭依法有权向任何一方方式认作出命令或指示。另外,仲裁协议的任何一方当事人均可以发出着令出庭作证或着令出庭提交文件的传召证人出庭令。

本法中,对适用仲裁规则、指定和解人、作为和解人的仲裁员的权力、合意裁决、仲裁裁决的执行、基于争议点作出的裁决、裁决效力以及裁决效力、仲裁裁决和仲裁协议的认证等作了详细规定。此外,本法包括涉及与知识产权有关的仲裁,且与知识产权有关的纠纷也可通过仲裁解决,也包括涉及知识产权纠纷所作裁决的效力、追索权、承认和执行以及对涉及知识产权裁决登记的判决等规定。

根据本法,外国仲裁裁决由释义、适用和承认或执行、证据、决绝执行判决、依据其他法律执行裁决等规定构成。最后一章为总则,即本法对政府具有约束力。本法还包括附表一《联合国国际贸易法委员会国际商事仲裁示范法》(1985 年6 月21 日联合国国际贸易法委员会通过)和附表二《承认及执行外国仲裁裁决公约》。

第一章　导　　言

第一条　简称

本法可引称为《新加坡 1994 年国际仲裁法》。

第二章　国际商事仲裁

第二条　释义

(1)在本章中,除文意另有所指外:

“仲裁庭”,是指一名独任仲裁员、一组仲裁员或常设仲裁机构,并包括按照双方适用或采用的仲裁规则(包括仲裁机构或组织的仲裁规则)所任命的紧急仲裁员。

“指定的主管机构”,是指依据第八条第二款或第三款指定的主管机构。

“仲裁协议”,是指第二条之一所称的仲裁协议。

“裁决”,是指仲裁庭就争议实质作出的决定,包括任何临时的、中期的或部分的裁决,但不包括依据第十二条作出的命令或指令。

“示范法”,是指联合国国际贸易法委员会于 1985 年 6 月 21 日通过的《贸易法委员会国际商事仲裁示范法》,其英文文本列于附表一。

“当事人”,是指仲裁协议的一方当事人,或在仲裁不涉及仲裁协议所有当事人的情形下,是指参与仲裁的一方当事人。

(2)除表现出相反意图外,本部分与示范法中所使用的词语或表达(无论示范法是否赋予其特定含义)的含义相同。

第二条之一　仲裁协议的定义和形式要求

(1)本法所称的“仲裁协议”,是指各方当事人因相互间确定的法律关系(无论为契约关系与否)而已发生的或可能发生的所有或部分争议提交仲裁的协议。

(2)仲裁协议可以采用在合同中订立仲裁条款的形式,也可以采用独立协议的形式。

(3)仲裁协议应当以书面形式订立。

(4)仲裁协议的内容以任何形式记录的,即为书面形式,无论该仲裁协议或合同是以口头、行为还是其他方式订立的。

(5)如果电子通信所包含的信息是可访问,以供后续查用的,该电子通信符合仲裁协议应当以书面形式订立的要求。

(6)在任何仲裁或法律程序中,一方当事人在状书、个案陈述或任何其他文件中主张存在仲裁协议,并且该主张需要答复,而对方当事人未否认该主张的,应视为在程序各方当事人之间存有有效的仲裁协议。

(7)合同中提述的载有仲裁条款的任何文件,如果该提述的文件足以使该条款成为合约的一部分,则该提述构成书面仲裁协议。

(8)提单中提述的载有仲裁条款的海上货物运输合同或其他文件,如果该提述的内容足以使该条款成为提单的一部分,则该提述构成书面的仲裁协议。

(9)示范法的第七条不适用于本条的规定。

(10)在本条中:

“数据电文”,是指通过电子、磁、光或类似方式生成、发送、接受或储存的信息,包括但不限于电子数据交换(EDI),电子邮件、电报、电传或传真;

“电子通信”,是指双方通过数据电文进行的任何通信。

第三条　示范法具有法律效力

(1)除本法另有规定外示范法(除第八章外)在新加坡具有法律效力。

(2)在示范法中:

“国家”,是指新加坡和除新加坡外的任何国家;

“本国”,是指新加坡。

第四条　参考外部资料解释示范法

(1)为解释示范法,可参考下列组织发布的文件:

(a)联合国国际贸易法委员会;以及

(b)与示范法有关的示范法起草工作组。

(2)解释本法时,前款规定不得影响《新加坡 1965 年解释法》第九条之一的适用。

第五条　第二章的适用

(1)本部分和示范法不得适用于非国际仲裁,各方当事人书面同意本章或示范法应适用于该仲裁的除外。

(2)尽管示范法第一条第三款另有规定,但符合下列情形的仲裁即为国际仲裁:

(a)签订仲裁协议时,仲裁协议中至少一方当事人的营业地位于新加坡以外的任何国家。或

(b)下列地点之一位于各方当事人营业地所在国以外：

(i)仲裁协议中规定的或依仲裁协议确定的仲裁地；

(ii)履行大部分商事义务的地点或与争议标的关系最密切的地点。或

(c)各方当事人明确同意仲裁协议的标的与一个以上的国家有关。

(3)就前款规定而言：

(a)一方当事人有一个以上营业地的，以其中与仲裁协议关系最密切的为营业地；

(b)一方当事人没有营业地的，其经常居住地视为营业地。

(4)尽管《新加坡2001年仲裁法》存在相反规定，但该法不得适用于本章所适用的仲裁。

第六条　国际仲裁协议的执行

(1)尽管示范法第八条另有规定，如果适用本法的仲裁协议的任何一方当事人向任何法院对协议的他方当事人就所属该协议标的的任何事项提起任何诉讼，协议他方可以在出庭后，提交任何诉状或者采取诉讼程序中的其他措施前，向法院申请在与该事项有关的诉讼范围内，中止该诉讼程序。

(2)依据前款规定而提出申请的受讼法院，应按照其认为合适的条款或条件作出命令，在与该事项有关的诉讼范围内，中止该诉讼程序，法院确信该仲裁协议无效、不能实行或不能履行的除外。

(3)法院依据前款规定作出命令的，为维护各方当事人的权利，法院可以就与依前款所作命令有关的争议标的的任何财产，作出其认为合适的临时或补充命令。

(4)如果在作出中止法律程序命令后至少二年的期间内，法律程序中的任何一方当事人均没有采取进一步的措施，法院可以自行动议作出撤销法律程序的命令，但不得影响任何一方当事人申请恢复被撤销法律程序的权利。

(5)就本条、第七条和第十一条之一而言：

(a)当事一方应包括通过该方或以其名义提出申索的任何人；

(b)"法院"是指高等法院原审法庭、地方法院、治安法院或其他受理诉讼的法院。

第七条　法院在中止法律程序方面的权力

(1)法院依据第六条中止法律程序的，如果在该程序中的财产已被扣押，或者为了阻止或解除扣押而提供保证金或者其他担保的，法院可以命令：

(a)保管被扣押的财产作为履行仲裁裁决的担保；或

(b)为履行任何此类裁决而提供等值担保为中止诉讼的条件。

(2)在不与《新加坡法庭规则》和任何必要修改抵触的情形下，就依据本条所作命令而保管的财产而言，与作出该命令的法院为进行法律程序之目的而保全的财产，应适用同样的法律和惯例。

第八条　依示范法第六条确定的机构

(1)新加坡高等法院原审法庭应视为示范法第六条所规定的有权履行该条所述职能的法庭，但不包括示范法第十一条第三款和第四款规定的职能。

(2)新加坡国际仲裁中心仲裁院院长应视为有权履行示范法第十一条第三款和第四款规定职能的机构。

(3)首席大法官如认为合适，经公报刊登公告，可指派任何其他人行使前款中新加坡国际

仲裁中心仲裁院院长的职权。

第八条之一 《新加坡 1959 年时效法》和《新加坡 2012 年外国时效期间法》的适用

(1)《新加坡 1959 年时效法》和《新加坡 2012 年外国时效期间法》应适用于仲裁程序,其适用与在任何法院的法律程序中的适用相同,两部法中所称程序的启动应解释为仲裁程序的启动。

(2)在计算《新加坡 1959 年时效法》或《新加坡 2012 年外国时效期间法》就启动程序(包括仲裁程序)所规定的时间时,高等法院原审法庭可以命令就以下标的争议:

(a)高等法院原审法庭撤销或宣布无效的仲裁裁决;或

(b)高等法院原审法庭作出撤销部分仲裁裁决或宣告仲裁裁决部分无效的命令中受影响的部分;

从启动仲裁到本款第一项或第二项所称命令作出之日的期间不计在内。

(3)尽管仲裁协议中有条款规定,但在按照协议作出裁决之前,就该协议要求提交仲裁的任何事项不得作为诉因。为实施《新加坡 1959 年时效法》和《新加坡 2012 年外国时效期间法》,如果没有仲裁协议的条款规定,对此类事项产生的诉因视为在其本应产生之时产生。

第九条 示范法第十条第二款确定的仲裁员人数

尽管有示范法第十条第二款的规定,如果各方当事人没有确定仲裁员的人数的,则应为一名仲裁员。

第九条之一 在两方仲裁中默认指定仲裁员

(1)尽管有示范法第十一条第三款的规定,在由双方当事人进行的且有三名仲裁员的仲裁中,各方当事人应各自指定一名仲裁员,双方应通过协议指定第三名仲裁员。

(2)如果双方在收到任何一方当事人首次请求后的三十日内未就任命第三名仲裁员达成一致的,指定的主管机构应依一方当事人的请求作出任命。

第九条之二 在三方或三方以上仲裁中默认指定仲裁员

(1)尽管示范法第十一条第三款另有规定,在由三方或三方以上当事人进行的且有三名仲裁员的仲裁中:

(a)申请人,或所有协议申请人(如有多个申请人)必须在发出将争议提交仲裁请求之日或之前指定一名仲裁员,并在向被申请人发出将争议提交仲裁请求之日通告被申请人仲裁员的指定情况。

(b)被申请人,或所有协议被申请人(如有多个被申请人)必须指定一名仲裁员,并在收到将争议提交仲裁请求之日起三十日内由被申请人向申请人通告仲裁员的指定情况,如有多名被申请人的,则由最后一个收到请求仲裁的被申请人通知申请人仲裁员的指定情况;以及

(c)依前两项规定所指定的两名仲裁员必须在被申请人或在最后一个被申请人(如有多个被申请人)收到将争议提交仲裁请求之日起六十日内,协商指定第三名仲裁员,该仲裁员为首席仲裁员。

(2)尽管第一款另有规定,在下列情形中,指定机构必须应一方当事人的请求,指定全部三名仲裁员并指定其中一名仲裁员作为首席仲裁员:

(a)申请人或多个申请人未能在第一款第一项规定的日期前指定一名仲裁员,或未

能将该指定通知被申请人或多个被申请人;或

(b)被申请人或多个被申请人未能在第一款第二项规定的期间内指定一名仲裁员或未能在该期间内通知申请人或多个申请人该指定。

(3)在依前款指定仲裁员时,对于依本条第一款第一项、第二项指定的仲裁员,指定机构可以在考虑所有有关情况后,重新指定或撤回对其的指定。

(4)尽管第一款第三项另有规定,如果双方指定的两名仲裁员未能在第一款第三项规定的时间内就指定第三名仲裁员达成一致,指定机关必须应任何一方当事人的请求,并考虑所有有关情况,指定第三名仲裁员。

第十条　对司法管辖裁定提出上诉

(1)尽管示范法第十六条第三款另有规定,本条仍然有效。

(2)仲裁庭可对其在仲裁程序的任何阶段没有管辖权的抗辩作出裁决。

(3)如果仲裁庭就下列事项作出裁决:

(a)对其是否有管辖权的抗辩作为先决问题;或

(b)在仲裁程序的任何阶段,对其没有管辖权的抗辩;

任何一方当事人可以在收到此裁决通知后的三十日内,向高等法院原审法庭申请对该事项作出决定。

(4)对高等法院原审法庭依据示范法第十六条第三款或本条作出的决定,只有在上诉法庭准许的情况下才可提起上诉。

(5)不得对上诉法庭拒绝受理上诉的决定提出上诉。

(6)如果高等法院原审法庭或上诉法庭在上诉中决定仲裁庭具有管辖权:

(a)仲裁庭应当继续仲裁程序并作出裁决;以及

(b)如果任意仲裁员不能或不愿继续进行仲裁程序的,应终止该仲裁员的任命并应依示范法第十五条指定一名替代仲裁员。

(7)在依据本条作出该仲裁庭没有管辖权的裁定或决定时,仲裁庭、高等法院原审法庭或上诉法庭(视情况而定)可以对任何一方当事人作出包括仲裁程序(视情况而定)在内的法律程序费用的裁决或命令。

(8)如果仲裁庭依据前款规定对法律程序费用作出裁决的,适用经必要修改后的第二十一条规定。

(9)依据示范法第十六条第三款或本条提出申请的:

(a)除高等法院原审法庭另有命令外,该申请不得中止仲裁程序或执行在仲裁程序中作出的任何裁决或命令;以及

(b)除高等法院原审法庭另有指示外,任何中期行动或法律程序有效。

(10)依据第四款对高等法院原审法庭的决定提出上诉的:

(a)除高等法院原审法庭或上诉法庭另有命令外,该上诉不得中止仲裁程序或执行在仲裁程序中作出的任何裁决或命令;以及

(b)除上诉法院另有指示外,任何中期行动或法律程序有效。

(11)本条所称的"上诉法院",是指依《新加坡 1969 年最高法院司法制度法》第二十九条之三的规定,受理依据示范法第十六条第三款或本条的规定提出的上诉的法院。

第十一条　公共政策与可仲裁性

(1)除与公共政策相抵触外,双方当事人同意按照仲裁协议提交仲裁的任何争议均可以通过仲裁来解决。

(2)任何成文法授予任何法院管辖任何事项,但未提及通过仲裁裁定此等事项的,该事实本身并不表明有关该事项的争议不能通过仲裁解决。

第十一条之一　将互争权利诉讼的争议交付仲裁

如果在任何法院的法律程序中,是以互争权利诉讼的方式进行救济的,而原告之间就所涉争议存在仲裁协议,给予救济的法院可以指示各原告根据仲裁协议解决争议。

第十二条　仲裁庭的权力

(1)在不影响本法任何其他条款和示范法规定权力的情形下,仲裁庭有权向任何一方当事人作出命令或指示:

(a)提供仲裁费用保证金。

(b)文件披露和质询。

(c)以誓章形式提供证据。

(d)保存、临时保管或出售属于或构成争议标的的任何财产。

(e)从属于或构成争议标的的任何财产中抽取样本,或对其进行观察或进行实验。

(f)为进行仲裁程序而保存和临时保管任何证据。

(g)确定争议金额。

(h)确保仲裁程序中作出的任何裁决不会因一方当事人的资产耗散而失去效力。

(i)临时禁令或其他临时措施。以及

(j)执行下列保密义务:

(i)仲裁协议各方当事人在仲裁协议或任何其他文件中有书面同意的;

(ii)依据任何成文法或法律规则;或

(iii)依据双方当事人同意适用或采用的仲裁规则(包括机构或组织的仲裁规则)。

(2)除仲裁协议当事人(无论是在仲裁协议中还是在任何其他书面文件中)另有约定外,仲裁庭应有权对当事人或证人进行宗教式监誓或非宗教式监誓。

(3)除仲裁协议各方当事人(无论是在仲裁协议中还是在任何其他书面文件中)另有约定外,仲裁庭有权在其认为合适的情形下采用纠问式司法程序。

(4)仲裁庭不得仅因以下理由而命令申请人提供第一款第一项所提及的仲裁费用保证金:

(a)申请人是通常在新加坡境外居住的个人;或

(b)申请人是依据新加坡境外法律所成立的公司或非法人组织,或主要管理和控制场所位于新加坡境外的公司或非法人组织。

(5)在不影响示范法第二十八条适用的情形下,仲裁庭在仲裁程序中决定争议时:

(a)如果争议为高等法院原审法庭审理的民事诉讼标的范围的,仲裁庭可以作出裁决给予补救或救济,该补救和救济命令本可由高等法院原审法庭作出;

(b)仲裁庭可依据第二十条第一款就全部或部分款项的单利或复利作出裁决。

(6)仲裁庭在仲裁过程中作出或发出的所有命令和指令,经高等法院原审法院许可后,可以与法院作出此等命令相同的方式执行,并且如获许可的,可依命令或指令作出判决。

第十二条之一　法院命令采取临时措施

(1)本条适用于下列仲裁:

(a)本章所适用的仲裁;以及

(b)无论仲裁地是否在新加坡境内的仲裁。

(2)除第二款至第六款另有规定外,就前款提及的仲裁而言,高等法院原审法庭就第十二条第一款第三项至第十项所列的任何事宜同样有权作出命令,与法院就诉讼或事宜而作出命令的权力相同。

(3)如果高等法院原审法庭认为仲裁地在新加坡境外,或指定或确定的仲裁地很可能在新加坡境外,而高等法院原审法庭不适宜依据前款规定作出命令的,高等法院原审法庭可以拒绝作出该命令。

(4)如果情况确属紧急的,高等法院原审法庭可以应仲裁程序中一方当事人或拟议当事人的申请,可依本条第二款规定作出其认为保全证据或财产所必要的命令。

(5)如果情况非属紧急,高等法院原审法庭仅可应仲裁程序一方当事人的申请(向其他各方当事人和仲裁庭发出通知)并经仲裁庭许可或他方当事人书面同意,才可依本条第二款规定作出命令。

(6)在通常情况下,仅在各方当事人在此方面授权的仲裁庭、仲裁机构或其他机构、自然人无权或暂时无法有效行事的情形下或在此范围内,高等法院原审法庭应当依据本条第二款作出命令。

(7)如果仲裁庭或者任何此类仲裁机构或其他就标的相关事项有权采取与命令行动的机构或个人依据本条第二款作出的命令与高等法院原审法庭所作命令全部或部分明确相关的,高等法院原审法庭依据本条第二款作出的命令全部或部分失效(视情况而定)。

第十三条　证人可以通过传票传召

(1)仲裁协议的任何一方当事人均可以发出着令出庭作证或着令出庭提交文件的传召证人出庭令。

(2)高等法院原审法庭可以签发着令出庭作证或着令出庭提交文件的传召证人出庭令,强制在新加坡境内的证人到仲裁庭作证。

(3)高等法院原审法庭也可以依据《新加坡 1933 年监狱法》第三十八条作出命令,传召囚犯到仲裁庭接受询问。

(4)任何此类传召令不得强制任何人出示其在法庭审讯中不必强制出示的任何文件。

第十四条

[2012 年第 12 号法案删除,2012 年 6 月 1 日生效]

第十五条　示范法以外的仲裁法

(1)如果仲裁协议的各方当事人(无论是在 2001 年 11 月 1 日之前还是之后订立协议)明确同意:

(a)示范法或本章规定不得适用于该仲裁;或

(b)《新加坡 2001 年仲裁法》或已废除的《新加坡仲裁法》(第 10 章,1985 年版)应适

用于该仲裁，

那么示范法和本章规定均不得适用于该仲裁，但《新加坡仲裁法》或已废除的《新加坡仲裁法》(如适用)应适用于该仲裁。

(2)为免生疑问，仲裁协议中提及或采用任何仲裁规则的条款，其本身不足以排除示范法或本章规定在有关仲裁中的适用。

第十五条之一　仲裁规则的适用

(1)为免生疑问，特此声明，无论是在仲裁开始之前或之后，双方当事人同意适用或采用的仲裁规则，应在该条款与示范法或本章中各方当事人不得变更的条款不相抵触的范围内适用并生效。

(2)在不影响前款规定的情形下，第三款至第六款应适用于确定仲裁规则的规定是否与示范法或本章规定不一致。

(3)仲裁规则的规定并不仅因其规定了示范法或本章规定未明确的事项而与示范法或本章规定不一致。

(4)仲裁规则并不仅因其未对示范法或本章所涵盖的任何事项进行规定而与示范法或本章规定不一致。

(5)仲裁规则的规定并不仅因其规定了示范法或本章所涵盖允许当事人通过协议另行安排的事项，并且该规定在没有此类协议的情况下适用，而与示范法或本章规定不一致。

(6)各方当事人可通过适用或采用仲裁规则，或提供可决定某事项的任何其他方式，作出第五款所称的安排。

(7)本条和第十五条所称的"仲裁规则"，是指双方同意或采用的仲裁规则，包括机构或组织的仲裁规则。

第十六条　指定和解人

(1)如果协议规定由非当事人指定和解人，而该人拒绝指定或未在协议规定时间内指定，或在未规定时间的情况下，在协议任何一方当事人要求指定后的合理时间内未指定的，新加坡国际仲裁中心仲裁院院长可以应协议任何一方当事人的申请，指定一名和解人，该和解人应如按照协议指定的和解人在和解程序中具有相同权力。

(2)首席大法官如认为合适，经公报刊登公告，可指定任何其他人行使前款规定的新加坡国际仲裁中心仲裁院院长的权力。

(3)如果仲裁协议规定指定一名和解人，并进一步规定在和解程序未能达成当事人可接受的和解的，被指定的人应担任仲裁员的情形下：

(a)不得仅以该人曾在提交仲裁的部分或全部事项中担任过和解人为由，对指定该人为仲裁员或对其进行仲裁程序而提出异议；

(b)如果该人拒绝担任仲裁员，被指定为仲裁员的任何其他人不必首先担任和解人，仲裁协议有相反意见的除外。

(4)除协议显示相反用意外，规定指定和解人的协议应视为包含一项规定，即如果和解程序自指定和解人之日起，或在协议中以姓名指定和解人的情况下，自和解人收到存在争议的书面通知之日起的四个月内或双方当事人可能同意的更长时间内未能达成双方均可接受的和解的，和解程序即告终止。

(5)就本条和第十七条而言：

(a)"和解人",应包括提及担任调解人的任何人；

(b)凡提及"和解程序",应包括提及调解程序。

第十七条　作为和解的仲裁员的权力

(1)如果在任意仲裁程序中所有当事人都以书面形式表示同意,并且只要没有当事人以书面形式撤回其同意的,仲裁员或公断员可以担任和解人。

(2)作为和解人的仲裁员或公断员：

(a)可以集中或单独与仲裁程序中的各方当事人沟通;以及

(b)须就其从仲裁程序中的一方当事人处获得的信息保密,该方当事人另行同意或适用第三款的情况除外。

(3)如果仲裁员或公断员在和解程序中从一方当事人处获得保密信息,且在双方当事人未就争议达成一致和解而终止和解程序的,在恢复仲裁程序之前,仲裁员或公断员应向仲裁程序中的所有其他当事人披露其认为对仲裁程序有重大影响的信息。

(4)不得仅因该人曾依据本条担任过和解人,对该人进行仲裁程序提出异议。

第十八条　合意裁决

如果仲裁协议各方当事人就其争议解决达成合意,且仲裁庭已依据示范法第三十条规定的以仲裁裁决书的形式记录和解条款的,该裁决：

(a)应视为仲裁协议的裁决;以及

(b)经高等法院原审法庭许可,可按照判决或命令的方式强制执行,如获许可,可按照仲裁裁决作出判决。

第十九条　仲裁裁决的执行

如果按照仲裁协议作出的裁决,经高等法院原审法庭许可,可按照判决或命令的方式强制执行,如获许可,可按照仲裁裁决作出判决。

第十九条之一　基于争议点作出的裁决

(1)除当事人另有约定外,仲裁庭可以在仲裁程序进行期间的不同时间点,就待裁决事项的不同方面分别作出裁决。

(2)仲裁庭尤其可以就下列事项作出裁决：

(a)影响全部请求的争议点;或

(b)仅就提交给它裁决的部分请求、反请求或交叉请求。

(3)如果仲裁庭依据本条作出裁决,仲裁庭应在其裁决中指明作为裁决标的的争议、申诉或部分申诉。

第十九条之二　裁决效力

(1)仲裁庭按照仲裁协议作出的裁决,对各方当事人和通过或以其名义提出请求的任何人而言是终局且具有约束力的裁决,任何一方可在具有管辖权的适格法院的任何程序中以抗辩、抵销或其他方式援引该裁决。

(2)除示范法第三十三条和第三十四条第四款另有规定外,一经作出裁决,包括依据第十九条之一作出的裁决,仲裁庭不得变更、修改、更正、审查、添加或撤销该裁决。

(3)就前款规定而言,裁决在依据示范法第三十一条签字并送达时作出。

(4)本条不得影响任何人通过任何仲裁程序中现有的上诉或复审程序,或依据本法和示范法的规定,对裁决提出异议的权利。

第十九条之三　仲裁裁决和仲裁协议的认证

(1)为在公约国执行仲裁裁决,部长可以通过命令指定其在命令中明确指出的仲裁机构或其他组织中任职的人员,认证仲裁裁决或仲裁协议,或核证其副本。

(2)依据前款指定任何人:

(a)应遵守部长施加的任何条件;以及

(b)未经双方书面同意,不得直接或间接向任何第三方披露任何事项,包括裁决或仲裁协议的任何一方当事人的身份信息。

(3)就仲裁裁决或仲裁协议在公约国的执行而言,由依据第一款指定的人正式认证或核证的仲裁裁决或仲裁协议或其副本,应被视为已由新加坡主管机构认证或核证。

(4)未免生疑问,本条中的规定:

(a)不得阻止任何人通过任何其他方式或方法或任何其他人员、机构或组织认证任何裁决或仲裁协议或核证其副本;或

(b)不得影响任何人通过任何有效的仲裁上诉或复审程序,或依据本法和示范法的规定,对任何裁决提出异议或提出上诉的权利。

(5)本条所称"公约国"的含义与第二十七条第一款规定的含义相同。

第二十条　裁决利息

(1)除第三款另有规定外,除非双方另有约定,仲裁庭可在其审理的仲裁程序中,从仲裁庭认为适当的日期起,以仲裁庭认为适当的利率或其他利率,在不迟于全部或部分支付日期的任何期限内,对单利或复利作出裁决:

(a)仲裁庭在仲裁程序中裁决的任何款项;

(b)仲裁程序中存有争议但在裁决之日前支付的任何款项;或

(c)仲裁庭在仲裁程序中裁定或命令的费用。

(2)前款规定不得影响仲裁庭裁决利息的任何其他权力。

(3)如果裁决书指令支付一笔款项,除非裁决书另有指令,该款项应从裁决之日起按与判决债务相同的利率计算利息。

第二十一条　核算裁决费用

(1)除裁决另有指令外,裁决指令支付的任何费用应由新加坡国际仲裁中心书记官(在本条中以下简称书记官)核算。

(2)除非仲裁庭费用已由书面协议确定,或协议规定由当事人另行约定的个人或机构确定仲裁庭费用,仲裁任何一方当事人可要求由书记官对此类费用进行核算。

(3)由书记官签署的关于开销或仲裁庭费用的核算说明书应构成仲裁庭裁决的一部分。

(4)首席大法官如认为合适,经公报刊登公告,可指派任何其他人行使本条中书记官的职权。

第二十二条　不公开审理的诉讼程序

(1)在不违反第二款规定的情况下,依据本法在任何法院进行的法律程序,应以不公开庭审的方式审理。

(2)如法院动议或应任何人(包括并非法律程序当事人)之申请作出命令,依据本法在任何法院进行的法律程序,应当以公开庭审的方式审理。

第二十三条　报告不公开审理的法律程序的限制

(1)本条适用于本法所有不公开审理的诉讼程序。

(2)法庭聆讯适用本条的任何法律程序,经法律程序中任何一方当事人的申请,应对是否可以公布与法律程序相关的任何信息,以及如果可以公布,对可以公布哪些信息作出指令。

(3)法庭不得依据前款规定作出允许公布信息的指令,除非——

(a)法律程序的各方当事人同意公布此类信息;

(b)法庭确信如果按照其可能作出的指令公布该信息,将不会泄露该法律程序中任何一方当事人合理期待能够保密的信息,包括法律程序中任何一方当事人的身份信息。

(4)尽管第三款另有规定,如果法庭就本条适用的法律程序给出判决理由,并认为该判决具有重大法律意义的,法庭应指令在案例汇编和专业刊物上公布该判决,但是如果法律程序的一方合理期待隐藏任何事项,包括其为一方当事人的事实,该法院应当:

(a)指令应采取何种行动在这些报告中隐藏该事项;

(b)如果法庭认为依据第一项作出的指令而公布的报告可能泄露该事项的,应指令在其认为适当的期限(不超过十年)结束之前不得公布任何报告。

第二十四条　法院可以撤销裁决

尽管示范法第三十四条第一款另有规定,在下列情形中,除示范法第三十四条第二款所列理由外,高等法院原审法庭可撤销仲裁庭的裁决:

(a)该裁决是受到欺诈或腐败的诱导或在其影响下作出的;或

(b)在作出裁决的过程中发生了违反自然正义原则的情形,从而使任何一方当事人的权利受到损害。

第二十五条　仲裁员的责任

仲裁员对下列事项不承担责任:

(a)以仲裁员身份履职时的作为或不作为的过失;

(b)在正进行仲裁程序中或在正作出仲裁裁决中,犯有的任何法律、事实或程序错误。

第二十五条之一　指定机关和仲裁机构等的豁免

(1)指定机关、或各方当事人指定或请求仲裁机构或其他机构或个人指定或提名的仲裁员,无须对履行或意图履行该该职能时的任何作为或不作为负责,除非该作为或不作为被证明出于恶意。

(2)指定机关,指定或任命仲裁员的仲裁机构或其他机构或个人无须对仅因已指定或任命的仲裁员,或该仲裁员的雇员或代理人在履行或意图履行该仲裁员职能时的作为与不作为而承担责任。

(3)本条适用于指定机关或仲裁机构或其他机构或个人的雇员或代理人,如同其适用于指定机关、机构或个人本人。

第二十六条　过渡性规定

(1)本部分不适用于在1995年1月27日之前生效的仲裁协议的双方当事人之间的国际仲裁,双方当事人(无论是在协议中还是在任何其他书面文件中)另有约定的除外。

(2)在不与前款规定抵触的情况下,如果仲裁程序在1995年1月27日之前进行的,该仲裁协议和该仲裁的准据法应为颁布本法前本应适用的法律。

(3)在任何成文法、书面协议或其他文件中,所提及的《新加坡2001年仲裁法》项下的仲裁,在相关范围内且除非有相反用意,应解释为包括本法项下的仲裁。

(4)就本款而言,仲裁程序视为在被申请人收到将争议提交仲裁请求之日开始,或如果双方当事人书面同意将任何其他日期视为仲裁程序的开始日期,那么以该日期作为仲裁开始日期。

第二章之一　与知识产权有关的仲裁

第二十六条之一　本章释义

(1)除文意另有所指外,本章所称的"知识产权"或其缩写(IPR),是指:

(a)专利权;

(b)商标权;

(c)地理标志;

(d)注册外观设计;

(e)著作权;

(f)受保护的集成电路布图设计权;

(g)植物品种保护授权证;

(h)对机密信息、商业秘密或技术秘密享有的权利;

(i)籍提起关于反假冒诉讼(或类似反不正当竞争诉讼)以保护商誉的权利;或

(j)其他任何性质的知识产权。

(2)无论知识产权是否在新加坡注册登记或存续,均属本章所称的知识产权。

(3)本章所称的知识产权,包括经登记方受保护的知识产权的登记申请。

(4)本章所称"知识产权纠纷"包括:

(a)关于知识产权可执行性、侵权、存续、效力、权属、范围、存续期间或其他方面的争议;

(b)知识产权权属转让纠纷;以及

(c)知识产权赔偿纠纷。

(5)本条所称"注册登记"就知识产权而言,包括批准授予知识产权。

第二十六条之二　可仲裁知识产权纠纷

(1)知识产权纠纷的标的可在知识产权纠纷当事方间通过仲裁解决。

(2)无论知识产权纠纷是仲裁中的主要问题还是附带问题,前款规定均适用。

(3)知识产权不能通过仲裁解决,仅因为新加坡或其他地区的法律有下列情形:

(a)将知识产权纠纷的管辖权赋予特定实体;以及

(b)未提及可能通过仲裁解决知识产权纠纷。

(4)前款所称的"特定实体",是指新加坡或其他地区法律规定的下列任何实体:

(a)法院;

(b)仲裁庭;

(c)担任行政职务或执行职务的人;

(d)任何其他实体。

第二十六条之三　涉及知识产权的裁决效力

(1)本条适用于在仲裁程序中对知识产权纠纷作出裁决的情形。

(2)知识产权第三方被许可人或第三方担保权人的身份本身并不使其成为本法第十九条之二第一款所称的通过仲裁一方当事人或在其名下提出申诉请求的人。

(3)但是前款规定不影响第三方被许可人或第三方担保权人与仲裁程序的一方当事人之间的任何权利或责任,无论该权利或责任是否:

(a)基于合同而产生;或

(b)基于法律规定而产生。

(4)在本条中:

"第三方担保权人",就仲裁程序中的知识产权纠纷而言,是指:

(a)因仲裁程序一方当事人授权,而成为知识产权担保人的;但是

(b)并非仲裁程序的一方当事人。

"第三方被许可人",就仲裁程序中的知识产权纠纷而言,是指:

(a)根据仲裁程序一方当事人许可,而成为知识产权被许可人的;但是

(b)并非仲裁程序的一方当事人。

第二十六条之四　涉及知识产权裁决的追索权

(1)就示范法第三十四条第二款第二项第一目而言,并不仅因争议标的与知识产权争议相关而不能依新加坡法通过仲裁解决。

(2)就示范法第三十四条第二款第二项第二目而言,一项裁决并不仅因其裁决标的与知识产权纠纷有关而与新加坡公共政策相抵触。

第二十六条之五　承认和执行涉及知识产权的裁决

(1)就本法第三十一条第四款第一项而言,外国裁决的双方当事人间的争议标的并不能仅因其与知识产权纠纷有关而不能依新加坡法通过仲裁解决。

(2)就本法第三十一条第四款第二项而言,执行一项裁决并不仅因其裁决标的与知识产权纠纷有关而与新加坡公共政策相抵触。

第二十六条之六　对涉知识产权裁决登记的判决

(1)本条适用于下列情形:

(a)仲裁程序中作出的解决知识产权纠纷的裁决(无论是在新加坡境内还是境外作出的);以及

(b)依据第十九条或第二十九条,作出对该裁决的判决。

(2)就该判决而言,第十九条之二第一款和第二十九条第二款以如下方式适用于该判决:

(a)第十九条之二第一款所称的仲裁庭依仲裁协议作出的裁决,即指该判决;以及

(b)第二十九条第二款所称的外国裁决,即指该判决。

(3)在本条中,“裁决”包括确认性裁决。

第二十六条之七 仲裁程序中可对专利有效性提出异议

《新加坡1994年专利法》第八十二条第二款并不禁止阻止一方当事人在仲裁程序中对专利有效性提出异议。

第三章 外国仲裁裁决

第二十七条 本章释义

(1)在本章中,除文意另有所指外:

“书面协议”包括信函、电报、电传或电传通信中包含的协议;

“仲裁裁决”与公约中的含义相同,但也包括仲裁庭在仲裁过程中就第十二条第一款第三项至第十项所列任何事项作出或发出的命令或指令;

“仲裁协议”,是指公约第二条第一款所指的书面协议;

“公约”,是指在1958年联合国国际商事仲裁会议第二十四次会议上通过的《承认及执行外国仲裁裁决公约》,其英文文本载于本法附表二;

“公约国”,是指公约项下的缔约国(除新加坡外);

“法院”,是指新加坡高等法院原审法庭;

“外国裁决”,是指根据仲裁协议在新加坡以外的公约国领土内作出的仲裁裁决。

(2)本章中,凡上下文提及“执行”时,就外国裁决而言,包括以任何目的承认该裁决具有约束力之意,且“执行”和“被执行”具有相应的含义。

(3)本章中,如果法人在该国设立或其主要营业地在该国的,应视为惯常居住于该国。

第二十八条 本章的适用

(1)本章适用于1995年1月27日之前订立的仲裁协议,其适用与对自该日起订立的仲裁协议的适用相同。

(2)本章不适用于1986年11月19日前作出的外国裁决。

第二十九条 承认或执行外国裁决

(1)除本章另有规定,外国裁决既可通过诉讼,也可按照与仲裁员在新加坡作出裁决并依据第十九条强制执行相同的方式在法院强制执行。

(2)依据前款规定可执行的任何外国裁决,应承认其在任何情况下对裁决当事人均具有拘束力,并且任何一方当事人可据此在新加坡的任何法律程序中通过抗辩、抵销或其他方式援引该裁决。

第三十条 证据

(1)在任何法律程序中,当事人依本章规定要求执行外国裁决的,应向法院提交:

(a)经正式认证的裁决书正本或经正式核证的裁决书副本;

(b)作出裁决所依据的仲裁协议原件,或经正式核证的仲裁协议副本;以及

(c)如果裁决或协议以外语作出的,应提供英文译本,且该译本系由宣誓翻译人员、官员或裁决地所在国的外交或领事官员正式核证的正确译本。

(2)依据本条向法院提交的文件一经提交,法院即接受该证据为有关事项的表面证据。

第三十一条　拒绝执行判决

(1)在依据本章要求执行外国裁决的任何法律程序中,被要求执行的一方当事人可要求拒绝执行,只有存在本条第二款和第四款所述的情形下,方可拒绝强制执行。

(2)如果被请求执行的人向法院证明下列情形的,受理法院可以拒绝执行外国裁决:

(a)作出裁决所依据的仲裁协议一方当事人,依准据法在订立协议时欠缺行为能力的;

(b)依据各方当事人所选用的法律,或者在未订明所适用法律时,依据裁决地所在国的法律,仲裁协议无效的;

(c)该方当事人未经适当通知指定仲裁员或仲裁程序,或因其他原因致使其无法陈述案情的;

(d)除第三款另有规定外,裁决所处理的争议并非仲裁标的,或未在其条款之列,或裁决对提交仲裁范围以外的事项作出决定的;

(e)仲裁机构的组成或仲裁程序与当事人协议不一致,或无此协议而与仲裁地所在国法律不符的;或

(f)该仲裁裁决对各方当事人尚无拘束力,或经仲裁地所在国家或仲裁裁决所依据法律的国家的主管机关撤销或中止执行的。

(3)第二款第四项提及的外国裁决包含未提交仲裁而决定的事项,但该决定可与提交仲裁决定事项分开的,该裁决可在提交仲裁的范围内执行。

(4)在依据本章规定要求执行外国裁决的任何法律程序中,法院认定存在以下情形时可以拒绝执行该仲裁裁决:

(a)依据新加坡的法律,裁决中双方当事人争端的标的不能通过仲裁解决;或

(b)执行该裁决将与新加坡的公共政策相抵触。

(5)在依据本章要求执行外国裁决的法律程序中,法院确信当事一方已经向仲裁地所在国或仲裁裁决依据其法律的国家的主管机构申请撤销或中止执行裁决的,法院可以:

(a)如法院认为适当的,可以暂停法律程序或与裁决有关的程序(视情况而定);以及

(b)应要求执行裁决的一方当事人的申请,命令他方当事人提供适当的担保。

第三十二条

[2009年第26号法案废止。]

第三十三条　依据其他法律执行裁决

(1)除本章另有规定外,本章规定不得影响任何人执行仲裁裁决的权利。

(2)尽管《英联邦1921年判决互惠执行法》第三条第五款另有规定,如果一项外国裁决既可以依据本章规定执行,也可以依据该法登记为判决的,在不失去任何法律程序补偿费用的情况下,除法院另有命令外,应依据本章规定启动裁决执行程序。

(3)尽管《英联邦1959年判决互惠执行法》第七条另有规定,如果一项外国裁决可以依据本章规定执行,也可以依据该法登记为判决的,可依本章规定启动裁决执行程序。

第四章 总 则

第三十四条 本法对政府有拘束力

本法对政府具有约束力。

第三十五条 法庭规则

依据《新加坡1969年最高法院司法制度法》第八十条成立的规则委员会可以制定《新加坡法庭规则》,规范任何法庭就本法项下任何事项的实践与程序规则。

附表一*

联合国国际贸易法委员会国际商事仲裁示范法

(联合国第A/40/17号文件,附件一)

(1985年6月21日联合国国际贸易法委员会通过)

第一章 总 则

第一条 适用范围**

(1)本法适用于国际商事***仲裁,但须服从在本国与其他任何一国或多国之间有效力的任何协定。

(2)本法之规定,除第8、9、35及36条外,只适用于仲裁地点在本国领土内的情况。

(3)仲裁如有下列情况即为国际仲裁:

(a)仲裁协议的当事各方在缔结该协议时,他们的营业地点位于不同的国家。或

(b)下列地点之一位于当事各方营业地点所在国以外:

(一)仲裁协议中确定的或根据仲裁协议而确定的仲裁地点;

(二)履行商事关系的大部分义务的任何地点或与争议标的关系最密切的地点。或

(c)当事各方明确地同意,仲裁协议的标的与一个以上的国家有关。

(4)为了第(3)款的目的:

(a)如当事一方有一个以上的营业地点,营业地点为与仲裁协议关系最密切的营业地点;

(b)如当事一方没有营业地点,则以其惯常住所为准。

---

* 译本源于联合国国际贸易法委员会出版物No. C.95.V.18,译者未对文本作出任何改动。

** 文标题仅供索引,不作解释条文之用。

*** 对"商事"一词应作广义解释,使其包括不论是契约性或非契约性的一切商事性质的关系所引起的种种事情。商事性质的关系包括但不限于下列交易:供应或交换货物或服务的任何贸易交易;销售协议;商事代表或代理;代理;租赁;建造工厂;咨询;工程;许可证;投资;筹资;银行;保险;开发协议或特许;合营和其他形式的工业或商业合作;货物或旅客的天空、海上、铁路或公路的载运。

(5)本法不得影响规定某些争议不可以交付仲裁或只有根据非本法规定的规定才可以交付仲裁的本国其他任何法律。

第二条　定义及解释规则

为了本法的目的:

(a)"仲裁"是指无论是否由常设仲裁机构进行的任何仲裁;

(b)"仲裁庭"是指一名独任仲裁员或一组仲裁员;

(c)"法院"是指一国司法系统的一个机构或机关;

(d)本法的规定,除第28条外,允许当事各方自由确定某一问题时,这种自由包括当事各方授权第三者(包括机构)作出这种确定的权利;

(e)本法的规定提到当事各方已达成协议或可能达成协议的事实时,或在任何其他情况下提到当事各方的一项协议时,这种协议包括该协议内所提到的任何仲裁规则;

(f)本法的规定,除第25条(a)项和第32条第(2)款(a)项外,提到申诉时,也适用于反诉,提到答辩时,也适用于对这种反诉的答辩。

第三条　收到书面信件

(1)除非当事各方另有协议:

(a)任何书面信件,如经当面递交收件人,或投递到收件人的营业地点、惯常住所或通信地址,或经合理查询仍不能找到上述任一地点而以挂号信或能提供作过投递企图的记录的其他任何手段投递到收件人最后一个为人所知的营业地点、惯常住所或通信地址,即应视为已经收到;

(b)信件应被视为已于以上述方式投递之日收到。

(2)本条各项规定不适用于法院诉讼程序中的信件。

第四条　放弃提出异议的权利

当事一方如知道本法中当事各方可以背离的任何规定或仲裁协议规定的任何要求未得到遵守,但仍继续进行仲裁而没有不过分迟延地或在为此订有时限的情况下没有在此时限以内对此种不遵守事情提出异议,则应视为已放弃其提出异议的权利。

第五条　法院干预的限度

由本法管辖的事情,任何法院均不得干预,除非本法有此规定。

第六条　履行协助和监督仲裁的某种职责的法院或其他机构

第11条第(3)和第(4)款、第13条第(3)款、第14条、第16条第(3)款和第34条第(2)款所指的职责应由……(实施本示范法的每个国家具体指明履行这些职责的一个法院或一个以上的法院或其他有权力的机构)履行。

第二章　仲 裁 协 议

第七条　仲裁协议的定义和形式

(1)"仲裁协议"是指当事各方同意将在他们之间确定的不论是契约性或非契约性的法律关系上已经发生或可能发生的一切或某些争议提交仲裁的协议。仲裁协议可以采取合同中的仲裁条款形式或单独的协议形式。

(2)仲裁协议应是书面的。协议如载于当事各方签字的文件中,或载于往来的书信、电传、电报或提供协议记录的其他电讯手段中,或在申诉书和答辩书的交换中当事一方声称有协议而当事他方不否认,即为书面协议。在合同中提出参照载有仲裁条款的一项文件即构成仲裁协议,如果该合同是书面的而且这种参照足以使该仲裁条款构成该合同的一部分的话。

第八条　仲裁协议和向法院提出的实质性申诉

(1)向法院提起仲裁协议标的的诉讼时,如当事一方在不迟于其就争议实质提出第一次申诉的时候要求仲裁,法院应让当事各方付诸仲裁,除非法院发现仲裁协议无效、不能实行或不能履行。

(2)在本条第(1)款提及的诉讼已提起时,仍然可以开始或继续进行仲裁程序,并可作出裁决,同时等待法院对该问题的判决。

第九条　仲裁协议和法院的临时措施

在仲裁程序进行前或进行期间内,当事一方请求法院采取临时保护措施和法院准予采取这种措施,均与仲裁协议不相抵触。

第三章　仲裁庭的组成

第十条　仲裁员人数

(1)当事各方可以自由确定仲裁员的人数。

(2)如未作此确定,则仲裁员的人数应为三名。

第十一条　仲裁员的指定

(1)除非当事各方另有协议,否则不应以所属国籍为理由排除任何人作为仲裁员。

(2)当事各方可以自由地就指定一名或数名仲裁员的程序达成协议,但须服从本条第(4)或第(5)款的规定。

(3)如未达成这种协议

(a)在仲裁员为三名的仲裁中,当事每一方均应指定一名仲裁员,这样指定的两名仲裁员应指定第三名仲裁员;如果当事一方未在收到当事他方提出这样做的要求三十天内指定仲裁员或两名仲裁员在被指定后三十天内未就第三名仲裁员达成协议,则经当事一方请求,应由第6条规定的法院或其他机构指定;

(b)在独任仲裁员的仲裁中,如果当事各方不能就仲裁员达成协议,则经当事一方请求,应由第6条规定的法院或其他机构指定。

(4)如果,根据当事各方协议的指定程序,

(a)当事一方未按这种程序规定的要求行事;或

(b)当事各方或两名仲裁员未能根据这种程序达成预期的协议;或

(c)第三者,包括机构,未履行根据这种程序交托给它的任何职责,则当事任何一方均可请求第6条规定的法院或其他机构采取必要措施,除非指定程序的协议订有确保能指定仲裁员的其他方法。

(5)就本条第(3)或第(4)款交托给第6条规定的法院或其他机构的事情所作出的决定,不容上诉。该法院或其他机构在指定仲裁员时应适当顾及当事各方协议的仲裁员需要具备的任何资格,并适当顾及可能确保能指定独立和公正的仲裁员的种种考虑,而且在指定独任

仲裁员或第三名仲裁员时,还应考虑到指定一名所属国籍与当事各方均不相同的仲裁员的可取性。

第十二条　提出异议的理由

(1)某人被询有关他可能被指定为仲裁员的事情时,他应将可能会对他的公正性或独立性引起正当的怀疑的任何情况说清楚。仲裁员从被指定之时起以至在整个仲裁程序进行期间,应不迟延地向当事各方说清楚任何这类情况,除非他已将这类情况告知当事各方。

(2)只有存在对仲裁员的公正性或独立性引起正当的怀疑的情况或他不具备当事各方商定的资格时,才可以对仲裁员提出异议。当事一方只有根据作出指定之后才得知的理由才可以对他所指定的或他参加指定的仲裁员提出异议。

第十三条　提出异议的程序

(1)当事各方可以自由地就对仲裁员提出异议的程序达成协议,但须服从本条第(3)款的规定。

(2)如未达成这种协议,拟对仲裁员提出异议的当事一方,应在他得知仲裁庭组成或得知第 12 条第(2)款所指的任何情况后十五天内,向仲裁庭提出书面陈述,说明提出异议的理由。除非被提出异议的仲裁员辞职或当事他方同意所提出的异议,否则仲裁庭应就所提出的异议作出决定。

(3)如根据当事各方协议的任何程序或根据本条第(2)款的程序提出的异议未能成立,提出异议的当事一方可以在收到驳回所提出的异议的决定的通知后三十天内请求第 6 条规定的法院或其他机构就该异议作出决定,该决定不容上诉;在等待对该请求作出决定的同时,仲裁庭包括被提出异议的仲裁员可以继续进行仲裁程序和作出裁决。

第十四条　未行事或不能行事

(1)如果仲裁员在法律上或事实上不能履行他的职责或由于其他原因未能不过分迟延地行事,他的任命即告终止,如果他辞职或当事各方就终止他的任命达成协议的话。但如对上述任何原因仍有争论,当事任何一方均可以请求第 6 条规定的法院或其他机构就终止其任命一事作出决定,该决定不容上诉。

(2)如果按照本条或第 13 条第(2)款的规定,一名仲裁员辞职或当事一方同意终止对一名仲裁员的任命,这并不暗示接受本条或第 12 条第(2)款所指的任何理由的有效性。

第十五条　指定替代仲裁员

因根据第 13 条或第 14 条的规定或因仲裁员由于任何其他原因而辞职或因当事各方协议解除仲裁员的任命而终止仲裁员的任命或在任何其他情况下终止仲裁员的任命时,应按照原来适用于指定被替换的仲裁员的规则指定替代仲裁员。

第四章　仲裁庭的管辖权

第十六条　仲裁庭对自己的管辖权作出裁定的权力

(1)仲裁庭可以对它自己的管辖权包括对仲裁协议的存在或效力的任何异议,作出裁定。为此目的,构成合同的一部分的仲裁条款应视为独立于其他合同条款以外的一项协议。仲裁庭作出的关于合同无效的决定,不应在法律上导致仲裁条款的无效。

(2)有关仲裁庭无权管辖的抗辩不得在提出答辩书之后提出。当事一方已指定或参与指定仲裁员的事实，不得阻止该当事一方提出这种抗辩。有关仲裁庭超越其权力范围的抗辩，应在仲裁程序过程中提出越权的事情后立即提出。在这两种情况下，仲裁庭如认为推迟提出抗辩有正当理由，均可准许待后提出抗辩。

(3)仲裁庭可以根据案情将本条第(2)款所指定的抗辩作为一个初步问题裁定或在裁决中裁定。如果仲裁庭作为一个初步问题裁定它有管辖权，当事任何一方均可以在收到裁定通知后三十天内要求第6条规定的法院对这一问题作出决定，该决定不容上诉；在等待对这种要求作出决定的同时，仲裁庭可以继续进行仲裁程序和作出裁决。

第十七条　仲裁庭命令采取临时措施的权力

除非当事各方另有协议，仲裁庭经当事一方请求，可以命令当事任何一方就争议的标的采取仲裁庭可能认为有必要的任何临时性保全措施。仲裁庭可以要求当事任何一方提供有关此种措施的适当的担保。

第五章　仲裁程序的进行

第十八条　对当事各方平等相待

应对当事各方平等相待，应给予当事每一方充分的机会陈述其案情。

第十九条　程序规则的确定

(1)以服从本法的规定为准，当事各方可以自由地就仲裁庭进行仲裁所应遵循的程序达成协议。

(2)如未达成这种协议，仲裁庭可以在本法的规定的限制下，按照它认为适当的方式进行仲裁。授予仲裁庭的权力包括确定任何证据的可采性、相关性、实质性和重要性的权力。

第二十条　仲裁地点

(1)当事各方可以自由地就仲裁地点达成协议。如未达成这种协议，仲裁地点应由仲裁庭确定，要照顾到案件的情况，包括当事各方的方便。

(2)虽有本条第(1)款的规定，除非当事各方另有协议，仲裁庭可以在它认为适当的任何地点聚会，以便在它的成员间进行磋商，听取证人、专家或当事各方的意见或检查货物、其他财产或文件。

第二十一条　仲裁程序的开始

除非当事各方另有协议，特定争议的仲裁程序，于应诉人收到将该争议提交仲裁的请求之日开始。

第二十二条　语文

(1)当事各方可以自由地就仲裁程序中要使用的一种或数种语文达成协议。如未达成这种协议，仲裁庭应确定仲裁程序中要使用的一种或数种语文。除非其中另有规定，这种协议或确定应适用于当事一方的任何书面陈述、仲裁庭的任何开庭、任何裁决、决定或其他信件。

(2)仲裁庭可以命令任何文件证据附具当事各方协议的或仲裁庭确定的一种或数种语文的译本。

第二十三条　申诉书和答辩书

(1)在当事各方协议的或仲裁庭确定的期间内，申诉人应申述支持其申诉的种种事实、争论之点以及所寻求的救济或补救，应诉人应逐项作出答辩，除非当事各方对这种申述和答辩所要求的项目另有协议。当事各方可以随同他们的申诉书和答辩书提交他们认为有关的一切文件,也可以附注说明他们将要提交的文件或其他证据。

(2)除非当事各方另有协议,在仲裁程序进行中,当事任何一方均可以修改或补充其申诉书或答辩书,除非仲裁庭考虑到提出已迟而认为不宜允许提出这种改动。

第二十四条　开庭和书面审理程序

(1)除当事各方有任何相反协议外,仲裁庭应决定是否进行口头审理,以便提出证据或进行口头辩论,或者是否应以文件和其他材料为基础进行仲裁程序。然而,除非当事各方商定不开庭,仲裁庭应在进行仲裁程序的适当阶段开庭审理,如果当事一方如此要求的话。

(2)任何开庭和仲裁庭为了检查货物、其他财产或文件而举行的任何会议,均应充分提前通知当事各方。

(3)当事一方向仲裁庭提供的一切陈述书、文件或其他资料均应送交当事他方。仲裁庭可能据以作出决定的任何专家报告或证据性文件也应送交当事各方。

第二十五条　当事一方不履行责任

除非当事各方另有协议,如在不提出充分理由的情况下,

(a)申诉人不按照第 23 条第(1)款的规定提交申诉书,仲裁庭应终止程序;

(b)应诉人不按照第 23 条第(1)款的规定提交答辩书,仲裁庭应继续进行仲裁程序,但不把这种不提交答辩书的行动本身视为是认可了申诉人的申诉;

(c)当事任何一方不出庭或不提供文件证据,仲裁庭可以继续进行仲裁程序并根据它所收到的证据作出裁决。

第二十六条　仲裁庭指定的专家

(1)除非当事各方另有协议,仲裁庭:

(a)可以指定一名或一名以上的专家就仲裁庭要确定的具体问题向仲裁庭提出报告;

(b)可以要求当事一方向专家提供任何有关的资料,或出示或让他接触任何有关的文件、货物或其他财产,供他检验。

(2)除非当事各方另有协议,如当事一方有此粟求或仲裁庭认为有必要,专家在提出他的书面或口头报告后,应参加开庭,使当事各方有机会向他提出问题并派出专家证人就争论之点作证。

第二十七条　在获取证据方面的法院协助

仲裁庭或当事一方在仲裁庭同意之下,可以请求本国主管法院协助获取证据。该法院可以在其权限范围内并按照其获取证据的规则的规定执行上述请求。

第六章　裁决的作出和程序的终止

第二十八条　适用于争议实体的规则

(1)仲裁庭应按照当事各方选定的适用于争议实体的法律规则对争议作出决定。除非另有表明,否则规定适用某一国的法律或法律制度应认为是直接指该国的实体法而不是指该国的法律冲突规则。

(2)如当事各方没有任何规定,仲裁庭应适用它认为可以适用的法律冲突规则所确定的

法律。

(3)仲裁庭只有在当事各方明确授权的情况下,才应按照公平合理的原则或作为友好调解人作出决定。

(4)在一切情形下,仲裁庭均应按照合同的条款作出决定,并应考虑到适用于该项交易的贸易习惯。

第二十九条　一组仲裁员作出的决定

在有一名以上仲裁员的仲裁程序中,除非当事各方另有协议,仲裁庭的任何决定,均应由其全体成员的多数作出。但是,如果有当事各方或仲裁庭全体成员的授权,首席仲裁员可以就程序问题作出决定。

第三十条　和解

(1)如果在仲裁程序中当事各方和解解决争议,仲裁庭应终止仲裁程序,而且如果当事各方提出请求而仲裁庭并无异议,则应按和解的条件以仲裁裁决书的形式记录此和解。

(2)根据和解的条件作出的裁决应按照第 31 条的规定作出,并应说明它是一项裁决。这种裁决应与根据案情作出的任何其他裁决具有同等的地位和效力。

第三十一条　裁决的形式和内容

(1)裁决应以书面作出,并应由一名或数名仲裁员签字。在有一名以上仲裁员的仲裁程序中,仲裁庭全体成员的多数签字即可,但须对任何省去的签字说明原因。

(2)裁决应说明它所根据的理由,除非当事各方协议不要说明理由或该裁决是根据第 30 条的规定按和解条件作出的裁决。

(3)裁决应写明某日期和按照第 20 条第(1)款的规定所确定的仲裁地点。该裁决应视为是在该地点作出的。

(4)裁决作出后,经各仲裁员按照本条第(1)款的规定签字的裁决书应送给当事各方各一份。

第三十二条　程序的终止

(1)仲裁程序依终局裁决或依仲裁庭按照本条第(2)款发出的命令予以终止。

(2)仲裁庭在下列情况下应发出终止仲裁程序的命令:

(a)申诉人撤回其申诉,除非应诉人对此表示反对而且仲裁庭承认彻底解决争议对他来说是有正当的利益的;

(b)当事各方同意终止程序;

(c)仲裁庭认定仲裁程序在任何其他理由之下均无必要或不可能继续进行。

(3)仲裁庭的任务随着仲裁程序的终止而结束,但须服从第 33 条和第 34 条第(4)款的规定。

第三十三条　裁决的改正和解释;追加裁决

(1)除非当事各方已就另一期限达成协议,在收到裁决书后三十天内:

(a)当事一方可以在通知当事另一方后请求仲裁庭改正裁决书中的任何计算错误、任何抄写或排印错误或任何类似性质的错误;

(b)如果当事各方有此协议,当事一方可以在通知当事另一方后请求仲裁庭对裁决书的具体一点或一部分做出解释。

如果仲裁庭认为此种请求合理,它应在收到请求后三十天内作出改正或加以解释。解释应构成裁决的一部分。

(2)仲裁庭可以在作出裁决之日起三十天内主动改正本条第(1)款(a)项所指的类型的任何错误。

(3)除非当事各方另有协议,当事一方在收到裁决书后三十天内可以在通知当事他方后请求仲裁庭对已在仲裁程序中提出但在裁决书中遗漏的申诉事项作出追加裁决。如果仲裁庭认为其请求合理,仲裁庭应在六十天内作出追加裁决。

(4)如果必要,仲裁庭可以将根据本条第(1)或第(3)款作出的改正、解释或追加裁决的期限,予以延长。

(5)第31条的规定应适用于裁决的改正或解释并适用于追加裁决。

第七章　对裁决的追诉

第三十四条　申请撤销作为对仲裁裁决的唯一的追诉

(1)只有按照本条第(2)和第(3)款的规定申请撤销,才可以对仲裁裁决向法院追诉。

(2)仲裁裁决只有在下列情况下才可以被第6条规定的法院撤销:

(a)提出申请的当事一方提出证据证明:

(一)第7条所指的仲裁协议的当事一方欠缺行为能力;或根据当事各方所同意遵守的法律,或未订明有任何这种法律,则根据本国法律,上述协议是无效的;或

(二)未将有关指定仲裁员或仲裁程序的事情适当地通知提出申请的当事一方,或该方因其他理由未能陈述其案情;或

(三)裁决处理了不是提交仲裁的条款所考虑的或不是其范围以内的争议,或裁决包括有对提交仲裁以外的事项作出的决定,但如果对提交仲裁的事项所作的决定与对未提交仲裁的事项所作出的决定能分开的话,只可以撤销包括有对未提交仲裁的事项作出决定的那一部分裁决;或

(四)仲裁庭的组成或仲裁程序与当事各方的协议不一致,除非这种协议与当事各方不能背离的本法的规定相抵触,或当事各方并无此种协议,则与本法不符;或

(b)法院认定:

(一)根据本国的法律,争议的标的不能通过仲裁解决;或

(二)该裁决与本国的公共政策相抵触。

(3)提出申请的当事一方自收到裁决书之日起,三个月后不得申请撤销,如根据第33条提出了请求,则从该请求被仲裁庭处理完毕之日起三个月后不得申请撤销。

(4)法院被请求撤销裁决时,如果适当而且当事一方也要求暂时停止进行撤销程序,则可以在法院确定的一段期间内暂时停止进行,以便给予仲裁庭一个机会重新进行仲裁程序或采取仲裁庭认为能够消除请求撤销裁决的理由的其他行动。

第八章　裁决的承认和执行

第三十五条　承认和执行

(1)仲裁裁决不论在何国境内作出,均应承认具有约束力,而且经向主管法院提出书面申请,即应予以执行,但须服从本条和第36条的规定。

(2)援用裁决或申请予以执行的当事一方,应提供正式认证的裁决书正本或经正式认证的裁决书副本以及第7条所指的仲裁协议正本或经正式认证的仲裁协议副本。如果裁决或协议不是用本国的正式语文作成,则申请执行该裁决的当事一方应提供这些文件译成本国正式语文的经正式认证的文本。*

第三十六条　拒绝承认或执行的理由

(1)只有在下列情况下才可拒绝承认或执行不论在何国作出的仲裁裁决:

(a)经根据裁决被提出要求的当事一方请求,如果该当事一方向被要求承认或执行裁决的主管法院提出证据证明:

(一)第7条所指的仲裁协议的当事一方欠缺行为能力,或根据当事各方所同意遵守的法律,或未订明有任何这种法律,则根据作出裁决的国家的法律,上述协议是无效的;或

(二)未将有关指定仲裁员或仲裁程序的事情适当地通知依据裁决被提出要求的当事一方,或该方因其他理由未能陈述其案情;或

(三)裁决处理了不是提交仲裁的条款所考虑的或不是其范围以内的争议,或裁决包括有对提交仲裁以外的事项作出的决定,但如果对提交仲裁的事项所作出的决定与对未提交仲裁的事项所作出的决定能分开的话,可以承认并执行包括有就提交仲裁的事项作决定的那一部分裁决;或

(四)仲裁庭的组成或仲裁程序与当事各方的协议不一致,或并无这种协议,则与仲裁所在国的法律不符;或

(五)裁决尚未对当事各方具有约束力,或作出裁决的国家的法院,或根据其法律作出裁决的国家的法院已将裁决撤销或中止。或

(b)如经法院认定:

(一)根据本国的法律,该争议的标的不能通过仲裁解决;或

(二)承认或执行该裁决与本国的公共政策相抵触。

(2)如已向本条第(1)款(a)项(五)目所指的法院申请撤销或中止裁决,被请求承认或执行的法院如认为适当,可以暂停作出决定,而且如经要求承认或执行裁决的当事一方提出申请,还可以命令当事他方提供适当的担保。

---

* 本款所列的条件是想订出一个最高标准。因此,如果一国保留了即使是更为简单的条件,也不至于与示范法所要取得的协调一致相对抗。

附表二 *

承认及执行外国公断裁决公约

第一条

一、公断裁决,因自然人或法人间之争议而产生且在声请承认及执行地所在国以外之国家领土内作成者,其承认及执行适用本公约。本公约对于公断裁决经声请承认及执行地所在国认为非内国裁决者,亦适用之。

二、"公断裁决"一词不仅指专案选派之公断员所作裁决,亦指当事人提请裁断之常设公断机关所作裁决。

三、任何国家得于签署、批准或加入本公约时,或于依本公约第十条通知推广适用时,本交互原则声明该国适用本公约,以承认及执行在另一缔约国领土内作成之裁决为限。任何国家亦得声明,该国唯于争议起于法律关系,不论其为契约性质与否,而依提出声明国家之国内法认为系属商事关系者,始适用本公约。

第二条

一、当事人以书面协定承允彼此间所发生或可能发生之一切或任何争议,如关涉可以公断解决事项之确定法律关系,不论为契约性质与否,应提交公断时,各缔约国应承认此项协定。

二、称"书面协定"者,谓当事人所签订或在互换函电中所载明之契约公断条款或公断协定。

三、当事人就诉讼事项订有本条所称之协定者,缔约国法院受理诉讼时应依当事人一造之请求,命当事人提交公断,但前述协定经法院认定无效、失效或不能实行者不在此限。

第三条

各缔约国应承认公断裁决具有拘束力,并依援引裁决地之程序规则及下列各条所载条件执行之。承认或执行适用本公约之公断裁决时,不得较承认或执行内国公断裁决附加过苛之条件或征收过多之费用。

第四条

一、声请承认及执行之一造,为取得前条所称之承认及执行,应于声请时提具:

(甲)原裁决之正本或其正式副本,

(乙)第二条所称协定之原本或其正式副本。

二、倘前述裁决或协定所用文字非为援引裁决地所在国之正式文字,声请承认及执行裁决之一造应备具各该文件之此项文字译本。译本应由公设或宣誓之翻译员或外交或领事人员认证之。

第五条

一、裁决唯有于受裁决援用之一造向声请承认及执行地之主管机关提具证据证明有下列

---

* 译本为《承认与执行外国仲裁裁决公约》的中文作准文本,译者未对文本作出任何改动。

情形之一时,始得依该造之请求,拒予承认及执行:

(甲)第二条所称协定之当事人依对其适用之法律有某种无行为能力情形者,或该项协定依当事人作为协定准据之法律系属无效,或未指明以何法律为准时,依裁决地所在国法律系属无效者;

(乙)受裁决援用之一造未接获关于指派公断员或公断程序之适当通知,或因他故,致未能申辩者;

(丙)裁决所处理之争议非为交付公断之标的或不在其条款之列,或裁决载有关于交付公断范围以外事项之决定者,但交付公断事项之决定可与未交付公断之事项划分时,裁决中关于交付公断事项之决定部分得予承认及执行;

(丁)公断机关之组成或公断程序与各造间之协议不符,或无协议而与公断地所在国法律不符者;

(戊)裁决对各造尚无拘束力,或业经裁决地所在国或裁决所依据法律之国家之主管机关撤销或停止执行者。

二、倘声请承认及执行地所在国之主管机关认定有下列情形之一,亦得拒不承认及执行公断裁决:

(甲)依该国法律,争议事项系不能以公断解决者;

(乙)承认或执行裁决有违该国公共政策者。

第六条

倘裁决业经向第五条第一项(戊)款所称之主管机关声请撤销或停止执行,受理援引裁决案件之机关得于其认为适当时延缓关于执行裁决之决定,并得依请求执行一造之声请,命他造提供妥适之担保。

第七条

一、本公约之规定不影响缔约国间所订关于承认及执行公断裁决之多边或双边协定之效力,亦不剥夺任何利害关系人可依援引裁决地所在国之法律或条约所认许之方式,在其许可范围内,援用公断裁决之任何权利。

二、一九二三年日内瓦公断条款议定书及一九二七年日内瓦执行外国公断裁决公约在缔约国间,于其受本公约拘束后,在其受拘束之范围内不再生效。

第八条

一、本公约在一九五八年十二月三十一日以前听由任何联合国会员国及现为或嗣后成为任何联合国专门机关会员国或国际法院规约当事国之任何其他国家,或经联合国大会邀请之任何其他国家签署。

二、本公约应予批准。批准文件应送交联合国秘书长存放。

第九条

一、本公约听由第八条所称各国加入。

二、加入应以加入文件送交联合国秘书长存放为之。

第十条

一、任何国家得于签署、批准或加入时声明将本公约推广适用于由其负责国际关系之一切或任何领土。此项声明于本公约对关系国家生效时发生效力。

二、嗣后关于推广适用之声明应向联合国秘书长提出通知为之，自联合国秘书长收到此项通知之日后第九十日起，或自本公约对关系国家生效之日起发生效力，此两日期以较迟者为准。

三、关于在签署、批准或加入时未经将本公约推广适用之领土，各关系国家应考虑可否采取必要步骤将本公约推广适用于此等领土，但因宪政关系确有必要时，自须征得此等领土政府之同意。

第十一条

下列规定对联邦制或非单一制国家适用之：

（甲）关于本公约内属于联邦机关立法权限之条款，联邦政府之义务在此范围内与非联邦制缔约国之义务同；

（乙）关于本公约内属于组成联邦各州或各省之立法权限之条款，如各州或各省依联邦宪法制度并无采取立法行动之义务，联邦政府应尽速将此等条款提请各州或各省主管机关注意，并附有利之建议；

（丙）参加本公约之联邦国家遇任何其他缔约国经由联合国秘书长转达请求时，应提供叙述联邦及其组成单位关于本公约特定规定之法律及惯例之情报，说明以立法或其他行动实施此项规定之程度。

第十二条

一、本公约应自第三件批准或加入文件存放之日后第九十日起发生效力。

二、对于第三件批准或加入文件存放后批准或加入本公约之国家，本公约应自各该国存放批准或加入文件后第九十日起发生效力。

第十三条

一、任何缔约国得以书面通知联合国秘书长宣告退出本公约。退约应于秘书长收到通知之日一年后发生效力。

二、依第十条规定提出声明或通知之国家，嗣后得随时通知联合国秘书长声明本公约自秘书长收到通知之日一年后停止适用于关系领土。

三、在退约生效前已进行承认或执行程序之公断裁决，应继续适用本公约。

第十四条

缔约国除在本国负有适用本公约义务之范围外，无权对其他缔约国援用本公约。

第十五条

联合国秘书长应将下列事项通知第八条所称各国：

（甲）依第八条所为之签署及批准；

（乙）依第九条所为之加入；

（丙）依第一条、第十条及第十一条所为之声明及通知；

（丁）依第十二条本公约发生效力之日期；

（戊）依第十三条所为之退约及通知。

第十六条

一、本公约应存放联合国档库，其中文、英文、法文、俄文及西班牙文各本同一作准。

二、联合国秘书长应将本公约正式副本分送第八条所称各国。

迪拜国际金融中心法院法

叶　湘　译　屈文生　审校*

《迪拜国际金融中心法院法》译介

迪拜国际金融中心现行的法院法是2004年颁布的《迪拜国际金融中心法院法》。该法第6条称其立法目的是确保迪拜国际金融中心依据2004年第9号法律《迪拜法》《司法机关法》的规定独立行使司法权。

该法规定了迪拜国际金融中心法院的组成、初审法院和上诉法院的管辖权。同时以专门的章节规定了法律适用、审理实践与程序、证据以及仲裁等问题。

迪拜国际金融中心法院的法官须在阿拉伯联合酋长国高等法院具备履职经历且在普通法系中具备丰富的执业经验。迪拜国际金融中心法院设一名首席大法官负责管理行政事务,负责设立巡回法院和分庭,自行决定设立和管理迪拜国际金融中心法院的审判庭以及任命审判庭成员。

迪拜国际金融中心法院所有的法律程序应以英语进行。除主审法官出于司法公正原因不公开法律程序外,其他法律程序必须以公开方式进行。迪拜国际金融中心法院的初审法院可由独任法官审案。独任法官可以任命一名至数名独立的专家顾问协助审案,针对有争议的法律程序,法官很大程度上基于专家建议作出判决,这是迪拜国际金融中心法院的一大特色。针对迪拜国际金融中心内因合同和交易引发的民商事纠纷,初审法院具有管辖权。此类案件可由初审法院法官公开审理或以内庭审理形式进行不公开审理。除迪拜国际金融中心法律另有规定外,审判庭不得对初审法院作出的裁决提起上诉。初审法院对管辖范围内的以下五类事项有权作出命令并签发令状:返还、退还非法所得财产、赔偿、损害赔偿金以及以损害赔偿金代替执行强制令。此外,涉及破产和清算案件,初审法院可依法任命破产管理人或临时清算人,对其附加相应的条款和条件,并授予其必要的权力。

经各方当事人同意,迪拜国际金融中心法院允许正在进行中的法律程序变更法院继续进行。针对此类情形,迪拜国际金融中心法院可以指令形式在指明地点继续进行后续法律程序的全部或部分,同时可以指令变更后的法院继续适用迪拜国际金融中心法律,或者指令其继续适用《法院规则》。

关于追偿资金,迪拜国际金融中心法院已命令支付损害赔偿金、利息、费用或罚款,或者

---

* 译者:叶湘,上海应用技术大学副教授、法学博士。审校:屈文生,全国人大常委会法工委法律英文译审专家委员会委员、华东政法大学教授、博士生导师。

作出任何涉及金额的命令,则该金额可作为到期和应付的债务追偿。关于执行问题,迪拜国际金融中心法院签发或承认的判决、命令和裁决可以依《法院规则》规定的方式在迪拜国际金融中心内或者中心外执行。针对技术缺陷,除迪拜国际金融中心法院的命令中另有规定外,迪拜国际金融中心法院的法律程序不因技术缺陷或技术不规范而失效。

迪拜国际金融中心法(2004 年第 10 号)

第一部　总　　则

第一条　名称

本法可被引称为 2004 年《迪拜国际金融中心法院法》。

第二条　立法机关

本法由迪拜酋长制定。

第三条　制定日期

本法自《执行通知》规定日期起施行。

第四条　生效

本法自《执行通知》指定日期起生效。

第五条　释义

(1)本法附表包含:

(a)适用于本法的条文释义;

(b)法律术语表。

第二部　本法目的

第六条　本法的立法目的

本法的目的是根据 2004 年第 9 号《迪拜法》和《司法机关法》,对迪拜国际金融中心司法权独立行使进行规定。

第三部　迪拜国际金融中心法院的组成

第七条　迪拜国际金融中心法院

依《司法机关法》设立的法院,即初审法院和上诉法院,合称迪拜国际金融中心法院。

第八条　迪拜国际金融中心法院的法官

(1)迪拜国际金融中心法院应当由四名以上法官组成,其中一名法官为上诉法院首席大法官(以下简称首席大法官)。

(2)迪拜国际金融中心法院授予法官的权力是针对第九条第一款所称法官而言。

第九条　法官的任命

(1)依《司法机关法》第三条第四款任命的法官,其任职不得超过三年,可以连任,但不得超过法官满七十五岁之日。

(2)关于在任法官已满七十五岁或任期结束前开始的诉讼,只要有必要让该法官裁判或开展任何其他必要工作的,即使法官已满七十五岁或任期已结束,该法官可继续履职。

(3)法官获得任命的资质包括:

(a)在阿拉伯联合酋长国政府承认的任何辖区内高等法院就职或曾经就职;

(b)作为有资质律师或法官,在普通法体系中具备丰富经验。

(4)如果法官与下列机构或个人存在任何可能引起利益冲突的商业联系,则该法官没有资格获得任命:

(a)除迪拜国际金融中心司法机关外,任何其他中心机构或附属机构;

(b)任何持牌的中心机构,或迪拜国际金融中心的各个分支部门,或可持牌开展业务的相关机构;或者

(c)受雇于除迪拜国际金融中心司法部门以外的中心机构或附属机构的雇员,或第(b)项所指的有关人员。

(5)法官履职前,应当向酋长或其代表宣誓。

第十条　迪拜国际金融中心法院法官的免职

经酋长设立的独立调查组查明并公布调查结果后,法官可因无能力、无行为能力或行为不端而依酋长签发的法令被免职。

第十一条　迪拜国际金融中心法院法官的辞职

法官可以随时以书面告知酋长的形式,辞去迪拜国际金融中心法院法官职务。

第十二条　法官的薪酬

(1)法官的薪酬应经首席大法官建议,并由酋长决定。

(2)法官任职期间的薪酬不得被调低。

第十三条　法院的法律程序

法院所有的法律程序应当:

(a)以英语进行;

(b)公开,主审法官出于司法公正而不公开的除外。

第四部　迪拜国际金融中心法院的管理

第十四条　行政程序

(1)首席大法官负责管理迪拜国际金融中心法院的行政事务。

(2)根据《迪拜法》第9号第八条第五款,迪拜政府出资迪拜国际金融中心法院开展行政事务。

(a)设立迪拜国际金融中心法院的巡回法院和分庭;

(b)任免迪拜国际金融中心法院的工作人员;

(c)任命迪拜国际金融中心法院的司法官员,但法官的任命除外;

(d)任命司法官员作为迪拜国际金融中心法院审判庭成员。

(3)首席大法官可以自行决定设立和管理迪拜国际金融中心法院的审判庭,并批准制定

管理规则,纳入《法院规则》之中。

(4)首席大法官可以书面形式将其本部规定的全部或任何行政权力转授一名或多名法官以及转授司法常务官。

第十五条　法院印章

(1)迪拜国际金融中心法院应配有一枚印章,其式样由首席大法官决定。

(2)迪拜国际金融中心法院的印章依首席大法官的指令由司法常务官保管。

第十六条　迪拜国际金融中心法院的司法常务官和副司法常务官

(1)首席大法官任命并有权免职迪拜国际金融中心法院的司法常务官。

(2)司法常务官的任期和任职条件由首席大法官确定,但本法另有规定的除外。

(3)为履行迪拜国际金融中心的职责所需,首席大法官有权任免副司法常务官及其他官员。

(4)依第十六条第一款和第三款,司法常务官、副司法常务官或其他官员任期不得超过三年,且上述官员满七十五岁后不得延长任期。

(5)根据本部分规定任命的任何人员,应当依《法院规则》,在履职前向法官宣誓或确认职务。

第十七条　迪拜国际金融中心法院司法常务官和副司法常务官的权力和职责

(1)司法常务官应负责设立迪拜国际金融中心法院登记处。

(2)司法常务官有权做一切必要或便利事项,以协助迪拜国际金融中心法院法官行使、履行以下法律规定的权力、职责:

(a)《司法机关法》;

(b)本法;

(c)《法院规则》;

(d)迪拜国际金融中心法或其他适用于迪拜国际金融中心的任何法律。

(3)司法常务官具有以下法律规定授予或明示授予的其他权力和职责:

(a)本法;

(b)酋长制定的任何其他法律;或者

(c)首席大法官的委任。

(4)副司法常务官和法院官员可以行使、履行司法常务官的权力、职责,但《法院规则》另有规定的除外。

(5)依照本部,首席大法官可以就司法常务官行使权力向其作出指令。

(6)一经知晓,司法常务官、副司法常务官和其他官员应当就可能妨碍其履职的所有直接或间接利益或任何利益冲突,以书面形式告知首席大法官。

第十八条　任命专家顾问

(1)针对迪拜国际金融中心法院的任何待结案件,法官可以任命一名或多名涉案领域专家担任独立专家顾问,协助迪拜国际金融中心法院解决在迪拜国际金融中心法院法律程序中产生的任何问题。

(2)依本条第一款任命的专家顾问向迪拜国际金融中心法院提供咨询意见的,应当给予各方就专家顾问的建议提交意见的机会。

(3)迪拜国际金融中心法院法官针对任何有争议的程序作出判决,很大程度上基于专家顾问的专家建议,判决中应当提及专家顾问建议所涉问题,以及法官采纳该建议的范围。

(4)司法常务官应当向依本条任命的任何专家顾问支付《法院规则》规定的履职费用,同时须报销其合理发生的任何开支。

(5)专家顾问开始工作前,应当根据《法院规则》宣誓或确认职务。

(6)与法律程序事项可能产生冲突的专家顾问,应当向法官和法律程序各方披露引发该冲突的事实。

(7)本条中,专家顾问存在关于法律程序的利益、货币或其他方面的冲突,影响其正当履职,应当认为专家顾问存在关于法律程序的利益冲突。

第五部　迪拜国际金融中心法院的管辖权

第一章　初审法院的管辖权

第十九条　管辖权

(1)依《司法机关法》第五条第一分条(初审法院),迪拜国际金融中心初审法院拥有审理以下任何案件的原讼司法管辖权:

(a)涉及迪拜国际金融中心,或任何中心机构,或任何中心组织的民商事案件及争议;

(b)因本中心任何机构或任何团体订立的合同或交易引发的民商事案件及争议;

(c)因已执行的合同或在本中心已成立的交易之全部或部分,或本中心内发生的事件,引发民商事案件及争议;

(d)依迪拜国际金融中心法律和规例,迪拜国际金融中心法院拥有管辖权的任何申请;

(2)由一名独任法官公开或不公开审理(内庭审理)初审法院管辖的案件。

(3)下列事项中,初审法院法官可以不公开审理:

(a)申请执行法律程序;

(b)申请关于任何事项的命令或指令,并且本法规定该命令或指令应当由独任法官不公开审理;

(c)《法院规则》允许的其他申请。

(4)法官可以命令将不公开法律程序延期至公开审理时处理。

(5)关于对审判庭提起的上诉,不得对初审法院作出的裁决上诉,但迪拜国际金融中心法另有特殊规定的除外。

第二十条　作出命令和签发令状

(1)初审法院针对管辖范围内的任何事项,有权作出包括临时命令在内的任何命令,并有权签发或指令签发任何其认为合适的令状。

(2)初审法院确定申请人无法符合程序要求的,初审法院可以不提出任何程序要求。

(3)审判庭根据依第十四条第三款作出的命令,与第一审法院命令具有同等效力。

第二十一条　返还、退还非法所得财产和损害赔偿金

初审法院依本章审理的任何法律程序的过程中或结案时,初审法院可作出其认为适当或公正的任何命令,包括与以下事项相关的命令。本条规定不限制第二十条的适用。

(a)返还;

(b)退还非法所得财产;

(c)赔偿;

(d)损害赔偿金;

(e)以损害赔偿金代替执行强制令。

第二十二条　司法审查和强制令

(1)依迪拜国际金融中心法或《法院规则》的规定,初审法院可以审理、裁定对法定裁决提出司法审查的申请。

(2)初审法院可以发出强制令,限制任何人的活动范围,或者要求任何人作为,或者发出该法院认为合适的命令。

第二十三条　有关罚款的决定

(1)依任何迪拜国际金融中心法,关于支付规定的罚款或遭受任何处罚的,责任归属和罚款金额由初审法院裁决。

(2)依迪拜国际金融中心法,司法机关确定责任归属以及对另一人或机构处以罚款并作出处罚的情形,第二十三条第一款不予适用。

(3)处罚或罚款是到期之债且应支付给迪拜国际金融中心法院。

第二十四条　判决的批准

(1)依《司法机关法》第七条第四款,初审法院有权处理关于承认下列任何获认可的判决、命令或裁决:

(a)外国法院;

(b)迪拜或阿拉伯联合酋长国法院;

(c)仲裁裁决;

(d)外国仲裁裁决;

(e)向迪拜法院申请后续执行的命令。

(2)阿联酋已缔结相互执行判决、命令或裁决的条约并可适用的,初审法院应当从其规定。

第二十五条　破产管理人和临时清算人

(1)初审法院可依诉讼中间裁决在法律程序的任何阶段,任命破产管理人或临时清算人;

(2)初审法院可在该项委任上附加其认为适当的任何条款和条件,并可向破产管理人及临时清算人提供其认为必要的权力。

第二章　上诉法院的管辖权

第二十六条　上诉

(1)根据《司法机关法》第五条第二分条(上诉法院),上诉法院有权审理和裁定对初审法院的判决和裁决提出的上诉。

(2)根据第二十六条第一款,上诉法院在行使其上诉管辖权时,可以:

(a)作出或发出原本由初审法院或法庭作出或发出的命令;

(b)在其作出的命令上附加条款或条件;

(c)废止或撤销某项决定;

(d)要求实施或禁止实施特定诉讼或特定类别的诉讼;

(e)宣告事实;或

(f)作出上诉法庭认为合适或公正的任何其他命令。

(3)针对依本部申请的以下事项,独任法官可以行使上诉法院的上诉管辖权:

(a)申请上诉法庭受理上诉;

(b)延长向上诉法院提起上诉的时间;

(c)补正向上诉法庭申请受理上诉的事由;

(d)中止(裁判执行)。

(4)《法院规则》可以规定提起上诉的期限和提起、进行上诉的方式。

(5)《法院规则》可以允许在不听审的情况下依第二十六条第三款提出申请。

(6)上诉法院依本条作出的裁决,不得提起上诉。

第二十七条　引用

依《司法机关法》第五条第二分条(上诉法院),上诉法院有权决定以下机构引用本中心任何法律规定的释义:

(a)初审法院审理的任何事项;

(b)任何中心机构;

(c)任何申请受理上诉的中心组织。

第三章　行 政 上 诉

第二十八条　针对迪拜国际金融中心审判庭的上诉

(1)依《司法机关法》第五条第一分条(初审法院),初审法院有权审理、裁定针对审判庭依本法、迪拜国际金融中心法、《法院规则》规定作出的裁决,提起关于下列事项的上诉:

(a)法律问题;

(b)司法不公的指控;

(c)程序公平问题;

(d)迪拜国际金融中心法规定的事项。

(2)初审法院行使其上诉管辖权时,可以:

(a)维持、撤销或变更被上诉的裁决;

(b)撤销全部或部分被上诉的裁决;

(c)作出其认为合适的任何其他命令;

(d)将法律程序发回被上诉的审判庭,但初审法院认为合适的任何指令中另有规定的除外;

(e)为求司法公正制定的任何命令或指令。

(3)不得对初审法院依本条作出的裁决提起上诉。

(4)针对上诉监管委员会的决定,本条不赋予向初审法院提起上诉的任何权利。

第四章　迪拜国际金融中心法院的组成

第二十九条　处理各事项的迪拜国际金融中心法院的组成

(1)针对迪拜国际金融中心法院审理的任何法律程序,首席大法官应当作出安排,并可以就审理和裁决的法律程序作出下列指令:

(a)由初审法院独任法官完成;

(b)由上诉法院至少三名法官会同首席大法官或资历仅次于首席大法官的资深法官任主审法官;

(c)在指定的时间范围内。

(2)上诉法院依第二十六条第一款审理上诉案件,应当由至少三名法官组成,其中任何一名法官均未在初审法院审理过此案,但第二十九条第三款另有规定的除外。

(3)上诉法院关于第二十六条第三款和本部第三章规定的事项的上诉管辖权可以由独任法官行使。

第六部　管辖权相关事项

第一章　迪拜国际金融中心法的适用

第三十条　适用的法律

(1)迪拜国际金融中心法院在行使权力和职能时应当适用:

(a)《司法机关法》;

(b)迪拜国际金融中心法或依该法制定的任何立法;

(c)《法院规则》;

(d)各方当事人约定的法律。

(2)为确定特定事项或法律程序,迪拜国际金融中心法院可以参考其他法域作出的决定。

第七部　一 般 规 定

第一章　实践与程序

第三十一条　《法院规则》

(1)首席大法官应当建议(迪拜国际金融中心)主席制定议事规则,即《法院规则》,指导迪拜国际金融中心法院或其审判庭进行的任何法律程序。

(2)首席大法官应当依第三十一条第三款公布《法院规则》草案。

(3)《法院规则》草案的公告应当包括以下内容：

(a)《法院规则》的草案文本；

(b)关于《法院规则》草案实质性条款的内容和目的的说明；以及

(c)《法院规则》草案的概要。

(4)依第三十一条第三款公布公告时，首席大法官应当在公布后至少三十日内邀请利益相关人员，或在首席大法官另外确定的期间内，就《法院规则》草案提出意见。

(5)首席大法官认为第三十一条第二、三、四款可能造成的任何延迟，有损迪拜国际金融中心的利益或损害司法公正的，该等条款不予适用。

(6)首席大法官邀请利益相关人员在第三十一条生效前就《法院规则》草案提出意见的任何期间内，视为第三十一条第四款所指部分或全部期间而计算。

(7)司法常务官负责公布主席依本条制定的《法院规则》。

第三十二条　权力

针对迪拜国际金融中心法院进行的其认为合适的任何法律程序，迪拜国际金融中心法院有权作出、发出下列指令：

(a)依迪拜国际金融中心法制定的任何立法规定的命令；

(b)强制令，包括要求作为的强制令；

(c)暂时命令或临时命令；

(d)没有通知任何其他当事人和缺乏作出的合适时机的情形中，作出的命令；

(e)蔑视惩罚令；

(f)为司法之利益而作出的命令；

(g)将事项提交给迪拜总检察长。

第三十三条　中止法律程序与暂停命令

迪拜国际金融中心法院认为合适的，可以：

(a)中止任何决定、命令或法律程序；

(b)任何当事人加入诉讼或法律程序；

(c)暂停执行强制令或其他命令；

(d)作出任何其他命令。

第三十四条　证人和文件

迪拜国际金融中心法院可以依照一方当事人的申请或迪拜国际金融中心法院主动提出动议，要求任何人作为证人出庭，并出示任何文件。

第三十五条　询问证人的命令

(1)迪拜国际金融中心法院可以命令任何人到该法院出庭，并在宣誓后就进行的法律程序作证。

(2)在不限制第三十四条的一般性的前提下，迪拜国际金融中心法院可以：

(a)依第三十四条，可以向接到命令参加庭审的任何证人发出有关询问的时间、地点和方式的指令；

(b)准许任何当事人依照迪拜国际金融中心法院的指令就法律程序提供证据或证词；

(c)命令对不遵守依本条作出的命令之人支付罚款。

第三十六条　变更法院

经各方当事人同意，在迪拜国际金融中心法院进行的法律程序的任何阶段，迪拜国际金融中心法院可以：

(a)指令法律程序或法律程序的部分在命令指明地点进行或继续，但迪拜国际金融中心法院附加条件中另有规定的除外；

(b)指令在该法院进行的法律程序中继续适用迪拜国际金融中心法；

(c)指令继续适用《法院规则》。

第三十七条　判决

一名以上(不包括本数)法官审理一项法律程序后，无须全部法官共同出庭宣判。判决应当以书面形式，并予以公布。

第三十八条　对法律程序的限制

启动法律程序之事件发生之日起超过六年的，不得启动法律程序，但任何其他迪拜国际金融中心法另有规定的除外。

第三十九条　判决涉及的利息

(1)依照迪拜国际金融中心法院的判决，与损害赔偿相关的法律程序自作出判决之日起产生利息。

(2)应付利息按照以下方式支付：

(a)按照《法院规则》规定的利率；或者

(b)具体情形公正的，按照迪拜国际金融中心法院裁定的较低利率。

第四十条　追偿资金

迪拜国际金融中心法院已命令支付损害赔偿金、利息、费用或罚款，或者作出任何涉及金额的命令，则该金额可作为到期和应付的债务追偿。

第四十一条　签发的命令与作出的程序

迪拜国际金融中心法院签发、作出所有命令、程序应当：

(a)加盖迪拜国际金融中心法院的印章；以及

(b)由法官或司法常务官签字，或者由获司法常务官授权的官员代签。

第四十二条　执行迪拜国际金融中心法院的命令

(1)迪拜国际金融中心法院签发或承认的判决、命令和裁决可以依《法院规则》规定的方式在迪拜国际金融中心内执行。

(2)迪拜国际金融中心法院签发或承认的判决、命令和裁决可以依《司法机关法》在迪拜国际金融中心外执行。

第四十三条　藐视法庭

(1)迪拜国际金融中心法院有权依他人申请或主动动议处理与藐视法庭相关的事项。

(2)迪拜国际金融中心法院可以行使以下管辖权：

(a)为实现司法利益而作出其认为必要的命令；

(b)处以罚款；或者

(c)将该事项提交迪拜总检察长。

第四十四条　技术缺陷

(1)迪拜国际金融中心法院的任何诉讼不因技术缺陷或不规范而失效,但迪拜国际金融中心法院的命令中另有规定的除外。

(2)迪拜国际金融中心法院可以按照其认为合适的条件作出命令,声明一项程序并非因存在缺陷或不规范而无效。

第四十五条　诉讼费

(1)迪拜国际金融中心法院可以裁定收取在该法院审理的任何法律程序(包括因无管辖权而被驳回的法律程序)的诉讼费,但任何其他法律另有规定的除外。

(2)在迪拜国际金融中心法院进行的法律程序的各方当事人应当支付《法院规则》规定的诉讼费和法院费用,但第四十五条第三款另有规定的除外。

(3)针对依《监管法》或由迪拜金融服务管理局施行的迪拜国际金融中心法启动法律程序,或依迪拜国际金融中心法履行监管职能的过程中,迪拜金融服务管理局无须支付任何法院费用。迪拜国际金融中心法院自行决定涉迪拜金融服务管理局法律程序中管理局败诉的诉讼费。

(4)针对依《公司法》或《破产法》启动的法律程序,公司登记处无须支付任何法院费用。迪拜国际金融中心法院自行决定涉公司登记处法律程序中登记处败诉的诉讼费。

(5)迪拜国际金融中心法院自行决定诉讼费,并且为实现司法利益,可以不收取诉讼费,但任何其他法律另有规定的除外。

(6)法官或司法常务官可依《法院规则》酌情裁定诉讼费。

第四十六条　诉讼费担保

(1)迪拜国际金融中心法院可以自行要求一方当事人根据其认为合适的条款和条件提供诉讼费担保。

(2)依迪拜国际金融中心法,迪拜国际金融中心法院不得要求迪拜金融服务管理局或公司登记处就管理局或登记处启动的法律程序提供诉讼费担保。

第四十七条　承诺

(1)依迪拜国际金融中心法,迪拜国际金融中心法院不得要求迪拜金融服务管理局或公司登记处就损害赔偿金作出承诺,作为作出强制令或其他命令的条件。

(2)迪拜国际金融中心法院在处理申请强制令时,不得考虑迪拜金融服务管理局或公司登记处未就损害赔偿作出承诺事项,而影响其作出强制令或任何其他命令。

第四十八条　誓言和确认

法官、司法常务官或经法官授权人员可按照迪拜国际金融中心法院的规定管理所有必要的誓言和确认。

第四十九条　就迪拜国际金融中心法院文件宣誓

在迪拜国际金融中心法院的法律程序中使用经宣誓书面证据时,可以在下列人员在场时宣誓:

(a)法官或司法常务官;

(b)符合资质的律师;

(c)任何获授权在阿拉伯联合酋长国处理宣誓的人;或者

（d）经授权在誓章作出的司法管辖区处理誓言的其他人员。

第二章　证　　据

第五十条　证据的适用

在迪拜国际金融中心法院提起法律程序时，适用的证据规则如下：

（a）迪拜国际金融中心法规定的；或

（b）在英格兰和威尔士法院适用的；或

（c）迪拜国际金融中心法院认为在具体情形下合适的规则。

第五十一条　口头、视频链接、电话和誓章证据

（1）在任何法律程序中，证据应当以口头或誓章或另有指令要求的或经迪拜国际金融中心法院允许的形式提出。

针对法律程序，法院可以指令或允许通过视频链接、电话、电子设备或其他合适手段作证。提供证词应当作出誓言或确认，但以下情形除外：

（a）作证人在外国。

（b）或是：

（i）该国生效的法律不允许该人就法律程序作出誓言或确认；或

（ii）该国生效的法律使该人不便为法律程序作出誓言或确认。

（c）以作出誓言或确认以外的方式作证的，迪拜国际金融中心法院认为合适并予以采纳。

（2）以作出誓言或确认以外的方式作证的，迪拜国际金融中心法院应当赋予该证词在当时情形下其认为合适的证明力。

第五十二条　上诉证据

上诉法院可以：

（a）考虑引发该上诉的法律程序中提供的证据；以及

（b）作出事实推论并获得进一步的证据，包括：

（i）初审法院口头证词；

（ii）未宣誓和已宣誓的书面证据；

（iii）按照当时的情况，以视频链接、电话或其他合适方式提供的证据；或者

（iv）依第四十九条和第五十条提供的证据。

第五十三条　禁止公布证据

迪拜国际金融中心法院在审理法律程序期间或之后的任何时间，为司法利益而有必要的，可以作出禁止或限制证据公布的命令。

第八部　仲　　裁

第五十四条　移交仲裁员

迪拜国际金融中心法院依法律程序之当事人的申请，可以将与法律程序相关的任何事项

移交仲裁员。

第五十五条　裁决的登记

《法院规则》可以规定登记依第五十四条作出的仲裁裁决或命令。

第九部　资助与报告

第五十六条　资助和费用

(1)首席大法官可以建议主席制定、颁布规例,规定向迪拜国际金融中心法院或迪拜国际金融中心法院审判庭支付关于履行职能和行使权力的费用。

(2)针对迪拜国际金融中心法院的每个财政年度,迪拜政府应当向迪拜国际金融中心法院,包括迪拜国际金融中心法院设立的任何审判庭提供财政资助,以便其充分履行职能和行使权力。

第五十七条　迪拜国际金融中心法院的年度资助

(1)迪拜国际金融中心法院应当报迪拜政府审批下一个财政年度的迪拜国际金融中心法院年度收入和支出的预算。

(2)该预算应当包括与迪拜国际金融中心法院法官、司法常务官、官员、雇员以及迪拜国际金融中心法院代理人的薪酬水平和费用待遇的相关内容。

(3)迪拜国际金融中心法院应当不迟于本财政年度年底结束时将此类预算报迪拜政府审批。

(4)迪拜政府可以在收到该等预算后四十五日内驳回,并以书面形式向首席大法官说明理由。

(5)除该预算依第五十七条第三款已获得迪拜政府批准或依第五十七条第四款被驳回外,迪拜政府收到预算四十五日期满时,视为获得批准。

第五十八条　账户

(1)迪拜国际金融中心法院,包括该法院审判庭,应当妥善保管其财务活动的账户。

(2)迪拜国际金融中心法院应当在本财务年度第一季度结束前,按照公认的会计准则编制上一财务年度的财务报表。

(3)该财务报表应真实并公正地说明迪拜国际金融中心法院(包括该法院审判庭)截至上一个财政年度结束时的财务活动、运作以及相关的财政年度的现金流。

第五十九条　年报

(1)每年1月1日后,首席大法官应当尽快提交迪拜政府关于上一年度迪拜国际金融中心法院(包括该法院审判庭)的行政事务管理报告。

(2)报告应当包括:

(a)迪拜国际金融中心法院(包括该法院审判庭)的财务报表;以及

(b)该财务报表的审计报告。

(3)该报告应当真实和公正地说明迪拜国际金融中心法院(包括该法院审判庭),截至相关财政年度结束时的运作、现金流和财务活动情况。

第十部　其他规定

第六十条　官方语言

英语是迪拜国际金融中心法院(包括该法院审判庭)的官方语言。

第六十一条　免责

(1)依本法或依本法制定的立法,迪拜国际金融中心法院(包括该法院审判庭)以及迪拜国际金融中心法院的任何法官、官员、雇员或代理人,均不对在履行或声称履行职能期间或者行使或声称行使任何权力期间的作为或不作为负责。

(2)作为或不作为被证明为恶意的,第六十一条第一款不予适用。

附表　释　　义

第一条　释义规则

(1)本法中:

(a)一项法律条款包括随时修订或重新颁布的法律条款;

(b)"人"包括自然人、法人团体或非法人团体,后两者包括公司、合伙企业、非法人组织、政府或州;

(c)发布特定文件或使之发布的义务,包括以印刷或电子形式发布,但本法另有规定的除外;

(d)迪拜国际金融中心的"一日",是指办公、营业日,即正常的工作日;

(e)"公历年"是指公历的一年;以及

(f)任何男性指称亦指女性。

(2)本法各级条标不影响其内容的释义。

第二条　迪拜国际金融中心的立法

本法中提及的立法,应当按照以下规定释义:

(a)联邦法是由阿拉伯联合酋长国联邦政府制定的法律;

(b)迪拜法是由酋长制定的法律,适用于迪拜酋长国;

(c)迪拜国际金融中心法(例如本法)是由酋长制定的法律,适用于迪拜国际金融中心;

(d)本法是由酋长制定的《迪拜国际金融中心法院法》(迪拜国际金融中心 2004 年第 10 号法律);

(e)《法院规则》由主席依首席大法官的建议制定。

第三条　已定义的术语

除上下文另有说明外,本法下列术语的含义:

术语	定　　义
仲裁裁决	在仲裁程序中,依 2004 年第 8 号《仲裁法》《迪拜国际金融中心争议解决方案》作出的裁决、外国仲裁裁决或本法认可的任何裁决
专家顾问	依本法第十八条获得任命的人
中心机构	依迪拜金融中心法(2004 年第 9 号)中的含义
中心组织	依迪拜金融中心法(2004 年第 9 号)中的含义
首席大法官	由酋长任命为迪拜国际金融中心法院首席大法官的人
迪拜国际金融中心法院	初审法院和上诉法院
副常务司法官	依本法第十六条获得任命的副常务司法官
迪拜金管局	迪拜金融服务管理局
迪拜国金中心	迪拜国际金融中心
迪拜国际金融中心法	依本法附表第二条中的含义
迪拜法	依本法附表第二条中的含义
迪拜法第 9 号	迪拜国际金融中心迪拜法(2004 年第 9 号)
法官	依本法任命的首席大法官以及任何法官
司法机关法	迪拜国际金融中心司法机关法(2004 年第 9 号)
本法	迪拜国际金融中心法(2004 年第 10 号)
立法	包括依立法制定的规则或规例
迪拜国际金融中心法院法官	首席大法官或任何其他法官
上一个财政年度	不包括 2003 年年底前结束的任何财政年度
司法常务官	依本法第十六条获得任命的人
酋长	迪拜酋长国的酋长
法院规则	依本法附表第二条中的含义
附表	本法的一张附表
审判处	依本法第十四条第三款由迪拜国际金融中心法院首席大法官设立的审判庭

迪拜国际金融中心仲裁法

曹斯澜　译　屈文生　审校*

《迪拜国际金融中心仲裁法》译介

迪拜国际金融中心现行的仲裁法是2008年颁布的《迪拜国际金融中心仲裁法》。该法分为总则、适用范围、仲裁、裁决的承认和执行四个部分,其中仲裁部分体量最大,细致规定了仲裁合意的定义和形式、仲裁庭的组成、仲裁庭的管辖权、仲裁程序的启动与进行、作出裁决和终止程序以及裁决异议的处理办法,运用简便、高效、经济、保密的纠纷解决方式,为化解社会冲突提供了多元化的纠纷解决机制。

该法适用于迪拜国际金融中心的管辖范围内。该法对于仲裁合意作出解释,并对争议范围、争议双方以及仲裁合意内容的记载形式做了说明。对于法院干预的限度以及应当由迪拜国际金融中心法院履行的职能,该法做了专门的说明。法院与仲裁院实际上是一种分工与合作的伙伴关系——法院负责审理诉讼案件,仲裁院负责仲裁与调解案件。该法中,迪拜国际金融中心法院主要履行协助和监督仲裁职责的权力。这种以调解与仲裁为主的纠纷解决理念以及与迪拜国际金融中心法院相互配合的纠纷解决服务机制,对于国际商事纠纷的高效解决提供了标准化模板。

对于仲裁程序,相较阿联酋陈旧的仲裁法,该法先行作出了改革。该法对于程序规则的确定、仲裁地、语言、申请书和答辩状、开庭和书面审理程序以及一方当事人不履行责任等情形作出了规定。值得注意的是,迪拜—伦敦国际仲裁院于2014年又制定了DIFC－LCIA仲裁规则,两年之后,迪拜根据时代的巨大变革调整策略,为提高仲裁效率、降低仲裁费用,加强案件管理与电子文档的运用,对DIFC－LCIA仲裁规则进行了修改。受此影响,2018年5月阿联酋颁布的2018年第6号《联邦仲裁法》对实施仲裁裁决的程序更是作出了实质性改进。这相较阿联酋原有的《民事诉讼法》(1992年第11号联邦法)中的仲裁章节的规定跨出了一大步。

对于国外裁决的承认和执行,根据该法,在任何国家或司法管辖区作出的仲裁裁决,迪拜国际金融中心法院应当认定具有约束力,经书面申请,应当予以执行。阿联酋已签订相互执行判决、命令或裁决的条约的,迪拜国际金融中心法院应当遵照执行。以此为参照,2018年阿联酋在颁布《联邦仲裁法》后,又通过了《民事诉讼法执行规定》(2018年第57号内阁决议),

---

* 译者:曹斯澜,华东政法大学硕士研究生;审校:屈文生,全国人大常委会法工委法律英文译审专家委员会委员、华东政法大学教授、博士生导师。

为高效执行外国仲裁裁决铺平了道路。

2008 年第 1 号法令

合并本(2013 年 12 月)

经《迪拜国际金融中心仲裁法修正案》修正

(2013 年第 1 号法令)

第一部　总　　则

第一条　名称

本法可引称为 2008 年《迪拜仲裁法》。

第二条　立法依据

本法由迪拜酋长制定。

第三条　本法适用范围

本法适用于迪拜国际金融中心的管辖范围内。

第四条　颁布及生效日期

本法:

(a)颁布;及

(b)生效,

自本法公告指明之日起。

第五条　废止

自本法颁布公告指明之日起,迪拜国际金融中心 2004 年 8 号法律应予废止,并由本法全部取代。

第六条　解释

附表包括:

(a)适用于本法的解释规定;

(b)本法定义的术语一览表。

第二部　适 用 范 围

第七条　本法的适用范围

(1)除本条第二款和第三款另有规定外,仲裁地为迪拜国际金融中心的,适用本法。

(2)仲裁地不在迪拜国际金融中心的,适用本法第十三条、第十四条、第十五条,第四部和附表。

(3)未指定或确定仲裁地的情形适用第十三条。

第三部 仲　　裁

第一章　一般规定

第八条　收到书面通知

除非争议各方另有协议：

(a)关于任何书面通知，亲自递交收件人，或投递到收件人的营业地点、惯常住所或通信地址，或经合理查询仍不能找到上述任一地点而以挂号信或可以提供投递记录的其他任何手段投递到收件人最后一个为人所知的营业地点、惯常住所或通信地址，即应当视为已经收到；

(b)通知应当被视为已于以上述方式投递之日收到。

第九条　放弃提出异议的权利

一方当事人明知本法中各方当事人可能违反任何规定，或仲裁协议规定的任何要求未得到遵守，但仍继续进行仲裁而未过度迟延，或有相应期限但未在该期限内对该不遵守提出异议的，应当视为已放弃提出异议的权利。

第十条　法院干预的限度

本法调整的内容，任何迪拜国际金融中心法院不得干预，但本法另有规定除外。

第十一条　迪拜国际金融中心法院履行协助和监督仲裁职责的权力

本法第十九条第三款、第二十四条第二款、第三十四条、第四十一条、第四十二条、第四十三条和第四十四条所述的职能应当由迪拜国际金融中心法院履行。第十四条，第十七条第三款、第四款、第五款，第二十条第一款，第二十一条第二款，第二十三条第三款和第三十九条第五款所述的职能应当由迪拜国际金融中心法院履行，但当事人在仲裁协议中另有约定任何程序的除外。

第二章　仲裁合意

第十二条　仲裁合意的定义和形式

(1)“仲裁合意”是指各方当事人同意将其确定的关于合同或非合同法律关系中已经发生或可能发生的任何或特定争议提交仲裁的合意。仲裁合意可以采取在合同约定仲裁条款或独立协议的形式。

(2)一项仲裁合意是指日后双方之间由于以下事项产生的或与以下有关的争议：

(a)《2005 年就业法》规定的雇佣合同；

(b)供应商是自然人或法人，为有关其从事的贸易、业务或职业(无论公有或私有)之目的，向消费者供应货品或服务(住宅物业除外)的合同，不得就任何该等争议向雇员或消费者强制执行，但以下情况除外：

(i)有关争议产生后，经其书面同意；或者

(ii)其已依据仲裁合意就该争议或任何其他争议提交仲裁；或者

(iii)迪拜国际金融中心法院认为争议方依据仲裁合意将有关争议提交仲裁而非由法院的司法程序,不损害雇员或消费者之利益,而决定不适用本条。

本条中,“消费者”是指“为其贸易、业务或职业以外之目的开展活动的任何自然人或法人”。

(3)仲裁合意应当依照第十二条规定以书面形式订立。

(4)以任何形式记载仲裁合意内容的,仲裁合意或合同以行为方式或以其他方式订立的,仲裁合意应当以书面形式。

(5)电子通信所载信息可被查阅以供日后使用的,该电子通信应当符合仲裁协议的书面要求;“电子通信”是指当事人通过数据信息进行的任何通信;“数据信息”是指通过电子、磁、光或类似手段生成、发送、接收或存储的信息,包括但不限于电子数据交换、电子邮件、电报、电传或传真。

(6)当事人送达申诉书和答辩书的,一方主张存有合意而他方不予否认的,仲裁合意即为书面协议。

(7)在合同中提出参照载有仲裁条款的文件即构成书面仲裁合意,但该参照应当足以使该仲裁条款构成该合同的一部分。

第十三条　仲裁合意和向法院提出的实质性申诉

(1)向迪拜国际金融中心法院提起关于仲裁合意内容的诉讼时,一方当事人在不迟于其就争议实质提出第一次申述之时提出仲裁的,法院应当驳回或中止此类诉讼,但法院发现仲裁合意无效、不能履行或履行不能的除外。

(2)本条第一款所称诉讼已提起的,仍可以开始或继续仲裁程序,并作出裁决,尽管该案未由迪拜国际金融中心法院审结。

第十四条　保密

除各方当事人另有约定外,所有与仲裁程序有关的信息应当保密,但迪拜国际金融中心法院作出的命令要求披露的除外。

第十五条　仲裁合意和法院作出的临时措施

仲裁程序开始前或进行期间内,一方当事人请求法院采取临时措施和法院准予采取的,均与仲裁合意不相抵触。

第三章　仲裁庭的组成

第十六条　仲裁员的人数

(1)当事人可以自行确定仲裁员人数,但须为奇数。

(2)未能确定的,仲裁员的人数应当为三名。

第十七条　仲裁员的指定

(1)除各方当事人另有协议外,不得以国籍为理由排除任何人担任仲裁员。

(2)各方当事人可以自行就指定一名或数名仲裁员的程序达成协议,但应当遵照本条第四款和第五款规定。

(3)各方达成上述协议的:

(a)仲裁员为三名的,各方应当指定一名仲裁员,而后由该两名仲裁员指定第三名仲裁员；一方当事人未在收到其他当事人提出该等要求三十日内指定仲裁员，或者两名仲裁员在被指定后三十日内未就第三名仲裁员达成协议的，经一方当事人请求，应当由迪拜国际金融中心初审法院指定。或者

(b)仲裁员为一人的，一方当事人要求另一方指定后三十日内，双方未能就仲裁员达成一致的，应当由迪拜国际金融中心初审法院根据任何一方的要求指定仲裁员。

(c)仲裁协议授权各方指定一名仲裁员的，争议方人数超过两人，并且未能以书面形式决定，争议各方分别代表两方组成仲裁庭，以作为申请人和被申请人的，应当由迪拜国际金融中心初审法院指定仲裁庭，而不考虑任何一方的提名。

(d)关于本条第三项规定，仲裁合意于任何情况中应当视为各方就迪拜国际金融中心初审法院指定仲裁庭而达成的书面协议。

(4)下列情形中，根据各方当事人达成的协议的指定程序：

(a)一方当事人未遵照执行该程序的要求；或者

(b)各方当事人或两名仲裁员未根据该程序达成预期的合意；或者

(c)第三方(包括仲裁机构)未履行根据该程序委托执行的任何事项的。

任何一方可以提请迪拜国际金融中心初审法院采取必要措施，但指定程序的协议订有保证可以指定仲裁员的其他方式的除外。

(5)关于迪拜国际金融中心初审法院依本条第三款或第四款获得委托而作出的决定，不得上诉。迪拜国际金融中心初审法院指定仲裁员时，应当适当考虑各方当事人以合意指定的仲裁员所需具备的任何资质，并适当考虑保证可以指定独立和公正的仲裁员相关因素，并且指定独任仲裁员或第三名仲裁员时，还应当考虑指定一名国籍与各方当事人均不相同的仲裁员的可行性。

第十八条　提出异议的理由

(1)询问与可能被指定为仲裁员相关事宜的，被询问人应当说明可能对其公正性或独立性引起正当怀疑的任何情形。仲裁员自被指定之时起至整个仲裁程序进行期间，应当尽速向各方当事人说明任何该类情况，但已将该类情况告知各方当事人的除外。

(2)仅存在对仲裁员的公正性或独立性引起正当怀疑的情形或不具备各方当事人同意的资质的，才可以对仲裁员提出异议。仅一方在作出指定之后才得知异议理由的，可以对其指定或参与指定的仲裁员提出异议。

第十九条　提出异议的程序

(1)各方当事人可以自行就对仲裁员提出异议的程序达成合意，但应当遵照本条第三款规定执行。

(2)未达成上述合意的，对仲裁员提出异议的一方当事人，应当在其得知仲裁庭组成或得知第十八条第二款所指任何情况后十五日内，向仲裁庭提出书面陈述，说明提出异议的理由。除被异议仲裁员辞职或当事他方同意提出的异议外，仲裁庭应当就提出的异议作出决定。

(3)各方当事人合意达成的任何程序或根据本条第二款程序提出的异议不能成立，提出异议的一方当事人可以在收到驳回通知后三十日内申请迪拜国际金融中心初审法院就该异议作出裁决，并且不得上诉。初审法院处理该申请过程中，仲裁庭包括被异议仲裁员可以继续仲裁并作出裁决。

第二十条 不履行或履行不能

(1)仲裁员在事实上或法律上不能履行其职责,或由于其他原因而过分延迟履行其职责,并且该仲裁员辞职或各方当事人就终止其任命达成合意的,该仲裁员的任命即告终止。没有该类合意的,或对所依据的上述任何原因仍有争议的,各方可以申请迪拜国际金融中心初审法院就终止其任命作出裁决,该裁决不得上诉。

(2)依本条或第十九条第二款之规定,仲裁员辞职或一方同意终止一名仲裁员的任命的,不表明接受本条或第十八条第二款所指任何理由的有效性。

第二十一条 指定替代仲裁员

(1)根据第十九条或第二十条的规定或仲裁员由于任何其他原因辞职,或各方当事人合意解除仲裁员任命而终止仲裁员任命,或任何其他情况下终止仲裁员的任命的:

(a)根据各方当事人在仲裁协议中约定的任何程序,或在此之后,各方当事人可以就其对费用和开支的责任与权利(如有)与仲裁员达成一致;

(b)按照原先适用于指定被替换的仲裁员的规则指定替代仲裁员,但各方当事人另有约定的除外。

(2)没有根据第二十一条第一款第一项就辞职的后果达成合意的,或在没有达成合意的范围内,在第二十一条第一款所述情况下辞职的仲裁员,经书面通知各方后,可以申请迪拜国际金融中心初审法院免除其因辞职而产生的任何法律责任,并认为就其有权(如有)收取的费用和开支的适当性作出命令,该等命令不得上诉。

第二十二条 仲裁庭和其他人员的责任

任何仲裁员、仲裁员的雇员或代理人、仲裁机构、仲裁机构职员或指定机构,不对任何人承担关于仲裁的任何作为或不作为的责任,但能证明该等作为或不作为是明知和故意造成损害的除外。本条不影响仲裁员因辞职而承担的任何责任。

第四章 仲裁庭的管辖权

第二十三条 仲裁庭管辖权范围内事项的职权

(1)仲裁庭可以就其管辖权,包括对仲裁协议的存在或效力的任何异议,作出裁定。为此目的,构成合同部分的仲裁条款应当视为独立于其他合同条款的一项合意。仲裁庭作出的关于合同无效的认定,不在法律上导致仲裁条款无效。

(2)被申请人或其他当事人有关仲裁庭没有管辖权的抗辩不得在被申请人提交答辩状或另一方提出其第一份书面陈述之后提出。一方当事人已经指定或参与指定仲裁员的事实,不影响该一方当事人提出该抗辩。有关仲裁庭越权的抗辩,应当在仲裁过程中越权事宜被提出后立即提出。前述两项情形中,仲裁庭认为延后抗辩有正当理由的,可以准予延后提出抗辩。

(3)仲裁庭可以根据案情将本条第二款所指抗辩作为初步问题或于实体部分裁定。作为初步问题而认定其有管辖权的,任何一方可以在收到裁决通知后三十日内申请迪拜国际金融中心初审法院对该问题作出裁决。该裁决不得上诉。初审法院审理该申请时,仲裁庭可以继续仲裁和作出裁决。

第二十四条　法庭命令采取临时措施的权力

(1)除各方当事人以书面形式明确同意仲裁庭无权采取临时措施外,应当适用下列规定:

(a)仲裁庭经一方当事人请求,可以命令任何一方就争议标的采取仲裁庭可能认为有必要的任何临时保全措施。仲裁庭可以命令任何申请人或被申请人提供有关该措施的适当担保,包括以存款或银行担保的方式或以仲裁庭认为适当的任何其他方式和条件,提供其他当事人的法律费用或其他费用的担保。向仲裁庭提出的任何申请应当同时抄送所有其他当事人。

(b)临时措施是指仲裁庭在作出裁决前以裁决的形式或其他形式采取的任何临时措施。本条所述临时措施包括命令一方当事人:

(i)维持或恢复现状,直至争议解决;

(ii)为日后执行裁决而提供资产保全,或以其他方式确保或便利裁决的执行;

(iii)采取行动防止,或者避免采取行动造成当前或即将发生的损害,或对任何一方或仲裁过程本身的妨碍;

(iv)保存可能与解决争议有关的重要证据。

(c)根据本条第一款第二项第一目、第二目和第三目请求采取临时措施的一方当事人应当向仲裁庭证明:

(i)不采取临时措施可能造成无法通过损害赔偿获得充分补偿,并且该损害将远大于可能对反对临时措施的一方造成的损害(如有);以及

(ii)根据争议的实体内容,申请人有合理的可能性将胜诉。关于该可能性的认定不影响仲裁庭随后作出任何裁决。

(d)关于根据本条第一款第二项第四目申请采取临时措施,仅在仲裁庭认为适当的范围内适用本条第一款第三项的要求。

(e)申请采取临时措施的一方可能对该措施对任何其他一方造成的任何费用和损害承担责任,仲裁庭事后裁决,在当时情况下不应准予采取该措施的,仲裁庭可以在仲裁期间裁决支付该等费用及损害赔偿。

(f)仲裁庭可以根据一方的申请,或在特殊情况下,根据事先通知当事人的情况,主动修改、暂停或终止其所准予的临时措施。

(2)根据仲裁庭的书面许可,获准临时措施的一方可申请迪拜国际金融中心初审法院强制执行仲裁审庭的命令或其任何部分。根据本条申请的任何许可或执行,应当同时抄送其他各方当事人。除仲裁庭另有指令外,根据本条向迪拜国际金融中心初审法院提出请求的一方有权在仲裁中获得由此合理产生的任何法律费用和关于迪拜国际金融中心初审法院的费用。

(3)无论仲裁地是否为迪拜国际金融中心,迪拜国际金融中心法院对仲裁程序作出临时措施的权力,应当与其对法院诉讼程序作出临时措施的权力相同。迪拜国际金融中心法院应当按照其程序行使此项权力。

第五章　仲裁程序的进行

第二十五条　各方当事人平等

各方当事人享有平等待遇,并有充分的机会陈述。

第二十六条　程序规则的确定

(1)依据本法规定,各方当事人可以自行就仲裁庭的仲裁程序达成合意。

(2)没有达成该合意的,仲裁庭可以依据本法以其认为适当的方式仲裁。仲裁庭的权力包括确定任何证据的可采性、相关性、实质性和重要性。

第二十七条　仲裁地

(1)各方当事人可以自行就仲裁地达成合意。未达成合意的,任何争议受迪拜国际金融中心法规制的,仲裁地应当为迪拜国际金融中心。

(2)除各方当事人另有约定外,仲裁庭可以在其认为适当的任何地点集会,以便商议、听取证人、专家或各方当事人的意见或调查货物、其他财产或文件。本条第一款不影响本款执行。

第二十八条　启动仲裁程序

除各方当事人另有约定外,关于特定争议的仲裁程序,于被申请人收到仲裁申请之日开始。

第二十九条　语言

(1)各方当事人可以自行就仲裁程序使用的一种或数种语言达成合意。未达成合意的,仲裁庭应当确定仲裁程序使用的一种或数种语言。除另有规定外,该合意或确定,应当适用于一方当事人的任何书面陈述、仲裁庭的任何庭审、裁决、决定或其他通信。

(2)仲裁庭可以命令任何书证附有各方当事人合意或仲裁庭确定的一种或数种语言的翻译件。

第三十条　申请书和答辩状

(1)各方当事人合意或仲裁庭确定的期间内,申请人应当说明支持其申请的事实、争点以及要求的救济或补救,被申请人应当逐项作出答辩,但各方当事人对申请和答辩的规定内容另有约定的除外。各方当事人可以随申请书和答辩状提交其认为相关的任何文件,或附注说明将提交的文件或其他证据。

(2)除各方当事人另有约定外,仲裁程序进行中,任何一方当事人可以修改或补充其申请书或答辩状,但仲裁庭认为提出过迟而不宜同意的除外。

第三十一条　开庭和书面审理程序

(1)除各方当事人有任何相反约定外,仲裁庭决定是否口头审理,以便提出证据或口头辩论,或者是否以文件和其他材料为基础进行仲裁程序。除各方当事人商定不开庭外,一方当事人提出申请的,仲裁庭应当在仲裁程序的适当阶段开庭审理。

(2)仲裁庭为调查货物、其他财产或文件决定开庭审理和举行仲裁庭会议时,应当事先通知各方当事人。

(3)一方当事人向仲裁庭提供的任何陈述书、文件或其他资料的,应当送交其他当事人。

仲裁庭可能据以作出决定的任何专家报告或证明文件也应当送交各方当事人。

第三十二条　一方当事人不履行责任

除各方当事人另有约定外,无充分理由的:

(a)申请人未按照第三十条第一款的规定提交申请书,仲裁庭应当终止程序;

(b)被申请人人未按照第三十条第一款的规定提交答辩状,仲裁庭应当继续仲裁,不得将未提交答辩状视为承认申请人的申请;或者

(c)任何一方当事人不出庭或不提供书证的,仲裁庭可以继续仲裁并根据收到的证据作出裁决。

第三十三条　仲裁庭指定的专家

(1)除各方当事人另有约定外,仲裁庭:

(a)可以指定一名或一名以上的专家就仲裁庭须确定的具体问题向仲裁庭提出报告;

(b)可以要求一方当事人向专家提供任何相关资料,或出示或提供查阅任何相关文件、货物或其他财产,以供调查。

(2)除各方当事人另有约定外,一方当事人申请或仲裁庭认为有必要的,专家提出书面或口头报告后,应当参加庭审,以便各方当事人询问并派出专家证人就争点作证。

(3)仲裁庭依照本条规定指定的任何专家的费用和开支应当由各方当事人依据仲裁庭作出的裁定承担,该裁定一裁终局。

第三十四条　法庭协助取证

仲裁庭或经仲裁庭批准的一方当事人可以申请迪拜国际金融中心法院协助取证。迪拜国际金融中心法院可以在其权限范围内并依据其取证规则执行上述申请。

第六章　作出裁决和终止程序

第三十五条　适用于争议实体的规则

(1)仲裁庭应当按照各方当事人选定的适用于争议实体的法律规则对争议作出裁决。除另有明示外,约定适用一国或辖区的法律或法律制度应当是指该国或辖区的实体法而非冲突法。

(2)各方当事人未有约定的,仲裁庭应当适用其认为可以适用的冲突法确定的法律。但是,各方当事人可以自行以书面形式约定,仲裁庭可以适用其认为关于争议事项最为适当的法律规定。

(3)仲裁庭仅得到各方当事人明示授权的,才可以按照公平和良知原则作出裁决。

(4)任何情形中,仲裁庭应当按照合同条款和准据法作出裁决,并应当考虑适用于该交易的习惯。

第三十六条　仲裁庭的裁决

一名以上仲裁员进行的仲裁程序中,除各方当事人另有合意外,仲裁庭的任何裁决应当由其全体成员的多数意见作出。但是,各方当事人或仲裁庭全体成员授权的,首席仲裁员可以就程序问题作出裁决。

第三十七条　和解

(1)仲裁程序中各方当事人和解的,仲裁庭应当终止仲裁程序;各方当事人提出申请而仲裁庭并无异议的,在仲裁裁决书中记录和解事项。

(2)根据和解作出的裁决应当按照第三十八条作出,并说明其为一项裁决。该裁决与根据案情作出的任何其他裁决具有同等的法律地位和效力。

第三十八条　裁决的形式和内容

(1)裁决应当以书面形式作出,由全部仲裁员签字。一名以上仲裁员进行的仲裁程序中,仲裁庭全体成员的多数签字即可,但应当说明未签字的原因。

(2)裁决应当说明理由,但各方当事人合意不要求说明理由或该裁决根据第三十七条的规定按和解作出的裁决。

(3)裁决应当写明日期和依第二十七条第一款的规定确定的仲裁地。该裁决视为在该地点作出。

(4)裁决作出后,经各仲裁员依本条第一款的规定签字的裁决书副本应当向各方当事人送达,各执一份。

(5)仲裁庭应当在裁决中确定仲裁费用。"费用"仅包括:

(a)每一仲裁员分别开列的仲裁庭费用;

(b)仲裁员的合理旅费和其他开支;

(c)仲裁庭征询专家意见的合理费用和所需其他协助的合理费用;

(d)证人的合理旅费和其他开支,以仲裁庭核准的开支额度为限;

(e)仲裁的其他费用,包括会议室、口译和笔录服务费用;

(f)胜诉方提出仲裁期间的代理和法律援助费用的,以仲裁庭确定的合理数额为限;

(g)仲裁机构或指定机构的任何收费和开支。

第三十九条　程序的终止

(1)仲裁程序依终局裁决或依仲裁庭按照本条第二款发出的命令终止。

(2)下列情况中,仲裁庭应当发出终止仲裁程序的命令:

(a)申请人撤回申请。应诉人对此表示反对,并且仲裁庭认定彻底解决争议对其有正当利益的除外;

(b)各方当事人同意终止程序;或

(c)基于其他任何事由,仲裁庭认定仲裁程序不必要或不可能继续。

(3)仲裁庭的仲裁事项由于仲裁程序的终结而终结,但本条第五款和第四十条、第四十一条第四款另有规定的除外。

(4)各方当事人支付全部费用和开支前,仲裁庭可以拒绝作出终局裁决或依据本条第二款命令终止仲裁程序。

(5)根据各方当事人在仲裁协议中约定的任何程序,各方当事人支付全部费用和开支前,仲裁庭拒绝向各方当事人作出裁决或命令的,仲裁任何当事人可以申请迪拜国际金融中心初审法院以迪拜国际金融中心初审法院认为适当的方式,确定应当向仲裁庭支付的费用和开支的数额。

第四十条　裁决的更正和解释;补充裁决

(1)除各方当事人已就另一期限达成合意,收到裁决书后三十日内:

(a)一方当事人可以在通知当事另一方后申请仲裁庭更正裁决书中的任何计算、抄写或排印错误或其他类似错误;

(b)各方当事人达成合意的,一方当事人可以在通知当事另一方后申请仲裁庭对裁决书的具体要点或部分作出解释。

仲裁庭认为上述申请合理的,应当在收到申请后三十日内作出更正或解释。该解释构成裁决的一部分。

(2)仲裁庭可以自作出裁决之日起三十日内主动更正本条第一款第一项所称任何错误。

(3)除各方当事人另有合意,或依第三十七条作出基于和解的裁决,一方当事人在收到裁决书后三十天内可以在通知其他当事人后申请仲裁庭对已在仲裁程序中提出但在裁决书中遗漏的申请事项作出追加裁决。仲裁庭认为申请合理的,应当在六十日内作出补充裁决。

(4)有必要的,仲裁庭可以延长依本条第一款或第三款作出的更正、解释或追加裁决的期限。

(5)第三十八条之规定适用于裁决的更正或解释和补充裁决。

第七章　对裁决的异议

第四十一条　申请撤销作为对仲裁裁决的异议

(1)仅依本条第二款和第三款的规定提出申请,才能对在迪拜国际金融中心法院所在地作出的仲裁裁决向法院提出异议。

(2)该申请仅可向迪拜国际金融中心法院提出。仅下列情况中,迪拜国际金融中心法院撤销仲裁裁决:

(a)提出申请的一方当事人提出证据证明:

(i)仲裁合意的一方当事人无行为能力;或各方当事人同意适用的法律,或未订明任何该等法律的,依迪拜国际金融中心法上述合意无效;

(ii)未将有关指定仲裁员或仲裁程序等事宜以适当方式通知提出申请的一方当事人,或该方因其他理由未能陈述案情的;或

(iii)裁决处理的争议不得提交仲裁,或者不在仲裁合意范围内的;或者裁决超出当事人提交仲裁范围的事项,但裁决超出仲裁范围的事项与提交仲裁事项可以区分的,裁决中关于提交仲裁事项的决定部分可以予以承认;或

(iv)仲裁庭的组成或仲裁程序与各方当事人合意不一致的,但该合意不符合各方当事人不得违反本法之规定,或各方当事人并无该等合意,不符合本法的。或

(b)迪拜国际金融中心法院认定:

(i)依迪拜国际金融中心法,争议标的不得通过仲裁解决;

(ii)依本法或《迪拜国际金融中心法院法》任何强制性规定,明确将争议提交另一机构或仲裁庭解决;或

(iii)该裁决不符合阿联酋的公共政策。

(3)提出申请的一方当事人自收到裁决书之日起三个月内不得申请撤销;依第四十条提出申请的,自仲裁庭处理完毕之日起三个月内不得申请撤销。

(4)迪拜国际金融中心法院处理撤销裁决申请时,确属适当、一方当事人申请中止撤销程序的,迪拜国际金融中心法院可以确定在一段期间内中止,以便仲裁庭重新仲裁或采取仲裁庭认为能够消除申请撤销裁决事由的其他活动。

第四部　裁决的承认和执行

第四十二条　裁决的承认和执行

(1)仲裁裁决在任何国家或司法管辖区作出的,迪拜国际金融中心法院应当认定具有约束力;迪拜国际金融中心法院经书面申请,应当予以执行,但本条、第四十三条和第四十四条另有规定的除外。为免疑义,阿联酋已签订相互执行判决、命令或裁决的条约的,迪拜国际金融中心法院应当遵照执行。

(2)依据裁决或申请执行裁决的当事人应当提供裁决书正本或经正式核证的裁决书副本以及第十二条所指仲裁合意正本或经正式核证的仲裁协议副本。裁决或合意不以英文书就,迪拜国际金融中心法院可以要求当事人提供经正式核证的翻译件。

(3)为在迪拜国际金融中心内承认或执行任何裁决,裁决书正本或仲裁合意正本是按照仲裁地或其他司法管辖区法律规定核证的副本,应当正式核证。翻译件经仲裁地或其他地方官员或宣誓翻译核证为真确的,应当予以正式核证。

(4)迪拜国际金融中心法院作出的裁决,可以在迪拜国际金融中心法院范围内按照本法和为此目的制定的任何法院规则规定的方式执行。经迪拜国际金融中心法院承认的裁决可以依据《司法机关法》在迪拜国际金融中心法院以外执行。本法规定的承认包括为执行《司法机关法》第七条作出的批准。

第四十三条　承认裁决

(1)一方当事人申请承认仲裁裁决,迪拜国际金融中心法院认定应予承认的,应当签发命令。

(2)承认仲裁裁决的命令应当以英语和阿拉伯语发布,但迪拜国际金融中心法院另有决定的除外。无论以英语或阿拉伯语发布,裁决书正本或经核证副本是承认的充分证明。

(a)迪拜国际金融中心法院认定:

(i)依迪拜国际金融中心法院法,争议标的不得以仲裁方式解决;或

(ii)执行裁决违反阿联酋的公共政策。

(3)已向下条第一款第一项第五目所述法院申请撤销或中止执行裁决的,迪拜国际金融中心法院认为适当的,可以延期裁决,并可以经承认或执行裁决的一方当事人申请,命令另一方提供适当担保。

(4)对在迪拜国际金融中心法院所在地作出的仲裁裁决提出异议的当事人,已经或本可依据本法第四十一条提出申请的,不得依据本条第一款第一项提出申请。

第四十四条　拒绝承认或执行的理由

拒绝承认或执行仲裁裁决仅由迪拜国际金融中心法院作出(不论在任何国家或司法管辖区作出的裁决):

(a)仲裁被申请人向其申请承认或执行裁决的迪拜国际金融中心法院证明的,应该仲裁被申请人申请:

(i)本法第十二条所指仲裁合意的一方当事人无行为能力,或依各方当事人同意适用的法律,或未订明任何该等法律,依裁决所在地国家或司法管辖区的法律,上述合意无效的;或

(ii)未将有关指定仲裁员或仲裁程序等事宜适当通知仲裁被申请人,或该被申请人因其他理由未能作出陈述案情的;或

(iii)裁决处理的争议不得提交仲裁,或者不在仲裁合意范围内的;或者裁决超出当事人提交仲裁范围的事项,但裁决超出仲裁范围的事项与提交仲裁事项可以区分的,裁决中关于提交仲裁事项的决定部分可以予以承认;或

(iv)仲裁庭的组成或仲裁程序不符合各方当事人合意的,或没有该等合意,不符合仲裁地所在国或司法管辖区的法律的;或

(v)裁决尚未对各方当事人形成约束力,或者已由裁决作出地所在国或裁决所属司法管辖区的法院撤销或中止。

附表　释　　义

A. 解释规则

(1)本法中:

(a)法律规定包括不时经过修订或重新颁布的法律规定;

(b)所称的“人”包括任何自然人、法人团体或非法人团体,包括公司、合伙企业、非法人团体、政府或国家;

(c)一个日历年指公历的一年;

(d)男性包括女性。

(2)本法条标不影响其解释。

(3)除第三十一条外,本法一项规定允许各方当事人自行决定特定事项的,包括各方当事人授权第三方(包括机构)作出该决定的权利。

(4)本法一项规定所称各方当事人已达成合意或可能达成合意的事实,或任何其他情况下提及各方当事人的一项合意时,该等合意包括该合意提及的任何仲裁规则,包括任何机构的仲裁规则。

(5)除第三十二条第一项和第三十九条第二款第一项外,本法中条文提及申请的相关规定的,也适用于反申请;提及答辩的相关规定的,也适用于对该反申请的答辩。

B. 期限计算

本法规定的期限自收到通知或通讯的次日起算,但仲裁庭另有特别规定的除外。该期限最后一天是收到通知的当地法定假日或非营业日的,应当延长至下一个营业日。计算期间

时,该期限持续期间的法定假日或非营业日应当计入在内。

C. 术语定义

本法中,除上下文另有规定外,下列术语的相应含义:

术语	定　　义
仲裁	为达成本法第十二条定义的仲裁合意以解决争议而进行的仲裁
仲裁庭	独任仲裁员或仲裁庭
法院	指任何国家或司法管辖区的任何主管法院,包括迪拜国际金融中心法院(如适用)
DIFC	迪拜国际金融中心
DIFC 法院	迪拜国际金融中心法院,由迪拜法律设立
迪拜国际金融中心法	由酋长制定的迪拜国际金融中心适用的法令(包括本法)
司法机关法	《迪拜国际金融中心司法机关法》(2004 年第 12 号法令)
本法	2008 年《迪拜仲裁法》
酋长	迪拜酋长国的酋长
仲裁地	表明本法第二十七条规定的当事人选择适用的仲裁程序法

迪拜国际金融中心仲裁法修正案

曹斯澜　译　屈文生　审校*

迪拜国际金融中心2013年第6号法令

第一部分　总　　则

第一条　名称

本法可引称为《迪拜仲裁法修正案》,迪拜国际金融中心2013年第6号法令。

第二条　立法机关

本法由迪拜酋长制定。

第三条　本法的适用

本法适用于迪拜国际金融中心的司法管辖区。

第四条　颁布及生效日期

本法自有关的《施行公告》分别指定的日期起:

(a)颁布;

(b)生效。

第五条　法令法规的废除

自有关本法的《施行公告》指定日期起,迪拜国际金融中心法律2004年第8号应予以废除且全部内容由本法代替。

第六条　释义

附表包括:

(a)适用于本法的释义条文;

(b)本法定义的术语表。

第二部分　适用范围

第七条　本法的适用范围

(1)除本条第二款和第三款另有规定外,仲裁地为迪拜国际金融中心的,适用本法。

* 译者:曹斯澜,华东政法大学硕士研究生;审校:屈文生,全国人大常委会法工委法律英文译审专家委员会委员、华东政法大学教授、博士生导师。

(2)仲裁地不在迪拜国际金融中心的,适用本法第十三条、第十四条、第十五条、第四部和附表。

(3)未指定或未明确约定仲裁地的,适用本法第十三条。

迪拜国际金融中心电子交易法

叶　湘　译　屈文生　审校*

《迪拜国际金融中心电子交易法》译介

迪拜国际金融中心现行的电子交易法是2017年颁布的《迪拜国际金融中心电子交易法》。该法第7条称其立法目的是推进迪拜国际金融中心的电子交易，消除因书面和签名要求不确定而造成的电子交易壁垒，同时推动在迪拜国际金融中心实施安全电子交易所必需的法律和商业基础设施的发展，帮助在迪拜国际金融中心建立电子记录认证及其完整的统一规则、法规和标准。

该法规定了迪拜国际金融中心电子信息的效力和保留电子信息须满足的条件。同时规定了电子合同的法律认可、订立程序、合同各方的管辖效力，还规定了电子签名的法律认可、有效性、归属、效力以及电子签名证据的可采性。

该法规定不得仅以信息的形式为电子记录为由否定其法律效力、效度或可执行性。凡是迪拜国际金融中心的其他法律有条款规定信息必须以手写或书面形式的，或者规定如果信息不以手写或书面形式须承担特定后果的，电子记录保存了其中包含的信息记录并能以有形形式被复制的，则电子记录须符合迪拜国际金融中心其他法律的条款规定。各方同意以电子方式进行交易，并且迪拜国际金融中心的其他法律有条款规定，一人须以书面形式向另一人提供、发送或传递信息时，发起人根据实情提供、发送或传递信息后，收件人收到时能以电子通信方式保留信息的，则该交易合规。

迪拜国际金融中心法律有条款要求须保留记录或信息并规定未保留的会有特定后果。保留电子记录须满足四个条件：电子记录保存其中所载信息的记录，并能够以有形形式复制的；电子记录以最初创建、生成、发送、通信或接收格式保留的，或者以可证明能准确复制最初创建、生成、发送、通信或接收信息的格式保留的；有任何信息能够识别出电子记录的始发地和目的地，或生成、发送、通信或接收电子记录的任何一方，或电子记录的日期和时间的，则保留该信息；满足对保留此类电子记录的要求负有监督责任的中心机构所指明的有关保留此类记录的附加要求。

订立合同时可以电子通信方式发出要约和接受要约。由自动消息系统和自然人交互或由自动消息系统之间交互订立的合同，不得仅以无自然人审查或介入由自动消息系统执行的

---

* 译者：叶湘，上海应用技术大学副教授、法学博士。审校：屈文生，全国人大常委会法工委法律英文译审专家委员会委员、华东政法大学教授、博士生导师。

每一步动作或最终达成合同为由否定其有效性或可执行性。

该法规定了电子通信的发送与接收时间如何确定的问题。关于电子通信的发送时间,除发起人与收件人另有约定外,电子通信的发送时间是指电子通信离开由发起人或代表发起人的一方控制信息系统的时间;或电子通信尚未离开由发起人或代表发起人的一方控制的信息系统的,以收到电子通信的时间为准。关于电子通信的接收时间,除发起人与收件人另有约定外,收到电子通信的时间是收件人能够在收件人指定的电子地址检索到电子通信的时间;在收件人未指定的电子地址接收电子通信的时间是指该地址的收件人能够检索电子通信且收件人知道电子通信已发送到该地址的时间。

针对电子签名的归属与效力,如果电子签名是一个人的行为,则该电子签名归属该人。归属一个人的电子签名的效力由创建、执行或采纳该签名时的语境和周围情况决定,包括各方当事人的协议以及法律规定的其他原因。

迪拜国际金融中心 2017 年第 2 号法令

第一部　总　　则

第一条　名称

本法可引称为《电子交易法》,迪拜国际金融中心 2017 年第 2 号法令。

第二条　立法机关

本法由迪拜酋长制定。

第三条　本法的适用范围

本法适用于迪拜国际金融中心的司法管辖区。

第四条　制定日期

本法自《执行通知》指定的日期起施行。

第五条　生效

本法自《执行通知》指定日期起生效。

第六条　释义

附表一包含适用于本法的释义条文以及本法定义的术语表。

第七条　立法目的

本法目的是:

(a) 推进迪拜国际金融中心的电子交易,消除因书面和签名要求不确定而造成的电子交易壁垒,同时推动在迪拜国际金融中心实施安全电子交易所必需的法律和商业基础设施的发展;以及

(b) 帮助在迪拜国际金融中心建立电子记录认证与完整性的统一规则、法规和标准。

第二部　例　外

第八条　例外事项

本法第三部、第四部和第五部条文不适用于迪拜国际金融中心任何其他须就附表二所指明的任何事项作出书写或签署的法律条文。

董事会可在不限制本法赋予其权力的情形下，订立规例延长、放弃或修改附表二所指明的事项清单。

第九条　当事人的例外或修改

(1)合同当事人可就本法适用作例外处理，或者减损或改变本法任任何条文的法律效力，但本法另有规定的除外。

(2)在不损害第九条第一款的情况下，本法任何规定均不得阻止合同或交易的当事人：

(a)在协议约定的合同或交易中排除使用电子记录、电子通信或电子签名的除外；或

(b)对协议约定的合同或交易的形式或认证方式执行附加要求。

第三部　电子记录

第十条　电子记录的法律认可

不得仅以信息的形式为电子记录为由否定其法律效力、效度或可执行性。

第十一条　书写要求

任何迪拜国际金融中心的其他法律条文规定信息必须以书面或书写形式，或者规定如果信息不以书面或书写形式须承担特定后果，电子记录保存了其中包含的信息记录并能以有形形式被复制的，则电子记录符合迪拜国际金融中心其他法律条文的规定。

第十二条　书面信息与提交记录的条文

(1)各方同意以电子方式进行交易，并且任何迪拜国际金融中心的其他法律条文规定，一人须以书面形式向另一人提供、发送或传递信息时，发起人根据实情提供、发送或传递信息后，收件人收到时能以电子通信方式保留信息的，则该交易合规。如果发起人或发起人的信息系统阻止收件人以有形形式复制或保留电子通信内容，则收件人无法保留电子通信内容。

(2)在本法以外的任何迪拜国际金融中心其他法律条文中有规定的，记录必须：

(i)以特定方式发布或显示；

(ii)以指明方法发送、通信或传送；或

(iii)以特定形式包含信息的，则适用以下规则：

(a)记录必须以其他法律指明的方式发布或显示；

(b)除第十二条第四款第二项另有规定外，记录必须以其他法律所指明的方法发送、通信或传输；

(c)记录必须包含其他法律中指定形式的信息。

(3)发起人禁止收件人以有形形式复制或保留电子记录的，则电子记录不可对收件人强制执行。

(4)本条的要求不得因协议而变化,但:

(a)除本法以外的迪拜国际金融中心法律要求以书面形式提供、发送或传递信息,但许可该要求通过协议予以更改的,则第十二条第一款中关于信息以可保留的电子记录形式的要求也可以通过协议予以更改;以及

(b)除本法以外的迪拜国际金融中心法律要求以邮递方式发送、通信或传送记录的,在该法律许可范围内,该要求可通过协议予以变更。

第十三条　保留电子记录

(1)任何迪拜国际金融中心其他法律条文要求保留任何记录或信息,或者规定未保留的特定后果的,则以电子记录形式保留记录或信息满足以下条件的,认定为满足该要求:

(a)电子记录保存其中所载信息的记录,并能够以有形形式复制;

(b)电子记录以最初创建、生成、发送、通信或接收格式保留的,或者以可证明能准确复制最初创建、生成、发送、通信或接收信息的格式保留的;

(c)有任何信息能够识别出电子记录的始发地和目的地,或生成、发送、通信或接收电子记录的任何一方,或电子记录的日期和时间的,则保留该信息;以及

(d)满足对保留此类电子记录的要求负有监督责任的中心机构所指明的有关保留此类记录的任何附加要求。

(2)不得以第十三条第一款规定的保留任何记录或信息义务为由妨碍信息通过电子记录能够发送或接收这一唯一目的。

(3)符合第十三条第一款第一项至第四项规定的条件的,则任何人可通过使用任何其他人的服务以满足第十三条第一款所述的要求。

(4)任何迪拜国际金融中心其他法律条文要求以原始形式呈现或保留记录,或规定未以原始形式呈现或保留记录的特定后果的,则依照第十三条第一款保留电子记录的被视作满足迪拜国际金融中心任何其他法律条文的要求,除非在本法生效日期之后颁布、修订或重新颁布的一部迪拜国际金融中心法律明确禁止为特定目的使用电子记录。

(5)任何迪拜国际金融中心其他法律条文要求保留支票的,则依照第十三条第一款保留支票正面和背面信息的电子记录可满足该要求。

(6)迪拜国际金融中心任何法律要求任何人保留记录用于证据、审计或类似目的,依照第十三条第一款以电子记录形式保留记录的,视作满足该要求,除非在本法生效日期之后颁布、修订或重新颁布的一部迪拜国际金融中心法律明确禁止为特定目的使用电子记录。

(7)针对在相关中心机构管辖范围内的记录,本条不得阻止该中心机构就保留记录具体规定附加要求。

第十四条　电子记录证据的可采性

在法院审理的任何法律诉讼程序中,不得仅因为作为证据的记录以电子形式提供而排除该证据。

第四部　电 子 合 同

第十五条　电子合同的法律认可

合同不得仅仅因为以电子记录订立而否定其法律效力或可执行性。

第十六条　合同以电子通信方式订立及其有效性

为避免疑义,订立合同时可以电子通信方式发出要约和接受要约。

合同以电子通信方式订立的,不得仅因为使用电子通信达到订立合同之目的而否定其法律效力或可执行性。

第十七条　各方之间的效能

电子通信的发起人和收件人之间,不得仅以电子通信的形式拒绝意向声明或其他声明的法律效力、有效性或可执行性。

第十八条　发出要约的邀请

通过一次或多次电子通信发出订立合同的提议不是发向一个或多个特定当事人,而是通常情况下使用信息系统的当事人都可以见到该提议的,包括见到利用互动的应用程序在该信息系统中下订单的提议,则该提议被视为发出要约的邀请,但提议中明确说明提议方的意图视具体承兑情况而定的除外。

第十九条　利用自动消息系统订立合同

由自动消息系统和自然人交互或由自动消息系统之间交互订立的合同,不得仅以无自然人审查或介入由自动消息系统执行的每一步动作或最终达成的合同为由否定其有效性或可执行性。

第二十条　发送和接收的时间和地点

(1)发起人与收件人另有约定的除外,电子通信的发送时间是:

(a)电子通信离开由发起人或代表发起人的一方控制信息系统的时间;或

(b)电子通信尚未离开由发起人或代表发起人的一方控制的信息系统的,以收到电子通信的时间为准。

(2)发起人与收件人另有约定的除外,收到电子通信的时间是收件人能够在收件人指定的电子地址检索到电子通信的时间。

(3)发起人与收件人另有约定的除外,在收件人未指定的电子地址接收电子通信的时间是该地址的收件人能够检索电子通信且收件人知道电子通信已发送到该地址的时间。

(4)为了实现第二十条第三款的目的,电子通信在到达收件人的电子地址时,被推定为能够被收件人检索。

(5)发起人与收件人另有约定的除外,电子通信被视为在发起人有营业地的地点发送,并视为在收件人有营业地的地点接收。

(6)即使电子地址在信息系统中的位置可能与依照第二十条第五款中被视为接收电子通信的位置不同,第二十条第二款、第二十条第三款和第二十条第四款仍将适用。

第五部　电子签名

第二十一条　电子签名的法律认可

如果任何迪拜国际金融中心其他法律条文要求任何人须签名,或规定文件或记录不签名的特定后果,则使用电子签名满足迪拜国际金融中心其他法律该条文的规定。

第二十二条　电子签名的有效性

电子签名被视作用于识别相关人员并指明该人对电子记录所载信息的意图,如果所用电子签名的类型是:

(a)根据所有情况,包括任何相关协议,在生成或传达文件或记录的目的时,可靠且合乎目的;或

(b)事实上证明自行或连同进一步证据已履行第一项所述职能。

第二十三条　电子签名的归属与效力

(1)如果电子签名是一个人的行为,则该电子签名归属该人。该人的行为可以任何方式展示,包括展示用于确定该人是电子记录或电子签名主体的任何安全程序的效能。

(2)依照第二十三条第一款,归属一个人的电子签名的效力由创建、执行或采纳该签名时的语境和周围情况决定,包括各方当事人的协议(如有)以及法律规定的其他原因。

第二十四条　电子签名在证据中的可采性

在法院审理的任何法律诉讼程序中,不能仅因为作为证据的签名以电子形式提供而排除该证据。

第六部　补充条例

第二十五条　条例

(1)董事会可根据法律就与法律适用有关的任何事项订立规例。

(2)董事会发布标准或业务守则的,可以参照该标准或守则纳入规例,规例中另有规定的除外。在这种情形下,受标准或业务守则条文约束的任何人应视标准或业务守则条文为规例条文加以遵守。

(3)凡为实现本法目的而作出的任何立法,旨在行使一项或多项特别权力的,应视该立法是为行使立法时所有各项权力而作出。

(4)董事会应根据第二十五条第五款以公告方式公布规例草案。

(5)规例草案的公告应包含以下:

(a)规例草案文本;

(b)规例草案重要条款的实质内容和宗旨的陈述;和

(c)规例草案摘要。

(6)董事会依照第二十五条第六款发布公告时,应当邀请有利害关系的人员在公告发布后至少三十日内或者由董事会决定的另外期限内就该规例草案进行陈述。

(7)如果董事会认定根据本第二十五条第四款、第五款和第六款可能产生的任何迟延有损迪拜国际金融中心的利益,则该等条款不予适用。

(8)董事会邀请有利害关系的人员在第二十五条生效前就规例草案进行陈述的任何期限,被视为第二十五条第六款所指的一部分或全部期限。

附表一

第一条　规则释义

(1)本法中提及的：

(a)一个法定条文包括随时修订或重新颁布的法定条文；

(b)公司、合伙企业、非法人组织、政府或州国家；

(c)公历年是指公历的一年；

(d)一天是指工作日，是迪拜国际金融中心的正常工作日；

(e)提及男性时也包括女性，反之亦然；以及

(f)在相关情况下，单数指称应包括复数指称，反之亦然。

(2)本法的各级标题不影响其内容释义。

(3)本法提及的法人团体包括在迪拜国际金融中心外部注册的法人团体。

(4)本法中仅以数字指称部、条或附表，且在未作进一步标识情况下，本法该编号即指对应的部、条或附表。

(5)本法一条或其他部分内仅以数字或字母指称款、分款或条，且在未作进一步标识情况下，本法该编号即指对应的款、分款、条或其他部分。

第二条　迪拜国际金融中心的立法

本法提及的立法应依照以下规定释义：

a)联邦法是由阿联酋联邦政府制定的法律；

b)迪拜法由酋长制定，适用于迪拜酋长国；

c)迪拜国际金融中心法(包括本法，即是该类别一个例子)由酋长制定，适用于本中心，以及(在适用范围内)《迪拜金融服务管理局规则手册》中的规则；

d)本法是酋长制定的《电子交易法》，迪拜国际金融中心法律 2017 年第 2 号。

第三条　定义的术语

在本法中，除非另有说明，下列术语定义为：

术语	定义
收件人	电子通信中，按照发起人意图接收电子通信的一方，但不包括该电子通信作为中间人代为传递的一方
董事会	迪拜金融中心管理局的理事机构
中心机构	依迪拜金融中心 2004 年第 9 号法令中的含义
法院	根据迪拜法律设立的迪拜金融中心法院
DFSA	迪拜金融服务管理局
DFSA 规则手册	规则手册适用于迪拜金融服务管理局监管的实体，由迪拜金融服务管理局随时制定并发布
DIFC	迪拜国际金融中心

续表

术语	定义
DIFCA	依照迪拜法律设立的迪拜国际金融中心管理局
本法	《电子交易法》,迪拜国际金融中心 2017 年第 2 号法令
电子	有关电气、数字、磁性、无线、光学、电磁或类似功能的技术
电子通信	以电子记录方式进行的任何通信
电子记录	通过电子方式创建、生成、发送、通信、接收或存储的记录
电子签名	作为记录附件或逻辑关联文件的电子声音、符号或过程,并且由意图签署记录的人执行或采纳
信息	数据、文本、图像、声音、代码、计算机程序、软件、数据库等
信息系统	用于生成、发送、接收、存储或以其他方式处理电子记录的系统
发起人	就电子通信而言,指在存储内容前发送或生成电子通信的一方或其代表(如有),但不包括作为该电子通信中间人的一方
记录	刻录在有形介质上的信息,或者以可解读形式存储在电子介质或其他介质中的信息
条例	董事会依照本法制定、具有约束力的立法
阿联酋(UAE)	阿拉伯联合酋长国

附表二

第一条(共一条)　正文第八条规定的例外事项

本法第三、四、五部不适用于以下事项:

a)订立、履行或执行授权书。

b)订立、履行或执行信托声明(默示信托、法定构定信托和归复信托除外)以及 2005 年《信托法(修正案)》(迪拜国际金融中心 2005 年第 11 号法令)中要求书面或手写信息的任何条文。

c)订立并执行遗嘱、遗嘱更改附件或遗嘱性质的信托。

d)依照 2014 年《迪拜国际金融中心法院规则》第二十九条规则,在法院诉讼程序中订立、执行和使用宣誓书或确认书可作为证据。

e)涉及出售、购买、租赁(期限超过十年)、其他的不动产处置行为以及其他有关不动产权登记的交易。

迪拜国际金融中心支付系统结算终结法

叶　湘　译　屈文生　审校*

《迪拜国际金融中心支付系统结算终结法》译介

迪拜国际金融中心现行的支付系统结算法是2009年颁布的《支付系统结算终结法》。该法第4条称其立法目的是规定指定支付系统的流程和效力，行使该法赋予指定机构的权力并履行职责时必须本着以下目的："有利于推进迪拜国际金融中心维护健全而有效的金融体系，避免由于指定支付系统中参与人的失败而对迪拜国际金融中心的金融体系造成重大损失。"

该法规定了迪拜国际金融中心支付系统的指定流程、指定效力、变更或撤销指定的流程、提供有关指定支付系统信息的要求、通知指定联系人破产程序的要求等问题。

该法第4条指出，"支付系统对迪拜国际金融中心和阿联酋的货币和金融稳定至关重要，对迪拜国际金融中心发挥国际化的金融中心功能也甚为重要。"有意在迪拜国际金融中心申请指定支付系统的，须在申请中重点列明支付系统的目的、范围和规则，厘清与支付系统的运作相关的法律或监管要求以及该支付系统在多大程度上符合这些法律或监管要求，同时还要强调该支付系统对迪拜国际金融中心金融系统的重要作用。

关于指定支付系统之规则的效力，该规则在以下五类情形下始终有效且可执行，不受其他法律法规相反规定所限：作为发出支付指示的依据、计算支付金额的依据、达成结算的依据（包括无论是以总额计算还是采用对销计算）、规定有关指定支付系统的抵押担保的依据以及指定支付系统的参与人无法或可能无法履行特定义务时采取变现和处置可适用的抵押担保等行为的依据。

依照指定支付系统的规则达成结算或者规定或执行的抵押担保的全部或部分不得推翻、偿还、收回或作废，此项不受其他法律法规相反规定所限。除指定支付系统的规则明确许可外，依照指定支付系统的规则，不得附加、收费、转让、执行、取消抵押担保或以其他方式在法律程序中向相对人提起任何索赔或权利主张，或保留任何账户或其他记录，此项不受其他法律法规相反规定所限。

指定机构可以依法变更或撤销指定的支付系统，结算和对销不受变更或撤销指定的影响。变更或撤销指定的程序包括三步：告知指定联系人更改或撤销指定的理由，指定联系人可就建议的变更或撤销向指定机构提交意见，同时给予指定联系人向指定机构认为在当时情

---

* 译者：叶湘，上海应用技术大学副教授、法学博士。审校：屈文生，全国人大常委会法工委法律英文译审专家委员会委员、华东政法大学教授、博士生导师。

况下的合理期间内提交这些意见的机会并考虑其意见。

支付系统的指定机构可以书面通知的方式要求指定支付系统的运营方、参与人和指定联系人提供有关指定支付系统的资料。通知中可具体列明:信息必须在什么期限、以何种形式提供以及信息必须以何种方式验证。同时,指定机构可要求与当事人之间的往来交流以英文进行。

关于作为抵押担保的证券的可适用法律问题,依照指定支付系统的规则,规定证券作为抵押担保交给一方当事人以满足这些规则的以及位于一国的登记册、账户或集中存款系统记录该人享有抵押担保的权利的,该人拥有的作为抵押担保的证券持有人的权利,应受登记册、账户或集中存款系统所在地国家的法律管辖。

迪拜国际金融中心 2009 年第 1 号法令

第一部 总 则

第一条 名称

本法可引称为 2009 年《支付系统结算终定法》。

第二条 立法机关

本法由迪拜酋长制定。

第三条 本法的适用范围

本法适用于迪拜国际金融中心的司法管辖区。

第四条 目的

本法规定了指定支付系统的流程和效力,本系统对迪拜国际金融中心和阿联酋的货币和金融稳定至关重要,对迪拜国际金融中心发挥国际化的金融中心功能也甚为重要。行使本法赋予指定机构的权力并履行职责时必须本着以下目的:

(a)有利于推进迪拜国际金融中心维护健全而有效的金融体系;

(b)避免由于指定支付系统中参与人的失败而对迪拜国际金融中心的金融体系造成重大损失。

第五条 制定日期

本法自《执行通知》指定日期起施行。

第六条 生效

本法自《执行通知》指定日期起生效。

第七条 释义

附表一包含:

(a)适用于本法的释义条文;以及

(b)本法定义的术语表。

第二部　支付系统的指定

第八条　申请指定支付系统

(1)任何有意向将其在迪拜国际金融中心设立的支付系统声明为指定支付系统的人可向支付系统指定机构申请。

(2)申请必须附带以下：

(a)支付系统规则副本和指定机构所需的任何信息；以及

(b)由指定机关确定的申请费用(如有)。

第九条　受理申请

(1)指定机构必须受理依照第八条提出的任何申请。

(2)受理申请时，指定机构可参照以下任何或所有事项：

(a)本法目的；

(b)支付系统的目的和范围；

(c)支付系统的规则；

(d)与支付系统的运作相关的任何法律或监管要求，以及支付系统在多大程度上符合这些法律或监管要求；

(e)该支付系统对本金融系统的重要作用；以及

(f)指定机构认为适当的任何其他事项。

第十条　决定申请结果

(1)依第十条受理申请后，指定机构可以：

(a)声明申报的任何付款系统成为指定的支付系统；或者

(b)拒绝作出声明。

(2)如果适用第十条第一款第一项，则可由指定机构来确定成为指定对象须符合的任何条件，且该声明必须具体说明以下内容：

(a)成为指定对象的支付系统的名称；

(b)该支付系统规则的证明文件；

(c)公布支付系统成为指定支付系统的公告中须包括相关人(指定的联络人)的姓名或职衔；以及

(d)指定机构已确定的成为指定对象的条件。

(3)如果适用第十条第一款第二项，指定机构必须以书面形式通知申请人，说明：

(a)指定机构拒绝声明依本法所申请的支付系统成为一款指定的支付系统；以及

(b)拒绝的原因。

第三部　指定的效力

第十一条　指定支付系统的规则始终有效且可执行

(1)即使任何成文法则或法律规则另有相反的规定，指定支付系统的规则始终有效且可执行。

(2)但是,第十一条第一款只适用于该规则规定的以下情形:

(a)发出支付指示的依据;

(b)计算支付金额的依据;

(c)达成结算的依据(包括无论是以总额计算,还是采用对销计算);

(d)规定有关指定支付系统的抵押担保的依据;和

(e)如果指定支付系统的参与人无法或可能无法履行参与人对以下任何或所有的义务,则应采取的任何行动:

(i)指定支付系统的经营者;

(ii)指定支付系统的另一名参与人;以及

(iii)该规则约束的任何其他方,包括但不限于为变现和处置任何适用的抵押担保而采取的任何行动。

(3)即使任何成文法则或法律规则另有相反的规定,担保方对与指定支付系统相关的任何抵押担保提出的索赔,应优先于所有其他人获得优先受偿,提供抵押担保的条款中明确规定其他人应优先受偿的除外。

第十二条　不得推翻结算和抵押担保规定等事项

(1)即使任何成文法则或法律规则另有相反的规定,依照指定支付系统的规则达成结算或者规定或执行的抵押担保的全部或部分不得推翻、偿还、收回或作废。

(2)即使任何成文法则或法律规则另有相反的规定,依照指定的支付系统的规则,不得附加、收费、转让、执行、取消抵押担保或以其他方式在法律程序中向相对人提起任何索赔或权利主张,或保留任何账户或其他记录,但这些规则明确许可的除外。

(3)由以下主体就指定的支付系统提出申请,或向迪拜国际金融法院提出申请的,适用第十二条第一款和第二款:

(a)法院;

(b)破产管理人;

(c)债权人;或

(d)另一个有利害关系的人。

在迪拜国际金融中心域外管辖的每一个案件中,如果该申请涉及该司法管辖区的破产程序或债务追回程序,且申请目的是:

(i)撤销、偿还、收回或作废结算或规定或执行抵押担保(无论是全部还是部分);或者

(ii)附加、收费、转让、执行、取消抵押担保或以其他方式在法律程序中向相对人提起任何索赔或权利主张,或依照指定的支付系统的规则保留任何账户或其他记录,但这些规则明确许可的除外。

第十三条　第十二条第一款的适用限制

(1)如出现以下情形,第十二条第一款不适用于依照指定支付系统规则达成的结算或规定的抵押担保:

(a)依照参与人所在法人团体注册地以及(参与人如通过分支机构运营操作)分支机

构所在地所属的司法管辖区适用的破产法，该参与人通过该指定支付系统达成结算后破产的；以及

(b)在参与人启动破产程序后，达成结算或规定抵押担保的，但指定联系人在达成结算或规定担保时未获关于启动这些破产程序公告的除外。

(2)为了执行第十三条第一款：

(a)当相关付款指示或抵押指示不能被指定支付系统规则的任何一方依照这些规则撤销时，结算或规定抵押担保则被视为达成；以及

(b)如果出现(但不限于)以下情形的，指定联系人被认定在达成结算或规定担保时已获关于启动这些破产程序的公告：

(i)他未能就该事项作出诚实与理智的人在当时情况下本该作出的任何查询；或

(ii)他未能注意到诚实与理智的人在当时情况下(包括发出该公告的地点和方式，以及指定联系人的位置)本该注意到的关于启动破产程序的公告。

第十四条　对销有效且可执行

即使任何成文法则或法律规则另有相反的规定，如果指定支付系统的规则规定对销，则依照这些规则进行对销是有效且可执行的。

第十五条　第十一条、第十二条和第十四条的效力限制

(1)第十一条、第十二条和第十四条中没有任何内容阻却：

(a)实施与基础交易相关的任何成文法则或法律规则(包括但不限于《破产法》第九十七条至第一百零一条)；或者

(b)任何一方对以欺诈或不诚实行事的另一方采取行动，只要寻求或获得的救济并未影响第十一条、第十二条和第十四条的适用。

(2)如果某人依照任何与基础交易相关的成文法则或法律规则(包括但不限于《破产法》第九十七条至第一百零一条)提起诉讼，该人可向法院提出结算证据，以证明：

(a)参与人通过本次结算已获得价值；以及

(b)所获得的价值是基础交易的组成元素。

(3)在本节中，基础交易：

(a)指产生以下情形的交易：

(i)支付；或者

(ii)支付义务。但

(b)不包括：

(i)付款指示；或者

(ii)依照指定支付系统的规则进行结算。

第四部　变更或撤销指定

第十六条　变更指定

指定机构可通过以下方式改变依第十条第一款第一项作出的任何指定：

(a)修正第十条第二款第二项提及的任何事项；

(b)撤销或修正作出指定所依据的任何条件;或者

(c)依新条件作出指定。

第十七条　撤销指定

指定机构可撤销第十条第一款第二项作出的任何指定。

第十八条　结算和对销不受变更或撤销指定的影响

依第十条第一款第一项变更或撤销指定的,不影响第十一条、第十二条和第十四条适用于变更或撤销指定前达成的结算和进行的对销。

第十九条　指定机构在建议变更或撤销指定时可能已注意到的事项

指定机构决定是否依第十条第一款第一项建议改变或撤销任何指定时,可参考以下任何或所有事项:

(a)本法的目的;

(b)指定支付系统的目的和范围;

(c)指定支付系统的规则;

(d)与指定支付系统的运转相关的任何法律或监管要求,以及指定支付系统在多大程度上符合这些法律或监管要求;

(e)指定支付系统对金融体系的重要作用;

(f)任何不符合指定所依据的任何条件的情形;以及

(g)指定机构认为适合的任何其他事项。

第二十条　变更或撤销指定的程序

(1)针对变更或撤销依第十条第一款第一项所作出的指定,进行建议之前,除非指定机构认为金融体系可能因此受到损害,否则指定机构必须:

(a)告知指定联系人:

(i)建议更改或撤销指定的理由;和

(ii)指定联系人可就建议的变更或撤销向指定机构提交意见。

(b)给予指定联系人向指定机构认为在当时情况下的合理期间内提交这些意见的机会。和

(c)考虑指定联系人在该期间内提交的任何意见。

(2)第二十条第一款第一项所指的通知,可视特定案件的情况以书面或口头方式发出。

第五部　提 供 信 息

第二十一条　提供与指定支付系统相关的信息

(1)指定机构可以书面通知的方式要求下列人员向其提供与任何指定付款系统相关的任何资料:

(a)指定支付系统的运营方;

(b)指定支付系统的参与人;以及

(c)指定支付系统的指定联系人。

(2)指定机构只有在其认为为使其能够依照本法履行其职能和职责而合理需要该等信息

的情况下，才能行使第二十一条第一款赋予的权力。

(3)依第二十一条第一款，通知可具体说明：

(a)信息必须在什么期限、以何种形式提供；以及

(b)信息必须以何种方式验证。

(4)指定机构可要求依第二十一条提供任何资料，以及与当事人之间的往来交流需以英文进行。

(5)指定机构如认为某人违反本法第二十一条，可以书面通知方式向该人作出其认为适当金额的罚款(金额为一百万美元以下)，罚款须在通知书规定的期限内支付。如果在规定期限内：

(a)该人向指定机构支付订明的罚款的，指定机构不得就有关违反行为对该人提出任何法律程序；或

(b)该人尚未向指定机构支付订明的罚款的，指定机构可向法院申请将应付罚款作为到期债项来收回。

第二十二条　必须通知指定联系人破产程序

(1)本条适用于以下情形，如果：

(a)要启动或已经启动针对指定支付系统的参与人(参与人甲)的破产程序；或者

(b)要启动或已经启动针对已通过该指定支付系统与参与人甲达成结算事项的任何其他参与人。

(2)如果适用本条，参与人甲必须在知道破产程序存在后，尽快将这一事实通知指定联系人。

(3)依第二十二条第二款，如果出现以下情形就已充分满足通知指定联系人的要求：

(a)参与人甲采取一切合理步骤满足该要求；或者

(b)依本条，在参与人甲必须通知指定支付系统之时，指定联系人实际上已经知道要启动相关的破产程序。

(4)依第二十二条第二款，指定联系人如收到通知，或以其他方式实际上已经知道指定付款系统参与人启动破产程序的，应立即通知指定机构。

第六部　其他规定

第二十三条　免责

中央银行和指定机构的任何官员、雇员和代理人，均不对其在履行或声称履行本法规定的职能时所做的或遗漏的任何行为负责，但证明该行为是恶意的除外。

第二十四条　有关作为抵押担保的证券的可适用法律

无论：

(a)依照指定支付系统的规则，规定证券(包括证券中包含的各项权力)作为抵押担保交给一方当事人以满足这些规则的；以及

(b)位于一国的登记册、账户或集中存款系统记录该人享有抵押担保的权利的，

该人拥有的作为抵押担保的证券持有人的权利，应受登记册、账户或集中存款系统所在地国

家的法律管辖。

第二十五条　指定机构与中央银行

指定机构在行使本法赋予其职权、职责和酌处权时,可与中央银行协商并考虑中央银行的意见,同时可与中央银行、任何其他司法管辖区的中央银行或货币主管机构以及任何司法管辖区的银行或金融服务管理机构分享指定机构依照本法收到的任何文件或信息。

第二十六条　规例

(1)针对与指定机构的目标、权力或职能相关的任何事项,指定机构可以随时制定、修正、放弃以及撤销规例,以促进指定机构的管理或进一步实现本法的目的。

(2)指定机构应以公告方式公布规例草案,其中必须包括以下内容:

(a)规例草案文本;

(b)说明规例草案重大条文的实质内容和宗旨;以及

(c)规例草案摘要。

(3)必须依第二十六条以指定机构认为合适的方式向有可能受此公告影响的人公布公告,但指定机构信纳此类做法不合适或不必要的除外。

依第二十六条,本规例一经生效,受本规例影响的人就应遵守本条例。

附表一　释　　义

第一条　规则释义

(1)除非有明确表述为相反意思的,否则本法中提及的:

(a)一个法定条文包括提及随时修订或重新颁布的法定条文;

(b)一个人包括任何自然人、法人团体或非法人团体(后两者又包括公司、合伙企业、非法人组织、政府或州);

(c)发布某个特定文件或致使其发布的义务,包括以印刷或电子形式发布或致使其发布,本法另有明文规定的除外;

(d)一天指公历的一天,另有表述的除外;

(e)一公历年指公历的一年;

(f)提及的男性包括女性;以及

(g)提及的“元”或“ $ ”指美元。

(2)本法的各级标题不影响其内容释义。

第二条　迪拜国际金融中心立法

本法中提及的立法,应按照以下规定释义:

(a)联邦法是由阿拉伯联合酋长国联邦政府制定的法律;

(b)迪拜法是由酋长制定的法律,适用于迪拜酋长国;

(c)迪拜国际金融中心法(包括本法便是该类别一个例子)是由酋长制定的法律,适用于迪拜国际金融中心;以及

(d)本法是由酋长制定的《支付系统结算终结法》,是迪拜国际金融中心 2009 年第 1 号法令。

第三条　已定义的术语

除非上下文另有说明,否则本法中以下已定义的术语具有对应的含义:

术语	定　义
央行	阿拉伯联合酋长国中央银行
抵押指令	支付系统中参与人的指示: (a)根据该支付系统的规则作出;以及 (b)促成或意在促成抵押担保规定事项的达成
抵押担保	依押记或回购或类似协议或以其他方式规定的任何可处置资产(包括依押记规定的资金),以确保依指定支付系统的规则可能产生的权利和义务
指定联系人	与指定支付制度相关、具有第十条第二款第三项所设定的含义
指定的支付系统	依第十条第一款第一项,声明一个支付系统为指定的支付系统
指定主体	迪拜
国金中心	迪拜国际金融中心
破产法	《破产法》(迪拜国际金融中心 2004 年第 7 号法令,该法随时修正)
破产管理人	依照与指定支付系统的参与人相关的任何破产程序,指任何清盘人、临时清盘人、接管人、行政管理接收方、接收方和经理、监管人、管理人或类似官员
破产程序	依照任何法律(包括但不限于《破产法》),为将参与人清盘或重组而规定的任何集体措施,此类措施涉及中止或限制转让或支付
对销	依照支付系统的规则,涉及两个或两个以上参与人发送和收到支付指示或者另外情形时,将支付系统中各参与人之间的不同索赔或债务转换为一项净索赔或债务,或予以抵销: (a)无论是基于双边还是多边; (b)(无论是否通过支付系统的操作人提出异议; (c)无论债务或债权是否构成相互抵免、相互之债或其他相互交易;以及 (d)无论债务或债权以何种货币计价
付款指示	支付系统中由参与人发出的指示: (a)是按照支付系统的规则制定的;以及 (b)促成或意在促成一项或多项结算事项
法规	指定机构依第二十六条制定的规例

续表

术语	定　义
规则	(a)与支付系统相关,指以书面证明并规定以下功能的支付系统的规则(无论是根据章程、协议、程序、合同还是其他文件): (i)发出付款指示的依据。 (ii)计算付款的依据。 (iii)结算的依据(无论是总额结算还是使用对销结算)。及 (iv)如果支付系统的参与人对以下人员无法或可能无法履行参与人义务的,应采取的任何行动: (A)支付系统的操作人; (B)支付系统的另一个参与人;以及 (C)依照这些规则的任何其他当事人。以及 (b)在指定的支付系统中,指该支付系统的规则,载于第十条第一款第一项所指明的申报单据内,包括已向指定机构公告并获其书面同意的对规则的任何修正
结算	指: (a)进行支付: (i)依照付款指示进行支付; (ii)以总额结算或使用对销结算;以及 (iii)无论是否在中央银行、另一银行、指定支付系统的操作人账户上记账或以另外方式。或者 (b)支依支付指示或按支付规则的计划而解除需支付的债务的任何其他行为

迪拜国际金融中心数据保护法

陈宏柢　译　屈文生　审校*

《迪拜国际金融中心数据保护法》译介

迪拜国际金融中心现行的数据保护法是2020年颁布的《迪拜国际金融中心数据保护法》，2007年的《迪拜国际金融中心数据保护法》被该法废止。该法第一章第5条称，制定该法的目的是，订立管理人或处理人处理和自由移动个人数据的标准且予以限制，并保护数据主体的基本权利，包括这些权利如何适用于新兴技术中的个人数据保护。

该法规定了与数据保护有关的多种法律身份，并在专门的章节对数据主体、管理人、处理人、数据保护官、数据专员等身份的权利及(或)责任做了专门的说明。

该法规定，数据主体是指与个人资料有关的已识别或可识别的自然人；管理人是指单独或与他人共同决定个人资料处理的目的和方法的任何人员；处理人是指代表管理人处理个人数据的任何人；数据保护官是由管理人或处理人任命的数据保护员，负责根据第16条至第19条规定的方式独立监督相关的数据保护操作；数据专员是指迪拜国际金融中心(DIFC)主席根据该法第43条第(1)款任命的管理法律的人员。

该法规定了数据主体所享有的权利，包括撤回同意的权利，对个人资料的访问、更正和删除权，反对数据处理的权利等。该法明确："管制人应提供至少两种方法，不得过于烦琐，数据主体可通过该方法联系管理人，请求行使其在本章规定下的权利"，保障了数据主体依法享有上述权利。

该法对数据主体权利的保障也体现在所设立的相关职位上，包括数据保护官和数据专员，以监督管理人和处理人的数据处理过程。数据保护官由管理人或处理人、任命，该人员必须知悉本法及其要求，敦促管理人或处理人监督本法的遵守情况；数据专员由DIFC主席任命，具有审查管理人或处理人，开展调查和检查，发出指示、警告或训诫，提起诉讼，处以罚款等权利，以敦促管理人或处理人遵守本法和有关条例，端正其行为。

对于数据主体的权利已受侵害的情形，该法第九章进一步规定了纠正、责任及制裁的手段。数据主体可就其受到的侵害向数据专员投诉，得到数据专员的调解；不同意数据专员的处理结果，或认为必要时，可向法院提起申诉，以寻求补偿。

值得注意的是，该法同时也在第十章规定了适用豁免的情形，使管理人和处理人的部分

---

* 译者：陈宏柢，华东政法大学外语学院硕士研究生；审校：屈文生，全国人大常委会法工委法律英文译审专家委员会委员、华东政法大学教授、博士生导师。

行为正当化。这些情形包括:由 DIFC 管理局特别制定条例予以豁免的;遵守有关条款可能会对 DIFC 机构根据其管理的法律正确履行其权力和职能造成重大损害的,包括旨在免于使公众遭受侵害、财产损失,或旨在侦查、调查和起诉犯罪或违法行为的情形。

迪拜金融国际中心 2020 年第 5 号法令

第一章　引言及适用范围

第一条　标题及废止

(1)本法可引称为 2020 年《数据保护法》。

(2)本法废止并取代了作为 2007 年第 1 号法令的《数据保护法》(以下简称原有法律)。原有法律以及根据原有法律制定的所有条例在本法生效之后即失去效力。

(3)除本法另有规定外,依照原有法律或原有法律所称的作为或不作为,视为依照本法或本法所称的作为或不作为。

(4)在不损害第一条第三款和第四条的一般性原则下,并且仅在第一条第五款的规定下,此类废除和替换不产生影响:

(a)任何人产生或引起的任何权利,特权,补救,义务或责任;或

(b)就任何此类权利,救济,义务或责任已经开始或将要开始的任何调查,法律或行政程序。任何此类法律诉讼在原有法律有规定的,应根据本法提起、继续或执行,包括相应的处罚、罚款或没收程序。

(5)如果原有法律中规定了本法未规定的条例,则原有法律的相关规定不随第一条被废止和替换,直到本法第一条第四款第二项规定的任何调查、法律或行政诉讼完成为止。

(6)除另行规定外,对根据原有法律制定的条例的引用也属于对原有法律的引用。

第二条　立法权

本法由统治者制定。

第三条　颁布日期

本法的颁布日期以颁布公告中规定的有关日期为准。

第四条　生效

本法自 2020 年 7 月 1 日起生效。

第五条　立法目的

为了以下目的,制定本法:

(a)订立管理人或处理人处理和自由移动个人数据的标准且予以限制;及

(b)保护数据主体的基本权利,包括这些权利如何适用于新兴技术中的个人数据保护。

第六条　适用范围

(1)本法适用于 DIFC(迪拜国际金融中心)的管辖范围。

(2)本法适用于下列个人数据的处理:

(a)以自动化为手段的个人数据;和

(b)不以自动化为手段,但其个人数据为文件系统的一部分或旨在构成文件系统的一部分的个人数据。

(3)下列适用本法规定的情形:

(a)本法适用于在 DIFC 注册的管理人或处理人处理个人数据,无论该行为是否发生在 DIFC。

(b)本法适用于长期在 DIFC 处理个人数据的管理人或处理人,无论其注册地在何处。偶然进行的数据处理不适用本法。本法适用于在 DIFC(且非第三国)进行数据处理活动(包括将个人数据转移出 DIFC 的处理活动)的上述管理人或处理人。

(c)第六条第三款所称的"在 DIFC"的数据处理是指进行处理活动的数据本身或人员实际位于 DIFC,而"在 DIFC 外"的数据处理应作相应解释。

(4)本法不适用于自然人出于个人或家庭等非商业目的对个人数据的处理。

(5)本法不影响一个或多个 DIFC 主体与下列主体达成的,规范了个人数据的传输环节,并保护了相关数据主体的协议:

(a)第三国政府或政府主管部门;

(b)根据第三国法律成立的监督管理机构或公共机构;或

(c)国际组织,

管理个人数据转换,为数据主体提供适当保护。

第七条　附表

附表 1 包括:

(a)适用于本法的解释性条款;及

(b)本法中使用的术语定义明细。

第八条　法律监管

本法和根据本法制定的任何条例由数据专员监管。

第二章　一般性要求

第一节　合法和合法处理的要求

第九条　一般性要求

(1)个人数据应:

(a)根据第十条处理;

(b)据与数据主体相关的合法、公正、公开的处理方式处理;

(c)在收集时以特定、明确、合法的目的进行处理;

(d)以不违背第九条第一款第三项所述目的的方式处理;

(e)以且仅以第九条第一款第三项所述的相关目的处理;

(f)根据本法规定的数据主体权利的适用进行处理;

(g)通过消除或更正等方式保持准确,必要时保持最新且无不当延迟;

(h)以能够识别数据主体的形式保存,保存时间不应超过第九条第一款第三项所述目的需要的时间;及

(i)使用适当的技术或组织形式保持其安全,包括防止未经授权的处理或非法处理(及转移),以及防止意外损失、损坏或损毁。

(2)管理人或处理人有责任且必须能够向有关数据专员证明其遵守了第九条第一款的规定。

第十条　合法处理

(1)下述任何一项或多项可作为个人数据合法处理的依据:

(a)第十二条规定的数据主体同意出于特定目的处理其个人数据的。

(b)为履行数据主体为一方的合同,或为在数据主体订立合同之前应数据主体的请求采取措施,进行必要处理的。

(c)为使管制人遵守相关行为所适用的法律,进行必要处理的。

(d)为了保护数据主体或其他自然人的重大利益,进行必要处理的。

(e)符合下列情况,进行必要处理的:

(i)出于 DIFC 的利益,执行由 DIFC 机构实施的任务的;

(ii)行使 DIFC 机构的权力和职能的;或

(iii)行使 DIFC 机构授予第三方的权力或职能,DIFC 机构向对方披露个人数据的。或

(f)根据第十三条规定,出于管理人或获得个人数据的第三方的合法利益,进行必要处理的,除非该利益与数据主体的利益或权利相冲突。

第二节　特殊类别的个人数据的处理

第十一条　特殊类别的个人数据的处理

除了第九条规定的一般性义务和根据第十条规定进行的合法处理之外,无论管理人是否具有其他处理义务,除非有下列一项或多项情形,否则不得处理特殊类别的个人数据:

(a)数据主体根据第十二条明确同意出于一个或多个特定目的处理特殊类别的个人数据。

(b)为了在数据主体的雇佣下履行管理人或数据主体的义务,行使其特定权利,进行必要处理的,包括但不限于招聘、签证或工作许可的处理,履行雇佣合同、终止雇佣、进行与雇用有关的诉讼以及管理退休金、退休人员或雇员购金福利计划。

(c)数据主体在物理上或法律上丧失同意能力时,出于保护数据主体或其他自然人的重要利益,进行必要处理的。

(d)由基金会、协会或任何其他非营利机构在其合法活动过程中,得到相应保证进行处理,且具有下列情形的:

(i)数据处理仅限于上述实体的成员或原成员;或

(ii)仅限于与该机构有定期联系的其他人员,且未经数据主体同意,不得向第三方披露个人数据。

(e)对数据主体公开的个人数据进行的处理。

(f)出于合法索赔(包括但不限于仲裁和其他有组织的、公认的替代争议解决方式,例如调解)的立案、行使或辩护的需要进行处理的,或由法院以其司法权力进行处理的。

(g)旨在遵守适用于管制员的有关法律的规定,进行必要处理的,且在该情形下,除非与有关义务冲突,否则管制员必须在切实可行的范围内尽速向数据主体对相关处理进行明确声明。

(h)旨在遵守适用于管理人的有关反洗钱或反恐融资义务的法律,或有关预防、侦查、起诉任意一起犯罪的法律,进行必要处理的。

(i)出于预防或医药职业要求,评估员工工作能力,医疗诊断,提供保健或社会护理,以及对其系统和服务的管理,进行必要处理的,前提是个人数据是由医疗专业人员处理或由其负责的,根据所适用的法律承担专业保密的义务,或者由他人根据所适用的法律承担保密的义务。

(j)旨在保护公众免遭由于提供银行、保险、投资、管理咨询、信息技术、会计服务或从事其他服务及商业活动的人员不诚实、渎职、缺乏资质或其他不正当行为(直接或通过外包等间接)造成的侵害,包括财产损失,进行必要处理的。

(k)旨在保护数据主体免受潜在偏见或不准确决策的影响,且无论是否对特殊类别的个人数据进行处理都会增加风险,进行与之相称且必要处理的。

(l)出于数据保护原则,涉及重大公共利益的理由,与保障数据主体权利的目的相称,提供适当、具体的措施,进行必要处理的。

第三节　同意及信赖合法利益的条件

第十二条　同意

(1)根据第十条第一款第一项或第十一条第一款第一项,将同意作为处理依据的,必须自由地通过明确的肯定表明其同意。管理人、数据主体或合同中的任意一方(包括合同义务的履行)的行为以同意处理个人数据为条件,进行不合理、不必要的处理,或涉及的个人数据种类过多的情形下,该同意将不被认为是自由的。

(2)基于同意进行数据处理的,管理人必须能够证明该同意是自由表示的。

(3)基于多个目的的数据处理,同意则必须以同时被每个目的所能接受的清晰可辨的方式,易懂、易获取的形式和清晰明了的语言作出。

(4)如果管理人为与处理个人数据没有明确关系的其他事项寻求一处或多处同意,则处理个人数据请求的同意必须与其他事项以易懂、易获取的形式和清晰明了的语言明确区分开来。

(5)根据第三十二条赋予数据主体权利的规定,数据主体可随时撤回同意。在获得同意时,必须根据第四十条的规定将该权利的内容以及如何行使该权利告知数据主体。不得在撤回同意上对数据主体设置过多的障碍,且撤回至少应与同意一样简便。撤回同意不影响撤回之日前所进行的处理的合法性。如果撤回同意,管理人必须遵守第三十二条第三款的有关规定。

(6)除了单个离散事件之外,当管理人基于数据主体的同意进行数据处理时,管理人应采取适当、相称的措施来持续评估该同意的有效性,包括考虑数据主体是否基于正当理由期望此类基于自己同意的数据处理继续进行。

(7)若根据第十二条第六款的规定的正在进行的评估,得出数据主体依据常理将不再期望数据处理继续进行的结论,则必须立即联系该数据主体并重新取得其明确同意。

(8)在第十二条第七款所述情形中,如果在联系数据主体后的预期时间内没有重新取得其明确同意,则应视为撤回同意。

(9)管理人必须能够向数据专员证明有适当的手段和程序来管理同意的记录与同意的撤回,并对其进行定期评估。

(10)若对数据的处理不是单个离散事件,并在同意的基础上进行,则数据主体应有重新确认或撤销同意的权利。

(11)上述"单个离散事件"是指与下列情形相关的一个或一系列的处理操作:

(a)单笔非经常性交易;或

(b)数据主体期望实现的非经常性且目的明确的行为。

上述情形的定义均在有限的范围内。

(12)为避免争议,出于处理单个离散事件而给予的同意仍受本条前述所有规定的约束,但第十二条第六款和第十款除外。

第十三条　合法权益

(1)受 DIFC 法律约束的公共机构不得根据第十条第一款第六项规定的合法权益处理个人数据。

(2)出于内部管理目的,作为集团一员的管理人可享受在其集团内转移个人数据的合法权益。

(3)出于防止欺诈或确保网络、信息安全,进行与之相称的必要处理的,视为管理人的合法权益。

第四节　一般性要求

第十四条　责任追究及通知

(1)要求管理人或处理人通过程序证明其遵守本法律,其程度和详略取决于管理人或处理人所处理的个人数据的规模、来源、类别以及数据主体的风险。

(2)要求管理人或处理人实施适当的技术和组织手段,证明其数据处理是根据本法进行的,包括:

(a)考虑了以下内容:

(i)数据处理的性质、范围、背景和目的;

(ii)处理行为给相关数据主体带来的风险;及

(iii)现行的信息安全职业道德规范。

(b)确保下述程度的安全性:

(i)可适当应对与数据处理相关的风险,并考虑到任何故意、过失、偶然、未经授权或非法的销毁、丢失、更改、披露或访问个人数据的行为;及

(ii)可抵制所有其他形式的非法处理。

(c)确保默认情况下仅处理各特定目的所需的个人数据。此义务适用于所收集的个人数据的数量、类型、处理范围、存储期限和可访问性。及

(d)必要时审查和更新这些措施,以反映法律、业务和技术发展的要求。

(3)管理人或处理人应将必要措施纳入数据处理活动中,以满足本法的规定,保护数据主体的权利,并遵循"事先设计保护,力图维持原状"的原则,该原则要求至少保证:

(i)数据处理是出于加强数据保护原则,例如在确定处理方式和进行处理时使用最少限度的数据;及

(ii)默认情况下,仅处理各特定目的所需的个人数据,且在无数据主体干预的情况下,该个人数据不会被他人访问。

(4)当管理人通过在线平台提供服务时,应设置平台的默认隐私偏好,使获得或收集个人数据的限度不超过交予或接受相关服务所需的最少限度,并且数据主体应:

(a)在首次使用时主动提示选择其隐私偏好;及

(b)能够简便地改变其选择的偏好。

(5)收集或处理个人数据的管理人或处理人应以书面形式实施和维护数据保护政策,该政策:

(a)与处理个人数据的范围和类型相称;及

(b)符合本法规定。

(6)除第十四条第五款的规定外,任何人能够证明其遵守第四十八条规定的已获批的行为准则或第五十条规定的已获批的认证计划的,均视为履行了第十四条规定的义务。

(7)管理人或处理人应以提交数据处理操作告知的形式向数据专员登记,并以修订告知的形式保持更新。

(8)第十四条第七款规定的告知,应:

(a)由数据专员保存在公开的登记记录上;及

(b)附带 DIFCA(迪拜国际金融中心管理局)董事会制定的条例所规定的费用。

第十五条　数据处理活动的记录

(1)管理人应保存其负责的数据处理活动的书面记录,该记录可以是电子形式,并至少应包括下列信息:

(a)管理人、管理人任命的 DPO(如适用)和联合管理人(如有)的姓名和联系方式;

(b)数据处理的目的;

(c)有关数据主体类别的描述;

(d)有关个人数据类别的描述;

(e)已向或将向其披露个人数据的接收人类别,包括第三国和国际组织的接收人;

(f)在适用的情况下,标识个人数据已经或将要转移到的第三国或国际组织的身份,以及根据第二十七条规定进行转移的情况下,提供相应保障措施的文件;

(g)如果可能,则需要规定删除不同类别个人资料的时限;及

(h)如果可能,则需要根据第十四条第二款规定的技术和组织手段作出一般性说明。

(2)处理人应当对管理人所进行的各类加工活动进行书面记录,记录中应包括第十五条第一款中规定的信息。

(3)迪拜国际金融中心公司董事会可制定与处理有关第十五条规定的活动记录的程序条例。

第十六条　DPO 的设立

(1)管理人或处理人可任命符合第十七条规定的人选为 DPO。

(2)除第十六条第一款的规定外,DPO 应由下列人员任命:

(a)DIFC 机构,但以其司法权力行事的法院除外;及

(b)有体系或定期地执行高风险数据处理活动的管理人或处理人。

(3)对于不适用第十六条第二款第二项的管理人或处理人,数据专员可要求其指定 DPO。

(4)如果管理人或处理人不任命 DPO,则应在其组织内明确对监督责任、本法所规定的数据保护责任义务,或任何其他适用的《数据保护法》规定的数据保护职责义务的分工,并能经数据专员要求提供有此类责任的人员的详细信息。

(5)根据第十六条第六款规定,DPO 的职责可由一名管理人、加工人或加工员组织内的雇员履行,也可以由服务合同约定的第三方履行。

(6)集团可以仅任命一名 DPO,前提是集团内的每个实体都可以方便地联系到该 DPO。

(7)任命的 DPO 必须定居于阿联酋,除非他是受雇于该集团组织的个人,并在国际上为集团履行相应的职能。

(8)管理人或加工人应以易被第三方获得的方式公布其 DPO 的联系方式,以便第三方简单、切实地联系到 DPO。如有要求,管理人或加工人应以书面形式向数据专员确认其 DPO 的身份。

第十七条　DPO 的职业技能和定位

(1)DPO 必须知悉本法及其要求,并应敦促管理人或处理人监督本法的遵守情况。

(2)DPO 必须:

(a)有能力完成第十八条规定的任务;

(b)可以独立履行职责和任务,并可以独立行使自己的权力;

(c)有直接同管理人或处理人的高层交流并汇报的渠道;

(d)有足够的资源以便有效、客观、独立地履行职责;及

(e)及时、不受限制地访问管理人或处理人组织内部的信息,以根据本法规定履行其职责。

(3)在不违背本法规定的强制性要求的情况下,DPO 应当公开透明地与数据专员合作,并告知数据专员管理人或处理人机构内部的所有相关信息,依法定特权限制公开的或与有关法律规定的保密义务相冲突的信息除外。

(4)根据第十八条第一款第三项规定,DPO 可在组织中担任管理人、处理人或其他相关职务,也可担任本法规定外的其他职务。

第十八条 DPO 的职能和任务

(1)管理人或处理人应确保:

(a)其任命的 DPO 及时、适当地参与了有关个人数据保护的所有事项,并获得了履行其职责所需的充足资源;

(b)其任命的 DPO 可以自由、独立地行动;及

(c)其任命的 DPO 履行的任何本法规定外的其他任务和职责不会导致利益冲突或妨碍 DPO 职能的履行。

(2)数据主体可以就有关其个人数据处理的所有问题和出于行使其本法规定的权利,联系管理人或处理人的 DPO。

(3)DPO 应执行的任务至少包括:

(a)监管管理人或处理人是否遵守:

(i)本法;

(ii)所在组织在 DIFC 内需遵守的任何其他有关数据保护或隐私的法律条例;及

(iii)任何有关个人数据保护的政策,包括责任分配、增强意识、员工数据处理操作培训以及相关的审计工作。

(b)提醒并规劝管理人、处理人及执行数据处理的员工,履行本法和其他数据规则规定的义务,包括所在组织遵守的具有域外效力的海外规定的义务。

(c)提供有关第二十条规定所要求的正在进行的数据保护影响评估的建议。

(d)根据第十七条第三款规定配合数据专员工作。

(e)作为联络员协助数据专员处理相关问题。及

(f)接收并根据数据专员发布或作出的调查结果、建议、指导、指令、决议、制裁、通知或其他结论采取行动。

第十九条 DPO 对管理人的评估

(1)应管理人要求根据第十六条第二款或第十六条第三款的规定任命的 DPO,应对管理人的数据处理活动进行至少一年一次的一次评估(以下简称年度评估),评估结果应提交给数据专员。

(2)管理人应在年度评估中就其处理活动进行报告,并阐明其在下一年度是否有执行高风险处理活动的计划。

(3)数据专员应规定并公布待提交的年度评估的格式、所需内容和截止日期。

第二十条 数据保护影响评估

(1)在开展高风险数据处理活动之前,管理人应考虑到相关数据主体的权利遭受的风险,根据拟进行的处理操作对个人数据保护的影响进行评估。管理人也可以进行关于非高风险数据处理活动中的个人数据的相应评估。

(2)单个评估可以解决一组存在类似风险的类似处理操作。如果管理人集团的其他成员已经根据第二十条第六款的规定进行了同一数据处理活动的保护影响评估,并且该评估基本保持更新和准确,则管理人可根据第二十条的规定以该数据保护影响评估为准。

(3)任命的 DPO 应负责监督数据保护影响评估。

(4)数据专员可自行决定公布被视为高风险数据处理活动的种类或类别的清单。该清单

不需详尽无遗,也不能用于免除管理人根据本法规定的在高风险数据处理活动的各个方面所应履行的责任。

(5)数据专员亦可公布无须进行数据保护影响评估的处理活动的种类或类别。

(6)数据保护影响评估应至少包括:

(a)对可预期的加工操作和加工目的的系统描述,如适用的话,还应包括管理人所追求的合法利益。

(b)对数据处理活动相对目的达成的必要性和相称性的评估。

(c)对数据处理活动的法律依据的认定和斟酌,包括:

(i)以合法利益为处理依据的,对为什么管理人认为数据主体的利益或权利不会超越其利益的分析和说明;及

(ii)以同意为处理依据的,对该同意是有效获得的确认,对该处理所依据的同意撤回后的影响的考虑,以及管理人对尊重数据主体行使撤回同意的权利的保证。

(d)对数据主体的权利遭受的风险评估。及

(e)考虑到数据主体和其他相关人员的权利和合法利益,应对风险的措施,包括保障、安全措施及机制,以确保对个人数据的保护以及对本法的遵守。

(7)在评估数据处理活动的影响时,应考虑管理人或处理人是否遵守第四十八条规定的获批准的行为准则。

(8)在考虑保护商业、公共利益或数据处理活动安全性的基础上,管理人应在适当时征求数据主体或其代表对预期处理的意见。

(9)在下列情形中,无须重新进行数据保护影响评估,有关法律规定需在数据处理活动前进行相应的评估的情形除外:

(a)根据第十条第一款第三项或第十条第一款第五项规定进行的数据处理在管理人遵循的有关法律中有其合法依据;

(b)有关法律规定了具体的一处或多处数据处理操作;及

(c)以该法律为依据,且已经进行了数据保护影响评估,作为一般性影响评估的一部分的。

(10)管理人应在下列情形中进行审查,以评估数据处理活动是否按照数据保护影响评估进行:

(a)定期进行,与管理人数据处理的范围和类型相称;或

(b)当有关其数据处理活动的风险发生变化时进行。

(11)已由管理人任命或正在任命期间的执行数据处理活动的处理人应协助管理人,提供其合理要求下的有关数据保护影响评估的所有信息。

第二十一条　事前咨询

(1)若第二十条规定的数据保护影响评估表明,在采取了第二十条第六款第五项规定的措施后,数据主体权利遭受的风险仍然很高,且管理人已经执行或拟开始执行、继续执行数据处理活动,则管理人应咨询数据专员。

(2)经数据专员认定,第二十一条第一款规定的数据处理活动将违反或确已违反本法的,

数据专员应同管理人和加工人(如适用)进行书面确认,并可行使第四十六条规定的任何权力。

(3)管理人可在数据处理活动开始前咨询数据专员。如果在咨询前或咨询期间,发现时间不足以完成咨询,且有紧急业务需要进行数据处理,则不禁止管理人开始数据处理活动,但不得凌驾于所处理的个人数据的数据主体的切身利益之上。此类数据处理活动应一贯符合法律规定,且管理人仍须对在法律适用前或适用期间违反法律的行为承担责任。

(4)如果数据专员根据咨询结果就数据处理活动发出指示,则管理人应立即执行该指示,包括(根据指示)停止数据处理活动。

(5)数据专员在斟酌根据本法适用的任何制裁时,将考虑其同管理人协商作出的决定。若已认定数据处理活动违反法律,不与数据专员协商可能导致适用更严厉的制裁。

(6)管理人可自行完成数据保护影响评估,或事先同其他管理人或联合管理人(如有)进行协商,包括多个管理人均希望使用新技术或平台的情形,或者特定行业内的技术创新改变了个人数据处理方式的情形等。

(7)数据专员应尽可能在咨询期开始后的四周内进行书面确认,但处理程序特别复杂的,其时限可在通知相关管理人后,最多再延长四周。

(8)除非数据专员另有指示,否则当数据专员认定数据处理活动非法时,有关管理人或处理人应立即终止所有相应的数据加工活动。

(9)根据第二十一条第一款的规定与数据专员进行协商时,管理人应向数据专员提供:

(a)如适用,其承担的责任以及任何参与处理的联合管理人和处理人的责任,特别是对于发生在集团内的数据处理;

(b)数据处理预期活动的目的和方法;

(c)本法规定的为保护数据主体的权利而采取的措施和保障;

(d)如适用,其任命的 DPO 的联系方式;

(e)相应的数据保护影响评估;及

(f)数据专员要求提供的任何其他资料。

(10)已由管理人任命或正在任命期间的执行数据处理活动的处理人应协助管理人与数据专员进行事先协商。

第二十二条　数据处理的终止

(1)当进行数据处理活动的依据发生变化、不再存在或由于数据主体行使权利,要求管理人终止数据处理时,管理人者应确保所有个人数据,包括处理人持有的个人数据被其:

(a)安全、永久地删除;

(b)匿名化,以使数据失去个人数据特征,并无法从数据中识别数据主体,包括数据丢失、损坏或意外泄露的部分;

(c)伪名化;

(d)安全加密。

(2)如果管理人无法确保个人数据被安全、永久地删除、匿名化、伪名化或安全加密,则必须在保证不再进一步使用的前提下对个人数据进行存档。

(3)第二十二条第二款所称的“不再进一步使用”是指:

(a)管理人和相关处理人无法使用个人数据通知有关数据主体的,或影响数据主体的任何决定,除非该个人数据仅需自动进行交叉核对,以防止对有关数据主体的个人数据的进一步处理;

(b)除管理人和任何相关处理人外的任何一方均无权访问个人数据;

(c)个人数据受到适当的技术手段和组织安全措施的保护,且与提供给实时个人数据的手段和措施相同;及

(d)管理人和任何相关处理人已制定并严格执行对个人数据进行永久删除、匿名化、伪名化或安全加密的策略,遵守并能证明其遵守了本政策。

(4)除第二十二条第一款的规定外,管理人和任何相关处理人对下列情形中的个人数据不需要进行安全永久地删除、匿名化、伪名化、安全加密或不再进一步使用:

(a)是进行合法索赔或为其辩护所必需的,或必须保留以遵守有关法律的;或

(b)根据所有相关法律,用于出于公众利益或 DIFC 的利益进行的科学研究活动,且不会对数据主体的权利造成风险的;或

(c)是数据集的一部分,用于合法地训练或改进人工智能系统,且不会对数据主体的权利造成风险的。

(5)寻求适用第二十二条第四款第二项、第三项规定的管理人或处理人应在此之前根据第二十条的规定进行数据保护影响评估。第二十二条第四款规定的对个人数据的处理必须限于为达此目的所必需的程度。

(6)当保留个人数据的理由不再适用时,管理人或处理人应具有第二十二条第四款规定的管理个人数据的政策和流程,并应在上述理由不再适用时,对个人数据进行安全、永久地删除、匿名化、伪名化、安全加密或不再进一步使用。

第三章　联合管理人和管理人

第一节　联合管理人

第二十三条　联合管理人

(1)两人或两人以上共同决定处理个人数据的目的和方式的,为联合管理人。

(2)联合管理人应达成具有法律约束力的书面协议,以确定各自关于履行本法规定义务的责任。该协议应明确保障数据主体能够行使本法规定的权利,并向数据主体提供第二十九条、第三十条规定的有关程序的信息。

(3)第二十三条第二款规定的书面协议或相应的摘要应提供给受影响的数据主体。

(4)除联合管理人之间的书面协议条款规定外,联合管理人仍应履行本法规定的所有管理人义务,并且数据主体的权利可就每个联合管理人行使本法规定的权利。

第二节 处 理 人

第二十四条 处理人和副处理人

(1)代表管理人进行数据处理活动的处理人,应受管理人和处理人之间具有法律约束力的书面协议的约束。管理人仅应与处理人签订提供充分保证、为实施适当的技术手段和组织措施、确保数据处理符合本法要求、保护数据主体的权利的协议。

(2)未经管理人事先书面授权,处理人不得委任另一处理人作为副处理人。管理人只有在确认已具备相应条件,以保证(现在或将来)指定的副处理人遵守第二十四条第一款的规定时,才可给予一般性书面授权。若已给出一般性书面授权,则处理人应就任何有关委任或替换副处理人的预期变动通知管理人。处理人应考虑管理人是否会对该预期变动提出任何善意反对。

(3)第二十四条第二款规定,处理人不得委任副处理人代表管理人进行特定的数据处理活动,除非该副处理人与管理人签订了符合第二十四条第五款规定的具有法律约束力的书面协议,确保处理人根据协议得到对管理人承担此类数据加工活动的责任的完全授权。

(4)如果副处理人未能履行其在协议或有关法律规定的数据保护义务,则委任该副处理人的处理人仍应对相关管理人承担履行其全部义务的责任。

(5)第二十四条第一款、第三款规定的协议:

(a)应列出:

(i)数据处理活动的主题和持续时间;

(ii)数据处理活动的性质和目的;

(iii)个人数据的类型和数据主体的类别;及

(iv)管理人的义务和权利。及

(b)应包括每个处理人和副处理人(如有)所应作出的下列承诺:

(i)以管理人的书面指示为依据处理个人数据,包括以请求机构的请求为依据共享个人数据(第二十八条),或将个人数据转移到第三国或国际组织,有关法律要求处理人作为主体进行数据处理的除外。

(ii)第二十四条第五款第二项第一目规定的有关法律适用于:

(A)通知任何相关交易对象;或

(B)如果有处理人和副处理人关系链的,确保管理人知悉,除非相关法律出于重大公共利益禁止提供此类信息。

(iii)敦促得到授权处理相关个人数据的人员遵守具有法律约束力的书面协议或保密义务。

(iv)采取第十四条规定的一切措施。

(v)遵守第二十四条第二款、第三款中规定的雇佣副处理人的条件。

(vi)考虑到处理的性质,以提供适当的技术手段和组织措施履行管理人响应数据主体基于其权利作出请求的义务,从而协助相关交易对象。

(vii)敦促管理人根据数据处理活动的性质和处理人可获得的信息,履行第十四条、第二十条、第二十一条、第四十一条及第四十二条规定的义务,从而协助相关交易对象。

(viii)基于处理人选择,删除或返还所有个人数据给管理人,或在其提供的数据处理服务结束后,将该数据返还给相关的交易对象,并删除现有的副本,除非有关法律规定了个人数据的存储。

(ix)向管理人、相关交易对象或数据专员(如有要求)提供所有必要的信息,以证明其履行第二十四条规定义务。及

(x)允许下列主体进行审计,包括检查,并提供适当的协助:

(A)相关交易对象;

(B)相关交易对象委托的另一名审计师;或

(C)数据专员。

(6)处理人或子处理人应立即通知其管理人或处理人(如适用)其认为数据处理活动是否违反本法的意见。

(7)处理人或副处理人遵守第四十八条规定的获批准的行为准则或第五十条规定的获批准的认证机制的情形下,可证明第二十四条第一款、第二款中规定的措施具有充分性。

(8)数据专员可就第二十四条第一款、第三款规定的内容公布合约条款标准。适用该条款的书面协议应可用于履行第二十四条第五款第二项第一目至第十目规定的义务。

(9)如果处理人确定数据处理活动的目的和方式违反了本法,则处理人将被视为该数据处理活动的管理人,承担管理人的所有责任和义务。

(10)在无第二十四条第一款、第三款规定的书面协议的情形下,管理人和处理人基于双方同意开始处理活动的,双方均违反本法。

第二十五条　机密

管理人、处理人、联合管理人(如有)或副处理人(如有)应采取措施,确保可在其各自权限下访问个人数据的任何人在无管理人的指示的情形下不得对其进行处理,除非有关法律规定必须如此。

第四章　数据导出和共享

第二十六条　对转出 DIFC 的数据的充分保护

(1)个人数据处理涉及从 DIFC 向第三国或国际组织转移个人数据的,只有在下列情形下才能进行:

(a)第二十六条第二款、第三款规定的有关法律确保了对该个人数据的充分保护,包括个人数据的后续传输;或

(b)根据第二十七条规定进行。

(2)根据第二十六条第一款的规定,数据专员可随时确认第三方、第三方境内的一个或多个特定部门、国际组织是否具有足够的数据保护水平,同时考虑下列因素:

(a)法律规定、对个人权利的基本尊重以及个人通过行政或司法救济行使其权利的能力;

(b)公共机构对个人数据的访问;

(c)现行有效的《数据保护法》,包括向第三方或国际组织转移个人数据的有关规定;

(d)存在运行中的具有充分执行权的一个或多个独立的,数据保护主管机构或类似的监督机构;及

(e)对涉及的第三方、国际组织及其多边或区域组织成员具有约束力的国际共识和国际公约。

(3)数据专员可自行确认任何第三方、领土、第三方内的一个或多个有关部门、国际组织根据其他数据保护主管机构所作的充分决定,是否具有充分的数据保护能力,且上述决定遵守第二十六条第二款第一项至第五项的有关规定。

(4)数据专员需遵守有关条例,提供其根据第二十六条第二款、第三款规定所作决定的详细情况。

(5)数据专员可以废除、修改或中止任何第三方、领土、第三方一个或多个指定部门、适用第二十六条第二款的国际组织进行数据处理的适格身份。在该情形下,数据专员将如需发布修订后的条例。

(6)第二十六条规定的处理不需向数据专员提交具体的授权书或通知,本法对适用本法的此类数据处理有其他规定性要求的除外。

第二十七条　在缺乏充分保护的情况下将数据转出 DIFC

(1)在下列情形中可进行向第三方或国际组织的单次或多次转移个人数据的行为:

(a)相关的管理人或处理人已提供了充分的保障措施(根据第二十七条第二款规定),前提是数据主体的权利可以强制执行且对数据主体的法律补救措施有效可行;

(b)属于第二十七条第三款规定的克减中的某一具体情形;或

(c)适用第二十七条第四款规定的少数情形。

(2)第二十七条第一款第一项规定的充分的保障措施可以下列形式提供:

(a)公共机构出具的具有法律约束力的文书;

(b)第二十七条第六款规定的约束性公司规则;

(c)数据专员所依据的标准数据保护条款或条例规定的相关程序;

(d)第四十八条规定的获批准的行为准则,以及第三方或国际组织的管理人或处理人有关充分保障措施应用的有效可行的承诺,包括数据主体的有关权利;或

(e)第五十条规定的获批准的认证机制,以及第三方或国际组织的管理人或处理人有关充分保障措施应用的有效可行的承诺,包括数据主体的有关权利。

(3)第二十七条第一款第二项所称的克减是指:

(a)由于缺乏充分决策或充分的保障措施,数据主体在被告知此类数据转移可能带来的风险后,已明确同意数据转移的提议。

(b)出于履行数据主体和管理人签订的合同,或应数据主体的请求采取先行措施,必须进行数据转移的。

(c)出于履行管理人和第三方签订的合同或符合数据主体利益的合同,必须进行数据转移的。

(d)出于重大公共利益,必须进行数据转移的。

(e)出于DIFC的利益,包括出于各DIFC机构履行职能的适当利益,必须进行数据转移或依法进行数据转移的。

(f)为立案、行使合法权利或辩护,必须进行数据转移的。

(g)出于保护数据主体或他人的重大利益,在数据主体自身或依法丧失同意能力的情况下,必须进行数据转移的。

(h)根据第九条第一款第五项规定的有关法律和数据最小限度原则,从下列登记记录中进行数据转移的:

(i)旨在为公众提供信息的;及

(ii)可供公众或任何表明其合法利益的相关人士观看的。

(i)根据第二十八条规定,数据转移是:

(i)管理人所履行的相关法定义务要求必须进行的;或

(ii)应监管机构、警方或其他政府机构、管理机构的合理要求而进行的。

(j)根据国际金融标准,转出于维护国际金融市场认可的管理人的合法利益,必须进行数据转移的,上述利益与有关数据主体的合法利益冲突的除外。或

(k)出于履行适用于管理人或处理人的反洗钱、反恐融资义务,或出于犯罪预防或犯罪侦查,必须进行数据转移的。

(4)不以第二十七条第一款至第三款或第二十六条的规定为依据的数据转移,只有在下列情形中,才能向第三国或国际组织进行转移:

(a)数据转移不是重复的或数据转移不是重复转移过程的一部分的;

(b)仅涉及少量数据主体的;

(c)管理人出于获得合法利益必须进行,且不与数据主体的利益或权利冲突的;及

(d)管理人已经完成了对数据传输所有情况的书面评估,并在此评估的基础上提供了对个人数据的适当保障的。

(5)管理人根据第二十七条第四款的规定所进行的任何数据转移均应告知数据专员,并且除了提供第二十九条或第三十条(如适用)规定的信息外,还应将该数据转移和其合法利益的合理考量告知数据主体。

(6)受DIFC法律约束的公共机构不得以第二十七条第三款第一项至第三项或第二十七条第四款为依据。

(7)管理人或处理人可依其现行有效的约束性公司规则,但需遵守下列规定:

(a)该约束性公司规则只适用于管理人或处理人各自集团内的合法数据转移(处理人需经管理人允许);及

(b)该约束性公司规则必须经过数据专员的审核和批准。

(8)管理人或处理人可向数据专员提出请求,要求批准其约束性公司规则,该规则需先由适用第二十六条第二款的所在管辖区的数据保护主管机构或类似的监管机构批准。数据专员可批准或拒绝该请求。该请求应包括下列内容:

(i)其约束性公司规则的完整文本,并确认其已获得数据保护主管机构的批准;

(ii)其根据该约束性公司规则打算转移或接收的数据的详细信息;及

(iii)若该约束性公司规则执行的依据是管理人或处理人在其集团对集团其他成员的约束力,则还应提供完整的证明此类约束权力的设立的有效文书。

(9)在约束性公司规则修订之时,管理人或处理人应立即向数据专员提供一份修订后的文本,以清楚显示编辑的所有内容。数据专员可批准或拒绝该修订的约束性公司规则。如果修订后的约束性公司规则被拒绝,则管理人或处理人不得以其为依据。

(10)管理人或处理人应每年以书面形式同数据专员确认其现行有效的约束性公司规则仍保持原状,且用于批准数据转移的约束性公司规则也保持原状。

(11)数据专员可就其批准或拒绝的约束性公司规则提供指导或制定条例,并可要求管理人或处理人提供与该约束性公司规则有关的任何证据。

第二十八条　数据共享

(1)根据本法规定的有关义务,特别是第二章关于责任追究、公开和遵守一般性数据保护原则的规定,或第四章关于转出 DIFC 的数据的规定中的管理人或处理人的义务,管理人或处理人收到任何公共机构(以下简称请求机构)对其个人或其集团内任何成员的请求,要求其披露和转移个人数据的,则应:

(a)在合理的范围内,谨慎地确认请求的有效性和相称性,包括确认在该情形下披露个人数据完全是出于请求机构的请求的;

(b)根据数据主体权利遭受的潜在风险,对其主张的数据转移的影响进行评估,并在适当的情形下实施措施将此类风险降至最低,包括尽可能编辑或转移最低限度的个人数据,或利用适当的技术手段或其他措施保障数据转移;及

(c)在合理可行的范围内,从请求机构获得相应有约束力的书面保证,保证将尊重数据主体的权利,并遵守第二章规定的关于请求机构处理个人数据的一般性数据保护原则。

(2)管理人或其处理人(如适用)或副处理人(如适用)在向管理人发出合理通知(如有关法律允许)后,可向请求机构披露或转移个人数据,前提是其已采取合理措施以满足下列条件:

(a)第二十八条第一款规定的请求机构的请求是有效和相称的;及

(b)根据第二十八条第一款的规定,请求机构在处理个人数据时需尊重数据主体将个人数据移交给管理人时取得的各项权利。

(3)管理人或处理人可就第二十八条规定的任何事项咨询数据专员。

第五章　信 息 提 供

第二十九条　提供从数据主体处获得的个人数据信息

(1)管理人应在收集个人数据时,至少应简明、公开地使用易懂、易获取的形式和清晰明了的语言,向收集个人数据的数据主体提供下列信息,以便数据主体评估提供其个人数据的影响:

(a)管理人的身份和联系方式。

(b)DPO 的详细联系方式(如有)。

(c)数据处理的目的及其在本法中的法律依据。

(d)管理人以其合法利益或法定义务为数据处理依据的,应阐明该合法利益或法定义务的内容。

(e)所处理的与数据主体相关的个人数据类别。

(f)个人数据的接收人或接收人类别。

(g)如适用,管理人欲将个人数据转移至第三方或国际组织的如实信息,或在第二十七条第一款第一项、第二十七条第二款第二项或第二十七条第三款第二项规定的转移中,对相应保障措施的提及,及获得该措施文本的方法或公布该措施的地方。及

(h)根据所收集的个人数据的具体情况,出于对数据主体权利的尊重,进行公正、公开的处理所需的任何进一步的信息,包括:

(i)存储个人数据的期限,如无法提供,则提供该期限的确定标准;

(ii)明示向管理人请求访问、更正、删除个人数据的权利,限制或反对有关数据主体的数据处理的权利以及数据移植的权利;

(iii)以数据主体同意为数据处理依据的,明示数据主体可随时撤回同意的权利,该撤回不影响撤回前基于同意所进行的数据处理的合法性;

(iv)向数据专员提出申诉的权利;

(v)获得个人数据的依据为法律、合同要求还是签订合同的条件,以及数据主体是否有提供个人数据的义务,和未能提供此类数据可能导致的后果;

(vi)如适用,明示自动化决策的规定,包括分析过程、逻辑推导过程和其他有益信息,以及该数据处理对于数据主体的意义和可能导致的结果;

(vii)对有关问题的答复是强制的还是自愿的,以及不答复可能导致的后果;

(viii)个人数据是否会用于直接营销用途;及

(ix)管理人以第三十三条规定为依据限制或阻止数据主体行使其要求更正或删除其个人数据的权利,或使用与第三十四条规定冲突的方式处理个人数据的,应:

(A)就对有关权利的预期影响作出明确解释;及

(B)确保数据主体理解并认可此类限制的程度。

(2)管理人不必根据第二十九条第一款的规定提供数据主体已经拥有的信息。

第三十条　在未从数据主体处获得个人数据的情形下提供信息

(1)若未从数据主体处获得个人数据,管理人应至少以简明、公开,以易懂、易获取的形式和清晰明了的语言向数据主体提供下列信息:

(a)管理人的身份和联系方式。

(b)DPO 的详细联系方式(如有)。

(c)数据处理的目的及其在本法中的法律依据。

(d)所处理的与数据主体相关的个人数据类别。

(e)个人数据的接收人或接收人类别。

(f)如适用,管理人欲将个人数据转移至第三国或国际组织的如实信息,或在第二十

七条第一款第一项、第二十七条第二款第二项或第二十七条第三款第二项规定的转移中，对相应保障措施的提及，及获得该措施文本的方法或公布该措施的地方。及

(g)根据所收集的个人数据的具体情况，出于对数据主体权利的尊重，进行公正、公开的处理所必需的任何的信息，包括：

(i)存储个人数据的期限，如无法提供，则提供该期限的确定标准；

(ii)管理人以其合法利益或法定义务为数据处理依据的，应阐明该合法利益或法定义务的内容；

(iii)提示数据主体其向管理人请求访问、更正、删除个人数据的权利，限制或反对有关数据主体的数据处理的权利以及数据移植的权利；

(iv)以数据主体同意为数据处理依据的，明示数据主体可随时撤回同意的权利，该撤回不影响撤回前基于同意所进行的数据处理的合法性；

(v)向数据专员提出申诉的权利；

(vi)获取个人数据的来源；及

(vii)如适用，明示自动化决策的规定，包括分析过程、逻辑推导过程和其他有益信息，以及该数据处理对于数据主体的意义和可能导致的结果。

(2)管理人须在一下期限内提供第三十条第一款规定的信息：

(a)获得个人数据之日起一个月内；或

(b)个人数据是用于与数据主体通信的，截至首次通信之日；或

(c)计划向处理人或第三方披露(包括使其可供处理)的，截至首次披露个人数据之日。

(3)第三十条第一款不适用于下列情形：

(a)要求管理人提供数据主体已经拥有的信息的；

(b)经事实证明无法提供此类信息或需要付出过多努力提供此类信息，而仍要求提供此类信息的；

(c)请求机构或有关法律明确要求披露，并提供适当措施保障数据主体的合法利益的；或

(d)管理人据根据有关法律履行职业保密义务，包括法定保密义务，必须进行数据保密的。

第三十一条　数据处理信息的性质

(1)在不违反第三十一条第二款规定的情形下，第二十九条和第三十条规定的信息应以书面形式提供，在适当的情形下可以电子方式提供。

(2)应数据主体要求，第二十九条和第三十条规定的信息可以口头方式提供，包括使用管理人和数据主体的电话交谈收集个人数据，前提是在同意请求前已核实数据主体的身份。

(3)管理人可以根据第二十九条和第三十条的规定，在所需的信息包含在管理人运营的公开政策的前提下，明确指示数据主体遵守这些政策。此类政策必须简明、公开，以易懂、易获取的形式和清晰明了的语言编写。管理人可以在这样的策略中增添链接将数据主体导向有关数据处理的附加信息。

第六章　数据主体的权利

第三十二条　撤回同意的权利

(1)以第十条第一款第一项或第十一条第一款第一项规定的同意为依据处理个人数据的,数据主体可根据第十二条第五款的规定随时通知管理人撤回同意。管理人未遵守第十二条第五款规定的,数据主体可通过任何合理方式通知管理人。

(2)以第十条第一款第一项或第十一条第一款第一项规定的同意为依据处理个人数据的,数据主体获得的撤回同意的权利属于绝对权利。

(3)在行使数据主体撤回同意的权利时,管理人必须遵守第二十二条,在合理可行的范围内尽速停止对个人数据的处理,并确保所有处理人照做。

第三十三条　对个人资料的访问、更正和删除权

(1)如有要求,数据主体有权在提出要求后一个月内从管理人处无偿获得:

(a)有关是否正在处理涉及数据主体个人数据的书面确认,该书面确认至少包括数据处理的目的和相关个人资料的类别,并向其披露个人数据的接收人或接收人的类别;

(b)正在进行处理的个人数据的电子副本以及获得的所有有关其来源的信息,包括第二十九条和第三十条规定的最新信息;及

(c)第三十三条第四款规定的个人资料的更正,技术上不可行的除外。

(2)根据第三十三条第四款的规定,在下列情形中数据主体有权要求管理人删除数据主体的个人数据:

(a)出于收集个人数据的目的,不需再处理的个人数据;

(b)以同意为数据处理的合法依据,无其他合法依据,且数据主体已撤回对处理的同意的,前提是在该情形下管理人需遵守第二十二条的规定;

(c)该数据处理是非法的,或者管理人所遵守的有关法律要求其删除个人数据的;或

(d)数据主体反对进行数据处理,并且没有超越其反对的合法理由使管理人继续处理的。

(3)管理人仅需在下列情形中遵守数据主体删除个人数据的请求:

(a)适用第三十三条第二款规定的条件之一的;及

(b)根据第三十三条第四款的规定,管理人根据有关法律无须保留个人数据,也无须为合法索赔的立案或辩护而保留个人数据的。

(4)由于技术原因导致无法更正或删除个人数据的,则根据第三十三条第一款第三项、第三十三条第二款第一项或第三十三条第二款第四项(如适用)规定,管制员在下列情形中未能遵守更正或删除个人数据请求的,不违反本法:

(a)管理人从数据主体处收集个人数据的;及

(b)第二十九条第一款第八项第九目规定的向数据主体提供的信息,明确、清晰、突出地显示了处理个人数据的方式,并明确表示无法应数据主体的请求更正或删除(视情况而定)个人数据的。

(5)数据主体因管理人无法更正个人数据而遭受不利影响,且并非由于数据主体自身提供了不准确数据而需要更正的,管理人应向数据主体提供一切合理的协助,以便数据主体采取措施减轻不利影响。

(6)管理人应敦促所有接收人和处理人在正确行使各自权利的情况下更正或删除个人数据,或在有效行使反对权的情况下停止处理并返还或删除个人数据。在该情形下,第二十二条的规定适用于管理人和处理人对个人数据的删除。

(7)数据主体根据第三十三条第一款的规定提出的请求特别复杂,或请求数量众多的,管理人可在,一个月内向数据主体发出通知,将约定期限再延长二个月,并说明延迟的原因。

(8)数据主体的请求明显缺乏根据或过分的,特别重复请求的,管理人可以:

(a)基于提供信息、通信或应要求采取的行动的行政成本,收取合理的费用;或

(b)拒绝执行请求,以书面形式向数据主体提供拒绝理由。

(9)管理人必须能够根据要求向数据专员证明数据主体根据第三十三条第八款提出的要求明显没有根据或过分。

(10)管理人对根据第三十三条规定主张权利的数据主体身份有合理怀疑的,可以要求数据主体提供足以证明其个人身份的附加信息。在该情形下,遵从数据主体请求的期限直到管理人收到足够的信息或证据以确定提出请求的人是数据主体本人才开始计算。

(11)遵守第三十三条第一款第二项规定的请求的管理人披露其他个人的个人数据的,不得侵犯有关法律赋予他人的权利,并且管理人可以编辑或以其他方式隐藏有关其他个人个人数据。以电子方式接收数据主体请求的,除非数据主体另有要求,否则可通过常用的电子形式提供信息。

(12)为第三十三条规定的请求提供的信息必须参照收到请求的相关即时数据提供,在此期间或之后有任何修改或删除的,可不经接收人要求提供修正或删除后的数据。

(13)在不违背第六十五条第二款规定的对 DIFC 机构的要求的情形下,管理人可根据第三十三条第一款规定限制向数据主体提供的全部或部分信息。在考虑到数据主体的基本权利和合法利益的情形下,进行必要、相称地限制的,则应:

(a)避免妨碍官方或司法调查、侦查或程序;

(b)避免妨碍刑事犯罪的预防、侦查、调查、起诉或刑事处罚的执行;

(c)保护公共安全;

(d)保护国家安全;或

(e)保护他人的权利。

(14)根据第三十三条第一款的规定向数据主体提供的信息受到第三十三条第十三款规定的限制的,管理人必须以书面形式告知数据主体下列内容,不得无故拖延:

(a)信息的提供受到了限制;

(b)受限制的原因;

(c)根据第六十条规定,数据主体具有向数据专员申诉的权利;及

(d)根据第六十三条规定,数据主体具有向法院提出申请的权利。

(15)第三十三条第十四款第一项、第二项不适用于遵守该规定会对限制目的造成损害的情形。

第三十四条　反对数据处理的权利

(1)数据主体有权:

(a)随时以其特殊情况为合理理由,反对下列情形中对与其相关的个人数据进行的处理:

(i)为履行公共利益或行使授予管理人的官方权力执行任务,进行必要处理的;或

(ii)为了管理人或第三方的合法利益(如适用)进行必要处理的。及

(b)在个人数据首次向第三方披露之前或代表第三方用于直接营销目的之前被告知,并被明确授予反对此类披露或使用的权利,遵守本法有关不得披露的情形的规定。及

(c)随时反对出于直接营销目的对个人数据的处理,包括与此类直接营销相关的数据分析。

(2)对进行处理的个人数据的有合理异议提出时,由管理人发起的该数据处理应不应再包括该个人数据,此时第二十二条的规定将适用于该个人数据。符合第三十四条第一款第一项提出的异议为合理异议,管理人能够为此类数据处理给出令人信服的理由的除外,所给出的理由需优先于数据主体的利益、权利或第三十四条第三款的规定。

(3)管理人从数据主体处收集个人数据,能够证明其根据第二十九条第一款第八项第九目的规定向数据主体提供了的明确、清晰、突出地显示了处理个人数据的方式的信息,并明确声明无法应数据主体的要求对处理过程提出异议的,则管理人可以继续以相同的方式处理个人数据,并在其他方面遵守本法的规定。

(4)管理人应在首次与数据主体沟通之前,以明显且区别于其他沟通内容或信息的清晰语言,明确提请数据主体注意第三十四条第一款规定的权利。

第三十五条　限制数据处理的权利

(1)根据第三十五条第三款规定,数据主体有权在下列情形中要求管理人限制数据处理活动:

(a)数据主体对个人数据的准确性提出异议的,期限为允许管理人核实个人数据准确性所需的时间;

(b)数据处理活动非法,数据主体反对删除个人数据并要求限制其使用的;

(c)管理人基于数据处理目的不再需要其个人数据,但数据主体需要该数据进行法律索赔的立案、行使或辩护的;

(d)数据主体反对第三十四条规定的数据处理,以待核实管理人的合法理由是否优先于数据主体的合法理由的。

(2)若管理人解除对数据处理的限制,则应以书面形式通知数据主体。

(3)在第三十五条第一款适用的情形下,未经数据主体同意,仅可以进行下列数据处理活动:

(a)相关个人资料的储存;

(b)为法律索赔的立案、行使或辩护进行的数据处理;

(c)保护他人权利的数据处理;及

(d)出于重大公共利益的原因进行的数据处理。

第三十六条　管理人的通知义务

管理人应将根据第三十三条、第三十四条和第三十五条规定,将对个人数据所作的任何更正、删除或限制处理通知给已向其披露个人数据的所有接收人,无法通知或需要付出过多努力的除外。如数据主体要求,管理人应将这些接收者告知数据主体。

第三十七条　数据移植的权利

(1)数据主体有权以结构化的、常用的、机器可读的格式接受其向管理人提供的个人数据,在该情形的数据处理应:

(a)以数据主体的同意或合同履行为依据;或

(b)以自动化为手段进行。

(2)制定第三十七条第一款,是为了在数据主体有相关要求的情形下,随时实现管理人之间的数据移植性,且在技术上可行的范围内,数据主体有权将个人数据从其请求的管理人直接传输给任何人。

(3)提供或传送个人资料会侵犯其他自然人的权利的,管理人无须提供或传送该资料。

第三十八条　自动化的个人决策,含分析

(1)数据主体有权反对任何仅基于自动化数据处理的决策,包括对其产生的法律后果或其他严重影响后果的分析,并要求人工审查此类决策。

(2)第三十条第一款的规定不适用于下列决策:

(a)为数据主体和管理人之间签订或履行合同所必需的;

(b)由有关法律授权,管理人受其管辖,且该法律还规定了保护数据主体权利的适当措施的;或

(c)以数据主体的明确同意为依据的。

(3)根据DIFC有关欺诈、反恐、洗钱、逃税监测和犯罪预防的法律规定,处理个人数据会对数据主体造成法律后果,适用第三十八条第二款第二项的规定。

(4)所涉数据主体是未成年人(根据阿拉伯联合酋长国的法定成人年龄规定)的,第三十八条第二款的规定不适用。

(5)管理人已经实施了适当的措施保护数据主体的权利,至少具有人工审查数据处理的能力的,只能以第三十八条第二款第一项和第三十八条第二款第三项为依据。

(6)非下列情形,影响数据主体的有关决策不能仅基于对特殊类别的个人数据的自动化处理(含分析)作出:

(a)数据主体已明确同意为特定目的处理该个人数据的;或

(b)出于重大公共利益的原因,根据有关法律规定,进行必要处理,且与追求的目的相称,尊重数据保护原则,并提供适当的措施来保障数据主体的权利和利益的。

第三十九条　不得歧视

(1)管理人不得歧视依第六章规定行使任何权利的数据主体,包括:

(a)拒绝向数据主体提供任何商品或服务;

(b)对同一商品或服务收取不同的价格或费率,包括通过使用折扣、其他优惠或实施处罚;

(c)向数据主体提供较低质量的商品或较低水平的服务;或

(d)表明数据主体将为商品或服务支付较低的价格或费率,或获得低质量的商品或较低水平的服务。

(2)第三十九条的规定允许管理人向数据主体收取不同的价格或费率,或提供不同质量的商品或不同水平的服务,前提是该差异客观、合理且与数据主体所提供的数据价值直接相关。

(3)除第三十九条第一款的规定外,管理人可在下列情形中为处理个人数据提供货币或非货币形式的激励:

(a)明确传达激励条款的;

(b)清晰、公开地传达从激励中获益的流程,且不需要数据主体付出额外的努力或费用的;

(c)明确传达所涉及的数据处理的性质的;

(d)加工在所有方面都符合本法规定的;及

(e)符合第三十九条第四款规定的。

(4)数据主体有权随时退出激励计划,并要求停止根据激励计划进行的数据处理。就个人数据的处理而言,激励计划不得具有强制性或不合理的性质,包括随机的激励、与个人数据的价值相比获得激励的机会极低的竞争激励,以及对数据主体的权利造成影响的激励。

第四十条　数据主体行使权利的方法

管制人应提供至少两种方法(包括但不限于邮寄、电话、电子邮件或填写在线表格),不得过于烦琐,数据主体可通过该方法联系管理人,请求行使其在本章规定下的权利。管理人维护的网站,应至少提供一种免费的联系方式,并无须提交用以创建账户的数据。该联系方式应遵守第二十九条或第三十条的规定(如适用)。

第七章　个人数据的泄露

第四十一条　向数据专员通知个人数据的泄露

(1)个人数据泄露危及数据主体的机密、安全或隐私的,相关管理人应在可行的范围内尽速将个人数据的泄露通知给数据专员。

(2)处理人在意识到个人数据泄露时,应立即通知相关管理人。

(3)管理人或处理人应充分配合数据专员对个人数据泄露进行的调查。

(4)第四十一条第一款规定的通知至少应:

(a)描述个人数据泄露的性质,尽可能包括相关数据主体的类别和大致数量,及相关个人数据记录的类别和大致数量;

(b)传达 DPO 或其他可从其处获得更多信息的联系人的姓名和联系方式;

(c)描述个人数据的泄露可能导致的后果;及

(d)描述管理人为解决个人数据的泄露问题已经采取或拟采取的措施,包括(如适用)减轻其可能造成的不利影响的措施。

(5)在无法同时提供所有信息的情况下,可在可行的范围内分阶段提供信息。

(6)管理人应以书面形式记录任何个人数据的泄露情况,包括与个人数据泄露有关的事实、造成的影响和采取的补救措施。记录的信息应足以使数据专员核实本条款的遵守情况,并可应其要求立即提供。

第四十二条　向数据主体通知个人数据的泄露

(1)个人数据的泄露可能对数据主体的安全或权利造成较高风险的,管理人应在可行的范围内尽速将个人数据的泄露告知受影响的数据主体。存在对数据主体造成损害的直接风险的,管理人应立即与受影响的数据主体联络。

(2)第四十二条第一款中规定的与数据主体的联络应以清晰明了的语言描述个人数据泄露的性质,并至少包括第四十一条第四款第二项至第四项规定的信息。在可能的情形下,应通过此联络为数据主体提出建议,以减轻潜在的不利影响。

(3)第四十二条第一款规定的与某个数据主体进行的联络将付出不相称的努力的,管理人以公开的或同等有效的方式联络数据主体告知有关内容即可。

(4)管理人尚未向所有相关数据主体通知个人数据的泄露的,包括数据专员认为对相关数据主体的安全或权利存在较高风险的,数据专员可要求其通知,或根据第四十二条第三款的规定进行公开传达。

第八章　数 据 专 员

第四十三条　任命

(1)主席应任命具有相应经验和资格的人员担任数据专员。

(2)在任命、重新任命或罢免数据专员之前,主席应与 DIFCA 董事会协商。

(3)数据专员的任期不超过五年,可以连任,但不得超过数据专员年满七十五周岁之日。

(4)数据专员对其依据本法、有关规定或依据其作为数据专员的职责和职能的任何作为或不作为不负个人责任,数据专员恶意为之的除外。对于数据专员依据本法、有关规定履行其作为数据专员的职责和职能可能招致或承担的任何债务,DIFCA 将为数据专员提供补偿并使其免受损害。

(5)第四十三条第四款所称的“债务”,是指包括但不限于和解费用、判决费用、损害赔偿费用,及法律费用、法律成本和法律开支等费用,包括行使本款规定的权利所产生的法律费用、法律成本和法律开支。

第四十四条　罢免数据专员

主席可以以数据专员无能力、失去能力或行为不端为由发出书面通知,解除数据专员的职务。

第四十五条　数据专员辞职

数据专员可随时向主席发出为期三个月的书面通知,辞去数据专员职务。

第四十六条　数据专员的权力、职能及目标

(1)数据专员拥有本法的和根据本法制定的其他条例赋予其的权力、职责和职能,并应行使这些权力和履行这些职能,以遵守本法和有关条例。

(2)数据专员在履行其职能和行使其权力时,应追求下列目标:

(a)监督、确保和强制遵守本法;

(b)敦促管理人或处理人遵守本法和有关条例,端正其行为;及

(c)增进公众对数据保护、本法及有关条例规定的认识和理解。

(3)在不违反第四十六条第一款规定的一般性原则的情形下,数据专员拥有下列权力、职责和职能:

(a)审查管理人或处理人,包括有权介入适用本法的管理人或加工人的所在场所、加工设备或手段的人员,并有权根据第五十二条的规定要求其提供信息。不得要求管理人或处理人提供或准备依法定特权限制公开的或与有关法律规定的保密义务冲突的材料。数据专员应尽量减少对管理人或处理人行使第四十六条第三款第一项规定的权利的不合理干扰,并应合理地就其访问要求给出通知。在各情形下,应考虑审计的目的、对数据主体权利的造成的风险、紧急行动的必要性、造成信息丢失或不可读取的风险,以致涉嫌违反本法规定的严重程度。

(b)开展调查和检查,以核实本法的遵守情况。

(c)根据第五十九条的规定发出指示、警告或训诫,并向管理人或处理人提出建议,包括根据第十六条第三款的规定要求任命DPO。

(d)就违法法律的行为向法院提起诉讼,该诉讼可以是自行提起的,也可以是响应对投诉的调查或依数据主体请求而提起的;出于此目的,数据专员应随时做好与数据主体联系的准备,以便数据主体投诉,并应采取其认为适当的行动,以遵守第四十六条第一款规定的目标。

(e)在不遵从指示的情形下处以罚款。

(f)对不遵守有关法律法规的行为处以罚款,并可为不遵守有关法律、条例的行为设置限制措施或要求其在规定时间内缴纳罚款。

(g)当存在对数据主体不利的重大违法行为时,代表数据主体向法院提出赔偿要求。

(h)及时有效地进行下列准备或做好下列准备:

(i)条例草案;

(ii)起草标准或业务守则;及

(iii)指导。

(i)将上述条例草案、起草标准和业务守则草案提交予DIFCA董事会批准,并告知所有已发布的事项。

(j)根据第四十八条规定,适当促进和处理有助于本法实施的行为准则。

(k)制定用于本法或适用的其他需数据专员管理的法律的表项。

(l)获得、持有和处置所有种类的财产。

(m)订立合同和其他协议。

(n)经主席事先同意,借款并为其提供担保。

(o)以其认为适当的条款为依据雇用、任命其他人员,以协助其行使权力和履行职能。

(p)在其认为适当的情形下,将其职能及权力授予其上级或雇员,以便更高效、有效地行使该职能及权力;经主席批准的,可将其职能及权力授予任何其他人员以处

理一般或特定事项。

(q)采取其认为适当的步骤,健全并参与国际合作机制,以改善数据共享和执行标准,包括就违反本法规定的行为同涉及的具有多重管辖权的组织或团体的数据保护主管部门进行沟通。及

(r)根据本法规定,行使和履行主席授予数据专员的其他权力和职能。

(4)数据专员有权为履行其职能或其连带行为作出其认为必要的行为。

(5)数据专员应以独立、公正的方式行使权力,履行职能,不接受其他方面的任何指示。

第四十七条　授权及设立咨询委员会

(1)数据专员可在其认为适当的情形下,将其职能和权力授予其官员和雇员以便更高效、有效地行使该职能和权力;经 DIFCA 董事会批准的,可将其职能及权力授予任何其他人员以处理一般或特定事项。

(2)数据专员可设立咨询委员会,并为其设立会长一职及秘书处。

(3)咨询委员会的工作范围和职能应根据数据专员公布的条例进行确认,可包括:

(a)就个人数据保护和适用本法的任何问题向数据专员提供咨询意见;

(b)协助数据专员起草指导、建议和典型案例;

(c)在认证机制、行为准则、数据传输机制方面协助数据专员;

(d)起草条例;

(e)应数据专员要求,就数据专员需根据本法规定考虑的任何问题提供意见;

(f)为数据专员撰写报告内容;及

(g)在数据专员的指导下,与其他数据保护委员会和机构保持联络。

(4)咨询委员会应独立行使其职能。

第四十八条　行为准则

(1)管理人、处理人或任何其他机构,包括代表一类管理人或处理人的基金会、协会、学术组织、认证机构或非营利组织,可以制定、修订或拓展行为准则,以明确本法的适用范围并促成本法的正确适用。可根据不同处理部门的特点和不同类型企业的具体需要制定具体的行为准则。

(2)该准则可涵盖下列事项:

(a)进行公正、公开的处理;

(b)管理人在特定情况下追求的合法利益;

(c)个人数据的收集;

(d)个人数据的伪名化或匿名化;

(e)向数据主体或公众提供的信息;

(f)数据主体权利的行使;

(g)第十四条规定的措施;

(h)向数据专员通报个人数据的泄露,并将其告知数据主体;

(i)向第三方或国际组织转移个人数据;及

(j)庭外调解和其他争议解决方式,以解决管理人或处理人与数据主体之间有关处理的争议,但不得损害数据主体根据第六十条和第六十四条规定所享有的权利。

(3)根据数据专员的权力和职能,第四十八条第一款规定的行为准则应包含使相关组织或机构能够对承诺遵守该准则的管理人或处理人的遵守情况进行监测的机制。

(4)第四十八条第二款规定的个人或机构,打算制定行为准则或修订、拓展现有行为准则的,应向数据专员提交准则草案、修正案或拓展方案,数据专员应确认该草案可否获得批准,及可否通过有关条例规定的批准程序。

(5)数据专员根据第四十八条第四款的规定批准行为准则的,需将该行为准则登记、公布,并为其指定名称,以便其为人所知。

(6)数据专员也可以随时限制或撤销对行为准则的批准,说明限制或撤销的原因,并根据第十四条第六款的规定说明管理人或处理人为替换该行为准则需执行的要求。

第四十九条　获批准的行为准则的监督

(1)根据数据专员的权力和职能,可对第四十八条规定的获批准的行为守则的遵守情况进行监督,该监督可由在行为准则方面具有适当水平的专门知识并以此得到数据专员认可的机构进行。

(2)在决定是否认可该机构和维持对该机构的认可时,数据专员应考虑该机构是否:

(a)能够证明其在行为准则方面具有专业独立性和专业知识;

(b)已建立起程序,以便评估相关管理人或处理人适用行为准则的资质,监督其对行为准则的遵守,并定期审查其操作;

(c)已建立起对数据主体或公众公开的程序和结构,用于处理对确已违反或正在违反行为准则行为的投诉,或对管理人或行为人行为不端的投诉;及

(d)能够证明其任务和职责不会导致利益冲突。

(3)数据专员认为该机构不符合上述条件或违反本法的规定的,应撤销认可。

(4)管理人或处理人违反了行为准则的,获认可的机构应在适当的保障措施下采取行动,包括中止或暂停相关的管理人或处理人。该机构应将采取的行动及其理由告知数据专员。

第五十条　认证机制

(1)为使管理人或处理人能够证明其遵守了本法,可以制定认证机制。参加认证应是自愿的,并通过公开的程序进行。

(2)管理人或处理人获得的任何认证不解除其根据本法规定承担的任何责任。

(3)认证只能由第五十一条规定的认证机构或数据专员(建立了认证机制的)颁发。

(4)根据获批准的认证机制颁发的认证最长在三年内保持有效,并可进行同等期限的延期,前提是相关管理人或处理人仍满足相关条件。获批准的认证机构或数据专员应撤销不再符合要求的管理人或处理人的认证。

(5)数据专员需为所有通过认证的机构及其认证机制备存一份公开的登记记录。

第五十一条　认证及认可

(1)数据专员可为实施第五十条规定的认证机制接受所提出的认证申请。

(2)只有在下列情形下,数据专员才能授予认证:

(a)已证明其在所需认证方面具有达数据专员标准的专业独立性和专业知识的;

(b)以书面形式承诺遵守拟定认证机制的;

(c)已制定与提请的认证有关的程序,用于颁布、定期审查和撤销数据保护证书、印

章和标识的颁发、定期审查和撤销,包括为授予或不授予申请人证书制定明确、具体的界定标准的;

(d)已建立对数据主体或公众公开的程序和结构,用于处理对违反认证的投诉和管理人或处理人违反或正在违反认证机制的行为的投诉,并使这些程序和结构对数据主体和公众透明;

(e)以达数据专员标准的方式证明其任务和职责不会导致利益冲突的;及

(f)已证明其符合数据专员批准的认证机制,并可随时以条例或其他方式公布的。

(3)数据专员认为不符合上述条件或认定有关机构违反本法的,将撤销认证。

(4)申请认证的机构应以书面形式提供数据专员所需或所要求的所有信息,以便数据专员根据第五十一条第二款规定作出决定。

(5)所有认证的最长期限为五年,有关机构能够证明其仍符合所有相关要求的,可以延期。

(6)获得认证后,认证机构应负责对通过认证或被拒绝、撤销认证的管理人或处理人进行适当评估,无论管理人或处理人是否有遵守本法律的义务。

第五十二条　出示信息

(1)数据专员可以书面形式要求管理人或处理人:

(a)提供特定的信息;

(b)出示第十五条规定要求保存的数据处理记录或其副本;或

(c)出示指定的与个人数据处理有关的任何其他文件,包括其副本。

(2)不得要求管理人或处理人披露依法定特权限制公开的或与有关法律规定的保密义务相冲突的材料。

(3)根据第五十二条第一款的规定被要求的一方应当遵守该要求,所要求的信息是依法定特权限制公开的材料或具有有关法律规定的保密义务的材料的除外。当事人不遵守要求的,违反本法的规定。数据专员可根据本法第五十九条或第六十二条规定发出指示或处以罚款,或进行进一步调查。

第五十三条　条例

(1)DIFCA 董事会在与数据专员协商后,可依法根据下列事项制定条例:

(a)有关适用本法的任何事项;及

(b)数据专员根据第五十三条第二款所做的建议。

(2)数据专员可就任何有助于法律管理、适用或拓展立法目的的事项向 DIFCA 董事会提出有关条例的建议,包括但不限于:

(a)发起和提交投诉的程序;

(b)对数据专员的决策或决定提出申诉和重新审议的程序;

(c)罚款,包括为违法行为缴纳罚款的设置限制措施、要求其在规定时间内缴纳罚款或规定缴纳罚款的方法,以及数据专员在根据本法规定确定罚款金额时所考虑的因素;

(d)相关费用;

(e)法律规定的形式、程序和要求;

(f)保存登记通知的登记记录;及

(g)数据专员及其上级、雇员和代理人行使权力和履行职能的行为。

(3)DIFCA 董事会可通过引用的形式将其发布的标准或行为准则纳入条例,在该情形下,受上述标准或行为准则的规定约束的人应如遵守条例一样遵守该规定,条例另有规定的除外。

(4)为行使一项或多项权力而根据本法制定有关法律的,在行使该权力时也适用本法。

(5)数据专员应以公告的形式公布条例草案,包括下列内容:

(a)条例草案的文本;

(b)对条例草案主要规定的实质和目的的说明;及

(c)条例草案的概要。

(6)根据第五十三条第五款的规定发布通知后,DIFCA 应邀请有关人员在发布后至少三十日内,或在 DIFCA 董事会另行决定的期限内,就条例草案内容进行陈述。

(7)数据专员认为第五十三条第五款和第五十三条第六款的规定可能造成延误,损害 DIFC 或数据主体的利益的,则第五十三条第五款和第五十三条第六款的规定不适用。

第五十四条　资金提供

迪拜政府应确保为数据专员的每个财政年度提供足够的财政资源,使数据专员能够根据法律、条例规定充分履行其职能和行使其权力。

第五十五条　数据专员的年度预算

(1)DIFCA 董事会应在每个财政年度结束前,向主席提交数据专员下一个财政年度的年度收支预算,以供其批准。

(2)上述预算应包括与专员的上级、雇员和代理人的薪酬和相关费用。

(3)主席可以:

(a)批准根据第五十五条第一款规定提交的预算;或

(b)在合理的情形下,在收到预算之日起三十日内否决该预算,否决应以书面形式通知 DIFCA 董事会,并说明理由。

(4)主席未根据第五十五条第三款第一项的规定明确批准预算或根据第五十五条第三款第二项的规定否决预算的,在第五十五条第一款规定的预算提交之日起三十日后,视为批准预算。

第五十六条　账目

(1)数据专员应就其办事处的财务活动妥善备存账目。

(2)数据专员应在财政年度的第一季度结束前,根据公认会计准则编制上一财政年度的财务报表。

(3)根据本条规定编制的账目应提交给 DIFCA 董事会批准。

第五十七条　数据专员的审计

(1)DIFCA 董事会应任命审计人员在每个财政年度对数据专员进行审计。

(2)在数据专员的财务报表编制和批准后,DIFCA 董事会应在合理可行的范围内尽速将该报表提供给相关审计人员进行审计。

(3)审计人员应撰写一份关于财务报表的报告,并将该报告提交给 DIFCA 董事会。

(4)在适当的情形下，该报告应包括审计人员作出的陈述，以说明其是否认为有关财务报表如实、公正地反映数据专员截至财政年度末期的财务活动状况，以及数据专员在该财政年度的业务成果及现金流量。

(5)审计人员有权在任何适当的时间获取其为撰写报告合理索取的，由数据专员的上级、雇员或代理人持有或掌控的所有信息。

(6)审计人员有权合理地要求数据专员的上级、雇员及代理人提供其为履行审计职责所需的信息及解释。

(7)任何人无正当理由不得故意妨碍根据第五十七条第一款规定任命的人员行使其权力。

第五十八条　年度汇报

(1)如有要求，专员须就上一年度的行政事务管理情况向主席递交汇报。

(2)该报告应如实、公正地反映数据专员在 DIFC 的监管运作情况，以及数据专员截至财政年度末期的财务报表。

第九章　纠正、责任及制裁

第五十九条　指示

(1)数据专员根据第六十条第一款规定的有关投诉或根据其获悉的其他信息，认定管理人或处理人确已违反或正在违反有关法律、条例的，可以作出指示，要求相关人员采取下列一项或全部措施：

(a)在指示规定的时间内有所作为或不作为；或

(b)避免处理指示涉及的个人数据，或避免以指示涉及的处理目的或处理方式处理个人数据。

(2)数据专员可根据第五十九条第一款规定目的进行合理、必要的检查或调查。

(3)根据第五十九条第一款的规定作出的指示应包括：

(a)数据专员认定违反法律、条例的声明；及

(b)管理人或处理人可寻求法院对下列事项进行司法审查的声明：

(i)数据专员作出该指示的决定；或

(ii)指示的术语。

(4)管理人或处理人未能遵从数据专员根据本章规定所作指示的，违反了本法的规定，可能面临：

(a)罚款；或

(b)向数据主体支付损害赔偿和补偿的责任。

(5)数据专员认定管理人、处理人或其中任何人员没有遵从指示的，可向法院申请下列一项或多项命令：

(a)命令管理人、处理人或相关人员遵从该指示或遵守由数据专员管理的有关法律中与指示相关的任何规定；

(b)命令管理人、处理人或相关人员向数据专员或其他人士支付因数据专员的指示

或因违反有关指示的法律、条例或其他法律而招致的任何费用;或

(c)法院认为适当的任何其他命令。

(6)任何受影响的当事方均可就数据专员根据第五十九条第五款规定提出的命令向法院提交意见书。

(7)任何受影响的当事方均可要求数据专员在收到本章规定的指示后十四日内审查该指示。数据专员可接受进一步的意见书,并修改或终止该指示。

(8)数据专员可以,但没有义务,向管理人或处理人就其预期的数据处理操作可能违反本法发出警告。

(9)在数据处理操作确已违反本法的情形下,专员可以,但没有义务,向管理人或处理人发出公开谴责(除了根据本法规定的其他制裁措施之外)。

(10)数据专员作出的任何指示均不影响数据专员根据第六十二条规定处以罚款的职能。

第六十条　投诉及调解

(1)数据主体如认为存在违法行为或据或涉嫌侵犯其合法权利的行为,可向数据专员投诉。

(2)多个数据主体受第六十条第一款规定的同一违法行为或侵犯他人权利的行为影响的,可集体提出此类投诉。数据专员可选择集中处理与同一违法行为或侵犯他人权利的行为有关的多项指控,无论此类指控是不是集体提出的。

(3)数据专员可对投诉涉及的事项进行调查,也可在投诉人和有关管理人或处理人之间进行调解。

(4)数据专员可以以第六十条第三款规定的调查或调解为依据,根据第五十九条第一款规定作出指示或作出有关行为不违法的声明。

(5)DIFCA 董事会可根据第六十条规定制定有关调解程序的条例。

第六十一条　一般性违反

管理人或处理人有下列情形的,违反本法:

(a)根据本法和有关条例规定,管理人或处理人(如适用)不得作出有关行为或事宜而作出的;

(b)根据本法和有关条例规定(包括数据专员已发出指示的情况),管理人或处理人(如适用)应当作出有关行为或事宜而没有作出的;或

(c)以其他方式违反本法和有关条例规定的。

第六十二条　罚款的征收

(1)根据本条规定,DIFCA 董事会应制定有关罚款的征收和追缴程序条例。

(2)除第六十二条第三款另行规定外,凡数据专员认定管理人或处理人(包括副处理人)确已违反法律的,可就附表二规定的违法行为对管理人或处理人处以行政罚款,罚款金额为其认为适当的金额,但不得超过附表二就每项违法事行为标明的款额,并应在罚款通知书上指定的日期前缴纳。

(3)数据专员可就管理人或处理人(包括副处理人)的违法行为对其处以一般性罚款,罚款金额为其认为适当、相称的金额,并应考虑该违反行为的严重程度和对相关数据主体造成实际损害的风险大小。处以罚款应以书面形式发出罚款通知书,并应在罚款通知书上指定的

日期前缴纳。

(4)管理人或处理人在第六十二条第二款或第六十二条第三款规定提及的罚款通知书所指定的期限内按规定缴纳罚款的,数据专员不得就有关违法行为对相关人员采取进一步的法律程序,但可就任何连续多次的违法行为采取法律程序,包括除处以罚款外,已向有关管理人或处理人作出指示而未获得遵从的情形。

(5)管理人或处理人(如适用)未根据第六十二条第六款的规定对所处罚款提出异议,且未在第六十二条第二款或第六十二条第三款规定的罚款通知单通指定的期限内或未在根据第六十二条第六款的规定明确提出异议的十日内按规定向数据专员办事处缴纳罚款的,数据专员可向法院申请,命令其缴纳罚款或付清罚款,并作出法院认为适当的进一步命令以追缴罚款,包括缴纳利息、执行成本(包括法律成本)及因未按规定缴纳罚款而直接产生的其他开支的命令。

(6)管理人或处理人(如适用)可对根据第六十二条第一款规定的程序所处的罚款提出异议。

(7)由数据专员签署并说明其已根据第六十二条第二款或第六十二条第三款的规定,依照具体事实以书面形式向有关人员发出罚款通知书的声明可以:

(a)作为向有关人员发出通知的确凿证据;和

(b)在根据第六十二条第四款规定启动的程序中,作为通知书所载事实的初步证据。

(8)除罚款外,即使数据主体未根据第六十四条的规定提出索赔,数据专员也可请求法院下令有关人员向数据主体支付损害赔偿或补偿。在向法院提出请求时,应考虑第六十四条的规定。数据专员仅在其认为该数据主体因相关违约行为而遭受了物质损害,且难以以其自身名义向法院提出索赔的情形下,才可提出此类要求。

第六十三条　向法院申诉

(1)任何被认定违反本法或违反数据专员指示的管理人或处理人可在三十日内向法院提出申诉。

(2)数据主体不同意数据专员有关违反法律或不违反法律的调查结果的,可在三十日内向法院提出申诉。

(3)法院可以在适当情况下作出其认为公正、适当的命令,包括要求对损害进行赔偿或补偿、处以罚款及行政罚款,以及作出有关是否违反本法的事实认定或替代性事实认定。

第六十四条　补偿

(1)数据主体因他人违反本法或有关条例遭受物质或非物质损害的,除根据第六十二条的规定对同一行为人处以罚款外,还可向法院申请,要求相关管理人或处理人进行赔偿。在数据专员根据第四十六条第三款第四项规定向法院提起的任何诉讼中,应以同等损害程度予以考虑。不得要求任何行为人就同一损害进行两次赔偿。

(2)参与数据处理的任何管理人违反本法的,应对所造成的损害承担责任。处理人只有在未履行本法明确规定的处理人负有的义务,或未按管理人的合法指示行事的情形下,才应对所造成的损害承担责任。

(3)在同一数据处理过程涉及的管理人和处理人的一方或双方对其造成的损害负有责任的情形下,为了确保对数据主体进行有效赔偿,上述所有人均应对全部损害承担连带责任。

(4)因行使获得赔偿的权利而提起诉讼前,应向法院提出,但也可以庭外和解。

第十章　一般性豁免

第六十五条　一般性豁免

(1)DIFCA 董事会可制定条例,使管理人免于遵守本法或本法的任意一章。此类条例应符合本条所规定的原则。

(2)DIFC 机构作为管理人,在不违反第六十五条第一款规定的一般性原则的情形下,考虑到数据主体的基本权利和合法利益,遵守下列条款可能会对 DIFC 机构根据其管理的法律正确履行其权力和职能(包括被授予的权力和职能)造成重大损害的,第二十六条、第二十九条、第三十条、第三十二条至第三十五条、第三十七条至第三十九条和第四十二条的规定不适用于 DIFC 机构,前提是该权力和职能:

(a)旨在保护公众免遭由于提供银行、保险、投资服务或进行其他银行、金融活动及服务,包括提供保险、再保险、金融市场及金融和货币经纪服务的人员的不诚实、渎职、失职、缺乏资质或其他严重的不正当行为造成的财产损失;

(b)旨在保护公众免遭由于提供银行、保险、投资服务或其他金融服务的人员的不诚实、渎职、失职、缺乏资质或其他严重的不正当行为的侵害;或

(c)旨在侦查、调查和起诉犯罪或违法行为。

(3)DIFC 机构应保存一份其根据第六十五条第二款进行豁免的实例登记记录,列出:

(a)有关条款,前提是豁免是履行第六十五条第二款第一项至第三项规定的权力和职能所必要、相称的措施;及

(b)该情形下行使豁免的理由。

(4)数据专员可检查第六十五条第三款规定的登记记录,并可随时要求提供补充信息、对豁免提出质疑或异议,或对豁免依据的有关法律、条例或公共政策进行调查,以确定豁免的行使是否符合本法规定。

(5)DIFC 机构违反第六十五条第二款的,其豁免无效,应履行第九章规定的相应补救措施、责任和制裁。

附表一

第一条　释义规则

(1)本法中除另有规定外,下列引称是指:

(a)法律规定,包括对法律规定及其修正案或重新颁布的法律规定的援引。

(b)"人"包括任何自然人、法人团体或非法人团体,包括公司、合伙企业、非法人社团、政府或国家。

(c)公布或被要求公布特定文件的义务,应包括以书面形式或电子形式公布或被要求公布该特定文件,本法另有明确规定的除外。

(d)"日"系指日历日,另有明确规定的除外。需在日历日的星期五或星期六,或需在

法定节假日履行的义务，应在下一个日历日（工作日）履行。

(e)“周”系指公历周或七日，视适用情况而定。

(f)“月”系指三十日的期间。

(g)“年”系指三百六十五日的期间，“公历年”系指格里高利历上的一年。

(h)提及的阳性指称包括阴性指称，反之亦然。

(i)单数形式应包括其复数形式，反之亦然。

(j)“美元”或“$”系指美利坚合众国货币单位，除非有与之冲突的意思；及

(2)本法中的标题不应影响其解释。

(3)本法所称的法人团体包括在DIFC外成立的公司。

(4)本法仅以数字表示的部、章、条或附表，无须进一步指明，系指该数字在本法中所对应的部、章、条或附表。

(5)本法条文或其他部分仅以数字或字母表示的有关条款，无须进一步指明，系指该数字或字母在本法条文或其他部分中所对应的条款。

(6)本法所称的法规，系指该法规及其不时的修订，并包括对该法规的延伸、适用或依照另一法规适用的法规，包括该法规的其他条款，上下文另有规定的除外。

(7)本法所称的书写文件、表项、文书或认证包括记录其所含信息并能够以有形形式（包括电子方式）复制的任何文件形式。

第二条　DIFC的立法

本法所指的立法和指南应依照下列规定进行解释：

(a)联邦法律系指阿拉伯联合酋长国联邦政府制定的法律；

(b)迪拜法律系指由统治者制定的适用于迪拜酋长国的法律；

(c)DIFC法律系指由通知者制定的适用于DIFC的法律（以本法为例，包括本法）；

(d)本法系指由统治者制定的《数据保护法》，即DIFC 2020年第5号法令；

(e)条例系指DIFCA董事会依照本法制定的条例，并自然具有拘束力；

(f)颁布公告系指本法生效所依据的颁布公告；及

(g)指南具有指导性质，但不具有拘束力，可包括本条第一项数据专员为本法的目的制定和发布的指南；以及本条第二项由DIFCA董事会颁布的标准或行为准则。

第三条　术语定义

本法中，下列术语应具有相应的含义，上下文另有规定的除外。

术语	定　义
有关法律	适用于具有管辖权的所有政府、准政府、法定机构或监管机构、政府机构或部门、法院、代理机构或协会的所有法律、成文法、法典、法规、法令、规则、条例、市政规章、判决、命令、决定、裁定或裁决
企业约束规则	个人数据保护政策和程序，汇集成一份书面文件，该政策及程序规范了集团成员之间个人数据的转让，对相关成员具有法律约束力，并包含了保护相关个人资料的规定

续表

术语	定　义
数据专员	主席依照本法第四十三条第一款任命的执行法律的人员
管理控制人	单独或与他人共同决定个人资料处理的目的和方法的任何人员
法院	依照迪拜法律规定设立的 DIFC 法院
数据主体	与个人资料有关的已识别或可识别的自然人
DFSA	迪拜金融服务管理局
DIFCA	依照迪拜法律规定设立的 DIFC 管理局
DIFC	迪拜国际金融中心
DIFCA 董事会	DIFCA 依照 2004 年第 9 号法令规定设立的理事机构
DIFC 机构	包括数据专员、DIFCA、DFSA、DIFC 法院，以及依照 DIFC 法律设立的或经主席批准设立的，且未被本法或其他 DIFC 法律撤销的人员、机构、办公室、登记处或特别法庭。“各个 DIFC 机构”应具有相应的含义
DPO	由管理控制人(包括联合管理控制人)或处理人任命的数据保护员，负责依照第十六条至第十九条规定的方式独立监督相关的数据保护操作
归档系统	可依照特定标准访问的一组结构化的个人数据，无论此类数据是在功能上或地理上集中、分散还是隔离的
集团	彼此同为最终控股公司的子公司或再次级的子公司而存在关联的任何一组实体。最终控股公司和子公司的含义由《DIFC 公司法》，即(修订或更新后的)2018 年第 5 号法律文件规定
对个人数据的高风险处理	符合下列一项或多项条件的数据处理： (a)处理过程采用新的或不同的技术或方法，会对数据主体的安全或权利产生实质性风险，或增加数据主体行使权利的难度的； (b)对大量的个人数据(包括员工和承包商的个人数据)进行处理，且该处理可能会给数据主体带来高度风险的，包括由个人数据的敏感性引起的风险或对个人数据的安全性、完整性或隐私造成的风险； (c)处理过程以自动化处理为基础，对与自然人有关的个人方面进行系统、广泛地评估，包括概况分析，并以此作出对自然人产生法律效力或对自然人产生类似重大影响的决策的；或 (d)需处理大量特殊类别的个人数据的
可识别的自然人	能够直接或间接通过姓名、证件号码、地理位置数据、网络标识，或通过有关其生物、身体、生物识别、心理、遗传、经济、文化或社会身份的一项或多项特定因素识别出的自然人(已识别的自然人应作相应解释)
国际组织	受国际公法管辖的组织及其附属机构，或者依照两个或两个以上国家之间的协议设立的其他机构
联合管理控制人	与另一管理控制人共同决定数据处理的目的和方式的管理控制人
本法	2020 年《数据保护法》，如有修正，则指 2020 年第 5 号法令
个人数据	涉及已识别或可识别的自然人的信息

续表

术语	定　义
个人数据的泄露	由于意外或非法损坏、丢失、篡改、未经授权的披露或访问对进行传输、存储或以其他方式处理的个人数据造成的泄露
主席	DIFC 的主席
对个人数据的处理	对个人数据进行的一项或一组操作,无论是否以自动化为手段进行的,如采集、记录、组织、存储和存档、改编或更正、检索、咨询、使用,通过传输、传播、转移等方式披露,以及对齐、组合、限制(指对已存储的个人数据进行标记,以限制将来对其进行的处理)、删除或销毁,但不包括下列主体对个人数据进行的一项或一组操作: (a)自然人纯粹从事与商业目的无关的个人活动或家庭活动的;或 (b)执法机构为预防、调查、侦查、起诉刑事犯罪或执行刑罚,包括防范和防止对公共安全造成的威胁的
处理人	代表管理控制人处理个人数据的任何人
对个人数据的自动化处理	评估有关自然人的个人方面,特别是分析或预测其工作表现、经济状况、健康、个人偏好或兴趣、可靠程度或行为模式、位置或动作等方面
注册官	《公司法》,即 DIFC 2018 年第 5 号法令第六条规定的公司注册官
条例	具有附表一第二条第五项规定的含义
请求机构	具有第二十八条第一款规定的含义
统治者	迪拜酋长国的统治者
附表	本法的附表
特殊类别的个人数据	(直接或间接)揭示或涉及他人种族或民族血统、籍贯、政治派别或见解、宗教或哲学信仰、犯罪记录、工会成员资格、个人健康或性生活的个人数据,包括用于单独识别自然人身份的遗传数据和生物识别数据
单个离散事件	具有第十二条第十一款规定的含义
副处理人	按照第二十四条第二款由处理人指定的数据处理人
重大公共利益	重大公共利益包括但不限于: (a)司法,包括刑事调查和监管调查;及 (b)行使有关法律赋予某人的职能
第三国	除 DIFC 以外的某一管辖范围,无论其在阿联酋还是在其他地区
第三方	被授权处理个人数据的任何人员,但不包括: (a)数据主体; (b)管理控制人; (c)联合管理控制人; (d)处理人;或 (e)副处理人
UAE	阿拉伯联合酋长国

附表二

下表列出了对违反本法规定的有关行为可能适用的行政罚款金额。这份清单并非详尽无遗,可不时更新。

违法行为的最高限额	罚款金额/美元
违反本法第九条规定的一般性要求	50,000
违反本法第十条规定的合法处理要求	50,000
未依照本法第十一条的规定取得同意	50,000
违反本法第十二条规定的合法处理要求	50,000
违反本法第十四条第一款所规定的责任追究	25,000
未依照本法第十四条第二款的规定实施适当的技术和组织手段保障个人信息	50,000
违反本法第十四条第三款所规定的责任追究	25,000
违反本法第十四条第四款规定的责任追究	25,000
违反本法第十四条第五款规定的责任追究	25,000
未依照本法第十四条第七款的规定向数据专员登记	25,000
未依照本法第十五条的规定保存个人数据处理活动记录	25,000
未依照本法第十六条第二款和第十六条第三款的规定任命 DPO	50,000
未依照本法第二十条的规定在进行高风险数据处理活动前进行数据保护影响评估	20,000
违反本法第二十二条第一款、第二十二条第二款、第二十二条第五款或第二十二条第六款规定的要求	25,000
违反本法第二十三条规定的要求	25,000
违反本法第二十四条第一款、第二十四条第三款或第二十四条第六款规定的要求	25,000
违反本法第二十五条规定的要求	25,000
违反本法第二十六条规定的要求	25,000
不符合本法第二十七条规定的条件	50,000
不符合本法第二十八条规定的条件	10,000
不符合本法第二十八条规定的条件	75,000
不符合本法第三十条规定的条件	75,000
不符合本法第三十一条规定的条件	75,000
不符合本法第三十二条第三款规定的条件的	75,000

续表

违法行为的最高限额	罚款金额/美元
不符合本法第三十三条规定的条件的	100, 000
不符合本法第三十四条规定的条件的	100, 000
不符合本法第三十五条规定的条件的	100, 000
不符合本法第三十六条规定的条件的	100, 000
不符合本法第三十七条规定的条件的	100, 000
不符合本法第三十八条规定的条件的	100, 000
不符合本法第三十九条规定的条件的	50, 000
不符合本法第四十条规定的条件的	25, 000
未依照本法第四十一条的规定报告个人信息的泄露的	50, 000
未依照本法第四十二条的规定报告个人信息的泄露的	50, 000
不符合本法第六十五条规定的条件的	75, 000

迪拜国际金融中心数据保护条例

刘　攀　译　屈文生　审校*

《迪拜国际金融中心数据保护条例》译介

迪拜国际金融中心现行的数据保护条例是2020年7月1日生效的《迪拜国际金融中心数据保护条例》(以下简称《数据保护条例》),该条例所称的法律是指,2020年7月1日生效的《迪拜国际金融中心数据保护法》(以下简称《数据保护法》)。该条例第1条第2款第2项规定:“适用《数据保护法》(2020年)的,适用本条例。”本条例规定了关于记录、通知、评估、转出、调解、罚款系列数据保护措施的具体内容,并包括费用表、通知书和数据充分保护的管辖区的附录。

根据本条例,数据管理控制人必须记录至少以下有关个人数据处理操作中的内容:对正在处理的个人数据的说明;对处理个人数据目的的解释;处理中的个人数据所属的数据主体或数据主体类型;对处理中的个人数据主体类型的说明;以及,数据管理控制人可以转移个人数据至列表中的管辖区,以及说明特定管辖区是否达到数据充分保护的水平。在本条例的指南中,列明了处理个人数据所应包括的目的,以及数据管理控制人可以记录的所涉数据主体的类型。

本条例规定,数据管理控制人或者数据处理者必须将以下个人数据处理操作或者系列操作通知专员,具体内容有:个人数据处理;特殊类型的数据;以及将个人数据转移至DIFC以外不受法律和本条例所限制的接收者。通知中所应包含的内容与数据管理控制人所记录的内容相同。此外,本条例依据个人数据处理的不同情形对通知发出时间有不同要求。若法律要求数据保护专员提交通知,法律和本条都没有规定期限的,数据保护专员必须在所涉事件发生之日起14日内提交通知。具体费用可参见本条例附录一所列事项支付。

根据本条例,关于数据保护管对数据管理控制人的评估应依照该法第19条第3款,在DIFC网站(difc. ae)的数据保护板块上,专员认可和批准的数据保护官提交年度评估所规定的格式、必填内容和截止日期会不时更新。关于从DIFC转出的数据,也应依照该法第27条第2款第3项,专员批准并发布的标准合同条款可用于在DIFC外不充分管辖区的数据转移。这些条款会不时更新,并且可以在DIFC网站(difc. ae)的数据保护模块获取。

本条例规定,依照依照该法第60条,任何人可以向专员提交书面通知进行投诉,通知内

---

* 译者:刘攀,华东政法大学硕士研究生;审校:屈文生,全国人大常委会法工委法律英文译审专家委员会委员、华东政法大学教授、博士生导师。

容须提供以下信息:投诉人的全名和住址;投诉对象;投诉人对产生违法事实的详细描述;依据投诉人寻求的救济。在收到符合条件的投诉后,在调解索赔时,专员拥有一定的自由裁量权,遵循其认为最及时、公平和有效解决索赔的惯例和程序。在调解程序结束后,若专员决定向管理者发出指令,他将作出书面通知,说明数据管理控制人需要采取的行动和行动的时间。

本条例规定,专员依照该法第62条第2款决定处以罚款的,其将依据附录二中通知书一向管理者或处理者发出书面通知。如果管理者管理者、处理者希望直接向专员提交依照相关规定作出的行政罚款异议通知书的,该通知书必须依照附录二通知书二的要求作出,并且必须详尽说明异议提出者认为在专员决定接受全部异议或者修改罚款数额时所应当考虑的每一事项。此外,在罚款未全部缴纳或者部分缴纳的情形下,专员可向法院提出申请,将未支付的罚款作为到期债务追回。

2020年7月1日生效

1. 引　　言

本条例可引称为《数据保护条例》。

1.1　适用范围与释义

1.1.1　本条例所称该法律是指《数据保护法》(2020年)。

1.1.2　适用《数据保护法》(2020年)的,适用本条例。

1.1.3　本条例的术语规定在《数据保护法》(2020年)中,并且在本条例中通过单词或者词组首字母大写来识别。未使用首字母大写的,则解释为其自然含义。

1.1.4　本条例所提及的法定条文,是指经修订的,并且包括经由其他条文扩张或者适用或者引用的条文,除非存在相反的意图。

1.1.5　除非存在相反的意图:

(a)本条例中表示男性含义的词语包括女性,表示女性含义的词语包括男性;以及

(b)本条例中的单数词包括复数,复数词包括单数;以及

1.1.6　《数据保护法》(2020年)中的解释规则适用于本条例。

1.2　关于书面形式

1.2.1　如果本条例中的条款涉及以书面形式呈现在其他文件的沟通、通知、协议中,除非存在相反意图,这表明无论使用何种媒介,书面条款的内容清楚易读并且可以在纸上复制。书面表示必须作相应的解释。

2. 记　　录

2.1　记录内容

2.1.1　根据该法第十五条第一款,数据管理者必须记录至少以下有关其个人数据处理操作中的内容:

(a)对正在处理的个人数据的说明;
(b)对处理个人数据目的的解释;
(c)处理中的个人数据所属的数据主体或数据主体类型;
(d)对处理中的个人数据主体类型的说明;以及
(e)数据管理者可以转移个人数据至列表中的法域,以及说明特定法域是否已被评估为具有《个人数据保护法》第二十六条和第二十七条规定的充足的数据保护水平。

2.2 指导

2.2.1 根据本条例2.1.1(b),处理个人数据的目的各不相同,但至少包括以下一项或者多项:

(a)会计、审计;
(b)司法活动;
(c)会员记录管理;
(d)数据管理者自身的广告、营销和公共关系;
(e)他人的广告、营销和公共关系;
(f)福利、拨款和贷款管理活动;
(g)咨询和顾问服务;
(h)资信调查;
(i)债务管理和保理;
(j)教育;
(k)信息和数据库管理;
(l)保险管理
(m)法律服务;
(n)许可和注册;
(o)教牧关怀;
(p)养老金管理;
(q)治安管理;
(r)私人调查;
(s)物业管理;
(t)提供金融服务;
(u)科研;以及
(v)职工管理。

2.2.2 依据本条例2.1.1(c),在处理中的个人数据具有多个数据主体的情形下,数据管理者可以记录所涉及的数据主体的类型,而不是列出单个的数据主体。这种情形下,数据管理者可以使用以下或者其他相似的类型:

(a)职工,包括代理人、临时雇员;
(b)委托人和客户;
(c)供应商;

(d)会员；

(e)投诉人、通讯员和询问者；

(f)数据主体的近亲属和关系人；以及

(g)咨询者、顾问和其他专家。

3. 通　　知

3.1　通知数据保护专员

3.1.1　根据该法第十四条第七款和第八款，数据管理者或者数据处理者必须将以下个人数据处理操作或者系列操作通知专员，包括但不限于：

(a)个人数据处理；

(b)特殊类型的数据；以及

(c)将个人数据转移至 DIFC 以外的接收者，该接收者不受法律和本条例所规定的充分保护水平的限制。

3.1.2　根据本条例 3.1.1，管理者或者处理者发送给专员的通知中，应当包含下列信息：

(a)对正在处理中的个人数据的一般说明；

(b)对个人数据处理目的的解释；

(c)正在处理中的个人数据的数据主体和数据主体的类型；

(d)对正在处理中的个人数据的数据类型的说明；以及

(e)个人数据将被数据管理者转移至其他法域的声明，附加说明特定法域是否已被评估为具有该法第二十六条和第二十七条规定的充分的数据保护水平。

3.1.3　本条例 3.1.1 的通知必须提供给专员：

(a)根据本条例 3.1.1，在任何情形下，个人数据处理的通知应当在十四日内尽快进行；

(b)个人数据处理将持续到次年的，在初次通知的每一周年日通知；以及

(c)在任何情况下，任何个人数据以不同于初次通知方式处理的，应当在十四日内尽快进行。

3.2　发出通知的时间

法律要求数据保护专员提交通知，法律和本条例都没有规定期限的，数据保护专员必须在所涉事件发生之日起十四日内提交通知。

3.3　费用

根据该法第十四条第八款第二项，数据管理者或者处理者必须依据附录一所列事项支付合理费用。

4. 数据保护官对数据管理者的评估

根据该法第十九条第三款，在 DIFC 网站(difc. ae)的数据保护板块上，专员认可和批准的数据保护官提交年度评估所规定的格式、必填内容和截止日期会不时更新。

5. 从 DIFC 转出数据

根据该法第二十七条第二款第三项，专员批准并发布的标准合同条款可用于在 DIFC 外不充分管辖区的数据转移。这些条款会不时更新，并且可以在 DIFC 网站（difc. ae）的数据保护模块获取。

6. 调　　解

6.1　调解程序

6.1.1　根据该法第六十条，任何人可以向专员提交书面通知进行投诉，通知内容须提供以下信息：

(a)投诉人的全名和住址；

(b)投诉对象（投诉人认为违背法律的数据管理者）；

(c)投诉人对产生违法事实的详细描述；以及

(d)投诉人寻求的救济。

6.1.2　在收到根据该法第六十条提出的投诉后，在调解索赔时，专员可以按照自己的裁量，遵循其认为能够最及时、公平和有效解决索赔的惯例和程序。

6.1.3　在调解程序结束时，如果专员决定发出指示，要求管理者根据该法第六十条第四款的规定采取任何行动，他将会发出书面通知并说明：

(a)数据管理者需要采取的行动；以及

(b)数据管理者采取行动的期间或者采取行动的最晚时间。

7. 罚　　款

7.1　罚款通知书

7.1.1　专员根据该法第六十二条第二款决定处以罚款的，其将依据附录二中的通知书一向管理者或处理者发出书面通知：

(a)声称管理者和处理者违反法律的理由，并提出专员认为构成违法的事实详情；

(b)明确专员就该违法事项所处以的罚款；

(c)明确可以交付罚款的期间；以及

(d)提供递交异议通知书的通信地址。

7.1.2　根据该法第六十二条第三款作出的罚款，专员将依据与附录二通知书一基本相同的格式和本条例 7.1.1 所规定的格式发出书面通知。

7.2　异议通知书

7.2.1　管理者、处理者希望直接向专员提交根据第六十二条第二款作出的行政罚款异议通知书的，该通知书必须根据附录二通知书二的要求作出，并且必须详尽说明异议提出者认为在专员决定接受全部异议或者修改罚款数额时所应当考虑的每一事项。

7.2.2 管理者、处理者希望直接向专员提交根据第六十二条第三款作出的行政罚款异议通知书的,该通知书必须根据附录二通知书二的要求作出,并且必须详尽说明异议提出者认为在专员决定接受全部异议或者修改罚款数额时所应当考虑的每一事项。

7.2.3 根据本条例7.2.1或7.2.2提交的异议通知书应当视为关联人的异议,并且指出异议人员认为注册官作出决策时应当考虑的每一事项。

7.2.4 如果根据该法第六十二条作出了罚款,并且异议者在规定期限内提交了异议通知书,专员在异议得到解决之前将不得罚款视作到期债务追回。

7.2.5 若在罚款通知明确规定的缴纳期限后,违规者既没有足额缴付罚款也没有提交异议通知书,专员可以申请法院执行缴付罚款或者执行未缴付的罚款数额,以及法院认为适于收缴罚款的任何进一步的指示,包括任何相关费用的指示。

7.2.6 专员可在其认为适当的情况下撤销罚款通知。

7.2.7 行政罚款规定在该法的附表二。

7.3 向法院提出申请

7.3.1 根据本条例5.3.2,专员作出了罚款决定,罚款仍未全部或者部分缴付的,专员可以将未支付的罚款作为到期债务追回。

7.3.2 被处罚者在专员作出处罚决定之日起三十日内向法院提出申请的,并且随后法院作出不支持处罚决定的,那么注册官不得根据条例7.3.1将未缴付的罚款视为到期债务追回。

附录一 费用

1.1 费用表

数据保护专员的收费项目	类型		
	Ⅰ	Ⅱ	Ⅲ
注册(通知)	$1250	$750	$250
年度注册续期	$500	$250	$100
对注册详情通知的更改	$100	$50	$10
通知数据保护专员不处理个人信息	Nil	Nil	Nil
更改联系方式	Nil	Nil	Nil

1.2 注意事项:

1.2.1 第一类包括DFSA监管的实体;

1.2.2 第二类包括DFSA非监管的实体,零售除外;以及

1.2.3 第三类包括零售实体。

附录二　通　知　书

通知书一

数据保护专员

《数据保护法》第六十二条规定的行政罚款通知书

致：*收到处罚通知的管理者、处理者的全名和住址*

1. 数据保护专员认定行为人违反法律[*声称违反的条文*]
2. 导致该违法行为产生的事实详情如下：
   [*构成违法行为的事实陈述*]
3. 处以行政罚款的主要目的是减少或者抵销任何人因不遵守《数据保护法》(2020年)而可能获得的任何利益,并通过阻止任何人违反法律规定,促进数据保护行为标准的提高和守法文化氛围的营造。考虑上述目的、以及本行政罚款通知书第二段所列事实和一般情况,处以下列罚款：
   [*各违法事项和罚款的声明*]
4. 此罚款可在[*规定日期*]的下午五时前通过转账支付的方式转至[*规定地址*]。
5. 如阁下在[*规定日期*]下午五时前缴付罚款,则数据保护专员不会就罚款通知书所指的违法事项对阁下提起诉讼。阁下如继续违反法律,专员可以依据作出或者限制任何行为或者事情的义务而采取行动。
6. 如阁下对罚款有异议,您可以按照所附格式向以下地址发送或者递交异议通知：
   [*规定地址*]
7. 异议通知书必须包含阁下希望数据保护专员在决定是否开始诉讼程序时所要考虑的每一事项。异议通知书必须在[*规定日期*]的下午五时前发送至数据保护专员。若阁下提交异议通知书,数据保护专员将采取措施,即时决定是否就缴付罚款对您提起诉讼程序。
8. 若阁下在[*规定日期*]的下午五时前既没有支付足额罚款,也没有提交异议通知书,那么数据保护专员可以向法院申请执行尚未缴付的罚款,以及依据《数据保护法》(2020年)规定的费用和其他任何救济方法。
9. 若没有针对该处罚罚款提交的异议通知书,数据保护专员可以公布有款该行政处罚通知相关的事件详情。

名字：数据保护专员　　　　　日期：

数据保护专员代表

通知书二

异议通知书——行政罚款

致：数据保护专员

邮政地址：74777

迪拜国际金融中心,迪拜

阿拉伯联合酋长国

1. 我(异议者)所指的行政罚款通知书,具体内容有：

[行政罚款通知书日期]

[收到通知书的管理者处理者]

[行政罚款通知书载明的异议通知书提交日期]

2. 我(异议者)反对处以罚款或者与*[争议内容的细节]*有关的大部分罚款。
3. 若收到行政罚款通知书的持有人或处理人不是相应的责任人:我(异议者)取代(收到通知的管理者或者处理者)提出异议,并且我被授权代表其提交异议通知书。
4. 在专员决定是否*[提起诉讼程序]*时,我(异议者)认为数据保护专员应该考虑以下事项:

[关联事实的详细陈述]

姓名:　　　　　　　　　　日期:

附录三　充分管辖区

1.1　《数据保护法》第二十六条第二款规定的充分管辖区列表

Austria 奥地利

Belgium 比利时

Bulgaria 保加利亚

Croatia 克罗地亚

Cyprus 塞浦路斯

Czech Republic 捷克

Denmark 丹麦

Estonia 爱沙尼亚

Finland 芬兰

France 法国

Greece 希腊

Germany 德国

Hungary 匈牙利

Ireland 爱尔兰

Italy 意大利

Latvia 拉脱维亚

Lithuania 立陶宛

Luxembourg 卢森堡公国

Malta 马耳他岛

Netherlands 荷兰

Poland 波兰

Portugal 葡萄牙

Romania 罗马尼亚

Slovakia 斯洛伐克

Slovenia 斯洛文尼亚
Spain 西班牙
Sweden 瑞典
United Kingdom 英国
Iceland 冰岛
Liechtenstein 列支敦士登
Norway 挪威
Andorra 安道尔
Argentina 阿根廷
Canada 加拿大
Faroe Islands 法罗群岛
Guernsey 根西岛
Isle of Man 马恩岛
Japan 日本
Jersey 泽西岛
New Zealand 新西兰
Switzerland 瑞士
Uruguay 乌拉圭
Abu Dhabi Global Market 阿布扎比全球市场

1.2 指导

1.2.1 根据该法第二十六条第二款,专员可以不时批准除上文 1.1 所列的管辖区以外的,对个人数据具有充分保护水平的其他司法管辖区。

1.2.2 《隐私盾》(欧盟—美国资料传输保护协议)于 2016 年取代了《安全港隐私准则》,这是欧盟委员会认可的一种机制,仅用于在欧盟/欧洲经济区和美利坚合众国之间传输个人数据。DIFC 不承认这一点,因为 DIFC 没有将个人数据从 DIFC 转移到美利坚合众国的协议。因此,从 DIFC 到美利坚合众国的数据转移不能依赖《隐私盾》保护。

迪拜医疗城管理条例

陈宏柢　译　屈文生　审校*

《迪拜医疗城管理条例》译介

迪拜健康城现行的管理条例是2013年颁布的《迪拜医疗城管理条例》,2008年的《迪拜医疗城管理条例》被该条例废止。该条例第7条称,制定该条例是"为了确定被许可人和杂项许可持有人可在迪拜健康城内运营的事项的管理架构。"

该条例规定了医疗质量管理中心、中央管理委员会、申诉委员会、许可委员会、公司注册处等多个机构的设立、目的、责任、权力、与其他机构的关系及人员构成等方面的内容。

该条例规定设立医疗质量管理中心,以确保迪拜健康城内的临床管理架构得到遵守和执行,并在医疗保健计划、医疗保健政策和标准的制定、质量改善、服务监管等领域为支持迪拜健康城的卓越临床和质量改善提供优秀的服务。

该条例规定设立中央管理委员会,以在迪拜健康城的整体临床管理中发挥领导作用,并向质量管理委员会、计划委员会、学术研究委员会和专业委员会提供一般性指导并对其监督。

在临床监管方面,该条例规定设立申诉委员会和许可委员会。申诉委员会在有关发放执照和任何涉专业人员在迪拜健康城内所开展的活动的申诉中充当最终申诉机构。成立许可委员会的目的是根据有关规定审核及颁发执照。

在商业监管方面,该条例规定设立公司注册处。设立公司注册处的目的是:(1)根据规定为在迪拜健康城内运营的公司注册;(2)根据规定审查、签发执照;(3)根据规定审查、签发杂项许可。

为了更好地对投诉进行管理、调查、检查及评估,医疗质量管理中心的执行董事应设立投诉管理小组,且应从投诉管理小组的成员中任命一名为投诉管理小组的主席。投诉小组的主席应任命适任审查小组对投诉进行审查。

该条例规定设立医疗保健索赔委员会,作为争议解决机制,处理尚未根据本条例第八章规定的投诉审查程序解决的医疗保健索赔纠纷。在迪拜健康城提供医疗保健服务的过程中,被许可人与患者之间的关系应待其医疗保健索赔提交给医疗保健索赔委员会管辖后,才可予以判定和解决。

此外,本条例还以独立章节规定了违反条例规定的罚款、信息管理及披露、责任免除等方

---

* 译者:陈宏柢,华东政法大学硕士研究生;审校:屈文生,全国人大常委会法工委法律英文译审专家委员会委员,华东政法大学教授、博士生导师。

面的内容。罚款包括应出罚款的情形、罚款的通知形式、延续、执行和到期未付的后果。对于信息披露,本条例规定,任何官员、雇员或代理人在提供迪拜健康城管理局服务的过程中产生或接收的所有记录均应公开披露,另有规定予以豁免的除外。本条例免除了迪拜健康城管理局的成员、雇员及有关机构以善意、谨慎的态度,出于合理履行迪拜健康城管理局的职能而作为或不作为所承担的责任。

2013 年(1)号条例

第一章　初步条款及关键条款

第一条　标题

本条例为《迪拜医疗城管理条例》2013 年(1)号条例(以下简称《管理条例》)。

第二条　条例发布

根据《迪拜医疗城法律》的规定,发布本条例。

第三条　条例废止

本条例废止并替代《迪拜医疗城管理条例》2008 年(1)号条例。

第四条　层次结构

(1)本条例的规定与主席批准的任何其他条例之间有冲突的,以本条例为准。

(2)条例的早期版本与同一条例的修订版本不一致的,以本条例最新修订的版本为准。

第五条　生效日期

本条例自主席签发之日起生效。

第六条　背景

设立迪拜医疗城的愿景是使其成为国际公认的优质医疗服务的首选地点,并成为优质的临床与保健服务、医学教育与研究的综合中心。为实现这一愿景,需有强大而透明的管理架构。无相应的执照或杂项许可,任何实体或自然人不得在迪拜医疗城内经营此类业务。

第七条　目的

为了确定被许可人和杂项许可持有人可在迪拜医疗城内运营的事项的管理架构,制定本条例。

第八条　遵守条例规定的要求

在迪拜医疗城内开展业务的被许可人和/或杂项许可持有人必须遵守相关条例、规则、标准及其他政策规定,并受其约束。

第九条　禁止向迪拜医疗城管理局或其他管辖区的任何机构提出索赔

(1)任何人都不得独立于本条例或任何有关条例在阿联酋的任何法院向迪拜医疗城管理局或由主席、迪拜医疗城董事会、执行机构或其他机构根据本条例第十七条的规定任命的机构或委员会提起诉讼,本条例另有规定的除外。

(2)本条例及有关条例规定了向迪拜医疗城管理局或迪拜医疗城董事会、执行机构或由主席、迪拜医疗城董事会、执行机构或其他机构根据本条例第十七条的规定任命的机构或委员会提出的专有补偿,包括由迪拜医疗城管理局服务、商业服务或医疗保健服务引发的医疗保健索赔。

第十条　范围及适用

本条例规定了迪拜医疗城内的总体管理架构。

第十一条　定义

本条例规定的每个定义适用于所有条例，除非其他条例另有规定。

第十二条　条例修订

主席可根据迪拜医疗城董事会、执行机构和其他机构的建议，批准对本条例或任何其他条例的修订。

第十三条　禁止歧视

(1)迪拜医疗城管理局及任何机构在根据本条例或任何其他适用的条例的规定行使权力并履行职责时，不得基于下列事由歧视他人：

(a)种族；

(b)信仰；

(c)肤色；

(d)国籍；

(e)籍贯；

(f)宗教；

(g)性别；

(h)性取向；

(i)婚姻状况；

(j)年龄(包括新生儿)；

(k)残疾；或

(l)付款形式。

(2)被许可人和/或杂项许可持有人在迪拜医疗城内进行活动或提供服务时，均不得基于第一款规定的任何事由歧视他人。

第十四条　根据条例的规定提供服务

(1)任何个人或实体不得在迪拜健康城内经营，适用的条例，包括任何规则、标准和政策另有规定的除外。

(2)不遵守适用的条例、规则、标准或政策可导致：

(a)处以罚款；

(b)限制、中止、撤销、拒绝续期或终止被许可人和/或杂项许可持有人在迪拜医疗城内的许可和/或杂项许可；或

(c)无执照和/或杂项许可的任何实体或自然人在迪拜医疗城内经营将被驱逐出境。

第十五条　《管理条例》与其他条例的关系

本条例应与下列条例及其修订版本同时适用：

(1)《商业服务许可条例》；

(2)《公司条例》；

(3)《补充和替代医疗专业人员条例》；

(4)《教育条例》;

(5)《健康数据保护条例》;

(6)《医疗保健经营者条例》;

(7)《医疗保健专业人员条例》;

(8)《医疗责任条例》;

(9)《研究条例》;

(10)主席根据《迪拜医疗城法律》的规定批准的其他任何条例。

第十六条　条例管理责任

迪拜医疗城董事会、迪拜医疗城管理局执行机构与根据本条例设立的机构共同负责对条例及根据条例的规定制定的任何规则、标准和政策进行适当管理。

第十七条　任命委员会及权力授予

(1)主席、迪拜医疗城董事会、执行机构及有关机构可以:

(a)出于任何一般或特殊目的,任命一个或多个委员会,以便其更好地处理或管理委员会的事项;及

(b)不论有无条件或限制,在其认为合适的情况下,可将其职权授予所任命的委员会。

(2)依本节任命的委员会成员的人数、任期及组成所需法定人数应由主席、迪拜医疗城董事会、执行机构或有关机构确定,适用条例另有明确规定的,可视情况而定。

(3)主席、迪拜医疗城董事会、执行机构及有关机构根据本节的规定授予了权力或职能的,仍可以继续行使职权。

第十八条　保留及过渡规定

(1)本条例不适用于在本条例生效之日之前开始的任何调查、询问、审查、申诉或类似程序,且已废除的《迪拜医疗城管理条例》2008 年(1)号条例将继续适用于上述调查、询问、审查、申诉或程序。

(2)在本条例生效之日仍有任何调查、询问、审查、申诉或类似程序正在进行的情形下,相关委员会或小组应继续进行该调查、询问、审查、申诉或程序。调查、询问、审查、申诉或其他类似程序已完成的,可以行使已废除的《迪拜医疗城管理条例》2008 年(1)号条例规定的权力作出命令、裁定或指示。

(3)在本条例生效之日前被任命为任何机构、委员会或小组成员的,其任期在该生效之日前未届满的,应继续担任该机构、委员会或小组的成员直至任期届满。

第二章　解　　释

第十九条　定义

以单数形式表示的单词,包括复数形式;以复数形式表示的单词,包括单数形式。

以下定义适用于迪拜医疗城内的所有条例,其他条例另有明确规定的,或上下文另有规定的除外。

学术研究委员会,是指根据本条例第五章规定设立的学术研究理事会。

AED,是指阿联酋的法定货币。

所涉人员,是指根据本条例第十一章的规定进行的信息披露中,与所披露的信息有关的人。

专门机构,是指根据本条例的规定设立的董事会、理事会、注册管理机构及类似实体,包括申诉委员会、中央管理委员会、许可委员会、计划委员会、质量管理委员会、学术研究委员会、专业委员会、公司注册处及管理中心。

动物研究,指旨在扩大或促进知识普及的任何在其研究中使用动物进行的系统性研究,包括研究开发、测试及评估。

申诉委员会,是指根据本条例第六章的规定设立的申诉委员会。

申请人,是指特定条例规定的递交申请的申请人。

申请,是指申请执照、临时批准函或根据特定条例规定签发的杂项许可。

获批准的医疗保健继续教育课程,是指已获公司注册处批准的医疗保健继续教育课程。

获批准的医学继续教育课程,是指已获公司注册处批准的医学继续教育课程。

获批准的教育经营者,是指继续教育课程获公司注册处根据《教育条例》及适用的规则、标准和政策的规定颁发的执照的实体。

获批准的教育经营者,是指持有公司注册处根据《教育条例》及适用的规则、标准和政策的规定正式颁发的教育许可的实体。

获批准的非学位授予医疗保健课程,是指已获公司注册处批准的非学位授予医疗保健课程。

获批准的研究经营者,是指持有公司注册处根据《研究条例》及适用的规则、标准和政策的规定妥为颁发的研究许可的实体。

有关人员,是指任何与申请人具有紧密联系的人,包括实体。

分支机构,是指根据公司注册地所适用的法律法规规定,在迪拜医疗城外组建的公司或任何其他实体、机构的分支机构,并获授权可在迪拜医疗城内通过该分支机构开展业务。

业务范畴,是指根据《医疗保健经营者条例》附表一的规定,至少有一家持照的医疗保健经营者可在迪拜医疗城从事的临床业务。

中央管理委员会,是指根据本条例第五章设立的中央管理委员会。

主席,是指根据《迪拜医疗城法律》第八条的规定任命的迪拜医疗城管理局主席。

临床活动,是指属于业务范畴的医疗保健服务。

临床事务部门,是指在管理中心内设立的以监控和改善迪拜医疗城内的医疗服务质量,并监督迪拜医疗城内医疗机构的认证流程的部门。

临床经营许可,是指公司注册处颁发给医疗保健经营者,以允许其进行一项或多项临床活动的授权书。

紧密联系人,是指与申请人之间存在下列关系的个人:

(1)被申请人直接或间接的管理的;

(2)受该申请人直接或间接管理的;

(3)与申请人受同样的直接或间接管理的;或

(4)申请人的负责人已遵守其指示或指导的。

商业服务,是指由持照的商业公司提供的服务。

《商业服务许可条例》,是指《迪拜医疗城商业服务许可条例》2013 年(9)号条例。

《公司条例》,是指《迪拜医疗城公司条例》2013 年(8)号条例。

资质课程,是指经许可委员会和/或中央管理委员会认可的,要求具备相关资质的医疗保健专业人员或具备相关资质的补充和替代医疗专业人员在规定时间内进行下列一项或多项事宜的课程:

(1)通过相关考试或评估,或通过两者;

(2)完成一段时间的实践训练;

(3)完成一段时间的实践操作;

(4)学习指导课程;及

(5)在监督下进行一段时间的实践。

可包括现有课程或针对持照的医疗保健专业人员或持照的补充和替代医疗专业人员的课程。

投诉管理小组,是指根据本条例第八章的规定设立的投诉管理小组。

补充和替代医疗,是指可与常规医学疗法分离或整合的多种医学、保健疗法及系统,其共同特点是采用整体和个性的方法以达到康复和治疗的目的,对整个人体进行评价,包括身体、情感、心理和精神层面。补充和替代医疗可包括阿育吠陀疗法、顺势疗法、自然疗法、整骨疗法、传统中医疗法及其他疗法。

《补充和替代医疗专业人员条例》,是指 2013 年《迪拜医疗城补充和替代医疗专业人员条例》2013 年(3)号条例。

合规及执法部门,是指在管理中心内成立的用于监督迪拜医疗城内政策、标准、规则和条例的遵守与执行情况的部门。

医疗保健继续教育课程,是指针对持照的医疗保健专业人员的继续教育课程,但不包括医学继续教育课程。

医学继续教育课程,是指针对持照的医疗保健专业人员的继续教育课程。

管理人,在提及个人与申请人之间的关系时,是指单独或与任何有关人员存在下列情形的一个人:

(1)持有申请人或其他子公司的申请人的百分之五十以上的经济利益的;

(2)有权行使或控制行使申请人或其他子公司的申请人的百分之五十以上的投票权的;或

(3)能够对申请人或作为其他子公司的申请人的管理层产生重大影响,即有迹象表明申请人的负责人习于遵守其指示或指导的。

管理中心,是指根据本条例第四章规定设立的医疗质量管理中心。

保障部,是指客户保障部,是管理中心内设的负责管理和调查本条例第八章和其他适用条例规定的针对被许可人的投诉的内设部门。

认证,是指许可部门所采取的认定医疗保健专业人员或补充和替代医疗专业人员符合所需标准,使其在迪拜医疗城城内获得许可的过程。

学位授予医疗保健课程,是指在医疗保健环境中进行一段时间的授课,可适当地提供临床经验,以达到获得证明、证书、文凭或学位的水平而设置的教育课程。

迪拜医疗城管理局,是指根据《迪拜医疗城法律》第四条的规定设立的迪拜医疗城管理局,包括主席、迪拜医疗城董事会和执行机构。

迪拜医疗城管理局服务,是指迪拜医疗城管理局为执行迪拜医疗城管理局的目标和职能所提供的服务,包括迪拜医疗城管理局为此设立的任何机构和实体所提供的服务。

迪拜医疗城,是指根据2003年(9)号决议在迪拜酋长国设立的迪拜医疗城。

迪拜医疗城董事会,是指根据《迪拜医疗城法律》第十条的规定设立的董事会。

纪律处分,是指有关条例特别规定的,包括但不限于限制延长、中止或拒绝延长医疗保健专业人员或补充和替代医疗专业人员的执照有效期的行为。

文件和文档,是指以任何书面、代码或视觉描述形式存储的信息,且该信息的存储方式与其构成的本定义所称的"文件"无关。"文件"包括传票、通知、命令或其他法律文件及登记记录的信息。

教育许可,是指公司注册处根据《教育条例》及适用的规则、标准和政策的规定颁发给相关实体,以允许其在迪拜医疗城开展一项或多项教育课程的授权书。

教育课程,是指在一个或多个领域对相关人员进行教育或培训的课程,包括:

(1)研究生医学教育课程;

(2)研究生医疗保健教育课程;

(3)医学继续教育课程;

(4)医疗保健继续教育课程;

(5)学位授予医疗保健课程;

(6)非学位授予医疗保健课程;

(7)高中教育课程;和

(8)学前教育课程。

《教育条例》,是指《迪拜医疗城教育条例》2013年(5)号条例。

电子记录,是指通过电子、磁条、光学形式或其他形式在信息系统中生成、传达、接收或存储的记录,或用于从一个信息系统传输到另一个信息系统的记录。

电子签名,是指为验证或批准电子记录而实施或采用的,以数字形式附加在电子记录上或在逻辑上与电子记录相关联的任何字母、字符、数字或其他符号。

实体,是指非自然人的组织、机构或公司。

执行机构,是指根据《迪拜医疗城法律》第十二条的规定设立的迪拜医疗城管理局执行机构。

执行董事,是指根据《迪拜医疗城法律》第十二条的规定设立的迪拜医疗城管理局执行机构的执行董事。

适格人选,是根据本条例或其他适用条例的规定,对将要担任管理人、董事、有关人员或经理的自然人所作出的决定;该决定考虑了有关人员履行特定职位职责的能力及判断力,履行或可能履行职责的勤奋程度及患者、销售方、投资人或机构的利益是否因其担任该职位而受到不利影响。

适任审查小组,是指根据本条例第八章的规定设立的适任审查小组。

指南,是指由迪拜医疗城管理局或专门机构编写,以帮助读者理解有关条例、规则、政策或标准的信息。专门机构对其负责,但不具有约束力。

《健康数据保护条例》,是指《迪拜医疗城健康数据保护条例》2013 年(7)号条例。

医疗保健索赔,是指与下列情形有关的索赔或争议:

(1)在享受被许可人提供的医疗保健服务时受到他人造成的伤害;和/或

(2)迪拜医疗城管理局提供的服务。

医疗保健索赔委员会,是指本条例第九章规定的委员会。

医疗保健信息部门,是指在管理中心内设的,为在迪拜医疗城内收集、分析、存储及报告医疗保健数据的部门。

《医疗保健经营者条例》,是指《迪拜医疗城医疗保健经营者条例》2013 年(4)号条例。

《医疗保健专业人员条例》,是指《迪拜医疗城医疗保健专业人员条例》2013 年(2)号条例。

医疗保健服务,是指由持照的医疗保健专业人员、补充和替代医疗专业人员及医疗保健经营者提供的保健和医疗服务,包括但不限于就个人的身体或心理健康方面提供的诊断、治疗、医嘱、服务或商品。

人类生物医学研究,是指任何旨在扩大或促进知识普及的系统性调查,包括涉及对人类受试者使用研究产品、使用可识别的人体组织或患者健康信息的研究开发、测试及评估。

人类胚胎干细胞研究,是指任何涉及人类胚胎干细胞的分化和使用的系统性研究,包括研究开发、测试及评估。

《迪拜医疗城法律》,是指由迪拜统治者发布的关于设立迪拜医疗城管理局的《迪拜医疗城法律》2011 年(9)号法律文件,以及对该法律的任何修订或变更。

执照,是指许可委员会为医疗保健专业人员和补充和替代医疗专业人员所颁发的执照,或指公司注册处为公司颁发的执照或许可,包括临床经营许可、非临床经营许可、研究许可及教育许可。

持照候补医疗专业人员,是指持有许可委员会根据《补充和替代医疗专业人员条例》及适用的规则、标准和政策的规定正式颁发的具有执照的从事补充和替代医疗事业的自然人。

持照的商业公司,是指根据《公司条例》的规定注册并根据《商业服务许可条例》的规定获得在迪拜医疗城内提供商业服务的具有执照的公司。

持照的医疗保健经营者,是指在迪拜医疗城内提供医疗保健服务的医院、诊所、实验室、药房或其他实体,且持有由公司注册处根据《医疗保健经营者条例》及适用的规则、标准和政策的规定正式颁发的临床经营许可。

持照的医疗保健专业人员,是指持有许可委员根据《医疗保健专业人员条例》及适用的规则、标准和政策的规定正式颁发的具有执照的从事医疗保健行业的自然人。

被许可人,是指持照的医疗保健专业人员、持照的补充和替代医疗专业人员、持照的医疗保健经营者、获批准的教育经营者、获批准的研究经营者、具有持照的商业公司或非临床经营许可持有人。

许可委员会,是指根据本条例第六章的规定设立的许可委员会。

许可审批部门,是指根据许可委员会的权限设立的部门,负责履行许可委员会的日常行政职能,协助学术研究委员会履行其职能,并进行对迪拜医疗城内的临床与非临床机构的广告和宣传材料的审查及批准。

经理,是指由被许可人或杂项许可持有人任命的与外部各方和机构进行的所有交易的主要代表。

《医疗责任条例》,是指迪拜医疗城《医疗责任条例》[2005年(5)号条例]。

杂项许可,是指公司注册机构向实体或个人颁发的允许其短期地进行一项或多项非医疗保健服务、研究活动或教育活动的授权书。

杂项许可持有人,是指持有杂项许可的个人或实体。

非临床经营许可,是指公司注册处颁发给持照的商业公司的允许其进行一项或多项非医疗保健服务、研究活动或教育活动的授权书,包括公共卫生许可。

非临床经营许可持有人,是指持有非临床经营许可的实体。

非学位授予医疗保健课程,是指在医疗保健环境中进行一段时间的授课,可适当地提供临床经验而设置的教育课程。该课程包括住院医师培训课程和实习医生培训课程,且不会达到获得证明、证书、文凭或学位的水平。

患者健康信息,是指由任何以口头、书面或电子记录形式的由被许可人创建或接收的与患者的身体健康或心理健康状况有关的信息,包括由患者报告的信息以及与服务付费有关的诊断程序和其他信息。

患者识别信息,是指与患者有关的详细个人信息,包括其全名、年龄、住址和其他联系信息。

罚款,是指根据适用条例的规定对被许可人和/或杂项许可持有人所处的罚款。

计划委员会,是指根据本条例第五章的规定设立的计划委员会。

计划部门,是指在管理中心内设立的制定临床服务计划以保证迪拜医疗城内医疗服务的整合和平衡的部门。

政策,是指由迪拜医疗城管理局制定并根据本条例的规定实施的关于政策所确定的对象的立场、策略或地位的行动方案。

研究生医疗保健教育课程,是指在完成获认证的本科医疗保健教育课程后,为医疗保健专业提供的教学和临床培训的阶段,旨在培训人员独立从事医疗保健事业,但不包括研究生医学教育课程。

学前教育课程,是指由合格教师和专业人员为儿童提供的非义务性的学前教育,其主要目的是在使儿童通过玩耍和互动进行学习的基础上丰富教师结构化教育的经验。

研究生医学教育课程,是指在完成获认证的本科医学教育课程之后,为医学专业提供的教学和临床培训阶段,旨在培训人员独立从事医学事业。

专业执业,是指持照的医疗保健专业人员或持照的补充与替代医疗专业人员根据《医疗保健专业人员条例》《补充和替代医学专业人员》及适用的条例、规则、标准和政策的规定,在许可的范围内提供医疗保健服务及履行职能。

专业委员会,是指根据本条例第五章的规定设立的专业委员会。

临时批准函,是指公司注册处向实体发出的使其能够进行下列事项的批准函:

(1)启动满足启动要求的活动;及

(2)根据有关条例的规定获得执照。

临时批准函持有人,是指持有临时批准函的实体。

公共记录请求,是指本条例第一百五十八条规定的含义。

质量管理委员会,是指根据本条例第五章的规定设立的质量管理委员会。

记录,是指所有文书、记录、录音带、照片、统计表或其他文件材料及数据,无论其物理形式或特征如何,包括书面形式或电子形式。

登记信息,是指公司注册处根据《商业服务许可条例》的规定管理的被许可人的登记信息,或根据《公司条例》的规定管理的公司登记信息包括股东记录登记信息等。

注册官,是指根据本条例的规定任命的具有本条例和其他适用条例规定的职责的注册官。

公司注册处,是指根据本条例第七章设立的公司注册处。

条例,是指主席根据《迪拜医疗城法律》批准的条例,包括此类条例进行的修订。

续期申请,是指根据有关条例为延长执照的有效期提出的申请。

研究伦理审查委员会,是指根据《研究法规》第三章的规定设立的研究伦理审查委员会。

研究许可,是指公司注册机构根据《研究条例》及适用的规则、标准和政策的规定向实体颁发的以允许其在迪拜医疗城中进行一项或多项研究活动的授权书。

研究条例,是指《迪拜医疗城研究条例》2013 年(6)号条例。

规则,是指主席或迪拜医疗城董事会根据本条例和任何其他条例的规定批准的规则,且包括规则。

标准,是指规定材料、方法、过程或操作,为质量、性能、安全和可靠性等参数确定一致的、可靠的最低水平提供依据的规范。

培训人员,是指参加获批准的研究生医学教育课程、获批准的研究生医疗保健教育课程或获批准的非学位授予医疗保健课程的人员。

阿联酋,是指阿拉伯联合酋长国。

第二十条　条例含修正案

在本条例及任何其他条例的规定中,对本条例的引用应理解为对任何此类条例的引用。

第二十一条　标题

本条例规定的标题仅为参考,在释义或解释本条例时应将其忽略。

第二十二条　期间

条例规定的期间应按照公历来解释。条例规定的期间应包括该期间内的每个日历日,但下列情形除外:

(1)有关期间的最后一天是星期五或星期六的,应改为下一个星期日;及

(2)有关期间的最后一天是阿联酋或迪拜的公共假日的,应改为在非阿联酋或迪拜的公共假日的下一日。

第二十三条　性别

表示男性的代词用于指代男女两种性别。

第二十四条　使用非英语语言的文件

拟提交以非英语语言书写原始文件、文件的副本或文件电子版的,应提交给相关官员、雇

员或提供迪拜医疗城管理局服务的机构,其接受的由法律翻译机构翻译的获公证的英文译本。

第二十五条　书面文件

(1)本条例规定以书面形式向公司注册处、许可委员会或任何其他机构提交文件或通知,要求提交文件电子版的,应当符合规定的要求,法律另有规定的除外。

(2)本条例规定在提交的文件或通知上为公司注册处、许可委员会或任何其他代理机构提供签名,要求提交文件电子版的,应当符合规定的要求,法律另有规定的除外

第二十六条　个人的含义

本条例提及的"个人"包括自然人、法人团体、有限责任公司、联营企业或合伙企业,以及上述主体的法定代表人或遗产代理人、合法继承人和合法受让人,上下文另有规定的除外。

第二十七条　参考章节

条例中对有关条、款的引用是指该条例的有关条、款,另有特别规定的除外。

第三章　迪拜医疗城管理局的目标和职能

第二十八条　迪拜医疗城的目标

《迪拜医疗城法律》第五条规定了迪拜医疗城的目标。

第二十九条　迪拜医疗城管理局的职能

《迪拜医疗城法律》第六条规定了迪拜医疗城管理局的职能。

第三十条　主席

(1)主席是指迪拜医疗城管理局的主席,负责对迪拜医疗城进行全面监督,尤其应具有《迪拜医疗城法律》第九条规定的权力。

(2)主席可将《迪拜医疗城法律》第九条规定的任何特权授予迪拜医疗城董事会的任何成员或执行董事。

第三十一条　迪拜医疗城董事会

迪拜医疗城董事会向迪拜医疗城管理局主席汇报,承担《迪拜医疗城法律》第十一条规定的职责。

第三十二条　执行机构

(1)根据《迪拜医疗城法律》第十二条的规定,设立执行机构,由执行董事担任主席。执行机构为迪拜医疗城内的活动提供许可并予以规范。

(2)执行董事向迪拜医疗城管理局主席汇报,承担《迪拜医疗城法律》第十三条规定的职责。

(3)执行董事可以将《迪拜医疗城法律》第十三条规定的任何特权授予给迪拜医疗城管理局的任何雇员。

(4)在执行机构正式组成之前,所应提交给执行机构的汇报均应直接提交给迪拜医疗城管理局董事会。

第四章　医疗质量管理中心(管理中心)

第三十三条　管理中心的设立

根据本条例的规定,设立医疗质量管理中心(以下简称管理中心)。

第三十四条　管理中心的目标

(1)为了确保迪拜医疗城内的临床管理架构得到遵守和执行,设立管理中心。

(2)管理中心应以在下列领域为支持迪拜医疗城的卓越临床和质量改善提供优秀的服务:

(a)医疗保健计划;

(b)医疗保健政策和标准的制定;

(c)质量改善;及

(d)服务监管。

(3)为实现其目标,管理中心由有关机构根据本条例规定的条款予以支持。

第三十五条　管理中心的职责

管理中心应向执行机构汇报其活动。

第三十六条　管理中心的目的

管理中心的目的是:

(1)确保迪拜医疗城内的临床管理架构得到遵守和执行;

(2)就影响在迪拜医疗城注册的被许可人提供医疗服务的软基础设施提供关键要素;

(3)就策略发展及临床规划提供意见;

(4)提供或安排质量基准和开发标准;

(5)提供或安排质量监督系统;

(6)就制定被许可人在迪拜医疗城内提供医疗服务的条例和规则提供建议;

(7)根据《健康数据保护条例》的规定,从被许可人处收集患者的健康数据,用于质量监督和制订未来计划。

第三十七条　管理中心的权力和责任

管理中心的权力和职责应由执行机构确定,含本条例第八章和适用条例规定的权力。

第三十八条　与有关机构的关系

管理中心应与各有关机构共同努力,以达到各自及总体的目的,确保迪拜医疗城内的临床管理架构得到遵守和执行。

第五章　中央管理委员会

中央管理委员会

第三十九条　设立中央治理委员会

根据本条例的规定,设立中央管理委员会。

第四十条　中央管理委员会的责任

中央管理委员会对其行为通过主席向执行机构负责。

第四十一条　中央管理委员会的目的

中央管理委员会的目的是在迪拜医疗城的整体临床管理中发挥领导作用,并向质量管理委员会、计划委员会、学术研究委员会和专业委员会提供一般性指导并对其监督。

第四十二条　中央管理委员会的权力和责任

中央管理委员会的权力和责任是:

(1)确保中央管理委员会与其他机构协调一致;

(2)监督质量管理委员会、计划委员会、学术研究委员会和专业委员会的行动;

(3)向质量管理委员会、计划委员会、学术研究委员会和专业委员会授予适当的权力和职责,以确保在迪拜医疗城内提供优质的医疗服务及其他服务;

(4)确定并设定提供医疗保健服务的临床能力和文化能力的准则和要求,以及由持照的医疗保健专业人员、持照的补充和替代医疗专业人员遵守的职业道德标准;

(5)确定并设定提供教育课程的准则和要求;

(6)确定并设定提供研究活动的准则和要求;

(7)监督整个迪拜医疗城中与医疗服务有关的条例、规则、政策和标准的制定,并确保此类条例、规则、政策和标准适当并符合最佳临床实践;

(8)向执行机构提供其他机构成员及主席的建议;

(9)批准根据质量管理委员会、计划委员会,学术研究委员会和专业委员会各自主席的提议,设立、调整或撤销委员会;

(10)确保执行机构充分了解中央管理委员会的活动;

(11)就下列关于在迪拜医疗城中提供医疗服务的内容向执行机构提出建议:

(a)条例的修订;

(b)任何此类条例规定的实施;

(c)可由主席发布的其他条例;及

(12)根据适用的政策和/或执行机构的要求,批准并发布与提供医疗服务及被许可人提供的其他服务有关的标准和指南。

第四十三条　委员会的设立

为了协助中央管理委员会履行关于提供迪拜医疗城内部的医疗服务的职能,根据本条例的规定设立下列委员会:

(1)质量管理委员会;

(2)计划委员会;

(3)学术研究委员会;及

(4)专业委员会。

第四十四条　委任

(1)中央管理委员会可在适当的情形下,将批准与发布标准、指南的权力委托其他委员会。

(2)在中央管理委员会根据本节的规定进行授权的情形下,被委托的委员会应确保在批准和发布任何有关标准、指南之前已充分告知中央管理委员会。

(3)在有关批准及事项的权利已授予委员会的情形下,则中央管理委员会可以在审查有关标准和指南后指示相关委员会根据中央管理委员会的要求对有关标准和指南进行修订。

第四十五条　正在进行的审查

(1)中央管理委员会应定期审查和更新其向执行机构提供的建议。

(2)该审查应由中央管理委员会在其认为适当的情形下定期进行。

(3)在该审查的基础上,中央管理委员会可以建议执行机构通过新的条例、新规则或对本条例、任何其他条例或已通过的规则的修订。

第四十六条　征求意见

中央管理委员会在履行本条例规定的职责时,可以从任何其认为适当的来源处征求建议。

第四十七条　与其他机构的关系

(1)中央管理委员会在行使权力、履行职责,批准标准、指南和/或在向执行机构提出任何关于批准政策或规则的建议之前,应征求并酌情采纳其他机构的意见。在最终确定有关标准、指南或提出建议之前,应考虑征求到的各种意见。

(2)中央管理委员会和申诉委员会在标准或指南上的意见不一致的,应将两种意见提交执行机构,执行机构保留最终决定权。

第四十八条　中央管理委员会成员

(1)中央管理委员会应由不超过十二名的成员组成,包括有投票权的成员和无投票权的成员。

(2)中央管理委员会的下列成员具有投票权:

(a)下列机构的一名代表:

(i)质量管理委员会;

(ii)计划委员会;

(iii)学术研究委员会;

(iv)专业委员会;及

(v)许可委员会。

(b)管理中心执行董事。

(c)担任中央管理委员会主席且不属于中央管理委员会其他成员类别的医疗专业人员。

(3)下列中央管理委员会成员没有投票权:

(a)管理中心合规及执法部门代表;

(b)管理中心医疗保健信息部门代表;

(c)管理中心临床事务部门代表;

(d)管理中心计划部门代表;

(e)迪拜医疗城管理局法定代表。

(4)法定人数为五名的具有投票权的成员。

第四十九条　可邀请利益相关者参加中央管理委员会会议

中央管理委员会主席可邀请代表特定利益的人士参加中央管理委员会会议。受邀人士可参与中央管理委员会的审议工作,但没有投票权。

第五十条　成员专长

中央管理委员会应由具有下列领域专门知识的成员组成:

(1)医疗保健服务质量;

(2)医疗保健服务实践标准;

(3)医疗保健服务模式;

(4)医疗保健专业人员及补充和替代医疗专业人员行为准则;

(5)医疗经营者经营程序;

(6)医疗保健设施的设计、建造及配备;

(7)临床管理;

(8)教育;

(9)研究;及

(10)政策和标准的制定与审查。

质量管理委员会

第五十一条　设立质量管理委员会

根据本条例的规定,设立质量管理委员会。

第五十二条　质量委员会的责任

质量委员会对其行为向中央管理委员会负责。

第五十三条　质量管理委员会的目的

质量管理委员会的目的是:

(1)设定准则及要求,以确保持照的医疗保健经营者提供最佳质量的医疗保健服务;

(2)监督迪拜医疗城内所有有关医疗保健质量及患者安全的事项;

(3)按要求,就获得许可的医疗保健经营者提供的医疗保健服务的质量及安全的有关事项向申诉委员会、中央管理委员会和许可委员会提供建议;

(4)根据规定的绩效指标,监督迪拜医疗城对质量监督流程的制定及其整体绩效,包括评估持照的医疗保健经营者质量改善及安全计划的质量调查程序;

(5)监督由持照的医疗保健经营者实施和维护的有关质量改善及安全计划的政策、标准及指南的制定;

(6)审查其委员的建议,并在此基础上向申诉委员会、中央管理委员会和许可委员会提出建议;

(7)与保障部、临床事务部门和/或专业委员会和/或学术研究委员会进行对话,以调查适任审查小组作出的有关决定和命令,讨论与持照的医疗保健专业人员和持照的补充和替代医疗专业人员有关的患者和/或研究对象有关的质量改善及安全强化的问题,必要时发布具体指南;

(8)与保障部、临床事务部门和/或学术研究委员会和/或专业委员会进行对话,以调查适任审查小组作出的有关决定和命令,讨论与获批准的教育经营者、获批准的研究经营者及(或)持照的医疗保健经营者有关的质量改善及安全强化的问题,必要时发布具体指南;

(9)定义批准的准则并进行批准,以便独立认证机构根据适用条例的规定对持照的医疗保健操作人员进行认证;

(10)定期审查有关持照的医疗保健经营者的质量改善及安全计划的报告,并根据需要在适当时向持照的医疗保健经营者提供建议,以改善其质量改善及安全计划。

第五十四条　与管理中心的关系

质量管理委员会应在管理中心的支持下履行其职能。

第五十五条　质量管理委员会的权力及职责

质量委员会应具有中央管理委员会赋予其的权力和职责,并应遵守适用的法规,尤其是《医疗保健经营者条例》的规定。

第五十六条　指南

质量管理委员会可在中央管理委员会批准的情形下向被许可人发布指南。

第五十七条　进行中的审查

质量管理委员会应定期审查和更新有关其权利和职责的事项。

第五十八条　征求意见

为了履行本条例和任何其他条例规定的职责,质量管理委员会可以从任何其认为适当的来源处寻求建议。

第五十九条　与其他机构的关系

质量管理委员会在行使权力、履行职责时,应酌情征求其他机构的意见。

第六十条　质量管理委员会成员

质量管理委员会应由五名成员组成。

第六十一条　质量管理委员会向中央管理委员会派有代表

质量管理委员会应任命其一名成员为中央管理委员会的代表。

第六十二条　成员专长

质量管理委员会应由集体具有下列领域的经验的成员组成:

(1)医疗保健服务质量;

(2)医疗保健服务实践标准;

(3)医疗保健服务模式;

(4)政策及标准的制定;及

(5)质量改善过程。

计划委员会

第六十三条　设立计划委员会

根据本条例的规定,设立计划委员会。

第六十四条　计划委员会的责任

计划委员会对其行为向中央管理委员会负责。

第六十五条　计划委员会的目的

计划委员会的目的是：

(1)制订战略计划，指导迪拜医疗城成为全球医疗中心；

(2)在提供世界一流的医疗服务与商业经济增长之间取得平衡；

(3)组织迪拜医疗城内的土地使用，以便为可持续的长期经济增长建设基础设施；

(4)与学术研究委员会和/或质量委员会进行对话，以讨论与被许可人有关的质量改善及安全强化的问题，必要时发布具体指南；

(5)监督提供医疗保健服务的临床计划制定流程，包括迪拜医疗城内所有的临床服务、临床设施以及相关的健康信息技术；

(6)监督医疗服务的提供情况，以确保在迪拜医疗城内的临床服务供应与住院、门诊的需求之间保持适当的平衡；

(7)提升能够满足迪拜医疗城最低医疗保健服务需求的连续的服务及设施的质量；

(8)制定并审查、修订与迪拜医疗城医疗保健服务及设施需要和合理布局有关的全面健康规划；及

(9)监督与临床计划流程和第六十五条第八项所述计划有关的政策、标准及指南的制定。

第六十六条　与管理中心的关系

计划委员会应在管理中心的支持下履行其职能。

第六十七条　计划委员会的权力和职责

计划委员会应具有中央管理委员会根据有关条例的规定赋予的权力和职责。

第六十八条　指南

经中央管理委员会批准，计划委员会可以向持照的医疗保健经营者发布指南。

第六十九条　进行中的审查

计划委员会应定期审查和更新其有关其职权和职责的事项，包括其建议中央管理委员会批准的任何政策。

第七十条　征求意见

为了履行本条例及任何其他条例规定的职责，计划委员会可以从任何其认为适当的来源处寻求建议。

第七十一条　与其他机构的关系

计划委员会在行使权力、履行职责时，应酌情征求其他机构的意见。

第七十二条　计划委员会成员

计划委员会应由五名成员组成。

第七十三条　计划委员会向中央管理委员会派驻代表

计划委员会应任命其一名成员为中央管理委员会的代表。

第七十四条　成员专长

计划委员会应由下列人员组成：

(1)来自不同专业实践领域，具有丰富的临床经验的医疗保健专业人员及补充和替代医

疗专业人员；

(2)具有丰富的医疗保健经营者管理经验的人员；

(3)具有丰富的医疗保健服务计划经验的人员；及

(4)医疗保健经营者中具有丰富的的设计、建造及配备经验的人员。

学术研究委员会

第七十五条　设立学术研究委员会

根据本条例的规定，设立学术研究委员会。

第七十六条　学术研究委员会的职责

学术研究委员会对其行为向中央管理委员会负责。

第七十七条　学术研究委员会的目的

学术研究委员会的目的是：

(1)关于教育的下列事项：

(a)在教育领域发挥领导作用；

(b)对迪拜医疗城内的教育活动进行总体规划；

(c)监督关于迪拜医疗城内教育课程的政策、标准及指南的制定，包括本条例规定的医学继续教育课程、医疗保健继续教育课程和医疗保健研究生教育课程；

(d)批准教育课程；

(e)监督被批准的经营者提供的教育课程；

(f)与有关机构联合审查在迪拜医疗城内以确保及衡量医疗保健服务质量为目的提供的教育活动是否合适；及

(g)与保障部和/或质量管理委员会进行对话，以调查适任审查小组作出的有关决定和命令，讨论与持照的医疗保健专业人员和经批准的教育经营者有关的质量改善问题，必要时发布具体指南。

(2)关于研究的下列事项：

(a)在医学研究领域发挥领导作用；

(b)根据迪拜医疗城《研究条例》的规定，对研究活动进行总体规划；

(c)监督关于迪拜医疗城内研究活动的政策、标准及指南的制定，包括人类生物医学研究、动物研究和人类胚胎干细胞研究；

(d)批准研究活动；

(e)监督研究经营者提供的研究活动；及

(f)与保障部、临床事务部门、专业委员会和/或质量管理委员会进行对话，以调查适任审查小组作出的有关决定和命令，与持照的医疗保健专业人士和获批准的研究经营者讨论与研究对象相关的质量改进及安全强化的问题，必要时发布具体指南。

(3)审查由医疗保健专业人员及补充和替代医疗专业人员在迪拜医疗城内进行的程序、治疗或疗法，并就其向许可委员会、申诉委员会、中央管理委员会及临床事务部门提供建议。

第七十八条　与公司注册处的关系

学术研究委员会应在公司注册处的支持下履行其职能。

第七十九条　学术研究委员会的权力和职责

学术研究理事会应具有中央管理委员会赋予的权力和职责,并具有《教育条例》和《研究条例》规定的权力和职责。

第八十条　获批准的教育经营者的登记记录

(1)学术研究委员会应留存一个或多个登记了所有获批准的教育经营者的登记记录。该登记记录可以电子形式保存或以任何其他适当的方式永久保存。

(2)上述登记记录均应包括获批准的教育经营者的名称、经营地址及其他细节,包括已为该获批准的教育经营者批准的教育课程,以及学术研究委员会可决定的对教育许可施加的任何条件或限制。

第八十一条　获批准的研究经营者的登记记录

(1)学术研究委员会应留存一个或多个登记了所有获批准的研究经营者的登记记录。该登记记录可以电子形式保存或以任何其他适当的方式永久保存。

(2)上述登记记录均应包括获批准的研究经营者的名称、经营地址及其他细节,包括已为该获批准的研究经营者批准的研究活动,以及学术研究委员会可决定的对教育许可施加的任何条件或限制。

第八十二条　学术研究委员会登记记录所包含的信息的可用性

任何要求获得学术研究委员会登记记录所载的信息的人士应支付由迪拜医疗城管理局规定的费用才可获得有关信息。

第八十三条　进行中的审查

学术研究理委员会应定期审查和更新其有关其职权和职责的事项。

第八十四条　指南

经中央管理委员会批准,学术研究委员会可以向或批准的教育经营者和/或批准的研究经营者发布指南。

第八十五条　征求意见

为了实施本条例、《教育条例》及《研究条例》规定的职责,学术研究委员会可以从任何其认为适当的来源处寻求建议。

第八十六条　与其他机构的关系

学术研究委员会在行使职权、履行职责时,视情况,征求其他机构的意见。

第八十七条　学术研究委员会成员

学术研究委员会应至少由七名成员组成。

第八十八条　学术研究委员会向中央管理委员会派驻代表

学术研究委员会应任命其一名成员为中央管理委员会的代表。

第八十九条　会员专长

学术研究委员会应由下列人员组成:

(1)一名由教学医院提名,具有满足教学医院教育要求的专业知识的成员。

(2)一名由阿联酋高等教育部提名,具有在该地区提供教育服务的专业知识的成员。

(3)至少两名研究伦理审查委员会的现任成员。

(4)通晓研究活动事宜的人。

(5)具有下列领域经验的成员：

(a)在迪拜医疗城内提供教育活动的；

(b)提供满足地区教育需求服务的；

(c)能从医疗保健专业人员的角度探讨教学医院的科研需求的；

(d)有资质的医疗保健专业人员进行过研究的；

(e)在该区域内开展过研究活动的；和/或

(f)了解有关医学研究的适用法律、条例及规则的。

专业委员会

第九十条　设立专业委员会

根据本条例的规定，设立专业委员会。

第九十一条　专业委员会的责任制

专业委员会对其行为向中央管理委员会负责。

第九十二条　专业委员会的目的

专业委员会的目的是：

(1)设定准则及要求，以确保持照的医疗保健专业人员的高水平及适任能力。

(2)就医疗保健专业人员及补充和替代医疗专业人员在迪拜医疗城内提供的医疗保健服务，向申诉委员会、许可委员会和中央管理委员会提供建议。

(3)就下列事宜，向申诉委员会、许可委员会提供持照的医疗保健专业人员及持照候补医疗专业人员的建议：

(a)适用性；

(b)续期申请和认证；及

(c)纪律处分。

(4)监督与由持照的医疗保健专业人员及持照的补充和替代医疗专业人员提供的医疗保健服务有关的政策、标准及指南的制定。

(5)与保障部、临床事务部门和/或质量管理委员会和/或学术研究委员会对话，以调查适任审查小组作出的有关决定和命令，讨论与持照的医疗保健专业人员或持照的补充和替代医疗专业人员的患者和/或研究对象有关的质量改善及安全强化的问题，必要时发布具体指南。

(6)在对申请或续期申请的审查过程中，根据适用的条例、规则、政策或标准的具体规定，向有关机构对医疗保健专业人员、医疗保健专业人员、补充和替代医疗专业人员或候补医疗专业人员的批准提供建议。

(7)协同学术研究委员会向许可委员会就为来访的医疗保健专业人员颁发执照的事项提供建议，该来访的医疗保健专业人员应作为迪拜医疗城内教学共同体的一员提供医疗保健服务。

(8)向公司注册处提供有关医疗保健经营者申请提供临床活动，包括补充和替代医疗活动的建议。

第九十三条　与管理中心的关系

专业委员会应在管理中心的支持下履行其职能。

第九十四条　专业委员会的权力和责任

专业委员会应具有中央管理委员会赋予的权力和职责,并应遵守《医疗保健专业人员条例》和《候补医疗专业人员条例》的规定。

第九十五条　指南

经中央管理委员会批准,专业委员会可向医疗保健专业人员和/或补充和替代医疗专业人员发布指南。

第九十六条　正在进行的审查和更新

专业委员会应定期审查和更新其有关其职权和职责的事项。

第九十七条　征求意见

专业委员会在履行本条例及有关条例规定的职责时,可以从任何其认为适当的来源处寻求建议。

第九十八条　与有关机构的关系

专业委员会在行使权力、履行职责时,应视情况征求其他机构的意见。

第九十九条　成员

专业委员会应至由三名成员组成。

第一百条　专业委员会向中央管理委员会派有代表

专业委员会应任命其一名成员为中央管理委员会的代表。

第一百零一条　会员专长

专业委员会应由下列人员组成:

(1)至少一名在有关医疗保健专业人士的护理质量和执照签发上有经验的成员;

(2)至少一名在有关补充和替代医疗专业人士的护理质量和执照签发的问题上有经验的成员;及

(3)在医疗保健专业人员或补充和替代医疗专业人员的护理质量和执照签发方面具有集体经验的成员。

第六章　临 床 监 管

第一百零二条　设立申诉委员会

根据本条例的规定,设立申诉委员会。

第一百零三条　申诉委员会的独立性

(1)申诉委员会是医疗保健专业人员、候补医疗专业人员、医疗保健经营者、研究经营者和教育经营者的最终申诉机构,在行使权力、履行职责方面拥有最终权力。

(2)申诉委员会根据本条例和适用条例的规定独立开展工作。

(3)申诉委员会应向执行机构报告其活动。

第一百零四条　申诉委员会的目的

申诉委员会的目的是在任何有关下列决定的申诉中充当最终申诉机构：

(1)给医疗保健专业人员、候补医疗专业人员及医疗保健经营者发放执照，使其可在迪拜医疗城内经营；及

(2)涉及医疗保健专业人员、候补医疗专业人员、医疗保健经营者、研究经营者和教育经营者在迪拜医疗城内所开展的活动的投诉。

第一百零五条　申诉委员会的权力和职责

(1)有关条例、规则、标准及政策规定了申诉委员会的职责与权限范围。

(2)申诉委员会的权力和职责是：

(a)考虑与医疗保健专业人员、补充和替代医疗专业人员及医疗保健经营者的执照的批准的有关申诉；及

(b)基于适任审查小组对有关医疗保健专业人员、候补医疗专业人员、医疗保健经营者、研究经营者和教育经营者在迪拜医疗城内开展的活动的投诉所做的决定，考虑相关申诉。

第一百零六条　成立许可委员会

根据本条例的规定，设立了许可委员会。

第一百零七条　许可委员会的独立性

(1)许可委员会是医疗保健专业人员及候补医疗专业人员的监管者，在行使权力、履行职责方面拥有最终权限。

(2)许可委员会根据本条例和适用条例的规定独立行事。

(3)许可委员会应向执行机构报告其活动。

第一百零八条　许可委员会的目的

许可委员会的目的是根据《医疗保健专业人员条例》及《候补医疗专业人员条例》的规定审核及颁发执照。

第一百零九条　许可委员会的权力和职责

(1)有关条例、规则、标准及政策规定了许可委员会的职责和权限范围。

(2)许可委员会的权力和职责为：

(a)审查医疗保健专业人员及补充和替代医疗专业人员为获得在迪拜医疗城内经营的执照所提交的申请并据此采取行动；

(b)为持照的医疗保健专业人员及候补医疗专业人员的执照续期；

(c)拒绝为持照的医疗保健专业人员及候补医疗专业人士的执照续期，并根据适用的条例、规则，转交有关事项以采取进一步的行动；

(d)留存持照的医疗保健专业人员及持照的候补医疗专业人员的登记记录，包括上述人员当前的状况及与其执照有关的适用条款、条件；

(e)考虑中央管理委员会制定的使医疗保健专业人员及候补医疗专业人员能够获得许可所需的专业执业能力的规定；

(f)审查并提升医疗保健专业人员及候补医疗专业人员的能力；

(g)从持照的医疗保健专业人员、持照的候补医疗专业人员及获批准的医疗保健经

营者处接收任何与持照的医疗保健专业人员、持照的候补医疗专业人员的能力有关的信息并据此采取行动;

(h)在持照的医疗保健专业人员或持照的候补医疗专业人员的执业行为可能会对公众造成伤害的情形下,通知持照的医疗保健经营者和任何其他的负责机构;

(i)考虑持照的医疗保健专业人员或持照的候补医疗专业人员无法满足专业执业的能力要求的可能情况;

(j)确认符合《医疗保健经营者条例》《研究条例》或《教育条例》规定的颁发执照所需的获执照的医疗保健专业人员或获执照的候补医疗专业人员准则的情形下,进行原则上的批准;

(k)在履行其许可职责时征求有关机构的意见;

(l)直接或通过参与中央治理委员会工作间接与其他机构就有关共同利益的事项进行联络;

(m)协同学术研究委员会,促进对持照的医疗保健专业人员及持照的候补医疗专业人员的教育和培训。

第一百一十条　与管理中心的关系

许可委员会应在管理中心的支持下履行其职能。

第一百一十一条　许可委员会的行动

许可委员会在行使其职权时,应根据中央管理委员会批准的标准的规定评估与执照有关的申请或续期申请。

第一百一十二条　登记记录

(1)许可委员会应留存一个或多个登记了所有持照的医疗保健专业人员及持照的候补医疗专业人员的登记记录。该登记记录可以电子形式保存或以任何其他适当的方式永久保存。

(2)上述登记记录均应包括持照的医疗保健专业人员及持照的候补医疗专业人员的姓名、经营地址及其他细节,包括执照的适用范围,以及许可委员会可决定的对执照施加的任何条件或限制。

第一百一十三条　所包含的信息的可用性

任何要求获得许可委员会登记记录所载的信息的人士应支付由迪拜医疗城管理局规定的费用才可获得有关信息。

第一百一十四条　有关申诉委员会的决定的申诉

(1)申诉委员会对有关执照所做的决定为最终决定,不得再对其申诉。

(2)申请人有权要求申诉委员会对作出决定的说明理由。

第一百一十五条　公布决定结果

申诉委员会应发布年度报告,阐明其对适任审查小组的申诉所作的决定,并注明相关患者的姓名。

第一百一十六条　征求意见

许可委员会和申诉委员会在履行本条例及《医疗保健专业人员条例》《候补医疗专业人员条例》《医疗保健经营者条例》《研究条例》和《教育条例》规定的职责时,可以从任何其认为适当的来源处寻求建议。

第一百一十七条　与其他机构的关系

(1)许可委员会和申诉委员会在行使权利权力、履行职责时,可征求其他机构的意见。

(2)中央管理委员会和申诉委员会在政策、标准或指南上的意见不一致的,应将两种意见提交执行机构,执行机构保留最终决定权。

第一百一十八条　申诉委员会的组成及成员

(1)申诉委员会应包括:

(a)根据第一百一十九条的规定,最多五名具有投票权的成员;及

(b)一名法律顾问。

(2)申诉委员会还可酌情选拔有关事项的专家以协助申诉委员会。上述专家在申诉委员会不具有投票权。

(3)许可委员会或公司注册处的成员不得担任申诉委员会的成员。

第一百一十九条　申诉委员会具有投票权的成员

申诉委员会具有投票权的成员应由下列人员组成:

(1)至少一名执业医生。及

(2)至少一名具有下列一个或多个领域的专门知识的医疗保健专业人员:

(a)医疗保健服务质量;

(b)医疗保健专业人员、候补医疗专业人员及医疗保健经营者的执照颁发和监管;

(c)研究及教育。

第一百二十条　许可委员会的组成及成员

(1)许可委员会应包括:

(a)根据第一百二十一条的规定,最多五名具有投票权的成员;及

(b)两名不具有投票权的成员,分别为质量管理委员会和专业委员会的代表;及

(c)一名法律顾问。

(2)许可委员会还可酌情选拔有关事项的专家以协助申诉委员会。该专家在申诉委员会不具有投票权。

第一百二十一条　许可委员会具有投票权的成员

(1)许可委员会具有投票权的成员应由下列人员组成:

(a)至少两名医疗保健专业人员,其中一名应为执业医生;及

(b)一名为阿联酋的居民消费者代表,且未受雇为医疗保健专业人员或受雇于医疗保健经营者。

(2)在下列领域集体具有专门知识的成员:

(a)医疗保健服务质量;

(b)医疗保健专业人员、候补医疗专业人员及医疗保健经营者的执照颁发及监管。

第一百二十二条　许可委员会向中央管理委员会派有代表

许可委员会应任命其一名成员为中央管理委员会的代表。

第七章 商业监管

第一百二十三条 设立公司注册处

根据本条例的规定,设立公司注册处。

第一百二十四条 任命注册官

(1)执行机构应任命一名公司注册处的书记官长,并可随时解除其职务。

(2)执行机构在任命、续聘或解聘注册官之前应与主席协商。

(3)注册官应对公司注册处进行全面监督。

第一百二十五条 公司注册处的独立性

(1)公司注册处是持照公司、非临床经营许可持有人和杂项许可持有人的管理机关,在其实施注册的过程中具有最终的权力。

(2)公司注册处在行使权力、履行职能时,将根据本条例和适用条例的规定独立开展工作。

(3)公司注册处应向执行机构报告其活动。

第一百二十六条 公司注册处的目的

公司注册处的目的是:

(1)根据《公司条例》的规定为在迪拜医疗城内运营的公司注册;

(2)根据《商业服务许可条例》《医疗保健经营者条例》《研究条例》《教育条例》的规定审查、签发执照;及

(3)根据《商业服务许可条例》的规定审查、签发杂项许可。

第一百二十七条 建立公司登记记录

迪拜医疗城管理局应以其决定的形式保存公司和/或执照持有人的登记记录。

第一百二十八条 公司注册处的职权

(1)公司注册处根据本条例及《公司条例》《商业服务许可条例》《医疗保健经营者条例》《研究条例》《教育条例》及任何适用条例的规定行使所授予的权利或履行所施加的义务。公司注册处只有在实现本条例所规定的目标时,才能如此行使权利、履行职能。

(2)上述职权包括但不限于:

(a)管理迪拜医疗城内的公司和/或执照持有人的登记记录;

(b)对迪拜医疗城内的公司或公司的分支机构进行注册及重新注册;

(c)将公司、公司的分支机构、非临床经营许可持有人或杂项许可持有人从登记记录中除名;

(d)公司注册处颁发的执照、非临床经营许可和杂项许可的授予、中止、撤销和/或续期。

第一百二十九条 人员任命

执行机构可根据本条例和适用条例的规定任命履行公司注册处职能所需的人员。

第八章　投诉管理、调查、检查及评估

第一百三十条　投诉管理及调查原则

调查任何来源的投诉时，应考虑下列原则：

(1)投诉应及时处理；

(2)调查应以公正、合宜的方式进行；

(3)调查应在尽可能接近投诉来源的地方进行；

(4)调查应由最适当的机构根据具体情况进行；

(5)在遵守《健康数据保护条例》《医疗保健专业人员条例》《候补医疗专业人员条例》关于质量改善活动的规定的前提下，或者已移送纪律处分的情形下，整个调查过程应保持透明；

(6)应基于充分考虑投诉的性质对投诉进行彻底调查；

(7)调查程序应设法衡量因违反相关法规、规则、政策或标准(包括本条例附表二规定的患者权利和责任)所投诉的作为或不作为；

(8)遵守自然正义原则；

(9)客观收集所有相关信息；及

(10)客观审查事实，得出合理结论。

第一百三十一条　投诉

(1)任何人都可以就迪拜医疗城管理局的服务，或迪拜医疗城内提供的医疗保健服务，包括迪拜医疗城内提供的任何外展服务或商业服务涉嫌违反有关条例、规则、政策或标准的规定，包括本条例附表二的规定，以书面形式提出投诉。

(2)投诉应以保障部要求的形式提出，并应随附保障部要求的有关文件，包括识别投诉人身份的必要文件。

第一百三十二条　集中受理投诉

所有的投诉应直接提交至保障部。

第一百三十三条　投诉记录

保障部应负责建立集中记录册，以记录所有收到的投诉、跟踪调查与解决的过程，以及适任审查小组的审查结果。

第一百三十四条　投诉管理

执行机构负责制定有关在迪拜医疗城管理局内经营的被许可人的投诉的管理及调查程序，以及有关迪拜医疗城管理局服务的投诉的管理调查程序。

第一百三十五条　投诉管理小组和适任审查小组的设立及成员资格

(1)管理中心的执行董事应设立投诉管理小组。小组成员由在服务质量和执照颁发等事项上具有丰富经验的医疗保健专业人员或候补医疗专业人员、医疗保健经营者、教育经营者者或研究经营者组成。

(2)管理中心的执行董事应从投诉管理小组的成员中任命一名为投诉管理小组的主席。

(3)投诉小组的主席应任命适任审查小组审查针对持照的医疗保健专业人员、持照的候补医疗专业人员、持照的医疗保健经营者，获批准的研究经营者或获批准的教育经营者提出

的投诉。

(4)适任审查小组应由三名以上、五名以下专家组成。每个小组应至少有一名医疗保健专业人员为专业委员会的成员,且至少有一名成员为非医疗保健专业人员。

(5)有下列情形之一的,不得在适任审查小组内任职:

(a)曾参与有关事项的早期调查的;

(b)曾参与持照的医疗保健专业人员的资质课程的实施或监督的;或

(c)与持照的医疗保健专业人员或持照的候补医疗专业人员的有关事项的结果存在利害关系或存在冲突的。

(6)适任审查小组的成员应根据投诉管理小组主席为该成员确定的条款及条件进行任命。

(7)适任审查小组成员有权收取执行机构根据适用政策的规定确定的费用,该费用可以根据不同类别的具体情况而定。

第一百三十六条　征求专家意见的权力

保障部在根据本条例或任何适用条例的规定进行调查时,可以征求专家意见。

第一百三十七条　寻求信息的权力

(1)任何获管理中心授权的雇员都可以从被许可人处获取经其合理要求以履行本条例和/或其他适用条例规定的职能所需信息。

(2)被许可方应在遵守本条例和/或其他适用条例的规定的前提下提供此类信息。

第一百三十八条　获取、扣押及使用信息的权力

(1)任何获管理中心授权的雇员出于履行本条例和/或其他适用条例规定的职能的合理需要,可以向被许可人或其代表发出书面通知,要求被许可人在通知指定的合理期限内提供信息文件。

(2)获管理中心授权的雇员可以:

(a)出于履行本条例和/或其他适用条例规定的职能的合理需要,复制或摘录被许可人持有的任何文件;

(b)出于履行本条例和/或其他适用条例规定的职能的合理需要,扣押并移除被许可方持有的任何文件(包括原件)。扣押包含患者健康信息的文件的,应在扣押后尽速向被许可人提供该文件的副本,以确保连续的患者护理;

(c)出于履行本条例和/或其他适用条例规定的职能的合理需要,从被许可人持有的任何计算机或电子设备中提取任何信息或数据;

(d)出于履行本条例和/或其他适用条例规定的职能的合理需要,扣押并移除被许可人持有的任何设备或产品;

(e)出于履行本条例或其他适用条例规定的职能的合理需要,对在场所内或场所的任何地方发现的文件、设备或产品,或对在场所内开展的任何活动进行电子形式、照片或录像等任何形式的记录;

(f)要求被许可人或其代表在在不超过三十日的合理期限内,以书面形式对其问题或关注的事项进行答复;及

(g)被许可人或其代表未提供所要求的文件的,要求其尽其所知所信,说明所要求的

文件的所在位置。

(3)任何获管理中心授权的雇员可以向现任或将要担任持照的商业公司或持照的医疗保健经营者的管理人、董事或经理的人发出书面通知，要求其在通知指定的合理时间内提供为确定其是否为现任或将要担任的特定职务的合适人选所需信息或文件。

第一百三十九条　为获取信息而检查场所的权力

(1)根据第一百三十八条第一款，任何获管理中心授权的雇员可以根据事先下达的合理的书面通知，访问并检查被通知人在迪拜医疗城内的场所，以根据该条规定的权力获取通知所要求的信息或文件。

(2)获管理中心授权的雇员有合理理由认为发出上述通知会导致所寻求的信息或文件被删除、篡改或损坏的，不需要作出上述通知。

(3)为了加强对适用条例的遵守和/或确保服务质量及患者安全，或管理中心授权的雇员可对迪拜医疗城内的任何场所进行不定期访问和检查。

(4)获得管理中心执行董事或获其授权的人员签署的授权书的，方能进行第一款或第三款规定的检查。

第一百四十条　经现场检查和/或评估或从被许可人处获得信息后发现不合要求

(1)管理中心在根据本第一百三十九条的规定进行现场检查和/或评估后或根据第一百三十七条和第一百三十八条的规定从被许可人处获得信息后，发现不符合下列要求的，应通知被许可人：

(a)被许可人的执照；或

(b)任何其他适用的条例、规则、标准和政策。

(2)根据第一款的规定认定被许可人不合要求的，应：

(a)经管理中心要求，提交整改计划以整改不合要求的行为，并在管理中心要求的期间内实施该计划；及

(b)遵守管理中心所提出的要求以在管理中心要求的期间内整改不合要求的行为。

(3)管理中心应进行或安排进一步的现场检查和/或评估，以监督违规行为的整改。

(4)被许可人不遵守第一百四十条第二款的规定，或管理中心对不合要求的行为的整改不满意的，管理中心可以通知保障部。

第一百四十一条　被许可人应配合工作

被许可人应与任何获管理中心授权的雇员合作，回应其可能提出的与任何信息或文件有关的请求，并迅速回应管理中心的询问。

第一百四十二条　被许可人应遵守管理中心的要求

未能遵守获管理中心授权的雇员的有效要求可导致：

(1)对被许可人的执照持有权或持照的商业公司的注册权的审查，该审查可能导致许可证的中止、撤销和/或注册的注销；及/或

(2)对被许可人处以罚款和/或纪律处分。

第一百四十三条　管理中心进行现场评估时的权力

根据《医疗保健经营者条例》《研究条例》《教育条例》的规定开展的现场检查，适用本条例第一百三十七条至第一百四十二条的规定。

第一百四十四条　将投诉移交适任审查小组

在调查过程的任何阶段，下列不属于投诉范围的事项可移交适任审查小组：

(1)投诉显示持照的医疗保健专业人员或持照的候补医疗专业人员的能力或其从事专业活动的适任性、行为的正当性受到质疑的；

(2)投诉显示持照的医疗保健经营者、获批准的研究经营者或获批准的教育经营者的行为方式涉嫌违反适用的条例、规则、标准或政策，或未根据上述条例、规则、标准或政策的规定采取行动的；及/或

(3)投诉显示持照的商业公司的行为涉嫌违反适用的条例、规则、标准或政策的规定，并有必要重新考虑持照的商业公司在迪拜医疗城内注册的权利的。

第一百四十五条　保障部享有适任审查小组的审查信息

(1)保障部应将适任审查小组每次审查的结果通知许可部门及公司注册处。

(2)保障部应每季度向临床事务部门、许可部门、中央管理委员会和/或任何有关部门发送隐去患者姓名的适任审查小组的决定及命令。

(3)保障部应协同临床事务部门与质量管理委员会协商，讨论适任审查小组的审查意见，讨论质量改善和强化患者安全的问题。

(4)管理中心可以匿名形式发布适应审查小组的审查结果，以用于统计、审计、报告或类似目的。

第九章　设立医疗保健索赔委员会

第一百四十六条　成立医疗索赔委员会

主席可以任命或设立独立的医疗保健索赔委员会，以根据《医疗责任条例》的规定确定医疗保健索赔的主管机构。

第一百四十七条　医疗索赔委员会的目的

医疗保健索赔委员会的目的是作为争议解决机制，处理尚未根据本条例第八章规定的投诉审查程序解决的医疗保健索赔纠纷。

第一百四十八条　医疗保健索赔委员会规则

主席可以发布规则，对医疗保健索赔委员会的权力和职责作出规定，规定在医疗保健索赔委员会提起的任何程序等。

第一百四十九条　医疗索赔委员会的管辖

(1)在迪拜医疗城提供医疗保健服务的过程中，被许可人与患者之间的关系应待其医疗保健索赔提交给可能成立的医疗保健索赔委员会管辖后，才可予以判定和解决。

(2)被许可人与患者之间的协议与本节规定不符的，均为无效，且不可由该协议的任何一方强制执行。

第十章　违反条例规定的罚款

第一百五十条　罚款

(1)被许可人和/或杂项许可持有人有下列情形之一的,应处罚款:

(a)不符合本条例规定的要求的;

(b)不符合其他任何条例规定的要求的;或

(c)不符合有关规则、标准及政策规定的要求的。

(2)罚款只能由许可委员会、申诉委员会或公司注册处根据适用的条例、规则、标准及政策作出规定。

第一百五十一条　以书面形式通知被许可人和/或杂项许可持有人

许可委员会或公司注册处(视情况而定)应以书面形式向被许可人和/或杂项许可持有人通知所处罚款,包括罚款的原因以及被许可人和/或杂项许可持有人的回应时限。

第一百五十二条　到期未付罚款

许可委员会或公司注册处(视情况而定)认定存在下列情况的,可以撤销被许可人和/或杂项许可持有人在迪拜医疗城内的经营权:

(1)罚款到期;及

(2)该罚款未在指定的期限内支付。

第一百五十三条　罚款的延续

被许可人和/或杂项许可持有人失去了第一百五十二条规定的在迪拜医疗城内的经营权的,被许可人和/或杂项许可持有人仍应缴纳罚款。

第一百五十四条　罚款的执行

(1)任何根据有关条例、规则、标准及政策的规定产生的罚款,以及由许可委员会或公司注册处根据适用的条例、规则、标准及政策的规定征收的罚款应交予迪拜医疗城管理局。

(2)任何应付罚款在迪拜医疗城管理局、许可委员会或公司注册处提出付款要求后三十日仍未付清的,经迪拜医疗城管理局请求,拖欠款额可作为欠迪拜医疗城管理局的债务,在迪拜法院的民事诉讼程序中继续追缴。

(3)许可人和/或杂项许可持有人的经理应对被许可人和/或杂项许可持有人的违法行为承担责任。

(4)迪拜医疗城管理局可以发布实施处罚的规则及政策。

(5)迪拜医疗城管理局、许可委员会和公司注册处仍保留在其认为适当的情形下,无条件或受限于其认为适当的条件的,全部或部分放宽或免除处罚的权利。

第十一章　信息管理及披露

第一百五十五条　信息披露

根据《健康数据保护条例》的规定,任何官员、雇员或代理人在提供迪拜医疗城管理局服务的过程中产生或接收的所有记录均应公开披露,第一百五十六条规定的予以豁免的除外。

第一百五十六条　信息披露的豁免

在下列情形中，有关记录不得公开披露，《健康数据保护条例》和任何其他适用条例另有规定，或受影响人士放弃了其要求不得披露有关记录的权利的除外：

(1)本条例或在迪拜医疗城内有效的任何其他条例明确规定或暗示免于披露的。

(2)仅与有关机构的内部人事规则及惯例有关，但此类记录应仅在有关机构正当履行必要职能所需的范围内予以保留。

(3)与个人的财务报表有关，该财务报表另属于公共范畴的除外，例如向对这些记录有管辖权的国家管理机构提交的强制性备案。

(4)由患者识别信息构成。

(5)构成下列信息的：

(a)有关人员信息，

(b)患者健康信息，及

(c)与特定人员有关的，披露可能构成对个人隐私的侵犯的任何其他记录。

(6)由机构间或机构内与正在制定的政策立场有关的备忘录或信件构成的，包括在提供迪拜医疗城管理局服务过程中涉及的任何官员、雇员或代理人之间，但本条规定不适用于该等政策立场已经或可能以此为依据而合理完成的事实研究或报告。

(7)由迪拜医疗城管理局雇员的私人笔记及其他私人材料组成，且不作为迪拜医疗城管理局档案进行留存的。

(8)包含在进行的投诉调查、询问、审查、申诉或类似程序的过程中必不可少的材料，或对有关上述程序的讨论或会议的记录或纪要的披露涉嫌妨碍本条例或任何其他条例有效执行，从而导致披露不符合公共利益的。

(9)由与审查申请、续期申请或将要采取的任何会影响执照和/或杂项许可的措施有关的讨论或会议的记录或纪要组成的。

(10)包含自愿提供给迪拜医疗城管理局的商业秘密或商业、金融信息以供制定政策使用并获保密承诺的，但本款不适用于根据《迪拜医疗城法律》、本条例或任何其他条例的规定要求提交的信息。

(11)由持照的医疗保健专业人员或持照的候补医疗专业人员的年龄、婚姻状况、宗教或种族组成的。

第一百五十七条　部分记录的排除

在披露未豁免于公开披露的记录时，迪拜医疗城管理局可从本应披露的记录中排除涉及第一百五十六条规定的一项或多项披露豁免内容的部分。

第一百五十八条　请求记录的过程

任何人可通过向迪拜医疗城管理局提交书面请求，并提供有关所需的一个或多个记录的特定信息的形式(以下简称公开记录请求)以获取根据本节的规定可予以披露的记录或部分记录。

第一百五十九条　在发布记录之前通知受影响人士

在收到任何公开记录请求后的三十日内，迪拜医疗城管理局应将该公开记录请求的提交告知持有记录为该请求的主题的受影响人士，并向受影响人士提供迪拜医疗城管理局拟披露的一份或多份记录的附件(或未根据第一百五十七条的规定进行排除的部分)。

第一百六十条　受影响人士可披露记录提出异议

受影响人士应在收到第一百五十九条规定的通知后的三十日内,以书面形式向迪拜医疗城管理局提出异议,反对公开披露其准备披露的记录或部分记录。该声明应包括提出异议的理由。

第一百六十一条　释出记录

在第一百六十条规定的三十日期限结束后,迪拜医疗城管理局应在三十日内向申请人提供其所请求的迪拜医疗城管理局确定需要公开披露的记录。

第一百六十二条　通知受影响人士记录的释出

迪拜医疗城管理局对记录或部分记录的披露成为受影响人士根据第一百六十条的规定所提出的异议的主题的,迪拜医疗城管理局应同时向受影响人士提供书面声明,说明驳回的理由。

第十二章　责 任 免 除

第一百六十三条　责任免除

(1)迪拜医疗城管理局的成员、雇员及有关机构对迪拜医疗城管理局的任何作为或不作为不承担责任。

(2)迪拜医疗城管理局的成员、雇员及有关机构以善意、谨慎的态度,出于合理履行迪拜医疗城管理局的职能而作为或不作为的,对迪拜医疗城管理局不承担任何责任。

第一百六十四条　成员及雇员的赔偿

迪拜医疗城管理局及有关机构的每名成员和雇员由迪拜医疗城管理局进行下列赔偿:

(1)任何第三方就其作为或不作为提起的诉讼而产生的民事责任费用及损害赔偿,前提是该成员或雇员以善意、谨慎的态度合理履行迪拜医疗城管理局的职能;及

(2)任何与上述作为或不作为相关的辩护成功的刑事诉讼所产生的费用。

附表一

第一条　成员任命办法

(1)有关机构的成员由执行机构任命,本条例另中有明确规定的除外。

(2)任命应以书面的形式作出,并指明:

(a)任命生效的日期,该日期不得早于收到通知的日期;及

(b)任期。

第二条　成员资格

下列人士不得成为有关机构的成员:

(1)未解除破产的人;

(2)经裁定犯可处以两年以上有期徒刑的罪行,或因其他罪行被判处监禁的;获得赦免、服刑完毕或其他方式的处罚执行完毕的除外。

第三条　有关机构主席的任命

有关机构的主席由执行机构任命。

第四条　任期

(1)在机构的首次任命中,执行机构应作出下列任命:

(a)任命半数成员,每届任期两年;及

(b)任命成员,包括主席在内,每届任期三年。

(2)任命的成员人数不均的,每届任期为两年的成员占多数。

第五条　连任

有关机构的成员有资格再次被任命为机构成员;已连续任职六年的除外。在有关成员已连续任职六年的情形下,不得立即再次任命该成员,执行机构以书面形式同意连续任职六年以上的除外,前提是该任命只能持续至一届任满。

第六条　成员辞职

有关机构的成员进行辞职的,可以向机构主席递交署名的书面通知。

第七条　职务空缺

有关机构因本条例的修订而被撤销的,该机构成员不再担任该机构的成员。

第八条　职务罢免

(1)执行机构可以采用书面形式通知机构成员其以正当理由罢免该成员。该通知应包括罢免生效的日期,且该日期不得早于收到通知的日期。

(2)通知应说明罢免原因。

(3)正当理由是指被罢免人有行为不当、无法履行成员的职能要求、玩忽职守以及违反有关机构的集体职责或成员个人职责的行为。

第九条　丧失会员资格无损失赔偿

有关机构的成员无权出于任何理由获得与停止其任职有关的补偿或任何其他款项或利益。

第十条　任命副主席

(1)每个机构均可从其成员中选出副主席一名;该人员是该机构成员的,有资格连任。

(2)副主席的任期为一年,直至选出继任人为止。

(3)副主席的职责应由有关机构确定。

第十一条　任命机构秘书

有关机构的主席应任命一名非该机构成员的人士担任该机构的秘书。秘书的任期由主席确定,并可随时由主席任免。

第十二条　秘书的职责

秘书履行下列职责:

(1)留存机构会议及其采取的行动、决定、建议的书面记录;

(2)在主席的指示下,在每次会议至少三个工作日之前分发会议议程;

(3)确保每次会议的纪要在会议后的三个工作日内分发给有关机构的成员;

(4)根据本附表第十六条规定,承担留存成员利益登记记录的职责;及

(5)主席规定的任何其他职责。

第十三条　保留信息

有关机构的所有记录,包括但不限于:

(1)书面程序;

(2)成员名单;

(3)成员的职务/隶属关系清单;

(4)所提交的文件;

(5)会议纪要;及

(6)通信,

应至少保留五年。

第十四条　会议程序

各机构均应采用程序规则来规范行为,至少包括下列内容:

(1)应在机构主席的召集下,定期在其指定的时间和地点开会。

(2)每年应至少召开一次现场会议,迪拜医疗城内的会议需由过半数成员出席。

(3)所有会议应在全体与会人员亲自出席的前提下召开,下列情形除外:

(a)会议可以通过远程会议的形式或有关机构确定的允许所有成员同时参加会议的其他形式召开的;及

(b)有关机构可在不开会的情况下以电子邮件的形式进行表决的,前提是机构的所有成员均同意表决,并在交付表决后的七十二小时内收到所有成员的电子邮件以示对主席通过电子邮件提起的表决的同意。

(4)时任有关机构成员的多数应能构成处理所有业务的法定人数。

(5)时任有关机构成员的多数出席了有关机构的会议的,该会议应视为已如期召集并定期举行,且有关机构的所有决定、决议和程序均应视为已获得正式授权的;但是,根据在迪拜医疗城中生效的任何适用的法律、条例、规则或标准的规定,需要更多参会人数或会议上所做的任何行动需要更多人数的情形除外。

第十五条　其他会议参加人

(1)有关机构的主席可以合理地确定有非机构成员与机构会议有关且有助于会议的审议工作时,可以邀请其参加该机构的会议。

(2)受此邀请参加会议的人员无权以有关机构成员的身份进行投票。

第十六条　利益披露

(1)成员为处理的利益方的应在得知有关事实后,在合理的范围内尽速向有关机构披露利益的性质。

(2)在符合本附表第十八条的规定的情形下,根据本条的规定进行披露的机构成员不得:

(a)在披露机构所进行的与处理有关的任何审议或决定后参与其中;

(b)在对决定进行表决时被纳入法定人数;或

(c)签署任何与其交易或发起交易有关的文件。

第十七条　利益披露应记录在案

披露应记录在机构下次会议的纪要中,并记入秘书留存的利益登记记录。

第十八条　成员可被允许参加审议

(1)如果有关机构其他成员的多数允许根据第十六条的规定作出披露的成员参加审议，则该成员可以参与机构中与该处理有关的任何审议(但不参与任何决议)。

(2)允许成员参加审议的，会议纪应作记录：

(a)成员的多数所给予的许可和给予许可理由；及

(b)成员在会议上就有关交易进行的讨论中所说的所有内容。

(3)成员情况发生任何与所披露的事项相关的变化，都应在发生变化后尽速将其记录在利益登记记录中。

第十九条　处理的定义

处理是指：

(1)职能、职责或权力的行使或履行；或

(2)迪拜医疗城管理局作为当事方的安排、协议或合同；或

(3)迪拜医疗城管理局关于订立安排、协议或合同的提议。

第二十条　成员为交易的利益方的情形

成员具有下列情形的，视为交易的利益方：

(1)是交易的当事方或将从中获得经济利益的；

(2)从交易的另一方处获得经济利益的；

(3)是交易的另一方的董事、成员、官员、合伙人或受托人，或将从处理中获得经济利益、可能从处理中获得经济利益的人；

(4)是交易的另一方的父母、子女或配偶，或将从交易中获得经济利益、可能从交易中获得经济利益的人；或

(5)是交易的直接或间接的利益方。

第二十一条　成员非交易的利益方的情形

成员具有下列情形的，不是交易的利益方：

(1)所获利益微不足道，不能合理地认定该利益可能影响其履行本条例或任何其他条例所规定的职责的；或

(2)因履行本条例或任何其他条例规定的职责而获得报酬或其他利益的。

附表二　患者的权利及责任

第一条　患者权利

作为患者，您享有以下权利：

(1)知悉医师、护士和其他为您护理的工作人员的姓名；

(2)与您的医师就诊断、治疗方法、疾病的预后以及后续护理所需的任何说明进行公开讨论；

(3)根据您的期望，要求医生使用您所能理解的术语进行传达；

(4)收到对您请求的礼貌答复，并在可行的范围内尽速得到适当的考虑；

(5)被告知要接受的各种测试和治疗的原因，以及被告知进行此类测试和治疗的相关

人员；

(6)在获得您的同意之前,被告知任何预期治疗程序的一般性质和固有风险；

(7)在您已同意的任何医疗程序上改变主意,拒绝治疗并被告知此行为的医疗后果；

(8)要求最大程度尊重您的个人隐私,符合与为您规定的护理的要求及适用的阿联酋法律的规定；

(9)在法律规定的范围内要求对与您的护理有关的所有通讯记录和其他记录进行保密；

(10)通过您的主治医师获得另一位医师的意见,以更换医师、医院和/或医疗设施；

(11)参加在您的护理过程中涉及的道德讨论,包括解决冲突的事项,以及参与研究或临床试验；

(12)不受种族、肤色、信仰、国籍、年龄、性别或残疾的影响,平等地享用医疗机构的医疗资源；

(13)拒绝参与医学培训课程和研究项目；

(14)在安全的环境中进行护理和治疗；

(15)以同情的方式处理疼痛；

(16)被告知护理的结果,包括意料之外的结果；

(17)不受阻碍地查阅您的医疗信息,并有权要求医疗机构提供相关医疗记录的副本；及

(18)要求您的医师、护士、与您的护理有关的其他工作人员、医疗保健人员及医疗保健机构保护您的医疗信息和记录的机密性。

第二条　患者义务

相对地,作为患者,您需要承担以下义务：

(1)配合并遵循您的医师、护士或专职医疗人员为您规定或推荐的护理；

(2)如果您不了解自己的诊断、治疗或预后方面的事宜,请通知医师或护士；

(3)尊重其他患者的隐私；

(4)承担与您的护理有关的财务义务；

(5)为其他患者的权利着想,遵守医疗机构公布的政策；

(6)尽您所知向医疗保健人员提供有关当前投诉、既往病史、住院、药物治疗以及与您的健康有关的任何其他事项的准确、完整的信息；

(7)守约,如因任何事由无法及时赴约,请通知医疗保健人员或医疗机构；及

(8)如果您拒绝接受治疗或不按照医护人员的指示接受治疗,您将对其负责。

迪拜医疗城研究条例

陈宏柢　译　屈文生　审校*

《迪拜医疗城研究条例》译介

迪拜健康城现行的研究条例是2013年颁布的《迪拜医疗城研究条例》,2008年的《迪拜医疗城研究条例》被该条例废止。该条例第7条称,制定该条例的目的是管理在迪拜医疗城内正在进行或打算进行研究活动的所有实体及获批准的研究经营者,并确定在迪拜医疗城内开展的研究活动的管理架构。

该条例明确了根据《迪拜医疗城研究条例》第五章规定设立的学术研究委员会的权责,包括对迪拜医疗城内获批准的研究活动进行总体规划,监督迪拜医疗城内获批准的研究经营者所提供的获批准的研究活动等内容。该条例还规定,学术研究委员会可以设立其认为必要的动物护理及利用委员会、人类胚胎干细胞研究监督委员会、实践及程序监督委员会等委员会,以协助学术研究委员会履行职责并作出适当确定。同时,学术研究委员会应设立伦理研究审查委员会,负责监督所设立的上述委员会,监督审查各个获批准的研究经营者所设伦理委员会的总体流程等内容。

该条例规定了拟进行研究活动所需的临时批准函的申请、审查、撤销、中止、终止等内容,并规定了将临时批准函转换为研究许可的要求。临时批准函持有人无权在临时批准函的授权下于迪拜医疗城内进行任何研究活动,应首先确保在研究许可发出后进行设施的设计及建造时,其拟进行研究活动的地点符合各项规定。之后,配合完成公司注册处决定的查验,并已取得临床事务部门、许可委员会及学术研究委员会原则上的批准的临时批准函持有人可申请将临时批准函转换为研究许可。公司注册处认定不满足相关情形的,可以拒绝临时批准函和研究许可的申请,且申请人无权对公司注册处的决定提出申诉。

获批准的研究经营者应遵守该条例规定的相关义务,其中包括配合临床事务部门在研究许可有效期内对研究场所、研究活动及政策程序进行的现场检查。现场检查后发现不合要求的,获批准的研究经营者应按时提交临床事务部门所要求的整改计划,在临床事务部门要求的期限内对违规事项进行整改。临床事务部门发现获批准的研究人员未遵守规定,或不满意对违规行为所进行的整改的,可以投诉至保障部。保障部在进行初步检查,获得获批准的研究经营者的书面说明后,在获批准的研究经营者和投诉人均同意的情况下,可以随时根据相

---

* 译者:陈宏柢,华东政法大学硕士研究生;审校:屈文生,全国人大常委会法工委法律英文译审专家委员会委员,华东政法大学教授、博士生导师。

关规定将投诉移交以进行调解。未达成友好的解决方案的,在考虑了调解员提交的报告后,保障部可驳回投诉,或将该问题移交给适任审查小组进行审查并作出决定。此时,获批准的研究经营者有权对适任审查小组所做决定提出申诉。

第一章　初步条款及关键条款

第一条　标题

本条例也称《迪拜医疗城研究条例》2013 年(6)号条例(以下简称《研究条例》)。

第二条　条例发布

根据《迪拜医疗城法律》的规定,发布本条例。

第三条　条例废止

本条例生效后,《迪拜医疗城研究条例》2008 年(6)号条例同时废止。

第四条　层次结构

(1)本条例的规定与主席批准的任何其他条例之间有冲突的,以本条例为准。

(2)条例的早期版本与同一条例的修订版本有任何不一致的,以该条例最新修订版为准。

第五条　生效日期

本条例自主席发布之日起生效。

第六条　背景

设立迪拜医疗城的愿景是使其成为国际公认的优质医疗服务的首选地点,并成为优质的临床与保健服务、医学教育与研究的综合中心。监督迪拜医疗城内的研究能力的提升,积极开展研究,造福于人类保健事业。为实现这一愿景,需有涉及对迪拜医疗城内研究活动监管的强大而透明的管理架构,以保护人类研究对象。未取得本条例及适用的规则、标准和政策规定的研究许可,任何单位或个人不得在迪拜医疗城内从事研究活动。

第七条　目的

本条例的目的是:

(1)管理在迪拜医疗城内正在进行或打算进行研究活动的所有实体及获批准的研究经营者。

(2)确定在迪拜医疗城内开展研究活动的管理架构。

第八条　遵守条例规定的要求

(1)本条例适用于迪拜医疗城内所从事的研究活动。

(2)在迪拜医疗城内从事或打算从事研究活动的所有实体均应遵守本条例适用的规定及适用的规则、标准和政策规定。

(3)在允许实体于迪拜医疗城内从事研究活动之前,该实体应根据本条例第四章的规定获得研究许可。

第九条　条例修订

主席可根据《管理条例》的规定,批准对本条例的修订。

第十条　据条例的规定提供服务

(1)任何单位或个人不得以获许可的研究经营者的身份在迪拜医疗城内进行研究活动,

法律法规或政策另有规定的除外。

(2)任何单位或个人不得在迪拜医疗城内进行研究活动,本条例和任何其他适用的法规、规则、标准和政策另有规定的除外。

(3)任何涉及患者的研究及所提供的医疗保健服务,均应根据本条例和适用的条例,特别是《医疗保健专业人员条例》《医疗保健经营者条例》及适用的规则、标准和政策的规定进行。

(4)不遵守第一款至第三款的规定可导致:

(a)罚款;

(b)限制、中止、撤销、拒绝续期或终止获批准的研究经营者在迪拜医疗城内的研究许可;或

(c)在无执照的情形下将在迪拜医疗城内经营的任何单位或个人驱逐出境。

第十一条 《研究条例》与其他条例规定

除遵守本条例外,下列规定同时适用:

(1)《商业服务许可条例》;

(2)《公司条例》;

(3)《补充和替代医疗专业人员条例》;

(4)《教育条例》;

(5)《管理条例》;

(6)《健康数据保护条例》;

(7)《医疗保健经营者条例》;

(8)《医疗保健专业人员条例》;

(9)《医疗责任条例》;及

(10)主席根据《迪拜医疗城法律》的规定批准的其他条例。

第十二条 条例管理责任

迪拜医疗城董事会和迪拜医疗城管理局执行机构共同负责对本研究条例及根据本研究条例的规定制定的规则、标准和政策进行管理。

第十三条 保留及过渡规定

(1)在本条例生效之日前,根据已废止的《迪拜医疗城研究条例》2008 年(6)号条例的规定获得执照的任何个人和实体视为在本条例生效之日根据本条例的规定已获得执照。

(2)本条例不适用于在本条例生效之日之前已启动的调查、询问、审查、申诉或类似程序,且已废除的《迪拜医疗城研究条例》2008 年(6)号条例将继续适用于上述调查、询问、审查、申诉或程序,与本条例颁布前的情形相同。

(3)在本条例生效之日仍有调查、询问、审查、申诉或类似程序正在进行的,有关委员会或小组应继续进行该调查、询问、审查、申诉或程序。调查、询问、审查、申诉或其他类似程序已完成的,可以行使已废止的《迪拜医疗城研究条例》2008 年(1)号条例规定的权力作出命令、裁定或指示。

(4)本条例生效之日前被任命为任何机构、委员会或小组成员,其任期在该生效之日前尚未届满的,应继续担任该机构、委员会或小组的成员,直至其任期届满。

第二章　解　　释

第十四条　定义

本条例未定义的以大写字母表示的术语，其含义与《管理条例》中的相同。

以单数形式表示的单词包括复数形式，以复数形式表示的单词包括单数形式。

下列为各术语定义，除非法律法规另有规定，或上下文另有规定：

学术研究委员会，是指根据《管理条例》第五章规定设立的学术研究理事会。

专门机构，是指根据《管理条例》的规定设立的董事会、理事会、注册管理机构、申诉委员会、中央管理委员会、许可委员会、计划委员会、质量管理委员会、学术研究委员会、专业委员会、公司注册处及管理中心及其他类似实体。

动物护理及利用委员会，是指根据第二十七条的规定设立的动物护理及利用委员会。

动物研究，是指旨在扩大或促进知识普及的任何在其研究中使用动物进行的系统性研究，包括研究开发、测试及评估。

动物研究申请，是指应提交给学术研究委员会进行原则上的批准的动物研究的启动申请。

申诉委员会，是指根据《管理条例》第六章的规定设立的申诉委员会。

申请人，是指特定条例规定的递交申请的申请人。

申请，是指申请执照、临时批准函或根据特定条例规定签发的杂项许可。

获批准的医疗保健继续教育课程，是指已获公司注册处批准的医疗保健继续教育课程。

获批准的医学继续教育课程，是指已获公司注册处批准的医学继续教育课程。

获批准的教育经营者，是指持有公司注册处根据《教育条例》及适用的规则、标准和政策的规定正式颁发的教育许可的实体。

获批准的非学位授予医疗保健课程，是指已获公司注册处批准的非学位授予医疗保健课程。

获批准的职业责任保险，是指被许可人应根据适用的条例、规则、标准和政策的规定予以投保并续保的职业责任保险。

获批准的研究活动，是指已获得研究许可的研究活动。

获批准的研究经营者，是指持有公司注册处根据《研究条例》及适用的规则、标准和政策的规定颁发的研究许可的实体。

批准使用，是指经学术研究委员会认可的管辖区内正式组成的监管机构批准的用于一种或多种特定适应症的药物、生物制品或医疗器械的使用。

有关人员，是指任何与申请人具有紧密联系的个人或实体。

审核，是指为确定有关研究是否为根据《研究条例》及适用的规则、标准和政策，以及或批准的研究方案的规定进行的而系统、独立地对研究和文件进行的评价。

分支机构，是指根据公司注册地所适用的法律法规规定，在迪拜医疗城外组建的公司或任何其他实体、机构的分支机构，并获授权可在迪拜医疗城内通过该分支机构开展业务。

建筑条例，是指在迪拜医疗城内执行的，对迪拜医疗城内建筑物的设计、建造和安全具有普遍适用性的法律、条例、规则或标准，无论其是否具有临床意义。

业务范畴，是指根据《医疗保健经营者条例》附表一的规定，至少有一家持照的医疗保健经营者可在迪拜医疗城从事的临床业务。

中央管理委员会，是指根据《管理条例》第五章设立的中央管理委员会。

主席，是指根据《迪拜医疗城法》第八条的规定任命的迪拜医疗城管理局主席。

临床事务部门，是指在管理中心内设立的以监控和改善迪拜医疗城内的医疗服务质量，并监督迪拜医疗城内医疗机构的认证流程的部门。

临床经营许可，是指公司注册处颁发给医疗保健经营者，以允许其进行一项或多项临床活动的授权书。

紧密联系，是指与申请人之间存在的下列关系之一：

(1)为申请人直接或间接的管理人的；

(2)受该申请人直接或间接管理的；

(3)与申请人受同样的直接或间接管理的；

(4)申请人的负责人习于遵守其指示或指导的。

商业服务，是指由持照的商业公司提供的服务。

《商业服务许可条例》，是指生效的《迪拜医疗城商业服务许可条例》2013 年(9)号条例。

查验，是指为授予执照，对临时批准函持有人及其所有系统和装配进行规划、设计、安装、测试、操作及维护以达到所需标准的验证和记录程序。

委员会，是指根据本条例的规定设立的委员会。

《公司条例》，是指生效的《迪拜医疗城公司条例》2013 年(8)号条例。

投诉管理小组，是指根据《管理条例》第八章的规定设立的投诉管理小组。

补充和替代医疗，是指可与常规医学疗法分离或整合的多种医学、保健疗法和医学、保健系统，其共同特点是采用整体和个性的方法以达到康复和治疗的目的，对整个人体进行评价，包括身体、情感、心理和精神层面。补充和替代医疗可包括阿育吠陀疗法、顺势疗法、自然疗法、整骨疗法、传统中医疗法及其他疗法。

《补充和替代医疗专业人员条例》，是指生效的 2013 年《迪拜医疗城补充和替代医疗专业人员条例》2013 年(3)号条例。

利益冲突，是指个体的私人利益与其职业义务之间的分歧。潜在的或实际的利益冲突存在于重大利益可能影响研究或教育活动的设计、实施或报告的情形中，无论是财务的还是非财务的。

医疗保健继续教育课程，是指针对持照的医疗保健专业人员的继续教育课程，但不包括医学继续教育课程。

医学继续教育课程，是指针对持照的医疗保健专业人员的继续教育课程。

管理人，在提及个人与申请人之间的关系时，是指单独或与任何有关人员存在下列情形之一的个人：

(1)持有申请人或其他子公司的申请人的百分之五十以上的经济利益的；

(2)有权行使或控制行使申请人或其他子公司的申请人的百分之五十以上的投票权的；

(3)能够对申请人或作为其他子公司的申请人的管理层产生重大影响,即有迹象表明申请人的负责人习于遵守其指示或指导的。

管理中心,是指根据《管理条例》第四章规定设立的医疗保健计划及质量管理中心。

保障部,是指客户保障部,是管理中心内设的负责管理和调查本条例第八章和其他适用条例规定的针对被许可人的投诉的内设部门。

数据安全监测委员会或监测委员会,是指由发起人或主要研究人员设立的独立的数据监测委员会,以定期评估人类生物医学研究的进展、有关安全性的数据及关键疗效终点,并向发起人或主要研究人员就是否继续、改进或停止研究提出建议。

学位授予医疗保健课程,是指是在医疗保健环境中进行一段时间的授课,可适当地提供临床经验,以达到获得证明、证书、文凭或学位的水平而设置的教育课程。

设计及施工指南,是指适用时:

(1)最新版本的《美国建筑师协会医院和医疗设施设计及施工指南》;

(2)《迪拜医疗城医疗设施项目——规划、设计及施工指南》以及适用于特定业务范畴的通用专业认可准则,前提是公司注册处已明确确定该附加的准则为适用指南,并应在该指南不再适用时尽早提前通知。

迪拜医疗城管理局,是指根据《迪拜医疗城法律》第四条的规定设立的迪拜医疗城管理局,包括主席、迪拜医疗城董事会和执行机构。

迪拜医疗城管理局服务,是指迪拜医疗城管理局为执行迪拜医疗城管理局的目标和职能所提供的服务,包括迪拜医疗城管理局为此设立的任何机构和实体所提供的服务。

迪拜医疗城,是指根据2003年(9)号决议在迪拜酋长国设立的迪拜医疗城。

迪拜医疗城董事会,是指根据《迪拜医疗城法律》第十条的规定设立的董事会。

文件和文档,是指以任何书面、代码或视觉描述形式存储的信息,且该信息的存储方式与其构成的本定义所称文件无关。文件包括传票、通知、命令或其他法律文件及登记记录。

教育许可,是指公司注册处根据《教育条例》及适用的规则、标准和政策的规定颁发给相关实体,以允许其在迪拜医疗城开展一项或多项教育课程的授权书。

教育课程,是指在一个或多个领域对相关人员进行教育或培训的课程,包括:

(1)研究生医学教育课程;

(2)研究生医疗保健教育课程;

(3)医学继续教育课程;

(4)医疗保健继续教育课程;

(5)学位授予医疗保健课程;

(6)非学位授予医疗保健课程;

(7)高中教育课程;和

(8)学前教育课程。

《教育条例》,是指《迪拜医疗城教育条例》2013年(5)号条例。

生效日期,是指临时批准函或执照生效的日期。

电子记录,是指通过电子、磁条、光学形式或其他形式在信息系统中生成、传达、接收或存储的记录,或用于从一个信息系统传输到另一个信息系统的记录。

电子签名,是指为验证或批准电子记录而实施或采用的,以数字形式附加在电子记录上或在逻辑上与电子记录相关联的任何字母、字符、数字或其他符号。

实体,是指非自然人的组织、机构或公司。

股权,是指作为研究项目发起人的实体的所有权权益,包括股票或股票期权。

重要文件,是指可用以单独或集体评价研究的实施情况及数据质量的文件。

执行机构,是指根据《迪拜医疗城法律》第十二条的规定设立的迪拜医疗城管理局执行机构,现称迪拜医疗城管理机构。

设施委员会,是指根据公司注册处的职权设立的执行公司注册处的日常行政职能的委员会。

合适人选,是根据《管理条例》或其他适用条例的规定,对将要担任管理人、董事、有关人员或经理的自然人所作出的决定,该决定考虑了有关人员履行特定职位职责的能力及判断力,履行或可能履行职责的勤奋程度及患者、销售方、投资人或机构的利益是否因其担任该职位而受到不利影响。

适任审查小组,是指根据《管理条例》第八章的规定设立的适任审查小组。

《管理条例》,是指《迪拜医疗城管理条例》2013 年(1)号条例。

指南,是指由迪拜医疗城管理局或专门机构编写,以帮助读者理解有关条例、规则、政策或标准的信息。专门机构对其负责,但不具有约束力。

健康安全及环境条例,是指在迪拜医疗城内执行的对迪拜医疗城内建筑物的健康、安全及环境具有普遍适用性的法律、条例、规则或标准,无论其是否具有临床性质。

《健康数据保护条例》,是指《迪拜医疗城健康数据保护条例》2013 年(7)号条例。

《医疗保健经营者条例》,是指《迪拜医疗城医疗保健经营者条例》2013 年(4)号条例。

《医疗保健专业人员条例》,是指《迪拜医疗城医疗保健专业人员条例》2013 年(2)号条例。

医疗保健服务,是指由持照的医疗保健专业人员、补充和替代医疗专业人员及医疗保健经营者提供的保健和医疗服务,包括但不限于就个人的身体或心理健康方面提供的诊断、治疗、医嘱、服务或商品。

高中教育课程,是指由适任教师及专业人员为儿童提供的使其达到获得证明、证书或文凭的水平的高中教育。

当地管辖区,是指分支机构在迪拜医疗城外成立、设立或组建的母公司所在的管辖区。

人类生物医学研究,是指任何旨在扩大或促进知识普及的系统性调查,包括涉及对人类受试者使用研究产品、使用可识别的人体组织或患者健康信息的研究开发、测试及评估。

人体生物医学研究申请,是指应提交给学术研究委员会进行原则上的批准的动物研究的启动申请。

人类胚胎干细胞研究,是指任何涉及人类胚胎干细胞的分化和使用的系统性研究,包括研究开发、测试及评估。

人胚胎干细胞研究申请,是指应提交给学术研究委员会进行原则上的批准的人胚胎干细胞研究的启动申请。

人类胚胎干细胞研究监督委员会,是指根据第二十七条规定设立的人类胚胎干细胞研究监督委员会。

人类研究对象,系进行研究活动的研究人员通过对其干预和/或与其互动的形式或以获取其患者健康信息的形式来获取其数据的在世的个人。

知情同意,是指人类研究对象,或为弱势主体的,在被告知与其决定参加的特定的人类生物医学研究有关的所有研究程序后,自愿确认其愿意参加该人类生物医学研究的过程。

介入研究,是指指定人类研究对象接受特定的诊断、治疗或其他类型的生物医学干预或行为干预的人类生物医学研究。

研究用品,是指任何在人类生物医学研究中用于测试或用作参考的研究用药、生物或医疗设备,包括未以批准使用的方式使用或组装(配制或包装)的,或未用于批准使用的适应证的,或用以获取有关批准使用的更多信息的获得上市许可的产品。

研究人员,是指主要研究人员及其辅助研究的人员。

研究人员手册,是指与人类研究对象的研究相关的研究用品的临床研究数据和临床前研究数据的汇编。

《迪拜医疗城法》,是指由迪拜统治者发布的关于设立迪拜医疗城管理局的《迪拜医疗城法》2011 年(9)号法令,以及对该法律的任何修订或变更。

执照,是指许可委员会为医疗保健专业人员和补充和替代医疗专业人员所颁发的执照,或指公司注册处为公司颁发的执照或许可,包括临床经营许可、非临床经营许可、研究许可及教育许可。

持照的商业公司,是指根据《公司条例》的规定注册并根据《商业服务许可条例》的规定获得在迪拜医疗城内提供商业服务的执照的公司。

持照的补充和替代医疗专业人员,是指持有许可委员会根据《补充和替代医疗专业人员条例》及适用的规则、标准和政策的规定正式颁发的执照的从事补充和替代医疗事业的自然人。

持照的医疗保健经营者,是指在迪拜医疗城内提供医疗保健服务的医院、诊所、实验室、药房或其他实体,且持有由公司注册处根据《医疗保健经营者条例》及适用的规则、标准和政策的规定正式颁发的临床经营许可。

持照的医疗保健专业人员,是指持有许可委员根据《医疗保健专业人员条例》及适用的规则、标准和政策的规定正式颁发的执照的从事医疗保健行业的自然人。

被许可人,是指持照的医疗保健专业人员、持照的补充和替代医疗专业人员、持照的医疗保健经营者、获批准的教育经营者、获批准的研究经营者、持照的商业公司或非临床经营许可持有人。

许可委员会,是指根据《管理条例》第六章的规定设立的许可委员会。

地点,是指持照的医疗经营者、获批准的教育经营者、获批准的研究经营者或非临床经营许可持有人在迪拜医疗城内开展或拟开展活动的场所,包括与其相关的物理设施或其他设施。

经理,是指由被许可人或杂项许可持有人任命的与外部各方和机构进行的所有交易的主要代表。

调解人,是指根据本条例的规定指定的执行根据第一百二十八条的规定调解程序的人员。

《医疗责任条例》,是指迪拜医疗城《医疗责任条例》2005 年(5)号条例。

杂项许可,是指公司注册机构向实体或个人颁发的允许其短期地进行一项或多项非医疗保健服务、研究活动或教育活动的授权书。

杂项许可持有人,是指持有杂项许可的个人或实体。

监测,是指监督获批准的研究活动的过程,并确保有关研究活动按照获批准的议定书、《研究条例》和任何适用的规则、标准及政策的规定进行、记录及报告。

非学位授予医疗保健课程,是指在医疗保健环境中进行一段时间的授课,可适当地提供临床经验而设置的教育课程。该课程包括住院医师培训课程和实习医生培训课程,且不会达到获得证明、证书、文凭或学位的水平。

非临床经营许可,是指公司注册处颁发给持照的商业公司的允许其进行一项或多项非医疗保健服务、研究活动或教育活动的授权书,包括公共卫生许可。

非临床经营许可持有人,是指持有非临床经营许可的实体。

母公司,就分公司而言,是指根据组建地法域适用于公司组建的法律,在迪拜医疗城以外依法成立的,分支机构是其是分公司的实体,分支机构是独立于母公司之外的法人的除外。

患者健康信息,是指由任何以口头、书面或电子记录形式的由被许可人创建或接收的与患者的身体健康或心理健康状况有关的信息,包括由患者报告的信息以及与服务付费有关的诊断程序和其他信息。

罚款,是指根据适用条例的规定对被许可人和/或杂项许可持有人所处的罚款。

计划委员会,是指根据《管理条例》第五章的规定设立的计划委员会。

政策,是指由迪拜医疗城管理局制定并根据《管理条例》的规定实施的关于政策所确定的对象的立场、策略或地位的行动方案。

研究生医疗保健教育课程,是指旨在培养独立从事医疗保健事业能力,在完成获认证的本科医疗保健教育课程之后,为医疗保健专业提供的教学和临床培训的阶段,但不包括研究生医学教育课程。

研究生医学教育课程,是指在完成获认证的本科医学教育课程之后,为医学专业提供的教学和临床培训阶段,旨在为培训人员独立从事医学事业做好准备。

学前教育课程,是指由合格教师和专业人员为儿童提供的非义务性的学前教育,其主要目的是在使儿童通过玩耍和互动进行学习的基础上丰富结构化教育的经验。

实践及程序监督委员会,是指根据第二十七条的规定设立的实践及程序监督委员会。

主要研究人员,是指负责设计议定书并根据该方案进行获批准的研究活动且对其监测、负责的个人。

专业执业,是指持照的医疗保健专业人员或持照的补充与替代医疗专业人员根据《医疗保健专业人员条例》《补充和替代医学专业人员》及适用的条例、规则、标准和政策的规定提供医疗保健服务及在许可的范围内履行职能。

专有利益,是指财产或其他财务利益,包括版权费的利益及研究用品的利益,包括但不限于专利、商标、版权或许可协议。

专业委员会,是指根据《管理条例》第五章的规定设立的专业委员会。

议定书,是指描述研究活动的目标、设计、方法、统计考虑因素及组织的文件。

临时批准函,是指公司注册处向实体发出的使其能够进行下列事项的批准函:

(1)启动满足查验要求的活动;及

(2)根据有关条例的规定获得执照。

临时批准函持有人,是指持有临时批准函的实体。

质量管理委员会,是指根据《管理条例》第五章的规定设立的质量管理委员会。

登记记录,是指公司注册处根据《商业服务许可条例》的规定管理的被许可人的登记记录,或根据《公司条例》的规定管理的公司的登记记录,包括股东记录。

公司注册处,是指根据本条例第七章设立的公司注册处。

条例,是指主席根据《迪拜医疗城法》批准的条例,包括此类条例进行的修订。

代表,是指对参与了人类生物医学研究的人类研究对象而言,被授权代表潜在的弱势主体行事的人类研究的主体法律代表或个人代表。

研究认证及道德规范,是指学术研究委员会发布的研究认证及道德规范。

伦理研究审查委员会,是指根据《研究条例》第三章的规定设立的伦理研究审查委员会。

研究许可,是指公司注册处颁发的允许进行获批准的研究活动的许可。

研究场所,是指获批准的经营者在迪拜医疗城内进行其获批准的研究活动的地点。

风险,是指由于参加获批准的研究活动而造成损害获伤害的可能性,无论是身体上、心理上还是经济上的。

《研究条例》,是指生效的《迪拜医疗城研究条例》2013 年(6)号条例。

规则,是指主席或迪拜医疗城董事会根据本条例和任何其他条例的规定批准的规则,且包括生效的规则。

严重违规事件,是指在获批准的研究活动中可能出现的使涉及的人类研究对象遭受风险或致其受伤或死亡的未预料到的事件。

重大财务利益,是指适用条例、规则、标准和政策确定的研究人员在开展研究期间及调查完成后一年中所持股权的货币价值或实体价值。

发起人,是指负责启动研究并安排支付研究费用(如果有)的制药公司、学术机构或任何其他实体。

副研究员,是指由研究人员指定及监督,以执行与研究相关的重要程序和/或作出与研究有关的重要决定的经过培训具有相关经验的研究团队成员。

特殊人群,包括弱势主体和其他有特殊需要的人群,包括孕妇及其待产的胎儿。

标准,是指规定材料、方法、过程或操作,为质量、性能、安全和可靠性等参数确定一致的、可靠的最低水平提供依据的规范。

培训人员,是指参加获批准的研究生医学教育课程、获批准的研究生医疗保健教育课程或获批准的非学位授予医疗保健课程的人员。

阿联酋,是指阿拉伯联合酋长国。

弱势主体,是指能力和/或决策水平由于年龄、身体或医疗条件、社会经济地位的原因而下降的弱势人类研究对象。

区划条例,是指在迪拜医疗城内执行的对区划和房地产使用具有普遍适用性的法律、条例、规则或标准。

第十五条　条例(含修正案)

引用本条例及任何其他条例的,视为对生效的任何此类条例的引用。

第十六条　标题

本条例规定的标题仅为方便参考,在释义或解释本条例时应将其忽略。

第十七条　期间

条例规定的期间应按公历计。条例规定的期间应包括该期间内的每个日历日,但下列情形除外:

(1)最后一天是星期五或星期六的,应改为下一个星期日;及

(2)最后一天是阿联酋或迪拜的公共假日的,应改为在非阿联酋或迪拜的公共假日的下一日。

第十八条　性别

表示男性的代词用于指代男女两种性别。

第十九条　使用非英语语言的文档

拟提交以非英语语言书写原始文件、文件的副本或文件电子版的,应提交给相关官员、雇员或提供迪拜医疗城管理局服务的机构,其接受的由法律翻译机构翻译的获公证的英文译本。

第二十条　书面文件

(1)本条例规定以书面形式向公司注册处、许可委员会或任何其他机构提交文件或通知,以电子记录的形式提交的也应符合前款规定,法律另有特别规定的除外。

(2)本条例规定在提交的文件或通知上为公司注册处、许可委员会或任何其他代理机构提供签名,提供电子签名的也应符合上述规定,法律另有特别规定的除外。

第二十一条　"人"的定义

本条例提及的"人"包括自然人、法人、有限责任公司、联营企业或合伙企业,以及上述主体的法定代表人或遗产代理人、合法继承人和合法受让人,上下文另有规定的除外。

第二十二条　参考章节

条例中对有关条、款的引用是指该条例的有关条、款,另有特别规定的除外。

第三章　权　　责

第二十三条　学术研究委员会的权责

学术研究委员会具有下列权责,包括:

(1)对迪拜医疗城内获批准的研究活动进行总体规划;

(2)与世界一流科研单位合作,支持包括医药、医疗技术、生物技术和医疗保健服务在内的生物医学研究;

(3)监督伦理研究审查委员会、动物护理及利用委员会、人类胚胎干细胞研究监督委员会、实践及程序监督委员会及其他委员会;

(4)为迪拜医疗城内获批准的研究活动制定研究认证及道德规范、规则、标准和指南的目

标并进行批准;

(5)伦理研究审查委员会根据本条例的规定对实体提交的议定书所进行审查,授予原则上的批准;

(6)监督迪拜医疗城内获批准的研究经营者所提供的获批准的研究活动;

(7)审查研究人员、发起人或获批准的研究人员在超过《健康数据保护条例》规定的时间范围仍保留患者健康信息的需求;

(8)审查并批准伦理研究审查委员会提交给学术研究委员会的报告或决定;及

(9)从实体和获批准的研究经营者处合理要求获取有关信息以履行学术研究理事会的职能,履行本条例和其他适用的条例、规则、标准和政策规定的职能。

第二十四条　伦理研究审查委员会的设立及权力

学术研究委员会应设立伦理研究审查委员会,以:

(1)监督根据第二十七条的规定设立的委员会;

(2)监督审查各个获批准的研究经营者所设伦理委员会的总体流程;

(3)协调并整合研究活动的计划及实施;

(4)从科学和伦理角度审查议定书,并考虑是否需要获批准的研究经营者提供进一步的信息或是否需要对议定书进行任何修改;

(5)就是否应根据本条例及适用的条例、规则、标准及政策的规定对有关实体所提交的议定书予以原则性批准,向学术研究委员会提供意见;

(6)监督获批准的研究经营者开展的获批准的研究活动,包括对获批准的研究经营者进行定期审查或安排此类审查;

(7)确保与获批准的研究活动有关的研究人员始终遵守有关条例的规定,并遵守议定书和研究认证及道德规范;

(8)观察或聘请第三方观察获批准的研究经营者所进行的获批准的研究活动;

(9)在获得学术研究委员会的批准后,制定规则、标准和政策,以提高获批准的研究活动的质量,并建立起实施、传达这些规则、标准和政策的程序。

第二十五条　伦理研究审查委员会的组成

任命伦理研究审查委员会成员的主要指导原则是确保伦理研究审查委员会在监管研究活动和/或伦理方面具有适当的专长、技能、知识及观点。

第二十六条　伦理研究审查委员会成员

伦理研究审查委员会应至少由五名在规范研究活动和/或伦理领域上具有资格和经验的成员组成,包括:

(a)至少一名主要研究领域为科学的成员;

(b)至少一名主要研究领域为非科学的成员;

(c)至少一名熟悉适用的法律、条例、规则、标准、政策和道德及专业行为标准的成员;及

(d)至少一名成员为与迪拜医疗城管理局无关且不属于迪拜医疗城管理局成员直系亲属的阿联酋居民。

第二十七条　设立委员会

学术研究委员会可以设立下列其认为必要的委员会，协助学术研究委员会履行职责并作出适当确定，委员会包括但不限于：

(a)动物护理及利用委员会，其职能是从科学和伦理角度审查拟在迪拜医疗城内进行任何动物研究的动物研究申请；

(b)人类胚胎干细胞研究监督委员会，其职能是从科学和伦理角度审查拟在迪拜医疗城内进行任何人类胚胎干细胞研究研究的人类胚胎干细胞研究申请，包括拟在迪拜医疗城内进行的与体外人类胚胎或体外人类配子有关的研究；及

(c)实践及程序监督委员会，其职能是从科学和道德角度审查迪拜医疗城内由医疗保健专业人员或补充和替代医疗专业人员进行的任何程序、治疗或疗法。

第二十八条　委员会的工作目标

动物护理及利用委员会和人类胚胎干细胞研究监督委员会的工作目标是对所有申请进行道德审查和科学审查。

第二十九条　委员会的征求意见

在履行本条例规定的职责时，各委员会可从任何其认为适当的来源处征求意见。

第三十条　与委员会有关的其他规定

(1)与第二十七条规定的委员会有关的其他规定在本条例的附表一中一并列出。

(2)学术研究委员会可对将要设立的新委员会采用附表一所列规定。

第三十一条　其他委员会的权力及职责

动物护理及利用委员会、人类胚胎干细胞研究监督委员会、实践及程序监督委员会以及根据第二十七条的规定设立的任何其他委员会，经学术研究委员会批准，具有有关条例、规则、标准和政策规定的权责。

第三十二条　其他委员会的组成

(1)任命动物护理及利用委员会、伦理研究审查委员会、人类胚胎干细胞研究监督委员会以及根据第二十七条的规定设立的任何其他委员会的成员的主要指导原则是确保该委员会具有适当的专场、技能、知识和观点，以对拟在迪拜医疗城内进行研究的任何申请进行伦理审查和科学审查。

(2)任命实践及程序监督委员会成员的主要指导原则是确保委员会具有适当的专长、技能、知识和观点，对拟在迪拜医疗城内由医疗保健专业人员或补充和替代医疗专业人员进行的任何程序、治疗或疗法进行伦理审查和科学审查。

(3)学术研究理事会应根据第二十七条的规定，按照适当的人员构成原则设立任何委员会的。

(4)根据第二十七条的规定设立的委员会的成员应根据本条例附表一的规定任命。

第四章　临时批准函和研究许可申请的一般性规定

第三十三条　申请资格

(1)根据《公司条例》和《商业服务许可条例》的规定注册或拟进行注册的实体，有资格提

交临时批准函的申请。

(2)根据本条例的规定提交临时批准函的申请或研究许可的申请的实体,应是最终进行上述研究活动的获批准的研究经营者。

第三十四条　持照的医疗保健经营者可以申请临时批准函

持照的医疗保健经营者可在其执照期限内的任何时间,根据本条例的规定申请临时批准函。

第三十五条　要求

(1)只有根据《公司条例》和《商业服务许可条例》的规定注册的实体,有资格成为临时批准函持有人。

(2)未根据本条例及适用的规则、标准和政策的规定事先获得临时批准函的实体,不得获得研究许可。

(3)未经临床事务部门、许可委员会和学术研究委员会原则上的批准,不得取得研究许可或临时批准函。

第三十六条　临时批准函持有人无权进行研究活动

临时批准函持有人无权在临时批准书的授权下于迪拜医疗城内进行任何研究活动。

第三十七条　临时批准函持有人和或批准的研究经营者需遵守有关条例的规定

临时批准函持有人和获批准的研究经营者均应遵守本条例适用的规定及其他适用的条例、规则、标准和政策的规定。

第三十八条　临时批准函持有人的责任

各临时批准函持有人均应确保在研究许可发出后,根据所持临时批准函进行设施的设计及建造时,其拟进行研究活动的地点应符合下列各项规定:

(1)建筑条例和区划条例;

(2)设计及施工指南;

(3)健康安全及环境条例;

(4)适用的规则、标准和政策。

第三十九条　获批准的研究经营者的责任

各获批准的研究经营者应确保其从事研究活动的研究场所符合下列各项规定:

(1)建筑条例和区划条例;

(2)设计及施工指南;

(3)健康安全及环境条例;

(4)适用的规则、标准和政策。

第四十条　对研究许可持有人要求的豁免

(1)拥有或租赁迪拜医疗城内土地或建筑物以进行或拟进行研究活动,但不参与或管理上述研究活动的个人或实体,无须根据本条例的规定获得临时批准函或研究许可。

(2)在上述情形下,个人或实体应向公司注册处提供下列信息:

(a)该建筑物所用于的研究活动;及

(b)研究活动的经历或经营者。

第四十一条　被雇佣的持照的医疗保健专业人员的专业执业应涵盖获批准的研究经营者所提供的研究活动

只有在持照的医疗保健专业人员的专业执业涵盖获批准的研究经营者所提供的研究活动的情况下,获许可的研究经营者才能雇佣或安排其参与迪拜医疗城内的研究活动。

第四十二条　获批准的研究经营者的管辖

(1)获批准的研究经营者仅可在迪拜医疗城内提供已为其颁发研究许可的研究活动。

(2)获批准的研究经营者在迪拜医疗城外提供服务的,应全权负责使其满足所在其他辖区的任何标准或其他要求,本条例另有特别规定的除外。

第四十三条　不得转派或转让临时批准函或研究许可

(1)临时批准函持有人或获批准的研究经营者均不得转派或转让其临时批准函或研究许可。

(2)为统一认识,更换管理人的,视为转派或转让,并受第一款规定的约束。

第四十四条　遵守有关机构的要求

各获批准的研究经营者及其员工均应遵守任何机构制定的有关数据要求的所有要求。

第四十五条　特定要求的豁免

(1)经有关机构建议,公司注册处可就下列事项对申请人、临时批准函持有人或获批准的研究经营者予以豁免(以其认为适当的条款和条件):

(a)建筑条例;或

(b)设计及施工指南。

在适用法律的规定允许的范围内。

(2)公司注册处和有关机构均认为符合下列情形的,方可授予上述豁免:

(a)符合公共利益的;

(b)遵守特定要求将给申请人造成不必要的困难的;及

(c)授予此类豁免将不会损害或危及任何人的,包括任何研究对象的健康、安全或福利的。

第四十六条　费用

公司注册处应及时公布根据本条例的规定收取的向其提交的所有申请、延期申请和其他呈件所需的费用。

第五章　有关临时批准函的规定

第四十七条　提交临时批准函时应支付的费用

申请人在向公司注册处提交临时批准函时的申请时应支付所需的费用。

第四十八条　撤回临时批准函的申请

(1)申请人可随时撤回其申请。

(2)公司注册处应保留申请人撤回申请的记录,并保留申请人提供的或在申请审议过程中以其他方式获得的所有信息的副本,直至申请撤回。

(3)已支付的费用不予退还。

第四十九条　申请人的经理在申请过程中的角色

申请人的经理应为第一联系人,以解决申请过程中出现的任何问题。

第五十条　申请表项

(1)申请人应以公司注册处要求的形式和方式提交临时批准函的申请。

(2)申请临时批准函必须满足下列条件:

(a)申请书应使用英语;

(b)打印或书写清晰;

(c)提供本条例及适用的规则、标准和政策所需的所有数据、信息和签名;

(d)使用适当的申请表;及

(e)已支付相关费用。

第五十一条　临时批准函的申请所应提供的信息

申请人提交完整的申请表项时应同时提供下列材料:

(1)证明申请人已经根据《公司条例》及《商业服务许可条例》在迪拜医疗城内已进行注册或拟进行注册的文件;

(2)对申请人寻求研究许可以进行的研究活动的描述;

(3)由主要研究人员妥为执行的议定书副本;

(4)获批准的研究经营者的伦理委员会或其母公司或有关人员的伦理委员会已批准议定书的书面确认;

(5)关于申请人的任何有关人员或管理人在任何管辖区受到的任何纪律处分或不利处分的信息,如申请人是分支机构,则包括申请人的母公司;

(6)公司注册处规定的包括申请人的主要人员在内的医疗保健专业人员所应获得的执照的申请;

(7)与申请人有关的所有管理人、董事和有关人员的详细信息;

(8)受申请人任命作为与学术研究委员会处理相关事宜的主要代表的经理的详细信息;

(9)已用作或拟用作获批准的一项或多项研究活动的研究场所的地点,包括申请人自生效之日起对使用各处地点所依据的合法权利的证明,公司注册处另有要求的除外;

(10)符合公司注册处的要求,可以证明申请人能够满足本条例及适用的规则、标准和政策规定的所有要求的足够的文件;

(11)申请内容或者文件在备案后有修正或者更改的,申请人及时通知公司注册处所作的书面声明;及

(12)公司注册局或有关机构可能要求的以上述方式进行验证的任何其他信息或细节。

第五十二条　申请人的声明

申请书应附有:

(a)确认申请书及任何随附文件所陈述的内容的准确性的书面声明;

(b)给予公司注册处的授权,以核实所提供的任何信息的准确性,并可对与申请人有业务往来的任何实体或机构进行参考调查,且在遵守《管理条例》的规定的前提下,授权公司注册处在认为需要进行验证或检查时,可与任何一方分享有关信息和文件。

第五十三条　提交不完整的临时批准函的申请

(1)提出申请的实体应提交完整、准确的申请。

(2)申请不完整的,公司注册处应通知实体,确定尚未提供的信息及可以重新提交申请的时间范围。

(3)公司注册处应规定申请人重新提交所需的信息的合理期限。

(4)申请人无须在指定的期限内为重新提交申请支付额外的费用。

(5)未在规定时间内提交申请的,视为撤回该申请;申请人需要重新提交申请并承担所需的费用。

第五十四条　要求为临时批准函的申请提供更多信息

(1)在将申请提交给公司注册处之后,在采取任何行动之前,公司注册处和/或任何有关机构可以随时以书面形式通知申请人和/或当事方,要求其以所要求的形式,在规定的期限内提供公司注册处和/或任何有关机构认为合理且必要的用于审查申请的其他信息或文件。

(2)上述附加信息包括:

(a)足以评估申请人从事或拟从事研究活动的财务能力的申请人及申请人的任何有关人员或管理人的财务信息;及

(b)与申请人有关的所有管理人、董事和有关人员的详细信息。

(3)第一款的规定适用于下列人员:

(a)被确定为申请人的董事、管理人或经理的人员;

(b)拟作为申请人的董事、管理人或经理的人员;或

(c)根据公司注册处规定确定为申请人的关键人员。

第五十五条　未能在临时批准函的申请中提供进一步的信息

(1)如果申请人未能根据第五十三条第二款的规定提供更多信息,或未能根据第五十四条的规定重新提交申请的,公司注册处可基于信息不足考虑撤回该申请。

(2)公司注册处根据第一款的规定基于信息不足考虑撤回申请的,应通知申请人,不退还申请人所支付的任何费用。

第五十六条　申请临时批准函之前应提供所有信息

(1)在本条例的规定要求的所有信息均提交给公司注册处之前,不得认为申请是完整的。

(2)在根据本条例及任何适用的规则、标准和政策的规定确定申请已完成之前,公司注册处不得审查该申请。

第五十七条　通知临时批准函变更的要求

(1)在审查申请期间及公司注册处颁发临时批准函之前的任何时间,申请人应立即将其对申请中包含的信息或文件所做的任何修改或变更通知公司注册处。

(2)申请人未根据第一款的规定将所做变更通知公司注册处的,将导致该申请被视为不完整的申请,并根据第五十三条的规定予以撤回。

(3)公司注册处在完成对申请的审查后收到更改通知的,申请人应在对修改后的申请书进行进一步审查之前向公司注册处支付所需的费用。

第五十八条　其他来源的信息

在对申请进行审查的过程中,公司注册处可以随时向迪拜医疗城管理局了解其掌握的申

请人所具有的申请中所述的一项或多项研究活动的能力。

第六章　审查临时批准函的申请

第五十九条　公司注册处对设施的评估

为了审查对临时批准函的申请,公司注册处可以安排对实体设施进行现场检查。

第六十条　伦理研究审查委员会对议定书的审议

(1)该议定书和所有相关信息应提交给伦理研究审查委员会进行审查。

(2)伦理研究审查委员会和/或有关委员会可以:

(a)向申请人寻求与议定书有关的更多信息;

(b)邀请经理和/或主要研究人员参加有关委员会的此类会议,提供进一步的信息,以协助伦理研究审查委员会和/或有关委员会进行审议。

第六十一条　获得学术研究委员会原则上的批准

(1)学术研究委员会可以根据伦理研究审查委员会对议定书的审查以及所有有关信息,对议定书进行原则上的批准。

(2)学术研究委员会授予预定书原则上的批准的决定为最终决定。

第六十二条　公司注册处所应考虑的事项

在考虑所提交的申请时,公司注册处可以考虑下列事项:

(1)公众、迪拜医疗城、迪拜和阿联酋的声誉保护;

(2)适用的条例、规则、标准和政策规定的应予以考虑的其他因素;

(3)已向申请人颁发研究许可的,为进行申请人的任何研究活动而受雇于或拟受雇于申请人或与申请人有关联的任何人员;

(4)申请人的有关人员、董事、控制人或拟任经理的人员;

(5)申请人可用于进行和维持一项或多项拟进行的研究活动的财政资源;

(6)申请人是分支机构的,在分支机构根据《研究条例》的规定提交申请之前,分支机构的母公司已进行研究活动的时间;

(7)申请人符合本条例及适用的规则、标准和政策规定的能力的可能性;

(8)对设施名称的建议。

第六十三条　申请临时批准函的行为

审查完成后,公司注册处可以:

(1)批准该申请;

(2)批准该申请,但申请人需遵守在临时批准函中附加的公司注册处认为必要和适当的条件或限制;或

(3)拒绝该申请。

第六十四条　公司注册处批准临时批准函的申请

公司注册处确定下列事项属实的,方可批准有关申请:

(1)申请人满足本条例规定的所有相关标准,以及满足与申请人拟从事的研究活动类型有关的适用规则、标准及政策;

(2)申请人应确保所有拟进行研究活动的人员均具有进行研究活动的资质和经验；

(3)申请书中所载的所有主要研究人员、管理人、董事、有关人员和经理均为合适人选；

(4)已获得临床事务部门原则上的批准；

(5)已获得许可委员会原则上批准；及

(6)已获得学术研究委员会原则上的批准。

第六十五条　拒绝临时批准函的申请的理由

公司注册处认定存在下列情形的，可以拒绝该申请：

(1)申请人提交虚假、具有误导性或欺骗性声明、信息或文件，或涉嫌误导或欺骗的；

(2)提交申请后，与本申请包含的信息或文件有关的情况发生了修改或变更，而申请人未能及时将此类修改或变更通知公司注册处的；

(3)申请人未满足第六十四条规定的任何要求的；或

(4)公司注册处对将持有研究许可的申请人遵守本条例及适用的规则、标准和政策的规定的情况不满的。

第六十六条　公司注册处通知申请人其所做决定

(1)公司注册处应将其所做的下列决定通知申请人：

(a)批准该申请并授予临时批准函；

(b)对该临时批准函的授予施加条件或限制；

(c)拒绝临时批准函的申请。

(2)公司注册处应将下列内容通知申请人：

(a)临时批准函所涵盖的研究活动的详细信息以及附加的条件或限制；及

(b)生效日期。

第六十七条　无权对公司注册处的决定提出申诉

申请人无权就公司注册处拒绝申请的决定或对临时批准函施加条件或限制提出申诉。

第六十八条　提交新的临时批准函的申请的限制

如公司注册处拒绝所提出的申请的，申请人在收到公司注册处根据第六十六条的规定所发出的通知后六个月内，或在公司注册处可另行决定的期间内，不得再次申请临时批准函以进行相同的一项或多项研究活动，公司注册处另行同意的除外。

第六十九条　临时批准函中包含的详细信息

临时批准函应包含下列详细信息：

(1)临时批准函持有人的姓名；

(2)拟进行研究的研究场所的名称及位置；

(3)临时批准函的生效日期；

(4)临时批准函的期限；

(5)临时批准函持有人的经理的姓名；

(6)根据研究许可所应进行的研究活动；及

(7)公司注册处可能指定的其他事项，包括但不限于临时批准函中包含的任何条款、条件或限制。

第七十条　临时批准函的期限

根据适用的规则、标准和政策的规定或公司注册处施加的任何条款、条件或限制，临时批准函的有效期为两年，或可根据第七十九条的规定延长期限。

第七十一条　放弃研究活动

(1)临时批准函持有人在收到公司注册处根据第六十六条的规定所发出的通知后六个月内，未采取必要步骤以最终提交研究许可申请的，视为临时批准函持有人拟放弃进行该临时批准函所涵盖的一项或多项研究活动，公司注册处另行同意的除外。

(2)公司注册处应安排以书面形式通知申请人关于下列事项的决定：

(a)因放弃一项或者多项研究活动，修改临时批准函涵盖的研究活动的范围；或

(b)因放弃全部研究活动而撤回临时批准函。

第七十二条　放弃后重新申请临时批准函的限制

根据第七十一条的规定视为放弃了一项或多项研究活动的申请人在收到第七十一条第二款规定的通知后六个月内，不得再次申请临时批准函以进行相同的一项或多项研究活动，公司注册处另行同意的除外。

第七章　临时批准函持有人的义务

第七十三条　为保证后续进展而施加的条件

在授予临时批准函后，临时批准函持有人应：

(1)积极努力实施研究，并取得进展；

(2)每三个月或根据公司注册处的要求向公司注册处报告其行为和持续进展；

(3)遵守对其临时批准函施加的所有条款、条件和限制。

第七十四条　要求将申请中的修改通知公司注册处

修改或变更临时批准函的，临时批准函持有人应立即通知公司注册处。

第七十五条　通知人员变动的要求

变更临时批准函的有效期内将所有担任主要研究人员、有关人员、管理人和董事的人的身份信息的，临时批准函持有人应立即通知公司注册处。

第七十六条　对作为分支机构的临时批准函持有人的修改或变更

公司注册处授予作为分支机构的申请人以临时批准函的，分支机构应在申请所载的持照、注册或者同等授权发生修改或者变更的二十日内，将修改或变更的情况以书面形式通知公司注册处，并附上进行修改或者变更的日期。

第七十七条　母公司在当地管辖区的合法存续

在临时批准函的有效期内，申请研究许可之前，临时批准函持有人应在临时批函生效日的每一周年日向公司注册处提供由母公司管辖区的有关部门签发的证明，证明母公司在当地的合法存续及其在该部门的持照、注册或同等授权的有效性。

第七十八条　延长临时批准函有效期的请求

(1)临时批准函持有人可以书面形式请求公司注册处延长临时批准函的有效期。

(2)该请求应载明：

(a)临时批准函所延长的期限;

(b)有待完成的要求;及

(c)所发生的任何超出临时批准函持有人合理控制范围的,对按时提出申请的程序造成实质性障碍的情况的详细信息。

(3)上述请求应在不迟于临时批准函到期前六十日之前提出,并附上所需的费用。

第七十九条　延长临时批准函的有效期

(1)临时批准函持有人在其临时批准证函有效期内根据第七十八条的规定提出请求,且在将临时批准函转换为研究许可方面取得了实质性进展的,公司注册处可以延长该临时批准证函的有效期,以便临时批准函持有人提交申请。

(2)在考虑根据第七十八条的规定所提出的要求时,公司注册处可以考虑设施委员会就临时批准函持有人的进度向公司注册处所提供的任何建议。

第八十条　延长有效期

公司注册处应在超过临时批准函到期前三十日之前考虑请求延长临时批准函的有效期,该期限可再延长两年。

第八十一条　通知延长有效期的决定

公司注册处应以书面形式将其关于延长临时批准书的有效期的决定通知申请人,包括下列内容:

(1)是否批准该请求;

(2)是否拒绝该请求以及拒绝该请求的原因;

(3)临时批准函的到期日。

第八十二条　无权对公司注册处的决定提出申诉

申请人无权就公司注册处拒绝延长临时批准函有效期的请求提出申诉。

第八十三条　未在临时批准函的有效期内申请研究许可

临时批准函持有人未在其临时批准函到期前申请研究许可的,该临时批准函在所载的到期日自动终止。

第八章　撤销及中止临时批准函

第八十四条　中止或撤销临时批准函的理由

公司注册处可以基于临时批准函持有人违反本条例第八章规定的义务或基于先前根据第六十五条的规定已拒绝临时批准函的申请的相同理由中止或撤销临时批准书。

第八十五条　违规整改

在中止或撤销临时批准函之前,公司注册处应向临时批准函持有人提供在公司注册处规定的期限内整改违规行为的机会。

第八十六条　通知临时批准函持有人中止或撤销的事宜

公司注册处应以书面形式通知申请人:

(1)其中止或撤销临时批准函的决定;

(2)作出决定的理由;及

(3)中止临时批准函的,在解除中止之前,临时批准函持有人所应符合规定的条件。

第八十七条　无权对公司注册处的决定提出申诉

申请人无权就公司注册处中止或撤销临时批准函的决定提出申诉。

第八十八条　解除中止

(1)临时批准书未满足部分要求而被中止的,临时批准函持有人已符合条件的,可以请求公司注册处解除中止。

(2)公司注册处可要求临时批准函持有人提供任何其认为必要的信息,以供其考虑解除中止的请求。

第九章　有关研究许可申请的规定

第八十九条　将临时批准函转换为研究许可的要求

拟将临时批准函转换为研究许可的临时批准函持有人应:

(1)配合完成公司注册处决定的查验;及

(2)已取得临床事务部门、许可委员会及学术研究委员会原则上的批准。

第九十条　临时批准函持有人提交研究许可的申请

临时批准函持有人应在临时批准函的有效期内向公司注册处提交研究许可的申请,并附上所需的费用。

第九十一条　研究许可的申请应提供的信息

(1)申请应包含公司注册处合理要求的信息,并与本条例及适用的规则、标准和政策的规定一致。

(2)申请研究许可的临时批准函持有人应在其申请中指明其拟进行的与其临时批准书申请书所载信息不同的研究活动。

第九十二条　查验准备

在为查验进行准备时,临时批准函持有人应根据适用的规则、标准和政策制定临时批准函所载的一项或多项研究活动的政策及程序。

第九十三条　查验

(1)应对临时批准函持有人进行查验,以确保其符合适用的规则、标准和政策,以及在授予研究许可证前所应符合的有关机构指定的任何其他标准的规定。

(2)提交研究许可的申请后,公司注册处应进行查验或安排查验,包括但不限于:

(a)审查要求临时批准函持有人以书面形式提供的政策的最终版本;

(b)对临时批准函持有人拟进行研究活动的场所进行全面现场检查和/或评估;

(c)审查支持临时批准证函持有人能够满足本条例及适用的规范、标准和政策的规定的信息;及

(d)提供文件以证明临时批准函持有人已获得适用的建筑条例和区划条例要求的所有执照及其他文件。

(3)在进行查验时,公司注册处还应确定临时批准函持有人的管理人、董事、有关人员及临时批准函持有人确定的经理是否为合适人选。

(4)查验完成后,公司注册处应向临时批准函持有人提供有关临时批准函持有人为提供研究活动所做的准备的报告。

第九十四条　提供有关研究许可的申请的进一步信息的要求

临时批准函持有人应在公司注册处指定的期限内提供公司注册处要求的合理信息,以便公司注册处审查研究许可的申请。

第九十五条　公司注册处对研究许可申请的审查

(1)公司注册处应将申请同查验报告和临床事务部门、许可委员会及学术研究委员会原则上的批准一并纳入审查。

(2)在考虑根据第一款的规定所提供的信息时,公司注册处应考虑任何适用的条例、规则、标准和政策的规定。

第九十六条　申请研究许可的行为

公司注册处审查后可以:

(1)批准申请;

(2)批准申请,但申请人需符合在研究许可中附加的公司注册处认为必要和适当的条件或限制;或

(3)拒绝申请。

第九十七条　批准研究许可的申请

公司注册处确定下列事项属实的,方可批准申请:

(1)申请人满足本条例规定的所有标准,并符合与申请人拟从事的研究活动类型有关的适用规则、标准及政策;

(2)申请人已完成或能够完成本条例和适用的规则、标准和政策规定的所有将其临时批准函转换为研究许可的步骤;

(3)申请人已雇用、安排,或拟雇用、安排持照的医疗保健专业人员和其他具有实施该申请所载的研究活动的资格和经验的人员;

(4)申请书中载明的所有主要研究人员、管理人、董事、有关人员和经理均为适格人选;

(5)未发现可构成公司注册处拒绝该申请的理由的事实;

(6)已取得临床事务部门原则上的批准;

(7)已取得许可委员会原则上批准;及

(8)已取得学术研究委员会原则上的批准。

第九十八条　拒绝研究许可的申请的理由

公司注册处认定有下列情形之一的,可以驳回申请:

(1)申请人提交虚假、具有误导性或欺骗性的声明、信息或文件,或涉嫌误导或欺骗的;

(2)提交申请后,与本申请包含的信息或文件有关的情况发生变更,申请人未能及时将此类修改或变更通知学术研究委员会的;

(3)申请人未满足第九十七条规定的任何要求的;

(4)公司注册处对将持有研究许可的申请人遵守本条例及适用的规则、标准和政策的规定的情况不满的。

第九十九条　公司注册处通知申请人其所做决定

公司注册处应将其所做的下列决定以书面形式通知申请人：

(1)批准该申请并授予研究许可；

(2)对该研究许可的授予施加条件或限制；或

(3)驳回研究许可的申请。

第一百条　无权对公司注册处的决定提出申诉

申请人无权就公司注册处拒绝申请的决定或对研究许可施加条件或限制提出申诉。

第一百零一条　作为获批准的研究经营者的权利

申请经公司注册处批准后，申请人有权：

(1)称自己为获批准的研究运营商；

(2)根据其研究许可在迪拜医疗城内开展研究活动。

第一百零二条　研究许可中包含的详细信息

研究许可证应包含下列详细信息：

(1)获批准的研究经营者的姓名；

(2)研究许可的生效日期；

(3)获批准的研究经营者的经理的姓名；

(4)或批准的研究活动或批准的研究经营者拟进行的活动；及

(5)公司注册处可能指定的其他事项，包括但不限于临时批准函中包含的任何条款、条件或限制。

第一百零三条　研究许可证的展示

获批准的研究经营者应始终在各研究场所的显著位置张贴其研究许可的副本，使在该研究场所参与获批准的研究活动的人员可以看到该研究许可。

第一百零四条　研究许可的详细信息应登记在册

授予研究许可时，应根据《管理条例》的规定将获批准的研究经营者和研究许可的详细信息，包括对研究许可证施加的任何条件或限制，添加到学术研究委员会的登记记录信息中。

第十章　获批准的研究经营者、研究人员及发起人的义务和角色

第一百零五条　遵守条例

各获批准的研究经营者应遵守本条例及所有其他适用的条例、规则，标准和政策的规定。

第一百零六条　变更名称、地址及其他详细信息

(1)获批准的研究运营商应确保登记记录所载的信息是最新的，且应在变更之日起尽速将变更通知公司注册处。

(2)公司注册处可要求获批准的研究经营者提供证据以证明此类更改。

第一百零七条　不得增加或更改研究活动

(1)未事先获得公司注册处的批准，任何获批准的研究经营者均不得进行所授予的研究许可中未规定的研究活动，不得对获批准的研究活动进行实质性变更。

(2)获批准的研究经营者拟更改其研究许可所载的获批准的研究活动的，应在其能提供

该研究活动之前提交新的申请。

第一百零八条　伦理委员会

(1)各获批准的研究经营者均应根据生效的有关条例、规则、标准和政策的规定设立伦理委员会,监督和审查获批准的研究经营者所提供的服务质量。

(2)该伦理委员会应负责对所有议定书进行伦理审查,其职责应包括下列内容:

(a)审查各项议定书,以确定其符合研究认证及道德规范、所有相关的道德规范以及所有适用的条例并获得批准;

(b)持续审查获批准的研究活动,以确保该获批准的研究活动始终符合伦理要求,遵守有关条例及议定书的规定;

(c)审查严重违规事件;

(d)提供整改措施建议,防止严重违规事件再次发生;

(e)监督上述建议的执行情况;

(f)将严重违规事件的报告,包括根据第四项和第五项的规定所采取的行动,提交伦理研究审查委员会;

(g)向研究人员提供反馈,并与其就适用的标准保持对话。

(3)该伦理委员会应由具有相关专业知识的有关人士组成。

(4)获批准的研究经营者的母公司或有关人员以书面形式承诺其伦理委员会履行本节规定的伦理委员会的职责的,获批准的研究经营者无须再成立经伦理委员会。

(5)获批准的研究经营者的母公司或有关人员的伦理委员会应遵守本节规定的伦理委员会的全部职责。

第一百零九条　主要研究人员的义务

(1)各主要研究人员均应为持照的医疗保健专业人员或持照的补充和替代医疗专业人员,非持照的医疗保健专业人员或持照的候补医疗专业人员的主要研究人员应由持照的商业公司聘用。

(2)主要研究人员应受过教育、培训及具备相关经验,以具有适当开展获批准的研究活动的资格,并应经伦理研究审查委员会及任何其他委员会要求提供上述资格的证明和/或其他相关文件。

(3)各主要研究人员均应遵守本条例适用的规定及适用的条例、规则、标准及政策的规定。

第一百一十条　培训要求

所有参与研究的主要研究人员、副研究人员和其他工作人员应:

(1)在参加获批准的研究活动之前完成学术研究委员会批准的培训课程,并通过该培训的评估环节;

(2)至少每两年完成一次学术研究委员会规定的进修课程。

第一百一十一条　熟悉研究器械

各主要研究人员均应熟悉与人类生物医学研究有关的获批准的议定书所载的、有效的研究者手册所载的以及任何适用的器械手册、产品信息或其他可获得的相关信息所载的研究用品适当的使用方法。

第一百一十二条　无重大财务利益

主要研究人员应为本人及与研究相关的每名副研究人员提交一份其本人及任何副调查员不存在重大财务利益的证明，或根据第一百一十三条的规定提交财务利益冲突的披露声明。

第一百一十三条　存在财务利益

具有财务利益冲突的各研究人员均应向伦理研究审查委员会提交披露声明，说明下列事项：

(1)研究的发起人与研究人员之间订立的任何财务协议，以通过研究结果影响研究人员进行研究而获得的补偿价值；

(2)参与研究的任何研究人员在研究用品中拥有的任何专有权益；

(3)研究发起人支付的任何其他形式的大笔款项，如用于资助正在进行的研究的赠款、以物代偿、用以持续进行咨询的保留金、酬金等；及

(4)研究者所持有的任何与研究发起人有关联的股权。

第一百一十四条　提供给伦理研究审查委员会或有关委员会的信息

各主要研究人员应向伦理研究审查委员会和/或有关委员会提交下列报告：

(1)年度进展报告，包括获批准的研究活动进展的书面形式的摘要。

(2)发生任何严重违规事件的，应立即提供安全报告，包括下列内容：

(a)对该事件的描述；

(b)对所涉及的人类研究对象或任何其他人类研究对象的影响程度；

(c)审查并分析是否需要进行研究干预，包括终止或中止获批准的研究活动，以及在需要进行干预的情形下如何进行此类干预；

(d)是否存在违反议定书或任何适用的条例、规则、标准和政策的情形；

(e)是否已采取整改措施以防止类似事件再次发生。

(3)获批准的研究活动后所做的最终报告，在研究完成九十日之内完成。

第一百一十五条　发起人义务

发起人应遵守本条例、其他适用的条例以及所有适用的规则、标准和政策的规定。

第一百一十六条　研究场所的职责分配

在研究开始之前，主要研究人员应定义、建立及分配所有与研究相关的职责和职能，并与各个研究场所中所有与研究有关的人员共享该信息。

第一百一十七条　对研究用品所负的责任

各发起人应负责提供及处理与人类生物医学研究有关的所有研究用品，包括但不限于：

(a)一旦人类生物医学研究获得批准，仅向参与人类生物医学研究的研究人员提供研究用品的进口许可及装运；

(b)确保向主要研究人员提供关于研究用品的处理及储存的书面指示；及

(c)采取措施以确保研究用品在使用期间保持稳定。

第一百一十八条　配合现场检查

(1)获批准的研究经营者必须遵守临床事务部门根据第二款的规定所做的通知中提出的与现场检查有关的合理要求。

(2)临床事务部门可以在研究许可有效期内的任何时间，以书面形式通知获批准的研究人员，以进行下列现场检查：

(a)对研究许可所载的研究场所进行现场检查，以及对获批准的研究经营者进行获批准的研究活动或获得的研究许可所载的研究活动的方式进行现场检查；

(b)在现场检查后审查所有获批准的研究经营者所制定的现行的政策和程序，确保它们符合本条例及所有其他适用的条例、规则、标准和政策的规定。

第一百一十九条　提供信息

作为分支机构的各获批准的研究经营者应：

(1)在授予分支机构研究许可的每个周年日，向公司注册处提供由母公司的当地管辖区签发的证明，证明母公司在当地管辖区的合法存续及其在该部门的持照、注册或同等授权的有效性；及

(2)在变更后二十日之内，以书面形式通知公司注册处对其在申请时提交的其母公司的持照、注册或同等授权情况进行的任何修正或更改，以及进行该修正或更改的日期。

第一百二十条　终止研究活动的通知

(1)获批准的研究经营者决定不执行研究许可所载的的研究计划的，应立即通知公司注册处。

(2)提交第一款规定的通知后，研究经营者的与上述研究活动有关的研究许可立即作废，且公司注册处可以发布修订后的研究许可。

第一百二十一条　变更业务的通知

除本条例或任何其他适用的规则、标准或政策要求获批准的研究经营者提供的信息外，有下列情形之一的，各获批准的研究经营者应通知公司注册处：

(1)与获批准的研究活动一起开展的任何其他业务的性质发生变化的；

(2)经获批准的研究经营者提议，拟改变其开展的任何其他业务的性质或范围的；

(3)变更其经理、管理人、董事和有关人员的；

(4)变更设施及医疗设备的，如适用，则要求出具根据设计及施工指南的规定授予的设计批准及装修许可。

第十一章　伦理研究审查委员会及临床事务部门实施的现场检查的后续行动

第一百二十二条　现场检查后发现不合要求

(1)根据一百二十四条的规定，临床事务部门根据第一百十八条的规定进行现场检查后发现下列事项不符合要求的，应通知获批准的研究人员：

(a)获批准的研究经营者的研究许可；

(b)本条例任何适用的规定；或

(c)任何其他适用的条例、规则、标准和政策的规定。

(2)根据第一款规定，被认定不合要求的研究经营者应当：

(a)经临床事务部门要求的，提交整改计划，整改违规行为，并在临床事务部门可能

要求的时间内执行该计划;及

(b)在任何情形下,均遵守临床事务部门的要求,在临床事务部门要求的期限内对违规事项进行整改。

(3)在收到根据本条的规定所提出的报告后,伦理研究审查委员会发现下列事项之一不合要求的,可以随时指示临床事务部门根据第一百一十四条的规定采取行动:

(a)获批准的研究经营者的研究许可;

(b)本条例的任何适用要求;

(c)任何其他适用的条例、规则、标准和政策。

第一百二十三条 进一步的现场检查

临床事务部门应进行或安排进行进一步的现场检查,以监督违规事项的整改情况。

第一百二十四条 将未能整改违规行为的情形通知保障部

获批准的研究人员未遵守第一百二十二条第二款的规定的,或临床事务部门不满意对违规行为所进行的整改的,临床事务部门可以通知保障部。

第一百二十五条 将即将发生的严重风险事件通知保障部

(1)伦理研究审查委员会或临床事务部门在根据第一百一十八条的规定所进行的现场检查中确定其雇员、研究主体或公众的健康或安全面临严重的、迫在眉睫的风险的,伦理研究审查委员会或临床事务部门应立即通知保障部。

(2)伦理研究审查委员会或者临床事务部门根据下列合理理由认为有必要的,可以通知保障部,要求立即限制或中止获批准的研究活动:

(a)获批准的研究人员的作为或不作为,对其雇员、研究主体或公众的健康或安全构成严重的、迫在眉睫的风险的;

(b)在临床事务部门根据第一百一十八条的规定所进行的现场检查中发现对雇员、研究主体或公众的健康或安全构成严重的、迫在眉睫的风险;或

(c)获批准的研究经营者不再有效投保获批准的职业责任保险的。

第十二章 附加条件、撤销及中止研究许可

第一百二十六条 保障部依据伦理研究审查委员会或临床事务部门的信息所采取的行动

(1)当保障部收到伦理研究审查委员会或临床事务部门根据第一百二十四条或第一百二十五条的规定所发出的通知时,应根据本章的规定行事。

(2)根据本章的规定,上述通知均应称为伦理研究审查委员会或临床事务部门的申诉。

第一百二十七条 初步检查

(1)收到投诉后,保障部应进行初步检查。

(2)保障部应在合理可行的范围内尽速将投诉副本发送给有关的获批准的研究经营者,要求其在规定时间内以书面形式提交说明。

(3)保障部可以随时根据第一百二十八条的规定将投诉移交以进行调解。

(4)管理中心可随时根据《管理条例》第一百三十六条至第一百四十三条的规定采取措施,获取更多其认为必要的信息。

(5)在进行初步检查后,保障部可以将投诉移交给适任审查小组进行审查。

(6)在决定其行动方案后,保障部应在合理可行的范围内尽速以书面形式将通知送达获批准的研究经营者和投诉人,并向获批准的研究经营者提供一份投诉副本。

第一百二十八条　调解

(1)保障部已移交投诉以进行调解的,应通知获批准的研究经营者和投诉人。

(2)须获批准的研究经营者和投诉人均同意的,方可进行调解。

(3)获批准的研究经营者和投诉人同意后,保障部应任命一名调解员。

(4)在下列情形中:

(a)未取得获批准的研究经营者的同意的,保障部应将该问题移交给适任审查小组;

(b)未取得投诉人的同意的,保障部可以驳回投诉。

(5)调解结束后,调解员应向保障部提交报告,包括任何所达成的友好解决方案的条款。

(6)投诉人和/或获批准的研究人员的经理在无合理理由的情形下拒绝调解或未参加调解的,调解员可提议进行下列事项:

(a)将该问题移交给适任审查小组;或

(b)驳回投诉。

(7)未达成友好的解决方案的,在考虑了调解员提交的报告后,保障部可以作出下列命令:

(a)驳回投诉;

(b)将该问题移交给适任审查小组。

第一百二十九条　临时限制或中止

(1)保障部收到伦理研究审查委员会或临床事务部门根据第一百二十五条第二款的规定所提出的要求的,应立即通知投诉管理小组主席,以对研究许可所载的获批准的研究活动立即施加临时限制或予以中止。

(2)投诉管理小组主席应审查投诉以确定是否应立即进行临时限制或予以中止。

(3)可以由法定评价人协助投诉管理小组主席审查投诉。

(4)投诉管理小组主席应将投诉的副本提供给获批准的研究经营者,并要求其以书面形式或在听证会上就是否需要立即施加临时限制或予以中止作出说明。获批准的研究经营者的经理被要求参加听证会的,应当单独参加听证会,投诉管理小组主席另行同意的除外。

(5)投诉管理小组主席可对研究许可施加临时限制或予以中止。

(6)投诉管理小组主席应立即以书面形式将其根据第五款的规定所做的决定通知获批准的研究经营者,且该决定自收到该通知之日起生效。

(7)上述临时限制或中止应保留适当限度,直至适任审查小组完成审查后,由适任审查小组另行指示。

(8)为免生疑问,本条例本章的规定应继续适用于由投诉管理小组主席根据第五款的规定所施加的临时限制或予以中止的获批准的研究经营者。

第一百三十条　移交适任审查小组

(1)保障部已决定将投诉移交给适任审查小组的,投诉管理小组主席应根据《管理条例》第一百三十五条的规定任命适任审查小组。

(2)适任审查小组应审查针对获批准的研究人员的投诉,确定是否应施加条件、中止或撤销研究许可。

第一百三十一条　获得法律建议

适任审查小组向法定评价人征求意见,以协助其审查。

第一百三十二条　适任审查小组的审查准备

(1)适任审查小组可在审查开始之前随时要求:

(a)获批准的研究经营者提供任何其他信息;或

(b)获批准的研究经营者的经理与适任审查小组的一名成员会面,以识别和澄清审查期间所应考虑或所应决定的问题的性质。

(2)适任审查小组应在审查开始之前向获批准的研究人员提供关于所进行的审查的指南。

第一百三十三条　适任审查小组听证会的通知

举行适任审查小组听证会时,适任审查小组应:

(1)在进行任命后的三日内,向获批准的研究机构发出通知,指明:

(a)听证会的性质以及对获批准的研究人员所提出的任何指控或所发现的问题;

(b)听证会的时间及地点;

(c)获批准的研究经营者有权在听证会上通过经理和/或律师提交意见;及

(d)听证会不公开举行,适任审查小组另行要求的除外。

(2)确定举行听证会的时间及地点,举行时间不得早于根据第一款的规定通知获批准的研究人员后第二十一日且不迟于第四十五日。

第一百三十四条　听证程序

(1)在适任审查小组听证会上:

(a)适任审查小组应事先听取并认定有关事项;

(b)获批准的研究人员有权委托管理人和/或法律顾问出席,进行陈述、传唤证人并进行交叉询问;及

(c)除适任审查小组另行决定外,听证程序不公开。

(2)在遵守本节的其他规定及任何相关标准和政策的前提下,适任审查小组:

(a)可以规范自己的程序;

(b)应当遵守本条例的规定,并适当考虑在所讨论的事项允许的范围内,以最简技术流程开展;

(c)不受证据规则的约束,但可通过任何合理的方式获取信息;

(d)受自然公正规则的约束。

第一百三十五条　适任审查小组的决定

(1)审查结束时,适任审查小组可以:

(a)对获批准的研究经营者的研究许可施加条件或限制;

(b)在适任审查小组规定的期限内中止研究许可;

(c)撤销研究许可;

(d)取消或修正先前施加于获批准的研究经营者的研究许可的条件或限制;

(e)根据公司注册处发布的有关罚款期限的规定处以罚款;或

(f)不采取进一步行动。

(2)除第一款另有规定外,适任审查小组可以责令有关的获批准的研究经营者支付其认为适当的任何程序的费用、开销及附带的费用,以及在适用的情况下,向投诉管理小组主席支付适当的费用,第一款另有规定的除外。上述费用包括:

(a)任何受指派协助适任审查小组进行审查的法定评价人的费用及开销;

(b)适任审查小组可能向证人支付的合理费用;

(c)适任审查小组和投诉管理小组主席进行诉讼所需的合理费用。

第一百三十六条　施加条件或限制、中止或撤销销究许可的理由

(1)适任审查小组施加条件或限制、中止或撤销全部或部分研究许可的理由,包括但不限于获批准的研究经营者具有的下列情形:

(a)严重违反本条例及任何其他适用的条例、规则、标准及政策的规定,或严重违反其研究许可包含的条款、条件或限制的;

(b)未能履行本条例或任何其他适用的条例、规则、标准或政策规定其应履行的重大义务的;

(c)屡次未能整改伦理研究审查委员会或临床事务部门经定期审查所认定的缺陷的,即便仅一处缺陷不能单独构成撤销研究许可的理由;

(d)不再持有《公司条例》规定的在迪拜医疗城内开展业务的执照的;

(e)获批准的研究经营者是分支机构时,其母公司不再有权在当地管辖区内开展业务的;

(f)如适用,未续保获批准的职业责任保险的;

(g)在遵守或为遵守本条例及任何其他适用的条例、规则、标准和政策的规定时,向公司注册处或学术研究委员会提供具有欺诈、误导、欺骗或虚假信息的;

(h)在授予研究许可的九十日内,或在公司注册处合理指定的其他期限内,仍未开始一项或多项已授予其研究许可的获批准的研究活动的;

(i)尚未支付获取研究许可所应付的费用,包括罚款或尚未向公司注册处付清的任何其他款项;

(j)仍未开始或连续三个月未进行获批准的研究活动且未以书面形式通知的;

(k)涉嫌进行一项或多项与授予其的研究许可所载的研究活动不同的研究活动的;

(l)已将获批准的研究经营者的一项或多项获批准的研究活动的利益及控制权转让给第三方的。

(2)基于下列任一理由,适任审查小组可以可施加条件或限制,中止或撤销研究许可:

(a)在迪拜医疗城内具有管辖权的法院或法庭的命令;或

(b)可作为施加条件或限制,中止或撤销研究许可的适当、合理的理由的适用的规则、标准和政策规定的其他理由。

第一百三十七条　告知获批准的研究经营者适任审查小组的决定

(1)适应性练习小组应以书面形式将其决定通知获批准的研究人员。

(2)适任审查小组还应向获批准的研究人员提供:

(a)所做决定的理由的书面形式的陈述;及

(b)关于其对所做决定提出申诉的权利的详细信息。

第一百三十八条　就适任审查小组所做决定的申诉权

(1)获批准的研究经营者有权对适任审查小组所做决定提出申诉。

(2)任何申诉均符合本条例第十三章的规定。

第一百三十九条　公司注册处可采取简易方式中止或撤销研究许可

(1)在下列情形中,公司注册处可采取简易方式中止或撤销获批准的研究经营者的研究许可:

(a)被确定为获批准的研究经营者的关键人员的持照的医疗保健专业人员的执照已被撤销或中止的;或

(b)获批准的研究经营者在进行获批准的研究活动时未根据第一百七十四条的规定投保适用的保险的。

(2)在根据第一款的规定暂停或撤销研究许可之前,公司注册处应:

(a)以书面形式通知获批准的研究人员;及

(b)在上述通知中,要求获批准的研究经营者在通知指定的时间内陈述其不应当中止或撤销其研究许可的原因。

(3)获批准的研究经营者:

(a)未在所给予的期限内或未在公司注册处允许的延长期限内陈述理由的;或

(b)未就为何不应中止或撤销研究许可提供充分理由的,

公司注册处应以书面形式将中止或撤销研究许可的日期及暂停期限(如适用)通知获批准的研究经营者。

(4)本条例第一百四十六条和第一百四十七条的规定的适用方式应与本条例的第十二章所载的经适任审查小组决定中止或撤销研究许可的适用方式相同。

第十三章　申 诉 程 序

第一百四十条　反对适任审查小组的决定的申诉

本条例规定了具有对适任审查小组的决定提出申诉的权利的,申诉程序应遵守本章的规定。

第一百四十一条　适任审查小组的命令在上诉前不应生效

获批准的研究人员已就适任审查小组的命令提出申诉的,在申诉结束且申诉委员会根据第一百四十四条的规定作出决定之前,该命令不生效,适任审查小组另行命令的除外。

第一百四十二条　申诉时提供进一步信息的权利

(1)获批准的研究经营者就适任审查小组的决定提出申诉的,应向申诉委员会提供:

(a)其打算就有关决定提出申诉的书面形式的通知;

(b)就根据第一百三十七条的规定发出的通知所载的原因的书面形式的答复;及

(c)其认为适当的其他补充信息。

(2)根据第一款的规定的所提供的信息应在收到根据第一百三十七条的规定发出的通知之日起三十日内提交申诉委员会。

第一百四十三条　无权参与听证会

(1)获批准的研究人员无权参与申诉委员会的听证会,申诉委员会根据第二款的规定要求其出席会议的除外。

(2)上诉委员会可以邀请获批准的研究经营者出席拟审议有关事项的申诉委员会会议。

第一百四十四条　申诉委员会的决定

(1)根据第一百四十二条的规定对有关事项进行了审议并取得进一步的信息后,申诉委员会应:

(a)对批准的研究运营商的研究许可证施加条件或限制;

(b)在适应练习小组规定的时间内暂停研究许可;

(c)撤销研究许可;

(d)取消或修正先前施加于获批准的研究经营者的研究许可的条件或限制;

(e)根据公司注册处发布的有关罚款期限的规定处以罚款;或

(f)不采取进一步行动。

(2)申诉委员会可以责令有关的获批准的研究经营者支付其认为适当的任何程序的费用、开销,第一款另有规定的除外,上述费用应包括:

(a)任何受指派协助申诉委员会进行审查的法定评价人的费用及开销;

(b)申诉委员会可能向证人支付的合理费用;及

(c)向申诉委员会进行申诉所需的合理费用。

(3)申诉委员会的决定应遵循少数服从多数原则。

第一百四十五条　无权申诉

申请人无权就申诉委员会的决定提出申诉。

第十四章　终止获批准的研究活动

第一百四十六条　拒绝续期或撤销研究许可后采取的行动

(1)适任审查小组或申诉委员会决定撤销获批准的研究经营者的研究许可,或者投诉管理小组主席决定对获批准的研究经营者的研究许可施加临时限制或予以中止后,公司注册处应确定研究许可所载的获批准的研究经营者所进行的一项或多项研究活动的结束期。

(2)在确定有序结束期的持续时间时,获批准的研究经营者除其他有关因素外,还应酌情考虑适当通知人类生物医学研究的人类研究对象,特别是适当通知已经参与研究的人类研究对象的需要,并确定人类研究对象从人类生物医学研究中适当脱离或转移到另一从事相同的人类生物医学研究的获批准的研究经营者处所需的时间。

(3)获批准的研究经营者已根据第四十二条第二款的规定获得在迪拜医疗城外进行经营的执照的,应将对其研究许可的撤销、拒绝续期或临时中止或临时撤销通知有关机构。

(4)在第三款规定的情形中,公司注册处也可以向有关机构披露其对获批准的研究经营者的研究许可所处的撤销、拒绝续期或临时中止或临时撤销。

(5)本节规定的义务应在向申诉委员会发出申诉通知后三十日的期限届满时生效。

第一百四十七条　停止活动

在获批准的研究经营者的一项或多项获批准的研究活动有序结束后,受影响的获批准的研究经营者应立即停止提供其研究许可所载的所有研究活动,并不得再称自己为获批准的研究经营者。

第十五章　自愿终止获批准的研究活动

第一百四十八条　以书面形式提供通知

获批准的研究运营商可以随时以书面形式向公司注册处发出通知,表示其拟自通知中指定的日期起停止提供其研究许可所载的一项或多项研究活动。

第一百四十九条　所应提供的信息

获批准的研究经营者在根据第一百四十八条的规定以书面形式所发出的通知中,应包括拟停止提供的获批准的研究活动的有序结束计划,包括研究活动的预定结束日期。

第一百五十条　公司注册处、其他机构及管理中心的建议

公司注册处可就永久性的和临时性的自愿终止研究活动的充分性,特别是根据第一百四十九条的规定所提交的计划的充分性,征询其他机构的意见。

第一百五十一条　终止获批准的研究活动所需的足够时间

根据第一百四十八条的规定所发出的通知中指定的一个或多个日期应足以为获批准的研究机构该通知所确定的有序结束各项获批准的研究活动提供合理时间。公司注册处可就所需时间的充分性咨询学术研究委员会和/或伦理研究审查委员会。

第一百五十二条　公司注册处可能需要延长时间

在审查根据第一百四十九条的规定所提供的信息后,公司注册处在其认为需要更多时间的,可以要求延长根据第一百四十八条的规定所发出的通知中指定的任何日期,以确保受影响的获批准的研究活动有序结束。

第一百五十三条　管理中心可直接结束活动

公司注册处认为根据第一百四十九条的规定所提交的计划不充分,或以其他方式认定受影响的获批准的研究经营者本身不能适当安排有序结束任何受影响的研究活动的,可指示管理中心或管理中心任命的组织,以有序结束所有研究活动,而进入该获批准的研究经营者开展其研究活动的研究场所。

第一百五十四条　公司注册处可能需要获批准的研究活动继续

伦理研究审查委员会提出意见认为终止获批准的研究活动将对参加获批准的研究活动的人类研究对象产生不利影响的,公司注册处可根据该意见以书面形式向获批准的研究经营者发出通知,要求其在伦理研究审查委员会指定的合理期限内继续从事获批准的研究活动。

第一百五十五条　研究许可的终止

研究许可将于根据第一百四十八条的规定所发出的通知中指明的日期或公司注册处可能规定的任何其他日期终止,确有必要的,公司注册处应授予修订后的研究许可。

第十六章　迪拜医疗城内涉及人类研究对象的人类生物医学研究的一般性原则

第一百五十六条　进行涉及人类研究对象的人类生物医学研究的一般性要求

所有人类生物医学研究均应遵守本条例及任何其他适用的条例、标准和政策的规定,以及学术研究委员会发布的研究认证及道德规范规定的道德准则。

第一百五十七条　人类研究对象的安全至上

根据第一百六十五条的规定,在中止或暂停人类生物医学研究的情形下,获批准的研究经营者和主要研究人员应当保障人类实验主体的安全。

第一百五十八条　与其他管辖区联合进行的人类生物医学研究

经双方确认,在迪拜医疗城内开展的人类生物医学研究应与其他管辖区联合进行,并应遵守其他管辖区的条例,包括但不限于:

(a)相关的《美国联邦法规》(CFR);

(b)关于人用药品注册技术要求的国际协调会议(ICH)的《良好的临床实践指南(E6)》;及

(c)欧盟及其根据欧洲临床试验指令(EUCT)的规定所提出的要求。

第一百五十九条　批准人类生物医学研究的要求

所有人类生物医学研究均应从科学角度和伦理角度进行审查,并由伦理研究审查委员会批准。

第一百六十条　临床试验登记

获批准在迪拜医疗城内进行的人体生物医学研究涉及临床试验的,应由伦理研究审查委员会随时确定,并根据有关条例、规则、标准和政策的规定登记在受国际承认的临床试验登记记录中。

第一百六十一条　评估人类生物医学研究的标准

伦理研究审查委员会在审查人类生物医学研究的申请时应确保其对人类研究对象的风险已通过下列方式降至最低:

(a)使用经合理设计的研究程序,使受试者免于身处危险之中;及

(b)在适当的时候,使用出于诊断或治疗的目的已对人类研究对象使用的程序。

第一百六十二条　人类生物医学研究方案的制定

(1)所有人类生物医学研究方案均应根据合理的科学原则详尽制定,如适用,应进行适当的实验和/或动物研究。

(2)人类生物医学研究设计应将风险最小化,并最大限度地增强对人体的益处,且遵守适用的规则、标准和政策的规定。

(3)镇定剂的对照使用应具有科学依据并在伦理上具有正当性。

第一百六十三条　人类研究对象的知情同意

未经参与研究的人类研究对象的知情同意,不得启动人类生物医学研究,本条例另有规定的除外。知情同意书应通过学术研究委员会发布的研究认证及道德规范规定的方式获得。

第一百六十四条　中断人类生物医学研究

(1)当发现对人类研究对象的风险大于预期,或当一种治疗手段明显不如用于比较的另一种治疗手段有效时,获批准的研究经营者应中断人类生物医学研究的进行。

(2)在适用第一款的规定的情形下,获批准的研究人员应遵循第十四章规定的程序。

第一百六十五条　终止或中止人类生物医学研究后所采取的行动

人类生物医学研究因任何原因被中断、过早终止或中止的,首席研究者应立即告知所有人类受试者,并确保为其提供适当的疗法及随访服务。

第一百六十六条　有效治疗

一旦确定人类研究对象所带来的价值,获批准的研究经营者有责任确保人类受试者能够受益于更有效的治疗手段。

第一百六十七条　研究人员的能力

人类生物医学研究应始终由具有下列资质的合格的研究人员进行:

(1)经过培训具有相关经验;

(2)了解本条例及任何适用的规则、标准和政策的规定;及

(3)熟谙有关人体生物医学研究的人类研究对象的伦理考量。

第一百六十八条　公开

所有人类生物医学研究均应在与其相关的各方充分披露自己在研究结果中所具有的利益以及可能存在的任何财务利益冲突后,以公平、诚信、公正和公开的方式开展。

第一百六十九条　患者健康信息在人类生物医学研究中的应用

只能根据《健康数据保护条例》的规定披露人类研究对象的患者健康信息。

第一百七十条　信息记录

所有与人类生物医学研究有关的资料均应符合《健康数据保护条例》的规定,妥善记录、处理及储存,以便进行准确报告、解释及核实。

第一百七十一条　信息保留

本条例的规定所需的所有文件、重要文件、其他记录,以及由获批准的研究经营者、研究人员或发起人制定及维护的任何适用规则、标准和政策,均应在《健康数据保护条例》规定的期限内予以保留。

第一百七十二条　研究用品的使用

在人类生物医学研究中使用的研究用品应仅根据获批准的议定书的规定使用。

第一百七十三条　数据安全监测

(1)所有介入研究均应在其协议中充分包括关于数据安全监测的规定,以持续保障参与研究的及潜在的人类研究对象的安全。

(2)伦理研究审查委员会可要求获批准的研究经营者或主要研究人员成立数据安全监测委员会,以评估由主要研究人员发起的研究活动的进度及安全性。

第十七章　获批准的职业责任保险

第一百七十四条　投保保险的要求

(1)未投保所需的获批准的职业责任保险、公共责任保险和/或任何其他形式的保险(如果适用)的,获批准的研究经营者不得进行任何研究活动。

(2)第一款规定的保险应根据中央管理委员会合理规定的金额、条款、条件和/或其他适用的法律、条例、规则、标准或迪拜医疗城内生效的政策投保及续保。

第一百七十五条　管理中心批准的保险公司

(1)上述保险应根据对其财务偿付能力所进行的评估,根据基于管理中心认为的关于保险商履行其在迪拜医疗城内为获批准的研究人员签发的保单项下的义务的能力的其他特征,从管理中心批准的保险商处投保。

(2)管理中心应发布此类获批准的保险商的名单。

第一百七十六条　除投保其他保险外仍需投保获批准的职业责任保险

获批准的职业责任保险,应为迪拜医疗城有效的其他适用法律、条例、规则、标准或政策的规定要求获批准的研究经营者投保及续保的任何其他保险的补充。

第一百七十七条　授予研究许可的限制

公司注册处:

(1)除非确信临时批准函持有人在进行研究活动时投保了第一百七十四条的规定的保险,否则不应向临时批准函持有人颁发研究许可;及

(2)确信研究经营者在进行获批准的研究活动期间投保了第一百七十四条的规定所需的保险的,仍可撤销、中止其研究许可或拒绝续期。

附表一　关于各委员会的规定

第一条　任命委员会成员

委员会的成员由学术研究委员会任命。

第二条　任命委员会主席

委员会的主席由学术研究委员会任命。

第三条　任期

(1)在委员会的首次任命中,学术研究委员会应作出下列任命:

　　(a)任命半数成员,每届任期两年;及

　　(b)任命成员,包括主席在内,每届任期三年。

(2)任命的成员人数不均的,每届任期为两年的成员占多数。

第四条　连任

有关机构的成员有资格再次被任命为学术研究委员会成员,已连续任职六年的除外。在有关成员已连续任职六年的,不得立即再次任命该成员;该任命只持续至一届任满,执行机构以书面形式同意连续任职六年以上的除外。

第五条　成员辞职

委员会成员可以向机构主席以书面形式递交署名的通知进行辞职。

第六条　职务空缺

有关委员会因本条例的修订而撤销的，则有关委员会的成员不再担任该委员会的成员。

第七条　职务罢免

(1)学术研究委员会可以书面形式通知委员会成员其以正当理由罢免该成员。该通知应包括罢免生效的日期，且该日期不得早于收到通知的日期。

(2)该通知还应说明罢免原因。

(3)正当理由包括行为不当、无法履行成员的职能要求、玩忽职守以及违反有关机构的集体职责或成员的个人职责。

第八条　丧失成员资格不予补偿

委员会成员无权出于任何理由获得与停止其任职有关的补偿或任何其他款项或利益。

第九条　任命委员会秘书

(1)学术研究委员会应任命一名不具备该委员会成员的身份人士担任该委员会的秘书。秘书的任期由学术研究委员会确定，并可随时由学术研究委员会任免。

(2)秘书应由从研究伦理审查委员会的人员中任命。

第十条　秘书的职责

秘书应在研究伦理审查委员会的支持下充分准备并留存委员会活动所需的文件，包括但不限于：

(1)留存调查人员所提交的经委员会审查的所有议定书的副本，包括有关初步审查及持续审查的信息；

(2)留存委员会会议及其采取的行动、决定、建议的书面记录；

(3)保留委员会与调查人员之间所有通信的副本；

(4)留存委员会持续审查的记录或获批准的研究活动的记录；

(5)在委员会主席的指示下，在每次会议至少五个工作日之前分发会议的议程，并在至少七个工作日之前分发拟进行审查的申请和议定书；

(6)确保每次会议的纪要在会议后的三个工作日内分发给委员会成员；

(7)留存记录所有委员会成员的详细信息及资格的清单；

(8)留存第十五条规定的成员利益登记记录；

(9)确保为委员会提供书面程序；

(10)学术研究理事会规定的任何其他职责。

第十一条　信息保留

委员会的所有记录，包括但不限于：

(1)书面程序；

(2)成员名单；

(3)成员的职务/隶属关系清单；

(4)所提交的文件；

(5)会议纪要；及

(6)通信。

以上与研究相关的信息则应在研究完成后至少保留五年以便审核。

第十二条　会议程序

委员会应根据《管理条例》附表一第十四条的规定,采用程序规则来规范行为,至少应包括下列内容:

(1)在研究伦理审查委员会的情形中,应至少每月召开一次会议,或应学术研究委员会的召集,在学术研究委员会指定的时间和地点召开会议;

(2)在其他委员会的情形中,应按学术研究委员会的要求及决定,在学术研究委员会指定的时间和地点召开会议;

(3)所有会议应在全体与会人员亲自出席的前提下召开,但也可以通过远程会议的形式或有关机构确定的允许所有成员同时参加会议的其他形式召开;

(4)时任委员会成员的多数应能构成所有业务处理的法定人数;但应有一名非专业人士在场;及

(5)只有参与过事务审查及讨论的委员会成员才有权对该事务进行表决。

第十三条　成员培训

委员会的每名成员在任期开始前均应完成学术研究委员会批准的培训课程,继续担任委员会成员的必须每两年完成一次进修课程。

第十四条　其他人士的参与

(1)委员会可邀请在特殊领域具有专长以审查议定书的非委员会成员的人士参加委员会会议。

(2)任何受此邀请参加会议的人员均无权以有关机构成员的身份进行投票。

第十五条　利益披露

(1)成员为处理的利益方的应在得知有关事实后,在合理的范围内尽快向有关机构披露利益的性质。

(2)在符合本附表第十七条的规定的情形下,根据本条的规定进行披露的委员会成员不得有下列行为:

(a)在披露机构所进行的与处理有关的任何审议或决定后参与其中;

(b)在对决定进行表决时纳入法定人数;

(c)签署任何与进行处理或发起处理有关的文件。

第十六条　利益披露应记录在案

披露应记录在机构下次会议纪要中,并记入秘书留存的利益登记记录。

第十七条　成员参加审议

(1)如果有关机构其他成员的多数允许根据本条的规定作出披露的成员参加审议,则该成员可以参与机构中与该处理有关的任何审议(但不参与任何决定)。

(2)允许成员参加审议的,则会议纪要应记录在案:

(a)成员的多数所给予的许可和给予许可理由;及

(b)成员在会议上就有关处理进行的讨论中所说的所有内容。

(3)成员情况发生任何与所披露的事项相关的变化,都应在发生变化后尽快将其记录在利益登记记录中。

第十八条　处理的定义

(1)《管理条例》附表一第十九条至第二十一条的规定适用于解释处理的含义。

(2)此外,只有与拟议研究的调查人员与赞助人无关的委员会委员,才能参与相关讨论并对该拟议研究进行表决。

韩国外商投资促进法

龚　茁　译　屈文生　审校*

《韩国外商投资促进法》译介

《韩国外商投资促进法》(第5559号法案)于1998年9月16日颁布,废除了先前实施的《韩国吸引外国投资和外国资本法》。该法放宽了对外国人投资的监管和限制,加大了税收优惠力度,全面整顿了外商投资区的设立等有关外商投资的制度。该法自颁布以来,历经15次修正。

该法对"外国人""韩国国民""韩国公司""外商投资"等术语进行了严格界定。该法第2条规定,"外国人"是指具有外国国籍的个人、根据外国法律设立的公司或总统令规定的国际经济合作组织;"大韩民国国民"是指具有大韩民国国籍的个人;"外商投资"是指外国人为了与韩国公司或企业建立持续的经济关系,例如根据本法参与该公司或企业的管理,而根据总统令的规定,通过下列方式持有韩国公司(包括正在设立中的韩国公司)或大韩民国国民经营的企业的股票或股份的行为等。

该法的主要内容有:

第一,将外国人投资的方式变更为报告制。在大韩民国任何公司进行投资的任何外国人应就此向财政和经济主管部门提交报告,有关部门应立即向该外国人核发报告完成证书。

第二,外国人可以投资的对象包括现金、资本货物、工业产权、不动产、股票和知识产权等。

第三,国有或公共财产可通过订立合同进行租赁或出售给外资公司,国有或公共财产的租赁期限最长可达50年。

第四,对于地方政府在吸引外资活动中承担的费用,如设立外商投资区、减免外商投资公司租金和支付补贴等,由国库提供财政支持。

第五,韩国贸易投资主管部门设立韩国投资服务中心,为外国投资者和外资公司提供投资咨询等综合服务,并代表其处理与民事申诉等相关事务。

第六,地方政府可以规划外国投资区,吸引大规模外国投资;有必要将外国投资区开发为工厂基地等功能的,可以将其开发为本地工业园区。

2017年7月26日实施

2017年7月26日第14839号已修订

---

* 译者:龚茁,浙江工商大学副教授,华东政法大学博士研究生;审校:屈文生,全国人大常委会法工委法律英文译审专家委员会委员,华东政法大学教授、博士生导师。

第一章　总　　则

第一条　立法目的

为了促进外商投资,推动韩国经济健康发展,制定本法。

第二条　定义

(1)本法有关术语定义如下:

1.“外国人”,是指具有外国国籍的个人、根据外国法律设立的公司(以下简称外国公司)或总统令规定的国际经济合作组织。

2.“大韩民国国民”,是指具有大韩民国国籍的个人。

3.“韩国公司”,是指根据大韩民国法律设立的公司。

4.“外商投资”,是指下列任何一种:

(a)如外国人为了与韩国公司或企业建立持续的经济关系,例如根据本法参与该公司或企业的管理,而根据总统令的规定,通过下列方式持有韩国公司(包括正在设立中的韩国公司;准用本目第一种情形)或大韩民国国民经营的企业的股票或股份(以下简称股票等):

(i)取得韩国公司或大韩民国国民经营的公司新发行的股票等;

(ii)收购韩国公司或大韩民国国民经营的公司以前发行的股票等(以下简称现有股票等)。

(b)以下任一单位向外资公司提供不少于五年的贷款(以第一次贷款合同约定的贷款期限为准):

(i)外资公司的海外母公司;

(ii)根据总统令与前一项规定的公司有投资关系的公司;

(iii)外商投资人;

(iv)根据总统令与前一项规定的投资人有投资关系的公司。

(c)为了建立持续的合作关系,外国人依照本法向大韩民国非营利科技领域的公司(包括设立中的公司)出资;该公司在研究人员、设施配备等方面应当符合总统令规定的标准。

(d)根据本法第二十七条设立的外商投资委员会(以下简称外商投资委员会),依据总统令对非营利性公司规定的业务内容标准,确认外国人对非营利性公司的其他出资。

5.“外商投资人”,是指本法规定的持有股票等权益或进行投资的外国人。

6.“外资公司或外国人出资的非营利性公司”,是指外商投资人已投资的公司,或外商投资人已出资的非营利性公司。

7.“为改善外商投资环境而建造的设施的经营者”,是指为了改善外商投资环境,依照总统令的规定,经营面向外国人的学校和医疗机构的人员。

8.“投资对象”,是指为了取得股票等,外商投资人根据本法投资的下列对象:

(a)《韩国外汇交易法》规定的国际支付方式,或因该类国际支付方式产生的相关国内支付方式；

(b)生产资料；

(c)根据本法取得的股票等权益；

(d)总统令规定的工业产权、知识产权、其他相应技术，以及使用该等权利和技术的有关权利；

(e)外国人关闭其在韩国的分公司或办事处，将其改为国内公司，或由外国人持有股票的国内公司解散，对其清算后分配给外国人的剩余财产；

(f)偿还本款第四项第二目规定的或其他外国贷款的金额；

(g)总统令规定的股票；

(h)韩国境内的不动产；

(i)总统令规定的其他国内支付方式。

9.“生产资料”，是指作为工业设施（包括船只、机动车、飞机等）的机械、仪器、设施、设备、零件和配件，农业、林业和渔业发展所需的牲畜、动物幼崽或植物种子、树木、鱼类和贝类，主管部长认为对有关设施进行初步试验所需的原材料和储备物资，以及引进这些物资所需的运输费和保险费，以及其他必要的技术或服务。

10. 本项于 2016 年 1 月 27 日由第 13854 号法律删除。

(2)本法关于外国人的规定，适用于总统令规定的在外国拥有永久居留权的大韩民国国民。

第三条　外商投资的保护等

(1)将外商投资人取得的股票等的收益，或出售股票等获得的收益和本法第二条第一款第四项第二目中的贷款合同需支付的本金、利息和手续费汇往外国，应根据汇款时外商投资报告或许可文件的具体内容提供担保。

(2)除其他法律另有规定外，外商投资人和外资公司应当与大韩民国国民或韩国公司在业务经营方面享有同等待遇。

(3)除其他法律另有规定外，适用于韩国国民或韩国公司的免税和减税的规定也应适用于外商投资人、外资公司和本法第二条第一款第四项第二目规定的放贷人。

(4)与本条第一款规定的外国汇款程序有关的必要事项，由总统令作出规定。

第四条　外商投资自由化

(1)除大韩民国法律另有规定外，外国人可在大韩民国境内以多种形式自由开展投资活动。

(2)外国人依照本法规定对外投资，不受限制，但以下情形除外：

1. 危害国家安全及社会秩序的；

2. 对公共卫生、环境保护产生有害影响，或违反韩国道德、风俗习惯的；

3. 违反大韩民国法律法规的。

(3)第二款各项中的外商投资业务限制种类及其细则，由总统令作出规定。

(4)依照本法之外的其他法令或公告，有关行政部门限制外商投资的，如对外国人或外资公司的待遇低于韩国国民或韩国公司，或对外国人或外资公司增加额外负担的情形，根据总统令，产业通商资源部长应当每年一并公开宣布有关细节。有关行政部门修改或增加任何外商投资限制条件的，应事先征求产业通商资源部长的意见。

第四条之一　外商投资刺激计划

(1)为了刺激外商投资，产业通商资源部长应通过整合和协调有关中央行政部门负责人、第三款规定的特别市市长、广域市市长、世宗特别自治市市长、道知事或济州特别自治道知事(以下简称各市长或道知事)提交的刺激外商投资计划，每年制定一项刺激外商投资计划(以下简称刺激计划)，并经外商投资委员会审议后确定。

(2)刺激计划应包括以下事项：

1. 促进外商投资的基本方向；
2. 分析外商投资环境，如韩国公司进入海外市场的趋势和大韩民国的产业结构；
3. 吸引外商投资的计划；
4. 协助有关机构吸引外商投资的计划。

(3)有关中央行政部门负责人和各市长或道知事应在每年12月31日前向产业通商资源部长提交下一年度的外商投资刺激计划书。

(4)产业通商资源部长、有关中央行政部门负责人及各市长或道知事应在次年二月底前，向外商投资委员会提交上一年度刺激外商投资的实施情况报告。外商投资委员会应当对该报告进行评估。

(5)产业通商资源部长可以要求各市长或道知事、根据《韩国贸易投资振兴公社法》设立的大韩贸易投资振兴公社社长，以及总统令规定的有关金融机构负责人提交制定刺激计划所需的数据。

(6)除非存在其他具体理由，收到上一款规定的要求后，各市长或道知事、大韩贸易投资振兴公社社长和有关金融机构负责人应遵照执行。

第二章　外商投资的程序

第五条　外商投资报告

(1)根据本法第二条，拟进行投资的外国人(包括本法第二条第一款第四项第一目第二种情形中总统令规定的人员；本条下同)应当依照《韩国产业通商资源部条例》的规定，事先向产业通商资源部长报告其投资计划。

(2)以下列方式之一进行投资的外国人，可以自取得股票等之日起六十日内申报且不受前款规定的约束：

1. 根据《韩国金融投资服务和资本市场法》，外国人取得上市股份有限公司股票等(不包括该法第一百五十二条第三款规定的公益事业集团和依照单行法律禁止取得股票的公司)；
2. 外商投资人取得相关外资公司的资本公积金、重估价值准备或其他法定盈余公积后发行的股票等；
3. 外商投资人以其在相关外资公司与其他公司合并、全额换股或转让、分拆时所持有的股票，获得存续公司或与其他公司合并、全额换股或转让、分拆后新成立的公司的股票等；

4. 以购买、继承、遗嘱赠与、外商投资人赠与等方式,外国人取得根据本法第二十一条注册的外资公司股票等;

5. 根据大韩民国法律,外商投资人通过投资股票等所获收益而获得股票等;

6. 外国人通过使用可转换债券、可交换债券、股票存托凭证等类似债券或凭证,取得股票等权益。

(3)修改本条第一款或第二款中有关《韩国产业通商资源部条例》规定的事项,如外商投资比率(指外商投资人拥有的股票等在外商投资的公司总股本中的比率,下同),外商投资人可以在向产业通商资源部长报告时一并报告。

(4)产业通商资源部长在收到本条第一款至第三款规定的报告后,应立即向有关人员出具报告完成证明书。

第六条　外商投资许可

(1)依照本法第二条第一款第四项第一目第二种情况的规定,外国人(包括总统令规定的特别有关人员)对总统令规定的国防工业公司进行投资的,尽管第五条第一款和第二款有所规定,还应当事先获得产业通商资源部长的许可。外商投资人修改外商投资比率等许可事项的,适用本条规定。

(2)在收到上一款规定的许可申请后,产业通商资源部长应决定是否授予许可,并在总统令规定的期限内告知相关申请人。

(3)依照总统令的规定,在决定是否授予上一款规定的许可之前,产业通商资源部长应当征求相关主管部门的意见。

(4)确有必要的,产业通商资源部长可对本条第二款授予的许可施加条件。

(5)未取得本条第一款规定的许可,或违反上一款规定的条件的,取得现有股票等的人不得基于该现有股票等行使表决权。

(6)产业通商资源部长可按照总统令的规定,命令未获得第一款规定的许可或违反第四款规定的条件而获得现有股票等的人将该等现有股票等转让给第三方。

(7)除本条第一款至第六款的规定外,外商投资许可事项由总统令规定。

(**第七条至第八条之一**于 2016 年 1 月 27 日由第 13854 号法律废止)

第三章　外商投资支持措施

第九条　外商投资的纳税减免

外商投资的企业税、所得税、购置税、登记税、财产税、土地税等税种,可以依照《韩国特别税限制法》的规定予以减免。

(**第十条至第十二条**于 1999 年 5 月 24 日由第 5982 号法律废止)

第十三条　国家或公共财产的租赁和出售

(1)企划财政部长、国家财产管理机构、地方政府行政长官、《韩国公共机构管理法》规定的公共机构的负责人或《韩国地方公共企业法》(不包括地方政府直接经营的企业)规定的地方公共企业的负责人,可以允许外资公司或为改善外商投资环境而建造的设施的经营者使用或从国家、地方政府、公共机构、地方公共企业所有的土地、工厂或其他财产中获利,也可以通过协议将该土地等租赁或出售给外资公司以供其使用或从中获利，不受下列法律相关规定的调整：

1.《韩国国家财产法》；

2.《韩国公共财产与商品管理法》；

3.《韩国公共机构管理法》；

4.《韩国城市发展法》；

5.《韩国物流设施发展与管理法》；

6.《韩国渔村渔港法》；

7.《韩国海洋发展与管理法》。

（2）第一款规定的允许使用、获利、租赁或购买土地等的外资公司，仅限于符合总统令规定的最低外商投资比率的公司，且该等公司在根据同款规定签订谈判合同后，应在总统令规定的期限内保持最低外商投资比率（不包括该等公司在《韩国产业通商资源部条例》规定的期限内暂时不能保持最低外商投资比率的情况；下同），但在创造就业机会、提高外国投资额、推动技术转让等方面对国民经济有重大贡献的外资公司，不适用上述规定：

1. 外资公司提交投资报告，详细说明三年内新增就业人数超过总统令规定的正式职工人数；

2. 外资公司提交投资报告，详细说明五年内达到总统令规定的最低投资额；

3. 外资公司依照《韩国特别税限制法》第一百二十一条第二部分第一款第一项对外资公司减免纳税；

4. 外资公司在扩大社会间接资本、调整产业结构、增强地方政府财政独立等方面作出实质性贡献，经外商投资委员会审议，产业通商资源部长认为能减免纳税。

（3）租赁本条第一款规定的国家、地方政府、公共机构、地方公共企业所有的土地等财产的，本条第一款前五项法律载明的租期最长不得超过五十年，且不受下列规定调整：

1.《韩国国家财产法》第三十五条第一款、第四十六条第一款；

2.《韩国公共财产与商品管理法》第二十一条第一款、第三十一条第一款；

3.《韩国城市发展法》第六十九条第二款。

（4）依照本条第一款的规定租赁国有土地或地方政府所有的土地的，可允许在该土地上建造工厂或其他永久性设施，不受《韩国国有财产法》第十八条和《韩国公共财产和商品管理法》第十三条的调整。在这种情况下，该土地可在工厂或其他永久性设施捐赠给国家或地方政府后出租，或在租赁到期后，鉴于有关设施的类型等因素，将该土地恢复原状后归还国家或地方政府。

（5）依照本条第一款规定租赁国家、地方政府、公共机构、地方公共企业所有的土地等财产的，应根据总统令对本条第一款前五项法律载明的租赁事项设立租金，尽管有以下规定，但确有必要的，可以使用外币结算：

1.《韩国国家财产法》第三十二条第一款、第四十七条；

2.《韩国公共财产与商品管理法》第二十二条、第三十二条、第三十五条；

3.《韩国城市发展法》第二十六条、第六十九条；

4.《韩国物流设施发展与管理法》第五十条。

(6)出售本条第一款载明的土地等财产给外资公司,买方不能一次付清的,依照总统令的规定,可以延期或分期付款,不受《韩国国有财产法》第五十条第一款、《韩国公共财产和商品管理法》第三十七条和《韩国公共机构管理法》第三十九条第三款的调整。

(7)企划财政部或国有资产管理机构将下列国有土地等财产租赁给外资公司,且业务项目符合总统令规定的,与产业通商资源部长协商后,可以按照总统令的规定减免有关土地租金,不受《韩国工业用地及开发法》第三十八条的调整:

1. 位于本法第十八条规定的外商投资区内的土地;
2. 位于《韩国工业用地及开发法》第六条指定的国家工业园区内的土地;
3. 位于《韩国工业用地及开发法》第七条、第七条第二部分和第八条指定的一般工业园区、城市高科技园区和农工园区的土地。

(8)将国有土地出租给为改善外商投资环境而建造的设施的经营者的,根据总统令的规定,企划财政部或国家财产管理机构可以减免相关土地的租金,不受《韩国国家财产法》第三十二条第一款和第四十七条的调整。

(9)根据总统令的规定,将地方政府所有土地出租给外资公司的,地方政府可以减免土地租金,不受《韩国公共财产和商品管理法》第二十二条、第二十四条、第三十二条和第三十四条的调整。

(10)依照本条第七款至第九款的规定减免外资公司土地租金,而土地位于《韩国工业用地及开发法》第二条第八项规定的工业园区内的,其租赁期限最长不得超过五十年,不受《韩国工业用地及开发法》第三十八条的调整。

(11)本条第三款、第十款载明的租期可以延长。延长租期的,每次延长的期限不得超过第十款规定的期限。

第十四条　支持地方政府招商引资

(1)如果地方政府要求国家提供必要的资金以设立本法第十八条规定的外商投资区;提供购买土地的贷款,以向外资企业出租;减免土地租金,降低地价(包括地方政府提供资金、总统令规定的任何人将土地等租赁给任何外资公司并减免租金或以低于土地整备成本出售的情况下,减免的租金或土地整备成本与地段价格的差额部分);承担教育培训等各类补贴及支付其他吸引外商投资项目的费用,则国家应当在其最大限度范围内提供资金支持。

(2)依照上一款的规定,国家向地方政府提供资金支持的标准和程序应根据总统令由外商投资委员会决定。为了确定在此类情况下提供资金的标准,应参考地方政府为吸引外商投资所作的努力及其实际效果。

(3)国家应每年估算根据本条第一款应提供的资金金额,并将其纳入财政预算。

(4)为了加快招商引资或者改善外商投资环境,必要时地方政府可以根据地方法规规定向外资企业提供总统令确定的就业补贴等。

第十四条之一　外商投资的现金补贴

(1)外国人有下列投资行为之一的,考虑到有关外商投资是否伴随着高技术、技术转让的效果、创造就业的规模、外商投资是否与任何国内投资重叠,以及外商投资的地点是否适当等,国家或地方政府可向该外国人提供总统令规定的用途所需的现金补贴,包括建造新的工厂:

1. 为经营《韩国特别税限制法》第一百二十一条第二部分第一款第一项规定的业务，设置新的工厂设施或扩建现有工厂设施（从事除制造业务以外的任何业务的营业场所）的。
2. 根据《韩国促进专业企业等生产材料和零部件特别措施法》第二条第一款的规定，为生产总统令规定的零部件和材料而新设或扩建工厂设施的。
3. 新设置或扩建的工厂设施（从事除制造业务以外的任何业务的营业场所）创造的新就业人数超过总统令规定的正式职工人数的。
4. 全职专任研究人员五人以上，至少一人取得硕士学位，且研究方向符合《韩国特别税限制法》第一百二十一条第二部分第一款第一项规定的业务（以下简称业务）的，或至少两人获得与该业务有关的学士学位，从事研究工作满三年，且符合下列条件之一的：
   (a) 新设或扩建研究机构，为企业从事研究开发活动；
   (b) 符合本法第二条第一款第四项第三目的规定，非营利公司利用捐赠新建或扩建研究设施。
5. 外商投资委员会根据总统令中对外商投资人标准的有关规定，认为投资金额对国内经济有重大影响，有必要提供补贴。

(2) 前款所称现金补贴的金额，与有关外国人协商后，由外商投资委员会确定。

(3) 本条第一款中现金补贴的方式、程序及其他必要事项，由总统令作出规定。

(4) 地方政府根据本条第一款给予外国人现金补贴，可以就现金补贴的确定、补贴金额限额计算、投资支持的协商程序及其他必要事项，根据当地法规作出规定，前款另有规定的除外。

第十四条之二　对引进外资行为的货币奖励

(1) 地方政府负责人可以根据地方条例的规定，对被认定为对引进外资有重大贡献的人员，按引进外资的成果给予相应货币奖励。

(2) 公共机构负责人可根据产业通商资源部长制定的标准，对被认定为对引进外资有重大贡献的人员给予货币奖励。奖励标准在外商投资委员会根据外资引进的成果进行审议后，由产业通商资源部长确定，但对已取得本条第一款规定的货币奖励的，不得再给予货币奖励。

第十五条　设立外商投资支持中心

(1) 在大韩贸易投资振兴公社设立外商投资支持中心（以下简称投资支持中心），提供答疑、引导、宣传、调查、研究、处理群众的直接或代理民事申诉、培育创业等服务，为外商投资和外资企业提供全面支持。

(2) 为妥善处理投资事务，确有必要的，大韩贸易投资振兴公社社长可以要求有关行政部门和与外商投资有关的公司或组织（以下简称外商投资相关机构）派遣其公职人员、高管和其雇员到投资支持中心工作，但请求派遣公职人员的，应事先与主管领导协商。

(3) 为加强管理，推动外商投资人或外资公司积极履行与其投资业务有关的义务，大韩贸易投资振兴公社可在必要时要求有关行政部门在支持中心设立分支机构。没有特殊具体理由的，该行政部门在收到请求后应遵照实施。

(4) 投资支持中心主要由具有丰富的外商投资知识和经验的大韩贸易投资振兴公社的职

员和雇员进行管理,依照本条第二款派驻投资支持中心工作的公职人员或外商投资相关机构的职员或雇员(以下简称派出人员)对投资支持中心的业务工作提供支持。

(5)依照本条第二款的规定,要求派遣公职人员、职员或雇员的有关行政部门或外商投资相关机构的负责人,应选择适合有关业务事项的人员进行派遣,但有其他特殊理由的除外,在服务期满前打算停止派遣服务的,应事先与大韩贸易投资振兴公社社长协商。

(6)依照本条第二款的规定,调派其所辖之公职人员、职员或雇员的有关行政部门或外商投资相关机构的负责人,可以就派出人员的职务晋升、岗位调动、奖励福利等方面给予优待。

(7)有必要开展本条第一款所载业务的,大韩贸易投资振兴公社社长可以向有关行政部门或外商投资相关机构提出合作请求;没有特殊具体理由的,收到该合作请求的单位负责人应予以配合执行。

(8)(2010 年 4 月 5 日由第 10232 号法律删除)

(9)组建和运作投资支持中心的必要事项,由总统令作出规定。

第十五条之一　外商投资事务监察员

(1)为处理外商投资人和外商投资公司的投诉,应当从具有丰富外商投资事务知识和经验的人员中选聘外商投资监察员。

(2)前款所称外商投资事务监察员(以下简称监察员)经产业通商资源部长负责人推荐,外商投资委员会审议后,由总统委派。

(3)为处理外商投资人和外商投资公司的投诉,监察员可以要求有关行政部门和外商投资相关机构(以下简称有关行政部门等)提供下列必要合作。除情有可原的情况外,有关行政部门等在收到此类请求后应配合执行:

1. 向有关行政部门说明情况,或依照总统令规定的标准报送数据;
2. 陈述相关雇员、利害关系人等的意见;
3. 请求实地考察。

(4)处理外商投资人和外资公司的投诉后,监察员认为有必要的,可以建议有关行政部门和公共机构采取相关纠正措施。

(5)有关行政部门或公共机构收到前款规定的纠正建议后,应在总统令规定的期间内,将处理结果以书面形式通知监察员。

(6)有关行政部门或公共机构未能执行本条第四款所提建议的,监察员可以要求其将相关事项以议程形式提交给外商投资委员会。

(7)为有序推动完善外商投资人和外资公司投诉条例的进程,监察员应编制一份年度重组活动报告,如现有法制中阻碍外商投资的因素及其改进结果等,并根据总统令的要求,向外商投资委员会提交报告。

(8)监察员不得将根据第三款从有关行政部门等处取得的资料或在履行职责中知悉的保密资料用于本法规定以外的任何用途,也不得将其泄露给任何第三方。

(9)根据《韩国刑法》第一百二十九条至第一百三十二条,将监察员视为公职人员。

(10)为了协助监察员履行职责,大韩贸易投资振兴公社应设立申诉委员会。

(11)组件和运作申诉委员会的必要事项,由总统令作出规定。

第十六条　外商投资促进办公室

(1)中央行政部门、特别市、广域市、特别自治市、道、特别自治道、市/郡/区(指自治区)可各自指定负责外商投资的办公室为外商投资促进办公室,或设立外商投资促进办公室,以便通过鼓励顺利处理与外商投资有关的许可、授权、执照、批准、指定、取消、报告、建议、咨询等民事申诉(以下简称许可等),通过支持迅速处理外商投资者和外商投资企业的申诉,以及通过建立相关机构之间的合作制度,以有效地支持外商投资。

(2)外商投资促进办公室官员接到有关行政部门、投资支持中心、申诉委员会关于涉及民事申诉的合作请求时,应予积极配合。

(3)与外商投资促进办公室的职能和业务有关的必要事项,由总统令作出规定,前两款另有规定的除外。

第十七条　外商投资人民事申诉处理特别规定

(1)附表一左栏的外商投资人、外资公司取得许可的,在同表右栏的也被视为取得许可。

(2)派出人员可以直接处理总统令规定的与外商投资人或外资公司投资行为有关的民事请求(以下简称直接处理的民事请求)。接收派出人员的单位应当委托派出人员处理该民事申诉,并给予其相应的权限。

(3)外商投资人或外资公司可向投资支持中心提出代为填写和提交民事申请表等民事申诉。收到请求的投资支持中心负责人应选择附表一中与许可等有关的民事申诉(以下简称须集中处理的民事申诉)和附表二中与外商投资有关的需单独处理的民事申诉(以下简称须单独处理的民事申诉),将其移送相关民政部门负责人处理,并通知其管辖的外商投资促进办公室官员。

(4)前款规定的被移送民事申请表或收到外商投资人、外资公司提交的民事申请表的民政机关负责人,应及时与有关行政部门负责人协商,有关行政部门负责人应当在本条第五款规定的期限内提出意见。有关行政部门负责人有不同意见的,应当作出说明;在本条第五款规定的期限内未提出意见的,视为无异议。

(5)除遵守其他法律法规外,民政部门或派出人员应当在总统令规定的处理期限内处理须集中处理的民事请求、须单独处理的民事申诉,以及须直接处理的民事申诉,并且民政部门或派出人员未通知有关人员不予批准申请的,则该申请视为自办理期限截止日期后的第一日起获得批准。民政部门或派出人员在办理期限内不受理许可申请等事务的,应当根据总统令的有关规定,以书面形式通知外商投资促进办公室的有关官员、外商投资人或外资公司,并说明理由。

(6)前款视为取得许可的,民政部门负责人或派出人员,经外商投资人或外资公司要求,应立即签发许可证明文件。

(7)外商投资人或外资公司根据本条第五款中民政部门的书面说明作出调整,达到受理条件,并依法提交对处理结果满意的确认书的,民政部门负责人或派出人员应当在总统令规定的期限内对原申请给予许可。民政部门或派出人员不得以其他理由拒绝批准该申请。

(8)前款规定的情形,参照适用本条第四款规定进行协商。

(9)外商投资人或外资公司拟根据本条第二款至第八款的规定,就须集中处理的民事申诉、须单独处理的民事申诉、须直接处理的民事申诉等获得许可的,除遵守其他法律法规外,应按照产业通商资源部要求提交申请文件。

(10)即使对有关须集中处理的民事申诉的许可等的要求,如随附文件等尚未满足时,民政部门负责人也可按照总统令的规定,在满足该未满足的要求的条件下给予许可等。

(11)本法以外的法律法规对可以使外资公司达到经营目标的民政事务(期间为自投资申报之日起至外资投入经营止)作出规定,且外资公司的投资业务符合下列情形之一的,方可适用:

1. 集中处理民事申诉的;
2. 单独处理民事申诉的;
3. 直接处理民事申诉的;
4. 本法规定的其他民事申诉。

(12)*(2003年12月31日由第7039号法律删除)*

(13)与处理外商投资民事申诉有关的其他必要事项,本条第一款至第十一款项未作规定的,由总统令作出规定。

第四章 外商投资园区

第十八条

(1)经外商投资委员会审议,各市长或道知事可指定下列区域之一为外商投资园区(以下简称投资区)。根据《韩国工业用地及开发法》第七条和第七条之一的规定,开发下列第二项规定的投资区为一般工业园区或城市高科技园区的,应事先制订开发计划:

1. 根据《韩国工业用地及开发法》第六条和第七条的规定,将指定的国家工业园区和一般工业园区出租或转让给外资公司的专属区;
2. 其中外商投资人的投资行为符合总统令规定标准的投资区;
3. 在总统令规定的区域内(包括该区域内的建筑物,下同),将《韩国研究开发特区促进特别法》第二条规定的研究和开发特区等出租或转让给外资公司从事研究与开发工作的专属区;
4. 与有关中央行政部门协商后,由总统令作出规定,出租或转让给经营金融等高附加值服务业的外资公司的区域(包括建筑物)。有必要吸引外商投资的,不超过总统令规定的总面积百分比的部分(建筑物指每层建筑面积之和),可以借给或转让给与外资公司经营相同业务的公司。

(2)两个及以上的外商投资人拟从各市长或道知事取得前款第二项所称的区块的,将其用作前款各项规定之外的其他用途,则该区的经营类别应当符合总统令规定的标准。

(3)各市长或道知事拟将本条第一款前四项提及的区块规划为该条第一项之外的用途的,应当制定计划书,载明下列事项,并将其提交给产业通商资源部长:

1. 投资区的目的、名称、位置和经营范围;
2. 投资区的企业类型和资质;
3. 投资区划定后的费用和效力;
4. 投资区开发和管理的办法;

5. 投资区项目的实施方式和建设期限；

6. 总统令根据每个地区的特点规定的其他事项，如土地利用和人口控制。

（4）各市长或道知事根据本条第一款和第二款的规定规划投资区的，应就下列事项发出公告：

1. 投资区的正式名称、位置和面积；

2. 开发和管理办法；

3.《韩国工业用地及开发法》第七条之三规定的应予以公告的事项（仅限于规划为一般工业园区或城市高科技园区的投资区）；

4. 外资企业进入投资区的投资情况、就业规模和业务情况；

5. 总统令规定的其他事项。

（5）国家工业园区内的投资区，由国家工业园区管理机构管理；非国家工业园区内的投资区，由各市长或道知事管理；非工业园区内的投资区，由各市长或道知事管理。

（6）在划定的投资区范围内需要开辟新的场地建设工厂等的，可以将投资区开发为一般工业园区和城市高新技术园区。

（7）前款规定的投资区开发为一般工业园区或城市高科技园区的，本条第一款和第二款所称投资区，应视为一般工业园区或城市高科技园区。在该情形下，本条后半部分所称开发计划，除第一款外，应符合《韩国工业用地及开发法》第七条第二款和第七条之一第四款的规定。依照本条第四款规定发出的公告，视为根据《韩国工业用地及开发法》第七条之三所发。

（8）根据本条前四款和第六款的规定，作出关于将投资区开发为一般工业园区或城市高科技园区的规划和公告的，《韩国工业用地及开发法》第十二条所称"工业园区"为"外商投资区"，第二十二条第二款"完成工业园区的规划和公告时"为"完成外商投资区的规划和公告时"。

（9）将已开发或部分开发的国家工业园区、一般工业园区或城市高科技园区规划为投资区的，不适用本法第十九条第一款。

（10）更改本条第四款规定的公告内容的，应将此提交外商投资委员会审议；但总统令对非实质变更事项作出规定的，不适用本款规定。

（11）与设立投资区的程序和办法有关的必要事项，由总统令作出规定。

（12）与本条第五款规定的开发管理有关的必要事项，由总统令作出规定。

第十八条之一　外商投资区规划的撤销

（1）外资公司或投资区未能达到本法第十八条前两款中总统令规定标准的，经外商投资委员会审议，各市长或道知事应撤销对投资区的规划。

（2）有关前款撤销投资区规划的程序及其他必要事项，由总统令作出规定。

第十九条　外商投资园区的支持措施

（1）关于承担投资区开发的费用和提供必要的基础设施支持，如港口、公路、供水、铁路、通信、电力等，适用《韩国工业用地及开发法》第二十八条、第二十九条。

（2）在投资区内兴建设施等的，免收《韩国改善城市交通促进法》第三十六条规定的交通费。

第二十条　其他法律规定

(1)《韩国全国土地规划与利用法》第五十六条第一款第四项不适用投资区内的土地划分。

(2)根据产业通商资源部长的规定,可对投资区的外资公司放宽进出口限制,不受《韩国对外贸易法》第十一条的调整。

(3)下列规定不适用投资区内外资公司:

1.(2016年1月27日由第13854号法律删除)

2.《韩国优待和扶助国家杰出人员法》第三十三条第二部分第一款、《韩国扶助退伍军人法》第三十九条第一款、《韩国优待五一八民主运动杰出人员法》第二十四条第二部分第一款和《韩国优待特别军事任务服役人员及建立有关组织法》第二十一条第二款。

(4)投资区内的外资公司可以在培育区内新设、扩建、转让五百平方米以上的工厂(含知识产业中心)或改变其经营类型,不受《韩国产业集群开发和工厂设立法》第二十条第一款的调整。

第五章　外商投资的后续管理

第二十一条

(1)因增资等行为,具有下列情形之一的,外商投资人或者外资公司应当根据总统令的规定,申请登记为外资公司:

1.已为投资支付款项的;

2.根据本法第二条第一款第四项第一目规定的方式,已取得股票的(已完成支付);

3.根据本法第二条第一款第四项第三目和第四目规定的方式,完成出资的;

4.(2016年1月27日由第13854号法律删除)

(2)外商投资人或外资公司根据本法第二条第一款第四项第一目的规定进行投资,投资金额等符合总统令有关规定的,可以在完成前款第一项规定的付款之前或在前款第二项规定的取得股票等之前,申请登记为外资公司,不受前款规定的调整。

(3)有下列情形之一的,外商投资人或外资公司应当依照《韩国产业通商资源部条例》的规定申请变更登记:

1.根据本法第五条第二款第三项至第六项规定的方式提交外商投资报告的;

2.属于《韩国特别税限制法》第一百二十一条第五部分第二款第二项规定的;

3.外商投资人将根据本法第五条和第六条的规定收购的股份等转让给第三人后其拥有的股份减少,或外商投资公司资金减少的;

4.《韩国产业通商资源部条例》规定的外商投资比率、外资公司的商标名称或字号变更的。

(4)外商投资人或者外资公司有下列情形之一的,产业通商资源部长可以撤销许可或注销登记;但属于第二下列第二项或第二项规定的情形的,应当撤销许可或注销登记:

1.外资公司根据《韩国增值税法》第八条第六款的规定申报停止经营;

2. 外商投资人已将其拥有的全部股票等转让给大韩民国国民或韩国公司，或因有关外资公司的减资不再持有其原有股票；

3. 完成对投资对象的支付，已办理外资登记手续。

(5)根据本条第一款的规定，登记注册的外资公司不得从事下列活动，符合总统令规定的除外：

1. 经营超出本法第四条第三款规定的业务范围；

2. 超额收购经营本法第四条第三款限制外商投资的业务的第三方境内公司的股票。

(6)外商投资人和外资公司不得将投资的资金用于已报告或已获许可范围以外的用途，不得将相关外资公司的注册登记证书转让、出借给第三方。

第二十二条　外商投资后续管理的相关合作

(1)收到外商投资人或外资公司就上一条第三款规定的股份转让或减持事项提出的变更登记申请后，产业通商资源部长应立即将申请详情通知国税厅厅长、韩国关税厅厅长和各市长或道知事。

(2)产业通商资源部长可以根据《韩国增值税法》第八条的规定，要求国税厅厅长和地区税务部门负责人在企业登记信息中提供根据第二十一条登记的外资公司停业与否以及停业日期的信息。

(3)收到前款规定的要求后，国税厅厅长和地区税务部门负责人应立即向产业通商资源部长提供相关信息。

(4)国税厅厅长应根据《韩国贸易、产业和能源部条例》，调查外资公司在其税务辖区内是否违反上一条第五款、第六款的规定，并将调查结果告知产业通商资源部长。

第二十三条　2016年1月27日由第13854号法律删除

第二十四条　外商投资数据的收集与整理

(1)为了分析外商投资对国民经济增长、国际收支平衡和就业的影响，产业通商资源部长可以要求各市长或道知事、大韩贸易投资振兴公社社长和外资公司提供必要的统计数据。

(2)除非另有特殊理由，收到前款规定的提供统计数据的要求后，各市长或道知事、大韩贸易投资振兴公社社长和外资公司应予以配合。

(3)依照前两款的规定，收集、整理外商投资统计数据的公职人员，不得泄露任何商业秘密。*

第七章　补 充 规 定

第二十七条

(1)产业通商资源部成立外商投资委员会，审议下列事项：

1. 与外商投资基本政策和方案有关的重要事项；

2. 与主管部门整合协调、改善外商投资环境措施有关的事项；

3. 与外资公司纳税减免标准有关的事项；

---

* 原文无第六章，缺少第二十五条、第二十六条。——译者注

4. 与中央行政部门和特别市、广域市、特别自治市、道、特别自治道在外商投资上的合作协调有关的事项；
5. 与刺激经济计划有关的事项；
6. 与向本法第二条第一款第四项第四目规定的非营利公司出资的有关事项；
7. 与本法第十四条规定的对地方政府支持有关的事项；
8. 与本法第十四条第二部分规定的现金补贴有关的事项；
9. 与本法第十四条第三部分第二款规定的支付引进外资货币奖励有关的事项；
10. 与本法第十八条、第十九条规定的投资区规划及其协助有关的事项；
11. 与本法第三十条第七款规定的许可有关的事项；
12. 其他与引进外资相关的事项。

(2)外商投资委员会主席由产业通商资源部长担任,委员由以下人员担任：

1. 企划财政部副部长、教育部副部长、科学和通信技术部副部长、外交部副部长、内政和安全部副部长、文化、体育和旅游部副部长、农业、粮食和农村部副部长、环境部副部长,就业和劳动部副部长、土地、基础设施和交通部副部长、海洋和渔业部副部长和金融服务委员会副主席；
2. 与提交给外商投资委员会的议程有关的中央行政部门的副部长、副主席或副行政长官、首尔特别市副市长,各市长或道知事(不包括首尔特别市市长)和大韩贸易投资振兴公社社长。

(3)根据总统令的规定,设立外商投资工作委员会(以下简称工作委员会),负责审议、协调拟提交外商投资委员会审议的事项,审议外商投资委员会委托的事项。

(4)产业通商资源部长应向外商投资委员会报告本条第一款第二项规定的关于改善外商投资环境的现状。

(5)除本条前三款另有规定外,组建和运作外商投资委员会和工作委员会的必要事项,由总统令作出规定。

第二十八条　报告、调查、更正及其他

(1)产业通商资源部长可以要求外商投资人、外资公司、大韩贸易投资振兴公社社长、相关金融机构负责人及其他利害关系人就本法规定的外商投资事项作出报告。

(2)产业通商资源部长有权对下列事项进行调查：

1. 与外国人投入的资金(包括投资对象,下同)和货物的引进、使用和处分有关的事项；
2. (2016 年 1 月 27 日由第 13854 号法律删除)
3. 与本法规定的许可或报告的施行情况有关的事项。

(3)开展前款规定的调查的,应不迟于调查开始前七日,将调查计划通知到相应调查对象。计划包括调查的持续时间、日期、理由、细节等;但紧急情况或事先通知可能导致因证据灭失而调查失败的,不适用前述规定。

(4)开展本条第二款规定的调查的,应当向有关人员出示载明其权限的身份证明,并向有关人员送达载明上门调查的工作人员姓名、目的和时间等信息的相关文件。

(5)外商投资人、外资公司或将外商投资资金、生产资料引入韩国的有关人员或相关利害关系人有下列行为之一的，产业通商资源部长可以向其签发整改令，或对其采取其他必要措施：

1. 不执行本法有关许可或报告的规定，或有违法行为；

2. 有本法第四条第二款规定的情形。

（6）外商投资人（包括未按本法第二十一条第一款的规定申请登记的外商投资人）有下列行为之一的，应当自下列规定之日起六个月内将其持有的股票等转让给大韩民国国民或韩国公司；但确有不可抗力情形的，经产业通商资源部长批准，转让期限可延长至六个月：

1. 前款规定的整改令期限届满，未执行前款规定的整改令；

2. 依照本法第二十一条第四款第三项的规定撤销许可或注销登记。

（7）引进用于外商投资的资金和生产资料，未能在海关清关或保管期限超过《韩国海关法》规定的储存期的，海关可根据总统令的规定将其出售。

第二十九条　引进生产资料的检验与确认

（1）外商投资人或外资公司引进符合总统令规定标准的生产资料，例如根据本法，引入可减税或免税的生产资料或根据本法第二条第一款第四项第三目引进的用于投资的其他货物（以下简称生产资料等），投资人或公司可接受主管部长对引进的生产资料等进行检验与确认。

（2）前款规定生产资料接受检验和确认的，视为已根据《韩国对外贸易法》获得进口批准。

第三十条　其他法律与国际条约的关系

（1）除本法另有规定外，与外汇和外贸有关的事项，由《韩国外汇交易法》作出规定。

（2）《韩国商法》第四百三十四条规定的特别决议获得通过的，外资公司可以使用其新发行的股票，以其股息总额为限派发股息，不受《韩国商法》第四百六十二条第二部分第一款的调整。

（3）外商投资人使用本法第二条第一款第八项第二目规定的生产资料进行实物投资的，韩国关税厅厅长核实实物投资执行情况和实物投资对象的类型、数量和价格的实物投资完成证书，视为调查人员根据《韩国商法》第二百九十九条作出的书面调查报告。《韩国商法》另有规定的，从其规定。公司设立后以生产资料进行实物投资的，适用该法规定。

（4）由总统令规定的技术评估机构评估本法第二条第一款第八项第四目规定的工业产权价格的，该评估视为由根据《韩国商法》第二百九十九条第二部分的规定公开认证的评估人实施的评估。

（5）大韩民国国民或韩国公司拟与外商投资人共同经营业务，外商投资人根据本法第二条第一款第四项第一目第一种情况的规定已提交投资报告的，可根据《韩国资产重估法》的规定指定每月第一天为重新评估日对相关投资对象进行重新评估，不受《韩国资产重估法》第四条及该法其他规定的调整。

（6）符合下列要求的，除《韩国垄断管制和公平交易法》第八条第二部分第四款的规定外，一般控股公司的二级子公司可与外国人共同持有股份有限公司的股份：

1. 该股份为外商投资，且符合本法第十八条第一款第二项的规定；

2. 一般控股公司的二级子公司应当持有该股份公司发行股票总量的百分之五十

以上；

3. 外国人应持有该股份有限公司发行股票总量的百分之三十以上(外国人的持股比例仅按股份公司成立时及以后持有的股份计算)；

4. 除外国人持有的股份外，一般控股公司的二级子公司应持有该股份有限公司的全部流通股。

(7)一般控股公司的二级子公司根据前款规定拟持有股份有限公司股份的，应当经外商投资委员会批准。根据总统令的相关规定，产业通商资源部长应向公平贸易委员会说明股份公司与二级子公司的业务关联性以及二级子公司成为该股份公司利益相关人员的资质，并由公平贸易委员会进行事先审议。

(8)前两款所称“一般控股公司”、“二级子公司”和“股份有限公司”与《韩国垄断条例》和《韩国公平交易法》中的该表述含义相同。

(9)本法不得解释为对大韩民国已签订和颁布的国际条约的修正或限制。

第三十一条　授权

产业通商资源部长、主管部长或各市长或道知事可以根据总统令的规定，将本法授予的部分权限授权或委托给国税厅厅长、关税厅厅长、大韩贸易投资振兴公社社长、外商投资区管理机构负责人以及总统令规定的任何与外商投资有关的机构。

第八章　处　　罚

第三十二条　处罚

任何人非法将海外汇款或外商投资的外汇资金转移至境外(包括公司代表)的，处以一年以上劳役或非法转移资金两倍以上十倍以下的罚款。非法转移的外汇资金应予以没收；不能没收的，应收取相应的金额以替代没收。

第三十三条　处罚

违反本法第二十一条第三款第二项的规定，未能申请变更登记的，处以五年以下劳役或五千万韩元以下罚款。

第三十四条　处罚

违反本法规定，提交虚假许可申请或报告的，处以三年以下劳役或三千万韩元以下罚款。

第三十五条　处罚

任何人员(包括公司代表)有以下情节之一的，处以一年以下劳役或一千万韩元以下罚款：

1. 违反本法第六条第一款的规定，未经许可取得国防工业公司现有股票等；

2. 违反本法第十五条第二部分第八款的规定，将有关行政部门负责人提供的资料和履行职责中知悉的保密信息用于本法规定以外的用途，或向第三方泄露；

3. 违反本法第二十八条第五款的规定，未执行整改令。

第三十六条　连带处罚

公司代表、公司代理人、公司雇员或其他工作人员在公司或个人业务方面违反本法第三十二条至第三十五条规定的，依法对其罚款；但公司或个人对有关业务尽到合理的注意监督等预防义务的，不适用本条。

第三十七条　行政罚款

（1）凡有下列情节之一的，处以一千万韩元以下的行政罚款：

1. 违反本法第五条第一款的规定，取得本法第二条第一款第四项第一目第二种情况规定的股票等，未报告；
2. 违反本法第十三条第二款第一项或第二项的规定，订立该条第一款规定的合同后，未能在规定的期限内创造新的就业岗位或进行投资；
3. 违反本法第十三条第二款的规定，外商投资比率未达到要求或未能在总统令规定的期限内保持最低外商投资比率（本法第十八条第一款规定的投资区内的外资公司除外）；
4. 违反本法第二十一条第六款的规定，将外资公司的登记注册证书转让或出借给第三方；
5. 不接受根据本法第二十八条第二款的规定进行的调查，或拒绝、干扰或逃避该调查。

（2）前款规定的行政罚款由产业通商资源部长根据总统令收缴。

韩国外商投资促进法实施条例

龚　茁　译　屈文生　审校*

《韩国外商投资促进法实施条例》译介

《韩国外商投资促进法实施条例》(以下简称《条例》)于2017年3月30日实施,其目的是为对《韩国外商投资促进法》的相关内容作出进一步规定,保证其有效实施。

《条例》对《韩国外商投资促进法》的部分术语进一步作出界定。《条例》第2条规定,"总统令规定的国际经济合作组织"是指代表外国政府处理外国经济合作事务的机构等。第3条规定,"总统令规定的个人"是指获得居住国永久居住权,或居住国没有永久居住权制度,虽被允许在该国居住四年以上,或在居住国已居住四年以上,又获准居住一年以上,且该国没有永久居住权制度,规定外国人居住不得超过四年的个人。

《条例》的主要内容有:

第一,限制了外商投资的业务分类。《条例》第5条规定,外国人取得经营限制业务公司的股票等后,其收益率超过该公司总收益百分之一的,自该营业年度的结算日起6个月内,应当将其超过许可外商投资比率的部分,转让给韩国国民或韩国公司;有不可抗力的,经产业通商资源部长批准,转让期限可延长至6个月。

第二,对报告制度作出规定。《条例》第7条规定,根据《促进法》第6条第6款规定,有违反《促进法》第6条第1款或第4款规定的,产业通商资源部长应当命令已取得股票等的外国人自接到通知起1个月内,将取得的股票等转让给韩国国民或韩国公司。

第三,删除部分规定。《条例》第9~18条被依法删除,简化了外国投资的审批程序。

第四,对外商投资园区作出细化规定。《条例》第26条规定,外资公司或外商投资园区未能在规定的期限内达到外商投资园区规划标准的,相关地区行政机关应要求外商投资委员在三十日内审议撤销该区的规划。

2017年3月30日实施

2017年3月第27972号总统令已修正

---

* 译者:龚茁,浙江工商大学副教授,华东政法大学博士研究生;审校:屈文生,全国人大常委会法工委法律英文译审专家委员会委员,华东政法大学教授、博士生导师。

第一章　总　　则

第一条　立法目的

为对《韩国外商投资促进法》(以下简称《促进法》)的相关内容作出进一步规定,保证其有效实施,制定本条例。

第二条　关于"外商投资"等术语的定义

(1)《韩国外商投资促进法》第二条第一款第一项所称"总统令规定的国际经济合作组织"是指:

1. 代表外国政府处理外国经济合作事务的机构;
2. 处理有关金融发展事务的国际组织,如国际复兴开发银行(世界银行)、国际金融公司、亚洲开发银行等;
3. 处理自身或与他人有关的外商投资事务的国际组织。

(2)《促进法》第二条第一款第四项第一目所称"外商投资",是指有下列行为之一,且投资额不低于一亿韩元的;但是根据《促进法》第二十一条前两款注册为外商投资公司后,因转让部分股票或股份(以下简称股票等)或减资未达到本款规定要求的,也应视为外商投资:

1. 外国人持有韩国公司(包括设立中的公司,下同)或韩国国民经营公司发行的、有表决权股票总量的百分之十以上,或持有不低于其全部股权投资总额的百分之十的;
2. 外国人持有韩国公司或韩国国民经营公司的股票等,派遣或任命执行官(指对重要事务有决策权的董事、代表董事、普通合伙人、审计师或其他类似职务的人员,下同)在该公司任职的。

(3)前款所称"投资额",是指股票等的收购价格(包括依照《韩国商法》第四百六十一条的规定,外资公司将《韩国商法》第四百五十八条规定的盈余公积金转为资本时,外商投资人持有的股票);两名以上外国人共同投资的,投资额是指每人的投资数额。在此类情形下,外商投资人因减资而使得所持股票等的金额减少,而外资公司没有退款的,视为该外商投资人购买股票等时的投资额不变。

(4)《促进法》第二条第一款第四项第二目第二种情况所称总统令规定的具有资本投资关系的公司,是指:

1. 持有其境外母公司已发行股票总量或其股权投资总额百分之五十以上的公司。
2. 境外母公司持有其已发行股票总量或其股权投资总额百分之五十以上,且有下列情形之一的外商投资公司:
   (a)持有境外母公司已发行股票总量或其股权投资总额百分之十以上的公司;
   (b)境外母公司或本条第一项规定的公司,持有其已发行股票或其股权投资总额百分之五十以上的公司。

(5)《促进法》第二条第一款第四项第二目第四种情况所称总统令规定的具有资本投资关系的公司,是指持有外资公司已发行股票总量或其股权投资总额百分之五十以上的外商投资人所持有已发行股票总量或股权投资总额百分之五十以上的公司。

(6)《促进法》第二条第一款第四项第三目所称总统令规定的标准,是指外国人向符合下

列所有条件的非营利公司出资五千万韩元以上,且占出资总额的百分之十以上:

1. 有独立研究设施的。

2. 并符合下列要求之一的:

(a)符合《韩国劳动标准法》第十一条规定的公司正式职工中(以下简称正式职工)至少五人取得理工科学士学位,且从事该领域研究工作满三年,或有理工科硕士及以上学位;

(b)从事符合韩国国家统计局局长依照《韩国统计法》第二十二条编制发布的《韩国标准产业分类》(以下简称《韩国标准产业分类》)中自然科学或工程领域的研究和开发工作。

(7)《促进法》第二条第一款第四项第四目所称总统令规定的标准,是指外国人向符合下列情形之一的非营利公司出资五千万韩元以上,且占出资总额的百分之十以上:

1. 为了促进科学、艺术、医疗服务、教育等事业的发展而设立的非营利性公司,并持续开展项目以培养相关领域专家和扩大国际交流;

2. 开展民间或政府间国际合作项目的国际组织地区总部。

(8)《促进法》第二条第一款第七项所称总统令规定的机构,是指:

1. 依照《韩国中小学教育法》第六十条之一设立的外国人学校;

2.《韩国医疗服务法》第三条第二款规定的综合医院、医院、牙科医院、中医内科医院、中期保健医院、内科诊所、牙科诊所、中医诊所、助产诊所;

3.《韩国药品法》第二条第三款规定的药房;

4.《韩国建筑法实施条例》附表一第一项和第二项规定的独院住宅和多户住宅;

5. 产业通商资源部长根据外商投资委员会(依照《促进法》第二十七条设立,以下简称外商投资委员会)的审议结果确定和公开发布的其他设施,如外商投资人创业孵化中心。

(9)《促进法》第二条第一款第八项第四目所称总统令规定的知识产权,是指《韩国著作权法》规定的著作权中用于工业活动的权利和《半导体集成电路布图设计法》第二条第五款规定的用于工业活动的布图设计权。

(10)《促进法》第二条第一款第八项第七目所称总统令规定的股票,是指:

1. 在外国证券市场上市的外国公司的股票;

2.《促进法》和《韩国外汇交易法》规定的外国人持有的股票。

(11)《促进法》第二条第一款第八项第九目所称总统令规定的国内支付方式,是指外国人根据《促进法》和《韩国外汇交易法》出售其所持的韩国公司或韩国国民经营公司的股票和房地产等财产的所得。

第三条　拥有外国永久居住权的个人的定义

《促进法》第二条第二款所称总统令规定的个人,是指:

1. 获得居住国永久居住权的;

2. 居住国没有永久居住权制度,但被允许在该国居住四年以上的;

3. 在居住国已居住四年以上,又获准居住一年以上,且该国没有永久居住权制度,规定外国人居住不得超过四年的。

第四条　境外汇款

(1)外商投资人或《促进法》第二条第一款第四项第二目规定的放贷人依照《促进法》第三条第一款的规定向外国汇款的,《韩国外汇交易法》规定的外汇银行主管(以下简称外汇银行主管)应当查验其汇款的合法性。

(2)外汇银行可以要求产业通商资源部长和大韩贸易投资振兴公社社长,或依照第四十条第二款各项规定的被委托处理相关业务的外汇银行负责人(以下简称受托机构负责人),配合核实外商投资信息等工作;确有必要的,可以查验前款规定的向外国汇款的合法性。

(3)本条第一款规定的境外汇款完成后,外汇银行应当立即通知产业通商资源部长或受托机构负责人。

第五条　限制外商投资的业务分类

(1)《促进法》第四条第三款规定的限制外商投资的业务类别和详细情况如下:

1. 经产业通商资源部长与主管部长商议,参考《韩国经济合作与发展组织公约》附件一所载关于国内非居民直接投资的预留范围后,公布的以下双边或多边投资业务详情:考虑到《经济合作与发展组织公约》附件一(《资本流动自由化守则》的保留意见)规定的关于大韩民国加入《经济合作与发展组织公约》的邀请协议的保留意见范围,以及《经济合作与发展组织公约》附件规定的关于双边或多边投资的保留意见的细节,贸易、工业和能源部长在与主管部长协商后公开宣布的下列各项:
   (a)限制或部分限制的外商投资业务类别(以下简称受限业务);
   (b)前款规定的部分允许外商投资的各类业务许可的外商投资总额比率(以下简称许可外商投资比率);
   (c)外商投资人和境内合资企业投资方的资质;
   (d)外商投资许可的时间等其他许可标准。
2. 产业通商资源部长经与外商投资委员会商议后,认定为危害国家安全的事项,经主管部长要求,审查外商投资是否存在《促进法》第四条第二款第一项中规定的危害国家安全的下列行为(以下简称危害国家安全):
   (a)外国人企图通过取得股票等,实际控制现存的国内公司。
   (b)其他危害行为:
      (i)可能阻碍《韩国国防采购计划法》第三条第七项规定的生产制造国防物资的(以下简称国防物资);
      (ii)《韩国对外贸易法》第十九条规定的经批准方可出口的货物或技术可能用于军事用途的;
      (iii)可能泄露《韩国国家情报事业法》第十三条第四款规定的属于国家机密合同等内容的(以下简称国家机密);
      (iv)可能严重阻碍联合国开展的维护国际和平与安全等事务的。

(2)外国人投资受限业务的收益率不超过总收益百分之一的,不受前款第一项规定的限制。

(3)外国人取得前款规定的经营限制业务公司的股票等后,其收益率超过该公司总收益百分之一的,自该营业年度的结算日起六个月内,应当将其超过许可外商投资比率的部分,转让给韩国国民或韩国公司；有不可抗力的，经产业通商资源部长批准，转让期限可延长至六个月。

(4)外国人不得投资同时经营本条第一款第一项第一目规定的受限和部分受限外商投资业务的公司；公司拟经营两个以上部分受限外商投资的业务的，外商投资不得超过许可外商投资比率的最低比例。

(5)提交《促进法》第五条前三款规定的外商投资报告满三十日的，依照本条第一款第二项的规定，相关部门不得对外商投资内容提请审查。

(6)依照《促进法》第五条前三款的规定，在报告外商投资之前，外国人在履行贸易、工业和能源部部长公开宣布的事项后，可以向主管部长或产业通商资源部长提请核实相关外商投资是否符合本条第一款第二项的规定事项的审查请求。在该类情形下，视为外商投资人已就本条第一款第二项、第五款和第七款的规定提请审查。

(7)产业通商资源部长应依照本条第一款第二项的规定，自提出审查请求之日起九十日内，经外商投资委员会审议，确定相关外商投资是否危害国家安全。在该情形下，经外商投资委员会审议，必要时产业通商资源部长可以作出决定，将外商投资定性为危害国家安全的投资，附加分割和出售特定部分业务或维护安全等条件。

(8)产业通商资源部长作出前款决定的，应立即将决定通知相关外国人，并公布下列事项(国家机密除外)：

1. 该外商投资是否危害国家安全；

2. 作出上述决定的理由；

3. 附加条件的具体细节(若根据前款后半部规定附加条件的)。

(9)产业通商资源部长依照本条第七款前段的规定，确定外商投资危害国家安全的，已经取得外商投资公司股票等的相关外国人，应自决定作出之日起将股票等转让给韩国国民、韩国公司或不危害国家安全的外国人(以下简称韩国国民等)；部长依照第七款后段作出有条件批准投资决定的，相关外国人应在部长认定其违反相关规定之日起六个月内将该股票等转让给韩国国民等。有不可抗力的，经产业通商资源部长批准，期限可延长至一年。

(10)产业通商资源部长依照《促进法》第四条第四款的规定在上一年度公告的限制外商投资的细节有修改或增补的，有关行政机构负责人应自每年1月1日起对修改或增补的内容进行汇编，并在每年1月底前通知产业通商资源部长。产业通商资源部长应当在每年2月的最后一日前对其一并作出公告。

第五条之一　请求提供制定刺激外商投资计划所需数据

《促进法》第四条第二部分第五款所称“总统令规定的相关金融机构负责人”，是指韩国银行总裁(仅提供因技术支持而获取的报酬的最新数据)与通商资源部长经与企划财政部长或金融服务委员会协商后任命的金融机构负责人(仅提供产业通商资源部长与国家财政和金融主管部门协商后确定的具体数据请求)。

第二章　外商投资的有关程序

第六条　外商投资的报告制度

(1)《促进法》第五条第一款和第六条第一款前段所称总统令规定的特定关系人，是指：

1. 相关外国人的配偶、直系亲属和后代(包括有关外国人配偶的直系亲属和后代)；
2. 由相关外国人与本款第一项、第三项规定的特定关系人合计持有已发行股票总数或股权投资总额百分之五十以上的，或由其实际控制的外国公司；
3. 本款第二项或第四项规定的相关外国人和特定关系人的雇员(指公司高管；贸易雇员、其他签订雇佣合同的员工或依赖其财产谋生的人员)；
4. 由本款第二项规定的外国公司、有关外国人和本款第一项、第三项规定的人员合计持有已发行股票总数或股权投资总额百分之五十以上的外国公司。

(2)依照《促进法》第五条第三款规定所提交的修改报告中包含提前偿还贷款事项的，产业通商资源部长应立即将该报告的具体内容通知国税厅厅长、关税厅厅长及特别市市长、广域市市长、特别自治市、道知事以及特别自治道知事(以下简称各市长或道知事)。在该情形下，各市长或道知事应依照《促进法》第十八条第五款的规定，将具体情况立即通知外商投资区的管理机构。

第七条　外商投资许可

(1)《促进法》第六条第一款所称总统令规定的国防工业公司，是指《国防采购计划法》第三条第九项规定的国防工业公司。

(2)《促进法》第六条第二款规定的申请处理期限为自收到许可申请之日起十五日内；有不可抗力的，处理期间可一次延长十五日。

(3)产业通商资源部长认为《促进法》第六条第一款规定的许可申请需要补充或更正的，可以要求有关申请人在规定的期限内补充或更正。在该情形下，补充或更正的时间不计入前款规定的处理期间。

(4)产业通商资源部长应依照《促进法》第六条第一款、第三款的规定，可以要求与国防部长就外商投资许可申请进行协商；国防部长应在收到要求后十日内反馈意见。

(5)收到前款规定的申请后，国防部长认为申请人生产的国防物资可以被其他国内公司的产品替代的，或准予许可不会对国家安全造成重大影响的，应批准许可。

(6)提出本条第四款规定的意见时，符合下列条件的，国防部长可以要求产业通商资源部长给予许可：

1. 持续生产国防物资和维持安全必需品；
2. 将《国防采购计划法》第三条第十一款规定的国防工业设施(以下简称国防设施)分拆出售给韩国国民或韩国公司。

(7)依照前款第二项规定取得许可的，在国防设施出售完成前已取得现有股票的外国人，不得参与有关国防工业公司的管理。

(8)根据《促进法》第六条第六款规定，有违反《促进法》第六条第一款或第四款规定的，产业通商资源部长应当命令已取得股票等的外国人自接到通知起一个月内,将取得的股票等转让给韩国国民或韩国公司。在该情形下,产业通商资源部长应在六个月内确定转让期限;有不可抗力的,期限可延长至六个月。

第八条 (2016年7月28日由第27406号总统令删除)

第三章 外商投资支持措施

第九条至第十八条 (1999年5月24日由16330号总统令删除)

第十九条 国家或公共财产的出租等

(1)《促进法》第十三条第二款所称符合总统令规定的最低外商投资比率的公司,是指外商投资人持有百分之三十以上有表决权股票或持有的股份占股权投资总额百分之三十以上的外资公司。就计算最低外资比率而言,韩国国民或韩国公司直接或间接持股或拥有股权投资的外资公司,不适用《韩国特别税限制法实施条例》第一百一十六条第二部分第十一款、第十二款规定的持股比例计算方法。

(2)《促进法》第十三条第二款所称总统令规定的期限,是指自该法第十三条第一款规定的合同订立之日起的五年。

(3)《促进法》第十三条第二款第一项所称总统令规定的正式职工人数,是指该法第二十条之一第三款和该法附表二规定的正式职工人数;该法第十三条第二款第二项所称总统令规定的投资额,是指第二十五条第一项规定之外商投资额。

(4)《促进法》第十三条第五款所称土地租金,是指其金额应为土地的价格乘以至少千分之十的比率;《促进法》第十八条第一款第一项规定的区域内划定为外商投资区的,该比率的确定方式如下:

1. 土地为国有财产的,比率由产业通商资源部长经与企划财政部长协商后确定;
2. 土地为公共财产的,比率由产业通商资源部长经与当地政府负责人协商后确定。

(5)《促进法》第十三条第六款规定的延期支付或分期支付土地价款的,依下列方式办理,其利率每年不得超过百分之四:

1. 土地为国有的,可以延期一年支付;分期付款的,最长不得超过二十年;
2. 土地为当地政府所有的,由当地政府通过条例规定延期支付或分期支付。

(6)《促进法》第十三条第七款所称总统令规定的经营业务的外资公司,是指建造工厂设施(除根据《韩国标准产业分类》建设的制造业之外的业务工作场所,下同)以经营下列业务之一的外资公司:

1. 对国民经济有重大贡献的下列业务之一,如扩大就业:
   (a)《促进法》第十八条第一款第二项至第四项规定的外商投资区内外资公司经营的业务。
   (b)《韩国特别税限制法》第一百二十一条之一第一款第一项规定的享受纳税减免政策且投资额在一百万美元以上的业务。
   (c)外商投资额在五百万美元以上,且拟投资制造业的业务(根据《韩国标准产业分类》确定的制造业,下同)。

(d)符合下列条件的业务：

(i)外商投资额在二百五十万美元以上；

(ii)正式职工在七十人以上；

(iii)经营本条例第二十五条第一款前三项规定的业务或该条第四项规定的设施。

2. 经外商投资委员会审议，由产业通商资源部长确定的对扩大社会间接资本、产业结构调整、地方政府财政独立等作出重大贡献的业务。

(7)《促进法》第十三条第七款规定的国有土地等财产的租金减免标准，由分管国有土地的中央政府机构负责人(包括依照《韩国国有财产法》第二十八条或第四十二条第一款的规定指定或委托的机构，下同)在下列范围内决定适用：

1.《促进法》第十三条第七款规定的土地租金减免为：

(a)经营以下业务的，减免全部租金：

(i)外资公司在《促进法》第十八条第一款第二项规定的外商投资区内经营的前款第一项第一目和第二目规定的业务；

(ii)经营生产《韩国促进专业企业等生产材料和零部件特别措施法》第二条第一项规定的材料或零部件(限于在《促进法》第十八条规定的外商投资区内，经营本条第六款第一项第三目规定的业务，将材料或零部件出租或销售给《韩国促进专业企业等生产材料和零部件特别措施法》第二条第一款规定的外资公司的业务)；

(iii)经营本条第六款第一项第四目规定的业务，正式职工在二百人以上的。

(b)经营本条第六款第一项第四目规定的业务，正式职工在一百五十人以上，二百人以下的，减免其百分之九十的租金。

(c)经营以下业务的，减免其百分之七十五的租金：

(i)经营本条第六款第一项第三目规定的业务(本项第一目第二种情况规定的除外)；

(ii)经营本条第六款第一项第四目规定的业务，正式职工在七十人以上，一百五十人以下；

(iii)经营本条第六款第二项规定的业务。

(d)外资公司在《促进法》第十八条第一款第三项规定的外商投资区内，经营本条第六款第一项第一目所载业务的，减免其百分之五十的土地租金。

2. 使用《促进法》第十三条第七款第二项规定的土地的，减免其百分之五十的土地租金。

(8)《促进法》第十三条第八项规定的土地租金减免率，由分管相关国有财产的中央机构负责人决定。

(9)外资公司或为改善外商投资环境而设立的机构经营者(本条称为外资公司等)，依照《促进法》第三条第七款或第八款的规定，拟享受国有土地租金减免待遇的，应向分管国有土地的中央政府负责人提出申请。

(10)外资公司拟使用《促进法》第十三条第九款规定的地方政府所有土地，享受土地租金减免待遇的,应当向地方政府负责人提出申请。

(11)外资公司拟使用《促进法》第十三条第九款规定的地方政府所有土地,享受土地租金减免待遇的,应同时满足下列两项要求:

1. 有《促进法》第十三条第二项规定的情形的,外资公司在租赁期内应满足本条第一款规定的最低外商投资比率;但内资增加而外资不减少的,订立合同后,外商投资比率应保持于百分之十以上;
2. 外资公司属于《促进法》第十三条第二款附加规定的情形的,其外商投资比率应保持于百分之十以上。

(12)除非本条第十款、第十一款另有明确规定,获准享受租金减免待遇的企业种类、租金减免率等特定事项,由地方政府结合外商投资就业创造、技术转让以及对地方政府财政独立的影响等经济效应,通过条例作出规定。

(13)收到本条第九款、第十款规定的国有或地方政府土地租金减免申请后,分管国家财产的中央政府部门负责人或地方政府负责人,在审查申请是否符合本条第六款至第八款、第十一款规定的减免条件之后,决定是否给予申请人减免租金的待遇,并每年至少一次核实该减免条件。

(14)除非《促进法》和本实施条例另有规定,《促进法》第十三条规定的国有或地方土地的出售和出租事项,由《韩国国家财产法》和《韩国公共财产商品管理法》作出规定。

第二十条　地方政府获得国家支持的标准等

(1)依照《促进法》第十四条第一款的规定向地方政府提供财政支持的标准,由外商投资委综合考量创造就业、技术转让以及外资公司的入驻地区等潜在经济影响因素后确定。

(2)中央行政部门收到地方政府的财政支持申请后,应根据外商投资委员会决定的相关标准提供支持。

(3)《促进法》第十四条第一款所称总统令规定的任何人,是指《工业用地及开发法》第十六条第一款规定的工业园区开发商。

(4)《促进法》第十四条第四款所称总统令决定的就业补贴等,是指:

1. 根据外资企业创造的就业规模发放的就业补贴;
2. 为新建或扩建《韩国中小学教育法》第六十条之一规定的外国人学校而产生的土地价格和必要的建设成本。

第二十条之一　外商投资现金补贴的用途等

(1)《促进法》第十四条之一第一款所称总统令规定的包括建设新工厂在内的用途,是指下列用途之一:

1. 为设立工厂或研究设施的购买、租赁土地或建造费用;
2. 工厂或研究设施的建造费用;
3. 工厂或研究设施在运行过程中购买生产资料、研究设备和其他物资的费用;
4. 为设立工厂或研究设施的电力、通讯等设备的基础设施安装费用;
5. 就业、教育和培训补贴。

(2)《促进法》第十四条之一第一款第二项所称总统令规定的材料和零部件,是指《韩国促进专业企业等生产材料和零部件特别措施法》第二条规定的材料和零部件。

（3）《促进法》第十四条之一第一款第三项所称正式职工的数量由本条例附表二载明。

（4）下列情形为《促进法》第十四条之一第一款第五项所称总统令规定的标准：

1. 外商投资人以国内公司的身份，在生产、销售、分销、人事等核心职能上支持或控制至少两个外国公司，在韩国设立地方总部，并符合产业通商资源部条例关于正式职工、控股公司等标准和程序要求；

2. 外商投资人从事《韩国国家均衡发展特别法》第二条第四款规定的区域性产业或从事该条第五项规定的经济合作区产业，并被视为对区域经济发展有贡献。

第二十条之二　外商投资现金补贴的申请与发放

（1）外国人拟取得《促进法》第十四条之一第一款规定的国家现金补贴的，应根据《韩国产业通商资源部条例》规定的形式提交申请和投资计划。投资计划应载明下列事项：

1. 投资总额及其详情；

2. 就业规模；

3. 技术扩散效应；

4. 对地方经济的贡献；

5. 产业通商资源部长要求的其他事项。

（2）收到前款规定的申请后，产业通商资源部长应当审查投资计划，征求企划财政部长的意见，与相关外国人协商后，作出是否给予现金补贴的决定。

（3）产业通商资源部长可在决定给予现金补贴之日起一年内一次性支付，或在作出决定之日起五年内分期支付；分期支付的，不得超过十期。

（4）依照前款规定分期支付的，产业通商资源部长可以在综合考量投资计划的修改和分期付款的执行结果后，对分期付款的金额和时间安排作出调整。

（5）除非本条前四款另有明确规定，分期支付现金补贴的有关事项由产业通商资源部长经外商投资委员会审议后决定。

第二十一条　外商投资支持中心的管理等

（1）依照《促进法》第十五条第二款规定，被派遣到外商投资支持中心（以下简称支持中心）的公职人员或与外商投资相关机构的高管或雇员（以下简称派出人员），应当接受大韩贸易投资振兴公社社长的指导与监督。

（2）大韩贸易投资振兴公社社长应依照《韩国公职人员绩效考核条例》第十七条第三款或《地方公职人员任命条例》第三十一条之二第三款的规定，就前款所称被派出的公职人员的工作表现作出书面意见，并将书面意见送交该公职人员原工作单位负责人；原工作单位负责人应将意见计入该公职人员的绩效考核。

（3）为了切实支持外商投资工作，大韩贸易投资振兴公社社长可以设立综合行政支持中心；中心主要由派出人员和专职负责吸引外商投资的团队构成；团队成员主要由大韩贸易投资振兴公社的官员和其雇员构成；贸易投资促进主管部门可以要求派遣人员履行本条例第二十一条第四部分第五款规定的投诉处理等有关职责。

（4）大韩贸易投资振兴公社社长应当制定吸引外商投资的年度综合计划，并在每年 1 月 31 日前将其提交给产业通商资源部长，并应当分析季度外商投资成果，并在每季度结束后一个月内将分析结果报告给产业通商资源部长。

(5)至(7)于1999年10月27日由第16583号总统令删除。

(8)除非本条前四款另有规定,有关投资支持中心的组织和运行事项,经外商投资委员会审议后,由大韩贸易投资振兴公社社长决定。

第二十一条之一　项目经理的任命与职责等

(1)为了向外商投资人或外资公司提供有效支持,大韩贸易投资振兴公社社长可以任命下列人员担任外商投资人或外资公司的项目经理。在该情形下,大韩贸易投资振兴公社社长应当将指定的项目经理通知到相关外商投资人或外资公司:

1. 大韩贸易投资振兴公社的雇员;
2. 派出人员;
3. 《韩国公共机构管理法》规定的中央行政部门、地方政府、公共机构的公职人员或雇员。任命本款规定人员的,应取得有关机关、政府或机构的批准。

(2)大韩贸易投资振兴公社社长可以通知中央行政部门、地方政府和负责外商投资事务的公共机构(以下简称有关行政机构等)各外商投资人或外资公司前款规定的项目经理的任命情况。

(3)有关行政机构等接到前款规定的通知后,项目经理要求提供外商投资有关资料和处理民事事务的,主管机构应当积极配合。

(4)项目经理应当履行下列职责:

1. 收集并提供相关数据或信息,以及应外商投资人或外资公司的要求组织会谈;
2. 就《促进法》第九条、第十三条、第十四条和第十四条之一规定的支持外商投资的相关事项提出意见;
3. 协助处理并代为执行《促进法》第十五条、第十七条的规定与外商投资有关的民事事务;
4. 协助完成住房租赁、子女入学指导等外商投资人或外资公司的管理人员、雇员及其家属的安置工作;
5. 其他与外商投资有关的事务。

(5)为了确保项目经理有效履行前款规定的职责,支持外商投资人和有关行政机构等的工作,大韩贸易投资振兴公社社长必要时可以成立咨询委员会。

(6)大韩贸易投资振兴公社社长应当为项目经理提供必要的教育机会,以提高其素质和专业知识。

(7)大韩贸易投资振兴公社社长可以在职务晋升、岗位调动和经济奖励等方面优先考虑项目经理。

第二十一条之二　外商投资监察员的职能

(1)《促进法》第十五条之一第一款规定的外商投资监察员(以下简称监察员)的任期为三年。

(2)监察员应当履行下列职责:

1. 调查和处理外商投资人和外资公司的投诉;
2. 拟订外商投资机制的改进措施,并向有关行政机构和公共机构提出实施建议;
3. 其他有关处理外商投资人和外资公司投诉的必要事项。

(3)《促进法》第十五条之一第三款第一项所称总统令规定的标准,是指:

1. 必要时,调查与外商投资有关的制度是否符合国际惯例或标准;

2. 必要时,协助解决外资公司在管理和改进相关机制过程中遇到的困难;

3. 必要时,协助改善外商投资人和外资公司中外国雇工的居住条件。

(4)《促进法》第十五条之一第四款规定的整改意见(以下简称整改意见),应当以书面形式一并说明下列事项:

1. 相关法律法规和政策制度的现状和不足;

2. 具体的整改意见;

3. 监察员认为必要的事项,如答复有关行政机构和公共机构的期限等。

(5)《促进法》第十五条之一第五款所称总统令规定的期限,是指自收到监察员依照《促进法》第十五条之一第四款的规定作出整改意见之日起的三十日。

(6)监察员可以检查整改意见的执行情况。

(7)监察员应当依照《促进法》第十五条之一第七款的规定,就下列事项作出书面报告,并在次年2月底之前提交外商投资委员会审议:

1. 外商投资人和外资公司投诉的法规和制度的现状;

2. 监察员上一年度改进规章制度的结果;

3. 其他关于处理外商投资人和外资公司申诉的事项。

第二十一条之三　申诉委员会的运行等

(1)(2001年2月24日由第17135号总统令删除)

(2)依照《促进法》第十五条之一第十款规定设立的申诉委员会(以下简称申诉委员会),其负责人由监察员担任。

(3)申诉委员会负责人可以要求有关行政机构或与外商投资有关的机构配合其处理外商投资人和外资公司提出的投诉。相关机构应在收到该要求之日起七日内提交处理的结果或意见。

(4)(2001年12月31日由第17474号总统令删除)

(5)为了有效解决外商投资人和外资公司的投诉,申诉委员会可以指定雇员专门负责处理各地区或外资公司的投诉,并负责管理该雇员。

(6)申诉委员会雇员依照《促进法》第十五条之一第三款的规定,听取意见或走访现场以支持监察员履行职责的,应当携带表明其权限的身份证明,并向利害关系人出示。

(7)申诉委员会应当每季度分析申诉的处理结果,并在每季度结束后的一个月内向产业通商资源部长报告分析结果。

(8)除非本条第二款、第三款、第五款、第六款、第七款另有规定,有关申诉委员会的组织和运行等事项由大韩贸易投资振兴公社社长经外商投资委员会审议后决定。

第二十二条　外商投资促进办公室的职能等

(1)《促进法》第十六条规定的外商投资促进办公室履行下列职能:

1. 推动妥善处理并核实依照《促进法》第十七条第三款的规定转交的民事申诉;

2. 代他人行使民事申诉,如准备和提交与外商投资相关的民事申诉文件等;

3. 外商投资的引进、宣传和支持等工作;

4. 接收、审查、处理外商投资人或外资公司遇到的困难或提出的意见;
5. 与支持中心、贸易中心、大韩贸易投资振兴公社的分支机构和办事处以及其他与吸引外商投资有关的机构进行信息交换、商务沟通和行政合作;
6. 根据《促进法》第十七条第五款后段的规定,对拒绝发放许可的理由进行合法性审查;
7. 本条例第二十三条规定的外商投资引进理事会的日常工作;
8. 有关外商投资的其他行政工作。

(2)办公室雇员在收到申诉委员会要求提交报告,载明前款第四项规定的困难的接收、审查和处理的进展状况的,办公室雇员应配合申诉委员会的要求,在每季度结束后的十日内提交报告。

第二十三条　外商投资引进理事会

(1)为审议下列事项,可以在特别市、广域市、特别自治市、道以及特别自治道(以下简称各市或道)设立外商投资引进理事会(以下简称理事会):
1. 外商投资的引进、宣传和支持计划;
2. 外商投资人或外资公司申诉处理的咨询意见;
3.《促进法》第十七条规定的妥善处理民事申诉相关的咨询意见;
4. 各市长或道知事认为吸引外资的其他必要事项。

(2)理事会主席由市或道的处级以上公职人员担任,包括:
1. 市长或道知事从下级公职人员中任命的人员;
2. 应市长或道知事的要求,有关市/郡/区、地方特别行政机构或机构的负责人指定的相关市/郡/区(指自治区,下同)、特别地方行政机构或有关《促进法》附表一、二规定的处理民事申诉之机构的公职人员或雇员;
3. 应市长或道知事的要求,投资支持中心在大韩贸易投资振兴公社的贸易中心、分支机构和办事处负责人中指定的雇员;
4. 受市长或道知事委托,在外商投资领域具有丰富知识经验的人士。

(3)在指定或委任前款规定的理事会成员时,可以参加理事会所有会议的成员,以及根据理事会主席的决定只能参加讨论与有关成员有关事项的会议成员,在指定或委托的过程中可以分开。

(4)理事会会议作出的决议,应当有前款规定的过半数成员出席,且须经出席会议的过半数成员同意方可通过。

(5)除非本条前四款另有规定,理事会日常工作相关的必要事项,经理事会决议后应当由市长或道知事决定。

第二十四条　外商投资人民事申诉的处理

(1)《促进法》第十七条第二款、第五款规定的直接受理民事申诉的范围和期限,详见附表三。

(2)《促进法》第十七条第五款规定的民事申诉集中处理和单独处理的期限为:
1. 集中处理的民事申诉,其处理规定的期限详见附表四,但单独受理本法附表一右栏许可等民事申诉许可等事项,应当依照有关法规规定的处理期限;

2. 单独处理的民事申诉处理期限,由相关法律法规作出规定。

(3)民事申诉处理机构负责人收到需集中处理的申诉,依照《促进法》第十七条第四款的规定与有关部门协商后,该机构负责人应当在规定的处理期限届满日的前一日将处理意见提交至民事申诉处理机构(附表四规定的处理期限超过七日的,届满日为处理期最后一天的前两天)。

(4)计算本条前两款规定的处理期限,以民事申诉处理机构或其派出人员收到有关民事申诉之日为登记日。

(5)《促进法》附表二第十三款所称总统令规定的许可,是指本条例附表五规定的民事申诉业务事项。

(6)民事申诉处理机构负责人或派出人员依照《促进法》第十七条第五款的规定,通知申请人拒绝其申请的,应当明确说明理由和法律依据。

(7)《促进法》第十七条第七款前段所称总统令规定的期间为三日。

(8)民事申诉处理机构负责人依照《促进法》第十七条第十款的规定批准许可的,应附加条件,要求申请人按照下列所定时间之前补齐材料:

1. 获准许可为《促进法》附表一第一项或第二项的,截至施工许可申请日(施工许可被视为批准的,截至提交施工启动报告之日);
2. 获准许可为《促进法》附表一第三项的,截至提交施工启动报告之日;
3. 获准许可为《促进法》附表一第四项的,截至提交施工启动报告之日;
4. 获准许可为《促进法》附表一第五项的,截至建筑物台账注册之日。

(9)根据《促进法》第十七条第十款,被许可人依照前款规定提交申请的,应当向民事申诉处理机构负责人提交其全面落实上述所有要求的书面确认书。

(10)(2004 年 1 月 13 日由第 18222 号总统令删除)

(11)在本条前两款规定的处理期限内,认为有合理客观原因导致不能完成民事申诉处理的,民事申诉处理机构负责人只能延长一次处理期限。在此情形下,民事申诉处理机构负责人应当通过估计妥善处理申诉的必要时间以此决定延长的期限,并通知相关许可申请人(许可申请由投资支持中心代为提出的,应通知投资支持中心),并说明延长处理的期限和原因;投资支持中心收到通知的,应当将其具体内容及时通知原许可申请人。

(12)《促进法》第十七条规定的集中办理、单独办理和直接办理的民事申诉,需要补充或者更正申诉内容的,民事申诉处理机构负责人或派出人员可以决定补正的期限,并要求当事人在期限内予以补正。在此情形下,补正期限不在本条第一款、第二款规定的期限内。

(13)除非《促进法》和本条例另有规定,与外商投资有关的民事申诉处理由《民事申诉处理法》调整。

第四章　外商投资园区

第二十五条　外商投资园区的规划

(1)《促进法》第十八条第一款所称符合总统令规定标准的外商投资,是指下列外商投资之一。在此情形下,为计算外国公司的投资数额和计算韩国国民(本条例第三条规定的有关人员除外)或韩国公司直接或间接持有的股票,《特别税限制法实施条例》第一百一十六条之一第十一款、第十二款规定的外资持股比例的计算方法应被排除适用:

1. 外商投资额在三千万美元以上,新建工厂设施(指除制造业以外的任何业务的工作场所)经营下列业务之一的:
   (a)制造业;
   (b)《韩国特别税限制法实施条例》第一百一十六条之一第一款规定的业务(在服务业享受产业扶持政策的情形下,仅指产业通商资源部长确定和公布的业务);
   (c)计算机编程、系统集成和管理等知识服务业以及《韩国标准产业分类》规定的数据处理、网站托管和其他信息服务型业务。
2. 外商投资额在二千万美元以上,新建设施经营下列业务之一的:
   (a)《韩国旅游促进法》第三条第一款第二项第二目规定的度假公寓业务。
   (b)其他旅游业务,包括:
      (i)旅游宾馆、水上宾馆或《韩国旅游促进法实施条例》第二条第一款第二项第一目至第三目规定的传统宾馆业务;
      (ii)《韩国旅游促进法实施条例》第二条第一款第三项第一目或第二目规定的度假村或综合度假酒店业务;
      (iii)《韩国旅游促进法实施条例》第二条第一款第五项第一目规定的综合娱乐业务。
   (c)(2016年7月28日由第27406号总统令删除)
   (d)《韩国国际会议产业促进法》第二条第三款规定的国际会议业务。
   (e)《韩国特别税限制法实施条例》第一百一十六条之一第一款规定的享受产业扶持政策的服务业(产业通商资源部长依照本条第一款第一目的规定确定和公告的业务除外)。
   (f)《韩国未成年人活动促进法》第十条第一款规定的青少年培训业务。
3. 外商投资额在一千万美元以上,新建设施经营下列业务之一的:
   (a)《韩国物流设施开发与管理法》第二条第四项规定的综合物流终端业务;
   (b)《韩国流通业发展法》第二条第十六款规定的创建和经营联合收取和配送的业务;
   (c)《韩国港口法》第二条第五项规定的港口经营业务和在《韩国港口法》第二条第七款规定的港口腹地综合体内经营的《韩国特别税限制法实施条例》第五条第八款规定的货物配送业务;
   (d)《韩国机场设施法》第二条第七款规定的机场设施运营业务以及在《韩国机场设施法》第二条第四项规定的机场区域内经营的《韩国特别税限制法实施条例》第五条第八项规定的货物配送业务;
   (e)《韩国公私合营基础设施法》第二条第五款规定的公私合营的基础设施业务(限于该法第二条第三款规定的可拆卸拆除的设备)。
4. 外商投资额在二千万美元以上,在设施投资额、专职研究人员等方面符合《韩国产

业通商资源部条例》规定的标准和程序要求的研究开发设施中,设立或增设符合下列各项设施的:

(a)属于《韩国特别税限制法实施条例》第一百一十六条之一第一款规定的享受产业扶持政策的服务业或高新技术产业的研究开发设施;

(b)(2016年7月28日由第27406号总统令删除)

(c)专职研究人员至少一人取得相关领域硕士学位,且十人以上从事相关研究工作满三年。

(2)《韩国研究与开发特区促进法》第二条第一项和《促进法》第十八条第一款第三项所称总统令规定的园区,是指下列区域:

1.《韩国特殊研究与开发特区促进法》第二条第一款规定的特殊研究与开发特区;

2.《韩国科技园扶持法》第二条第一项规定的科技园;

3.《韩国产业集群开发与工厂建设法》第二条第十三项规定的知识产业中心;

4.《韩国高科技医疗综合体规划与扶持法》第二条第一款规定的高科技医疗综合体。

(3)《促进法》第十八条第一款第四项所称总统令规定的服务业,是指:

1.《韩国标准产业分类》规定的金融和保险业;

2.《韩国产业开发法实施条例》附表二规定的知识服务业;

3.《韩国特别税限制法实施条例》第一百一十六条之一第一款规定的享受产业扶持政策的服务业;

4.《韩国文化产业促进框架法》第二条第一项规定的文化产业;

5.《韩国旅游促进法》第二条第一款规定的旅游业(该法第三条第一款第五项规定的博彩业除外)。

(4)《促进法》第十八条第一款第四项后段所称总统令规定的比例为百分之五十。

(5)《促进法》第十八条第二款所称总统令规定的标准,是指下列事项:

1. 两名或两名以上外商投资人投资的,投资额不应低于本条第一款后段规定的业务类型的外商投资额(在本款第四项中,业务类型指设施;下同);

2. 所从事的业务或业务类型应与本条第一款后段规定的业务或业务类型相一致;

3. 本条第一款后段规定的设施,应当相邻安装放置。

(6)《促进法》第十八条第三款第六项所称总统令规定的事项,是指:

1. 将《促进法》第十八条第一款第一项或第三项规定的区域规划为外商投资园区时的相关事项:

(a)项目开发人员和管理机构;

(b)土地利用规划和主要基础设施使用规划;

(c)外商投资委员会根据区域特点决定的其他事项。

2. 将《促进法》第十八条第一款第二项规定的地区规划为外商投资园区的下列相关事项。但是,已经将国家工业园区、一般工业园区、城市高新技术产业园区的全部或部分区域划为外商投资园区的,本项第六目至第九目可以不计在内:

(a)入驻外商投资园区的外资公司的具体投资情况、就业规模和业务详情;

(b)吸引外资的可行性;

(c)资金规划;

(d)外商投资园区内主要配套设施的使用规划;

(e)管理机构;

(f)开发项目实施者;

(g)土地利用规划和主要基础设施规划;

(h)待开发或待使用的土地、房屋或其他物品的具体情况;

(i)(2016 年 7 月 28 日由第 27406 号总统令删除)

(j)外商投资委员会规定的其他事项。

3. 将《促进法》第十八条第一款第四项规定的区域规划为外商投资园区的相关事项:

(a)前项第三目至第八目规定的事项;

(b)外商投资园区和相邻区域内不动产价格的稳定措施;

(c)防止人口过剩的措施(仅限于位于《韩国首尔都市圈调整规划法》第六条第一款第一项规定的过度集中控制区内的外商投资园区);

(d)外商投资委员会规定的其他事项。

(7)依照《促进法》第十八条第一款后段的规定制订发展规划的,应拟定《促进法》第十八条第三款规定的开发和规划方案(以下简称规划方案)。规划方案应当包括《促进法》第十八条第三款和本条第六款规定的内容。

(8)市长或道知事拟制订规划方案的,应当听取相关市/郡/区、居民和专家的意见。

(9)外商投资委员会审议是否将有关地区规划为外商投资园区,应当基于规划方案,综合考量外资引进的可行性、区域均衡发展、土地有效利用、就业增长等对国民经济的影响。

(10)前款规定的审议认为没有必要规划的,市长或道知事不得将其规划为外商投资园区。

(11)外资公司应在《促进法》本法第十八条第四款规定的公告之日起五年内,根据规划方案,达到本条第一款、第五款规定的要求。

(12)《促进法》第十八条第四款第五项所称总统令规定的事项,是指下列所有事项:

1. 外商投资园区的规划目标;

2. 外商投资园区的开发期限;

3. 企业入驻资质及业务种类(限于《促进法》第十八条第一款第一项规定的已规划为外商投资园区的区域);

4. 有关图纸和文件的查阅方式(限于《促进法》第十八条第一款第一项规定的已规划为外商投资园区的区域)。

(13)《促进法》第十八条第十款所称总统令规定的非实质变更,是指下列变更之一:

1. 外商投资区内不超过百分之三十的区域变更;

2. 不超过百分之三十的外商投资额的增减幅度(限于增减后的外商投资额仍符合依照《促进法》第十八条第一款规定设立的外商投资区的规划要求);

3. 有关外资公司的就业规模变动;

4. 主要引资业务种类的变更(限于《促进法》第十八条第一款第一项规定的已规划为外商投资园区的区域);

5. 相关外资公司业务详情的变更(限于《促进法》第十八条第一款第二项规定的已规划为外商投资园区的区域);
6. 外商投资委员决定的其他事项。

(14)就本条例第十三条规定的内容作出变更的,市长或道知事应首先征求产业通商资源部长的意见。

(15)除非本条前十四款另有规定,关于外商投资园区规划与开发的必要事项,由外商投资委员会作出决定。

第二十六条　外商投资园区的管理

(1)《促进法》第十八条第五款规定的外商投资园区的管理部门(以下简称管理部门)应当根据规划方案,管理外商投资园区。

(2)依照前款规定管理外商投资园区的管理部门,应当优先考虑外商投资人或外资公司的便利,努力保障和支持外商投资园区内外资企业开展业务所需的各项基础设施,如金融机构、通信设施、物流设施,以及满足其相应的医疗、教育和住房需求。

(3)除非本条前两款另有规定,关于管理外商投资园区的必要事项,由外商投资委员会作出决定。

第二十六条之一　外商投资园区规划的撤销

(1)外资公司入驻《促进法》第十八条第一款第二项规定的外商投资园区内,或进驻《促进法》第十八条第一款第三项、第四项规定的区域,但未能符合本条例第二十五条规定的,相关地区行政机关行政部门应依照《促进法》第十八条之一的规定,采取下列措施:

1. 发布命令,就《促进法》第十八条第一款第二项规定的区域,要求相关外资公司在六个月内达到相关标准(以下简称实施期限)。在此情形下,确有可延长理由的,该实施期限仅可延长一次至原来规定的期限。
2. 与产业通商资源部长协商,就《促进法》第十八条第一款第三项规定的区域,要求有关外资公司在六个月内达到相关标准。在该情形下,相关地区行政机关在与产业通商资源部长协商后,确有可延长理由的,该实施期限可延长一次至原来规定的期限。

(2)外资公司或外商投资园区未能在前款规定的期限内达到外商投资园区规划标准的,相关地区行政机关应要求外商投资委员在三十日内审议撤销该区的规划。

(3)除非前两款另有规定,关于撤销外商投资园区规划的必要事项,由外商投资委员会作出决定。

第五章　外商投资的后续管理

第二十七条　外资公司的登记程序

(1)外商投资人或外资公司应当自《促进法》第二十一条第一款规定的事由发生之日起六十日内,根据《韩国产业通商资源部条例》的相关规定,向贸易、产业和能源部申请登记为外资公司。外商投资人依照《促进法》第二条第一款第四项第三目的规定完成对非营利公司的出资,该非营利公司未达到本条例第二条第六款规定的标准的,外商投资人应自达到标准之日起三十日内申请登记。

(2)《促进法》第二十一条第二款所称外商投资人或外资公司符合总统令关于投资额等事项的相关要求,是指符合下列要求:

1. 本条例第二条第二款规定的投资额应当在一亿韩元以上;
2. 外国人持有本条例第二条第二款第一项规定的有表决权的股票或股权投资总额的百分之十以上。

第二十八条　外资公司的注销登记

(1)依照《促进法》第二十一条第四款的规定,产业通商资源部长应当每年审查《促进法》第二十一条第四款规定的事由。

(2)依照《促进法》第二十一条第四款注销登记,产业通商资源部长应当根据《产业通商资源部条例》,通知相关外资公司注销登记或对此作出公告。

(3)依照《促进法》第二十一条第四款的规定,外资公司注销登记的,产业通商资源部长应当依照本条例第三章的规定,通知国税厅厅长、关税厅厅长及当地政府负责人注销登记的具体情形。

(4)《促进法》第二十一条第五款所称符合总统令规定标准的情形,是指下列情形之一:

1.《促进法》第二十五条第五款第一项规定的外商投资比率低于百分之十。
2.《促进法》第二十五条第五款第二项规定的下列情形之一:
   (a)外商投资比率低于百分之五十,且第一大股东不是外商投资人(包括第六条第一款规定的特定关系人)的公司取得国内公司股票等;
   (b)经营金融或保险业务,全部或部分业务活动包括收购其他公司股票的外资公司(《韩国金融投资服务和资本市场法》第九条第十九款第一项规定的私募股权基金除外),依法取得其他公司股票等;
   (c)外资公司取得不超过百分之十的国内公司发行的股票等或股权投资总额。

第二十九条至第三十条于2016年7月28日删除

第六章已删除

第七章　补 充 规 定

第三十四条　外商投资委员会的日常运行

(1)(1999年5月24日由第16330号总统令删除)

(2)外商投资委员会的业务工作由主席全面负责,并代表委员会召集主持委员会会议。由于不可抗力,主席不能履行职责的,由主席指定的委员会成员代为履行职责。

(3)大韩贸易投资公社社长、外商投资监察员和项目经理可以出席委员会会议,发表意见。

(4)委员会会议须有超过半数的有权参加会议的委员出席方可举行;决议以出席委员过半数的赞成票通过。

(5)必要时委员会可以要求参加会议的人员发表意见。

(6)主席召集委员会会议的,应当在会议举行三日前通知每位成员会议的时间、地点和目的，紧急情况除外。

(7)委员会应当委任一名秘书负责行政事务，秘书由贸易、行业和能源主管部门在其公职人员中指定。

第三十五条　外商投资工作委员会的设立与日常运行

(1)《促进法》第二十七条第三款规定的外商投资委员会委托外商投资工作委员会(以下简称工作委员会)处理的事项包括：

1.《促进法》第二条第一款第四项第四目规定的外商投资确认；
2.《促进法》第十八条第十款规定的外商投资园区规划的变更和《促进法》第十八条之一第一款规定的外商投资园区规划的撤销；
3. 本条例第二十一条第八款规定的投资支持中心的设立与日常运行；
4. 本条例第二十一条之三第八款规定的申诉委员会的设立与日常运行；
5. 外商投资委员会决定的其他必要事项。

(2)工作委员会主席由贸易、产业和能源部副部长担任，其成员由下列人员构成：

1. 应产业通商资源部长的请求，由该部负责人或其他主管部门负责人在从事综合事务的高级公职人员中指定的人员；
2. 副市长(在首尔特别市的，是指由市长从市政府中的一级公务人员中指定的人员)或有关市或道的副市长或副知事，以及由主席委托的在外商投资领域具有丰富知识的人员；
3. 投资支持中心负责人和外商投资监察员。

(3)应委任一名秘书负责工作委员会的行政事务，秘书由产业通商资源部长从其公职人员中指定。

(4)委员会应在工作委员会下设立外商投资引进专门小组，其主席由工作委员会成员担任，负责整合和管理外资引进，推动和检查与外商投资相关的民事申诉的处理，审查工作委员会引资活动议程。

(5)除非本条例另有规定，关于外商投资委员会、工作委员会和外商投资引进专门小组的必要事项由外商投资委员会主席依据外商投资委员会的决议进行决定。

第三十六条　外商投资现状的数据上报

(1)韩国银行总裁应每月整理外商投资资金流，并在下月十日前向产业通商资源部长报告。

(2)产业通商资源部长应当定期汇编外商投资和外资公司的情况数据，并将数据转交与外资引进有关的机构。

第三十七条　生产资料的处理

(1)海关负责人拟销售《促进法》第二十八条第七款规定的生产资料的，应当通过关税厅厅长向产业通商资源部长提交生产资料销售清单。

(2)产业通商资源部长与有关部门协商后，可以要求海关负责人推迟前款规定的生产资资料销售活动。在此情形下，该要求应在其收到生产资料销售清单后二十日内向海关负责人提出。

(3)未在前款后段规定的期限内提出延期要求的，有关海关应当出售生产资料，并向产业通商资源部长报告。

第三十八条　引进生产资料等物品的检验与确认

（1）《促进法》第二十九条第一款所称"依照《促进法》的规定引进韩国的可享减免税的生产资料等的符合总统令规定的要求的生产资料"，是指下列生产资料之一：

1.《韩国特别税限制法》第一百二十一条之二第一款规定的免除关税、个人消费税和增值税的生产资料；

2. 作为投资对象引入国内的生产资料（包括出资，本条下同）；

3. 外资公司通过外商投资人出资的境外支付，或以通过交换该境外支付获得境内支付的方式，依照《韩国对外贸易法实施条例》第十七条，在产业通商资源部长公布的货物清单中引进国内的生产资料。

（2）引进前款规定的生产资料或其他货物，但不包括《促进法》第二条第一款第四项第三目和第四目规定的为外商投资所引进的生产资料（以下简称生产资料等）的，应当提交书面说明，载明拟引进货物的数量、规格、价格和制造商等信息，并依照《韩国海关法》第二百四十一条第一款的规定，在其进口申报受理前向有关主管部长申请检验和确认。

（3）除前款规定外，有下列情形之一的，任何人可在下文规定的期限内申请对生产资料等的书面清单进行检验与确认：

1. 依照《韩国海关法》第三十九条第二款规定缴纳关税的，自收到缴纳通知书之日起五日内；

2. 生产资料等未从保税区运出的，自收到进口报关单之日起十五日内。

第三十九条　实物投资完成的确认等

（1）关税厅厅长依照《促进法》第三十条第三款确认实物投资完成的，应立即通知韩国银行总裁。

（2）《促进法》第三十条第四款所称总统令规定的技术评估机构，是指依照《韩国促进风险企业发展特别措施法实施条例》第四条规定的评估机构。

第三十九条之一　二级公司控股股份有限公司的事前审议

公平交易委员会依照《促进法》第三十条第七款后段的规定作出事前审议，相关要求如下：

1. 依照《促进法》第三十条第六款的规定，拟与外国人共同持有股份公司股份的公司，对应《韩国垄断规制和公平交易法》第八条之一第二款第五项规定的普通控股公司（以下简称普通控股公司）的二级公司（指《韩国垄断规制和公平交易法》第二条第一项至第四项规定的二级公司，本条下同）。

2. 依照《促进法》第三十条第六款的规定，发行普通控股公司的二级公司与外国人共同持有股票的公司，对应《韩国垄断规制和公平交易法》第八条之一第一款第一项规定的股份有限公司。

3.《促进法》第三十条第六款规定的股份公司拟经营的业务，应与控制其业务内容的二级公司经营的下列业务相关：

（a）以二级公司的产品或服务为主要生产要素，制造或销售其产品或服务的业务；

（b）向二级公司提供原材料、服务或其他生产要素的业务；

(c)从事与二级公司生产的原材料或服务有关的研究和开发的业务;

(d)制造或销售与二级公司的产品或服务相同的产品或者服务,或共享大部分生产技术的业务;

(e)与二级公司业务内容密切相关的业务。

4.《促进法》第三十条第六款规定的股份公司拟经营的业务,与二级公司业务的关联性,应大于与普通控股公司的子公司(指《韩国垄断规制和公平交易法》第二条第一款至第三款规定的子公司)业务的关联性,使二级公司有资格成为股份公司的股东。

5.股份有限公司依照《促进法》第三十条第六款的规定,变成普通控股公司的三级公司的,该股份公司持有境内关联公司(指《韩国垄断规制和公平交易法》第二条第三项规定的关联公司)的全部股份,应在公平交易委员会依照《促进法》第三十条第七款后段规定开始事前审议的前一日之前处理完毕。

第三十九条之二　相关规章制度的复查

(1)产业通商资源部长应于2014年1月1日起每三年(每第三年1月1日之前)审查一次上一部分规定的事前审议提出的要求之可行性,采取措施,改进完善。

(2)产业通商资源部长应自下列规定的每个基准日起(到每第二年基准日前一天结束为止的期限),每两年审查一次下列事项的可行性,采取措施,改进完善:

1.(2016年7月28日由27046号总统令删除)

2.本条例第二十五条第三款规定的可以划定为外商投资园区的服务业务范围:2015年1月1日;

3.本条例第二十六条第二部分规定的外商投资园区规划的撤销标准和程序:2015年1月1日;

4.第四项至第八项于2016年7月28日由27406号总统令删除。

(3)产业通商资源部长应当自2017年1月1日基准日起(到每第三年1月1日前一天结束为止的期限),每三年审查一次本条例第五条第一款第一项规定的限制外商投资业务类别的适当性和具体限制内容,并采取包括改进完善在内的措施。

第四十条　授权或委托

(1)根据《促进法》第三十一条的规定,产业通商资源部长应将其职权作出下列授权或委托:

1.(2016年7月28日由27406号总统令删除)

2.《促进法》第二十八条第二款规定的是否违反《促进法》第二十一条第三款第二部分的调查权应委托关税厅厅长行使;

3.《促进法》第二十八条第二款规定的是否违反《促进法》第二十一条第五款、第六款的调查权应委托国税厅厅长行使;

4.除前款第二项、第三项规定的委托外,《促进法》第二十八条规定的对外国人、外商投资人和外资公司的许可条款执行情况或上报明细的调查权和整改令的签发权,应根据其管辖权授权或委托主管部长、国税厅厅长和关税厅厅长行使。

(2)根据《促进法》第三十一条的规定,产业通商资源部长应将下列事务的职权委托给大韩贸易投资振兴公社社长(包括大韩贸易投资振兴公社社长指定的贸易中心、分支机构和办事处)和外汇银行负责人(包括外汇银行负责人指定的外汇银行分行负责人,下同):

1.《促进法》第五条规定的接收、修改外商投资报告,签发报告完成证明书;

2.《促进法》第二十一条第一款至第三款规定的办理外资公司登记及变更登记;

3.《促进法》第二十一条第四款规定的核查外资公司注销登记理由;

4.《促进法》第二十二条第一款规定的公告变更登记申请;

5.本条例第二十八条第二款、第三款规定的向外资公司和国税厅厅长发出注销登记的通知或公告。

(3)主管部长应将与本条例第三十八条第二款规定的审查和确认权委托外汇银行和大韩贸易投资振兴公社社长行使。

(4)根据《促进法》第三十一条的规定,各市长或道知事可以将《促进法》第十八条第五款规定的外商投资园区管理事务的职权委托给韩国工业联合公司(依照《产业集群开发与工厂建设法》第四十五条第九部分设立)。在此情形下,各市长或道知事可就执行该委托事务作出具体规定。

(5)依照本条前两款的规定,接受授权或委托的相关人员,应将授权委托事务的执行结果通知或报告产业通商资源部长;依照本条第三款的规定,接受授权或委托的相关人员,应将授权委托事务的执行结果通知或报告有关主管部长;依照前款的规定,接受授权或委托的有关人员,应将授权委托事务的执行结果通知或报告各市长或道知事。

(6)产业通商资源部长可就行使本条前三款规定的授权委托职权作出具体的规定。

第八章　行 政 罚 款

第四十一条　行政罚款标准

《促进法》第三十七条规定的行政罚款标准详见附表六。

附表略

韩国自由贸易区指定与运营法

龚　苗　译　屈文生　审校*

《韩国自由贸易区指定与运营法》译介

《韩国自由贸易区指定与运营法》于2018年10月18日经修正后实施，其立法目的旨在通过指定与运营自由贸易区，保证区内制造、物流、配送、贸易等自由活动，加速吸引外国投资，推动贸易，便利国际物流和区域发展，推动国民经济。

该法的主要特点有：

第一，自贸区不适用《海关法》等。该法第3条规定，《韩国海关法》《禁止就业年龄歧视和促进老年人就业法》《优待和扶助国家杰出人员法》《促进残疾人就业和职业康复法》等不适用于该法规定的自贸区。

第二，对进驻自贸区的企业的资质作了严格规定。该法第10条规定，拟以出口为主要目标的汇回企业以及经营制造业或知识服务业、货物装卸、运输、仓储和展览或总统令规定的其他业务的企业应当符合总统令的相关规定。

第三，对国家和公共财产的出租与出售放宽要求。该法第18条规定，地方政府依法将其所有的土地、厂房等资产出租给进驻企业的，租期不得超过50年；确有必要的，可以续租，续租不得超过50年。第19条规定，出售自贸区内地方政府所有的土地、工厂等资产的，地方政府认为购买人难以一次性支付价款的，可以根据当地相关规定延长支付期限或允许购买人分期支付价款，不适用《公共财产商品管理法》的部分规定。

第四，加大对进驻企业的纳税优惠力度。该法第47条规定，进驻企业为外资企业的，根据《特别税限制法》的规定，可以享受减免企业所得税、个人所得税、购置税、登记许可税、财产税、综合土地税等优惠政策。第48条规定，对进驻企业的工厂等资产免收《城市交通改善法》第36条规定的交通拥堵费。

第五，规定了违法行为的具体处罚措施，处罚以人身罚和罚金为主。该法第56条规定，违法将货物运出或运进自贸区的，处7年以下劳役或7000万韩元以下罚金。第58条规定，在自贸区经营业务，未订立进驻合同，或以不正当手段取得许可证的，处以3年以下劳役或3000

---

* 译者：龚苗，浙江工商大学副教授，华东政法大学博士研究生；审校：屈文生，全国人大常委会法工委法律英文译审专家委员会委员，华东政法大学教授、博士生导师。

万韩元以下罚金。

2018 年 10 月 18 日实施
2018 年 4 月 17 日　第 15575 号法律
部分修正

第一章　总　　则

第一条　立法目的

为通过指定与运营自由贸易区,保证区内制造、物流、配送、贸易等自由活动,加速吸引外国投资,推动贸易,便利国际物流和区域发展,推动国民经济,制定本法。

第二条　定义

本法所用术语定义如下:

1. 自由贸易区(以下简称自贸区),是指依照本法第四条规划的区域。在该区域内,制造业、物流、配送和贸易等活动自由,享有《韩国海关法》和《韩国对外贸易法》等法律规定的豁免及其他帮扶措施。
2. 进驻企业,是指符合本法第十条第一款前五项和该条第二款规定的进驻条件,并依照本法第十一条的规定已签订进驻合同的企业。
3. 辅助企业,是指符合本法第十条第一款第六项规定的进驻条件,并依照本法第十一条已签订进驻合同的企业。
4. 外资企业,是指《韩国外国投资促进法》第二条第一款第六项规定的企业,且该企业经营的业务不属于该法第四条第三款或第四款规定的限制外国投资经营的业务。
5. 厂房,是指《韩国产业集群开发与工厂建设法》第二款第一项规定的厂房。
6. 关税,是指海关税、增值税、临时进口附加税、酒类税、个人消费税、交通运输税、能源环境税、农渔业特别税或教育税。
7. 关税区,是指自贸区以外的国内地区。
8. 进口,是指《韩国海关法》第二条第一项规定的进口。
9. 出口,是指《韩国海关法》第二条第二项规定的出口。
10. 外国商品,是指《韩国海关法》第二条第四项规定的外国商品。
11. 国内商品,是指《韩国海关法》第二条第五项规定的国内商品。
12. 知识服务业,是指《韩国产业发展法》第八条第二款规定的知识服务业。

第三条　与其他法律的关系

(1)自贸区不适用《韩国海关法》,但本法另有规定的除外;自贸区未设置本法第五条第三项规定的管制设施的,不适用《韩国海关法》。

(2)下列规定不适用于进驻的外资企业:

1.《韩国禁止就业年龄歧视和促进老年人就业法》第十二条;
2.《韩国优待和扶助国家杰出人员法》第三十一条、《韩国扶助退伍军人法》第三十五条、《韩国优待五一八民主运动杰出人员法》第二十二条、《韩国优待特别军事任务服役人员及建立有关组织法》第二十一条；

3.《促进残疾人就业和职业康复法》第二十八条。

(3)除非《自由经济区指定与运营特别法》另有规定，自贸区的规划与经营优先适用本法。

第二章　自贸区的指定等

第四条　自贸区的指定等

(1)中央行政机关负责人、特别大都会市市长、大都会市市长、特别自治市市长、道知事、特别自治道知事(以下简称市长或道知事)可以要求产业通商资源部长，根据总统令的规定，在事先与相关中央行政机关负责人或相关市长或道知事协商后，规划建设自贸区。

在此情形下，市长或道知事可以依照本法第八条第一款各项规定，要求任何自贸区管理部门代表该市长或道知事与相关中央行政机关负责人或其他相关市长或道知事协商。除不可抗力外，自贸区管理部门在收到该项请求，应当配合执行。

(2)中央行政机关负责人或相关市长或道知事依照前款规定要求指定自贸区的，应当编制该自贸区的总体规划，载明总统令要求的内容，并将计划提交产业通商资源部长。

(3)经考察本条第一款待指定为自贸区的地区的实际情况，审查该指定的必要性，检查该规划是否符合本法第五条的规定，并与总统令规定的企划财政部长、土地、基础设施和交通部长以及其他中央行政机关负责人(以下简称中央有关行政机关负责人)协商后，产业通商资源部长应当就自贸区作出规划。产业通商资源部长依照本法第七条规划自贸区的，无须征求中央有关行政机关负责人的意见。

(4)依照前款规定，产业通商资源部长规划自贸区的，应当公布该自贸区的位置、边界、面积及总统令规定的其他事项，并通知中央有关行政负责人和相关市长或道知事。

(5)市长或道知事在接到前款规定的通知后，应当公示该通知的具体内容，便于公众查阅，公示期不少于十四天。

第五条　自贸区的规划要求

符合下列要求的，可以规划为自贸区：

1.属于下列情形之一的，且达到总统令规定的包括货物吞吐量在内的标准：

(a)《韩国工业用地及开发法》第二条第八项规定的工业园区；

(b)《韩国机场设施法》第二条第三项规定的机场和腹地；

(c)《韩国物流设施开发管理法》第二条第二项、第六项规定的物流终端和综合设施；

(d)《韩国港口法》第二条第一项规定的港口和腹地。

2.已经或可以获得全面保证的道路或其他设施。

3.总统令规定的可有效控制货物进出自贸区的设施(以下简称控制设施)已经安装，或控制设施安装计划已确定。

第六条 自贸区的变更等

(1)根据第四条第一款,要求指定自贸区的中央行政机关负责人或市长或道知事,出于自贸区的运行,必要时可要求产业通商资源部长变更自贸区的位置、边界或面积。

(2)产业通商资源部长认为指定自贸区的理由不存在,或收到中央有关行政机关负责人或市长或道知事撤销规划自贸区请求的,可以撤销规划该自贸区。

(3)关于自贸区的变更或前两款规定的撤销指定,比照适用本法第四条第三款至第五款;本法第四条第三款不得比照适用于总统令规定的非主要事项的变更,如部分调整规划区域等。

第七条 自贸区准用地的指定

(1)产业通商资源部长可以应中央行政机关负责人和市长或道知事的请求,将本法第五条第一项规定的区域规划为自贸区准用地(以下简称准用地)。

(2)中央行政机关负责人或市长或道知事依照前款规定要求指定准用地的,必要时可要求产业通商资源部长变更该地点的位置、边界或面积。

(3)准用地的指定期限不得超过三年。产业通商资源部长认为由于开发计划的变更必须延长期限的,可以将期限延长三年。

(4)产业通商资源部长应当在指定期限截止前决定是否将准用地规划为自由经济区。

(5)产业通商资源部长决定不将准用地指定为自贸区的,应当撤销指定。

(6)准用地的指定、变更或撤销,比照适用本法第四条;本法第四条第三款不得比照适用于准用地中总统令规定的非主要事项变更的情形,如部分调整指定区域等。

第三章 自贸区的管理和进驻

第八条 管理部门

(1)自贸区管理部门分类如下(以下简称管理部门):

1. 本法第五条第一项第一日规定的工业园区,由产业通商资源部长主管;
2. 本法第五条第一项第二目规定的机场和腹地,由土地、基础设施和交通部长主管;
3. 本法第五条第一项第三目规定的物流终端和综合体,由土地、基础设施和交通部长主管;
4. 本法第五条第一项第四目规定的港口和腹地,由海洋和渔业部分主管。

(2)根据自贸区的管辖划分,管理部门应履行下列职责:

1. 协助进驻企业和辅助企业开展经营活动;
2. 维护和管理公共设施;
3. 安装和运营各种配套设施;
4. 管理或运行自贸区的其他事项。

第九条 自贸区的分类

管理部门可以根据自贸区的功能和特点,将其划分为生产区、知识服务区、物流区、配套设施区以及总统令规定的其他区域。

第十条　进驻要求

(1)符合下列条件的个人或企业等,可以进驻自贸区:

1. 拟为出口经营制造业,且符合总统令规定的出口比例等标准的;

1-2. 以出口为主要目标的汇回企业(是指依照《韩国支持本国离岸企业汇回法》第七条的规定被选为有资格提供支持的汇回企业),且符合总统令规定的汇回前销售总额的比例、专对韩国出口等标准;

2. 拟经营制造业或知识服务业(本款第四项至第六项规定的业务除外),且符合总统令规定的外国投资和出口比例等标准的外资企业;出口比例标准不适用于总统令规定的为推进国内产业结构和增强全球竞争力的外资企业;

3. 拟经营知识服务产业(本款第四项至第六项规定的业务除外),且符合总统令规定的出口比例等标准的;

4. 拟经营以进出口贸易为主的批发业务,且符合总统令规定的进出口贸易比例等标准的;

5. 拟经营货物装卸、运输、仓储和展览或总统令规定的其他业务的;

6. 拟经营总统令规定的为进驻企业提供配套服务的业务的;

7. 总统令规定的公共机构;

8. 国家机关。

(2)为保障国际物流顺利运营、推动社区发展和促进出口等,经产业通商资源部长规定,管理部门可在征求产业通商资源部长意见后,允许拟经营制造业或知识服务业但不符合本条第一款第一项或第三项规定的个人或企业进驻自贸区。

第十一条　进驻合同

(1)进驻自贸区的,须与管理部门订立进驻合同(以下简称进驻合同)。合同变更的,须另行订立合同。

(2)订立前款规定的进驻合同的,管理部门可以优先与符合下列条件的个人或企业订立进驻合同:

1. 外资企业;

2. 根据《韩国特别税限制法》第一百二十一条之一第一款第一项的规定,经营对提高国内产业国际竞争力有关键作用的高科技业务的;

3. 拟经营以出口为主的业务的。

(3)依照本条第一款订立进驻合同的,管理部门可以附加进驻条件。附加条件仅限于为促进公共利益所需的最低限度内,不得强加不当义务。

(4)订立进驻合同及合同变更的必要事项,由总统令作出规定。

第十二条　取消进驻资格的理由

下列人员不得订立本法第十一条第一款规定的进驻合同:

1. 受成年人监护的;

2. (2016年1月27日由第13856号法律删除)

3. 因违反本法或《韩国海关法》被判处劳役,自刑罚执行完毕之日起(包括视为终止执行的情形)或免除执行刑罚之日起未满两年的;

4. 因违反本法或《韩国海关法》被判处劳役后中止执行的；

5. 依照本法第五十六条、第五十七条、第五十九条至第六十一条和《韩国海关法》第二百六十九条至第二百七十一条或第二百七十四条被判处罚款或通告处分的，自其缴纳罚款和通告处分之日起未满两年的；依照本法第六十八条和《韩国海关法》第二百七十九条的规定受到处罚的个人或企业除外；

6. 拖欠关税或国内税的；

7. 雇用第一项和第三项至六项规定的人员担任执行官（限于在自贸区内直接管理相关公司业务或监督此类业务的人员）的公司；

8. 依照本法第十五条第一款或第二款终止其进驻合同未满两年的。

第十三条（2016 年 1 月 27 日由第 13856 号法律删除）

第十四条　工厂建设完毕上报

（1）根据第十一条第一款的规定，拟进驻自贸区且已订立进驻合同的个人或企业，根据《韩国产业集群开发与工厂建设法》第十三条和第二十条的规定，视为已获准开展厂房新建、扩建、迁址或改变业务类型等活动。

（2）适用《韩国产业集群开发与工厂建设法》第十一条第二款，第十五条第一款，第十六条第一款、第三款、第四款、第六款至第十款，第十七条，第五十五条第二款第一项、第三项、第五项、第六项，第五十五条第三款关于工厂竣工报告、工厂登记、工厂登记证明、工厂注销登记、对进驻企业的行政罚款等规定时，本法中，“进驻企业”的复数形式解释为单数形式，“为进驻园区而订立的合同”应该解释为“进驻合同”，“管理机构”和“市、郡、区等负责人”应解释为“行政机关”。

（3）非制造业建筑面积的标准比率，比照适用《韩国产业集群开发与工厂建设法》第十二条。在此情形下，第三十三条第六款规定的工业设施区应解释为自贸区。

（4）已根据第十一条的规定订立进驻合同经营制造业以外其他业务的，应当符合前款规定的建筑面积标准比例，并根据总统令的规定在开业前向管理部门提交报告。合同变更的，适用本款规定。

第十五条　进驻合同的终止

（1）进驻企业或辅助企业（以下简称进驻企业）通过非法手段订立进驻合同的，管理部门应当解除合同。

（2）进驻企业有下列情形之一的，管理部门可以解除合同；但是，属于本款第一项、第三项规定的情形，管理部门责令采取补救措施，并且进驻企业在产业通商资源部条例规定的期限内采取措施的，不在此限：

1. 不符合本法第十条规定的进驻标准的；

2. 经营本法第十一条第一款规定的进驻合同以外的业务的；

3. 订立本法第十一条第三款规定的进驻合同时不符合合同要求的；

4. 有本法第十二条规定的取消资格理由之一的（有本法第十二条第一项、第三项至第六项规定的情形公司高管在三个月内被更换和任命的情形除外）；

5.（2016 年 1 月 27 日由第 13856 号法律删除）

6. 终止业务的。

(3)本条第一款、第二款规定的终止进驻合同的,应当立即暂停其业务;但为履行进出口合同的业务以及产业通商资源部条例的其他未尽业务除外。

(4)依照本条第一款或第二款终止其进驻合同的,依照本法第二十九条第一款第二项和第三项规定对外国货物(包括依照《韩国出口原材料退税等特殊情况法》第四条第三项的规定,申报运入自贸区的货物以及本法第四条第三项规定从关税区供应到自贸区的其他货物)(以下简称外国货物)进行种类、数量的统计后,应当在自贸区海关(以下简称海关)规定的期限内,将剩余的外国货物等运出自贸区或转让给其他进驻企业。

(5)依照本条第一款或第二款终止其进驻合同的,应当将其在自贸区内的土地、厂房、房屋及其他设备(以下简称厂房等资产)转让给其他进驻企业或根据总统令规定符合进驻条件的第三方。

(6)有下列情形之一的,应当依照本法第二十五条第一款、第二款、第五款的规定处分相关土地、厂房等资产:

1. 未依照前款规定转让土地、厂房等资产的;

2. 依照本法第十四条第二款的规定,在工厂竣工上报之前终止进驻合同的;

3. 进驻合同在本法第十四条第四款前段规定的开业报告前终止的。

第十六条　进驻合同通知

管理部门依照本法第十一条第一款订立进驻合同(含修订合同)或依照本法第十五条第一款或第二款终止进驻合同的,应当根据总统令的规定通知海关负责人。

第十七条　国家财产的出租与出售

(1)根据总统令的规定,经企划财政部门规划,管理部门可以将自贸区和准用地的国有土地、厂房等资产从中央有关部门转让给有关行政部门,也可以出租或出售给相关进驻企业。

(2)管理部门将土地、厂房等资产出租、出售给进驻企业的,其租金和售价应当由管理部门与企划财政部门协商确定并公布。确有必要的,可以使用外汇计算价格,不适用《韩国国家财产法》第三十二条第一款、第四十四条、第四十七条的规定。

(3)管理部门依照本条第一款的规定将国有土地、厂房等资产出租给进驻企业的,租期不得超过五十年;管理部门认为确有必要的,可以续租,续租不得超过五十年,不适用《韩国国家财产法》第三十五条第一款和第四十六条第一款的规定。

(4)管理部门依照本条第一款的规定将国有土地、厂房等出租给辅助企业的,租期不得超过十年;管理部门认为确有必要的,可以续租,续租不得超过十年,不适用《韩国国家财产法》第三十五条第一款和第四十六条第一款的规定。

第十八条　公共土地、厂房等资产的租售

(1)经与管理部门协商,地方政府可以将自贸区、准用地内属于地方政府的土地、厂房等出租或出售给进驻企业。

(2)地方政府依照前款规定出租、出售土地、厂房等资产的租金或售价应遵守地方政府有关规定。确有必要的,可以使用外汇计算价格,不适用《韩国公共财产商品管理法》第二十二条至第二十四条、第三十条、第三十二条至第三十四条的规定。

(3)地方政府依照本条第一款将其所有的土地、厂房等资产出租给进驻企业的,租期不得超过五十年;确有必要的,可以续租,续租不得超过五十年,不适用《韩国公共财产商品管理法》第二十一条、第三十一条的规定。

(4)地方政府依照本条第一款将其所有的土地、厂房等资产出租给辅助企业的,租期不得超过十年;确有必要的,可以续租,续租不得超过十年,不适用《韩国公共财产商品管理法》第二十一条、第三十一条的规定。

第十九条　土地、厂房等价款的延期支付和分期支付

(1)出售自贸区内国有土地、工厂等资产的,管理部门认为购买人难以一次性支付价款的,可以根据总统令的相关规定延长支付期限或允许购买人分期支付,不适用《韩国国家财产法》第五十条规定。

(2)出售自贸区内地方政府所有的土地、工厂等资产的,地方政府认为购买人难以一次性支付价款的,可以根据当地相关规定延长支付期限或允许购买人分期支付价款,不适用《韩国公共财产商品管理法》第三十七条规定。

第二十条　租金减免

(1)管理部门和地方政府可以依照《韩国外国投资促进法》第十八条的规定,将自贸区内的外资企业认定为外国投资区内的外资企业,并依照《韩国外国投资促进法》第十三条第七款、第九款的规定减免上述租金。

(2)除前款规定的租金减免外,根据《韩国特别税限制法》第一百二十一条之一第一款第一项的规定,外资企业经营对提高国内产业国际竞争力至关重要的高科技业务的,管理部门和地方政府可以减免租金。

第二十一条　要求支付租金等通知以及为收取逾期租金而采取的处置措施

(1)进驻企业依照本法第十七条第一款的规定租用土地、厂房等资产,未能按期缴纳租金的,管理部门应当发出通知,要求其在总统令规定的期限内缴纳逾期租金;进驻企业逾期不缴的,管理部门可以终止租赁合同或比照拖欠国家税款收取逾期租金。

(2)催缴依照本法第十八条第一款的规定租用土地、工厂等产生的逾期租金的,比照适用前款规定。在这种情况下,“与欠缴国税相同的方式”应解释为“与欠缴地方税相同的方式”。

第二十二条　永久设施的安装

(1)依照本法第十七条第一款规定的租用国有土地,有下列情形之一的,可以在该土地上建造工厂和安装永久性设施(以下简称永久设施),不适用《韩国国家财产法》第十八条规定:

1. 以租期届满时向国家捐赠永久性设施为条件租用土地的;
2. 以租期届满时将土地恢复原状后归还为条件租用土地的。

(2)依照本法第十八条第一款的规定,以前款规定的条件租用地方政府土地的可以建设永久设施,不适用《韩国公共财产商品管理法》第十三条规定。

第二十三条　与工厂建设有关的特殊情况

(1)本法中,工厂建造方与进驻企业订立建造合同,建造供进驻企业使用的厂房等设备的,在厂房交付前,在履行合同的范围内,工厂建造方视为进驻企业。

(2)本法中,在工厂等场所出租或出售机器、仪器等设备,或将设备出租或出售给进驻企业的,在出租和出售行为完成前,出售方或出租方视为进驻企业。

(3)适用《韩国建筑法》时,在自贸区内建造工厂的,则“特别都市市长、大都会市长、特别自治市市长、道知事或特别自治道知事”和“市、郡、区等负责人”解释为“管理部门”。

(4)有下列情形之一的,管理部门可以代表外商投资企业提交报告,不适用《韩国不动产交易报告法》第三条第一款和第八条第三款规定。

1. 外资企业订立合同收购自贸区内土地;
2. 拥有自贸区内土地的韩国国民或依照韩国法律设立的公司集团转为外资企业,且该外资企业拟继续作为该土地的所有人。

第二十四条　(2016 年 1 月 27 日由第 13856 号法律修正)

第二十五条　处分土地厂房等资产的限制

(1)进驻企业处分依照本法第十七条第一款、第十八条第一款或本条第二款的规定取得的土地(包括依照本条第六款分割的土地)、厂房等资产的,应当依照本法第十四条第二款的规定在报告工厂竣工之前或依照本法第十四条第四款前段的规定在报告开业之前,将该土地、厂房等资产转让给管理部门。

(2)管理部门发现难以取得前款规定的土地、厂房等资产的,可以将该土地厂房等资产转让给其他由管理部门指定的进驻企业或总统令规定的符合自贸区进驻标准的第三方。

(3)依照本法第十四条第二款的规定报告厂房竣工或依照本法第十四条第四款前段的规定报告开业后,进驻企业转让、出租(含转租,下同)或允许他人使用依照本法第十七条第一款、第十八条第一款的规定取得的土地、厂房等资产的,合同订立各方仅限于进驻企业或符合自贸区进驻标准的第三方。

(4)有前款第三项规定的情形的,进驻企业转让、出租或者允许第三人使用在国家或者地方政府所有的土地上建造的厂房等资产的,应当向管理部门报告。

(5)本条前两款规定的土地转让价格应为总统令规定的利息成本与收购价格之和;厂房等资产的转让价格可以由《韩国评估与注册评估师法》规定的商业评估经营实体进行评估后确定市场价格;进驻企业要求评估的,土地转让价格不得超过总统令规定的利息、成本与收购价格之和。

(6)进驻企业分割其自有土地的,应当事先与管理部门协商,并按照产业通商资源部条例确定分割面积。

(7)自报告厂房竣工之日或自报告开业之日起三年内,进驻企业将利用外国材料建设的厂房出租或转让给辅助企业的,海关应当立即收取关税及免退税款等;经海关许可,将工厂等资产部分出租给辅助企业的,不在此限。

第二十六条　通过拍卖等方式取得的土地、工厂等资产的用途

(1)通过拍卖或依法在自贸区获得土地、工厂等资产的,应当按照下列要求进行处分或使用:

1. 根据总统令的规定,应当依照本法第十一条的规定订立进驻合同;收购或者合并进驻企业的个人或企业符合自贸区进驻标准,且经营其最初进入自贸区时的业务的,不在此限。
2. 未能订立前项规定的进驻合同的(含视为已订立进驻合同的),应当将土地、厂房等资产转让给其他进驻企业或总统令规定的符合自贸区进驻标准的第三方。
3. 未能进行前项规定的转让的,应当将土地、厂房等资产转让给管理部门。

(2)依照前款第三项规定将土地、厂房等资产转让给管理部门的,转让价格比照适用本法

第二十五条第五款的规定。

第二十七条　控制设备的安装

(1)管理部门与关税厅厅长协商后,在每个自贸区安装控制设备,并公布其运行时间。

(2)管理部门应当维护管理控制设备。

(3)关税厅厅长认为有必要修理或扩建控制设备的,可以要求管理部门对此进行修理或扩建。在该情形下,除不可抗力外,管理部门应当配合执行。

(4)管理部门应当按照产业通商资源部条例规定的方式,保存自贸区的人员或车辆的进出记录,并配合执行海关部门要求提交此类记录的各项工作,但有不可抗力的情形除外。

第二十八条　联合设施维护成本

(1)管理部门可以在自贸区内收取产业通商资源部条例规定的设施管理和运营费用(以下简称维护费用)。

(2)承担维护和其他必要开支的标准和方式,由总统令作出规定。

(3)要求支付维修费用的通知以及为收取拖欠维修费用而采取的处理措施的,比照适用本法第二十一条第一款。

第二十八条之一　自贸区运营准则

(1)产业通商资源部长应当根据总统令的规定,制定自贸区的运营准则,并在政府公报上公布。修改准则的,适用本款规定。

(2)为有效管理自贸区,管理部门可以发布进驻管理准则,载明本法第八条第二款规定的自贸区的关税等事项。修改准则的,适用本款规定。

(3)依照前款规定拟发布的进驻管理准则涉及地方政府土地、工厂等资产的,管理部门应当与地方政府协商。

第四章　货物进出自贸区及其管制

第二十九条　自贸区货物运入或进口

(1)将下列任何货物运入自贸区的,应当依照关税厅厅长的规定,向海关提交装运报告:

1. 外国货物;但是,关税厅厅长规定的下列货物除外:
   (a)从境外运入韩国,且从装载该货物的船舶、飞机和其他运输工具上转运到其他船舶、飞机或运输工具上的外国货物;
   (b)依照《韩国海关法》第二百四十一条的规定提交的出口报关单(以下简称出口报关单)获准的货物。
2. 进驻企业拟在自贸区使用或消费,且适用本法第四十五条第一款和第二款的下列国内货物之一:
   (a)机械、仪器、装置、设备及其零部件;
   (b)原材料、润滑油、办公电脑和建筑材料;
   (c)海关关税厅厅长认为实现业务目标所必需的其他货物。
3. 属于《韩国增值税法》第五十二条第一款第一项规定的个人或企业(以下简称非居民企业)在自贸区储存后用于运出国境的国内货物,并且属本法第四十五条第二款规定范围的下列货物之一：

(a)与国内企业实体签订具体合同供应的货物；

(b)通过外汇银行以韩元支付的货物；

(c)应当交付给非居民企业指定的进驻企业的货物。

(2)将国内货物运入自贸区，未提交装运报告，申请国内货物书面确认的，关税厅厅长可以出具国内货物书面确认书。出具国内货物书面确认书的程序和其他必要事项由海关作出规定并公布。

(3)有下列情形之一的，将货物运入自贸区，应当依照《韩国海关法》第二百四十一条的规定提交进口报关单(以下简称进口报关单)，并缴纳关税等费用，不适用前款规定：

1. 非进驻企业将外国货物运进自贸区。

2. 本法第十条第一款前三项、第十条第二款规定的符合条件的进驻企业拟将外国货物运入自贸区，并在自贸区内使用或者消费；但下列运进自贸区的外国货物除外：

(a)机械、仪器、装置、设备及其零部件；

(b)原材料(不含进驻企业拟申报进口的原材料)、润滑油、办公电脑和建筑材料；

(c)关税厅厅长认为是实现业务目标所必需的其他货物。

3. 本法第十条第一款第四项、第五项规定的符合条件的进驻企业拟将外国货物(不含该条第二项规定的为实现经营目的所必需的货物)运入自贸区，并在自贸区内使用或者消费的。

(4)有下列情形之一的，将货物运出自贸区的，应当办理进口报关、付税等手续：

1. 将在自贸区内以全部或部分外国货物为原料，通过制造、加工、装配、修理等方式生产的货物运入关税区的；

2. 拟将外国货物从自贸区运入关税区，并保持原状的。

(5)不得将本条第一款第三项规定的国内货物从自贸区运入关税区，前款规定不影响本条执行。

第三十条　外国货物从韩国运出或出口

(1)将外国货物运出韩国(包括向外贸船舶或外贸飞机供应外国货物等，下同)，应当依照总统令的规定，向关税厅厅长提交报告。本法第二十九条第一款第一项规定的已根据总统令的规定提交相关数据的货物除外。

(2)《韩国海关法》第二百二十六条、第二百四十一条第二款、第二百四十二条、第二百四十五条、第二百四十六条第一款、第二款、第二百四十七条第一款之但书、第二百四十九条、第二百五十条前三款和第二百五十一条应比照适用于前款规定的外国货物运出韩国的申报情形。在该情形下，《韩国海关法》第二百二十六条第一款规定的"进出口"解释为"货物运出韩国"；该条第二款规定的"进出口货物"解释为"货物运出韩国"；《韩国海关法》第二百四十二条但书、第二百五十一条前两款规定的"出口报关单"解释为"报告货物运出韩国"；《韩国海关法》第二百四十二条规定的"出口货物"解释为"运出韩国的货物"；《韩国海关法》第二百四十五条前两款、第二百四十六条第一款、第二百四十七条第一款、第二百四十九条、第二百五十条第二款、第三款但书规定的"出口"解释为"将货物运出韩国"。

(3)将非外国货物从自贸区运往外国的，应当进行出口申报。

第三十一条　国内货物运出自贸区的确认

(1)将国内货物从自贸区运入关税区的,应当向海关提交国内货物的书面确认书、税务发票及作为国内货物进入自贸区的证明文件(以下简称国内货物装运证明文件);出入车辆、个人物品和总统令规定的其他物品,不在此限。

(2)依照前款规定将国内货物运出自贸区的,可以向海关负责人提交经关税厅厅长确认的运出自由贸易区的国内货物的清单报告,以代替国内货物装运证明文件。但是,海关负责人要求提交国内货物装运证明文件的,个人或企业应当遵照执行。

(3)属于前款规定情形,拟将国内货物运出自贸区的,应在总统令规定的期限内保存国内货物装运证明文件;保存期限为自前款规定的提交清单报告之日起五年内。

第三十二条　批准进出口的特殊情况

(1)拟将《韩国对外贸易法》第十一条规定的限制进出口的货物(依照该法第四十六条发布的协调令中规定的货物除外)运入自贸区或从自贸区运往外国的,应当取得产业通商资源部长的批准(属于本法第五条第一项第二目至第四目规定区域,应当取得海关负责人的批准;本条下同)。在该情形下,产业通商资源部长签发的批准视为依照《韩国对外贸易法》取得批准。

(2)依照《韩国对外贸易法》第十二条的规定全面公布的进出口准则中的货物,可以进入自贸区,也可以从自贸区运往国外,不受进出口准则的限制;但是,相关文件单独规定的药物、枪支、易腐食品等限制进口的货物除外。

(3)拟将本条第一款规定的货物运入关税区的,应当取得产业通商资源部长的批准。在该情形下,产业通商资源部长签发的批准视为依照《韩国对外贸易法》取得批准。

(4)将本条第二款规定的货物运入关税区的,应当依照《韩国对外贸易法》第十二条的规定出版的进出口综合准则办理。

第三十三条　外国货物等临时运出自贸区

进驻企业为维修、样品展示、试验、检验等目的,临时将外国货物从自贸区运出至关税区的,应当依照总统令的规定取得海关负责人签发的运出期限等许可。

第三十四条　自贸区外作业

(1)进驻企业将外国货物等(含该进驻企业拟从外国直接运入关税区的外国货物)运入关税区进行加工维修的,应当确定加工维修的范围(以下简称区外作业)、装运期限、货物品类和运出目的地等,并向海关报告。

(2)根据前款规定报告,符合本法规定的,海关应当立即受理。

(3)区外作业、装运期限和货物品类等事项,由总统令作出规定。

(4)接受区外作业报告的,比照适用《韩国海关法》第一百八十七条第四款、第六款。在此情形下,《韩国海关法》第一百八十七条第四款、第六款所称"许可"解释为"接受报告","保税工厂"解释为"自由贸易区","经营者"解释为"进驻企业"。

(5)依照前款规定,比照适用《韩国海关法》第一百八十七条第六款的规定的,货物是否应当缴纳关税的确定时间为本条第二款规定的受理报告的时间。

第三十五条　自贸区外加工货物的装运报告

(1)进驻企业在自贸区外将已加工修理的货物从运出地以外的地点运至关税区的,比照适用本法第二十九条第四款。

(2)进驻企业将在自贸区外将已加工修理的货物从运出地直接运往外国的,比照适用本法第三十条前两款。

(3)进驻企业处理区外作业产生的废弃物,应当向海关报告。

第三十六条　保税运输

(1)外国货物的保税运输,只能在自贸区之间或者《韩国海关法》第二百一十三条第一款规定的地点之间进行。

(2)前款规定的保税运输,比照适用《韩国海关法》第二百一十三条第二款至第五款、第二百一十四条至第二百二十条。在该情形下,比照《韩国海关法》第二百一十三条第五款,《韩国海关法》第二百四十七条第二款规定的"保税区"应解释为"自贸区"。

第三十七条　指定区域的货物运输

(1)进口报关单所载货物(不含属于本法第二十九条第三款第二项规定情形且由进驻企业直接使用或消费的货物)的装运、储存期和销售,或适用于运往关税厅厅长指定的自贸区内的机场或港口等区域,并储存在该区域内的货物,比照适用《韩国海关法》第一百五十七条之一、第一百七十七条第一款、第二百零八条至第二百一十二条。在此情形下,《韩国海关法》第一百五十七条之一所称"保税区"应解释为"自贸区",《韩国海关法》第一百七十七条第一款所称"特许保税区"或"保税仓库"应解释为"自贸区"。

(2)在关税厅厅长规定的期限内,外国货物自装运至前款所称区域以外的区域之日起一年内,有下列情形之一的,进驻企业可以要求海关负责人出售关税厅厅长确定和公示的外国货物:

1. 货物所有人不明;
2. 货物所有人破产或资不抵债;
3. 货物所有人下落不明,其住所、地址等不清;
4. 货物所有人拒绝收货。

(3)《韩国海关法》第二百零八条至第二百一十二条应当比照适用于前款规定的海关出售外国货物;《韩国海关法》第二百零八条第一款所称"保税区"应解释为"自贸区","储存期届满时"应解释为"收到出售请求时",《韩国海关法》第二百零八条第二款"储存期限届满货物"和《韩国海关法》第二百零九条第一款所称"储存期限已届满的货物"应解释为"请求出售的货物"。

第三十八条　库存记录

(1)进驻企业应当根据关税厅厅长公布的规定,记录和管理下列货物的品名、规格、数量、价格、维护工作细节等库存管理所必需的事项;总统令定价低于关税厅厅长定价的货物,不在此限:

1. 运入自贸区的货物;
2. 在自贸区使用、消费或生产的货物;
3. 运出自贸区的货物;
4. 依照本条第三款的规定被丢弃但仍有经济价值的货物。

(2)本条第一款规定的货物为本法第二十九条第一款第二项规定的国内货物的,进驻企业应当将该货物与其他货物分别记录和管理。

(3)进驻企业已损毁、遗失或拟弃置外国货物的,应当根据总统令的规定向海关报告。

(4)进驻企业应当在总统令规定的期限内,依照第一款或第二款保存记录数据。

第三十九条　进驻企业库存管理检查

(1)海关负责人可要求下属公职人员检查进驻企业,以核实进驻企业是否根据本法第三十八条管理存货。在此情形下,各执法人员应当携带表明其权限的证书,并向有关人员出示。

(2)海关负责人可以要求进驻企业报送会计账簿、原材料和产品管理台账以及前款规定的检查所需的其他数据资料。

(3)任何企业不得拒绝、干扰或逃避本条第一款规定的检查,也不得无故拒绝提交前款规定的相关数据资料。

(4)依照本条第一款的规定进行检查,发现外国货物库存不足,海关负责人应当依照总统令的规定,立即向该进驻企业收取相应的海关费用;依照本法第三十八条第三款的规定已上报遗失的货物经确认后仍在自贸区,或货物因灾害等其他不可抗力被损毁的,不在此限。

(5)管理部门认为对自贸区的有效管理和运作有必要的,可以要求关税厅厅长依照总统令的规定提供物资,支持进驻企业运输货物出入自由贸易区。

第四十条　货物处置

(1)海关负责人可以命令货物所有人、承运人或代理人(以下简称货物所有人)将下列自贸区内的货物运出韩国,或在通知货物所有人后直接处理;由于不可抗力,无法通知货物所有人的,海关负责人应当首先处置货物,然后立即通知货物所有人:

1. 可能危害人身和财产的货物;
2. 腐烂或变质的货物;
3. 超过使用期的货物;
4. 等同于前三项规定的货物,且由关税厅厅长公布。

(2)地址、住所不明或有其他正当理由导致海关负责人无法依照前款规定通知货物所有人的,可以根据总统令的规定发布公告代替通知。

(3)货物所有人将货物运出韩国或依照本条第一款的规定处置货物,或由海关负责人处置货物的,发生的费用由货物所有人承担。

第四十条之一　暂停向自贸区装运货物

(1)有下列情形之一的,海关负责人可以依照总统令作出规定,进驻企业六个月内不得向自贸区装运货物:

1. 进驻企业未依照本法第二十九条第三款的规定履行申报进口或缴纳关税等义务,将外国货物运入自贸区使用、消费的;
2. 进驻企业未依照本法第二十九条第四款的规定履行申报进口或缴纳关税等义务,将外国货物从自贸区运出至关税区的;
3. 进驻企业依第三十条规定提交出境报告时,不符合有关法规规定的境外装运条件,包括许可、批准、推荐、认证等;或者进驻企业以不正当手段满足境外装运条件的;
4. 进驻企业违反本法第二十九条第四款的规定,未报告其将货物运出自贸区加工,或

未支付海关费用等,比照适用本法第三十五条第一款;

5. 进驻企业违反本法第三十八条规定的存货记录义务的;

6. 进驻企业违反本法第三十九条第三款的规定,无故拒绝、阻碍、逃避调查或拒不提交材料的;

7. 进驻企业违反《韩国海关法》第二百六十九条、第二百七十条、第二百七十条第二部分、第二百七十一条(不包括《韩国海关法》第二百六十八条第二部分所称犯罪未遂人员)和第二百七十四条的规定的。

(2)海关负责人认为暂停进驻企业向自贸区装运货物可能对使用人造成严重不便或者损害社会公共利益的,海关可以对进驻企业处以金额不超过企业销售额的百分之三的附加罚款,以代替该暂停处罚。在此情形下,销售额、罚款金额和付款期限等事项由总统令作出规定。

(3)应当缴纳前款规定罚款而未在规定的期限内缴纳的,该罚款与税款同类征收。

第四十一条　禁止货物进出自贸区

(1)任何人不得将《韩国海关法》第二百三十四条规定的货物运进或运出自由贸易区。

(2)海关负责人可以限制损害国民健康或损害环境的货物或总统令规定的其他货物出入自贸区。

第四十一条之一　知识产权保护

(1)侵犯下列知识产权的货物不得进出自贸区:

1. 依照《韩国商标法》设立和注册的商标权;

2.《韩国著作权法》规定的著作权及其相邻权;

3. 依照《韩国植物新品种保护法》设立和登记的种子保护权;

4. 依照《韩国农产品质量管理法》或《韩国渔业产品质量管理法》注册的地理标志或与地理标志相关权利,或根据任何其他条约、公约等被指定为受保护的权利;

5. 依照《韩国专利法》设立和登记的专利权;

6. 依照《韩国设计保护法》设立和登记的设计权。

(2)关税厅厅长和海关负责人可以采取必要措施,对自贸区内侵犯前款规定的知识产权的货物进行监管。

(3)前款规定的相关措施,比照适用《韩国海关法》第二百三十五条第二款至第七款。在该情形下,"进出口"应解释为"货物进出","扣缴清关费用"应解释为"扣缴货物进出费用","转运,联合转运"应解释为"第二十九条第一款第一项第一点规定的转运","进出口报关单"应解释为"货物进出报关单、出口报关单和运出韩国报关单","转运或联合转运报关货物"为"第二十九条第一款第一项第一点规定的,关税厅厅长依照该规定但书部分(不包括该第一项规定的货物)确定并报备的货物","保税区"应解释为"自贸区"。

第四十二条　货物检验

(1)海关负责人可以对进出自贸区的货物或从自贸区出口的货物进行检查检验。

(2)前款规定的货物查验应当在货物存放的地点进行;但是,货物存放在机场、港口或关税厅厅长指定的存放地点,或其他需要全面详细查验的,不在此限。

(3)海关负责人可以查验由关税厅厅长规定和公布的人员携带或运输的货物,也可以查验其他获准进入自贸区的运输工具上的货物。

(4)本条第一款规定的检查检验,比照适用《韩国海关法》第二百四十六条第二款或第三款规定。

第四十三条 《韩国海关法》的适用

除非本法另有规定,外国货物从自贸区运往关税区的,适用《韩国海关法》。

第五章 关税的征收、减免

第四十四条 自贸区内生产的货物征收关税等标准

有本法第二十九条第四款第一项规定的情形的,从自贸区运出的货物视为抵达韩国的外国货物,应当缴纳关税。在该情形下,未依照本法第二十九条第二款第一项的规定提交货物入库报告的国内货物,经总统令规定,海关负责人批准,用作原材料的,该国内货物的数量或价格应当在计入制造、加工、装配、维修等因素后,从关税基数中扣除。

第四十五条 关税豁免和退税

(1)进驻企业依照本法第二十九条第一款第二项规定提交入库报告的国内货物,视为依照《韩国酒税法》第三十一条第一款第一项、《韩国个人消费税法》第十五条第一款第一项、《韩国交通、能源和环境税法》第十三条第一款第一项的规定出口的,或依照《韩国出口原材料退税特别法》第四条第一项、第三项出口或供应的货物,免征关税或退税。

(2)依照本法第二十九条第一款第二项、第三项的规定,国内货物已报告装运的,视为《韩国增值税法》第二十一条第一款规定的待出口货物,适用零档增值税税率。

(3)自贸区内企业之间提供外国货物、服务的,适用增值税零税率。

第四十六条 准用地的关税豁免

(1)本法第十条前五款规定的进驻企业从外国进口符合总统令规定的建筑材料,符合本法第三条第一款但书规定,适用《韩国海关法》的准用地或自贸区内,建造房屋和工厂的,应当免除其关税。

(2)前款规定的免关税货物的后续管理等事务,适用《韩国海关法》第一百零二条、第一百零三条。

第四十七条 减税和免税(含企业税)

进驻企业为外资企业的,根据《韩国特别税限制法》的规定,可以享受减免企业所得税、个人所得税、购置税、登记许可税、财产税、综合土地税等优惠政策。

第四十八条 免收交通拥堵费

对进驻企业的工厂等资产免收《韩国城市交通改善法》第三十六条规定的交通拥堵费。

第四十九条 支持进驻企业技术开发

(1)国家和地方政府可以向自贸区内的企业发放补贴,鼓励其开展技术开发和人力资源培训等活动。

(2)国家和地方政府应当积极维护、修缮出租给进驻企业的厂房等设施,扩建医疗、教育、住房等各项基础设施,可以发放补贴,支持进驻企业在自贸区的经营活动。

(3)前两款规定的补贴标准等必要事项,由总统令作出规定。

第六章　补 充 规 定

第五十条　*(2011 年 4 月 14 日由第 10590 号法律删除)*

第五十一条　管理部门的设立

(1)产业通商资源部长可以设立和管理行政机构,负责管理和经营自贸区,支持出口产业。

(2)为迅速开展关税征收、入境管理、检验检疫等工作,承担支持进驻企业经营活动的机构,可以在自贸区内设立分支机构或安排常驻人员。

第五十二条　(2016 年 1 月 27 日由第 13856 号法律删除)

第五十三条　(2016 年 1 月 27 日由第 13856 号法律删除)

第五十四条　听证

(1)管理部门依照本法第十五条第一款或第二款的规定终止进驻合同的,应当举行听证会。

(2)海关负责人依照本法第四十条第二部分第一款的规定暂停货物装运的,应当举行听证会。

第五十五条　授权和委托

(1)中央行政机关负责人根据总统令的规定,可以将其部分职权委托给管理部门。

(2)产业通商资源部长或其他相关主管部门可以委托管理部门行使《韩国外国投资促进法》和总统令规定的关于引进外资的部分职权。

(3)根据总统令的相关规定,管理部门可以委托下属机构、市长/道知事或市、郡、区等负责人(指自治区负责人)行使本法规定的部分职权,或委托关税厅厅长、下属机构负责人或其他企业行使本法规定的部分职权。

第五十五条之一　关于适用刑法规定时公职人员的法律拟制

依照本法第五十五条第三款和《韩国刑法》第一百二十九条至第一百三十二条的规定,接受管理部门的委托行使职权的公司管理人员或员工,视为公职人员。

第七章　处　　罚

第五十六条　处罚

违反本法第四十一条第一款的规定,将货物运出或运进自贸区的,处七年以下劳役或七千万韩元以下罚金。

第五十七条　处罚

(1)有下列行为之一的,处五年以下劳役或货物价值以上、十倍关税以下罚金:

1. 违反本法第二十九条第三款的规定,使用、消费外国货物或将货物运进保税区,未申报进口并缴纳关税的;
2. 违反本法第三十五条第一款的规定,将在自贸区外加工、维修的货物运进关税区的。

(2)有下列行为之一的,依照《韩国海关法》第二百六十九条、第二百七十条和《韩国特定犯罪加重处罚法》第六条的规定处罚:

1. 违反本法第二十九条第四款的规定,将外国货物运出自贸区,未向海关申报进口并支付关税等费用的;
2. 违反本法第二十九条第五款的规定,将本法第二十九条第一款第三项规定的国内货物从自贸区运出至关税区的。

第五十八条　处罚

有下列行为之一的,处以三年以下劳役或三千万韩元以下罚金:

1. 违反本法第十一条第一款的规定,在自贸区经营业务,未订立进驻合同,或以不正当手段取得许可证的;
2. 依照本法第十五条第一款或第二款的规定终止进驻合同后,经营本法第十五条第三款规定之外的业务的。

第五十九条　处罚

未经许可、批准、推荐、核实或未符合其他法律法规规定的要求,将货物运出国境,或以非法手段获取许可等而符合要求,将货物运出国境的,对本法第三十条规定的报告提交人或货物运出人处一年以下劳役或二千万韩元以下罚金。

第六十条　处罚

有下列行为之一的,处二千万韩元以下罚金:

1. 违反本法第十五条第五款或第六款的规定,转让土地、厂房等资产的;
2. 违反本法第二十五条前三款的规定,转让土地、厂房等资产的;
3. 违反本法第三十条第一款或第三十五条第二款的规定,将货物运出自贸区,未提交货物运出国的报告或提交虚假报告的;
4. 违反本法第三十八条第一款或第二款的规定,未保存管理库存记录或者保存管理虚假库存记录的;
5. 未保存本法第三十八条第四款规定的库存记录的;
6. 违反本法第三十九条第三款的规定,拒绝、干扰、逃避检查或者无正当理由拒绝提交资料的。

第六十一条　处罚

有下列行为之一的,处一千万韩元以下罚款:

1. 通过造假或者其他非法手段取得本法第二十九条第二款规定的国内货物确认书的;
2. 违反本法第三十三条的规定,未经许可,将外国货物暂时运出自贸区,或在许可期限届满时未将货物运回自贸区的;
3. 违反本法第三十四条第一款或第三十五条第三款的规定,从事区外作业,或在区外作业过程中处理废物,未提交报告的;
4. 违反《韩国海关法》第二百一十三条第二款或第二百一十九条第二款的规定(比照适用本法第三十六条第二款),未提交报告或未获准从事保税运输业务的;
5. 违反本法第三十八条第三款的规定,抛弃外国货物,未提交销毁、遗失、弃置报告的;

6. 将本法第四十一条第二款限制的货物运出或运进自贸区的；

7. 拒绝、妨害或逃避本法第四十一条规定的检查或确认的。

第六十二条　对教唆犯等的处罚

(1)明知行为人有犯罪意图,协助或教唆该人实施第五十六条、第五十七条或第五十九条规定的行为的,按主犯论处。

(2)实施本法第五十六条、第五十七条或第五十九条规定的犯罪行为,犯罪预备或未遂的,按主犯论处。

第六十三条　没收走私专用运输工具

为专门实施本法第五十六条规定的犯罪行为的船舶、机动车或其他运输工具,所有人明知该工具被用于实施犯罪,有下列行为之一的,应当予以没收:

1. 运输工具所有人已经装载、意图装载或实际装载走私物品的；
2. 运输工具所有人以逃避抓捕为目的,拒绝执行执法人员停止违法行为的命令,或者处理、销毁、损毁船载的走私物品的；
3. 运输工具所有人在海上接收、取得或者意图在海上接收、取得走私货物的；
4. 运输工具所有人走私的。

第六十四条　没收用于犯罪的财物

(1)为实施本法第五十六条规定的犯罪而特殊加工的货物,一律予以没收或者禁止货物所有人从中受益。

(2)行为人为货主的其他货物中可能有被用于实施第五十六条规定的犯罪的货物,以上货物均可被没收。

第六十五条　取得走私货物的犯罪

(1)取得、让与、运输、储存、准备或评估本法第五十六条、第五十七条或第五十九条规定的货物,处以三年以下劳役或相当于货物成本的罚金。

(2)前款规定犯罪的预备或者未遂的,按既遂论处。

第六十六条　劳役与罚金合并处罚

有本法第五十六条、第五十七条、第五十九条规定的犯罪行为的,根据情节,可以并处劳役和罚金。

第六十七条　没收与追加罚金

(1)有本法第五十六条规定的情形的,应当没收货物。

(2)有本法第五十七条规定的情形的,应当没收行为人所有或占有的货物。

(3)根据本条第一款或第二款的规定应当没收全部或部分货物但无法没收的,应当对行为人处应没收货物在犯罪时的国内批发价的罚金。

(4)第一款至第三款中,第六十八条第一款条规定的任何公司或个人应当视为罪犯。

第六十八条　连带处罚与刑法的免责规定

(1)公司代表、公司代理人、公司员工、公司雇佣的个人有本法第五十六条至第六十二条规定的犯罪行为的,应当依法对行为人、公司和有关人员处以罚金;但是,公司或个人没有过错,已尽到注意和监督职责的除外。

(2)违反本法处罚规定的,比照适用《韩国海关法》第二百七十八条。

第六十九条　调查和处理

有本法第五十六条、第五十七条、第五十九条、第六十条第三项至第六项、第六十一条至第六十八条的规定行为的，视为《韩国海关法》第二百八十三条第一款规定的关税犯罪，适用《韩国海关法》第二百八十三条至第三百一十九条规定。

第七十条　行政罚款

（1）违反本法第十五条第五款、第六款或者第二十六条的规定，不转让土地、厂房等资产的，处五千万韩元以下的行政罚款。

（2）有以下行为之一的，处二百万韩元以下罚款：

1. 违反本法第十四条第四款的规定，未提交开业报告或者提交虚假报告的；
2. 违反本法第十五条第四款的规定，未将剩余的外国货物运出自贸区或者转让给其他进驻企业的；
3. *（2016 年 1 月 27 日由第 13856 号法律删除）*
4. 违反本法第二十九条第一款的规定，将外国货物运入自贸区，未提交装运报告或者提交虚假装运报告的；
5. 违反本法第二十九条第一款的规定，提交虚假装运报告，将本法第二十九条第一款第二项规定的国内货物运入自贸区的；
6. 违反本法第二十九条第一款的规定，对未提交本法第二十九条第三款规定的国内货物装运报告，或者对该货物进入自贸区提交虚假报告的；
7. 违反《韩国海关法》第二百五十一条第一款的规定装载货物的，比照适用本法第三十条第二款；
8. 违反本法第三十一条第一款但书的规定，未提交国内货物装运证明文件或者将国内货物装运进关税区，提交虚假证明文件的；
9. 违反本法第三十一条第二款但书的规定，未提交国内货物装运证明文件，或者将国内货物运入自贸区，提交虚假的国内货物装运证明文件的；
10. 违反本法第三十一条第三款的规定，未在规定的期限内保存国内货物装运证明文件的；
11. 违反《韩国海关法》第二百一十四条至二百一十六条的规定，从事保税运输的，比照适用本法第三十六条第二款。

（3）有下列行为之一的，处一百万韩元以下行政罚款：

1. 未依照本法第二十五条第四款的规定提交厂房转让、出租、使用报告的；
2. 违反《韩国海关法》第二百四十五条第三款或第二百四十九条的规定（比照适用本法第三十条第二款的），未提交有关资料或者未对已报告的事项进行补充的；
3. 违反《韩国海关法》第一百五十七条第二部分的规定（比照适用本法第三十七条第一款），未将货物运出自贸区的；
4. 无正当理由拒不执行海关负责人作出将货物运出韩国的命令，或无正当理由拒不执行海关依照本法第四十条第一款的规定作出的处理货物的命令的；
5. *（2016 年 1 月 27 日由第 13856 号法律删除）*

（4）本条前三款规定的行政罚款，由总统令规定的海关负责人（指本条第一款、第二款第一项和第三款第一项规定的行政机关）负责征收。

韩国自由贸易区指定与运营法实施条例

龚　茁　译　屈文生　审校*

《韩国自由贸易区指定与运营法实施条例》译介

《韩国自由贸易区指定与运营法实施条例》(以下简称《条例》)于 2017 年 7 月 26 日经修正后实施,其立法目的是为规范《自由贸易区指定与运营法》授权事项和其他执行该授权事项的必要事项。

该条例的主要内容和特点有:

第一,对自贸区的指定与规划作出具体规定。《条例》第 2 条规定,申请人应当向产业通商资源部长提交规定的自贸区总体规划书,详细说明自贸区的经营目标、发展方向、拟引入的业务类型、进驻优先级别、企业进驻自贸区的标准、吸引企业进驻自贸区的计划和进驻企业计划(含图纸)等。

第二,责任到人,体现了韩国法律的一贯特点。《条例》第 2 条规定,《自贸区指定与运营法》第 4 条第 3 款所称战略和财政部部长、土地、基础设施和运输部部长以及总统令确定的其他中央行政机构负责人,是指战略和财政部部长、外交部部长、内务安全部部长、农业、食品和农村事务部部长、环境部部长、土地、基础设施和运输部部长、海洋和渔业部部长、中小企业和初创企业部部长以及韩国关税厅厅长。

第三,规定了自贸区非重大事项的变更。《条例》第 5 条规定,扩大或者缩小的区域不超过自贸区面积十分之一的,或者改变该区域的位置、边界的以及修筑道路、堤防、桥梁后自贸区面积缩小或者扩大,或者因自然灾害丧失土地而改变边界的,属于自贸区的非重大事项的变更。

第四,规定了严格的区外作业上报制度。《条例》第 26 条规定,报告运出货物当月出口订单货物数量与上一年度月平均出口数量相比,增幅不低于百分之一百五十的,提交报告当月出口订单的货物数量,视为月平均出口量,且不超过年度出口额的百分之六十。

第五,对电子方式的应用只进行了框架性的规定。《条例》第 39 条规定,本条例规定的所有申请、通知和文件均可通过信息和通信网络等电子方式提交和传输。《条例》未对"电子方

---

* 译者:龚茁,浙江工商大学副教授,华东政法大学博士研究生;审校:屈文生,全国人大常委会法工委法律英文译审专家委员会委员,华东政法大学教授、博士生导师。

式”进行界定。

2017 年 7 月 26 日实施
2017 年 7 月 26 日第 28212 号总统令
已由其他法律修正

第一章 总 则

第一条 立法目的

为规范《韩国自由贸易区指定与运营法》授权事项和其他执行该授权事项的必要事项,特此制定本条例。

第二章 自由贸易区等事项的指定

第二条 自由贸易区的指定

(1)依照《韩国自由贸易区指定与运营法》(以下简称《自贸区指定与运营法》)第四条第一款前项之规定申请划定自由贸易区(以下简称自贸区)的,申请人应当向产业通商资源部长提交该条第二款规定的自贸区总体规划书(以下简称总体规划),并提交与中央有关行政主管部门以及相关各地区行政主管部门负责人(特别大都会市市长、大都会市市长、特别自治市市长、道知事、特别自治道知事,以下简称相关地区行政机关)的协商意见。但是,申请划定已开发或者正在开发的地区为自贸区的,申请人可以不在本条第二款规定的事项中列入《自贸区指定与运营法》第二十八条之一第一款规定的自贸区运营准则(以下简称运营准则)规定的事项。

(2)总体规划应当包含下列内容:

1. 自贸区的名称、位置、边界、面积和位置图;
2. 项目的经营者、开发周期和开发方式;
3. 进驻经营计划,详细说明自贸区的经营目标、发展方向、拟引入的业务类型、进驻优先级别、企业进驻自贸区的标准、吸引企业进驻自贸区的计划和进驻企业计划(含图纸)等;
4. 土地利用、主要配套设施(含图纸)、道路、港口、供水等建设规划;
5. 执行自贸区指定的预计成本和融资计划;
6. 关于自贸区指定的经济效应分析,包括对外国投资、贸易、国际物流和国内就业增长等方面的前景;
7. 区内现有设施和货物吞吐量;
8. 待征用或使用的土地、房屋及其他相关权利详情(如有);
9. 区内现有进驻企业及相关管理办法;
10.《韩国环境影响评估法》规定的环境影响评估或审查此类环境影响所需的数据;
11. 入口通道、围栏等控制设施的安装计划;

12.《自贸区指定与运营法》第八条第一款规定的管理部门(以下简称管理部门)指派或者委托管理自贸区的人员不少于两人的,管理人的职权范围和安装控制设施的费用支付方式。

(3)《自贸区指定与运营法》第四条第三款所称战略和财政部部长、土地、基础设施和运输部部长以及总统令确定的其他中央行政机构负责人,是指战略和财政部部长、外交部部长、内务安全部部长、农业、食品和农村事务部部长、环境部部长、土地、基础设施和运输部部长、海洋和渔业部部长、中小企业和初创企业部部长以及韩国关税厅厅长。

(4)依照《自贸区指定与运营法》第四条第五款的规定,相关地区行政机关允许公众查阅自贸区指定事项的,应当立即以有效的方式公布相关内容,包括在互联网主页上登载查阅方法、检查期限和其他必要事项。

第三条　自贸区指定的公示

《自贸区指定与运营法》第四条第四款所称总统令规定的其他事项,是指自贸区的名称、位置和土地使用规划。

第四条　指定要求

(1)除《自贸区指定与运营法》第五条第一项的规定外,"货物吞吐量等总统令规定的标准"是指下列标准:

1. 位于机场或港口附近,便于货物出入国境的工业园区。
2. 符合下列每项条件的机场:
   (a)已开通定期国际航线,年处理货物不少于三十万吨;
   (b)区域及腹地总面积超过三十万平方米的物流终端,用于航空货物的储存、展列、分拣等,腹地与相关机场相连或通过专用道路相连,有望实现货物自由流动,具备机场的货物储存、包装、混合、维修和加工等补充物流功能。
3. 符合下列每项条件的港口:
   (a)已开通定期国际集装箱航道,年装卸货物不少于一千万吨;
   (b)设有不少于三万吨集装箱船专用的码头;
   (c)《韩国港口法实施条例》附表一规定的陆地面积及其腹地总面积超过五十万平方米,腹地与相关港口相连或通过专用道路连接,货物在港口间可自由流动,具备机场的货物储存、包装、混合、维修和加工等补充物流功能。
4. 符合下列任何条件的物流园区和物流港口:
   (a)配有年处理货物不少于一千万吨的设施和设备;
   (b)可将不低于百分之五十的货物从国外运入韩国,不低于百分之二十的货物从韩国运到国外;
   (c)物流园区或港口的面积不低于五十万平方米。

(2)《自贸区指定与运营法》第五条第三项所称总统令规定的设施,是指下列设施:

1. 为防止外国货物被非法运出自贸区或被盗窃而建设的围栏、闸口、岗哨及其他设施,且符合韩国关税厅公布的有关该区域及其位置的有关规定;
2. 可查验出入自贸区的货物的场所,且符合韩国关税厅公布的有关该区域及其位置的有关规定。

第五条 对自贸区非重大事项的变更

《自贸区指定与运营法》第六条第三款、第七条第六款但书中所称总统令规定的非重大事项的变更或部分变更,是指下列情形:

1. 扩大或者缩小的区域不超过自贸区面积十分之一的,或者改变该区域的位置、边界的;
2. 修筑道路、堤防、桥梁后自贸区面积缩小或者扩大,或者因自然灾害丧失土地而改变边界的。

第三章 进驻自贸区的管理

第六条 区域划分

(1)《自贸区指定与运营法》第九条所称总统令规定的其他地区,是指公共设施区和培训教育设施区。

(2)管理部门依照《自贸区指定与运营法》第九条的规定划分自贸区的,应当以在其互联网主页上公布等有效方式发布公告。

第七条 进驻要求

(1)《自贸区指定与运营法》第十条第一款第一项所称"出口的相对重要性符合总统令确定的标准的企业或个人",是指自提交申请订立进驻合同之日(已成为进驻企业的,自开业之日起)起三年内,至少连续一年出口额占总销售额百分之五十(《韩国中小企业框架法》第二条对中小企业的要求为百分之三十,《韩国促进增长和增强中型企业竞争力特别法》第二条第一项对中型企业的要求为百分之四十)以上的个人或企业。

(2)《自贸区指定与运营法》第十条第一款第二项所称"出口的相对重要性符合总统令确定的标准的企业或个人",是指符合《外国投资促进法实施条例》第二条第二款规定的外国投资标准的企业或个人。但是,依照《自贸区指定与运营法》第十一条第一款的规定订立进驻合同后,因发行新股增资而违反《外国投资促进法实施条例》第二条第二款第一项的,视为外国投资。

(3)《自贸区指定与运营法》第十条第一款第三项所称"出口的相对重要性符合总统令确定的标准的企业或个人",是指自提交申请订立进驻合同之日(已成为进驻企业的,自开业之日起)起三年内,至少连续一年出口额超过总销售额的百分之五的个人或企业。

(4)《自贸区指定与运营法》第十条第一款第四项所称"进出口交易的相对重要性等符合总统令确定的标准的企业和个人",是指自提交申请订立进驻合同之日(已成为进驻企业的,自开业之日起)起三年内,至少连续一年进出口额占总销售额百分之五十(《韩国中小企业框架法》第二条对中小企业的要求为百分之三十,《韩国促进增长和增强中型企业竞争力特别法》第二条第一项对中型企业的要求为百分之四十)以上的个人或企业。

(5)《自贸区指定与运营法》第十条第一款第五项所称总统令规定的业务,是指下列业务之一:

1. 多功能物流业务,包括国际船舶经纪、国际船舶交易及货物包装、维修、加工、装配;
2. 国际物流业务,包括船舶飞机及其运行所需设备的修理、升级和装配;

3. 船舶和飞机用品业务,包括提供燃料、饮用水、船餐和机餐;
4. 开发物流设施及租赁业务。

(6)《自贸区指定与运营法》第十条第一款第六项所称总统令规定的业务类型,是指下列业务类型:

1. 金融;
2. 保险;
3. 报关经纪;
4. 税务咨询;
5. 会计;
6. 《韩国海洋运输法》第三十三条规定的船舶经纪、船舶代理、船舶租赁和船舶管理业务;
7. 《韩国港口运输业务法实施条例》第二条第一款第一项至第三项规定的港口服务业务;
8. 教育培训;
9. 油料销售;
10. 废物收集、运输和处理;
11. 信息加工;
12. 宾馆饭店;
13. 食品销售;
14. 住宿;
15. 浴室;
16. 洗衣;
17. 美容美发;
18. 自贸区运营准则确定的支持进驻企业经营所需其他业务。

(7)《自贸区指定与运营法》第十条第一款第七项所称总统令规定的公共机构,是指下列公共机构:

1. 由地方政府全额出资或资助的地方政府和公司;
2. 依照《韩国国家养老金法》第二十四条设立的国家养老服务机构;
3. 依照《韩国国家健康保险法》成立的国家健康保险公司;
4. 依照《韩国贸易保险法》第三十七条设立的韩国贸易保险公司;
5. 依照《韩国机场公社法》成立的韩国机场公社(以下简称机场公社);
6. 依照《韩国仁川国际机场公社法》成立的仁川国际机场公社(以下简称仁川机场公社);
7. *(2011 年 8 月 11 日由第 23073 号总统令删除)*
8. 依照《韩国港务局法》第四条成立的港务局(以下简称港务局);
9. 依照《韩国铁路公社法》成立的韩国铁路公社。

第八条　进驻合同的订立等事项

(1)依照《自贸区指定与运营法》第十一条第一款订立或变更进驻合同的,应当根据产业通商资源条例的规定提出申请,并提交其属于《自贸区指定与运营法》第十条第一款规定情形的证明文件。

(2)《自贸区指定与运营法》第十一条第一款后段规定的变更合同,是指拟变更业务类型(国家统计主管部门依照《韩国统计法》第二十二条第一款发布的《韩国行业标准分类》确定的业务类型)或者变更区域。

(3)收到依照《自贸区指定与运营法》第十一套第一款规定的进驻合同订立或变更申请后,管理部门应当自收到申请之日起七日内决定是否订立或者变更合同,并通知申请人。

(4)管理部门依照《自贸区指定与运营法》第十一条第二款的规定优先订立任何进驻合同的,应当根据外国投资额、出口额及其相关比例等因素,确定自贸区运营准则中的优先标准。

第八条之一　开业报告

(1)依照《自贸区指定与运营法》第十四条第四款的规定报告开业的,应当自相关设施投入使用之日起两个月内向管理部门提交开业报告书和根据业务计划书购买设备等开业证明文件。

(2)管理部门收到前款规定的开业报告后,相关设施与业务计划书相符的,应当登记备案,并在收到该报告之日起三日内向申请人发出确认函。

第九条　进驻合同终止时土地、厂房等资产的处置

(1)依照《自贸区指定与运营法》第十五条第一款或第二款的规定终止进驻合同(以下简称合同终止方),根据本条例第十五条第五款规定在自贸区内处置其土地、工厂、房屋、建筑物和其他设施(以下简称厂房等资产)的,应当向管理部门提交处置计划,并附产业通商资源部条例的其他文件。

(2)终止进驻合同的,应当自合同终止之日起六个月内,将其土地、厂房等资产处置给符合进驻资质的其他企业或个人;依法正在进行拍卖或者其他程序的,不计入期限。

(3)进驻合同终止,未能在本条第二款规定的期限内处分其土地、厂房等资产的,应当向管理部门提出处置申请,并附产业通商资源部条例规定的其他文件。

(4)管理部门收到本条第三款规定的处置申请后,应当通过将土地、工厂等资产出售的事项登载于互联网主页等有效公告方式选择受让人。

(5)准出让人应当根据管理部门的推荐,及时就土地、厂房等的转让与受让人协商,并在收到推荐通知之日起六个月内订立买卖合同。

(6)根据第二款和第五款通过转让获得土地、工厂等的任何人应当在其通过转让获得该土地、工厂等之日起三个月内签订进驻合同或修改的进驻合同。

第十条　进驻合同通知

(1)管理部门依照《自贸区指定与运营法》第十六条的规定,将订立或者终止进驻合同(包括变更进驻合同,同样适用本款)通知自贸区海关(以下简称海关)的,应当附上证明订立或终止进驻合同的文件副本。

(2)海关收到前款规定的通知后,认为海关有必要管理货物的,可以提请管理部门在海关收到的文件所涉范围内提供资料。

第十一条　国有土地、工厂等资产的出租和出售

(1)管理部门依照《自贸区指定与运营法》第十七条第一款的规定将国有土地、厂房等资产出售或者出租给进驻企业等的,《自贸区指定与运营法》第十一条第二款规定的已订立进驻合同的企业或个人优先。

(2)依照前款规定出售或者出租土地、厂房等资产,为保证合同的履行,确有必要的,管理部门可以设定条件;

(3)依照《自贸区指定与运营法》第十七条第二款的规定管理部门与财政主管部门商议土地、厂房等资产的销售价格或租金的,应当附下列文件;没有下列前两项文件的,可由有资质的评估机构出具的书面评估报告代替:

1. 载明投资于相关土地、工厂等资产的财务报表;

2. 价格计算记录;

3. 拟出售或出租的厂房等资产的地图。

(4)进行本条第三款规定的协商,财政主管部门应当依照《韩国电子政务法》第三十六条第一款的规定,通过行政信息共享,确认拟出售或租赁土地的地图;在土地开发过程中无法实际确认地图的,财政主管部门有权要求管理部门权提交土地开发计划的图纸。

第十二条　延期付款和分期付款

(1)依照《自贸区指定与运营法》第十九条第一款的规定出售自贸区内的国有土地、工厂等资产,因《国有资产法实施条例》第五十四条第二款或者产业通商资源部条例规定的情形,买方在支付结算日前支付价款有困难的,管理部门可以延长结算日期,但不得超过六个月。

(2)依照《自贸区指定与运营法》第十九条第一款的规定,自贸区内国有土地、工厂等资产的销售价格超过十亿韩元的,管理部门可以允许在五年内以等额分期付款的方式支付。

(3)依照本条第一款的规定延长付款结算日的,应当计算利息,利息为销售价格中扣除已支付金额后的剩余金额,乘以自销售日起至结算日期间生产者价格指数的增长率,但利息每年不得超过百分之六。

(4)本条第二款规定的分期付款的利息,应当为销售价格中扣除已支付金额后的剩余金额,乘以自销售日或首期分期付款日起至结算日期间生产者价格指数的增长率,但利息每年不得超过百分之六。

第十三条　支付租金通知和租金拖欠处理办法

(1)本条例第二十一条第一款所称总统令规定的期间为九十日。

(2)管理部门应当在付款期限届满之日起十五日内,向拖欠土地、工厂等资产的租金和拖欠联合设施维护费的有关单位和个人发出付款通知。管理部门应当自通知送达之日起十五日内确定新的付款期限。

(3)在前款规定的新的付款期限内仍未支付欠款的,管理部门应当重新制定付款期限,付款期限不得超过一个月,并向其送达催告书。

(4)管理部门依照前款规定送达催告书要求补缴欠款的,应当通知欠款人其财产可能会被扣押。

第十四条　工厂等设施的建设

管理部门依照《韩国房屋法》和《自贸区指定与运营法》第二十三条第三款的规定履行相

关地区的行政职责的,应当立即通知相关地区行政机关。

第十五条　出租或转让使用外国货物建造的厂房

(1)依照《自贸区指定与运营法》第二十五条第七款的规定将使用下列货物(以下简称外国货物等)建造的工厂部分出租给辅助企业的,应当向海关申请出租许可证:

1. 外国货物;
2. 依照《自贸区指定与运营法》第二十九条第一款第二项的规定申报装运的国内货物;
3. 依照《韩国出口原材料退税法》第四条第三项的规定运出关税区的货物。

(2)海关依照《自贸区指定与运营法》第二十五条第七款但书规定发放出租许可证的,出租面积不得超过相关厂房等总面积的百分之四十。(2016 年 7 月 26 日由第 27386 号法律修正)

第十六条　土地、厂房等资产的竣工前处置

管理部门依照《自贸区指定与运营法》第二十五条第二款的规定选择土地、厂房等资产受让人的,比照适用本条例第九条第四款至第六款。

第十六条之一　利息和其他成本费用

《自贸区指定与运营法》第二十五条第五款所称总统令规定的利息和其他成本费用如下:

1. 待转让的自贸区内土地的购买价格乘以自购买日起至转让日期间的生产者价格总指数得出的总额;
2. 取得自贸区内转让的土地所产生的购置税和其他税费,对在自贸区内取得土地的人额外征收的税费除外;
3. 用于保养、维护或改善自贸区内待转让土地所产生的费用。

第十七条　通过拍卖等方式取得的土地、厂房等资产的处置

(1)依照《自贸区指定与运营法》第二十六条第一款第一项的规定订立进驻合同的(含变更合同,下同),应当自取得有关土地、厂房等之日起三个月内提交订立进驻合同申请。

(2)管理部门依照《自贸区指定与运营法》第二十六条第一款第二项的规定选定有关土地、厂房等资产的受让人的,比照适用本条例第九条。

第十八条　联合设施的维护费用

(1)《自贸区指定与运营法》第二十八条规定的联合设施的维护费用,应当根据进驻企业对其使用的所得效益确定;但是,计算进驻企业所有效益确有困难的,可在综合考量进驻企业使用房屋的建筑面积、占地面积和职工人数的基础上,根据管理部门公布的标准确定。

(2)前款规定的联合设施维护费用,按月征收,管理部门认为必要时,可以按季征收。

第十八条之一　自贸区运营准则

(1)自贸区的运营准则应当包括下列事项:

1. 依照第二条第一款的规定,自贸区总体规划书中没有作出规定的事项;
2. 《自贸区指定与运营法》第七条规定的自贸区和自贸区准用地的补贴标准等;
3. 本条例第七条第六款第十八项规定的进驻企业的业务支持范围;
4. 本条例第八条第四款规定的优先顺序标准;
5. 经营准则规定的其他必要事项。

(2)产业通商资源部制定或修改自贸区经营准则的，应当征求中央有关行政主管部门和相关地区行政机关的意见。

第四章　货物进出自贸区及其管制

第十九条　货物运出韩国的上报

依照《自贸区指定与运营法》第三十条的规定提交货物运出韩国报告的，应当向海关负责人提交文件，详细说明下列事项：

1. 货物的名称、规格、数量、价格和项目分类号；
2. 包装的种类、数量和货号；
3. 运输目的地、原产国和装货国；
4. 经营者登记注册号和通关代码；
5. 使用外贸船舶或外贸飞机运载物资的，应当提供船舶和航空器的型号、名称、注册商标、国籍、净吨位(重量)、计划通航天数、乘客和机组人员数量等资料，作为对船舶和飞行所需补给量的评估基础。

第二十条　不受国内货物装运核验限制运出自贸区的货物

(1)《自贸区指定与运营法》第三十一条但书规定的“准入车辆、准入人员行李和总统令规定的其他物品”是指下列任何货物：

1. 准入车辆；
2. 准入人员的个人物品；
3. 韩国关税厅规定和公布的在自由贸易区使用和消费的其他货物。

(2)《自贸区指定与运营法》第三十一条第三款所称总统令规定的期限为两年。

第二十一条　限制进出口货物的审批

(1)依照《自贸区指定与运营法》第三十二条第一款的规定经营进出口贸易的，应当向产业通商资源部长或海关主管部门提交进出口批准申请。

(2)产业通商资源部长、海关主管部门批准装运《自贸区指定与运营法》第三十二条第一款限制进出自贸区的货物，应当根据《韩国对外贸易法》事先与进口审批机关协商。

(3)《自贸区指定与运营法》第三十二条第一款规定的进出口许可有效期为一年；但是，为稳定国内价格、协调货物供需，尊重货物交付和交易特点，产业通商资源部长和海关主管部门必要时可以另行规定有效期。

第二十二条　限制进出口货物运入关税区的审批

关于本条例第三十二条第三款规定的关税区内的装运货物，比照适用第二十一条。

第二十三条　临时装运外国货物进出自贸区

(1)《自贸区指定与运营法》第三十三条规定的将外国货物暂时运进或者运出自贸区，应当向海关申请临时装运许可。

(2)依照前款规定将外国货物暂时运进或者运出自贸区的，期限不得超过六个月；为展览、宣传该外国货物或者确有必要延长期限的，应当在期限届满前向海关申请延期。

第二十四条　区外作业上报

(1)依照《自贸区指定与运营法》第三十四条第一款的规定,在自贸区外开展业务(以下简称区外业务)的,应当向海关提交区外业务报告,载明下列所有事项:

1. 开展区外业务前后货物的名称、规格、数量和重量;
2. 区外业务的类别、期限、地点以及开展此类区外业务的理由。

(2)区外业务范围不得超过进驻企业上年度使用原材料加工后的出口货物数量的百分之六十(同指《对外贸易法实施条例》第二条第三项规定的出口,本条下同);上一年度没有出口,或者基于出口大幅增长等认为不宜适用上一年度出口业绩的,区外业务范围界定如下:

1. 因本年度开业,上一年度没有出口的,自开业日起至提交装运报告日期间,按年度折算,不超过该出口业绩最高月的百分之六十;但是,开业后收到首份出口订单的,以该出口订单的货物金额为月平均出口额,且不超过年度出口额的百分之六十;
2. 报告运出货物当月出口订单货物数量与上一年度月平均出口数量相比,增幅不低于百分之一百五十的,提交报告当月出口订单的货物数量,视为月平均出口量,且不超过年度出口额的百分之六十;
3. 因自然灾害或者其他不可抗力等事由,上一年度出口低于百分之五十的,不超过过去一年(自事由发生之日的上一个月起往前推算一年)的出口总额的百分之六十。

(3)区外业务装运期如下:

1. 装运原材料的,期限为一年内;
2. 装运建筑材料的,期限为进驻企业与区外业务委托企业就同一物项订立的合同期限,合同期限不得超过三年;但是,有区外业务合同期内未完成等情形,海关认为确有必要延长装运期限的,可以将期限延长至三年。

(4)区外业务仅限于专门用于制造加工原材料的原材料或建筑材料(含金属模具)。

(5)区外业务装运地点仅限于委托企业经营的工厂或者其附属的车间。

第二十五条　仓储超期货物通知

依照韩国关税厅的规定和公告,货物的仓储期已过,妨碍货物顺利进出自贸区的,依照《自贸区指定与运营法》第三十七条规定在韩国关税厅指定的区域内经营《自贸区指定与运营法》第十条第一款规定的业务的企业和个人,可以将超期存储的货物现状通知海关主管部门,请求采取措施,将货物运出自贸区,或者依法出售。

第二十六条　库存记录

(1)除《自贸区指定与运营法》第三十八条第一款但书之外,总统令规定的价格低于韩国关税厅定价的货物,是指:

1. 价格不超过海关定价的货物;
2. 本条例第二十条规定的货物;
3. 逾期未使用而丧失经济价值,运入关境时属于《韩国海关法》第四十条规定的货物。

(2)依照《自贸区指定与运营法》第三十八条第三款的规定申报外国货物毁损、遗失的,应当向海关提交报告,载明货物的名称、规格、数量、价格、货主名称、损毁或遗失的理由、日期、时间、储存地点等。

(3)依照《自贸区指定与运营法》第三十八条第三款的规定弃置外国货物的,应当向海关报告,说明货物的名称、规格、数量、价格、货主名称、弃置理由、日期、时间、弃置方法等。

(4)《自贸区指定与运营法》第三十八条第四款所称总统令规定的期间为五年。

第二十七条　对不符合库存标准的货物征收关税

对《自贸区指定与运营法》第三十九条第四款规定的不符合库存标准的外国货物征收关税的,下列日期视为依照《韩国海关法》第十六条、第十七条确定应税货物、适用法规和征收关税的时间:

1. 外国货物运入自贸区后即遗失的,时间为货物运入自贸区之日;

2. 制造加工外国货物的,时间为制造完成日、加工完成日。

第二十七条之一　资料的提供

管理部门请求韩国关税厅提供《自贸区指定与运营法》第三十九条第五款规定的货物进出自贸区的装运资料,应当以书面或电子方式提出请求,说明目的,列出清单。

第二十八条　货物处置公告

(1)货物所有人、承运人或者受委托处理货物的单位或个人(以下简称货物所有人)依照《自贸区指定与运营法》第四十条第一款规定被责令处理货物的,应当事先通知海关主管部门货物的名称、规格、数量、价格、货主名称、处理日期、时间和方法等;处理货物时,应当将处理结果通知海关。

(2)依照《自贸区指定与运营法》第四十条第二款发布货物处置通知的,该通知应在政府公报或海关公告栏公示十四日以上,并以在互联网主页上发布详细信息等有效方式进行公告。

第二十八条之一　向自贸区装运货物的暂停期

依照本条例第四十条第二部分第一款的规定,暂停向自贸区装运货物的期间如下:

1. 有本条例第四十条第二部分第一款第一项、第二项、第四项规定的情形的:

(a)货物成本(含运输、保险等费用,本项下同)在五亿韩元以下的,暂停期为七日以上三十日以下;

(b)货物成本在五亿韩元以上十亿韩元以下的,暂停期为三十一日以上六十日以下;

(c)货物成本在十亿韩元以上四十亿韩元以下的,暂停期为六十一日以上九十日以下;

(d)货物成本在四十亿韩元以上六十亿韩元以下的,暂停期为三十一日以上六十日以下;

(e)货物成本在六十亿韩元以上八十亿韩元以下的,暂停期为一百二十一日以上一百五十日以下;

(f)货物成本在八十亿韩元以上一百亿韩元以下的,暂停期为一百五十一日以上一百八十日以下;

(g)货物成本在一百亿韩元以上的,暂停期为一百八十日。

2. 有本条例第四十条第二部分第一款第三项规定的情形的,暂停期为六十一日以上九十日以下。

3. 有本条例第四十条第二部分第一款第五项或第六项规定的情形的，暂停期为七日以上三十日以下。

4. 有本条例第四十条第二部分第一款第七项规定的情形的，暂停期为一百八十日。

第二十八条之二　罚款标准

（1）依照本条例第四十条第二部分第二款的规定征收的罚款，按本款第一项规定的期间和本款第二项规定的数额相乘计算：

1. 期间：海关决定暂停向自贸区装运货物的天数；

2. 每日征收的罚款金额：相当于自贸区内业务的年销售额的六千分之一。

（2）前款第二项规定的年销售额的分类和计算如下：

1. 进驻企业在营业年度开始之日前在自贸区内开业的（在该营业年度内，处置暂停向自贸区装运的货物的是由产生），为在相关营业年度之前的三个营业年度内登记的年平均销售额（自贸区内开业之日起至上一个业务年度结束之日未满三年的，按开业日至结束日折算年平均销售额）；

2. 进驻企业在营业年度在自贸区内开业，期间处置暂停向自贸区装运的货物的事由产生的，按开业之日至事由发生之日折算年平均销售额。

第二十八条之三　罚款的支付

（1）海关对违反本条例第二部分第二款规定的单位或个人罚款的，应当以书面或者电子的方式发出通知，指明罚款数额。

（2）前款规定的被通知人应当于收到通知起二十日内，向海关指定的收款机构缴纳罚款；被通知人不能缴纳罚款的，应当于妨碍缴纳罚款是由停止之日起七日内完成缴纳。

（3）在收到前款规定的罚款后，收款机构应当以书面或电子的方式向付款人出具收据，并立即通知海关。

第二十九条　限制外国货物进出自贸区

《自贸区指定与运营法》第四十一条第二款所称总统令规定的货物，是指：

1. 工作场所垃圾等废物；

2. 枪支等非法武器；

3. 麻醉药品；

4. 侵犯《商标法》或《著作权法》保护的商标权或著作权的货物；

5. 韩国关税厅规定和公布的与前四项规定的货物相似的其他货物。

第五章　关税的征收、减免

第三十条　国内货物作为原材料从关税税基中扣除的审批

（1）依照《自贸区指定与运营法》第四十四条后段的规定申请使用国内货物作为原材料的，应当向海关主管部门提出申请，说明下列事项：

1. 拟用作原材料的国内货物的名称、规格、数量、重量和价格；

2. 以国内货物为原材料制造、加工、装配、维修的货物的名称、规格、数量、重量和价格；

3. 国内货物的作业周期和所需数量。

(2)《自贸区指定与运营法》第四十四条后段所称原材料,是指《韩国海关法实施条例》第一百九十九条第一款规定的,根据其生产、加工、维修、制造等性质可以确定品名、标准数量和需求数量的国内货物。

(3)用作原材料的国内货物的品名、规格相同,所需数量不变的,依照《自贸区指定与运营法》第四十四条后段的规定进行审批时,海关可以批准该区块在一定期间内的货物需求量。

(4)将《自贸区指定与运营法》第四十四条后段规定的用作原材料的国内货物的数量或者价格从海关税基中扣除的,应当向海关提交进口报关单,并附下列文件:

1. 本条第一款规定的以国内货物为原材料的书面批文;
2.《自贸区指定与运营法》第二十九条第二款规定的国内货物确认书;
3. 其他用作原材料的国内货物数量等方面的证明文件。

(5)海关计算国内货物的数量和价格,依照《自贸区指定与运营法》第四十四条后段的规定从关税税基中扣除关税的,应当基于国内货物运进自贸区或者国内货物书面确认书的签发日期扣除。

第三十一条　用于准设自贸区的建筑材料的免税

《自贸区指定与运营法》第四十六条第一款所称总统令规定的建筑材料,是指下列货物:

1. 直接用于房屋和工厂建造的材料;
2. 直接用于建造和管理房屋或工厂的机器、机械材料、设施货物、装置和设备。

第三十一条之一　于进驻企业技术的开发支持标准

(1)依照《自贸区指定与运营法》第四十九条的规定,国家或地方政府可以对下列进驻企业发放补贴:

1. 依照《韩国特别税限制法实施条例》第一百一十六条之一第一款第二项的规定经营高技术业务的;
2. 依照《韩国产业开发法》第五条的规定,利用先进技术经营企业或者生产先进产品的;
3. 依照《自贸区指定与运营法》第二十八条之一第二款的规定,基于地区产业特点,经营管理部门公布规定的业务的。

(2)产业通商资源部应当确定并公布技术开发支持项目的实施、运作和其他有关事项的具体程序。

第六章　补 充 规 定

第三十二条　*(2011 年 8 月 11 日由第 23073 号总统令删除)*

第三十三条　*(2011 年 8 月 11 日由第 23073 号总统令删除)*

第三十四条　*(2011 年 8 月 11 日由第 23073 号总统令删除)*

第三十五条　*(2011 年 8 月 11 日由第 23073 号总统令删除)*

第三十六条　设立管理机构

(1)财政、产业通商资源、卫生、劳动、海关等国家行政机关可以在自贸区设立办事机构,或者依照《自贸区指定与运营法》第五十一条第二款的规定派驻公职人员，负责处理缴纳关税、出入境管理、邮政、通信、检疫和劳动等行政事务。

（2）行政机关在自贸区设立分支机构或者依照前款规定在该分支机构派驻公职人员的，应当事先与管理部门协商。

第三十七条 对自贸区的联合调查

产业通商资源、土地、基础设施和运输、海洋与渔业主管部门可以组建自贸区联合调查组，负责检查或核实本条例第四十条规定的委托机构履行进驻合同的情况，检查《对外贸易法》规定的进出口和原产国控制的实际情况，并要求管理部门提交资料。

第三十八条 物流信息的提供

（1）管理部门和海关主管部门可以与非营利公司订立合同；根据合同约定，为发展自贸区物流业，非营利公司可以从事吸引外国物流投资，培育物流企业，帮助物流企业进入外国市场，收集或提供与物流业相关的信息，支持相关研究等活动。

（2）管理部门和海关主管部门可以在预算内对前款规定的非营利公司发放补贴。

第三十九条 电子方式的应用

本条例规定的所有申请、通知和文件均可通过信息和通信网络等电子方式提交和传输。

第四十条 授权和委托

（1）依照《自贸区指定与运营法》第五十五条第二款的规定，财政主管部门可以委托管理部门受理外国投资的纳税减免和变更申请，准予减税或免税，调整纳税减免的金额，或者依照《特别税限制法》第一百二十一条之一、第一百二十一条之三的规定，审查决定纳税减免申请是否符合自贸区标准，发布通知。

（2）管理部门在行使前款规定的委托职权时，应当将结果通知财政主管部门。

（3）《自贸区指定与运营法》第五十五条第三款所称总统令规定的公司是指：

1. 韩国机场公社；
2. 仁川国际机场公社；
3. 港务局；
4. *（2011 年 8 月 11 日由第 23073 号总统令删除）*

（4）依照《自贸区指定与运营法》第五十五条第三款的规定，产业通商资源部长应当委托各自贸区行政机关，管理工业园区内的自贸区，负责行使管理部门依照《自贸区指定与运营法》第八条第一款第一项的规定取得的下列相关管理权：

1. 《自贸区指定与运营法》第八条第二款规定的自贸区管理；
2. 《自贸区指定与运营法》第九条规定的自贸区划分；
3. 《自贸区指定与运营法》第十一条规定的进驻合同的订立与变更；
4. 《自贸区指定与运营法》第十四条第二款规定的工厂登记注册证书的签发；
5. 《自贸区指定与运营法》第十五条规定的进驻合同的终止；
6. 《自贸区指定与运营法》第十六条规定的进驻合同的通知；
7. 《自贸区指定与运营法》第十七条规定的国有土地、厂房等资产的出租与出售以及租赁期的确定与变更；
8. 《自贸区指定与运营法》第十九条规定的购买土地、厂房等资产时的延期和分期

付款;

9.《自贸区指定与运营法》第二十条规定的租金减免;

10.《自贸区指定与运营法》第二十一条规定的支付租金、终止租赁合同和采取措施收取拖欠租金的通知送达;

11.《自贸区指定与运营法》第二十三条规定的建筑施工许可受理与上报;

12.《自贸区指定与运营法》第二十五条规定的土地、厂房等资产的转让取得、受让人选择以及其转让、租赁和使用的报告受理;

13.《自贸区指定与运营法》第二十六条第一款第三项规定的土地、厂房等资产的转让取得;

14.《自贸区指定与运营法》第二十七条第一款至第三款规定的控制设施的安装、维护与管理;

14-2.《自贸区指定与运营法》第二十七条第四款规定的进出自贸区人员和车辆记录的维护;

15.《自贸区指定与运营法》第二十八条规定的联合设施维护费用的收取、收取拖欠维护费用的通知送达及对该费用采取措施;

16.《自贸区指定与运营法》第二十八条第二款规定的进驻管理准则的公示及其变更;

17.《自贸区指定与运营法》第三十二条第一款、第三款规定的限制进出口货物的审批;

18.《自贸区指定与运营法》第三十九条第五款规定的对进驻企业装运进出自贸区的物资支持;

19.《自贸区指定与运营法》第五十四条第一款规定的听证会;

20. 本条第一款规定的外国投资纳税减免的申请受理、减免金额的确定,减免纳税申请的审查以及本条第二款规定的向财政主管部门通知处理结果;

21.《自贸区指定与运营法》第七十条第一款、第七十条第二款第一项、第七十条第三款第一项规定的行政罚款的征收。

(5)土地、基础设施和交通主管部门应当依照《自贸区指定与运营法》第八条第一款第二项的规定,委托首尔地区航空主管部门,管理毗邻机场及其腹地或连通机场的自贸区,行使下列管理权:

1.《自贸区指定与运营法》第九条规定的区域划分;

第二项至四项(于2016年7月26日由第27386号法律删除)

5.《自贸区指定与运营法》第十七条规定的国有土地、厂房等资产的出租与出售;

6.《自贸区指定与运营法》第十九条规定的购买土地、厂房等资产时的延期和分期付款;

7.《自贸区指定与运营法》第二十条规定的租金减免;

8.《自贸区指定与运营法》第二十一条规定的支付租金和采取措施收取拖欠租金的通知送达;

9.《自贸区指定与运营法》第二十三条规定的建筑施工许可受理与上报;

10.《自贸区指定与运营法》第二十五条规定的土地、厂房等资产的转让取得、受让人选择以及其转让、租赁和使用的报告受理；
11. *(2016 年 7 月 26 日由第 27386 号法律删除)*；
12. *(2016 年 7 月 26 日由第 27386 号法律删除)*；
13. *(2016 年 7 月 26 日由第 27386 号法律删除)*；
14. 本条第一款规定的外国投资纳税减免的申请受理、减免金额的确定，减免纳税申请的审查以及本条第二款规定的向财政主管部门通知处理结果；
15.《自贸区指定与运营法》第七十条第一款、第七十条第二款第一项、第七十条第三款第一项规定的行政罚款的征收。

（6）土地、基础设施和交通主管部门应当依照《自贸区指定与运营法》第八条第一款第二项的规定，委托首尔和仁川地区航空主管部门，管理毗邻机场及其腹地或连通机场的自贸区，行使下列管理权：

1.《自贸区指定与运营法》第八条第二款规定的自贸区管理；
2.《自贸区指定与运营法》第十一条规定的进驻合同的订立与变更；
3.《自贸区指定与运营法》第十五条规定的进驻合同的终止；
4.《自贸区指定与运营法》第十六条规定的进驻合同的通知；
5.《自贸区指定与运营法》第二十六条第一款第三项规定的土地、厂房等资产的转让；
6.《自贸区指定与运营法》第二十七条第一款至第三款规定的控制设施的安装、维护与管理；
7.《自贸区指定与运营法》第二十七条第一款和第三款规定的进出自贸区人员和车辆记录的维护；
8.《自贸区指定与运营法》第二十八条规定的联合设施维护费用的收取；
9.《自贸区指定与运营法》第二十八条第二款规定的进驻管理准则的公示及其变更；
10.《自贸区指定与运营法》第三十九条第五款规定的对进驻企业装运进出自贸区的物资支持；
11.《自贸区指定与运营法》第五十四条第一款规定的听证会。

（7）海洋和渔业主管部门应当依照《自贸区指定与运营法》第五十五条第三款的规定，委托地方海洋和渔业部门，处理有关《自贸区指定与运营法》第八条第一款第四项规定的港口及其腹地中涉及国有和私有财产的事务，行使下列管理权；但是，下列第一项、第三项至第五项、第十三项至第十五项、第十七项及第十八项规定的事务中，涉及依照《港务局法》第六条在港务局投资的财产，《港务局法》第二十七条规定的可以无偿出借港务局且无偿获利的财产以及港务局依照《港口法》第十六条直接获得的且持有港口设施管理许可证的财产除外：

1.《自贸区指定与运营法》第八条第二款规定的自贸区管理职责；
2.《自贸区指定与运营法》第九条规定的区域划分；
3.《自贸区指定与运营法》第十一条规定的进驻合同的订立与变更；
4.《自贸区指定与运营法》第十五条规定的进驻合同的终止；
5.《自贸区指定与运营法》第十六条规定的进驻合同的通知；

6.《自贸区指定与运营法》第十七条规定的国有土地、厂房等资产的出租与出售；
7.《自贸区指定与运营法》第十九条规定的购买土地、厂房等资产时的延期和分期付款；
8.《自贸区指定与运营法》第二十条规定的租金减免；
9.《自贸区指定与运营法》第二十一条规定的支付租金和采取措施收取拖欠租金的通知；
10.《自贸区指定与运营法》第二十三条规定的建筑施工许可受理与上报；
11.《自贸区指定与运营法》第二十五条规定的土地、厂房等资产的转让取得、受让人选择以及其转让、租赁和使用的报告受理；
12.《自贸区指定与运营法》第二十六条第一款第三项规定的土地、厂房等资产的转让取得；
13.《自贸区指定与运营法》第二十七条第一款至第三款规定的控制设施的安装、维护与管理；
14.《自贸区指定与运营法》第二十七条第四款规定的进出自贸区人员和车辆记录的维护；
15.《自贸区指定与运营法》第二十八条规定的联合设施维护费用的收取；
16.《自贸区指定与运营法》第二十八条第二款规定的进驻管理准则的公示及其变更；
17.《自贸区指定与运营法》第三十九条第五款规定要求提供关于进驻企业装运进出自贸区的资料；
18.《自贸区指定与运营法》第五十四条第一款规定的听证会；
19. 本条第一款规定的外国投资纳税减免的申请受理、减免金额的确定，减免纳税申请的审查以及本条第二款规定的向财政主管部门通知处理结果；
20.《自贸区指定与运营法》第七十条第一款、第七十条第二款第一项、第七十条第三款第一项和第五项规定的行政罚款的征收。

（8）海洋和渔业主管部门应当依照《自贸区指定与运营法》第五十五条第三款的规定，委托相关港务局，处理有关《自贸区指定与运营法》第八条第一款第四项规定的港口及其腹地中涉及国有和私有财产（仅限于依照《港务局法》第六条在港务局投资的财产、依照《港务局法》第二十七条借给有关港务局且无偿获利的财产以及相关港务局直接取得的财产）的事务，行使下列管理权：

1.《自贸区指定与运营法》第八条第二款规定的自贸区管理；
2.《自贸区指定与运营法》第十一条规定的进驻合同的订立与变更；
3.《自贸区指定与运营法》第十五条规定的进驻合同的终止；
4.《自贸区指定与运营法》第十六条规定的进驻合同的通知；
5.《自贸区指定与运营法》第二十七条第一款至第三款规定的控制设施的安装、维护与管理；
6.《自贸区指定与运营法》第二十七条第四款规定的进出自贸区人员和车辆记录的维护；

7.《自贸区指定与运营法》第二十八条规定的联合设施维护费用的收取；

8.《自贸区指定与运营法》第三十九条第五款规定要求提供关于进驻企业装运进出自贸区的资料；

9.《自贸区指定与运营法》第五十四条第一款规定的听证会。

(9)海洋和渔业主管部门应当依照《自贸区指定与运营法》第五十五条第三款的规定,委托相关地区行政机关,处理有关《自贸区指定与运营法》第八条第一款第四项规定的港口及其腹地中涉及地方公共财产的事务,行使下列管理权：

1.《自贸区指定与运营法》第八条第二款规定的自贸区管理；

2.《自贸区指定与运营法》第九条规定的自贸区划分；

3.《自贸区指定与运营法》第十一条规定的进驻合同的订立与变更；

4.《自贸区指定与运营法》第十五条规定的进驻合同的终止；

5.《自贸区指定与运营法》第十六条规定的进驻合同通知；

6.《自贸区指定与运营法》第二十三条规定的建筑施工许可受理与上报；

7.《自贸区指定与运营法》第二十五条规定的土地、厂房等资产的转让取得、受让人选择以及其转让、租赁和使用的报告受理；

8.《自贸区指定与运营法》第二十六条第一款第三项规定的土地、厂房等资产的转让取得；

9.《自贸区指定与运营法》第二十七条第一款至第三款规定的控制设施的安装、维护与管理；

9－2.《自贸区指定与运营法》第二十七条第一款至第三款规定的控制设施的安装、维护与管理；

10.《自贸区指定与运营法》第二十八条规定的联合设施维护费用的收取；

11.《自贸区指定与运营法》第二十八条第二部分第二款规定的进驻管理准则的公示及其变更；

12.《自贸区指定与运营法》第三十九条第五款规定要求提供关于进驻企业装运进出自贸区的资料；

13.《自贸区指定与运营法》第五十四条第一款规定的听证会；

14.本条第一款规定的外国投资纳税减免的申请受理、减免金额的确定,减免纳税申请的审查以及本条第二款规定的向财政主管部门通知处理结果；

15.《自贸区指定与运营法》第七十条第一款、第七十条第二款第一项、第七十条第三款第一项规定的行政罚款的征收。

(10)海洋和渔业主管部门应当依照《自贸区指定与运营法》第五十五条第三款的规定,处理有关《自贸区指定与运营法》第八条第一款第四项规定的机场及其腹地的事务,并对本条第九款规定的由相关地方政府所有的公共财产行使管理权。

(11)海洋和渔业主管部门应当委托有资质管理相关资产的地方政府,管理港口及其腹地的公共财产的港口设备,行使下列管理权：

1.《自贸区指定与运营法》第八条第二款规定的自贸区管理；

2.《自贸区指定与运营法》第十一条规定的进驻合同的订立与变更；

3.《自贸区指定与运营法》第十五条规定的进驻合同的终止;

4.《自贸区指定与运营法》第十六条规定的进驻合同通知;

5.《自贸区指定与运营法》第二十七条第一款至第三款规定的控制设施的安装、维护与管理;

6.《自贸区指定与运营法》第二十七条第四款规定的控制设施的安装、维护与管理;

7.《自贸区指定与运营法》第二十八条规定的联合设施维护费用的收取;

8.《自贸区指定与运营法》第三十九条第五款规定要求提供关于进驻企业装运进出自贸区的资料;

9.《自贸区指定与运营法》第五十四条第一款规定的听证会。

第四十条之一　处理个人识别信息

订立《自贸区指定与运营法》第十二条规定的进驻合同时,确须取消合同方的相关资质的,管理部门(包括行政机关的委托人和受委托人)可以处理《个人信息保护法实施条例》第十九条第一款规定的居民登记号码等个人信息。

第四十条之二　规章制度的复审

(1)产业通商资源部长应当根据下列规定的基准日起,每三年审查一次下列事项,采取措施,改进完善:

1. 审查本条例第七条规定的进驻条例的,基准日为 2014 年 1 月 1 日;

2. 审查本条例第十五条规定的厂房等资产租赁许可条件的,基准日为 2014 年 1 月 1 日;

3. 审查本条例第二十六条规定的库存记录、货物损毁、遗失或弃置的报告程序或记录保存期的,基准日为 2014 年 1 月 1 日。

(2)产业通商资源部长应当根据下列规定的基准日起,每两年审查一次下列事项,采取措施,改进完善:

1. 审查本条例第八条规定的进驻合同变更及其相关程序的,基准日为 2015 年 1 月 1 日;

2. 审查本条例第九条第一款、第二款、第五款规定的进驻合同终止时提交处理厂房等资产的报告的,基准日为 2015 年 1 月 1 日;

3. 审查本条例第十四条规定的厂房竣工通知的,基准日为 2015 年 1 月 1 日;

4. 审查本条例第二十条规定的将国内货物运出韩国的报告事项的,基准日为 2015 年 1 月 1 日;

5. 审查本条例第二十条规定的可以运出自贸区但无需确认的国内货物的;

6. 审查本条例第二十三条规定的将外国货物暂时运出或运入自贸区的,基准日为 2015 年 1 月 1 日;

7. 审查区外业务以及区外业务范围和装运期的,基准日为 2015 年 1 月 1 日;

8. 审查本条例第二十八条规定的货物处置公示的,基准日为 2015 年 1 月 1 日;

9. 审查本条例第四十一条和附表规定的行政法罚款标准的,基准日为 2015 年 1 月 1 日。

第四十一条　行政罚款标准

《自贸区指定与运营法》第七十条第一款至第三款规定的行政罚款标准见附表。

附表略

韩国电子贸易便利法

龚　茁　译　屈文生　审校*

《韩国电子贸易便利法》译介

《韩国电子贸易便利法》于2015年8月4日经修正后生效，其立法目的是简化贸易程序，迅速传播贸易信息，节省业务处理时间，降低成本，推动电子贸易广泛使用，提高国内产业的国际竞争力，促进国民经济增长。

该法的主要内容和特点是：

第一，规定了广泛的便利电子贸易的措施制定与实施。该法第4条规定，韩国对与便利化措施基本方向、建设和运行电子贸易基础设施、创造电子贸易友好环境、电子贸易的国际合作、收集、分析和应用电子贸易统计数据、调解电子贸易纠纷、便利电子贸易的资金担保及分配等有关的项目提供电子便利化措施。

第二，规定了电子贸易单证的标准化。该法第13条规定，产业和能源主管部门应根据总统令的规定，经与有关中央行政机关负责人协商，对电子贸易单证实施标准化处理并公示。

第三，对电子贸易单证的认证进行了框架性规定。该法第17条规定，基础设施经营实体签发的前款规定的证书的标准格式、方式、程序等事项，由总统令作出规定。

第四，具体规范了电子贸易文件和贸易信息的披露。该法第21条规定了6种公开基础设施经营实体计算机档案中记载的电子贸易单证和数据库中的贸易信息。依法规定公开电子贸易单证和贸易信息的，应当自收到信息公开申请之日起二十日内，以书面或者电子文件的形式征求利害关系人的意见，并征询产业通商资源部门的意见。

第五，对违法行为作出人身处罚和罚金的规定。该法第30条、第31条规定，伪造、变造电子贸易单证，通过在基础设施经营实体的计算机或者其他信息处理设备上输入虚假信息或指令等不正当信息处理手段取得证书，违规违法经营业务，侵犯商业秘密，泄露或滥用与电子贸易单证有关的机密信息或在开展业务时知悉的贸易信息的，处十年以下劳役或者一亿韩元

* 译者：龚茁，浙江工商大学副教授，华东政法大学博士研究生；审校：屈文生，全国人大常委会法工委法律英文译审专家委员会委员，华东政法大学教授、博士生导师。

以下罚金或其他量刑不等的处罚。

生效日期:2015 年 8 月 4 日
2015 年 2 月 3 日
第 13155 号法律
部分修正

第一章 总　　则

第一条　立法目的

为了简化贸易程序,迅速传播贸易信息,节省业务处理时间,降低成本,推动电子贸易广泛使用,提高国内产业的国际竞争力,促进国民经济增长,制定本法。

第二条　定义

本法相关术语定义如下:

1.“电子贸易”,是指《韩国对外贸易法》第二条第一项规定的全部或者部分使用电子贸易单证处理的交易。

2.“贸易商”,是指《韩国对外贸易法》第二条第三项规定的根据外贸法规、外汇管理法规、总统令规定的其他法律法规以及当事人之间订立的运输、保险合同等(以下简称贸易法规)向贸易相关机构提出申请、报告等事项(以下简称申请)的从事贸易业务的人员。

3.“贸易相关机构”,是指向贸易商提供贸易法规规定的授权、许可、认证、受理报告等(以下简称授权)等业务的机构。

4.“电子贸易单证”,是指《韩国电子单证与交易框架法》第二条第一项规定的用于电子贸易的电子单证。

5.“电子贸易基础设施”,是指通过信息和通信网络,系统连接贸易商与贸易机构,完成电子贸易单证的传递、保管和认证的信息系统。

第三条　适用范围

除非法律另有规定,本法适用于所有的电子贸易。

第二章 便利电子贸易的系统

第四条　便利电子贸易的措施制定与实施

(1)为便利电子贸易,产业通商资源部长应当制定并实施便利电子贸易发展的下列措施(以下简称便利化措施):

1. 与便利化措施基本方向有关的事项;
2. 与建设和运行电子贸易基础设施有关的事项;
3. 与创造电子贸易友好环境有关的事项;
4. 与电子贸易的国际合作有关的事项;

5. 与收集、分析和应用电子贸易统计数据有关的事项；
6. 与调解电子贸易纠纷等有关的事项；
7. 与便利电子贸易的资金担保及分配有关的事项；
8. 其他便利化措施。

(2)(2013 年 3 月 23 日由第 11688 号法律修正删除)

(3)为了实施便利化措施，根据总统令的规定，产业通商资源部长可以向从事与电子贸易有关业务的机构或组织提供必要的支持。

第五条 ***(2015 年 2 月 3 日由第 13155 号法律删除)***

第三章 电子贸易基础设施经营实体

第六条 电子贸易基础设施经营实体的指定等

(1)产业通商资源部长可以依照《电信业务法》第二条第八项的规定，指定其资本、人力资源和技术能力等符合总统令规定的电信服务商，经营电子贸易基础设施业务。

(2)前款被指定的服务商(以下简称基础设施经营实体)可以执行、经营下列任务或业务：

1. 运营电子贸易基础设施；
2. 电子贸易基础设施与外国电子贸易网络的互联互通；
3. 通过电子贸易基础设施，调解、保障和认证本法第十二条第一款规定的与贸易有关的业务活动；
4. 传递电子贸易单证；
5. 本款第二项规定的互联互通；
6. 与使用电子贸易基础设施的电子贸易服务有关的业务；
7. 电子贸易单证标准化的研究；
8. 制造和传播与贸易有关的数据集合，如经过系统处理、保存，可检索的(以下简称数据库)电子贸易单证和货物分销信息(以下简称贸易信息)以及数据库利用；
9. 为贸易商和贸易代理机构提供与传递电子贸易单证相关的传播业务及售后服务；
10. 总统令规定的教育和宣传等其他电子贸易促进业务。

(3)除基础设施经营实体外，任何人不得经营或从事前款第一项至第三项规定的业务。

第七条 取消电子贸易基础设施经营实体资格的理由

(1)下列企业或个人不得被指定为基础设施经营实体；公司企业的高管有下列情形之一的，该公司企业不得被指定为基础设施业务实体：

1. 成人监护下无行为能力的；
2. 待重组破产的；
3. 因违反本法被法院判处劳役或者从重处罚，执行完毕(包括视为执行完毕的情况)或者免予执行不满一年的；
4. 因违反本法被法院宣告缓刑、劳役或者从重处罚的；
5. 依照本法第十一条第一款的规定，撤销指定未满两年的。

(2)基础设施经营实体有前款第一项规定的情形的,其指定自发现该情形之日起,即告无效;但是,公司高管有该情形的且该公司高管在三个月内被他人代替的,不在此限。

第八条　服务费声明

基础设施经营实体对本法第六条第二款第三项规定的业务收取服务费,或为筹集运营电子贸易基础设施所需资金调整服务费的,应向产业通商资源部长提交相应声明,并根据该部长的要求,一并提交账户和金额详情的相关文件。(2013 年 3 月 23 日由第 11690 号法律修正)

第九条　***(2009 年 1 月 30 日由第 9377 号法律删除)***

第十条　整改令

基础设施经营实体有下列情形之一的,产业通商资源部长命令其在不超过六个月的特定期限内纠正:

1. 不符合本法第六条第一款规定的基础设施经营实体标准的;
2. 不能保证传递、保障和认证电子贸易单证的安全性和准确性的;
3. 未能依照本法第八条的规定提交报告的。

第十一条　撤销指定等

(1)基础设施经营实体有下列情形之一的,产业通商资源部长可以依法撤销其指定或者命令其全部或部分暂停本法第六条第二款规定的业务,暂停期不超过一年;属于下列前两项情形的,应当撤销其指定:

1. 通过欺诈或其他不正当手段取得本法第六条第一款规定的指定资格的;
2. 停业期间继续营业的;
3. 未在规定的期限内达到上一条规定的整改令的要求的;
4. 违反本法第二十一条第一款的规定,披露电子贸易单证和贸易信息的;
5. 拒绝、妨害、逃避本法第二十六条第一款规定的由公职人员执行的入室检查或其他检查的。

(2)基础设施经营实体有前款第三项至第五项规定的情形之一的,应予停业处分;但是,暂停此类业务可能造成严重不便或损害公共利益的,产业通商资源部长可以向其征收五亿韩元以下的罚款,代替停业处罚。

(3)前款规定的违法行为的类型、内容、严重程度以及罚款金额等其他必要事项,由总统令作出规定。

(4)本条第二款规定的被罚款人未能在截止日期前支付罚款的,产业通商资源部长应将此罚款等同于拖欠国家税款予以征收。

第四章　电子贸易基础设施的使用等

第十二条　电子贸易基础设施的使用等

(1)以电子贸易单证进行贸易的贸易商或者贸易相关机构,可以使用电子贸易基础设施;使用电子单证办理下列业务的,应当通过电子贸易基础设施办理:

1. 外汇管理机构出具信用证通知的;

2. 外汇管理机构出具保函的;
3. 办理外汇业务的机构开立当地信用证的;
4. 依照《韩国对外贸易法》第十二条第二款的规定,由综合公告中的相关机构出具书面进出口需求确认书的;海关主管部门依照《韩国海关法》第二百二十六条的规定予以确认的除外;
5. 依照《韩国对外贸易法》第十八条的规定出具书面采购确认书的;
6. 依照《韩国对外贸易法》第三十七条的规定签发原产地证明的;相关海关部门负责人依照《韩国对外贸易法》第三十七条和第五十二条第一款的规定签发原产地证书的除外;
7. 依照《韩国商法》第六百九十五条第二项的规定出具海洋货物保单的;
8. 向《韩国海上运输法》第二十四条第二款规定的外港货物运输经营实体和《韩国海上运输法》第二十六条规定的已提交在韩开设分公司报告的收货人发出书面货物交付指示的。

(2)贸易商和贸易机构利用电子贸易基础设施从事贸易事务的,应当使用本法第十三条规定的标准化电子贸易单证。

(3)韩国关税厅应通过发送《韩国海关法》第二百四十八条第一款规定的报告完成证书、《韩国对外贸易法》第三十七条和第五十二条第一款规定的由海关主管部门签发的原产地证书以及用于确认本条第一款第四项规定的电子贸易基础设施的电子确认书,与基础设施经营实体建立业务联系。

(4)单位或个人接受贸易商的委托后,拟发送或接收电子贸易单证的,基础设施经营实体可以向其提供电子贸易基础设施的使用权。

第十三条　电子贸易单证的标准化

(1)为了便利电子贸易发展,产业和能源主管部门应根据总统令的规定,经与有关中央行政机关负责人协商,对电子贸易单证实施标准化处理并公示;变更公示的,适用本条规定。

(2)前款规定的电子贸易单证标准化的具体内容、目标和程序等事项,由总统令作出规定。

第十四条　申请或审批等的有效性

贸易商或贸易相关机构经由电子贸易基础设施通过电子贸易单证办理申请或审批等事项的,视为已同意依照相关贸易法律法规规定的程序办理。

第十五条　电子贸易单证的有效性

贸易商或贸易相关机构通过电子贸易基础设施申请或审批的电子贸易单证的,视为已同意依照相关贸易法律法规规定的程序办理。

第五章　电子贸易单证的保管与认证

第十六条　基础设施业务实体保存的电子贸易单证的有效性

(1)基础设施经营实体保管电子贸易单证的,视为已同意依照《韩国电子单证与交易框架法》第五条第一款的规定保管。

(2)基础设施经营实体为保管电子贸易文件而使用其数字签名的,应使用《韩国数字签名法》第二条第三项规定的已认证的数字签名。

第十七条　电子贸易单证的认证

(1)基础设施经营实体出具电子贸易单证收发日期、时间、有关当事人等证明的,该证明所载信息视为真实信息。

(2)基础设施经营实体签发的前款规定的证书的标准格式、方式、程序等事项,由总统令作出规定。

(3)基础设施经营实体使用其数字签名认证电子贸易单证的,应使用《韩国数字签名法》第二条第三项规定的已认证的数字签名。

第六章　电子贸易单证使用的便利化

第十八条　电子贸易单证使用的便利化

为了便利电子贸易单证使用,政府应修正各级法律法规,制定相关必要政策。

第十九条　提交申请的附件等

(1)提交申请时的附件依法在电子贸易基础设施中存放的,产业通商资源部长对有关人员不作提交附件的要求;附件未存放在电子贸易基础设施中的,产业通商资源部长可以要求其按照下列方式之一提交附件:

1. 依照本法第十三条的规定,标准化电子贸易单证制作附件的,申请人在提交附件前应出具《韩国数字签名法》第二条第三项规定的认证数字签名;
2. 附件为纸质的,申请人在提交附件前应在文件副本中(总统令规定的电子贸易单证的副本)出具《韩国数字签名法》第二条第三项规定的认证数字签名。

(2)产业通商资源部长依照前款规定,允许无须提交附件的,应与中央有关行政机关协商后,公示(包括网络公示)无须提交的附件的范围。

第七章　电子贸易单证的安全与管理

第二十条　电子单证和贸易信息安全

(1)任何人不得伪造、变造基础设施经营实体、受贸易商委托办理电子贸易单证收发业务的人员(以下简称单证收发人员)、贸易商、贸易相关机构计算机档案中的电子贸易单证,或使用伪造或变造的电子贸易文件或信息。

(2)任何人不得通过向基础设施经营实体的信息处理设备输入虚假信息或不当指令等手段制作本法第十七条第一款规定的证书。

(3)基础设施经营实体、单证收发人员、贸易商或与贸易相关机构的计算机文件中的电子贸易单证或商业秘密等信息,不受侵害。

(4)现任职或曾任职于基础设施经营实体的高管或雇员不得披露或滥用在履行职责中知悉的电子贸易单证或贸易信息中的机密信息。

(5)基础设施经营实体应当将电子贸易单证和数据库保存三年。

第二十一条　电子贸易文件和贸易信息的披露

(1)基础设施经营实体不得公开其计算机档案中记载的电子贸易单证和数据库中的贸易信息;但是,有下列情形之一,且不危害国家安全和公司商业秘密的,可以公开:

1. 电子贸易单证发件人或者收件人提出申请的;
2. 中央行政机关或者地方政府出于行政目的提出申请的;
3. 侦查机关为侦查目的提出申请的;
4. 法院发出提交令的;
5. 其他法律允许公开的;
6. 经基础设施经营实体请求,产业通商资源部长认为有必要公布的。

(2)基础设施经营实体依照前款规定公开电子贸易单证和贸易信息的,应当自收到信息公开申请之日起二十日内,以书面或者电子文件的形式征求利害关系人的意见,并与产业通商资源部长协商是否公开信息。

第八章　删　　除

第二十二条　*(2015年2月3日由第13155号法律删除)*

第二十三条　*(2015年2月3日由第13155号法律删除)*

第九章　电子贸易技术开发的便利化

第二十四条　便利电子贸易技术开发

为了发展电子贸易和提高技术水平,政府应当为下列有关事项提供便利:

1. 电子贸易技术的调查、研究、开发以及现有技术的广泛应用;
2. 电子贸易技术合作、技术指导和技术转让;
3. 技术信息的有效传播和与工业、学术和研究机构之间的合作;
4. 其他涉及电子贸易技术开发的必要事项。

第二十五条　电子商务人才的培养

(1)政府应积极培养便利电子贸易所需的专业人才。

(2)为了培养前款规定的专业人员,根据《韩国公立研究机构设立、运营和促进法》《韩国公立科技研究机构设立、运营和促进法》《韩国高等教育法》《韩国终身教育法》等法律法规,政府可以向政府资助的研究机构、学校、网络终身教育机构、非政府教育机构及其他相关单位发放全额或部分补贴。

(3)前款规定的补贴等相关必要事项,由总统令作出规定。

第十章　补 充 规 定

第二十六条　入室检查

(1)为了确保电子贸易基础设施安全有效运作,产业通商资源部长可以要求有关公职人员进入基础设施经营实体办公室、营业场所和其他必要场所，检查设施设备、以及与传递、保管、认证电子贸易单证等有关的其他物品，或者询问利害关系人。

(2)公职人员依照前款规定进入办公室进行检查的，应在不迟于检验日期前十四日将检查计划通知相关基础设施业务实体，说明检查的日期、时间、理由、具体内容；但是，有紧急情况或事先通知可能导致证据被销毁等后果，无法达到检验目的的，不在此限。

(3)公职人员依照本条第一款的规定进入办公室进行检查的，应当携带表明其权限并载明其姓名、检查时间以及检查目的等内容的文件，并向利害关系人出示。

第二十七条　听证

产业通商资源部长撤销基础设施经营实体资格的，应当组织听证会。

第二十八条　权限

依照总统令的规定，产业通商资源部长可以将本法授予其的部分权限委托给贸易、产业和能源部的附属机构、特别大都会市市长、大都会市市长、大都会自治市市长、道知事或者特别自治道知事。

第二十九条　公职人员的刑法适用

基础设施经营实体高管或员工执行本法第六条第二款前三项规定的事务的，视为公职人员，适用《韩国刑法》第一百二十九条至一百三十二条的规定。

第十一章　处　　罚

第三十条　处罚

(1)有下列行为之一的，处十年以下劳役或者一亿韩元以下罚金：

1. 违反本法第二十条第一款的规定，伪造、变造基础设施经营实体、单证收发人员、贸易商或贸易相关机构计算机、数据库中的电子贸易单证或其他贸易信息的；
2. 违反本法第二十条第二款的规定，通过在基础设施经营实体的计算机或者其他信息处理设备上输入虚假信息或指令等不正当信息处理手段，取得本法第十七条第一款规定的证明书的。

(2)违反前款规定的，应当处以刑事处罚。

第三十一条　处罚

有下列行为之一的，处五年以下劳役或五千万韩元以下罚金：

1. 违反本法第六条第三款的规定，未被指定为基础设施经营实体，经营本法第六条第二款第一项至第三项规定的业务的；
2. 违反本法第二十条第三款的规定，损坏基础设施经营实体、单证收发人员、贸易商、贸易相关机构的计算机或者数据库中的电子文件或贸易信息，或者侵犯商业秘密的；
3. 违反本法第二十条第四款的规定，泄露或滥用与电子贸易单证有关的机密信息或在开展业务时知悉的贸易信息的；
4. 违反本法第二十条第五款的规定，基础设施经营实体未能将电子文件或其他数据保存三年。

第三十二条　处罚

违反第十二条第一款但书的规定,未使用电子贸易基础设施,以电子方式办理本法第十二条第一款所列业务的,处二千万韩元以下罚金。

第三十三条　连带责任的处罚规定

公司的代表、代理人、雇员或者其他受雇于公司或者个人的人员,在处理公司或者个人的业务时,违反本法第三十条至第三十二条规定的,除处罚行为人外,公司或者其雇主也应依法处以罚金;公司或雇主为防止此违法行为已经尽到注意监督义务的,不在此限。

韩国电子贸易便利法实施条例

龚　茁　译　屈文生　审校*

《韩国电子贸易便利法实施条例》译介

《韩国电子贸易便利法实施条例》与《电子贸易便利法》同日经修订后生效，其立法目的是解释和实施《电子贸易便利法》。

该条例的主要内容和特点是：

第一，简化了部分内容，删除了原第二章、第七章、第八章的规定，全文只保留20条。

第二，细化了电子贸易基础设施经营实体的指定标准。该条例第6条规定，实缴资本在三百亿韩元以上，根据韩国《商法》设立的股份公司，除《公共机构管理法》第4条规定的公共机构和非营利性企业外，同一人不得持有或实际控制该实体有表决权的股份总数的百分之十五以上。

第三，规定了详尽的签发证书的方式与程序。该条例第13条规定，基础设施经营实体依法出具书面证明的，应当在证明上载明姓名，并加盖印章；需要随附电子单证具体情况说明的，基础设施经营实体应当随证书一并提供，并加盖印章。

第四，对电子副本作出界定。该条例第15条规定，电子副本是指用电子扫描器从纸质原稿中复制，内容和形式与原稿相同，以可复制形式储存在计算机或者其他信息处理系统中的电子文件。

2015年8月4日起实施

2015年8月3日第26461号总统令

部分修正

第一章　总　　则

第一条　立法目的

为了进一步解释和实施《韩国电子贸易便利法》(以下简称《便利法》)，制定本条例。

---

* 译者：龚茁，浙江工商大学副教授，华东政法大学博士研究生；审校：屈文生，全国人大常委会法工委法律英文译审专家委员会委员，华东政法大学教授、博士生导师。

第二条　贸易法规的范围

《便利法》第二条第二项所称总统令规定的法律法规，是指下列已实施的法律法规：

1.《韩国海关法》（仅限第二百四十八条）；

2.《韩国工商会法》；

3.《韩国商法》；

4.《韩国贸易保险法》；

5.《韩国仲裁法》；

6. 依照《韩国对外贸易法》第十二条第二款的规定列入《进出口指南》综合公告的进出口程序法。

第二章　（已删除）

第三条　***（2015 年 8 月 3 日由第 26461 号总统令删除）***

第四条　***（2015 年 8 月 3 日由第 26461 号总统令删除）***

第五条　***（2015 年 8 月 3 日由第 26461 号总统令删除）***

第三章　电子贸易基础设施经营实体

第六条　电子贸易基础设施经营实体的指定标准

（1）《便利法》第六条第一款所称总统令规定的要求，是指：

1.《韩国商法》规定的股份公司。

2. 实缴资本在三百亿韩元以上。

3. 除《韩国公共机构管理法》第四条规定的公共机构和非营利性企业外，同一人不得持有或实际控制该实体有表决权的股份总数的百分之十五以上。

4. 有能力运营电子贸易基础设施，且有不少于十五名符合下列要求的员工：

（a）符合信息和通信工程师、信息处理工程师或电子计算机系统应用工程师等国家资质，或《韩国国家技术人员资质法》规定的更高资质，或产业通商资源部长确定公布的同等资质；

（b）拥有两年以上《韩国国家技术人员资质法》规定的电信或信息处理工作经验。

5. 配有下列设施：

（a）转送、接收、储存电子贸易单证的设施；

（b）为保障电子贸易基础设施稳定运行的设施；

（c）管理、复制和存放电子贸易基础设备的设施；

（d）记录、控制电子贸易基础设施中电子文件的日期、时间，跟踪电子文件传输和接收的设施；

（e）签发电子贸易单证证书的设施；

（f）电子贸易基础设施与国外电子贸易网络互联所需的设施。

（2）前款第三项规定的同一人持有或实际控制的股票限额，由产业通商资源部长作出规定。

(3)本条第一款第五项规定的与设备相关的具体事项,由产业通商资源部长决定并发布通知。

第七条 电子贸易基础设施经营实体的指定程序

(1)拟被指定为《便利法》第六条第二款规定的电子贸易基础设施经营实体(以下简称基础设施经营实体)的,应当向产业通商资源部长提交申请书及产业通商资源部条例规定的其他文件。

(2)依照本法第六条第一款的规定,产业通商资源部长应当向指定的电子贸易基础设施经营实体签发指定证书,通知有关行政机关和行业机构负责人,并在政府公报上发布公告。

第八条 基础设施经营实体的业务活动

《便利法》第六条第二款第十项所称总统令规定的业务,是指下列业务之一:

1. 出版关于使用电子贸易基础设施的教育材料、开发传播与电子贸易有关的在线教育等电子贸易的推广教育方案;
2. 促进和推广电子贸易的公共关系活动。

第九条 罚款的计算标准

《便利法》第十一条第三款规定的罚款的计算标准,详见附表。

第十条 支付罚款

(1)产业通商资源部长对违反《便利法》第十一条第二款规定的基础设施经营实体征收罚款的,应以书面或电子方式作出罚款通知,说明罚款类型和金额。

(2)基础设施经营实体收到前款规定的罚款通知的,应在收到通知之日后二十日内向产业通商资源部长指定的收款机构支付罚款;因自然灾害或者其他不可抗力等事由不能按期缴纳罚款的,应当在事由消除之日起七日内缴纳。

(3)收款机构收到前款规定的罚款后,应当向付款人出具书面或者电子收据。

(4)收款机构在收到本条第二款规定的罚款后,应立即以书面或电子的方式通知产业通商资源部长。

(5)不得分期支付罚款。

第四章 电子贸易基础设施的使用

第十条之一 要求访问电子贸易基础设施的单位和个人

依照《便利法》第二十条第四款的规定,基础设施经营实体可以与贸易商委托收发电子贸易单证的单位或个人订立合同,对访问路径、安全管理等事项作出规定,并提供访问电子交易基础设施的权限。

第十一条 设立标准的程序

产业通商资源部长依照《便利法》第十三条第一款的规定设立电子贸易单证标准的,应与《韩国电子单证与交易框架法》第二十二条第一款规定的专门负责电子单证和电子交易行为的机构协商。

第十二条　标准化的对象

《便利法》第十三条第二款规定的电子贸易单证标准化的对象应当是电子贸易基础设施中使用的电子贸易单证;法律另有电子贸易单证标准化规定的,从其规定。

第五章　电子贸易单证的保管与认证

第十三条　签发证书的方式与程序

(1)基础设施经营实体依照《便利法》第十七条第一款的规定,出具书面证明的,应当在证明上载明姓名,并加盖印章;需要随附电子单证具体情况说明的,基础设施经营实体应当随证书一并提供,并加盖印章。

(2)基础设施经营实体依照前款规定签发证书的,应当核实申请人的身份,确认申请人是否具有申请签发该证书的资质,并查验相关电子贸易单证的真实性及下列信息:

1. 电子贸易单证的发件人或收件人;
2. 电子贸易单证发件人或收件人指定的单位或个人。

(3)依照本条第一款签发的证书应当包括下列具体信息:

1. 申请人姓名(申请人为法人的,为商号);
2. 申请人出生日期(申请人为法人的,为企业注册号);
3. 证书编号、有效期及使用目的;
4. 申请日期及发证日期;
5. 可以确认基础设施经营实体真实性的相关信息,如名称等。

第十四条　保存签发证书有关的材料

基础设施经营实体签发证书的,应当将申请日期、签发日期及时间、申请人姓名等材料信息自发证之日起保存五年。

第六章　电子贸易单证的便利使用

第十五条　电子副本

《便利法》第十九条第一款第二项所称电子副本,是指用电子扫描器从纸质原稿中复制,内容和形式与原稿相同,以可复制形式储存在计算机或者其他信息处理系统中的电子文件。

第七章　(已删除)

第十六条　*(2015年8月3日由第26461号总统令删除)*

第十七条　*(2015年8月3日由第26461号总统令删除)*

第八章　(已删除)

第十八条　*(2015年8月3日由第26461号总统令删除)*

第十九条 *(2015 年 8 月 3 日由第 26461 号总统令删除)*

第九章　补 充 规 定

第十九条之一　个人认证信息管理

依照《便利法》第七条第一款的规定,取消基础设施经营实体资格的,产业通商资源部长可以根据《韩国个人信息保护法实施条例》第十九条第一项的规定管理包含居民登记号码的相关数据。

第二十条　规章制度的再审查

(1)产业通商资源部长应根据下列规定的基准日,每三年审查一次下列事项,采取包括改进完善在内的措施:

1. 有关本法第六条规定的基础设施经营实体指定标准的,基准日为 2014 年 1 月 1 日;
2. *(2015 年 8 月 3 日由第 26461 号总统令删除)*

(2)产业通商资源部长应根据下列规定的基准日起,每两年审查一次下列事项,采取包括改进完善在内的措施:

1. 保存本法第十四条规定的与签发证书相关材料的,基准日为 2015 年 1 月 1 日;
2. *(2015 年 8 月 3 日由第 26461 号总统令删除)*

韩国济州国际自由都市特别法

龚 茁 译 屈文生 审校*

《韩国济州国际自由都市特别法》译介

《韩国济州国际自由都市特别法》于2006年1月22日经修正后生效,其立法目的是促进济州岛国际自由都市开发,发展国家经济,保护地方文化、自然和资源、培育地方产业,创造令人满意的生活设施和生活条件。

该法的主要内容和特点有:

第一,该法全文共112条,体现了韩国政府对国内旅游业的大力支持。该法第3条将济州岛的建设定性为"国家义务",国家应当制定和实施综合政策,并采取相关扶持措施。济州岛地方政府应当制订和实施必要的计划和政策,引导济州岛居民积极参与,与其他地方政府合作。

第二,国家设立专门机构负责具体执行。该法第10条规定,由国务总理决定成立济州国际自由都市促进委员会,负责审议总体规划的制定与变更、年度投资规划的制定与变更、执行开发项目所需财政资助、济州岛高新科技园区和济州岛投资开发区的规划与开发、"世界和平之岛"的规划等事项。

第三,在济州岛规划绝对保护区和相对保护区,保持济州岛的可持续性发展。该法第27条规定,哈拉山、寄生火山、山谷、河流、湖泊、沼泽、瀑布、小岛、海滩、海岸、熔岩隧道等自然风光优美的区域、野生动物栖息地或庇护所、具有重要生态意义的原始林区等为绝对保护区。在绝对保护区内不得从事建造建筑物、设立构筑物及其他设施、改变土地形态和性质、分割土地、开垦公共水域、采伐林木、开采土石、修建新道路等活动。

第四,规定外国人可在济州岛开立经营赌场业务。该法第52条第二部分规定,外国投资额不低于五亿美元,投资基金不属于《隐匿犯罪所得管制和惩罚法》第2条第4项规定的犯罪所得,符合投资者信用评级等总统令规定的其他要求的的,文化旅游主管部门可以向外国人签发赌场营业执照。

第五,为保护当地就业,规定了社区居民优先就业的框架制度。该法第70条规定,取得

---

* 译者:龚茁,浙江工商大学副教授,华东政法大学博士研究生;审校:屈文生,全国人大常委会法工委法律英文译审专家委员会委员,华东政法大学教授、博士生导师。

本法第59条规定的开发项目实施许可的,应当安排开发项目区域中的社区居民优先就业。

施行日期:2006年1月22日
2005年7月21日第7604号法令已修正

第一章 总 则

第一条 立法目的

为了促进济州岛国际自由都市开发,发展国家经济,保护地方文化、自然和资源、培育地方产业,创造令人满意的生活设施和生活条件,特制定本法。

第二条 定义

本法相关术语定义如下:

1. 国际自由都市,是指为了最大限度地为人员、货物、资本和商业活动的国际流动提供保障和便利,享有宽松的管制和国家资助等特别政策的地区性单位;
2. 济州自由国际城总体规划(以下简称总体规划),是指为了实现本法第一条规定的立法目的,依照本法第四条制定的综合性基本规划;
3. 开发项目,是指依照本法第四条规定的总体规划所实施的项目。

第三条 国家义务等事项

(1)为了将济州岛建设成为国际自由都市,国家应当制定和实施综合政策,并采取相关扶持措施。

(2)为了将济州岛建设成为国际自由都市,济州岛地方政府应当制定和实施必要的计划和政策,引导济州岛居民积极参与,与其他地方政府合作。

第二章 济州国际自由都市总体规划的制定

第四条 总体规划的制定等事项

(1)济州道知事(以下简称道知事)应当制定总体规划,载明以下事项:

1. 将济州岛建设成为国际自由都市的基本政策;
2. 包括将济州岛规划成"世界和平之岛"的国际交流合作;
3. 土地、水及其他自然资源的开发、利用与保护;
4. 海洋资源的开发、利用与保护;
5. 保护自然环境与防止污染;
6. 发展地方社会与改善生活环境;
7. 开发农、林、畜牧和渔业;
8. 开发当地旅游、高科技、配送和金融等产业;
9. 保护地方文化与发展文化艺术事业;
10. 旅游资源(含文化旅游资源)的开发、利用与保护;
11. 公共健康、医疗服务和社会福利;

12. 改善外国人的居住条件；

13. 改善教育与人才培养；

14. 道路、海港、机场、信息和通讯系统等社会基础设施建设；

15. 开发利用水、电及其他能源；

16. 地方信息化基础设施的建设与发展；

17. 开发项目等投资中必要的融资安排；

18. 道知事认为必要的其他事项。

(2) 道知事制定总体规划时，应当将总体规划提交本法第十一条规定的济州自由国际都市总体规划审议委员会（以下简称总体规划委员会）审议。

(3) 总体规划优先于其他法律、次级法令规定的任何其他开发规划实施，但涉及军事事宜的除外。

(4) 有关制定总体规划的程序和方法的必要事项由总统令作出规定。

第五条　总体规划的决策

(1) 道知事应当取得济州道议会（以下简称济州道议会）对总体规划的同意，并与其他有关行政机关协商，经本法第十条规定的济州国际自由都市促进委员会（以下简称促进委员会）审议后，提交总统批准决定。

(2) 变更总体规划的，须经济州道议会同意，促进委员会审议后，由国务总理批准，道知事方可变更；总统令规定的次要事项经总体规划委员会审议后可予以变更。

(3) 变更、撤销总体规划的，道知事应当采取预防措施，保护居民财产不受损毁。

(4) 道知事依照总统令规定，道知事应当公告第一款和第二款规定的总体规划的变更或撤销事项，并通知相关中央行政机构负责人、济州道教育委员会督学、各市/郡主管行政长官和本法第七十二条规定的济州国际自由都市开发中心（以下简称开发中心）。

第六条　年度投资计划

(1) 道知事应当根据总体规划，制订年度投资计划；年度投资计划应在提交促进委员会审议后，由国务总理批准；变更年度投资计划的，适用本款规定。

(2) 年度投资计划的具体内容及制定程序等事项，由总统令作出规定。

第七条　执行计划

(1) 为了推动建设济州国际自由都市，开发中心应当根据总体规划制订项目执行计划（以下简称执行计划），并获得建设和交通主管部门负责人的批准。变更实施计划的，适用本款规定。

(2) 审批前款规定的执行计划时，建设和交通主管部门负责人应当听取道知事的意见，并与中央有关行政部门协商审批意见；变更总统令规定的次要事项的，不适用本款规定。

(3) 与执行计划的内容、制定程序和制定方法相关的必要事项，由总统令作出规定。

第八条　大面积服务设施规划

(1) 为了有效实施总体规划，需要充分开发同一生活区内的大面积区域的，道知事在听取各市/郡主管行政长官意见后，可以制定并实施该区域的服务设施规划。

(2) 本条第一款所称大面积服务设施规划，应当包括交通、供水、污水处理、废物处理、能源供应、信息通信等设施，必要时可对个别设施另行规划。

(3)本条第一款规定的大面积服务设施规划,应当在济州岛议会和道知事审批同意前,提交总体规划委员会审议,并依照《济州道市政条例》作出公告。

(4)本条第三款规定的大面积服务设施规划的项目执行计划,应当遵照与该项目相关的法令规定的法定程序执行。

(5)为了合理保护和管理供水水源,稳定供应优质自来水,道知事认为有必要的,可以依照《韩国供水和水厂建设法》第三条第七项规定共同经营由道知事安装的省(道)级自来水管道,以及依照该法第三条第八项规定共同经营由主管行政部门安装的地方自来水管道;在该情形下,道知事被视为《韩国供水和水厂建设法》第二十条第二十项规定的普通经营者[指管理省(道)级自来水管道的普通水务经营者]。

第九条　促进私人投资规划

(1)为了制定本法第六条规定的年度投资规划,促进吸引私人投资,道知事或各市/郡主管行政长官应当制定促进私人投资规划,载明以下事项:

1. 有资质吸引私人投资项目的范围;
2. 协助吸引私人投资等事项。

(2)制定本条第一款规定的促进私人投资规划的道知事或相关市/郡主管行政长官应当根据《济州道市政条例》,公布计划,召开会议,将相关情况通报有意参与开发项目的单位或个人。

(3)济州道地方政府应当设立私人投资促进委员会,审议本条第一款规定的私人投资促进规划,协助开展促进吸引私人投资的活动。还应当另设由道知事直接管理的私人投资促进协助办公室。

(4)有关本条第三款规定的私人投资促进委员会和私人投资促进协助办公室的组织和运作的必要事项,由《济州道市政条例》作出规定。

第三章　济州国际自由都市促进委员会等事项

第十条　济州国际自由都市促进委员会

(1)由国务总理决定成立济州国际自由都市促进委员会,负责审议下列关于开发济州国际自由都市的事项:

1. 总体规划的制定与变更;
2. 年度投资规划的制定与变更;
3. 执行开发项目所需财政资助;
4. 济州道高新科技园区和济州道投资开发区的规划与开发;
5. 将济州道建设为“世界和平之岛”的规划;
6. 由开发中心负责投资项目的执行;
7. 开发中心与地方政府间的职权协调;
8. 开发济州国际自由都市的其他事项。

(2)促进委员会成员由总统指定,不得多于三十人,并由国务总理担任委员会主席。

(3)促进委员会下设推进济州国际自由都市工作小组委员会(以下简称工作小组),对提交至促进委员会审议的事项进行事前审查和调整,处理促进委员会交办的其他工作。

(4)除本法另有规定外,有关促进委员会和工作小组的组织、运作等必要事项,由总统令作出规定。

第十一条　济州国际自由都市总体规划审议委员会

(1)济州道设立总体规划审议委员会,审议下列关于总体规划的事项:

1. 总体规划的目标、纲要、标准及其他必要事项;
2. 总体规划的整体协调;
3. 大面积服务设施规划的审议;
4. 当地居民对总体规划的满意度及参与情况;
5. 将开发可能产生的效益转回相关地区;
6. 总体规划的评估;
7.《济州道市政条例》规定的其他事项。

(2)总体规划审议委员会成员不得超过二十三人,其中主席一名,副主席两名。

(3)道知事应当担任总体规划审议委员会主席,主管行政事务的副知事担任道知事和由从委员会委员中选出的一名委员担任副主席。

(4)道知事依照《济州道市政条例》规定,总体规划审议委员会委员由道知事任命或委托担任;济州道教育委员会督学和各市/郡主管行政长官为当然委员。

(5)除本法另有规定外,有关总体规划审议委员会的组织、运作等必要事项,由《济州道市政条例》作出规定。

第四章　“世界和平之岛”与海外合作

第十二条　世界和平之岛的定位

(1)为了对世界和平作出贡献,维护朝鲜半岛稳定,国家可以将济州道规划为“世界和平之岛”。

(2)为了发挥本条第一款定位的“世界和平之岛”的功能,国家和地方政府可以开展下列项目和活动:

1. 邀请与国际和平合作有关的组织在济州道成立或设立办事处;
2. 建立国际合作研究所;
3. 邀请与和平合作有关的国际会议在济州道举办;
4. 实施促进南韩北朝交流合作的项目;
5. 促进国际合作的其他项目。

(3)国家应当为实施本条第二款所引称项目和活动提供必要的行政和财政支持。

(4)本条第一款至第三款规定的与“世界和平岛”的规划、相关项目和活动的执行及行政财政支持有关的必要事项,由总统令作出规定。

第十三条　海外合作

济州道地方政府可以与外国地方政府在经济、文化、教育、科技、体育、环境、旅游等领域开展双向合作与交流。

第五章 免签证入境与推进外国来访者外语顺畅交流的便利措施

第十四条 外国人入境

（1）以《韩国移民管制法》第十条规定的旅游、过境等为目的，通过机场或海港入境的外国人可以获准免签证入境，不适用《韩国移民管制法》第七条规定；但是，司法行政部门单独规定的国家的国民除外。

（2）本条第一款规定的进入济州道的外国人，其逗留期可以与司法行政部门依照该法确定的停留期单独确定，不适用《韩国移民管制法》第十条规定。

第十五条 办理超出限定的停留区域许可证等事项

（1）司法行政部门单独规定的外国国民，依照第十四条规定进入济州道，意图从济州道前往大韩民国境内其他地方的，经该外国人申请，司法行政部门可以根据总统令规定的条件，向其签发超出限定的停留区域许可证。

（2）依照本条第一款规定取得超出限定的停留区域许可证的，可以在大韩民国境内免签证停留。

（3）审批超出限定的停留区域许可证过程中，司法部长认为必要的，可以要求邀请该外国人入境的相关人员或其他利害关系人保证该外国人行为端正。

（4）外国人有下列情形之一的，司法行政部门可以撤销其依照本条第一款取得的超出限定的停留区域许可证：

1. 外国人的保证人撤销保证或者保证人失踪的；
2. 外国人以虚假或者其他非法手段取得超出限定的停留区域许可证的；
3. 外国人未遵守其超出限定的停留区域许可证规定的条件的；
4. 发生重大事由，情势变更，可能与超出限定的停留区域许可证不符的；
5. 外国人严重违反本法或者其他法令，或者违反移民官执行职务时作出的合法命令的。

（5）依照本条第一款规定，被要求获得超出限定的停留区域许可证的外国人从济州道前往大韩民国境内其他地区的，移民官员或者其他有关官员执行职务时，可以查验外国人在离境机场或者港口是否持有许可证。

（6）本条第三款规定的行为端正保证程序、本条第四款规定的许可证撤销程序、本条第五款规定的超出限定的停留区域许可证查验程序由总统令作出规定。

第十六条 禁止提供运输服务等事项

（1）未取得本法第十五条第一款规定的超出限定的停留区域许可证的外国人，任何单位和个人不得提供或帮助其获得运输服务，使其前往大韩民国的其他地区。

（2）未取得本法第十五条第一款规定的超出限定的停留区域许可证的外国人，任何单位和个人不得提供船舶或航空及其他运输服务（以下简称运输服务），也不得为了使其前往大韩民国其他地区而向其提供护照或船员护照。

（3）任何单位和个人不得违反本法第十五条第一款规定，不得藏匿已经或正在前往大韩民国境内其他地区的外国人，不得协助其逃匿，不得为其提供运输服务。

第十七条　承运人义务等事项

(1)依照本法第十五条第一款规定,取得超出限定的停留区域许可证的外国人登上往返济州道和大韩民国境内其他地区的船舶,从济州道前往其他地区的,船长或承运人应当查验该外国人是否已取得超出限定的停留区许可证;外国人未取得超出限定的停留区域许可证的,应当阻止其登船。

(2)船长或承运人知悉有未取得本法第十五条第一款规定的超出限定的停留区域许可证的外国人登船的,该船长或承运人应当立即通知区移民主管部门长官(以下简称区移民部门长官)或其分支机构长官(以下简称移民分支机构长官)。

第十八条　公职人员的通知义务等事项

在执行公务中,国家或地方公职人员发现未取得本法第十五条第一款规定的超出限定的停留区域许可证的外国人已经或正在从济州道前往大韩民国境内其他地区的,应立即通知区移民部门、移民分支机构或移民事务处理中心的长官。

第十九条　《韩国移民管制法》的适用等事项

(1)依照本法第十四条对进入韩国的外国人的停留现状开展调查的,适用《移民管制法》第八十一条规定。

(2)外国人从济州道前往大韩民国境内其他地区,但未取得本法第十五条第一款规定的超出限定的停留区域许可证的,适用《韩国移民管制法》第四十六条第一款第一项规定的关于外国人待遇的规定和程序。

(3)违反本法第十六条的,比照适用《韩国移民管制法》第十二条之一关于外国人待遇的规定和程序。

(4)除本法另有规定外,依照本法执行移民检查、逗留管制、调查、拘留、驱逐等公务的,比照适用《韩国移民管制法》确定的规定和程序。

(5)司法行政部门可以依照总统令的规定,将本法第十五条第一款、第三款和第四款规定的职权委托给区移民部门或移民分支机构长官。

第二十条　外语服务的提供等事项

(1)国家和地方政府在济州道地区接收、处理外语公文的,应当为外国投资者提供外语服务。

(2)济州道政府应当采取实施必要的政策,帮助济州道居民提高外语水平;国家应当为这些政策的顺利实施提供必要的支持。

(3)本条第一款规定的提供外语服务的范围、方法等必要事项,由总统令作出规定。

第二十条之一　转播外国广播

为济州道经营广播业务的有线电视广播经营者,在总统令规定范围内,可以设立并经营外国广播的转播,不适用《韩国广播法》第七十条第一款。

第二十条之二　普通交易产生的支付

依照《韩国外汇交易法》第三条第一款第四项规定,在济州道执行的普通交易(不超过总统令规定的交易规模)产生的价款,可以由交易各方通过支付外汇的方式直接支付和收取。

第二十条之三　开设外国人专用的医疗机构和药店

(1)经卫生和福利主管部门许可,外国人(指《韩国外国投资促进法》第二条第一款第一项规定的外国人;下同)可以在济州道开设专为外国人提供医疗服务的医疗机构。在该情形下,专门为外国人提供医疗服务的医疗机构,应当是《韩国医疗服务法》第三条规定的综合医院、医院、牙科诊所和疗养院。

(2)在卫生与福利主管部门登记注册后,外国人可以在济州道开设外国人专用药房。

(3)卫生与福利主管部门审批外国人专用药房的,应当经过促进委员会的审议和决议。

(4)依照本法仅为外国人提供医疗服务或提供药品服务的医疗机构或药房,视为依照《韩国医疗服务法》和《韩国药品法》开设的医疗机构和药房。

(5)本条第一款和第二款规定的仅为外国人提供医疗服务和药品服务的医疗机构和药房,不被视为《韩国国民卫生保险法》规定的疗养院,不适用《韩国国民卫生保险法》第四十条第一款规定。

(6)持有外国执照的医生、牙医或药剂师,符合卫生和福利主管部门规定的标准的,可以在仅为外国人提供医疗服务和药品服务的医疗机构和药房任职,但不得从事《韩国医疗服务法》第二条规定的医疗服务许可范围以外的业务。

(7)在仅为外国人提供医疗服务和药品服务的医疗机构和药房任职的医生、牙医、药剂师,不得从事向当地居民开放的经营医疗服务或者药品服务业务。

(8)开设专为外国人提供医疗服务或者药品服务的医疗机构或者药房的,应当在其设施内外设置标志,向当地人民清晰标明该医疗机构或者药房只为外国人服务。

(9)卫生和福利主管部门对专门为外国人开设的医疗机构和药店另有规定的,应当提交促进委员会审议。

第六章　打造全球视野的教育环境

第二十一条　关于外国人学校入学要求的特别规定

依照《韩国中小学教育法》第六十条之二规定,在济州道设立的外国人学校,其入学要求不适用《韩国中小学教育法》,但须符合总统令规定。

第二十二条　关于外国人高等院校的设立与管理的特别规定

在济州道设立和运营的外国人高等院校作为特例不适用《韩国私立学校法》第三条和第十条规定,但应当符合相关法令规定。

第二十三条　关于聘用外籍合同制教师的特别规定

有必要在济州道开设的中学和各级基础教育学校中开展外语教育的,有权聘任教师的单位和个人可以依照总统令的规定聘用外籍合同制教师,不适用《韩国中小学教育法》第二十一条、《韩国公职教育官员法》第三十二条第一款以及《韩国私立学校法》第五十二条、第五十四条之三第一款和第三款规定。

第二十四条　关于学校和学校课程的特别规定

(1)在济州道开设的中小学学校及其课程可以在总统令规定的条件下运营,不适用《韩国中小学教育法》第二十一条第一款、第二十四条第一款、第二十六条第一款、第二十九条第一款、第三十一条、第三十九条、第四十二条和第四十六条规定。

(2)参加依照本条第一款规定开办的学校和课程的教师和学生等人员,不得因此受到差别待遇。

第二十四条之一　关于国际中学的设立与运营的特别规定

(1)济州道内旨在就国际关系和外国特定领域等方面培养国际化专业人才的中学(以下简称国际中学),其任职资格、任职期限、工作报酬、工作条件、教学记录和学术成就等合同条款,应当依照总统令规定的条件作出规定,且不适用《韩国中小学教育法》第二十一条、《韩国公职教育官员法》第六条和第三十二条第一款及《韩国私立学校法》第五十二条和第五十四条之三第一款、第三款规定;国际中学也可以根据合同条款聘用实施学校课程所需的外籍教师。

(2)《韩国中小学教育法》第二十三条、第二十四条、第二十六条、第二十九条和第四十六条的规定可以不适用于国际中学。

(3)国际中学的校长可以准许具备获得认可的高于初中学历的外国人进入国际中学,不适用《韩国中小学教育法》第四十七条规定。

第二十五条　关于国家教育支持的特别规定

教育目标与实现济州国际自由都市发展有必要关联的,国家可以根据《韩国地方教育补助法》向济州地方政府提供地方教育补助,具体条件由总统令作出规定。

第七章　自然环境的保护与管理

第二十六条　自然环境保护与管理的基本政策

(1)济州道和各市/郡地方政府以及开发中心在制定实施发展政策计划时,应以环境无害和可持续发展为目标,努力保护、管理自然环境,不仅要实现所有济州道居民共享美好环境,还要保障后代同享开发、利用环境之机会。

(2)为了系统保护管理自然环境,确保居民享受环境,提高生活质量,济州道和各市/郡地方政府应当积极制定基本环境保护规章,出台实施基本环境保护计划,计划包括下列内容:

1. 提出环境保护的目标和方向;
2. 区域环境特征分析及未来展望;
3. 自然环境和生态系统的保护和恢复计划;
4. 城市和自然景观的保护和管理;
5. 联合国教科文组织规划的济州道生物圈保护区管理。

(3)为了保持环境可持续发展,道知事和各市/郡主管行政长官应当基于整体区域社会必须共享的基本价值观和理念,积极确定、履行切合实际的任务等事项。

(4)为了确保实施本条第二款所称基本环境保护计划所需资金来源,道知事可以根据市政条例的有关规定设立环境保护基金。

(5)本条第四款所称基金,应当从下列财政来源中筹集;下列第一项至第四项规定的财政来源仅限于返还给道知事道的部分:

1. 用于支付《韩国环境改善费用责任法》规定的环境改善费用的补助;
2. 用于支付《韩国清洁空气保护法》规定的排放税的补助;
3. 用于支付《韩国水质量保护法》规定的排放税的补助;

4. 对违反《韩国工程对环境、交通、灾害等方面的影响评估法》《韩国清洁空气保护法》《韩国水质量保护法》等环保法律的单位和个人的疏忽行为收缴的罚款；
5. 从济州道总账户和其他特别账户转入的款项。

(6)针对本条第四款规定的环境保护基金，国家可以给予财政扶持。

第二十七条　绝对保护区

(1)在听取各市/郡行政长官意见并征得济州道议会的同意后，道知事可以规划以下各项规定的一处区域为具有独特自然环境的绝对保护区(以下简称绝对保护区)；变更规划的，适用本款规定：

1. 哈拉山、寄生火山、山谷、河流、湖泊、沼泽、瀑布、小岛、海滩、海岸、熔岩隧道等自然风光优美的区域；
2. 保护水资源和文化资产所需的区域；
3. 野生动物栖息地或庇护所；
4. 具有重要生态意义的原始林区；
5. 道知事认为保护自然环境所必需的其他区域。

(2)道知事依照本条第一款规定规划或变更绝对保护区规划的，应当根据济州道相关市政条例发布通知。

(3)本条第一款规定的在绝对保护区内，不得从事建造建筑物、设立构筑物及其他设施、改变土地形态和性质、分割土地、开垦公共水域、采伐林木、开采土石、修建新道路等活动，不得从事任何与规划的目相悖的活动；但是，道知事已许可从事下列活动之一的，不在此限：

1. 国家或地方政府实施上山道路、长廊、林荫道、道路、公共卫生间、亭子、气象观测设施和《韩国自然公园法》规定的公园设施等建筑作业；
2. 根据《韩国森林法》森林管理计划有关规定实施的，没有伐木活动或不改变土地形态性质的造林项目；
3. 以学术研究为目的的活动；
4. 对在绝对保护区规划之前建造的宗教建筑的扩建或改建；
5. 济州道规定的不会对自然资源的原始形态造成损害或改变的其他活动。

(4)在规划本条第一款规定的绝对保护区时，已经依法取得相关授权、许可、批准等(包括依法无须取得许可的)，可以进行建造建筑物、搭建构筑物及其他设施、改变土地形态和性质等活动，且已经开始实施建设工程或者项目的，可以依法继续作业，无须取得道知事的许可，且不适用本条第三款规定。

第二十八条　相对保护区

(1)在听取相关地区各市/郡行政长官意见并征得济州道议会的同意后，道知事可以规划以下各项规定的一处区域为鼓励自然环境保护和最优发展的保留区(以下简称相对保护区)；变更规划的，适用本款规定：

1. 寄生火山、河流、山谷、道路旁侧、海岸等需要保护其生态系统或景观的区域；
2. 绝对保护区以外需要保护的其他区域。

(2)在前款规定的相对保护区内，不得从事建造建筑物、搭建构筑物及其他设施、改变土地形态和性质等其他可能与规划目的相悖的行为；但是，道知事已批准从事下列行为之一的，不在此限：

1. 本法第二十七条第三款各项规定的行为；
2. 《韩国博物馆和美术馆支持法》第二条规定的博物馆或美术馆的建造活动；
3. 与农、林、畜牧或渔业相关，或为生计而从事销售或提供住宿服务，建造两层或两层以下的建筑物（含附属建筑物和停车设施）；
4. 在《韩国国家土地规划利用法》第三十七条第一款第八项规定的聚落区、第五十一条第三款规定的二级单元规划区，或者在《韩国地籍法》第五条规定的特定土地范围内建造二层以下的建筑物；
5. 修筑道路，设置河流和地下水监察设施，挖掘排水渠，或者搭建与农、林、畜牧、渔业相关的构筑物或者设施；
6. 森林砍伐和开采土石；
7. 设立或堆放难以移动的物体；
8. 在《济州道市政条例》规定的类型、尺寸和范围内建造建筑物、搭建构筑物及其设施，或者改变土地形态和性质。

（3）相对保护区的有关事项比照适用本法第二十七条第二款和第四款的规定。

第二十九条　管理与保护区的规划规划

（1）除汉拿山国家公园、城区和济州道附属岛屿外，道知事可以对岛上各区域进行必要规划，设置地下水资源、生态系统和景观保护区。

（2）本条第一款规定的保护区，应当根据其环境特性，划分为地下水资源保护区、生态系统保护区和风景保护区（以下简称保护区）；保护区可以作进一步划分。划分保护区的方法和类别标准，由济州道市政相关条例作出规定。

（3）道知事提出确定规划任何管理机制与规划保护区的，须核查下列事项：

1. 地下水资源保护区：
   （a）延髓、熔岩洞穴和塌陷区等地质构造特征要素；
   （b）土壤污染指数等土壤要素。
2. 生态系统保护区：
   （a）珍稀植物、濒危植物、特种植物、乡土植物群落和天然森林等植物要素；
   （b）珍稀动物、濒危动物、自然和人造动物栖息地、狩猎区等动物要素。
3. 风景保护区：火山、河流、丘陵和道路旁侧等风景要素。

（4）道知事依照本条第一款提出规划确定任何管理机制与规划保护区的，须在听取对该区有管辖权的市/郡行政长官的意见后，取得济州道议会的同意。

（5）道知事依照本条第一款至第四款规划任何管理与保护区的，应当依照济州道相关条例的规定，立即公布该区域规划为管理与保护区的信息。

（6）规划的变更和撤销，比照适用本条第三款至第五款规定。

（7）规划和公布保护区的，道知事应当按照保护区的分类，对本条第三款规定的事项进行定期检查，有关检查的具体事项由济州道相关条例作出规定。

第三十条　管理与保护区内的禁止行为

（1）在各类保护区内，不得有下列行为；下列行为的具体情节，由济州道相关条例作出规定：

1. 水资源保护区内：

(a)设立可能产生特定水污染副产品的设施；

(b)设立与废物处理有关的设施；

(c)设立排污设施；

(d)设立可能排放牲畜废水的设施；

(e)改变土地形态和性质。

2. 生态系统保护区内：毁林和改变地形态和性质。

3. 风景保护区内：建造建筑物、搭建构筑物及其他设施、改变土地形态和性质。

(2)有下列情形之一的，不适用本条第一款规定：

1. 在确定规划管理机制与规划保护区时，对现有建筑物或设施进行相同用途的改建和扩建(仅限于不超过现有建筑物建筑面积两倍的扩建)；

2. 在确定规划管理机制与规划保护区时，已经开始实施依法取得授权、许可的项目(包括申请授权和许可的项目)；

3. 本法第二十七条第三款规定的其他行为；

4.《韩国国家土地规划与利用法》规定的在城区内的行为；

5.《韩国森林法》规定森林管理计划和造林项目；

6.《韩国国家土地规划与利用法》规定的在定居区内建造独立住房、仓库、谷仓、水果挑选工作场所以及其他类似设施；

7.《济州道市政条例》规定的只能安装在管理与保护区内的公共设施。

(3)任何人有意实施本条第二款规定的行为的，如果该行为安装的设施产生水流或废水，或者该设施为废弃物处理设施，其排放物低于水质标准的，由济州道相关条例作出规定。

(4)违反本条第三款规定的标准排放废水的，依照济州道相关条例和下列法律法规，道知事或各市/郡行政长官可以令其缴纳整改税或排放税：

1. 产生污水的设施、排泄物处理设施、牲畜废水处理设施和牲畜废水处理设施，适用《韩国污水、排泄物和牲畜废水处理法》；

2. 设备产生废水的，适用《韩国水质量保护法》；

3. 废物处理设施，适用《韩国废物管制法》。

第三十一条　关于购买土地的申请

(1)土地(含地上建筑物及其他固定设施，本条下同)被列入下列规划，先前使用目的无法实现的，该土地所有人可以以此为由，依照济州道相关条例申请道知事购买该土地：

1. 依照济州道相关条例，位于管理与保护区内的土地；

2. 依照《韩国国家土地规划利用法》规定，城区中被规划为绝对保护区的土地。

(2)道知事购买本条第一款规定的土地的，应当使用现金支付土地价款；有下列情形之一的，根据《韩国地方自治法》第一百一十五条规定，地方政府可以发行债券(以下简称保护区债券)支付价款：

1. 土地所有人要求以债券形式支付土地价款的；

2. 购买在外业主的土地的价格或购买土地用作非经营用途的价格，超过济州道相关条例规定的限额,超过的金额已经支付的。

(3)保护区债券的偿还期限不得超过十年,其利率不得低于全国性金融机构向《韩国银行法》授权的金融机构申请的一年期定期存款利率的平均值,具体还款期限和利率由济州道相关条例作出规定。

(4)除本法另有规定外,购买本条第一款规定的土地的价格和程序,适用《韩国为公共作业征用土地等资产及其补偿法》。

(5)除本法另有规定外,有关发行保护区债券的程序及其他必要事项,由《韩国地方财政法》作出规定。

(6)依照本条第一款购买土地的,道知事应当在提出要求之日起四年内购买该土地。

第三十二条　保护资源的规划规划等事项

(1)道知事认为对保护济州道资源有必要的,可以依照《济州道市政条例》从济州道特有的稀有野生动植物物种、矿藏等储备资源中指定规划(以下简称保护资源)。

(2)道知事已经指定规划本条第一款规定的保护资源的,应当立即发布公告,不得迟延。

(3)道知事认为对保护资源有必要的,可以依照《济州道市政条例》有关规定,禁止捕猎、采伐、收集、破坏被保护资源的行为,责令报告有关行为,禁止开放、转让保护资源,清除障碍物,或者采取其他必要措施。

(4)道知事认为对保护资源有必要的,可以对其管理或保护工作提供全额或部分资助。

(5)在济州道内买卖保护资源或者将其带离济州道的(如存有珊瑚沙的海滨以外的地区的珊瑚沙),应当依照《济州道市政条例》取得道知事的许可。

(6)实施本条第三款规定的措施遭受损失的,道知事应当予以赔偿。

第三十三条　地下水开发利用许可特例等事项

(1)在济州道开发和利用地下水的,应当取得道知事的许可,且不适用《韩国地下水法》第七条、第七条之一、第七条之二和第八条、《饮用水管理法》第九条和第九条之一;《韩国地下水法》第八条第一款第三项规定的情形除外。

(2)取得本条第一款规定的许可,延长地下水开发开采期限或变更部分许可内容的,应依照《济州道市政条例》取得道知事的批准。

(3)有下列情形之一的,为地下水的最佳保护和管理计,道知事不得签发本条第一款规定的许可;但是,依照《韩国地方公共企业法》设立的地方公共企业生产下列第一项规定的产品,且不妨碍地下水保护和管理的,不在此限:

1. 生产、销售《韩国饮用水管理法》第三条第三款规定的瓶装泉水的;
2. 使用百分之九十八及以上比例的地下水,生产、销售软饮料或酒类的;
3. 为了防止地下水污染和过度开发,《济州道市政条例》规定的其他情形。

(4)为了取得本条第一款、第二款规定的地下水开发开采许可证(含延长许可证有效期和变更许可证)的,应当依照《济州道市政条例》的规定,制定地下水开发影响报告,并提前提交至道知事审查。

(5)道知事签发本条第一款、第二款规定的许可证时,认为有必要妥善管理地下水的,可以依法限制地下水取水量。

(6)为了妥善管理地下水,道知事认为有必要的,可以根据济州道相关条例,命令地下水开发利用设施的安装单位采取措施，与该地下水内和周边设施或土地所有人，共同开发利用。无正当理由拒绝共同开发利用的，道知事可以限制其取水量或撤销其地下水开发利用许可证。

(7)为了防止地下水因干旱和过量取水等导致干涸，道知事认为有必要的，可以分阶段采取措施，对其依法限制取水量及暂停使用地下水。

(8)依照济州道相关条例，道知事可以规划下列地区为地下水资源特别管制区，规划详情应当依照济州道相关条例予以公布：

1. 地下水位显著下降或极有可能下降的区域；
2. 海水、盐水极易渗入，地下水氯浓度超过饮用水标准的地区；
3. 为了满足未来用水需求，需要限制地下水开发利用的区域；
4. 济州道相关条例规定的为保存地下水量和水质所需的其他地区。

(9)道知事依照本条第八款规定规划地下水资源特别管制区并予以公布的，应当依照济州道相关条例规定，为管制区内的地下水资源制订管制计划。

(10)变更地下水资源特别控制区，适用本法第八条、第九条的规定。

(11)道知事可以根据市政条例规定的条件，限制签发地下水资源特别管制区开发利用许可、许可期限及取水量。

(12)取得本条第一款规定的许可，且有下列情形之一的，道知事可以撤销其许可；出现《韩国地下水法》第十条第一款第一项、第八项、第九项和下列第二项规定的情形的，应当撤销其许可：

1. 出现《韩国地下水法》第十条第一款规定的情形的；
2. 依照《韩国饮用水管理法》第四十条第一款的规定撤销其业务许可的。

第三十三条之一　雨水利用设施的安装与运营等事项

(1)为了提高雨水利用率和增强地下水补给，安装设施导致改变任何高尔夫球场、旅游综合体或者超过一定规模的土地的样式和品质的，应当安装并运营雨水利用设施或者地下水人工补给设施(以下简称雨水利用等设施)。

(2)安装本条第一款规定的雨水利用设施的，济州道政府可以依照济州道相关条例规定的条件，对安装该设施产生的部分费用进行补助。

(3)有关安装雨水利用等设施的范围、规模、管理标准以及与雨水利用等设施的安装和运营相关的其他必要事项，由济州道相关条例作出规定。

第三十四条　关于防止地下水污染等事项的特别规定

(1)任何单位和个人不得向地下倾倒、排放或处理污水、废水等未依法达标并可能污染地下水的物质。

(2)为了防止污染地下水，道知事认为有必要的，可以依照济州道相关条例的规定，制定、执行安装地下水开发利用设施及监督该设施施工的标准。

(3)为了防止农用化学品污染地下水，道知事可以限制供应和使用可能严重污染地下水的农用化学品。有关限制供应和使用农用化学品的具体内容，依照济州道相关条例予以公布。

(4)是否对本条第三款规定的农用化学品供应和使用加以限制，应当根据地下水污染危险程度的评估结果决定,有关评估的具体事项由济州道相关条例作出规定。

第三十五条　有关未处理地下水的收费等事项

(1)为了妥善保存和管理地下水所需的财政资源,道知事可以地下水未处理为由向下列单位或个人收取费用:

1. 依照第三十三条规定取得地下水开发利用许可的;
2. 依照《韩国温泉法》第十三条规定取得温泉使用许可后使用温泉水的。

(2)依照本法第三十三条和《韩国温泉法》第十三条的规定,未取得许可使用地下水或温泉水,或者以非法手段逃避支付有关未处理的地下水费用,道知事可以收取金额为未处理的地下水价格五倍以下的费用及附加费。

(3)本条第一款和第二款规定的未处理地下水的费用和附加费的计算方法、征收程序、减免办法等事项,由《济州道市政条例》作出规定。

(4)未在本条第一款、第二款规定期限内缴纳关于未处理地下水的费用的,参照拖欠地方税款继续征收。

第三十五条之一　《韩国地下水法》的适用

除本法另有规定外,有关地下水的事项适用《韩国地下水法》。

第三十六条　关于环境相容性审查等事项的特殊规定

(1)依照《韩国环境政策框架法》第十一条第一款的规定,为了维持最佳环境标准和保护自然环境,实施环境相容性审查和咨询项目,且该项目纳入总体规划的,应当征求道知事的意见,不适用该法第十一条第二款规定;审查环境兼容性的,道知事应当征求环境主管部门的意见。

(2)《韩国饮用水管理法》第十条和第十五条规定的环境影响报告,不适用《韩国饮用水管理法》及其次级法令规定,但应提交道知事审查。

第三十七条　关于环境、交通、灾害等影响评估报告的特别规定

(1)对于需依照《韩国工程对环境、交通、灾害等影响评估法》第四条评估在济州道内实施的项目对环境的影响的,拥有该项目审批权的行政机构负责人,和执行无须该类审批的项目负责人,不适用该法第十七条第二款和第三款规定,但是应当就该法第五条规定的影响评估报告与道知事协商。各方在协商项目对环境的影响评估报告过程中,依照《韩国工程对环境、交通、灾害等影响评估法》第二十六条的规定,道知事必须听取环境主管部门的意见并将已听取的意见最大限度地纳入决策。道知事和环境主管部门应共同采取必要的措施,确保并监督决策的持续执行。

(2)审查本条第一款规定的影响评估报告时,道知事应当成立济州道总体影响评估审议委员会(以下简称总评审委会);总评审委会的组织和运作等必要事项,由《济州道市政条例》作出规定。

第三十八条　关于建筑规划审议的特殊规定

(1)提出在道知事规划并公示的保护区内建造建筑物的,为保护该地区的自然或城市景观,应当依照《韩国建筑法》第四条的规定,在施工前将其施工计划提交给当地建筑委员会,审议建筑物的形状、颜色和道路等及相关事项。

(2)任何人不得在本条第一款规定的区域内,依照《韩国建筑法》第八条和第九条规定提出建筑许可申请或编制建筑报告（仅限于新建建筑或依照《韩国建筑法》或其他法令施工许可或施工报告拟制出具的）。

（3）本条第一款所称相关区域的规划和公示以及审议范围、审议程序和标准等事项，由《济州道市政条例》作出规定。

第三十九条　关于《韩国安装与利用体育设施法》的特别规定

为了保证高尔夫球场的环境发展，道知事可以根据市政条例分别确定高尔夫球场设施建设的有关事项，不适用《韩国安装与利用体育设施法》第十一条第二款、《韩国旅游促进法》第四条第四款规定。

第四十条　为保护清洁和无污染区域，预防流行病和移除牲畜、海产品及植物的相关措施

（1）道知事应当采取巡逻检查、预防控制有害动植物、有毒昆虫、枯萎病等引起的流行疾病风险以及对潜在的疾病暴发开展调查等措施，保持清洁和无污染的环境。

（2）为了保证济州道的清洁及无污染的环境，道知事在必要时可以对进出济州道的动植物、海产品等采取检查、注射、隔离、扣留、禁止入境及移除等措施。

（3）道知事应当根据市政条例，并经农业、林业、海事、渔业等主管部门批准，决定前款规定的禁止出入济州道的物品及相关处理方法、程序和预防措施等。

第四十条之一　关于《韩国机动车管理法》的特别规定

（1）依照《韩国机动车管理法》第八条、第十一条、第十二条规定，在济州道对机动车进行首次登记、变更登记、转让登记的，应当在办理登记业务时向相关地区提交停车位安全证明文件（以下简称停车证明）（指适于停放机动车的停车场、停车设施、空地和场所等）。

（2）未提交本条第一款规定的停车证明的，不予办理《韩国机动车管理法》第八条、第十一条、第十二条规定的首次登记、变更登记、转让登记等业务。

（3）已办理本条第一款规定的首次登记、变更登记、转让登记，登记时变更停车位的，应当依照相关地区条例出具报告。

（4）已办理本条第一款规定的首次登记、变更登记、转让登记的，依照主管市/郡相关条例的规定，有下列情形之一的，市/郡行政长官可以命令其确保有位停车：

1. 办理登记业务时没有车库的；
2. 办理登记业务时停车位不足的；
3. 办理登记业务时将停车位用作其他用途的。

（5）未能执行本条第四款规定的命令的，市/郡行政长官可以依照《韩国机动车管理法》第十条收缴其机动车号牌。

（6）有关须提交本条第一款规定的停车证明的机动车类型、须提交停车证明的区域、停车位安全标准、确保有位停车的方法及停车安全确认程序等事项，由市/郡相关条例作出规定。

第八章　关于产业开发的特别规定

第四十一条　济州道高新科技园区的创立与管理

（1）为了在济州道发展生物技术、信息与通信等高科技产业，推动相关技术研究，培养专门人才，建设和运输主管部门可以创立济州高新科技园区（以下简称科技园区）作为《韩国工业用地与开发法》第六条规定的国家工业园区。

(2)创立本条第一款规定的科技园区,应当依照《韩国工业用地与开发法》规定的国家工业园区规划和开发的程序办理。开发中心可以申请建设和交通主管部门规划科技园区,不受该法第十一条第一款规定所限。建设和交通主管部门可以指定开发中心为项目执行人,不适用该法第十六条第一款。

(3)建设和交通主管部门规划科技园区的,应当经过促进委员会审议。促进委员会的决定视为《韩国工业用地与开发法》第六条规定的工业用地政策审议委员会决定。

(4)科技园区的管理应当根据《韩国产业集群发展和工厂建设法》规定的管理程序实施;贸易、产业和能源主管部门可以委托开发中心管理科技园区的全部或者部分事务,不适用该法第三十条第二款的。

第四十二条　济州投资促进区的规划

(1)为了吸引符合总统令规定的标准的投资,经促进委员会审议,道知事可在必要时将下列地区规划为济州投资促进区(以下简称投资区):

1. 投资人提出的区域;
2. 符合总统令规定的标准,对吸引投资有便利优势的区域。

(2)道知事规划本条第一款规定的投资区的,应当公告下列事项:

1. 投资区的名称、位置和区域;
2. 开发或管理方法;
3. 其他由总统令规定的事项。

(3)投资区应当由开发中心管理。

(4)有关设立和管理投资区的程序和途径的必要事项,由总统令作出规定。

第四十三条　撤销已规划投资区

(1)第四十二条规定的投资未能达到总统令规定标准的,经促进委员会审议,道知事应当撤销已规划的投资区。

(2)有关本条第一款规定的撤销已规划投资区的程序等必要事项,由总统令作出规定。

第四十四条　关于自由贸易区资质的特别规定

(1)为了促进贸易、提高配送效率和协助自由贸易区企业开展业务,贸易、产业和能源主管部门必要时可以允许在济州道自由贸易区内设立非外国投资企业,不适用《韩国自由贸易区规划管理法》第十条第一款第二项的规定。

(2)可能在济州道自由贸易区内造成环境污染的企业,其地址可以由贸易、产业和能源主管部门相关规定限制。

第四十五条　国家或公共财产的出租或出售

(1)财政和经济主管部门、管理国家财产的行政机构或地方政府可以通过期权合约,给予进驻科技园区或投资区的企业(以下简称区内企业)以土地、工厂以及国家或者地方政府所有的其他国有或者公共财产(以下简称土地等资产)的使用权和受益权或将其出租、出售给区内企业,不适用《韩国国家财产法》和《韩国地方财政法》的有关规定。

(2)租赁前款规定的国家或地方政府的土地等资产的,租赁期限不超过五十年,不适用《韩国国有财产法》第二十七条第一款、第三十六条第一款和《韩国地方财政法》第八十二条第二款、第八十三条第二款的规定。租赁期限可以延长,每次延长的期限不得超过五十年。

(3)租赁本条第一款规定的国家或地方政府的土地等资产的,区内企业依照《韩国国有财产法》第二十四条第三款和《韩国地方财政法》第八十二条第二款、第八十三条第二款的规定,可以建设厂房或其他永久性设施。租赁期届满时,应当将该类设施捐赠给国家或者地方政府,或者由于设施类型等影响,将租赁的土地恢复原状后归还。

(4)租赁本条第一款规定的国家或地方政府的土地等资产的,租金由总统令作出规定。确有必要的,可以使用外汇支付,不适用《韩国国家财产法》第二十五条第一款、第三十八条和《韩国地方财政法》第八十二条第二款、第八十三条第二款的规定。

(5)将本条第一款规定的土地等资产出售给区内企业,一次性付款确有困难的,依照总统令相关规定,可以允许区内企业延期付款或分期付款,不适用《韩国国有财产法》第四十条第一款和《韩国地方财政法》第八十三条第二款的规定。

(6)将本法第四十一条规定的科技园区内的国有土地等资产出租给区内企业,从事总统令规定的业务的,财政和国有财产主管部门可以依照总统令规定条件,给予租金减免,不适用《韩国产业集群发展和工厂建设法》第三十四条和《韩国工业用地与开发法》第三十八条的规定。

(7)将地方政府所有的土地等资产出租给区内企业的,依照《韩国地方财政法》第八十二条第二款和第八十三条第二款的规定,地方政府可以在总统令规定的条件内减免土地租金。

第四十六条　财政支持等事项

(1)开发中心申请资助建设科技园区、获取将投资区内土地出租给企业的融资成本贷款、减免租金以及其他开发项目所需资金的,国家或地方政府应当提供支持。

(2)前款规定的国家向开发中心提供财政支持的程序和标准由促进委员会依照总统令规定的条件确定。

(3)国家和地方政府可以对扩建济州道与韩国大陆连接的运输设施(机场和港口)的项目提供行政和财政支持。

(4)道知事道和主管市/郡认为对促进在济州道的投资有必要的,可以依照道或市/郡的相关条例规定向在济州道投资的企业发放就业和教育培训等补贴。

第四十七条　特别船舶登记区的规划等事项

(1)为了推动船舶登记,济州道内依照《韩国开放港口公共秩序法》第三条规定的开放港口应当被规划为特别船舶登记区。

(2)依照《韩国地方税法》和《韩国特殊农村发展税法》的相关规定,以本条第一款规定的开放港口为登记港,依照《韩国国际船舶登记法》第四条的规定在海洋和渔业主管部门登记的船舶以及总统令规定的外国船舶,可以对其免征购置税、财产税、公共设施税、地方教育税和特殊农村发展税。

(3)特别船舶登记区的规划和运营等必要事项,由总统令作出规定。

第四十七条之一　发展水上休闲产业等事项

(1)道知事应当制定政策,采取措施,促进水上休闲产业和水上休闲活动发展。

(2)国家认为有必要发展本条第一款规定的水上休闲产业和水上休闲活动的,可以给予支持。

第四十八条　信息与通信产业基础设施建设

（1）道知事应当促进公共和产业部门以及个人生活的信息化，采取必要政策，通过信息通信实现各级公共机构、商业公司和私人住宅之间的连通，将济州道发展成为世界信息通信服务的战略网点，强化建设国内与全球的网络连接系统。

（2）为了实施本条第一款规定的政策，发展信息通信产业，道知事应当制定实施济州道基础信息化促进项目，项目应当包括下列事项：

1. 推进区域信息化；
2. 吸引和支持高新信息通信相关设施；
3. 推进济州道成为信息交流的领先地区；
4. 培养信息和通信技术专门人才；
5. 设立旅游指导协调办公室，获取通过机场或海港来济州道的游客统计数据；
6. 发展信息通信产业的其他必要事项。

（3）为了推动实施本条第一款规定的政策和本条第二款规定的济州道基础信息化促进项目，国家在必要时应提供行政、财政和技术上的支持。

第四十九条　推动农林牧渔业发展

（1）道知事应当制定实施农、林、牧、渔业发展规划（以下简称发展规划），增强竞争力，确保农民渔民稳定收入，推动各产业均衡发展。

（2）发展规划应包括下列事项：

1. 种子、种苗、种畜、种子（贝类）等养殖业的发展；
2. 建立环境友好、符合本地区条件的农、林、畜、海产品生产体系；
3. 发展和广泛使用科学技术，加强农业、林业、畜牧业和渔业竞争力；
4. 改善农、林、牧、渔业生产布局结构；
5. 发展农、林、畜、海产品加工业；
6. 促进农、林、畜、海产品出口；
7. 促进柑橘产业发展和结构优化；
8. 促进增加农业生产者收入等援助和福利；
9. 农、林、畜牧、渔业与生物技术、治疗技术等产业相结合，促进副业收入；
10. 农、林、畜牧、渔业技术人才培养；
11. 发展农、林、畜牧、渔业所必需的其他事项。

（3）依照《济州道市政条例》，设立区域农业和渔业发展基金，确保和提供发展规划所需资金。

（4）开发中心可以从其开发的项目利润中提取一部分，向区域农业和渔业发展基金提供资助。

（5）区域农业和渔业发展基金由道知事管理运营。

（6）依照《韩国实施建立世界贸易组织协定特别法》第十一条第二款的规定，国家可以向济州道农产品生产者提供直接付款和收入补助等支持。

第五十条　农、林、畜、海产品的供需稳定

（1）为了促进济州道内农、林、畜、海产品的稳定供需，提高其市场性和配送效率，道知事可对岛上农、林、畜、海产品的生产计划、库存调剂、质量控制等采取必要措施。

(2)本条第一款规定的生产计划、库存调剂、质量控制的具体内容、方法、程序及必要措施等事项,由《济州道市政条例》作出规定。

第九章 促进旅游与地方文化

第五十一条 济州道游客免征或退还关税等事项

到访济州道的游客到总统令规定的免税店(以下简称指定免税店)购买商品,并带入韩国境内其他地区的,依照《韩国特别税限制法》《韩国地方税法》等相关规定,可以对其免征关税、增值税、特别消费税、酒类税、教育税、特别农村发展税、烟草消费税和地方教育税。

第五十二条 进入高尔夫球场适用免税和免附加费等事项

(1)进入济州道高尔夫球场的,依照《韩国特别税限制法》的相关规定,可以对其免征特别消费税、特别农村发展税和教育税。

(2)依照《韩国国家体育促进法》第十九条和第二十二条的规定,对位于济州道的高尔夫球场免收门票附加费。

第五十三条 酒店式民宿业务登记等事项

(1)以会员、共有人及其他游客的使用为目的,开展建造和运营住宿、烹饪和自然观光等业务的,或者经营住宿业务(以下简称酒店式民宿业务)的,应当向道知事办理登记。变更登记事项中重要内容的,应当依照《济州道市政条例》规定办理。

(2)经营酒店式民宿业务的,应当编制业务计划书,并在本条第一款规定的登记前提交道知事审批。变更业务计划书的,适用本款规定。

(3)依照本条第一款和第二款规定已办理酒店式民宿业务登记或已取得经营许可的,可以出售设施或邀请拥有认购权的会员认购设施,不适用《韩国旅游促进法》第十九条第一款规定。

(4)本条第一款规定的登记或变更登记的标准和程序、本条第二款规定的计划书登记审批或变更程序、本条第三款所称设施出售标准、会员认购资格及有关取得共有权或发行会员卡等事项,由总统令作出规定。

(5)以转让或拍卖等方式收购或接管酒店式民宿业务的,继受自登记完成或取得许可时的业务计划书、报告书(属于本条第三款规定的出售设施或邀请会员认购,含酒店式民宿业务经营者与共有人或会员之间的协议)中载明的相关权利,并履行相关义务。依照《济州道市政条例》收购或接管酒店式民宿业务的,应当自取得或接管该业务之日起一个月内向道知事报告。

(6)未注册酒店式民宿业务的,不得使用“酒店式民宿业务”字样或其他类似名称。

(7)本条第二款规定的酒店式民宿业务计划书已经通过审批,或变更计划书通过审批的,依照《韩国国家土地规划利用法》的规定,建设计划书中位于总统令规定的特定区域中的住宿设施或住宿区内的娱乐设施的,不适用《韩国国家土地规划利用法》第七十六条第一款和第五款第一项规定。

(8)已注册或已获批酒店式民宿业务,有下列情形之一的,道知事可以撤销注册、收回许可、暂停业务或责令整改：

1. 将酒店式民宿业务交由他人管理经营的；
2. 本条第二款规定的酒店式民宿业务计划书已经通过审批，未开始建造酒店式民宿业务设施，或未在《济州道市政条例》规定的期限内竣工的；
3. 在经营酒店式民宿业务或执行业务计划时，采用欺骗及其他不正当手段，或收受不当货币及贵重物品的；
4. 有其他违法行为的。

（9）本条第八款规定的撤销或暂停业务的具体标准，应当依照《济州道市政条例》视其缘由和程度作出规定。

（10）已注册酒店式民宿业务的单位或个人，收到本条第八款规定的撤销注册、收回许可或暂停业务的通知，仍继续经营其业务的，道知事可以采取措施，关闭其营业场所。关闭营业场所的方法、程序等事项，适用《韩国旅游促进法》第三十四条的规定。

（11）道知事应当向文化和旅游主管部门报告本条前四款规定的登记进展、业务计划的批准、养老设施的销售或会员认购邀请。

第五十四条　休闲渔场的规划等事项

（1）已取得《韩国渔业法》第九条规定的乡村渔业或合作养殖渔业许可证的，申请将其部分规划为休闲渔场，且该项规划不影响正常持牌渔业经营的，道知事可以实施规划。在此情形下，捕捞或采集海洋动植物的方法，不适用《韩国渔业法》的规定。

（2）就规划前款规定的休闲渔场、水深限制、推广海洋资源、休闲捕鱼、捕获或采集海洋动植物的方法数量等管理经营事项，道知事应根据市政条例，在征求海洋和渔业主管部门的意见后确定。

（3）取得休闲浴场规划的单位或个人，未能依照前款规定管理经营的，道知事可以撤销规划。

第五十五条　*（2004 年 1 月 29 日由第 7159 号法律删除）*

第五十五条之一　关于《韩国旅游促进法》适用的特别规定

（1）为了促进济州道的外国投资（指《韩国外国投资促进法》第二条第一款第四项规定的外国投资，下同），在济州道投资并拟开展赌场业务的外国人，符合下列各款规定的，依照该法第五条第一款的规定，文化和旅游主管部门可以签发此类赌场营业执照，且不适用《韩国旅游促进法》第二十条的规定。必要时，文化和旅游主管部门可以附加条件，或者根据下列第一项规定的外国投资额等，签发多个赌场营业执照：

1. 旅游业的外国投资额不低于五亿美元的；
2. 根据终审判决，投资基金不属于《韩国隐匿犯罪所得管制和惩罚法》第二条第四项规定的犯罪所得的；
3. 符合投资者信用评级等总统令规定的其他要求的。

（2）申请办理前款所称赌场营业执照的，应当向文化旅游主管部门提交申请书，并附有文化旅游主管部门要求的投资计划等文件。

（3）签发赌场营业执照的，有关赌场的营业地点、营业时间等必要事项，由文化旅游主管部门作出规定。

(4)取得本条第一款规定的赌场营业执照的,应当依照《韩国旅游促进法》第二十二条第一款的规定,在赌场开业前,安装机器设备。

(5)取得本条第一款规定的赌场营业执照,有下列情形之一的,文化旅游主管部门应当吊销执照:

1. 投资额未达到本条第一款第一项规定的金额的;
2. 根据终审判决,投资基金属于《韩国隐匿犯罪所得管制和惩罚法》第二条第四款规定的犯罪所得等情形的;
3. 除本条第一款各项外,违反其他有关营业执照的相关规定的。

(6)取得本条第一款规定的赌场营业执照的,可以委托他人管理经营赌场的必要设施,不适用《韩国旅游促进法》第十一条的规定;接受委托的,应当没有《韩国旅游促进法》第二十一条规定的不具备资质的情形。

第五十六条　推动地方文化发展

(1)为了提高居民生活质量,弘扬传统文化艺术,推动地方文化发展,道知事应当制定实施推动地方文化艺术发展中长期规划。

(2)第一款规定的推动地方文化艺术发展规划,应当包含下列内容:

1. 推动本地文化艺术发展的基本政策和规划;
2. 推动传统文化艺术;
3. 扶持地方艺术团体;
4. 保存民俗和方言;
5. 扩大和改善文化艺术设施;
6. 其他与推动地方文化艺术发展相关的事项。

(3)制定前款规定的推动地方文化艺术发展规划,应当依照《韩国文化艺术促进法》第四条规定,提交地方文化艺术促进委员会审议。

(4)国家和地方政府根据开展地方文化推广工作的需要,可以将国家财产、公共财产等捐赠或出借给地方文化推广企业使用、获益。

第五十七条　地方文化旅游区的规划

(1)为了挖掘、保存、保护和推广当地文化,促进旅游业发展,道知事在必要时可以根据《济州道市政条例》规划开发当地文化旅游区。

(2)申请取得前款所称当地文化旅游区规划资格的,应当编制档次文化旅游区计划书,并取得道知事的批准。变更计划书的,适用本款。

(3)道知事可以资助当地文化旅游区所需的部分费用,或为建设旅游区,提供道路、供水系统、污水处理系统、通信及能源供应设施等基础设施。

第五十七条之一　影视产业区的规划

(1)道知事认为有必要发展济州道影视产业的,可以根据《济州道市政条例》的规定,规划培育影视产业区。

(2)拟取得前款所称影视产业区规划的,应当根据《济州道市政条例》编制创设开发计划书,并取得道知事的批准。变更计划书的,适用本款。

(3)道知事可以资助影视产业区所需的部分费用,或为建设影视产业区,提供道路、供水系统、污水处理系统、通信及能源供应设施等基础设施。

(4)为了发展培育济州道电影产业,道知事可以设立济州电影委员会。有关委员会的组成和运作等必要事项,由委员会章程作出规定。

(5)国家和地方政府可以允许在济州道制作电影的单位或个人免费使用国家和公共财产。道知事可以提供行政支持。

第十章　开发项目的实施

第五十八条　初步调查

(1)为了编制根据《济州道市政条例》实施的本法第五十九条规定的开发项目的总体规划或执行计划,道知事、相关地区行政机关、开发中心或拟实施开发项目的单位或个人可以开展初步调查。

(2)前款规定的初步调查应当包括开发项目对自然生态系统和景色景观的影响以及《济州道市政条例》规定的其他事项。

(3)本条第一款规定的初步调查确有需要的,道知事、相关地区行政机关、开发中心或拟实施开发项目的单位或个人可以进入其他人所有或占有的土地,或将土地暂时用于仓储、包装、交通等用途。

(4)进入前款所称土地,造成损害而须赔偿的,适用《韩国国家土地规划利用法》第一百三十条、第一百三十一条的规定。

第五十九条　开发项目的实施审批

(1)实施开发项目的,应当取得道知事的许可;国家或开发中心为实施人的,应当听取道知事的意见。

(2)第一款规定要求进行实施审批的开发项目或听取意见的范围,由《济州道市政条例》作出规定。

(3)申请取得本条第一款规定的发展项目实施许可或听取道知事意见的,须编制项目计划等相关文件,并根据《济州道市政条例》的规定提交道知事审批。

(4)道知事可对本条第一款规定的实施项目签发许可;所提交文件不完整的,必须根据《济州道市政条例》的规定进行补正。

(5)农民和渔民合作组织拟实施开发项目的,道知事可以根据市政条例的规定优先批准。

(6)开发项目启动期不得超过自项目获批之日起两年;确实需要延长启动期的,道知事可以延长一次,延长期不超过一年。

(7)开发项目自第一款规定的批准开发项目实施之日起,未在第六款规定的项目启动期内启动的,自项目启动期届满之日起,该开发项目实施批准无效。此情况下,道应当根据《济州道市政条例》规定的条件公开告知这一事实。

(8)道知事收到本条第一款规定的项目实施申请的,应当安排公职人员专门负责,有特殊情形的除外。

(9)变更开发项目的,比照适用本条第一款至第八款规定;但《济州道市政条例》确定的次要事项的除外。

(10)外国投资开发的项目适用《韩国外国投资促进法》,不受本条规定调整。

第五十九条之一　关于《国家土地规划与利用法》的特别规定

(1)依照本法第二十七条至第二十九条被规划为绝对保护区、相对保护区或管理保护区的任何区域都可以免于土地适宜性评估,不适用《韩国国家土地规划利用法》第二十七条第三款规定。

(2)在济州道设立的城市规划设施中的建筑覆盖率、容积率、游乐场设施等事项,由总统令作出规定,不适用《韩国国家土地规划利用法》第七十七条、第七十八条规定。

第六十条　法律拟制的授权与许可等事项

(1)拟实施开发项目的,依照第五十九条规定获准实施该开发项目或者已听取意见的,应当视为已获得许可、授权、规划或批准,或者已履行完成下列咨询或报告等程序(以下简称许可等程序):

1.《韩国草原法》第二十一条之一规定的变更土地形态、性质等许可和该法第二十三条规定的将草原改作他用的许可;

2.《韩国山区管理法》第十四条、第十五条规定的山区改道许可或报告,《韩国森林法》第五十七条规定的撤销保留林,《韩国森林法》第六十二条第一款规定的保留林内行为许可,《韩国森林法》第七十三条规定的国家森林内的砍伐许可,《韩国森林法》第九十条第一款规定的立木采伐许可等;

3.《韩国农田法》第三十六条规定的将农田转作他用的许可或咨询;

4.将农业基础设施用于《韩国农业和渔村整理法》第二十条规定的用途之外的许可及该法第六十七条第四款规定的农村度假区开发项目许可;

5.《韩国产业集群发展与工厂建设法》第十三条第一款规定的工厂建设审批等;

6.《韩国工业用地与开发法》第八条规定的农工综合体的规划,《韩国工业用地与开发法》第十六条规定的农工综合体经营人的确定,《韩国工业用地与开发法》第十九条规定的农工综合体项目实施审批;

7.《韩国河流法》第六条规定的河流管理机构的审批或与其协商,《韩国河流法》第三十条规定的河流保护作业实施许可,《韩国河流法》第三十三条规定的占用和使用河流许可等;

8.《韩国公共水域围垦法》第九条规定的公共水域围垦许可,《韩国公共水域围垦法》第十三条规定的公告,《韩国公共水域围垦法》第十五条规定的工程计划授权和公告,《韩国公共水域围垦法》第三十八条规定的咨询或审批;

9.《韩国污水、排泄物和牲畜废水处理法》第二十一条规定的排泄物处理设施建设审批;

10.《韩国向邻近地区推广安装废物处理设施及协助法》第九条规定的废物处理设施的选址和该法案第十一条之三规定的废物处理设施的安装审批;

11.《韩国供水和水务设施法》第十二条、第三十三条之一规定的水务工程授权以及该法第三十六条、第三十八条规定的水务设施专供安装授权;

12.《韩国电力设施法》第七条规定的发电、输电、配电或售电业务的许可以及该法第六十二条规定的私人电力装置工程计划的授权或报告;

13.《韩国体育设施安装与利用法》第十二条规定的项目审批；

14.《韩国旅游促进法》第十四条规定的项目审批,《韩国旅游促进法》第五十条规定的旅游胜地和旅游区审批,《韩国旅游促进法》第五十二条规定的项目审批；

15.《韩国公共水域管理法》第五条规定的占用和使用公共水域的许可以及该法第八条规定的工程计划授权(不含依照许可证实施填海工程前的公共水域)；

16. 依照《韩国道路法》第八条规定,征求道路管理机构的意见或获得其批准,《韩国道路法》第三十四条规定的道路作业实施许可,《韩国道路法》第四十条规定的道路占用和使用许可；

17.《韩国国家土地规划利用法》第三十条规定的城市管理规划(仅限总统令规定的旨在改善城市规划设施的城市管理规划),《韩国国家土地规划利用法》第五十六条规定的开发许可,《韩国国家土地规划利用法》第八十六条规定的指定城市规划设施项目承包人,《韩国国家土地规划利用法》第八十八条规定的实施方案授权；

18.《韩国排污法》第十三条规定的公共污水工程实施许可和该法第二十条规定的公共污水系统占用和使用许可；

19.《韩国殡葬服务法》第二十三条规定的对身份不明或者无法辨认的墓葬进行重新安葬的许可；

20.《韩国港口法》第九条第二款规定的港口作业许可以及该法第十条第二款规定的作业计划审批；

21.《韩国城市开发法》第十一条规定的指定城市开发项目实施人,《韩国城市开发法》第十三条规定的成立协会获得其授权,《韩国城市开发法》第十七条、第十八条规定的作业计划授权及公告；

22.《韩国宅基地开发促进法》第九条规定的宅基地开发项目工程审批；

23.《韩国维护改善城市地区和居住条件法》第二十八条规定的项目实施审批；

24.(2003 年 5 月 29 日由第 6916 号法令修正)

25.《韩国私人道路法》第四条规定的私人道路建设许可；

26.《韩国防止土地侵蚀崩塌工作法》第十四条规定的伐木许可以及该法第二十条规定的撤销已规划为侵蚀管制地；

27.《韩国小型河流保护法》第十条规定的小型河流保护作业许可；

28.《韩国采石法》第二十二条规定的采石许可；

29.《韩国国有财产法》第二十四条规定的国有财产使用和受益许可；

30.《韩国地方财政法》第八十二条第一款但书规定的使用和受益许可；

31.《韩国建筑法》第八条、第九条规定的施工许可和报告；

32.《韩国综合能源供应法》第四条规定的就综合能源供应的适当性征询意见；

33.《韩国合理使用能源法》第八条规定的就能源使用计划征询意见。

(2)道知事依照本法第五十九条规定审批执行开发项目或者发表意见,项目计划中有本条第一款规定情形的,应当事先征求相关行政部门的意见。

第六十条之一　负责开发项目的一站式机构

(1)道知事应当设立一站式机构,负责关于审批本法第五十九条规定的开发项目的文书工作,迅速、全面解决《韩国外国投资促进法》第十七条第二款规定的申诉工作。

(2)道知事认为有必要为本条第一款规定的一站式机构配备人员的,可以向相关行政部门、机构和组织抽调公职人员、高级职员和雇员。

(3)相关行政部门、机构和组织将其公职人员、高级职员和雇员抽调至一站式机构工作的,不得在职务晋升、岗位调动、生活福利等方面给予不利待遇。

(4)道知事认为有必要执行本条第一款规定的文书工作的,可以要求相关行政部门、机构和组织向一站式机构提供材料。

(5)除本法另有规定外,有关本条第一款规定的一站式机构的组成及运营等必要事项,由《济州道市政条例》作出规定。

第六十一条　项目实施审批申请的所需期限和期满时的措施

(1)道知事应当在《济州道市政条例》规定的期限内,对本法第五十九条规定的实施开发项目的审批申请作出决定;期限届满后申请人未收到驳回申请通知的,视为同意申请。在规定期限内发出驳回申请通知的,道知事应当依照《济州道市政条例》的规定,以书面形式通知申请人。

(2)本条第一款规定的视为同意申请的,道知事应当立即发送确认文书,证实拟实施开发计划的单位或个人已取得许可。

(3)本条第一款规定的收到驳回申请的项目开发人提交证明文件,证明已满足相关法律、次级法令规定的,被驳回事由已不存在的,道知事应当在《济州道市政条例》规定的期间内批准申请。

(4)本法第六十条第二款规定的征求意见,比照适用于本条第一款规定;针对本条第一款所称实施开发项目的审批事项,道知事拟确定为征求意见与提交必要的文件设立期限的,应当事先与有关行政部门协商。

第六十二条　指定项目意向实施人

(1)依照本法第三十七条的规定,拟实施须开展环境影响评估的项目的,或者依照《韩国国家土地规划利用法》第三十条的规定,拟在变更城市管理规划(仅限于《韩国国家土地规划利用法》第六条第一款规定的城区外的规划)后再实施项目的,依照《济州道市政条例》规定的条件,可以由道知事指定为项目意向实施人。

(2)本条第一款规定的项目意向实施人应当在被指定之日起在为期两年的过渡期内通过项目实施审批;未在过渡期内通过审批的,其项目意向执行人资格自被指定之日起两年后终止;过渡期由于影响评估等原因被延长的,过渡期可延长一次,延长期限不得超过一年。

第六十三条　委托征用土地等资产

(1)项目实施人可以征用开发项目用地等资产(指本法第二条第一项关于征用公共用地及其损失赔偿特例的土地等资产,下同),依照《济州道市政条例》规定的条件,向道知事、相关地区行政机关、政府投资机构、地方公共公司及《济州道市政条例》确定的其他单位或个人在土地收购、损失赔偿、买卖管理等方面的补偿。

(2)有关本条第一款所称用于委托收购土地、赔偿损失、管理买卖等支付的费用等事项,由《济州道市政条例》作出规定。

第六十四条　比照适用于开发项目区域的其他法律

(1)依照本法第五十九条规定,已通过项目实施审批的,有关开发项目区域内公用设施的恢复及国有公用土地的处分限制等事项,适用《韩国工业用地和开发法》第二十六条、第二十七条规定。

(2)因项目开发区域内土地、实物、权利的移转而丧失生活资料者,适用《韩国征用公共用地及其损失赔偿特别法》第八条规定。

第六十五条　税收减免

为了顺利实施开发项目,投资区内的投资人或企业、在开发项目区域内投资或在开发项目区域内转让、取得土地等资产的单位或个人、科技园区及自由贸易区,根据《韩国特别税法》《韩国海关法》和《韩国地方税法》的相关规定,可以享受企业税、所得税、关税、购置税、登记税、房产税、土地综合税等税收减免优惠政策。

第六十六条　收费减免

为了顺利实施开发项目,根据《韩国开发收益退还法》《韩国耕地法》《韩国草原法》《韩国山区管理法》《韩国公共水域管理法》《韩国河流法》的相关规定,必要时可以减免开发费、耕地保护费、代建草地费、代建森林资源费、公共水域占用使用费和河流占用使用费。

第六十七条　资助土地出让人等事项

(1)道知事或开发中心可以建议项目实施人采取下列措施,资助实施开发项目所需土地的出让人:

1. 土地出让人拟在开发项目区域内设立经营旅游纪念品商店、农、林、畜、海产品直销店、休息站等营业地的,应当采取措施授予其经营权;
2. 土地出让人拟利用土地出资或现金投资的,应当采取措施准许其与项目实施人共同实施开发项目。

(2)道知事或开发中心提出本条第一款建议的,项目实施人应当遵照执行,但确有困难的除外。

(3)《韩国农业和渔村发展特别措施法》第二条第二款规定的农民、林业者和渔民,在项目开发区拥有土地的,道知事可以允许其对开发项目优先投资,并可以利用特别账户的资金协助投资。

第六十八条　优待开发项目

(1)道知事应在《济州道市政条例》规定的条件下推进优待开发项目。

(2)本条第一款规定的优待开发项目如下:

1. 济州道居民投资额不低于总投资额百分之五十的项目,或者济州道居民占职工总数不低于百分之八十的项目;
2. 可能对农、林、畜牧和渔业产生显著而广泛的经济或环境效益的项目;
3. 为了促进当地文化艺术和旅游业的发展而需要特别开发的项目;
4. 为了促进旅游业的发展,需要特别开发的旅游纪念品制作、民间酒生产和销售业务等项目;
5. 道知事认为改善济州道居民福利所必需的其他项目。

(3)为了顺利推进优待开发项目,道知事认为有必要的,可以向运营优待开发项目的单位或个人提供补助或者贷款。

第六十九条　对开发项目区域社区的资助

为了解决实施开发项目给居民带来的不便,改善居民的生活环境,提高居民收入,道知事或开发中心可以资助项目开展,也可以提供补助或贷款,帮助居民从事创收业务。

第七十条　社区居民优先就业

取得本法第五十九条规定的开发项目实施许可的,应当安排开发项目区域中的社区居民优先就业。

第七十一条　设立济州道开发项目专门账户

(1)为了保障和协助项目开发所需资金,应设立济州道开发项目专门账户(以下简称专门账户)。

(2)专门账户由道知事管理和运营。

(3)专门账户收入如下:

1. 国家和地方政府拨款;
2. 从济州道普通账户或其他专门账户转入的资金;
3. 处分开发项目区域内公共财产取得的收入;
4. 个人、企业、合作社和其他组织的捐款;
5. 本法第三十五条规定的未经处理的地下水价金和附加费;
6.《韩国土地管理和区域均衡发展特别账户法》第六条规定的资助和贷款;
7.《韩国彩票和彩票基金法》第二十三条第一款规定的彩票销售分配收入;
8. 本法第一百零三条第一款规定的投资应计利润;
9. 第一款至第八款以外的其他收入。

(4)专门账户的支出应用于资助下列各款所列项目:

1. 向保护和管理地方文化和文化财产提供资金;
2. 向促进农、林、畜牧、渔业发展提供资金;
3. 向促进旅游产业发展提供资金;
4. 向改善生活环境、公共卫生和社会福利项目提供资金;
5. 向改善和保护区域环境提供资金;
6. 向促进教育、文化和艺术提供资金;
7. 向本法第六十八条规定的经营优先发展项目提供资金;
8. 向希望投资开发项目的农民和渔民给予补助或贷款提供资金;
9. 向居民共同推动的增收项目给予补助和贷款提供资金;
10. 当地政府为项目实施人的,向购买开发项目区内土地提供资金;
11. 向地下水保护和管理提供资金;
12. 向专门账户的管理和运作提供资金;
13. 向促进区域信息化项目提供资金;
14. 为实现设立专门账户的目标,向《济州道市政条例》确定的其他项目提供资金。

(5)有关专门账户的收支编制和运作等事项,由《济州道市政条例》作出规定。

第十一章　济州国际自由都市开发公司

第七十二条　建立

为了有效推进济州国际自由都市建设项目，建立济州国际自由都市开发中心。

第七十三条　法人资格与办公场所

(1)开发中心应当为法人。

(2)开发中心主要办事机构所在地由章程确定。

(3)确有必要的，开发中心可以依照章程设立分支机构。

第七十四条　登记注册

(1)开发中心应当在主要办事机构所在地办理公司登记注册后设立。

(2)有关公司和开发中心登记注册的必要事项，由总统令作出规定。

(3)本条第一款规定的登记注册等事项，在登记注册完成前不对第三人发生效力。

第七十五条　章程

(1)开发中心章程应当载明下列及相关事项：

1. 目的；
2. 名称；
3. 主要办事机构所在地；
4. 开发中心的业务及业务执行；
5. 公司资产和账务；
6. 公司高管和员工；
7. 公司董事会；
8. 变更公司章程；
9. 公告。

(2)开发中心修改章程的，须经建设交通主管部门批准。

第七十六条　职能

(1)开发中心应当履行下列各项职能：

1. 为推动济州国际自由都市发展，制订实施项目执行计划。
2. 为推动济州国际自由都市发展，开展下列项目：
   (a)收购土地及土地的开发、占有、管理、供应和租赁；
   (b)创建、管理科技园区和投资促进区；
   (c)*(2004年1月29日由第7157号法令删除)*
   (d)*(2004年1月29日由第7157号法令删除)*
   (e)提高济州道居民收入水平等其他与发展济州国际自由都市相关的必要事项。
3. 与济州国际自由都市相关的下列的招商引资业务：
   (a)国内外招商引资及营销宣传；
   (b)为国内外投资人提供代理申诉的文书工作等咨询、指导、宣传、调查等综合性支持业务；

(c)国内外投资所需的其他事项。

4. 下列商业项目旨在为济州国际自由都市发展提供资金：

(a)经营指定的免税店；

(b)户外广告业务；

(c)建设和交通主管部门批准的其他项目。

(2)为了有效实施前款规定的职能和项目，经董事会决议，开发中心可以设立子公司，并将其全部或部分资本投入子公司。

第七十七条　高级管理人员

(1)开发中心设董事长一人；董事不超过九人，其中常务董事三人，审计员一人。

(2)董事长由建设和交通主管部门根据董事会的推荐任免。

(3)审计员由建设和交通主管部门任免。

(4)董事会成员经建设和交通主管批准，由董事长任免。

(5)董事长、董事会成员任期三年，可以连任。

(6)审计员任期两年，可以连任一次。

(7)高级管理人员空缺的，应当重新任命，任期自任命之日起计算。

第七十八条　高级管理人员的职责

(1)董事长代表开发中心，全面负责开发中心事务，负责开发中心的经营管理。

(2)董事长因故不能履行职责的，由一名董事依照章程代为行使。

(3)审计员检查开发中心事务管理，对开发中心账目进行审计。

第七十九条　指定代理人

开发中心董事长可以依照章程，从其职权范围内的工作人员中指定一名代理人；该代理人有权代表开发中心处理诉讼或非诉事宜。

第八十条　对行使代表权的限制

董事长和开发中心有利益冲突的，董事长不得代表开发中心，审计员应当代表开发中心。

第八十一条　不得担任高级管理人员的情形

有下列情形之一的，不得担任开发中心高管：

1. 未成年人、无行为能力人或准无行为能力人；
2. 被宣告破产且不能复产的；
3. 被法院判处无劳役监禁刑及以上刑罚已执行完毕(含视为执行完毕)不满二年的或者免予执行未满二年的；
4. 被判处无劳役监禁刑及以上刑罚暂缓执行的；
5. 法定中止、取消或由司法裁判中止资格、取消资格的人。

第八十二条　董事会

(1)开发中心设董事会，审议决定与开发中心管理有关的重要事项。

(2)董事会由董事长和董事组成。

(3)董事长负责召集和主持董事会会议。

(4)董事会会议应当由出席会议的董事过半数出席，并由出席会议的董事过半数通过。

(5)审计员可以出席董事会会议，发表意见。

第八十三条　工作人员的任免

工作人员由董事长依照公司章程任免。

第八十四条　保密等事项

开发中心的高管、工作人员或者其工作人员，不得泄露或者秘密使用在履行职务过程中知悉的秘密。

第八十五条　禁止使用类似名称

除本法规定的开发中心工作人员外，任何单位或个人不得使用“济州国际自由都市发展中心”字样或其他易混淆名称。

第八十六条　申请派遣公职人员等事项

为了履行职责，开发中心必要时可以申请行政机关、公司、团体向其派遣《韩国国家公职人员法》第二条或《韩国地方公职人员法》第二条规定的公职人员及其他符合总统令规定的行政人员或工作人员。

第八十七条　筹集资金

为了履行本法第七十六条规定的职能，开发中心应当从下列各财政资源中筹集资金：

1. 政府和非政府实体的拨款或补助；
2. 发行债券；
3. 借款（含从国外借入的钱物，下同）；
4. 商业项目产生的收益；
5. 其他收入。

第八十八条　借用国有和公共财产等事项

(1)为了有效实施本法第七十六条规定的项目，国家或者地方政府可以将国有或者公共财产无偿出借给开发中心，或者在必要时允许开发中心使用该类财产并从中获益。

(2)开发中心可以在本条第一款规定的借用、使用、获益的国家或者公共财产上建造建筑物和其他永久性构筑物。

(3)与本条第一款规定的无偿出借、使用、受益等相关的内容、条件、程序等，由财产管理机构与开发中心通过订立合同作出规定。

第八十九条　户外广告等事项

为了向开发济州国际自由都市提供所需资金，依照《韩国户外广告管理法》的规定，开发中心可以在济州道内通过户外广告经营商业业务；户外广告的位置等事项由总统令作出规定，不适用《韩国户外广告管制法》的规定。

第九十条　物资申请

(1)开发中心可以申请有关行政部门组织等机构团体配合提供开发项目所需的物资。

(2)无特殊理由的，本条第一款规定的行政机构或组织应当配合执行。

第九十一条　预算审批等事项

(1)开发中心应在每个营业年度结束前一个月内，编制下一年度的业务计划和预算草案，并取得建设和交通主管部门的批准。在该情形下，开发中心应就总统令规定的事项向道知事征求意见。

(2)变更业务计划和预算草案的，适用本条第一款规定。

第九十二条　账目报表

开发中心应在下一年 2 月底前，向建设和交通主管部门提交每个营业年度的收支报表以及年度管理业绩报告。

第九十三条　营业年度

开发中心的营业年度应当与政府财政年度一致。

第九十四条　会计制度等事项

开发中心的组织、预算等事项由开发中心决定，并报建设和交通主管部门批准。变更事项的，适用本条规定。

第九十五条　借贷等事项

(1)开发中心实施本法第七十六条规定的项目，需要借款的，经建设和交通主管部门批准，可以借款(含从国外借款和借入物资)。

(2)建设和交通主管部门审批本条第一款规定的借款的，应事先向中央有关行政机构征求意见。

第九十六条　其他项目投资等事项

为了有效履行实施落实第七十六条规定的职能和项目，开发中心可以依照总统令对其他相关项目投资或者出资。

第九十七条　发行债券等事项

(1)为了向本法第七十六条规定的项目提供资金，开发中心可以发行债券。

(2)开发中心发行本条第一款规定的债券的，应当取得建设和交通主管部门的批准。在此情形下，建设和交通主管部门应事先向中央有关行政部门征求意见。

(3)政府可以对开发中心发行的债券的本息偿还提供担保。

(4)政府可以对开发中心发行的债券给予适量补助。

(5)债券本金自偿还之日起五年后失效，利息自支付之日起两年后失效。

(6)有关发行债券的其他事项，由总统令作出规定。

第九十八条　指导与监督

(1)建设和交通主管部门指导和监督开发中心的工作，必要时可以要求开发中心报告其管理、会计和资产等相关事项，或者指示其授权的公职人员检查账簿、文件、设施等物品。

(2)检查发现开发中心有违法违规行为的，建设和交通主管部门可以责令开发中心进行整改。

(3)执行本条第一款规定的履行检查职责的公职人员应当携带证明其权限的相关文件，并向利害关系人出示。

第九十九条　剩余资产的归复

解散开发中心时，处分其剩余资产的，适用《韩国公共服务公司设立经营法》。

第一百条　与其他法令的联系

除本法另有规定外，开发中心的组织、管理等事项，适用《韩国民法》关于注册基金会设立的规定。

第十二章　补 充 规 定

第一百零一条　向国会报告

建设和交通主管部门应当每年在国会开幕前向国会提交济州国际自由都市推进报告。

第一百零二条　增加国家补助等事项

(1)总统令确定的开发项目的国家补贴额度可依照总统令增加,不适用《韩国补贴预算管理法》第十条和其他法令对补助额度的规定。

(2)为了提高农民和渔民收入水平,推动农业结构调整,国家在援助开发项目中,应当优先投资道路、供水和污水处理系统、能源供应设施、信息通信基础设施、工业用水设施、机场、海港、基本环境设施等与建设开发有关的公共设施,优先投资促进农、林、畜牧、渔业发展的项目。

(3)为了有效落实促进委员会依照本法第六条确定的财政年度投资计划中关于政府扶持的内容,国家可以依照《韩国补贴预算管理法》以项目协助的方式全面提供补贴。

第一百零三条　对开发中心等的出资等事项

(1)济州道地方政府经当地议会批准,可向依照本法第七十二条设立的开发中心和依照《韩国地方公共企业法》第四十九条设立的地方公共公司捐赠或投资。

(2)进行本法第一款规定的捐款或投资的,道知事可以使用行政财产或保留财产进行捐款或投资,不适用《韩国地方财政法》第八十二条的规定。

(3)本条第二款规定的行政财产或保留财产应当根据总统令确定的评估方法每年评估一次。

(4)济州道当地政府依照本条第一款对地方公共公司进行投资的,非地方政府实体可以被授权参与投资,投资额可以占总投资额的百分之五十以上,不适用《韩国地方公共企业法》第五十三条第二款的规定;投资的最高限额由《济州道市政条例》作出规定。增加投资的,适用本款规定。

第一百零四条　行政程序法的适用

(1)制定总体规划,应当依照《韩国行政程序法》的规定举行听证。

(2)有下列情形之一的,道知事应当依照《韩国行政程序法》的规定,允许居民发表意见:

1. 变更总体规划的;
2. 需要制定或者变更本法第八条规定大面积服务设施规划的;
3. 依照本法第二十七条至第二十九条规定规划或者变更绝对保护区、相对保护区和管理保护区的;
4. 规划或者变更本法第三十二条规定的保护资源的;
5. 规划或者变更本法第三十三条第八款、第十款规定的特别管制的地下水资源区域的。

(3)有下列情形之一的,道知事应当依照《韩国行政程序法》举行听证:

1. 撤销本法第三十二条第五款规定的保护资源买卖业务许可的;
2. 撤销本法第三十三条第六款、第十二款规定的地下水开发利用许可证的;

3. 撤销本法第四十三条规定的投资促进区规划事项的；

4. 撤销本法第五十三条第八款规定的酒店式民宿业务的登记事项的；

5. 撤销本法第五十七条第一款规定的地方文化旅游区规划事项的；

6. 撤销本法第五十九条第一款规定的通过开发项目执行审批事项的；

7. 撤销本法第六十二条规定的项目意向实施人资格的；

8. 撤销本法第一百零五条第一款规定的授权、审批、许可、登记或者规划事项的。

第一百零五条　监督

（1）本法所称项目实施人、企业家有下列情形之一的，道知事可以撤销其授权、批准、许可、登记或指定，责令停业，暂停建筑物或构筑物的建设、改建、变更、转让、移除等，或指示采取其他必要措施：

1. 以欺骗或者其他不正当手段取得授权、审批、许可、登记、指定（规划）的；

2. 因形势变化，被认为不能继续实施或者损害社会公共利益的；

3. 项目实施人、企业家违反本法或者违反本法规定的命令、处分。

（2）道知事已下令采取本条第一款规定的措施的，应当依照《济州道市政条例》规定的条件，发布公告。

第十三章　刑 事 处 罚

第一百零六条　刑事处罚

在医疗机构或者专门为外国人提供医疗服务或者药品服务的药房工作的医生、药剂师，违反本法第二十条之四第六款或第七款的规定的，处五年以下附劳役监禁刑或处五千万韩元以下罚金。

第一百零六条之一　刑事处罚

有下列情形之一的，处三年以下附劳役或无劳役监禁刑或处三千万韩元以下罚金：

1. 未取得本法第十五条第一款规定的超出限定的停留区域许可证，从济州道前往大韩民国境内其他地区的；

2. 违反本法第十六条规定的。

第一百零七条　刑事处罚

有下列情形之一的，处二年以下有期徒刑或处二千万韩元以下罚金：

1. 在绝对保护区内违反本法第二十七条第三款规定的；

2. 在相对保护区内违反本法第二十八条第二款规定的；

3. 违反本法第三十条第一款规定的；

4. 违反本法第三十二条第五款规定，未经道知事许可，在济州道从事购买或销售保护资源的业务或将保护资源带出济州道的；

5. 未经许可开发利用地下水，或者擅自变更本法第三十三条第一款、第二款规定的许可（包括延期许可，本条下同），或者通过非法手段取得许可或变更许可后开发利用地下水的；

6. 违反本法第三十四条第一款的规定，向地下倾倒、排放和处理污水、废水等可能污染地下水的物质的；

7. 未经本法第五十三条第一款规定的登记注册，经营酒店式民宿业务的；

8. 依照本法第八十四条规定，现任或曾任开发中心的高管或工作人员，泄露或秘密使用在履行职责中知悉的秘密的。

第一百零七条之一　刑事处罚

相关医疗机构或药房不张贴专门为外国人提供医疗服务或药品服务的标志的，处一年以下附劳役监禁刑或处一千万韩元以下罚金。

第一百零八条　罚则

(1)有下列情形之一的，处三百万韩元以下罚金：

1. 违反本法第十七条规定的；

2. 违反本法第四十条之二的规定，以虚假、违法手段提交停车位证明或者以虚假、违法的手段帮助提交停车位证明的。

(2)依照本法第十五条第五款的规定，执行移民官员或其他适格工作人员在执法时要求出示超出限定的停留区域许可证，拒不配合的，处一百万韩元以下罚金。

第一百零九条　犯罪未遂等事项

(1)预谋、图谋犯本法第一百零六条第一款和第二款、第一百零七条第四款罪或者犯罪未遂的，处同等刑罚。

(2)协助并教唆前款规定的犯罪行为的，按主犯论处。

第一百一十条　共同罚则

公司代表、代理人、雇员、其他雇佣人员或者个人，有本法第二十条之四第六款、第七款和第一百零七条规定的犯罪行为的，无论是企业行为还是个人行为，除处罚行为人外，应当对企业和个人依法处以罚金。

第一百一十一条　对疏忽行为的罚款

(1)有下列情形之一的，处二千万韩元以下罚款：

1. 违反本法第二十条之二的规定，搭设、经营转播外国广播频道的；

2. 未依照本法第三十三条第五款至第七款以及第十一款规定限制取水量或者暂停用水的；

3. 未依照本法第三十三条之二的规定安装、经营雨水利用等设施的。

(2)有下列情形之一的，处一千万韩元以下罚款：

1. 违反或拒不配合道知事依照本法第三十二条第三款作出的处置、命令或措施的；

2. 违反《济州道市政条例》关于第三十四条第二款规定的地下水开发开采设施建设作业监督规定的；

……

2-2. 使用、销售、供应第三十四条第三款公布的农用化学品的；

3. 对本法第四十条第二款规定的带入或者带出济州道的牲畜、海产品和植物，未采取必要措施的；

4. 违反或拒不配合道知事依照本法第一百零五条第一款作出的处置、命令或措施的。

(3)不配合执行本法第五十条第一款规定的生产计划、库存调剂、质量控制的必要措施的，处五百万韩元以下罚款。

（4）拒不配合移民官员依照本法第十九条第一款的规定要求提交相关材料的，处二百万韩元以下罚款。

（5）有下列情形之一的，处一百万韩元以下罚款：

1. 经营企业，未取得本法第五十三条第五款规定的身份继承报告的；

2. 违反本法第五十三条第六款规定的；

3. 违反本法第八十五条规定的。

（6）征收本条规定的罚款，由《济州道市政条例》作出规定。

（7）对本条第六款规定的征收罚款不服的，可在道知事通知罚款之日起三十日内提出异议。

（8）依照本条第七款规定提出反对意见的，道知事应当立即通知有管辖权的法院，法院应当依照《韩国简易案件诉讼法》开庭审理。

（9）在本条第七款规定的期限内未提出反对意见，且未缴纳罚款的，按拖欠地方税款处理。

（10）广播委员会应采取措施，收缴拖欠的罚款、征收本条一款第一项规定的罚款，不适用本条第六款至第九款规定；收缴拖欠的罚款和征收本条第四款规定的罚款的，应当依照《韩国移民管制法》第一百条第四款的规定执行。

第一百一十二条　起诉与通知

（1）任何违反本法第五章规定的可不被起诉，区移民部门长官、移民分支机构长官或移民处理中心长官正式起诉的除外。

（2）因本条第一款规定的案件被移民官员以外的侦察机关备案的，该案件应当立即移送区移民部门长官、移民分支机构长官或移民处理中心长官处理。

（3）区移民部门长官、移民分支机构长官或移民处理中心长官通过调查取得确凿犯罪证据的，可以向犯罪人发出书面通知，要求其在指定地点缴纳与罚金相等的款项（以下简称罚款），并说明作出该罚款的事由。犯罪人按照通知缴纳罚金的，不得二次处罚。

（4）调查结果认为违法行为应当判处无劳役监禁刑以上刑罚的，区移民部门长官、移民分支机构长官或移民处理中心长官应当立即起诉。

（5）关于本条第三款规定的罚金金额指南，由司法行政部门条例作出规定。

（6）鉴于行为人的年龄与生活条件、犯罪动机与后果、承担罚金的能力以及其他情形，司法行政部门可以免除依照本条第三款规定的通知处理中对犯罪者作出的处罚。

（7）本条第三款规定的通知的送达，比照适用《韩国移民管制法》。

韩国济州国际自由都市特别法实施条例

龚　茁　译　屈文生　审校*

《韩国济州国际自由都市特别法实施条例》译介

《韩国济州国际自由都市特别法实施条例》于2005年8月31日经修正后生效，其立法目的是规范《济州国际自由都市特别法》授权事项和其他执行该授权事项的必要事项。

该法的主要内容和特点有：

第一，规定了济州自由国际都市总体规划的全面具体实施。该条例第2条规定，济州道主管部门应当起草总体规划，在日报和《政府公报》上公布总体规划主要内容，通知市/郡负责人，保证十四日以上的公布期。

第二，规定了"世界和平之岛"建设机制。该条例第13条规定，建设交通主管部门接收规定的项目计划，应当与统一事务和外交贸易主管部门等中央有关行政部门协商。为了获取财政资源及专业技术人力支持，设立经营推广机构，韩国中央政府有关行政部门应协助地方政府实施《自由都市法》规定的项目。

第三，对规划济州投资促进区作了细化规定。该条例第27条对《济州国际自由都市特别法》中规定的投资项目作了具体界定，明确了投资标准，设置了规划方案的具体内容和变更规划方案的程序要求。

第四，重视济州道酒店式民宿业务的具体操作。该条例第34条规定，拟取得酒店式民宿业务经营许可单位或个人，应当根据市政条例的规定向济州道主管部门提交经营计划书申请书。

第五，规定了赌场业务许可要求。该条例第41条第二部分规定，赌场业务在符合投资要求之外，应当依照《信用信息使用保护法》第4条的规定，取得至少两个国内有资质的信用评级机构签发的信用评级或取得国际公认信用评级机构的认证。

第六，对过失违法行为未规定人身罚，只有罚款。该条例第51条规定，主管部门对单位或个人的过失行为进行罚款的，经检查确认违法行为后，应当将其违法行为事实、申诉方式、申诉期限等事项明确告知被罚款人。

实施日期：2005年8月31日

第19023号总统令部分修正

---

* 译者：龚茁，浙江工商大学副教授，华东政法大学博士研究生；审校：屈文生，全国人大常委会法工委法律英文译审专家委员会委员，华东政法大学教授、博士生导师。

第一条　立法目的

为规范《自由都市特别法》授权事项和其他执行该授权事项的必要事项制定本条例。

第二条　制定总体规划

(1)《自由都市特别法》第四条规定的济州自由国际都市总体规划(以下简称总体规划),每十年编制一次。

(2)济州道知事(以下简称道知事)应当起草总体规划,在日报和《政府公报》上公布总体规划主要内容,通知市/郡负责人,保证十四日以上的公布期。

(3)对前款规定公布的总体规划有意见、建议的,可以在阅读期内将书面意见提交市/郡负责人。

(4)市/郡负责人应当在审查期结束后,立即将前款规定的书面意见和针对书面意见的审查意见一并提交道知事。

(5)道知事依照《自由都市法》第四条第二款规定审议总体规划时,应当附该书面意见及针对该书面意见的审议意见。

第三条　公布总体规划

(1)依照《自由都市法》第五条第一款、第二款的规定确定或变更总体规划的,道知事应当在《政府公报》上公布其主要内容,并将相关文件、图纸等文件的副本转发市/郡负责人。

(2)前款规定的相关文件、图纸等材料报送的有关市/郡负责人应当保证十四日以上的公布期。

第四条　变更总体规划中的非主要事项

《自由都市法》第五条第二款但书规定中所称"变更总统令规定的可忽略事项",是指下列事项之一:

1. 在开发项目规划用地规模百分之十的范围内,变更开发项目用地规模;
2. 新建、改变、停用机场、港口、道路、城市用水、基本环境系统等设施设备的工程计划已依法确定而变更总体规划;
3. 在不改变开发项目目标的情况下,增加或取消项目;
4. 在不改变开发项目目标的情况下,变更开发项目业务类型。

第五条　年度投资计划

(1)《自由都市法》第六条规定的年度投资计划,应当载明下列事项:

1. 相关年度开发项目推进方向;
2. 公共部门和私营部门各项目的投资明细;
3. 投资资金筹措计划。

(2)道知事应当制订下一年度投资计划,并在相关年度的3月31日之前将其提交至《自由都市法》第十条规定的济州自由国际都市促进委员会(以下简称促进委员会)。

(3)促进委员会应当在相关年度的4月30日前,审议前款规定的年度投资计划。

(4)国家支持《自由都市法》第六条第一款规定的年底投资计划项目之一的,中央有关行政部门申请预算时,应当依照《预算与会计法》第二十五条和《补贴预算管理法》第六条的规定列明项目所需预算。

第六条　实施规划

(1)《自由都市法》第七条第一款规定的济州自由国际都市实施规划(以下简称实施规划)应当载明下列相关事项:

1. 实施济州自由国际都市开发项目的基本方向;
2. 关于创建、管理高新科技园区和投资促进区等方面的推进计划和资金筹措计划(含商业项目的运作计划);
3. 为吸引国内外投资而开展的营销、宣传和住宅供应等;
4. 为了有效推进济州自由国际都市开发项目,对完善法律、次级法令和各项制度开展的研究。

(2)《自由都市法》第七十二条规定的济州自由国际都市开发中心(以下简称开发中心)应当制订实施计划,并依照《自由都市法》第五条第一款规定的制订之日起六个月内将其提交至建设和交通部部长。

(3)建设和交通部部长批准总体规划的,应当通知中央有关行政部门、各道知事及市/郡负责人。

第七条　变更实施计划中的非主要事项

《自由都市法》第七条第二款但书所称变更总统令规定的可忽略事项,是指符合下列情形之一的事项:

1. 在开发项目规划用地规模百分之十的范围内,变更开发项目用地规模;
2. 在不改变开发项目目标的情况下,变更开发项目内容细则;
3. 因土地测量中的错误、文件笔误及其他类似原因,修订开发项目。

第八条　济州自由国际都市促进委员会的构成与运作

(1)促进委员会副主席由国家财政部部长和建设交通部部长担任。

(2)下列人员为促进委员会委员:

1. 教育和人力资源开发部部长、统一部部长、外交和贸易部部长、司法部部长、政府行政和内政部部长、科技部部长、文化旅游部部长、农林部部长、贸易、产业和能源部部长、信息和通信部部长、卫生和福利部部长、环境部部长、海洋事务和渔业部部长、规划预算部部长以及政府政策协调办公室主任;
2. 济州道知事;
3. 接受国务总理的委托开展自由国际都市开发项目,在国家土地规划、旅游、物流、科技、金融、环境等领域具有学识和经验的人士。

(3)前款第三项规定的接受国务总理委托的委员任期三年。

(4)促进委员会设执行秘书一名,负责事务管理,执行秘书由建设和交通部部长从其公职人员中任命。

第九条　主席和副主席的职能

(1)主席代表促进委员会,全面负责委员会事务。

(2)副主席协助主席工作;主席由于不可抗拒之原因不能履行职务的,由财政经济部部长和建设交通部部长代为履行。

第十条　促进委员会会议

(1)促进委员会主席负责召集会议并担任会议发言人。

(2)主席召集会议的,应当在会议召开前三日将会议的时间、日期、地点和议程通知各委员,但紧急情况除外。

(3)促进委员会会议出席人员过半数方可开始,会议决议应经出席人员过半数通过。

第十一条　济州自由国际都市工作小组委员会的构成和运作

(1)《自由都市法》第十条第三款规定的推进济州自由国际都市工作小组委员会(以下简称工作小组委员会)主席由政府政策协调部部长助理担任。

(2)工作小组委员会成员下列人员担任:

1. 财政经济部副部长、教育和人力资源开发部副部长、统一部副部长、外交和贸易部副部长、司法部副部长、政务和内政部副部长、科技部副部长、国防部副部长、文化和旅游部副部长、农林部副部长、产业通商资源部副部长、信息和通信部副部长、卫生和福利部副部长、环境部副部长、建设和交通部副部长、海洋事务和渔业部副部长、计划和预算部副部长;
2. 济州道政务副知事;
3. 接受工作小组委员会主席的委托开展自由国际都市开发项目,在国家土地规划、旅游、物流、科技、金融、环境等领域具有学识和经验的人士,人数限三人以内。

(3)接受主席委托的工作小组委员会成员任期三年。

(4)工作小组委员会设行政秘书一名,负责事务管理,行政秘书由建设和交通部部长从其公职人员中任命。

第十二条　运行细则

除本条例另有规定外,有关促进委员会和工作小组委员会的运作等必要事项,由主席在委员会通过决议后决定。

第十三条　"世界和平之岛"

(1)道知事应当依照《自由都市法》第十二条第二款的规定,制订"世界和平之岛"项目计划,并提交建设和交通部部长。

(2)建设和交通部部长接收前款规定的项目计划,应当与统一事务部部长和外交贸易部部长等中央有关行政部门协商。

(3)建设和交通部部长进行前款规定的协商后,经促进委员会审议,可以向总统提出规划"世界和平之岛"的建议。

(4)为了获取财政资源及专业技术人力支持,设立经营推广机构,中央有关行政部门应协助地方政府实施《自由都市法》第十二条第二款规定的项目。

第十四条　超出限定的停留区域许可证

(1)有下列情形之一的,司法部长可以依照《自由都市法》第十五条第一款规定签发超出限定的停留区域许可证:

1. 因恶劣天气、服务取消等原因,在济州道机场或港口无法乘坐飞机、船舶或其他交通工具(以下简称船舶等交通工具),从大韩民国其他地区出境的;
2. 需要在大韩民国其他地区的医疗机构接受治疗并持有医疗诊断书的;

3. 司法部部长认为确有理由需要留在大韩民国其他地区的。

(2)依照《自由都市法》第十五条第一款规定取得超出限定的停留区域许可证的,应当附有司法部长指定的文件,对济州道有管辖权的地方入境管理部门(以下简称入境管理部门)或其分支机构(以下简称入境办事处)提交超出限定的停留区域许可申请。

(3)入境管理部门或入境办事处依照前款规定接收超出限定的停留区域许可申请的,应当将其意见立即送交司法部长。

(4)依照本条第一款的规定,超出限定的停留区域许可申请获批后,入境管理部门或入境办事处应在超出限定的停留区域许可证上加盖印章,并在护照、旅行证或外国人入境许可证(以下简称护照等文件)上载明逗留期等必要事项。

第十五条　保证外国人规范行为

依照《自由都市法》第十五条第三款的规定,认为有必要让邀请外国人或其他利害关系人入境的单位或个人保证外国人行为规范的,比照适用《入境管制法》第九十条规定的保证程序规定。

第十六条　撤销许可证程序

(1)司法部部长撤销本法第十五条第四款规定的超出限定的停留区域许可的,可以听取担保人或其他利害关系人的意见。

(2)司法部部长撤销超出限定的停留区域许可后,应当通知相关外国人,并在护照等文件中作出说明。

第十七条　超出限定的停留区域许可的确认程序

(1)依照《自由都市法》第十五条第五款规定办理超出限定的停留区域许可证的,应当在机场、出发港或船舶抵达港等地办理。

(2)外国人依照第一款规定须确认超出限定的停留区域许可证时,应当向入境事务官员出示护照等,并回答入境事务官员的问题。

(3)入境或其他政府工作人员依法履行职责时,应当阻止有义务取得但未能取得许可证的人前往大韩民国其他地区,必要时可登船检查身份证明。

(4)入境或其他政府工作人员知悉外国人在没有获得《自由都市法》第十五条第一款规定的超出限定的停留区域许可证,乘船等交通工具前往大韩民国其他地区的,应当立即通知入境管理部门采取必要措施。

第十八条　委托授权

司法部部长应当依照《自由都市法》第十九条第五款的规定,将本法第十四条第一款规定的超出限定的停留区域许可证、第十五条规定的规范行为保证和第十六条规定的撤销许可证的权力委托入境管理部门或入境办事处行使。

第十九条　外语服务

(1)《自由都市法》第二十条第一款规定的向外国人提供的外语服务,原则上应当为英语,必要时可使用其他语种。

(2)《自由都市法》第二十条第三款规定外语服务范围如下:

1. 各类济州自由国际都市开发规则;

2. 地方政府和开发中心编制的总体规划、实施计划和后续具体推进计划;

3. 济州道和相关市/郡编制的与《自由都市法》第五十九条规定的开发项目审批有关的业务手册和信息数据；

4. 与项目开发有关的对外国投资人和申诉人的询问、投诉和咨询等；

5. 本法规定的各类公告、布告和通知等；

6. 其他为外国投资人提供便利的事项。

(3)外国投资人提出参与济州自由国际都市项目开发的，相关行政部门和开发中心应当将前款规定相关数据翻译成英文并提供，必要时，应提供口译服务。

(4)提供本条第二款规定的语言服务的，相关行政部门和开发中心应当配备外国投资所需专家等或者编制整理有关资料等。

(5)经外国投资人、申诉人等提出，开发中心可以协助办理准备、提交相关文件等民事申诉事项。

第十九条之一　外国电台转播范围

《自由都市法》第二十条之一所称总统令规定的范围，是指电视广播频道、无线电广播频道和数据广播频道的运营频道数量的百分之二十。

第十九条之二　可通过国外支付开展的一般交易范围

《自由都市法》第二十条之二所称总统令规定的范围，是指每笔交易为一万美元。

第二十条　外国人学校入学要求

根据《自由都市法》第二十一条的规定，在济州道设立的外国人学校的入学要求如下：

1. 外国人；

2. 符合外国人学校规章制度规定的韩国人。

第二十一条　聘用外籍合同制教师

(1)《自由都市法》第二十三条规定的聘任外籍合同制教师，任期不得超过一年；确有必要的，可以延长任期。

(2)国立或公立学校的外籍合同制教师应当在编制以外聘任，不受《行政机关编制和定员通则》第二十四条的调整。

第二十二条　外籍合同制教师任职资格

(1)《自由都市法》第二十三条规定的外籍合同制教师任职资格如下：

1. 符合《韩国中小学教育法》附表二的规定；

2. 依法在其所在国取得教师资格证明；

3. 依法在其所在国取得学士及以上学位。

(2)聘请前款第三项规定的外国人为合同教师的，应当自聘任之日起六周内，参加为期不少于四周的济州道教育局局长(以下简称局长)举办的外国合同制教师培训。

(3)参照《韩国公职人员薪资办法》第五条和附表二的规定，外籍合同制教师的薪资，在聘用合同中确定。

(4)外籍教师的工作内容，由聘用合同作出规定。

第二十三条　关于办学的特定事项

(1)《自由都市法》第二十四条规定的学校(以下简称自治学校)由教育部门经各类中小学申请确定。

(2)教育部门可以指定和管理下列自治学校：

1. 依照《韩国中小学教育法》第二十八条的规定对有学习障碍的学生开展教育的学校；
2. 因材施教，实施开放教育或水平教育的学校；
3. 《韩国中小学教育法实施条例》第七十六条第一款和第九十一条第一款规定的专业初高中；
4. 高职院校；
5. 教育部门明确承认的其他学校。

第二十三条之一　国际中学外籍教师聘任

(1)《自由都市法》第二十四条之二第一款规定的国际中学(以下简称国际中学)聘请的外籍教师，其资格标准应当满足下列要求：

1. 符合《韩国中小学教育法》附表二规定的初中教师资格标准的；
2. 依照其所在国法律取得教师资格后任教三年以上的。

(2)取得聘任国际中学外籍教师授权，开办国际中学课程的单位或个人，可以聘任在其所在国取得学士及以上学位的外国人担任讲师。

(3)前款规定的外籍讲师，应当自受聘之日起六个月内，参加不少于四周的教育部门举办的培训。

(4)外籍讲师聘期不得超过一年，任期可以延长，延长期不得超过三年；外籍教师聘期为五年，每五年可续聘。

(5)外籍教师、讲师的薪资和教学服务，使用本条例第二十二条第三款和第四款的规定。

第二十四条　教育基金的特别资助范围

依照《自由都市法》第二十五条的规定，为自由国际都市的发展，地方教育补贴特别资助对改善教育环境、开办教育课程，培训和任命自中学起的各阶段教师。

第二十五条　听取环境部部长对环境相容性的意见

(1)道知事提请环境部部长对《自由都市法》第三十六条第一款但书规定的环境相容性作出审查意见的，环境部部长应当自提请之日起二十日内告知道知事审查意见。确有困难，不能按时告知的，可以延长五日。

(2)道知事就环境相容性进行咨询时，应当将咨询意见通知环境部部长。

第二十六条　听取环境部部长对环境影响评估的意见

(1)《自由都市法》第三十七条第一款但书规定的，应当听取环境部部长意见的开发项目，仍应当依照《韩国工程对环境、交通、灾害影响评估法》第十七条第二款的规定征求其他部门负责人的意见，但是《韩国工程对环境、交通、灾害影响评估法》第四条第四款规定的应当根据地方市政条例进行影响评估的项目除外。

(2)道知事提请环境部长审查《自由都市法》第三十七条第一款规定的环境影响评估的，环境部长应当自提请之日起二十五日内告知道知事审查意见；确有困难，不能按时告知的，可以延长五日。

(3)道知事就《自由都市法》第三十七条第一款规定的环境影响评估进行咨询时，应当将咨询意见通知环境部长。

(4)《自由都市法》第三十七条第一款但书规定的意见落实的确认和管理等相关事项，由道知事和环境部长会商决定。

第二十七条　规划济州投资促进区

(1)《自由都市法》第四十二条第一款所称符合总统令规定标准的投资,是指该款规定的总投资额在一千万美元以上,拟在济州投资促进区内建造新设施,且经营下列业务之一的投资:

1. 旅游酒店、水上旅游酒店、韩国传统酒店、综合娱乐、专业娱乐、旅游观光船、旅游表演场地、综合娱乐设施、国际会议设施;综合娱乐和专业娱乐业务中,《韩国设置利用体育设施法》第十条第一款规定的高尔夫球场业务除外。
2. 《韩国文化产业促进框架法》第二条第一款规定的文化产业。
3. 《韩国老年人福利法》第三十一条规定的经营老年福利机构的业务。
4. 《韩国青少年活动促进法》第十条第一项规定的经营少年培训机构的业务。
5. 《韩国索道缆车和有轨电车法》第三条规定的索道缆车和有轨电车业务。
6. 《韩国新能源和可再生能源开发利用促进法》第二条第一款规定的利用新能源和可再生能源发电的业务。

(2)《自由都市法》第四十二条第一款第二项所称总统令规定的要求,是指下列各项规定的要求:

1. 对《韩国国家土地规划利用法》规定的游乐场设施作出的决定以及对二类地区规划的决定;
2. 在前一项规定的地区实施开发项目的,开发人应当是国家、地方政府、依照《韩国政府投资机构管理框架法》设立的政府投资机构和依照《韩国地方公共企业法》第四十九条设立的地方公共企业或者开发中心;
3. 前一项规定的项目开发人应当拥有相关地区全部土地的所有权或者使用权。

(3)《自由都市法》第四十二条第二款第三项所称总统令确定的其他事项,是指投资促进区主体工程的内容。

(4)道知事依照《自由都市法》第四十二条第一款的规定规划投资促进区的,应制定规划方案,对下列事项作出说明并提交促进委员会审议:

1. 投资促进区的名称、地点和面积;
2. 投资人的姓名、商号、国籍(将《自由都市法》第四十二条第一款第二项规定的区域规划为投资促进区的,则为前款第二项规定的项目开发人名称);
3. 投资促进区开发管理办法;
4. 投资明细、就业规模和项目内容详情;
5. 吸引投资的可能性(如将《自由都市法》第四十二条第一款第二项规定的区域规划为投资促进区的,则为投资促进计划);
6. 投资促进区划定后的成本和预期效果;
7. 资金筹措计划;
8. 投资促进区主要设施支持计划;
9. 土地利用规划和主要基础设施规划;
10. 现有及待征用或使用的土地、建筑物和其他物品及权利详情;

11. 环境相容性审查或环境影响评估数据资料；

12. 促进委员会决定的其他事项。

(5)投资促进区的规划方案应当根据下列各款要求分类制定：

1. 将《自由都市法》第四十二条第一款第一项规定的地区规划为投资促进区的，应当在下列各款规定的情况发生后实施：

(a)《自由都市法》第五十九条规定的开发项目通过审批；

(b)已确定《自由都市法》第六十二条规定的开发项目的开发人；

(c)《旅游促进法》规定的经营计划通过审批；

(d)依法取得授权和许可，并可能确认经营本条第一款第二项、第五项、第六项规定的业务。

2. 将《自由都市法》第四十二条第一款第二项规定的地区规划为投资促进区的，应当在符合本条第二款的各项要求后实施。

(6)道知事提出变更规划方案的，须经促进委员会审议；变更下列次要事项的，无须审议：

1. 开发项目名称的变更；

2. 投资人名称、公司名称和商号的变更；

3. 项目开发期的变更；

4. 不超过百分之二十的规划面积的变更；

5. 不超过百分之二十的投资额的变更；

6. 不超过原计划百分之二十的用工数量的变更；

7. 基于地形和地质变更土地利用规划和主要基础设施规划。

(7)道知事依照本条第三款规定指定规划方案的，应当听取市/郡负责人和专家的意见。

(8)促进委员会应当全面考量吸引投资的可行性、土地的有效开发、扩大就业规模等对地方经济影响的因素后审议是否规划投资促进区。

(9)本条第一款至第八款规定的有关设立、管理投资促进区的具体事项，由促进委员会作出决定。

第二十八条　撤销设立投资促进区

(1)投资促进区内的投资不符合本法第二十七条第一款规定的标准的，道知事应当依照《自由都市法》第四十三条的规定，责令投资人在六个月内符合标准；确有困难的，可以在不超过原执行期限的范围内延长一次。

(2)投资人在前款规定的期限内仍未符合标准的，道知事应当自执行期限届满之日起三十日内，提请促进委员会审议撤销。

(3)道知事撤销投资促进区的，应当发布公告。

(4)本条前三款规定的撤销投资促进区的相关具体事项，由促进委员会作出决定。

第二十九条　出租国家或公共财产

(1)《自由都市法》第四十五条第四款规定的土地等资产的出租，应当依照下列办法计算金额：

1. 依照《自由都市法》第四十一条第一款的规定，进驻济州高新科技园区（以下简称科技园区）的企业，以不低于千分之十的比例乘以土地价格计算金额；

2. 进驻投资促进区的企业，按道知事与财政经济部部长会商决定的比例相乘计算金额。

(2)《自由都市法》第四十五条第五款规定的延期支付或分期支付土地购置款等款项的，应当依下列方式办理；分期付款的，年利率不得超过百分之四：

1. 购买国家土地等资产，延期支付的，期限一年；分期付款的，二十年内付清；

2. 购买地方政府土地等资产，延期支付和分期支付的要求由地方条例作出规定。

(3)《自由都市法》第四十五条第六款所称“总统令规定的业务”，是指科技园区内企业经营的生物产业、信息通信产业等与高新知识产业有关的业务。

(4)《自由都市法》第四十五条第六款规定的国有土地等资产的租金减免，其标准由国家财产管理机构(含依照《国有财产法》第二十一条、第三十二条第三款规定委托的，下同)在相关土地等资产的租金的百分之七十五以内决定。

(5)需要减免前款规定的租金的，应当向国家财产管理机构提出申请。

(6)需要减免《自由都市法》第四十五条第七款规定的租金的，应当向地方政府提出申请。

(7)地方政府所土地等资产租金减免的受益业务范围以及《自由都市法》第四十五条第七款规定的租金减免率等具体事项，由地方政府结合扩大就业和对自由国际都市开发的影响等实际经济效应作出规定。

(8)除本条例和总统令另有规定外，国家或地方政府依照《自由都市法》第四十五条的规定，对其占有的土地等产进行出售、出租等处分的，应当遵照《韩国国家财产法》和《韩国地方财政法》执行。

第三十条　对开发中心的财政支持标准

《自由都市法》第四十六条第一款规定的国家对开发中心的资助，其标准由促进委员会全面考量下列事项后作出规定：

1. 扩大就业的规模；

2. 吸引国内外游客的效应；

3. 高新科技开发的效应；

4. 对国家和区域经济的贡献。

第三十一条　对外国船舶免征购置税

《自由都市法》第四十七条第二款所称总统令规定的外国船舶，是指依照《国际船舶登记法》第四条的规定登记为国际船舶，且属于该法第三条第一款第二项规定的船舶。

第三十二条　免税店

(1)《自由都市法》第五十一条所称总统令规定的免税店，是指对济州道有管辖权的海关负责人指定并由开发中心经营的免税店。

(2)前款所称免税店，其指定条件由海关关长作出规定。

第三十三条　酒店式民宿业务登记

(1)拟登记《自由都市法》第五十三条第一款规定的基于退休金的酒店式民宿业务的，应当根据济州道市政条例(以下简称市政条例)，向道知事提出申请。

(2)依照前款规定，道知事收到酒店式民宿业务申请的，应当自提出申请之日起十日内，确定该业务是否符合本条例第三十七条规定的登记标准。

(3)申请符合本条例第三十七条规定的标准的,道知事应当依照市政条例的规定签发登记证书,并将登记情况通知相关市/郡负责人。

(4)道知事依照前款规定签发登记证书的,应当依照市政条例的规定,填写和管理酒店式民宿业务登记簿。

(5)变更酒店式民宿业务登记的,适用本条。

(6)依照本条第三款的规定取得登记证书的,可以根据市政条例的规定在营业场所放置酒店式民宿业务标志。

第三十四条　酒店式民宿业务经营计划审批

(1)拟取得《自由都市法》第五十三条第二款规定的酒店式民宿业务经营许可单位或个人,应当根据市政条例的规定向道知事申请审批其经营计划书。

(2)道知事收到前款规定的经营计划申请的,应当将该申请的副本转发给有管辖权的市/郡负责人,市/郡负责人应当自收到该副本之日起十日内告知审查意见。

(3)道知事批准酒店式民宿业务的,应当通知相关市/郡负责人。

(4)变更酒店式民宿业务经营计划的,适用本条。

第三十五条　提出整套出售或邀请认购会员资格的计划

(1)依照《自由都市法》第五十三条第三款的规定,拟以整套出售或邀请认购会员资格的,应当根据市政条例的规定向道知事申请审批其销售或邀请认购计划。

(2)道知事收到第一款规定的申请书的,应当自提出申请之日起十日内告知申请人是否符合本条例第三十九条规定的要求。

(3)第一款和第二款规定适用于变更销售或邀请认购会员资格的计划方案。

第三十六条　对共有人或会员的保护

(1)依照《自由都市法》第五十三条第三款的规定,出售或邀请认购会员资格的,为保障共有人和会员权利,应当遵守市政条例对下列事项的相关规定:

1. 转让和取得部分共有权或会员资格;
2. 使用设施;
3. 收取设施维护和管理费用;
4. 偿还会员注册费(为获得会员资格而向邀请人支付的费用);
5. 签发和确认会员证书;
6. 组成共有人和成员代表;
7. 其他需要保护共有人和会员权利的事项。

(2)整套销售、邀请认购使用的设施利用合同,应当载明前款规定的事项。

第三十七条　登记标准

酒店式民宿业务登记标准如下:

1. 酒店式民宿业务设施的建筑层数不得超过两层;
2. 客房不得超过十间;
3. 符合市政条例规定的游客食宿等设施要求。

第三十八条　经营计划审批程序

《自由都市法》第五十三条第四款规定的单位销售及会员认购邀请经营计划的审批标准

如下：

1. 具备筹集实施经营计划所需资金的能力和方案；
2. 经营计划的内容应当符合法律和次级法令的规定；
3. 符合市政条例中关于设施用地的规定。

第三十九条　整套出售及认购邀请标准

《自由都市法》第五十三条第四款规定的酒店式民宿业务销售和认购会员邀请的标准如下：

1. 保证酒店式民宿业务设施用地（指《自由都市法》第五十三条第一款规定的游客食宿及体验自然所需设施用地，下同）和被批准使用的房屋所有权；
2. 酒店式民宿业务设施用地和房屋被抵押的，清除抵押权；但是，对设施用地和房屋已经提供担保金额相当于意外事故给买受人或会员造成损失的担保，或以共有人名义已经办理转让登记，或购买会员资格时已经清除抵押的，不在此限；
3. 每个房间销售或邀请认购会员资格的范围在两人以上二十人以下的（面向法人的情形除外）；
4. 不得混合适用出售或者邀请认购会员资格制与共有制或会员制；
5. 共有人（指根据共有制从已登记或已获批经营酒店式民宿业务的单位或个人处购买酒店式民宿设施的，下同）或会员（指与已登记或已获批经营酒店式民宿业务的单位或个人订立合同，优先使用或者便于使用的，下同）一年内可使用的天数，按三百六十五天除以计划以整套出售或邀请认购会员资格的人数计算；
6. 酒店式民宿业务实施建设完成百分之五十以上的，开始整套出售或者邀请认购会员资格的，但销售或邀请认购的房间数量不得超过已完工的房间数量；
7. 销售或邀请认购会员资格的房间数量超过已完工的房间数量的，提供担保，直至销售金额与已完工的房间数量相一致，或为因销售或邀请认购发生事故，给买受人或会员造成损失而进行赔偿；
8. 不得将酒店式民宿业务设施和非酒店式民宿业务设施混合或关联邀请认购；
9. 符合市政条例规定的可以整套出售或邀请认购会员资格的房间的范围。

第四十条　发放会员卡

（1）经营者依照《自由都市法》第五十三条第三款的规定，以整套出售或邀请认购酒店式民宿设施，发方会员卡的，其会员卡应当载明下列各款事项：

1. 共有人或会员的序列号；
2. 共有人和会员的姓名和身份证号码（共有人和会员为法人的，为法人名称和经营登记号）；
3. 商号、名称和营业场所地址；
4. 共有人和会员的类别；
5. 设施的规格；
6. 销售或入会日期；
7. 发放日期。

（2）自订立买卖合同或会员资格认购合同之日起三十日内，依照本条例第三十五条的规定与经营计划确认后,方可发放第一款规定的会员卡;共有人和会员登记簿应当依市政条例备案。

第四十一条　设有酒店式民宿业务的地区

《自由都市法》第五十三条第七款所称总统令规定的专用区域和转用行政区,是指下列各专用区域和转用行政区:

1.《韩国国家土地规划和使用法》第三十六条第一款第二项第三目规定的规划控制区和该法实施令第三十条第四款第三项规定的自然绿化带;

2.《韩国国家土地规划和利用法》第三十一条第二款第六项第一目规定的自然村落。

第四十一条之一　赌场业务许可要求

《自由都市法》第五十五条之二第一款第三项所称总统令规定的事项,是指下列事项:

1. 在符合投资要求之外,应当依照《韩国信用信息使用保护法》第四条的规定,取得至少两个国内有资质的信用评级机构签发的信用评级或取得国际公认信用评级机构的认证;

2. 投资计划要求经营《韩国旅游促进法》第三条规定的酒店业务等至少三项旅游业务。

第四十一条之二　城市规划建设用地比例和容积率

依照《自由都市法》第五十九条之二第二款在济州道建造的游乐场设施的用地比例和容积率如下:

1. 用地比例:用作游乐场设施的建筑物占地面积不得超过游乐场面积的百分之六十;

2. 容积率:用作游乐场设施的建筑物总建筑面积不得超过游乐场面积的百分之二百。

第四十一条之三　认证与许可等审批事项

《自由都市法》第六十条第一款第十七项所称城市规划设施,是指《韩国国家土地规划利用法实施条例》第二条第一款第二项规定的游乐园。

第四十二条　优先发展邻近居民就业

(1)取得依照《自由都市法》第五十九条规定的项目开发实施许可的,可以优先雇用《自由都市法》第七十条规定的邻近居民,编制就业计划,请求相关市/郡负责人根据市政条例推荐邻近居民就业。

(2)市/郡负责人收到前款规定的推荐请求的,应当积极配合,提供就业资料,推荐就业。

第四十三条　开发中心登记注册

(1)自公司章程取得建设交通部部长批准之日起两周内,开发中心应当在其总部所在地办理设立登记。

(2)开发中心登记事项如下:

1. 设立目的;

2. 名称;

3. 总部所在地;

4. 工作人员的姓名和地址;

5. 公告方式。

(3)除申请设立登记外,其他登记注册事项适用《韩国民法》对企业成立注册的相关规定。

第四十四条　提出派驻公职人员

(1)开发中心提出派驻《自由都市法》第八十六条规定的公职人员和企业、社会组织的职员(以下简称派出人员)到开发中心工作的,应当事先与建设和交通部部长协商。

(2)开发中心依照前款规定请求协商的,应当向建设和交通部部长提交关于派出人员人数、期限、事由、资质等相关文件。

第四十五条　户外广告

(1)《自由都市法》第八十九条但书规定的户外广告的种类、规格、地点和展示期限等,依照附表二确定。

(2)开发中心依照前款规定申请户外广告许可的,应当事先与道知事商议广告的具体位置和数量,并将商议结果告知行政和内政部部长。

第四十六条　户外广告安装许可申请

(1)开发中心依照《自由都市法》第八十九条规定安装户外广告的,应当根据《韩国户外广告管制法》申请许可。变更许可内容的,适用本款规定。

(2)第一款规定的户外广告应当证明其符合《自由都市法》的规定。

第四十六条之一　预算审批

(1)《自由都市法》第九十一条第一款所称总统令规定的事项,是指经营计划和根据经营计划编制的预算。

(2)道知事应当在《自由都市法》第九十一条第一款规定的协商之日起十五日内,将其意见通知开发中心,但由于特殊情形不可能通知的除外。

第四十七条　其他项目投资

(1)开发中心依照《自由都市法》第九十六条规定出资或投资的,应当经建设交通部部长批准。

(2)进行前款规定的批准许可的,开发中心应当向建设交通部部长提交申请文件,说明下列事项:

1. 投资或出资的必要性;
2. 拟投资或出资的财产种类及金额;
3. 业务概况;
4. 与投资和出资相关的其他必要事项。

第四十八条　发行债券

开发中心依照《自由都市法》第九十七条规定发行债券的,由董事会对下列事项作出决议:

1. 发行金额(发行总额、每份债券的面值等);
2. 发行方式;
3. 发行条件;
4. 债券利率;
5. 偿还本金的方式和日期;
6. 支付利息的方式和日期;

7. 为发行债券的其他必要事项。

第四十九条　增加国家补贴

(1)依照《自由都市法》第一百零二条第一款的规定,有资格以增加补贴的方式获得支持的企业,应当是《补贴预算管理法实施条例》第四条第一款规定的受补贴企业。

(2)第一款规定的补贴支持比例(以下简称补贴率)是在《韩国补贴预算管理法》第九条但书规定的基本补贴率(以下简称基本补贴率)的基础上增加百分之二十。

(3)基本补贴率增加百分之二十后,补贴率超过百分之八十的,补贴率按百分之八十计;但是,《韩国补贴预算管理法》第九条但书规定的基本补助率在百分之八十以上的,基本补贴率为补贴率。

第五十条　对开发中心投资或出资的评估

依照《自由都市法》第一百零三条第三款的规定,济州道对用作对开发中心或地方公共企业出资或投资的行政资产或保留资产的价值评估计算,应当取至少两家依照《韩国土地估价公示法》登记注册的评估机构评估结果的平均值。

第五十一条　对过失行为的罚款

(1)广播委员会依照《自由都市法》第一百一十一条第十款规定对单位或个人的过失行为进行罚款的,经检查确认违法行为后,应当将其违法行为事实、申诉方式、申诉期限等事项明确告知被罚款人。

(2)广播事务委员会依照前款规定就过失行为进行罚款的,应当给予被罚款人至少十日的期间,进行书面或口头陈述意见。逾期未陈述意见的,视为无异议。

(3)广播委员会确定罚款金额时,应当考虑违法行为的主观状态和行为后果等情节。

后　记

今年是“一带一路”倡议提出的第十年。“一带一路”倡议是中国旨在进一步扩大对外开放、推进全球化进程的中国方案，是旨在促进区域政治、经济、法律与文化多元发展的多边国际合作倡议，是“中国发起、各方共建、世界共享的优质公共产品”。十年来，我国与“一带一路”沿线国家的经贸往来与合作取得重大突破，我国对外贸易与对外投资额大幅上涨，基础设施建设与投资力度持续加大，贸易自由化与贸易便利化程度显著提高。

本丛书是我作为首席专家承担的国家社科重大项目“‘一带一路’沿线国家法律文本翻译、研究及数据库建设”（批准号 18ZDA157）的最终成果。自 2018 年立项以来，为按时保质完成翻译与研究计划，我们重点翻译了东南亚、西亚北非、东欧地区约 40 个国家 400 万余字法律文本，分为《世界主要自由贸易港法律选译》《东南亚及南亚国家投资法选译》《西亚北非东欧国家经济法选译》和《海南自由贸易港法规（2020—2021）选编（中英对照）》等四卷，以期为相关主体提供真实可信、切合实需的法律文本供给，助力“一带一路”建设的长远发展。

建设海南自由贸易港，需要对标国际高水平经贸规则。《世界主要自由贸易港法律选译》聚焦自由贸易港相关的法律规定，涉及新加坡、迪拜、韩国济州等世界知名自由贸易港（区）的园区建设、市场准入、投资贸易、海关港务、数据保护、商业信托、医疗养老、国际仲裁等八个方面的立法。本卷从立法的选择、翻译到审校各环节，是在海南省人大常委会领导同志的关心支持下得以顺利推进的。

《东南亚及南亚国家投资法选译》以“扩大高水平对外开放”“绿色投资”“全球可持续发展”三大板块为主题，内容涉及东盟国家的重要法律法规、实施细则、命令等细化规定，主要有《新加坡反补贴反倾销法》《印度尼西亚贸易法》《越南生物多样性法》等。

《西亚北非东欧国家经济法选译》主要选取与中国双边贸易额和投资额较大的海湾阿拉伯国家和埃及的投资法、公司法进行译介。“一带一路”沿线阿拉伯国家多为发展中国家，各国在市场准入、行业监管、金融体系和税收安排、进出口管理、投资争端解决等领域存在很大差异。然而，针对具体项目开展全面、系统的法律尽职调查，对我国大多数走出去的企业而言，仍存在经济上和操作上的困难。译介相关阿拉伯国家的重点经济立法，将为企业提供第一手的有关外商投资、公司制度等问题的实用法律信息，为中国企业与相关阿拉伯国家贸易、投资合作保驾护航。

前三卷是外国法汉译成果，而《海南自由贸易港法规（2020—2021）选编（中英对照）》则是中国法外译成果，本卷旨在将海南自由贸易港法规体系翻译出去，以供世界各国了解海南自由贸易港是法治的自由贸易港，进而彰显海南乃至中国的法治形象。需要特别致谢的是，本丛书第一卷《世界主要自由贸易港法律选译》和第四卷《海南自由贸易港法规（2020—

2021)选编(中英对照)》是我主持的重大项目课题组直接受海南省人大常委会法制工作委员会委托而完成翻译的。

除以上立法翻译成果外,课题组还围绕域外管辖、涉外法治以及立法翻译研究等主题,展开相关研究。课题组在《中国社会科学》《中外法学》《华东政法大学学报》《中国翻译》《中国外语》《外语与外语教学》等期刊发表了系列论文。此外,课题组初步建成中英、中阿多语交叉法律数据库和英汉术语表。总之,本项目是面向"一带一路"倡议、全面依法治国战略和构建人类命运共同体等国家需求展开的一项重大翻译工程。

参与本丛书的主要译者有屈文生(全国人大常委会法工委法律英文译审专家委员会委员、华东政法大学教授、博士生导师)、万立(华东政法大学博士研究生)、韩驰(华东政法大学硕士研究生)、邓苏宁(华东政法大学博士后、对外经贸大学讲师)、龚茁(浙江工商大学副教授、华东政法大学博士研究生)、詹继续(华东政法大学讲师)、王春荣(华东政法大学博士后、上海政法学院副教授)、叶湘(上海应用技术大学副教授)、曹雳(华东政法大学博士研究生)以及王孜政、陈皓、马琳、刘攀、曹斯澜、付诗、付泽皓、孙雅文、张智、陈宏柢、李明玉、袁琳等博士研究生和硕士研究生。

屈文生、万立、Adrian Dunbar(中文名李安谆,上海外国语大学法律翻译专家)、龚茁、詹继续、王春荣、叶湘、曹雳、陈皓、马琳、王孜政、徐琨捷、陈宏柢、韩驰、刘攀等承担了本书译文的审校工作。韩驰、郑哲峰、陈浩睿、韩静仪、胡依楠、林海斌、刘家丽、张晓卫 8 位同学承担排版工作。

我们的法律翻译、翻译研究和审校工作得到许多专家学者的支持,尤其感谢我的导师华东政法大学原校长何勤华教授、我的导师教育部长江学者华东政法大学李秀清教授、上海交通大学法学院沈伟教授、郑州大学中国外交话语研究院院长杨明星教授、西南政法大学外语学院肖云枢教授以及华东政法大学外语学院宋丽珏副教授、国际金融法律学院丁勇教授等人提供的各项建设性意见和在承担子课题时所做的协调工作和所付出的努力。

感谢全国人大常委会法工委法规备案审查室严冬峰副主任、全国人大常委会法制工作委员会研究室夏继红处长、研究室五处副处长达吉以及鲁丹、任雨婕等同志对我工作的支持;感谢上海市哲学社会科学规划办公室李安方主任、四级调研员王云飞同志给予的支持。

感谢华东政法大学党委书记郭为禄教授、校长叶青教授对于这项工作的大力支持,感谢党委副书记应培礼教授、唐波教授的鼓励,感谢副校长韩强教授和副校长周立志对于我承担翻译工作时提供的工作支持。感谢华东政法大学学校办主任练育强教授、外语学院院长余素青教授、科研处处长陆宇峰教授、科研处副处长陈蓉和科研处陈叶的细微帮助。

感谢浙江大学文科资深教授许钧先生、北京外国语大学讲席教授王克非先生、中国外文局原副局长兼总编辑黄友义译审、中国外文局原副局长兼中国译协法律翻译委员会王刚毅会长、上海外国语大学党委书记姜锋研究员、中国外文局当代中国与世界研究院党委书记杨平编审、上海政法学院校长刘晓红教授、司法部国际合作局尹雪梅副局长、上海外国语大学副校长查明建教授、上海市人大法工委阎锐主任、上海市司法局副局长罗培新教授、上海市检察院政治部荚振坤主任、上海市浦东新区司法局黄爱武局长、上海外国语大学校长助理胡开宝教授、广东外语外贸大学兼全国翻译专业学位研究生教指委副主任委员赵军峰教授、中国政法大学张法连教授、浙江大学法学院程乐教授、上海市人民政府外办翻译室董鹤莉主任、司法部国际合作局毛佳玲副处长、锦天城律师事务所高级合伙人叶芳律师等人在我组织本书翻译各时期给予的关注和帮助。

我要特别感谢上海市法学会专职副会长、施伟东主编和孙建伟副主编同意在《上海法学研究》集刊连载刊登我们翻译的104篇译文。特别感谢《外语与外语教学》原主编赵永青教授和《中国外语》常少华副主编和首席编辑艾斌刊发我谈中国法外译原则的两篇学术论文。感谢《法治日报》副总编辑张国庆、《中国社会科学报》上海站记者查建国、陈炼,《新民晚报》记者卫蔚、吴宇桢,以及《人民法院报》对于阶段性项目成果给予的支持与关注。感谢法律出版社解锟、韩泓宇、朱峰等编辑老师的细致工作。

尽管我们全力以赴,但难免翻译中有各种瑕疵,不足之处,恳请读者多批评、多指正。

屈文生

2023年4月于上海寓所